中国
人文社会科学
图书学术影响力报告

A REPORT ON THE ACADEMIC IMPACT
OF CHINESE BOOKS IN
THE HUMANITIES AND SOCIAL
SCIENCES

主编◎苏新宁
副主编◎邓三鸿　王振义　韩新民

中国社会科学出版社

图书在版编目（CIP）数据

中国人文社会科学图书学术影响力报告/苏新宁主编、邓三鸿、王振义、韩新民副主编 .—北京：中国社会科学出版社，2011.11
ISBN 978-7-5004-9948-0

Ⅰ.①中… Ⅱ.①苏…②邓…③王…④韩… Ⅲ.①人文科学—图书—学术性—研究报告—中国②社会科学—图书—学术性—研究报告—中国 Ⅳ.①C

中国版本图书馆 CIP 数据核字(2011)第 131297 号

责任编辑	边 沈
责任校对	王应来
封面设计	毛国宣
技术编辑	戴 宽

出版发行	中国社会科学出版社
社　　址	北京鼓楼西大街甲 158 号　　邮 编　100720
电　　话	010—84029450(邮购)
网　　址	http://www.csspw.cn
经　　销	新华书店
印　　刷	北京君升印刷有限公司　　装 订　北京盛天行健印刷有限公司
版　　次	2011 年 11 月第 1 版　　印 次　2011 年 11 月第 1 次印刷
开　　本	787×1092　1/16
印　　张	76.5
字　　数	1586 千字
定　　价	268.00 元

凡购买中国社会科学出版社图书,如有质量问题请与本社发行部联系调换
版权所有　侵权必究

国家社科基金后期资助项目
出 版 说 明

　　后期资助项目是国家社科基金设立的一类重要项目，旨在鼓励广大社科研究者潜心治学，扶持基础研究的优秀成果。它是经过严格评审，从接近完成的科研成果中遴选立项的。为扩大后期资助项目的影响，更好地推动学术发展，促进成果转化，全国哲学社会科学规划办公室按照"统一标识、统一版式、符合主题、封面各异"的总体要求，组织出版国家社科基金后期资助项目成果。

全国哲学社会科学规划办公室

前　言

　　图书是科学研究（尤其是人文社会科学的研究）的重要学术资源，并在其中发挥着重要作用。在人文社会科学领域，人们往往把自己最重要的学术成果以图书形式出版。然而，如何考察图书的学术影响和其在社会发展与经济活动中发挥的作用，是学界一直探索和期待的，国内外有一些机构和学者作过这一方面的尝试。例如《财富》曾推荐过75本必读书（http：//www.beijingww.com/6/2007/04/11/61@20585.htm）；由百位教授推荐结集而成的《哈佛书架》（Galbraith John Kenneth著，王月瑞编译，海南出版社2002年版）；中国出版集团在2008年组织评选的"改革开放30年最具影响力的300本书"；北京大学王余光等编著的《中国读者理想藏书》；邓咏秋等编著的《中外推荐书目一百种》；黄秀文主编的《智者阅读：中外名报名刊名家的推荐书目》等，这些推荐书目对指导读者阅读和机构收藏有很大的帮助作用。

　　但是，从分析图书的学术影响角度出发，这些推荐书目还缺乏针对性或有局限性：其一，机构推荐的书目多数以畅销为主要标准；其二，学者的推荐又受到个人的偏好或阅读面的影响，使推荐图书缺乏全面性和客观性。因此，学界期待着能有一个全面、客观地反映我国人文社会科学各领域具有较大学术影响的书目推出，为促进学术的繁荣再添干薪。正是这样的需求，促使我们撰写了《中国人文社会科学图书学术影响力报告》。本书避开了个人主观行为，完全借助CSSCI，对其中论文引用的图书进行了统计分析，通过统计学者研究中经常引用的图书，我们从中选出被引次数较多的图书，并分析其学术影响力，从而达到客观评价各学科最有学术影响的图书。

　　我们撰写《中国人文社会科学图书学术影响力报告》的目的：其一，帮助学者尤其是年轻学者选择图书，向他们展示对我国人文社会科学各学科领域最有学术影响的图书；其二，为图书馆和科研机构采购图书、补充馆藏提供目录，确保研究机构的馆藏能够满足学术研究参考较具权威的学术著作的需求；其三，进一步促进我国人文社会科学的繁荣，让学界全面了解影响我国人文社会科学研究领域的图书，并引起我国出版社对学术著作出版的重视。可以说，这项对整个人文社会科学图书学术影响力的全面分析，过去没有人做过，是一个大胆的尝试，我们真切地希望我们的工作能对我国人文社会科学的发展起到一定作用。

本书依据国家学科分类标准（GB/T13745-92），根据人文社会科学的一级学科分章撰述，但为了将中外文学著作更清晰地分别，我们将中国文学和外国文学分别立章，另外还增加了心理学和文化学，舍去了图书在其学科研究中产生作用较小的统计学。因此，全书涉及的学科有：马克思主义、哲学、宗教学、历史学、考古学、民族学、中国文学、外国文学、语言学、文化学、艺术学、管理学、经济学、政治学、法学、社会学、教育学、心理学、新闻学与传播学、图书馆、情报与文献学、体育学。

根据20/80规律，每个学科入选图书的数量大致控制在入选图书被学科论文引用次数之和占本学科论文引用所有图书的次数之和的16%左右，各学科的入选比例根据实际情况进行增减。由于学科的规模不一、图书在学科学术资源中的重要程度不一，所以，各学科入选的图书数量不一，有的学科（马克思主义）入选图书少到百余种，有的学科（经济学）多达300多种。所有学科的入选图书，我们均将其分成五类：领袖人物著作、历史文献、工具书、国外学术著作、国内学术著作，分别分析这五类图书对各学科学术研究产生的不同学术影响，并对所有入选图书的内容和它们在哪些学术领域产生了影响进行了简短的介绍。

本书从2007年年初就开始筹划和设计，历时三年，前后参与人员近百人，数据的处理、校对和统计分析花费了两年时间，完稿后编委会的学科专家对各章节进行了评阅，并提出许多宝贵意见，使本书日趋完善。本书的具体分工如下：苏新宁（第1章）；韩子睿、韩新民（第2章）；胡玥（第3章）；马宏忠（第4章）；杨建林（第5章）；王迎春、雷旭华（第6章）；李平（第7章）；谢靖（第8章）；钱爱兵（第9章）；周冰清（第10章）；许鑫、王伟（第11章）；韩哲（第12章）；邓三鸿（第13章）；苏震（第14章）；李志红（第15章）；丁翼（第16章）；施敏（第17章）；杨秦（第18章）；许光鹏（第19章）；钱玲飞、孙辉（第20章）；贾洁（第21章）；张燕蓟、何晓曦（第22章）。苏新宁构筑了本书的框架，并对全书进行了细致审改，邓三鸿承担了数据处理和校对，韩新民对全书进行了文字校对。还有许多人员参与了了本书的讨论和数据处理，他们是：邹志仁、王振义、王昊、金莹、白云、袁翀、王东波、罗立群、张野、陈士琴、朱茗、彭爱东、李思舒、邓璐芗、吴俊、顾铖、江岚、蒋伟伟、卢城晓。

本书在写作和出版过程中得到了南京大学人文社会科学"985工程"项目的支持和资助，并在完稿以后，南京大学社会科学处专门为本书成立了学科专家评审组对其评审，专家们对各自学科的章节进行了认真细致审核，并提出了许多有益的建议，对本书的完善起了很大的作用。在此特别对南京大学社会科学处、南京大学"985工程"办公室以及所有评审专家表示衷心的感谢。评审专家有：孙亚忠（马克思主义），徐小跃（哲学），赖永海（宗教学），陈谦平（历史学），张学峰（考古学），华涛（民族学），丁帆（中国文学），王守仁（外国文学），柳士镇（语言学），赵宪章（艺术学），许苏明（文化学），陈传明（管理学），郑江淮（经济学），严强（政治学），周晓虹（社会学），李有根（法学），龚放（教育学），翟学伟（心理学），段京肃（新闻学与传播学），邹志仁（图书馆、情报与文献学），吕万刚（体育学）。

这三年的1000多个日日夜夜，我和我的团队成员无时不在为本书辛劳，我们常常深夜还在通过网络为本书的问题热烈讨论。在大家的共同努力下，厚重的书稿完成了，看着这厚厚的书稿，由衷地感谢参与本书撰写和工作的每一位同志，感谢专家评审组的每一位教授，感谢在本书撰写过程中鼓励、支持和给出有益建议的每一位领导、同事和老师，在此向你们鞠上深深一躬，谢谢你们！

早在13年前，在设计我国第一部人文社会科学引文索引（《中文社会科学引文索引》）的时候，我就在思考如何才能使引文索引在促进科学研究中发挥更大作用。因此，设计《中文社会科学引文索引》时，我们就做了多方面的考虑。当2004年我们拥有了五年的数据时，我萌发了撰写《中国人文社会科学学术影响力报告》系列著作的想法，希望以此来反映对我国人文社会科学最有学术影响的学者、机构、期刊、图书等，同时分析我国各学科的研究特征、学术资源、研究热点和研究趋势。目前已出版了数百万字的《中国人文社会科学学术影响力报告》和《中国人文社会科学期刊学术影响力报告》，《中国人文社会科学图书学术影响力报告》是这套系列著作的第三本。我们由衷地希望我们的这套系列报告能够对我国人文社会科学研究发挥作用。为繁荣和发展我国哲学社会科学尽绵薄之力是我最大的快乐。

苏新宁

2011年春节于家中

目　　录

前言 ……………………………………………………………………… (1)

第1章　引论 ………………………………………………………… (1)
　1.1　本书目的 ……………………………………………………… (1)
　1.2　数据处理 ……………………………………………………… (3)
　1.3　图书选择与分类 ……………………………………………… (4)
　1.4　我国人文社会科学图书学术影响概况分析 ………………… (11)
　1.5　需说明的问题 ………………………………………………… (17)

第2章　马克思主义 ………………………………………………… (19)
　2.1　概述 …………………………………………………………… (21)
　2.2　领袖著作对马克思主义研究的影响 ………………………… (24)
　2.3　历史文献与政治资料对马克思主义研究的影响 …………… (26)
　2.4　学术著作对马克思主义研究的影响 ………………………… (28)
　2.5　结语 …………………………………………………………… (38)

第3章　哲学 ………………………………………………………… (41)
　3.1　概述 …………………………………………………………… (42)
　3.2　领袖著作对哲学研究的影响 ………………………………… (46)
　3.3　历史文献对哲学研究的影响 ………………………………… (49)
　3.4　工具书对哲学研究的影响 …………………………………… (58)
　3.5　国外学术著作对哲学研究的影响 …………………………… (59)
　3.6　国内学术著作对哲学研究的影响 …………………………… (77)
　3.7　结语 …………………………………………………………… (84)

第4章　宗教学 ……………………………………………………… (88)
　4.1　概述 …………………………………………………………… (89)

4.2　领袖著作对宗教学研究的影响 …………………………………………（92）
4.3　历史文献对宗教学研究的影响 …………………………………………（93）
4.4　工具书对宗教学研究的影响 ……………………………………………（109）
4.5　国外学术著作对宗教学研究的影响 ……………………………………（111）
4.6　国内学术著作对宗教学研究的影响 ……………………………………（116）
4.7　结语 ………………………………………………………………………（129）

第5章　历史学 …………………………………………………………………（133）
5.1　概述 ………………………………………………………………………（133）
5.2　领袖著作对历史学研究的影响 …………………………………………（136）
5.3　历史文献对历史学研究的影响 …………………………………………（142）
5.4　工具书对历史学研究的影响 ……………………………………………（167）
5.5　国外学术著作对历史学研究的影响 ……………………………………（169）
5.6　国内学术著作对历史学研究的影响 ……………………………………（176）
5.7　结语 ………………………………………………………………………（186）

第6章　考古学 …………………………………………………………………（189）
6.1　概述 ………………………………………………………………………（190）
6.2　历史文献对考古学研究的影响 …………………………………………（192）
6.3　工具书对考古学研究的影响 ……………………………………………（201）
6.4　国内学术著作对考古学研究的影响 ……………………………………（204）
6.5　结语 ………………………………………………………………………（230）

第7章　民族学 …………………………………………………………………（233）
7.1　概述 ………………………………………………………………………（234）
7.2　领袖著作对民族学研究的影响 …………………………………………（237）
7.3　历史文献对民族学研究的影响 …………………………………………（238）
7.4　工具书对民族学研究的影响 ……………………………………………（249）
7.5　国外学术著作对民族学研究的影响 ……………………………………（250）
7.6　国内学术著作对民族学研究的影响 ……………………………………（258）
7.7　结语 ………………………………………………………………………（268）

第8章　中国文学 ………………………………………………………………（271）
8.1　概述 ………………………………………………………………………（272）
8.2　领袖著作对中国文学研究的影响 ………………………………………（275）

8.3　历史文献对中国文学研究的影响 …………………………………… (277)
8.4　工具书对中国文学研究的影响 ……………………………………… (287)
8.5　国外学术著作对中国文学研究的影响 ……………………………… (288)
8.6　国内学术著作对中国文学研究的影响 ……………………………… (295)
8.7　结语 …………………………………………………………………… (308)

第9章　外国文学 …………………………………………………………… (311)
9.1　概述 …………………………………………………………………… (312)
9.2　领袖著作对外国文学研究的影响 …………………………………… (314)
9.3　历史文献对外国文学研究的影响 …………………………………… (315)
9.4　工具书对外国文学研究的影响 ……………………………………… (316)
9.5　国外学术著作对外国文学研究的影响 ……………………………… (317)
9.6　国内学术著作对外国文学研究的影响 ……………………………… (342)
9.7　结语 …………………………………………………………………… (357)

第10章　语言学 ……………………………………………………………… (360)
10.1　概述 ………………………………………………………………… (361)
10.2　领袖著作对语言学研究的影响 …………………………………… (363)
10.3　历史文献对语言学研究的影响 …………………………………… (364)
10.4　工具书对语言学研究的影响 ……………………………………… (366)
10.5　国外学术著作对语言学研究的影响 ……………………………… (372)
10.6　国内学术著作对语言学研究的影响 ……………………………… (391)
10.7　结语 ………………………………………………………………… (409)

第11章　文化学 ……………………………………………………………… (412)
11.1　概述 ………………………………………………………………… (413)
11.2　领袖著作对文化学研究的影响 …………………………………… (415)
11.3　历史文献对文化学研究的影响 …………………………………… (418)
11.4　工具书对文化学研究的影响 ……………………………………… (424)
11.5　国外学术著作对文化学研究的影响 ……………………………… (425)
11.6　国内学术著作对文化学研究的影响 ……………………………… (434)
11.7　结语 ………………………………………………………………… (439)

第12章　艺术学 ……………………………………………………………… (442)
12.1　概述 ………………………………………………………………… (442)

12.2　领袖著作对艺术学研究的影响…………………………………………………(445)
　　12.3　历史文献对艺术学研究的影响…………………………………………………(446)
　　12.4　工具书对艺术学研究的影响……………………………………………………(461)
　　12.5　国外学术著作对艺术学研究的影响……………………………………………(464)
　　12.6　国内学术著作对艺术学研究的影响……………………………………………(472)
　　12.7　结语………………………………………………………………………………(483)

第13章　管理学……………………………………………………………………………(487)
　　13.1　概述………………………………………………………………………………(489)
　　13.2　领袖著作对管理学研究的影响…………………………………………………(491)
　　13.3　历史文献对管理学研究的影响…………………………………………………(496)
　　13.4　工具书对管理学研究的影响……………………………………………………(497)
　　13.5　国外学术著作对管理学研究的影响……………………………………………(499)
　　13.6　国内学术著作对管理学研究的影响……………………………………………(548)
　　13.7　结语………………………………………………………………………………(573)

第14章　经济学……………………………………………………………………………(577)
　　14.1　概述………………………………………………………………………………(578)
　　14.2　领袖著作对经济学研究的影响…………………………………………………(581)
　　14.3　历史文献对经济学研究的影响…………………………………………………(583)
　　14.4　工具书对经济学研究的影响……………………………………………………(588)
　　14.5　国外学术著作对经济学研究的影响……………………………………………(591)
　　14.6　国内学术著作对经济学研究的影响……………………………………………(617)
　　14.7　结语………………………………………………………………………………(648)

第15章　政治学……………………………………………………………………………(651)
　　15.1　概述………………………………………………………………………………(652)
　　15.2　领袖著作对政治学研究的影响…………………………………………………(655)
　　15.3　政治文献与资料对政治学研究的影响…………………………………………(658)
　　15.4　历史文献对政治学研究的影响…………………………………………………(660)
　　15.5　工具书对政治学研究的影响……………………………………………………(661)
　　15.6　国外学术著作对政治学研究的影响……………………………………………(663)
　　15.7　国内学术著作对政治学研究的影响……………………………………………(684)
　　15.8　结语………………………………………………………………………………(693)

第16章 法学 (697)
- 16.1 概述 (698)
- 16.2 领袖著作对法学研究的影响 (700)
- 16.3 历史文献对法学研究的影响 (701)
- 16.4 工具书对法学研究的影响 (704)
- 16.5 国外学术著作对法学研究的影响 (706)
- 16.6 国内学术著作对法学研究的影响 (729)
- 16.7 结语 (749)

第17章 社会学 (752)
- 17.1 概述 (753)
- 17.2 领袖著作对社会学研究的影响 (755)
- 17.3 历史文献对社会学研究的影响 (757)
- 17.4 工具书对社会学研究的影响 (758)
- 17.5 国外学术著作对社会学研究的影响 (759)
- 17.6 国内学术著作对社会学研究的影响 (779)
- 17.7 结语 (797)

第18章 教育学 (800)
- 18.1 概述 (800)
- 18.2 领袖著作对教育学研究的影响 (803)
- 18.3 历史文献对教育学研究的影响 (804)
- 18.4 工具书对教育学研究的影响 (806)
- 18.5 国外学术著作对教育学研究的影响 (810)
- 18.6 国内学术著作对教育学研究的影响 (833)
- 18.7 汇编选编类图书对教育学研究的影响 (859)
- 18.8 结语 (864)

第19章 心理学 (868)
- 19.1 概述 (869)
- 19.2 领袖著作对心理学研究的影响 (871)
- 19.3 历史文献对心理学研究的影响 (872)
- 19.4 工具书对心理学研究的影响 (873)
- 19.5 国外学术著作对心理学研究的影响 (877)
- 19.6 国内学术著作对心理学研究的影响 (887)

19.7　结语 …… (900)

第20章　新闻学与传播学 …… (903)
20.1　概述 …… (903)
20.2　领袖著作对新闻传播学研究的影响 …… (906)
20.3　历史文献对新闻传播学研究的影响 …… (911)
20.4　工具书与资料对新闻传播学研究的影响 …… (914)
20.5　国外学术著作对新闻传播学研究的影响 …… (917)
20.6　国内学术著作对新闻传播学研究的影响 …… (935)
20.7　结语 …… (959)

第21章　图书馆、情报与文献学 …… (962)
21.1　概述 …… (963)
21.2　领袖著作对图书馆、情报与文献学研究的影响 …… (965)
21.3　历史文献对图书馆、情报与文献学研究的影响 …… (966)
21.4　工具书对图书馆、情报与文献学研究的影响 …… (973)
21.5　国外学术著作对图书馆、情报与文献学研究的影响 …… (977)
21.6　国内学术著作对图书馆、情报与文献学研究的影响 …… (983)
21.7　结语 …… (1000)

第22章　体育学 …… (1004)
22.1　概述 …… (1005)
22.2　领袖著作对体育学研究的影响 …… (1007)
22.3　工具书对体育学研究的影响 …… (1008)
22.4　国外学术著作对体育学研究的影响 …… (1012)
22.5　国内学术著作对体育学研究的影响 …… (1015)
22.6　结语 …… (1036)

附录1　中国人文社会科学高被引图书一览表 …… (1039)

附录2　出版社总被引Top10 …… (1210)

第 1 章 引论

在人文社会科学研究中,图书是最重要的学术资源。根据统计数据,CSSCI 收录论文的引用文献中图书的比例高达 50% 以上。例如,2007 年中国社会科学出版社出版的《中国人文社会科学学术影响力报告(2000—2004)》中指出,图书形式文献(包括:著作、汇编、法规文献、标准)被引比重接近 60%。[①] 虽然论文形式的文献(包括:期刊论文、会议论文、学位论文、网络文献)被引比例近几年在逐步增加,但图书形式文献的被引数量仍占总被引数量的 50% 以上,其中,著作的被引依然占据最高的比例。可以说,图书这一学术资源,在人文社会科学研究中占据着非常重要的地位。因此,我们通过图书的被引不仅可以了解到具有重要学术影响和学术价值的图书,还可以窥探出各学科研究的热点领域和学者关注的问题。

1.1 本书目的

比较自然科学学者而言,人文社会科学学者更看重图书。图书在人文社会科学研究中占据很重要的地位,在研究成果中大量引用图书反映了我国人文社会科学学者对这一学术资源的倚重。这也说明了人文社会科学研究的最终成果大多数以图书形式出现的原因,包括为什么许多博士论文事后也都以图书形式出版。因此,考察图书在人文社会科学研究中的学术影响力,展示在我国人文社会科学研究中具有较大学术影响的图书,对人文社会科学领域是十分重要的。本书力图借助 CSSCI 的统计数据,确定各学科论文引用最多的图书,析出影响我国人文社会科学研究的重要图书,据此向学界推荐各学科较有学术影响力的图书,指导学者精选参考书目,为研究人员提供快捷、高效的研究路径,从而有效地提升人文社会科学研究的学术质量。

---

① 苏新宁主编:《中国人文社会科学学术影响力报告(2000—2004)》,中国社会科学出版社 2007 年版,第 8 页。

（1）推荐图书

据国家新闻出版总署报道，我国的数百家出版社每年出版新书数量逾10万种，例如，2008年全国共出版图书275668种，其中新版图书149988种；[①] 2007年全国共出版图书248283种，其中新版图书136226种；[②] 2006年全国共出版图书208294种，其中新书121597种。[③] 据《中国出版年鉴》统计，自新中国成立以来，我国已出版新书200多万种，如果再加上我国引进的外文图书，更是数不胜数。在如此众多的图书中寻找与自己研究相关的图书，更确切地说是寻找在学者各自研究领域较具学术影响的图书是非常困难的。

许多学者尤其是青年学者，在初入研究领域时很难把握搜寻什么书、阅读什么书。本书通过对众多学者在CSSCI期刊上发表论文所引用文献的分析，统计出了在各学科产生着重要学术影响的图书。应该说，在学术论文中被大量引用的文献，具有较大的学术影响力。基于这一观点，我们通过对CSSCI十年数据进行的统计分析，得到了各学科论文引用较多的图书，向学界推荐。

（2）指导研究

在众多的图书中，哪些图书对我们的研究有帮助？这些图书在哪些领域、哪些方面对我们的研究有指导作用？这是广大学者非常关心的问题，也就是说，学者在进行研究时，都希望知道哪些书对他的研究具有帮助作用、读哪些书更为有效。这在过去是很难做到的，无论一位专家学术造诣有多深，他的看法可能都不会很全面。

如今，我们借助CSSCI，通过了解图书被哪些主题的论文频繁引用，可以知道每种高被引图书与哪些研究主题相关、在哪些研究领域产生着学术影响。而这一结果也可以告诉我们，当我们在某个领域从事学习或研究工作时，哪些图书能给我们的学习或研究带来帮助，应当首选哪些图书。因此，本书在学者的学习或学术研究过程中，可以起到指南作用。

（3）补充馆藏

图书馆是一个专门收集、整理、保存、传播文献并提供利用的科学、文化、教育和科研机构。可以说，它的作用一是保存人类文化遗产；二是传播文化知识，开展社会教育；三是提供文化娱乐，丰富群众生活；四是提供科学信息，辅助科学研究。图书馆要实现这些功能，其馆藏数量和质量是十分重要的指标。作为直接为科研服

[①] 2008年全国新闻出版业基本情况．[2009-8-1] http://www.gapp.gov.cn/cms/html/21/464/200907/465083.html.

[②] 2007年全国新闻出版业基本情况．[2009-8-1] http://www.gapp.gov.cn/cms/html/21/490/200808/459129.html.

[③] 2006年全国新闻出版业基本情况．[2009-8-1] http://www.pac.org.cn/htm/nianjian/2007/7xwcbzltj/02.html.

务的图书馆或科研机构的图书馆，馆藏并不一定要求全，但需要馆藏能够支持本机构相关科研。因此，如何花较少的钱获得对科研的最大帮助，这是每个科研辅助类图书馆所追求的。

然而，哪些书对科研有较大的帮助这类信息过去很难采集，本书通过对学术论文的引用分析，得到了人文社会科学各学科学术影响较大的各类图书（如工具书、国外学术著作、国内学术著作以及历史文献等），这些目录为图书馆补充自己的馆藏可以提供非常有价值的信息。

（4）促进人文社会科学的繁荣

人文社会科学繁荣的标志是什么？报刊多、论文多、出版图书多是否就是繁荣？回答是否定的。促进学术繁荣关键在于研究观点、方法的创新，创新过程的标志是百花齐放、推陈出新。本书通过对CSSCI中图书被引情况的统计，经过分析与比对，析出了对中国人文社会科学研究具有重要学术影响的图书，这为提升我国人文社会科学研究水平与质量提供了翔实的学术资讯，为百花齐放、推陈出新奠定了坚实的基础。

1.2 数据处理

CSSCI数据来自于源期刊，但由于我国学者在学术引用中还不是很规范，或者说对引用信息还不是非常重视，因此带来了引用图书的数据有大量的错误，如图书的著录不完全、不一致甚至出现错误，数据的复杂程度难以想象。本课题组组织了30多人的庞大队伍，专门对数据进行纠正与合并，并对每一本入选的图书均查阅国家图书馆书目库，以确保数据统一和正确。数据处理主要涉及如下几个方面：

（1）纠错处理

在数据相似（如作者、出版社、出版年都相同，而书名不完全一致）的情况下，我们将查阅国家图书馆书目，在确认是同一本书的情况下，将两本书合并，并累计被引次数。此外，在CSSCI中，有的著录的作者是翻译者，有的是原作者，对于这种情况，我们通过查询国家图书馆书目，若确定是一本书，则合并这两本书和累计被引次数，并把原作者和译者同作为作者项著录，以保证图书书目信息的完整性。有些作者引用图书时，书名不完整，如只有正题名而没有副题名，有的两个题名间的符号也不一致，我们将补充信息、统一符号，使其保持一致。总之，对每一本可能入选的图书，我们都查阅了国家图书馆目录，更正存在的错误，确保图书书目信息的正确。

（2）合并处理

在CSSCI中，一些多卷图书著录的详简不一，如《马克思恩格斯全集》、《毛泽东选集》等领袖人物的著作大多没有给出卷号，但也有很多著录有卷号，考虑到将这些领袖著作的合集看作一种书来考察对人文社会科学的影响，故将其合并，视作一种书整体对待；还有一些历史文献，如《史记》、《汉书》等大量的书著录不完全，甚至出版社写错，这些史书我们也将其合并；还有一类书我们也进行了合并处理，如"统计年鉴"，大量的对统计年鉴引用的著录不完全，也就是说出版年或统计年没有给出，而我们评估某种统计年鉴也不应该把年度分开，应确保反映该种统计年鉴整体对学术研究的影响，所以，我们将年鉴类的图书合并处理。实际上，上述几类图书即使以单本书处理，也都至少有一本可以进入选择范围，但合并以后，通过合计数字可以看到这些书的整体学术影响。所以，我们认为将这些书合并更加合理。

（3）不予合并的图书

对于领袖著作、历史书籍、工具书中的一些分卷书我们采取了合并，但对当代学者的学术著作，即使是上下卷，也一般都没有进行合并。例如，同一作者、相同书名但由不同出版社出版的图书，则不予合并；国外学者的著作由国内不同译者翻译的书，分作为不同的书；版本不同、作者相同并且为同一出版社的酌情合并，但作者不同者不予合并。

1.3 图书选择与分类

我们撰写本书的一个主要目的就是向学界推荐3000种左右对我国人文社会科学最具学术影响的图书。那么，如何遴选图书？建立什么样的选择标准？如何为这些入选的图书分类？各学科分别入选多少图书？这些都是我们首先要解决的。本书对图书的分类是根据国家学科分类标准（GB/T13745-92）来划分学科的，每个学科入选图书数量主要根据图书在学科中的重要程度、学科规模、图书被引的集中性、入选图书被引次数占图书总被引次数比例等多方面因素综合考虑来确定的。各学科入选数量参见表1-1。

（1）入选图书标准的确定

由于论文中引用的图书非常分散，涉及古今中外图书数十万计，2000—2007年间CSSCI中总共引用图书250多万次。因此，在其中确定产生各学科较具学术影响的、并且较为集中的图书是非常困难的事。根据我们预期计划（推出3000种左右的学术著作），我们统计了所有图书被引次数，并将其从多到少排序，前3000种图书的被引次数合计达到40多万次，占总次数的16%左右。依据这样一个标准，我们相应地为每个学科拟定了图书入选数量和入选图书被引次数占各学科被引总数的比例。各学科入选图书的数量、相关比例及选择标准见表1-1。

表 1-1　　　　　　　各学科入选图书数量、比例及入选标准

序号	学科名称	学科入选图书种数	学科论文引用图书总次数①	入选图书学科引用次数	学科入选图书被引次数占学科引用图书总次数比例	入选图书标准 被引次数	入选图书标准 年均被引次数
1	马克思主义	105	35021	22968	65.58%	10	3
2	哲学	263	192240	55128	28.68%	55	5
3	宗教学	192	52707	9961	18.90%	10	3
4	历史学	298	378153	54263	14.35%	50	5
5	考古学	167	40589	6797	16.75%	18	4
6	民族学	189	66171	8980	13.57%	15	3
7	中国文学	283	216708	34816	16.07%	50	5
8	外国文学	151	41349	2783	6.73%	10	3
9	语言学	218	118433	17023	14.37%	40	5
10	文化学	196	40959	5527	13.49%	10	3
11	艺术学	206	62847	6501	10.34%	15	3
12	管理学	217	151534	24318	16.05%	50	5
13	经济学	330	357192	52309	14.64%	60	6
14	政治学	225	171676	42796	24.93%	50	5
15	法学	247	229209	45223	19.73%	100	10
16	社会学	222	82750	10775	13.64%	20	5
17	教育学	254	143004	20886	14.61%	40	5
18	心理学	136	27147	3026	11.15%	10	3
19	新闻学与传播学	197	55869	5319	9.52%	11	3
20	图书馆、情报与文献学	189	73785	10184	13.80%	25	5
21	体育学	141	36827	5714	15.52%	18	4

注：年均被引次数指一本书自出版后的年平均被引次数，这样为新近出版的优秀图书入选提供了机会。

从表 1-1 的各学科图书选择结果来看，各学科的选择比例差距很大，但各学科

---

① 这里的图书包括引用文献中的汇编类型，因为绝大多数汇编是以图书形式出版的，许多入选图书也是汇编文献。

的最终选择结果是通过对各学科论文引用图书的类型和学科特征、学科大小等实际情况的分析而确定的。有些学科引用图书很少，或者说被引次数较多的图书数量很少，我们适当降低选择标准；有的学科被引次数较高的图书很多，我们就适当提高该学科的选择标准。如有的学科被引用次数达到10次或年均被引3次以上的图书即可入选，有的学科入选的图书则要被引次数达到数十次甚至100次以上。

本书大致把学科入选图书的被引次数占各学科图书总被引次数的比例控制在13%—19%，这些学科在选取比例和选取数量上较为适中。在此区间中的学科有：文化学，民族学，社会学，图书馆、情报与文献学，历史学，语言学，教育学，经济学，体育学，管理学，中国文学，考古学，宗教学。此区间入选图书最多的学科是经济学，该学科入选图书达330种，比例为14.64%，入选标准为经济学论文引用60次以上或年均引用6次以上的图书。入选图书最少的是体育学，入选图书141种，比例居中，具体比例为15.52%，入选标准为体育学论文引用18次以上或年均引用4次以上的图书。此区间入选图书比例最小的是文化学（13.49%），其入选图书达196种，排在各学科入选图书总数的第13位；此区间入选比例最大的是宗教学（18.90%），入选图书192种，排名也仅在所有学科的第14位。

被引次数占总引用次数比例在19%以上的学科有：马克思主义、哲学、政治学和法学。这些学科的超比例有其学科特点：如马克思主义，虽然入选图书的被引次数占总引用次数比例高达65.58%，但仅仅入选105种，是所有学科中入选图书最少的，而且入选的学术著作只有21种左右。另一方面，入选的领袖人物的著作49种、被引次数21199篇次，占马克思主义所有入选图书被引次数的92.29%。入选比例排在第2、第3位的哲学、政治学，这两个学科有一个共同的特点，就是入选的领袖人物著作被引次数占各自学科的比例较高，分别高达32.93%和59.39%。另外，哲学中许多哲学经典著作（如马丁·海德格尔、黑格尔、康德、亚里士多德等哲学家的大量著作）、政治学中许多政治文献（如《中共中央文件选集》等）和国外经典政治著作（如《社会变化中的政治秩序》等）占有很大的比重，这都是这两个学科入选图书被引次数占比重较大的原因。法学的图书入选比例也达到了19.73%，虽然该学科有较高的入选比例，但其入选的图书种数并不很多，仅排在所有学科的第6位，而且，法学的图书入选标准是最高的，分别要求被引100次以上和年均被引10次以上。还有一个造成法学入选比例较高的原因是，法学论文中大量的法律条文的引用增加了被引次数的比例。根据以上分析，这些学科入选图书的被引次数占据学科总的图书被引次数的比例较大也无可厚非。

被引次数占本学科论文引用次数的比例在13%以下的学科有：外国文学、新闻学与传播学、艺术学、心理学。虽然这些学科的入选图书所占比例不高，但有一个共同的特点，即它们的入选条件是很低的，其中有两个学科只要被引10次就可以入选，其他两个学科也都在15次以下，而且年均被引次数都只有3次。同时这些学科入选图书的种数并不是最少的，有两个学科入选 200 种左右，分别排在所有学科入选数量的第 11、第 12 位。另两个学科入选图书较少，但是有其客观原因的。心理学以入选 136 种图书排在所有学科的倒数第二，其主要原因是：心理学是一个具有自然科学属性的学科，本身引用图书的比例就非常小（只有 23.77%，参见表 1-3），而且所引用的图书也比较分散。另一个入选图书较少的学科是外国文学（入选图书 151 种，入选比例 6.73%），其入选数量和比例较低的原因是：该学科是一个研究领域相对较窄的学科，同时各研究领域较为专指，所以图书的被引次数普遍不高而且图书的被引分散，该学科的入选标准也是所有学科中最低的，相对外国文学的学科规模而言，入选 153 种图书还是较为适当的。艺术学、新闻学与传播学的入选比例虽然分别为 10.34% 和 9.52%，但入选图书已达到了 200 种左右，入选种数排在所有学科的第 11、第 12 位，如果我们再降低这两个学科的图书入选条件，则入选图书种数更多，这对大多数学科的入选图书种数还在 200 以内的情况下是不适合的，所以我们将这两个学科的入选图书控制在 200 种左右。综观这些入选图书被引次数比例较小的学科，应该说其选择条件的制定是恰当的。

（2）被引图书学术类型的划分

在科学研究中，不同类型的图书产生的作用是不同的，如指导性、资料性、启示性和借鉴性等。为了体现出不同类型的图书产生的不同作用，我们把所选出的图书分为领袖著作、历史文献、工具书、国外学术著作、国内学术著作等，这也为我们最终推出对我国人文社会科学最有学术影响的学术著作打下了基础。各学科的各类图书的入选数量参见表 1-2。

表 1-2 各学科入选图书分类统计

序号	学科名称	领袖著作	历史文献	工具书	国外学术著作	国内学术著作	合计
1	马克思主义	48	4+31①	0	18	4	105
2	哲学	18	65	4	128	48	263
3	宗教学	6	92	8	21	65	192
4	历史学	21	194	9	19	55	298
5	考古学	0	41	11	0	115	167
6	民族学	17	64	4	39	65	189
7	中国文学	6	97	2	50	128	283

---

① 此处的"4+31"，分属历史文献（4 种）、政治文献（31 种），由于该学科的特殊性，入选的政治文献较多，因此，将其归入历史文献。为了分辨历史文献和政治文献的数量，用加号加以分隔。

续表

序号	学科名称	领袖著作	历史文献	工具书	国外学术著作	国内学术著作	合计
8	外国文学	2	1	2	92	54	151
9	语言学	1	6	23	67	121	218
10	文化学	20	54	3	57	62	196
11	艺术学	4	45	11	49	97	206
12	管理学	13	1	4	122	77	217
13	经济学	19	15	10	118	168	330
14	政治学	37	21+31[①]	5	95	36	225
15	法学	4	18	6	101	118	247
16	社会学	12	24	9	86	91	222
17	教育学	10	4	21	89	114+16[②]	254
18	心理学	2	2	14	47	71	136
19	新闻学与传播学	10	13	26	51	97	197
20	图书馆、情报与文献学	4	27	21	27	110	189
21	体育学	2	0	14	9	116	141

表1-2中的分类并非是严格意义上的分类，我们主要是从图书对人文社会科学研究产生的不同作用划分类别的。通过对这些类别的图书考察，我们发现各类图书确实在我国人文社会科学研究中发挥着独特的作用。为了让读者清楚地了解划分标准，我们对每一类图书分别作出说明。

领袖著作：本书定义的领袖著作主要为马克思、恩格斯、列宁、斯大林、毛泽东、各国元首、中国共产党历届总书记以及新中国成立以来的中国共产党中央政治局常委等领导人所著的著作。

历史文献：主要为古代学者著述、出版的图书，具体划分为清代及以前的图书，有的即使在当今重新出版，我们也将它们归于历史文献。由于有些学科还有大量的

[①] 此处的"21+31"，分属历史文献（21种）、政治文献（31种），由于该学科的特殊性，入选的政治文献较多，因此，将其归入历史文献。为了分辨历史文献和政治文献的数量，用加号加以分隔。

[②] 此处的114+16，分属国内学术著作（114种）；汇编类图书（16种），为分辨汇编类图书和国内学术著作，其中间用加号加以分隔。

当代政治文献和现当代政治资料，我们在表1-2中也归于此统计，但在学科讨论时我们将对此单立。

工具书：主要指字典、词典、百科全书、年鉴、手册以及提供文献检索的图书。由于一些工具书在不同的学科发挥的作用不同，所以有的学科没有将古代的工具书（如《方言》、《别录》、《七略》等）划在此类，而归入了历史文献类。

国外学术著作：主要指在国外出版的外文图书或国外出版后并在国内翻译出版的图书。这里不包括上述三类，如马列著作、国外历史文献、国外工具书等。国外学者在国内出版的图书不入此类，但国内学者在国外出版的图书入此类。

国内学术著作：主要指国内外学者在国内出版的学术著作。由于我们通过引用信息或书名很难区分教材、学术专著的界限，故本书将所有国内出版的、没有归类于上述四类的图书均入此类。

分析表1-2中各类图书在各学科中的比例，可以看出不同类型的图书在不同学科的作用和学术影响是不一样的。

第一，各学科入选的领袖著作极不平衡，最高的"马克思主义"达48本，最低的考古学竟无一本入选。超过20本领袖著作（包括20本）的学科仅有4个，即马克思主义、政治学、历史学和文化学；10本以下（包括10本）的学科超过半数。从各学科领袖著作占本学科入选图书的比例看，差异也是很大。最高的马克思主义高达45.71%；最少的考古学为0。所占比例在10%以上的学科只有马克思主义、政治学和文化学；在2%以下的学科是艺术学、法学、心理学、体育学、外国文学、语言学和考古学。由此可见，虽然领袖著作在各学科领域的学术指导性作用相同，但各学科学者对领袖著作的学习、关注和研究参考的重视程度是不一样的，也说明领袖著作在不同学科发挥的作用也是不同的。

第二，历史文献在不同学科所发挥的作用差异也很大。大致可分为两个阵营，在人文科学的研究中历史文献的作用要远大于社会科学，当然人文科学中的外国文学，由于它的学科特殊性造成该学科的历史文献入选仅有1种。入选最多的学科（194种，这里也包括一些现当代文献资料）是本身就是对历史文献进行研究的历史学，入选种数所占比例最高的学科也是历史学（65.10%）。人文科学学科入选的历史文献比例基本在20%以上（除外国文学），社会科学学科基本在10%以下，表1-2中马克思主义和政治学的历史文献比例虽然为33.33%和23.11%，但这两个学科的历史文献中分别包含有88.57%和58.49%的现当代政治文献。各学科入选历史文献占本学科所有入选文献的比例超过30%的学科有：历史学（65.10%）、宗教学（47.92%）、中国文学（34.28%）、民族学（33.86%）；所占比例在1%以下的学科有：体育学、管理学和外国文学，其中体育学无一本历史文献入选。

第三，工具书在大多数学科学术领域中显得不是非常重要，各学科累计总数仅

207 种，如果合并不同学科入选的相同工具书的话，则入选的工具书仅有 180 种左右，可见工具书是所有类别中入选图书最少的。入选工具书最多的学科是新闻学与传播学，有 26 种入选，入选工具书超过 20 种的学科只有 4 个（新闻学与传播学，语言学，教育学，图书馆、情报与文献学），入选比例超过 10% 的学科有 4 个（新闻学与传播学，图书馆、情报与文献学，语言学，心理学），其中，超过 20 种的新闻学与传播学，图书馆、情报与文献学包含有许多多版的《中文核心期刊要目总览》、《期刊引证报告》以及《图书分类法》等，如果这些书都以一种计算的话，入选超过 20 种工具书的学科只有语言学和教育学，因此可以说，入选工具书最多的学科应该是语言学（23 种），语言学学科入选的工具书主要为各类词典，这是和语言学学科性质密切相关的。另外，入选 21 种工具书的教育学，其工具书主要为教育、教学、课程标准和教学大纲类工具书。入选 10 种以上工具书的学科还有：心理学、体育学、考古学、艺术学、经济学。考古学入选的工具书，有许多敦煌学中的工具书、古文字工具书以及文物图集等；其他学科的工具书类型主要来自于年鉴、手册、百科全书等，这些工具书在各自学科的实证分析和统计分析中发挥着不小的作用。入选的工具书在 2 种以下的学科有 3 个：马克思主义、外国文学和中国文学。其中，马克思主义没有一种工具书入选。

第四，国外学术著作在我国人文社会科学领域发挥着很大的作用，产生了很大的学术影响，累计入选总数达 1285 种，仅次于国内学术著作（1828 种）。入选国外学术著作最多的学科是哲学（128 种），这主要来自国外大量的经典哲学著作；其次是管理学（122 种），这主要是管理学研究在我国的历史还不长，大量的国外管理理念、国外管理学经典著作对我国管理学初期研究起了很大的作用，使得学者在研究中大量的参考引用国外的著作。入选超过 100 种国外学术著作的学科还有两个：经济学和法学。没有国外学术著作入选的学科是考古学，这也是由该学科的性质所决定的。入选国外学术著作 20 种及以下的学科有 4 个：历史学、马克思主义、体育学和考古学。入选国外学术著作比例最高的学科是外国文学，达到 60.93%，其后有管理学（56.22%）、哲学（48.67%）、政治学（42.22%）。以上 4 个学科以及马克思主义学科的国外学术著作的入选数量均高于本学科国内学术著作的入选数量。另外，法学的国外学术著作的入选比例也超过 40%。国外学术著作的入选比例在 20% 以下的学科有：中国文学（17.67%），马克思主义（17.14%），图书馆、情报与文献学（14.29%），宗教学（10.94%），体育学（6.38%），历史学（6.38%），考古学（0%）。

第五，入选的国内学术著作居各类图书之首，累计 1828 种图书入选。各学科入选的国内学术著作数量差距很大。如最少的马克思主义只有 3 种，最多的经济学多达 168 种。总的分析来看，此类图书入选数量少的学科在其他类（一类或多类）入选的数量较多，如马克思主义前两类图书数量占比接近 80%。从入选国内学术著作的比例来看，体育学最高，达到 82.27%，其次是考古学（68.86%），图书馆、情报与文献学（58.20%）和语言学（55.50%）；比例较低的学科是马克思主义（3.81%）、政治学（16.0%）、哲学（18.25%）和历史学（18.46%）；其他学科都在 30%—55% 之间。如果把各学科入选的国内外学术著作进行对比分析，我们就可以发现各学科研究的立足之地以及各学科学者对国外学术著作的获取和阅读能力。如国内学术著作比例较小的马克思主义、哲学和政治学三个学科的国内学术著作的入选数量均不到国外学术著作的一半，这些学科的共同特点，就是国外大量的经典著作在这些学科的研究中发挥着很大的作用，并产生着极大影响；再如，入选的国内学术著作比例较大（均为国外学术著作一倍左右或以上）的学科有考古学，体育学，图书馆、情报与文献学，历史学，宗教学，中国文学，新闻学与传播学和艺术学，这些学科国内著作比例高的原因主要有两类：其一，学科的研究对象的区域主要以中国为主，如考古学主要是对国内出土文物的研究与抢救性挖掘等，历史学则以中国历史研究为主，世界历史的研究在整个历史学研究成果中占有比例很小；其二，从整体上看，一些学科的学者在对外文文献的获取能力和阅读水平上有一定差距，或者说这些学科国外文献引进的相对偏少，例如体育学，图书馆、情报与文献学，新闻学与传播学等学科。

因此可以看出，不同的学科其论文引用著作的类型侧重不同，由此也可以分析出不同学科的特点，使各学科更清晰地了解本学科的学术资源，以补充本学科文献资源的不足。

最后要说明的是，我们在给入选的图书分类时并非严格统一，因此同一种书在不同的学科有可能划分在不同的类中。如考古学的一些图书在考古学研究中是很重要的研究成果，在考古学中我们可能将其分在国内学术著作中，而在其他学科中可能就划在了历史文献中。另外，有的学科为了更恰当的阐释入选图书的作用，还会增加新类或扩大类的外延，比如，政治学就增加了政治资料，教育学有很多汇编材料，我们也增加汇编资料类。总之，本书对图书的划分并不是严格意义上的，我们的目的是希望能够更恰当地反映每一本入选图书的学术影响力或学术参考价值。

1.4 我国人文社会科学图书学术影响概况分析

人文社会科学学者在研究中非常关注图书这一学术资源，不仅仅表现在他们大多将最终研究成果以图书形式表现出来，也表现在他们的学术成果的引用文献中图书占据大部分，尤其是人文学科，其引用文献中绝大部分是图书。表 1-3 给出了 CSSCI 中 2000—2007 年间我国人文社会科学各学科引用文献及引用图书的统计数据。

表 1-3　　　　　　　　2000—2007 年 CSSCI 中各学科引用文献统计

序号	学科名称	各学科论文引用图书总次数①	各学科论文引用文献总次数	引用图书占所有引用文献之比
1	马克思主义	35021	40706	86.03%
2	哲学	192240	230776	83.30%
3	宗教学	52707	61787	85.30%
4	历史学	378153	499236	75.75%
5	考古学	40589	73783	55.01%
6	民族学	66171	92048	71.89%
7	中国文学	216708	275606	78.63%
8	外国文学	41349	49464	83.59%
9	语言学	118433	192022	61.68%
10	文化学	40959	55591	73.68%
11	艺术学	62847	88209	71.25%
12	管理学	151534	407600	37.18%
13	经济学	357192	927380	38.52%
14	政治学	171676	266356	64.45%
15	法学	229209	371817	61.65%
16	社会学	82750	148859	55.59%
17	教育学	143004	303320	47.15%
18	心理学	27147	114203	23.77%
19	新闻学与传播学	55869	106621	52.40%
20	图书馆、情报与文献学	73785	253908	29.06%
21	体育学	36827	111104	33.15%

表 1-3 中的数据进一步证实：人文科学学科的引用图书比例普遍高于社会科学学科，绝大部分人文科学学科的引用图书比例在 70% 以上，而社会科学学科的引用图书比例多数在 50% 以下，同时跨人文、社会科学的学科多处在 50%—70% 之间。一般说来，引用图书的比例越高，其学科发展越成熟，同时也反映出该学科的发展速度相对较慢，该学科的新的增长点也较引用论文比例高的学科少。所以，传统的文史哲学科都具有较高的引用图书的比例，而新兴的心理学，图书馆、情报与文献

---

① 包括汇编文献被引次数。

学，体育学，管理学和经济学等学科引用图书的比例相对较小。

当然，引用图书比例小的学科除了表明它们还处在快速增长期以外，也说明这些学科缺少经典著作。我们可以看到，引用图书比例高的学科基本都拥有大量的学科经典著作，如马克思主义引用了大量领袖和政治家的著作；哲学与政治学在其学科内拥有大量国外哲学家的经典著作和政治文献；宗教学、中国文学、历史学、文化学、民族学和艺术学引用了大量的历史文献。另外，作为当今发展十分迅速的经济学和管理学，其引用图书的比例并不处在最后位置，这主要是因为国外大量的学术理论著作在其中占有较大的份额。还要说明一点，心理学的引用文献中，图书的比例仅有23.77%，几乎与自然科学持平，[①] 这对长期以来心理学界对心理学科究竟属于自然科学还是社会科学的争论是一个很好的诠释，即从引用文献类型方面观察，心理学更具有自然科学属性。

图书在人文社会科学研究中的学术影响不言而喻，虽然本书在各章节给出了各学科引用较多的图书，但为了了解对我国人文社会科学各学科影响最大的国内学术著作，本章在此给出了各学科论文引用最多的前5名国内学术著作，详见表1-4。

表1-4　2000—2007年CSSCI中各学科论文引用最多的前5名国内学术著作

学科	序号	图书信息
马克思主义	1	薄一波：《若干重大决策与事件的回顾》，北京：中共中央党校出版社、人民出版社，1991—1993、1997
	2	张一兵：《回到马克思：经济学语境中的哲学话语》，南京：江苏人民出版社，1999
	3	胡绳主编：《中国共产党的七十年》，北京：中共党史出版社，1991
	4	胡乔木：《胡乔木回忆毛泽东》，北京：人民出版社，1994
	5	吴冷西：《十年论战（1956—1966）：中苏关系回忆录》，北京：中央文献出版社，1999
哲学	1	杨伯峻：《论语译注》，北京：中华书局，1980
	2	冯友兰：《中国哲学史新编》，北京：人民出版社，1962
	3	冯友兰：《三松堂全集》，郑州：河南人民出版社，1985
	4	北京大学哲学系外国哲学史教研室编译：《西方哲学原著选读》，北京：商务印书馆，1981—1982
	5	鲁迅：《鲁迅全集》，北京：人民文学出版社，1981

---

① 潘云涛、马峥主编：《中国科技论文统计与分析》，科学技术文献出版社2005年版，第104页。

续表

学科	序号	图书信息
宗教学	1	胡道静：《藏外道书》，成都：巴蜀书社，1992
	2	王明：《抱朴子内篇校释》，北京：中华书局，1985
	3	王明：《太平经合校》，北京：中华书局，1960
	4	陈垣：《道家金石略》，北京：文物出版社，1988
	5	卿希泰：《中国道教史》，成都：四川人民出版社，1996
历史学	1	严复著，王栻编：《严复集》，北京：中华书局，1986
	2	鲁迅：《鲁迅全集》，北京：人民文学出版社，1958
	3	郑观应：《郑观应集》，上海：上海人民出版社，1982
	4	张謇：《张謇全集》，南京：江苏古籍出版社，1993
	5	顾颉刚：《古史辨》，上海：上海古籍出版社，1982
考古学	1	洛阳区考古发掘队：《洛阳烧沟汉墓》，北京：科学出版社，1959
	2	中国科学院考古研究所：《洛阳中州路：西工段》，北京：科学出版社，1959
	3	中国科学院考古研究所：《沣西发掘报告：1955—1957年陕西长安县沣西乡考古发掘资料》，北京：文物出版社，1963
	4	中国社会科学院考古研究所：《新中国的考古发现和研究》，北京：文物出版社，1984
	5	张家山二四七号汉墓竹简整理小组：《张家山汉墓竹简：二四七号墓》，北京：文物出版社，2001
民族学	1	费孝通：《中华民族多元一体格局》，北京：中央民族大学出版社，1999
	2	费孝通：《乡土中国，生育制度》，北京：北京大学出版社，1998
	3	金炳镐：《民族理论通论》，北京：中央民族大学出版社，1994
	4	林耀华：《民族学通论》，北京：中央民族大学出版社，1997
	5	王建民：《中国民族学史》，昆明：云南教育出版社，1997
中国文学	1	鲁迅：《鲁迅全集》，北京：人民文学出版社，1981
	2	钱钟书：《管锥编》，北京：中华书局，1979
	3	钱钟书：《谈艺录》，北京：中华书局，1984
	4	郭绍虞主编：《中国历代文论选》，上海：上海古籍出版社，1979
	5	洪子诚：《中国当代文学史》，北京：北京大学出版社，1999
外国文学	1	朱立元：《当代西方文艺理论》，上海：华东师范大学出版社，1996
	2	鲁迅：《鲁迅全集》，北京：人民文学出版社，1981
	3	申丹：《叙述学与小说文体学研究》，北京：北京大学出版社，1998
	4	刘海平、王守仁主编：《新编美国文学史（第1—4卷）》，上海：上海外语教育出版社，2002
	5	伍蠡甫：《西方文论选》，上海：上海译文出版社，1979

续表

学科	序号	图书信息
语言学	1	朱德熙：《语法讲义》，北京：商务印书馆，1982
	2	王力：《汉语史稿》，北京：中华书局，1980
	3	沈家煊：《不对称和标记论》，南昌：江西教育出版社，1999
	4	吕叔湘：《中国文法要略》，北京：商务印书馆，1982
	5	张敏：《认知语言学与汉语名词短语》，北京：中国社会科学出版社，1998
文化学	1	鲁迅：《鲁迅全集》，北京：人民文学出版社，1981
	2	严复著，王栻编：《严复集》，北京：中华书局，1986
	3	梁启超：《饮冰室合集》，北京：中华书局，1892
	4	费孝通：《乡土中国》，北京：生活·读书·新知三联书店，1985
	5	章学诚：《文史通义》
	6	罗钢：《文化研究读本》，北京：中国社会科学出版社，2000
	7	胡适：《胡适文集》，北京：北京大学出版社，1998
艺术学	1	上海书画出版社：《历代书法论文选》，上海：上海书画出版社，1979
	2	杨荫浏：《中国古代音乐史稿》，北京：人民音乐出版社，1980
	3	中国戏曲研究院：《中国古典戏曲论著集成》，中国戏剧出版社，1959
	4	程季华：《中国电影发展史》，北京：中国电影出版社，1981
	5	《中国音乐文物大系》总编辑部编：《中国音乐文物大系》，郑州：大象出版社，1996
管理学	1	张维迎：《博弈论与信息经济学》，上海：上海三联书店、上海人民出版社，1996
	2	张维迎：《企业理论与中国企业改革》，北京：北京大学出版社，1999
	3	张维迎：《企业的企业家——契约理论》，上海：上海三联书店、上海人民出版社，1995
	4	傅家骥：《技术创新学》，北京：清华大学出版社，1998
	5	王缉慈：《创新的空间：企业集群与区域发展》，北京：北京大学出版社，2001
经济学	1	张维迎：《博弈论与信息经济学》，上海：上海三联书店、上海人民出版社，2004
	2	王缉慈：《创新的空间：企业集群与区域发展》，北京：北京大学出版社，2001
	3	卢现祥：《西方新制度经济学》，北京：中国发展出版社，2003
	4	林毅夫：《中国的奇迹：发展战略与经济改革》，上海：上海人民出版社、上海三联书店，1996
	5	谢识予：《经济博弈论》，上海：复旦大学出版社，2002

续表

学科	序号	图书信息
政治学	1	王逸舟：《西方国际政治学：历史与理论》，上海：上海人民出版社，1998
	2	倪世雄：《当代西方国际关系理论》，上海：复旦大学出版社，2001
	3	王逸舟：《当代国际政治析论》，上海：上海人民出版社，1995
	4	陆学艺：《当代中国社会阶层研究报告》，北京：社会科学文献出版社，2002
	5	王浦劬：《政治学基础》，北京：北京大学出版社，1995
法学	1	张明楷：《刑法学》，北京：法律出版社，1997
	2	王泽鉴：《民法学说与判例研究》，北京：中国政法大学出版社，1997
	3	梁慧星：《民法总论》，北京：法律出版社，1995
	4	马克昌：《犯罪通论》，武汉：武汉大学出版社，1995
	5	周枏：《罗马法原论》，北京：商务印书馆，1994
社会学	1	费孝通：《乡土中国，生育制度》，北京：北京大学出版社，2000；生活·读书·新知三联书店，1985
	2	陆学艺：《当代中国社会阶层研究报告》，北京：社会科学文献出版社，2002
	3	郑杭生：《社会学概论新修》，北京：中国人民大学出版社，2003
	4	李惠斌等主编：《社会资本与社会发展》，北京：社会科学文献出版社，2000
	5	陆学艺：《当代中国社会流动》，北京：社会科学文献出版社，2004
教育学	1	钟启泉：《为了中华民族的复兴，为了每位学生的发展：〈基础教育课程改革纲要（试行）〉解读》，上海：华东师范大学出版社，2001
	2	施良方：《课程理论：课程的基础、原理与问题》，北京：教育科学出版社，1996
	3	石中英：《知识转型与教育改革》，北京：教育科学出版社，2001
	4	中国教育与人力资源问题报告课题组：《从人口大国迈向人力资源强国》，北京：高等教育出版社，2003
	5	教育部师范教育司：《教师专业化的理论与实践》，北京：人民教育出版社
心理学	1	王甦：《认知心理学》，北京：北京大学出版社，1992
	2	杨治良：《记忆心理学》，上海：华东师范大学出版社，1999
	3	张文新：《儿童社会性发展》，北京：北京师范大学出版社，1999
	4	林崇德：《发展心理学》，北京：人民教育出版社，1995
	5	葛鲁嘉：《心理文化论要：中西心理学传统跨文化解析》，沈阳：辽宁师范大学出版社，1995
新闻学与传播学	1	陈浩元：《科技书刊标准化18讲》，北京：北京师范大学出版社，1998
	2	王立名：《科学技术期刊编辑教程》，北京：人民军医出版社，1995
	3	郭庆光：《传播学教程》，北京：中国人民大学出版社，1999
	4	方汉奇：《中国新闻事业通史》，北京：中国人民大学出版社，1992
	5	李兴昌：《科技论文的规范表达：写作与编辑》，北京：清华大学出版社，1995

续表

学科	序号	图书信息
图书馆、情报与文献学	1	吴建中：《21世纪图书馆新论》，上海：上海科学技术文献出版社，1998
	2	徐引篪：《现代图书馆学理论》，北京：北京大学出版社，1999
	3	孟广均：《信息资源管理导论》，北京：科学出版社，1998
	4	邱均平：《文献计量学》，北京：科学技术文献出版社，1988
	5	吴慰慈：《图书馆学概论》，北京：北京大学出版社，2002
体育学	1	田麦久：《运动训练学》，北京：人民体育出版社，2000
	2	卢元镇：《中国体育社会学》，北京：北京体育大学出版社，2004
	3	中国群众体育现状调查课题组：《中国群众体育现状调查与研究》，北京：北京体育大学出版社，1998、2005
	4	田麦久：《运动训练科学化探索》，北京：人民体育出版社，1988
	5	鲍明晓：《体育产业：新的经济增长点》，北京：人民体育出版社，2000

需要说明的是，由于马克思主义学科入选的国内学术著作较少，我们又把介于资料和著作之间的图书也纳入进来了。另外，文化学给出了7本著作，主要是因为第5—7位的图书被文化学论文引用的次数相同。

1.5 需说明的问题

本书对图书的遴选和讨论是分学科进行的，其分类标准采用的是国家学科分类标准（GB/T13745-92），每一章讨论一个学科（共21个学科），总计22章。各章节的结构统一，主要分析的图书类别有：领袖著作、历史文献、工具书、国外学术著作、国内学术著作。由于少数学科的特殊性，可能增加类别，如政治学增加了政治文献；也可能减少类别，如考古学没有领袖著作和国外学术著作入选，体育学没有历史文献入选等。

各学科入选的学术著作并非全为本学科的图书，如经济学学科可能入选法律学著作，法学学科也可能入选政治学或管理学的著作等。究其原因，主要是由于一些学术著作来自其他学科论文的大量引用，说明这些著作对其他学科研究产生了较大的学术影响。因此，在本书入选的图书中，会存在一种书被多个学科选入的情况。

许多图书存在多版或多次印刷的情况，在统计中可能会出现一种书有多个出版年，遇到此情况，我们列出该书的出版时间时选择的是该书被引最多的出版年。另对多作者的图书，只列出第一作者。对多类责任者的图书，每一类也只给出第一责任者，如翻译的著作分别只给出第一原作者和第一翻译者。

本书对每一本入选图书的介绍和评论主要引自于图书本身的内容介绍或已发表的

相关评论文章。对不同学科介绍的同一本书，可能会因为该书在不同学科的作用或影响角度不同，其介绍和评论会有不同的侧重点，因此会出现一些差异。

本书所介绍的每一本书的被引主题，主要来源于对引用这些入选图书的论文所标引的关键词，并进行归并统计，列出的均为引用该书的论文出现较多的关键词。

本书最后给出两个附录：其一，入选图书目录。推出我国人文社会科学最有学术影响力的图书；其二，各学科论文引用最多的前10家出版社排行榜。

本书最终入选的图书各学科累计达4426本，去除各学科重复图书，合计入选图书3141本，这和我们最初的计划是吻合的。可以认为这些图书对我国人文社会科学产生着重要的学术影响力，对繁荣我国哲学社会科学研究有着一定的作用。我们期盼本书提供的图书目录能够在向读者推荐图书、机构补充图书、学者了解本研究领域最有学术影响的图书等方面发挥作用，可以为向出版社推荐作者和国外原版书的翻译选择提供帮助，同时也希望通过对各出版社在各学科的学术影响的分析向作者推荐出版社，使作者把自己的著作送至最适合该书的出版社。

最后需要强调一点的是，本书给出的书目主要是通过CSSCI中论文对图书引用量的统计得到，客观地说，引用量只是说明了图书在学者研究中被利用的情况，应该说只是从一个角度反映了图书的学术影响，希望读者不要将其绝对化，更不能说本书未列出的图书都没有学术影响力。再者，本书的数据来源主要取自期刊论文，对于人文社会科学中另一些主要形式的成果（如图书、会议论文、学位论文）的引用文献没有涉及，必然存在着一定的不足。众所周知，收集这些类型成果的引用文献是极为困难的一件事，可操作性极低。因此，我们希望通过论文对图书的引用情况来发现较有学术影响力的图书，以对我国人文社会科学研究提供一定帮助。

第 2 章　马克思主义

　　以《共产党宣言》为诞生标志的马克思主义迄今已有 160 余年的历史。百余年来，作为科学社会主义的基础理论，马克思主义伴随着社会实践的发展与变革不断发展、逐步完善，形成了一整套科学的世界观和方法论，并极大地影响着当代世界政治、经济与文化的发展。世界各国尤其是欧亚大陆国家的政治风云变幻、经济生产兴衰、生活方式嬗变无不带有马克思主义世界观和方法论的烙印。20 世纪初，马克思主义开始传入中国，1918 年十月革命的炮声，奏响了马克思主义传入中国的凯歌。次年五月，马克思主义传播先驱李大钊创办了《新青年》杂志以及随之而来的"五四"运动印证了国人对反帝反封建的理论追求，从此马克思主义唯物史观、政治经济学和科学社会主义开始在中国得到广泛的传播。近一个世纪以来，马克思主义在与中国革命和社会主义建设的具体实践相结合的过程中得以丰富与发展，毛泽东思想、邓小平理论正是这一革命实践的结晶。马克思主义在中国的传播与发展"经历了传播时期、马克思主义普遍真理同中国革命和建设实际相结合的毛泽东思想、马克思主义在中国发展的新阶段——邓小平理论三个阶段"[①]。自毛泽东、蔡和森、瞿秋白到邓小平、江泽民等的马克思主义的杰出代表以及一大批先进知识分子认真研究从孔夫子、柏拉图到孙中山、黑格尔关于哲学、政治、经济、文化领域的著作，从中汲取人类先进的文化精髓，用于总结马克思主义理论与中国发展与建设的具体实践结合的经验与教训，对丰富与发展马克思主义理论宝库起了重要的作用。

　　科学的进步与文化的发展通过两条并行不悖的途径实现：一条是社会实践，一条是理论知识。强烈的实践性与高度的理论性相结合是马克思主义有别于其他学科的显著标志。马克思主义的形成与发展，不仅是国际共产主义运动实践的结果，也是千百年来人类思想文化交融碰撞的结晶。马克思主义传入中国近一个世纪来，其发展不仅与中国社会变革历程休戚相关，也与中国政治制度、经济状况及传统文化密切相连。作为研究、反映中国政治制度、经济状况及传统文化的重要媒介——图书，在丰富与发展马克思主义学科过程中起着极其重要的作用。本章拟借助 CSSCI 数据

---

　　① 孙景峰："关于马克思主义在中国传播与发展的若干问题"，《延边大学学报》（社会科学版）1998 年第 3 期。

库,通过马克思主义学科论文引用的图书的情况,阐述图书在马克思主义的继承过程中的作用,评价其在丰富与发展马克思主义学科中的影响与贡献。

图书对学科发展的影响通常通过两种方式实现:主观评价和客观数据。主观评价是主体对客体社会价值实现程度的反映,是读者、学者对图书的学术价值及其学术影响程度的判断。客观数据是图书问世后有案可查的记录,包括被转载、下载、摘登、引用等形式的记录。其中,图书被引用数据是分析图书学术影响的最便捷、最有效的方法。

图书被引用的信息通常是通过引文数据库的查询获得。国内出版的图书被我国马克思主义学科论文引用资讯的查询可以通过国内引文数据库的数据检索实现。目前国内中文引文数据库主要有四家:中国科学技术信息所研制的《中国科技论文与引文数据库》、中国科学院文献情报中心研制的《中国科学引文数据库》、中国社会科学院文献信息中心研制的《中国人文社会科学引文数据库》以及南京大学研制的《中文社会科学引文索引》。其中,南京大学研制的《中文社会科学引文索引》(以下简称CSSCI)数据库是教育部重点课题攻关项目。CSSCI遵循文献计量学规律,采取定量与定性评价相结合的方法从全国2700余种中文人文社会科学学术期刊中精选出学术性强、编辑规范的期刊作为来源期刊,[①] 并以此为基础采集有关数据。因而,其引文数据的学术含金量与科学性都较其他三种引文数据库更具权威性。基于这一原因,优选CSSCI的统计数据对图书进行被引统计与分析无疑具有相当程度的客观性与学术性。

本章依据2000—2007年CSSCI收录的马克思主义学科论文引用图书频次数据统计,并将该统计数据列表进行归类分析。为了清晰地进行分析比较,根据被引用图书的作者或内容,我们将其归纳为三类:领袖著作、历史文献与政治资料、学术著作。在CSSCI数据库中,2000—2007年间被马克思主义论文引用的图书数千种,为了更有效地考察图书对马克思主义学科发展的影响,原则上遴选被引次数较多的图书来分析。本章主要遴选2000—2007年间CSSCI中被马克思主义论文引用10次以上(含10次)或年均被引3次及以上的图书进行分析。事实上,所谓"被引用10次以上(含10次)或年均被引3次及以上的图书"就是这八年中被引总次数较高的图书,这些图书共有105种,约占2000—2007年间CSSCI数据库中马克思主义学科论文引用图书种数的3%。

在CSSCI数据库中,图书在不同年代被马克思主义论文引用的频率不尽相同,本统计对在不同年代、不同出版单位出版的同一作者的同一部图书被引数据进行了合并,如同一作者的同一部图书包括多个译者多次翻译的不同版本图书,全集、选集中的单卷本,同一出版社多次再版的图书等。通过这样慎重的数据处理,基本上可

---

① 中国社会科学研究评价中心. CSSCI简介. [2009 - 11 - 1] http://www.cssci.com.cn/.

以较为全面地反映这些图书对马克思主义学科的学术影响。

2.1 概述

为了分析不同类型的文献对学科的影响程度，CSSCI 数据库中的引用文献分为 12 类：期刊论文、图书、汇编文献、报纸文章、会议论文、报告文献、法规文献、学位论文、文献信函、网络资源、标准文献、其他。其中，标准文献由于涉及行业标准，与社会科学研究相距较远，因而被引率较低，在此归入其他类。本章对马克思主义的图书学术影响力的讨论主要取自于这八年的 35021 次的图书（包括汇编文献）被引数据。表 2-1 给出了 2000—2007 年 CSSCI 中马克思主义论文引用各类文献的数量。

表 2-1　　　　　马克思主义类论文引用文献类型统计　　　　　（单位：篇次）

年份\类型	期刊论文	图书	汇编文献	报纸文章	会议论文	报告文献	法规文献	学位论文	文献信函	网络资源	其他
2000	312	3374	308	92	42	5	14	0	19	1	40
2001	192	2706	51	65	13	7	2	1	1	0	13
2002	328	2993	64	117	4	25	4	0	1	0	9
2003	509	3419	276	119	4	11	1	0	3	9	22
2004	551	5283	296	153	38	15	3	1	2	4	93
2005	552	3978	335	107	11	6	2	0	4	16	15
2006	695	5080	332	155	7	28	1	3	7	22	61
2007	889	5956	570	139	12	36	1	5	5	33	28
合计	4028	32789	2232	947	131	133	28	10	42	85	281

表 2-1 表明，2000—2007 年马克思主义论文引用图书（包括汇编，下同）的数量遥遥领先于引用其他类型，占本学科论文引用总次数的 86.03%。其他九种类型文献的被引次数占本学科论文引用总次数的百分比依次为：期刊论文 9.90%，报纸文章 2.33%，其他类型文献 0.69%，报告文献 0.33%，会议论文 0.32%，网络资源 0.21%，文献信函 0.10%，法规文献 0.07%，学位论文 0.02%。数据说明，图书在马克思主义学科的研究与发展中占有举足轻重的地位，其他文献资源则作为补充处于从属地位。图书被马克思主义学科论文引用频率与位居第二的期刊论文相比较，高出 7.69 倍。这种图书被引远远高于论文被引的情况在其他学科中很少出现，较为近似的情况只是在与马克思主义学科有着千丝万缕的血缘关系的哲学学科中出现。

图书被哲学学科论文引用次数占哲学学科论文引用总次数的83.30%，高出论文4.89倍。图书在马克思主义学科中高被引的现象主要缘于该学科研究的特点。马克思主义在中国传播与发展的过程是理论与实践相结合的过程。马克思主义学科的发展在理论上离不开马克思主义经典著作基础理论的发展脉络，在实践上离不开马克思主义经典著作基础理论对实践的指导。因此，马克思主义经典著作及其相关的历史文献成了马克思主义研究与发展的根基。而这个根基大多是以图书的形式表现出来的。

同时可以看到，如果把图书、期刊论文、报纸文章三类被引用文献的次数相加，其被引总次数占了马克思主义学科论文引用文献总次数的98%。因此可以说，图书、期刊论文、报纸文章是马克思主义学科发展长河中的中流砥柱。

纵观历年的被引数量，多数年份呈增长态势。2007年马克思主义类论文引用文献量比较2000年增长3468次，净增82.24%。八年间年均增长率达到11.75%。虽然图书的被引数量总的趋势处于增加态势，但实际上它所占份额则在波动中逐年减少，已从2000年的87.52%减少到2007年的85.04%。相反，期刊论文被引所占比例则由2000年的7.42%上升到2007年的11.58%。期刊论文被引比例的增加，说明马克思主义领域研究的活跃度在提升。

从引用文献的语种情况可以看出学科的学术资源的语种分布，并分析出学科与国外研究的接轨程度以及该学科学者获取和阅读外文文献的能力。CSSCI数据库中的被引文献以中文文献为主，同时涉及外国十余种语言的文献，主要有英、日、法、德、俄等语言的文献，表2-2给出了马克思主义论文引用文献的语种统计数据。

表2-2　　　　　　　马克思主义论文引用文献语种统计　　　　　　（单位：篇次）

年份\语种	中文	英文	日文	法文	德文	俄文	其他语种	译文
2000	2540	114	6	7	5	2	5	1528
2001	1763	70	3	5	0	1	3	1206
2002	2002	115	4	15	2	7	0	1400
2003	2647	126	14	4	3	4	3	1572
2004	4253	112	22	6	3	2	1	2040
2005	2675	197	13	13	21	0	2	2105
2006	3483	169	13	13	16	8	10	2679
2007	3913	413	51	58	70	11	7	3151
合计	23276	1316	126	121	120	35	31	15681

表2-2中的数据表明，马克思主义论文引用文献的语种以中文为主，中文引用

文献在所有语种文献中占57.2%，位居第一；译文文献占38.5%，位居第二；英、日、法、德、俄等语言文献的总和仅占4.3%。而所谓译文文献实际上是以中文形式被引用的，其实质也是中文文献。因此可以说，马克思主义论文引用中文文献的比例实质上已经达到95.7%，外文文献仅占4.3%。

表2-2一方面表明当前马克思主义论文对外文文献引用的缺失，另一方面也说明中文文献在马克思主义学科发展中起着主力军的作用。我们知道，马克思主义本身就是舶来品，如果没有早期先进知识分子将马克思主义翻译介绍到中国，中国将会是另一番面貌。先进的文化对一个国家的政治与经济社会的发展起着催化剂的作用，我国半个多世纪以来的繁荣发展与早期马克思主义在中国的传播休戚相关，可见外文文献对我国社会发展的重要性。因此，加强与外国马克思主义学界的沟通，强化外文文献引入机制，无疑是我们当前发展马克思主义学术研究的重要工作。

然而，从外文文献（包括译文）被引数量和所占比例的年度变化来看，马克思主义论文引用的外文文献次数基本呈逐年增长态势，引用数量从2000年的1667次上升到2007年的3761次，所占比例从2000年的39.62%增加到2007年的49.01%。这表明我国的马克思主义学者越来越关注国外相关领域的研究成果，开放性程度在逐年提高。

根据本书第1章拟定的学科图书遴选标准，马克思主义共选出图书105种。这105种图书合计被引22968次，占据马克思主义论文引用的图书总次数的65.58%。为了科学分析不同类别的图书对本学科产生的不同影响，我们将入选的105种图书分成三类：领袖著作、历史文献与政治资料、学术著作，各个类别分别拥有48种、35种和22种图书，合计105种（详细数据参见表2-3）。

表2-3　　　　　　入选马克思主义论文引用图书的类别统计

内容类别 \ 图书类别	领袖著作	历史文献与政治资料	学术著作
入选图书种数	48	35	22
入选图书被引次数	21163	1329	476
入选图书被引次数所占比例	92.14%	5.79%	2.07%
入选图书的平均被引次数	440.90	37.97	21.64

仔细审视表2-3可以有两个重要发现：第一，在图书平均被引次数统计中，领袖著作平均每种图书被引达到440.9次；而学术著作则相反，平均每种图书被引仅为21.64次，两者之间相差20多倍。第二，由于表中显示的各类图书的平均被引数量的差距悬殊，造成了在总被引次数的比较中领袖著作与学术著作之间的更大的差距。

领袖著作被引次数占总被引次数的比例高达92.14%,而学术著作则相反,仅占约2%的份额。换句话说,尽管入选图书在被引种数统计中领袖著作的种数仅为学术著作的2.18倍,而在被引总次数统计中领袖著作与学术著作的比率竟升至44.46倍。因此可以断言,就本学科引用图书情况而言,领袖著作对本学科具有绝对的学术影响力。这种绝对影响力在其他学科中是鲜见的。

2.2 领袖著作对马克思主义研究的影响

根据本书第1章对领袖著作的定义,本章入选的领袖著作包括马克思、恩格斯、列宁、斯大林、毛泽东、邓小平、江泽民、胡锦涛等领袖的著作。领袖著作不仅是科学的世界观,同时也是世界观的科学。近百年来的中国革命实践证明,领袖著作不仅以辩证唯物主义和历史唯物主义的世界观与方法论科学地揭示了自然界与人类社会的发展规律,因而它是科学的世界观;同时它以成功的社会实践雄辩地证明了这一世界观与方法论的科学性,因而它是世界观的科学。在这个意义上说,领袖著作就是马克思主义体系的具体体现,也是形成领袖著作对马克思主义学科绝对学术影响力的根本原因。

入选的马克思主义论文引用较多的领袖人物著作共48种。表2-4给出了这48种图书的详细书目,并按被引量多少排序。

表2-4　　　　　　　　马克思主义论文引用较多的领袖人物著作

序号	图书信息
1	邓小平:《邓小平文选》,北京:人民出版社,1994(2005年重印)
2	马克思、恩格斯:《马克思恩格斯全集》,北京:人民出版社,1995
3	马克思、恩格斯:《马克思恩格斯选集》,北京:人民出版社,1995
4	毛泽东:《毛泽东选集》,北京:人民出版社,1991
5	列宁:《列宁全集》,北京:人民出版社,1959
6	毛泽东:《毛泽东文集》,北京:人民出版社,1991、1993、1996、1999
7	列宁:《列宁选集》,北京:人民出版社,1972
8	毛泽东:《建国以来毛泽东文稿》,北京:中央文献出版社,1987—1998
9	马克思:《资本论》,北京:人民出版社,1953—2004
10	毛泽东:《毛泽东著作选读》,北京:人民出版社,1986
11	马克思著,刘丕坤译:《1844年经济学哲学手稿》,北京:人民出版社,1997、1985
12	毛泽东:《毛泽东早期文稿》,长沙:湖南出版社,1990、1995
13	毛泽东:《毛泽东书信选集》,北京:人民出版社、中央文献出版社,1979、1984、1998
14	江泽民:《论"三个代表"》,北京:中央文献出版社,2001

续表

序号	图书信息
15	江泽民：《江泽民论有中国特色社会主义》，北京：中央文献出版社，2002
16	刘少奇：《刘少奇选集》，北京：人民出版社，1981—1985
17	斯大林：《斯大林选集》，北京：人民出版社，1979
18	斯大林：《斯大林全集（第1—13卷）》，北京：人民出版社，1953—1960
19	江泽民：《全面建设小康社会，开创中国特色社会主义事业新局面——在中国共产党第十六次全国代表大会上的报告》，北京：人民出版社，2002
20	周恩来：《周恩来选集》，北京：人民出版社，1980—1984
21	江泽民：《论党的建设》，北京：中央文献出版社，2001
22	江泽民：《在庆祝中国共产党成立八十周年大会上的讲话》，北京：人民出版社，2001
23	江泽民：《论科学技术》，北京：中央文献出版社，2001
24	江泽民：《江泽民文选》，北京：人民出版社，2006
25	毛泽东：《毛泽东外交文选》，北京：中央文献出版社、世界知识出版社，1993
26	列宁：《列宁论民族问题》，北京：民族出版社，1987
27	毛泽东：《毛泽东军事文集》，北京：军事科学出版社，1993
28	毛泽东：《毛泽东哲学批注集》，北京：中央文献出版社，1988
29	江泽民：《高举邓小平理论伟大旗帜 把建设有中国特色社会主义事业全面推向二十一世纪——在中国共产党第十五次全国代表大会上的报告》，北京：人民出版社，1997
30	陈云：《陈云文选》，北京：人民出版社，1986、1995
31	毛泽东：《毛泽东农村调查文集》，北京：人民出版社，1982
32	孙中山：《孙中山全集》，北京：中华书局，1981—1985
33	列宁：《哲学笔记》，北京：人民出版社，1956—1992
34	毛泽东：《毛泽东著作专题摘编》，北京：中央文献出版社，2003
35	马克思、恩格斯：《马克思恩格斯〈资本论〉书信集》，北京：人民出版社，1976
36	毛泽东：《毛泽东新闻工作文选》，北京：新华出版社，1983
37	毛泽东：《毛泽东在七大的报告和讲话集》，北京：中央文献出版社，1995
38	胡锦涛：《在"三个代表"重要思想理论研讨会上的讲话》，北京：人民出版社，2003
39	列宁：《列宁文稿（第1—17卷）》，北京：人民出版社，1977—1990
40	马克思、恩格斯：《马克思恩格斯论民族问题》，北京：民族出版社，1987
41	斯大林：《斯大林论民族问题》，北京：民族出版社，1990
42	马克思、恩格斯：《共产党宣言》，北京：人民出版社，1959、1961、1962、1974、1984
43	邓小平：《邓小平建设有中国特色社会主义论述专题摘编》，北京：中央文献出版社，1995

续表

序号	图书信息
44	江泽民：《江泽民论社会主义精神文明建设》，北京：中央文献出版社，1999
45	毛泽东：《毛泽东论文艺》，北京：人民文学出版社，1992
46	马克思：《机器、自然力和科学的应用》，北京：人民出版社，1978
47	马克思：《剩余价值理论》，北京：人民出版社，1975
48	恩格斯：《自然辩证法》，北京：人民出版社，1971、1984、1991

表2-4中，马克思、恩格斯的著作有10种，其被引次数达8237次，占领袖著作总被引次数的38.92%。如果加上列宁、斯大林8种著作的被引2691次，两项合计总被引10928次。马恩列斯的经典著作所占比重达到了51.64%，占领袖著作总被引量的半壁江山。这就是说，历经百余年的社会变革与科学发展，马克思主义经典著作依然是毛泽东40年前所断言的那样：马克思主义是放之四海而皆准的普遍真理。此外，我们可以清楚地看到，毛泽东著作入选了14种，是马克思主义论文引用最多的领袖著作，其被引次数达到了4955次，占入选的领袖著作总被引次数的23.41%。毛泽东长期以来坚持将马克思主义理论与中国革命实践相结合，在实践中不断丰富和发展马克思主义，成为了当代中国最伟大的马克思主义学者和革命家。因而毛泽东著作的被引率在中国领袖人物中雄居榜首。与此相似的还有邓小平的2种著作，被引次数高达4467次，占入选的领袖著作总被引次数的21.11%。毛泽东与邓小平著作合计总被引次数为9422次，占领袖著作总被引次数的44.52%。如果不计马恩列斯著作的被引量，毛泽东、邓小平著作总被引次数占国内领袖人物著作总被引次数的92.06%，毛泽东、邓小平对中国革命与马克思主义学科发展的巨大贡献可见一斑。

另外在表2-4中，就单部著作而言，被马克思主义论文引用次数最多的领袖人物著作是《邓小平文选》，以八年被引4455次雄居榜首。邓小平作为中国共产党的第二代核心领导人物，把马克思主义的理论灵活地应用于当代中国，极大地推进了中国政治经济体制改革与发展的进程。因此，邓小平理论成了当代中国最具代表性的马克思主义，它不仅影响着当代中国社会发展的进程，也极大地影响着当代中国马克思主义学科的发展进程。

2.3 历史文献与政治资料对马克思主义研究的影响

本章所述历史文献主要指我国古代学者撰写的著作，如《论语》、《左传》等；政治资料主要为新中国成立以来中国共产党发布的各类文件、我国重要领导人的年谱、一些革命家和学者撰写的回忆录。本章遴选了被马克思主义论文引用10次以上

（含10次）或年均被引3次及以上的历史文献与政治资料共35种，占马克思主义入选图书的33%。2000—2007年间马克思主义论文引用较多的历史文献与政治资料目录参见表2-5。

表2-5　　马克思主义论文引用较多的历史文献与政治资料

序号	图书信息
1	中共中央文献研究室：《邓小平思想年谱》，北京：中共文献版社，1998
2	薄一波：《若干重大决策与事件的回顾》，北京：中共中央党校出版社、人民出版社，1991、1993、1997
3	中共中央文献研究室：《建国以来重要文献选编》，北京：中共文献出版社，1992—1998
4	中央档案馆：《中共中央文件选集》，北京：中共中央党校出版社，1989—1992
5	中共中央文献研究室：《邓小平年谱》，北京：中央文献出版社，2004
6	中共中央文献研究室：《毛泽东传》，北京：中央文献出版社，1996
7	中共中央文献研究室：《毛泽东年谱》，北京：人民出版社、中央文献出版社，1993、2002
8	中共中央文献研究室：《十五大以来重要文献选编》，北京：人民出版社，2000—2003
9	［美］斯诺（Snow, Edgar）：《西行漫记》，北京：生活·读书·新知三联书店，1979
10	中共中央文献研究室：《十三大以来重要文献选编》，北京：人民出版社，1991—1993
11	中共中央文献研究室：《三中全会以来重要文献选编》，北京：人民出版社，1982
12	中共中央文献研究室：《关于建国以来党的若干历史问题的决议》，北京：人民出版社，1981—1985
13	中国共产党第十五次全国代表大会秘书处：《中国共产党第十五次全国代表大会文件汇编》，北京：人民出版社，1997
14	《论语》
15	胡绳：《中国共产党的七十年》，北京：中共党史出版社，1991
16	《荀子》
17	吴冷西：《十年论战（1956—1966）：中苏关系回忆录》，北京：中央文献出版社，1999
18	胡乔木：《胡乔木回忆毛泽东》，北京：人民出版社，1994
19	龚育之：《毛泽东的读书生活》，北京：生活·读书·新知三联书店，1986
20	中国共产党第十六次全国代表大会秘书处：《中国共产党第十六次全国代表大会文件汇编》，北京：人民出版社，2002
21	《孟子》
22	顾龙生：《毛泽东经济年谱》，北京：中共中央党校出版社，1993
23	毛毛等：《我的父亲邓小平》，北京：中央文献出版社，1993
24	石仲泉：《毛泽东的艰辛开拓》，北京：中共党史出版社，1990—1996

续表

序号	图书信息
25	国家民族事务委员会、中共中央文献研究室：《新时期民族工作文献选编》，北京：中央文献出版社，1990
26	中国革命博物馆：《新民学会资料》，北京：人民出版社，1980
27	中共中央文献研究室：《十二大以来重要文献选编》，北京：人民出版社，1986
28	陈晋：《毛泽东读书笔记解析》，广州：广东人民出版社，1996
29	中共中央文献研究室编：《周恩来年谱》，北京：中央文献出版社，1997
30	苏共中央马克思列宁主义研究院：《苏联共产党代表大会、代表会议和中央全会决议汇编》，北京：人民出版社，1956—1964
31	中共中央宣传部：《"三个代表"重要思想学习纲要》，北京：学习出版社，2003
32	《左传》
33	中共中央统战部：《民族问题文献汇编》，北京：中共中央党校出版社，1991
34	刘崇文等：《刘少奇年谱》，北京：中央文献出版社，1996
35	李维汉：《回忆与研究》，北京：中共党史资料出版社，1986

注：个别历史文献由多家出版社、多年份出版，故省略了出版单位和出版年份。

表 2-5 中居于首位的《邓小平思想年谱》被引 158 次，占 35 种图书总被引次数 1329 次的 11.89%。该书收集了 1975 年 1 月邓小平任中共中央副主席、中央军委副主席、国务院副总理以来的讲话、谈话记录、批示、书信、题词等，记录了邓小平主持党中央和国务院的日常工作到 1997 年十五大确立邓小平理论为全党的指导思想的历程，系统地反映了邓小平理论形成和发展的过程，是邓小平理论的重要组成部分。该书不仅对于全面、系统、深入地学习和研究邓小平理论具有重要的意义，而且对于在当代中国丰富与发展马克思主义学科起到了极为重要的垂范作用。

值得注意的是，中共中央文献研究室编撰的政治资料共有 11 种，占入选的历史文献与政治资料总量的三成，总计被引次数高达 705 次，占该类 35 种图书总被引次数的 53%。毋庸置疑，中共中央文献研究室编撰的政治资料基本是记载党或国家重要人物和事件的文献，反映了马克思主义理论与中国经济社会相结合的实践过程。它们是解读、研究马克思主义的宝藏，是发展马克思主义学科不可多得的重要文献。

2.4 学术著作对马克思主义研究的影响

马克思主义论文引用 10 次以上（含 10 次）或年均被引 3 次及以上的学术著作共有 22 种（不包括领袖人物撰写的著作）。其中，国内学者 4 种，占总比的 18.18%；国外学者 18 种，占总比的 81.82%。表 2-6 列出了入选的 22 种学术著作目录。

表2-6　　　　　　　马克思主义论文引用10次以上的学术著作

序号	图书信息
1	张一兵：《回到马克思：经济学语境中的哲学话语》，南京：江苏人民出版社，1999
2	［法］雅克·德里达（Jacques Derrida）著，何一译：《马克思的幽灵：债务国家、哀悼活动和新国际》，北京：中国人民大学出版社，1999
3	［德］黑格尔（G. W. F. Hegel）著，范扬等译：《法哲学原理》，北京：商务印书馆，1961、1979、1982、1995、1996
4	李大钊：《李大钊文集》，北京：人民出版社，1984
5	［匈］乔治·卢卡奇（Gyrgy Lukács）著，杜章智等译：《历史与阶级意识：关于马克思主义辩证法的研究》，北京：商务印书馆，1992
6	［德］路德维希·费尔巴哈（Ludwig Feuerbach）著，荣震华等译：《费尔巴哈哲学著作选集》，北京：商务印书馆，1984；生活·读书·新知三联书店，1959
7	［德］黑格尔（G. W. F. Hegel）著，贺麟译：《小逻辑》，北京：商务印书馆，1980、1982
8	［法］路易斯·阿尔都塞（Louis Althusser）著，顾良译：《保卫马克思》，北京：商务印书馆等，1984、2006
9	［德］黑格尔（G. W. F. Hegel）著，贺麟等译：《精神现象学》，北京：商务印书馆，1979、1983
10	［日］广松涉编注，彭曦译：《文献学语境中的〈德意志意识形态〉》，南京：南京大学出版社，2005
11	［德］黑格尔（G. W. F. Hegel）著，王造时译：《历史哲学》，上海：上海书店出版社，1999；生活·读书·新知三联书店，1956
12	［法］路易斯·阿尔都塞（Louis Althusser）等著，李其庆等译：《读〈资本论〉》，北京：中央编译出版社，2001
13	［德］黑格尔（G. W. F. Hegel）著，贺麟等译：《哲学史讲演录》，北京：商务印书馆，1959、1978、1981
14	［英］安德森（P. Anderson）著，高铦等译：《西方马克思主义探讨》，北京：人民出版社，1981
15	［德］马丁·海德格尔（Martin Heidegger）著，孙周兴选编：《海德格尔选集》，北京：生活·读书·新知三联书店，1996
16	罗荣渠：《现代化新论：世界与中国的现代化进程》，北京：北京大学出版社，1993
17	［德］科尔施（K. Korsch）著，王南湜等译：《马克思主义和哲学》，重庆：重庆出版社，1989
18	［德］A. 施密特（A. Schmidt）著，欧力同等译：《马克思的自然概念》，北京：商务印书馆，1988
19	［德］马丁·海德格尔（Martin Heidegger）著，陈嘉映等译：《存在与时间》，北京：生活·读书·新知三联书店，1987、1999

续表

序号	图书信息
20	艾思奇:《艾思奇文集》,北京:人民出版社,1981—1983
21	[德] 尤尔根·哈贝马斯（Jurgen Habermas）著,郭官义译:《重建历史唯物主义》,北京:社会科学文献出版社,2000
22	[俄] 普列汉诺夫（Плеханов, Г. В.）著,晏成书等译/汝信书等译/刘若水译:《普列汉诺夫哲学著作选集》,北京:生活·读书·新知三联书店,1961、1962/1974/1959

分析表 2-6 中的目录可以看出,首先,就被引图书本身来说,国内出版的图书在被引名次上夺魁。《回到马克思:经济学语境中的哲学话语》名列榜首,被引 62 次,占马克思主义论文引用 10 次及其以上的学术著作被引总次数的 13.03%。作者为南京大学党委副书记张异宾（笔名:张一兵）,他是国内以开创性的解读方法重视马克思主义哲学思想的第一人。该书从"经济学语境中的哲学话语"中发掘马克思的哲学思想,提出回到"原生态"的马克思。这一中国马克思主义学术研究的崭新口号在国内马克思主义学界引起了强烈反响。

其次,就作者地区分布来说,马克思主义引用图书的作者大部分为外国学者,且欧洲学者占主体,国内学者仅占 18.18%。这说明欧洲作为马克思主义的诞生地,其深层的学科底蕴依然对我国马克思主义的研究与发展具有相当的影响力。列表中享誉世界的著名古典哲学家黑格尔有五种图书入选:《法哲学原理》、《小逻辑》、《精神现象学》、《历史哲学》、《哲学史讲演录》,占 22 种图书的 22.73%;被引次数分别名列第 3、6、8、10、12 位,总被引次数高达 115 次,占马克思主义论文引用 10 次及其以上的学术著作被引总次数的 24.16%。此数据表明,黑格尔的学术著作不仅被引图书种类众多,且平均图书被引率也相当高。黑格尔在哲学史上的主要贡献就是他的辩证法思想,他把矛盾看做一切事物的真理与本质,辩证法就是对立面的统一,认为整个自然界、人类社会、人的思维都处于普遍联系与发展变化中。马克思和恩格斯在创立唯物辩证法时,批判地吸取了黑格尔哲学中的辩证法合理内核。尽管这些著作成书于 180 年前,这位欧洲最著名的古典哲学家的辩证法思想依然对我国马克思主义学科的发展产生着广泛的影响。

为详细介绍这 22 种图书对我国马克思主义学科学术影响力的情况,有必要对它们的学术思想及其影响面作简要地介绍与分析。

《回到马克思:经济学语境中的哲学话语》（被引 62 次）作者张一兵基于《马克思恩格斯全集》历史考证第二版（MEGA2）摘录笔记和手稿的最新文献,第一次从马克思经济学研究的历史语境出发,真实地呈现出马克思哲学话语深层转换的动态历史原相。作者运用全新的解读方法确认了青年马克思的人本学、社会现象学以及建立在扬弃古典经济学社会唯物主义基础之上的广义历史唯物主义科学视阈,指认出马克思在最后的经济学探索中所创立的历史现象学批判话语,使我们得以以最新的方法和语境在一个开放的视阈中面对马克思。展现在我们面前的马克思不再是那个既往的对象,而是一个全新且有据可寻的马克思。从而否定了苏联传统教科书教条主义体系哲学及其变种的合法性,为马克思哲学学术创新奠定了全新的思考起点。该书出版当年即被引用,2006、2007年引用最多,达到20余次。

引用该书的马克思主义学科论文的主题主要为对马克思哲学的深层内涵原创性的探索、文献学与马克思主义基本理论研究、对马克思哲学话语的解读、马克思哲学思想发展进程以及对马克思的基本性问题重新探索等。

《马克思的幽灵:债务国家、哀悼活动和新国际》(被引40次)为雅克·德里达所著。随着20世纪80年代末期和90年代初期社会主义阵营内发生的一系列政治动荡,西方资本主义世界普遍认为建立一个国际新秩序的时代已经来临,社会主义与资本主义两极对立的历史行将结束,未来将是自由市场经济全球化的时代。面对苏联解体后国际形势剧变,作者用解构主义的分析法剖析社会现状,提出"马克思主义向何处去"等尖锐问题。通过对《德意志意识形态》、《共产党宣言》、《路易波拿巴的雾月十八日》、《资本论》等马克思的"文本"互文性的阅读,对当代世界资本主义新秩序即"新国际"进行了深层次的分析,揭示了马克思主义对"新国际"神话的解构功能和当代意义。从求助于马克思主义的批判精神和方法论出发,寄望于马克思主义获得新生,以挽救这个趋于破败的世界。

引用该书的马克思主义学科论文的主题主要为西方马克思主义与马克思主义的关系、解构概念与马克思的关联、马克思精神、马克思主义哲学创新、马克思主义意识形态的当代命运、马克思社会发展理论等。

《法哲学原理》(被引39次)是古典唯心主义哲学的重要著作,系统地反映了黑格尔的法律观、道德观、伦理观和国家观。在黑格尔看来,法哲学作为精神哲学中的客观精神是对逻辑学的补充与应用。黑格尔认为,法是自由意志的体现,真正的自由是受客观的、具有普遍性的法的限制的自由。法的发展分为抽象法、道德、伦理三个环节。法的出发点是意志,而意志是自由的,所以自由构成了法的实体和规定性;道德扬弃了抽象法,进入了较高的阶段,道德就是自由意志在内心的实现,即道德是主观意志的法;自由意志在借助外物和内心分别实现自己后,就进入了既通过外物又通过内心来实现自己的伦理,伦理达到了抽象的法和道德的统一、主观和客观的统一,是客观精神的真实实现。《法哲学原理》包含了许多合理的、有意义的因素,是一部具有丰富辩证法思想同时又为唯物史观的产生提供直接条件的系统性论著。从方法论来说,黑格尔在论证其法哲学思想时把辩证法运用得灵活自如,特别是运用否定之否定的方法来讨论政治、社会、伦理等问题。从内容来说,黑格尔关于市民社会、国家及其相关问题的论述为历史唯物主义的萌芽和产生提供了直接的理论前提。黑格尔法哲学的客观唯心主义以及思想政治上的保守,对君主制、私有财产制等保守的政治见解，都受到了马克思的批判，但同时其中也包含许多合理的辩证法，运用辩证法（当然是唯心的）来讨论政治、社会、伦理问题，包括他的辩证刑罚论，法与道德的辩证分析以及他的法治思想、司法理论、部门法理论，都为马克思主义法哲学体系的建立提供了重要依据。

引用该书的马克思主义学科论文的主题集中在道德信念与法制建设方面，包括道德权威性、人的自由、道德与文明、法律诠释、立法观念、法制现代化、法治模式、民法、刑法等。

《李大钊文集》（被引36次）于1985年6月由人民出版社分上、下两卷出版，收入文章437篇，共110万字。李大钊是中国共产主义运动的先驱和最早的马克思主义者，是中国共产党的主要创始人之一，他一生的精力都放在了研究和解决中国现实的政治问题上，对马克思主义在中国的传播有着很大贡献。因此，在研究马克思主义在中国早期的传播与发展等领域，该文集是很有价值的参考书。

《历史与阶级意识：关于马克思主义辩证法的研究》（被引32次）是作者卢卡奇流亡维也纳期间于1922年圣诞节前夕完成的，第二年春天在柏林马立克出版社出版，1992年由商务出版社介绍到我国。该书收集了作者坚持结合革命实践深入钻研马克思和列宁的著作后的思想认识与政治观点，是一部多层次的哲学著作或政治哲学著作。作者深刻地论述了对有关马克思主义及其辩证法本质的一系列极其重要的哲学问题的理解，提出了他对历史及其主体以及物化问题的解释，阐明了无产阶级及其阶级意识的历史作用，呼吁必须恢复被第二国际的领袖们所遗忘和歪曲了的马克思主义的真正哲学意义的思想。该书被认为是"西方马克思主义"的第一部代表作，也是在学术界引起较大反响的著作之一。

引用该书的论文发表时间主要集中在2006年以后，其主题主要为科学认识马克思主义、马克思主义理论整体性、马克思主义哲学研究的创新、文本学方法、马克思哲学解读模式、马克思实践观、唯物史观与共产主义信念等。

《费尔巴哈哲学著作选集》（被引26次）由苏联国家政治书籍出版局出版，1959年由生活·读书·新知三联书店在我国翻译出版，1984年商务印书馆再版。分上、下两卷，上卷包括著作十三篇，下卷包括费尔巴哈以宗教批判为主题的四篇著作。费尔巴哈是德国旧唯物主义哲学家、马克思以前的最杰出的唯物主义者，对马克思和恩格斯的哲学观点的形成产生过重大影响。恩格斯曾称费尔巴哈为"黑格尔哲学与我们理论之间的中间环节"。因此，《费尔巴哈哲学著作选集》中文版的出版，对于我国的唯物主义研究无疑是一个可喜的现象。费尔巴哈在他的著作中批判了康德的不可知论和黑格尔的唯心主义，肯定自然离开人的意识而独立存在，时间、空间是物质的存在形式，人能够认识客观世界。但他抛弃了黑格尔的辩证法，他的唯物主义依然是形而上学的，社会历史观是唯心主义的。

引用该书的马克思主义学科论文主题主要为费尔巴哈唯物史观、唯物主义范畴、主体和客体、人性与人本主义、宗教理念、人学思想等。

《小逻辑》（被引 23 次）原是黑格尔为学生撰写的讲义，在他 1831 年逝世后由学生编订成书，其中附加了学生的笔记作为附释。《小逻辑》是构成黑格尔的《哲学全书》的一个主要环节。黑格尔建立了逻辑史上第一个全面而系统的辩证逻辑体系。该书是黑格尔逻辑思想体系的核心著述，是黑格尔思考世界的逻辑体系大厦。黑格尔的逻辑体系可分为三个部分：存在论、本质论、概念论。存在的概念是直接的、抽象的，包括质、量、度三个环节。质是指事物直接存在的规定性，量指的是事物存在的外在规定性。质与量的统一便是度。度是有质的量。本质的概念是间接的、矛盾的，包括本质自身、现象和现实三个环节。概念表现成双成对、相互联系的反思关系，对立双方互相排斥、互相转化，表现为直接性和间接性的对立统一。他把质量互变、对立统一、否定之否定上升为思维的普遍规律，并制定了其基本内容。

引用该书的马克思主义学科论文的主题主要为本体论、哲学基本问题、德国古典哲学解读、主客体辩证法、自然辩证法、思辨辩证法、西方传统哲学、马克思与黑格尔的理论传承关系、思辨与逻辑、哲学思维创新等。

《保卫马克思》（被引 23 次）是法国著名哲学家阿尔都塞的一部重要哲学著作。该书汇集了作者 1960－1965 年间的八篇论文，即《费尔巴哈的〈哲学宣言〉》、《论青年马克思》、《矛盾与多元决定》、《关于唯物主义戏剧的笔记》、《关于 1844 年经济学哲学手稿》、《关于唯物辩证法》、《马克思主义和人道主义》、《关于"真正的人道主义"的补记》。这些哲学论文是对当时国际共产主义运动的"形势的干预"，是对 1956 年苏共二十大后出现的"人道主义马克思主义"思潮的批判。该书 1965 年在法国首次出版后，在理论界引起了强烈反响，随后连续再版十多次，并被译为多种文字，广为流传于世界各国，是 20 世纪后半叶西方马克思主义文本中最重要的经典之一。1984 年该书由商务印书馆翻译出版介绍到我国，在国内学术界产生较大影响，2006 年再版。

引用该书的马克思主义学科论文的主题主要为西方马克思主义、现代西方思潮、马克思辩证法的真理性、中国化马克思主义哲学、当代意识形态理论、回归马克思、马克思哲学解读、《1844 年经济学哲学手稿》解读、人本主义的批判、后现代思潮等。

《精神现象学》（被引 19 次）是黑格尔的第一部巨著，也是其系统阐述自己哲学体系的开端，书中力图表述世界精神的自我发展的历程。黑格尔认为人是社会的人，是历史的产物，从个体出发就可以再现人类的历史。观念从自然中挣扎出来，经过主观精神、客观精神最终到达绝对精神，这就是思维运动的三个阶段。黑格尔力图把整个自然的、历史的和精神的世界描绘成一个具有内在联系的运动、发展的过程。黑格尔认为，只有到了绝对知识阶段，人才能从哲学的层面上透彻理解自身与世界，才能在人的层面上真正达到个体自我和绝对自我的同一。哲学是人的意识的最高形态,而概念也就是主客体、特殊性与普遍性的统一。该书是整个黑格尔哲学体系的导言,是整个体系的第一部和这个体系自身浓缩的全体,也是黑格尔以后所探索的逻辑学的起点,在黑格尔哲学中占有独特的地位。

引用该书的马克思主义学科论文的主题主要为马克思与黑格尔的理论传承、马克思对黑格尔辩证法的超越、黑格尔的辩证法研究、辩证观与实践观、西方马克思主义主体观、自由与意识、感性确定性的真理性、自我意识、实践哲学、传统道德哲学和德国古典哲学、道德信仰、伦理体系及其价值等。

《文献学语境中的〈德意志意识形态〉》(被引18次)是由日本马克思主义哲学家广松涉编译的新版《德意志意识形态》中的一章(《费尔巴哈》)手稿的文献版。该书直接以手稿的照像版为据,将马克思、恩格斯的主要手稿与后来的修改文字进行了同页排印,试图以此最真实地重现马克思、恩格斯撰写手稿时的原始语境。《费尔巴哈》是马克思、恩格斯未完成的书稿,在马克思、恩格斯生前没有公开出版过,而后来的几种版本由于这样或那样的原因,都未能如实地再现马克思、恩格斯在撰写过程中的文献学语境,这使得我们已经难以看出历史唯物主义的原貌。广松涉版的《德意志意识形态》由日文版和德文版两册构成。其中,德文版保持了其正文的原状,翻译了广松涉版的脚注;日文版在《德意志意识形态》节选本的基础上翻译成了中文。书中同时收录广松涉版的两篇论文,即《〈德意志意识形态〉在文献学上的诸问题》和《青年恩格斯思想的形成》。广松涉版的最大特点在于,它按手稿原来的页码重新排列,将马克思与恩格斯的手稿用不同的字体区分开来,忠实地再现了手稿的推敲、修改过程。该书第一次向我们呈现了马克思主义经典文本的文献学语境,为我们跨越对马克思主义的庸俗注解、回归马克思主义架起了一座桥梁,是国内马克思主义哲学研究中的第一本比较文献学专著。

引用该书的马克思主义学科论文的主题主要为马克思文本解读、《德意志意识形态》编辑问题、马克思主义文献学研究、马克思和恩格斯的思想差别等。

《历史哲学》(被引18次)把绝对精神看做世界的本原。绝对精神并不是超越于世界之上的东西,自然、人类社会和人的精神现象都是它在不同发展阶段上的表现形式。事物的更替、发展、永恒的生命过程,就是绝对精神本身。历史是绝对精神自我发展的历程,是世界走向自我意识的过程。历史的目标就是精神的充分发展和充分的自我意识。这个充分的自我意识,也就是自由意识,它是宇宙发展的顶点。黑格尔哲学的任务和目的,就是要展示通过自然、社会和思维体现出来的绝对精神,揭示它的发展过程及其规律性,实际上是在探讨思维与存在的辩证关系,在唯心主义基础上揭示二者的辩证统一。

引用该书的马克思主义学科论文的主题为历史唯物主义观、历史意识起源、历史终结论、世界历史理论、马克思与黑格尔与历史原则、马克思与黑格尔的自由观、黑格尔英雄史观、理性主义与史学观念、民族精神、自由观、精神价值取向等。

《读〈资本论〉》（被引 17 次）发表于 1965 年，为阿尔都塞、巴里巴尔等法国学者合著。1968 年再版时，只保留了阿尔都塞和巴里巴尔的著作，都是阿尔都塞于 1965 年年初在巴黎高等师范学校举办的《资本论》研究会上所作的几篇哲学报告。报告主要针对苏共"二十大"以后在国际共产主义运动中以及在法国共产党内和法国哲学界出现的特定的意识形态和理论斗争而写作。这些问题主要集中在以下两个方面：一是关于马克思的早期著作与成熟期著作之间关系的争论；二是关于"斯大林主义"问题的争论。报告的宗旨就是要在马克思主义的科学理论与非马克思主义的意识形态之间划清界限。

引用该书的马克思主义学科论文的主题主要为马克思主义的历史科学、马克思哲学思想发展史、人本主义哲学方法论、意识形态理论与方法、主体哲学等。

《哲学史讲演录》（被引 16 次）的作者是黑格尔，他一方面把哲学史纳入客观唯心主义体系的框架中，把哲学史归结为理念回归自身的绝对精神阶段；另一方面又把辩证法贯彻于哲学史研究，深刻地揭示了哲学史的发展规律，表现了他用以考察哲学史的唯心而又辩证的观点。黑格尔认为，哲学史的真正发源地是古希腊，并在具体论述古希腊各家哲学时，抬高唯心主义，贬低唯物主义，对于亚里士多德批判柏拉图时所表现的唯物主义倾向也加以歪曲。黑格尔注重发掘古代的辩证法，崇尚唯心论和辩证法，贬低唯物论，反对形而上学。黑格尔认为思维与存在的关系是近代哲学所探讨的根本问题。

引用该书的马克思主义学科论文的主题主要为哲学史概念、客观唯心主义、辩证法、本体论、认识论、古希腊哲学、宗教哲学、真理观等。

《西方马克思主义探讨》（被引 14 次）是一本全面地介绍了西方马克思主义的学术专著。西方马克思主义是 20 世纪 20 年代欧美出现的一种新的思潮，认为"欧洲共产主义"战略带有机会主义色彩，把博大精深的马克思主义沦为依靠资产阶级议会民主夺取政权的政治路线，用"批判的马克思主义"对各种现象进行再考察，唤醒人们的革命意识，重新"发现"马克思。西方马克思主义思潮是第一次世界大战后欧洲资本主义先进地区无产阶级革命失败的产物，它是在社会主义理论和工人阶级实践之间日益分离的情况下发展起来的。该书作者认为，在历史唯物主义发展内部，实际上已经形成了一个完全崭新的学术结构。在西方马克思主义者看来，马克思主义在某些批判性方面已经成为一种与以往任何理论截然不同的理论。

引用该书的马克思主义学科论文主题主要为西方马克思主义概念、西方马克思主义意识形态理论、西方马克思主义思潮、当代马克思社会哲学思想、马克思主义关于资本的认识、回归马克思等。

《海德格尔选集》（被引 14 次）收录了海德格尔的 42 篇文章，多为海德格尔生前发表的论著。该选集的 42 篇文章被编辑为七编：第一编前期存在论哲学、第二编真理·艺术·诗、第三编存在历史观和存在问题、第四编神学之维、第五编技术的追问、第六编语言之说、第七编思的问题。这些篇目反映了海德格尔的最重要学术思想,是进入海氏思想之门的基本读物。

引用该书的马克思主义学科论文的主题主要为后马克思主义、马克思实践哲学、西方历史哲学、科学发展观、技术哲学、科学哲学、哲学复兴、宗教哲学、人文精神、西方哲学与文明、文化哲学、艺术观、美学观等。

罗荣渠的《现代化新论:世界与中国的现代化进程》(被引13次)突破了传统与西方的窠臼,运用跨学科的社会科学研究方法,融理论与历史研究为一体,阐发了许多精辟见解。从宏观史学的视角,把现代化作为全球性大转变过程,进行整体性研究。首次提出以生产力为社会发展中轴的一元多线历史发展观,以此论述世界的现代化发展总趋势和近代中国的社会巨变,并对中国的现代化道路作了专题考察。全书分三编:第一编"大转变时代的新历史观",是用马克思主义评介西方现代化理论,并就建立马克思主义的现代化理论作了探索。第二编"现代世界发展趋势通论",是对近两百年来现代化的世界历史进程的总体考察。第三编"转型期中国发展趋势通论",是对近百年来中国现代化的历史趋势和特点的总体考察。这样一个研究框架,是将理论、历史与现实熔于一炉的三层结构,是历史学、发展经济学、发展社会学与政治发展理论相结合的跨学科方法的尝试。全书在进一步阐发《新论》所提出的重要理论观点的基础上,从政治、经济和文化变革等不同角度着重探讨了东亚与中国的现代化进程。该书是我国现代化理论与世界现代化进程研究的重要著作。

引用该书的马克思主义学科论文的主题主要为马克思主义发展史观、唯物史观基本概念、科学发展观、现代化理论、现代化建设、现代化思想、当代资本主义的发展、中国经济发展道路、和谐社会构建、中国政治发展战略等。

《马克思主义和哲学》(被引12次)包括两部分:第一部分是卡尔·柯尔施的长篇论文《马克思主义和哲学》;另一部分是卡尔·柯尔施对这篇论文发表后七年中所遭到的各种批评的反驳,题目为《〈马克思主义和哲学〉问题的现状:一个反批评》。作者认为,现实社会是由"经济"、"法和国家"、"纯粹的意识形态"三部分构成的一个有机总体。马克思主义从总体上批判资本主义社会,并且始终坚持理论和实践的统一,它是"一个活的总体的社会革命理论"。由此出发,作者把马克思主义的发展分为三个阶段:第一阶段以《共产党宣言》为代表的马克思主义学说表现为一种活的总体的社会革命理论;第二个阶段被第二国际的其他领袖分解为各个部分的马克思主义,破坏了马克思主义理论的完整性;第三个阶段列宁和卢森堡坚持理论联系实际,使马克思主义理论的总体性开始得以恢复。但是列宁忽视了理论的创造作用,在理论上不能解决现实国际阶级斗争的实际问题。

引用该书的马克思主义学科论文的主题主要为马克思主义理论体系、马克思哲学观、马克思主义研究、西方马克思主义、哲学革命等。

《马克思的自然概念》(被引12次)由德国学者A.施密特所著。作者以马克思的自然范畴为核心,对马克思运用的一些重要的方法、立场和范畴作了哲学理解。施密特对马克思的共产主义的理解是基于马克思在《1844 年经济学哲学手稿》中的观点,即认为在共产主义社会里人和自然界、人和人之间应是和谐统一的,而如果人与自然界、人和人之间不能达到和谐统一,它们之间的矛盾不能得到真正的解决,则共产主义社会就是不可能实现的。作者将马克思的共产主义仅仅作为一种社会制度来理解,认为只要实现了共产主义,一切矛盾都会最终得到解决,人们最终将生活在一个理想的和谐状态的社会里。

引用该书的马克思主义学科论文的主题主要为马克思主义哲学、马克思政治经济学、自然辩证法、现代科技哲学、唯物主义自然观、实践唯物论、自然概念等。

《存在与时间》(被引 11 次)是 20 世纪西方哲学最重要的经典。作者马丁·海德格尔原计划分两个部分来写,每部分三篇、共六篇。但是实际发表的却只有第一部分的第一篇、第二篇和导论。该书的核心问题是对"存在"的探讨。作者认为"存在"是使存在者得以成为自身的那种过程和先决条件,一切存在者都必须先存在,才能成为现实的存在者。没有存在也就没有存在者,所以只有先探讨"存在"的意义,然后才能明白存在者的意义。而作为人的存在的"此在"恰好符合"存在"的这种条件。海德格尔声称其基本本体论就是建立在对"此在"存在的分析基础之上的。在他看来,如果没有"此在"的存在,也就不存在如此这般的世界。作者批判了西方哲学自柏拉图、亚里士多德以来的把哲学变成知识、把"存在"当做"存在者"来研究的传统,认为自柏拉图以来的西方哲学都把"存在"的问题作为"存在者"的问题来处理了,也就是在没有弄清存在者如何存在前就先验地肯定了它们的存在,从而导致对"存在"的遗忘。这样建立起来的哲学本体论是"无根的本体论"。海德格尔的存在哲学标志着西方哲学研究内容上的一次重大转变,奠定了整个现代西方哲学的基础和方向。

引用该书的马克思主义学科论文的主题主要为本体论、生存论、存在论、认识论、形而上学、哲学观、现象学、现代西方哲学等。

《艾思奇文集》(被引 11 次)共分三卷:第一卷收录了艾思奇在新中国成立前的部分文章,第二卷选辑从新中国成立开始到 1956 年的著述,第三卷选录从 1957 年到作者去世的作品。每卷约 50 万至 60 万字。其中最负盛名的为《哲学讲话》,即《大众哲学》。用"日常生活的事例,通俗的笔调来讲述最新的哲学思想",它一问世,就风行全国,在短短的十数年里,就印行了 32 版,销售数十万册。这在新中国成立前的出版界是不可多见的一件盛事。此外,毛泽东曾给予《哲学与生活》一书很高的评价:"你的《哲学与生活》是你的著作中更深刻的书,我读了得益很多。"

引用该书的马克思主义学科论文的主题主要为马克思主义哲学、唯物史观、实践论、矛盾论、西学东渐等。

《重建历史唯物主义》(被引 10 次)作者尤尔根·哈贝马斯是法兰克福学派最

有名的理论家之一。作者认为,迄今为止,任何一种社会理论,无论是历史唯物主义还是社会学的其他理论都不能全面解释社会进化或者提出社会进化的构思,因此必须"重建历史唯物主义"。哈贝马斯这一论点激起理论界反思和研究历史唯物主义的热情,在中外理论界引起了极大反响。全书共分四个部分:第一部分"哲学的前景",包括导论、历史唯物主义和规范结构的发展、哲学在马克思主义中的作用;第二部分"同一性",包括道德的发展和自我同一性、复合的社会建立一个理性的同一性的可能性;第三部分"进化",包括社会学中的理论比较、重建历史唯物主义、历史和进化、对现代法律的进化论价值的思考;第四部分"合法性",包括现代国家中的合法性问题、何谓今日之危机、简述合法性概念、关于实际对话的两点意见。

引用该书的马克思主义学科论文的主题主要为西方马克思主义、现代西方哲学、历史唯物主义、马克思主义哲学、社会进化观、社会建构、马克思本体论等。

《普列汉诺夫哲学著作选集》(被引10次)共有5卷,1959年由生活·读书·新知三联书店根据1956年的俄文版陆续翻译出版。该书作者普列汉诺夫是把马克思成熟思想表述为辩证唯物主义的第一个人,被誉为"俄国马克思主义之父"。普列汉诺夫认为辩证的和唯物的方法阐明并统一了一切知识,并率先把这种方法运用于政治学、经济学和哲学,而且也运用于语言学、美学和文艺评论。列宁对他的著作评价极高,认为它们是战斗唯物主义的,而且这些著作已成为共产国际和苏联几代积极分子的主要读物。其中,《一元论历史观的发展》一书出版后,恩格斯在给普列汉诺夫的信中说:"您争取到使这本书在本国出版,这本身无论如何是一次巨大的胜利。"列宁认为,该书"培养了一整代俄国马克思主义者"。

引用该书的马克思主义学科论文的主题主要为马克思主义哲学、历史唯物主义、辩证唯物主义、列宁主义、历史方法论、世界观、实践观、思想史研究等。

2.5 结语

以上的统计是将被马克思主义学科论文引用的图书文献分成"领袖著作"、"历史文献与政治资料"和"学术著作"三类来分析图书对马克思主义学科的学术影响力状况。这种统计类别的划分可能涉及分类的标准性问题,导致个别图书具有多类别属性的状况,譬如领袖著作、历史文献与政治资料可能都同时兼有学术著作的属性等。然而,想要清晰地从各个角度把握不同类别性质的图书对马克思主义学科的学术影响力,这样的分类也是必须的。

在各类图书的平均被引次数统计中,领袖著作占据绝对优势,是对马克思主义学科最具学术影响力的图书。马克思主义作为西方先进文化自传入我国起就始终是中国共产党建党立国的指导思想和理论基础,"马克思主义未尝不是一种文化,而且首先是一种西方文化。在我国，共产党是执政党，马克思主义是党的理论基础和指导思想，自然也握有意识形态的领导权，因而有必要坚持马克思主义的主体地位和指导作用"①。党的领袖，首先是一个马克思主义者，其次还是马克思主义理论与实践相结合的革命运动领导者。因此，党和国家领导人的著作也就必然成了本学科重要的被引源泉。相对入选的领袖著作的被引数量，入选的学术著作的被引数量则显得偏少，仅为其2%左右。可以看出，在我国，学术著作对马克思主义学科的影响几乎微乎其微，这是很不正常的现象。马克思主义不仅是一种意识形态，更是一门科学。而科学的研究与发展如果偏离了学术这个基本方向，其前景是令人担忧的。因此，就马克思主义学科本身而言，一方面应坚决抛弃应景性论证的窠臼，强化辩证理论研究；另一方面在学术上应勇于开拓、积极创新，在当前中国伟大的社会实践中探索发展马克思主义的道路，提高自身影响力。

在被马克思主义论文引用10次及以上或年均被引3次及以上的105种图书中共涉及54位作者，其中45位个人作者，9位团体作者。在这些作者中，10位作者有2种以上图书入选，详见表2-7。

表2-7　　　　　　马克思主义学科入选2种及以上图书的作者

序号	作者	入选图书种数
1	毛泽东	14
2	江泽民	9
3	中共中央文献研究室	12
4	黑格尔	5
5	列宁	5
6	马克思，恩格斯	5
7	马克思	4
8	斯大林	3
9	邓小平	2
10	海德格尔	2

在被马克思主义论文引用10次及以上或年均被引3次及以上的105种图书中共涉及26家出版社，其中入选2种以上图书的出版社有8家，详见表2-8。

---

① 张志蓬："对马克思主义的再认识"，《雁北师院学报》（文科版）1998年第4期，第1-3页。

表 2-8　　　　　　　马克思主义学科入选图书较多的出版社

序号	出版社	入选图书种数
1	人民出版社	45
2	中央文献出版社	19
3	生活·读书·新知三联书店	8
4	商务印书馆	8
5	中共中央党校出版社	4
6	民族出版社	3
7	上海古籍出版社	2
8	中共党史出版社	2

纵观以上统计分析，发现有两个重要问题值得理论界思考。第一，图书是马克思主义学科研究的主要学术资源，在 2000—2007 年 CSSCI 来源文献中，马克思主义学科论文引用图书的次数占引用总次数的 80.55%，相当于引用期刊论文总次数的 8.14 倍。而其他类型的学术资源，譬如期刊论文、网络资源等，何以影响极小？第二，从入选种数上考量，领袖人物的著作居多，占总量的 47%，学者的学术著作仅占总量的 20%；从每种图书平均被引频次上考量，领袖人物的著作约为 440.9 次，学者的著作约为 21.64 次，可见两者被学界关注的程度有着天壤之别；从被引总量来考量，领袖人物的著作占被引总量的 92% 以上，而学者的学术著作仅占总量的 2% 不到，相当于 10 篇马克思主义学术论文中有 9 篇全部引用领袖人物的著作。那么，学者的著作又何以影响极小？这都是马克思主义学科的学者值得注意的动向。我们认为，造成学者著作学术影响力度远远小于领袖人物著作的根本原因，除了领袖人物著作的权威性原因以外，还与我国社会科学的研究氛围和学者学术研究的学风问题休戚相关，此类问题超出本书讨论范围，在此不再赘述。

第3章 哲学

　　哲学是一个古老而悠久的学科。当人类以思维和智慧的特殊属性从众多生物中脱颖而出的时候，哲学也随之悄然诞生。只要人类文明存在，就必然会有哲学。哲学发展至今，已经成为系统的世界观，是对人类知识、文化、观念和社会实践的高度概括。

　　几千年来，世界哲学的发展历程表明了哲学的发展是继承性的纵向发展，中国传统哲学亦是如此。千年思想的沉淀，造就了中国传统哲学一套特有的体系。近代以来，特别是五四运动以后，西方哲学在中国开始广泛传播。西方哲学原著的翻译和传播，是促使中国哲学发生变革的原动力。无论是思想意识上还是构建体系上，西方哲学的影响使中国哲学的发展发生了翻天覆地的变化。特别是马克思主义在中国的广泛传播，为中华民族的复兴和现代化建设指明了道路。

　　在哲学发展的历史进程中，学者们的研究成果不断充实着人类智慧的宝库。图书，尤其是学术专著，作为在某一专业、某一知识领域的大信息量的文化载体，以其厚重的文化内涵成为哲学研究中的重要学术资源。因此，我们推荐一些在哲学领域具有相当影响力的图书，希望不仅可以指导阅读、开阔学术研究新视野，而且可以提高图书馆馆藏学术含金量，促进人文社会科学的发展。

　　我们借助《中文社会科学引文索引》（CSSCI）的数据，选取2000—2007年哲学论文引用的图书文献，进行处理和统计。根据统计的结果，我们遴选符合下述两条标准的图书进行讨论：（1）2000—2007年八年间被CSSCI中哲学论文引用55次及以上的图书；（2）自图书的出版年算起，年均被引5次及以上者。两者条件具其一者即可入选哲学领域具有较大学术影响力的图书。在此基础上，我们根据图书内容特点，将它们分成领袖著作、历史文献、工具书、国外学术著作、国内学术著作五类进行讨论，以便从不同角度分析各类别图书对哲学研究的学术影响。

　　需要特别说明的是：（1）在对实际数据的统计中，发现当作者仅引用图书的某章节或者某段时，往往将引文标注成汇编文献的形式，这种现象在作者引用古籍时特别突出。因此我们统计的哲学论文引用的图书数据，将汇编文献也视为图书，合并了CSSCI引文库里的图书和汇编两种文献类型的数据。（2）我们对图书数据进行了处理，其中包括纠错和合并。除了第1章所述的处理方式，我们还针对哲学高被引图书的特点,进行了一些专门的处理。对于领袖著作中的《马克思恩格斯全集》、《毛泽东选集》,历史文献中的《四库全书》、《四库全书总目》等,由于多数引用的作者没有给出具体的卷册序号,我们将它们进行了合并,视作整体来处理。对于多卷本图书,我们也进行了合并处理,没有标注卷册,出版年代一般标注为起始和终止年(少部分只标注了起始年)。还有一些哲学论文常引用的史书和中国古代哲学著作,如《史记》、《孟子》等,大量的著录信息不完全,出版年代和出版社缺失或者错误,我们也将它们合并,未标注出版社和出版年。(3)一般来说,图书的第一作者对该书的著述具有最大的贡献,因此本章所讨论的图书均只列出了第一作者,如果是译著则只列出了第一作者和第一译者。(4)哲学是多层次立体的,在一定程度上说,哲学是与其他许多学科交叉渗透、互相包含的。因此本章推出的对哲学影响较大的图书有可能不属于哲学学科,而是一些与哲学相关的其他学科的图书。

3.1 概述

根据 GB3469 规定,以字母标识的引文类型共有 10 种[①]。CSSCI 在此基础上,根据引用文献的实际情况,对引文类型进行了修正,加入了汇编文献、法规、信函、网络资源,去除了专利、论文集、析出文献和标准文献,整合出 11 种引用文献类型。具体为:期刊论文、图书、汇编文献、报纸文章、会议论文、报告文献、法规文献、学位论文、信函、网络资源,外加一个其他类。

对于哲学这样一个古老的学科,图书因其承载信息的系统性、深入性和稳定性,一直都是学者们参考引用的第一大学术资源。我们也可以通过统计数据进行说明。表 3-1 给出了 2000—2007 年哲学论文引用各类型文献的数量。八年间哲学论文引用图书和汇编类型共 192240 次,本章对哲学图书学术影响力的讨论主要依据这一数据。

表 3-1　　　　2000—2007 年哲学论文引用文献的类型统计　　　　(单位:篇次)

类型 年份	期刊论文	图书	汇编文献	报纸文章	会议论文	报告文献	法规文献	学位论文	信函	网络资源	其他
2000	2334	15957	1472	156	59	7	5	20	2	19	55
2001	2473	14522	1207	219	57	15	4	12	1	46	35
2002	2854	16718	1591	250	91	8	7	12	1	79	58

---

① 10 种参考文献的类型分类为:专著,论文集,报纸文章,期刊文章,学位论文,报告,标准,专利,论文集中的析出文献,电子文献对于不属于上述的文献类型即"其他",采用字母"Z"标识。

续表

类型 年份	期刊论文	图书	汇编文献	报纸文章	会议论文	报告文献	法规文献	学位论文	信函	网络资源	其他
2003	3854	19038	2643	288	76	16	1	19	0	92	80
2004	4026	21628	3190	332	86	10	6	27	0	202	152
2005	4632	20117	5624	335	107	23	5	36	0	260	177
2006	5969	25960	7908	426	132	19	5	52	5	288	230
2007	6514	27079	7586	392	133	23	2	72	1	389	164
合计	32656	161019	31221	2398	741	121	35	250	10	1375	951

由表3-1的数据显示，哲学论文引用图书（图书和汇编文献合并计算，下同）的总次数达到192240次，是引用期刊数量的近五倍之多，在哲学论文所有引用文献数量中占到83.30%。这样的统计结果正好验证了图书资源在哲学研究中占有举足轻重的地位。

数据显示：（1）从绝对数量上来看，哲学论文引用图书文献的数量逐年增加（2001年除外），至2007年增加了近一倍之多。（2）单纯从被引用数量上来比较图书对哲学学科的影响力会受到来源文献数量的影响，例如2004年和2005年以后哲学来源期刊数量的增加导致图书被引激增。更重要的是，我们可以从图书文献在所有被引文献中所占比重这个角度来比较图书对哲学学科的影响力，这样可以更客观地反映图书文献的作用。（3）虽然八年间图书文献所占比重一直保持在81%以上，但逐年比较却有微弱的下降趋势，由2000年的86.77%下降至2007年的81.84%。与此相反，期刊论文和网络资源所占的比重在逐渐增加。

综观表3-1可以分析出：第一，随着学术的繁荣，学术期刊的质量不断提高，涌现了一大批优秀的学术论文，值得哲学学者借鉴和参考。第二，网络技术的发展，丰富了学者们获取信息的手段和方法，越来越多的学者愿意借助各种数据库和网络资源进行学术研究。第三，虽然现今技术手段和途径多样化发展，但是对于哲学这样一个有悠久历史的学科来说，学术成果需要长时间的累积沉淀才能结晶，所以图书依然是学者们借鉴和引用的主要对象。

由于哲学研究的世界性，所以哲学论文通常需要引用不同语种的文献。表3-2给出了2000-2007年哲学论文引用文献的语种统计，其中涉及的语种类型有：中文、英文、日文、俄文、德文、法文，还有一些其他语种以及相当数量的翻译文献。

表 3-2　　　　　2000—2007 年哲学论文引用文献的语种统计　　　　（单位：篇次）

年份＼语种	中文	英文	日文	俄文	德文	法文	其他语种	译文
2000	12216	1894	73	17	200	46	145	5495
2001	10464	2104	66	8	202	79	80	5588
2002	12513	2393	87	16	129	46	64	6421
2003	14243	3547	126	19	205	51	70	7846
2004	16350	3647	102	7	245	133	25	9150
2005	16526	4164	97	5	366	135	137	9886
2006	21400	5852	187	13	505	214	196	12627
2007	22232	6446	168	4	610	209	206	12480
合计	125944	30047	906	89	2462	913	923	69493

从表 3-2 可以看出，中文文献是哲学论文引用的主体文献，占比达到 54.57%。从各年的数据来看，中文文献（不包括译文）所占比例有所下降，从 2000 年的 60.82% 降至 2007 年的 52.49%，其中 2006 年降至最低点，仅为 52.20%，中文文献仅占到所有语种类型的一半稍多一点，中文文献的主体优势已不再突出。译文所占比例略有提高，近年来基本保持在 30% 左右（2000 年最低，为 27.36%；2005 年最高，为 31.57%），基本占到三分之一强。外文文献所占比例呈现逐年上升的趋势，由 2000 年的 11.82% 上升至 2007 年的 18.04%，逐渐占到近二成。

综合考察表 3-2 得到：首先，中国古代哲学和国外哲学一直是平行发展的两个分支，所以各自的研究自成体系。因此，在哲学研究中不仅需要大量的中文文献来充实学者们的研究，同时也需要研究大量的译文甚至原版外文文献，才能领会西方哲学中的精髓。其次，马克思主义哲学中的马恩列斯经典著作都是被哲学论文经常引用的译著文献，它们不仅是马克思主义哲学研究中的重要参考资料，而且是整个学术研究的指导思想，它们的被引数量在所有图书文献中位居前列（具体数据参见本章第三节），由此导致外文和译文文献所占比例被大大加强了。最重要的是，随着学术研究与国际接轨，学术无疆界的思想不断深入，学者们的研究不仅要立足于国内的文献资料，更需要借鉴国外先进的学术思想来充实和发展自己。

为了便于讨论哲学领域的图书影响力，我们参照本书第一章所述的原理，选取总被引 55 次以上（包括 55 次）以及年均被引 5 次及以上的 263 种图书作为在哲学领域影响较大的图书。这 263 种图书总共被引 55128 次，占据哲学论文引用的图书总被引次数的 28.68%。根据图书内容的性质和特点，我们将这些图书分成五类：领袖著作、历史文献、工具书、国外学术著作、国内学术著作,[①] 以便于我们更科学系统地讨论不同类别的图书对哲学学科的影响。表3-3为各类别入选图书数量、被引次数、所占比例以及平均被引数量。

表3-3　　　　　　　　　入选哲学论文引用图书的类别统计

内容类别＼图书类别	领袖著作	历史文献	工具书	国外学术著作	国内学术著作
入选图书种数	18	65	4	128	48
入选图书被引次数	18265	17728	277	14649	4209
入选图书被引次数所占比例	33.13%	32.16%	0.50%	26.57%	7.64%
入选图书的平均被引次数	1014.72	275.74	69.25	114.45	87.69

表3-3的数据显示,对哲学研究产生最大影响的图书主要来自于国外学术著作,入选的图书种数达到128种(比重为48.67%),占到近一半的数量,这也验证了表3-2中所显示的译著是哲学研究中一种非常重要的文献资源。排位第二的是历史文献(比重为24.72%),排位第三的是国内学术著作(比重为18.25%),领袖著作位居第四(比重为6.84%),工具书最后(比重为1.52%)。

单从总被引次数和平均被引次数上来看,排名发生了显著的变化。种数排位第四的领袖著作在被引次数和平均被引次数上,都明显高于其他类别的图书,这与马列毛邓思想在我国的特殊地位有很大关系,"马克思主义中国化"的核心可以说是我党执政的主要指导思想,也可以说马克思主义是我国学术研究的指导思想。在中国图书馆分类法中,将"马克思、列宁主义、毛泽东思想"单独列为A类,也显示出了其在中国的重要历史地位。历史文献排位第二,其在被引种数、被引次数和平均被引次数上都名列前茅,反映了历史文献对我国哲学研究具有极大的参考价值。国外学术著作第三,相对被引种数的排名第一的地位来看,这一影响力的排名较后,这是由于国外学术著作不是集中在某几部经典著作的被引,而是著作的被引比较广、平均被引次数却比较低的缘故。此外,国内学术著作排名第四,情况与国外学术著作类似。工具书无论是入选种数还是被引次数都处于末位,说明工具书在哲学研究中并不受到重视,当然这也与哲学领域缺乏相应的工具书有一定联系。

[①] 本章以鸦片战争为界限,划分历史文献与国内学者著作。

3.2 领袖著作对哲学研究的影响

恩格斯说:"一个民族想要站在科学的最高峰,就一刻也不能没有理论思维。"[①] 马克思主义哲学是人类文明在哲学中的科学反映。所以,要使我们的科学达到一定的深度和广度,都离不开马克思主义哲学的指导和启示。我们所列举的领袖人物,例如马克思、恩格斯、毛泽东、邓小平、江泽民等,都是马克思主义者或者马克思主义在中国的代表人物,他们的著作对哲学研究必然产生深远的影响。

根据哲学图书的入选标准,表3-4列举了哲学论文引用较多的18种领袖人物著作。部分图书由于出版卷数较多,我们进行了合并处理,视为一本著作,故省略了出版年代。其中,《马克思恩格斯全集》和《马克思恩格斯选集》是所有图书中被引次数最多的两种图书,均达到6000次以上。表中图书的顺序按被引次数的从多到少排列。

表3-4　　　　　　　　　哲学论文引用较多的领袖人物著作

序号	图书信息
1	马克思等:《马克思恩格斯全集》,北京:人民出版社
2	马克思等:《马克思恩格斯选集》,北京:人民出版社
3	邓小平:《邓小平文选》,北京:人民出版社
4	毛泽东:《毛泽东选集》,北京:人民出版社
5	列宁:《列宁全集》,北京:人民出版社
6	列宁:《列宁选集》,北京:人民出版社
7	马克思著,刘丕坤译:《1844年经济学哲学手稿》,北京:人民出版社
8	马克思:《资本论》,北京:人民出版社,1975
9	恩格斯:《自然辩证法》,北京:人民出版社,1971
10	列宁:《哲学笔记》,北京:人民出版社,1974
11	毛泽东:《毛泽东文集》,北京:人民出版社
12	毛泽东:《毛泽东著作选读》,北京:人民出版社,1986
13	江泽民:《论"三个代表"》,北京:中央文献出版社,2001
14	马克思等:《德意志意识形态》,北京:人民出版社,1961
15	江泽民:《江泽民论有中国特色社会主义(专题摘编)》,北京:中央文献出版社,2002

---

① 马克思、恩格斯:《马克思恩格斯选集》,人民出版社1972年版,第467页。

续表

序号	图书信息
16	孙中山：《孙中山全集》，北京：中华书局，1981
17	江泽民：《全面建设小康社会，开创中国特色社会主义事业新局面——在中国共产党第十六次全国代表大会上的报告》，北京：人民出版社，2002
18	江泽民：《江泽民文选》，北京：人民出版社，2006

根据对表3-4中所列18种图书的分析得到，马克思、恩格斯、列宁、毛泽东、邓小平、江泽民和孙中山的著作，都是对哲学研究具有重要意义的参考资料。为了便于分析，我们将它们分为两类：领袖人物的文集和报告，领袖人物的学术著作。

（1）文集和报告

虽然入选的领袖文集和报告数量不是很多（仅14种图书，占263种入选图书数量的5.32%），但是它们的被引数量却惊人（被引16612次，占所有被引量的30.13%），这充分说明中国共产党"以马克思列宁主义、毛泽东思想、邓小平理论和'三个代表'重要思想作为自己的行动指南"[①]。马列毛邓江著作，以辩证唯物主义和历史唯物主义为世界观和方法论，科学地揭示了自然界与人类社会的发展规律，无论是我们的哲学研究或是其他的学术研究和创新都要以此为指导思想。

（2）学术著作

《1844年经济学哲学手稿》（以下简称《手稿》）（被引785次）共有三个版本，即1979年人民出版社出版的刘丕坤译本、1985年人民出版社根据《全集》第1版第42卷译文排印的版本以及2000年人民出版社根据《全集》第2版第3卷译文排印的版本。其中，1979年版被引的次数最多（293次），2000年版其次（265次），1985年版最少（184次），还有少数年代标注不一致或者无年代标注的。可见，1979年版的《手稿》由于出版年代较早，一直是学者引用最多的版本，而2000年版是在前两版基础上的修改再版，也被引用的较多。《手稿》从经济学入手，批判了资产阶级国民经济学，其中的经济理论和涉及的共产主义问题都作为其共产主义思想的理论基础，也是其建立劳动实践历史观哲学思想的理论来源。[②]

《资本论》（被引443次）是马克思以唯物史观为指导思想，深刻地分析了资本主义的全部发展过程，揭露了它的内在本质和矛盾，指出社会主义革命的必然性和共产主义的必然性的著作。马克思根据剩余价值学说揭示了资本主义剥削的秘密，科学地论证了无产阶级必然要为实现无产阶级专政和消灭人剥削人的现象而斗争。

---

① 《中国共产党第十六次全国代表大会文件汇编》，人民出版社2002年版，第2页。
② 安启念，《关于〈1844年经济学哲学手稿〉的文本结构问题》。[2009-08-30] http://philo.ruc.edu.cn/dept/teacher/mp/anqinian/200803/1062.html.

全书所涉及的有关政治学、社会学、历史和文化的研究，反映了马克思的历史唯物主义观和阶级斗争学说。

我们可以将《手稿》和《资本论》这两本同为马克思主义政治经济学的著作进行比较。《手稿》是1844年马克思初步探索政治经济学时写下的一部手稿，是其首次尝试对资本主义经济制度和资产阶级政治经济学进行批判性的考察，初步阐述其新的经济学、哲学观点和共产主义思想的过程。而《资本论》则是马克思花费40年的心血完成的一部经济学巨著，这部巨著第一次深刻地分析了资本主义的全部发展过程，其中的剩余价值学说揭示了资本主义剥削的本质。从内容上看，两者都是一百多年前涉及政治、经济、社会、历史、哲学的巨著，即使当今世界的形势已发生了巨大变化，但它们的基本理论仍然是今天人们的宝贵精神财富。因此这两部著作一直以来都是值得哲学学者借鉴和研究的重要文献。特别是《手稿》，自它问世以来，历经种种遭遇，其中内容庞杂、术语新旧参差，一直是马克思文献中最难读懂的文献之一，也是被引用最多的文献。从被引用的范围来看，两者都是被哲学学者广泛引用的文献，其中《手稿》在本体论、存在论、人本主义、伦理学、人与自然等主题的论文中引用更多。

《自然辩证法》（被引241次）是恩格斯对多年来自然科学研究的总结。恩格斯对19世纪中期的主要自然科学成就用辩证唯物主义的方法进行了概括，全面阐述了马克思主义用辩证唯物主义方法对自然科学研究的观念、对过去自然科学发现的总结和对未来科学发展的预测，并批判了自然科学中的形而上学和唯心主义观念。

《哲学笔记》（被引184次）是列宁研读哲学著作和探讨马克思主义哲学时所作的笔记汇编。该书以辩证法思想为中心，内容极为丰富，涉及认识论、逻辑、历史唯物主义、哲学史和自然科学哲学等方面的问题。

《自然辩证法》和《哲学笔记》分别是恩格斯和列宁撰著的关于辩证法的马克思主义哲学著作。《自然辩证法》的写作年代较早，偏重于对自然科学成就的概括和总结，通过充分的自然科学材料论证了在自然界中与在人类社会和思维领域中一样，辩证规律也是普遍起作用的、不以人的意志为转移的客观规律，用来回击各种资产阶级和识别各种错误思潮的能力。而《哲学笔记》可以说是对《自然辩证法》的继承、发展和创新，列宁对唯物辩证法的规律和范畴进行了更为深入细致的探索，明确提出对立面的统一是辩证法的实质，丰富了马克思主义的认识论。因此，两者被引的侧重范围也有所不同，《自然辩证法》偏重自然辩证法、科学技术哲学方面，《哲学笔记》则倾向于马克思主义认识论。

《全面建设小康社会，开创中国特色社会主义事业新局面——在中国共产党第十六次全国代表大会上的报告》和《江泽民文选》的被引总次数虽然比较少，但这两种文献却是年均被引量较多的文献，分别达到8.17次和13.50次。鉴于它们在出版后短期内就能受到广泛的关注，所以我们也将它们选入对哲学研究具有较大影响的图书之列。

综上所述，我们从被引图书种数较少（仅 18 种）而被引次数最多（被引 18265 次）的领袖著作中可以看到，马克思主义哲学在哲学研究中占有巨大份额。特别是今天，马克思主义哲学已成为我国人民进行政治经济体制改革的指导思想。数据显示，入选的马恩著作 6 种，总被引次数高达 15208 次，占入选的领袖著作总被引次数的 83.26%，占据了领袖著作总被引数量的绝大部分；其次是列宁著作 3 种，总被引次数达 1277 次，占入选的领袖著作总被引次数的 6.99%；再次是毛泽东著作 3 种，总被引次数为 809 次，占入选的领袖著作总被引次数的比例达到了 4.43%；邓小平著作 1 种，总被引次数为 725 次；江泽民著作 4 种，总被引次数为 191 次；孙中山著作 1 种，总被引次数为 55 次。

3.3 历史文献对哲学研究的影响

历史文献是中华民族智慧与劳动的结晶，是先人留给我们的文化瑰宝，其中记录的古人言行、历史事件、世事哲理都值得今人借鉴。本章遴选出对哲学学科影响较大的 61 种民国前的历史文献。被引数量最多的是儒家学派的经典著作《论语》，被引次数达到 3013 次。表 3-5 给出了 2000—2007 年间 CSSCI 中哲学论文引用较多的历史文献。

表 3-5　　　　　　　　　　哲学论文引用较多的历史文献

序号	图书信息
1	《论语》
2	《孟子》
3	《荀子》
4	《庄子》
5	黎靖德：《朱子语类》，北京：中华书局，1994
6	《史记》
7	《老子》
8	《汉书》
9	《礼记》
10	阮元：《十三经注疏：附校勘记》，北京：中华书局，1980
11	董仲舒：《春秋繁露》
12	程颢：《二程集》，北京：中华书局，1981
13	王守仁：《王阳明全集》，上海：上海古籍出版社，1992

续表

序号	图书信息
14	《韩非子》
15	《墨子》
16	朱熹：《四书章句集注》，北京：中华书局，1983
17	《左传》
18	杨伯峻：《论语译注》，北京：中华书局，1980
19	张载：《张载集》，北京：中华书局，1978
20	《周易》
21	王夫之：《船山全书》，长沙：岳麓书社，1988—1996
22	《尚书》
23	《管子》
24	郭庆藩：《庄子集释》，北京：中华书局，1961
25	《国语》
26	杨伯峻：《孟子译注》，北京：中华书局，1960
27	黄宗羲：《宋元学案》，北京：中华书局，1986
28	王弼：《王弼集校释》，北京：中华书局，1980
29	黄宗羲：《明儒学案》，北京：中华书局，1985
30	《诸子集成》，北京：中华书局，1954
31	《朱熹集》，成都：四川教育出版社，1996
32	《陆九渊集》，北京：中华书局，1980
33	《淮南子》
34	《四书集注》
35	《朱文公文集》
36	《道藏》，北京：文物出版社，1988
37	《后汉书》，北京：中华书局，1965
38	《中庸》
39	《宋史》，北京：中华书局，1977
40	《黄宗羲全集》，杭州：浙江古籍出版社
41	《晋书》
42	《传习录》
43	《二程遗书》，上海：上海古籍出版社，2000
44	陈鼓应译注：《庄子今注今译》，北京：中华书局，1983

续表

序号	图书信息
45	《道德经》
46	朱熹著，王夫编：《朱子全书》，上海：上海古籍出版社，2002
47	程颢：《河南程氏遗书》
48	王先谦：《荀子集解》，北京：中华书局，1988
49	《大正藏》
50	马承源：《上海博物馆藏战国楚竹书》，上海：上海古籍出版社，2001—2005
51	顾炎武：《日知录》
52	永瑢：《四库全书总目》，北京：中华书局，1965
53	《吕氏春秋》
54	李贽：《焚书》，北京：中华书局，1975
55	程树德：《论语集释》，北京：中华书局，1990
56	《论衡》
57	苏舆：《春秋繁露义证》，北京：中华书局，1992
58	焦循：《孟子正义》，北京：中华书局，1987
59	《易》
60	《易传》
61	曾国藩：《曾国藩全集》，长沙：岳麓书社，1986
62	朱熹：《论语集注》
63	《四库全书》
64	李焘：《续资治通鉴长编》
65	戴震：《孟子字义疏证》，北京：中华书局，1982

从表 3-5 的数据可以看到，被哲学论文引用最多的 65 种历史文献中，属于哲学学科的文献有 40 余种，占到了多数，这与我国具有历史悠久的哲学文化密不可分。早在春秋战国时期，我国哲学学科就已经比较繁荣，出现了孔子、孟子、墨子等思想家。几千年来，我国传统哲学的发展自成体系，历经先秦子学、秦汉哲学、魏晋玄学、隋唐哲学、宋明理学和明清哲学几个阶段，各时期均有不同的主流思想。属于史书类的有八种，记载了有关哲学的发展和传播的历史事件和现象，包括古代哲学家和思想家的生平、不同历史时期中国传统哲学涌现的不同的主流思潮等，这些都为当今的哲学研究提供了大量有价值的历史资料。为了便于详细分析历史文献对哲学研究的启示作用，我们将这 65 种图书分成三类进行讨论：史书、中国传统哲学和其他。

(1) 史书

史书将中国传统哲学发展过程中的一些重要历史事件加以记录，特别是古代哲学家们的行动、言行以及他们重要的论著，为后世研究前人的哲学思想提供了具有重要参考意义的史实资料。受时代的局限，撰著史书的史官的人生观和价值观也对其所著史书的哲学倾向有着极大的影响，这对研究当时的哲学思想也有颇大的参考意义。

春秋战国是我国古代哲学思想最为繁荣的时期，战乱的社会形成了反映各阶级利益的哲学派别，学术上形成了百家争鸣的格局。表3-5中列举的历史文献也印证了这一点——在被引次数排前4的史书中，有3种是记录先秦时期历史的文献。

中国西汉时期的历史学家司马迁撰写的史学名著《史记》（被引614次）是史书中被哲学论文引用最多的历史文献。《史记》记载了上自中国上古传说中的黄帝时代下至汉武帝时期共3000多年的历史。司马迁把孔子列入"世家"，不仅是当时儒学独尊的反映，也是司马迁对孔子思想的极大推崇，为后世研究儒家思想提供了第一手的资料。另外，老子韩非列传、仲尼弟子列传、孟子荀卿列传等，对诸子各家的言行记录，也成为学者研究先秦哲学的重要参考。

由我国东汉时期的历史学家班固编撰的《汉书》（被引562次）是中国第一部纪传体断代史，主要记载了西汉二百多年的史事。其"志"中的《艺文志》论述了古代学术思想的源流派别及是非得失，是一部极珍贵的古代文化史资料；"传"中的《董仲舒传》等记录了古代思想家的事迹，为后世的研究提供了重要的参考资料。

《后汉书》（被引114次）主要记述了东汉近二百年的史事。由于该书对大部分人物的褒与贬受正统儒家思想影响，对史事的记述有一定的局限性，如有利于社稷安定、国计民生的忠贞之士受褒奖，相反受贬责，因此其影响力不如《汉书》。

《左传》（被引283次）和《国语》（被引173次）也是被引较多的先秦时期的史书。《左传》相传是春秋末年左丘明为解释孔子的《春秋》而作，通过具体记述春秋时期的史实来详解《春秋》，是儒家的重要经典之一，其中蕴含的思想比较接近于儒家，如强调等级秩序与宗法伦理，重视长幼尊卑之别，崇尚"礼"文化，同时也表现出"民本"思想。由于其具有强烈的儒家思想倾向，因此是研究先秦儒家思想的重要历史资料。《国语》是记录周朝王室和鲁国、齐国、晋国、郑国、楚国、吴国、越国等诸侯国历史的国别体史书。《国语》在内容上也有很强的伦理倾向，认为"礼"是治国之本，其中的孝、敬、德等文化观念至今仍影响着人们的观念。与《左传》类似，《国语》也具有浓重的"民本"思想，重视民意，重视人才，尊崇礼数。所以从被引用的范围上来看，两者相差不大，都集中在道儒家思想、中国传统文化、周易等方面。

"二十五史"中篇幅最庞大的一部官修史书《宋史》（被引113次）史料丰富、叙事详尽，在哲学研究中也具有较重要的参考价值。除官修史书外，私家撰述的历史著作《续资治通鉴长编》(被引58次)专记北宋一代史实,也是研究辽、宋、西夏等史的基本史籍之一,但其影响不如官修《宋史》。此外,《晋史》(被引107次)也是被引较多的一部史书。

(2) 中国传统哲学

哲学史就是唯物论同唯心论、辩证法同形而上学斗争的历史,中国传统哲学的发展也是如此。几千年来,中国哲学的发展离不开古典文献,我们从中发掘出了中国民族宝贵的文化遗产,即使到了现代社会,中国传统哲学蕴含的哲学思想依然保持着旺盛的生命力,甚至可以说是世界哲学中的一朵奇葩。

分析表3-5中的书目,中国传统哲学类文献共48种,总被引次数达14183次,占所有历史文献被引数量的80%。可以看出,古代哲学文献对当今我国哲学研究起着很重要的作用。入选的先秦哲学文献数量最多,达27种,总被引次数高达10402次,占所有中国传统哲学文献被引数量的73.34%,侧面验证了先秦时期是我国古代哲学思想最为丰富和活跃的时期。中国传统哲学的孔孟儒家之道源自于此,它是中国传统哲学研究的重要资料。宋明哲学的文献数量其次,达11种,总被引次数达2366次,占所有中国传统哲学文献被引数量的13.35%,也具有较强的影响力。明清哲学和秦汉哲学的文献种数分别仅有6种和4种,总被引次数分别为758次和657次,影响力稍弱。本节仅选取各时期被引量较多的几种文献作简单介绍。

诸子百家的思想一直是我国古代哲学研究的热点,因此诸子各家的代表作就成为被引的重点,如《论语》(被引3013次)、《孟子》(被引1619次)、《荀子》(被引1025次)、《庄子》(被引984次)、《老子》(被引602次)[①]、《韩非子》(被引296次)、《墨子》(被引293次)、《论语译注》(被引279次)、《管子》(被引179次)、《孟子译注》(被引165次)等都是先秦哲学著作中被引次数较多的历史文献。

其中,《论语》和《孟子》的影响最大,无论是在先秦哲学还是在所有中国传统哲学中,它们都是排在最前的文献,它们的被引次数明显高于其他先秦时期的文献。《论语》是记载孔子及其少数弟子言行的书,集中反映了孔子"仁"、"礼"的核心思想。它不仅是研究孔子及其弟子和早期儒家思想最直接的珍贵材料,也是研究中国传统哲学的经典之作。其被引范围不只限于中国传统儒家思想,它在现今哲学研究和促进社会主义的发展中也有较大的应用。《论语译注》编注了《论语》中20篇研究孔子的重要文献,并由作者作了较为详细的分析和注解。《论语》是中华文化的源典,是中国儒家的经典著作,其中蕴含的文化思想已经浸透在中国几千年来的封建统治思想之中。《论语译注》可帮助今人更好地理解《论语》、研究《论语》,是当代最好的《论语》注本之一,其语言平实、注解准确。另外,《论语集释》也被我

---

① 《老子》又称《道德经》。由于两者的版本不同,本书将《老子》和《道德经》的被引次数分开计算,算作两种历史文献。其中,《老子》被引602次,《道德经》被引100次。

国哲学论文引用 69 次而入选。

《孟子》是孟子的言论汇编，孟子发展了孔子关于"仁"的思想，提倡"尚贤"、"民贵君轻"的民主主义思想，是中国古代比较进步的思想。他还发挥了"天人合一"的世界观和"性善论"的伦理价值观。虽然《孟子》的影响不及《论语》，但是相对《论语》的古今地位，《孟子》在伦理学方面有更多的应用。《孟子译注》将《孟子》7 章分作 14 卷，对其中的字音词义、语法规律、修辞方式、历史知识、地理沿革、名物制度、风俗习惯及生僻字、破读和易生歧义、晦涩难懂的字句作了详细的注解，帮助读者读懂并理解原著，并注重吸取现代学者的研究成果，使注释更有可据性。

《荀子》、《庄子》和《老子》也是被哲学论文引用较多的历史文献。《荀子》是荀子在继承前期儒家学说的基础上，又吸收了各家的长处，并加以总结、改造，结合自己的思想体系而写作的著作，它发展了古代唯物主义传统。在提倡"性恶论"方面，《荀子》常被用于与《孟子》的"性善论"进行比较。因此，《荀子》在儒、法、道等中国传统哲学思想中都有广泛的应用。《庄子》全面地论述了"道"的性质和规定，把老子所创立的道论在先秦时期推向最高峰。《老子》是研究老子哲学思想的主要资料。老子的道家思想被庄子所传承，并与儒家和后来的佛家思想一起构成了中国传统思想文化的主体。《庄子》和《老子》都是道家的经典著作，两者的被引范围主要集中在道、儒等思想上，在传统道德和美学方面也有应用。两者相比，《庄子》的影响力更为明显。

《周易》①（被引 200 次）也是被引较多的先秦哲学文献。该书虽然是占卦文献，但却记载了许多殷周的历史以及许多自然界和社会变迁的现象及其因果关系，蕴含着深刻的理论思维和朴素的辩证观念。从《周易》中可以看到我国古代辩证法思想的萌芽，所以其在中国哲学史上占有重要的地位。引用该书的论文主题主要集中在易学、道学、儒学、美学、逻辑学、马克思主义哲学等方面。《易传》（被引 62 次）是儒家学者们对《周易》所作的解释，并使其哲理化。从被引次数上来看，《易传》的影响力明显不如《周易》。引用《易传》的论文主题集中在易学、儒学、美学、价值观等方面，范围相对较小。

《王弼集校释》（被引 157 次）校释了王弼的《老子注》、《老子指略》、《周易注》、《周易略例》、《论语释疑》等几部名作。王弼著述的著作虽然不多，但每部都具有独到的见解。王弼的理论，是借《老子注》、《周易注》与《论语释疑》建立起来的，其中的认识论和方法论哲学为我国古代哲学的发展作出了重要的贡献。《王弼集校释》是收集并校释王弼思想的主要著作，是研究王弼思想的珍贵资料，所以常

---

① 《周易》又称《易》、《易经》等。由于版本不同，本书将《周易》、《易》和《易经》的被引次数分开计算。在入选的历史文献中，《周易》被引 200 次，《易》被引 64 次。

被哲学论文引用。

《中庸》（被引114次）的中心思想是儒学中的中庸之道，被后来北宋的程颢、程颐极力尊崇，成为官定的教科书和科举考试的必读书，是当今较具有影响的古代哲学著作。在儒家思想、道德观、价值观和伦理学等方面的论文中，该书被较多的引用。

《吕氏春秋》被哲学论文引用74次。它是由战国末期吕不韦的门客编写的著作，博采各家学说并有所扬弃。客观地说，《吕氏春秋》吸收了诸家学说比较合理、进步和有利于当时社会的成分。它在儒学、道学、美学、道德观、辩证法、阴阳观等方面的研究中被较多的引用。

先秦诸子篇章的许多译注被我国哲学论文引用较多，充分说明了先秦诸子思想在中国古代哲学思想中不可替代的地位，即使历经千年，其中蕴含的深刻哲理仍然对我国的哲学研究产生着很大影响。引用它们的哲学论文的主题也大都集中在对中国传统哲学与文化思想的研究上，特别是对先秦诸子哲学的研究以及对现世道德观与价值观的研究等方面。这些注疏释译分别是：《四书章句集注》（被引287次）、《庄子集释》（被引178次）、《诸子集成》（被引141次）、《四书集注》（被引124次）、《庄子今注今译》（被引105次）、《荀子集解》（被引92次）、《孟子正义》（被引66次）、《论语集注》（被引59次）、《孟子字义疏证》（被引55次）。注疏中被引次数最多、影响最大的是宋代著名理学家朱熹的代表作《四书章句集注》，主要篇章包括"大学章句"、"中庸章句"、"论语集注"和"孟子集注"。其注释发挥理学家的论点，较系统地反映了朱熹作为集大成者的理学思想。其在孔孟儒学、宋明理学、道德观、阴阳观等方面的论文中都有被引。

先秦百家争鸣的局面结束以后，经过多次儒法和儒道的对立斗争，逐步建立起以儒家哲学为中心的封建统治阶级思想。自然科学的发展也推动了唯物主义和无神论思想的发展。这一时期的历史文献被哲学论文引用最多的是《春秋繁露》（被引394次），它是董仲舒树立"罢黜百家，独尊儒术"旗帜的最终体现。该书宣扬"天人感应"为核心的神学唯心主义和形而上学的哲学体系，宣扬性分三品、王道教化的人性论和阳尊阴卑、等级森严的纲常伦理学说，为封建集权统治奠定了理论基础。它在儒学、天人合一论、形而上学论、气说、自然主义等方面的论文中都有被引。西汉淮南王召集门下弟子所著的《淮南子》（被引127次）是一部思想驳杂、内容丰富的图书。该书综合有阴阳家、儒家、法家等各家思想，其核心内容是发挥"黄老"思想，是"黄老"思想的总结和集大成者。可以说，《春秋繁露》和《淮南子》是汉初儒道之争的理论代表，两者在"天人关系"上有相似之处。《淮南子》在儒学、道学、墨学、黄老之学、德性、天人关系等领域的论文中都有被引。此外，《论衡》（被引70次）、《春秋繁露义证》（被引66次）也是入选的秦汉时期的哲学类历史文献。《论衡》是唯物主义无神论的重要著作，《春秋繁露义证》是目前为止校订《春秋繁露》较完善的版本。

宋元明时期理学成为主流，它以儒家哲学为主干，融合佛道两家的智慧，创造出新的哲学形态。其主要代表人物程颢、程颐和朱熹的思想大体一致，以"理学"为最高范畴；陆九渊和王守仁的思想一脉相承，以"心学"为最高范畴。"心学"和"理学"都是发展成熟的两种哲学形态，它们的争论促进了哲学理论的发展。[①]

宋明哲学中影响最大、在所有中国传统哲学文献中排名第五的是朱熹与其弟子问答的语录汇编《朱子语类》（被引742次）。该书全面地反映了朱熹的理——元论理论体系。在人性论上，明确地区分了"天地之性"与"气质之性"、"道心"与"人心"的差异。它的"格物致知"论是感性认识到理性认识的深化，不仅是认识论也是方法论，闪耀着辩证法的光辉。该书在理学、儒学、经学、易学、道德观、人性论、中国思想史等主题领域的论文中都有引用。

影响其次的是程颢、程颐的著作合集《二程集》（被引324次）。该书第一次把"理"作为宇宙本体，奠定了正统"理学"的哲学基础。其中"惟理为实"的本体论，"格物致知"的认识论，"物必有对"、"物极必反"的辩证法思想，都为后来的许多哲学家所沿用，特别是对朱熹的理学思想产生了深远的影响。该书被理学、儒学、佛学、易学、形而上学等主题的论文大量引用。

《王阳明全集》（被引302次）是"心学"的集大成者王守仁所著，在许多观点上他都与朱熹对立。该书倡导的是"心外无理"的世界观、"致良知"的认识论和"知行合一"学说。作者一方面从心学的角度彻底地批判了程朱理学，另一方面也启发了后世的异端思想。它的被引集中在心学、理学、儒学、道学、易学、美学等领域的论文中。

张载的著作集《张载集》（被引213次）也是被引较多的宋明哲学文献。张载的思想继承和发展了气——元论哲学，他的哲学思想对后来的理学家朱熹以及明清时期的唯物主义学者王夫之也有很大影响。引用该书的论文主题集中在理学、儒学、关学、道德观、伦理学等方面。

以上四种图书分别代表了宋明时期三种不同的哲学思想。此外《朱熹集》（被引133次）、《陆九渊集》（被引128次）、《朱文公文集》（被引117次）、《传习录》（被引107次）、《二程遗书》（被引105次）、《朱子全书》（被引99次）、《河南程氏遗书》（被引96次）等著作也是被引较多的宋明哲学文献，反映了宋明时期主流的文化思想。

明末清初的哲学思想以批判宋明理学为首要任务，出现了唯物主义思想的高潮。对宋明理学的批判，在一定程度上也反对了封建专制统治，包含着民主主义的新思想。

被引次数最多的明清历史文献是王夫之的著作集《船山全书》（被引196次），它建立了朴素唯物主义与朴素辩证法统一的气——元论体系，该体系是对中国古代哲学

---

① 萧萐父等：《中国哲学史纲要》，外文出版社2000年版，第319页。

的一个总结，在天道观、人道观、认识论和逻辑学等领域都有新的突破。引用该书的论文主题集中在心学、理学、儒学、道学、中庸、形而上学论等方面。

《宋元学案》（被引160次）、《明儒学案》（被引147次）都是黄宗羲及后人所著的学术史专著。它们是关于宋元明三代理学家、哲学家的生平、思想大要。书中也有大量关于按语，褒贬抑扬于各学派之间，包含着编撰者自己的思想倾向，是后世研究宋元明思想史的重要参考资料。从被引次数上看，《宋元学案》高于《明儒学案》，说明哲学学者对宋元学术思想的关注度更高。《黄宗羲全集》（被引108次）的影响不如前两者，被引次数略少。从引用它们的哲学论文主题来看，《宋元学案》偏重于理学、关学，《明儒学案》侧重于儒学、心学，《黄宗羲全集》集中在儒学和中国传统哲学方面。

《日知录》（被引77次）是顾炎武"经世致用"思想和研治经学科学方法的专著。《焚书》（被引70次）是李贽反对封建传统的极端思想的著作，其目标直指千年来占据统治地位的儒家思想，并对束缚人们思想的程朱理学大胆批判。这些著作在我国哲学研究领域也发挥着一定作用。

（3）其他类历史文献

除了史书和哲学文献外，还有一些历史文献对哲学研究也发挥着相应作用，如政书、类书、经书、文集等，我们把这类文献归入其他类。这类著作除了记录了大量的客观历史资料之外，也有不少内容蕴含着丰富的哲学思想和理念，所以仍得到哲学论文的较多引用。

中国古代重要的典章制度书籍《礼记》（被引478次）是被引次数最多的政书，它主要记录孔子和弟子等的问答，体现了先秦儒家的哲学伦理思想，是研究先秦社会的重要资料。该书还记录了孔子之后不同思想派别的观点，墨、道、阴阳等学派的思想也渗透于其中。其中，《大学》、《中庸》、《礼运》等篇都有丰富的哲学思想。

《尚书》（被引183次）是一部体例完备的公文总集，是以散文的形式记述先秦事迹的著作。该书记述的尧舜及孔子提倡的修身、齐家、治国的思想是历代封建社会统治阶级的理论基础，对后世的儒家思想有着深远的影响。

《十三经注疏：附校勘记》（被引395次）是对儒家十三部经典著作的注释和正义。注疏是"十三经"流传的保证，通过历代学者和有识之士对古书中人们所不熟悉的字句的解释、对各种版本文献的搜集和整理，这些古籍中蕴含的思想才能传世。因此该书是研究我国古代哲学的重要参考资料。

《郭店楚墓竹简》（被引119次）记录了出土于湖北荆门市郭店一号楚墓的730枚有字简的内容，是研究先秦哲学文化的重要考古资料，包含《缁衣》、《五行》、《老子》、《太一生水》等，多为先秦儒道两家典籍与前所未见的古代佚书，共18部。简本《老子》是迄今为止所见年代最早的《老子》传抄本。它的绝大部分文句与今本《老子》相近或相同，但不分德经和道经，而且章次与今本也不相对应。《太一生水》是一部重要的道家著作。《缁衣》出自《礼记》，但与之前的《缁衣》文字有所差别，相比之下发现前本的差错。《五行》内容属于思孟学派。《上海博物馆藏战国楚竹书》（被引 78 次）、《郭店楚简校读记》（被引 40 次），也是研究类似主题的考古资料，所以也一同入选哲学论文高引用的图书之列。

作为道教经籍的总集的《道藏》（被引 115 次）是被引最多的经书。《道藏》的内容十分庞杂，除了大批道教经典，它还收入了诸子百家著作。该书被哲学论文大量研究、引用。《大正藏》（被引 78 次）是佛教典籍的荟萃，其在佛教与儒学方面经典是哲学学者们关注的重点。

此外，还有一些历史文献是哲学学者关注和引用较多的著作，它们是《四库全书总目》（被引 76 次）、《经学历史》（被引 64 次）、《曾国藩全集》（被引 60 次）、《四库全书》（被引 58 次）。

中国传统哲学是中国文化的产物，是中华民族精神的体现。在中国历史上的每个朝代，都有一批哲学家立言身教，讨论宇宙与人生的基本问题。他们的著述是留给我们的宝贵精神财富。从总体上来看，先秦时期是中国哲学史上思想空前活跃和争鸣的时期，这个时期被引的历史文献种数也是最多的。宋元明时期，儒家通过扬弃和吸纳佛、道两家的思想成分，实现了理论重构与自我更新，以理学形态重新确立了统治思想地位，这一时期的思想也非常活跃，被引历史文献种数也很多。史书在中国哲学史中也占有重要地位，它不仅记载了丰富的历史资料，而且其中的部分内容也是史官对前朝思想的观点和概括，对中国传统哲学的研究来讲是一种重要的学术资源。

3.4 工具书对哲学研究的影响

工具书是按某种特定体例编排，汇集有关资料和信息以供查找的文献类型。工具书的种类繁多，常用的工具书有字典、词典、百科全书、年鉴、手册等，既有综合性的，也有专门或专科性的；既有学术性的，也有非学术性的。通过对 CSSCI 中哲学论文引用的工具书的统计，我们发现工具书对哲学研究也有一定的影响。表 3-6 列出了对哲学较有影响的 4 种工具书。

表 3-6 哲学论文引用较多的工具书

序号	图书信息
1	《说文解字》，北京：中华书局，1963
2	辞海编辑委员会：《辞海》，上海：上海辞书出版社，1979—2002
3	中国大百科全书编辑委员会：《中国大百科全书》，北京：中国大百科全书出版社，1993
4	［英］尼古拉斯·布宁（Nicholas Bunnin），余纪元编著，王柯平等译：《西方哲学英汉对照辞典》，北京：人民出版社，2001

根据表 3-6 显示，入选的工具书仅有 4 种。分别是《说文解字》（被引 79 次）、《辞海》（被引 77 次）、《中国大百科全书》（被引 61 次）、《西方哲学英汉对照辞典》（被引 60 次），4 种工具书的被引数量均不是很多且差别不大，说明工具书还不是哲学研究的主要学术参考资源。

排名在首的是古代工具书，其后两种都是综合性工具书，在哲学研究中起辅助自学、释难答疑的作用。《西方哲学英汉对照辞典》是以英汉对照的形式向读者解释西方哲学特别是现当代西方哲学主要概念、术语或短语的工具书。它是哲学方面英汉辞典中被引次数最多的图书，显示了该书在工具书中的权威性。而哲学英汉辞典是沟通中英文哲学文献的桥梁，该书的入选也暗示了国内研究亟待引入国外哲学著作。现代哲学的发展不仅需要继承中华民族优良的哲学传统，还需要借鉴西方哲学乃至世界哲学中先进的哲学思想。中西文化的融合是我国哲学研究的发展趋势，国外优秀的哲学著作已经成为国内学者进行哲学研究的重要组成部分，因此翻译国外哲学著作也就必不可少了。

3.5　国外学术著作对哲学研究的影响

中国哲学和西方哲学一直是各自发展的两个分支，直到近代两者才有了真正的融合。此次遴选出的哲学领域具有较大学术影响的图书中，国外学术著作（全部为翻译作品）有 128 种，占到总数的 48.67%，近一半的数量，充分说明了国外哲学著作对中国哲学的发展起到了举足轻重的作用。表 3-7 给出了入选的国外学术著作的书目信息。

表 3-7　　　　　　　　哲学论文引用较多的国外学术著作

序号	图书信息
1	［德］马丁·海德格尔（Martin Heidegger）著，孙周兴选编：《海德格尔选集》，上海：上海三联书店，1996
2	［德］马丁·海德格尔（Martin Heidegger）著，陈嘉映等译：《存在与时间》，北京：生活·读书·新知三联书店，1987
3	［德］黑格尔（G. W. F. Hegel）著，贺麟等译：《哲学史讲演录》，北京：商务印书馆，1959
4	［德］黑格尔（G. W. F. Hegel）著，贺麟译：《小逻辑》，北京：商务印书馆，1980
5	［美］爱因斯坦（E. Ainstein）著，许良英等编译：《爱因斯坦文集》，北京：商务印书馆，1976－1979
6	［德］黑格尔（G. W. F. Hegel）著，范扬等译：《法哲学原理》，北京：商务印书馆，1961

续表

序号	图书信息
7	[德] 黑格尔（G. W. F. Hegel）著，贺麟等译：《精神现象学》，北京：商务印书馆，1979
8	[美] 约翰·罗尔斯（John Rawls）著，何怀宏等译：《正义论》，北京：中国社会科学出版社，1988
9	[德] 汉斯-格奥尔格·伽达默尔（Hans-Georg Gadamer）著，洪汉鼎译：《真理与方法：哲学诠释学的基本特征》，上海：上海译文出版社，2004
10	[古希腊] 亚里士多德（Aristotle）著，吴寿彭译：《形而上学》，北京：商务印书馆，1959
11	[德] 恩斯特·卡西尔（Ernst Cassirer）著，甘阳译：《人论》，上海：上海译文出版社，1985
12	[德] 黑格尔（G. W. F. Hegel）著，朱光潜译：《美学》，北京：商务印书馆，1979
13	[英] 伯特兰·罗素（Bertrand Russell）著，何兆武等译：《西方哲学史》，北京：商务印书馆，1963
14	[英] 大卫·休谟（David Hume）著，关文运译：《人性论》，北京：商务印书馆，1980
15	[德] 黑格尔（G. W. F. Hegel）著，杨一之译：《逻辑学》，北京：商务印书馆，1966-1976
16	[古希腊] 亚里士多德（Aristotle）著，苗力田主编：《亚里士多德全集》，北京：中国人民大学出版社，1990—1997
17	[德] 康德（Immanuel Kant）著，庞景仁译：《任何一种能够作为科学出现的未来形而上学导论》，北京：商务印书馆，1978
18	[德] 康德（Immanuel Kant）著，何兆武译：《历史理性批判文集》，北京：商务印书馆，1990
19	[德] 康德（Immanuel Kant）著，宗白华等译：《判断力批判》，北京：商务印书馆，1964
20	[德] 康德（Immanuel Kant）著，苗力田译：《道德形而上学原理》，上海：上海人民出版社，1986
21	[德] 康德（Immanuel Kant）著，蓝公武译：《纯粹理性批判》，北京：商务印书馆，1960
22	[古希腊] 柏拉图（Platon）著，郭斌和等译：《理想国》，北京：商务印书馆，1986
23	[匈] 乔治·卢卡奇（Gyrgy Lukács）著，杜章智等译：《历史与阶级意识：关于马克思主义辩证法的研究》，北京：商务印书馆，1992
24	[古希腊] 亚里士多德（Aristotle）著，吴寿彭译：《政治学》，北京：商务印书馆，1965
25	[美] A. 麦金泰尔（Alasdair MacIntyre）著，龚群等译：《德性之后》，北京：中国社会科学出版社，1995
26	[德] 路德维希·费尔巴哈（Ludwig Feuerbach）著，荣震华等译：《费尔巴哈哲学著作选集》，北京：商务印书馆，1984

续表

序号	图书信息
27	[美] 丹尼尔·贝尔（Daniel Bell）著，赵一凡等译：《资本主义文化矛盾》，北京：生活·读书·新知三联书店，1989
28	[德] 文德尔班（Windelband）著，罗达仁译：《哲学史教程：特别关于哲学问题和哲学概念的形成和发展》，北京：商务印书馆，1987—1993
29	[德] 马丁·海德格尔（Martin Heidegger）著，孙周兴译：《路标》，北京：商务印书馆，2000
30	[德] 埃德蒙德·胡塞尔（Edmund Husserl）著，张庆熊译：《欧洲科学危机和超验现象学》，上海：上海译文出版社，1988
31	[美] 大卫·雷·格里芬（D. R. Griffin）编，马季方译：《后现代科学：科学魅力的再现》，北京：中央编译出版社，1995
32	[美] 理查德·罗蒂（Richard Rorty）著，李幼蒸译：《哲学和自然之镜》，北京：生活·读书·新知三联书店，1987
33	[古希腊] 亚里士多德（Aristotle）著，苗力田译：《尼各马科伦理学》，北京：中国社会科学出版社，1990
34	北京大学哲学系外国哲学史教研室编译：《古希腊罗马哲学》，北京：商务印书馆，1961
35	[德] 马克斯·韦伯（Max Weber）著，于晓等译：《新教伦理与资本主义精神》，北京：生活·读书·新知三联书店，1987
36	[德] 马丁·海德格尔（Martin Heidegger）著，熊伟等译：《形而上学导论》，北京：商务印书馆，1996
37	[德] 康德（Immanuel Kant）著，韩水法译：《实践理性批判》，北京：商务印书馆，1999
38	[德] 马丁·海德格尔（Martin Heidegger）著，孙周兴译：《林中路》，上海：上海译文出版社，1997
39	[英] 卡尔·波普（Karl Popper）著，傅季重译：《猜想与反驳：科学知识的增长》，上海：上海译文出版社，1986
40	[德] 埃德蒙德·胡塞尔（Edmund Husserl）著，倪梁康译：《逻辑研究》，上海：上海译文出版社，1998
41	[德] 施太格缪勒（Stegmuller, Wolfgang）著，王炳文等译：《当代哲学主流》，北京：商务印书馆，1986
42	[德] 尤尔根·哈贝马斯（Jurgen Habermas）著，李黎等译：《作为"意识形态"的技术与科学》，上海：学林出版社，1999
43	[德] 康德（Immanuel Kant）著，邓晓芒译：《纯粹理性批判》，北京：人民出版社，2004

续表

序号	图书信息
44	［德］尤尔根·哈贝马斯（Jurgen Habermas）著，曹卫东等译：《后形而上学思想》，南京：译林出版社，2001
45	［德］希奥多-阿多尔诺（Theoder Wiesengrund Adorno）著，张峰译：《否定的辩证法》，重庆：重庆出版社，1993
46	［德］埃德蒙德·胡塞尔（Edmund Husserl）著，李幼蒸译：《纯粹现象学通论：纯粹现象学和现象学哲学的观念》，北京：商务印书馆，1992
47	［美］威拉德·蒯因（Willard Quine）著，江天骥等译：《从逻辑的观点看》，上海：上海译文出版社，1987
48	［德］马丁·海德格尔（Martin Heidegger）著，陈小文等译：《面向思的事情》，北京：商务印书馆，1996
49	［美］大卫·雷·格里芬（D. R. Griffin）编，王成兵译：《后现代精神》，北京：中央编译出版社，1998
50	［美］斯蒂文·贝斯特（Steven Best）等著，张志斌译：《后现代理论：批判性的质疑》，北京：中央编译出版社，1999
51	［美］理查德·罗蒂（Richard Rorty）著，黄勇编译：《后哲学文化》，上海：上海译文出版社，1992
52	［法］路易斯·阿尔都塞（Louis Althusser）著，顾良译：《保卫马克思》，北京：商务印书馆，1984
53	［美］霍尔姆斯·罗尔斯顿（Holmes Rolston）著，杨通进译：《环境伦理学：大自然的价值以及人对大自然的义务》，北京：中国社会科学出版社，2000
54	［法］雅克·德里达（Jacques Derrida）著，何一译：《马克思的幽灵：债务国家、哀悼活动和新国际》，北京：中国人民大学出版社，1999
55	［德］汉斯-格奥尔格·伽达默尔（Hans-Georg Gadamer）著，夏镇平等译：《哲学解释学》，上海：上海译文出版社，1994
56	［美］托马斯·库恩（Thomas S. Kuhn）著，金吾伦等译：《科学革命的结构》，北京：北京大学出版社，2003
57	［英］亚当·斯密（Adam Smith）著，郭大力等译：《国民财富的性质和原因的研究》，北京：商务印书馆，1972—1974
58	［德］马克斯·韦伯（Max Weber）著，林荣远译：《经济与社会》，北京：商务印书馆，1997

续表

序号	图书信息
59	[德] 弗里德里希·尼采（Friedrich Nietzsche）著，张念东等译：《权力意志：重估一切价值的尝试》，北京：商务印书馆，1991
60	[英] A. N. 怀特海（Alfred North Whitehead）著，何钦译：《科学与近代世界》，北京：商务印书馆，1959
61	[法] 让·雅克·卢梭（Jean-Jacques Rousseau）著，何兆武译：《社会契约论》，北京：商务印书馆，1980
62	[德] 冈特·绍伊博尔德（Gunten Seubold）著，宋祖良译：《海德格尔分析新时代的科技》，北京：中国社会科学出版社，1993
63	[美] 米歇尔·沃尔德罗普（Mitchell Waldrop）著，陈玲译：《复杂：诞生于秩序与混沌边缘的科学》，北京：生活·读书·新知三联书店，1997
64	[英] 安东尼·吉登斯（Anthony Giddens）著，赵旭东等译：《现代性与自我认同：现代晚期的自我与社会》，北京：生活·读书·新知三联书店，1998
65	[古希腊] 柏拉图（Platon）著，王晓朝译：《柏拉图全集》，北京：人民出版社，2002—2003
66	[德] 康德（Immanuel Kant）著，韦卓民译：《纯粹理性批判》，武汉：华中师范大学出版社，2000
67	[法] 让·保罗·萨特（Jean Paul Sartre）著，陈宣良等译：《存在与虚无》，北京：生活·读书·新知三联书店，1987
68	[德] 康德（Immanuel Kant）著，关文运译：《实践理性批判》，北京：商务印书馆，1960
69	[英] 安东尼·吉登斯（Anthony Giddens）著，田禾译：《现代性的后果》，南京：译林出版社，2000
70	[美] 约翰·罗尔斯（John Rawls）著，万俊人译：《政治自由主义》，南京：译林出版社，2000
71	[德] 埃德蒙德·胡塞尔（Edmund Husserl）著，倪梁康译：《现象学的观念》，上海：上海译文出版社，1986
72	[荷兰] E. 舒尔曼（E. Schuurman）著，李小兵等译：《科技文明与人类未来》，北京：东方出版社，1995
73	[英] 卡尔·波普（Karl Popper）著，舒炜光等译：《客观知识：一个进化论的研究》，上海：上海译文出版社，1987
74	[美] 赫伯特·施皮格伯格（Hebert Spiegelberg）著，王炳文等译：《现象学运动》，北京：商务印书馆，1995

续表

序号	图书信息
75	[德] 黑格尔（G. W. F. Hegel）著, 王造时译:《历史哲学》, 上海: 上海书店出版社, 1999
76	[英] 李约瑟（J. Needham）著,《中国科学技术史》翻译小组译:《中国科学技术史》, 北京: 科学出版社, 1975
77	[德] 尤尔根·哈贝马斯（Jurgen Habermas）著, 洪佩斯等译:《交往行动理论》, 重庆: 重庆出版社, 1994
78	[比] 伊·普里戈金（I. Prigogine）著, 曾庆宏等译:《从混沌到有序: 人与自然的新对话》, 上海: 上海译文出版社, 1987
79	[奥地利] 路德维希·维特根斯坦（Ludwig Wittgenstein）著, 郭英译:《逻辑哲学论》, 北京: 商务印书馆, 1962
80	[英] 弗里德利·冯·哈耶克（Friedrich A. Von Hayek）著, 邓正来译:《自由秩序原理》, 北京: 生活·读书·新知三联书店, 1997
81	[奥地利] 路德维希·维特根斯坦（Ludwig Wittgenstein）著, 李步楼译:《哲学研究》, 北京: 商务印书馆, 1996
82	[英] 亚当·斯密（Adam Smith）著, 蒋自强等译:《道德情操论》, 北京: 商务印书馆, 1997
83	[德] 叔本华（A. Schopnhauer）著, 石冲白译:《作为意志和表象的世界》, 北京: 商务印书馆, 1982
84	[美] 赫伯特·马尔库塞（Herbert Marcuse）著, 刘继译:《单向度的人: 发达工业社会意识形态研究》, 上海: 上海译文出版社, 1989
85	[法] 让·波德里亚（Jean Baudrillard）著, 刘成富等译:《消费社会》, 南京: 南京大学出版社, 2000
86	[英] 约翰·洛克（John Locke）著, 瞿菊农等译:《政府论》, 北京: 商务印书馆, 1964—1983
87	[美] 托马斯·库恩（Thomas S. Kuhn）著, 纪树生等译:《必要的张力: 科学的传统和变革论文选》, 福州: 福建人民出版社, 1981
88	[法] 勒奈·笛卡尔（Rene Descartes）著, 庞景仁译:《第一哲学沉思集: 反驳和答辩》, 北京: 商务印书馆, 1986
89	[美] 霍尔姆斯·罗尔斯顿（Holmes Rolston）著, 刘耳等译:《哲学走向荒野》, 长春: 吉林人民出版社, 2000
90	[美] 弗雷德里克·詹姆逊（Fredric Jameson）著, 陈清侨等译:《晚期资本主义的文化逻辑》, 北京: 生活·读书·新知三联书店, 1997

续表

序号	图书信息
91	［德］康德（Immanuel Kant）著，邓晓芒译：《判断力批判》，北京：人民出版社，2002
92	［美］赫伯特·马尔库塞（Herbert Marcuse）著，张峰译：《单向度的人：发达工业社会意识形态研究》，重庆：重庆出版社，1988
93	［德］拉普（F. Papp）著，刘武等译：《技术哲学导论》，沈阳：辽宁科学技术出版社，1986
94	［德］马克斯·韦伯（Max Weber）著，冯克利译：《学术与政治》，北京：生活·读书·新知三联书店，1998
95	［英］汤因比（Toynbee, Arnold Joseph）著，荀春生等译：《展望21世纪：汤因比与池田大作对话录》，北京：国际文化出版公司，1985
96	［英］约翰·洛克（John Locke）著，关文运译：《人类理解论》，北京：商务印书馆，1959
97	［德］尤尔根·哈贝马斯（Jurgen Habermas）著，曹卫东等译：《现代性的哲学话语》，南京：译林出版社，2004
98	［美］卡尔·米切姆（C. Mitcham）著，殷登祥等译：《技术哲学概论》，天津：天津科学技术出版社，1999
99	［法］让·弗朗索瓦·利奥塔尔（Jean-Francois Lyotard）著，车槿山译：《后现代状态：关于知识的报告》，北京：生活·读书·新知三联书店，1997
100	［德］马克斯·霍克海默（Horkheimer, M.）著，李小兵等译：《批判理论》，重庆：重庆出版社，1989
101	［法］莫里斯·梅洛－庞蒂（Maurice Merleau-Ponty）著，姜志辉译：《知觉现象学》，北京：商务印书馆，2001
102	［德］赖欣巴哈（H. Reichenbach）著，伯尼译：《科学哲学的兴起》，北京：商务印书馆，1983
103	［瑞士］让·皮亚杰（J. Piaget）著，王宪钿等译：《发生认识论原理》，北京：商务印书馆，1981
104	［美］纳什（Roderick Frazier Nash）著，杨通进译：《大自然的权力》，青岛：青岛出版社，1999
105	［法］列维－布留尔（Levy-Bruhl, Lucien）著，丁由译：《原始思维》，北京：商务印书馆，1981
106	［德］马克斯·霍克海默（Horkheimer, M.）等著，洪佩郁等译：《启蒙辩证法：哲学片断》，重庆：重庆出版社，1990

续表

序号	图书信息
107	［奥地利］路德维希·维特根斯坦（Ludwig Wittgenstein）著，贺绍甲译：《逻辑哲学论》，北京：商务印书馆，1996
108	［英］托马斯·霍布斯（Thomas Hobbes）著，黎思复等译：《利维坦》，北京：商务印书馆，1985
109	［德］马丁·海德格尔（Martin Heidegger）著，孙周兴译：《尼采》，北京：商务印书馆，2002
110	［德］恩斯特·卡西尔（Ernst Cassirer）著，顾伟铭等译：《启蒙哲学》，济南：山东人民出版社，1988
111	［英］大卫·休谟（David Hume）著，关文运译：《人类理解研究》，北京：商务印书馆，1957
112	［德］黑格尔（G. W. F. Hegel）著，王造时译：《历史哲学》，北京：生活·读书·新知三联书店，1956
113	［美］弗兰克·梯利（Frank Thilly）著，葛力译：《西方哲学史》，北京：商务印书馆，1995
114	［瑞士］费尔迪南·德·索绪尔（Fredinand de Saussure）著，高名凯译：《普通语言学教程》，北京：商务印书馆，1980
115	北京大学哲学系外国哲学史教研室编译：《古希腊罗马哲学》，北京：生活·读书·新知三联书店，1957
116	［古希腊］亚里士多德（Aristotle）著，廖申白译注：《尼各马可伦理学》，北京：商务印书馆，2003
117	［印度］阿马蒂亚·森（Amartya Sen）著，王宇等译：《伦理学与经济学》，北京：商务印书馆，2000
118	［德］埃德蒙德·胡塞尔（Edmund Husserl）著，王炳文译：《欧洲科学的危机与超越论的现象学》，北京：商务印书馆，2001
119	［德］尤尔根·哈贝马斯（Jurgen Habermas）著，郭官义译：《重建历史唯物主义》，北京：社会科学文献出版社，2000
120	［法］路易斯·阿尔都塞（Louis Althusser）等著，李其庆等译：《读〈资本论〉》，北京：中央编译出版社，2001
121	［德］尤尔根·哈贝马斯（Jurgen Habermas）著，曹卫东等译：《公共领域的结构转型》，上海：学林出版社，1999

续表

序号	图书信息
122	［英］卡尔·波普（Karl Popper）著，陆衡等译：《开放社会及其敌人》，北京：中国社会科学出版社，1999
123	［德］康德（Immanuel Kant）著，邓晓芒译：《实践理性批判》，北京：人民出版社，2003
124	［德］尤尔根·哈贝马斯（Jurgen Habermas）著，郭官义等译：《认识与兴趣》，上海：学林出版社，1999
125	［法］埃德加·莫兰（Edgar Morin）著，陈一壮译：《复杂思想：自觉的科学》，北京：北京大学出版社，2001
126	［法］雅克·德里达（Jacques Derrida）著，张宁译：《书写与差异》，北京：生活·读书·新知三联书店，2001
127	［斯洛文尼亚］斯拉沃热·齐泽克（Slavoj Zizek）著，季广茂译：《意识形态的崇高客体》，北京：中央编译出版社，2002
128	［德］尤尔根·哈贝马斯（Jurgen Habermas）著，曹卫东译：《交往行为理论》，上海：上海人民出版社，2004

五四运动以后，西方哲学在中国广泛传播，大量的哲学经典著作被翻译成中文，这些西方哲学的思想体系已成为中国研究西方哲学的重要组成部分。根据表3-7中图书的内容和主要思想，我们将入选的128种国外哲学著作分成七类进行讨论：其中哲学74种，伦理学9种，逻辑学6种，马克思主义哲学3种，美学、宗教学2种，科学技术哲学8种，其他图书26种。由于图书的种类较多，本章主要选取被引较多的图书进行分析介绍。

（1）西方哲学类著作

在西方哲学的历史发展中，不同时代的哲学家提出了不同的哲学概念，使以哲学为核心的西方文明具有多层次、多结构的复杂体系，涌现了大批思想家和哲学派系，大量经典哲学著作也由此产生。由于涉及的西方哲学的图书种数较多、内容较散，所以我们选取排名前20名的图书来具体分析它们的特点和影响。

根据表3-7所示，德国著名哲学家海德格尔有7种图书入选，分别是：《海德格尔选集》、《存在与时间》、《路标》、《形而上学导论》、《林中路》、《面向思的事情》、《尼采》；被引次数分别名列74种图书的第1、2、18、23、25、34、62位，总被引次数高达1640次，占西方哲学图书总被引次数的18.52%，是被引次数最多的作者。这充分说明了海德格尔是西方哲学历史上最伟大的哲学家和思想家之一。他一生的著述极多，尤其是创建了存在主义的理论，使存在主义成为现代西方哲学的主要流派之一，对欧洲甚至是整个世界哲学都有极大影响。

被引次数排名第一的是存在主义的创始人海德格尔的著作集《海德格尔选集》（被引 598 次）。该书收录了海德格尔的 42 篇文章，包括海德格尔的论文、重要论著的节选。这些篇目应该是海德格尔最重要的文字，是进入海氏思想之门的基本读物。[①] 选集收录的是孙周兴、倪梁康、邓晓芒、陈嘉映等著名哲学学者的译稿，这使选集的易理解性和学术价值得到了显著的提高。从人们的阅读习惯来看，在参考名家的观点和理论的时候，人们更愿意选择通过其著作集来寻找，因为著作集汇集了该作者的全部或部分经典之作，查找起来更为便捷。这些都是海氏文集高被引的重要原因。引用该书的哲学论文主题主要集中在本体论、辩证法、存在主义、技术哲学、实践哲学、马克思主义哲学、美学、中国传统哲学等研究领域。

被引次数排名第二的也是海德格尔的著作，为《存在与时间》（被引 520 次）。这本书的出版，开辟了现象学的一个新的研究方向，海德格尔也被奉为存在主义的创始人。作者改变了传统哲学以追求所谓客观真理为目的的方向，而把人的问题当做是哲学最深层的问题。从"在世"出发，他不仅使"此在的存在"在存在论上得到揭露，而且使世界本身得以从晦暗中绽露出来，这是海德格尔对基础本体论的两大贡献。[②] 海德格尔消解了近代以来的唯我论难题，提供了理解人与世界的关系的一个新视角，遏制了西方哲学中主客分立的弊端。该书在本体论、存在主义、否定的辩证法、历史唯物主义、科学主义、后现代主义、马克思主义哲学、美学、伦理学、解释学、诠释学、现象学、古希腊哲学、中国传统哲学等主题的论文中得到大量引用。

被引次数排名第三的是德国古典哲学家黑格尔的《哲学史讲演录》（被引 509 次）。这是一本关于人类社会历史观点的著作，包含着黑格尔丰富的辩证法思想。书中把人类历史的发展变化过程看做是从低级到高级、从不完善到完善的一个前进运动的过程，这个变化发展的过程遵守客观必然性和规律性。但是，世界发展的必然性和规律性是由"理性"、"精神"来决定的，把"理性"和"精神"看做是世界发展的最终动因。这样的思想是唯心的，但是其中所包含的辩证法思想却对以后唯物史观的建立起到了一定的启示作用。引用该书的论文主题主要涉及本体论、辩证法、存在主义、理性主义、怀疑论、结构主义、马克思主义哲学、人本主义、法哲学、美学、古希腊哲学、中国传统哲学等研究领域。

被引次数排名第四的是黑格尔的著作《精神现象学》（被引 334 次）。黑格尔在书中描述了最低级的意识形式"个体意识"要经历一条艰苦而漫长的道路，最终发展成为高级的意识形式，即"绝对真理"。这条道路就是人类意识自身从感性认识向科学发展的过程，也就是哲学知识形成的过程。由于这个研究还局限于意识现象和

---

① 孙周兴：《海德格尔选集》，上海三联书店 1996 年版，"编者前言"。
② 朱华甫："《存在与时间》中的'在世'概念之阐释"，《中山大学学报》（社会科学版）1997 年第 3 期。

形式，尚没有揭示意识的本质，所以被称为"精神现象学"。虽然，这其中还有"意识"和"现象"各种关系本末倒置的思想，但是其中将人理解为他自己劳动的成果隐含着批判的要素，马克思认为这是黑格尔的最伟大成果，它影响着后来的唯物辩证法。该书主要被涉及本体论、辩证法、道德哲学、存在论、形而上学体系、思维哲学、现象学、伦理学、马克思主义哲学等主题领域的论文大量引用。

被引次数排名第五的《真理与方法：哲学诠释学的基本特征》（被引267次）也是影响较大的哲学译著，它的作者是解释学的代表人物伽达默尔。该书主要探讨了理解现象的本体论问题、存在范围、个体性及语言在理解活动中的作用，集中表达了伽达默尔的现代解释学美学的观点。书中的思想影响了后来的美学、文学批评、神学、政治哲学及法学。引用该书的论文的主题主要集中在本体论、辩证法、现象学、解释学、分析哲学、美学、马克思主义哲学、语言哲学、中国传统哲学等研究领域。

古希腊哲学家亚里士多德的著作《形而上学》（被引220次）是哲学思维上的一大突破，它把哲学的研究对象作了明确的概括，使哲学从此成为了科学。《形而上学》的内容丰富、意义广泛，在本体论、哲学史、哲学辞书等方面都有深刻的论断。由于该书是亚里士多德讲稿、笔记和论文的汇集，全书各卷和章节之间没有结构上的连续性。所以，后世的学者无论从哪个角度去学习和研究都有价值。正如黑格尔所说，"对亚里士多德的研究，是无穷无尽的"。这也是该书及亚里士多德的其他论著被大量引用的重要原因之一。引用该书的论文的主题集中在本体论、辩证法、存在论、二元论、逻辑学、怀疑论、技术哲学、马克思主义哲学、形而上学论、实践哲学、中国传统哲学等研究领域。

德国现代哲学家恩斯特·卡西尔的《人论》（被引208次）是《符号形式哲学》的英译本，是卡西尔晚年哲学思想的概括和总结。该书是卡西尔著作中被翻译最多、影响最大的一本。卡西尔认为，人和动物的差别在于人有符号系统，这种符号的功能使人具备了意识功能，这对理解科学的结构，甚至是神话、宗教、语言、艺术和历史都是不可或缺的。但是他将符号功能归结于人类先验的构造符号的能力，这反映了他的哲学的唯心主义性质。该书在辩证法、存在论、认识论、符号学、美学、道德信仰、理性、人性、语言哲学、马克思主义哲学、科学技术哲学、中国哲学史等研究领域被大量论文引用。

罗素的《西方哲学史》（被引202次）全面阐述了从古希腊罗马时期到20世纪西方哲学思潮的发展历程。他认为西方哲学在发展过程中始终受到来自科学和宗教两方面的影响。该书作为西方哲学史的突出之处在于：一方面全书在讨论哲学派别和哲学家时，往往并不看其学术地位，而是按照其对西方哲学发展的影响来决定详略取舍；另一方面，罗素不仅从哲学的角度考察西方哲学的发展，同时也注意从历史的角度来考察。引用该书的哲学论文主题范围很广，几乎涉及了西方哲学的方方面面。

《亚里士多德全集》（被引180次）是现存亚里士多德经典著作的汇集，共10卷。在对西方文明乃至世界文明都产生了极其深远影响的古希腊哲学的发展历程中，亚里士多德哲学占据着重要的位置。马克思称亚里士多德是"古代最伟大的思想家"。《亚里士多德全集》中译本根据古希腊语原文翻译，书前增加了总序，全面阐述了亚里士多德哲学的基本精神，说明了亚里士多德著作的传播、现存状况和汉译本所依据的版本。这些都是使该书有别于亚里士多德其他翻译著作的重要原因，使该书成为我国哲学界研究亚里士多德思想的第一手资料。引用该书的哲学论文主要涉及希腊哲学的各方面、马克思主义哲学、中国传统哲学等主题领域。

康德是德国古典哲学的创始人，二元论、先验论和不可知论者的代表者，他的诸多著作都是研究德国古典哲学的经典之作，也是哲学学者引用的热点。《纯粹理性批判》是康德批判哲学的代表作。作者在人类认识原理的基础上，以先验逻辑丰富了认识论，并创立了先验哲学，从先验哲学的层面对传统的形而上学思想进行了批判。可以说，该书是整个批判哲学甚至是先验哲学的"始祖"之作。由于语言的差异，古典西语难于理解，加上康德著作本身思想的深刻性，康德著作出现了不同的中译本。该书被大量引用的版本有三种，分别是影响力最大的蓝公武译本（被引168次）、邓晓芒译本（被引100次）、韦卓民译本（被引78次）。康德的《纯粹理性批判》研究的是人类如何认识外部世界的问题，而《实践理性批判》从伦理上回答了"我们应该怎样做"，是《纯粹理性批判》的目的和归宿。《实践理性批判》也有不同的中译版本，被大量引用的三个版本分别是：韩水法译本（被引117次）、关文运译本（被引78次）、邓晓芒译本（被引46次）。从被引角度分析，该书的影响尚不及《纯粹理性批判》。康德的《判断力批判》论述了人类精神活动的目的、意义和作用方式。该书也有两个高被引版本：宗白华译本（被引169次）和邓晓芒译本（被引65次）。这三本著作被称为康德的"三大批判"。《任何一种能够作为科学出现的未来形而上学导论》（被引175次）的基本内容主要是阐释《纯粹理性批判》，并在此基础上补充了新的内容。该书运用分析法的写作手法，表明康德的"不纯真的唯心主义"，反复强调休谟对康德的理论的影响，在更高的层次上阐述了"两只手套"的理论。《历史理性批判文集》（被引173次）集中体现了康德在历史研究方面的"新的有价值的东西"。[①] 引用这几本书的哲学论文主题集中在本体论、辩证法、认识论、道德论、理性与感性、实践观、现象学、先验哲学、马克思主义哲学、中国传统哲学等研究领域。

《理想国》（被引154次）是柏拉图中期理念论思想的代表。其中期理念突出了

---

① 童世骏："'我们可以希望什么'——读康德的《历史理性批判文集》"，《历史教学问题》2002年第2期。

一般理念的客观存在性，对以后各种唯心主义特别是客观唯心主义有很大的影响。但是，由于认识仅仅停留在抽象理智阶段，出现了片面极端的形式，使其中期理论表现出形而上学的特征。引用该书的论文主题主要涉及辩证法、正义观、伦理学、政治哲学、美学、中国传统哲学等研究领域。

《历史与阶级意识：关于马克思主义辩证法的研究》（被引150次）开创了"西方马克思主义"的思潮。主客体辩证法、总体性理论和物化理论是书中最具有影响的理论观点。可以说，后来"西方马克思主义"的绝大多数理论都可以追溯至此。引用该书的论文主要涉及本体论、辩证法、主体意识、马克思主义哲学、德国古典哲学等主题领域。

《费尔巴哈哲学著作选集》（被引143次）是德国旧唯物主义哲学家的著作集，他批判了康德的不可知论和黑格尔的唯心主义，恢复了唯物主义的权威，对后来马克思哲学观点的形成产生了重要的影响。费氏选集包括上、下两卷，上卷收录13种著作，下卷收录费尔巴哈批判宗教的4种著作。与其他名家的选集类似，费氏选集不仅选取了费尔巴哈具有代表性的论文，而且还包括了学者更愿意选择借鉴的文集及资料形式，所以该书是费氏文集和著作中被引数量最多的图书。引用该书的哲学论文主题主要涉及存在主义、人本主义、辩证法、人与自然、自我认识、唯物史观、马克思主义哲学、中国传统哲学等领域。

《哲学史教程：特别关于哲学问题和哲学概念的形成和发展》（被引138次）是文德尔班享誉盛名的哲学史著作，它全面而精辟地描述了欧洲哲学种种观念的演变。该书有别于一般的哲学史著作，它所关注的是哲学问题和哲学概念的形成、发展，因而它论述的是哲学范畴的发展史，是真正的哲学思想史。[①] 该书用比较的方法剖析了历史上许多呈现复杂性和概念交叉的问题，区分其异同，对各哲学家思想的论述亦有独到之处。引用该书的哲学论文范围广泛且内容较散，涉及西方哲学的很多方面。

《路标》（被引135次）是海德格尔晚年自编的论文集，收有海德格尔不同时期的名篇。其中，前5篇属于海德格尔前期的重要作品，后9篇为海德格尔后期的作品。与海德格尔后期的其他一些著作相比较，《路标》最具有"学术价值"，其中的论文接近于西方传统学术的讨论风格。书中我们可以看到海德格尔对西方哲学史上众多哲学巨匠的讨论，从古希腊到与海德格尔同时期的现代西方哲学家都有涉及。引用该书的哲学论文主题比较分散，相对于前面两部海德格尔的著作，它被存在主义和现象学方面的论文引用更多。

《欧洲科学危机和超验现象学》（被引134次）是胡塞尔对整个世界哲学发展的理性反思。作者首次提出了"生活世界"的概念，认为"生活世界"指的是作为唯

---

① 罗达仁："文德尔班《哲学史教程》评介"，《哲学研究》1989年第1期。

一实在的、通过知觉实际地被给予的、被经验到并能被经验到的世界，即我们的日常生活世界。[①] 通过分析近代以来哲学的发展，胡塞尔认为近代哲学的内容被哲学的形式所取代，丧失了哲学的本质，这样可能导致哲学和科学的危机，因此他提倡让哲学回到现实的人的生活世界中来。引用该书的论文涉及到科学技术哲学、人性论、现象学、西方马克思主义、形而上学论等主题领域。

《后现代科学：科学魅力的再现》（被引 132 次）展示了一种新的自然观，它是有机的、整体的自然观。作者认为，建设性的后现代科学是对现代科学的超越，是致力于超越科学家开创的现代科学的传统，但也保留现代科学中合理成分的科学。目前学界对格里芬的后现代科学存在质疑或者说讽刺，实际是对后现代科学缺乏深入了解。该书在后现代主义、科学技术哲学、生态理论、自然价值观等主题领域的论文中被大量引用。

另外还有 48 种图书也是被哲学论文引用较多图书，此处不再一一介绍，仅罗列它们的被引次数：《哲学和自然之镜》（被引 128 次）、《古希腊罗马哲学》（被引 127 次）、《形而上学导论》（被引 120 次）、《林中路》（被引 116 次）、《猜想与反驳：科学知识的增长》（被引 114 次）、《逻辑研究》（被引 113 次）、《当代哲学主流》（被引 111 次）、《作为"意识形态"的技术与科学》（被引 110 次）、《后形而上学思想》（被引 99 次）、《否定的辩证法》（被引 97 次）、《纯粹现象学通论：纯粹现象学和现象学哲学的观念》（被引 96 次）、《面向思的事情》（被引 94 次）、《后现代精神》（被引 91 次）、《后现代理论：批判性的质疑》（被引 91 次）、《后哲学文化》（被引 90 次）、《哲学解释学》（被引 84 次）、《权力意志：重估一切价值的尝试》（被引 81 次）、《海德格尔分析新时代的科技》（被引 79 次）、《柏拉图全集》（被引 78 次）、《存在与虚无》（被引 78 次）、《现象学的观念》（被引 77 次）、《客观知识：一个进化论的研究》（被引 76 次）、《现象学运动》（被引 76 次）、《历史哲学》（被引 74 次，上海书店出版社版本）、《交往行动理论》（被引 73 次，洪佩郁译本）、《哲学研究》（被引 70 次）、《单向度的人：发达工业社会意识形态研究》（被引 68 次，刘继译本）、《作为意志和表象的世界》（被引 68 次）、《第一哲学沉思集：反驳和答辩》（被引 66 次）、《单向度的人：发达工业社会意识形态研究》（被引 65 次，张峰译本）、《人类理解论》（被引 63 次）、《现代性的哲学话语》（被引 63 次）、《批判理论》（被引 61 次）、《知觉现象学》（被引 60 次）、《发生认识论原理》（被引 59 次）、《启蒙辩证法：哲学片断》（被引 58 次）、《历史哲学》（被引 57 次，生活·读书·新知三联书店版本）、《尼采》（被引 57 次）、《启蒙哲学》（被引 57 次）、《人类理解研究》（被引 57 次）、《西方哲学史》（被引 56 次）、《古希腊罗马哲学》（被引 55

---

① 梁亚娟："回归生活世界——从胡塞尔《欧洲科学危机和超验现象学》谈起"，《西北农林科技大学学报》（社会科学版）2006 年第 2 期。

次)、《欧洲科学的危机与超越论的现象学》(被引53次,2001年版本)、《重建历史唯物主义》(被引51次,2000年版本)、《认识与兴趣》(被引46次,1999年版本)、《书写与差异》(被引40次,2001年版本)、《意识形态的崇高客体》(被引33次,2002年版本)、《交往行为理论》(被引27次,曹卫东译本,2004年版本)。

(2) 伦理学类著作

伦理学,即关于道德的哲学的分支。伦理学将道德现象从人类活动中区分开来,探讨道德的本质、起源和发展及有关问题。道德与利益的关系问题是伦理学的核心问题。由于入选的伦理学图书有9种,本章只详细介绍被引次数最多的两种图书。

《正义论》(被引307次)的被引次数在伦理学图书中排名第一。该书在涉及人们社会生活的具体层面时,较为详尽地反映出罗尔斯高度思辨的正义观的社会意义和实践意义。其中,关于伦理和道德领域的讨论也是其重要部分。作者认为"正义是社会体制的第一美德",要人们接受正义的原则,这就牵涉到道德心理学和正义感形成的问题。罗尔斯突破政治哲学的传统视角,以令人耳目一新的伦理学思辨的角度来阐释"正义"。引用该书的哲学论文主题集中在公平正义、个人主义、集体主义、道德观、价值观、伦理观、人本主义、自由主义、实践哲学、马克思主义哲学等领域。

《人性论》(被引185次)的作者休谟把实验推理的方法应用于精神哲学的方面,剖析人性中的理智和情感,建立"人性"的哲学体系。他提出,支配人的生活的是意志、情感(或激情),而非理性。书中对经验主义的分析在很大程度上影响了逻辑实证主义的拥护者和语言分析学家,对人类行为和信念的心理分析则影响了实用主义者和工具主义者。引用该书的哲学论文主题集中在道德观、博弈论、经验主义、科学技术哲学、理性、人性、审美观、价值论、自然主义等方面。

其他被哲学论文引用较多的伦理学图书有:《道德形而上学原理》(被引168次)、《德性之后》(被引145次)、《尼各马科伦理学》(被引127次、苗力田译)、《环境伦理学:大自然的价值以及人对大自然的义务》(被引84次)、《道德情操论》(被引68次)、《大自然的权力》(被引59次)、《尼各马可伦理学》(被引54次、廖中自译注,2003年版本)。

(3) 逻辑学类著作

逻辑学是研究纯粹理念的科学,即最抽象的要素所形成的理念的科学。入选的逻辑学图书最高被引次数达497次,最低的只有50余次。

黑格尔先后撰著了两本逻辑学著作:一本是在《哲学全书纲要》之前出版的,由于篇幅较大,学界习惯称之为《大逻辑》,它的中译本就是杨一之翻译的《逻辑学》(被引181次);另一本是作为《哲学全书纲要》的一部分出版的,它的中译本是贺麟翻译的《小逻辑》(被引497次)。两者的内容和框架基本一致,但是《小逻辑》成书较晚,经黑格尔本人多次修订,文字简明扼要,其中的一些观点比《逻辑学》更成熟，还有一些是《逻辑学》中没有的理念。因此，《小逻辑》在哲学研究领域具有更大的学术影响力。在内容上，黑格尔认为逻辑是研究"绝对理念"从抽象到具体发展过程的科学。书中黑格尔的论述几乎涉及了哲学领域的所有范畴。其中最重要的成果是对形而上学的批判，集中阐述了他的唯心主义辩证法思想。这两本书在涉及辩证法、反思哲学、形而上学论、客观性认识、理性、人本主义、实践观、科学技术哲学、马克思主义哲学、中国传统哲学等主题的论文中被大量引用。

另外，还有《从逻辑的观点看》（被引95次）、《逻辑哲学论》（被引70次）、《原始思维》（被引58次）、《逻辑哲学论》（被引57次），这些都是入选的逻辑学领域的学术著作，在哲学研究领域也发挥着较大的作用。

（4）马克思主义哲学类著作

入选马克思主义哲学类的图书有3种。从图书的分类号上看，为马克思主义哲学的范畴，但是从内容来看，偏向于西方马克思主义的范畴。

《保卫马克思》（被引85次）是阿尔都塞运用结构主义研究马克思主义哲学的著作。他认为科学的马克思主义主张结构因果性和多元决定论，反对经验主义、人道主义和历史主义。他既驳斥了那些把马克思主义康德化、黑格尔化、费尔巴哈化以及人道主义化等的种种论说，又反对了苏联那种传统的马克思主义理解模式，这样也把自己的理论与正统的马克思主义、人道主义的马克思主义区别开来。① 《读〈资本论〉》（被引49次，2001年版本）是阿尔都塞用结构主义解析马克思主义的著作。《马克思的幽灵：债务国家、哀悼活动和新国际》（被引84次）的作者是法国著名的哲学家雅克·德里达，该书是作者运用解构主义思想解构马克思主义的一部专著。引用马克思主义哲学类图书的哲学学科论文主题主要涉及历史唯物主义、辩证法、实践观、人本主义等研究领域。

（5）美学与宗教学类著作

《美学》（被引202次）是黑格尔的美学著作。黑格尔把德国古典美学推到了顶峰，成为德国古典美学以及马克思主义美学以前的西方各美学思潮的集大成者。他在书中提出了自然美、艺术美的概念，并最终得出艺术美高于自然美的结论。黑格尔运用经验观点和理论观点相统一的方法，对美的本质及其基本规律都进行了深刻而独到的讨论，形成了一个具有严密结构的完整理论体系，在美学史和艺术史上都有划时代的贡献。该书在感性学、艺术哲学、实践美学、审美观、中国古代美学研究等主题的论文中被大量引用。

《新教伦理与资本主义精神》（被引123次）是马克斯·韦伯关于宗教在资本主义兴起中作用的论述。从书中的观点来看，新教教义被韦伯视为资本主义精神产生

---

① 钱厚诚："阿尔都塞保卫马克思的三重向度与划界方法"，《哈尔滨工业大学学报》（社会科学版）2008年第2期。

的必不可少的要件，这正是该书被诸多学者归为"历史决定论"观点代表作的原因。韦伯在书中致力讨论了近代资本主义为什么仅仅出现在西方，他将原因归结为："西方民族在经过宗教改革后形成的新教理论，是资本主义经济的第一源动力。"① 引用该书的哲学论文的主题主要集中在道德观、自我和谐、经济伦理、儒家伦理、宗教哲学等研究领域。

（6）科学技术哲学类著作

科学技术哲学将科学技术活动作为独立的研究对象来考察其与哲学的关系，这对科学技术和社会的发展都有积极的促进作用。科学技术哲学也就成了哲学中具有交叉性和前沿性的一门分支学科。此次入选科学技术哲学的图书共有 8 本，从数据上来看，其被引次数均不高，这也体现了科学哲学交叉学科的特点。

《科学革命的结构》（被引 83 次）是科学技术哲学中被引次数最多的图书。书中阐述了一种新颖的科学观，把科学看做是一定的"科学共同体"且按照固有的"范式"进行专业的活动，并从科学史的视角分析了常规科学和科学革命的本质。该书对学者深入研究科学技术哲学和科学史都有很大的借鉴和参考价值，除此之外，它对考察经济学、管理学和心理学等构成知识结构的各学科的发展历程，也有很强的指导作用。引用该书的哲学论文主题主要集中在科学革命、真理认识、辩证法、思维模式、复杂性、后现代主义、科学哲学观、马克思主义哲学等领域。

此外，入选的科学技术哲学类的著作还有：《科学与近代世界》（被引 80 次）、《从混沌到有序：人与自然的新对话》（被引 72 次）、《哲学走向荒野》（被引 65 次）、《技术哲学导论》（被引 63 次）、《技术哲学概论》（被引 62 次）、《科学哲学的兴起》（被引 59 次）、《复杂思想：自觉的科学》（被引 41 次，2001 年出版）。

（7）其他类著作

哲学研究中会涉及其他学科的知识，从入选的哲学论文引用的非哲学图书可以看到，这些图书涉及领域广泛：如政治学、社会学、经济学、法学、文化学、语言学，甚至自然科学，可见哲学也是一门"科学的科学"。

《爱因斯坦文集》（被引 424 次）是被哲学论文引用次数最多的非哲学类图书。爱因斯坦是 20 世纪最伟大的科学家，他的理论思想不仅仅局限于自然科学领域，也包括自然科学之外的哲学、社会、政治等领域。《爱因斯坦文集》3 卷本首次全面地将爱因斯坦的科学和思想介绍到国内。② 文集中收录了爱因斯坦关于自然科学哲学问题和一般自然科学方面比较有代表性的论述，还有大量的专门性的科学论文和社会政治言论，包括世界观、人生观、社会观、宗教观等，这是研究爱因斯坦思想的重

---

① 左秋明："论韦伯的新教伦理：评《新教伦理与资本主义精神》"，《西南政法大学学报》2006 年第 3 期。

② 刘兵："《爱因斯坦文集》的编译出版与作为意识形态象征的爱因斯坦"，《博览群书》2005 年第 10 期。

要资料，也是哲学学者关心的重点。文集的编译出版过程历经整个"文化大革命"时期，曲折而多难，因此对爱因斯坦的评价也经历了从有限否定到充分肯定的过程。在这样的历史背景下，文集在某些翻译问题上至今还存在争论。

《法哲学原理》（被引375次）是研究家庭、市民社会、国家、法律、道德等观念形态的著作。该书系统地反映了黑格尔的法律观、道德观、伦理观和国家观。从内容来说，黑格尔关于市民社会、国家及其相关问题的论述，为历史唯物主义的萌芽和产生提供了直接的理论前提。同时，其在现实性与合理性的关系、法与道德的关系、对法与不法的关系等方面的辩证分析对马克思主义法哲学体系来说也有许多借鉴之处。但是黑格尔的法哲学是立足于客观唯心主义基础上的，他认为自由意志是法的本质。他维护了当时德国软弱的资产阶级，神话了国家。他只强调事物在变化发展过程中的量变，而否认事物变化发展中的质变，无视资本主义的基本矛盾。基于这三点，法哲学思想也有消极的一面。

被哲学论文大量引用的其他类著作还有：政治学方面的《政治学》（被引146次）、《社会契约论》（被引80次）、《政治自由主义》（被引77次）、《自由秩序原理》（被引70次）、《政府论》（被引67次）、《晚期资本主义的文化逻辑》（被引65次）、《利维坦》（被引57次）、《开放社会及其敌人》（被引49次，1999年出版）；社会学方面的《现代性与自我认同：现代晚期的自我与社会》（被引78次）、《现代性的后果》（被引77次）、《学术与政治》（被引63次）、《公共领域的结构转型》（被引49次，1999年出版）；经济学方面的《国民财富的性质和原因的研究》（被引81次）、《经济与社会》（被引81次）、《消费社会》（被引67次）、《伦理学与经济学》（被引53次，2000年出版）；自然科学方面的《复杂：诞生于秩序与混沌边缘的科学》（被引78次）、《中国科学技术史》（被引73次）、《必要的张力：科学的传统和变革论文选》（被引66次）；其他方面的《资本主义文化矛盾》（被引138次）、《科技文明与人类未来》（被引76次）、《展望21世纪：汤因比与池田大作对话录》（被引63次）、《后现代状态：关于知识的报告》（被引62次）、《普通语言学教程》（被引55次）。

通过对128种国外学术著作作者（第一作者）的统计，可以看到，共涉及作者66位。有5种或5种以上著作入选的作者有6位，分别是：康德（11种）、哈贝马斯（8种）、黑格尔（8种）、海德格尔（7种）、胡塞尔（5种）、亚里士多德（5种），我们可以将他们看作是对中国哲学最具影响力的外国哲学家。

由于国外学术著作都是翻译著作，所以我们对译者（第一译者）的统计也具有评价意义。128种译著共涉及个人译者97位，团体译者2个。有3种或3种以上译著的译者有8位，分别是：曹卫东（4种）、关文运（4种）、邓晓芒（3种）、何兆武（3种）、贺麟（3种）、苗力田（3种）、孙周兴（3种）、王炳文（3种）。可以认为，这些译者对我国引进和介绍西方经典哲学著作作出了很大贡献，对促进我国的哲学研究起着重要作用。

同样,对出版社的统计,也可以推出具有较强翻译能力的著名出版社。128种译著共涉及出版社26家,有10种或10种以上译著的出版社有3家,分别是:商务印书馆(54种)、生活·读书·新知三联书店(14种)、上海译文出版社(13种)。

3.6 国内学术著作对哲学研究的影响

我国的哲学研究早在商周时期就已有许多作品出现,有关古代哲学文献已在本章第3节做过相关介绍。本节推出的对我国哲学最有影响的国内学术著作为鸦片战争以后成书的学术著作。随着新中国的成立与改革开放的发展,西方哲学在中国广泛传播,客观上促使哲学学者在前人的基础上将中国传统哲学与西方哲学的精髓结合起来,因此大量哲学新著不断问世。本章选取的对我国哲学研究较有学术影响的263种著作中,国内学术著作达48种。表3-8给出了这些图书的详细目录。

表3-8　　哲学论文引用较多的国内学术著作

序号	图书信息
1	冯友兰:《三松堂全集》,郑州:河南人民出版社,1985
2	冯友兰:《中国哲学史新编》,北京:人民出版社,1982—1986
3	北京大学哲学系外国哲学史教研室编译:《西方哲学原著选读》,北京:商务印书馆,1981—1982
4	鲁迅:《鲁迅全集》,北京:人民文学出版社,1981
5	严复:《严复集》,北京:中华书局,1986
6	冯友兰著,涂又光译:《中国哲学简史》,北京:北京大学出版社,1985
7	梁漱溟:《梁漱溟全集》,济南:山东人民出版社,1989—1993
8	梁启超:《饮冰室合集》,北京:中华书局,1989
9	汪子嵩:《希腊哲学史》,北京:人民出版社,1988—2003
10	张岱年:《中国哲学大纲》,北京:中国社会科学出版社,1982
11	荆门市博物馆:《郭店楚墓竹简》,北京:文物出版社,1998
12	陈鼓应:《老子注译及评介》,北京:中华书局,1984
13	侯外庐:《中国思想通史》,北京:人民出版社,1956—1960
14	张一兵:《回到马克思:经济学语境中的哲学话语》,南京:江苏人民出版社,1999
15	周辅成:《西方伦理学名著选辑》,北京:商务印书馆,1987
16	冯友兰:《中国哲学史》,北京:中华书局,1961
17	王国维著,姚淦铭主编:《王国维文集》,北京:中国文史出版社,1997

续表

序号	图书信息
18	冯友兰：《贞元六书》，上海：华东师范大学出版社，1996
19	陈昌曙：《技术哲学引论》，北京：科学出版社，1999
20	李泽厚：《中国古代思想史论》，北京：人民出版社，1985
21	牟宗三：《心体与性体》，上海：上海古籍出版社，1999
22	李大钊：《李大钊文集》，北京：人民出版社，1984
23	牟宗三：《中国哲学十九讲》，上海：上海古籍出版社，1997
24	苗力田：《古希腊哲学》，北京：中国人民大学出版社，1989
25	倪梁康：《现象学及其效应：胡塞尔与当代德国哲学》，北京：生活·读书·新知三联书店，1994
26	章太炎：《章太炎全集》，上海：上海人民出版社，1982—1986
27	皮锡瑞：《经学历史》，北京：中华书局，1954
28	倪梁康：《胡塞尔现象学概念通释》，北京：生活·读书·新知三联书店，1999
29	余英时：《士与中国文化》，上海：上海人民出版社，1987
30	钱锺书：《管锥编》，北京：中华书局，1979
31	高亨：《周易大传今注》，济南：齐鲁书社，1979
32	顾颉刚：《古史辨》，上海：上海古籍出版社，1982
33	徐复观：《中国人性论史·先秦篇》，上海：上海三联书店，2001
34	朱光潜：《西方美学史》，北京：人民文学出版社，1979
35	冯友兰：《中国哲学史》，上海：华东师范大学出版社，2000
36	宗白华：《美学散步》，上海：上海人民出版社，1981
37	李德顺：《价值论：一种主体性的研究》，北京：中国人民大学出版社，1987
38	任继愈：《中国哲学史》，北京：人民出版社，1963—1997
39	胡适：《胡适文集》，北京：北京大学出版社，1998
40	洪汉鼎：《理解与解释：诠释学经典文选》，北京：东方出版社，2001
41	陈波：《逻辑哲学导论》，北京：中国人民大学出版社，2000
42	李零：《郭店楚简校读记》，北京：北京大学出版社，2002
43	徐复观：《两汉思想史》，上海：华东师范大学出版社，2001
44	倪梁康：《自识与反思：近现代西方哲学的基本问题》，北京：商务印书馆，2002
45	张世英：《哲学导论》，北京：北京大学出版社，2002
46	李伯聪：《工程哲学引论：我造物故我在》，郑州：大象出版社，2002
47	张建军：《逻辑悖论研究引论》，南京：南京大学出版社，2002
48	陈嘉映：《语言哲学》，北京：北京大学出版社，2003

第3章 哲学

近现代中国哲学的发展是在中国传统哲学的基础上，以中西文化的碰撞、交流、融合为背景而展开的，由此形成了自己的特点和理论。基于此，我们根据表3-8所示的48种图书的内容和主题，将其分为七类来讨论它们的基本概况和特点，分别是：哲学理论类著作（4种）、中国哲学史类著作（9种）、中国传统哲学类著作（5种）、中国近代哲学类著作（4种）、西方哲学类著作（6种）、其他哲学类著作（9种），其他学科著作（11种）。

（1）哲学理论类著作

入选的4种哲学基本理论著作分别是关于马克思主义哲学、价值问题、诠释学和哲学基础理论的阐释。《回到马克思：经济学语境中的哲学话语》的被引次数远高于其他3种图书，说明该书是当代马克思主义哲学中少有的极具影响力的图书之一，在出版之后的短时间内就迅速被关注和引用。

在相当长的历史时期内，马克思主义被逐渐曲解了，被框架化、教条化了。张一兵的《回到马克思：经济学语境中的哲学话语》（被引111次）首次打破了这种桎梏，回到"原生态"的马克思主义，寻找符合新现实的马克思主义理论起点。这种突破传统思路的马克思主义，既呈现出马克思哲学的深层理论内涵，又使全书的理论阐述具有了符合中国现实的时代特征。引用该书的哲学论文主题主要集中在辩证法、政治经济学、历史唯物主义、实践唯物主义、人与自然、伦理学等研究领域。

其余三种图书为：李德顺的《价值论：一种主体性的研究》（被引55次）、洪汉鼎的《理解与解释：诠释学经典文选》（被引54次，2001年出版）、张世英的《哲学导论》（被引35次，2002年出版），这几本书在我国哲学理论研究中均具有一定的学术影响。

（2）中国哲学史类著作

哲学史的专门研究始于近代哲学成为独立的学科。在中西文化交往的过程中，我国哲学家突破封建传统的束缚，对中国古代哲学和哲学史独立进行了深入研究。经过几代人的努力，中国哲学史研究在考古文献的发现、历史资料的整理、方法论的研讨、成果的积累方面都取得了长足的发展，哲学史方面的著作也不断问世。此次入选的9种中国哲学史类著作中，冯友兰的著作占4种，其中《中国哲学史》分别于中华书局和华东师范大学出版社两次出版，显示了其在中国哲学史研究方面的重要地位。

《中国哲学史新编》（被引186次）是冯友兰晚年的代表作。该书既是一本哲学史著作也是一本哲学研究著作，蕴含着作者本人的许多哲学观点。该书以马克思主义理论为基础，将一般与特殊的关系问题贯穿于全书，对整个中国哲学史作出了具有独创性的研究，提出了一系列新见解，对学术界产生了重要影响。

《中国哲学简史》（被引158次）是冯友兰在美国讲授中国哲学的讲稿，原文是英文，后经整理由涂又光翻译为中文。该书简述了自先秦至近代中国哲学的发展历程以及中国哲学在中国文化中的重要地位。该书打通古今中外的相关知识，特别是饱含作者对现实问题的关怀，不失为一部底蕴深厚的哲学著作。

《中国哲学大纲》（被引135次）是张岱年先生首创的中国哲学的"问题解析体"著作。该书系统地探讨了"中国哲学之特色"，认为"合知行"、"一天人"、"同真善"是中国哲学的主要特点。全书分为宇宙论、人生论和致知论三部分，以问题为纲要，引导读者对哲学内容及特点进行全面了解，对中国哲学的发展起着积极的促进作用。

《中国思想通史》（被引115次）是侯外庐主持编写的一部关于中国古代思想的通史。该书将中国思想史和社会史融为一体，对中国思想的演变过程和各时期的特点都作了系统而细致的分析。该书的与众不同之处在于，挖掘并分析了一批平时不易被学者关注的思想家，如嵇康、吕才、刘知几、刘禹锡、柳宗元、王安石、黄震等，用"异端"一词来形容他们追求理性觉醒、独立思考、有创新观念的思想。[①] 我们可以从《中国思想通史》中发掘到考证翔实、系统有据的中国思想史资料，以及编写者独具匠心的观点与评价，这些都是该书成为经典之作的重要因素。

还有一些图书，如冯友兰的《中国哲学史》（被引86次，中华书局版）、李泽厚的《中国古代思想史论》（被引81次）、牟宗三的《中国哲学十九讲》（被引71次）、冯友兰的《中国哲学史》（被引57次，华东师范大学出版社版）、任继愈的《中国哲学史》（被引55次），这些著作都是被哲学论文引用较多的中国哲学史图书。

引用哲学史的哲学论文主题范围很广，涉及了中国传统哲学的很多方面，这也是本类图书的史料性和学术性所决定的。

（3）中国传统哲学类著作

即使到了现代社会，中国传统哲学蕴含的哲学思想依然保持着旺盛的生命力，甚至可以说是世界哲学中的一朵奇葩。

《老子注译及评介》（被引118次）吸取了历代研究"老子"的成果，对《老子》作了详细的注释与分析，并参以己见、加以今译，对前人的《老子》注疏也给予了评介。作者是旅美华人，原书为繁体字。该书为促进海峡两岸的文化学术交流、促进《老子》研究的开展起到了积极的作用。

此外，还有《贞元六书》（被引83次）、《心体与性体》（被引81次）、《周易大传今注》（被引60次）、《两汉思想史》（被引39次，2001版本），这些著作也是被哲学论文引用较多的中国传统哲学图书。

（4）中国近代哲学类著作

中国近代哲学的发展建立在近代社会斗争的基础上，经历了中西文化碰撞、摩擦、融合的发展过程，由此形成了自己的特点和主流。《三松堂全集》、《严复集》和

---

① 张岂之："《中国思想通史》简介"，《华夏文化》2008年第3期。

《饮冰室合集》是中国近代哲学类著作中被哲学论文引用较多的三本书,这三本书在哲学研究中具有很大的参考价值。需要特别解释的是,此处的分类是根据国家图书馆给定的图书分类号来划分的,一些哲学名家的文集也位列其中。

《三松堂全集》(被引 230 次)是冯友兰哲学思想的汇集,全书共 14 卷,包括哲学专著、哲学论文、新挖掘的哲学史料以及一些诗文。从本体论上看,冯友兰所持的唯心主义观点并不妨碍他在其他问题上有独特的见解,比如他认为宇宙是客观存在的,宇宙中的任何事物都是处于运动中的。该书为哲学领域研究冯友兰的哲学思想提供了丰富的资料,引用该书的哲学论文的主题主要集中在人生哲学、新理学、新儒学、中国传统哲学等研究领域。

《严复集》(被引 173 次)是严复的著作集,其中许多为严复的翻译作品。严复是近代中国第一个系统介绍西方文化、提倡资产阶级思想并用之以挽救民族危亡的资产阶级启蒙思想家。他意识到西方注重个体的自由与中国传统思想重视整体和谐的矛盾,试图将二者统一起来,他的思想对促进中国传统哲学思想向现代哲学思想的转变起到了重要作用。引用该书的哲学论文主题主要集中在道德哲学、传统文化、中国传统哲学等领域。

我国近代政治家、思想家梁启超的《饮冰室合集》(被引 154 次)是研究近代中国思想文化的重要材料。整个合集反映了西方文化与中国传统文化从交锋、斗争到最终走向融合的全过程的缩影,是西方民主科学的思想观念和价值体系与中国传统的以孔学为代表的儒家伦理道德观念和价值体系的结合。引用该书的哲学论文的主题主要集中在中西文化交流、中国传统哲学、美学等领域。

此外,《章太炎全集》(被引 64 次)是近代革命家和思想家章太炎的文集,文集中包含着作者社会实践观和唯物史观的萌芽思想。但从被引哲学论文引用的数量上看,影响不及前 3 种图书。

(5)西方哲学类著作

中西哲学的融合促使不少学者关注西方哲学,不少研究西方哲学的著作也得以出版。从入选的西方哲学图书来看,有两种图书的被引次数过百,其余均在 70 次以下。

《西方哲学原著选读》(被引 184 次)摘选了西方哲学主要哲学流派或主要哲学家的原著段落。全书分为上、下两卷,内含古希腊罗马哲学、欧洲中世纪哲学、欧洲文艺复兴时期哲学、16—18 世纪西欧哲学、18 世纪法国哲学、18—19 世纪德国哲学、19 世纪俄国哲学。书中精选的每一段力求包括相对完整的思想,并冠以标题;每一选段的末尾,都注明本段材料选自何书何章何节,有的还加注了该书标准版的页码;为了帮助阅读,编者还加了一些知识性的脚注。这样的编写形式类似于精选性质的"二次文献",不仅便于读者查找,也起到了导读的作用。

《希腊哲学史》(被引 137 次)是古希腊的断代西方哲学史,其中包括前期智者苏格拉底和柏拉图的哲学思想,也包括亚里士多德的逻辑哲学、自然哲学、形而上学和实践哲学。书中不仅大篇幅地引用哲学家的言论和著作的全篇或残篇，还编辑了希腊古代哲学家、编纂家和注释家们的有关记载和论述，选择了一些近现代西方哲学史家对于希腊哲学史的研究和论述。

引用以上两种图书的哲学论文主题较为分散，涉及很多方面，既包括西方哲学的体系也包括中国哲学内容，这也与图书自身概述性的内容有关。

另一些被哲学论文引用较多的图书有：《古希腊哲学》（被引69次）、《现象学及其效应：胡塞尔与当代德国哲学》（被引69次）、《胡塞尔现象学概念通释》（被引63次）、《自识与反思：近现代西方哲学的基本问题》（被引35次，2002年出版）。

（6）其他哲学类著作

我们将不能归于以上几类的哲学类著作归于此类，被哲学论文引用较多的哲学分支学科图书主要有：伦理学、逻辑学、美学、科学技术哲学、语言哲学。

周辅成的《西方伦理学名著选辑》（被引110次）选编自从古希腊起到19世纪末的80多位西方伦理学家的伦理学名著。全书以历史发展为线条，对伦理史上有影响的各个学派及其主要代表人物的著述、观点，取其精华收录。其中大量篇幅选译了外文原著，而这些外文原著中又多是没有中文译本的，因此使得这本书成为迄今为止最完备的关于西方伦理学的中文资料书。此外，该书是对有关著述提纲挈领式的摘录，具有伦理思想的导读功能。徐复观的《中国人性论史·先秦篇》（被引57次）的影响明显不如前者这样一部综述性伦理学著作。该书以伦理学中的人性为讨论的主题，尤其注重以先哲在自己生命中的体验所得为根据，体现了作者对中国文化和人性论之间内在联系的独特见解。通过此书的解读，有助于理解徐复观的"心的文化"和以孔孟为中心的儒家视为中国正统人性论的新儒学思想。由于上述两种图书都是伦理学综述性图书，所以引用它们的论文主题基本分散于哲学与伦理学的多个方面。

陈波的《逻辑哲学导论》（被引42次，2000年出版）对逻辑哲学的十个重要问题：意义理论和逻辑类型，推理、后承关系和蕴涵，"是"的逻辑哲学分析，形式化方法的哲学考察，模态的形而上学，逻辑真理的性质，逻辑悖论的反思，逻辑的本体论承诺，归纳问题及其解决方案，逻辑究竟是什么，都提出了自己独到的见解。张建军的《逻辑悖论研究引论》（被引30次，2002年出版）是关于当代逻辑悖论研究的专题逻辑思想史和逻辑哲学著作。两者都是2000年以后出版的逻辑学入选图书，但是相对于其他类图书来看，它们被引的次数均不高，说明目前国内逻辑学方面尚欠缺具有指引性的著作。引用逻辑学图书的哲学论文主题集中在悖论、现代逻辑、语言逻辑、逻辑史等方面。

朱光潜的《西方美学史》（被引57次）是一部梳理美学思想发展过程的论文集，书中援引了大量的原始资料，有史有实据。宗白华的《美学散步》（被引56次）汇集了其一生最精要的美学论著，字句优美，充满诗意。他没有构建什么美学体系，旨在引导人们建立一种审美的态度，直至形成艺术的人格。两者都是中国美学史上重要的著作，前者偏于推理，是西式的、科学的、文学的；后者偏于抒情，是中式的、艺术的、古典的。从美学图书的被引数量上看，与逻辑学入选的图书类似，美学入选的图书种数较少，被引次数不多，且出版年代均较早。引用两者的哲学论文主题较分散，美学理论的许多方面都有涉及，如审美观、美学史、艺术思维、康德美学、中国古代美学等。

陈昌曙的《技术哲学引论》（被引82次）从哲学角度讨论技术问题，较为全面深刻地论述了关于技术哲学的研究对象、历史和基本问题，技术的基本特点，技术与社会的相互关系等。李伯聪的《工程哲学引论：我造物故我在》（被引34次，2002年出版）是对人类造物活动进行哲学研究的专著。它给人们提供了一个全新的角度，让人们重新审视和梳理人类认识世界和改造世界的历史成果，并从哲学思考中获得理性的感悟和启迪。[①] 这两种图书的被引次数相对不多，从侧面反映了我国当代科学技术哲学的研究处于起步阶段，尚有发展的潜力。引用两者的论文主题分别集中于科学技术与哲学和工程哲学方面。

陈嘉映的《语言哲学》（被引25次，2003年出版）分别以哲学家和问题为线索，谈论从索绪尔到乔姆斯基20世纪一些最重要的语言哲学家的观点以及作者对语言学的看法。由于出版年代较近，所以被引次数不多。引用它的论文主题主要集中在符号学、文字学、语言哲学等几方面。

（7）其他学科著作

这里所列的图书虽然不属于哲学领域，但其中包含的内容均对哲学研究有相当的价值，也常被哲学论文引用。其中也包括一些近代思想家和文学巨匠的文集。

《鲁迅全集》（被引183次）收录了鲁迅发表的大量的小说、散文、杂文等。鲁迅不仅是中国近代伟大的文学家，也是伟大的思想家，其文章中体现了他的唯物主义和现实主义思想。鲁迅运用唯物史观分析中国社会，认为要革新中国社会，就必须改变人民的"劣根性"，培养"自由主义"的人格。

《梁漱溟全集》（被引155次）收集了梁漱溟已刊与未刊文字500万字左右，按专著、论文、讲演、札记、日记、书信编为8卷，日文前附以必要的版本或出处说明。梁漱溟的哲学思想是一种文化哲学思想，通过东西文化和哲学的比较，提倡唯意志主义和直觉认识论。虽然其中包括了主体意识的能动性、直觉的作用等有积极意义的结论，但是他的哲学思想整体上属于主观唯心主义的范畴。这些思想都可以在他的文集中找到踪影。

其他类图书中还有一些被哲学论文引用次数较多的图书，它们分别是：革命家和思想家的文集，如《王国维文集》（被引84次）、《李大钊文集》（被引78次）、《胡

---

① 徐东彬："人类造物活动的哲学思考——谈《工程哲学引论》"，《书摘》2003年第7期。

适文集》(被引 54 次, 1998 年出版);研究中国文化的《士与中国文化》(被引 62 次);研究古籍文献的《管锥编》(被引 60 次)、《古史辨》(被引 59 次)。

从以上对国内学术著作的阐述,我们看到:一方面,中国近现代哲学注重普遍性的研究,不分东方西方的哲学,所进行的理论和研究都是从一般的、普遍的哲学中去挖掘、发现,讨论共同的问题,运用相同的方法,这是通性或者说是通理。如哲学理论和研究西方哲学的图书的高被引就说明了此观点。另一方面,民族间观念的差异在哲学思想上也有悬殊,中国民族的传统文化不容今人丢弃,追源而观,中国传统哲学的开端也是普遍哲学的源头之一,近现代学者的中国哲学史著作和古籍的注疏的高被引,也证明了这一点。但是,我们也看到,国内学术著作以研究前人成果的综述性图书居多,现代哲学理论的图书入选较少,只有当代学者张一兵的《回到马克思:经济学语境中的哲学话语》中关于马克思主义哲学的创新思想引起了学界的广泛重视,其他难找创世之作,这也是亟待哲学学者们努力之处。

此次入选的 48 种国内学术著作涉及 37 位学者和 2 个团体著者。41 位学者中,我国近现代著名的哲学家冯友兰共有 6 种图书入选,著名现象学家倪梁康有 3 种图书入选,牟宗三、徐复观分别有 2 种图书入选,其余作者有 1 种入选。2 个团体著者分别是:北京大学哲学系外国哲学史教研室、荆门市博物馆。

3.7 结语

在被哲学论文引用 55 次及以上或年均被引 5 次及以上的 263 种图书中,共涉及 157 位作者,其中 153 位个人作者,4 位团体作者。需要说明的是:如果一本外文原著由不同学者翻译,那么我们在进行作者统计时,就将其作为 1 本书归并到原作者名下。在这些作者中,有两种及以上图书入选的作者共 41 位,其中外学者 27 位,我国学者 14 位,详见表 3-9。

表 3-9　　　　　　哲学学科入选两种及以上图书作者

序号	作者	入选图书种数
1	康德	11
2	尤尔根·哈贝马斯	8
2	黑格尔	8
4	马丁·海德格尔	7
5	冯友兰	6
5	朱熹	6
7	埃德蒙德·胡塞尔	5

续表

序号	作者	入选图书种数
7	马克思	5
7	亚里士多德	5
10	江泽民	4
11	卡尔·波普	3
11	黄宗羲	3
11	列宁	3
11	毛泽东	3
11	倪梁康	3
11	马克斯·韦伯	3
11	路德维希·维特根斯坦	3
18	路易斯·阿尔都塞	2
18	柏拉图	2
18	陈鼓应	2
18	程颢	2
18	雅克·德里达	2
18	汉斯-格奥尔格·伽达默尔	2
18	大卫·雷·格里芬	2
18	马克斯·霍克海默	2
18	安东尼·吉登斯	2
18	恩斯特·卡西尔	2
18	托马斯·库恩	2
18	老子	2
18	理查德·罗蒂	2
18	杨伯峻	2
18	约翰·罗尔斯	2
18	霍尔姆斯·罗尔斯顿	2
18	约翰·洛克	2
18	赫伯特·马尔库塞	2
18	牟宗三	2
18	亚当·斯密	2
18	王阳明	2
18	大卫·休谟	2
18	徐复观	2
18	庄周	2

入选的 263 种图书中共涉及 42 家出版社，其中入选 3 种及以上图书的出版社有 15 家①，详见表 3-10。

表 3-10　　　　　　　哲学学科入选图书较多的出版社

序号	出版社	入选图书种数
1	商务印书馆	57
2	中华书局	31
3	人民出版社	26
4	生活·读书·新知三联书店	16
5	上海译文出版社	13
6	北京大学出版社	7
6	上海古籍出版社	7
6	中国社会科学出版社	7
9	上海人民出版社	5
9	中国人民大学出版社	5
9	中央编译出版社	5
9	重庆出版社	5
13	译林出版社	4
14	华东师范大学出版社	3
14	学林出版社	3

　　图书作为重要的学术资源对哲学研究起着重要的促进作用。在哲学论文引用的全部类型文献中，图书的数量占到 80% 以上的份额，是哲学论文引用的第一大学术资源。但是，随着网络的普及，受图书更新速度慢和挂网困难的影响，其被引占有率呈逐渐下降的趋势。哲学论文引用文献的语种虽然以中文为最多，但是译文所占比例也较高，外文文献的比例在逐年增强。

　　本章是将入选的哲学图书分为领袖著作、历史文献、工具书、国外学术著作、国内学术著作来进行比较分析的。但是，这样的分类标准可能存在部分内容的重叠，像历史文献和国内学术著作、领袖著作与学术著作，我们很难具体区分它们的划分界限。为了便于图书内容的阐述和文章整体脉络的安排，我们还是从这五个角度来讨论图书的特点和影响，以便读者阅读。

---

① 对于如《史记》等著录信息不完全、出版年代和出版社缺失或者错误的图书，我们未标注出版社和出版年，在统计出版社时也未计入在内。

分析此五类图书，入选国外学术著作的图书数量最多，其中基本以有关欧洲哲学思想的西方哲学图书为主。有着独特理论体系的西方哲学源远流长，从古希腊第一位贤者泰勒斯开始，迄今已跨越了20多个世纪，在历史的长河中留下了无数的经典之作，累积了大量的人类关于世界观与方法论的知识。在全球化的背景之下，在中西文化不断交融的今天，学习和了解西方哲学的典籍，已经成为大家的共识。代表中国传统哲学的历史文献是入选图书数量第二的类目，几千年来与西方哲学平行发展的中国传统哲学，也同样蕴藏着丰厚的文化思想，至今深深影响着中华民族的精神。被引次数最多的领袖著作，是中国革命和建设的理论基础，它们的高被引充分体现了无论是在哲学研究还是在其他学术研究中，领袖著作都具有较强的指导性。国内学术著作为近现代学者的著作，既汲取了西方哲学的精华，也有民族哲学的思想，中西并举。就工具书而言，我国哲学界尚缺既具学科特色又具影响力的工具书。

第4章 宗教学

图书是人文社会科学研究领域的重要学术资源，它在人文社会科学研究中发挥着极大的作用。根据对CSSCI中宗教学论文的引用文献类型的统计（参见表4-1），图书（包括另一种图书形式：汇编）被引超过85%。由此可见，图书在宗教学领域是非常重要的学术资源。然而，究竟哪些图书在宗教学领域发挥了重要作用、产生了重大学术影响，学界始终非常关注，学者在研究中也很想了解。由专家引荐和介绍重要著作存在一定的片面性和主观性，如果能根据广大学者在研究中借鉴图书的情况来确认一批具有相当学术价值的重要著作，不失为一种有效方法。

为了推出在我国宗教学领域最具学术影响的著作，我们借助CSSCI，对其中2000—2007年的宗教学论文引用的图书进行了统计，选出了一批被引次数较多的图书。考虑到图书被引次数是一个积累的数据，越早出版的书其被引用的次数可能越多。所以，为了使所选出的图书较少受出版时间影响，入选图书遵循如下标准：2000—2007年间，CSSCI中宗教学论文引用10次及以上的图书；或以图书的出版年算起，年均被引3次及以上者。为了科学地考察图书对宗教学的学术影响状况，我们把遴选的图书分成领袖著作、历史文献、工具书、国外学术著作、国内学术著作等五类，尝试从不同角度分析各类别图书对宗教学研究领域的学术影响。

需要说明的是，由于本书所用数据来自多年数据的合并，所以我们花了许多精力去校对和合并CSSCI中的原始数据，主要处理工作分为以下几个方面：（1）对于不同年代数据的不一致，如书名的主标题和副标题之间的符号不一致，我们进行了规范化处理，合并后将其书名补全；（2）许多翻译的著作，分别出现原作者著录或翻译者著录，对这种情况我们就将其合并，并以规范的方式补全原著者或译者；（3）对于分册或分卷出版的著作集或汇编文献，我们将其合并处理，如《马克思恩格斯全集》、《毛泽东选集》等，这些书的引用有些直接给出了册、卷，但大量的没有给出册、卷，为了全面反映领袖人物著作对学科的影响，我们将这些分册、分卷均进行了合并；（4）为了反映一个作者、一种图书的学术影响，在我们确认了某本图书是同一出版社在不同年代出版的同一本图书后，我们将其进行合并，确保这本图书的学术影响能够充分反映出来。

本章讨论的是对宗教学领域具有较大学术影响的图书，既有宗教学领域的图书，也有其他领域的图书被选入。

4.1 概述

CSSCI 中宗教学论文引用的文献类型有：期刊论文、图书、汇编文献、报纸文章、会议论文、报告文献、法规文献、学位论文、信函、网络资源及其他。表 4-1 给出了 2000—2007 年 CSSCI 中宗教学论文引用各类型文献的数量。本章对宗教学的图书学术影响力的讨论主要依据 2000—2007 年间宗教学论文引用的 52707 篇次的图书及汇编文献数据。

表 4-1　　　　2000—2007 年 CSSCI 中宗教学论文引用文献类型统计　　（单位：篇次）

类型 年份	期刊论文	图书	汇编文献	报纸文章	会议论文	报告文献	法规文献	学位论文	信函	网络资源	其他
2000	551	4224	448	65	21	10	4	24	1	1	49
2001	553	3486	585	32	18	8	2	3	13	3	52
2002	543	4541	892	26	36	14	2	9	0	8	55
2003	789	4389	1533	40	31	5	0	10	11	11	67
2004	758	4419	1470	25	25	5	1	22	0	45	78
2005	1151	4752	3274	75	46	21	0	12	0	44	132
2006	1394	5819	3266	49	99	8	0	33	1	94	193
2007	1341	5811	3798	68	75	12	3	37	0	59	107
合计	7080	37441	15266	380	351	83	12	150	26	265	733

如果我们把汇编文献也视作图书①来考察宗教学论文引用图书的变化的话，表 4-1 中的数据显示，2000—2007 年宗教学论文引用图书的数量远高于其他类型引用文献，八年来图书总被引次数占到所有类型文献（表 4-1 中所列的 11 种类型文献）被引总次数的 85.30%。这说明图书文献是宗教学学科中最重要的学术资源，其独特而重要的学术价值是其他类型的文献无法比肩的。

从宗教学论文引用图书的年度变化来看，2007 年相对 2000 年，图书被引增加了一倍，但 2001 年和 2004 年相对上一年分别出现了减少；再看八年间图书被引数量在所有类型文献被引数量的比重变化，基本保持在 85% 左右，最高比例出现在 2002 年

---

① 因为大量的汇编文献是以图书形式出现的，而且 CSSCI 在进行数据处理时，也很难将两者严格区分开。本书为保证数据的准确性，在统计 CSSCI 数据时将汇编文献视为图书对被引次数加以合并，分析其学术影响。

(88.69%),最低比例出现在 2006 年 (82.92%),总体上看比例在下降。将这两种变化结合起来分析其原因:一是信息与网络技术的发展使得学者获取学术资源的手段多样化;二是国内宗教学领域的逐渐繁荣,各类论文也大量涌现,学者在研究中有更多的学术资源可以借鉴。因此,这种数量和比例的变化并不意味着宗教学科开始忽视图书文献的学术价值,这只是宗教学发展的必然趋势。无论宗教学如何发展,图书资源在宗教学中的重要性都是其他学术资源无法替代的。当然,我们也应该从数据变化中看到图书资源所存在的问题,近些年宗教学领域很少有经典著作或是精品著作问世,当然这也许是因为宗教学领域的经典著作需要长期的研究积累,通常是由前一代或数代人多年心血凝结而成。即便是宗教学领域的当代大家,其一生也难得有一本精品著作问世,这也说明了为什么宗教学的经典著作多为古籍。

CSSCI 标注的宗教学论文引用文献的语种主要有:中文、英文、日文、俄文、德文、法文,另外还有部分被引用文献属于译文。表 4-2 给出了 2000—2007 年 CSSCI 中宗教学论文引用文献的语种统计。

表 4-2　　　　　2000—2007 年 CSSCI 中宗教学论文引用文献语种统计　　　（单位:篇次)

语种 年份	中文	英文	日文	俄文	德文	法文	其他语种	译文
2000	3759	715	112	19	18	19	111	645
2001	3587	313	117	29	17	27	66	599
2002	4654	407	107	20	30	17	63	828
2003	5166	637	99	14	68	4	65	833
2004	5254	588	93	21	10	15	82	785
2005	7470	708	107	32	24	10	114	1042
2006	7613	1332	176	17	29	35	182	1572
2007	8210	1342	193	0	36	106	141	1283
合计	45713	6042	1004	152	232	233	824	7587

从表 4-2 可以看出,宗教学引用文献的语种以中文为主。2000—2007 年间,在宗教学论文引用文献中,中文文献占 73.98%,高于人文社会科学各学科平均水平。从中文被引用文献的年度变化来看,2000—2007 年间大部分年度中文文献被引数量呈现持续增长(除 2001 年较 2000 年略有下降),同期其他语种的文献引用并没有呈现明显变化,只是英文、日文引用文献在 2006 年有了较大增长,译文文献在 2005 年有较大的增长;从中文文献所占比重的变化来看,除 2000 年(占 69.63%)和 2006 年(占 69.49%)外,其他各年份的比重均在 70% 以上。从这些数据我们可以分析

出，国内宗教学研究的参考文献还集中在中文文献，尽管外文和译文文献的引用有所增加（2006年有较大增长），但相对中文文献来说，宗教学界对国外学术成果的关注还是较少。对这一情况，我们认为有三点原因：一是国内的宗教学学者受限于语言能力，或对国外文献的获取能力，从而更加关注国内文献；二是国内的宗教学研究侧重点还在中国的传统宗教（儒、释、道等宗教），相关的学术资源都是中文文献；三是国外的一些经典著作和领袖人物的著作，CSSCI并没有标注为译著。因此可以说，中文文献是宗教学研究的主要文献资源，即使学者在研究中参考了国外文献，大多也是译著。

为了更合理地讨论宗教学领域的图书影响力，我们根据遴选标准（总被引10次及以上或年均被引3次及以上）选出了192种在宗教学领域影响较大的图书①，这192种图书总共被引9943篇次，占据宗教学论文引用的图书总被引篇次（包括汇编文献共52707篇次）的18.86%。为了更科学、更系统地分析不同类别的图书对宗教学科产生的不同影响，我们将遴选的图书分成五个类别：领袖著作、历史文献、工具书、国外学术著作、国内学术著作。各类别入选图书数量、被引篇次、所占比例以及平均被引次数参见表4-3。

表4-3　　　　　　　　　入选宗教学论文引用图书的类别统计

内容类别＼图书类别	领袖著作	历史文献	工具书	国外学术著作	国内学术著作
入选图书种数	6	92	8	21	65
入选图书被引次数	464	6861	130	393	2113
入选图书被引次数所占比例	4.66%	68.88%	1.31%	3.95%	21.21%
入选图书的平均被引次数	77.33	74.58	16.25	18.71	32.50

表4-3中的数据显示，宗教学中最具学术影响的图书是历史文献，不论被引种数还是被引篇次，都是各类别中比例最高的，92种历史文献占宗教学入选的192种图书的47.92%，被引篇次所占入选图书总被引篇次的比重高达68.88%，在一定程度上说明了历史文献在宗教学领域占有相当重要的地位。宗教的特点使得很多宗教学经典著作来自历史文献，在宗教学研究中学者也极为关注历史文献，大量地参考引用相关史料。国内学术著作尽管有65种（占33.85%）入选，但平均被引次数

---

① 本书将汇编文献视为图书，对其进行数据处理后加以遴选，所入选的图书与汇编文献在文中均称为图书。一本著作可能会被不同出版社出版，而且都有较高的被引数量，本书将这种情况下的著作视为不同的图书加以选择，因此192本宗教学入选图书中会有同名图书出现；一本著作被同一家出版机构在不同年份出版，本书将其视为同一本书并将每个版本的图书被引数加以合并。

（32.50）低于领袖著作（77.33）与历史文献（74.58），这一方面说明现当代宗教学经典著作匮乏，另一方面也说明宗教学研究还是以传统宗教为主。领袖著作的平均被引次数为77.33，说明宗教学领域比较关注领袖人物的宗教观，宗教学领域的很多研究都是在马克思主义宗教观指导下进行的。国外学术著作无论是被引种数（21种）还是平均被引次数（18.71）都明显偏低，这在一定程度上说明国外著作对国内的宗教学研究影响有限。另外，从类别统计数据来看，宗教学工具书对整个宗教学研究影响较弱，这也是宗教学本身的研究特性所致，在宗教学研究中，对名词概念的参考多取自经典文献。对于各类别的具体情况，下面各节将详细分析。

4.2 领袖著作对宗教学研究的影响

马列主义、毛泽东思想是我国人文社会科学研究的指导思想，对宗教学也不例外，马克思主义宗教观对我国宗教学研究、宗教工作等有着非常重要的指导作用。从宗教学论文引用的马列著作和我国领袖人物著作的频次来看，马列著作在宗教学领域的地位不言而喻。根据所拟定的宗教学图书入选标准，我们选出了6本对宗教学研究产生重要学术影响的领袖著作：《马克思恩格斯选集》、《马克思恩格斯全集》、《周恩来统一战线文选》、《毛泽东选集》、《列宁全集》和《江泽民论有中国特色社会主义（专题摘编）》，这6本书均隶属于马列主义哲学理论体系，这些著作在宗教学领域的研究中有着极大的指导作用。

领袖人物的著作往往经过多次印刷，因而版本众多，所以我们忽略了本章所选在宗教学领域引用较多的领袖人物著作的出版年代。表4-4给出了宗教学论文引用较多的6种领袖人物著作。

表4-4　　　　　　宗教学论文引用较多的领袖人物著作

序号	图书信息
1	马克思、恩格斯：《马克思恩格斯选集》，北京：人民出版社
2	马克思、恩格斯：《马克思恩格斯全集》，北京：人民出版社
3	周恩来：《周恩来统一战线文选》，北京：人民出版社
4	毛泽东：《毛泽东选集》，北京：人民出版社
5	列宁：《列宁全集》，北京：人民出版社
6	江泽民：《江泽民论有中国特色社会主义（专题摘编）》，北京：中央文献出版社

结合表4-3和表4-4可以看出，宗教学领域虽然只有6本领袖人物著作入选高引用率图书，但它们的平均被引次数非常高，这充分说明了马克思主义对宗教学研

究的指导作用。可以说，马克思主义的宗教观、宗教理论分析、中国共产党与政府的宗教政策、宗教与中国社会的关系、马列宗教观的中国化、宗教在当代中国的发展、宗教问题处理、宗教与政治的关系、宗教的社会作用、各种宗教的本质分析等在我国宗教学研究中占有很大比重。其中，马克思、恩格斯的著作对宗教学的影响更为广泛，在宗教史、宗教比较、原始宗教，基督教、伊斯兰教、道教、佛教等宗教的研究中常被引用，也就是说马克思、恩格斯的宗教理论在相当程度上影响着后人的研究。

领袖人物的著作有其特殊性，在宗教学领域通常用于宗教政策层面的指导，因此宗教学界在对领袖人物著作的引用中非常关注于领袖人物的宗教思想。本章通过宗教学论文引用次数确定入选的6本领袖人物著作可以看做是一个体系、一种思想观念的延续。《马克思恩格斯选集》和《马克思恩格斯全集》对宗教研究的作用是一致的，体现的都是马克思、恩格斯的宗教思想、宗教理论和宗教观，引用数量的多少很大程度上是由图书文献的可获取性与研究者对图书文献的使用习惯不同而造成的。相对于50卷本的《马克思恩格斯全集》，4卷本的《马克思恩格斯选集》无论是从可获取性上还是使用的方便性上都更符合研究者的要求，这也就使得《马克思恩格斯选集》的被引次数（212次）多于《马克思恩格斯全集》的161次的被引次数，这种情况不仅存在于宗教学中，在其他大多数学科中都是如此。《列宁全集》可以看做是马克思宗教观的延续和发展；《毛泽东选集》和《周恩来统一战线文选》中所体现的宗教观是马列主义宗教观的中国化；《江泽民论有中国特色社会主义（专题摘编）》中的宗教论述，可以看做是马列主义宗教观在中国社会主义建设中的应用。对于宗教研究者来说，进行中国的宗教政策和党的宗教理论研究时，这6本领袖人物著作中关于宗教的著述都应当认真学习和领会。

4.3 历史文献对宗教学研究的影响

历史文献是在人类历史发展中累积下来的知识、资料与财富，是历史长河中流传下来的前人的智慧结晶。历史文献中记载了古代社会政治、经济、文化、军事、宗教等重大的历史事件，同时也传承着前人的知识与智慧。对于宗教学而言，历史文献尤为重要，因为宗教学中的大多数经典著作都出自古人之手，属于存世已久的历史文献，而且统计数据显示，宗教学论文引用较多的非宗教典籍中也有相当一部分是流传久远的历史文献。表4-3显示，本章所选出的宗教学有影响力图书共192种，其中历史文献就有92种，占到了所选图书的47.92%，引用次数更是占到全部入选图书被引次数的68.88%。表4-5给出了2000—2007年间宗教学论文引用较多的历史文献。对于表中的一些多次出版并且各版本均被较多引用的图书著作，我们在图书信息中省略了其出版年代。

表 4-5　　　　　　　　宗教学论文引用较多的历史文献

序号	图书信息
1	《道藏（正统道藏）》，北京：文物出版社，1988
2	［日］高楠顺次郎：《大正藏（大正新修大藏经）》，东京：大正一切经刊行会（大藏出版株式会社），1934
3	［日］高楠顺次郎：《大正藏》（分册），台北：新文丰出版股份有限公司，1983
4	《圣经》，中国基督教协会，2000*
5	《老子（道德经）》，北京：中华书局，1998
6	［日］高楠顺次郎：《大正新修大藏经（大藏经）》（分卷），台北：佛陀教育基金会，1990
7	《庄子》
8	赞宁：《宋高僧传》，北京：中华书局，1987
9	释慧皎撰，汤用彤校注：《高僧传》，北京：中华书局，1992
10	《元史》，北京：中华书局
11	《论语》，北京：人民出版社，1980
12	《明实录》，南京：江苏国学图书馆，1941
13	《旧唐书》，北京：中华书局
14	《史记》，北京：中华书局
15	《卍续藏经（续藏经）》，台北：新文丰出版股份有限公司
16	普济：《五灯会元》，北京：中华书局
17	《太平广记》，北京：中华书局
18	马坚译：《古兰经》，北京：中国社会科学出版社，1981*
19	［日］高楠顺次郎：《大正藏》（卷），北京：中华书局，1987
20	《新唐书》，北京：中华书局，1975
21	《后汉书》，北京：中华书局
22	《宋史》，北京：中华书局
23	《汉书》，北京：中华书局
24	《魏书》，北京：中华书店
25	《全唐文》，北京：中华书局，1983
26	《隋书》，北京：中华书局，1973
27	《明实录》，台北："中研院"历史语言研究所，1962
28	《孟子》，北京：中华书局，1980
29	僧祐：《出三藏记集》，北京：中华书局
30	黎靖德：《朱子语类》，北京：中华书局

续表

序号	图书信息
31	《文渊阁四库全书》，台北：商务印书馆
32	《晋书》，北京：中华书局，1974
33	《明史》，北京：中华书局，1974
34	释道宣：《续高僧传》，台北：佛陀法人财团教育基金会，2003
35	彭定求：《全唐诗》，北京：中华书局
36	郭庆藩：《庄子集释》，北京：中华书局
37	释道宣：《广弘明集》，上海：上海古籍出版社
38	司马光：《资治通鉴》，北京：中华书局，1956
39	《四库全书》，上海：上海古籍出版社，1987
40	陈寿：《三国志》，北京：中华书局，1982
41	《金史》，北京：中华书局，1975
42	阮元校刻：《十三经注疏》，北京：中华书局，1980
43	僧祐：《弘明集》，上海：上海古籍出版社，1991
44	《清实录》，北京：中华书局，1985
45	《道藏》，上海：上海书店
46	王溥：《唐会要》，北京：中华书局，1955
47	慧能著，郭朋校释：《坛经校释》，北京：中华书局，1983
48	赜藏主：《古尊宿语录》，北京：中华书局，1994
49	徐松：《宋会要辑稿》，北京：中华书局，1957
50	［日］高楠顺次郎：《大正新修大藏经》，台北：白马精舍印经会，1988
51	释延寿：《宗镜录》
52	《正统道藏》，台北：新文丰出版股份有限公司，1977
53	李昉：《太平御览》，北京：中华书局
54	王钦若：《册府元龟》，北京：中华书局
55	柳宗元：《柳宗元集》，北京：中华书局，1979
56	［意］利玛窦（Matteo Ricci）著，何高济等译：《利玛窦中国札记（上下册）》，北京：中华书局
57	吴任臣：《十国春秋》，北京：中华书局，1983
58	《四库全书》，台北：商务印书馆，1986
59	李焘：《续资治通鉴长编》，北京：中华书局，1986
60	王岱舆著，余振贵点校：《正教真诠，清真大学，希真正答》，银川：宁夏人民出版社，1988

续表

序号	图书信息
61	马注:《清真指南》,银川:宁夏人民出版社,1988
62	国家文物局古文献研究室:《吐鲁番出土文书》,北京:文物出版社,1986①
63	《尚书》②
64	孙希旦撰,沈啸寰等点校:《礼记集解》,北京:中华书局,1989
65	释志磐:《佛祖统纪》,扬州:江苏广陵古籍刻印社,1992
66	龚自珍著,王佩诤校:《龚自珍全集》,上海:上海人民出版社,1975
67	土观·洛桑却吉尼玛著,刘立千译:《土观宗派源流》,拉萨:西藏人民出版社,1984*
68	洪迈:《夷坚志》,北京:中华书局,1981*
69	向南编:《辽代石刻文编》,石家庄:河北教育出版社,1995
70	[法]费赖之(Aloys Pfister)著,冯承钧译:《在华耶稣会士列传及书目》,北京:中华书局,1995
71	彭定求:《全唐诗》,上海:上海古籍出版社,1986
72	国学整理社编辑:《诸子集成》,北京:中华书局,1996
73	求那跋陀罗:《杂阿含经》,北京:宗教文化出版社,1999
74	张君房:《云笈七签》,济南:齐鲁书社,1988
75	河上公撰,王卡点校:《老子道德经河上公章句》,北京:中华书局,1993
76	达仓宗巴·班觉桑布著,陈庆英译:《汉藏史集:贤者喜乐赡部洲明鉴》,拉萨:西藏人民出版社,1986
77	沈约:《宋书》,北京:中华书局,1974
78	董诰:《全唐文》,上海:上海古籍出版社,1990
79	宋濂:《宋濂全集》,杭州:浙江古籍出版社,1999
80	慧立:《大慈恩寺三藏法师传》,北京:中华书局
81	释智旭著述:《灵峰宗论》,北京:北京图书馆出版社,2005
82	张君房:《云笈七签》,北京:华夏出版社,1996
83	廓诺·迅鲁伯著,郭和卿译:《青史》,拉萨:西藏人民出版社,1985

---

① 《吐鲁番出土文书》由文物出版社出版,1981 年出版前三册,1983 年出版第四、第五册,1985 年出版第六册,1986 年出版第七册,1987 年出版第八册,1990 年出版第九册,1991 年出版第十册。

② 《尚书》原称《书》,到汉代改称《尚书》,相传为孔子所著,目前学界尚有争论。《尚书》在作为历史典籍的同时,也被文学史家称为我国最早的散文总集,是和《诗经》并列的一个文体类别。本章将《尚书》定义为史书。

第4章 宗教学

续表

序号	图书信息
84	李延寿：《南史》，北京：中华书局，1975
85	《清史稿》，北京：中华书局，1977
86	静、筠二禅师：《祖堂集》，上海：上海古籍出版社，1994
87	慕容真点校：《道教三经合璧》，杭州：浙江古籍出版社，1991
88	*Old Testament*（旧约），Stuttgart：Deutche Bibelgesellschaft，1994
89	《道藏》，天津：天津古籍出版社，1988
90	公哥朵儿只著，陈庆英等译：《红史》，拉萨：西藏人民出版社，1988
91	苏轼撰，孔凡礼点校：《苏轼文集》，北京：中华书局，1986
92	王弼：《王弼集校释》，北京：中华书局，1980

注：图书信息右上角标注"＊"号的图书著作有多个版本，表中给出的是被引最多的版本。

分析表4-5可以看出，被宗教学论文引用较多的历史文献表现出一定的集中性，如入选的历史文献很多为史书、佛教著作以及道教著作。这一方面表现出历史文献的记录性与资料性特点，另一方面也可以看出中国古代佛、道教的繁荣发展以及积累的丰硕成果。为了详细讨论历史文献对宗教学的影响，我们将入选的历史文献按著作的内容特征大致分为八个主题类别：史书著作（30种）、佛教著作（22种）、道教著作[①]（11种）、类书与丛书著作（6种）、儒教著作[②]（5种）、基督教著作（4种）、伊斯兰教著作（3种）以及其他著作（如文集、诗集、小说集等，11种）。

（1）历史文献中的史书

在宗教学研究被引较多的历史文献中有相当一部分（32.61%）是史书[③]，史书中往往会将一些宗教的产生与传播、宗教人物生平事迹作为历史事件和历史人物传记加以记载，这就为宗教学研究提供了大量的宗教史实材料，特别是宗教界学者在研究古代佛教、道教等宗教产生、发展与传播历史时，往往会关注各历史时期的史书记载。另外，宗教学研究的一个重要领域就是研究各时期的宗教政策，各个朝代的史书中都记载有统治者的宗教态度与宗教政策。史书的这些特点使其对宗教学研究有很大的参考价值。

宗教学界引用最多、影响最大的史书是《元史》（被引118次），《元史》是一部系统记载元朝兴亡过程的纪传体断代史书，由明朝宋濂等人主编。《元史》记述了从

[①] 本章不区分道家与道教的区别，将二类著作都视为道教著作。
[②] 鉴于宗教学研究中习惯将儒、释、道同作为宗教领域内容加以研究，本章将儒家著作统称为儒教著作。同时本章不涉及儒教存在与否问题的讨论。
[③] 本章涉及的史书大多为官修史书；从出版社来看，史书大多为中华书局出版。

蒙古族兴起到元朝建立和灭亡的历史，其中保存有大量的佛、道教资料，对研究金、元朝时期佛教，尤其是道教各流派的情况提供了重要资料。另外，在《元史》中还记录有元代的宗教政策以及元代伊斯兰教和萨满教的发展情况。在宗教学的研究领域中，涉及元代道教发展、佛教（特别是藏传佛教）发展、伊斯兰教发展、萨满教传播、宋元时期的外来宗教等研究主题时，《元史》中的宗教史料被学者们广泛参考引用，同时在进行宗教政策研究、不同时期宗教政策的对比时，学者们也非常注重对《元史》的引用和参考。

《明实录》（被引92次）和《明史》（被引48次）所记载的都是明朝的史实。《明实录》是明代历朝官修的编年体史书，记录明太祖朱元璋到明熹宗朱由校共十五代皇帝的史实，其中包括很多明朝的宗教史料，因此被宗教学界引用较多。《明史》中的史料要多于《明实录》，编撰时可以参考的第一手史料很多，除一套完整的明朝各帝"实录"而外，还有邸报、方志、文集和大量私家史乘。但《明史》为清朝时的官修史书，在一定程度上其史料的真实性不如《明实录》，因此宗教学界对《明史》的参考引用不如《明实录》。在明代的宗教政策与统治者的宗教态度、宗教对社会的影响、宗教与政治的关系、民间的宗教信仰、明代的宗教人物考证等宗教学研究领域，《明实录》和《明史》多会被学者参考引用。

《旧唐书》（被引88次）是五代史学家刘昫[①]受命监修的，是现存最早的唐代史籍。《旧唐书》在宗教学研究中的价值在于其保存了唐代的第一手史料，宗教界学者出于对该书所记载史料的认可，在宗教学研究领域，如隋唐时期佛教的传播与发展、唐代佛教与文学关系、唐代佛教人物考证、唐代佛教经文对社会的影响、藏传佛教的传播与发展、唐代道教的发展以及对社会生活的影响等方面，对《旧唐书》都有所参考引用。北宋时，宋仁宗认为《旧唐书》浅陋，下诏重修，是为《新唐书》（被引67次），《新唐书》由宋祁、欧阳修等文坛大家执笔撰写，系统化的程度、结构的合理组织、文章的文笔水准方面要优于《旧唐书》，因此后世对《新唐书》较为推崇。然而在宗教学研究中，《旧唐书》的影响要大于《新唐书》。究其原因，宗教界学者在研究中注重宗教史料，更倾向于参考引用《旧唐书》中的第一手资料。

中国西汉时期的历史学家司马迁撰写的《史记》（被引85次）是一部公认的史学名著，该书在宗教学领域被学者引用较多。《史记》记载了从传说中的黄帝开始一直到汉武帝元狩元年（公元前122年）3000年左右的历史，是中国历史上第一部百科全书式纪传体通史，第一次把政治、经济、文化各个方面都包容在历史学的研究范围之内，这使其包含了大量的宗教相关史料，为当代的宗教学研究提供了有力的参考。宗教学界在进行宗教多主题的研究以及在中国原始宗教、道教、佛教、萨满教等宗教学领域的研究方面参考了该书中大量的相关史料；在探讨各种宗教之间以

---

① 刘昫时任宰相，按惯例列为主编。

及宗教与学派之间的关系时,《史记》中大量的史料也极具价值。

南朝范晔所撰的《后汉书》(被引66次)在宗教学研究中也被学者较多引用。《后汉书》记述的内容起于刘秀起兵推翻王莽,终于汉献帝禅位于曹丕,详载了东汉195年的历史,保存了东汉一代的诸多史料。该书中有儒家正统思想,也包含有道家玄学思想,还有对佛教思想的批判等。宗教学界更多关注于《后汉书》中的道教史料,在道教思想、道教理论以及道教与其他宗教的关系、东汉时期道教人物考证与道教组织、道教的社会功能、道教玄学研究中,可以看到学者对该书的参考引用。另外《后汉书》对一些原始宗教、巫术、民间信仰方面的记述,也为宗教学研究提供了参考。

《宋史》(被引62次)和《金史》(被引39次)都是元代的官修史书,书中的宗教史料对宗教学的相关领域研究有较大影响。《宋史》的史料丰富、叙事详尽,是研究两宋300多年历史的基本史料。两宋时期宗教活动比较频繁,因此《宋史》中保存有大量的宗教史料,在一些宗教研究领域,如两宋时期的儒释道发展情况、宗教政策、儒释道的相互影响、宗教与社会生活的关系、两宋边疆与少数民族的宗教发展情况等,学者对该书多有参考引用。《金史》是与《宋史》同时期的元代官修史书,是反映女真族所建金朝的兴衰始末的重要史籍,保存了女真族早期历史的珍贵材料,在研究早期女真族的宗教信仰以及金、元全真教发展时,《金史》有很高的参考价值。不过,《金史》中宗教史料较之《宋史》要少得多,因此在宗教学研究中,《金史》的影响不及《宋史》。

东汉班固撰写的《汉书》(又称《前汉书》,被引59次)是我国第一部纪传体断代史书,主要记述汉高祖元年至王莽地皇四年共230年的史事,收入了大量有关政治、经济、军事和文化方面的奏疏、对策、著述和书信,另外该书还增补《史记》对于东汉国内外各民族史的资料。宗教学界在汉代儒释道的诸多研究领域对《汉书》有所参考引用,如在儒教的定义、汉代儒教产生与发展、儒教与汉代政治的关系,汉代道教发展和基本社会功能、汉代宗教政策等宗教研究领域,都有学者参考引用《汉书》中的相关内容。

《魏书》(被引58次)是现存叙述北魏历史的最原始和比较完备的资料,书中《释老志》记述佛、道两教的发展传播,叙述了佛教在中国传播的过程,详细记载了佛教在北魏的兴衰史,还叙述了寇谦之修改道教的经过。《魏书》受到宗教学界较多的关注,在研究北魏佛道教的传播与发展时,学者对该书有较多的参考引用。

《隋书》(被引57次)是现存最早的隋史专著,保存了隋朝大量政治、经济、社会以及科技文化资料,同时书中十志记载梁、陈、北齐、北周和隋五朝的典章制度,有些部分甚至追溯到汉魏。宗教学界在研究隋朝宗教相关主题时,如宗教与皇室关系、宗教与民俗的渊源、隋朝佛寺研究等,对《隋书》有较多的参考。

《晋书》(被引49次)记载了从司马懿开始到晋恭帝元熙二年(公元420年)为

止，包括西晋和东晋的历史，并用"载记"的形式兼述了十六国割据政权的兴亡。一些涉及晋代时期宗教发展、传播的研究领域，对《晋书》有所关注。

《资治通鉴》（被引43次）是一部规模空前的编年体通史巨著。该书有大量内容涉及宗教，为宗教学研究提供了重要的史料参考，对佛教、道教的一些历史渊源和传播发展、宗教人物、少数民族的宗教信仰等领域的研究有很大的参考价值。《续资治通鉴长编》（被引21次）是中国古代私家著述中卷帙最大的断代编年史，书中史料丰富，是研究辽、宋、西夏等史的基本史籍之一，但在宗教学领域的影响不及《资治通鉴》。

《三国志》（被引40次）是晋代陈寿编撰的一部主要记载魏、蜀、吴三国时期的纪传体国别史，该书详细记载了从魏文帝黄初元年（220年）到晋武帝太康元年（280年）60年的历史。宗教学研究涉及汉末、三国时期的宗教（主要指佛道教）传播与发展、宗教在社会发展中的作用、少数民族的宗教文化等领域时，会参考该书中相关的宗教史料。

《清实录》（被引38次）（全称《大清历朝实录》）是清代历朝官修史料的汇编，记述了清朝历代皇帝统治时期的各类大事，内容涉及政治、经济、文化、军事、外交及自然现象等众多方面，是经过整理编纂而成的清史原始史料。宗教学界在研究清代的各种宗教（如道教、佛教、伊斯兰教、藏传佛教）发展、清朝宗教政策、清代宗教对社会生活的影响、明清时期满人的信仰等宗教学领域时，参考引用了大量该书的相关史料。

宗教学领域中还有一些被学者引用较多的史书，如《唐会要》（被引34次）、《宋会要辑稿》（被引32次）、《十国春秋》（被引28次）、《辽代石刻文编》（被引28次）、《吐鲁番出土文书》（被引26次）、《尚书》（被引25次）、《宋书》（被引18次）、《南史》（被引17次）、《清史稿》（被引17次）。限于篇幅，本章只对这些史书的内容作简要的介绍，以便于学者对这些史书进行了解。

《唐会要》（始称《新编唐会要》）记述了唐代各项典章制度的沿革变迁。《宋会要辑稿》是清代徐松根据宋代官修《宋会要》辑录而成，是研究宋朝法律典制的重要资料。《十国春秋》是清朝吴任臣编撰的纪传体史书，记述了十国君主事迹，采自五代、两宋时的各种杂史、野史、地志、笔记等文献资料。《辽代石刻文编》是一部辽代石刻总集，全书收录了具有重要史料价值的辽代石刻文300余篇。《吐鲁番出土文书》由国家文物局古文献研究室、新疆维吾尔自治区博物馆、武汉大学历史系联合对吐鲁番出土的古籍文书整理编印而成，该书的出版为研究吐鲁番出土文书提供了便利。《尚书》是我国最古的官方史书，保存了商周特别是西周初期的一些重要史料。《宋书》记述了南朝刘宋一代历史，收录当时的诏令奏议、书札、文章等各种文献较多，保存了大量原始史料。《南史》是合南朝宋、齐、梁、陈四代历史为一编的纪传体史著，记述了南朝四代170年的历史。《清史稿》是由中华民国初年特设的清史馆编修而成，书中记述了清朝上起1616年清太祖努尔哈赤在赫图阿拉建国称汗，下至1911年清朝灭亡共296年的历史。这些史书在宗教学研究中的影响相对来说较小，但在一些宗教学研究领域，也被一些学者参考引用。

在宗教学研究中，《汉藏史集：贤者喜乐赡部洲明鉴》（被引18次）、《青史》（被引17次）、《红史》（被引15次）这三部史书在藏传佛教研究领域有较大影响。《汉藏史集》详细记述了元代史事，其中有许多重要的第一手资料，保存了大量珍贵的原始资料。《青史》记述了佛教在藏区的传播历史，对公元978年以后佛教在藏族地区的复兴、众多支派的出现、各派的传承情况及名僧事迹，记载详赡。《红史》是研究元代西藏史的最重要史料，有关南宋和元朝历史部分有其他史书没有记述的部分珍贵资料。这三部史书在藏传佛教的渊源、发展、传播以及藏传佛教对各朝代的影响（特别是对元代的各种影响）等研究领域被宗教学界广泛关注。

（2）历史文献中的佛教著作

历史文献中佛教著作有22种被选入，其中《大正藏》、《高僧传》等经典佛学汇编与佛学著作受到宗教学界广泛关注。首先是《大正藏》（又名《大正新修大藏经》或《大藏经》），《大正藏》内容汇集古来汉文藏经的大成，可谓汉译佛典的荟萃，史存的绝大多数佛教典籍都可以从《大正藏》中获取。《大正藏》的问世对佛教研究起到了巨大的推动作用，自1934年被日本大藏出版株式会社刊行以来，已被多家出版社再版发行，每个版次在宗教学领域都有较高的引用量[①]。《大正藏》对佛教诸多研究主题都有影响，从该书被宗教界学者的引用情况来看，它在佛教史、佛教理论、佛教典故考证、佛教经章释疑等研究领域都被大量参考引用；在佛教与道教、儒家关系的研究中，《大正藏》也受到了宗教学界的极大关注；另外，在最近几年比较盛行的敦煌学研究中，相关主题的论文的引用文献中也会出现《大正藏》，因为该书内容上汇集有敦煌佛学典籍的各种版本，内容丰富而全面，具有权威性。

除了《大正藏》这部佛教典籍汇编外，还有几部佛教典籍[②]在宗教学研究中也受到学者的广泛关注，它们是宋代赞宁的《宋高僧传》（被引141次）、梁代慧皎的《高僧传》（被引131次）、日本学者编集的《卍续藏经》（被引84次）、唐代普济的《五灯会元》（被引80次）、五代僧祐的《出三藏记集》（被引53次）、唐代释道宣的《续高僧传》（被引46次）和《广弘明集》（被引43次）。

《宋高僧传》（又称《大宋高僧传》）是一部对当代宗教研究（主要是佛教）有较大影响的著作。该书记录了由唐太宗贞观年中至宋太宗端拱元年共343年间的佛教高僧传记，直接收录了不少史料如碑铭或野史之类，对禅宗各派重要人物皆有专传，

---

① 各出版社出版的《大正藏》内容上都与1934年高楠顺次郎等人编排的最初版本一致，只是因为出版年代、流传范围的不同，所以各版次被引用的情况不同。

② 有些为单行本佛教典籍，大多在《大正藏》中有收录，但也有出版社单本发行，并在宗教学领域被学者较多引用。

对禅宗内部争议事迹也有记述，是研究禅宗史的重要资料。该书在佛教禅宗研究中被大量引用，近年来宗教界的禅宗研究兴起，使得《宋高僧传》影响日益显著。可以认为在禅宗研究中《宋高僧传》还会保持较高的被引用，继续影响佛教禅宗领域研究。与《宋高僧传》齐名的《高僧传》（又名《梁高僧传》），在宗教学研究中的影响略逊于《宋高僧传》，《高僧传》记载了佛教传入中国及佛经翻译文学的情况、当时文人和佛教僧侣的交往以及他们受佛教影响的情况，同时也记述了一些僧侣事迹。一些研究主题如汉译佛经研究、佛教文学研究、佛教与其他宗教的比较、佛教文学分析、南北朝文人与佛教关系、佛教典故研究都很重视《高僧传》。唐代释道宣认为《高僧传》中记载梁代的高僧过少，需要做补辑的工作，于是经过长时期的资料收集，写成《续高僧传》，弥补了慧皎写作时的资料欠缺。这三部《高僧传》中，宗教学界对《宋高僧传》的参考引用最多，《梁高僧传》次之，《续高僧传》最少。

《卍续藏经》（又称《大日本续藏经》、《卍续藏》、《续藏经》，被引 84 次）是由日本明治 38 年至大正元年间日本学者前田慧云、中野达慧等编集收录《大日本校订藏经》（又称《卍大藏经》）所未收入的佛教典籍汇编而成，该经集收录 900 余部其他藏经没有收录的佛典，绝大部分是中国佛教著述。在宗教学界的佛学研究中，《卍续藏经》受到中国佛教学者的特别重视，在佛学论文中有较多引用。

《五灯会元》是一部在宗教学禅宗研究领域有较高影响力的禅宗史书。该书按禅宗五家七宗的派别分卷叙述，使原"五灯"所含内容在体例上更符合禅宗史书的性质，七宗源流本末，指掌了然。作为一部中国禅宗史书，该书对当代宗教研究的影响体现在佛教禅宗相关内容的研究上，如宗教学者在进行禅宗创立与发展、禅宗人物考证、禅宗理论研究、禅宗精神思想等主题研究时，对《五灯会元》有大量引证。近年禅宗研究的兴起，使得《五灯会元》与《宋高僧传》都保持较高的被引率。被引较少的《祖堂集》（被引 16 次）也是一部禅宗史书，记述自迦叶至唐末、五代共 256 位禅宗祖师的主要事迹及问答语句，以南宗禅雪峰系为基本线索，在禅宗史料等方面有其特殊的地位，是研究初期禅宗史的宝贵史料。

僧祐所著的《出三藏记集》是目前中国宗教学研究中被引较多、影响较大的佛教典籍。该书的主旨是对佛典翻译"沿波讨源"。在佛经翻译、佛教派源流、佛教思想和文化等宗教学领域对该书多有引用。《弘明集》（被引 38 次）也是僧祐所撰，是一部佛教文集，该书价值在其文献性，是研究中国佛教史的重要材料。唐代释道宣的《广弘明集》是继承并扩大《弘明集》而作的书，但它的体制和《弘明集》却稍有不同。另外，《广弘明集》除选辑古今人物文章外，释道宣自撰的叙述与辩论的文章也多有编入。《弘明集》和《广弘明集》对宗教学研究的影响比较类似，在涉及佛教史研究时，学者会对这两本著作加以引用。宗教学论文对这三本书的引用，《出三藏记集》被引次数最多，《广弘明集》略多于《弘明集》。

历史文献中，除了上述的几部佛教典籍对国内的宗教研究（特别是佛教研究）

有较大影响，还有其他一些佛教典籍也具有一定程度的影响力，如郭朋的《坛经校释》（被引33次），此书重视佛教史的考证；南宋时期禅宗僧人赜藏主编辑的《古尊宿语录》（被引33次），此书为佛教禅僧语录汇编；五代吴越国延寿编集的《宗镜录》（被引30次），此书是延寿借教明宗、成其对于宗的"圆信"，而并非有意于解决教乘的纷争，当时此书对于佛教界的教育意义很大；宋代释志磐撰的《佛祖统纪》（被引24次），此书结构严密并广泛涉及佛教各方面；藏传佛教学者土观·洛桑却吉尼玛著的《土观宗派源流》（被引23次），此书记叙了古代印度的外道和佛教、西藏的本教和佛教，内地的儒、释、道以及蒙古、于阗等地佛教的历史；南朝宋求那跋陀罗译的《杂阿含经》（被引20次），此书为原始佛教基本经典著作；明朝释智旭著述的《灵峰宗论》（被引17次），此书是蕅益大师一生的修学心得，在蕅祖灭度之后由他的弟子编辑而成，蕅祖以天台圆教的思想开显修行的内涵：发心、正见、持戒、止观和净土[1]；唐代慧立所著的《大慈恩寺三藏法师传》（被引17次），此书记载了玄奘西行前的情况和其西行19年的经历，以及其在佛学上所作的贡献。限于篇幅，本书在此不对这些著作进行详细分析。

（3）历史文献中的道教著作

宗教学领域影响较大的历史文献中选入的道教著作较少，主要是一些道教经典与道教典籍汇编。对宗教学领域影响最大的道教著作当首推《道藏》，《道藏》在整个宗教学入选图书中的被引次数是最高的，只要涉及道教研究领域，几乎都参考《道藏》所收录的道教经典。《道藏》是道教经籍的总集，是将许多道教经典编排起来的大型道教丛书，内容十分庞杂。《道藏》包括大批道教经典及道教相关资料，还收录了诸子百家著作，另外还有不少有关中国古代科学技术的著作。宗教界对《道藏》的参考引用一方面是以《道藏》本身以及书中收录的经籍为研究对象，从多角度去研究《道藏》源流以及道教经籍；另一方面就是将《道藏》中的文献作为权威的引证资料，对道教史、道教的基本理论、敦煌道教、道经、道教早期经籍以及宗派传承等领域加以研究。宗教学界在研究历代王朝道教与政治的关系、道教哲学、儒释道三者之间的关系、道教与医学之间的关系、道教科技、道教与民间宗教的关系、道教与其他外来宗教之间的关系时以及在道教的跨学科研究中等，基本会参考引用《道藏》所收的相关道教经籍。《道藏》被多次出版，除了中国大陆三家出版社联合出版的《道藏》外，中国台湾的新文丰出版公司也有影印本出版，台湾的影印本一般以《正统道藏》（被引30次）为名，内容上和大陆的《道藏》一样，都是以明版《正统道藏》为原本，不过台湾的《正统道藏》限于发行范围，在国内宗教学研究影响上不如大陆的《道藏》。

《老子》（又名《道德经》，被引171次）是道家哲学思想的重要来源。作为道教

---

[1] 灵峰宗论导读．［2009-5-9］http：//www.prajna-pureland.com/subject.php? subject=11.

基本教义的重要构成之一,《老子》被道教视为重要经典。《老子》对宗教学界道教研究有着很大影响,如当前宗教学研究中道家理论思想研究、道教与其他宗教关系、道教文化研究、文学作品中的道教、道教与当今社会的关系、道教人物思想探究等宗教主题的研究论文大多会引用和参考《老子》,而且这些道教研究主题对《老子》的引用是长期存在的。除了《老子》本身对宗教学研究有影响外,古人对《老子》的注释在宗教学者的研究中也被引较多。现存成书较早的、影响较大的《老子》注本是《老子道德经河上公章句》(被引18次),该书的主要内容是以汉代流行的黄老学派无为治国、清静养生的观点解释《老子》。不过到当代宗教学研究中,该书的影响主要表现在道家养生术的探究上,在其他道教研究主题上《老子道德经河上公章句》也被引用,但影响不大。

在宗教学道教研究领域,庄周和他的门人以及后来学者所编著的《庄子》[①](被引154次)作为道家经典之一也具有广泛的影响。后世道教继承道家学说,经魏晋南北朝的演变,老庄学说成为道家思想的核心内容,庄子被神化,奉为道教神灵。《庄子》对宗教学的研究影响主要体现在道教理论研究方面,这与《老子》在宗教学研究中的作用一致,也符合其道教典籍的地位。目前宗教界在一些道教研究领域,如道家理论思想研究、道教文学、道教医学、古代文人的道教思想、道教与其他宗教的关系(特别是儒家、佛教)、道教美学思想研究、道教人物思想研究、道教学派分析等都对《庄子》有大量引用和参考。古人已有对《庄子》的研究,清朝郭庆藩所著的《庄子集释》(被引45次)是一部为后人提供《庄子》注疏、训诂的集大成之作。《庄子集释》对当前的宗教学中道教的研究也有一定的影响力,在研究道教问题时,学者除了参考、引证道教典籍,对这类集释也有一定的关注;在研究原始典籍时,同时参考典籍集释,可以使相关研究更深入透彻。《庄子》作为道教经典著作,是宗教界学者进行道教研究时的必读著作,相信《庄子》今后仍然会被学者较多引用。

较有影响的道教著作还有《云笈七签》,该书是北宋张君房择《大宋天宫宝藏》精要万余另成的一部大型道教典籍。这本著作具有概论性质,对道教的各个方面均有所论述,被视为"小道藏",是了解和研究道教的宝贵资料。在宗教学研究中,《云笈七签》的影响不如作为道教经籍总集的《道藏》,但在研究唐宋时代道教主题或是在研究其他一些道教主题时,缺少《道藏》作为参考资料,可以将《云笈七签》作为首选道教经籍资料加以引证。另外,慕容真点校的《道教三经合璧》(被引16次)将老子的《道德经》、庄子的《南华经》和列子的《冲虚经》三经汇为一编,并取魏王弼、晋郭象、张湛三家权威性的注释,在道教理论研究中,宗教学界对其也有所关注。

---

① 《庄子》被道教奉为《南华经》。

（4）历史文献中的类书、丛书著作

本章历史文献中的类书和丛书较少，此类别图书因其内容的侧重点并非宗教，因此对宗教学研究的影响也较为有限。

《太平广记》（被引 76 次）是宋代李昉等奉宋太宗之命编纂的一部类书，取材于汉代至宋初的野史小说及释藏、道经等以小说家为主的杂著，在一些宗教学研究领域，如神话与宗教的关系、宗教与文学的相互影响、佛道教人物考证、唐代道教的世俗化发展、佛教与道教的相互影响等被宗教界学者较多参考引用。

《文渊阁四库全书》（被引 50 次）是《四库全书》中的一部，《四库全书》是清代乾隆年间官修的规模庞大的百科丛书，汇集了从先秦到清代前期的历代主要典籍，原抄七部，其中《文渊阁四库全书》是保存最完整的一部。台北商务印书馆对《四库全书》和分册《文渊阁四库全书》都有过出版，《文渊阁四库全书》的流传范围比《四库全书》更广，因此在宗教学研究中的影响也略大些。在宋元时期的宗教发展、宋代宗教与政治的关系、道教的文化意义、中国少数民族的宗教信仰等宗教研究领域被宗教界学者引用较多。

《太平御览》（被引 30 次）也是李昉编辑的一部类书，是保存古代佚书最为丰富的类书之一。该书所采多为经史百家之言，小说和杂书引得很少。《太平御览》对宗教学研究的影响主要表现在宗教文化、少数民族的宗教信仰、宗教人物考证、宗教信仰对神话传说的影响等宗教研究领域。

《册府元龟》（被引 29 次）是北宋时期编修历代君臣事迹而成的史学类书。该书征引繁富，是后人运用典故、引据考证的一部重要参考资料。该书在研究佛教与景教早期在华传播、隋唐代宗教政策、宋代宗教政策、佛教与道教的世俗化发展、密教的发展、少数民族的宗教信仰等为主题的研究有较大的影响。

（5）历史文献中的儒教著作

历史文献中有五部儒家学派经典著作：《论语》（被引 99 次）、《孟子》（被引 53 次）、《朱子语类》（被引 50 次）、《十三经注疏》（被引 38 次）和《礼记集解》（被引 24 次）。《论语》记录了孔子及其弟子言行，集中体现了孔子的政治主张、理论思想、道德观念及教育原则等；《孟子》是记录孟子的语言、政治观点和政治行动的儒家经典著作；《朱子语类》基本代表了朱熹的思想，内容丰富，析理精密；清代学者阮元主持校刻的《十三经注疏》是对儒家"十三经"[①] 的注释，是研究中国古代儒家文化的重要参考资料；《礼记集解》在郑玄《礼记注》和孔颖达《礼记正义》的基础上，博采宋、元以来各家之说，不仅对字句进行充分诠释，而且对典章、名物、

[①] "十三经"系指被儒家奉为经典的十三部古籍，即《周易》、《尚书》、《毛诗》、《周礼》、《仪礼》、《礼记》、《春秋左传》、《春秋公羊传》、《春秋穀梁传》、《论语》、《孝经》、《尔雅》、《孟子》。

制度详加考证，还对宋代理学有所阐发。① 宗教学研究中但凡与儒家学说、儒家理论有关时，学者总会引用这几部典籍，相较而言，《论语》和《孟子》为儒家学说最初的经典，在道教研究中被宗教学界参考引用较多；《朱子语类》内容丰富，论述上也更加条理化、系统化，在宗教研究中也有较大影响。宗教学的一些研究主题，如儒家的宗教性讨论、儒家理论、儒家历史发展、儒家与其他宗教的关系（尤其是佛教和道教，这类研究近几年成果较多，并逐渐扩展为中西宗教比较）、儒教对其他宗教的看法、儒家人物研究等领域的许多宗教学论文引用和参考了这五部儒家经典著作。

（6）历史文献中的基督教著作

《圣经》（被引223次）是对宗教学研究影响很大的基督教经典，《圣经》版本很多，在中国宗教学研究中被引较多的是中国基督教协会于2000年出版发行的《圣经》。中国的基督教属于新教，在《旧约》方面新教承认第39卷。《圣经》有多种版本发行，以多种方式流传，在宗教学研究中参考引用《圣经》时学者们几乎不去关注什么版本，仅仅简单标注为《圣经》，而有些引用只是标注所引的《圣经》章节名称，在统计图书被引数时往往会导致遗漏，因此分析图书影响需要考虑到这些因素，不能因为被引数较少而忽视《圣经》在宗教学研究中的影响。宗教界学者在进行基督教相关问题研究时，或多或少的都会对《圣经》加以参考，特别是在基督教理论研究、基督教与其他宗教的比较、《圣经》考证、《圣经》的语言和文化研究、基督教与哲学的关系、基督教在中国的发展等研究领域，都可能引用和参考《圣经》。作为基督教的经典，《圣经》的影响是长久的，在未来的宗教研究中，《圣经》将会继续得到重视。

在研究明清时期基督教在中国的发展、传播情况时，学者通常会关注意大利的耶稣会传教士利玛窦所著的《利玛窦中国札记》（共五卷，又名《基督教远征中国史》，被引28次）和法国人费赖之的《在华耶稣会士列传及书目》（被引21次）。利玛窦晚年将其在中国的传教经历撰写下来，这便是著名历史文献《利玛窦中国札记》，该书第2-5卷详细记载了传教士（包括利玛窦本人）在中国的传教经历，宗教学界往往将其作为中国明清基督教研究的珍贵史料。在一些研究领域，如明清传教士对中国文化习俗的看法、明清在华耶稣会士的传教活动、在华传教士的政治活动、明清基督教与中国本地宗教的关系、明清西方传教士的翻译活动、明清时期传教士对中国社会的看法及影响等，该书有很大的参考价值。《在华耶稣会士列传及书目》是另一部记述早期传教士在中国活动的著作，这本著作对研究明清时期的在华基督教士的活动同样非常重要，因为该书成书于清朝后期，对早期在华传教士记录内容上较全面。宗教学者在研究早期在华基督教士活动时，往往会对这两本著作进行参考引用。

---

① 百度百科·礼记. [2009-5-9] http://baike.baidu.com/view/73645.htm.

（7）历史文献中的伊斯兰教著作

相对于儒家、道教、佛教著作而言，研究伊斯兰教的宗教学论文很少，被引较多的伊斯兰教著作很少，这些著作主要都是明清时期所著。事实上，伊斯兰教很早就流入中国了，特别是在少数民族地区，如新疆、宁夏等地有相当大的社会影响力，缺少伊斯兰教典籍的一个重要因素是语言障碍。历史文献中仅有三部伊斯兰教著作被引用较多，这三部著作在一定程度上可以看做是伊斯兰教中国化的成果。

影响最大的伊斯兰教著作是伊斯兰教学者马坚所翻译的伊斯兰教的唯一的根本经典《古兰经》（被引73次）。《古兰经》是穆罕默德在传教过程中陆续宣布的"安拉启示"的汇集，该书的全部内容确立了伊斯兰教的基本教义和制度，是伊斯兰教信仰和教义的最高准则，是伊斯兰教法的渊源和立法的首要依据，也是穆斯林社会生活、宗教生活和道德行为的准绳。《古兰经》同时也记录了穆罕默德时代阿拉伯半岛希贾兹地区的社会现实和伊斯兰教传播过程中的斗争概况。在涉及伊斯兰教主题的宗教学研究中，《古兰经》有着无可替代的影响力，被宗教界学者大量参考引用。作为伊斯兰教的唯一经典，《古兰经》在今后的宗教学研究中，还会保持其长久的影响力。

《正教真诠，清真大学，希真正答》[1]（被引26次）是由明末清初著名的伊斯兰教学者和经师王岱舆所撰。其中，《正教真诠》上卷讲述伊斯兰教哲学，下卷讲述伊斯兰教功修、伦理及两世论等，该书使伊斯兰教义与中国传统思想相结合；《清真大学》属于伊斯兰教哲学著作，全书正面阐释了伊斯兰教哲学的本体论、宇宙论与认识论，是中国伊斯兰教历史上系统论述宗教哲学的著作；《希真正答》为伊斯兰教义学著作，其内容涉及伊斯兰教义学、教法学、伦理及礼俗等，从根本上阐述了中国伊斯兰教的宗教哲学。《希真正答》可看做是对《正教真诠》、《清真大学》的通俗阐释。宗教界学者在研究明代与社会生活及政治的关系、明代统治者对伊斯兰教的态度、明代伊斯兰教与儒家的关系等宗教主题的论文中较多引用和参考《正教真诠，清真大学，希真正答》。相对来说，《正教真诠，清真大学，希真正答》的影响领域较为狭窄，不过在中国伊斯兰教的研究中值得关注。

《清真指南》（被引26次）是明末清初伊斯兰学者马注[2]所著，书中以论述、推理、答问等方式，分门别类阐发教义要旨、修道原理及谨慎修身等现实问题，并经作者一生的修订增补。这本著作出版后常被选为经堂教育课本，对中国穆斯林有较大影响。该书对中国宗教学研究的影响体现在中国伊斯兰教思想体系、中国伊斯兰教文化、中国伊斯兰教发展、明清时期中国的伊斯兰教等研究领域。

从三部伊斯兰教著作的影响上来看，中国宗教学界对伊斯兰教的关注明显不如儒家、佛教、道教，其根本原因我们认为是语言障碍极大地限制了学者的研究热情，

---

[1] 《正教真诠》、《清真大学》、《希真正答》三书的合刊本，本章将三本著作一同加以分析。
[2] 马注（1640-1711）：中国清初伊斯兰教著名学者，中国伊斯兰教义思想体系创立者之一。

这一点在中国宗教界的基督教研究中也得到了体现。

（8）历史文献中的诗集、文集、小说集

宗教学研究论文中还对一些诗集、文集和小说集进行了引用，不过这类著作很多情况下只是被宗教学论文原文引用，在宗教学主题的深入研究中，这类历史文献相对上述几类文献影响稍小，本节只对此类著作进行简要的分析。

《全唐文》是清代官修的唐五代的文章总集，在研究唐五代时期的道教、佛教发展，佛教禅宗的发展以及禅师渊源，隋唐宗教文化与宗教政策，唐代文人与宗教的关系等宗教主题时，学者对《全唐文》多有引用。《全唐诗》是清曹寅、彭定求等奉敕编纂，该书将唐代诗歌汇编为一本著作，对宗教学研究的影响体现在佛教文化在唐宋的演变、唐五代文人与宗教的关系、唐代的宗教政策与宗教态度、唐代佛道关系、不同民族的民间宗教文化交流、宗教信仰与社会生活的关系等研究领域。《柳宗元集》（被引29次）是柳宗元诗文作品的新校点本，包括本集45卷，外集上、下卷，外集补遗，以及生平传记、版本序跋等资料。柳宗元的"礼佛"论很出名，[①] 其作品中有很多关于佛学、佛教学说与其他学说的比较论述，因此在《柳宗元集》中收录的一些作品受到宗教学界的关注，特别是在佛学研究中，学者对其作品有较多的引用。《龚自珍全集》（被引24次）收集了清代文学家龚自珍的各种文体的作品，龚自珍一生作品丰富，其作品除了有历史、地理方面的探讨，在哲学思想上，他还阐发了佛教中天台宗的观点，提出人性"无善无不善"、"善恶皆后起"的一家之谈，他的佛学观点受到宗教学界的关注。《夷坚志》（被引23次）是宋代洪迈所编的志怪小说集，取材繁杂，大多神奇诡异、虚诞荒幻，在宋代民间宗教信仰的形成、宗教典故的源流、宗教对社会生活的影响等宗教学研究领域，学者对《夷坚志》有所参考引用。《宋濂全集》（4卷本，被引18次）收罗了宋濂存世的全部著作，宋濂博通经史百家，其著作内容包罗万象，在宗教学界也受到一定的关注。中华书局出版的《苏轼文集》（被引15次）只存有苏轼的文章与词，苏轼本身与佛、道教人物都有过交往，其作品也能体现出一些宗教色彩，在研究宋代文学与宗教（主要是佛、道教）的关系时，《苏轼文集》常被参考引用。

此外，还有两本未归于上述几类的历史文献：国学整理社编辑的《诸子集成》辑录先秦到南北朝儒家、道、阴、阳、法、名、墨、纵横、杂农、小说家等各学派的代表作28种，反映了清代及民国早期的训诂考据成就，也是中国传统思想的基本读本。楼宇烈所著的《王弼集校释》校释了王弼的《老子道德经注》、《老子指略》、《周易注》、《周易略例》、《论语释疑》等论著，为当今学者研究相关典籍提供了便利。

在以上八个类别的历史文献中，史书著作的影响最为广泛，有近三分之一的历

---

① 唐代思想家柳宗元的"礼佛"论.［2009-5-11］www.cnbuddhism.com/Article/ShowArticle.asp？ArticleID=158313&Page=1.

史文献为史书著作,出现这种现象的原因是流传至今的宗教都具有历史久远的特点,在宗教传播与发展过程中,史书会将宗教现象、宗教事件、宗教人物作为历史内容加以记录。另外,佛教著作在历史文献中所占比例也比较高,这也可以看做是古代佛教兴盛、成果丰硕的一个明证。入选的道教著作数量较少,但作为道教经籍总集的《道藏》在宗教学研究中受到了学者极大的关注。相对来说,其他类别的历史文献在宗教学研究中影响较小。

本章选入对宗教学影响较大的 92 种历史文献,共涉及 27 家出版机构,出版机构相对来说比较集中。其中,由中华书局出版的图书多达 48 种(占 52.17%),充分说明了中华书局是出版古籍和历史文献的最重要的出版社。另外,上海古籍出版社出版了 6 种,西藏人民出版社出版了 4 种,中国台湾新文丰出版有限公司出版了 3 种,除了这几家出版社外,其他涉及的出版社只有一种或两种图书入选。

4.4 工具书对宗教学研究的影响

宗教类工具书比较少,因为宗教种类繁多、理论庞杂,难以整理归类,宗教界学者往往耗费毕生精力也只能编撰出一部专门的宗教类工具书,如丁福保主编的《佛学大辞典》。宗教类的工具书对宗教学研究的影响主要体现在宗教的概念解释。从宗教学领域图书的影响上来看,相对其他几种类型的图书,工具书对宗教学研究的影响有限,被宗教学界引用次数普遍不高。但宗教学工具书的影响是持久的,在今后的宗教学研究中,此类工具书会不断地被学者参考引用。表 4-6 给出了宗教学论文引用较多的工具书。

表 4-6　　宗教学论文引用较多的工具书

序号	图书信息
1	任继愈等编著:《宗教词典》,上海:上海辞书出版社,1981*
2	唐耕耦等汇编:《敦煌社会经济文献真迹释录》,北京:全国图书馆文献缩微复制中心,1990
3	中国伊斯兰百科全书编辑委员会编:《中国伊斯兰百科全书》,成都:四川辞书出版社,1994*
4	慈怡主编:《佛光大辞典》,高雄:佛光出版社,1989*
5	张怡荪主编:《藏汉大辞典》,北京:民族出版社,1993
6	丁福保编译:《佛学大辞典》,北京:文物出版社,1984*
7	季羡林主编:《敦煌学大辞典》,上海:上海辞书出版社,1998
8	丁福保编译:《佛学大辞典》,上海:上海书店,1991

注:图书信息右上角标注"*"的图书有多个版本,表中给出的是被引最多的版本。

表4-6显示，在宗教学中引用较多的工具书有任继愈等人编著的《宗教词典》、唐耕耦等汇编的《敦煌社会经济文献真迹释录》①、中国伊斯兰百科全书编辑委员会编写的《中国伊斯兰百科全书》、慈怡主编的《佛光大辞典》、张怡荪主编的《藏汉大辞典》、季羡林主编的《敦煌学大辞典》、丁福保编译的《佛学大辞典》。其中，《宗教词典》在宗教学研究中影响较大，在宗教类工具书中被学者引用最多。

《宗教词典》包罗了世界各主要宗教的词汇、术语等内容，介绍了有关世界各种宗教的基本知识，不仅是一部宗教词典，也是一部宗教百科全书。在人文社会科学研究领域，这部词典是文史哲相关学科教学、宗教研究、宗教修习常用的参考书。《宗教词典》对宗教学研究的影响是全面的，几乎所有的宗教研究领域，无论国内外的宗教研究，只要涉及一些宗教概念解释、典故渊源，均可对其进行参考。

《敦煌社会经济文献真迹释录》和《敦煌学大辞典》都是研究敦煌学的重要参考工具书。《敦煌社会经济文献真迹释录》中所收录的宗教史料对宗教学研究特别是敦煌宗教研究有非常重要的参考价值，从学者对该书的引用情况来看，几乎所有来源文献都是对各时期敦煌的佛道教的研究。《敦煌学大辞典》是上百年敦煌学的总结性之作，在敦煌宗教各领域研究中，该书受到宗教界学者的推崇。近十几年来敦煌研究兴起，这两部工具书的影响越来越大，相信在以后的敦煌学、敦煌宗教研究中将继续发挥影响。

《中国伊斯兰百科全书》是我国编写的第一部全面、系统地介绍伊斯兰教基本知识的大型专科工具书，该书以古今中外伊斯兰教的基本知识体系为核心，兼收与伊斯兰文化有密切关系的学科知识，对研究伊斯兰教和伊斯兰文化具有重要的参考价值。

《佛光大辞典》是迄今为止最为权威、最为全面的佛学辞典，这部佛学辞典以简明、实用、完整为原则，编修范围广泛，收录了大量近百年来佛教之重要事件、国内外知名佛学学者具有代表性的论著、学说，以及佛教界的重要人物、寺院道场等。在佛教研究领域，《佛光大辞典》有着较大的影响，因其是在中国台湾出版发行，对大陆学者来说较难获得，因此其在宗教学论文中引用较少。但随着《佛光大辞典》的流传范围增大，相信其在宗教研究中的影响也会逐渐提升。另一部较有影响的佛学辞典是由近代丁福保转译日本真宗大谷派学僧织田得能著作《织田佛学大辞典》而成的《佛学大辞典》，这是一部大型佛学工具书，为佛教学习、佛教研究提供了有力的参考，大陆学者在佛教各领域研究中广泛参考引用《佛学大辞典》。《佛光大辞典》和《佛学大辞典》是宗教学佛教研究中两部重要的工具

---

① 严格来说，《敦煌社会经济文献真迹释录》是本敦煌学参考工具书，是敦煌历史资料的汇编，本章将其定为宗教类工具书。

书，作为权威的佛学辞典，其对佛教相关领域研究的影响将一直存在。

需要指出的是，宗教学工具书缺少基督教类工具书入选。虽然国内外都有此类工具书，但语言的障碍使国外工具书对国内宗教研究影响有限，而且国内也缺少对基督教的研究热情，这使得国内基督教研究的成果较少，相应的对已有成果的引用也较少。这个不足在工具书的引用上尤为明显，下一节所论述的国外学术著作对宗教学研究的影响，进一步突出了国内基督教研究的不足。

4.5 国外学术著作对宗教学研究的影响

本章选出的对宗教学研究有较大影响的192种图书中，有21种为国外学术著作（全部为译著），远少于历史文献（92种），也少于国内学术著作（65种）；其平均被引次数也仅为18.71，只比入选的工具书略高（平均被引次数16.25）。这两个数据在一定程度上反映了国外学术著作对国内的宗教学研究影响还不是非常大。国外学术著作被引较多的是宗教学基础理论、宗教本质以及基督教类图书。表4-7给出了入选的国外学术著作目录。

表4-7　　　　　　　　宗教学论文引用较多的国外学术著作

序号	图书信息
1	［法］爱弥尔·涂尔干（Emile Durkheim）著，渠东等译：《宗教生活的基本形式》，上海：上海人民出版社，1999
2	［德］孔汉思（Hans Kung）等编，何光沪译：《全球伦理：世界宗教议会宣言》，成都：四川人民出版社，1997
3	［德］恩斯特·卡西尔（Ernst Cassirer）著，甘阳译：《人论》，上海：上海译文出版社，1985
4	［美］彼得·贝格尔（Peter L. Berger）著，高师宁译：《神圣的帷幕：宗教社会学理论之要素》，上海：上海人民出版社，1991
5	［美］塞缪尔·P. 亨廷顿（Samuel P. Huntington）著，周琪等译：《文明的冲突与世界秩序的重建》，北京：新华出版社，1998*
6	［英］J. G. 弗雷泽（James George Frazer）著，徐育新译：《金枝：巫术与宗教之研究》，北京：中国民间文艺出版社，1987
7	［黎］菲利浦·希提（Philip K. Hitti）著，马坚译：《阿拉伯通史》，北京：商务印书馆，1979*
8	［德］马克斯·韦伯（Max Weber）著，于晓等译：《新教伦理与资本主义精神》，北京：生活·读书·新知三联书店，1987
9	［英］威利斯顿·沃尔克（Williston Walker）著，孙善玲等译：《基督教会史》，北京：中国社会科学出版社，1991*

续表

序号	图书信息
10	［英］伯兰特·罗素（Bertrand Russell）著，何兆武等译：《西方哲学史》，北京：商务印书馆，1963*
11	［美］约翰·希克（John Hick）著，王志成译：《宗教之解释：人类对超越者的回应》，成都：四川人民出版社，1998
12	［苏］谢·亚·托卡列夫（C. A. Tokapeb）著，魏庆征译：《世界各民族历史上的宗教》，北京：中国社会科学出版社，1985
13	［加］秦家懿等著，吴华译：《中国宗教与基督教》，北京：生活·读书·新知三联书店，1990
14	［日］福井康顺等监修，朱越利等译：《道教》，上海：上海古籍出版社，1990
15	［美］斯特伦（Frederick J. Streng）著，金泽等译：《人与神：宗教生活的理解》，上海：上海人民出版社，1991
16	［英］麦克斯·缪勒（Friedrich Max Muller）著，陈观胜等译：《宗教学导论》，上海：上海人民出版社，1989
17	［英］李约瑟（J. Needham）著，《中国科学技术史》翻译小组译：《中国科学技术史》，北京：科学出版社，1990*
18	［日］忽滑谷快天著，朱谦之译：《中国禅学思想史》，上海：上海古籍出版社，1994*
19	［美］约翰斯通（Ronald L. Johnstone）著，尹今黎等译：《社会中的宗教：一种宗教社会学》，成都：四川人民出版社，1991
20	［美］詹姆斯·C. 利文斯顿（James C. Livingston）著，何光沪译：《现代基督教思想：从启蒙运动到第二届梵蒂冈公会议》，成都：四川人民出版社，1992*
21	［德］黑格尔（Georg Wilhelm Friedrich Hegel）著，贺麟译：《哲学史讲演录》，北京：商务印书馆，1978*

注：图书信息右上角标注"*"的图书有多个版本，表中给出的是被引最多的版本。

从表4-7中的国外学术著作信息来看，目录表中包括美（6种）、英（5种）、德（4种）、日（2种）、加（1种）、法（1种）、苏（1种）、黎（1种）等共八个国家的相关著作。这些国外学术著作在内容上呈现出一定的地域特征，入选的国外学术著作大多数是欧美学者所著，内容涉及的领域主要是宗教学发展、宗教基础理论、基督教理论，也涉及哲学领域；在东方，日本在佛教和道教领域有较多的研究成果，因此入选的图书有关于佛教和道教的各一本；另外，还有黎巴嫩学者的一本《阿拉伯通史》入选，这本著作主要是对伊斯兰教的研究。国外学术著作的地域特征体现了各国的历史背景与国情，表现了不同国家宗教学领域的学者关注点是不同的，研究主题也各有特色。本节对这些入选的图书内容进行简要介绍，并结合入选图书的来源文献，分析这些国外学术著作在宗教学领域中的影响，为国内宗教界学者在今后相关领域的研究提供一个参考。

《宗教生活的基本形式》（被引 36 次）是国外学术著作中对中国宗教学研究影响最大的图书，法国社会学家涂尔干的这本著作从图腾制度出发讨论了宗教生活之构成的基本原理及命题，试图以此阐明宗教的本质、宗教产生的原因、宗教的社会功能，以及这种功能同近代工业化社会的关系。国内宗教学界在宗教本质、宗教基础理论、宗教伦理、宗教的社会功能、当今社会的各种宗教问题、宗教哲学、宗教与文化、宗教与科学、宗教与巫术、涂尔干的宗教思想、宗教社会学、不同宗教的比较、民间宗教信仰等诸多宗教主题的研究中对该书有较多的参考引用。

《全球伦理：世界宗教议会宣言》（被引 26 次）中包括 1993 年 9 月世界宗教议会发布的历史性的《走向全伦理宣言》[1]，还包括由孔汉思（德国著名天主教思想家）所写的评论[2]和约瑟夫·库舍尔博士所写的背景叙述（叙述了世界宗教议会的历史背景和会议过程）。这本书的出版在宗教学界产生了较大的影响，在宗教伦理的关系、各种宗教的伦理观念、宗教多元化与跨文化、东西方宗教对社会发展的影响、不同宗教的比较、各种宗教的未来发展、各种宗教的当代价值等当代宗教学研究领域，都可以见到宗教学界对这本书的参考引用。

《人论》（被引 25 次）的作者恩斯特·卡西尔是现代西方最重要的哲学家之一，该书全面阐述了卡西尔的人类文化哲学的体系。该书一经问世，立即被翻译成多种文字，流传甚广，影响非常大。[3]《人论》下篇对各种文化现象，诸如神话、宗教、语言、艺术、历史、科学等进行了全面的探索。宗教界学者在研究宗教的发展与走向、各种宗教的人性理论、当今宗教伦理的社会影响、宗教在人类发展中的作用、国际冲突中的宗教因素、宗教的本质等宗教学主题时很多都参考和引用了该书。

《神圣的帷幕：宗教社会学理论之要素》（被引 24 次）对宗教学研究的影响也比较大。书中以宗教与人类活动的关系为主要线索，探讨了宗教对于人类"建造世界"和"维系世界"的作用以及这种作用的基础。该书在宗教文化价值、宗教的伦理道德、当代世界宗教世俗化发展、宗教与现代化关系、东西方宗教对社会发展的影响、宗教的价值取向、民间宗教观念的转换、当代西方基督教伦理、早期宗教的发展与影响、宗教的理论体系结构、宗教与政治的关系等宗教学研究领域存在着广泛的影响。

《文明的冲突与世界秩序的重建》（被引 22 次）是一本在政治、社会、宗教等研究领域都有较大影响的著作，其作者塞缪尔·P.亨廷顿是美国当代著名的政治思想家、国际政治理论家。该书系统地提出了"文明冲突论"，作者认为冷战后的世界冲

---

[1] 《走向全伦理宣言》：1993 年 9 月，在世界宗教议会上，大大小小的宗教及一些非宗教组织的代表就一种人人都可以同意的最低伦理签署并发布的一份声明。

[2] 解释了宣言的宗旨之所在及其采取现存形式的缘由。

[3] 百度百科·人论．[2009 - 4 - 5] http：//baike.baidu.com/view/1665096.htm.

突的基本根源不再是意识形态,而是文化方面的差异,主宰全球的将是"文明的冲突"。该书对宗教学研究的影响主要体现在当代各种宗教的冲突与对话、宗教在国际政治冲突中的影响、当代恐怖主义的宗教因素、西方世界的穆斯林问题、宗教在全球文明对话中的作用、伊斯兰教与中东政治等当代宗教热点问题的研究上,在一定时期内,这本书将继续影响这类热点问题的研究。

《金枝:巫术与宗教之研究》(被引20次)自出版以来,在宗教学研究中就引起了较大反响,《金枝》被认为是现代人类学的奠基之作,是一部阐述巫术和宗教起源的权威之作。[1] 在原始宗教与图腾起源、原始宗教对人类发展的影响、民间巫术起源与形式、宗教与巫术的关系等宗教研究领域,《金枝》被宗教学界大量参考引用;在另一些宗教研究领域,如宗教与社会生活的关系、宗教与科学的关系、宗教人类学形成与发展、宗教传说与典故、不同宗教的理论比较等也受到了关注。

《阿拉伯通史》(译本分为上、下两册,被引19次)是东方学家希提的晚期著作,上册从早期的阿拉伯人讲起,叙述了伊斯兰教的兴起、阿拉伯国家的诞生、阿拉伯帝国的兴盛与衰败等;下册讲述了阿拉伯人在欧洲建立的国家、其他穆斯林国家、奥斯曼帝国,以及直到21世纪阿拉伯国家发展的新趋势等。在研究伊斯兰教以及穆斯林的相关问题时,该书对学者有很大帮助。

《新教伦理与资本主义精神》(被引18次)是马克斯·韦伯的知名著作,该书也是他对宗教社会学最初的研究。韦伯在书中主张,宗教的影响是造成东西方文化发展差距的主要原因,并且强调新教伦理在资本主义、官僚制度和法律权威的发展上所扮演的重要角色。这本书的出版对宗教学研究有很大影响,在宗教学研究的很多领域都被学者所参考引用,如宗教的社会功能、宗教改革、宗教伦理观、宗教伦理观比较等。

《基督教会史》(被引18次),是关于基督教历史的一部名著。书中全面地叙述了基督教两千年来从产生、发展、分化、衍变直到现代存在的整个历史过程。在研究基督教历史问题以及基督教的当代影响时对宗教界学者有很大的影响,在基督教研究领域这是一本主要参考书。

《西方哲学史》(被引17次)是伯兰特·罗素的一部哲学名著,书中全面考察了从古希腊罗马时期到20世纪中叶西方哲学思潮的发展历程。因宗教与哲学间存在密切关系,因此在宗教学研究中该书也受到学者们的关注。在研究宗教理论、宗教与文化、宗教改革、宗教观念比较等宗教学问题时,很多论文都参考引用了《西方哲学史》。

《宗教之解释:人类对超越者的回应》(被引17次)的作者约翰·希克是当代最著名的宗教哲学家之一。该书深刻地论述了作者的宗教观,并阐述了作者对各种宗

---

[1] 百度百科·金枝书评摘要. [2009-4-5] http://baike.baidu.com/view/866862.htm.

教的看法。这本书的出版对宗教学研究产生了一定的影响,涉及宗教伦理、宗教信仰、宗教本质、不同宗教的冲突与对话、宗教与文化关系等研究主题的许多论文都参考引用了该书。

《世界各民族历史上的宗教》(被引17次)是苏联谢·亚·托卡列夫所著的一本很著名的宗教学书籍,这本书的作者对世界各民族的宗教发展提供了翔实的研究资料,在宗教学研究中具有非常高的参考价值。在原始宗教研究、民间宗教信仰研究、宗教伦理研究等宗教学研究领域都有学者参考引用该书。

另外还有一些被本章选入的国外学术著作,它们在宗教学领域的影响相对较小,限于篇幅,这里只对其简单介绍。《中国宗教与基督教》(被引16次)是秦家懿与孔汉思合撰的,书中内容包括秦家懿介绍与解释的中国宗教以及孔汉思对神学方面问题的答复。《道教》(被引16次)是日本研究道教史的经典之作,书中介绍了道教的历史、道教的民间信仰、道教与其他宗教的关系、道教与其他一些学科的关系。因此,研究道教相关问题时往往参考引用该书。《人与神:宗教生活的理解》(被引16次)反映了斯特伦对于人类宗教生活的理解,在研究宗教生活时宗教学者较为关注这本著作。《宗教学导论》(被引16次)第一次提出了"宗教学"这一概念,因而被国际学术界公认为是西方宗教学的奠基性著作,在宗教学研究中该书值得关注。《中国科学技术史》(被引15次)由著名英籍科学史家李约瑟撰著。通过丰富的史料、深入的分析和大量的东西方比较研究,该书全面、系统地论述了中国古代科学技术的辉煌成就及其对世界文明的伟大贡献,尽管该书的主要参考价值不在宗教学领域,但宗教学领域也较为关注这本书。《中国禅学思想史》(被引15次)是日本近代早期著名佛教学者忽滑谷快天的博士学位论文,该书可作为研究中国佛教禅学思想的参考资料。《社会中的宗教:一种宗教社会学》(被引15次)概述了宗教社会学的研究成果及各主要流派,介绍了西方宗教的史实、类型、发展线索和目前状况,分析了宗教同各方面的关系以及美国宗教社会学的主要研究方法,对宗教学研究有一定的参考价值。《现代基督教思想:从启蒙运动到第二届梵蒂冈公会议》(被引15次)的内容重点是阐述历史神学和哲学神学方面的发展,即基督教思想与现代的哲学、历史和科学之间的接触,这本书特别关注了现代罗马天主教历史的现代主义和新托马斯主义之类思潮的原因。《哲学史讲演录》(被引10次)是德国哲学家黑格尔关于精神哲学探讨的著作,该书对宗教学的影响在于宗教哲学领域方面的研究。

西方的宗教学研究早于中国,从研究的层次上来看也比我国更深入完善,已有大量的宗教发展、宗教本质、宗教基础理论研究的著作成果问世,但国内的宗教学研究对西方的宗教研究成果关注不足,很多优秀有价值的国外宗教研究成果并未被国内学者参考引用。其中一个主要的原因是语言方面的障碍,国内学者很少去参考国外原著,而被翻译的著作数量又少,这使国外宗教学著作对我国宗教研究的影响受到一定限制;另一个原因是国内学者的宗教研究主要是针对一些本土宗教,特别是佛教、道教的研究,对宗教的本质以及宗教的社会功能等宗教学根本问题的研究较少,这也影响了国内宗教界学者对国外宗教学研究成果的关注。随着宗教学研究的深入,必然会与国外宗教学研究建立起更多的交流与联系,相信将来国内的宗教学研究一定会大大拓展宗教研究领域的空间,随着研究领域的扩展,国外宗教学领域优秀的学术著作也会受到越来越多的关注。

4.6 国内学术著作对宗教学研究的影响

从我国大陆已出版的宗教学著作来看,20世纪60年代以前的宗教研究成果不多,"文化大革命"期间宗教研究基本中断,1978年以后中国大陆的宗教学研究又逐渐得以发展和繁荣,20世纪80—90年代宗教学研究成果丰硕,涌现出了很多宗教学著作,其中一些著作在宗教学界受到较多关注,影响着当今宗教学相关领域的研究。本节所选取的对国内宗教学研究最有学术影响的192种著作中,国内学者的宗教研究著作就有65种,占到了33.85%。本节将通过这65种国内学术著作的主题分析其在国内宗教学研究中的具体影响。这些著作的详细目录参见表4-8。

表4-8　　　　　　　　宗教学论文引用较多的国内学术著作

序号	图书信息
1	胡道静:《藏外道书》(分册),成都:巴蜀书社①
2	王明:《抱朴子内篇校释》,北京:中华书局,1985*
3	王明:《太平经合校》,北京:中华书局,1960*
4	陈垣:《道家金石略》,北京:文物出版社,1988*
5	卿希泰:《中国道教史》(分四卷),成都:四川人民出版社,1996*
6	太虚:《太虚大师全书》,台北:太虚大师全书影印委员会,1970
7	张继禹主编:《中华道藏》,北京:华夏出版社,2004
8	鲁迅:《鲁迅全集》,北京:人民文学出版社
9	石峻:《中国佛教思想资料选编》,北京:中华书局,1983
10	吕澂:《中国佛学源流略讲》,北京:中华书局,1979
11	任继愈:《中国佛教史》(前三卷),北京:中国社会科学出版社②

---

① 《藏外道书》收录了《正统道藏》以外其他重要的道教经书,巴蜀书社出版了36册《藏外道书》,分别于1992、1994、1995年分册出版。

② 《中国佛教史》本拟出八卷,中国社会科学出版社在1981年出版了第一卷、1985年出版了第二卷、1988年出版了第三卷。

第 4 章　宗教学

续表

序号	图书信息
12	陈寅恪著，蒋天枢校勘：《金明馆丛稿二编》，上海：上海古籍出版社，1982
13	汤用彤：《汉魏两晋南北朝佛教史》，北京：北京大学出版社，1997
14	饶宗颐：《老子想尔注校证》，上海：上海古籍出版社，1991
15	中共中央文献研究室综合研究组编：《新时期宗教工作文献选编》，北京：宗教文化出版社，1995
16	王森：《西藏佛教发展史略》，北京：中国社会科学出版社，1997*
17	汤用彤：《汉魏两晋南北朝佛教史》，北京：中华书局，1955
18	吕澂：《吕澂佛学论著选集》，济南：齐鲁书社，1991
19	胡道静：《道藏要籍选刊》，上海：上海古籍出版社，1989
20	吕大吉：《宗教学通论新编》，北京：中国社会科学出版社，1998
21	季羡林：《大唐西域记校注》，北京：中华书局，1985*
22	任继愈：《中国道教史》（增订本，上、下册），上海：上海人民出版社，1990*
23	汤用彤：《隋唐佛教史稿》，北京：中华书局，1982
24	任继愈：《道藏提要》，北京：中国社会科学出版社，1991*
25	朱维铮主编：《马相伯集》，上海：复旦大学出版社，1996
26	陈国符：《道藏源流考》，北京：中华书局，1963
27	顾长声：《传教士与近代中国》，上海：上海人民出版社，1995*
38	牟钟鉴：《中国宗教通史》（上、下卷），北京：社会科学文献出版社，2000*
29	陈垣：《陈垣学术论文集》（分两册），北京：中华书局，1980—1982
30	林悟殊：《摩尼教及其东渐》，北京：中华书局，1987
31	杜继文：《中国禅宗通史》，南京：江苏古籍出版社，1993*
32	鲁迅：《鲁迅杂文全集》，郑州：河南人民出版社，1994
33	黄徵等编校：《敦煌愿文集》，长沙：岳麓书社，1995
34	（清）湖北崇文书局辑：《百子全书》，杭州：浙江人民出版社，1984
35	白化文、张智主编：《中国佛寺志丛刊》，扬州：广陵书社，2006
36	顾卫民：《基督教与近代中国社会》，上海：上海人民出版社，1996
37	吕大吉：《宗教学通论》，北京：中国社会科学出版社，1989
38	任继愈总主编，杜继文主编：《佛教史》，北京：中国社会科学出版社，1991
39	赵敦华：《基督教哲学1500年》，北京：人民出版社，1994*
40	方立天：《中国佛教哲学要义》，北京：中国人民大学出版社，2002
41	卢国龙：《道教哲学》，北京：华夏出版社，1997*

续表

序号	图书信息
42	陈鼓应：《老子注释及评介》，北京：中华书局，1984
43	方豪：《中国天主教史人物传》，北京：中华书局，1988
44	汤用彤：《汤用彤学术论文集》，北京：中华书局，1983
45	杨曾文：《唐五代禅宗史》，北京：中国社会科学出版社，1999
46	吕大吉：《西方宗教学说史》，北京：中国社会科学出版社，1994*
47	恰白·次旦平措等著，陈庆英等译：《西藏通史：松石宝串》，拉萨：西藏古籍出版社，1996*
48	向达：《唐代长安与西域文明》，北京：生活·读书·新知三联书店，1957
49	方立天：《佛教哲学》，北京：中国人民大学出版社，1991*
50	吕澂：《印度佛学源流略讲》，上海：上海人民出版社，1979
51	孙尚扬：《宗教社会学》，北京：北京大学出版社，2001*
52	蒙文通：《蒙文通文集》，成都：巴蜀书社，1987
53	马西沙：《中国民间宗教史》，上海：上海人民出版社，1992
54	季羡林：《季羡林文集》，南昌：江西教育出版社，1998
55	印顺：《中国禅宗史》，南昌：江西人民出版社，1999*
56	葛兆光：《道教与中国文化》，上海：上海人民出版社，1987
57	陈垣：《中国佛教史籍概论》，北京：中华书局，1962
58	王邦维：《南海寄归内法传校注》，北京：中华书局，1995
59	汤用彤：《汉魏两晋南北朝佛教史》，上海：上海书店，1991
60	印顺：《中国禅宗史》，上海：上海书店，1992
61	朱天顺：《中国古代宗教初探》，上海：上海人民出版社，1982
62	赖永海：《中国佛性论》，北京：中国青年出版社，1999
63	陈兵：《佛教禅学与东方文明》，上海：上海人民出版社，1992
64	牟宗三：《佛性与般若》，台北：台湾学生书局，1997
65	赖永海：《佛学与儒学》，杭州：浙江人民出版社，1992

注：图书信息右上角标注"*"的图书有多个版本，表中给出的是被引最多的版本。

表4-8显示，国内学术著作目录中有9位国内学者有多部著作入选：汤用彤（主要是佛教史研究，3部）、任继愈（主要是佛教史、道教史研究，3部）、吕大吉（主要是宗教学基础理论研究，3部）、吕澂（主要是佛学研究，3部）、陈垣（主要是道家金石、佛教史籍研究，3部）、方立天（主要是佛教哲学，2部）、赖永海（主要是佛学研究，2部）、王明（主要是道教经籍研究，2部）、胡道静（主要是道教经

籍研究，2部），这些学者在宗教学界都有着较高的学术影响，他们的著作对中国宗教学研究的发展有着极大的促进作用。从表4-8中国内学者著作的主题分析，佛教、道教等东方传统宗教研究著作在国内的宗教学研究中引用较多，其他宗教学领域的著作被引相对较少。分析这一现象，我们认为其与目前国内宗教学各研究领域的研究群体大小和论文数量多少有很大关系，宗教学界在传统宗教研究领域方面投入的力量与精力较多，所出成果也较多。为了详细分析国内学术著作的影响，我们根据这些著作涉及的主题将其分为五类：佛学著作（25种），道教著作（14种），宗教理论、宗教史与宗教工作著作（8种），摩尼教、基督教与天主教著作（5种），其他著作（13种）。下面我们按照细分的主题类别详细讨论。

(1) 佛学类著作

近年来国内宗教学界发表了大量佛学研究的学术论文，这些论文大量参考引用了佛学相关的图书著作，借助CSSCI的引文统计数据可知，被宗教学界引用较多的佛学著作有25种，约占入选的国内学术著作的一半，而且这些佛学著作中有17种是20世纪90年代后出版的。

国内学者在宗教学研究中引用较多的一类佛学研究著作当属佛教史的研究。近代中国佛学研究领域的一些重要人物如任继愈、汤用彤、王森等人都有关于佛教史的研究专著。佛教史研究成果中，《中国佛教史》（被引47次）、《汉魏两晋南北朝佛教史》（三版分别被引40、34、11次）、《西藏佛教发展史略》（被引34次）、《隋唐佛教史稿》（被引25次）、《佛教史》（被引19次）五部著作在宗教学研究领域都受到学者较多的关注，被宗教学界较多地引用，对中国宗教学研究产生了较大的影响。

《中国佛教史》由中国佛教哲学家任继愈主编，这部书是中国第一部佛教通史，在中国佛学各研究领域都有一定的影响，如佛教宗派思想阐释、佛教在各历史时期的发展传播、佛教在历史上与政治的关系、佛教对社会发展的影响、历史人物与佛教的关系、中国佛教对周边国家的影响等，这些领域的论文对《中国佛教史》都有大量的参考引用。任继愈先生任总主编、杜继文任主编的另一部佛学著作《佛学史》在宗教学研究中也被大量引用，《佛教史》是一部世界佛教通史，以时间为经、以地区和国别为纬，全面系统地介绍了佛教产生、发展和流传的历史，记载的内容除了佛教在中国的传播与发展，还包括佛教产生前的古印度社会状况和近现代佛教在西方的流传和影响。在佛教典籍考证与阐释、佛教的传播与发展、佛教对社会发展的影响等诸多佛教领域的很多论文都参考引用了《佛教史》。

《汉魏两晋南北朝佛教史》和《隋唐佛教史稿》是中国佛学史学家、哲学史学家汤用彤所著的佛教史著作，在宗教学研究领域有很大影响力。《汉魏两晋南北朝佛教史》叙述了佛教自汉代传入中国、并在魏晋南北朝时期发展的历史过程，书中积聚了大量汉魏两晋南北朝的佛教史料，总结出了佛教思想传入中国的思想演变。《隋唐佛教史稿》系统地阐述了佛教从印度传入到唐朝时期的历史发展过程及其特点、佛学思想与中国传统思想的相互关系；详细地考察了中国佛教各个学派、宗派的兴起和衰落过程及其原委。这两本佛教史对中国佛教史料中关于佛教传入汉族地区的时间、重大的佛教历史事件、佛经的传译、重要的佛学论著、著名僧人的生平、宗派与学派的关系、佛教与政治的关系等都作了严谨的考证和解释。通过对这两部著作的被引用情况分析，可以发现参考引用这两部著作的论文主题主要集中在研究汉、魏、两晋、南北朝、隋、唐等朝代的各种宗教问题尤其是佛教问题上。《汉魏两晋南北朝佛教史稿》年代跨度要远长于《隋唐佛教史稿》，书中所含佛教史料也更为丰富，所影响的佛教研究领域及主题更多。因此在被引用数量方面，前者要高于后者。当然在宗教学界，这两本著作都是受到学者极大关注的佛学史著作，在相应的宗教研究领域均有很高的参考价值。

佛教史著作中，还有王森著述的《西藏佛教发展史略》，宗教学论文对该书也有较多的参考引用。这本书论述了吐蕃时期至明末清初西藏佛教的兴衰，叙述了西藏佛教各派别的历史。在对西藏佛教的研究中，如对西藏佛教教派源流、思想研究，藏传佛教的传播发展，藏传佛教与政治的关系等的研究中，该书得到了宗教界学者的广泛参考引用。

《太虚大师全书》（被引80次）是近代高僧太虚大师的佛学著作集，太虚大师以倡导人间佛教而著称，在这部佛学著作集中，太虚对佛学和世学理论提出了不少精深的见解。[①] 该书在宗教学研究中有很大的影响，很多学者在涉及佛教思想、佛教的发展、佛教的世俗化等宗教学研究领域时都对该书进行了参考借鉴，特别是在涉及佛学与世学研究时，通常都会借鉴参考该书。

《中国佛教思想资料选编》（被引65次）是石峻、方立天、楼宇烈等人的合著，在宗教界被长期参考，特别是在宗教学佛教理论研究中被学者较多引用。该书为研究佛教文化、佛教思想提供了简要的原始资料，是当前宗教学界研究佛教文化、佛教思想的参考资料之一。

我国著名的佛教学者吕澂在佛教研究领域也有很多成果，其成果中有两部关于佛教源流的著作在宗教界有很大影响：《中国佛学源流略讲》（被引51次）和《印度佛学源流略讲》（被引15次）。《中国佛学源流略讲》是一本概论性佛学研究专著，书中对中国佛学的传译、典籍、师说、宗派、传播区域及思想渊源等作了比较全面、系统的讲述，指明了中国佛学发展的基本线索，并对有关史料和学术源流上的一些疑难问题，提出了自己的见解，具有较高的学术价值。[②] 国内宗教界学者在研究中国佛教的各宗派思想理论体系、宗派渊源、佛教在中国的传播发展历史、对一些中国佛教学说观念的考证、佛教历史人物及其思想考证等宗教主题时，对该书有大量的

---

① 百度百科·太虚. [2009-4-6] http://baike.baidu.com/view/36913.html.
② 《中国佛学源流略讲》内容简介. [2009-4-6] http://www.zhbc.com.cn/book_view.asp?bid=5590.

参考引用。另外，国内宗教界学者在研究佛教时，特别是涉及佛教源流时，也对吕澂的《印度佛学源流略讲》有较多关注。《印度佛学源流略讲》是一部专门讲述印度佛学史的著作，它将印度佛学分为六个阶段，根据汉文、藏文的大量文献，对勘巴利文三藏以及现存的有关梵文原典，按照各阶段出现的典程先后顺序，说明它们各时期学说的特点和变化，对印度佛学1500年的历史发展概况，基本上勾画出了一个清晰的轮廓。在宗教学研究中，对宗教学说的阐释、佛教思想的发展变化、佛教哲学课题的论证、印度佛教与中国佛教的对比、印度佛教发展史等研究领域的论文大量参考引用了该书。目前国内学者对佛教的研究主要还是基于本土，因此《中国佛教源流略讲》在我国宗教界的影响略高于《印度佛教源流略讲》。以上两本佛学著作与吕澂的其他佛学著作都被收录在《吕澂佛学论著选集》（被引33次）中，《吕澂佛学论著选集》不仅涵盖印度（包括南传）、中国内地与中国西藏的三系佛学，而且对梵藏佛典的校勘及版本目录等文献学亦极为精审，对中国佛学界有深远的影响。在中国宗教研究中，《吕澂佛学论著选集》的其他著作也被宗教学界广泛参考引用。

近年来宗教学界兴起了禅宗研究热潮，佛教禅宗史的相关研究成果受到宗教学界的广泛关注。佛教禅宗史的研究成果中《中国禅宗通史》（被引22次）、《唐五代禅宗史》（被引16次）和《中国禅宗史》（被引13次）在国内宗教学研究领域都有较大影响，其中《中国禅宗通史》被国内宗教界学者参考引用最多。

《中国禅宗通史》是杜继文等人所著的一本中国禅宗史学书。该书系统阐述了众多禅宗思潮、派系、典籍和人物，深入分析了禅学与戒律学、般若学、唯识学、华严学、天台学、净土、密教的多方面交流和整合，记述了禅学与以道教、儒教为主体的中国固有思想文化的冲突、融合和互动过程。所以，研究主题涉及中国禅宗的起源与发展、禅宗思想、禅宗与其他宗教的关系、禅宗人物考证等的宗教学论文中有很多参考引用了《中国禅宗通史》。《唐五代禅宗史》是国内学者杨曾文的著作，该书为唐五代禅宗史研究专著，涉及禅宗从兴起到五家分宗的最重要历史时期，概述了唐五代时期最重要的禅家人物和思想源流，详尽地描述了禅宗思想的印度源头、禅宗在中国产生和发展的历史过程。在佛教研究领域，《唐五代禅宗史》对禅宗历史、禅宗思想、禅家人物的研究有重要的参考价值。在研究唐五代佛教禅宗发展时，学者也或多或少地对《唐五代禅宗史》有所参考。《中国禅宗史》是印顺所著的中国禅宗正史，不过这是一本禅宗断代史。书中介绍了印度禅到中国禅的发展、禅学的中国化、牛头宗在中国禅学发展中的重要地位、《坛经》的成立与演变、曹溪禅的开展与其发展和分化的过程等。《中国禅宗史》在书中涉及的禅学研究领域被宗教界学者所关注，另外研究《坛经》的相关论文也有很多参考引用了该书。

白化文和张智主编的《中国佛寺志丛刊》（被引21次）充分认识到了寺志在宗教研究中的重要价值，该书汇辑大陆地区所藏历代佛寺志书197种，每种前均有解题，详叙该书的作者、内容和版本等。该书自2006年被广陵书社出版以来受到宗教学界的认可，学者可以从这本书所记载的寺志中发掘出我国历朝历代的政治、经济、社会和佛教的关系以及中国历史文化发展与佛教的关系，也可通过这本书研究历史上存在的各地民俗与佛教之间的联系。

《中国佛教哲学要义》（被引 18 次）是著名佛学专家方立天的一本佛学专著，这本著作从中国哲学史发展的脉络来解读、诠释中国佛教哲学的思想，并采用问题解析体来展现中国佛教哲学的内容。该书对国内的佛教理论、佛教观念、佛教哲学的研究有着深远的影响，受到学者们的广泛关注。《佛教哲学》（被引 15 次）也是方立天所著的一本研究佛教哲学的著作，该书以佛教哲学问题为纲，按佛教历史的发展逻辑叙述佛教哲学的演变，从而简略地勾勒出佛教哲学的传统体系。《中国佛教哲学要义》与《佛教哲学》都体现了方立天对佛教哲学的认识，但从被参考引用的角度来看，前者被宗教学界引用的次数要多于后者。

《中国佛教史籍概论》（被引 12 次）是我国当代著名的史学家、教育家陈垣的著作，在宗教学研究中有一定的影响。该书将六朝以来研究历史所常参考的佛教史籍按成书年代分类介绍。作者还运用了丰富的历史材料，实事求是地对佛教史籍加以分析。从引用和参考该书的论文主题来看，主要集中在：佛学历史文献研究、佛教人物的考证、佛教史籍研究等领域。

《南海寄归内法传校注》①（被引 11 次）是王邦维对唐代义净所著的《南海寄归内法传》的校注，该书的目的是在对《南海寄归内法传》进行全面的校勘、整理、注释的基础上，通过对义净及《南海寄归内法传》的研究，进一步了解义净时代印度、南海（今东南亚地区）以及中国佛教历史发展的实际状况。在佛教研究领域中，引用该书的论文主要集中在：对佛教制度、佛教的中国化、佛典翻译、佛教史的一些问题、小乘佛教的认识等领域。

《中国佛性论》（被引 10 次）和《佛学与儒学》（被引 10 次）是佛教研究领域中的知名学者赖永海的两本佛学著作，这两本著作虽然出版于 20 世纪 90 年代，但一出版就引起了宗教学界的重视。《中国佛性论》由赖永海教授的博士论文雕琢而成，该书采用范畴比较的方法，对法性与真神、一切皆成与一分无性、本有与始有、性具与性起、即心即佛与无情有性、顿悟与渐修、自力与他力等佛学几对大的范畴和几十对小的范畴进行了详细的分析，展示出各个范畴之间的内在联系及其源流变迁，并评述了各家佛性学说的具体内容及其在整个佛教学说中的地位。《中国佛性论》对佛教思想研究、佛性的探讨、佛教人物思想体系的研究等宗教学研究领域有着极大的影响。《佛学与儒学》从思维模式、思想重心、学术特点、理论旨趣等各个方面，对佛学与儒学的异同、相互影响、历史演变进行了探讨。《佛学与儒学》在佛学与儒

---

① 这一类今人对古籍的校注或校释，尽管书中基本内容为历史文献，但考虑到今人付出的心血，本章将其一律归为今人的著作成果。

学的关系、佛教的中国化、佛教的理论观念、佛教思想对儒学家的影响等研究领域有较大的影响。

《佛教禅学与东方文明》(被引10次)是国内学者陈兵所著,该书从文化比较的角度阐扬佛法的禅定之学,使古老的宗教文化能与现代科学接轨,为人类文明的建设提供启迪。佛教理论研究、基督教与佛教的文化研究、佛教对社会的影响等研究领域的学者对此有较多的关注。

《佛性与般若》(被引10次)是中国现代哲学家、哲学史家牟宗三的一本著作,该书依佛性与般若两观念判释中国大小乘佛教。在佛教理论思想阐释与研究、佛性的探讨等研究领域中有不少宗教学论文参考引用了该书。

(2) 道教类著作

道教研究也是国内宗教学研究的一个热点,近些年来宗教学界对道教领域的研究投入了很大的精力,发表了大量道教研究的学术论文,被这些学术论文引用较多的道教著作有14种,这14种著作对我国道教历史、道教理论以及道教思想研究有着很大的影响,道教研究领域的学者也可以在相关领域研究中对这些著作加以参考借鉴。

《藏外道书》(被引170次)是胡道静等人主编的一部道教丛书,是《道藏》、《续道藏》之外的道教典籍总集,也被称为《新续道教经典总集》。这部道教丛书所收道教经典有的是海内孤本,有的是稀见本,有的从未刊行,因而文献价值很高,在宗教学界该书受到广泛关注。研究道教思想体系、道教经籍、道教与政治社会的关系、道教与其他宗教的比较等主题的宗教学论文中大量引用参考了该书。

《抱朴子内篇校释》(被引152次)和《太平经合校》(被引119次)是国学学者王明的两本道教典籍校释,王明致力于中国思想史和道教史的研究,同时对道教典籍多有考证校释。这两本道教典籍校释在宗教学道教研究中都有很大的影响,在涉及道教基本理论、道教思想以及《抱朴子内篇》与《太平经》内容的研究时,所参考引用经文多出自王明的这两本校释。《抱朴子内篇校释》是道教研究中受到广泛关注的著作,该书是王明参考前人已做的一些校勘工作对《抱朴子内篇》[①]的校对和注释。在道教理论思想,道教对政治、社会、文化的影响,道教信仰的结构,道教与儒佛的关系,道教文化与哲学等诸多涉及道教的宗教学研究主题中都可见到学者对该书的参考引用。《太平经合校》是王明根据《太平经钞》及其他27种引书加以校、补、附、存而成的,基本上恢复了《太平经》[②]170卷的面貌,并附有和此经有关的几个问题的考订说明。该书是目前研究《太平经》思想、语言主要引用的著作,在《太平经》思想研究、道教思想与中国文化、佛道教思想比较、道教与基督教的

[①] 《抱朴子内篇》是晋代葛洪所著,是对战国以来至汉代的神仙思想和炼丹养生方术所作的系统的总结,为魏晋神仙道教奠定理论基础的道教经典。

[②] 《太平经》又名《太平清领书》,是道教主要经典,以阴阳五行解释治国之道,宣扬散财就穷、自食其力。

思想比较、道教哲学思想对文人的影响、道教发展的社会影响、道教哲学思想与道教文化、道教的时代发展、道教的巫术与医术、道教的政治影响等很多研究领域产生着很大影响。

20世纪早期国内学者就对道教史有所研究,目前道教史研究成果中卿希泰和任继愈主编的《中国道教史》,这两本道教史著作在道教研究领域都有较大的影响。从被引用的情况来看,卿希泰主编的《中国道教史》(被引87次)被宗教界学者引用的次数要多于任继愈主编的《中国道教史》。卿希泰主编的《中国道教史》是一部道教通史,该书以时间为经、以教派分化为纬,全面系统地介绍了道教产生、发展和流传的历史,记载内容涉及道教及各支派的经籍、教义、人物、教制、教职等。另外,这本著作还对道教与中国古代政治、社会、经济、文化、思想的关系作了深刻的分析。有关道教起源与思想体系、道教的传播与发展、道教历史人物与经文考证、道教对政治文化社会的影响、道教结构组成与宗教仪式等宗教研究论文多参考引用该书。任继愈主编的《中国道教史》(被引27次)也是一部道教通史,该书概述了道教几千年来在中国的发生、成长及演变的历史,在增订本中对宋代道教作了大量的补充、改写,增加了道教思想上关于心性论的论述,并充分吸收了近年来道教研究的最新资料。该书也是道教研究领域的重要参考文献,被宗教学界较多的参考引用。

《道家金石略》(被引91次)是根据我国当代著名学者陈垣的遗著整理而成,该书收辑有自汉到明关于道家发展源流、分派、学理教义、道术修炼、斋醮仪式、代表性人物的主要活动及其学说,是一部特大型的道家资料集。该书在宗教学道教研究领域受到学者们的很大关注,道教的很多研究领域都参考引用该书,如道教派别源流、道教与政治社会的关系、道教对古代科技的影响、道教历史人物考证、道教经籍考证等。

《中华道藏》(被引74次)、《道藏要籍选刊》(被引33次)、《道藏提要》(被引25次)和《道藏源流考》(被引24次)是四部以《道藏》(《正统道藏》)为基础的国内道教文献汇编与著作,在国内宗教学研究领域也有较大影响。这四部书使得宗教界学者能够更方便快捷的查阅参考《道藏》中所收录的道教文献,为道教研究提供了便利。《中华道藏》以明《正统道藏》[①]、《万历续道藏》为底本,保持三洞四辅的基本框架,对三洞四辅以外的经书又根据不同的内容进行了相应的归类。同时,该书按照现代人的阅读习惯和图书整理规则进行编修,该书符合现代著作规范,又有古书风骨,更能促进当代道教研究,因此问世以来短时间内即被宗教学界大量参考引用。宗教学界学者多有感于《道藏》、《续道藏》的篇幅繁多、不易检阅,所以胡道静、陈莲笙、陈耀庭等人选辑而成《道藏要籍选刊》,此选刊据商务印书馆以涵芬楼名义影印明《道藏》本为底本,选《道藏》中的重要典籍130多种,约占全部

---

① 《正统道藏》是明代编纂的大型宗教丛书,是道家和道教典籍的总汇。

《道藏》卷帙的四分之一。《道藏提要》是任继愈等人以明代《正统道藏》为底本，仿照《四库全书提要》体例编撰的中国道教《道藏》典籍检索和提要工具书。①《道藏要籍选刊》和《道藏提要》的问世极大的方便了宗教界学者，为宗教学道教研究带来很大便利。《道藏源流考》是国内学者陈国符的专著，是世界上第一本对《道藏》经书进行系统研究的学术专著，书中介绍了《道藏》每一部典籍的时代、作者、内容，并附有目录索引、道书撰人编者的简介等，该书在道教经籍、思想、人物的考证研究领域得到学者的广泛参考引用。

《老子想尔注校证》（被引40次）是我国当代著名学者饶宗颐的一本研究《老子想尔注》的专著。《老子想尔注》（又名《老君道德经想尔训》）是早期道教的主要著作，饶宗颐著《老子想尔注校证》为研究该书以及早期道教思想提供了便利。许多研究道教人生观、道教理论思想探析、道教经籍考证、道教的传播与影响、道教与其他宗教本质的比较、道教与道家学说的关系等主题的论文参考引用了《老子想尔注校证》。

《道教哲学》（被引17次）是卢国龙的一本道学专著，该书从宏观的角度对道教哲学作了比较全面的横向考察，对道教的世界观、人生观、认识论等进行了探讨。该书在道教哲学思想、玄学与道教的关系、魏晋南北朝的道教信仰、《周易参同契》解析、佛教哲学与道教哲学的比较分析等宗教学研究主题的宗教学论文中有一定的引用和参考。

《老子注释及评介》（被引17次）②是中国台湾学者陈鼓应的一本专著，该书吸取了历代研究《老子》的成果（尤其是帛书《老子》出土以来的诸家成果），对老子的思想及其评价提出了自己的看法，从而成为新时期诸子学的经典著作之一。该书的问世促进了老子理论思想研究的深入开展，是阅读和研究《老子》的重要参考书。③宗教学界对《老子注释及评介》的参考引用集中在研究道教思想以及老子思想、道教的世界观、道教人性论、道教的社会功能等主题上。

《道教与中国文化》（被引13次）是学者葛兆光的一本道教研究著作，该书着重从思维方式和人们心理深层的本能与欲望方面来剖析道教的形成、发展、没落以及它与文学艺术之间的关系。在宗教学一些研究主题中该书也有一定的引用量，一些研究道教与中国文化艺术关系的论文引用和参考了该书。

（3）宗教理论、宗教史与宗教工作类著作

20世纪80年代后，由于受到国外宗教学研究的影响，国内学者也对宗教本质、

---

① 《道藏提要》从形式和体例上看应为工具书，但在宗教学界的研究中，《道藏提要》往往被作为一种参考资料来加以参考、引用，因此本章将其归类为国内学术著作。

② 也有将该书名写为《老子注译及评介》的。

③ 《老子注释及评介》内容提要．[2009-4-6] http://www.toopoo.com/book/tushu/101-00413-X.html.

宗教基础理论、宗教学科本身进行了大量的研究，由此出现了一批对宗教学界影响很大的宗教理论著作，这些著作尽管出版发行时间并不长，但已经得到了很多学者的关注。宗教本质、宗教基础理论、宗教学科本身的研究是近些年兴起的一个宗教学研究热点，而这一领域的研究也会在今后更加深入，产生出更多的学术成果。

著名宗教学学者吕大吉先生在国内宗教学基础理论研究上很有建树，有文章称其为"中国宗教学基础理论方面的领军人物"[①]。吕大吉先生有很多著作，本章所选出的学术著作中包括他的《宗教学通论新编》（被引 33 次）、《宗教学通论》（被引 20 次）和《西方宗教学说史》（被引 16 次）三本书，这三本书在国内宗教学界都有较大影响，受到学者们的广泛关注。《宗教学通论》全面地论述了关于宗教的各种问题，同时介绍了西方宗教学的内容和进展，并且批判地吸收了他们的研究成果。《宗教学通论新编》是对《宗教学通论》的完善和发展，吕大吉根据原有内容结构及学科新发展重写了《宗教学通论》，从内容到体系结构都进行了大量的修改、删节和补充，《宗教学通论新编》对各种形态的宗教进行了实事求是的具体分析和评价。内容上的丰富与完善使《宗教学通论新编》被引用的次数多于《宗教学通论》，特别是近年来在宗教的本质、现象、分类、关系、起源、发展、演化、影响等宗教研究领域中，宗教学界多会参考引用《宗教学通论新编》中的内容。吕大吉的另一本被引次数较多的著作是《西方宗教学说史》，该书全面论述了西方宗教学说的诞生与发展，作者对西方的各种宗教学说有详尽的介绍和评论，该书不仅填补了我国西方宗教学说领域的空白，也成为国内宗教研究者的必读书。[②] 该书影响着我国有关西方宗教研究的诸多领域，如宗教本质的论述、宗教学研究方法、西方宗教学发展过程、宗教对当今世界的影响、马克思主义宗教观等。

《中国宗教通史》（被引 24 次）是国内著名宗教学者牟钟鉴与张践的合著，书中广泛吸收了近几十年来中外宗教学研究的成果，探讨了中国宗教的历史，论述了中国历史上的各种宗教的起源、发展或传入、传播的过程，以及各种宗教的教义、教派、仪式、仪轨等；同时还阐述了各种宗教之间、各种思想文化之间的交锋、融会情况。该书在中国各种宗教起源、发展、流传，各种宗教理论思想，宗教在历史中对政治、社会、文化的影响，中国民间与少数民族宗教信仰等研究领域受到许多关注。

《宗教社会学》（被引 15 次）是国内学者孙尚扬所著的一本较有影响的宗教学教材，该书以专题形式对宗教社会学中一些公认的重要问题，如宗教社会学的特点与历史、宗教的界定、宗教的本质、宗教的社会功能、世俗化对宗教的影响、新兴宗教运动等作了较为深入的理论探讨和实证分析。该书立论严谨，可读性较强，作为

---

① 龚学增："从《宗教学通论》到《宗教学纲要》"，《中国大学教学》2004 年第 7 期。
② 《西方宗教学说史》内容简介．[2009-4-6] http：//product.dangdang.com/product.aspx?product_id=9204026.

一本宗教学基本教材，它对所有宗教学的学习者都有较大帮助。①

《中国民间宗教史》（被引 14 次）是马西沙等人合著的我国第一部有关民间宗教的通史。该书对中国民间宗教各教派的历史沿革、组织制度、经典与教义等逐一进行了介绍，填补了国内外此项研究的空白，是宗教学界研究中国民间宗教的重要参考资料。《中国民间宗教史》的出版在宗教学研究领域引起了极大反响，研究民间宗教各种主题的论文都对该书有所引用。

《中国古代宗教初探》（被引 10 次）是学者朱天顺的著作。这本书讨论了我国西汉以前古代宗教的产生和发展，分别论述了日月山河诸自然神崇拜、图腾崇拜、前兆迷信和古代占卜、鬼魂与祖先崇拜、古神系统等问题。宗教学界对《中国古代宗教初探》的关注体现在古代宗教神话传说、宗教禁忌、宗教神明信仰等研究方面。

中共中央文献研究室综合研究组和国务院宗教事务局政策法规司联合编的《新时期宗教工作文献选编》（被引 36 次）自出版以来就受到了宗教学界的关注，涉及国家的宗教政策、宗教工作方面的研究对该书有较多的引用。

（4）摩尼教、基督教与天主教类著作

国内学者的宗教学研究成果集中在佛教与道教等中国传统宗教领域，在摩尼教、基督教与天主教研究领域只有五本著作被引用较多，而这五本著作相对佛教与道教著作而言，被引也偏少，这在一定程度上也反映了我国宗教学研究的侧重点在佛教与道教领域，这一研究现状并不利于国内宗教学科的发展，应当引起我国宗教学界的重视。

《摩尼教及其东渐》（被引 23 次）由著名学者林悟殊所发表的 18 篇摩尼教②研究论文构成内容主体，该书是国内研究摩尼教历史以及摩尼教在东方发展、传播的权威之作，在宗教学摩尼教的研究中有着很大的影响。宗教学界在研究摩尼教时都会或多或少的参考引用该书中的研究成果。

《传教士与近代中国》（被引 24 次）是国内学者顾长声的一本专著，书中以传教士东进为序曲，然后系统地论述了自鸦片战争到 1949 年期间西方传教士在中国活动的全部过程，揭示了传教士在中国近代化过程中所扮演的角色。在有关中国近代传教士的研究中，该书具有很高的参考价值。近代西方教会在中国的活动、近代基督教在中国的传播、近代中国社会对基督教的态度、近代中国基督教的改革、基督教对近代中国政治社会文化的影响等宗教研究领域的学者都对该书有所参考引用。

《基督教与近代中国社会》（被引 20 次）是国内学者顾卫民教授的专著，这本书论述了基督教在近代中国的传播历程，分析了基督教对近代中国社会方方面面的冲

---

① 《宗教社会学》内容简介.［2009-4-6］. http://product.dangdang.com/product.aspx?product_id=8814449.

② 又称作牟尼教或明教，源自古代波斯宗教祆教，为公元 3 世纪中叶波斯人摩尼（Mani）所创立。

击。该书在中国近代基督教研究中也有一定的影响,其内容与《传教士与近代中国》多有相通。

《基督教哲学1500年》(被引19次)是国内学者赵敦华的专著,书中充分利用国外发掘的资料和最近的宗教研究成果系统地阐述了早期基督教(公元1世纪)到宗教改革(公元16世纪)1500年间的基督教哲学,并附有17世纪至今的基督教哲学发展概况。该书在国内基督教哲学研究领域有很大的影响,在有关基督教哲学思想解析、基督教哲学与中国传统哲学的比较、基督教神学研究、宗教哲学问题等论文中有许多篇引用了该书。

《中国天主教史人物传》(被引17次)是天主教史学家方豪神父的天主教史研究成果。书中介绍了自唐代贞观年间(景教阿罗本)至20世纪中叶的欧洲各国和我国各民族的天主教人物,是宝贵的天主教历史参考资料。许多研究中国古代天主教的传播、发展及影响的宗教学论文参考引用了该书。

(5)其他类著作

本章所遴选的一些著作虽然不属于宗教学研究领域,但因其部分内容涉及宗教,因此也会被宗教学论文引用。这类著作被引用最多的当属当代文坛巨匠鲁迅的作品文集,以及国学大师陈寅恪的《金明馆丛稿二编》。

人民文学出版社出版的16卷《鲁迅全集》(被引50次),包含了鲁迅生平的绝大部分作品。鲁迅作品中隐含了20世纪初期乡村社会中儒教、道教与基督教的"宗教潜对话"命题,[①] 也隐约浮现了鲁迅本身的宗教观与思想发展状况以及当时的历史背景与思想史线索。另外河南人民出版社出版的《鲁迅杂文全集》(被引22次)也入选了,这部作品集收录了鲁迅的杂文,但在宗教学界被关注程度不及《鲁迅全集》。

《金明馆丛稿二编》(被引46次)以陈寅恪执教期间备课讲义及其他零散史学原稿结集出版,包括《李唐氏族之推测后记》、《三论李唐氏族问题》、《论许地山先生宗教史之学》、《李唐氏族之推测》等63篇文章。因该书所收部分文章为陈寅恪的宗教学研究成果,因此受到宗教学界的关注,较多的被学者参考引用。

另外还有一些国内学者著作被本章选入,由于这部分著作内容的侧重点并不在宗教,虽然这些著作在宗教学研究中被引用次数较少,但在宗教学界仍有着一定影响。限于篇幅,本章在此只对其内容进行简要介绍。《大唐西域记校注》(被引29次)是季羡林等9位专家学者对《大唐西域记》[②] 的集体校注,《大唐西域记校注》为学者

---

① 叶隽等:"《祝福》中的'宗教潜对话'——一个宗教人类学的文本解读",《思想战线》2007年第1期。

② 《大唐西域记》(唐代玄奘和辩机著)记述了唐代高僧玄奘赴印度游学所经历和得自传闻的一百三十多个国家、城邦和地区的情况,是一部有关唐代西域历史地理的名著,是研究中亚和印度历史以及这些地区宗教史、中外关系史的重要文献。

研究《大唐西域记》相关内容提供了便利。《马相伯集》（被引 25 次）是马相伯一生论著、译述、公牍、演说和书信等作品的结集。《陈垣学术论文集》（被引 24 次）是国内著名学者陈垣的学术论文总集，收录了陈垣的各类学术论文成果。《敦煌愿文集》（被引 22 次）辑录并校勘了敦煌愿文，为学术界提供了敦煌愿文研究的基本资料。《百子全书》（被引 33 次）（又名《子书百家》）收辑各类子书共 100 种，计儒家 23 种、兵家 10 种、法家 6 种、农家 1 种、术书 2 种、杂家 28 种、小说家 16 种、道家 14 种。《汤用彤学术论文集》（被引 17 次）辑录汤用彤学术论文而成，包括其《魏晋玄学论稿》、《往日杂稿》、《康复札记》等学术论文。《西藏通史：松石宝串》（被引 16 次）是西藏学者恰贝·次旦平措的一本西藏历史专著，是了解西藏历史、认识西藏社会、丰富藏学知识的一部百科全书，这本巨著是研究藏传佛教的权威之作，在宗教学界受到藏传佛教研究者的广泛关注。《唐代长安与西域文明》（被引 16 次）是史学家向达的一部论文集，收录了向达从 1926 年到 1954 年间发表的 23 篇论文。《蒙文通文集》（被引 15 次）是蒙文通之子蒙默教授集中整理其大部分的重要著述而成。《季羡林文集》（被引 14 次）包括季羡林迄今为止的创作、评论、论文、专著和译著，是季羡林先生迄今为止最全面的作品展示。

以上分析表明，国内学术著作对宗教学研究的影响主要表现在传统宗教领域，如佛教（25 种入选图书）和道教（14 种入选图书），尽管国内学者也有宗教本质、宗教基础理论、宗教发展、宗教工作方面的研究著作（8 种入选图书），但在宗教学界的影响远不及佛道教研究，我们将其原因归结为两点：一是在国内宗教学研究的侧重点还是一些传统的宗教，对西方宗教以及外来宗教研究投入不足；二是国内学者在宗教学领域与西方学者联系较少，而且因为语言障碍所以较少地关注国外的宗教学研究成果。考虑到国内宗教学研究的未来发展，宗教学界需要对这两点有充分的认识，应积极投入研究力量改变这种局面。另外，对于大量佛教著作的入选，我们认为这种现象与当今社会生活环境有关，都市化的生活压力使得人们迫切需要有精神追求的支持，社会的浮躁需要人们寻求内心的安宁，佛教所包含的一些思想在一定程度上可以满足人们的这种需要，因此在学术界、宗教学界有大量佛教研究成果也就不足为奇。

本节列出的 70 种国内学术著作涉及 30 家出版机构，其中中华书局出版了 18 种，加上其出版的历史文献（45 种），共 63 种，可以看出中华书局出版的图书在宗教学界有着很大的影响。另外，中国社会科学出版社出版了 8 种、上海人民出版社出版了 8 种、上海古籍出版社出版了 3 种，其他出版机构只出版了 1 种或 2 种。

4.7 结语

本章将宗教学论文引用的图书文献分为"领袖著作"、"历史文献"、"工具书"、

"国外学术著作"和"国内学术著作"五大类,按类别分析了这些图书文献在我国宗教学研究中的学术影响力状况。为了使这个分析更为条理化,本章对入选图书文献较多的"历史文献"和"国内学术著作"两个类别进一步以图书内容主题为依据进行了细分。需要说明的是,这种类别划分并不是完全标准化的,在细分过程中有少量图书存在多类别属性的状况。本章按照图书文献出版形式另设分类,如"历史文献"中的"类书、丛书著作"和"诗集、文集、小说集"等类别;对无法准确定义其类别、性质的图书,本章设"其他类著作"类别加以概括,如"国内学术著作"中的"其他类著作"类别。这样划分虽然有违分类标准的统一性,但对条理化分析不同类别、性质的图书文献对宗教学的学术影响力非常有必要。

本章划分的五种类别图书中,"历史文献"对国内宗教学研究的影响最大,不论是被引种数还是被引篇次,数量都较高,"国内学术著作"对宗教学研究也有较大影响,有较多的图书入选,这两种类别的图书加起来占据了选入图书的 81.77%。相比之下,其他类别的图书影响偏小,"国外学术著作"仅有 21 种入选,平均被引次数偏小,而且都是译著;"工具书"有 8 种入选,平均被引次数也不高;"领袖人物著作"虽然有很高的平均被引次数,但只有少量图书入选,对宗教学研究的影响较小。这些情况在一定程度上说明了目前国内宗教学研究的特点,即侧重于传统宗教的研究,注重于对历史资料的参考引用。

本章分析的被宗教学论文引用 10 次及以上或年均被引 3 次及以上的 192 种图书共涉及 141 个作者,其中有 137 个为个人作者,4 个为团体作者。在这些作者中,17 个作者有 2 种及以上图书著作入选,详见表 4-9。

表 4-9 宗教学学科入选两种及以上图书作者

序号	作者	入选图书种数
1	任继愈	4
2	汤用彤	3
3	吕大吉	3
4	吕澂	3
5	季羡林	3
6	陈垣	3
7	王明	2
8	脱脱	2
9	宋濂	2
10	释道宣	2
11	僧祐	2
12	马克思	2

续表

序号	作者	入选图书种数
13	李昉	2
14	赖永海	2
15	孔子	2
16	胡道静	2
17	方立天	2

被宗教学论文引用10次及以上或年均被引3次及以上的192种图书中共涉及58家出版社，其中入选2种及以上图书的出版社有23家，详见表4-10。

表4-10　　　　宗教学学科入选两种及以上图书的出版社

序号	出版社	入选图书种数
1	中华书局	63
2	上海人民出版社	13
3	中国社会科学出版社	11
4	上海古籍出版社	11
5	人民出版社	7
6	四川人民出版社	5
7	文物出版社	4
8	西藏人民出版社	4
9	上海书店	4
10	华夏出版社	3
11	生活·读书·新知三联书店	3
12	商务印书馆	3
13	新文丰出版股份有限公司	3
14	北京大学出版社	2
15	中国人民大学出版社	2
16	宗教文化出版社	2
17	巴蜀书社	2
18	浙江古籍出版社	2
19	浙江人民出版社	2
20	齐鲁书社	2
21	上海辞书出版社	2
22	商务印书馆	2
23	宁夏人民出版社	2

综上所述，图书作为一种学术资源，对宗教学研究的影响很大，2000—2007年宗教学论文引用图书的次数远高于其他类型引用文献，八年来图书（包括汇编）总被引次数占到所有类型文献被引总次数的85%以上。近年来，图书资源在宗教学研究中的影响有下滑趋势，不过这基本符合宗教学科发展的特点，图书资源在今后很长的时期内，在宗教学研究中依然会是最重要的学术资源。宗教学研究领域引用图书资源的语种以中文为主，2000—2007年中文被引用文献总数在所有语种被引用文献总数中所占比例达74%，需要指出的是，这八年来宗教学界对外文图书资料的引用并没有明显变化，因此我们认为国内宗教学界一直缺乏对国外宗教学研究成果的关注。

宗教学五个类别的图书对国内宗教学研究的影响各具特点：领袖人物著作的影响主要体现在宗教观与国家的宗教政策层面，不过宗教学研究的很多领域都或多或少地受到领袖人物著作的影响。宗教学界非常注重对历史文献的参考引用，但历史文献中大部分是史书、佛教著作、道教著作，也就是说在一些传统宗教研究领域历史文献有着巨大的影响，但它们的影响主要表现为资料性，并不对宗教学基础理论、宗教学发展方向研究提供指导，对于历史文献在宗教学研究中的不足之处，宗教学界需要有客观的认识。宗教学研究的兴起，产生了一批在宗教学界有影响的学者以及大量的宗教学著作，这些著作促进了国内宗教学的发展。相比之下，国外著作对国内宗教学的影响稍小，在国际学术交流日益频繁的今天，这一情况应当引起宗教学界的重视。

第5章 历史学

任何一门学问、学科都有自己特定的研究对象、特殊的研究方法。历史学将人类社会发展演变作为对象，具有搜集史料、考订史料、总结历史经验、探讨人类社会发展规律等方法与功能。因此，图书在历史学研究领域作用极大。古往今来，被历史学论文引用的著作都有其共同点，即：或材料多而准确，具有重要的史料价值；或包含丰富的历史学研究方法、历史观、史学理论，具有重要的学术价值；或两者兼而有之。本章以《中文社会科学引文索引》（CSSCI）中的引文数据为基础进行分析。CSSCI汇总了我国人文社会科学重要期刊文献的引用文献数据。数据显示：我国历史学论文的参考文献中图书被引的数量明显高于其他类型文献，而且每年的被引用量在持续上升（参见表5-1）。表明图书对国内历史学领域科研活动的影响力明显高于其他类型文献，因而讨论对历史学研究领域最有学术影响的图书被引情况，对把握历史学科发展、提升学科研究质量是十分有意义的。

本章力图借助对CSSCI2000—2007年度的历史学论文引用的图书进行统计，选出被引次数较多的若干种图书来进行分析研究。一般情况下，某本图书在学术论文中被参考引用的越多，该书在学术研究中产生的影响也越大。因此，通过对历史学论文引用图书的统计，本章遴选出的图书应为对历史学研究产生着重要学术影响的图书。由于图书的出版时间不一，被引用的机会是不一样的，因此我们根据实际情况，拟定了被历史学论文引用的图书遴选标准：2000—2007年间被历史学论文引用50次以上者或者以图书出版年算起年均被引达到或超过5次以上者。

由于CSSCI中引用图书的数据存在许多不一致性，我们进行了大量处理，尽可能使统计标准达到相对统一，其方法和原则参见本书第一章。为了更加科学地考察不同图书对历史学研究的影响状况，我们将选择出来的图书分成领袖著作、历史文献、工具书、国外著作、国内著作5个类别，并根据所选图书以及引用这些图书的历史学论文的主题分析这些图书对历史学领域的学术影响。

5.1 概述

表5-1给出了2000—2007年度CSSCI中历史学论文引用期刊论文、图书、汇编

文献、报纸文章、会议论文、学位论文、法规、文献信函、标准文献、网络资源及其他等不同类别文献的数量。表5-1中共涉及被引文献499250篇次,其中图书(包括汇编文献,下同)的被引量达到378153次,本章对图书的学术影响力分析主要取自于这378153次涉及的图书。

表5-1　　　　2000—2007年CSSCI中历史学论文引用文献类型统计　　　　(单位:篇次)

类型\年份	期刊论文	图书	汇编文献	报纸文章	会议论文	学位论文	报告文献	法规文献	信函	标准文献	网络资源	其他
2000	4982	25733	4404	1241	171	43	20	29	24	0	13	549
2001	5440	25491	3947	1082	169	95	13	51	41	0	17	658
2002	6624	27825	5482	1426	152	96	21	44	21	0	37	641
2003	9520	28740	7846	1947	229	110	8	61	12	0	134	1201
2004	10447	42192	11954	2964	345	108	12	106	4	0	191	2680
2005	11284	32668	26283	3681	317	122	24	156	31	11	287	3230
2006	14910	38339	27942	4217	360	149	37	199	17	1	453	3388
2007	14874	39525	29782	4736	432	104	21	225	126	2	651	3273
合计	78081	260513	117640	21294	2175	827	156	871	276	14	1783	15620

从表5-1可以看出,2000—2007年历史学论文引用数量最高的文献类型是图书,紧随其后的是汇编文献,如果把这两种图书形式的文献加起来,占据所有历史学论文引用文献总数的75%左右,远远多于其他类型的文献,是名副其实的历史学研究第一大学术资源。从图书年度被引量的变化趋势来看,呈逐年增长趋势,除2001年稍有下降外,其他各年份都较前一年有所增长,最大年增长幅度达48%(2004年)。但从图书被引所占比例的年度变化来看,则呈逐年下降趋势,由2000年的80.99%下降到2007年的73.93%。从比例上看图书的被引所占份额在减少,但透过这个数据,我们可以惊喜地看到历史学学者获取学术资源的手段和途径的增多,尤其是引用论文的比例在不断增加,说明历史学研究仍处在蓬勃发展时期。

历史学论文引用文献的语种主要为:中、英、德、法、日、俄等语种。CSSCI把国外的翻译文献单列为译文,因此表5-2中将此类文献的语种定位为译文。表5-2给出了历史学论文引用文献的语种统计数据。

表 5-2　　　2000—2007 年 CSSCI 中历史学论文引用文献语种统计　　（单位：篇次）

年份\语种	中文	英文	德文	法文	日文	俄文	其他语种	译文
2000	30893	2509	586	207	102	106	234	2572
2001	30487	2583	741	125	159	99	280	2530
2002	34584	3451	830	115	170	87	226	2906
2003	41452	3647	1003	122	159	51	251	3123
2004	59196	5550	1032	140	354	81	375	4275
2005	65037	5566	1327	178	379	132	461	5014
2006	73956	7510	1530	223	195	203	495	5900
2007	77498	7631	1395	208	334	223	418	6044
合计	413103	38447	8444	1318	1852	982	2740	32364

从表 5-2 可以看出：国内历史学论文引用文献的语种以中文为主，中文文献（不包括译文）占有比例基本稳定在 83% 左右；从 2000 年至 2007 年，在所有语种的文献被引数量呈增长的情况下，中文文献的比例处于相对稳定。这足以说明，历史学研究的学术资源的主要语种还是中文，我国历史学研究的主要阵地还是中国历史。通过上表，我们还可以看出，引用英、德、日、俄文论文的比例也有很大幅度的增长，体现了历史研究文献国际化的趋势。

根据历史学图书的遴选标准，本章选出了 298 种对国内历史学研究影响较大的图书，入选图书的统计数据参见表 5-3。这 298 种图书总共被引 54263 次，约占历史学论文引用图书的总次数的 14.35%。

表 5-3　　　　　　　入选历史学论文引用图书的类别统计

内容类别\图书类别	领袖著作	历史文献	工具书	国外学术著作	国内学术著作
入选图书种数	21	194	9	19	55
入选图书被引次数	7329	38747	1246	1139	5802
入选图书的平均被引次数	349.00	198.70	138.44	59.95	105.49
入选种数所占比例	7.05%	65.10%	3.02%	6.38%	18.46%
入选图书被引次数所占比例	13.51%	71.41%	2.30%	2.10%	10.69%

由表 5-3 可以看出，对历史学领域产生最大学术影响的图书是历史文献。其中，

入选的历史文献种数占历史学入选图书的比例为65.10%、被引次数所占比重为71.41%，这是历史学学科研究对象所决定的，也与历史学注重史实这一研究特点吻合的；入选种数次之的是国内学术著作，入选图书的种数所占比重为18.46%，但由于平均被引数量较少（排在第4位），使之被引次数落在了第3位，被引次数所占比重仅为10.69%；国外学术著作与领袖著作的入选图书种数相当，分别排在第4、3位，但后者的被引次数远高于前者，并越过国内学术著作占据第2的位置；入选的工具书最少，但平均被引数量超过了国内外学术著作，被引总次数也超过了国外学术著作排在第4位。由此也说明了，入选的国内外学术著作（尤其是国外学术著作）在历史学研究领域的单本书的学术影响力弱于历史文献等其他三个类别的图书，要改变或改善这种情况，有待我们历史学学者大量推出历史学领域经典著作。

5.2 领袖著作对历史学研究的影响

作为一类特殊的文献，领袖著作对国内历史学研究的影响是不言而喻的。一方面，领袖人物作为重要的历史人物，他们往往是一些重要历史事件参与者、历史时期的经历者、或者是重要事件的决策者，他们的著作包含着大量珍贵的历史资料，对研究近代史、现代史具有重要的史料价值；另一方面，领袖人物的历史观扩展了历史学界对历史的认识，对历史学研究具有很大的指导作用。分析入选的领袖著作，主要是马列著作和我国当代革命家（领袖）的著作，由于中国是一个具有自身特色的社会主义国家，政府的意识形态属于马克思主义，因此马克思主义作为一种理论化、系统化的世界观对历史学领域的研究者影响深远，许多学者以马克思主义的历史观作为指导思想开展研究活动。

本章遴选出的对历史学产生重要影响的领袖著作有21种，详细书目参见表5-4。这些著作涉及马克思、恩格斯、列宁、斯大林、毛泽东、邓小平、孙中山、周恩来、刘少奇、陈云等领袖人物。这些领袖人物中，除孙中山先生之外都属于马克思主义的创始人、优秀的继承者与发展者以及忠实的追随者。孙中山先生的某些思想与马克思主义也有较深的渊源关系。表5-4给出了历史学论文引用较多的21种领袖人物著作，表中图书的顺序按被引次数从多到少排序。

表5-4　　　　　　　历史学论文引用较多的领袖人物著作

序号	图书信息
1	孙中山：《孙中山全集》，北京：中华书局，1981
2	马克思等：《马克思恩格斯选集》，北京：人民出版社
3	毛泽东：《毛泽东选集》，北京：人民出版社

第 5 章 历史学

续表

序号	图书信息
4	马克思等：《马克思恩格斯全集》，北京：人民出版社
5	毛泽东：《毛泽东文集》，北京：人民出版社，1991
6	列宁：《列宁全集》，北京：人民出版社
7	邓小平：《邓小平文选》，北京：人民出版社，1983
8	列宁：《列宁选集》，北京：人民出版社
9	孙中山：《孙中山选集》，北京：人民出版社，1956
10	毛泽东：《建国以来毛泽东文稿》，北京：中央文献出版社，1987
11	陈独秀：《陈独秀著作选》，上海：上海人民出版社，1984
12	周恩来：《周恩来选集》，北京：人民出版社，1980
13	孙中山：《孙中山集外集》，上海：上海人民出版社，1990
14	马克思：《资本论》，北京：人民出版社
15	刘少奇：《刘少奇选集》，北京：人民出版社，1981
16	陈独秀：《独秀文存》，合肥：安徽人民出版社，1987
17	陈独秀：《陈独秀文章选编》，北京：生活·读书·新知三联书店，1984
18	陈云：《陈云文选》，北京：人民出版社，1984
19	毛泽东：《毛泽东军事文集》，北京：军事科学出版社，1993
20	毛泽东：《毛泽东书信选集》，北京：人民出版社，1983
21	斯大林：《斯大林全集》，北京：人民出版社，1951

注：由于马、列、毛著作多次印刷出版，引用文献中出现的出版年代较多，故本表中这些图书的出版年被省略。

为了反映领袖著作对历史学的具体影响，我们查阅了上述图书的引用论文的主题，经过归纳分析，主要集中在四个方面：其一，重新评价领袖人物；其二，分析领袖人物思想及理论；其三，论述领袖人物之外的某些主题；其四，引用领袖人物的史学理论或历史观指导历史学研究。

（1）孙中山著作

孙中山是 20 世纪中国最伟大的人物之一，被尊称为国父。他是中国近代民主革命的伟大先行者，也是革命家、政治家、理论家，曾任中华民国第一任临时大总统、中国国民党总理、广州革命政府大元帅。他是中国国民党创始人，三民主义的倡导者。

孙中山先生的文献约五六百万字，内容包括：孙中山执笔的各种著作，别人执笔经孙中山先生同意署名的诗文函电，孙中山先生主持制订的文件，据孙中山先生口述写成的书文，别人当时记录的孙中山先生演说和谈话，当事人所忆载的可信而意思完整的演说和谈话，由孙中山先生签发的公文、命令、委任状、各种证券和收据，孙中山先生所写的意思完整的批语和翻译的外国作品以及一部分题词等。孙中山先生一生最突出的特点是救国心切，时代感强，理论与实践交相辉映。为了救国，他从一个和平的改革者转变成武装革命的领导者，从旧三民主义者转变为新三民主义者。每一个阶段都有闪光的理论遗产，每一次转折都是审时度势的自觉超越。将屈辱、落后的中国改变成独立的、现代化的中国是他一生奋斗中不变的主题。他一生的爱国情感、救国救民的主义方略，凝聚于他的文集之中。1949年以前曾经出版发行过多种孙中山先生的图书。新中国成立之后，孙中山先生的文献得到了更加系统的整理和研究，先后出版了《孙中山选集》、《孙中山全集》（共11卷）、《孙中山集外集》等图书。这三本书均作为领袖著作入选。

孙中山先生的著作对历史学研究的影响很大，《孙中山全集》的被引次数在领袖著作中排名第一，达到1729次，《孙中山选集》被引222次，《孙中山集外集》被引96次。孙中山先生著作对我国近现代史尤其是民国历史的研究有很大的参考价值；对理解与阐述孙中山先生的三民主义、国家统一思想、大同社会观、以人建党、以党建国、青年观、治国方略、文明观、革命观等有很大的指导意义；是分析辛亥革命时期及民国初期中国在政治、经济、文化方面的思想变化和各项实践的重要资料；以及研究孙中山先生与一些历史事件、历史人物的关系等的第一手资料。

（2）马克思、恩格斯著作

卡尔·马克思是马克思主义的创始人，第一国际的组织者和领导者，全世界无产阶级和劳动人民的伟大导师。恩格斯是德国社会主义理论家及作家、哲学家，马克思主义的创始人之一，马克思的亲密战友，国际无产阶级运动的领袖。

《马克思恩格斯全集》收入马克思、恩格斯的全部著作，其中包括著作、文章、草稿、未完成的手稿，由他们起草的工人运动的文件、书信和笔记、摘要、摘录以及他们在书籍中所作的边注。该书是马克思和恩格斯一生的全部著述的汇集，是马克思主义的重要理论遗产。《马克思恩格斯选集》是马克思、恩格斯的主要著作集，中文第一版共四卷，包括《资本论》节选。其中的《资本论》是马克思用毕生的心血写成的一部光辉灿烂的科学巨著，这部巨著第一次深刻地分析了资本主义的全部发展过程，证明这一发展的方向必然引导到社会主义革命和无产阶级专政的确立。

马克思、恩格斯的著作对历史学研究的影响很大，入选的三种著作总被引次数达2149次，其中《马克思恩格斯选集》的被引次数最高，达到1173次，对《资本论》的引用次数也达到了87次。《马克思恩格斯选集》和《马克思恩格斯全集》对历史研究的作用是一致的，主要体现于马克思、恩格斯的史学理论和历史观对历史研究的指导意义；也有相当多的论文将这两种书中的部分内容作为史料使用，如《建国初期党对私人资本主义经济政策依据刍议》、《简论德意志第二帝国社会保障制度》

等。由于《马克思恩格斯选集》的可获取性、使用的便捷性优于《马克思恩格斯全集》,使得《马克思恩格斯选集》的影响大于《马克思恩格斯全集》。《资本论》对历史研究的作用主要是马克思、恩格斯的经济理论对不同时代经济现象、经济制度分析的指导意义,其中的部分内容被作为史料使用。

(3) 列宁、斯大林著作

列宁是马克思和恩格斯事业和学说的继承者,全世界无产阶级和劳动人民的革命导师和伟大领袖。列宁一生发表多篇论著,其著作主要编入《列宁全集》、《列宁选集》等文集之中。斯大林是苏联共产党和苏联政府的主要缔造者、领导人,其所创立的苏联社会主义发展模式对20世纪的世界产生了很大影响,其著作主要编入《斯大林全集》。

《列宁全集》中文版有两个版本,均由中共中央马克思恩格斯列宁斯大林著作编译局编译,人民出版社出版。中文第二版分三大部分,即著作卷、书信卷和笔记卷。著作卷收载列宁的著作、文章、报告、决议草案、批示、指示、命令以及一些具有独立著述性质或涉及重大方针政策的书信形式的文献;书信卷收辑了列宁各个时期的书信;笔记卷收辑了列宁为研究某些专题所作的文献资料的摘录、提要和批注等。著作卷和书信卷的附录,还包括某些正式文献的提纲、草稿、有关的笔记和批语等。《列宁选集》选载列宁1894年至1907年即投身革命初期、建党时期和俄国第一次民主革命时期的著作。该选集比较全面准确地反映出列宁的思想理论遗产的精华以及他对马克思主义所作的理论贡献。列宁的著作在国内历史学中的引用主要涉及列宁思想和十月革命对中国革命的影响,列宁对苏联政治、经济生活的影响等主题,部分内容在多项世界历史研究中作为史料被引用。

《斯大林全集》是斯大林的著作汇集,主要收集了1901—1934年期间斯大林的著作、报告、演说和命令等重要著作。该著作在国内历史学中的引用主要涉及苏共和共产国际对中国革命的影响,斯大林对苏联政治、经济生活的影响等主题。

列宁、斯大林的著作对我国历史学研究有较大影响,入选的列宁著作总被引532次,入选的斯大林著作总被引50次。显然,列宁的著作对国内历史学研究的影响明显高于斯大林著作。引用《列宁全集》与《列宁选集》的国内历史学论文主要涉及对近代俄国经济、政治、文化、各种主义等方面的讨论,俄国十月革命的历史意义与俄国革命对中国革命历程的影响,列宁的史学观在马克思主义史学传承中的作用等主题,同时列宁著作中包含的史学观对我国世界历史学研究具有很大的指导意义,一些珍贵的史料被用于近代中国史与世界史研究。引用《斯大林全集》的国内历史学论文主要涉及对斯大林当政时期前苏联经济、政治、文化等方面的讨论,共产国际对中国革命的影响等主题。

(4) 毛泽东著作

毛泽东是中国人民的伟大领袖,是伟大的思想家、哲学家、军事家、政治家,也是一位充满激情的诗人。他一生中写下大量文稿,作过许多讲话和谈话,被后人编入于多部文集之中。

《毛泽东选集》共五卷,第一至第四卷编入的是毛泽东在新中国建立前的主要著作。第一卷包括毛泽东在第一次大革命和土地革命战争时期写的著作,第二卷包括毛泽东在抗日战争前期写的著作,第三卷包括毛泽东在抗日战争后期所写的著作,第四卷包括毛泽东在解放战争时期写的著作。前四卷的出版发行,对于加强党的建设,推动我国革命和建设事业的发展,有着巨大的思想指导作用。第五卷内容包括毛泽东在1949年9月至1957年间的70篇著作。

《毛泽东文集》是继《毛泽东选集》第一至四卷之后的又一部体现毛泽东思想科学体系的综合性的多卷本毛泽东著作集,填补了毛泽东在社会主义时期的著作没有选集这个空缺。该选集第一至五卷为民主革命时期的著作,第六至八卷为社会主义时期的著作。

《建国以来毛泽东文稿》是一部供研究用的多卷本文献集,编入毛泽东在新中国成立后的以下三类文稿:手稿(包括文章、指示、批示、讲话提纲、批注、书信、诗词、在文件上成段加写的文字等);经他审定过的讲话和谈话记录稿;经他审定用他名义发的其他文稿。这些文稿,少量曾公开发表,比较多的在党内或大或小范围印发过,还有一部分未曾印发过。这是了解毛泽东在新中国成立后思想活动的较好资料。由于部分文稿具有一定的机密性,该文集只发行到地市级领导机关和领导干部以及从事社会科学研究和教学的高级专业人员。

《毛泽东书信选集》从一个侧面反映了毛泽东的革命实践活动,反映了他同党内同志、党外朋友、亲属、古旧好友的交往;不少书信论及重要的政治原则、理论观点、方针政策,以及党性修养、思想方法、工作方法、学习方法。这本选集对于学习和研究毛泽东思想、学习和研究党的历史具有重要的意义。

《毛泽东军事文集》集中反映了毛泽东军事思想的形成和发展,记录了人民军队的光辉战斗历程,展示了毛泽东的军事实践活动和军事理论成果,是迄今编辑出版的毛泽东军事著作文集中最系统、最全面的一部。全书共编入毛泽东关于军事方面的著述、电报、命令、批示、报告、信函、谈话等。

《毛泽东书信选集》与《毛泽东选集》、《毛泽东文集》、《建国以来毛泽东文稿》等著作全面反映了毛泽东思想的形成与演变以及毛泽东对中国革命和建设事业的贡献。这四种著作被历史学论文引用1546次,这些论文的主题主要涉及新中国成立之前的历史,分析了毛泽东思想的形成与发展,讨论了毛泽东与他人或某些事件的关系。不少文献则从这些著作寻找有价值的史料。《毛泽东选集》在历史学领域的学术影响远高于毛泽东的其他著作,被引954次。《毛泽东军事文集》在国内历史学研究中的引用主要涉及毛泽东的军事思想分析、中共战略决策的形成等主题。该著作在历史学论文中被引61次,有着较大的学术影响。

（5）邓小平著作

邓小平是伟大的马克思主义者，无产阶级革命家、政治家、军事家、外交家，中国共产党、中国人民解放军、中华人民共和国的主要领导人之一，中国社会主义改革开放和现代化建设的总设计师，以及邓小平理论的创立者。

《邓小平文选》是邓小平著作、讲话选集。第一卷集中了邓小平在"文化大革命"以前的重要文章，收入了他在抗日战争、解放战争、国民经济恢复、到中央工作后等时期的著作；第二卷收入邓小平在1975—1982年中共十二大以前的讲话、谈话；第三卷是邓小平1982—1992年期间的重要著作。第二卷以及第三卷展现了建设有中国特色社会主义理论体系逐步形成的历史全貌。《邓小平文选》在历史学研究方面的价值主要体现在史料方面，只有少量历史学论文涉及邓小平思想和历史贡献的讨论。该著作在历史学论文中被引268次，对我国历史学研究产生了很大的影响。

（6）刘少奇著作

刘少奇是中国共产党和中华人民共和国的主要领导人之一，中国杰出的革命家、政治家和理论家。《刘少奇选集》收入刘少奇部分最重要的文档。该书被历史学论文引用74次，主要体现在论述刘少奇的经济思想、工业化思想、利用资本主义思想等方面，评价人物、分析人物思想、引用某些史料的论文比例大约是1∶1∶10。

（7）陈独秀著作

陈独秀是新文化运动的主要倡导者，中国共产党的创始人和早期主要领导人。他是一位在近代中国政治和文化史上贡献巨大、影响深远，而又复杂多变、充满争议的人物，也是一位被学术界深入研究的一个对象。20世纪80年代之前，陈独秀曾作为反面人物，之后又成为学术界公认的正面人物。《陈独秀著作选编》作为重要的史料来源被研究陈独秀的思想与历史功过的学者广泛引用，部分史实被作为研究其他问题的佐证。《陈独秀著作选编》在历史学研究的影响主要体现在论述的社会主义思想、前期国家思想、晚年民主思想、关于民族精神的思考等方面，评价人物、分析人物思想、引用某些史料的论文比例大约是2∶1∶13，共计被引179次。《独秀文存》是了解陈独秀某些思想产生的来龙去脉的重要资料，被引70次。《陈独秀文章选编》对研究中国近现代史、中共党史和陈独秀问题具有重要参考价值，被引69次。

（8）周恩来著作

周恩来是中国共产党和中华人民共和国的主要领导人之一，新中国成立后，历任中华人民共和国政府总理、外交部长（兼任）等职。《周恩来选集》在历史学研究中的作用主要体现在论述周恩来的经济思想、教育思想、科技思想等三个方面，共计被引99次。

（9）陈云著作

陈云是中国共产党杰出的经济工作领导人。他长期领导全国财政经济工作，取得显着成就。《陈云文选》是陈云的主要著作集，包含其一系列的重要思想以及一些相关史料。引用该书的历史学论文主题主要为：论述陈云的经济思想和经济贡献、充当经济主题史料来源等三个方面，评价人物、分析人物思想、引用某些史料的论文比例大约是 2:1:4，共计被引 62 次。

通过本节分析可以发现：领袖著作中蕴藏着大量的史料，对近代史、现代史的研究具有极其重要的历史参考价值。同时，马克思与恩格斯的史学理论、历史观在相当程度上影响着我国的历史研究；列宁著作所体现的历史观是马克思历史观的延续和发展；毛泽东著作所体现的历史观是马列主义历史观的中国化。国内历史学界对这些领袖著作中关于历史的论述给予了较多的关注。

5.3 历史文献对历史学研究的影响

历史学是研究人类社会发展过程及其规律的一门古老学科。人类要想了解自己的过去，需要借助于历史文献。古籍是一类特殊的历史文献，以纸为载体抄写或印刷。在中国，古籍的时间下限一般有 3 种意见：（1）鸦片战争使中国进入近代史的 1840 年；（2）辛亥革命推翻清朝的 1911 年；（3）五四运动揭开新民主主义革命序幕的 1919 年。本章取大多数人赞成的第二种意见，即 1911 年前成书的图书为古籍。国内历史学研究大多引用古籍的现代版本，这些现代版的图书我们仍然称它们为古籍。因为古籍记载了古代社会政治、经济、文化、军事等方面的重要人物、历史事件、典章制度等各种类型的史料，所以它们是人们了解过去、认识过去的重要依据。古代书目、类书等类型的古籍在历史学研究中主要被作为工具书使用，本章将这部分古籍归类到工具书之中进行讨论。部分文献资料是由现代学者或机构利用或者其他文物资料编撰而成，是研究中国古代史、近代史的重要史料来源，本章将这类文献资料归类到历史文献之中进行讨论。部分民国史资料、现代史资料本章也归为历史文献。在这次遴选出的 2000—2007 年度历史学论文引用较多的图书 298 种，其中历史文献 194 种（参见表 5-5），占据 65.10%。这些历史文献都是漫漫历史长河中流传下来的优秀文化遗产，对我国历史学研究影响深远。

表 5-5　　　　　　　　历史学论文引用较多的历史文献

序号	图书信息
1	《汉书》，北京：中华书局，1959
2	《史记》，北京：中华书局，1956
3	《宋史》，北京：中华书局，1974
4	《后汉书》，北京：中华书局，1959

续表

序号	图书信息
5	李焘：《续资治通鉴长编》，北京：中华书局；上海：上海古籍出版社，1957
6	《资治通鉴》，北京：中华书局，1956
7	徐松：《宋会要辑稿》，北京：中华书局，1936
8	刘昫：《旧唐书》，北京：中华书局，1973
9	宋濂：《元史》，北京：中华书局，1974
10	张廷玉：《明史》，北京：中华书局，1974
11	欧阳修：《新唐书》，北京：中华书局，1974
12	房玄龄：《晋书》，北京：中华书局，1974
13	陈寿：《三国志》，北京：中华书局，1959
14	魏收：《魏书》，北京：中华书局，1974
15	《清史稿》，北京：中华书局，1974
16	《清高宗实录》，北京：中华书局，1985，
17	《论语》，北京：中华书局；上海：上海书店；中国书店，1980
18	《左传》，北京：中华书局，1980
19	中共中央档案馆：《中共中央文件选集》，北京：中共中央党校出版社，1982
20	《隋书》，北京：中华书局，1973
21	姚广孝：《明太祖实录》，台北："中研院"历史语言研究所，1962
22	中国第二历史档案馆：《中华民国史档案资料汇编》，南京：江苏古籍出版社，1986
23	脱脱：《辽史》，北京：中华书局，1974
24	李心传：《建炎以来系年要录》，北京：中华书局，1956
25	马齐：《清圣祖实录》，北京：中华书局，1985
26	沈约：《宋书》，北京：中华书局，1973
27	马端临：《文献通考》，北京：中华书局，1936
28	《清实录》，北京：中华书局，1985，
29	《孟子》，北京：中华书局，1980
30	王溥：《唐会要》，北京：中华书局，1955
31	贾桢：《筹办夷务始末》，北京：中华书局，1930
32	朱寿朋：《光绪朝东华录》，北京：中华书局，1958
33	阮元校刻：《十三经注疏》，北京：中华书局，1979
34	杜佑撰，王文锦等点校：《通典》，北京：中华书局，1935
35	董诰等：《全唐文》，上海：上海古籍出版社，1990

续表

序号	图书信息
36	戴德：《礼记》，北京：中华书局，1979，
37	脱脱：《金史》，北京：中华书局，1975
38	朱熹：《朱子语类》，北京：中华书局，1981
39	王铁崖：《中外旧约章汇编》，北京：生活·读书·新知三联书店，1957
40	章学诚：《文史通义》，北京：中华书局，1956
41	《明英宗实录》，台北："中央研究院"历史语言研究所，1962，
42	杜凤治：《杜凤治日记》，非正式出版物
43	中共中央党史研究室第一研究部：《联共（布）、共产国际与中国国民革命运动》，北京：北京图书馆出版社，1997
44	姚思廉：《梁书》，北京：中华书局，1973
45	丁文江：《梁启超年谱长编》，上海：上海人民出版社，1983
46	秦孝仪：《中华民国重要史料初编：对日抗战时期》，台北：中国国民党中央委员会党史委员会
47	《清世祖实录》，北京：中华书局，1985
48	张惟贤：《明神宗实录》，台北："中央研究院"历史语言研究所，1962
49	《国语》，上海：上海古籍出版社；北京：中华书局，1978
50	《荀子》，上海：上海书店，1974
51	章有义：《中国近代农业史资料》，北京：生活·读书·新知三联书店，1957
52	张之洞：《张之洞全集》，河北人民出版社，1998
53	萧子显：《南齐书》，北京：中华书局，1972
54	长孙无忌：《唐律疏议》，北京：中华书局，1983
55	睡虎地秦墓竹简整理小组：《睡虎地秦墓竹简》，北京：文物出版社，1977
56	姚广孝：《明太宗实录》，台北："中央研究院"历史语言研究所，1962
57	《中国地方志集成》，南京：江苏古籍出版社，1990
58	彭定求：《全唐诗》，北京：中华书局，1960
59	郑玄：《尚书》，北京：中华书局，1980
60	荣孟源：《中国国民党历次代表大会及中央全会资料》，北京：光明日报出版社，1984
61	故宫博物院明清档案部：《清末筹备立宪档案史料》，北京：中华书局，1979
62	李延寿：《南史》，北京：中华书局，1974
63	宝鋆：《筹办夷务始末（同治朝）》，台北：文海出版社，1930
64	李延寿：《北史》，北京：中华书局，1974

续表

序号	图书信息
65	周绍良：《唐代墓志汇编》，上海：上海古籍出版社，1992
66	薛居正：《旧五代史》，北京：中华书局，1976
67	姚广孝：《明世宗实录》，台北："中央研究院"历史语言研究所，1961
68	章学诚：《章学诚遗书》，台北：文物出版社，1985
69	《清世宗实录》，北京：中华书局，1985，
70	《明实录》，台北："中央研究院"历史语言研究所，1962，
71	《明宪宗实录》，台北："中央研究院"历史语言研究所，1962
72	韩非子：《韩非子》
73	张宪文：《南京大屠杀史料集》，南京：江苏人民出版社，2005
74	李鸿章：《李文忠公全集》，上海：商务印书馆，1921
75	中国史学会：《戊戌变法》，上海：上海神州国光社，1953
76	李百药：《北齐书》，北京：中华书局，1972
77	中国史学会：《洋务运动》，上海：上海人民出版社，1961
78	逄先知：《毛泽东年谱（1893—1949）》，北京：人民出版社，1993
79	《明宣宗实录》，台北："中央研究院"历史语言研究所，1962
80	赵翼：《廿二史札记》，北京：中华书局，1962
81	张枬：《辛亥革命前十年间时论选集》，北京：生活·读书·新知三联书店，1960
82	刘知几：《史通》，长沙：岳麓书社，1978
83	桓宽：《盐铁论》，北京：中华书局，1954
84	李鸿章著，吴汝纶编：《李鸿章全集》，海口：海南出版社，1997
85	张之洞：《张文襄公全集》，北京：中国书店，1928
86	陈子龙：《明经世文编》，北京：中华书局，1962
87	徐梦莘：《三朝北盟会编》，上海：上海古籍出版社，1979
88	《清宣宗实录》，北京：中华书局，1985
89	王钟翰：《清史列传》，北京：中华书局，1987
90	中国史学会：《太平天国》，上海：上海神州国光社，1952
91	梁方仲：《中国历代户口、田地、田赋统计》，上海：上海人民出版社，1980
92	《明孝宗实录》，台北："中央研究院"历史语言研究所，1962
93	刘向：《战国策》，上海：上海古籍出版社，1978
94	令狐德棻：《周书》，北京：中华书局，1971
95	王夫之：《读通鉴论》，北京：中华书局，1975

续表

序号	图书信息
96	李林甫：《唐六典》，北京：中华书局，1982
97	王彦威：《清季外交史料》，台北：文海出版社，1985
98	欧阳修：《新五代史》，北京：中华书局，1974
99	中国第一历史档案馆：《雍正朝汉文朱批奏折汇编》，南京：江苏古籍出版社，1989
100	唐耕耦：《敦煌社会经济文献真迹释录》，全国历史学文献缩微复制中心，1990
101	图海：《清太宗实录》，北京：中华书局，1985
102	国家文物局古文献研究室：《吐鲁番出土文书》，北京：文物出版社，1981
103	曾国藩：《曾国藩全集》，长沙：岳麓书社，1985
104	张家山二四七号汉墓竹简整理小组：《张家山汉墓竹简：二四七号墓》，北京：文物出版社，2001
105	［日］高楠顺次郎：《大正藏》
106	陈锡祺：《孙中山年谱长编》，北京：中华书局，1991
107	《道藏》，北京：文物出版社，1988
108	顾炎武：《日知录》，长沙：岳麓书社，1933
109	吴兢：《贞观政要》，上海：上海古籍出版社，1978
110	沈德符：《万历野获编》，北京：中华书局，1959
111	李吉甫：《元和郡县图志》，北京：中华书局，1983
112	徐珂：《清稗类钞》，北京：中华书局，1984
113	《清德宗实录》，北京：中华书局，1985
114	薄一波：《若干重大决策与事件的回顾》，北京：中共中央党校出版社，1991
115	王鸣盛：《十七史商榷》，北京：中国书店，1959
116	［波斯］拉施特（Rashid al–Din）著，余大钧译：《史集》，北京：商务印书馆，1983
117	宋敏求：《唐大诏令集》，北京：商务印书馆，1959
118	陈去病等：《明遗民录汇集》，《国粹学报》本，1906
119	中共中央文献研究室：《周恩来年谱》，北京：中央文献出版社，1997
120	王溥：《唐会要》，上海：上海古籍出版社，1979
121	天津市档案馆：《天津商会档案汇编》，天津：天津人民出版社，1989
122	［高丽］金富轼：《三国史记》，长春：吉林文史出版社，2003
123	中国史学会：《辛亥革命》，上海：上海人民出版社，1956
124	章学诚等：《文史通义新编新注》，杭州：浙江古籍出版社，2005
125	商鞅：《商君书》，上海：上海书店，1986

续表

序号	图书信息
126	陈垣：《元典章》，北京：中国书店，1990
127	魏源：《圣武记》，北京：中华书局，1967
128	北平故宫博物院编：《清光绪朝中日交涉史料》，北平：北平故宫博物院，1932
129	陈真：《中国近代工业史资料》，北京：生活·读书·新知三联书店，1957
130	孙毓棠等：《中国近代工业史资料》，北京：科学出版社，1957
131	汤志钧：《章太炎年谱长编》，北京：中华书局，1977
132	中共中央文献研究室：《建国以来重要文献选编》，北京：中央文献出版社，1992
133	郑板桥：《郑板桥集》，上海：上海古籍出版社，1979
134	茅家琦等：《中国旧海关史料》，北京：京华出版社，2001
135	高宗敕：《清朝文献通考》，杭州：浙江古籍出版社，1936
136	谈迁：《国榷》，北京：中华书局，1958
137	黄宗羲：《宋元学案》，北京：中华书局，1986
138	章学诚著，叶瑛校注：《文史通义校注》，北京：中华书局，1985
139	《明武宗实录》，台北："中央研究院"历史语言研究所，1983
140	王世贞：《弇山堂别集》，北京：中华书局，1985
141	吴晗：《朝鲜李朝实录中的中国史料》，北京：中华书局，1980
142	文海出版社编辑部：《近代中国史料丛刊》，台北：文海出版社，1972
143	朱有瓛：《中国近代学制史料》，上海：华东师范大学出版社，1983
144	秦孝仪：《革命文献》，台北："中央"文物供应社，1981
145	中国第一历史档案馆：《康熙起居注》，北京：中华书局，1984
146	顾祖禹：《读史方舆纪要》，北京：中华书局，1955
147	申时行：《明会典》，北京：中华书局，1989
148	谢桂华：《居延汉简释文合校》，北京：文物出版社，1987
149	陕西省档案馆：《陕甘宁边区政府文件选编》，北京：档案出版社，1986
150	姚广孝：《明太祖洪武实录》，台北："中研院"历史语言研究所，1962
151	苏轼撰，孔凡礼点校：《苏轼文集》，北京：中华书局，1986
152	严中平：《中国近代经济史统计资料选辑》，北京：科学出版社，1955
153	蔡蓉升等：《双林镇志（民国）》，北京：商务印书馆，1917
154	龚自珍：《龚自珍全集》，上海：上海人民出版社，1975
155	孙宝瑄：《忘山庐日记》，上海：上海古籍出版社，1983
156	刘锦藻：《清朝续文献通考》，杭州：浙江古籍出版社，1936

续表

序号	图书信息
157	《清仁宗实录》，北京：中华书局，1986
158	姚贤镐：《中国近代对外贸易史资料》，北京：中华书局，1962
159	秦孝仪：《先总统蒋公思想言论总集》，台北：中国国民党中央委员会，1984
160	向南：《辽代石刻文编》，石家庄：河北教育出版社，1995
161	魏源：《魏源集》，北京：中华书局，1976
162	顾炎武：《日知录集释》，长沙：岳麓书社，1994
163	中国藏学研究中心：《元以来西藏地方与中央政府关系档案史料汇编》，北京：中国藏学出版社，1994
164	中国历史档案馆：《义和团档案史料》，北京：中华书局，1959
165	程颢等：《二程集》，北京：中华书局，1981
166	管仲：《管子》
167	欧阳修：《欧阳修全集》，北京：中国书店，1986
168	周公旦：《周礼》
169	舒新城：《中国近代教育史资料》，北京：人民教育出版社，1961
170	顾炎武：《天下郡国利病书》：上海：上海科学技术文献出版社，2002
171	庄周：《庄子》
172	《皖南事变资料选》编选组：《皖南事变资料选》，上海：上海人民出版社，1983
173	叶隆礼等：《契丹国志》，上海：上海古籍出版社，1985
174	杨增新：《补过斋文牍》，台北：文海出版社，1965
175	[古希腊] 修昔底德（Thucydides）：《伯罗奔尼撒战争史》，北京：商务印书馆，1960
176	梁启超：《时务报》，北京：中华书局，1991
177	朱金甫：《清末教案（第3册）》，北京：中华书局，1998
178	黄淮：《历代名臣奏议》，上海：上海古籍出版社，1983
179	吴广成著，龚世俊等校证：《西夏书事校证》，兰州：甘肃文化出版社，1995
180	[中国台湾]"中研院"近代史研究所：《清季中日韩关系史料》，台北："中央研究院"近代史研究所，1972
181	顾潮：《顾颉刚年谱》，北京：中国社会科学出版社，1993
182	陈盛韶：《问俗录》，北京：书目文献出版社，1983
183	《墨子》
184	苏州历史博物馆：《明清苏州工商业碑刻集》，南京：江苏人民出版社，1981
185	中国第一历史档案馆：《满文老档》，北京：中华书局，1990

第5章 历史学　　149

续表

序号	图书信息
186	中国第二历史档案馆：《康藏纠纷档案选编》，北京：中国藏学出版社，2000
187	葛剑雄主编，曹树基著：《中国人口史》，上海：复旦大学出版社，2000
188	朱熹著，王夫编：《朱子全书》，上海：上海古籍出版社，2002
189	周绍良：《唐代墓志汇编续集》，上海：上海古籍出版社，2001
190	马敏：《苏州商会档案丛编》，武汉：华中师范大学出版社，2004
191	无锡市工商业联合会：《近代无锡商会资料选编》，征求意见稿，2005
192	台湾"中央文物供应社"：《台湾文献丛刊》，台北：九州出版社，2004
193	中共中央文献研究室：《邓小平年谱：1975—1997》，北京：中央文献出版社，2004
194	郝经：《郝文忠公陵川文集》，太原：山西人民出版社，2006

为了方便讨论，我们将历史文献分为国外历史文献、国内历史文献。由于入选的国内历史文献种类较多，根据实际入选的情况，我们仍将这些图书分为经部、史部、子部、集部历史文献和古代与近代史料汇编、现代史料汇编、年谱类现代史料等若干子类，并分别对它们在中国历史学研究中的影响加以简单分析。

（1）国外历史文献

表5-5中给出的我国历史学论文引用较多的国外历史文献有3种：拉施特的《史集》、高丽历史学家金富轼的《三国史记》、修昔底德的《伯罗奔尼撒战争史》。

《史集》又名《集史》，是中世纪著名的世界通史著作。由波斯伊儿汗国宰相拉施特主持编纂的内容丰富的历史巨著，内容主要包括：世界各民族史，尤其是蒙古帝国史以及信仰伊斯兰教的各民族历史。书中所述14世纪以前蒙古族的历史，是极其丰富的第一手材料。

《三国史记》是高丽历史学家金富轼奉高丽仁宗之命在1145年以汉文写成的正史，记载朝鲜半岛三国新罗、百济、高句丽的正史，是研究朝鲜三国时期和后期新罗国历史的珍贵文献。

《伯罗奔尼撒战争史》是古希腊历史家修昔底德的传世之作、希腊古典文明极盛时期的文化精品，被认为是有关伯罗奔尼撒战争最早的也是最翔实可靠的第一手材料。亲历这场大战的历史学家修昔底德，以其客观冷静的态度，生动豪放的史笔，简洁流畅的文字，全面地记载了战争的主要史实。

对国内历史学界而言，《史集》、《三国史记》的价值主要是史料价值，而《伯罗奔尼撒战争史》既包含丰富的古代史料，又包含古希腊历史学家的历史研究方法、历史观、史学理论，同时具有较高的史料价值与学术价值。这三部著作对中国历史学领域的研究活动影响很大，均具有很高的被引率，其中《史集》被引82次，主要作为研究蒙元史的史料来源,引用该书的论文主题涉及蒙元时期的民族关系、各个汗国之间的关系、文化与宗教等;《三国史记》被引 76 次,主要在朝鲜史的研究领域发挥作用,引用该书的论文主题涉及朝鲜高丽各朝与中原王朝的关系,中原文化对高丽的影响,高丽各朝的政治、经济、文化等方面;《伯罗奔尼撒战争史》被引 53 次,对它的引用主要涉及两个方面,一是对外国历史文献中包含的历史方法、历史观、史学理论进行探讨,二是在进行世界历史研究或讨论某些历史主题时从这些史书中获取史料。

(2) 经部历史文献

我国古代图书分为经、史、子、集四部分。经部收入儒家的经典及小学(文字音韵的训诂)方面的书,而《十三经》则是儒家文化的基本著作。本章入选的经部历史文献有 7 种:《论语》(被引 453 次)、《左传》(被引 438 次)、《孟子》(被引 295 次)、《礼记》(被引 228 次)、《尚书》(被引 146 次)、《周礼》(被引 56 次)、《十三经注疏》(被引 286 次),其中前 6 种文献均属于十三经。

《尚书》是上古历史文件汇编,主要内容为君王的文告和君臣谈话记录。《周礼》主要汇集周王室官制和战国时期各国制度。《礼记》是秦汉以前有关各种礼仪的论著汇编。《春秋三传》① 是围绕《春秋经》② 形成的著作,《左传》重在史事的陈述,《公羊传》、《谷梁传》重在论议。《论语》是孔子及其弟子的言行录。《孟子》专载孟子的言论、思想和行迹。《十三经》作为儒家文化的经典,其地位是其他任何典籍所无法比拟的,阅读《十三经》是了解和研究中国封建社会的重要途径。《十三经注疏》即指后人为了便于查阅,将《易》、《诗》、《书》、《周礼》、《礼记》、《仪礼》、《公羊传》、《谷梁传》、《左传》、《孝经》、《论语》、《尔雅》、《孟子》十三部儒家经典的注与疏,以及唐代陆德明《经典释文》的注音合刊成的一部书,其中注是指对经书字句的注解,又称传、笺、解、章句等;疏是关于注的注解,又称义疏、正义、疏义等。注、疏的内容关乎经籍中文字正假、语词意义、音读正讹、语法修辞以及名物、典制、史实等。

这 7 种经部历史文献在国内历史学研究中有着较高的影响力,引用这些图书的历史学论文主要涉及对不同历史时期知识分子或思想家的思想与行为的分析、对经学典籍的评析、对史学史的研究、对经部典籍作者本人的研究等多个方面。

(3) 史部历史文献

史部是我国古代图书四部分类法(经史子集)中的第二大类,专列各种体裁历史著作。本章中选出的对我国历史学研究有较大影响的中国史部历史文献有 92 种。

---

① 《春秋三传》,《左氏春秋传》、《春秋公羊传》、《春秋谷梁传》。
② 《春秋经》即指《春秋》,《春秋》被列为"四书五经"的"五经"之一。

正史类历史文献

正史一般是指以帝王传记为纲领并且由宫廷史官记录的传记史书，是有别于民间野史的史书。在中国传统史学中，历代学人充分肯定了正史的学术研究价值和史料价值。本章入选的中国传统正史类图书多达24种，它们是：《汉书》（被引2110次）、《史记》（被引1918次）、《宋史》（被引1511次）、《后汉书》（被引1356次）、《旧唐书》（被引1087次）、《元史》（被引987次）、《明史》（被引928次）、《新唐书》（被引824次）、《晋书》（被引769次）、《三国志》（被引682次）、《魏书》（被引612次）、《清史稿》（被引554次）、《隋书》（被引426次）、《辽史》（被引345次）、《宋书》（被引319次）、《金史》（被引222次）、《梁书》（被引179次）、《南齐书》（被引159次）、《南史》（被引144次）、《北史》（被引143次）、《旧五代史》（被引135次）、《北齐书》（被引118次）、《周书》（被引96次）、《新五代史》（被引93次）。正史的"二十六史"中，除了唐代姚思廉的《陈书》和近代柯劭忞的《新元史》，其余均入选。

正史类史书的史学价值明显高于其他类型史书的史学价值。从引用次数可以看出，入选的正史类史书被引次数平均达到650余次。

别史类历史文献

别史区别于正史、杂史，是私人撰写、杂记历代或一代史实的史书。杂史是私人撰写的记载一事始末、一时见闻或某家私记的史书，大多可以成为正史的补充。杂史、别史很难区分，通常统称别史。本章入选的中国别史类图书有8种，它们是：《国语》（被引172次）、《清史列传》（被引101次）、《战国策》（被引96次）、《贞观政要》（被引87次）、《弇山堂别集》（被引66次）、《康熙起居注》（被引65次）、《契丹国志》（被引54次）、《西夏书事校证》（被引51次）。各种别史记载了我国上古到清朝几千年的历史，是研究中国历史的重要史料。《弇山堂别集》是记录明朝史事的私人著述，由明朝王世贞撰写而成。《康熙起居注》是一部比较忠实地反映康熙朝历史的文献，它由日常起居注官编纂，日常起居注官近距离观察皇帝的日常起居，且成书时间与事件发生时间较近，是研究康熙朝历史的第一手资料，文献价值相当高。从康熙朝设立、一直延续到清末的起居记注传统，为浩瀚的清史史料宝库增添了一块无可替代的瑰宝。《西夏书事校证》为清朝吴广成编著，龚世俊等校注，记载西夏立国前后约350年间历史，主要依据《资治通鉴》、《续资治通鉴长编》、《二十四史》、相关宋人笔记等数据史料编辑而成，是研究西夏历史的重要参考资料之一。

别史的史学价值相对弱于正史，但又普遍高于其他体例的史书。从引用次数可以看出，入选的别史类文献被引次数平均达到90余次。

编年体类历史文献

编年体以年代为线索编排有关历史事件。编年体史书以时间为中心，按年、月、日顺序记述史事。因为它以时间为经，以史事为纬，比较容易反映出同一时期各个历史事件的联系。其优点是便于考查历史事件发生的具体时间，了解历史事件之间的联系，并可避免叙事重复。本章入选的编年体史籍达 26 种：《续资治通鉴长编》（被引 1231 次）、《资治通鉴》（被引 1155 次）、《清高宗实录》（被引 508 次）、《明太祖实录》（被引 406 次）、《建炎以来系年要录》（被引 338 次）、《清圣祖实录》（被引 332 次）、《清实录》（被引 298 次）、《光绪朝东华录》（被引 290 次）、《明英宗实录》（被引 182 次）、《清世祖实录》（被引 176 次）、《明神宗实录》（被引 175 次）、《明太宗实录》（被引 151 次）、《明世宗实录》（被引 134 次）、《清世宗实录》（被引 127 次）、《明实录》（被引 126 次）、《明宪宗实录》（被引 125 次）、《明宣宗实录》（被引 113 次）、《三朝北盟会编》（被引 103 次）、《清宣宗实录》（被引 102 次）、《明孝宗实录》（被引 96 次）、《清太宗实录》（被引 92 次）、《清德宗实录》（被引 83 次）、《国榷》（被引 67 次）、《明武宗实录》（被引 66 次）、《明太祖洪武实录》（被引 64 次）、《清仁宗实录》（被引 61 次）。

《光绪朝东华录》又名《东华续录》，由清末民初的朱寿朋编纂而成，是一部时事资料汇编之作，收录了光绪一朝的朝章国典、军政大礼及列传有关材料，主要依据"邸钞"、"京报"，部分采录当时的报纸记载。引用该书的历史学论文以研究晚清政治、军事、教育、外交方面变革为主，部分为研究近代边疆史地、经济发展、历史人物、革命活动等方面的内容。

《国榷》是记载明代重要史实的编年体史书，谈迁撰。该书敢于直书《明实录》避而不谈的明朝一些重要史实，对一些重要事件，常以个人和诸家的评论并列于后，材料有相当的可靠性或参考价值。书中记载了万历以后七十多年的历史、建州女真的发展和后金同明的关系，编补了崇祯朝 17 年的史实，这些内容都具有重要的史料价值。引用该书的历史学论文以明史研究为主，涉及明代政治、边防、经济、文化、军事、对外交流等多个方面。

《建炎以来系年要录》是宋代李心传编撰的记述宋高宗赵构一朝时事的编年史书，与作者另一部宋代史学名著《建炎以来朝野杂记》互为经纬，互相补充。引用该书的历史学论文主要涉及宋朝的政治、经济、文化、农业、军事、科学等方面的主题，部分文献涉及中国经济史、中国边疆史地等方面的研究。

《三朝北盟会编》是古代史学名著，作者徐梦莘。该书史料丰富，会集了辽、宋、金三朝有关宋金和与战的多方面史料，为研究辽、宋、金史的基本史籍之一。引用该书的历史学论文主要涉及宋、金、辽三朝的政治、经济、文化、人口、军事、战争等方面的主题。该书与《建炎以来系年要录》在史料方面具有一定的互补性。

实录为中国传统史籍之一，编年体史书的一种，专门记载某一皇帝统治时期的大事。本章入选的中国实录类图书多达 20 种。入选实录体例的史书全是记录明、清两代史实的史书。实录所记载的内容并不都是历史的真实记录，但是它依据历史档册及起居注等原始资料修撰而成，所记载的许多重大历史事件，在时间、地点、人物姓名及主要情节等方面大都有史实根据，所以历代修纂正史，许多也取材于实录。因此实录体例历史文献的史学价值不容忽视。从引用次数可以看出，入选实录体例史书的被引次数平均达到170余次。

纪事本末类历史文献

本章入选的纪事本末类历史文献有3种：《筹办夷务始末（咸丰朝）》（被引290次）、《筹办夷务始末（同治朝）》（被引144次）、《圣武记》（被引70次）。

《筹办夷务始末（咸丰朝）》、《筹办夷务始末（同治朝）》与《筹办夷务始末（道光朝）》合称《三朝筹办夷务始末》，是清朝政府官修的对外关系档案资料汇编。引用该书的历史学论文主要涉及清朝政府与西方在政治、经济、文化等方面的交流，近代历史人物的外交活动与对外观念，清末教案，清季海防以及清季边疆史地等方面的研究。

《圣武记》，清代魏源撰。该书主要论及18世纪我国西北地区穆斯林的反清起义问题，涉及新疆、甘肃等地伊斯兰教历史、教派及习俗等内容，具有一定史料价值。《圣武记》主要将史论与纪事本末体相结合，体现出纪事本末体学术研究的色彩。引用该书的历史学论文主要涉及清代边疆史地研究。

诏令奏议类历史文献

本章入选的诏令奏议类历史文献有2种：《唐大诏令集》（被引82次）、《历代名臣奏议》（被引52次）。

《唐大诏令集》是唐代以皇帝名义颁布的一部分命令汇编，由北宋文学家、史学家宋敏求主编。诏令是官方文书。该书所收诏令含有唐朝军事、政治和社会状况等方面的重要资料，从中可以看到当时某些历史事件的真相，且个别诏令已不见于现存其他史书。引用该书的历史学论文主要探讨唐代政治、经济、文化、教育、法律、人口方面的主题，部分引用该书的论文主题涉及唐代古籍。

《历代名臣奏议》是中国从商朝到元朝的奏议汇编，辑录历代名臣奏疏八千余篇。该书取材广泛，举凡历代政治得失、典制沿革、理财兴利、治军御边以及用人赏罚、为臣事君之道，无不包罗。其中，宋、元以前的档案原件已绝少留存。引用该书的历史学论文主要探讨宋代政治、经济、文化等方面的主题，部分论文主题涉及元史研究。

传记类历史文献

本章入选的传记类历史文献有2种：《清稗类钞》（被引85次）、《宋元学案》（被引67次）。

《清稗类钞》是关于清代掌故遗闻的汇编。从清人、近代人的文集、笔记、札记、报章、说部中广搜博采而成，汇辑野史和当时新闻报刊中关于清代的朝野遗闻以及社会经济、学术、文化的事迹。引用该书的历史学论文主要为探讨清代社会、经济、文化、学术等方面的主题。

《宋元学案》最早为明末清初黄宗羲整理，但黄宗羲本人完成的书稿并不多，其主要价值体现在对资料的搜集、甄别、整理和保存方面。该书是了解和研究我国宋元时代学术思想史的必读参考书，书中全面而详细地记述了当时的学派源流，介绍了各派的学说思想并略加论断，收录范围广。引用该书的历史学论文主要涉及我国学术史、史学史研究，部分论文对古代文化现象进行讨论。

地理类历史文献

本章入选的地理类历史文献有5种：《中国地方志集成》（被引150次）、《元和郡县图志》（被引85次）、《读史方舆纪要》（被引65次）、《双林镇志（民国）》（被引63次）、《天下郡国利病书》（被引55次）。

《中国地方志集成》是由江苏古籍出版社、上海书店、巴蜀书社等单位于1990年前后合作出版的地方志丛书，其中包括《双林镇志》，主要以明、清、民国时期的县志为主。引用《中国地方志集成》的历史学论文主要集中在明、清、民国时期的地方经济和地方人文等主题。

《元和郡县图志》为唐李吉甫所撰。在魏晋以来的总地志中，《元和郡县图志》是保留下来的最古最好的一部。它内容非常丰富，不仅比较系统地叙述了政区沿革地理，而且包含极其丰富的自然地理与经济地理方面的资料。引用该书的历史学论文涉及历史地理、边疆史地、敦煌研究、经济地理等方面的主题，研究唐朝历史的论文占有较高比例。

《读史方舆纪要》为清初顾祖禹所撰，是以军事地理为主，集自然与人文地理于一身的巨著。该书不同于一般地志，着重记述历代兴亡大事、战争胜负与地理形势的关系，具有浓厚的军事地理色彩，是历史地理学者以及研究历史、经济、军事的学者的重要参考书。引用该书的历史学论文主题主要涉及我国的历史地理与边疆史地。

《天下郡国利病书》为明末清初顾炎武所撰的历史地理著作，记载中国明代各地区社会、政治、经济状况。该书除记载舆地沿革外，所载赋役、屯垦、水利、漕运等资料相当丰富。引用该书的历史学论文主题主要涉及明清时期我国地方的经济、社会与人文等方面。

政书类历史文献

政书是专门记载历代或某一朝代的典章制度及其沿革的专书，包括"十通"、"会典"与"会要"。它按类汇集政治、经济、军事、文化等方面的资料，具有资料汇编的性质。

入选的此类图书包括十通中的4种：《文献通考》（被引304次）、《通典》（被引263次）、《清朝文献通考》（被引68次）、《清朝续文献通考》（被引62次）。《通典》是中国历史上第一部体例完备的政书，在历史编纂学史上占有重要地位，由唐代的杜佑主持编撰。《通典》所记上起远古时期，下至唐代天宝末年，唐肃宗、代宗以后的史实多以夹注的形式补入。它基本包罗了封建社会政治、经济制度的主要方面。《通典》为人们研究、了解典章制度提供了系统的知识和资料，为封建政权建设提供了一部翔实可靠的参考书。《文献通考》是宋元时代著名学者马端临的重要著作，书的内容起自上古，终于南宋宁宗嘉定年间，实为《通典》的扩大与续作。《通典》、《通志》和《文献通考》三书被后人合之称为"三通"。《清朝续文献通考》一书续《清朝文献通考》，据清代实录、会典、则例等资料编成。

会要和会典是关于典章制度专史的史书，它记载典章制度的沿革以及政治、经济、文化发展的情况，所记载的资料往往比"十通"更为翔实。一般来说，私人纂修者，多称"会要"，官方所修者，多称"会典"。此类古籍为人们研究、了解典章制度提供了系统的知识和材料，也可以作为工具书使用。本章中选出的对历史学研究有较大影响的中国古代会要和会典图书有6种，它们是：《宋会要辑稿》（被引1136次）、中华书局出版的《唐会要》（被引294次）、《唐六典》（被引94次）、上海古籍出版社出版的《唐会要》（被引80次）、《元典章》（被引71次）、《明会典》（被引65次）。

政书类史书的史学价值不容忽视。从引用次数可以看出，入选的政书类史书的被引次数平均达到240余次。说明在历史学领域，研究典章制度的学术论文占有较大比重。

史评类历史文献

史论又称史评，包括的范围十分广泛，基本上可以概括为史学理论和史学批评两大类。史学理论指有关史学体例、编纂方法以及史官制度的论述；史学批评则包括评论史事、研讨史籍得失、考订史事正误异同等。本章入选的史论类历史文献有7种：《文史通义》（被引184次）、《廿二史札记》（被引113次）、《史通》（被引105次）、《读通鉴论》（被引94次）、《十七史商榷》（被引82次）、《文史通义新编新注》（被引74次）、《文史通义校注》（被引67次）。

《文史通义》是清朝著名学者章学诚的著作，书中主张借古通今，所论涉及史学、文学、校雠学等多种领域，颇有新意。该书的问世对于后世史论的发展起着承前启后的作用。其后出版的《文史通义新编》、《文史通义新编新注》、《文史通义校注》等书对研究章氏学术思想、学术生涯具有十分重要的意义。《廿二史札记》，又名《二十二史札记》，清代赵翼所著，内容以研究历代正史为主。《史通》是我国第一部系统性的史论专著，其内容大致可分为史学源流及史官制度、历史编纂学、历史文献学三个方面。该书全面总结了我国古代史学，提出了较为系统的史学理论，成为唐代以前我国史论的集大成。《读通鉴论》是王夫之阅读司马光的历史巨著《资治通鉴》的笔记。《十七史商榷》是我国传统史学走向总结时期的一部重要的历史考证学著作，作者王鸣盛，是乾嘉时期著名的考史学家。

引用史评类图书的历史学论文以史评、历史人物评论、古籍评论、考据、史学史等方面的研究为主。

其他历史文献

本章入选的图书中有 5 种不便于归类，它们是：《唐律疏议》（被引 159 次）、《戊戌变法》（被引 119 次）、《洋务运动》（被引 114 次）、《太平天国》（被引 100 次）、《辛亥革命》（被引 75 次）。

《唐律疏议》是唐朝刑律及其疏、注的合编，为中国现存最古、最完整的封建刑事法典，也是东亚最早的成文法之一。《唐律疏议》不仅完整保存了唐律，还保存了大量唐代的"令"、"格"、"式"的内容，同时记载了大量有关唐代政治、社会经济的资料。引用该书的历史学论文主要涉及唐代阶级关系、等级关系以及官制、兵制、田制、赋役制等方面的研究。

中国史学会编撰的《戊戌变法》、《洋务运动》、《太平天国》、《辛亥革命》，等书尽管是由当代学者撰写的历史文献，但是它们的资料均来源于有据可查的近代文献，被国内历史学界作为近代史研究的重要史料来源，因此本章将它们归入历史文献。中国近代史是指 1840 年至 1919 年的中国历史，包括鸦片战争、太平天国革命、第二次鸦片战争、洋务运动、维新运动、义和团运动及边疆危机、中法与中日两次战争、辛亥革命及北洋军阀统治等史实。在我国历史学界，《戊戌变法》是研究晚清维新变法、戊戌政变和当时的政治、文化、教育等主题以及考察康有为等维新变法相关人员的重要史料来源之一；《洋务运动》是研究晚清洋务运动和当时的政治、经济、文化、军事、外交等主题以及考察李鸿章等洋务运动相关人员的重要史料来源之一；《辛亥革命》是研究辛亥革命时期中国的经济、文化、教育、社会关系、新知识阶层各种思潮等主题以及考察以孙中山先生为代表的资产阶级革命党人的革命主张与革命活动的重要史料来源之一；《太平天国》是探讨太平天国运动的过程、主要思想、主要政策、历史功过的史料来源之一。

(4) 子部历史文献

子部，我国古代图书四部分类法（经史子集）中的第三大类，专列诸子百家及艺术、谱录等书。本章入选的子部历史文献有 12 种：《朱子语类》（被引 199 次）、《荀子》（被引 170 次）、《韩非子》（被引 125 次）、《盐铁论》（被引 105 次）、《商君书》（被引 73 次）、《管子》（被引 57 次）、《庄子》（被引 55 次）、《墨子》（被引 50 次）、《日知录》（被引 88 次）、《万历野获编》（被引 87 次）、《日知录集释》（被引 58 次）、《问俗录》（被引 50 次）。

《朱子语类》是宋代理学家朱熹与其弟子问答的语录汇编；《荀子》是战国时期儒家代表人物荀子的著作汇编；《韩非子》是战国晚期法家创立者韩非的著作汇编；《商君书》，又称《商君》、《商子》，为战国商鞅一派法家著作的汇集，着重论述了商鞅一派的变法理论和具体措施；《管子》是中国春秋时期思想家管仲及管仲学派的著述总集；《墨子》是战国时期墨家学派创始人墨子的言行记录；《盐铁论》是根据著名的"盐铁会议"记录撰写的重要史书，书中记述了当时对汉武帝时期的政治、经济、军事、外交、文化的一场大辩论，把"盐铁会议"辩论双方的思想、言论比较忠实地整理出来。这些子部历史文献是研究中国思想史的重要史料来源，在国内史学界中具有较大的影响。

《日知录》、《万历野获编》、《日知录集释》、《问俗录》为子部杂家类历史文献，同属笔记体著作。笔记体是指随笔记叙，作为一种体裁的命名，始于北宋史学家宋祁的《笔记》，后世亦有用"笔谈"、"笔录"、"随笔"、"偶笔"、"杂记"、"杂录"等为书名。笔记类史书的作者绝大多数都是非史官身份的文人学者，不仅社会身份复杂，而且接触的社会层面广泛，因此，笔记类史书能够在更广泛的层面上展现出中华文明的内涵，有着正史所不可替代的价值。《日知录》是明末清初著名学者顾炎武的代表作品之一，该书内容宏富，贯通古今，是寄托作者经世思想的一部书，内容大体分为经术、治道、博闻三类。《万历野获编》为明人笔记，在明代笔记中堪称上乘之作，为研究明代历史的重要史料。《日知录集释》为道光年间青年学者黄汝成以"遂初堂"三十二卷本《日知录》为底本，并收录道光前90余位学者对《日知录》的研究成果编辑而成。《问俗录》是了解晚清地方民俗的重要史料来源，作者陈盛韶为嘉庆二十三年举人，道光三年进士，历任福建建阳、古田、仙游、诏安知县，兴粮厅、葛玛兰通判、邵军、云霄、鹿港厅同知。这四部历史文献在国内历史学研究中有着较大的学术影响，平均被引约70次。

（5）集部历史文献

集部，我国古代图书四部分类法（经史子集）中的第四大类，专列诸子百家及艺术、谱录等书，可分为"楚辞"、"总集"、"别集"等子类。

"总集"是古代对多人著作合集的称呼。本章入选的总集类历史文献有5种：《全唐文》、《全唐诗》、《明经世文编》、《大正藏》、《道藏》。《全唐文》是清代官修的唐朝及五代的文章总集，该书被历史学论文引用230次，这些论文主要涉及敦煌研究以及唐代的政治、社会、经济、军事、宗教与边疆民族的关系等方面的研究。《全唐诗》是清朝初年曹寅、彭定求等奉敕编纂的汇集唐代诗歌的总集，该书被历史学论文引用149次，其论文主要涉及敦煌研究以及唐代的经济、文化、地理等方面的研究。《明经世文编》，是明人文集选编，该书收录的文集中保存了许多今已不传的史料，对研究明朝历史有很高的价值，被历史学论文引用104次，论文主要涉及主题为明清时期的移民，明代的边疆制度、政治、经济、农业、文化等方面的研究。日本的高楠顺次郎主编的《大正藏》全称《大正新修大藏经》，日本大正十三年（1924年）由高楠顺次郎等人发起编印，总目3册收入中国历代各版藏经目录和日本各寺院所藏的写本和刻本藏经目录等77种。《大正藏》被历史学论文引用89次，引用该书的论文主题主要涉及中国的佛教史研究以及探讨佛教对中国史学的影响。该书也是我国敦煌研究的重要资料来源之一。《道藏》是道教经籍的总集，是按照一定的编纂意图、收集范围、组织结构将许多经典道教经籍编排起来的大型道教丛书,该书被历史学论文引用88次,其论文主题主要涉及敦煌学、道家思想等方面的研究。

"别集"是指个人的诗文汇编。别集的价值首先体现为文献价值,它对保存历史文献具有重要作用,也是编辑总集的主要依据。别集也为研究某些作者的生平和创作等提供了基本材料。本章入选的别集类历史文献有17种:《杜凤治日记》(被引180次)、《张之洞全集》(被引159次)、《章学诚遗书》(被引131次)、《李文忠公全集》(被引122次)、《李鸿章全集》(被引104次)、《张文襄公全集》(被引104次)、《曾国藩全集》(被引91次)、《郑板桥集》(被引69次)、《苏轼文集》(被引64次)、《龚自珍全集》(被引62次)、《忘山庐日记》(被引62次)、《魏源集》(被引58次)、《二程集》(被引57次)、《欧阳修全集》(被引56次)、《补过斋文牍》(被引53次)、《朱子全书》(被引46次,2002年出版)、《郝文忠公陵川文集》(被引13次,2006年出版)。

杜凤治,同治、光绪年间历任广宁、四会、南海等县知县。他留下一部记载详尽的日记《杜凤治日记》,是研究晚清广东的珍贵史料,有助于人们了解晚清的基层政权与基层社会状况。

张之洞,清朝洋务派代表人物之一,曾为近代教育事业与民族工业包括军事工业的发展做出重要贡献,而且还是中国近代文学史上的诗文大家之一。1928年,中华书局将其著作编辑成《张文襄公全集》出版发行。河北人民出版社于1998年出版的《张之洞全集》由张之洞的奏议、电报、公牍和专著等构成。这两本书既是张之洞丰富多彩人生历程的写照,又是晚清社会沧桑变迁的缩影,是研究中国近代政治、经济、军事、外交和文化教育等方面的第一手资料,具有重要的学术价值和史料价值。

章学诚,清代史学家、思想家、方志学家。文物出版社1985年版《章学诚遗书》,是到目前为止搜罗章学诚著述最完备的版本。

李鸿章,清末洋务派首领。《李鸿章全集》收录了中国大陆现存的全部李氏文稿,其中有近三分之二的内容从未与读者谋面,涉及晚清政治、军事、经济、外交、思想、文化、教育等各个领域。上海商务印书馆于1921年出版的《李文忠公全集》取材于海南社影印繁体竖排李鸿章全集,未增加新内容。[①]

曾国藩,清朝军事家、理学家、政治家、书法家、文学家。《曾国藩全集》是岳麓书社在清朝李瀚章、李鸿章编校的《曾文正公全集》的原貌基础上,对曾国藩生前的文字底本、副本、藏书进行了全面的收集与整理,同时也调阅了曾氏老家荷塘及台湾保存的原始资料,历时数载完成的著作。该书是研究中国近代政治、经济、军事、外交和文化教育等方面的第一手资料,具有重要的学术价值和史料价值。

郑板桥,清初画家,"扬州八怪"之一,诗、书、画皆自成一家,其诗文被辑为

---

① 吕蕤冰,全集不全,[2011 - 4 - 6]. http://book.douban.com. review/1068545/.

《郑板桥集》。引用该书的国内历史学论文主要涉及清代思想史、郑板桥的学术贡献等方面的研究。

苏轼，北宋著名文学家、书画家、文家、诗人、词人，《苏轼文集》收录了苏轼一生的鸿篇巨著，是苏学研究者和广大古文学爱好者的一套很具价值的参考书。

龚自珍，清末思想家、文学家。是近代改良主义的先驱者。《龚自珍全集》收集了清代文学家龚自珍的各种文体的作品，包括政治和学术论文、碑传和纪事、书序和题录等。

孙宝瑄，清末文人，生于清末官宦世家，但生活在封建制度面临最后崩溃、西方思想涌入中国的阶段，深受西方民主思想影响。《忘山庐日记》的内容多是写其读书活动，也涉及晚清的政治背景、社会生活、历史事件等。他所交游的名人，有章炳麟、梁启超、谭嗣同、严复、张元济等，还有英国、日本及法国等外籍人士，与他们或讨论时事，或切磋学问。因此，《忘山庐日记》是极好的研究晚清的资料。

魏源，清代思想家，20世纪80年代末其诗文被辑为《魏源集》。

程颢、程颐，北宋著名理学家，《二程集》是两人全部著作的汇集。书中第一次提出许多重要哲学概念和命题，为后世沿用，对宋明哲学产生了重大影响。

欧阳修，北宋时期政治家、文学家、史学家和诗人。他不仅亲自参与了许多重大的政治活动，而且广泛涉足于史学、经学、文学理论批评、金石学、目录学等领域，为后世留下一部宝贵的《欧阳修全集》。引用该书的历史学论文主要涉及欧阳修的学术贡献、宋代政治制度、宋代文化制度等方面的研究。

杨增新，中华民国前期新疆督军，著有《补过斋文牍》，包含杨氏主政新疆17年之呈文、电报、公牍、信札、告示等文献资料，内容关系清末和民国前期政治、地理、军事、外交等方面，是研究中国近现代史的重要史料。

朱熹是理学的集大成者，博学多识，著述丰富。《朱子全书》不仅囊括了朱熹的全部著述文字，而且将今人对已失传的朱熹的文字的考订辑录亦编成册，并附有历代文献学家对各种版本朱熹著作的著录、序跋、考订，等等。引用该书的历史学论文主要涉及朱熹理学思想、理学思想史方面的研究。

郝经，元代字画名家，著有《郝文忠公陵川文集》等多种著作。引用该书的国内历史学论文主要涉及元代社会制度方面的研究。

（6）古代与近代史料汇编

本章入选的古代史史料汇编有38种：《中外旧约章汇编》（被引196次）、《中国近代农业史资料》（被引169次）、《睡虎地秦墓竹简》（被引152次）、《清末筹备立宪档案史料》（被引145次）、《唐代墓志汇编》（被引140次）、《辛亥革命前十年间时论选集》（被引110次）、《中国历代户口、田地、田赋统计》（被引98次）、《清季外交史料》（被引94次）、《雍正朝汉文朱批奏折》（被引93次）、《敦煌社会经济文献真迹释录》（被引93次）、《吐鲁番出土文书》（被引92次）、《张家山汉墓竹简：二四七号墓》（被引 91 次）、《明遗民录汇集》（被引 82 次）、《天津商会档案汇编》（被引 79 次）、《清光绪朝中日交涉史料》（被引 70 次）、《中国近代工业史资料》（陈真编，被引 70 次）、《中国近代工业史资料》（孙毓棠等编，被引 70 次）、《中国旧海关史料》（被引 69 次）、《朝鲜李朝实录中的中国史料》（被引 66 次）、《近代中国史料丛刊》（被引 66 次）、《中国近代学制史料》（被引 66 次）、《居延汉简释文合校》（被引 65 次）、《中国近代经济史统计资料选辑》（被引 64 次）、《中国近代对外贸易史资料》（被引 60 次）、《辽代石刻文编》（被引 59 次）、《元以来西藏地方与中央政府》（被引 58 次）、《义和团档案史料》（被引 58 次）、《中国近代教育史资料》（被引 56 次）、《时务报》（被引 53 次）、《清末教案（第 3 册）》（被引 52 次）、《清季中日韩关系史料》（被引 51 次）、《明清苏州工商业碑刻集》（被引 50 次）、《满文老档》（被引 50 次）、《中国人口史》（被引 48 次，2000 年出版）、《唐代墓志汇编续集》（被引 45 次，2001 年出版）、《苏州商会档案丛编》（被引 39 次，2004 年出版）、《近代无锡商会资料选编》（被引 38 次，2005 年出版）、《台湾文献丛刊》（被引 34 次，2004 年出版）。

《中外旧约章汇编》旨在汇集所有的中外约章，是研究中国近代史的一部重要参考资料。在研究中国近代史上的条约时，该书是最重要的一部参考书。引用该书的历史学论文以研究中国近代史上的条约为主，部分是研究近代中国外交、中外贸易、中外文化交流、边疆史地等方面的主题。

《中国近代农业史资料》是研究中国近代农业经济史的重要参考资料之一。引用该书的历史学论文的主题涉及近代中国农业人口流动、农业政策、农业改革、农村市场、农业教育、土地制度、农业种植等农业经济史的方方面面。

简牍史料作为一种特殊载体的史料，是研究秦、汉史不可或缺的基本史料。考古发掘和历代发现的简牍史料内容丰富，有古代学术著作、文学作品、各时代政府机构的行政文书，官吏抄写的法律令原文，用于占卜的《日书》、医书、社会各阶层民众的私人往来信件、遣策、遗嘱等。秦、汉是中国历史长河中的重要组成部分，国内有关秦、汉时期的历史学研究比较活跃。因此，简牍史料类书籍对我国历史学研究影响较大，《睡虎地秦墓竹简》、《张家山汉墓竹简：二四七号墓》和《居延汉简释文合校》成为入选对历史学影响最大的三部简牍史料类图书。1975 年 12 月考古工作者在湖北省云梦县睡虎地秦墓中出土的大量竹简（被称为睡虎地秦墓竹简），内文为墨书秦篆，写于战国晚期及秦始皇时期，反映了篆书向隶书转变阶段的情况，其内容主要是秦朝时的法律制度、行政文书、医学著作以及关于吉凶时日的占书，为研究中国书法、秦帝国的政治、法律、经济、文化、医学等方面的发展历史提供了翔实的资料，具有十分重要的学术价值。1983 年末至 1984 年初考古工作者在湖北江陵张家山发掘 247 号汉墓以及 136 号汉墓，出土了一批汉简，其中包括重要的古代法律文献。1930 年，瑞典人贝格曼在居延地区发掘汉简 10000 余枚，称为"居延汉简"。近几十年来，我国考古工作者又先后在居延发掘汉简 20000 余枚，称为"居延新简"。截止到目前已发现的三万余枚居延汉简，不仅数量最多，而且内容广泛，包括当时社会的政治、经济、军事、科技、文化等方方面面，具有极高的科学、历史与文物价值。引用这三部图书的论文主要涉及秦汉时期的政治、经济、文化、军事等方面的主题，平均被引 50 余次，表明它们是研究秦汉时期社会现状的重要史料来源。这三部图书的内容具有较强的互补性，在所有引用这三部图书的论文中，共有 23 篇论文同时引用这三部图书中的两部或三部。

《清末筹备立宪档案史料》由中华书局于 1979 年出版，相对完整地保存了有关清末预备立宪的大量文字记载，所载史料均选自故宫博物院明清档案部所藏清廷军机处上谕档、录副奏折及宫中朱批奏折等有关清末筹备立宪活动的文件，是我国改革开放初期出版的最具学术价值的文献史料之一。引用该书的历史学论文以讨论清末宪政、法制改制、政治改革为主，部分论文着重于对立宪派成员研究。

《唐代墓志汇编》由周绍良主编，共著录唐墓志 3607 方，全文加标点，并注明石藏何地、拓本藏何处。无拓本可寻则注明志文录自何书，个别伪造之物也收入而加注"伪"字。1984 年后，周绍良又主持编辑了《唐代墓志汇编续集》，共汇集到新出土唐代墓志 1564 方，以补充《唐代墓志汇编》的不足。这两部书是研究唐代文化、历史的重要文献资料。引用这两种图书的历史学论文主要涉及唐朝时期妇女地位、地方望族、历史地理、边疆史地、官职设置等方面的主题。

《辛亥革命前十年间时论选集》主要反映 1901 年到 1911 年资产阶级、小资产阶级的各个派别的政治、道德、文化和哲学观点的论文，选集的材料主要来源是 1901 年到 1911 年间出版的期刊，兼收当时出版的影响较大的革命书籍。引用这两种图书的历史学论文主要涉及清末民初各种政治思想、思潮、历史人物评价等方面的研究。

《中国历代户口、田地、田赋统计》是对梁方仲先生著作的重新整理，是研究中国历代户口、移民、田地、田赋的重要参考文献。引用该书的历史学论文主要探讨中国不同历史时期的人口分布、人口结构、土地制度、社会经济、历史地理等方面。

《清季外交史料》辑录清末军机处及外务部档案，为研究清代光绪、宣统两朝对外关系的重要史料。引用该书的历史学论文主要涉及清季中国边疆史地、边界问题、商务条约等方面的主题。

《雍正朝汉文朱批奏折汇编》是一部大型历史档案文献汇编，辑入了现存的雍正元年到雍正十三年的满汉官员的汉文奏折 35000 余件，是一套完整、系统的原始档案文献。引用该书的历史学论文以清史研究为主，主题较为分散。

《敦煌社会经济文献真迹释录》是敦煌社会经济文献资料的综合性汇编，收录了敦煌文献中有关社会经济方面的重要文书 34 类共 1391 件，记录了唐五代时的社会、经济信息，并且保留了大量唐五代的口语原貌，极具研究价值。引用该书的我国历史学论文绝大多数属于敦煌学研究学术论文。

《吐鲁番出土文书》是根据考古工作者在新疆吐鲁番发掘得到的近万片汉文文书整理编辑而成，拼得文书近1800件，是研究唐代西域社会、政治、经济的重要史料来源。引用《吐鲁番出土文书》的论文主要涉及唐朝时期西域各国的各种经济政策、西域与隋唐政权在政治、经济方面的关系。

《明遗民录》是为明末遗民、义士所作的传记集。该书补充了《正气集》未录明志士篇章之不足，表彰爱国志士的气节。引用该书的历史学论文主要探讨明遗民的心态、身份认同、社会生活等主题。

《天津商会档案汇编》是《天津商会档案全宗》（1928年6月—1937年7月）中3200余个案卷的选粹。它记录了近代中国商会组织，特别是最具代表性的天津、北平、上海等商会及全国商会由盛转衰的转折期历史。引用该书的历史学论文主要探讨这一时期天津与华北乃至全国商会的面貌、功能，以及当时北京、天津、上海等城市的经济发展和社会面貌。

《清光绪朝中日交涉史料》的卷1至卷74，比较系统地记录了光绪元年十二月（1876年1月）至光绪三十四年十二月期间的中日关系及有关交涉事宜，主要内容包括：日本侵占琉球，侵犯台湾，胁迫朝鲜签订《江华条约》及清军应邀帮助朝鲜国王镇压"甲申政变"，中日甲午战争，天津教案及八国联军侵华，日俄战争，以及日本胁迫清政府签订不平等条约；卷75至卷88为有关"日俄战争的东事收电档"和"东事发电档"等史实。引用该书的历史学论文主要为探讨晚清对日外交、涉及藩属地的对日外交、《江华条约》等主题。

陈真等人编写的《中国近代工业史资料》与孙毓棠等人编写的《中国近代工业史资料》都是探讨在1850年前3个世纪内江南工业的发展历史，资料部分重叠但是具有互补性，对中国近代工业史与经济史研究具有较高的参考价值。中国近代工业史与经济史是目前国内历史学界的一个重要研究课题，我国历史学论文多次引用这两套近代工业史资料汇编。引用孙毓棠著作的历史学论文主要探讨近代中国的工业化、企业化进程及商业发展，并对部分实体或案例进行深入分析；引用陈真著作的历史学论文主要探讨民国政府在近代中国工业化进程中的政策措施、金融实体实例、工业化实例及对中国近代经济发展的影响、抗战时期的工业化等主题。

《中国旧海关史料》由两个部分构成。第一部分为贸易统计，第二部分为贸易报告，内容涉及多个省份60余个城市，跨度90年，包括了中国近代史上的三个时期（晚清政府、北洋政府、国民政府），五个政权（满清政权、北洋政权、国民党政权、伪满政权、汪伪政权），以大量翔实的史料、丰富的数据，反映了中国这一时期的政治、经济、军事、外交、社会各方面的事件与活动，其记述全面、细微，在诸多方面弥补了当时报刊、著述和地方志的不足，对研究中国近代史及各地方史具有很高的参考价值，是一部难得的珍贵史料。引用该书的历史学论文主要涉及晚清时期上海、广东、天津、香港等地的对外贸易方面的主题。

《朝鲜王朝实录》收录了关于李氏朝鲜时代政治、外交、军事、经济方面的庞大史料，被认为是研究朝鲜史的基本史料。该书也包含不少有关中国历史和日本历史的史料，中国现代历史学家吴晗以此编纂《朝鲜李朝实录中的中国史料》。引用该书的历史学论文主要探讨明清两朝时的中朝政治关系、宗藩关系、经济关系、环渤海区域的民族关系等主题。

《近代中国史料丛刊》由近代史学者沈云龙教授主编，台湾文海出版社出版。丛刊包含近代名人奏疏、政书、年谱、笔记、日记、诗文集等史料，对中国近代史研究有着重要参考价值。引用该书的历史学论文涉及清史研究、民国史研究，但主题较为分散。

《中国近代学制史料》汇编了反映近代统治阶级的教育意见和教育措施的谕折、法令、章程以及近代各类学校实际情况的史料，全书以原始资料为主，少量史料是具有参考价值的当事人的传述、杂记和后人的专著、论文选录。引用该书的历史学论文主要以研究中国近代教育史为主，部分论文主要讨论晚清出现的新思潮。

《中国近代经济史统计资料选辑》是研究中国近代社会经济史的重要参考资料之一。引用该书的历史学论文的主题涉及近代中国的工业化、农村经济、对外贸易等多个方面。

《中国近代对外贸易史资料》汇集了1840—1895年间中国对外贸易的相关史料，是研究中国近代商业史、经济史的重要参考资料史料。引用该书的历史学论文涉及近代中国对外茶叶贸易、某些地区在对外贸易中的历史地位、对外贸易对民族产业的影响等主题。

《辽代石刻文编》是一部辽代石刻总集，收录具有重要史料价值的辽代石刻文三百余篇。引用该书的历史学来源文献涉及辽朝建制、文化教育、社会生活等方面。

《元以来西藏地方与中央政府关系档案史料汇编》根据元、明、清直至民国时期中央政府有关西藏及藏区事务的大量原始档案史料，经过认真的筛选、考证和分析，以朝代为序，依次对700余年西藏地方与中央政府的关系，展开深入的学术研究，从而得出有理有据的结论。引用该书的历史学论文主要涉及国民政府的对藏政策、西藏宗教及宗教领袖、西藏边界问题等方面。

《义和团档案史料》比较系统地公布了清政府有关义和团运动的档案文件，所辑史料反映了义和团运动产生、发展、失败的经过。引用该书的历史学论文以研究义和团运动为主，部分论文涉及八国联军侵华、晚清教案等主题。

《中国近代教育史资料》自1884年鸦片战争起至1919年五四运动前夕为止，辑录了这个历史时期具有代表性、典型性的重要教育史料，分别编辑学制演变、普通教育、高等教育、实业和师范教育、教育行政机构与教育团体、教育思想、留学教育分册，是研究中国近代教育史的重要参考资料。引用该书的历史学论文以研究中国近代教育史为主，部分论文讨论晚清的社会生活。

1896年8月，《时务报》在上海创刊，梁启超任主笔。梁启超在《时务报》上发表了60多篇文章，《时务报》也因梁启超而具有了独特的特色和影响。中华书局出版的《时务报》是梁启超任主笔时发行的《时务报》的汇编，共20卷。引用该书的历史学论文以研究中国新闻史为主。

《清末教案》收入了中国第一历史档案馆保存的有关文书档案以及翻译的英、美、法有关外文档案300余万字。《清末教案》收录1901—1911年有关清末教案的中文档案史料共716件，是国内首次出版的教案史料集，有较高的参考价值。引用该书的历史学论文主要涉及近代的宗教政策、宗教冲突等主题。

《清季中日韩关系史料》分清季与民国两个部分，前者根据总理各国事务衙门之"朝鲜文件"及外务部有关日韩商务、边务、路矿、侨民、渔盐、航运、邮电等交涉案件汇编而成，后者（自民国元年至民国十六年）根据外交部有关中日交涉档案汇编而成。该书是研究近代中日韩关系史的一部基础性研究资料集。引用该书的历史学论文主要为深入分析中朝、中日、朝日之间发生的重大外交事件。

《明清苏州工商业碑刻集》是苏州市明清时代工商业碑刻碑文的汇总，是研究明清时代江南工商业发展史的史料来源。引用该书的历史学论文主要为探讨明清江南工商业发展史，多篇论文涉及徽商主题。

《满文老档》是清入关前用满文写成的官方编年档案册，始于1607年，终笔于1636年，主要记载了努尔哈赤建立后金汗国对明进行战争等内容。引用该书的历史学来源文献主要探讨清初的政治体制、明清之际的满汉关系等主题。

《中国人口史》丛书依据史书、会要、文集、笔记及地方志，对我国各朝的户口调查统计制度和能收集到的全部户口数据进行了详细考证，详尽地探讨了各区域人口的发展和相关因素，及其内部的人口分布状况。引用该书的历史学论文主要探讨中国不同历史时期的人口分布、人口与经济的关系、人口制度等主题。

《苏州商会档案丛编》的全部史料选自苏州市档案馆馆藏《苏州商会档案全宗》。引用该书的历史学论文主要涉及中国商会史研究。

《近代无锡商会资料选编》（1905—1949，征求意见稿）由无锡市工商业联合会与无锡市档案馆、无锡比较经济咨询事务所合作，于2005年8月编辑印行，没有公开出版。引用该书的历史学论文主要以中国近代商会为讨论对象。

《台湾文献丛刊》由九州岛出版社和厦门大学出版社联合出版，记载内容涵盖明清及民国初期之私人著述及地方志书，结合闽台的古籍、档案数据、族谱、民间文件和契约，极富学术价值。它与《台湾文献汇刊》一起，成为研究台湾历史文化最基本且最重要的资料。引用该书的历史学来源文献主要探讨台湾的历史文化、名人轶事。

（7）现代史料汇编

本章入选现代史料汇编类的图书共13种：《中共中央文件选集》（被引427次）、

《中华民国史档案资料汇编》（被引387次）、《联共（布）、共产国际与中国国民革命运动》（被引180次）、《中华民国重要史料初编：对日抗战时期》（被引179次）、《中国国民党历次代表大会及中央全会资料》（被引146次）、《南京大屠杀史料集》（被引124次）、《若干重大决策与事件的回顾》（被引83次）、《建国以来重要文献选编》（被引70次）、《革命文献》（被引66次）、《陕甘宁边区政府文件选编》（被引65次）、《先总统蒋公思想言论总集》（被引60次）、《皖南事变资料选》（被引55次）、《康藏纠纷档案选编》（被引49次）。其中，部分文献属于政治文献，是研究中国共产党党史、中国国民党党史的重要资料来源。《南京大屠杀史料集》的部分史料来源于这些政治文献。

《中共中央文件选集》反映了中国共产党在新民主主义革命时期各历史阶段的路线、方针、政策，反映了中国共产党历次重要会议、事件及革命活动，为研究中国现代史和中共党史提供了系统的第一手资料。引用该资料汇编的历史学论文分属中共党史研究、中国当代史、抗日战争史、民国史等多个研究领域。

《中华民国史档案资料汇编》是中国第二历史档案馆就馆藏历史档案中具有重要史料价值的资料编辑而成的一套综合性资料汇编，汇集了南京临时政府、北京民国政府、广州国民政府、武汉国民政府、南京国民政府的重要档案，为民国史研究提供了极具参考价值的第一手材料。

《中国国民党历次代表大会及中央全会资料》汇编的是1924年1月国民党第一次全国代表大会后，直到1949年7月非常委员会会议之间，历届国民党全国代表大会和中央全会以及同级临时会议所形成的文件。

《建国以来重要文献选编》收入了新中国成立以后基本完成社会主义改造的七年和开始全面建设社会主义的十年这段时期的重要文献资料。这段时期是社会主义制度在新中国建立和发展的重要时期。引用该书的历史学论文较广泛，涉及党、政、军、经济、教育等诸多方面。

《陕甘宁边区政府文件选编》收录了陕甘宁边区政府自1948年1月至12月间形成的重要文件，内容包括政治、经济、文化等各个方面。引用该书的历史学论文主要为讨论陕甘宁边区政府的经济建设、政治建设与文化建设。

《联共（布）、共产国际与中国国民革命运动》是一套具有很高学术价值的档案资料。全书是根据莫斯科1994年俄文版译出的大型系列文件集。该丛书收录1920—1945年有关档案文件205件，绝大多数为首次发表，其中包括苏共领导人和中共领导人的电文，苏共（布）、共产国际等有关中国革命的会议记录。引用该资料汇编的历史学论文涉及中共党史、中国革命史、中国近现代史、中苏关系史、国共关系史、共产国际与中国革命问题以及重要历史人物研究等多个方面。

《中华民国重要史料初编：对日抗战时期》、《先总统蒋公思想言论总集》、《革命文献》均是由秦孝仪主编的历史资料汇编。引用《中华民国重要史料初编：对日抗战时期》这套丛书的历史学论文主要涉及抗日战争前后与抗战时期的中日关系、美苏对抗战时局的影响、国民政府与中共的抗战、抗战期间的重大事件评析等多个方面。引用《革命文献》的历史学论文主要为研究民国史和国民党史。《先总统蒋公思想言论总集》收集了蒋介石的所有思想言论。引用该书的历史学论文主要涉及蒋介石的对日谋略、历史贡献、思想理论等多个方面。

《若干重大决策与事件的回顾》是带有研究性质的有关中国当代史的专著。这部书是将中国无产阶级革命家薄一波的个人回忆和档案材料结合起来进行研究的产物，论述了1949年至1956年之间中国共产党和中国政府有关经济和社会发展的一些重大决策的形成过程，以及一些重大事件的来龙去脉。引用该书的历史学论文主要涉及对1949年至1956年之间中国共产党和中国政府有关经济和社会发展的一些重大决策与重大事件的探讨，如"三反"运动、"大跃进"运动、"包产到户"等。引文数据表明，该书是当代中国史研究、中共党史研究的重要资料之一。

《皖南事变资料选》是皖南事变相关资料的选辑。该事变是抗日战争时期国民党辖下的国民革命军第三战区部队与新四军之间的一次冲突事件。引用《皖南事变资料选》的历史学论文主要探讨皖南事变起源、事变之后国共两党的应对措施、事变中新四军失败的原因等主题。

《康藏纠纷档案选编》记录了民国初年至20世纪30年代康藏地区间第三次发生纠纷的始末。该《选编》是记录第三次康藏纠纷始末的第一手资料，绝大部分均为第一次公布，弥足珍贵。引用这套丛书的历史学论文主要涉及书中史料考证、事件分析、民族史等方面。

《南京大屠杀史料集》是由南京大学张宪文教授领衔主编的大型史料汇编，涵盖了加害方（日本）、受害方（中国）、第三方（西方国家）三个方面的丰富史料，详尽、全面地记录了日本在南京地区犯下的反人类文明的残酷暴行，是世界上最详尽最系统描述南京大屠杀的原始历史资料。引用这套汇编的历史学论文主要为论述这套汇编的价值以及对南京大屠杀事件进行深层次分析。

（8）年谱类现代史料

年谱类著作是用编年体裁记载个人生平事迹的著作，大多是后人就其著述及史籍所载事实考订编次而成。后人阅读年谱，可以了解谱主个人的历史及谱主生活的社会的历史，具有学术研究的资料价值。利用年谱查找资料的方法约有四种：一是要查找某人资料，可直接查阅其人的年谱；二是为查阅某人的资料也可查阅相关人物的年谱；三是当查找某一类事物的资料时，可试查掌管这类事物的官员之年谱；四是探究某一时期影响重大、事关多人的历史事件，可同时阅读此时期相关人物的多种年谱[①]。本章入选此类的图书有7种：《梁启超年谱长编》、《毛泽东年谱（1893—

---

① 南炳文："论明人年谱的价值和利用"，《求是学刊》2004年第6期。

1949）》、《孙中山年谱长编》、《周恩来年谱》、《章太炎年谱长编》、《顾颉刚年谱》、《邓小平年谱：1975—1997》（2004 年出版）。

与文集相比，年谱属于二手、三手史料，因此，在历史学领域，名人年谱类书籍的引用次数相对少于名人的文集。在入选的年谱中，《顾颉刚年谱》不同于其他年谱，它是关于一个学者而不是一个政治人物的年谱，引用该年谱的历史学论文主要涉及史学理论、史学史、史学学者之间的关系、史学界的一些重要事件等方面的主题。非政治家的顾颉刚先生，由于其在历史学方面的重要成就和学术影响力，使得他的年谱被引 51 次。《梁启超年谱长编》、《毛泽东年谱（1893—1949）》、《孙中山年谱长编》、《周恩来年谱》、《章太炎年谱长编》、《邓小平年谱：1975—1997》等书分别被历史学论文引用 178 次、114 次、89 次、81 次、70 次、20 次（2004 年出版），这些年谱为中国现代史的研究提供了资料来源。

5.4 工具书对历史学研究的影响

工具书是一种依据特定需求，广泛汇集相关知识或文献资料，按一定体例和检索式编排，专供查找资料线索的图书。工具书可分为检索工具书与参考工具书，其中检索工具书包括书目、索引、文摘等类型，主要用于查找文献线索，参考工具书包括百科全书、辞典、手册等类型，主要用于解释疑难问题。工具书的学术价值与史料价值相对较弱，在历史学学科发展中所起的作用相对较小。这次遴选出来的对我国历史学研究影响较大的工具书有 9 种，其中现代工具书只有《辞海》一种，其他为古代书目、类书，详细书目参见表 5-6。

表 5-6　　　　　　　　历史学论文引用较多的工具书

序号	图书信息
1	《册府元龟》，北京：中华书局，1956
2	《四库全书总目》，北京：中华书局，1964
3	《太平御览》，北京：中华书局，1960
4	《景印文渊阁四库全书》，台北：台湾商务印书馆，1983
5	《太平广记》，北京：中华书局，1959
6	《四库全书》，北京：商务印书馆，1987
7	《文苑英华》，北京：中华书局，1966
8	辞海编辑委员会：《辞海》，上海：上海辞书出版社，1979
9	《永乐大典》，北京：中华书局，1960

(1) 现代工具书

《辞海》是中国最大的综合性辞典，是兼有字典、语文词典和百科词典功能的大型综合性辞典。《辞海》不仅可以为人们提供语词、语言等知识的查询，部分条目涉及中国古代史、中国近现代史、外国史，对历史学研究也具有一定的参考价值。该工具书在历史学研究领域具有较高的被引率，利用 2000 – 2007 年的 CSSCI 数据检索发现，被历史学论文引用 69 次。

历史学领域的专家们认为，在历史学研究中，《辞海》不具史料价值。从来源篇名的角度看，引用《辞海》的历史学论文主题比较分散，很难看出《辞海》在历史学研究中的具体作用。通过阅读相关的历史学论文，考察这些论文引用《辞海》的相关内容，我们发现《辞海》在历史学中的作用大体可分为以下三类：

第一类，从相关条目的解释中辨析某些概念的内涵和外延，或了解某些关于人、物方面的知识，为论点的论述提供支持。历史学论文中《辞海》的引用绝大多数属于此类。例如，《关于不平等条约的若干问题》一文中对"条约"的解释；《"迷拐"、"折割"传闻与天津教案》一文中对"蒙汗药"的解释属于引用概念的定义；《北京有两个琼华岛》一文中对"炉甘石"的解释属于了解炉甘石的相关知识。

第二类，从相关条目的解释中寻找有价值的史料信息，为相关论述提供佐证。有些条目的解释涉及条目的出处，相关人物所处的年代、主要事迹或功过，相关地点在历史上的军事或经济价值等信息在历史学研究中具有一定参考价值。例如，《关于僧人指空行迹的若干问题》一文在论述僧人"指空"的行迹时，史料中有段记载"……两岸高耸，架桥以渡，冰雪不消，故号雪山"，对"雪山"所指的确切地址颇为费解，通过《辞海》中对"雪山"的解释"古代印度人和中亚南部人总称喜马拉雅、兴都库什诸山为雪山，亦称大雪山。见《大唐西域记》卷一、卷二"，作者弄清了上述地名的方位。又如《关于"海上丝绸之路"概念及其历史下限的思考》中引用《辞海》中对丝绸之路的解释，了解到"海上丝绸之路"的部分史料，"丝绸之路的支线，亦有取道海上者，或自中国南部直接西航，或经由滇、缅通道再自今缅甸南部利用海道西运，或经由中亚转达印度半岛各岛再由海道西运"，等等。

第三类，对《辞海》中某些条目的解释提出异议。这种引用比较少见。

(2) 类书

类书是通过摘录各种书上有关的材料并依照内容分门别类地编排起来以备检索的书籍，通常被作为史学研究的工具书使用。许多类书还可以作为辑佚、校勘古书的依据。本章入选的中国古代类书有 7 种：《册府元龟》（被引 270 次）、《太平御览》（被引 211 次）、《景印文渊阁四库全书》（被引 116 次）、《太平广记》（被引 115 次）、《四库全书》（被引 97 次）、《文苑英华》（被引 84 次）、《永乐大典》（被引 61 次）。

《册府元龟》、《太平御览》、《太平广记》、《文苑英华》是北宋四大部书，其中：

《册府元龟》是史学类书，编修历代君臣事迹，成为后世文人学士运用典故、引据考证的一部重要参考资料，唐、五代史事部分是《册府元龟》的精华所在，不少史料为该书所仅见；《太平御览》是保存古代佚书最为丰富的类书之一；《太平广记》取材于汉代至宋初的野史小说及释藏、道经等和以小说家为主的杂著；《文苑英华》是文学类书，书中约十分之一是南北朝作品，十分之九是唐人作品，多数是根据当时流传不多的抄本诗文集收录的，保存了不少有价值的文献资料，收录不少诏诰、书判、表疏、碑志，可以用来考订史实。

《永乐大典》是我国古代编纂的一部大型类书，是中国古代最大的百科全书。《永乐大典》收录古代重要典籍至七八千种之多，上至先秦，下达明初。宋元以前的佚文秘典，多得以保存流传。收录的内容包括：经、史、子、集、释庄、道经、戏剧、平话、工技、农艺、医卜、文学等等，无所不包。所辑录书籍，一字不易，按照原著，整部、整篇、或整段分别编入，更加提高了保存资料的文献价值。

《四库全书》，中国古代最大的一部官修书，也是中国古代最大的一部丛书，分经、史、子、集四部，故名四库。该书客观上整理、保存了一大批重要典籍，开创了中国书目学，确立了汉学在社会文化中的主导地位，具有无与伦比的文献价值、史料价值、文物价值与版本价值。该书的部分内容源自《永乐大典》。《四库全书》后分为七部，第一部藏于紫禁城内的文渊阁，称为文渊阁四库全书，《景印文渊阁四库全书》为其影印版本。

类书的史学价值主要体现在两个方面：一为保存古代大量的接近原作的珍贵资料，以供校勘典籍、检索诗词文句、查检典故成语出处之用；二为研究者直接提供了专题研究的资料。上述7种类书在我国历史学研究中有着较高的学术影响力。由于类书包含的内容比较庞杂，因此引用上述7种类书的历史学论文涉及的主题也比较广泛，但是相对集中在史料考证以及政治、经济、文化、军事等方面的历史研究。

(3) 古代书目

《四库全书总目》，清永瑢等撰，为我国古代最巨大的官修图书目录，是古典目录学的集大成之作，至今仍然具有重要参考价值。该书记载了先秦至清初传世的大部分书籍，每部书籍均注明来源，并附以内容提要和评论，全书按经、史、子、集四部分类法编排，为学者研究中国封建社会的政治、经济、文化的历史提供了一部翔实的书目。该书被国内历史学论文引用223次，引用文献主要是史学史、部分古籍及其作者评论方面的论文。

5.5 国外学术著作对历史学研究的影响

本章中选出的对历史学研究有较大影响的298种图书中，共有19种为国外学术著作，这19种国外学术著作均为译著。表5-7给出了我国历史学论文引用较多的国外学术著作书目。表中 19 种国外学术著作并非均为史学著作,包括政治学、经济学、科学技术、社会学等领域的著作,说明它们对我国历史学研究也产生了很大影响。

表 5-7　　　　　　　　历史学论文引用较多的国外学术著作

序号	图书信息
1	[英] 杰弗里·巴勒克拉夫（Geoffrey Barraclough）著,杨豫译:《当代史学主要趋势》,上海:上海译文出版社,1987
2	[英] R. G. 柯林武德（R. G. Collingwood）著,何兆武译:《历史的观念》,北京:中国社会科学出版社,1986
3	[美] L. S. 斯塔夫里阿诺斯（L. S. Stavrianos）著,吴象婴译:《全球通史:1500 年以前的世界》,上海:上海社会科学院出版社,1988
4	[古希腊] 亚里士多德（Aristotle）著,吴寿彭译:《政治学》,北京:商务印书馆,1965
5	[古希腊] 希罗多德（Herodotus）著,王以铸译:《历史》,北京:商务印书馆,1959
6	[日] 信夫清三郎著,天津社会科学院译:《日本外交史》,北京:商务印书馆,1980
7	[美] 伊曼纽尔·沃勒斯坦（Immanuel Wallerstein）著,尤来寅译:《现代世界体系》,北京:高等教育出版社,1998
8	[英] 李约瑟（J. Needham）著,《中国科学技术史》翻译小组译:《中国科学技术史》,北京:科学出版社,1975
9	[美] 柯文（Paul A. Cohen）著,林同奇译:《在中国发现历史:中国中心观在美国的兴起》,北京:中华书局,1989
10	[法] 费尔南·布罗代尔（Fernand Braudel）著,顾良译:《15 至 18 世纪的物质文明、经济和资本主义》,北京:生活·读书·新知三联书店,1992
11	[德] 贡德·弗兰克（Andre Gunder Frank）著,刘北成译:《白银资本:重视经济全球化中的东方》,北京:中央编译出版社,2000
12	[意] 利玛窦（Matteo Ricci）著,何高济译:《利玛窦中国札记》,北京:中华书局,1983
13	[美] 吉尔伯特·罗兹曼（Gilbert Rozman）主编,陶骅等译:《中国的现代化》,南京:江苏人民出版社,1988
14	[美] 费正清（John King Fairbank）:《剑桥中国晚清史》,北京:中国社会科学出版社,1985
15	[美] H. B. 马士（Hosea Ballou Morse）著,张汇文译:《中华帝国对外关系史》,上海:上海书店,2000
16	[美] 杜赞奇（Prasenjit Duara）著,王福明译:《文化、权力与国家:1900—1942 年的华北农村》,南京:江苏人民出版社,1994

续表

序号	图书信息
17	［美］费正清（John King Fairbank）编，章建刚译：《剑桥中华民国史》，上海：上海人民出版社，1992
18	［美］格奥尔格·伊格尔斯（G. G. Iggers）著，何兆武译：《二十世纪的历史学：从科学的客观性到后现代的挑战》，沈阳：辽宁教育出版社，2003
19	［美］彭慕兰（Kenneth Pomeranz）著，史建云译：《大分流：欧洲、中国及现代世界经济的发展》，南京：江苏人民出版社，2003

从表 5-7 中的国外学术著作信息来看，包括美、英、法、意、德、日、古希腊共 7 个国家的相关著作。这 19 种图书全部是译著，没有原版外文图书。为了便于讨论这些图书在历史学研究中的影响，我们将表 5-7 中的图书划分为四个子类：史学理论著作、世界史著作、政治学与经济学类著作、涉及中国历史的著作。

（1）史学理论类著作

入选的这类图书共 4 种。这部分图书包括：巴勒克拉夫所著的《当代史学主要趋势》、柯林武德所著的《历史的观念》、古希腊希罗多德所著的《历史》、伊格尔斯所著的《二十世纪的历史学：从科学的客观性到后现代的挑战》。

《当代史学主要趋势》为英国史学家巴勒克拉夫教授应联合国教科文组织委托所作。巴勒克拉夫教授在书中运用比较史学的方法分析了 20 世纪 50 年代以来，欧、美、亚、非及拉丁美洲各国历史研究的重大变化及其原因，介绍和评价了各种新史学流派、新研究领域、新研究方法和技术以及新的研究组织。全书视野开阔、分析精辟，资料翔实，为历史研究者把握世界历史的研究提供了进一步的指引。该书被历史学论文引用 122 次，具有很高的学术影响。引用该书的历史学论文的主题主要是史学史、史学理论等方面，尤其讨论马克思主义史学、全球史观、中西方史学研究比较的论文较多。

《历史的观念》被西方哲学界盛誉为"英国人对现代历史哲学的唯一贡献"。作者柯林伍德反对 19 世纪以来历史朝自然科学看齐的倾向，主张历史就是思想史，历史的对象就是思想。他指出，历史知识就是对被囊括于现今思想之中的过去思想的重演。该书被历史学论文引用 105 次，具有较高的学术影响。引用该书的历史学论文的主题主要是史学观、史学理论等方面，涉及对修昔底德、司马迁等不同时代、不同国家著名历史学家的史学观的讨论。

《历史》是第一部堪称为在希腊史学史上的历史著作。《历史》内容丰富，非常生动地叙述了西亚、北非以及希腊等地区的地理环境、民族分布、经济生活、政治制度、历史往事、风土人情、宗教信仰、名胜古迹等，展示了古代近 20 个国家和地区的民族生活图景，宛如古代社会一部小型"百科全书"。希罗多德首创了历史著作的体裁，并为后世保存了大量珍贵史料，其中有些已被近代考古学、人类学和历史学的研究或成果所证实。该书被历史学论文引用58次，引用该书的论文主要涉及古希腊的政治制度与政治思想、西方上古史学理论等主题。

《二十世纪的历史学：从科学的客观性到后现代的挑战》（2003年出版）考察了关于历史和历史学性质的思想的深刻变化，以及自19世纪职业历史学出现以来作为其基础的基本原则的发展，描述了第二次世界大战以后新的社会科学如何改变历史学，特别是近20年来后现代主义思想对历史学的巨大挑战，并得出结论：当代的历史学正从经典的、宏观的形式走向微观史、文化史和日常生活史。该书新版时增加了题为"21世纪初的回顾"的后记，考察了从后现代主义向新的社会科学方法的进展，特别注意文化因素和全球化问题。该书被历史学论文引用38次，引用该书的论文主要涉及历史观、20世纪史学史研究方面的主题。

（2）世界史类著作

根据遴选标准入选的现代世界史方面的著作有2种：斯塔夫里阿诺斯所著的《全球通史：1500年以前的世界》、信夫清三郎所著的《日本外交史》。

《全球通史》是斯塔夫里阿诺斯最重要的著作之一，分为《全球通史：1500年以前的世界》和《全球通史：1500年以后的世界》两册。作者采用全新的史学观点和方法，将整个世界看作一个不可分割的有机的统一体，从全球的角度而不是某一国家或某一地区的角度来考察世界各地区人类文明的产生和发展，把研究的重点放在对人类历史事件和它们之间的相互关联和影响上，努力反映局部与整体的对抗以及它们之间的相互作用。全书材料新、范围广，除了政治、经济外，还涉及军事、文化、教育、宗教、科学技术等各个方面，还吸收了世界历史学研究诸领域的新成就。这部通史被认为是第一部由历史学家运用全球观点囊括全球文明而编写的世界历史。该书被历史学论文引用78次，具有较高的学术影响。该书倡导的全球史观已成为历史学研究和引用的对象，书中包含的史料成为中国学者进行世界史研究、中西方比较研究、中外关系研究的重要来源之一。

《日本外交史》是关于战后日本外交的通史。第二次世界大战后，日本从战败的废墟中出发，在冷战体制下从属于西方阵营，作为经济国家重新登上国际舞台。该书作者在注重史实的基础上，力图为读者勾画出以对外关系为切入点的战后日本史的全貌。该书被历史学论文引用58次，引用该书的论文主题主要涉及中日在晚清、民国、抗日战争、战后的外交关系，东北亚各国之间的外交关系，战后日本与西方阵营的外交关系。

（3）政治学、经济学类著作

入选的国外学术著作中政治学、经济学著作有4种：古希腊亚里士多德所著的《政治学》、沃勒斯坦所著的《现代世界体系》、布罗代尔所著的《15至18世纪的物质文明、经济和资本主义》、弗兰克所著的《白银资本：重视经济全球化中的东方》。

亚里士多德的《政治学》是现在保存最早的有关政治学的论述。在书中，亚里士多德认为国家的统治形式可分为王权政体、贵族政体和立宪政体，三种政体的对立形式是暴君政体、寡头政体和民主政体，而贵族政体是最为理想的政体。该书被我国历史学论文引用59次，其引用论文的主题主要是讨论古希腊的政治制度、《政治学》中所体现的史学观。

《现代世界体系》是世界体系理论的开创性著作。世界体系理论是西方学术界继现代化理论之后出现的一种新理论和新方法，主要兴起于20世纪70年代的美国，其影响遍及政治学、经济学、社会学、历史学以及地理学等主要社会科学领域。世界体系理论创造性地融合了社会发展理论中的主流学派与非主流学派，揭示了现代化的不可阻挡的全球发展趋势。沃勒斯坦等人认为民族国家并不是近代以来社会变迁的基本单位，而具有结构性经济联系和各种内在制度规定性的、一体化的现代世界体系才是考察16世纪以来社会变迁的唯一实体，现代世界体系是一个由经济、政治、文化三个基本维度构成的复合体，经济体是整个世界体系的基本层面，是政治体和文化体存在、发展的决定性因素。该书被历史学论文引用57次。引用该书的论文主要涉及史学史、现代国际体系以及在世界体系视角下的历史问题分析等方面的主题。

《15至18世纪的物质文明、经济和资本主义》是法国史学年鉴学派第二代代表人物布罗代尔的一本重要历史著作[①]。该书分为三册：第一册探讨并比较15-18世纪这400年之间，全世界各个地区的人口、食、衣、住、行、能源、器物、技术、货币、城市等与日常生活最直接相关的事物；第二册讨论并比较资本主义发达之前世界各地区的地区商业、各种层次类型的市场、地区之间的贸易关系，前近代时期世界各地的资本、资本家、资本家精神、企业以及手工业生产、社会结构、国家对经济的介入等；第三册讲述资本主义经济如何逐步在西方发展起来并影响全世界的过程。该书被历史学论文引用55次，引用该书的历史学论文主要涉及欧洲经济史、中国古代与欧洲的经济交流、西方的史学思想等主题。

《白银资本：重视经济全球化中的东方》是一部极具挑战性的重要著作，它对1500年以来世界各地之间的经济联系作了一个气势恢弘的论述。作者贡德·弗兰克是当代西方著名学者，他一直致力于世界体系史、当代国际政治、经济和社会运动的研究，是全球史研究的开拓者之一[②]。他把中国置于亚洲的中心，把亚洲置于全球经济的中心。与学术界多数人的通常看法不同，他认为中国在工业革命前的经济史中占据着极其突出和积极的地位。为了阐述他的观点，他广泛利用了其他学者的研究成果，包括研究亚洲和欧洲经济史的专家的最新成果。《白银资本：重视经济全球

---

① 15至18世纪的物质文明、经济和资本主义．[2009-11-9]．http：//baike.baidu.com/view/1778095.htm．

② 白银资本：重视经济全球化中的东方．[2009-11-9]．http：//baike.baidu.com/view/2223139.htm．

化中的东方》的最大优点在于,它迫使读者用另外一种眼光来看世界。该书被历史学论文引用 54 次,引用该书的论文主题主要在"全球化"视野下研究明朝末期与他国在经济、政治、文化方面的关系,也有探讨中国史研究中历史观方面的论文。

(4) 涉及中国历史的著作

入选的国外学术著作中涉及中国历史的著作有 9 种:李约瑟所著的《中国科学技术史》、柯文所著的《在中国发现历史:中国中心观在美国的兴起》、利玛窦所著的《利玛窦中国札记》、吉尔伯特·罗兹曼所著的《中国的现代化》、费正清主编的《剑桥中国晚清史》、马士所著的《中华帝国对外关系史》、杜赞奇所著的《文化、权力与国家:1900—1942 年的华北农村》、费正清主编的《剑桥中华民国史》、彭慕兰所著的《大分流:欧洲、中国及现代世界经济的发展》。

《中国科学技术史》是著名英籍科学史家李约瑟撰写的多卷本著作。该书通过丰富的史料、深入的分析和大量的东西方比较研究,全面、系统地论述了中国古代科学技术的辉煌成就及其对世界文明的伟大贡献,内容涉及哲学、历史、科学思想、数、理、化、天、地、生、农、医以及工程技术等诸多领域。该书被历史学论文引用 57 次,其论文主题涉及将李约瑟本人及"李约瑟难题"作为探讨的对象,大部分论文是研究中国科学技术史、中国科学思想史、东西方科学技术交流等方面的主题。

《在中国发现历史:中国中心观在美国的兴起》系统批判总结了美国 20 世纪 80 年代之前的中国史研究,着重讨论了近代中国在政治、思想、经济与社会等方面的发展,涉及 120 多位美国当代的史家、学者,并对其中的代表人物进行了详细评介。引用该书的历史学论文主要涉及美国学者的中国史观、美国中国史研究等主题,共计引用 57 次。

《利玛窦中国札记》是意大利的耶稣会传教士的著作。作者在明朝万历年间来到中国居住。他是天主教在中国传教的开拓者之一,也是第一位阅读中国文学并对中国典籍进行钻研的西方学者。该书作者以灵敏的感受和一个旁观者的态度,详尽记录了传教士在中国的传教经历。该书共五卷,第一卷概述当时中国各方面情况;第二至五卷记叙传教士们在中国的传教经历。因此,该书对于研究明代中西方交通史、关系史和耶稣会入华传教史,乃至明史,都具有弥足珍贵的史料价值。该书被历史学论文引用 54 次,引用该书的论文主要为研究明清时期西方传教士在中国的活动、西方宗教对中国传统宗教与文化的影响、东西方文化交流等方面的主题。

《中国的现代化》是迄今为止国外关于中国现代化研究的最为系统的一部专著。该书是美国一批著名学者近年来研究中国现代化事业的综合性著作。它从晚清中国与西方交手开始,一直写到中国共产党十一届三中全会。从国际环境、政治结构、经济发展、社会整合和科技进步等五个方面论述了中国现代化事业在晚清、民国初年、北洋军阀、国民政府和新中国各个时期的起步、彷徨、动摇、发展、挫折、再发展的艰难历程。作者对于中国问题的探讨颇为客观,对于想了解外国人如何看待中国现代化的读者具有重要的参考价值。该书被国内历史学论文引用53次，引用该书的论文主要研究晚清及20世纪初中国在现代化进程中所采取的制度以及所面临的问题。

《剑桥中国史》是一部主要由西方学者撰写的中国历史的丛书。由于东西方历史文化的差异，该书在许多历史问题上提出了新的观点和质疑。这些来自于另外一种世界观和价值观的作品极大地丰富了国内学者的思想和开阔了国内学者的视野。该丛书注意吸收各国学者的研究成果，反映了国外中国史研究的水平和动向。在该丛书中，《剑桥中国晚清史》、《剑桥中华民国史》对我国历史学研究的影响最大，分别被国内历史学论文引用53次与50次，引用《剑桥中国晚清史》的文献主题涉及清朝经济、政治、文化、现代化、对外关系、农民运动等方面，部分论文对史学研究进行了探讨。引用《剑桥中华民国史》的论文主题涉及民国经济、政治、国共关系、中共党史、抗日战争等方面。

《中华帝国对外关系史》的作者马士是晚清时期来到中国的外国人，长期在英国人赫德控制下的中国海关服务，作为赫德的亲信，参与了许多机密工作，掌握大量第一手资料。所以他写的这部《中华帝国对外关系史（1834—1911）》，成为研究中国近代史、特别是对外关系史的最主要的参考资料。作者亲见大量的英国原始官书、档案、信札、报道，相关内容散落全书，对中国读者尤显稀缺。该书被历史学论文引用52次，引用该书的论文主要为研究晚清在涉外经济、外国传教士来华、外交等方面的政策和事件。

《文化、权力与国家：1900—1942年的华北农村》对1900—1942年的中国华北乡村作了详细的个案研究。作者力图打通历史学与社会学的间隔，从"大众文化"的角度，提出了"权力的文化网络"等新概念，且详细论证了国家权力是如何通过种种渠道（诸如商业团体、经纪人、庙会组织、宗教、神话及象征性资源等）深入社会底层；对旧的封建帝国的权力和法令如何行之于乡村、它们与地方组织和领袖是何种关系等问题进行了分析。该书有助于从全新的角度认识文化与权力的关系。作者的"个案研究"和"从大量的史料证据中得出结论"的研究方法对历史学领域的后继研究者具有一定的启示作用。该书被历史学论文引用51次，引用该书的论文主题主要为研究20世纪上半叶中国农村在经济、文化等方面状况。

《大分流：欧洲、中国及现代世界经济的发展》（2003年出版）讨论了各学派对"西欧中心论"和"冲击——回应模式"等观点，详细考察了18世纪欧洲和东亚的社会经济状况，具体比较了欧洲的英格兰和中国的江南地区。该书的基本观点是：1800年以前是一个多元的世界，没有一个经济中心，西方并没有任何明显的、完全为西方自己独有的内生优势；只是19世纪欧洲工业化充分发展以后，一个占支配地位的西欧中心才具有了实际意义。该书之所以能在中国引起较大影响，是因为这本书以中国与欧洲双向交互比较的方法，再次触动了国人最敏感的老话题——中华文明这个长期以来在全球范围内一直保持领先的古老文明,到了近代究竟为什么突然衰落。该书被历史学论文引用28次,引用该书的论文主要为探讨全球化的历史观、文明观、经济观以及中欧比较。

5.6 国内学术著作对历史学研究的影响

本章所述国内学术著作是指近代及现当代国内出版的学术著作。此次选出的对国内历史学研究影响最大的国内学术著作有55种。详细书目参见表5-8。

表5-8　　　　　　　　历史学论文引用较多的国内学术著作

序号	图书信息
1	梁启超:《饮冰室合集》,北京:中华书局,1936
2	严复著,王栻编:《严复集》,北京:中华书局,1986
3	鲁迅:《鲁迅全集》,北京:人民文学出版社,1958
4	上海图书馆:《汪康年师友书札(第1—3册)》,上海:上海古籍出版社,1987
5	郑观应著,夏东元编:《郑观应集》,上海:上海人民出版社,1982
6	张謇:《张謇全集》,南京:江苏古籍出版社,1993
7	顾颉刚:《古史辨》,上海:上海古籍出版社,1982
8	李大钊:《李大钊文集》,北京:人民出版社,1959
9	康有为著,汤志钧编:《康有为政论集》,北京:中华书局,1981
10	陈寅恪:《金明馆丛稿二编》,上海:上海古籍出版社,1980
11	冯自由:《革命逸史》,北京:中华书局,1981
12	章太炎:《章太炎全集》,上海:上海人民出版社,1984
13	李大钊:《李大钊全集》,石家庄:河北教育出版社,1999/北京:人民出版社,2006
14	顾维钧著,中国社会科学院近代史研究所编:《顾维钧回忆录》,北京:中华书局,1983
15	章太炎著,汤志钧编:《章太炎政论选集》,北京:中华书局,1977
16	胡适著,欧阳哲生编:《胡适文集》,北京:北京大学出版社,1998
17	蔡元培著,高平叔编:《蔡元培全集》,北京:中华书局,1984
18	王国维:《观堂集林》,北京:中华书局,1959
19	杨伯峻:《春秋左传注》,北京:中华书局,1981
20	梁启超著,李华兴编:《梁启超选集》,上海:上海人民出版社,1984
21	陈得芝:《中国通史》,上海:上海人民出版社,1989
22	张品兴等:《梁启超全集》,北京:北京出版社,1988

续表

序号	图书信息
23	谭嗣同：《谭嗣同全集》，北京：中华书局，1954
24	陈红民：《胡汉民未刊往来函电稿》，桂林：广西师范大学出版社，2005
25	梁启超著，朱维铮编：《梁启超论清学史二种》，上海：复旦大学出版社，1985
26	罗荣渠：《现代化新论：世界与中国的现代化进程》，北京：北京大学出版社，1993
27	钱穆：《国史大纲》，北京：商务印书馆，1940
28	余英时：《士与中国文化》，上海：上海人民出版社，1987
29	郭嵩焘：《郭嵩焘日记》，长沙：湖南人民出版社，1980
30	胡适著，曹伯言编：《胡适日记全编》，合肥：安徽教育出版社，2001
31	中国社会科学院近代史研究所：《胡适来往书信选》，北京：中华书局，1979
32	侯外庐：《中国思想通史》，北京：人民出版社，1956
33	胡适：《胡适文存》，合肥：黄山书社，1996
34	梁启超：《清代学术概论》，上海：上海古籍出版社，1998
35	宋教仁著，陈旭麓编：《宋教仁集》，北京：中华书局，1981
36	梁漱溟：《梁漱溟全集》，济南：山东人民出版社，1989
37	郭沫若：《郭沫若全集》，北京：人民出版社，1982
38	黄兴：《黄兴集》，北京：中华书局，1981
39	周予同著，朱维铮编：《周予同经学史论著选集》，上海：上海人民出版社，1983
40	白寿彝：《白寿彝史学论集（上）、（下）》，北京：北京师范大学出版社，1994
41	许涤新：《中国资本主义发展史》，北京：人民出版社，1985
42	熊月之：《西学东渐与晚清社会》，上海：上海人民出版社，1994
43	葛剑雄：《中国移民史》，福州：福建人民出版社，1997
44	皮锡瑞：《经学历史》，北京：中华书局，1959
45	葛兆光：《中国思想史》，上海：复旦大学出版社，1998
46	康有为：《康有为全集》，上海：上海古籍出版社，1987
47	陈梦家：《殷墟卜辞综述》，北京：中华书局，1988
48	瞿林东：《中国史学史纲》，北京：北京出版社，1999
49	熊月之：《上海通史》，上海：上海人民出版社，1999
50	徐复观：《两汉思想史》，上海：华东师范大学出版社，2001
51	傅斯年：《傅斯年全集》，长沙：湖南教育出版社，2003
52	瞿同祖等：《清代地方政府》，北京：法律出版社，2003

续表

序号	图书信息
53	王奇生：《党员、党权与党争：1924—1949年中国国民党的组织形态》，上海：上海书店，2003
54	张政烺：《张政烺文史论集》，北京：中华书局，2004
55	金应熙：《金应熙史学论文集（古代史）》，广州：广东人民出版社，2006

我们将本章入选的国内学术著作分为个人文集（27种）、个人回忆录（1种）、学术专著（27种）等3个子类，并分别就它们对国内历史学研究的影响加以讨论。

（1）个人文集类著作

入选此类的图书共27种，在55种国内学术著作中约占50%。这部分图书包括：《饮冰室合集》、《严复集》、《鲁迅全集》、《汪康年师友书札（第1—3册）》、《郑观应集》、《张謇全集》、《李大钊文集》、《康有为政论集》、《章太炎全集》、《李大钊全集》、《章太炎政论选集》、《胡适文集》、《蔡元培全集》、《梁启超选集》、《梁启超全集》、《谭嗣同全集》、《胡汉民未刊往来函电稿》、《郭嵩焘日记》、《胡适日记全编》、《胡适来往书信选》、《胡适文存》、《宋教仁集》、《梁漱溟全集》、《郭沫若全集》、《黄兴集》、《康有为全集》、《傅斯年全集》等。个人文集在历史学研究中的作用体现在三个方面：作为评价历史人物的依据、作为分析历史人物思想的依据、作为论述其他问题的史料来源。这些入选文集的作者许多是近代或现、当代有名的社会政治人物，著名学者或思想家，他们的文集有些具有重要的学术价值和史料价值。

梁启超，中国近代维新派代表人物，著名的政治活动家、启蒙思想家、资产阶级宣传家、教育家、史学家和文学家。《饮冰室合集》的内容包括梁启超所著的时论、学术文章、诗论诗话、诗词创作、戏剧小说、碑帖、年谱、游记、书信等类别或体裁。《梁启超选集》选录梁启超一百多篇文章，介绍他对政治、经济、法治、历史、文化学术、民族性、国民性、东西文化、为学与做人、治学方法等问题的看法，既有利于读者了解他，也有利于清理现代文化思潮发展的线索。《梁启超全集》包括了《饮冰室合集》的全部内容，还收入了大量书信。在历史学论文的引用文献中，《饮冰室合集》被引520次，《梁启超选集》被引98次，《梁启超全集》被引86次。

严复，清末很有影响的资产阶级启蒙思想家，翻译家和教育家。严复的著作除一些政治和学术文章之外，基本上是翻译著作。在译介西方著作时，严复提出许多很有深度的见解，在当时对促进中国古代学术向现代学术的转变起到了重要作用。《严复集》是收录严复作品集中最全的文集，在国史学论文中被引398次。

鲁迅，我国现代伟大的无产阶级文学家，思想家，革命家。《鲁迅全集》收入了鲁迅的著作（包括文学作品、评论、文学史专著以及部分书信）、译文、辑录的古籍，在历史学论文中被引367次。

汪康年，中国近代资产阶级改良派报刊出版家、政论家，对近代新闻事业的发展和公共舆论的形成做出了很大的贡献，其著作收录在《汪康年师友书札（第1－3册）》中，该书被历史学论文引用225次。

郑观应，清末维新派代表人物，中国近代资产阶级改良主义思想家。郑观应一生从事工商业活动，主张收回关税自主权。《郑观应集》记录了他一生经营工商业活动的情况，该书被历史学论文引用215次。

张謇，中国近代著名的实业家、教育家。《张謇全集》一共六卷，分别为政治、经济、实业、事业、艺文、日记，该书被历史学论文引用197次。

李大钊，中国最早的马克思主义者和共产主义者，中国共产党的主要创始人之一，他的作品在中国共产党的历史上和中国革命史上都具有重要的文献价值。《李大钊文集》大部分篇幅是李大钊政治方面的文章，经济方面的文章也占相当比例，收入的历史学方面的著述达20万字以上，还收入了李大钊在文艺理论方面的著作以及他的诗歌、散文、杂文、书信、日记和小说等作品。《李大钊文集》被历史学论文引用178次。河北教育出版社于1999出版的《李大钊全集》，收入李大钊文稿577篇，是研究李大钊早期思想、世界观转变、从事革命理论探讨和革命实践活动的珍贵资料；人民出版社2006年出版的《李大钊全集》是我国李大钊研究领域的集大成之作，与此前刊行的所有版本相比，这部全集与其他较好的或通行的版本（包括河北教育出版社1999年版）相比，收录的李大钊论著更为完备，考订更为精审详尽。两个版本的《李大钊全集》共被历史学论文引用100次。

康有为，中国近代维新派代表人物，著名政治家、思想家、社会改革家、书法家和学者。他信奉孔子的儒家学说，并致力于将儒家学说改造为适应现代社会的国教。《康有为政论集》以康有为的政治论文为主，也收录他带有政治主张的演说辞、通电、函札、诗文以及重要专著的序跋或主要章节的部分内容，并结合康有为思想活动按照不同历史阶段分三卷编选。《康有为全集》以时间为序，汇编了康有为已刊和未刊作品近千万字，包括康氏的书信、奏折、专著、游记、诗作等不同类型的作品。这是世界范围内对康有为著作的一次全面整理。该全集对于研究康有为本人以及近代中国政治、思想、学术等发展演变的历史，具有重要价值。《康有为政论集》被历史学论文引用162次，《康有为全集》被引52次。

章太炎，清末民初资产阶级革命家、思想家、著名学者，研究范围涉及文学、历史、哲学、政治等，著述甚丰。他一生经历了戊戌维新改良运动和资产阶级民主革命两个历史时期。《章太炎全集》网罗繁富，《章太炎政论选集》则收录章太炎带有政治主张的演说辞、函札、诗文等内容。在历史学论文中，《章太炎全集》、《章太炎政论选集》均被引用125次。

胡适，现代著名学者、诗人、历史家、文学家、哲学家。因提倡文学革命而成为新文化运动的领袖之一。《胡适文集》为迄今海内外规模最大的胡适作品集。另外黄山书社曾用简体横批出过《胡适文存》四本，胡适在1949年以前的重要论著先后结集成《胡适文存》、《胡适文存二集》、《胡适文存三集》及《胡适论学近著》。《胡适日记全编》与一般名人日记的流水账不同，书中许多是纯粹的资料汇集，加上胡适的宽阔视野和交游广泛、社会活动异常活跃，这些资料非常直观和原生态地保存了当时社会的方方面面，该书主要部分为胡适留学美国所记，但其中仍有不少国内事件的资料，是宝贵的历史资料。胡适1949年飞离北京时留下的一批书信被系统地整理成《胡适来往书信选》，内容包括胡适自1915年到1948年的一部分电报和信稿、电稿，并在附录中收入了胡适所保存的其他书信、一部分手稿和一些与书信内容有关的有参考价值的文件手稿等。在历史学论文中，《胡适文集》、《胡适日记全编》、《胡适来往书信选》、《胡适文存》分别被引113次、70次、67次、64次。

蔡元培，民主主义革命家和教育家。《蔡元培全集》所收文稿包括蔡元培先生撰写的著作、论文、诗歌、题联、书简、函电、批语、日记、译文及演说、谈话及口述的记录，当时由他主持制订或以其名义发布的重要公文、法规以及与别人合作之作等，资料翔实，内容丰富，理论精辟，具有极高的参考价值和研究价值。在历史学论文中，《蔡元培全集》被引112次。

谭嗣同，中国近代资产阶级维新派的主要人物之一，后人将其著作编为《谭嗣同全集》，包括谭嗣同生前已编的专集、已定的稿本，以及未经辑集的书简，或散见书刊的论文、讲义、手稿、手札等，《谭嗣同全集》对于全面研究或了解谭嗣同具有不可替代的价值。在历史学论文中，该书被引85次。

胡汉民，中国国民党元老和早期主要领导人之一，也是国民党前期右派代表人物之一。《胡汉民未刊往来函电稿》主要收录了哈佛燕京图书馆收藏的胡汉民往来函电稿，这是研究中国现代史、民国史与国民党史的重要资料，涉及20世纪20年代中期至30年代上半期中国的许多重大历史事件，包括国共合作与分裂、胡汉民访问苏联、国民党与共产国际的关系等。在历史学论文中，《胡汉民未刊往来函电稿》被引78次。

郭嵩焘，中国第一位驻外外交官。现存的郭嵩焘日记手稿，其年份基本上与洋务运动相始终，内容涉及当时的内政外交、朝野风气、社会状况、学术艺文，特别是出使部分的日记，包含的资料相当丰富，可供研究中国近代史参考。在历史学论文中，《郭嵩焘日记》被引71次。

宋教仁，近代民主革命家，辛亥革命的重要领导人之一。《宋教仁集》收入了宋教仁诗文、函电、启事、演说以及由其主持起草的文件，其中包括从日本外务省收藏档案中发现的、宋教仁在日本期间的一些未刊的言论。在历史学论文中，《宋教仁集》被引 62 次。

梁漱溟，中国现代史上的著名学者、思想家、教育家和社会活动家。他的学术思想和社会活动在海内外有广泛影响，深为人们所关注，其著述编成《梁漱溟全集》，包括专著、论文、讲演、札记、日记、书信等方面的内容。在历史学论文中，《梁漱溟全集》被引 61 次。

郭沫若，我国现代著名的作家、无产阶级文学家、诗人、剧作家、考古学家、思想家、古文字学家、历史学家和著名的革命、社会活动家。《郭沫若全集》收入了郭沫若生前出版的文学、历史、考古 3 方面的全部著作。这部郭沫若著作总集，对于研究郭沫若毕生在文学、历史、考古方面的巨大贡献提供了翔实的资料，在历史学论文中，该书被引 59 次。

黄兴，中国近代民主革命家，其思想观、政治主张主要散见于他的论文、序跋、书信、电稿、演讲、谈话、公牍、诗歌、联词、题词等之中。《黄兴集》为迄今为止所收集到的黄兴全部著作的总集。在历史学论文中，《黄兴集》被引 59 次。

傅斯年，著名史学家、文学家。他亲蒋反共，信奉考证学派传统，主张纯客观科学研究，注重史料的发现与考订，发表过不少研究古代史的论文，并多次去安阳指导殷墟发掘。《傅斯年文集》（2003 年出版）收入傅斯年先生生前发表的各种著作、文章、诗歌、书信、工作报告和部分未刊的手稿、遗稿，共 7 卷。在历史学论文中，《傅斯年文集》被引 30 次。

（2）个人回忆录类著作

著名人物，由于其身份的特殊性，其回忆录中会包含一些具有重要史料价值的档案材料，部分回忆录对历史学研究影响较大。顾维钧先生的《顾维钧回忆录》成为入选对国内历史学研究影响最大的个人回忆录类图书。

顾维钧从袁世凯时期直至 21 世纪 50 年代，一直在政界、外交界任要职，曾代表中国参加巴黎和会，之后又长期出使法、英、美等国。他的这部回忆录包含新中国成立之前半个多世纪里有关中国历史、国际关系的许多重大情节的权威记录。同时，由于顾维钧先生一直保持着社会贤达的身份，使得他的描述更有一种特殊的意义。《顾维钧回忆录》被历史学论文引用 124 次，引用该书的论文主要涉及我国台湾法律地位问题、北洋政府时期的中国外交、抗日战争时期国民政府的抗战外交、著名外交事件述论、顾维钧先生的外交思想等方面。

（3）学术类著作

入选此类的图书共 27 种。这类图书包括：《古史辨》、《金明馆丛稿二编》、《革命逸史》、《观堂集林》、《春秋左传注》、《中国通史》、《梁启超论清学史二种》、《现代化新论：世界与中国的现代化进程》、《国史大纲》、《士与中国文化》、《中国思想通史》、《清代学术概论》、《周予同经学史论著选集》、《白寿彝史学论集（上、下)》、《西学东渐与晚清社会》、《中国移民史》、《经学历史》、《中国资本主义发展史》、《中国思想史》、《殷墟卜辞综述》、《中国史学史纲》、《上海通史》、《两汉思想史》、《清代地方政府》、《党员、党权与党争：1924-1949年中国国民党》、《张政烺文史论集》、《金应熙史学论文集（古代史）》等。其中《梁启超论清学史二种》与《清代学术概论》、《中国思想通史》与《中国思想史》与《两汉思想史》、《经学历史》、《中国资本主义发展史》、《中国史学史纲》等著作分别是国内史学界影响较大的关于学术、思想、经学、中国资本主义发展、史学等主题的专门史著作，主要被对应主题的期刊论文引用。

《古史辨》是研究、考辨中国古代史的论文集，是"古史辨派"研究成果的汇集。该书体现了20世纪20年代初在中国史学界崛起的"古史辨派"的疑古辨伪的精神，展示了该派中西结合的"历史演进的方法"。作者顾颉刚是现代古史辨学派的创始人，也是中国历史地理学和民俗学的开创者，是中国近代学术发展史上有着重要影响的一位学者。引用《古史辨》的历史学论文较多，达193次，其中大部分论文讨论顾颉刚的史学思想、史学贡献以及以他为代表的古史辨派，部分论文以"古史辨派"的史学思想去分析、研究其他历史问题，如《尧舜禅让故事与中原社会政治的演进》。由此可见，《古史辨》是中国近代史学史上一部很有影响的理论著作，对中国史学理论的发展起到了重要的推动作用。

《金明馆丛稿二编》是陈寅恪文集中的第三部。作者陈寅恪先生是中国现代最负盛名的历史学家、古典文学研究家、语言学家之一，在隋唐史、宗教史、西北民族史、敦煌学、古代语言与文学等许多领域都有重大贡献。《金明馆丛稿二编》收录了包括《李唐氏族之推测后记》、《三论李唐氏族问题》、《李唐氏族之推测》等文章，是敦煌研究的重要参考资料之一。该书被历史学论文引用155次，引用该书的论文主要涉及敦煌研究、陈寅恪先生史学思想分析与学术成果评价。

《革命逸史》是冯自由根据香港《中国日报》及他自己多年笔记、往来书信、稽勋局调查表册等编写的史上最为权威的全景式民国私人手记档案，所记载的都是最有根据、最有价值的正史材料。该书在国内近代史研究中影响很大，被历史学论文引用141次，其论文主题主要涉及孙中山、陈独秀等清末民初革命者的思想及事迹。

《观堂集林》反映了近代中国著名国学大师王国维先生在学术上多方面的卓越成就，被公认为中国学术史上不朽之作，直接影响到后来的考古学。历史学论文引用该书达112次，主要引用王国维先生在考古学方面的成就。

《春秋左传》是一部历史久远的古汉语文献，现代的普通读者由于不具有丰富的古代汉语知识，往往不能很好地理解其中的思想与内涵，需要一些精通古代汉语的学者进行注疏。杨伯峻先生的《春秋左传注》是《春秋左传》的注疏，具有较高的学术价值和与史料价值，是对历史学研究影响最大的注疏类著作之一，共被历史学论文引用 112 次。

陈得芝，历史学家，长期研究蒙古史、元史。陈得芝先生所著的《中国通史》在国内历史学研究中有着较高的学术影响力，被历史学论文引用 97 次，引用该书的论文主题主要涉及蒙元史研究。

梁启超先生的《清代学术概论》是我国第一部系统总结清代学术思想史的著作，涉及哲学、经学、史学、考古学、地理学、金石学、文献学、佛学、美术、诗歌、历法、数学、水利等学术领域。《中国近三百年学术史》是《清代学术概论》的姊妹篇，篇幅较大、内容充实，重点在"史"，而《清代学术概论》篇幅较小、言简意赅，重点在"论"。《梁启超论清学史二种》是梁启超所著的《中国近三百年学术史》与《清代学术概论》的合编，被引 77 次，由上海古籍出版社出版的《清代学术概论》被引 63 次，这表明梁启超先生的史学著作在同类书中有着较高的学术影响力。引用这两部书的论文主要为探讨清代的学术研究、学术思想，其中部分来源文献对梁启超本人及其成果进行了分析与评价。

《现代化新论：世界与中国的现代化进程》用一种全新的目光放眼中国在世界格局中的地位，用批判吸收的方式全面阐述了中国现代化的历史进程与前进方向，对研究社会学、马克思主义理论、历史学等方面的研究具有重要的参考价值。引用该书的历史学论文主题主要涉及晚清以来中国的现代化进程以及中国与日本、美国、俄国、法国等国的现代化进程的对比分析、学者们的现代化思想等方面，共计引用 76 次。

钱穆先生所著《国史大纲》是一部中国通史，采用大学教科书体例写成，内容兼顾学术思想、政治制度、社会风气、国际形势。该书被历史学论文引用 75 次，引用该书的论文主题主要探讨中国现代史学研究、钱穆先生的史观。

《士与中国文化》集结了十二篇历史研究的专论，其主要的对象都是士，相当于现代所谓的知识分子，但是两者又不尽相同。该书集结的专论基本上都从文化史和思想史的角度展开论述，力图展示"士"在中国文化史上的特殊地位。引用该书的历史学论文主题主要涉及不同历史时期"士"人的思想变革以及他们在当时文化、政治生活中的作用，该书共被引用 74 次。

《周予同经学史论著选集》系统地论述了清末民初史学思想的类别与变迁，尤其详细解析了民国以来学人的学术脉络，对现今的近代史学分期影响较大。该书被历史学论文引用 59 次，引用该书的论文主题主要涉及清末民初史学、经学的研究成果及评价。

《白寿彝史学论集（上、下）》分中国封建社会、历史教育、史学评述、史学遗产、史学史论、史学史教本初稿、朱熹撰述丛考、序跋书评札记等 8 个部分。该书被历史学论文引用 58 次，引用该书的论文主题主要为探讨白寿彝先生的史学观与史学成就，部分为史学史研究。

《西学东渐与晚清社会》对西学东渐史上许多重大的理论问题、重要人物、事件的研究，提出了独到的见解。此书的资料基础非常扎实，理论分析全面而中肯。引用该书的历史学论文主题主要涉及西方文化对晚清知识分子、学术团体、教育等方面产生影响的过程和特点，共计引用58次。

葛剑雄等编著的《中国移民史》（被引56次）是目前国内外最完整、系统的中国移民史，论述了自先秦时代至20世纪40年代发生在中国境内的移民，对其中主要的移民运动，说明了其起因、迁移对象、迁移时间、迁入地、迁出地、迁移路线及方向、定居过程和产生的影响，并尽可能作定量分析，总结其规律。引用该书的历史学论文主要探讨移民运动、移民分布特征、移民政策、移民对经济文化的影响等方面的问题。

《上海通史》全书15卷（1999年出版），从考古发掘的上海市的崧泽文化写至1997年，分古代、晚清、民国、当代四个时期，从政治、经济、社会和文化四个方面进行叙述，比较全面、系统梳理了上海的历史，对于上海城市特点、城市发展轨迹、城市形象演变，对于租界影响、上海人特点，都有新的研究。该书被历史学论文引用40次，引用该书的论文主题主要论及晚清、民国时期上海的政治、经济、社会和文化。

侯外庐等人所著的《中国思想通史》是一部将哲学思想、逻辑思想和社会思想综合在一起的著作，共分五卷，上自殷代，下至清中叶19世纪的40年代。该书被历史学论文引用66次，其论文主题主要论及部分古典著作中包含的思想观、部分学者或学派的思想及其渊源、近代与现代的思想史研究等方面。葛兆光所著的《中国思想史》分三册，分别为《导论：思想史的写法》、《七世纪前中国的知识、思想与信仰世界》、《七世纪至十九世纪中国的知识、思想与信仰》，全面论述了中国思想的发展历史。该书被历史学论文引用54次，引用该书的论文主题比较分散，涉及今人的思想史研究及评价、部分古籍所包含的思想观、明清时期文人的思想与信仰等方面。徐复观所著《两汉思想史》（2001年出版）是近年来有关两汉思想史的一部重要论著，分三卷，第一卷原名《周秦汉政治社会结构之研究》，是《两汉思想史》的背景篇，后两卷是正篇。该书被历史学论文引用35次，引用该书的论文主题主要论及两汉时期部分思想家的思想及渊源、两汉部分思想观的产生及演变、《盐铁论》等古籍中的政治社会文化问题等方面。显然，这三部思想史方面的著作侧重点不同，分别在不同的角度对我国历史学研究产生着影响。

近代学者皮锡瑞所著《经学历史》是中国的第一部经学史专著。作者在继承传统经学研究的基础上，对中国经学历史作了系统地整理与介绍，以儒家经典在春秋时期的流传为上限，以清代今文经学的兴起为终结，反映了经学从始到终的全部历程。该书一直被当作经学研究的重要参考书目，被历史学论文引用55次，引用该书的论文主题主要涉及经学历史研究，内容主要包括不同时期历史人物的经学观、对经学著作的评价、经学经典著作的历史作用、经学研究史等方面。

《殷墟卜辞综述》是史学家陈梦家先生在甲骨文和殷周宗教方面的代表作。在此书中，陈梦家对近代以来甲骨文的研究成果进行了一次全面的梳理和系统的阐述。该书被认为是甲骨文研究方面的百科全书，是殷周史研究的重要参考资料。该书被历史学论文引用50次，论文主题主要涉及中国古文字、古代宗教、民族关系、方国地理、政治区域、经济文化等方面的主题。

《中国史学史纲》（1999年出版）阐述了自先秦至20世纪初年中国史学发展的过程及其在各发展阶段上的面貌与特征，对全面认识中国史学面貌与继续探索这个领域具有较高的参考价值。该书被历史学论文引用41次，引用该书的论文主题主要涉及史学理论研究、史学史研究等。

《清代地方政府》（2003年出版）系统分析了清代州县官的职能及其运作，包括：征税、司法、长随和幕友的使用、对于书吏和衙役的依赖以及公堂或衙门内的办事程序等[①]。引用该书的历史学论文主要进行政治制度比较、官僚政治分析以及探讨清代州县地方政府的结构和功能等，共计引用27次。

《党员、党权与党争》（2003年出版）专门考察在蒋介石控制下（1924—1949年），中国国民党组织形态的基本特征及演变轨迹。全书以相关重大事件为着眼点，并通过与俄国共产党及中国共产党的比较研究，指出蒋介石自始至终推行着以军队控制党组织的治党方略及不足。该书占有大量翔实可靠的资料，共计被历史学论文引用25次，论文主题主要涉及中国国民党的组织建设，部分引用文献讨论了中国共产党的宣传策略。

《张政烺文史论集》（2004年出版）共收录张政烺先生20世纪30—90年代的学术论文100篇，涉及中国古代史、古文字学、考古学、版本目录学、通俗小说等多个领域。该书被历史学论文引用15次，引用该书的论文主题比较分散，主要引用张政烺先生在版本目录学、古文字学、中国古代史等方面的成果。

《金应熙史学论文集》（2006年出版）三卷（古代史卷，近现代史卷，世界史卷）的作者金应熙先生在中国古代史、中国近现代史、职工运动史、东南亚史、思想史、香港史等领域的研究中均有较高学术成就。该书被历史学论文引用11次，引用该书的论文主要为研究金应熙对中国史学发展的贡献。

---

① 清代地方政府·百度图书．[2009-11-9]．http://0.book.baidu.com/zhongguotushu/m5/w43/h41/4e03bc2f5489.1.html.

5.7 结语

对以上数据进行汇总,被历史学论文引用 50 次及以上或年均被引 5 次及以上的 298 种图书中共涉及 233 个作者,其中 211 个为个人作者,22 个为团体作者。在这些作者中 34 个作者有 2 种以上图书入选,详见表 5-9。

表 5-9　　　　　　　　历史学学科入选两种及以上图书作者

序号	作者	入选图书种数
1	梁启超	5
2	毛泽东	5
3	陈独秀	3
4	顾炎武	3
5	胡适	3
6	李大钊	3
7	李昉	3
8	马克思	3
9	欧阳修	3
10	秦孝仪	3
11	章学诚	4
12	中国史学会	4
13	孙中山	3
14	脱脱	3
15	姚广孝	3
16	中共中央文献研究室	3
17	中国第一历史档案馆	3
18	费正清	2
19	葛剑雄	2
20	纪昀	2
21	康有为	2
22	李鸿章	2
23	李延寿	2
24	列宁	2

续表

序号	作者	入选图书种数
25	王溥	2
26	魏源	2
27	熊月之	2
28	张之洞	2
29	章太炎	2
30	中国第二历史档案馆	2
31	中国社会科学院近代史研究所	2
32	周绍良	2
33	朱熹	2
34	左丘明	2

在被历史学论文引用50次及以上或年均被引5次及以上的298种图书中共涉及57家出版社,其中入选3种及3种以上图书的出版社有19家(台湾中央研究院历史语言研究所、台湾中央文物供应社分别有10本和3本图书入选,但两单位不属于正规的图书出版社,未予列入),详见表5–10。

表5–10　　　　历史学学科入选图书较多的出版社

序号	出版社	入选图书种数
1	中华书局	106
2	人民出版社	21
3	上海古籍出版社	17
4	上海人民出版社	16
5	商务印书馆	8
6	生活·读书·新知三联书店(北京)	6
7	文物出版社	6
8	江苏人民出版社	5
9	江苏古籍出版社	4
10	上海书店	4
11	台湾文海出版社	4
12	岳麓书社	4
13	中国书店	4

续表

序号	出版社	入选图书种数
14	中央文献出版社	4
15	北京出版社	3
16	复旦大学出版社	3
17	科学出版社	3
18	浙江古籍出版社	3
19	中国社会科学出版社	3

综上所述，人文社会科学方面的图书作为重要的学术资源，对历史学领域的学术研究产生了极大的影响。2000—2007年度历史学论文引用数量最高的文献类型是图书，紧随其后的是汇编文献、期刊论文，这三种文献的引用数量远高于其他类型的文献，而图书的引用数量又远高于汇编文献、期刊论文。从2000年至2007年，中文引用文献的数量几乎一直在增长，但占有比率一直稳定在80%左右。与此同时，引文中英文、德文、译文等文献的数量也在稳步上升，表明历史学科的学者们越来越关注国外的相关领域的文献资料和科研成果。

通过上述分析，可以明显看出图书对历史学影响的两个重要特点：首先，对历史学领域的学术研究影响最大的图书类别是历史文献，这与任一其他学科大相径庭。这一特点是由历史学自身的学科特点所决定的。其次，影响次之的图书类别是领袖著作，该类图书对历史学科的发展处于指导地位，这些领袖著作对历史学领域研究活动的平均影响力度高于学术著作。领袖著作中蕴藏着大量的史料，对近代史的研究具有极其重要的参考价值；马克思主义系列的领袖著作中所包含的史学理论、历史观对国内的历史研究起着重要的指导作用。以上两类图书占总被引次数的85%以上。引用历史文献类图书强调了历史学科的实证性，引用领袖著作类图书强调了理论对历史学科的指导，反映了我国历史学科的发展坚持了一条历史唯物主义的路线发展方向。

第6章 考古学

考古学属人文科学领域，它主要是根据古代人类遗留下来的实物考察人类古代社会的历史。因此，大量的古文献和以图书形式出版的当代考古学发掘报告成为考古学研究的重要参考文献。根据对《中文社会科学引文索引》（CSSCI）考古学论文引用文献类型的统计（见表6-1），2000—2007年度考古学论文引用图书及汇编文献[①]合计为40589次，数量排名居首，8年来图书总被引次数占到总引用文献次数的55.01%。由此可见，图书作为考古学研究的重要学术资源，其学术价值比其他类型文献相对较高。

在考古学研究中，图书的学术价值是显而易见的。然而，从这些图书中分别出具有重要学术影响的图书，则更具有现实意义。引文分析法不失为一种重要手段，一本书在他人的学术研究中被大量引用，说明这本书对这些学者的研究产生了较大影响。被引次数越多，产生的学术影响力也越大。因此，我们借助CSSCI对其中2000—2007年的考古学科论文引用的图书进行了统计，选出了被引次数较多的图书。选择标准如下：2000—2007年间，CSSCI中考古学论文引用18次及以上的图书或以图书的出版年起年均被引4次及以上者，两者具备其一即可入选。为了科学地考察图书对考古学的影响状况，我们把入选的图书分成历史文献、工具书、国内学术著作3类，尝试从不同角度分析各类别图书对考古学研究领域的学术影响。领袖著作及国外学术著作两种类型的图书被引次数较少，均未达到入选标准，故本章仅讨论上述3类入选图书的学术影响力。

为了使统计分析更加科学、合理，对CSSCI数据统计中我们做了一些技术上的处理：

（1）作者、出版社、出版年都相同，而书名不完全一致的，根据国家图书馆书目，在确认是同一本书的情况下进行纠错与合并，而且累计被引次数；

（2）如同一作者、相同书名，但由不同出版社出版的图书，则不予合并；

（3）对于分册或分卷出版的著作集或汇编文献给予合并处理。

[①] 因为大量汇编文献是以图书形式出现的，为保证数据的准确性，在统计CSSCI数据时将汇编文献视为图书对被引次数加以合并。为行文方便，如不特别说明，以下图书均指图书及汇编文献。

(4) 对于著录不完全的历史文献,如原作者、译注者错位或卷号标注散佚的给予合并处理。

对于某些入选图书的特殊情况,我们将在详细介绍时具体说明。

6.1 概述

从一个学科论文的引用文献的类型统计,可以发现这个学科的主要学术资源的形式以及不同类型的文献在该学科的学术作用。我们借助 CSSCI 中对考古学论文引用文献类型数据进行了统计分析,详细数据参见表 6-1。本章对考古学的图书学术影响力的分析主要依据表 6-1 中给出的 2000—2007 年间考古学论文引用的 40589 次的图书及汇编文献数据。

表 6-1　　　　2000—2007 年考古学论文引用文献类型统计　　　　(单位:篇次)

类型 年份	期刊论文	图书	汇编文献	报纸文章	会议论文	报告文献	法规文献	学位论文	标准	网络资源	其他
2000	3472	2560	1232	186	118	8	1	13	0	0	64
2001	3067	2714	939	164	123	5	1	15	0	2	26
2002	3187	2991	1110	106	93	14	1	13	1	12	24
2003	3594	3496	1428	121	109	7	2	15	0	5	84
2004	4123	3539	1444	168	130	9	0	22	0	41	79
2005	3666	2815	2439	122	180	23	1	27	0	44	91
2006	3873	3335	3111	200	143	24	1	47	0	38	87
2007	4688	3869	3567	157	214	32	2	76	1	91	141
合计	29670	25319	15270	1224	1110	122	9	228	2	233	596

表 6-1 中的数据显示,考古学论文引用文献中图书及汇编文献占有 55.01% 的比例,充分说明了图书是考古学领域最主要的学术资源,其学术价值也是显而易见的。从考古学论文引用图书的年度变化来看,基本保持逐年上涨趋势,2007 年相对 2000 年被引增长了 96.10%,接近一倍。8 年间图书被引数量在所有类型文献被引数量的比重也基本处于波动中增长趋势,这与人文社会科学绝大多数学科的图书被引比例在逐年下降(参见本书其他章节)形成了一个反差,说明图书在考古学研究中的作用仍然在逐渐加强。

对引用文献的语种分析可以发现一个学科学术资源的语种分布以及对国外成果的引用和吸收情况。为了考察我国考古学研究与国外相关研究领域的接轨状况,我们对 CSSCI 中的被引用文献语种进行了统计分析。表 6-2 给出了 2000—2007 年 CSSCI 中考古学论文引用文献的语种统计。

表 6 - 2　　　2000—2007 年考古学论文引用文献的语种统计　　（单位：篇次）

年份 \ 语种	中文	英文	日文	俄文	德文	法文	其他语种	译文	合计
2000	6715	390	203	18	48	19	116	145	7654
2001	6409	249	182	2	8	3	47	156	7056
2002	6680	441	153	11	27	13	49	178	7552
2003	7910	470	216	21	4	12	29	199	8861
2004	8798	377	150	21	9	9	11	180	9555
2005	8780	288	99	9	3	14	23	192	9408
2006	9869	407	239	5	12	23	38	266	10859
2007	11647	538	281	20	8	19	32	293	12838
合计	66808	3160	1523	107	119	112	345	1609	73783

从表 6 - 2 可以看出，考古学引用文献的语种以中文为主。2000—2007 年间，在考古学论文引用文献中，中文文献占 90.55%，高于人文社会科学各学科平均水平。从中文被引用文献的年度变化来看，2000—2007 年间中文文献的被引数量基本呈增长趋势，8 年间增长了 73.45%，但所占比例基本维持在 90% 左右。反观外文文献和译文文献的被引数量和比例，各语种并没有明显的增长和下降趋势，而是处在忽增忽减的波动变化之中。从这些数据我们可以分析出，国内考古学研究的参考文献主要集中在中文文献上，尽管外文和译文文献的被引量总体上有所增加，但相对中文文献来说，考古学界对国外学术成果的关注还是较少。造成这种情况的主要原因是国内的考古学研究侧重点于国内的遗物遗迹发掘与考证，而国外同类成果相对偏少，所以引用来源主要以中文文献为主。因此可以说，中文文献是考古学研究的主要文献资源。

根据考古学图书入选标准，遴选出了对考古学学科产生较大影响的历史文献、工具书、国内学术著作三种类型的图书共 167 种。表 6 - 3 给出了各类型图书入选数量、被引次数、所占比例以及平均被引次数统计数据。

表 6 - 3　　　　　入选考古学论文引用图书的类别统计

内容类别 \ 图书类别	历史文献	工具书	国内学术著作
入选图书种数	41	11	115
入选图书被引次数	2914	326	3557
入选图书被引次数所占比例	42.87%	4.80%	52.33%
入选图书的平均被引次数	71.07	29.64	30.93

表6-3中的数据显示,考古学中最具学术影响的图书是国内学术著作,不论入选种数还是入选图书的被引次数,都是各类别中比例最高的。115种国内学术著作占考古学入选的167种图书的68.86%,被引次数所占入选图书总被引次数的比重也高达52.33%,在一定程度上说明国内学术著作在考古学领域占有相当重要的地位。历史文献所占比例仅次于国内学术著作,但平均被引量最高,是国内学术著作和工具书平均被引的2倍多,说明历史文献对考古学研究作用极大。入选的工具书数量所占比例最小,但引用相对集中,平均被引量超过了国内学术著作。对于各类别图书对考古学领域的具体影响将分节详细讨论。

6.2 历史文献对考古学研究的影响

历史文献对考古学研究有着极为重要的价值。从入选的历史文献数量来看,入选对考古学较具学术影响的167种图书中,历史文献41种,占到考古学入选图书的24.55%,仅次于国内学术著作;从入选的历史文献被引次数来看,41种历史文献的被引用次数占到全部入选图书被引次数的43.03%。可见,历史文献在考古学研究中发挥着重要作用。表6-4给出了2000—2007年间考古学论文引用较多的历史文献。需要说明的是,由于一些历史文献存在多版本的原因,对统计中出现多个版次的书籍,表中将其合计计算并舍去了出版年代。

表6-4　　　　　　　　　考古学论文引用较多的历史文献

序号	图书信息
1	[日]大藏经刊行会:《大正新修大藏经》,台北:新文丰出版股份有限公司,1983
2	班固:《汉书》,北京:中华书局
3	司马迁:《史记》,北京:中华书局
4	刘昫等:《旧唐书》,北京:中华书局
5	范晔:《后汉书》,北京:中华书局
6	欧阳修等:《新唐书》,北京:中华书局
7	魏收:《魏书》,北京:中华书局
8	司马光:《资治通鉴》,北京:中华书局
9	脱脱等:《宋史》,北京:中华书局
10	房玄龄等:《晋书》,北京:中华书局
11	阮元校刻:《十三经注疏,附校勘记》,北京:中华书局
12	左丘明:《左传》,长沙:岳麓书社,1988
13	宋濂等:《元史》,北京:中华书局

续表

序号	图书信息
14	陈寿：《三国志》，北京：中华书局
15	魏征等：《隋书》，北京：中华书局
16	脱脱等：《金史》，北京：中华书局
17	王溥：《唐会要》，北京：中华书局，1955
18	慧皎：《高僧传》，北京：中华书局
19	戴德、戴圣：《礼记》
20	李延寿：《北史》，北京：中华书局，1974
21	《道藏》，北京：文物出版社，1988
22	彭定求等：《全唐诗》，北京：中华书局，1960
23	脱脱等：《辽史》，北京：中华书局
24	李昉等：《太平御览》，北京：中华书局
25	杜佑：《通典》，北京：中华书局
26	王钦若等：《册府元龟》，北京：中华书局
27	杨伯峻：《春秋左传注》，北京：中华书局，1981
28	董诰：《全唐文》，北京：中华书局
29	徐松：《宋会要辑稿》，北京：中华书局
30	李吉甫：《元和郡县图志》，北京：中华书局，1983
31	姚思廉：《梁书》，北京：中华书局
32	《论语》
33	郦道元：《水经注》，长沙：岳麓书社，1995
34	沈约：《宋书》，北京：中华书局
35	徐松：《唐两京城坊考》，北京：中华书局，1985
36	湖北崇文书局辑：《百子全书》，杭州：浙江人民出版社，1984
37	郭璞：《山海经》，北京：中华书局，1985
38	张彦远：《历代名画记》，北京：人民美术出版社，1963
39	玄奘等著，季羡林等注释：《大唐西域记校注》，北京：中华书局，1985
40	张廷玉等：《明史》，中华书局
41	孙诒让：《周礼正义》，北京：中华书局，1987

从表6-4可以看出，被考古学论文引用较多的历史文献中，大多数为史书，这证实了考古学研究对史书的依赖性，大量的考证线索来自于史书。经部著作是中国

传统文化的重要组成部分，是儒家思想的核心载体，更是中国历史文化古籍中的宝典，内容广泛，在世界文化史、思想史上具有极高的地位。人类早期的宗教信仰和崇拜行为不仅是人类宗教的发端，也是人类文化的主要源泉。因此，对人类文化的追根溯源考察必然涉及部分宗教文献。为了详细讨论历史文献对考古学的影响，参照我国古代图书的分类，我们将入选的历史文献按著作的内容特征分为4个类别：经部著作（6种）、史部著作（25种）、子部著作（8种）、集部著作（2种）。

（1）经部著作

经学作为中国思想文化的主干，对于民族凝聚和文化认同始终发挥着不可取代的主导作用。入选的图书分别是：《十三经注疏》、《左传》、《春秋左传注》、《礼记》、《论语》、《周礼正义》。其中被引最高的是《十三经注疏》，它是我国13部儒家经典的汇编本，收录的内容包括了后面入选的《左传》、《礼记》、《论语》、《周礼正义》。为了体现该书的影响力，我们将其作为独立著作统计被引次数。

《十三经注疏》（被引63次）是我国古代13部儒家经典及其注疏的汇编本，由清代学者阮元主持校刻，是研究中国古代儒家文化的重要参考资料。1935年世界书局曾将阮刻本圈点缩印为两巨册出版。1980年中华书局又将世界书局本校正讹脱后重新影印，仍为两巨册发行①。通过CSSCI来源文献分析，该书对考古学的参考引用价值主要体现在文字训诂方面。

《左传》（被引60次）（原名《左氏春秋》，汉代改称《春秋左氏传》），旧时相传是春秋末年左丘明为解释孔子的《春秋》而作。作为一部编年体史书，它代表了先秦史学的最高成就，是研究先秦历史和春秋时期历史的重要文献。《左传》本不是儒家经典，但自从它立于学官，后来又附在《春秋》之后，就逐渐被儒者当成经典，是研究先秦儒家思想的重要历史资料。

《春秋左传注》（被引24次）该书以阮元《十三经注疏》为底本，取阮氏未及的敦煌残卷、日本金译文库本等补校，对勘《公羊》、《谷梁》二传及《国语》、《史记》，详列异同。该书出版后，作者根据自己的研究、读者的意见、编辑的建议进行全面修订，纠正讹误，拾遗补缺，充实新资料、新见解，于1990年5月出版了修订本。"该书是目前坊间考证最为完备、资料最为齐全的《左传》注本。"②

《礼记》（被引36次）是战国至秦汉年间儒家学者解释说明经书《仪礼》的文章选集，是一部儒家思想的资料汇编。主要记载和论述了先秦的礼制、礼仪，解释仪礼，记录孔子和弟子等的问答，记述修身做人的准则。该书内容广博，门类杂多，集中体现了先秦儒家的政治、哲学和伦理思想，是研究先秦社会的重要资料。书中对当时典章制度的记载对考古学研究具有很高的参考价值。

---

① 十三经．[2011-4-6]．http：\ baike. baidu-com \ view \ 2328. htm.
② 刘卫宁：杨伯峻《春秋左传注》商榷三则，《社会科学论坛》，2008年第2期，第109页。

《论语》（被引 20 次）是记载孔子及其弟子言行的儒家经典著作。1973 年考古工作者在河北定州八角廊村 40 号汉墓之中发现了大量竹简，其中包括许多《论语》残简，这是目前所能看到的最早的《论语》版本，也是目前唯一能够见到的《论语》的西汉抄本原件，是《论语》出土文献的代表。学者通过对此简本深入细致的研究，得出了许多新见解。

《周礼正义》（被引 18 次）是清代著名学者孙诒让在汉代郑玄注、唐代贾公彦疏的基础上对《周礼》加以考证疏解之作，书中博采众说，资料繁富，考证精详，对研读《周礼》一书极有参考价值，是清人诸经新疏中最晚出而成就最高的学术巨著。该书是研究西周考古、铭刻学的重要参考文献之一。

（2）史部著作

史部著作是中国历史资料储藏量最丰富、最集中的宝藏。考古学入选历史文献的史部著作有 25 种，主要是各种体例的史书以及介绍某一地区的山川、气候等自然环境及物产、交通等社会经济因素情况的地理书，约占考古学入选历史文献的 61%。该类著作所占比例较大的原因主要是考古学本身就是一门以历史学为基础的综合应用型学科。

考古学论文引用最多、影响最大的史书是《汉书》，被引用 307 次。秦汉考古是中国历史时代考古学的典型，因为秦汉时期不仅遗迹和遗物十分丰富而且文献记载详细，为研究工作提供了广泛的课题和充实的内容。凡是研究西汉历史的学者，必然以《汉书》作为基本史料。

《史记》（被引 282 次）是我国第一部规模宏大、贯通古今、内容广博的百科全书式的通史。记载了上自上古传说中的黄帝时代，下至汉武帝元狩元年（公元前 122 年）共 3000 多年的历史。该书参考了众多典籍，同时司马迁还亲自采访，进行实地调查，包含社会调查和口头史学的成分，对于考古学有相当的资料价值。

《旧唐书》（被引 219 次）是现存最早的系统记录唐代历史的一部史籍。为了区别于北宋欧阳修、宋祁等人编撰的《新唐书》，故称《旧唐书》。《旧唐书》的作者离唐代很近，有机会接触到大量唐代史料，叙述史实比较详细，保存史料比较丰富，《旧唐书》还采录了不少富有史料价值的文章。继《旧唐书》之后出现的《新唐书》，虽然在史料上作了许多补充，但行文和记事往往过于简略，对《旧唐书》登载的大量文章，《新唐书》有的删去，有的压缩成简短的片段。相形之下，《旧唐书》在保存史料方面就具有《新唐书》所不能替代的价值。

与《旧唐书》比较，《新唐书》（被引 133 次）在编撰体例方面也有自己的特点。《新唐书》对志、表两部分十分重视，在列传中保存了一些《旧唐书》所未载的史料。自安史之乱以后，史料散失不少，穆宗以下又无官修实录，所以宋祁为唐后期人物立传，采用了不少小说、笔记、传状、碑志、家谱、野史等资料。同时还增加了不少唐代晚期人物的列传。关于少数民族的种族、部落的记载，《新唐书》比《旧唐书》多而且详。《新唐书》和《旧唐书》二者相得益彰，对于研究隋唐考古有着重要的参考价值。

《后汉书》（被引146次），记载了从王莽起至汉献帝止共195年的史实。在《后汉书》以前，已经有许多种《后汉书》流传。范晔的《后汉书》就是在这些书的基础上撰写出来的。该书继承了前代的纪传体制，又有所创建。在完善纪传体断代史方面做出了较大的贡献，多数类传都为后来的史家所沿袭。除了保存东汉的诸多史料，《后汉书》保存了东汉学者大量有价值的论著，于人物传记中附载，对后代社会有一定的参考和实用价值。由于记载东汉史实的其他史书多数已不存在，所以《后汉书》的史料价值就更为珍贵，成为秦汉考古，尤其是东汉时期考古学研究的重要参考资料。

《魏书》（被引107次）从体例的制定，史实的采择到史论的撰写，基本上出于魏收一人之手。北朝魏政权重视修史工作，从开国到灭亡，历史记录未尝中断。这一时期，南朝也有多部史书记述了北朝史实。因此《魏书》所依据的材料是丰富的。利用丰富的现成史著和史料，魏收在短时期内修成了卷帙可观的《魏书》。对材料的广泛采择，也使《魏书》具备史料价值较高的特点。如今记述北魏历史的史书大都亡佚，《魏书》已成为介绍北魏历史的最重要著作。该书对于研究北魏历史来说，它的参考价值是其他任何著作都不能比拟的。

《资治通鉴》（被引88次）是我国第一部编年体通史，在中国史书中有极重要的地位。上起周威烈王二十三年（公元前403年），下迄后周显德六年（公元959年），计跨16个朝代1363年，史料价值很高。内容以政治、军事和民族关系为主，兼及经济、文化和历史人物评价。选材广泛，除了有依据的正史外，还采用了野史杂书320多种，而且对史料的取舍非常严格，力求真实。内容比较翔实可信。全书体例严谨，前后脉络分明，语言文字也极为简练。这些对后世史学都产生了极大的影响。

《宋史》（被引72次）在记载宋代历史各种文献中，只有《宋史》比较全面、系统地反映了当时的政治、经济、思想、文化各个方面的状况，内容广泛而丰富。但由于成书时间短，编纂得比较草率，对史料缺乏认真鉴别考订，后世对它的批评也很多。尽管疏漏较多，但仍保存了不少已失散的原始资料，是了解和研究两宋历史的重要史书。

《晋书》（被引65次）中的"载记"三十卷，记述了匈奴、鲜卑、羯、氐、羌等少数民族统治者建立的政权即"十六国"的史事，这是《晋书》在纪传体史书体例上的一个创造，不仅丰富了纪传体史书的体例，而且对于表现多民族国家历史发展的一个重要阶段——东晋、十六国时期的历史面貌有深远的意义。为后世研究提供了当时社会政治经济情况的详细材料。

《元史》（被引56次）记述了从蒙古族兴起到元朝建立和灭亡的历史，由于成书仓促，而且出于众手，出现了不少谬误，历来就遭到学者们的非难。但是，由于元代的十三朝实录和《经世大典》已经失传，其部分内容赖《元史》得以保存下来。作为研究元代历史的史料来看，《元史》比其他某些正史的史料价值更高。

《三国志》（被引49次）是晋代陈寿编写的一部记载魏、蜀、吴三国鼎立时期的纪传体国别史。作者对史实经过认真的考订和慎重的选择，对于不可靠的资料进行了严格的审核，不妄加评论和编写，为历代史学家所重视。

《隋书》（被引49次）是唐代官修正史的代表作，保存了大量政治、经济以及科技文化资料，主编魏征主持编写的纪传，较少曲笔，不为尊者讳。在编次上注重以类相从的方法，体例比较严整。《隋书》纪传中保存了不少有用的材料：如《万宝常传》记录《乐谱》64种，《张玄胄传》记载其精密天文推算的结果，《琉球传》记载台湾居民社会组织、经济生活以及与大陆联系状况等，都具有相当高的史料价值。

《金史》（被引45次）是反映女真族所建金朝的兴衰始末的重要史籍，由元朝脱脱等主持编修。该书是宋、辽、金三史中编撰得最好的一部，在编纂体例和内容方面有许多超越前史的独特之处。如《金史》中保存了女真族早期历史的珍贵材料，备受今人重视；在最末尾专列《金国语解》一篇，用汉语标出了表现在官称、人事、物象、姓氏等之中的女真语称谓，是参照释读《金史》及研究女真语言文字的重要资料；在史料剪裁及记述方面，处理也比较得体。《金史》以"实录"为依据，史料翔实可信，反映了金朝社会的基本特征。

《唐会要》（被引45次）现存最早的会要体史书，是研究唐史，特别是研究玄宗天宝以后历史的重要典籍。书中所记史事有不少为两《唐书》和《通典》所无，是研究唐代典章制度的重要资料。尤其是载录急剧变化的中晚唐典章制度，原始性强，文献价值高。

《北史》（被引34次）记述北朝从公元386年到618年魏、齐（包括东魏）、周（包括西魏）、隋四个封建政权共233年的历史。该书主要在魏、齐、周、隋四书基础上删订改编而成，但也参考了当时所见各种杂史，增补了不少材料。《北史》虽然内容繁杂，但体例完整、材料充实、文字简练，在后代颇受重视。作为研究北朝历史的资料，《北史》与魏、齐、周、隋四书有互相补充的作用。

《辽史》（被引31次）是记录辽朝史事的纪传体史书。列表较多，减少了立传之繁，弥补了纪、志、传记载的不足。其中的《游幸》、《部族》、《属国》三表，是《辽史》的创新。该书所据资料既少，又匆匆成书，错讹、疏略及各纪、志、传相互抵牾之处较多，史笔不够规范，但由于耶律俨的《辽实录》和陈大任的《辽史》都已失传，元修《辽史》成了现存唯一的一部比较系统、完整地记载辽的官修史书，尤显珍贵。

《通典》（被引28次）是唐代杜佑撰写的记述唐天宝以前历代经济、政治、礼法、兵刑等典章制度及地志、民族的专书。《通典》确立了中国史籍中与纪传体、编年体并列的典制体，开辟了史学著述的新途径。书中大量引用古代文献资料，其中许多文献今已亡佚，赖有《通典》得以部分保存，因此对中国古代史的研究具有较高的史料价值。书中有关唐代的内容约占四分之一以上，多取自当时的官方文书、籍帐、大事记以及私人著述，诸如诏诰文书、臣僚奏议、行政法规、天宝计账等，均属一手材料，是研究唐史的基本史料。

《宋会要辑稿》（被引23次）是清代徐松根据《永乐大典》中收录的宋代官修《宋会要》加以辑录而成，共366卷，分为帝系、后妃、乐、礼、舆服、仪制、瑞异、运历、崇儒、职官、选举、食货、刑法、兵、方域、蕃夷、道释等17门。内容丰富，十之七八为《宋史》各志所无，是研究宋朝法律典制的重要资料。该书保存了大量《宋史》及其他史书所不载的宋代史料，其记述往往具有较为原始而详细的特点，便于查核元修《宋史》各志的纰缪和疏略，有很高的史料价值。

《梁书》（被引20次）主要记述了萧齐末年的政治和萧梁皇朝（公元502–557年）五十余年的史事。内容上比较全面，对于各类历史人物的活动叙述得很详细，为后人研究这一时期的史学提供了很多可贵的史料。《梁书》还比较详细地记载了"海南诸国"的情况，这是它超出以前史书的地方。

《宋书》（被引20次）记始于宋武帝永初元年（公元420年），下迄宋顺帝升明三年（公元479年）南朝刘宋政权60年的史事。全书以资料繁富而著称于史林，为研究刘宋一代历史的基本史料。《宋书》收录当时的诏令奏议、书札、文章等各种文献较多，保存了原始史料，有利于后代的研究。《宋书》诸志中的叙述，往往上溯到魏晋，可以补《三国志》等前史的缺略。《州郡志》记晋宋间州郡分合、户口消长及侨置州郡县的分布情况，对于考察这一时期的地理沿革具有珍贵的价值。

《明史》（被引18次）是清代官修的纪传体通史，记载了自朱元璋洪武元年（公元1368年）至朱由检崇祯十七年（公元1644年）200多年的历史。经三次纂修，延时近百年，经手之人众多，修撰所据材料十分丰富，得到后代史家的好评，史料价值较高。

由于考古学本身对时代分期有很高的要求，因此对此类图书的引用往往是与它们的时代相契合的。较多地涉及到夏商周考古、秦汉考古、魏晋南北朝隋唐考古、明清考古等内容。

以下四部著作是史部地理书。

《元和郡县图志》（被引21次）是中国现存最早，又比较完整的地理总志。它以贞观时划分的10道为纲，配以宪宗时的47镇，每镇曾有图，冠于叙事之前。然后分别记述各镇所属州县的等级、地理沿革、贡赋、古迹、山川形势、盐铁、垦田和军事设置。征引广泛，是研究唐代中后期历史的重要参考资料。宋代以后，该书的图和目录均已亡佚不完整，仅存34卷，现存最早的刻本是武英殿聚珍本，现在通行的比较好的本子是1983年中华书局点校本。

《水经注》（被引20次）是郦道元所著的一部以记载河道水系为主的综合性地理

著作，全面而系统地介绍了水道所流经地区的自然地理和经济地理等诸方面内容，是一部历史、地理、文学价值都很高的综合性地理著作。所记述的时间幅度，上起先秦，下至南北朝当代，上下约 2000 多年，内容十分广泛，可谓是我国 6 世纪的一部地理百科全书，研究《水经注》者不乏其人，在我国学术界已形成一门专门学问—"郦学"。

《唐两京城坊考》（被引 20 次）清代徐松编撰。该书详细地记载了唐代的西京长安和东京洛阳的街道、市场、官署、宅第、寺庙、宫殿的形状、位置，以及某些街巷住居人民的生活面貌，对原有史志多有补充订正。是研究唐代长安布局、宅所等各种建筑及其变迁，反映当时社会生活水平的必备资料。

《大唐西域记校注》（被引 19 次）记述了唐高僧玄奘赴印度求法寻经，往返经历 138 个国家、城镇和地区的所见所闻。举凡各地的山川形势、交通道路、人口物产、历史文化、政治经济、宗教寺院、佛经故事和风俗习惯等。注释方面，除了注意吸取国内外已有的研究成果外，还提出了不少新的见解。是佛教考古、隋唐考古，尤其是敦煌研究的重要著作。

（3）子部著作

子部著作共 8 本，收集先秦以来诸子百家及释道宗教的著作。此部范围广，收书也比较复杂。入选的图书既有宗教著作、类书、儒家类诸子类的汇编本，也包括荒诞不经的"奇书"《山海经》和我国第一部绘画通史《历代名画记》。是研究哲学史、古代科学史和当时社会历史变革的重要史料。

宗教著作有 3 种被选入：《大正新修大藏经》、《高僧传》、《道藏》。

《大正新修大藏经》被考古学论文引用次数高达 530 次，是考古学中被引用次数的最多的图书。该书由日本的高楠顺次郎、渡边海旭、小野玄妙等人主持。共收各种经典、图像等 3360 部 13520 卷。全文断句，附校勘记。因使用方便、体例新颖、校勘精良，故为目前世界上影响最大、最为常用的汉文大藏经。史存的绝大多数佛教典籍都可以从《大正新修大藏经》中获取。

《高僧传》（被引 37 次）记载了自东汉永平至梁代天监间著名僧人 257 人，附见者又 200 余人的生平事迹，是研究这一时期我国佛教发展史的最重要的资料，也是研究该时期历史和文学等方面的重要资料。《高僧传》保存了许多可信的史料，并可补正其他史书之失。考古学界对其的引用主要集中在佛教考古这一主题上，如早期石窟寺的研究、佛教石造像等。

《道藏》（被引 34 次）是道教经籍的总集，包括大批道教经典及道教相关资料，还收录诸子百家著作，另外还有不少有关中国古代科学技术的著作。考古学对《道藏》的参考引用通常是以《道藏》中的文献作为引证材料，对发现的道教书目进行考证和研究。

类书是把当代和以前各门类或一门类的资料辑录在一起，便于人们查找的工具书。考古学中引用的类书著作较少，仅有《太平御览》和《册府元龟》。这两大类书分别被引 30 次、25 次。《太平御览》是先秦两汉的考古学研究的重要参考文献。《册府元龟》征引繁富，成为后世文人学士，运用典故、引据考证的一部重要参考资料。其中唐、五代史事部分，是其精华所在，不少史料为该书所仅见，即使与正史重复者，亦有校勘价值。

《百子全书》（被引 19 次）是一部大型的丛书，收录的诸子类著作仅次于《四库全书》，是诸子类著作的汇编本，对文献的收集、保存、传播起到了重要作用。最早由湖北官书局即崇文书局于光绪元年（1875 年）编辑印行，开始叫《子书百家》，所用底本不详，1912 年湖北鄂官书处据光绪元年崇文书局本重印此书。《百子全书》所收的诸子类著作有明显的代表性，既能充分地涵盖子书各个历史时期的情况，又能较全面地反映我国诸子学说发展的脉络。"对于重新认识先秦各家学派的发展，正确认识古代学术的发展，重新认识先秦时期的政治、哲学思想的发展都具有十分深远的意义。"[①] 对先秦考古有一定的参考价值。

《山海经》（被引 19 次）是一部中国古代披着神话传说外衣的"地理学著作"。全书共 18 篇，主要记述山川、道路、民族、物产、药物、祭祀、巫医等，保留了不少神话传说。《四库全书》说它"侈谈神怪，百无一真"，把它全盘否定了。事实上它所记载的内容对研究古地理、物产、文化、中外交通、民俗、神话研究等，尤其是"对于研究我国以及中亚、东亚各国人民上古时期的生产斗争和生活情况，甚至民族联系都有十分重要的参考价值"[②]。

《历代名画记》（被引 18 次）是中国第一部系统完整的绘画通史，内容大致可以分为三部分：绘画历史发展的评述、画家传记及有关的资料、作品的鉴藏。该书所开创的通史体例在古代绘画史论著作中具有典范意义。除记录了丰富的古代画家史料外，还保存了许多失传的古代美术理论资料。在考古学的领域中，《历代名画记》通常被研究敦煌考古的学者，尤其是研究敦煌壁画的研究者广泛引用，此外该书对于佛像的研究也有一定的参考价值。

（4）集部著作

"集"是收历代作家一人或多人的散文、骈文、诗、词、散曲等的集子和文学评论、戏曲等著作。也可用作研究古代政治、经济、军事和人们生活情况的史料。集部著作入选的图书有两种：《全唐诗》（被引 34 次），《全唐文》（被引 23 次），对隋唐考古研究有一定的参考价值。

历史文献是民族文化遗存中最珍贵的一部分。作为社会发展史的"化石"，由于其传递信息的特殊功能，故更显其珍贵。对我国而言，历史文献在我国考古学研究

---

① 赵永幸："对《百子全书》文献价值的新认识"，《科技情报开发与经济》，2009 年第 10 期。

② 吴泽主编：《史学概论》，安徽教育出版社 2000 年版，第 163 页。

中的重要意义，与其他国家相比，更具有特殊性。我国是世界著名的文献大国，如果从商、周时代甲骨文及金文算起，中国历史文献已有三千多年的发展历史。

古代文字记载的形式很丰富，包括历代经、史、子、集典籍，公私档案，金石铭文，地方志等。20世纪以来，考古学不断发展，地下文物大量出土，这些文物对于补充、丰富的历史知识有很大的作用。

6.3　工具书对考古学研究的影响

考古类入选11种工具书，入选工具书的平均被引次数与国内学术著作接近。表6-5给出了2000—2007年间考古学论文引用较多的10种工具书。这些工具书包括字典、词典，百科全书，年鉴，图册等。

表6-5　　　　　　　　考古学论文引用较多的工具书

序号	图书信息
1	季羡林：《敦煌学大辞典》，上海：上海辞书出版社，1998
2	中国大百科全书编辑委员会：《中国大百科全书·考古学卷》，北京：中国大百科全书出版社，1986
3	高亨：《古字通假会典》，济南：齐鲁书社，1989
4	容庚：《金文编》，北京：中华书局，1985
5	敦煌研究院：《敦煌石窟内容总录》，北京：文物出版社，1996
6	何琳仪：《战国古文字典：战国文字声系》，北京：中华书局，1998
7	中国社会科学院考古研究所：《中国考古学中碳十四年代数据集：1965-1981》，北京：文物出版社，1983
8	中国考古学会：《中国考古学年鉴》，北京：文物出版社
9	张在明、国家文物局主编：《中国文物地图集·陕西分册》，西安：西安地图出版社，1998
10	金申：《中国历代纪年佛像图典》，北京：文物出版社，1994
11	许慎撰，段玉裁注：《说文解字注》，上海：上海古籍出版社，1981

（1）字词典类工具书

入选的被引次数最多的字词典有：《敦煌学大辞典》（被引52次）、《古字通假会典》（被引34次）、《金文编》（被引34次）、《战国古文字典：战国文字声系》（被引27次）、《说文解字注》（被引18次）。

敦煌学具有极其丰富的内容，涉及众多的学科。《敦煌学大辞典》是字词典工具书里被引次数最高的。该书是国内外第一次以工具书形式反映敦煌学研究成就的大型专科辞典，对敦煌学所涉及的众多学科，如敦煌石窟艺术、敦煌遗书等都有重要参考价值。

《古字通假会典》辑录有关通用字的例证，大体可分为如下两种情况：一是有关古籍中某些"异文"的对照比较；二是两汉到唐宋阶段若干字书和古籍注解中关于通用字的训释。该书取材遍及先秦两汉大部分主要著作，魏晋以下的典籍也偶有征引。常被研究郭店楚简的文章引用，对中国先秦时期思想史、学术史研究具有极重要的价值。

作为大型字典式商周金文工具书的《金文编》，共收金文3772字，每字下的各种异体加起来，共24254个字形。其可识者入《正编》计2420字，21770个字形；不可识者入《附录》计1352字，2484个字形。可识字形按《说文解字》顺序排列。共引用商周青铜器铭文3920件。现行本为第四版，对之前的内容作了大幅度的修正。铜器铭文增加3737件。《正编》增加326字、《附录》增加153字，共增加3554个字形。每字均予编号。每字字头下大量引用原铭文文句，间亦摘引文献例句，使读者了解该字的用例。该书堪称一部研究两周青铜器铭文的权威性工具书，是研究西周青铜器和商周考古的高被引文献。

战国文字向来没有综合字典，这就是《战国古文字典：战国文字声系》编撰的缘起。该书依照王念孙二十二说部的声系排列。分"正编"、"补遗"、"合文"和"附录"四部分。

《说文解字注》是清代知名学者段玉裁的代表性作品。《说文解字》是我国第一部有系统地分析字形、考究字源的字书，是东汉古文经学大师许慎的杰作，是中国第一部系统地分析字形、说解字义、辨别声读的字典。《说文解字注》阐发了蕴藏于《说文解字》内的体例，使简奥的原本呈现出清晰的脉络，有利于后人学习、研究。在考求字义时，注重形、音、义的互相推求，综合分析，于许慎析义的基础上，大加扩展，旁征博引，所引之书达226种之多。所以该书在语言学、文字学、词汇学、词义学等方面的成就是卓著的。凡典籍训诂与《说文解字》有异同者，无不采集考订，故该书考辨相当精当。①

（2）百科全书类工具书

《中国大百科全书·考古学卷》（被引46次）。《中国大百科全书》是我国第一部大型综合性百科全书。《中国大百科全书·考古学卷》由夏鼐主编。概论部分包括考古学基本概念和理论、考古学分支学科、史前考古的分期，重要考古学著作考古学家、考古机构团体、刊物等；其后是按照历史分期对考古学科进行划分，分为旧石器时代考古、新石器时代考古、商周、秦汉考古等进行论述。《中国大百科全书·考古学卷》从宏观和微观两方面入手，作为考古学领域的高被引工具书，当之无愧。

---

① 说文解字注．[2009-8-6] http：//baike.baidu.com/view/132340.htm.

(3) 年鉴类工具书

年鉴是汇集了上一年内的重要时事文献和统计资料,并按年度出版的连续性出版物。《中国考古学年鉴》(被引24次),1984年开始编辑出版,每册约50万字,介绍上一年度中国考古发现与研究的基本情况和动态。各册内容略有变化,主要栏目有考古学研究、考古文物新发现、学术动态、文物展览、对外学术交流、当年逝世考古学家、考古学文献资料目录等。

(4) 图册类工具书

图册是通过若干图像汇集起来并配有一定文字说明以反映事物特征和发展情况的工具书,包括地图、文物图、人物图等。入选这类工具书的是《中国文物地图集·陕西分册》(被引21次)、《中国历代纪年佛像图典》(被引20次)。

《中国文物地图集·陕西分册》是一套大型工具书,包括各省、自治区、直辖市分卷三十一册和全国重要文物分卷一册,陆续编辑出版。该书力图运用地图形式,对历次文物调查所获大量资料进行科学概括,综合反映中国文物工作中已有的学术成果和新的重大发现,全面记录中国境内已知现存的不可移动文物的状况,以充分发挥它们的作用。这套多卷本地图集的编制,是文物保护、管理和研究的一项重要基础工作,是各省、自治区、直辖市文物考古专业人员与地图工作者通力协作的科学研究成果。

《中国历代纪年佛像图典》收历代佛像图版334幅,附图版说明。为学者研究石窟寺、敦煌莫高窟的佛教壁画提供了重要的参考。

(5) 其他工具书

入选的其他工具书有《敦煌石窟内容总录》(被引31次)、《中国考古学中碳十四年代数据集:1965—1981》(被引26次)。

《敦煌石窟内容总录》按现行敦煌研究院洞窟编号排序,详细记录各处石窟每个洞窟的编号、位置、时代、壁画内容等,是敦煌学研究重要的资料工具书,也是几十年来敦煌研究院的研究人员和国内外专家研究成果的集合,为研究敦煌石窟提供了比较翔实可靠的资料,有助于推动我国和国际敦煌学研究的不断发展。

对于没有文字记载的史前考古学的绝对年代的断定,在很大程度上需要借助于自然科学的方法。就测定考古资料的绝对年代而言,有放射性碳素断代方法。《中国考古学中碳十四年代数据集:1965—1981》分为上下篇,上篇为碳十四测定年代数据表,该表以中国社会科学院考古研究所实验室测定的517个考古数据和95个地质数据为基础,附入其他实验室测定的考古数据418个,共计考古数据935个,地质数据95个,全部考古数据分省(市、自治区)编排,并绘有标明遗址位置的分省图备查,表后附有索引四种。下篇介绍了碳十四测定年代的原理,样品采集,样品的化学制备,测量方法,数据处理及其在考古研究中的应用。为人类进化史的研究提供了年代依据,特别是为建立以旧石器时代晚期和新石器时代为主的史前考古学的年代体系奠定了基础。

考古学作为一门实用性、专业性很强的学科,对工具书的使用是必须的,该学科被遴选出来的高被引工具书体现出明显的专业针对性。但是专业性强不代表考古学与其他学科的联系不密切。相反,考古学是一门涉及面极广的科学,与其他许多学科都有关系,如人文学科中的民族学、民俗学、语言学、宗教学、政治学等;自然科学中的地理学、地质学、气象学和生态学等学科;工程技术科学方面的建筑学、土木工程学、陶瓷学、采矿冶金学等。只有得到这些学科的支持和协助,才能完成各项研究任务。

6.4 国内学术著作对考古学研究的影响

由于我国考古学侧重国内遗物遗迹的研究,考古学科更关注国内文献。因此此次遴选出来的考古学最有学术影响的图书中,国内学术著作有115种,占68.26%,是除了体育学(占所有体育学入选图书的82.27%)之外入选国内学术著作最多的学科。从这些考古学著作出版时间来看,20世纪80—90年代涌现出了很多考古学著作,其中一些著作在考古学界受到较多关注,影响着考古学的相关领域研究。但是21世纪以后高被引的考古学著作几乎没有。表6-6给出了CSSCI中2000—2007年间考古学论文引用较多的国内学术著作目录。

表6-6　　　　考古学论文引用较多的国内学者学术著作

序号	图书信息
1	邹衡:《夏商周考古学论文集》,北京:文物出版社,1980*
2	内蒙古文物考古研究所:《内蒙古文物考古文集》,中国大百科全书出版社,1994*
3	睡虎地秦墓竹简整理小组:《睡虎地秦墓竹简》,北京:文物出版社,1990
4	唐耕耦等:《敦煌社会经济文献真迹释录》,北京:全国图书馆文献缩微复制中心,1990
5	洛阳区考古发掘队:《洛阳烧沟汉墓》,北京:科学出版社,1959
6	中国科学院考古研究所:《洛阳中州路:西工段》,北京:科学出版社,1959
7	敦煌研究院:《敦煌莫高窟供养人题记》,北京:文物出版社,1986
8	中国科学院考古研究所:《沣西发掘报告:1955—1957年陕西长安县沣西乡考古发掘资料》,北京:文物出版社,1963
9	中国社会科学院考古研究所:《新中国的考古发现和研究》,北京:文物出版社,1984
10	张家山二四七号汉墓竹简整理小组:《张家山汉墓竹简:二四七号墓》,北京:文物出版社,2001
11	湖北省博物馆:《曾侯乙墓》,北京:文物出版社,1989

续表

序号	图书信息
12	王国维：《观堂集林》，北京：中华书局，1959
13	马承源：《上海博物馆藏战国楚竹书》，上海：上海古籍出版社，2001*
14	张学海主编：《海岱考古》，济南：山东大学出版社，1989*
15	荆门市博物馆：《郭店楚墓竹简》，北京：文物出版社，1998
16	湖北省荆沙铁路考古队：《包山楚墓》，北京：文物出版社，1991
17	夏商周断代工程专家组：《夏商周断代工程1996—2000年阶段成果报告（简本）》，北京：世界图书出版公司北京分公司，2000
18	严文明：《仰韶文化研究》，北京：文物出版社，1989
19	中国社会科学院考古研究所：《殷墟的发现与研究》，北京：科学出版社，1994
20	中国硅酸盐学会：《中国陶瓷史》，北京：文物出版社，1982
21	湖北省文物考古研究所：《江陵九店东周墓》，北京：科学出版社，1995
22	中国社会科学院考古研究所：《满城汉墓发掘报告》，北京：文物出版社，1980
23	宿白：《中国石窟寺研究》，北京：文物出版社，1996
24	中国社会科学院考古研究所：《偃师二里头：1959年—1978年考古发掘报告》，北京：中国大百科全书出版社，1999
25	郑炳林：《敦煌碑铭赞辑释》，兰州：甘肃教育出版社，1992
26	河南省文物研究所：《淅川下寺春秋楚墓》，北京：文物出版社，1991
27	卢连成等：《宝鸡弓鱼国墓地》，北京：文物出版社，1988
28	河南省文物研究所等：《登封王城岗与阳城》，北京：文物出版社，1992
29	田于金等：《鄂尔多斯式青铜器》，北京：文物出版社，1986
30	广州市文物管理委员会：《广州汉墓》，北京：文物出版社，1981
31	湖北省文物考古研究所：《江陵望山沙冢楚墓》，北京：文物出版社，1996
32	中国科学院考古研究所等：《西安半坡：原始氏族公社聚落遗址》，北京：文物出版社，1963
33	重庆市文物局等：《重庆库区考古报告集.1997卷》，北京：科学出版社，2001*
34	西安半坡村博物馆等：《姜寨：新石器时代遗址发掘报告》，北京：文物出版社，1988
35	彭金章：《敦煌莫高窟北区石窟·第三卷》，北京：文物出版社，2004*
36	中国社会科学院考古研究所：《殷墟发掘报告：1958—1961》，北京：文物出版社，1987
37	中国社会科学院考古研究所：《殷墟妇好墓》，北京：文物出版社，1980
38	周绍良：《唐代墓志汇编》，上海：上海古籍出版社，1992
39	国家文物局古文献研究室：《吐鲁番出土文书》，北京：文物出版社，1981*
40	河南省文化局文物工作队：《郑州二里冈》，北京：科学出版社，1959

续表

序号	图书信息
41	马德：《敦煌莫高窟史研究》，兰州：甘肃教育出版社，1996
42	于省吾：《甲骨文字释林》，北京：中华书局，1979
43	陕西省考古研究所：《陕西出土商周青铜器》，北京：文物出版社，1979*
44	中国科学院考古研究所：《上村岭虢国墓地：黄河水库考古报告之三》，北京：科学出版社，1959
45	山东大学历史系考古专业教研室：《泗水尹家城》，北京：文物出版社，1990
46	湖北省宜昌地区博物馆等：《当阳赵家湖楚墓》，北京：文物出版社，1992
47	孙机：《汉代物质文化资料图说》，北京：文物出版社，1991
48	湖北省荆州地区博物馆：《江陵雨台山楚墓》，北京：文物出版社，1984
49	山东省文物考古研究所：《曲阜鲁国故城》，济南：齐鲁书社，1982
50	山东省文物管理处等：《大汶口：新石器时代墓葬发掘报告》，北京：文物出版社，1974
51	河南省文物考古研究所：《舞阳贾湖》，北京：科学出版社，1999
52	陈梦家：《殷虚卜辞综述》，北京：科学出版社，1956
53	中国社会科学院考古研究所：《殷周金文集成》，北京：中华书局，1984*
54	广州市文物管理委员会：《中国田野考古报告集·西汉南越王墓》，北京：文物出版社，1991
55	王世民：《西周青铜器分期断代研究》，北京：文物出版社，1999
56	唐兰：《西周青铜器铭文分代史徵》，北京：中华书局，1986
57	河南省文物研究所等：《淅川下王冈》，北京：文物出版社，1989
58	河南省文物研究所：《信阳楚墓》，北京：文物出版社，1986
59	浙江省文物考古研究所：《浙江省文物考古研究所学刊：建所十周年纪念（1980—1990）》，北京：科学出版社，1993
60	湖南省博物馆：《长沙马王堆一号汉墓》，北京：文物出版社，1973
61	朱凤瀚：《古代中国青铜器》，天津：南开大学出版社，1995
62	北京市文物研究所：《琉璃河西周燕国墓地：1973—1977》，北京：文物出版社，1995
63	四川省文物考古研究所编：《四川考古报告集》，北京：文物出版社，1998
64	敦煌文物研究所：《敦煌研究文集》，兰州：甘肃人民出版社，1982
65	香港中文大学中国考古艺术研究中心：《南中国及邻近地区古文化研究：庆祝郑德坤教授从事学术活动六十周年论文集》，香港：中文大学出版社，1994
66	河南省文物考古研究所：《三门峡虢国墓》，北京：文物出版社，1999
67	陈梦家：《殷虚卜辞综述》，北京：中华书局，1988

续表

序号	图书信息
68	河南省文物研究所：《郑州商城考古新发现与研究 1985—1992》，郑州：中州古籍出版社，1993
69	湖北省荆沙铁路考古队：《包山楚简》，北京：文物出版社，1991
70	中国社会科学院考古研究所：《大甸子：夏家店下层文化遗址与墓地发掘报告》，北京：科学出版社，1996
71	河北省文物研究所：《藁城台西商代遗址》，北京：文物出版社，1985
72	林沄：《林沄学术文集》，北京：中国大百科全书出版社，1998
73	中国科学院考古研究所：《庙底沟与三里桥：黄河水库考古报告之二》，北京：科学出版社，1959
74	四川省文物考古研究所：《三星堆祭祀坑》，北京：文物出版社，1999
75	宿白：《藏传佛教寺院考古》，北京：文物出版社，1996
76	北京大学考古系：《考古学研究：1952—1992. 二》，北京：北京大学出版社，1994
77	李济著，张光直编：《李济考古学论文选集》，北京：文物出版社，1990
78	郭沫若：《两周金文辞大系图录考释》，北京：科学出版社，1957*
79	《庆祝苏秉琦考古五十五年论文集》编辑组编：《庆祝苏秉琦考古五十五年论文集》，北京：文物出版社，1989
80	中国社会科学院考古研究所：《殷墟青铜器》，北京：文物出版社，1985
81	河南省文物考古研究所：《郑州商城：1953—1985年考古发掘报告》，北京：文物出版社，2001
82	姜伯勤：《敦煌艺术宗教与礼乐文明》，北京：中国社会科学出版社，1996
83	栾丰实：《海岱地区考古研究》，济南：山东大学出版社，1997
84	苏秉琦主编：《考古学文化论集》，北京：文物出版社，1987*
85	王重民：《敦煌变文集》，北京：人民文学出版社，1957
86	湖南省博物馆：《长沙楚墓》，北京：文物出版社，2000
87	段文杰：《段文杰敦煌石窟艺术论文集》，兰州：甘肃人民出版社，1994
88	于省吾：《甲骨文字诂林》，北京：中华书局，1996
89	郭宝钧：《山彪镇与琉璃阁》，北京：科学出版社，1959
90	黄宣佩等：《崧泽：新石器时代遗址发掘报告》，北京：文物出版社，1987
91	张广达等：《于阗史丛考》，上海：上海书店，1993
92	马承源：《中国青铜器》，上海：上海古籍出版社，1988
93	敦煌文物研究所：《中国石窟：敦煌莫高窟》，北京：文物出版社，1982*

续表

序号	图书信息
94	中国社会科学院考古研究所：《宝鸡北首岭》，北京：文物出版社，1983
95	荣新江：《归义军史研究：唐宋时代敦煌历史考索》，上海：上海古籍出版社，1996
96	中国科学院考古研究所：《辉县发掘报告》，北京：科学出版社，1956
97	洛阳市文物工作队：《洛阳北窑西周墓》，北京：文物出版社，1999
98	湖北省文物考古研究所：《盘龙城：1963—1994年考古发掘报告》，北京：文物出版社，2001
99	中国社会科学院考古研究所：《夏县东下冯》，北京：文物出版社，1988
100	江西省博物馆：《新干商代大墓》，北京：文物出版社，1997
101	孔祥星等：《中国古代铜镜》，北京：文物出版社，1984
102	宿白：《白沙宋墓》，北京：文物出版社，1957
103	中国科学院考古研究所：《长沙发掘报告》，北京：科学出版社，1957
104	段文杰：《敦煌石窟艺术》，南京：江苏美术出版社，1993*
105	罗丰：《固原南郊隋唐墓地》，北京：文物出版社，1996
106	林梅村：《汉唐西域与中国文明》，北京：文物出版社，1998
107	张光直：《考古学专题六讲》，北京：文物出版社，1986
108	陶正刚等：《太原晋国赵卿墓》，北京：文物出版社，1996
109	河北省文物研究所：《燕下都》，北京：文物出版社，1996
110	中国社会科学院考古研究所：《张家坡西周墓地》，北京：中国大百科全书出版社，1999
111	中国社会科学院考古研究所：《二里头陶器集粹》，北京：中国社会科学出版社，1995
112	裘锡圭：《古文字论集》，北京：中华书局，1992
113	国家文物局三峡工程文物保护领导小组湖北工作站：《三峡考古之发现》，武汉：湖北科学技术出版社，1998
114	蔡鸿生：《唐代九姓胡与突厥文化》，北京：中华书局，1998
115	李伯谦：《中国青铜文化结构体系研究》，北京：科学出版社，1998

注：打"*"号的书存在以下几个情况：（1）有多个版本，这里给出的是被引最多的版本；（2）该书有多辑（卷），被引次数相差不大，因此按照第一辑出版时间标注。若标注了第几辑，特指该辑被引次数最多。

表6-6列出的国内学术著作涵盖了考古学领域的多方面内容。此次遴选出来的图书中涉及考古学理论的论著只有《新中国的考古发现和研究》1种著作。个人文集通常表现为学术论文的集结，在讨论的时候，我们将其和理论类著作合为一个类别讨论。由于我国悠久的历史，考古学家侧重于国内遗物遗迹的研究，数量庞大。因

此在讨论这部分著作时，大致按国家标准（GB/T13745-92）中学科分类来划分，即主要按照历史时期划分；若讨论的遗迹包括多个时期的文化难以划分，我们专门设立了一个区域考古类。对于用品器具考证的著作也另辟一类，另外还为敦煌学、宗教考古、古文字学和铭刻学设立了专门考古类。

（1）理论著作与文集

考古学理论包括考古学基本理论和考古方法和考古学流派介绍，其著作即是对考古学理论与方法整体性阐述。在考古学著作当中，以断代及专题研究居多，全局性的论述较少。此次遴选出来的只有1种可称得上是全局性的理论著作，即《新中国的考古发现和研究》（被引52次）。该书分别对旧石器时代、新石器时代、商周时代、秦汉时代、魏晋南北朝时代、隋唐至明代的考古发掘和研究进行介绍，是对20世纪50—80年代初中国考古学的发现和研究成果的一个综合性叙述。由于涉及时代范围广泛，被多个主题的论文引用，如商周考古研究和中国古代的礼器制度研究等。

考古学领域学者专家的文集通常会系统全面地筛选总结一定时期的作品，是了解考古学家在其研究领域成果的最好方式。此次遴选出来的文集既有学者文集，又有专题文集，包括：王国维《观堂集林》、林沄《林沄学术文集》、李济《李济考古学论文选集》、《庆祝苏秉琦考古五十五年论文集》、北京大学考古系《考古学研究：1952—1992. 二》、苏秉琦《考古学文化论集》、张广达《于阗史丛考》、张光直《考古学专题六讲》、李伯谦《中国青铜文化结构体系研究》。

王国维的《观堂集林》（被引50次）是王国维的一部自选文集，反映了他在学术上多方面的卓越成就，从《观堂集林》中可以了解到王国维在殷墟卜辞、两周金文、战国文字、西域汉简、汉魏石经、敦煌文书、铜器定名、三代地理、殷周礼制等方面的研究成果。这些研究介于宋、清金石学与外来考古学之间，直接影响到后来的考古学，成为考古学的重要参考资料。

《林沄学术文集》（被引24次）收入了林沄先生的代表作。林沄先生是我国著名的考古学家、古文字学家和历史学家。作者在中国早期国家的形成、商代的社会形态与家族形态、周代礼制的兴衰演变，以及先秦时期北方和东北地区的民族与文化构成等重大领域都提出了影响深远、自成一家的学术观点，为中国先秦史研究做出了重要贡献。[①]

《李济考古学论文选集》（被引23次），一方面，是李济先生自1923年到1949年这26年里对中国考古学的建立和发展的历史性贡献，我们可以看到他给今天中国考古工作者在方法、术语与研究成果上面所留下来的影响；另一方面，1949年以后30年间他在台湾所整理发表的殷墟资料和研究这批资料的许多成果与心得，也是中

---

① 林沄·互动百科．[2009-8-13] http：//www.hudong.com/wiki/%E6%9E%97%E6%B2%84.

国考古遗产的一个重要成分。① 该文集对研究商周器物用具，尤其是青铜器有很大的学术参考价值。

苏秉琦，中国现代考古学家。苏秉琦在北京大学历史系考古专业主持工作的30年中，为办好这个专业、培育考古人才，充实全国各地的考古队伍做出了突出贡献。《庆祝苏秉琦考古五十五年论文集》（被引23次）是祝贺苏秉琦先生80寿辰和从事考古工作55周年而编印的，按照内容的类别和时代排列。

《考古学研究：1952—1992. 二》（被引23次）是北京大学考古学编撰的考古学丛书，为纪念北京大学考古专业建立40周年而作，收录论文20余篇。既有基础性研究，如《半山类型遗存分析》，又有对单个遗址文化遗存的分析。另外该书还涉猎石窟寺、青铜器等方面的专题研究、年代学及有关问题研究、田野考古方法和环境考古的研究与介绍以及两篇考古发掘报告。作者大部分是当时北京大学考古学系的中青年教师。

《考古学文化论集》（被引22次）是由苏秉琦先生主编，文物出版社连续出版的考古学论文集，各集内容比较分散，有国内学者的著作，也有译著，但每集大致有一个中心，目的是为了促进考古学资料的积累和考古学理论的发展。

《于阗史丛考》（被引21次）收入了《和田、敦煌发现的中古于阗史料概述》、《上古于阗的塞种居民》、《于阗佛寺志》等11篇论文。

《考古学专题六讲》（被引19次）是张光直先生1984年8月22日到9月7日在北京大学考古系讲演的记录。分中国古代史在世界史上的重要性、泛论考古学、考古分类、谈聚落形态考古等六个专题。在讲述中，既有作者自己的固有思想、又有阐明自己的首创之观点。从中可窥到一个具有深厚国学根底的西方人类学者对中国考古学、古代史及世界史研究的特有见解。

《中国青铜文化结构体系研究》（被引18次）是一本论文集，共收入文章31篇，是李伯谦在中国青铜文化研究中主要成果的集结。因此，该书并不试图囊括中国青铜时代文化的每一个细节，而是展示一些特定的考古学题目的深度切入。按内容分为综论、中原篇、北方篇、南方篇、方法篇五个部分。

（2）新石器时代考古类著作

新石器时代研究的一项重要的成果是早期文化遗存的发现。1977—1978年发现了早于仰韶文化的磁山遗址、裴李岗遗址和大地湾遗址。此后又在黄河流域发现了几十处类似的遗存，它们分属不同的文化系统，彼此又有一定的联系，年代都距今七八千年，并且与仰韶文化有因袭发展关系。这些发现对探讨中国农业、畜牧业和制陶工艺的起源有重要帮助。入选这部分的图书共7种，包括：《仰韶文化研究》、《姜寨：新石器时代遗址发掘报告》、《大汶口：新石器时代墓葬发掘报告》、《舞阳

---

① 张光直：《中国考古学论文集》，生活·读书·新知三联书店1999年版，第417页。

贾湖》、《庙底沟与三里桥：黄河水库考古报告之二》、《崧泽：新石器时代遗址发掘报告》、《宝鸡北首岭》。

仰韶文化是黄河中游地区重要的新石器时代文化。1921年在河南省三门峡市渑池县仰韶村被发现，所以被称为仰韶文化。《仰韶文化研究》是系统论述仰韶文化的专著；而《姜寨：新石器时代遗址发掘报告》和《宝鸡北首岭》都是仰韶文化时期遗存的发掘报告。这三本著作在学者考察仰韶文化内部的融合和分化以及相邻原始文化在仰韶文化发展中的作用有重要的参考价值。

《仰韶文化研究》（被引43次）收入论文16篇。该书分为典型遗存分析，类型、起源和发展阶段，聚落形态，埋葬制度，彩陶分析，小结和分析六个部分。该书阐明了仰韶文化发生、发展和逐步消亡、转化为新的考古学文化的历程。此外还收录了作者对各时期仰韶文化研究成果的评价，对仰韶文化研究中若干关键问题的见解，以及关于进一步开展研究的方法和途径等方面的论述文章。

《姜寨：新石器时代遗址发掘报告》（被引35次）分为上下册，上册为报告卷，下册为图版卷。姜寨遗址的发掘为研究山西关中地区仰韶文化的发展序列提供了重要依据。其时代与半坡遗址相近，但聚落规划更完美，布局更清晰，其保存之完好也是前所未有的。该书为了解当时的村落布局、社会组织结构、经济生活文化、技术各方面的情况提供了丰富信息。[①]

北首岭遗址位于宝鸡市区东北部，是一处保存比较完整的仰韶文化村落遗址。1958—1960年及1977—1978年中国科学院考古研究所宝鸡发掘队对北首岭遗址进行了较大规模的发掘，《宝鸡北首岭》（被引20次）即是他们的考古报告。此次发掘发现有丰富的居住遗迹、遗物遗迹年代比半坡类型更早的北首岭类型堆积。这些发现为研究关中地区仰韶文化的面貌及其分期提供了重要的资料。

除了仰韶文化，大汶口文化也是新石器时代的代表性文化之一。大汶口文化（公元前4300年至公元前2500年）因发现于大汶口，人们遂把以大汶口遗址为代表的文化遗存，命名为"大汶口文化"。大汶口文化的发现，使黄河下游原始文化的历史由4000多年前的龙山文化向前推进了2000多年。大汶口遗址是新中国成立以来发现的新石器时代晚期大汶口文化的代表性遗址之一。《大汶口：新石器时代墓葬发掘报告》（被引28次）分九章，按照遗址发现、发掘经过，墓葬概述，墓葬类型，随葬工具、陶器、装饰品、雕刻物等顺序介绍了这批墓葬的全部情况，并对墓葬分期、墓葬文化性质和社会性质等问题作了探讨。书后给出了详细的墓葬登记表，典型的墓葬和器物都有插图和图版并附有兽骨、龟甲的鉴定材料。

《舞阳贾湖》（被引28次）、《庙底沟与三里桥：黄河水库考古报告之二》（被引

---

① 考古杂志社编著：《二十世纪中国百项考古大发现》，中国社会科学出版社2002年版，第63页。

24次)、《崧泽：新石器时代遗址发掘报告》（被引21次）都是新石器时代遗址的发掘报告，有助于全面地认识各地区新石器时代的全貌、及其历史地位。

舞阳贾湖遗址的发掘可称是20世纪80年代以来我国新石器时代考古中最重要的工作。《舞阳贾湖》详细记述了在河南省舞阳县发掘出土的8000年前贾湖新石器时代聚落遗址资料。全书分上下两卷：上卷系统地阐述了该遗址的文化内容、分期、年代、性质及与周围文化的关系；下卷对其自然环境、人种及人类体质、经济结构、技术工艺、聚落形态、原始宗教、音乐文化等进行了探讨。[①] 此报告有三个方面值得重视：首先是它提供了能理解黄河中游至淮河上游和黄河下游至淮河中下游之间新石器文化（主要是早、中期）关系的一个联结点；其次是它提供了一个我国黄河、长江之间新石器时代早期的、居于当时文化发展前列的相当完整的实例；最后是该报告除了分类发表原始资料外，又从讨论贾湖文化的总体面貌出发，列出下卷，分章研究其自然环境、居民体质、生业方式、工艺技术、生活状态和精神信仰等内容。

崧泽村位于上海市青浦县境内。1957年，考古工作者对其进行考古调查时，采集到数片新石器时代的夹砂红陶和泥质灰陶片，经检验确定那里存在一个古文化遗址。《崧泽：新石器时代遗址发掘报告》详尽报告了这次发掘的全部资料。是史前棺椁、古代玉蝉、玉璜的研究文章的重要参考文献。

《庙底沟与三里桥：黄河水库考古报告之二》是1955年开始的黄河水库考古报告的续篇，包括庙底沟和三里桥两个新石器时代遗址。

（3）夏商周考古类著作

遴选出的夏商周考古主题的论著共34本。其中《夏商周考古学论文集》被引次数最高，为89次。该书收录了邹衡先生在20世纪50年代中期至70年代末撰写的7篇论文。该书内容分为三个部分：第一部分着重研究郑州和安阳两处典型商文化遗址的年代与分期问题，在考古学上论定了早商文化，并对商文化的发展诸阶段进行了初步探讨；第二部分是夏商文化研究，包括四篇文章，从不同的角度论定夏文化；第三部分是周文化研究，只有一篇，对先周文化进行了论证，主要探索周文化的起源。该书对于中国古代文明和国家起源的研究具有重要参考价值。

夏商周墓地的考古发掘是这一时期考古学著作的重要组成部分。发掘出来的墓地类型有古代诸侯王的墓地、宗族墓地、家族墓地、特色墓地、公共墓地等。这部分图书包括《曾侯乙墓》（被引51次）、《包山楚墓》（被引43次）、《江陵九店东周墓》（被引42次）、《淅川下寺春秋楚墓》（被引39次）、《宝鸡弓鱼国墓地》（被引37次）、《江陵望山沙冢楚墓》（被引36次）、《上村岭虢国墓地》（被引30次）、《当阳赵家湖楚墓》（被引29次）、《江陵雨台山楚墓》（被引29次）、《信阳楚墓》（被引27次）、《长沙楚墓》（被引21次）、《洛阳北窑西周墓》（被引20次）、《新干

---

① 舞阳贾湖. [2009-8-13] http://www.sciencep.com/s_single.php?id=325.

商代大墓》（被引 20 次）、《张家坡西周墓地》（被引 19 次）。这些著作均为墓地遗存的发掘报告，限于文章篇幅，我们只选择被引用次数较高的有代表性的 5 种介绍其内容和分析引用它们的文献主题。

被考古学论文引用较多的是《曾侯乙墓》。曾侯乙墓是一座战国早期墓，位于湖北省随县城关镇西北郊擂鼓墩附近。1978 年 5 月发掘，出土遗物极其丰富，达 15428 件。该书 23 篇附录从各个领域研究了这批材料并附有《曾侯乙墓研究论文目录索引》。为东周考古，尤其是音乐史、科学技术史、工艺美术史、古文字等的研究提供了重要资料。

包山墓地位于湖北省荆门市十里铺镇王场村的包山岗地上。这些墓地与以纪南城为中心的高等级墓地构成网络，包山墓地是该网络中保存较好的一处。《包山楚墓》收录的是 1987 年所发掘的 5 座战国中晚期楚墓的材料。包山墓地墓葬数量虽少，但保存较好，且大、中、小类别明显，自身年代序列清楚。5 座楚墓共残存不同质地的遗物 2176 件，包括竹简、竹牍、竹签牌、封泥、动植物遗骸等。这批考古资料的发表，对了解当时楚人的丧葬礼俗和研究楚文化特征都有极其重要的参考价值。

《江陵九店东周墓》（被引 42 次）是一份考古发掘报告。该报告包含了 597 座墓葬，是继江陵雨台山、当阳赵家湖两地楚墓之后，在楚国腹心地区发掘的又一批数量丰富的东周时期墓葬。由湖北省文物考古研究所江陵工作站用了累计近十年的时间逐渐发掘出来。因前两批楚墓是为配合工程建设急速抢救性发掘而得的，故该墓地其资料的完整性更好一些。取得了一系列新的收获：充实了楚国腹心地区东周墓的分期序列；对东周时期楚墓作了更细致的分类；进行了仔细的文化因素分析。

淅川下寺春秋楚墓群位于河南省淅川县城南约 50 公里丹江水库西岸的龙山山脊上。该墓群 1977 年 10 月发现，1979 年正式发掘，时代为春秋中、晚期（公元前 620 至前 476 年），是河南省所发现的最大的一处楚国王族墓地。该发掘报告《淅川下寺春秋楚墓》（被引 39 次）对研究楚国墓地、楚国青铜礼器组合有重要的参考价值。

1974 年冬至 1981 年秋，宝鸡市博物馆先后在宝鸡市区内茹家庄、竹园沟、纸坊头 3 处西周墓地发掘出土了大量遗物。出土铜器铭文证明，3 处地点都属于西周弓鱼国族葬墓地。由于宝鸡所处的独特的地理位置，使其成为中国古代历史上西南地区、甘青地区和中原地区诸种文化相互交流、融合的孔道，尤其是在商周时期，这一地区的古代遗存具有多种文化因素。《宝鸡弓鱼国墓地》（被引 37 次）从各个侧面反映出弓鱼国宗族结构形态、埋葬习俗、社会经济和手工业发展状况。该书逐墓介绍发掘材料，还研究了弓鱼国方位及其与周围方国的关系。此外，青铜礼器组合与弓鱼国宗法等级结构等研究，对研究中国西周奴隶社会，特别是研究西周方国史和民族关系史将起到重要的作用。

1994 年春，香港古玩市场出现了一些竹简，5 月起便陆续运到上海博物馆。经科学测定与文字识读，断代定义为战国时代的楚国竹简，因而定名为"楚竹书"。这就是《上海博物馆藏战国楚竹书》（被引49次）的缘起。"楚竹书"共约1200余支，简上文字总数高达35000余字，内容涵括哲学、文学、历史、宗教、军事、教育、政论、音乐、文字学等，以儒家类为主，兼及道家、兵家、阴阳家。其中书篇近百种，对照现今传世者不到十种，[①] 对先秦文化、思想、书法艺术的研究都有极为重大的意义。

《郭店楚墓竹简》（被引46次）考证了1993年出土于湖北荆门市郭店一号楚墓，据整理后的数字统计共有字简730多枚。郭店楚简的文字是典型的楚国文字，字体典雅、秀丽，是当时的书法精品。这批古书不同于一般的公文和文书，是由专门的人抄写的。分上下两栏抄写的格式和校正补抄文字的插入方式都是在以往楚简中所未见的。该书包括《缁衣》、《五行》、《老子》、《太一生水》内容。它们对于中国先秦时期思想史、学术史的研究具有极重要的价值。

夏商周断代工程是第九个五年计划国家重点科技攻关计划项目之一。《夏商周断代工程1996—2000年阶段成果报告（简本）》（被引43次）阐述了夏商周断代工程的目标、研究途径和实施情况，西周年代学研究，武王克商年代的研究，商代后期、前期的年代学研究，夏代年代学研究等内容。

殷墟是商代后期的都城遗址，位于今河南省安阳市西北郊，横跨洹河南北两岸及其附近的20多个自然村。《殷墟的发现与研究》（被引43次）是一部近60年来殷墟重要发现和研究成果的综合性著作。殷墟发掘与甲骨文的发现密切相关，因此该书也对1928年以前甲骨文的出土情况与研究概况作了回顾。

除此之外，有关殷墟的论著还有中国社会科学院考古研究所《殷墟发掘报告：1958—1961》（被引34次），《殷墟妇好墓》（被引33次）。

1958—1961年中国科学院考古研究所在安阳殷墟发掘了小屯西地、苗圃北地、高楼庄后岗、张家坟、梅园庄、白家坟、王裕口、孝民屯、北辛庄和大司空村等11处殷代遗址，发掘重点是手工业作坊和某些居住址，另外还发掘了两处殷代墓地。《殷墟发掘报告：1958—1961》共分为六章，报告发表了全部资料，为研究殷墟的范围、布局、殷墟文化的发展序列，陶器分期以及殷代的铸铜工艺、制骨工艺等问题提供了方便，对研究殷代墓葬的分期也有一定的参考价值。

《殷墟妇好墓》是一部全面综合性的发掘报告。1975—1976年在安阳发掘的妇好墓，是殷墟发掘以来保存最完整、而且是目前唯一能与甲骨文相印证确定年代和墓主身份的商王室墓葬。这座墓随葬器物的数量、品种和有铭文的铜器之多是前所未有的。报告分前言、地层简述、墓葬概况、随葬器物、结语五部分。妇好墓的发现，对于研究殷代的历史，尤其是武丁时期的政治、经济、手工业、文化艺术、方国、

---

① 季旭升：《上海博物馆藏战国楚竹书（一）》读本．[2009-8-15] http：//www.amazon.cn/dp/bkbk920983.

礼制以及铜器断代、殷墟布局等问题，都有重要学术价值。

二里头遗址是我国最重要的夏商文化遗址之一，是国家一级文物保护单位，1959年由徐旭生先生在豫西调查时发现，以后由中国社会科学院考古研究所主持发掘，取得很多重要的发现，确立了二里头文化的分期等。这些都是研究夏商文化的极其重要的成果。《偃师二里头：1959 年—1978 年考古发掘报告》（被引 41 次）是 20 世纪 60 年代、70 年代发掘的综合性研究报告，主要内容有第一、第二号夯土宫殿基址、各类墓葬和遗址及各种遗物的详细报道，二里头遗址的文化分期和二里头文化的学术论述等。该书是研究二里头遗址和文化最基本的著作。

《登封王城岗与阳城》（被引 37 次）收入的是 1975—1981 年对河南王城岗遗址和东周阳城遗址的全部考古发掘材料。对研究龙山时代文化分期、古代都城遗址反映出的社会形态变化研究都有一定的参考价值。

《曲阜鲁国故城》（被引 29 次）总结了 1977 年春至 1978 年冬山东文物考古工作者对曲阜鲁国故城进行系统勘察的成果，是一部田野报告专集。全书共分为四章，较详细地报道了钻探试掘所获资料，为研究鲁国和两周时期的历史，提供了重要的佐证。

郑州商代遗址，是一处包含有商代早期的洛达庙期（相当于偃师二里头文化晚期），商代中期的二里岗期和商代晚期的人民公园期等时期多层次相叠压的大型商代遗址。其中以商代二里岗期遗址的分布面积最大，各种遗迹与遗物的内涵也最为丰富。《郑州二里冈》（被引 31 次）主要是关于二里岗 1953 年商代遗址的发掘和 1953 年秋至 1954 年夏对 212 座战国墓葬发掘的报告。

郑州商代遗址发现于 1950 年，开始发掘于 1952 年，河南省文物考古研究所的《郑州商城：1953—1985 年考古发掘报告》（被引 23 次）则是这一时期的发掘报告。内容包括：概述、龙山文化遗址、洛达庙期遗址、商代南关外期遗址、商代二里岗期遗址、商代人民公园期文化遗址、战国时期文化遗址等。

1955 年在遗址中部又发现了一座略呈南北纵长方形的周长近 7 公里的商代二里岗期夯土城垣遗址——郑州商城。作为研究我国商代历史的考古实物资料，从过去安阳殷墟商代晚期的基础上又向前提早到了商代中期，同时也揭开了商代已有夯土城垣建筑遗迹的序幕。

《郑州商城考古新发现与研究》专辑（被引 25 次）比较集中的发表 1985—1992年这一阶段的考古发掘新发现和研究成果。

上述三部著作从不同的角度介绍了郑州商代遗址，以便于国内外文物考古学界与历史学界能够及时地和比较集中地了解到郑州商代遗址的发掘情况与重要收获，为相关研究提供了丰富的参考资料。

包山楚简是湖北省荆沙铁路考古队于 1987 年 1 月为配合荆—沙地方铁路建设，在南距战国楚故都纪南城 16 公里的荆门十里铺镇王场村包山岗地所发掘的包山二号楚墓中发现的。包山二号墓是包山墓地（见《包山楚墓》介绍）五座战国中晚期楚墓中位置最显著、规模最大、保存最好的墓葬。正是由于包山二号墓下葬年代清楚，墓主身份明确，再加之出土竹简数量多、保存好、内容丰富，所以，《包山楚简》（被引24次）有着极高的学术价值。简牍部分较详细地介绍了简牍的出土情况和简牍形制及其主要内容；释文部分解决了不少楚疑难字的释读；考释部分注重考古与文献的结合，注重吸收最新的研究成果；字表也是建立在较深入研究楚文字的基础上编制出来的。该报告是研究楚国社会，包括文献结构、法制、祭祀活动重要的实物资料。

《大甸子：夏家店下层文化遗址与墓地发掘报告》（被引24次）是中国社会科学院考古研究所内蒙古队于1974—1983年在内蒙古赤峰大甸子发掘夏家店下层文化聚落遗址和墓葬发掘报告。该文化遗址属燕山南北早期青铜时代遗存，距今约3600年左右，相当于中原的夏商时代。共挖掘出有夯土围墙和壕沟围绕的居住遗址以及有804座墓葬的完整墓地。该墓地反映了多个家族不同墓葬之间存在等级差别。在发现的数以千计的陶器中有200多件表面绘有彩色图案花纹，其中有多种与"求生"纹相似的花纹，使人们有理由相信中国青铜器上某些花纹"母体"在商代之前即已形成。

藁城台西商代遗址是继殷墟、郑州、邢台等遗址之后的又一重要发现。这项考古工作是在1973年至1974年进行的，《藁城台西商代遗址》（被引24次）是此次考古工作的材料报告。藁城位于今河北省石家庄市的东侧，春秋时期白狄别种肥子之国即在藁城县境。其地北邻幽燕，南接卫郑，西通晋秦，东达齐鲁，与郑州一样，自古即当东西南北交通之要冲，为西方文化荟萃之所在。台西遗址从其所处的地理位置、范围的大小及其所包含的文化内容来看，似可称得上当时北方第一重镇。因此，台西遗址的发现，对于研究商人与西、北地区诸文化的关系都是具有重要意义的。台西商代遗址延续的时间比较长，却也集中，已把居住遗址和墓葬各分为两期，这四期的年代基本上是衔接的。类似的商代遗址在同一处遗址中包含上述各期者还很少见。通过这一典型遗址的分期研究，使我们对冀中地区商文化的发展阶段有了进一步的认识，而且弥补了某些缺环。

《山彪镇与琉璃阁》（被引21次）分上下两篇：上篇为山彪镇，下篇为琉璃阁。河南省汲县山彪镇是一个广阔的战国时代墓地，在1935年夏曾经发掘过；辉县琉璃阁也是战国时代墓地，在1935年冬和1937年春曾两次发掘过，皆有丰富收获。可以说明古史中若干具体问题。当琉璃阁第二次发掘不满一个月，发生卢沟桥事变，两地相继沦陷。作者携带出土遗物和记录辗转。古物运到南京北极阁，并初步草拟了报告。山彪镇的稿件拟就十分之七八，琉璃阁的稿件还不到十分之二三。时值国民党密谋逃窜，将古物、记录、正稿、图版等运至台湾。作者收集残余图片、副稿，八年后稍事增补，将其公布于世。该书是研究战国墓地的珍贵资料。

《盘龙城：1963—1994年考古发掘报告》（被引20次）公布了盘龙城遗址的1963—1994年的全部田野考古资料。盘龙城遗址位于湖北省武汉市黄陂区滠口镇叶店村，是一处宫城遗址。宫城址近方形，南北约290米，东西约260米，周长1100米，城内面积约75400平方米。在古城四周，分布着许多商代遗址和墓地，该书分城址、城外遗址、盘龙城遗址的考古勘查及采集遗物等章进行分析。常常被研究商周时期的城市关系、聚落模式以及由此体现的政治经济景观的文献引用。

东下冯遗址位于陕西省夏县东下冯村东北青龙河的南、北两岸台地上，总面积约为25万平方米。1974年秋至1979年冬对该遗址进行发掘，分东、西、中、北4区进行。发掘结果主要为东下冯类型遗存和商代二里岗遗存，这是田野工作的重点，也是《夏县东下冯》（被引20次）的主要内容。参照二里头类型的年代，粗略估计东下冯类型的相对年代大致为公元前19世纪至公元前16世纪。这个年代相当于夏末商初，加之东下冯遗址正处在传说中的"夏墟"范围之内，因此，东下冯遗址资料的发表，对探索夏文化和研究商文化都具有重要意义。

燕下都遗址是战国时期燕国的都城遗址。城址呈长方形，东西长约8公里，南北宽达4公里，是战国都城中面积最大的一座。城址中部有一道隔墙，将城分为东、西二城。东城分为宫殿区、手工业作坊区、居民区、墓葬区、古河道区五个部分，文化遗存相当丰富，保存较好。西城为一防御性的附城，遗存较少。城址内除出土有铜器、铁器、陶器、石器等生产、生活用具外，还发现有许多兽首陶水管、筒瓦、板瓦等建筑构件。燕下都遗址的发现，究明了战国时期燕国都城城市建筑的布局。[①]因此，《燕下都》（被引19次）是研究古代都城考古的重要参考资料。

（4）秦汉考古类著作

秦汉考古类著作里被考古学论文引用较多的8种书分别是《睡虎地秦墓竹简》、《洛阳烧沟汉墓》、《张家山汉墓竹简：二四七号墓》、《满城汉墓发掘报告》、《广州汉墓》、《汉代物质文化资料图说》、《西汉南越王墓》、《长沙马王堆一号汉墓》。

《睡虎地秦墓竹简》被引次数最高，共被引69次。该书收录了1975年在湖北云梦睡虎地秦墓中发现的秦代竹简1100余支，包括《编年纪》、《语书》、《秦律十八种》、《效律》、《秦律杂抄》、《法律问答》、《封诊式》、《为吏之道》、《日书》甲种、《日书》乙种。其中大部分内容是秦代的法律和文书，不仅有秦律，而且有解释律文的问答和有关治狱的文书程式。这些法律条文，保留了秦律的很多内容，大大丰富了今人对秦律的理解，对研究秦代历史和中国古代法律制度的发展，有十分重要的价值。

《洛阳烧沟汉墓》被引57次。该书是1953年洛阳烧沟区发掘的225座汉代墓葬的报告。着重研究了汉代墓室结构和陶器、铜器等方面的发展衍变，特别在墓室形制的发展上做了比较全面系统的阐述。另外对此次出土的铜镜、货币在断代上也作

---

① 燕下都·百度百科．[2009-8-15]．http://baike.baidu.com/view/51379.htm．

了较为广泛的研究。不仅对于汉代墓葬的分期、断代上提出了不少新的依据,并给研究汉代物质文化史增加了很多重要的资料。

《张家山汉墓竹简:二四七号墓》(被引52次)是"九五"国家重点图书出版规划项目。张家山247号汉墓是一座土坑木椁墓。位于湖北省江陵县(今荆州市荆州区)城外西南1.5公里处的江陵砖瓦厂内,因取土而发现,1983年12月由荆州博物馆配合进行发掘。[①] 该书收录了湖北江陵张家山247号汉墓出土的所有竹简,分图版、释文和注释两部分。竹简内容为汉代典籍,涉及汉代的法律、军事、历法、医药、科技诸多方面,具有较高的学术价值。

河北省满城陵山汉墓分1号墓与2号墓,是西汉中山国靖王刘胜及王后窦绾的墓,随葬品丰富,是中国重要考古发现之一。《满城汉墓发掘报告》(被引42次)分为上下两册:上册为报告卷,介绍墓葬的地理环境和墓葬形制等;下册为图版卷。

《广州汉墓》(被引36次)是1953—1960年广州市郊清理出的409座汉墓的考古发掘报告集,分上下两册。上册以历史年代为顺序,分为西汉前期墓葬、西汉中期墓葬、东汉前期墓葬、东汉后期墓葬,分别从墓葬形制、随葬器物等方面,整理这批有代表性,并自成系统的广州地区汉代墓葬考古资料。对其反映出的南越人与南越王国、两汉时期广州的水上交通与海外通商贸易、汉代广州的干栏式建筑以及几个特殊现象与广州历史发展的关系等问题加以深入探讨。下册为图版部分,收录西汉后期陶俑、东汉前期琉璃珠饰、东汉后期陶船等具有浓郁地方特色的文物。

《汉代物质文化资料图说》(被引29次)为《中国历代物质文化资料图说》其中的一册。该书结合出土文物,详细介绍了汉代农业、手工业的成就,内容涉及耕作、渔猎、窑业、冶铸、纺织、钱币、车船、武备、建筑、家具、服饰、文具、医药、饮食器、灯、熏炉、玉器、金银器、乐器、杂技、娱乐、少数民族文物等。书中附有上千幅汉代文物图样。作者在解说这些物质遗存时,大量引用相关的史料和今人的研究成果,对于每件物品的产生、发展及其沿革都作了系统、扼要的阐述,时有独到精辟之见。

1983年发掘的广州市西汉南越王墓,是中国重大考古发现之一。墓中出土1000多件(组)文物。其中不少是全国首见的文物,反映出当时当地的历史文化发展状况。《西汉南越王墓》(被引27次)全面反映了该墓的发掘经过、收获及研究成果。

1972年,在长沙马王堆1号汉墓出土一具保存十分完好的女尸,被认为是世界上尸体保存记录中的奇迹。其棺椁之华丽,随葬品之丰富,尤其是大批纺织品保存之完好,也为中国考古史上所仅见。《长沙马王堆一号汉墓》(被引26次)为长沙马王堆1号汉墓的发掘报告,分上、下两集。上集为报告,内容包括墓葬位置和发掘经

---

① 张家山汉墓竹简:二四七号墓(释文修订本)·豆瓣. [2009-11-6] http://www.douban.com/subject/1926294/.

过,墓葬形制,随葬器物,年代和死者。其中随葬器物又分为彩绘帛画、纺织品和衣物、漆器、木俑、乐器等10类,并有插图114幅。墓主是西汉初年长沙国丞相利苍的夫人辛追。随葬帛画和彩绘棺上所绘图像,反映了浓郁的楚文化特色,与中国北方地区已发掘的汉墓风格迥异。下集为图版,共292幅,其中彩色图版76幅。

上述论著除《汉代物质文化资料图说》详细介绍汉代用品器具外,其余七种都是秦汉时期墓地发掘报告以及相关内容,这对于其他时期墓地遗存的发掘以及由墓地发掘所引发的器物、政治经济文化制度研究有重要的参考价值。

(5)隋唐考古类著作

入选的涉及隋唐考古的著作共4本:《唐代墓志汇编》(被引33次)、《固原南郊隋唐墓地》(被引19次)、《汉唐西域与中国文明》(被引19次)、《唐代九姓胡与突厥文化》(被引18次)。

唐代墓志是久为研究者重视的一项重要文献资料。《唐代墓志汇编》根据私家收藏品,新中国成立后公开发表的出土墓志及各地博物馆、图书馆藏品,还有金石著录《千唐志斋藏石》、《金石粹编》、《邙洛冢墓遗文》、《陶斋藏石记》等搜集编成,包括残志在内,共收墓志3604通。收录范围以唐以前及唐代出生,卒于唐代者为限。全书按志主落葬日期先后为序排列,并以年号为界,编号以便查检。书后附有志主和志文涉及的人物的人名索引,是研究唐政府制度、人们的居住、婚姻习俗、妇女地位的重要参考工具书。

1981年夏,宁夏固原文物工作站对该塬上的墓冢进行考古钻探,钻探结果表明,这是一处隋唐时期的墓葬群。从1982年至1987年,共发掘出隋唐墓葬八座。《固原南郊隋唐墓地》即为此次考古发掘报告。

《汉唐西域与中国文明》是东方出版社1995年出版的《西域文明》的姊妹篇,该书集中反映了作者利用佉卢文献与史籍和考古资料相结合,在中亚古代历史文化研究方面所取得的最新成果。

《唐代九姓胡与突厥文化》由上编《唐代九姓胡》、中编《突厥文化》、下编《西域物种与文化交流》组成,每编又分成若干章节,各章节是以发表过的专题论文为基础,在出版之前做了必要的补充。这些文章经过细致的重新安排,以专题论文的方式组成一个大致协调的整体。这个整体的中心议题就是在一个广阔的种族文化背景下,研究中亚绿洲城邦文明与漠北草原穹庐文明的接触和交融;在某些章节中也研究了在文化传播过程中物质和精神两种体系的转换以及外来文化与本土文化的融合问题。除文笔精美外,该书最明显的特色是实证和理论的紧密结合。荣新江对该书的评价是:"代表了目前粟特、突厥学界的较高研究水平。"[1]

---

[1] 余太山. 读蔡鸿生《唐代九姓胡与突厥文化》. [2009-11-6]. http://tieba.baidu.com/f? kz=178404433.

(6) 宋元考古类著作

《白沙宋墓》是宿白先生的代表作品,属宋元考古著作。(宿白先生的另外两部代表著作《中国石窟寺研究》、《藏传佛教寺院考古》,在后面的宗教考古著作里有详细介绍)。1951—1952 年,河南白沙在修建水利工程时,发掘了古遗址十处、墓葬 300 余座。《白沙宋墓》(被引 19 次)全面报道了白沙宋墓的发掘资料,着重通过墓室结构的特点和墓室壁画的内容,结合丰富的历史典籍考证和再现了宋代的社会生活。作者在书中向我们提供了大量翔实准确和生动的宋代日常生活资料,在建筑、绘画、服饰、器用、民情、风俗等多方面所作的精辟阐述,至今仍可供学者参考。该书"体现了在研究方法上将文献考古与考古实物相结合,是宋元考古学的重要著作"[①]。

(7) 区域考古著作

被遴选出来的区域考古著作共 20 种。

《洛阳中州路:西工段》(被引 57 次)是 1954 年秋到 1955 年春在洛阳中州路(西工段)发掘的报告。发掘材料主要属于四个时代:数量不多但属于不同发展阶段的仰韶文化遗存;数量不多的早期殷商文化遗存;大量属于周代各时期不同规模的墓葬和主要属于东周的文化堆积层;比较发达的汉代文化堆积层和保存较好的房屋基址以及位数不多的墓葬。对仰韶、殷、西周、东周、汉代诸文化遗存的分期、分布面貌各方面都有收获,为考古工作和研究提供了比较大量的材料和不少线索,是考古学科高被引文献。

1955—1957 年,中国科学院考古研究所在陕西省长安县沣河西岸发掘客省庄、张家坡两个地点。客省庄遗址包括仰韶文化、"客省庄第二期文化"、西周和战国的遗存。其中"客省庄第二期文化"是流行于渭河流域的一种富有特征的文化。张家坡遗址主要是西周的遗存。《沣西发掘报告:1955—1957 年陕西长安县沣西乡考古发掘资料》(被引 54 次)重点报道上述发掘工作收集的资料。附录有兽骨鉴定、陶瓷碎片的研究、两周墓葬登记表、索引表等。

西安半坡原始氏族公社聚落遗址,是我国氏族公社繁荣时期典型居住遗址之一。《西安半坡:原始氏族公社聚落遗址》(被引 36 次)报道了在该遗址发掘中的收获,并论述了它所反映的社会经济形态。报告的结构是以人类社会生活的各个方面分别论述的,其中图版 120 余幅。该书以实物资料详尽介绍了距今六七千年前人类在半坡的居住、生产、生活、文化艺术、埋葬习俗等方面的状况。

1959 年至 1975 年,考古工作者在新疆吐鲁番县的阿斯塔那和哈拉和卓古墓葬区进行了十余次科学发掘,掘得近万片汉文文书。1975 年国家文物局古文献研究室、

[①] 宿白·中国百科网. [2009 – 11 – 6] http://www.chinabaike.com/article/1/78/433/2007/20070520113419.html.

新疆博物馆和武汉大学历史系组成吐鲁番出土文书整理小组，由唐长孺主持整理，拼得文书近1800件，编印十册，即《吐鲁番出土文书》（被引32次）。文书均按照原式抄写影印，有关文书情况如墨色、缺残等也一一标明，对字迹模糊、缺笔、残坏之字则尽可能推断注出。此书内容涉及高昌乃至西域诸族的政治、经济、文化、宗教与内地关系等方面，是研究西北地区民族史和民族学的珍贵资料。

有关墓地发掘的有4种著作：《琉璃河西周燕国墓地：1973—1977》（被引26次）、《三门峡虢国墓》（被引25次）、《三星堆祭祀坑》（被引24次）、《太原晋国赵卿墓》（被引19次）。以下对被引次数较高的《琉璃河西周燕国墓地》和《三门峡虢国墓》作简单介绍。

北京市文物研究所的《琉璃河西周燕国墓地：1973—1977》是几个墓地发掘报告中被引次数最高的，为26次。在此墓地发掘出来的器物对研究北京琉璃河燕国墓地的城市方位、当时的工艺技术渊源都有一定的参考价值。

虢国墓地发现于1956年，是一处等级齐全、排列有序、独具特色且保存完好的大型邦国公墓地。20世纪50年代起至今，先后经过四次钻探及两次大规模的发掘工作。第一次开始时间为20世纪50年代后期，其发掘报告可以参见《上村岭虢国墓地》；1990年至1999年，由河南省文物考古研究所与三门峡市文物工作队组成的联合考古发掘队对虢国墓地进行了第二次大规模考古发掘，墓地内所有墓葬依其规格及墓主人身份高低，由北向南各自成组，顺序排列。各位国君的墓葬位于整个墓地的最北端。这次发掘报告就是《三门峡虢国墓》。

《内蒙古文物考古文集》（被引69次）已经出版三辑，本辑收有论文70篇，包括历年田野考古资料，近些年配合建设工程进行的考古调查发掘项目，以及在抢救性清理已被破坏的古遗址和古墓葬中的一些重要文物发现。集中展示了40年来内蒙古地区文物考古学术的成就和新的考古发现与科研成果。

海岱地区是海岱文化区、海岱历史文化区的略称。在空间分布上，海岱地区是以泰沂山系为中心，不同时期的分布范围有一定差别，总体上呈逐渐扩大的趋势，鼎盛时期包括山东全省、苏皖两省北部、豫东、冀东南以及辽东半岛南部在内的广大地区；在时间上，大约包括了目前已知的整个新石器时代和青铜时代，经历了一个产生（后李文化）、发展（北辛文化和大汶口文化早中期）、鼎盛（大汶口文化晚期、海岱龙山文化和岳石文化）和衰落（商周时期）的过程。《海岱考古》（被引47次）是山东地区的一部资料性、学术性的考古学文集。它以考古文化区、系、类型的理论为指导，尽可能按照地域比较集中地发表山东省文物普查、复查和考古发掘的简报与报告，有重点地刊载海岱地区考古学研究的论文。

与海岱考古内容相关的另一本著作是《海岱地区考古研究》（被引22次），收录了近十年来对海岱地区考古学文化谱系方面研究的论文。

《重庆库区考古报告集》（被引36次）是1997年度考古项目田野报告的汇总，

是《长江三峡工程文物保护项目报告》甲种系列的第一号。表明自古以来重庆库区就是中华民族长江文明的重要舞台和文化交流的重要通道，保存着从旧时器、新石器时代经历夏商周直到宋元明清的各代文物古迹。

《泗水尹家城》（被引30次）是山东省泗水县尹家城遗址发掘报告。分前言、文化层堆积、大汶口文化遗存、龙山文化遗存、岳石文化遗存、商代文化遗存、周和汉代文化遗存、结语8部分。全面公布了1973年至1986年先后3次的发掘材料。该遗址首次提出了岳石文化晚于龙山文化而早于商代的确凿层位关系，并含有龙山文化最早期和最晚期遗存、龙山文化墓地及大量岳石文化遗物。为完善汶泗流域乃至海岱地区古代文化的谱系，研究龙山文化的性质，认识与概括岳石文化的面貌及特征提供了有价值的资料。

下王冈遗址是已知丹江流域文化内涵最为丰富的遗址，现存面积约有6000平方米。1971年至1974年，河南省博物馆文物工作队对该遗址进行了大规模的发掘，面积达2309平方米。该遗址保存较好，延续时间长久，仰韶文化、屈家岭文化、龙山文化、二里头文化、西周文化层层叠压，达9层之多。下王岗遗址诸朝文化有的联系比较紧密，承袭关系比较多，有的则在时代上略有间隔，内在承袭关系尚待研究。《淅川下王冈》（被引27次）对上述5种文化的9期遗存分章详述，对研究丹江流域古文化序列和江汉流域与黄河流域古文化的相互关系具有重要意义。

《浙江省文物考古研究所学刊：建所十周年纪念1980—1990》（被引27次）汇集了浙江省文物考古研究所建所10年来有关考古的发掘与科研成果论文20余篇。发掘资料包括新石器时代至明代的墓葬和遗址，其中有许多是未发表过的新资料和新发现。既有科研和发掘方面的专文综述，如对新石器时代和瓷窑址的回顾与展望等；也有专题研究，如对宋代的桥梁、绍兴水乡的特色、飞英塔德修复以及元代大木作等均有专题研究论文。

《四川考古报告集》（被引26次）收入了四川地区田野考古发掘报告或简报16篇，都是未经正式发表过的文章。这些文章能够大体上反映出20世纪80年代以来四川地区在考古调查、发掘工作中的新收获和初步研究成果。其时代跨度上起新石器时代，历夏商周秦汉、下至唐宋时期；所涵盖的地域甚广。《报告集》的内容不仅有古代居住遗址资料，也有古墓葬、古窑址资料，还包括祭祀坑和窖藏等古代文化遗存，其中不乏具有重要价值的考古发现。作为四川地区最早命名的考古学文化，巴蜀文化是四川考古学研究的主要课题，也是本地区考古工作的主要特色之一。《报告集》中发表的什邡城关、广元昭化宝轮院等地发掘的一批战国至秦汉时期的墓葬资料，以船棺葬为主，内容远远超过了20世纪50年代的船棺葬发现。这批墓葬资料，对于充分认识巴蜀文化的内涵及其发展、不同文化类型之间的联系与区别，以及巴蜀文化与其他文化的关系等问题都是十分重要的。

《南中国及邻近地区古文化研究》被引25次，收录论文共52篇、彩版16页、黑白图版 21 页、线图 152 张，内容涉及中国、越南、泰国和中国香港特别行政区等几个地域的考古研究。

《辉县发掘报告》（被引 20 次）是中国田野考古报告集，是 1950 年秋、1951 年秋、1952 年中国科学院考古研究所三次对辉县进行发掘的考古报告。发掘出来的器物对青铜器、墓葬、古代绢帛绘画、训诂等研究有一定的参考价值。

1951—1952 年中国科学院考古所派考古工作队对长沙近郊进行发掘战国、西汉前期、后期及东汉墓葬。《长沙发掘报告》（被引 19 次）对墓葬形制及出土器物均作了详尽介绍。其中有些重要出土物为北方地区所少见。出土的车、船是研究古代交通工具的珍贵材料。漆器的制作与纹饰是研究中国古代艺术的绝好资料。

长江流域的古代文化是中华民族文化的重要组成部分。地处长江中上游的三峡地区，在长江古代文化中占有重要地位。自 20 世纪 50 年代以来，我国的文物考古工作者在三峡地区积极配合基本建设，进行了多次大规模的考古调查与发掘，取得了相当丰富的资料。《三峡考古之发现》（被引 18 次）将 1992 年以前的考古调查与发掘资料汇编成册，从而展示三峡地区古代文化概貌。

（8）材料器物考古类著作

古代人类通过各种活动遗留下来的实物，通常包括遗迹和遗物两大类。前者如宫殿、住宅、寺庙、作坊、都市、城堡、坟墓等建筑和设施。后者如工具、武器、日常器具和装饰品等器物。此次遴选出来的材料器物考古著作共 10 种：《中国陶瓷史》、《鄂尔多斯式青铜器》、《陕西出土商周青铜器》、《西周青铜器分期断代研究》、《古代中国青铜器》、《殷墟青铜器》、《中国青铜器》、《中国古代铜镜》、《二里头陶器集粹》。

《中国陶瓷史》（被引 43 次）是中国硅酸盐学会邀请全国各方面的陶瓷专家，用了几年时间集体编写而成的。中国是世界著名的陶瓷古国。早在 8000 年前的新石器时代，我国的先民就已经会制造和使用陶器。瓷器又是我国古代劳动人民的一项伟大发明。我国陶瓷的产生和发展对人类文化做出了卓越的贡献，特别是精湛的制作技艺和悠久的历史传统，在世界上都是很少见的。这本书在 1979 年初稿完成之后，经过多次修正、补充，才最后定稿。该书的出版是我国陶瓷界的一件大事。

《鄂尔多斯式青铜器》（被引 36 次）共分上下两编，对我国古代北方草原文化的代表性器物——鄂尔多斯式青铜器，进行了较全面的整理和系统的研究。上编《鄂尔多斯式青铜器研究》是一篇综合性的研究文章。作者根据近年来的考古发现，并参考目前所能接触到的国内外已发表的文献，对鄂尔多斯式青铜器进行了分类、分期，论述了各时期的器物组合和文化特征。在此基础上，探讨了鄂尔多斯式青铜器的起源和族属问题。下编为鄂尔多斯式青铜器墓葬资料的汇编，其中包括春秋战国时代的匈奴墓葬资料共计 11 篇。

陕西出土的商周青铜器数量之多居全国之冠。《陕西出土商周青铜器》（被引 30

次）选编了新中国成立以来陕西出土的商周青铜器1000多件，采用分地区按时代并照顾器物组合的原则编排为六册。至1984年已经出版有四册。第一册为全省出土的商代青铜器和岐山县出土的西周青铜器；第二册为扶风县出土的西周青铜器；第三册为岐山、扶风、麟游、陇县、千阳、凤翔、眉县出土的西周青铜器；第四册为宝鸡市和宝鸡、武功、泾阳、礼泉、长武、户县、周至、乾县、永寿、淳化、三原、铜川、勉县、洋县等县出土的西周青铜器。书前有《陕西出土商周青铜器综述》一文，每件文物均有简要说明，书后均附有器物说明和参考资料索引。

《西周青铜器分期断代研究》（被引27次）是"夏商周断代工程"中"西周列王的年代学研究"课题的一项专题研究成果。该书收集的西周铜器典型资料主要包括西周高级贵族大墓发掘出土的铜器；保存情况较好的西周青铜器窖藏；传世品中的成组铜器；零星出土和传世品中的标准器以及其他有重要铭文的铜器。该书逐类按铜器形制进行详细分型、分式，说明标本形制和纹饰的特点，出土地点、现藏处所、尺寸、铭文内容及其与其他器物关联情况以及大体年代，对西周铜器上常见的几种变化较多的主体纹饰进行系统研究，最后根据各类器物形制和纹饰的详细对比、铭文内容的多方面联系等内容综合起来考察它们的发展谱系，将西周铜器分为早、中、晚三期。书中既考虑各类器物形制和纹饰的变化，又考虑各期所跨时段的长短。

郭沫若《两周金文辞大系》的问世，标志着青铜器的研究脱离了传统的金石学、考据学，与现代考古学开始结合。《古代中国青铜器》（被引26次）以科学发掘出土的新材料为主线，运用考古类型学方法进行分型分式，排比归纳，分期排队，找出其发展的脉络。同时以此为依托，与传世铜器相比照，对传世铜器作了判断与解释。该书不仅反映了田野考古新发现，而且体现了考古学的新方法和最新研究成果。作者在广泛搜集考古新材料的基础上，吸收了中外青铜器研究者的研究成果，经梳理、综合、归纳、研究，全面系统地反映了近几十年来青铜器研究的水准，是几十年来第一部全面、系统反映青铜器研究的大型著作。①

《殷墟青铜器》（被引23次）收录了中华人民共和国成立以来河南安阳殷墟出土的具有代表性的青铜器200余件。书中凡属比较重要的青铜器，在图版中均有细部特写，并绘有墨线图，有些还制作了纹饰和铭文拓片。文字部分分别对殷墟青铜器的分期与年代、殷墟青铜礼器的分期与组合、殷墟青铜器的装饰艺术进行了较为深入的探讨。该书是商代青铜器、墓葬、史族研究的重要参考文献之一。

《中国青铜器》（被引21次）是一本系统论述中国青铜器的专书。全书系统地介绍了商周青铜器的产生、发展和衰退的历程，以丰富的图版，形象地、科学地介绍了各类青铜器的形制、功用。书中对青铜器的铭文格式、内容、书体演变以及青铜器纹饰都作了考察，对青铜器的分期和断代作了科学分析，并专门论述了传世青铜

---

① 曹玮等："《古代中国青铜器》评介"，《考古与文物》，1996年第5期。

器的鉴定和辨伪知识。

《中国古代铜镜》（被引20次）依据考古发掘的出土资料，结合传世品，综合国内外研究成果，对中国古代几个主要历史时期的铜镜进行系统的分类、断代、总结。作者将中国古代铜镜划分为早期（齐家文化与商周时期）、流行期（春秋战国）、鼎盛期（汉代）、中衰期（三国魏晋南北朝）、繁荣期（隋唐）、衰落期（五代宋金元）等几个发展阶段，认为战国、西汉、唐代是中国铜镜3个最重要的发展时期。各个历史时期的铜镜虽有其所处时代的鲜明特点，但都凝聚着浓重的中国民族艺术传统，相互间继承发展的脉络亦是有迹可循的。该书科学地将铜镜的断代与考古学上的墓葬分期相结合，并全面介绍了诸家，特别是日本学者在铜镜研究方面所取得的成果。

《二里头陶器集粹》（被引18次）的基本内容是图版，彩色版和黑白版共300余版，所用陶器500余件。选器既注意在分期、类型学等方面的研究价值，同时也尽量选用在造型、装饰上较优美或属于精品者。器物按时间顺序即考古分期的先后排列，共分五期，每期再按地层年代排列。为便于考古研究，还选择若干同地层、同单位的成组器物，在适当位置附一合拍的照片。这500余件陶器是从1980年以来二里头遗址所出数千件完整和复原陶器中精选出来的，基本上概括反映了该遗址自1959年开始发掘以来所出陶器的全貌。这些陶器既具有学术价值，又具有美学和艺术价值，显示出二里头时期陶器文化的发达程度、审美情趣和艺术水平。[①]

（9）专门考古著作

作为考古学的分支学科，专门考古也称为特殊考古，它是为了区别于史前考古学、历史考古学、田野考古学等考古学的主要分支。按照研究对象的不同，可以分为美术考古学、宗教考古学、古文字学和铭刻学等。敦煌藏经洞的被发现，震动了国内外学术界，引起了中外学者的注意。从此在世界上打开了一个新的研究领域，出现了一门新的学科——敦煌学。而美术考古学与敦煌考古紧密联系，多是研究敦煌壁画等。

① 敦煌学类著作

敦煌位于中国甘肃省西部，历史上是中、西交通要道，是研究中国中古历史文化、中亚文化乃至世界文明的珍贵资料。敦煌地区保存、发现的丰富历史文献和文物，是敦煌学研究的基础和对象。敦煌学具体包括5个分支领域：敦煌石窟考古、敦煌艺术、敦煌遗书、敦煌石窟文物保护、敦煌学理论。此次遴选出来的敦煌学类著作在被引主题上多涉及以上五个方面。被选入的图书共有11种：《敦煌社会经济文献真迹释录》、《敦煌莫高窟供养人题记》、《敦煌莫高窟北区石窟》、《敦煌莫高窟史研究》、《敦煌研究文集》、《敦煌艺术宗教与礼乐文明》、《敦煌变文集》、《段文杰敦

---

① 《二里头陶器集粹》图书详细资料信息·China-pub.［2009-8-15］. http：//www.china-pub.com/797106.

煌石窟艺术论文集》、《中国石窟：敦煌莫高窟》、《归义军史研究：唐宋时代敦煌历史考索》、《敦煌石窟艺术》。

《敦煌社会经济文献真迹释录》（被引62次）是这类书中被引用次数最高的，这与敦煌学在考古学的重要地位是分不开的。该书是敦煌社会经济文献资料的综合性汇编，收录以反映社会经济方面的敦煌文书为主，兼收了少量吐鲁番等地出土与此有关的文书。对敦煌文书、敦煌墓志铭抄本、敦煌地区的制度，如土地买卖、僧侣特权、职官史料等反映当时社会生活与功能的研究有重要的参考价值，也可认为是一部大型的敦煌学研究的参考工具书。

《敦煌莫高窟供养人题记》（被引56次）记录了当时的真人真事，约7000条，多为史籍所不载，对研究敦煌、河西及丝绸之路的历史弥足珍贵，为学术界瞩目。除收录供养人题记（包括供养人画像题名、待佛发愿文、造窟功德记、窟檐题梁记等）外，还包括画工随笔和游人漫题（着重于清代以前）。每一题记注明时代、所在位置、书写形式、地色、尺寸等。书后列具别体字简表并附有供养人姓名索引。该书在史岩、王去非、史苇湘、万庚育的成果基础上，20世纪70年代再经过校勘增补由贺世哲最后整理成书。

《敦煌莫高窟北区石窟》（被引34次）为教育部人文社会科学重点研究基地基金资助、国家社会科学基金重点项目资助出版的著作。《敦煌莫高窟北区石窟》通过了专家组鉴定，从而证实了完整的莫高窟石窟寺院是由南北两区石窟共同构成的。从此，莫高窟有编号记录的洞窟将由492个增至735个。同时，专家组基本摸清了北区石窟的类型特性、性质和功能，其中禅窟、僧房窟及其附设的禅窟、廪窟为敦煌地区首次发现，填补了敦煌石窟研究的空白。此次发掘过程中还出土了大批珍贵文物。

《敦煌莫高窟史研究》（被引30次）在国内外学者、专家研究成果的基础上，充分利用史籍、敦煌文书、莫高窟供养人题记、窟前考古发掘、相关的佛教和历史遗迹等大量资料，系统地叙述了莫高窟创建、营造、发展的历史过程，重点考证了其中部分洞窟营造的具体年代，同时分析和探讨了各时代各阶层和洞窟营造者之间的相互关系以及莫高窟在敦煌历史上的社会作用等方面。在佛教石窟建筑的起源、莫高窟"崖面使用"研究方法的应用、曹氏归义军时期主要洞窟个案研究、莫高窟佛事活动的社会性问题上提出了新的看法，作者还探讨了莫高窟人文内涵，力图在敦煌学各领域的综合研究方面探索出一条新的途径。

《敦煌研究文集》（被引25次）共收文章13篇，约26万字。内容包括：从魏晋到隋唐的石窟分期、敦煌史地、佛教思想、壁画内容考证、石窟艺术研究等。该论集前人研究成果基础并有所深入和展开，是敦煌文物研究所30余年研究工作的一个总结，具有一定的学术参考价值。

《敦煌艺术宗教与礼乐文明》（被引22次）在继承传统人文科学方法进行专题研究的同时，竭力关注当代学术界所思考的问题：从心史方法到图像学方法，从"文本"的解读到"意义"的解释;从道释相激中探讨中国智慧的追寻;从"变文"、"令舞"、"傩礼"的新解中,探讨雅俗文化的互动。正是通过敦煌这个人类历史中少见的没有中断的文明的窗口,提示盛唐前后中国民族在一个强盛时期的博大情怀、青春心态和智慧。①

《敦煌变文集》(被引22次)将国内外公私收藏的变文之类的东西尽可能地拍摄照片或抄写。该文集根据187部写本过录之后,经过互校编选了78种,合计正文8卷。篇中有旁注,篇末有校记。所谓"变文"是指公元七世纪末期以前在我国寺院中盛行一种"俗讲",而记录这种"俗讲"的文字即是"变文"。一些材料证明,宋真宗时(公元998-1022)曾经明令禁止僧人讲唱变文,于是该文学形式被湮没了。该书是王重民、向达、周一良等六位先生合编。

段文杰先生是敦煌研究院的开创者之一,也是敦煌艺术研究的开拓者之一。《段文杰敦煌石窟艺术论文集》(被引21次)收入段文杰论文18篇,是作者40多年来研究敦煌石窟艺术心血的结晶。论文主要从美学、美术史的角度,对敦煌石窟艺术作了宏观的论述,同时对莫高窟各个历史时期的艺术作了深入浅出的介绍。对壁画中的衣冠服饰以及佛、道思想也作了深入的研究。该作者的另一本《敦煌石窟艺术》(被引19次)是一本图集,也得到考古学论文的大量引用,该书于1996年由江苏美术出版社出版。

《中国石窟:敦煌莫高窟》(被引21次)是中日两国学者和出版工作者合作编辑出版的五卷本。

《归义军史研究:唐宋时代敦煌历史考索》(被引20次)是对9世纪后半期至11世纪前期将近200年间的以敦煌为中心的西北历史的研究。从中原王朝的分期来讲,归义军跨越了晚唐、五代、宋初三个时段;从地域上来说,其领地涉及河西与西域。正是由于归义军处在中原王朝之"王命所不及"的西北一隅,所以在偏重记载中原历史的传统史料中对其语焉不详。1900年在敦煌莫高窟发现了大约1002年以后不久所封闭的藏经洞,洞中出土了数以万计的佛典、四部书和公私文书。这些佛典与文书年代虽说是从5世纪初到11世纪初,但各个时代写本的多少比重不同,时间越晚材料越多;而且文书的内涵也因时代不同而多少不等,时间越后世俗文书越多。换句话说,就是有关归义军的史料最多。该书重点是探讨归义军的政治史和对外关系史,大体按其历史发展的脉络展开讨论。

② 宗教考古类著作

在古代,宗教信仰普遍存在于人类社会活动中,各个时代的神殿、寺庙、祭坛、祭具、造像、壁画、经卷之类,都是宗教考古的具体研究对象,为宗教研究提供新

---

① 敦煌艺术宗教与礼乐文明·豆瓣.[2009-8-14].http://www.douban.com/subject/1066477/.

的证据和新的观察视角。此次进入入选标准的相关著作有 2 种，均为宿白先生的著作。

北京大学宿白教授是我国佛教考古的开创者之一，在历史考古、佛教考古方面底蕴深厚，著述颇丰，最能体现其考古研究成果和学术造诣的当推《中国石窟寺研究》、《藏传佛教寺院考古》两种著作。

在河畔山崖开凿的佛教寺庙，简称石窟寺。石窟寺研究作为寺庙研究，是宗教考古的一部分。《中国石窟寺研究》（被引 42 次）是国家"六五"社会科学规划重点项目成果。该书共收论文 23 篇，除第一篇是概论中国石窟寺之外，其余 22 篇依据内容可分作六组：分别探讨了我国现存两处最早的石窟遗迹；5 世纪后期开始开凿的武州山石窟；甘肃敦煌莫高窟现存早期和晚期的部分洞窟；位于拉萨和杭州的两处石窟；北朝石窟的性质和人物形象的变化。该书既是当代中国考古学研究中的一项丰硕学术成果，也是近年中国考古学的重要著作。

《藏传佛教寺院考古》（被引 23 次）是按大区域划分为三个部分组织的。第一部分是西藏寺院，第二部分是甘青内蒙古寺院，第三部分是内地的蒙元时期藏传佛教寺院遗迹。三个部分撰写的时间不同，写法也多有差异。第一部分西藏寺院调查，包括拉萨地区、山南地区、日喀则地区三个地区的调查记等，共九个题目。第二部分甘青内蒙古寺院调查偏重于明末以前的兴建。第三部分内地的藏传佛教遗迹，现只辑录蒙元时期在当时大都（即今北京）修建的两处佛塔史料和对南宋旧都临安（即杭州）的一些元代遗迹的初步考察。对研究西藏考古具有重要的参考价值。

③ 古文字学和铭刻学类著作

作为考古学的分支，古文字学和铭刻学的研究对象是铸、刻或书写于遗迹和遗物上的文辞。与一般的书籍文献不同，含有文辞的遗迹和遗物，大体上可分两类：一类如墓志、碑碣、印章、甲骨、简牍、泥板、帛书和纸书等，文辞是器物的主要内容；另一类如纪念性建筑物、雕刻品、绘画、货币、度量衡器、镜鉴、工具、武器和各种容器等。

《甲骨文字释林》（被引 30 次）是考释殷墟甲骨文的论文集。作者于省吾先生是中国已故著名古文字学学家，学风严谨，擅长考释文字。全书共收甲骨文考释 190 篇，分上中下 3 卷，共考释过去未识或误释的甲骨文 300 字左右。论据详明，论证严谨，其结论均为学术界所接受。作者提倡的兼顾每个字的形、音、义及其发展变化的考释古文字的方法，影响十分深远。

于省吾先生的另一部著作《甲骨文字诂林》（被引 21 次）同样得到很高评价。其特点主要体现在以下几个方面[①]：收罗齐备，基本体现了学术界在甲骨文考释上所

---

① 《甲骨文字诂林》・吉林大学古籍研究所．［2009 - 11 - 6］．http：//www．jdgjs．org/html_page_2_show．asp？type1 = 3 &type2 = 9&id = 605．

达到的最新水平，在收录诸家考释的时候，并非一味简单照抄，而是有所区别和选择；在字头编排上参考和继承了岛邦男《殷墟卜辞综类》的体例，不仅从文字学上更加贴近甲骨文的特点，而且便于检索；该书的按语不仅对诸家之说详加评判，论其得失，而且在一些字的释读上提出了自己独到的见解，亦可作为甲骨文研究的工具书使用。

敦煌本碑文、墓志铭、邈真赞等人物传记资料是敦煌文书中重要文献之一。《敦煌碑铭赞辑释》（被引39次）广泛收录了敦煌文献中的碑、铭、赞的文章，并且做了比较详尽的校释，是目前可以见到的重要资料集之一。① 该书记录碑铭赞文书47卷共135篇：碑文32篇（重出5篇）、墓志铭8篇、别传1篇、邈真赞94篇（重出3篇）。就目前所见到的敦煌文书中关于碑文、墓志铭、邈真赞等人物传记资料都被收入。有助于研究归义军时期敦煌及周围地区的政治、文化、历史地理和民族关系等。

陈梦家《殷虚卜辞综述》于1956年由科学出版社出版，1988年中华书局又重新出版。这两个版本的书被引用的都较多，前者被引了28次，后者被引25次。该书被认为是甲骨文研究方面的百科全书。在此书中，陈梦家对近代以来甲骨文的研究成果进行了一次全面的梳理，是对前人研究成果的继承发展。他在甲骨的整治与书刻、甲骨文的出土与研究、甲骨文的构造与文法、殷代的历史断代、天文历象、宗教文化等方面进行了系统的阐述与研究。张践在2007年4月26日的《光明日报》评价道："这本70万字的鸿篇巨著在国内外被反复印刷出版，成为甲骨文研究领域的权威著作之一，至今仍被经常引用，是殷周史研究不可逾越的重镇。"虽然该书获得很高的评价，但是也存在一些问题。比如"书中所引用的卜辞的释文和甲骨著录片号的错误太多。《殷虚卜辞综述》既是一本好书，又是一本充满错误和问题的书。如果想使用此书中的卜辞资料，一定要尽可能核对原著录书，千万不要随便照抄。"②

《殷周金文集成》（被引28次）是一部名副其实的集殷周金文资料大成之作，经过30年的努力始编成，是继《甲骨文全集》之后中国考古学、古文字学和古代史研究方面的又一项重要成果。全书所收资料包括殷商、西周、春秋战国时期的各类有铭器物1万余件，力争将宋代以来各家著录和国内外主要博物馆藏品收集齐全。全书分为铭文集、释文和索引3部分。释文部分除有必要的小注外，还注出必要的参考文献，极便于殷周青铜器及其铭文的研究，大大加速了金文研究的进程。

唐兰的《西周青铜器铭文分代史徵》（被引27次），该书从铭文角度考察了西周青铜器的历史分期。

《两周金文辞大系图录考释》（被引23次）前5册为图录，后3册为考释，共8

---

① 赵红："《敦煌碑铭赞辑释》补订"，《古籍整理研究学刊》2006年第5期。
② 裘锡圭：《文史丛稿 上古思想、民俗与古文字学史》，上海远东出版社1996年版，第213—230页。

册。图录部分分为图编和录编。图编专门辑印青铜器器形，录编专门辑录铭文，分上下两卷。录编上卷收宗周器铭250件，下卷收列国器铭261件。考释部分分为上下两编，与录编两卷相应。对各器铭文考释时，不仅训释文字，还着重阐发与古代社会历史有关的重要材料。作者开创性地创立了标准器系联法，"奠定了青铜器断代基础，对中国古代社会研究和古文字研究都具有重大意义。这种标准器系联法后来被许多学者采用。"[①]

《古文字论集》（被引18次）收入了作者裘锡圭先生1988年9月以前撰写的研究先秦、秦、汉文字和文字资料的文章71篇。其中研究甲骨文的文章约40篇。涉及货币、玺印、简牍、帛书等各种类型的古文字。

新中国成立以后，随着大规模社会主义建设运动的展开，考古工作者不仅为配合建设工作做了大量的抢救性工作，而且还主动进行考古调查和发掘。因此，这一时期的论著特别多，而高被引的图书也集中在这一时期。进入新世纪，考古学的高被引著作偏少，此次遴选出来的图书只有1种，即2000年出版的《长沙楚墓》。

在114种学术著作中，"考古学发掘报告"占总数一半以上。它们都是资料性的，从中可以看出一些考古学研究的动态。要进行考古学研究，首先必须获取最基本的研究资料。否则，考古学研究以及考古学的自身发展等都无从谈起，尤其是史前考古学。发掘报告的数量与研究的深度及学术水平之间相互作用。任何科学理论都离不开实践，都是在实践的基础上概括和总结出来的，并在实践中不断得以完善和发展，考古学也不例外。这些基础资料的积累、研究和考古学自身的学科理论与方法的总结和完善，才能有坚实可靠的综合性理论研究。中国考古学在理论研究方面明显不足，目前入选的综合性理论研究只有《新中国的考古发现和研究》1种，但这也是考古学发展过程中难以避免的客观现象。

6.5 结语

综合以上统计分析，可以清晰地说明图书是我国考古学研究与发展的主要学术资源。为了分析图书对我国考古学研究的学术影响力状况，我们将考古学引用的图书分成"历史文献"、"工具书"、"国内学术著作"3个大类。由于入选图书较多，尤其是国内学术著作，涉及115种图书。因此，我们对其又进一步地梳理、细分。需要说明的是，在分类的过程中，我们发现一些图书存在多类别属性的状况，譬如一些考古发掘报告往往同时兼有地区考古、年代考古、器物考古、古文字学和铭刻学的内容等。然而想要清晰地从各个角度把握不同类别性质的图书对我国考古学研究的学术影响力，这样的分类也是必须的。

---

① 严修：《二十世纪的古汉语研究》，书海出版社2001年版，第407页。

在被考古学论文引用 18 次及以上或年均被引 4 次及以上的 115 种国内学术著作共涉及 39 位学者和 38 个团体著者①。39 位学者中有 5 位学者分别有 2 种及以上图书入选；38 个团体著者中有 9 个单位分别有 2 种及以上图书入选。中国社会科学院考古研究所（包括中国科学院考古研究所）共有 19 种书入选，是入选图书最多的。详见表 6-7。

表 6-7　　　　　　　　　考古学学科入选两种及以上图书作者

序号	作者	入选图书种数
1	中国社会科学院考古研究所（包括中科院考古研究所）	19
2	河南省文物考古研究所（原为河南省文物研究所）	8
3	湖北省文物考古研究所	3
4	宿白	3
5	于省吾	2
6	马承源	2
7	段文杰	2
8	陈梦家	2
9	四川省文物考古研究所	2
10	河北省文物考古研究所	2
11	敦煌文物研究所	2
12	广州市文物管理委员会	2
13	湖南省博物馆	2
14	湖北省荆沙铁路考古队	2

在入选的 115 种国内学术著作中共涉及 15 家出版社，其中入选 2 种及以上图书的出版社有 8 家，详见表 6-8。

表 6-8　　　　　　　　　考古学学科入选图书较多的出版社

序号	出版社	入选图书种数
1	文物出版社	63
2	科学出版社	19
3	中华书局	10
4	中国大百科全书出版社	5

---

① 注：按第一作者进行统计。

续表

序号	出版社	入选图书种数
5	上海古籍出版社	5
6	山东大学出版社	2
7	甘肃教育出版社	2
8	甘肃人民出版社	2

综上所述，图书作为重要的学术资源对考古学学科的影响有以下显著特点：2000—2007年考古学论文引用图书的次数远高于其他类型引用文献，8年来图书（包括汇编）总被引次数占到所有类型文献被引总次数的55%以上。在相当长的时期内，图书文献在考古学研究中依然会是最重要的学术资源。考古学引用文献的语种以中文为主，2000—2007年间考古学论文引用文献中中文文献占90.55%，远高于人文社会科学的平均水平。2006年译文文献有了较大的增长；2007年英文引用文献有了较大增长；但是相对于中文文献来说，考古学界对国外学术成果的关注还是较少，说明我国考古学的重点在国内遗迹遗存的考古发掘。对考古学领域产生最大学术影响力的是国内学术成果。

历史文献对考古学学术影响较大，它的平均被引次数最高，是国内学术著作和工具书平均被引次数的两倍多。说明考古学领域学者十分重视对历史文献的参考与借鉴，也从另一个侧面说明了考古学与历史学密不可分的关系。入选的历史文献多为史书、宗教文献中经典作品，表现出一定的集中性，也体现了历史文献的记录性与资料性的特点。工具书所占比例最小，但平均被引次数超过了国内学术著作，说明在考古学研究中工具书使用的频率也比较高。考古学对工具书的参考使用主要涉及古文字学、铭刻学，以及对年鉴、百科全书、字词典的参考借鉴等。国内学术著作涉及的面很广，涵盖了考古学研究的多个主要领域，如考古理论、新石器时代考古、夏商周考古、秦汉考古，三国两晋南北朝及隋唐考古，敦煌考古、宗教考古、古文字学和铭刻学等。这些图书对考古学科的发展提供了理论依据，是今后考古学科发展的重要参考资料。

第7章 民族学

民族学是以民族为研究对象的学科，主要研究民族的起源、发展以及消亡的过程，研究各族体的生产力和生产关系、经济基础和上层建筑，它是社会科学中的一门独立学科。

图书是民族学研究最重要的资源之一。早在春秋战国时期（公元前770至前221年），就有关于各民族的历史传说和风土习俗的记载，至今众多的史学书籍仍然是学者研究民族学的重要资料来源。为了遴选出我国民族学领域最有学术影响的图书，我们借助《中文社会科学引文索引》（CSSCI），对其中2000—2007年的民族学论文引用的图书进行了统计，选出了本学科中被引次数相对较多的图书。虽然民族学的图书被引总数较高，但被引分散、平均被引较低，所以其图书的入选标准也适当有所降低：2000-2007年间，CSSCI中民族学论文引用15次及以上的图书；或以图书的出版年算起，年均被引3次及以上者。本章依据本书第1章的原则把选择出来的图书分成5类（领袖著作、历史文献、工具书、国外学术著作、国内学术著作），分别从不同角度分析这些图书对本学科领域的学术影响。

由于CSSCI尚存在一些数据不一致问题，需要对原数据进行预处理才能确保数据的可靠性，主要处理来自以下几个方面：（1）由于书名的主标题和副标题之间的符号不一致，或者同一种书有的缺少副标题的标注而形成了两条甚至多条统计数据，我们将其统一和归并；（2）许多翻译的著作，分别出现原作者著录或翻译者著录，我们也将其补充和合并；（3）对于很多历史文献、领袖著作的分卷进行合集处理，如《金史》、《马克思恩格斯全集》、《毛泽东选集》等，分卷标注的不统一和大量数据缺少卷的标注，我们将这些分卷书均去卷合并；（4）为了反映一个作者、一种书的学术影响，当我们确认了在不同年代、同一出版社出版的同一种书时，我们将其进行合并，确保这本书的学术影响充分反映出来。

虽然本章讨论的是民族学领域的具有较大学术影响的书，但并不是说在本学科影响较大的图书都是本学科的图书，因为在民族学研究中需要大量参考其他学科的成果，很多其他学科的图书，如史学和社会学方面的著作对本学科的研究影响非常大，这些图书也可能被选入。所以，本章推出的对民族学影响较大的图书有可能不属于民族学学科，但它们一定是对民族学研究产生较大学术影响的图书。

7.1 概述

在学术论文中,通常所参考的文献有多种类型。如 CSSCI 中就将引用文献类型分为期刊论文、图书、汇编文献等 10 余种形式。在这 10 余种文献类型中,图书显示了强大的学术影响,完全证实了图书是民族学研究中第一大学术资源。表 7-1 给出了 2000-2007 年 CSSCI 中民族学论文引用各类型文献的数量。

表 7-1　　　2000—2007 年 CSSCI 中民族学论文引用文献类型统计　　（单位:篇次)

类型 年份	期刊论文	图书	汇编文献	报纸文章	会议论文	报告文献	法规文献	学位论文	信件	网络资源	其他
2000	1237	4801	803	96	47	17	7	10	4	1	62
2001	1026	3238	481	60	30	9	5	0	1	6	29
2002	2194	5594	890	140	72	27	9	22	0	38	97
2003	1416	4589	1100	162	57	12	7	19	0	45	67
2004	1888	5643	1066	143	70	16	3	19	0	67	138
2005	4206	9871	4519	416	106	75	9	116	0	251	378
2006	4241	8577	4236	384	114	73	7	73	0	341	275
2007	4197	7670	3093	348	114	83	20	89	0	335	253
合计	20405	49983	16188	1749	610	312	67	348	5	1084	1299

根据表 7-1 中的数据显示,民族学论文引用图书(包括"汇编文献",下同)被引总次数高达 66171 次,占民族学论文所有引用文献的 71.89%,是排在第二位的期刊论文被引数量的 3 倍以上,虽然 2005 年以后图书的被引数量在逐年减少,但仍不失为民族学领域最重要的学术资源。

如果我们把汇编文献也视作图书来考察民族学论文引用文献的变化,则 2005 年相对 2004 年,均有大幅度的增加。分析原因:其一,2005 年 CSSCI 民族学来源期刊获得了增加;其二,民族研究论文相对 2004 年增加了 1 倍多。如果我们不考虑论文增加因素出现图书被引数量的变化,仅分析图书在被引文献中所占比例的变化,那么 8 年间图书被引数量在所有类型文献被引数量的比例较大,最高比例出现在 2000 年(79.10%),最低比例为 2007 年(66.43%),8 年间总的变化趋势是波动中下降。分析其原因:一是信息与网络技术的发展使得学者获取学术资源的手段多样化,其他资源的膨胀造成图书比例下降;二是国内民族学研究领域的逐渐繁荣,研究论文越来越多,使学者越来越重视期刊论文的引用。因此这种比例的变化不能说是民族学研究开始忽视图书文献的学术价值，而是说明了民族学研究越来越得到学界的重视，学术繁荣与发展促进了论文的被引增加。当然，我们也应该从数据变化中看到图书资源所存在的问题。在入选的图书中，近10年来国内学者出版的图书比较少，更不用说产生民族学的经典著作。民族学经典著作需要长期的积累，是一代或几代学者多年心血凝结而成的结果，因此要发挥图书在民族学研究领域更大的作用，迫切期待学者潜心研究，多推出民族学领域经典著作。

为了考察国外学术著作对民族学领域的学术影响，本章统计了 CSSCI 引用文献的语种数据，虽然中文文献的被引占 80% 左右，但我们还是可以看到国外学者的学术成果对我国民族学领域的影响作用。表 7-2 给出了 2000—2007 年 CSSCI 中民族学论文引用文献语种统计。

表 7-2　　　2000—2007 年 CSSCI 中民族学论文引用文献语种统计　　　（单位：篇次）

语种 年份	中文	英文	日文	俄文	德文	法文	其他语种	译文
2000	5732	457	104	38	9	11	121	613
2001	4189	182	86	12	1	2	44	369
2002	6706	1271	71	11	3	70	36	915
2003	5476	840	118	84	8	43	64	841
2004	6902	1007	39	21	8	34	72	970
2005	15385	1937	169	13	20	34	269	2120
2006	13583	2280	199	46	29	24	164	1996
2007	12339	1794	148	33	15	20	142	1711
合计	70312	9768	934	258	93	238	912	9535

从表 7-2 可以看出，中文文献是民族学研究领域的主要文献。2000—2007 年民族学论文引用文献中，中文文献占 76.38%，大大高于人文社会科学各学科的中文文献的被引平均比例（65% 左右[1]），这是因为我国民族学的研究对象主要为国内各民族。但我们也应看到中文文献的被引比例在波动中下滑，从 2000 年 80.90% 降至 2007 年的 76.15%，2003 年和 2006 年分别下降到两个极值点（73.27% 和 74.14%）。另外从表中数据还可以看到国外学术成果的被引用量呈波浪式前进和螺旋式上升趋势。从这些数据我们可以分析出，国内民族学研究的参考文献还集中在

---

[1]　苏新宁主编：《中国人文社会科学学术影响力报告（2000—2004）》，中国社会科学出版社 2007 年版，第 9 页。

中文文献，尽管外文和译文文献的引用有所增加（2005年有较大增长），但相对中文文献来说，学者们对国外学术成果的关注还是较少。分析这一情况主要有三点原因：一是语言障碍导致一些学者对国外文献获取与阅读能力的限制，使之更加关注国内文献；二是民族研究的地域性、历史性特点，国内学者更加关注中国各民族的研究；三是CSSCI中并没有将一些经典著作和领袖人物的著作标注为译著。因此，增进民族学研究与国外接轨，提高外国语言水平，关注并借鉴世界各国民族研究成果，是提升民族学研究水平、促进我国的民族研究走向国际化的重要保障。

针对民族学论文引用图书的实际情况，根据选择标准（总被引15次及以上或年均被引3次及以上）遴选出了对本学科具有较大影响的189种图书。这189种图书总共被引8980次，占据本学科论文引用的图书总次数的13.57%。为了更科学更细致地讨论图书对本学科产生的不同学术影响，我们将这些图书分成5类：领袖著作、历史文献、工具书、国外学术著作、国内学术著作。详细数据参见表7-3。

表7-3 入选民族学论文引用图书的类别统计

内容类别＼图书类别	领袖著作	历史文献	工具书	国外学术著作	国内学术著作
入选图书种数	17	64	4	39	65
入选图书被引次数	1103	5151	137	972	1617
入选图书被引次数所占比例	12.28%	57.36%	1.53%	10.82%	18.01%
入选图书的平均被引次数	64.88	80.48	34.25	24.92	26.68

表7-3中的数据显示，入选图书中国内学术著作65种（占比为34.39%），但被引次数与入选种数排名第二的历史文献相比，却少了三分之二以上。这说明国内学术著作虽然入选种数多，但平均每种图书的被引量却较低。64种历史文献虽然仅占民族学入选的189种图书的33.86%，其被引次数却占入选图书总被引次数的57.36%，这在一定程度上说明历史文献在民族学领域占有相当重要的地位。民族研究的特点使得很多民族学经典著作来自历史文献，民族学学者也极为关注历史文献。国外学术著作尽管有39种（占20.63%）入选，但平均被引仅有24.92次，是平均被引量最少的类型，这在一定程度上说明国外著作对我国的民族学研究的篇均影响力还不是很理想。领袖著作的平均被引达64.88次，仅次于历史文献，说明领袖人物的有关民族问题的理论对民族学领域有很大的指导意义。领袖人物有关民族政策、民族工作方面的论述对我国民族工作有很大的指导作用。工具书无论是被引用种数还是平均被引次数都明显偏低，说明民族学研究者较为疏忽对工具书的应用，当然这可能与民族学领域缺乏相关工具书有关。

7.2 领袖著作对民族学研究的影响

领袖著作在我国人文社会科学研究中具有鲜明的指导作用，这些著作在宏观上把握着我国人文社会科学研究的方向，民族学研究领域也不例外，大量的领袖著作尤其是马克思主义著作在民族学研究中发挥着很大的作用。由于领袖人物的著作往往经过多次印刷，因而版本众多，本章所选在民族学领域引用较多的领袖人物著作中，我们忽略了它们的出版年代。表7-4给出了民族学论文引用较多的17种领袖人物著作，并按被引次数从多到少排序。

表7-4　　　　　　　　民族学论文引用较多的领袖人物著作

序号	图书信息
1	马克思：《马克思恩格斯全集》，北京：人民出版社
2	邓小平：《邓小平文选》，北京：人民出版社
3	列宁：《列宁全集》，北京：人民出版社
4	毛泽东：《毛泽东选集》，北京：人民出版社
5	马克思：《马克思恩格斯选集》，北京：人民出版社
6	斯大林：《斯大林全集》，北京：人民出版社
7	孙中山：《孙中山全集》，北京：中华书局
8	列宁：《列宁论民族问题》，北京：民族出版社
9	毛泽东：《毛泽东文集》，北京：人民出版社
10	江泽民：《江泽民文选》，北京：人民出版社
11	斯大林：《斯大林论民族问题》，北京：民族出版社
12	恩格斯：《家庭、私有制和国家的起源》，北京：人民出版社
13	江泽民：《江泽民论有中国特色社会主义（专题摘编）》，北京：中央文献出版社
14	孙中山：《孙中山选集》，北京：人民出版社
15	周恩来：《周恩来统一战线文选》，北京：人民出版社
16	马克思：《资本论》，北京：人民出版社
17	胡锦涛：《在中央民族工作会议暨国务院第四次全国民族团结进步表彰大会上的讲话》，北京：人民出版社

结合表7-3和表7-4可以看出，入选的领袖人物著作中，除了早期的世界革命领导人和我国早期的革命家马克思、恩格斯、列宁、毛泽东、孙中山、邓小平有著作入选外，近10年来我国党和国家领导人江泽民、胡锦涛也有著作入选。进入民族

学高引用率的领袖著作虽然只有 17 种,但它们在民族学入选图书中的被引率很高,仅次于历史文献。从引用论文的主题分析,领袖著作对民族学研究的指导作用主要体现在对民族观与民族理论的分析、中国共产党与政府的民族政策、少数民族与中国社会的关系、马克思主义民族观的中国化、中华民族团结、民族问题处理、民族与政治的关系、民族的社会作用、各民族融合与同化等研究领域。其中列宁、毛泽东和邓小平的著作对民族学的影响更为广泛,在民族史、民族政策、民族发展、民族团结和民族工作方面的论文多有引用,也就是说领袖人物对民族的认识在相当程度上影响着后来学者的研究。

领袖人物的著作有其特殊性,通常用于民族政策层面的指导,因此民族学中对领袖人物著作的引用非常关注于领袖人物的民族观。入选的 17 种领袖人物著作从不同层面对民族学学科的发展产生了影响。《马克思恩格斯选集》、《马克思恩格斯全集》、《家庭、私有制和国家的起源》和《资本论》对民族研究的作用是一致的,都体现了马克思主义民族思想、民族理论和民族观,引用数量的多少很大程度上是因为图书文献的可获取性与研究者对图书文献的使用习惯不同而造成。《列宁全集》、《列宁论民族问题》、《斯大林全集》和《斯大林论民族问题》可以看作是马克思主义民族观的延续和发展;《毛泽东选集》、《邓小平文选》、《周恩来统一战线文选》、《江泽民论有中国特色社会主义(专题摘编)》和《在中央民族工作会议暨国务院第四次全国民族团结进步表彰大会上的讲话》中所体现的民族观是马克思主义民族观的中国化。对于民族学研究者来说,进行中国的民族政策和党的民族理论研究时,这 17 种领袖人物著作中关于民族的著作和论述都具有相当参考价值。

7.3　历史文献对民族学研究的影响

历史文献对于研究社会历史发展的参考价值极大。作为研究民族起源、发展以及社会演变、民族关系等领域的民族学来说,历史文献无疑是该学科的非常重要的学术参考资源。由于历史文献版本众多,本章入选图书的出版年代选取了被引较多的版本的年代。在 189 种在民族学领域较有影响的图书中,历史文献为 64 种,占 33.86%。其中被引次数最多的是清代的官修编年体史料汇编《清实录》,被引次数达 432 次。表 7 - 5 给出了 2000—2007 年间 CSSCI 中民族学论文引用较多的历史文献。

表 7 - 5　　　　　　　民族学论文引用较多的历史文献

序号	图书信息
1	《清实录》,北京:中华书局,1986
2	《元史》,北京:中华书局,1976

序号	图书信息
3	《明实录》，台北：中央研究院历史语言研究所，1962
4	《史记》，北京：中华书局，1959
5	《汉书》，北京：中华书局，1962
6	《资治通鉴》，北京：中华书局，1956
7	《后汉书》，北京：中华书局，1965
8	《旧唐书》，北京：中华书局，1975
9	《宋史》，北京：中华书局，1977
10	《晋书》，北京：中华书局，1974
11	《新唐书》，北京：中华书局，1975
12	《魏书》，北京：中华书局，1974
13	《辽史》，北京：中华书局，1974
14	《明史》，北京：中华书局，1974
15	《续资治通鉴长编》，北京：中华书局，1985
16	《金史》，北京：中华书局，1975
17	《隋书》，北京：中华书局，1973
18	《清史稿》，北京：中华书局，1977
19	《十三经注疏》，北京：中华书局，1980
20	《北史》，北京：中华书局，1974
21	《册府元龟》，北京：中华书局，1960
22	《论语》，北京：中华书局，1983
23	《太平御览》，北京：中华书局，1960
24	《三国志》，北京：中华书局，1982
25	《左传》，北京：中华书局，1980
26	《宋会要辑稿》，北京：中华书局，1957
27	《元典章》，北京：中国广播电视出版社，1998
28	《礼记》，北京：中华书局，1984
29	《通典》，北京：中华书局，1984
30	《旧五代史》，北京：中华书局，1976
31	四川省民族研究所：《清末川滇边务档案史料》，北京：中华书局，1989
32	中国藏学研究中心：《元以来西藏地方与中央政府关系档案史料汇编》，北京：中国藏学出版社，1994

续表

序号	图书信息
33	《孟子》,北京:中华书局,1980
34	《唐会要》,北京:中华书局,1955
35	《四库全书》,上海:上海古籍出版社,1987
36	《广东新语》,北京:中华书局,1985
37	《古兰经》,北京:中国社会科学出版社,1996
38	《宋书》,北京:中华书局,1974
39	中国第二历史档案馆:《康藏纠纷档案选编》,北京:中国藏学出版社,2000
40	《太平广记》,北京:中华书局,1961
41	《国语》,上海:上海古籍出版社,1988
42	《全唐诗》,北京:中华书局,1960
43	《新五代史》,北京:中华书局,1974
44	《全唐文》,北京:中华书局,
45	《太平寰宇记》,北京:中华书局,
46	《西藏王统记》,北京:民族出版社,1987
47	《周礼》,北京:中华书局,1992
48	《尚书》,济南:山东友谊出版社,2002
49	《荀子》,上海:上海古籍出版社,1989
50	《岭外代答》,北京:中华书局,1999
51	《天盛改旧新定律令》,北京:法律出版社,2000
52	《古今图书集成》,北京:中华书局,1985
53	《诗经》,北京:中华书局,1980
54	《周书》,北京:中华书局,1976
55	《广西通志(清)》,南宁:广西人民出版社,1988
56	《华阳国志》,北京:上海古籍出版社,1987
57	[朝]金富轼:《三国史记》,长春:吉林文史出版社,2003
58	《天下郡国利病书》,上海:上海科学技术文献出版社,2003
59	《南齐书》,北京:中华书局,1972
60	《清稗类钞》,北京:中华书局,1984
61	《吕氏春秋》[①]

[①] 该书在 CSSCI 中的著录信息不详,故未标出出版社及出版年代。

续表

序号	图书信息
62	《蒙古秘史》，呼和浩特：内蒙古人民出版社，1980
63	《朱子语类》，北京：中华书局，1986
64	黑龙江省档案馆：《档案史料选编·黑龙江少数民族》，哈尔滨：黑龙江省档案馆，1985

分析表 7-5 可以看出：正史及实录对民族学研究的影响最为广泛，将近50%的历史文献为正史及实录，民族学图书因民族的特点而具有历史性和地域性，流传至今的民族学经典著作也主要为历史悠久的史书；地方志，特别是少数民族聚居地区的地方志，也是学者研究我国古代民族特点的重要史学资料。引用历史文献的民族学论文主题主要以民族史志、民族地理为主，民族学其他研究领域也有一定数量的引用。为了便于详细讨论历史文献对民族学的影响，本章将入选的历史文献大致分为正史及实录（30种）、类书与丛书（5种）、地方志（5种）、政书（6种）、儒家典籍（4种）、档案史料汇编（4种）以及其他著作（文集、诗集、经书、法典等共10种）等7个主题类别加以讨论。

(1) 正史及实录

对民族学研究有较大影响的历史文献中有相当一部分是史书，史书中往往会将一些民族政策、民族融合、民族发展与变迁作为历史事件和历史人物传记加以记载，这就为民族学研究提供了大量的民族史实资料。因此民族学学者非常关注各历史时期的史书记载。另外，民族学研究的一个重要领域就是研究各时期、各个朝代的史书中记载的统治者的民族态度与民族政策。史书的这些特点使其对民族学研究有很大的影响。本节重点介绍《清实录》、《元史》、《明实录》、《史记》、《资治通鉴》、《旧唐书》、《新唐书》、《宋史》、《金史》、《明史》和《蒙古秘史》对民族研究的学术影响。

民族学论文引用最多并且影响最大的史书是《清实录》（被引432次）。《清实录》是清代历朝官修史料的汇编，是用编年体体例记载了清朝历代皇帝统治时期近三百年的用人行政和朝章国故各类大事。该书内容涉及政治、经济、文化、军事、外交及自然现象等众多方面，是经过整理编纂而成的现存的清史原始史料，是研究清代历史必须凭借的重要文献。民族学研究者在研究清代的各种民族政策，民族史志，民族交流与融合时，参考引用了大量《清实录》的相关史料。

《元史》（被引431次）是一部系统记载元朝兴亡过程的纪传体断代史书，成书于明朝初年，为官修史书，由明朝宋濂等人主编。《元史》记述了从蒙古族兴起到元朝建立和灭亡的历史，其中保存有大量的民族政策资料，这样的史书编成对研究金朝、元朝时期民族政策以及民族同化与融合情况提供了重要资料。在民族学的研究领域中，《元史》中的民族史料被学者们广泛参考引用，一些研究民族政策、不同时期民族政策对比的论文非常注重对《元史》的借鉴、引用和参考。

《明实录》（被引345次）是明代历朝官修的编年体史书。记录明太祖朱元璋到明熹宗朱由校共十五代皇帝的史实。其中建文朝实录附于《太祖实录》中，景泰朝实录附于《英宗实录》中。全书共13部2909卷。纂修此书，系以朝廷诸司部院所呈缴的章奏、批件等为本，又以遣往各省的官员收辑的先朝事迹做补充，逐年记录各个皇帝的诏敕、律令，以及政治、经济、文化等大事而成。《明实录》保存了大量的原始资料，具有重要史料价值，是研究明代民族文化的基本史籍。

西汉时期的历史学家司马迁撰写的《史记》（被引255次）是一部公认的史学名著，《史记》在民族学研究中也有相当的影响。《史记》记载了从传说中的黄帝开始一直到汉武帝元狩元年（公元前122年）三千年左右的历史，是中国历史上第一部百科全书式纪传体通史，《史记》第一次把政治、经济、文化各个方面都包容在历史学的研究范围之内，这使《史记》包含了大量的民族相关资料，为当代的民族学研究提供了有力的参考。《史记》中对非汉民族文化的记载为现今学者研究西汉以前的少数民族的社会形态和社会制度提供了重要依据。对于非汉民族文化的记载，可见诸《史记》卷一百一十《匈奴列传》、卷一百十三《南越尉佗列传》、卷一百十四《东越列传》、卷一百十五《朝鲜列传》、卷一百十六《西南夷列传》以及卷一百二十三《大宛列传》。在这些著作里，司马迁详细介绍了大汉帝国与周边各民族政治经济上的往来。其中，《匈奴列传》和《大宛列传》以相对较少的篇幅介绍了匈奴和西域各民族的风俗习惯，这些记载颇有些"民族志"的味道，由此也折射出了西汉时期人们看待异族的视角。

《资治通鉴》（被引215次）是一部规模空前的编年体通史巨著。这部书选材广泛，对史料的取舍非常严格，力求真实。《资治通鉴》记载了约45个少数民族的相关史料，使读者能系统全面地了解该书所载1362年（公元前403年至公元959年）的历史，各民族在中华民族大家庭中的活动轨迹，以及中华民族形成、发展、融合的历史进程。

《续资治通鉴长编》（被引117次）是中国古代私家著述中卷帙最大的断代编年史，书中史料丰富，是研究辽、宋、西夏等史的基本史籍之一，但在民族学领域的影响尚不及同为编年体的史学巨著《资治通鉴》。

南朝范晔所撰的《后汉书》（被引207次）对民族学研究也有比较大的影响。《后汉书》记述的内容起于刘秀起兵推翻王莽，终于汉献帝禅位于曹丕，详载了东汉195年的历史，保存了东汉一代的诸多史料。和《史记》、《汉书》相比，《后汉书》没有了《朝鲜列传》、《南越列传》、《东越列传》，并把第一次出现的"南蛮传"和《史记》《汉书》中一直存在的"西南夷列传"合在一起，写成了《后汉书·南蛮西南夷列传》。列传的增减反映了东汉时期全国政治格局的变化和民族关系的变化，反映了东汉政权对少数民族的统治进一步深入和加强[①]。

《旧唐书》（被引 199 次）是五代史学家、后唐、后晋大臣刘昫（时任宰相，按惯例列为主编）受命监修，是现存较早的唐代史籍。《旧唐书》在民族学研究中的价值在于保存了唐代的较为原始的史料。唐朝是我国一个强盛的朝代，这一期间国家多民族的统一有所发展。在《旧唐书》里记录了大量的我国少数民族的史料，表明了这些民族和中原的唐王朝相互交往的亲密关系。比如文成公主和松赞干布婚姻的纪实，金城公主入藏的史迹以及突厥、回纥、吐蕃、契丹等北方、西北、东北、西南许多民族的历史记录，都在《旧唐书》里有较多的记载。涉及唐代民族研究的论文对《旧唐书》都有所参考引用。北宋时宋仁宗认为《旧唐书》浅陋，下诏重修，《新唐书》（被引 163 次）应运而生。《新唐书》由宋祁、欧阳修等文坛大家执笔撰写，其系统化程度、结构的合理组织、文章的文笔水准方面要优于《旧唐书》，因此后世对《新唐书》较为推崇。不过民族学论文对《旧唐书》的引用略多于《新唐书》，究其原因，民族界学者在研究中注重民族史料，更倾向于参考引用《旧唐书》中的第一手资料。

《宋史》（被引 192 次）和《金史》（被引 108 次）都是元代的官修史书，书中的民族史料对民族学的相关领域研究有一定影响。《宋史》的特点是史料丰富，叙事详尽，是研究两宋三百多年历史的基本史料。两宋时期民族活动比较频繁，相对来说《宋史》中也保存有大量的民族史料，因此在民族学的研究中也有较大的影响。《宋史》有关宋王朝与辽、西夏、金、元这些少数民族政权之间的关系的史料是学者研究宋时民族关系、民族融合的重要资料。《金史》是与《宋史》同时期的元代官修史书，是反映女真族所建金朝的兴衰始末的重要史籍，保存了女真族早期历史的珍贵材料。在研究早期满族的发展时，《金史》有很高的参考价值。

《明史》（被引 153 次）编撰时可以参考的第一手史料很多，除一套完整的明朝各帝"实录"而外，还有邸报、方志、文集和大量私家史乘。丰富的史料保证了《明史》在民族学研究领域的影响力，学者在研究明代的民族政策与统治者的民族态度、各民族关系对社会的影响、民族与政治的关系等多参考引用了《明史》。

《蒙古秘史》（被引 15 次）是一部记述蒙古民族形成、发展、壮大之历程的历史典籍，是蒙古民族现存最早的历史文学长卷。它从成吉思汗 22 代先祖孛儿帖赤那、豁埃马阑勒写起，直至斡歌歹罕 12 年（公元 1240 年）为止，共记载了蒙古民族五百多年盛衰成败的历史。该书主要内容有：蒙古高原父系氏族制时代的狩猎生活以及与它相关的图腾崇拜现象的记载；蒙古民族从氏族发展成部落，又从部落发展成部落联盟，从而又发展成为一个民族的历史脉络的讲述；从狩猎文化嬗变到游牧文化的如实记录以及对一代天骄成吉思汗及以他为代表的风云一代抛头颅、洒热血，

---

① 王文光等："读《后汉书·南蛮西南夷列传》札记"，《广西民族研究》2004 年第 4 期。

从夹缝中崛起，成就霸业的全程写照。该书是一部解读蒙古民族全貌的"百科全书"式巨著。

民族学研究领域中还有一些影响较大的史书，如《汉书》（被引244次）、《魏书》（被引159次）、《辽史》（被引156次）、《隋书》（被引92次）、《清史稿》（被引76次）、《三国志》（被引62次）等等。《汉书》主要记述汉高祖元年至王莽地皇四年共230年的史事，收入大量有关政治、经济、军事和文化方面的奏疏、对策、著述和书信，另外还增补了《史记》对于国内外各民族史的资料。《三国志》是一部主要记载魏、蜀、吴三国鼎立时期的纪传体国别史，详细记载了从魏文帝黄初元年到晋武帝太康元年60年的历史。《隋书》是现存最早的隋史专著，保存了南北朝以来大量的史料。明清时期的官修实录是学者研究明清时期民族政策、民族关系以及民族同化与融合的重要史学依据。

（2）类书、丛书

入选的历史文献中的类书和丛书较少，因其内容的侧重点并不在民族学，因此对民族学研究的影响也较为有限。

《册府元龟》（被引63次）是北宋时期编修历代君臣事迹而成的史学类书。该书征引繁富，是后人运用典故、引据考证的一部重要参考资料。其中唐、五代史实部分，是《册府元龟》的精华所在，不少史料仅该书可见。该书在研究少数民族经济文化发展、隋唐民族政策、宋代民族政策、民族关系等民族主题上有较大的影响。

《太平御览》（被引63次）是宋代李昉等奉宋太宗之命编纂的一部类书，是保存古代佚书最为丰富的类书之一。该书所采多为经史百家之言，小说和杂书引得很少。《太平御览》对民族学研究的影响主要表现在民族文化、少数民族的宗教信仰、民族文化对社会的影响等研究领域。

《太平广记》（被引28次）也是李昉编纂的一部类书，取材于汉代至宋初的野史小说及释藏、道经等以小说家为主的杂著。但是无论小说还是野史都来源于现实生活，所以这些资料可以从一个侧面反映当时的民族关系、民族政策等。唐朝的正史中关于民间民族间自由通婚的记述乏善可陈，而唐律的规定又过于法律化，与现实生活并不完全对等。汇辑野史传记小说诸家的《太平广记》中的丰富文献史料可补正史之不足。

《古今图书集成》（被引19次），清康熙时陈梦雷等编。康熙四十五年书成，赐名《古今图书集成》。雍正时复命蒋廷锡等重新增删润色。原书分六编三十四志，修订后的该书改为三十二典，仍旧6109部，共10000卷。全书体例以六汇编为总纲（历象、方舆、明伦、博物、理学、经济），各编下分典，计三十二典。典下分部，凡六千余。部下又分别列有汇考、总论、图表、列传、艺文、造句、纪事、杂录、外篇等细目。所引图书资料，一律注明出处。

《清稗类钞》（被引16次）是关于清代掌故轶闻的汇编。从清人、近人的文集、笔记、札记、报章、说部中广搜博采，仿清人潘永因《宋稗类钞》体例编辑而成。记载之事，上起顺治、康熙，下迄光绪、宣统。全书分九十二类，一万三千五百余条。书中涉及内容极其广泛，军国大事、典章制度、社会经济、学术文化、名臣硕儒、疾病灾害、盗贼流氓、民情风俗、古迹名胜几乎无所不有。书中许多资料可补正史之不足，特别是关于社会经济、下层社会、民族风俗的资料，对于研究清代社会历史很有参考价值。

（3）地方志

地方志简称方志。方，地方，方域；志，记也。方志，就是对一个地方的记载、记述。一个地方、地区的记载包括三个方面的内容：自然地理、人文地理、经济地理（经济地理属于人文地理，但亦可单列）。特别是少数民族聚居地区的地方志成了民族学研究者重要的史学资料来源。

《广东新语》（被引 30 次）为屈大均（清）所撰。全书共 28 卷，每卷述事物一类，即所谓一"语"，如天、地、山、水、虫、鱼等。《广东新语》内容十分广博庞杂，为当今学者研究广东地区的民族文化、民族特点提供了可靠依据。比如《广东新语》记载了许多有关广东物产民俗方面的材料，这些对于研究明清时期广东地方民俗史都是相当有价值的。如卷9《事语》中的《放鸦》一文记佛山 9 月 10 日的放鸦会；《吹田了》记"东莞麻涌诸乡以 7 月 14 日为田了节，儿童争吹田了以庆，谓之吹田了"，其中含祝岁、望丰收之意。卷14《食语》、卷 15《货语》、卷 16《器语》则记载了广东的地方特产，如《食语》中的《茶蘼露》、《糖梅》、《紫窝菜》等篇，对这些食品的制法、滋味等都有详细叙述。《货语》则记载了《珊瑚》、《琥珀》、《龙脑香》、《勾漏砂》等物品。卷 11《文语·土言》，记广州方言土语及其来源。卷 12《诗事·粤歌》记录广东许多民歌歌词的特色和创作歌唱情况，反映了东西两粤男女青年好以歌声唱和、彼此相恋的风俗。

《太平寰宇记》（被引 24 次）宋太宗赵炅时的地理总志，乐史撰。《太平寰宇记》卷帙浩博，采撷繁富，考据精核，广泛引用了历代史书、地志、文集、碑刻、诗赋乃至仙佛杂记，计约 200 种，且多注明出处，保留了大量珍贵的史料。《太平寰宇记》前 171 卷依宋初所置河南、关西、河东、河北、剑南西、剑南东、江南东、江南西、淮南、山南西、山南东、陇右、岭南等十三道，分述各州府之沿革、领县、州府境、四至八到、户口、风俗、姓氏、人物、土产及所属各县之概况、山川湖泽、古迹要塞等。十三道之外，又立"四夷"29 卷，记述周边各族。该书记载的各少数民族聚居区的户口，有的还区分汉人与蕃人，甚至主户、客户数，对研究宋初少数民族的人口分布，边远地区的经济面貌有很高的参考价值。

《岭外代答》（被引 20 次）是宋代地理名著，由周去非撰，共 10 卷。它记载了宋代岭南地区（今两广一带）的社会经济、少数民族的生活风俗以及物产资源、山川、古迹等情况。其中外国门、香门、宝货门兼及南洋诸国，并涉及大秦、大食诸国，反映了当时岭南地区与海外诸国的交通、贸易等情况；边帅门概述岭南沿边各军事建置的渊源、演变和辖属；法制门列举一些当时岭南地区政治、经济方面特殊规定；财计门记载当时岭南地区的财政、商业等情况，并附有统计数字。这些都保留了许多正史中未备的社会经济史料，是学者研究岭南地区少数民族文化、经济、贸易、军事的重要参考资料。

《广西通志（清）》（被引18次）为谢启昆所著。全书280卷约260万字，篇幅宏大，内容丰富，体例新颖。该书采用纪传体，分为典、表、略、录、传五大类，共设训典、沿革、职官、选举、封建、舆地、山川、金石、胜迹、宦绩、谪宦、列传16门，是学者研究清时期壮族地区经济、文化、地理的重要资料。

《华阳国志》（被引18次）是宋以前流传至今最古的地方志，为常璩所著。《华阳国志》共12卷，包括巴、汉中、蜀、南中、公孙述刘二牧、刘先主、刘后主、大同、李特、李雄、李期、李寿、李势志、先贤仕女总赞、后贤志，卷末为序志并益、梁、宁三州先汉以来士女名录。该书记录了从远古到东晋永和三年巴蜀史事以及这些地方的出产和历史人物。此书是专门记载包括几十个少数民族的西南边疆地区的方志，是研究我国西南边疆地区少数民族历史的重要史料。

(4) 政书

政书是主要记载典章制度沿革变化及政治、经济、文化发展状况的专书。政书对于民族学研究者来说，最重要的是有关民族政策的内容。

《宋会要辑稿》（被引46次）是清代徐松根据《永乐大典》中收录的宋代官修《宋会要》加以辑录而成。全书366卷，分为帝系、后妃、乐、礼、舆服、仪制、瑞异、运历、崇儒、职官、选举、食货、刑法、兵、方域、蕃夷、道释等17门。内容丰富，十之七八为《宋史》各志所无，是研究宋朝法律典制的重要资料。

《元典章》（被引44次）是至治二年（1322）以前元朝法令文书的分类汇编。该书是研究元代历史不可缺少的重要文献之一，全部内容都由元代的原始文牍资料组成。元代政治、经济、文化等社会生活的各个侧面在书中都有具体生动的反映，包括贵族和官僚的特权、封建的身份等级制、对民众的剥削压迫、不平等的民族等级划分等方面的资料，内容十分丰富。其中地产、土地买卖、租佃等有关土地关系的资料对研究封建制度十分重要，户籍文档提供了关于元代居民结构和居民对国家的封建义务的重要资料。

《礼记》（被引43次）是中国古代一部重要的典章制度书籍，为西汉礼学家戴德和他的侄子戴圣所选编。《礼记》的内容主要是记载和论述先秦的礼制、礼仪，解释仪礼，记录孔子和弟子等的问答，记述修身做人的准则。实际上这部9万字左右的著作内容广博，门类杂多，涉及政治、法律、道德、哲学、历史、祭祀、文艺、日常生活、历法、地理等诸多方面，几乎包罗万象，集中体现了先秦儒家的政治、哲学和伦理思想，是研究先秦社会的重要资料。

《通典》（被引43次）为唐杜佑撰，是中国历史上第一部体例完备的政书。《通典》全书200卷，分为食货、选举、职官、礼、乐、兵、刑、州郡、边防等八门。其中州郡、边防两门多为叙述民族史与民族关系发展史，是作为关系国家稳定和统一的方面出现的。而从《史记》到唐初八史，民族列传始终是与人物列传平行的史书类别，且总被置于全书最末部分，地位很不重要。《通典》将民族史的考察，与食货、选举、职官、礼、乐、兵、刑法等国之要务并列的这种分类方法，无疑是在对封建国家政治大事作排比、定位的同时，将民族历史与民族关系的重要性从史书立目的角度作了强调。这一思路随着《通典》所开创的典制体通史撰述形式的延续，对后世同类史书的影响极其深远。

《唐会要》（被引33次）北宋王溥撰，全书共100卷。《唐会要》是记述唐代各项典章制度沿革变迁的史书，始称《新编唐会要》，现简称《唐会要》，是我国历史上第一部《会要》专著。《唐会要》共分514目，另在不少条目下有杂录，将与该条有关联又不便另立条目的史事列入。书中所记史事有不少为两《唐书》和《通典》所无。

《周礼》（被引22次）是一部通过官制来表达治国方案的著作，内容极为丰富。《周礼》六官的分工大致为：天官主管宫廷，地官主管民政，春官主管宗族，夏官主管军事，秋官主管刑罚，冬官主管营造，涉及社会生活的所有方面，在上古文献中实属罕见。《周礼》所记载的礼的体系最为系统，既有祭祀、朝觐、封国、巡狩、丧葬等国家大典，也有如用鼎制度、乐悬制度、车骑制度、服饰制度、礼玉制度等具体规制，还有各种礼器的等级、组合、形制、度数的记载。许多制度仅见于此书，因而尤其宝贵。

（5）儒家典籍

儒家思想是中国几千年封建社会的统治思想，经过了先秦儒学、两汉经学、宋明理学等的发展过程。在儒家思想的发展过程中虽然掺杂了道家、佛家的思想，但是这并不影响儒家思想的统治地位。儒家思想对于中华民族独特性格的铸就起到了决定性的作用，因此儒家的经典著作成为学者研究中华民族特性的重要资料。

《论语》（被引63次）是儒家学派的经典著作之一，由孔子的弟子及其再传弟子编撰而成。它以语录体和对话文体为主，记录了孔子及其弟子的言行，集中体现了孔子的政治主张、伦理思想、道德观念及教育原则等。通行本《论语》共20篇。论语的语言简洁精练，含义深刻，其中有许多言论至今仍被世人视为至理。

《孟子》（被引34次）是孟子的言论汇编，由孟子及其弟子共同编写而成，是记录孟子的语言、政治观点和政治行动的儒家经典著作。孟子继承并发扬了孔子的思想，成为仅次于孔子的一代儒家宗师。

《荀子》（被引21次）现存三十二篇，大部分是荀子自己的著作，涉及哲学、逻辑、政治、道德许多方面的内容。荀子的学问渊博，在继承前期儒家学说的基础上吸收了各家的长处加以综合、改造，建立起自己的思想体系，发展了古代唯物主义传统。

《朱子语类》（被引 15 次）是朱熹与其弟子问答的语录汇编。宋代景定四年（1263 年）黎靖德以类编排，于咸淳二年（1270 年）刊为《朱子语类大全》140 卷，即今通行本《朱子语类》。此书编排次第，首论理气、性理、鬼神等世界本原问题，以太极、理为天地之始；次释心性情意、仁义礼智等伦理道德及人物性命之原；再论知行、力行、读书、为学之方等认识方法。

（6）档案史料汇编

少数民族地区的档案是研究这些民族形成、发展的重要史实资料，民族学研究者非常重视档案资料的利用。有关档案史料汇编的入选图书共有 4 种：《清末川滇边务档案史料》、《元以来西藏地方与中央政府关系档案史料汇编》、《康藏纠纷档案选编》和《档案史料选编·黑龙江少数民族》。

《清末川滇边务档案史料》（被引 38 次）为四川省民族研究所编写。该书以川滇边务大臣衙门保存的档案为基础，广泛收集散见于私家辑录及方志、奏牍、官报中的有关资料，较全面反映了清政府在边界问题上的改革和措施。一些学者在研究清政府在边界地区的民族政策时对此书多有引用。

《元以来西藏地方与中央政府关系档案史料汇编》（被引 35 次），为中国藏学研究中心所编。该书所辑，以元、明、清三朝及民国时期中央政府与西藏地方政府的官方档案为主。其中绝大部分档案，来自参与本书编辑的中国第一历史档案馆、中国第二历史档案馆、西藏自治区档案馆、四川省档案馆的馆藏。历史档案由于自然和人为的原因散佚甚多，距今年代愈远则愈甚。该书所辑档案的编排，一部分是依重大历史事件分节，一部分按相同事例归类。凡两者均可编入者，则编入前者。该书所辑档案，以政治关系为主，经济、文化从略。

《康藏纠纷档案选编》（被引 29 次）为中国第二历史档案馆所选编。民国初年至 20 世纪 30 年代，两地区间先后发生过 3 次纠纷，该书主要反映第三次康藏纠纷的始末。为了对这一历史事件进行研究和探讨，中国藏学研究中心与第二历史档案馆合作，将该馆所藏反映和记载第三次康藏纠纷始末的主要来往电文档案汇辑成册，以供有关专家、学者研究利用。该《选编》所辑档案史料，包括民国中央政府、行政院、蒙藏委员会、达赖喇嘛、西藏驻京办事处、川康边防总指挥刘文辉、青海省西康政务委员会、西康民众团体、中央特派专员等在处理和交涉康藏纠纷事件中的来往文电共 535 件。该书内容繁多，是记录第三次康藏纠纷始末的第一手资料，绝大部分均为第一次公布，弥足珍贵。

《档案史料选编·黑龙江少数民族》（被引 15 次）是由黑龙江省档案馆、黑龙江省民族研究所合作从黑龙江档案馆所藏历史档案、资料中选编而成。该书在民族的排列上主要以材料多寡为序，材料的收集范围主要是清代末年和民国年间的档案史料，起止时间从光绪二十九年（1903年）至民国二十年（1931年），个别资料延至伪满康德五年（1938年）。《选编》所收录的档案史料可分为综合、鄂伦春族、蒙古族、满族、朝鲜族、鄂温克族、达斡尔族、回族、锡伯族、赫哲族等专题。该书是民族学者在研究清末和民国时期黑龙江省地区少数民族生存状态时的重要史实资料。

(7) 其他

民族学研究论文中还有一些论文引用了诗集、文集、法典和小说集，如《全唐诗》、《全唐文》、《吕氏春秋》、《天盛改旧新定律令》等，但这类历史文献对民族学研究的学术影响相对较小。

7.4 工具书对民族学研究的影响

所谓工具书是专供查找知识信息的文献，它是系统汇集某方面的资料，按特定方法加以编排以供需要时查考用的文献。我们在CSSCI中对民族学论文的引文进行了分析，发现工具书在民族学研究中起着一定的作用。总的说来，被民族学论文引用的工具书并不多，入选民族学较有影响的工具书只有4种，详细书目参见表7-6。

表7-6　　　　　　　　　民族学论文引用较多的工具书

序号	图书信息
1	辞海编辑委员会：《辞海》，上海：上海辞书出版社，1979
2	中国大百科全书编辑委员会：《中国大百科全书》，北京：中国大百科全书出版社，1986
3	许慎：《说文解字》，北京：中华书局，1963
4	麻赫默德·喀什噶里著，何锐译：《突厥语大词典》，北京：民族出版社，1981

《辞海》和《中国大百科全书》均可称为拥有海量知识和知识点的词库，他们不仅仅为人们提供语词、语言等知识的查询，同样对于学者研究也具有很大的帮助。这两种工具书在本学科研究领域都具有较高的被引率，《辞海》和《中国大百科全书》的被引次数分别达到了55次和38次。

《说文解字》（被引21次）是中国第一部系统地分析字形、说解字义、辨别声读的字典。这部书集中了汉代训诂学的成就，还蕴涵着丰富的古代社会政治、经济、军事、法律、科技、方言、俗语方面的资料，是研究民族语言、民族文化、民族文字的好帮手。

《突厥语大词典》（被引19次）是一部用阿拉伯语注释突厥语词的词典，完成于11世纪70年代。编著者是出生于喀什噶尔的维吾尔族伟大学者麻赫穆德·喀什噶里。该书成书于喀喇汗王朝的鼎盛时期，作者出生和受教育的地方是喀喇汗国东部都城喀什噶尔。当时的喀什噶尔正是汗国东部的政治、经济、文化和宗教的中心。

因此居于这样的天时地利，使得《突厥语大词典》深深植根于维吾尔族的古老文化传统之中，成为中世纪高度发展的维吾尔族文化的丰硕成果。该书是民族学研究者在研究维吾尔族政治、经济、文化和宗教的有力工具。

7.5 国外学术著作对民族学研究的影响

虽然我国民族学领域主要研究的是本国的民族，但我们通过 CSSCI 引用图书的数据分析，依然看到大量的国外民族学著作被引用，可见国外有关民族学的研究成果在一定程度上还影响着我国的民族学研究。在此次遴选出的在民族学领域产生较大学术影响的 189 种图书中，国外作者以外文撰写的著作（包括已被翻译成中文的）有 39 种，占所入选图书总量的 20.63%，其被引 972 次，占整个 189 种图书总被引 8980 次的 10.82%。该类图书总被引量少于历史文献、国内学术著作和领袖著作，位居第四，但如果计算其平均被引次数（24.92），则该类图书退居末位。表 7-7 给出了入选的国外学术著作目录。

表 7-7　　　　　　民族学论文引用较多的国外学术著作

序号	图书信息
1	[波斯] 拉施特（Rashid al-Din）著，余大钧译：《史集》，北京：商务印书馆，1983
2	[美] 克利福德·格尔茨（Clifford Geertz）著，纳日碧力戈译：《文化的解释》，上海：上海人民出版社，1999
3	[英] 埃里克·霍布斯鲍姆（Eric J. Hobsbawm）著，李金梅译：《民族与民族主义》，上海：上海人民出版社，2000
4	[美] 乔治·E. 马尔库斯（George E. Marcus）著，王铭铭译：《作为文化批评的人类学：一个人文学科的实验时代》，北京：生活·读书·新知三联书店，1998
5	[伊朗] 志费尼（Juvaini）著，何高济译：《世界征服者史》，呼和浩特：内蒙古人民出版社，1980
6	[英] 安东尼·D. 史密斯（Anthony D. Smith）著，龚维斌译：《全球化时代的民族与民族主义》，北京：中央编译出版社，2002
7	[英] 厄内斯特·盖尔纳（Ernest Gellner）著，韩红译：《民族与民族主义》，北京：中央编译出版社，2002
8	[美] 克利福德·格尔茨（Clifford Geertz）著，王海龙、张家瑄译：《地方性知识：阐释人类学论文集》，北京：中央编译出版社，2000
9	[美] 塞缪尔·P. 亨廷顿（Samuel P. Huntington）著，周琪译：《文明的冲突与世界秩序的重建》，北京：新华出版社，1998

续表

序号	图书信息
10	［美］本尼迪克特·安德森（Benedict Anderson）著，吴叡人译：《想象的共同体：民族主义的起源与散布》，上海：上海人民出版社，2003
11	［德］恩斯特·卡西尔（Ernst Cassirer）著，甘阳译：《人论》，上海：上海译文出版社，1985
12	［英］埃里·凯杜里（E. Kedourie）著，张明明译：《民族主义》，北京：中央编译出版社，2002
13	［英］布罗尼斯拉夫·马林诺夫斯基（Bronislaw Malinowski）著，梁永佳译：《西太平洋的航海者》，北京：华夏出版社，2002
14	［英］J. G. 弗雷泽（James George Frazer）著，徐育新译：《金枝：巫术与宗教之研究》，北京：中国民间文艺出版社，1987
15	［美］路易斯·亨利·摩尔根（Lewis Henry Morgan）著，杨东莼译：《古代社会》，北京：商务印书馆，1977
16	Clifford Geertz：*Interpretation of Cultures：Selected Essays*，New York：Basic Books，1973
17	［美］杜赞奇（Prasenjit Duara）著，王福明译：《文化、权力与国家：1900—1942年的华北农村》，南京：江苏人民出版社，2003
18	［美］保罗·康纳顿（Paul Connerton）著，纳日碧力戈译：《社会如何记忆》，上海：上海人民出版社，2000
19	［英］道森（C. Dawson）著，吕浦译：《出使蒙古记》，北京：中国社会科学出版社，1983
20	［法］列维-布留尔（Levy-Bruhl, Lucien）著，丁由译：《原始思维》，北京：商务印书馆，1981
21	［英］安东尼·吉登斯（Anthony Giddens）著，胡宗泽译：《民族—国家与暴力》，北京：生活·读书·新知三联书店，1998
22	［美］马歇尔·萨林斯（Marshall Sahlins）著，赵丙祥译：《文化与实践理性》，上海：上海人民出版社，2002
23	［美］露丝·本尼迪克特（Ruth Benedict）著，何锡章等译：《文化模式》，北京：华夏出版社，1987
24	［法］爱弥尔·涂尔干（Emile Durkheim）著，渠东译：《宗教生活的基本形式》，上海：上海人民出版社，1999
25	［英］A. R. 拉德克利夫-布朗（A. R. Radcliffe-Brown）著，潘蛟译：《原始社会的结构与功能》，北京：中央民族大学出版社，1999

续表

序号	图书信息
26	[美] 墨非（Murbhy, Robert F.）著，王卓君译：《文化与社会人类学引论》，北京：商务印书馆，1991
27	[美] 斯蒂文·郝瑞（Stevan Harrell）著，巴莫阿依译：《田野中的族群关系与民族认同：中国西南彝族社区考察研究》，南宁：广西人民出版社，2000
28	[英] 布罗尼斯拉夫·马林诺夫斯基（Bronislaw Malinowski）著，费孝通译：《文化论》，北京：华夏出版社，2002
29	[法] 皮埃尔·布尔迪厄（Pierre Bourdieu）, 李猛译：《实践与反思：反思社会学导引》，北京：中央编译出版社，1998
30	[美] 泰勒·爱德华（Tylor Edward Bernatt）著，连树声译：《原始文化：神话、哲学、宗教、语言、艺术和习俗发展之研究》，上海：上海文艺出版社，1992
31	[法] 列维-斯特劳斯（Levi-Strauss, C.）著，李幼蒸译：《野性的思维》，北京：商务印书馆，1987
32	[英] 莫里斯·弗里德曼（Maurice Freedman）著，刘晓春译：《中国东南的宗族组织》，上海：上海人民出版社，2000
33	[美] 克利福德·格尔茨（Clifford Geertz）著，韩莉译：《文化的解释》，南京：译林出版社，1999
34	[美] 马歇尔·萨林斯（Marshall Sahlins）著，王铭铭译：《甜蜜的悲哀》，北京：生活·读书·新知三联书店，2000
35	[法] 爱弥尔·涂尔干（Emile Durkheim）著，汲喆译：《原始分类》，上海：上海人民出版社，2000
36	[美] 唐纳德·L. 哈迪斯蒂（Donald L. Hardesty）著，郭凡译：《生态人类学》，北京：文物出版社，2002
37	[美] 黄宗智著：《华北的小农经济与社会变迁》，北京：中华书局，2000
38	[美] 威廉·A. 哈维兰（W. A. Haviland）著，瞿铁鹏译：《文化人类学》，上海：上海社会科学院出版社，2006
39	[美] 维克多·特纳（Victor Turner）著，黄剑波译：《仪式过程：结构与反结构》，北京：中国人民大学出版社，2006

分析表7-7中的书目可以看出，这些图书基本都是改革开放以来国外出版的或我国学者翻译的学术著作。入选的39种图书中，译著有38种，原版外文图书只有1种。为了便于讨论，我们对这39种图书划分5个类别进行分析：文化人类学经典著

作、社会学研究类著作、民族主义研究类著作、民族史类著作、其他著作。

(1) 文化人类学经典著作

英国的"社会人类学"(Social Anthropology)、美国的"文化人类学"(Cultural Anthropology)和当前合称的"社会文化人类学"(Sociocultural Anthropology),在研究对象和范围上与我国的民族学相近,因此国外的文化人类学著作对我国的民族学研究有着很大的影响。本次入选的图书中属于文化人类学研究的共有21种,占所有入选国外学术著作的53.85%。下面简要介绍几种被引较高的经典文化人类学研究著作。

克利福德·格尔茨所著的《文化的解释》共有3个版本入选。纳日碧力戈翻译的版本被引最高,达到60次,原版被引23次,韩莉翻译的版本被引15次。该书包含了格尔茨教授最具代表性的论述。第一编是作者新增的,表明作者在编选本书过程中反思过去15年来的研究时所采取的立场,具有总揽性;第二编包括了"文化概念对人的概念的影响"和"文化的成长与心智的进化"两篇文章,集中表达了作者的文化概念是什么,并明确了文化和人的关系;第三编涉及文化与宗教关系的翔实研究,特别是宗教及宗教的象征意义在文化分析中的重要性;第四编则探究了文化与意识形态的关系,阐述了意识形态作为社会结构变化的一个维度对于文化解释的重要性;最后一编收录了著名的论文"深层游戏:关于巴厘岛斗鸡的记述",是格尔茨人类学研究杰出的代表作之一。大量的评论认为,无论作为文化分析、历史探讨,还是作为发展研究、案例分析,该书都具有重要的参考价值。

《作为文化批评的人类学:一个人文学科的实验时代》(被引43次)已成为欧美文化人类学乃至其他社会人文科学研究和理论反思的主要参考文献之一。该书牵涉社会人文科学的普同论——相对论之争,对于中国社会人文科学的范式和本土理论思考有重要参考价值。该书也关注到社会科学的文本形态问题,对国内研究者很有帮助。此外,该书"实验民族志"和"文化批评"的概念也已引起国内学界重视。

《地方性知识:阐释人类学论文集》(被引35次)的命题旨在认知的具体性、穿透性和阐释性,作为格尔茨教授成熟期的作品,这本论文集大致集结了格尔茨三个方面的命题文章:第一是取其符号性强、文化认知意蕴较为深厚的命题;第二是取其深度层次化,以便展示阐释学分析、论辩之长的命题;第三则是体现其对自己最得意的强项"深度描写"的理论阐发和进一步推导的命题。

《人论》(被引26次)的作者恩斯特·卡西尔是现代西方最重要的哲学家之一,该书全面阐述了卡西尔的人类文化哲学的体系。《人论》上篇着力于人的特点的研究,指出人具有创造"理想世界"的能力,人的本质就是人的无限的创造活动,并独树一帜地把人定义为"符号的动物";下篇从这一定义出发,对各种文化现象,诸如神话、宗教、语言、艺术、历史、科学等,进行全面的探索。书中探幽析微,旁征博引,充分体现了一位哲学大师的睿智与精深。

《西太平洋的航海者》（被引25）是马林诺夫斯基所处的那个时代和马林诺夫斯基个人际遇在一个非常奇妙的耦合点上的产物。《西太平洋的航海者》对新几内亚东部的南马辛区域的一种特殊的交换制度"库拉圈"进行了详尽的记述与独到的分析，奠定了科学人类学的规范。全书共包括22章，详细描述了库拉区的范围、居民、风俗、制度、图腾制、巫术信仰，着重介绍库拉制度体系、规则及由其引发的或相关的一系列的造船活动、仪典、交易技术、巫术等。该书被认为是介于古典人类学代表作《金枝》和战后人类学最高成就的《结构人类学》之间的一座划时代的里程碑，是马林诺夫斯基第一本通过长期的田野工作成功地写出的一部出色的民族志。

弗雷泽的《金枝：巫术与宗教之研究》（被引25次）缘起于一个古老的地方习俗：一座神庙的祭司被称为"森林之王"，却又能由逃奴担任，然而其他任何一个逃奴只要能够折取他日夜守护的一棵树上的一节树枝，就有资格与他决斗，就能杀死他取而代之。这个古老习俗的缘起与存在疑点重重。为此作者目光遍及世界各地，收集了世界各民族的原始信仰的丰富资料，运用历史比较法对之进行了系统的梳理，从中绎绎出一套严整的体系，并对巫术的由来与发展做出了令人信服的说明和展望。和其他专著有所不同的是，《金枝：巫术与宗教之研究》文笔清丽，义理明畅，对世界各地习俗娓娓道来，如数家珍，加上众多耐人寻味的观点和评论穿行其间，处处闪烁着智慧的光芒，而绝少呆滞和陈腐的气息，读来兴味盎然，令人不忍释卷。

《文化与实践理性》（被引18次）是美国著名人类学家、社会学家萨林斯的代表作之一。作者从人类学的角度，把马克思主义的历史唯物主义同英国的结构主义、法国的结构主义及形形色色的人类学作了深入的比较研究；对西方文化的实质及意义等作了深入的剖析；对人类学内部关于实践理性和文化理性的战争作了梳理。作者在书中提出了许多独到的见解，如关于物质与精神的关系、唯物论与唯心论的关系、主体和客体的关系等。作者倡导一种不同学说间的沟通与对话，这将有助于开阔思路、启发思考。

《文化模式》（被引18次）是美国著名人类学家本尼迪克特的代表作，写于1934年。该书是20世纪西方有关文化问题讨论中最有影响的著作之一，已被译成14种文字，有着广泛影响。"文化模式"这一概念，有各种不同的用途和意思，不同的文化人类学家对文化模式的理解也不同。本尼迪克特认为，文化模式是相对于个体行为来说的，人类行为的方式有多种多样的可能，这种可能是无穷的。但是一个部族、一种文化在这样的无穷的可能性里，只能选择其中的一些，而这种选择有自身的社会价值取向。选择的行为方式包括对待人之生死、青春期、婚姻的方式以及在经济、政治、社会交往等领域的各种规矩、习俗。通过形式化的方式，演变成风俗、礼仪，从而结合成一个部落或部族的文化模式。

《文化论》（被引16次）一书是马林诺夫斯基的功能主义理论的比较全面和系统的总结。作者的伟大乃在于他能穿透理论的网膜而触及真正的人，这些人可以是夸大的或伪善的，也可以是粗俗的或合理的。所见到的文化，不是刊印在书上的文化的记载，而是群众的活动，是他们活生生的生活的一部分，充满着有哭、有笑、有感情的举止言行。把文化拉回到了人的生活本身，这种看法上的转变，使社会人类学得到了新的生命，成了一门充满着生气的科学，成为真正的人的科学——人类学。

特纳的《仪式过程：结构与反结构》（被引7次，2006年出版）的中文译本于2006年由中国人民大学出版社出版。该书是人类学经典著作之一。特纳通过在非洲恩丹布部落中的田野考察，将仪式在这个群体中的地位进行了诠释。特纳拓展了"阈限"与"交融"的概念，发展了传统的结构主义。与之同时代的范·杰内普、马克斯·韦伯、涂尔干等都曾经试图把所有的文化行为统一在超级结构里，提出涵盖全体的普遍化模式，特纳则突破了传统静态的社会结构的研究，把仪式放在运动的社会过程中加以考察，把社会看作是交融与结构的辩证统一，是结构与反结构相互作用的结果，即"分化—阈限—再整合"。

当代的"民族学"、"文化人类学"和"社会人类学"是否为同一个学科？各国学者大多认为三者名虽异，而实则同。在美国式的人类学学科分类中，目前较为普遍的是分为四个分支：体质人类学、文化人类学（社会人类学）、考古学和语言学。一般认为，狭义的"民族学"与"文化人类学"和"社会人类学"没有太大的差别，可以互通。如日本《日本国语大辞典》称："民族学……常用作'文化人类学'的同义词。"我国很多学者也持类似看法。此外，通过我们仔细查阅了引用文化人类学图书的期刊论文，分析了它们的研究领域，基本也可以得到上面的结论。引用文化人类学（社会人类学）图书的民族学研究论文涉及的主题繁多，比如应用某种文化人类学的理论分析某个民族的文化现象、运用文化人类学的研究方法研究某个民族的民族性等。

（2）社会学研究类著作

社会学与民族学是两个有着紧密联系的学科，民族学研究者对社会学研究的著作也多有引用。39种入选图书中6种属于该类：《古代社会》、《实践与反思：反思社会学导引》、《社会学》、《宗教生活的基本形式》、《华北的小农经济与社会变迁》和《社会如何记忆》。

摩尔根的《古代社会》（被引24次）提出了家庭进化理论，全面阐述了人类社会从低级阶段发展到高级阶段的进化学说。该书的出版产生了很大的影响，被视为进化学派的经典著作。摩尔根对重建原始社会史，对婚姻家庭和亲属制度的研究成果，得到了马克思和恩格斯的高度重视。马克思在阅读该书时写了详细的摘要，恩格斯在《家庭、私有制和国家的起源》一书中也引用了摩尔根的研究成果。

保罗·康纳顿的《社会如何记忆》（被引22次）涉及的主要问题是：群体的记忆如何传播或保持？我们一般认为记忆属于个体官能，不过有些思想家一致认为，人类社会现实中存在着这样一种东西，它叫做集体记忆或者社会记忆。作者在短短十多万字的篇幅中，为读者论证了有关过去的形象和有关过去的回忆性知识，是在（或多或少是仪式的）操演中传送和保持的。作者见解独到地关注于这类社会记忆中的身体实践而非刻写实践，这对研究社会、政治和人类学的学者来说不无理论启迪。

波普诺的《社会学》（被引18次）是国际上社会学领域最系统、最富权威的著作。波普诺教授撰写的这本北美社会学课堂上最为流行的大学教材，完整地运用上述主要理论视角来表述社会学的基本知识，公正、无偏地为学生提供各方面的观点材料，既全面又深刻。全书以5部分22章的篇幅，对当今社会日常生活中的主要内容都给出了深入浅出的解释。在所有的章节中，作者都既简明地阐释艰深概念，同时又运用概念来分析社会生活中的大量案例，最大可能地为广大读者提供社会学的洞察能力和想象力。

《宗教生活的基本形式》（被引18次）的作者爱弥尔·涂尔干是与卡尔·马克思和马克斯·韦伯齐名的社会学三大奠基人之一，为19世纪末20世纪初人文和社会科学领域不可多得的集大成者之一。该书援引了大量人类学材料，从图腾制度出发讨论了宗教生活之构成的基本原理及命题，堪称涂尔干所有作品中最精湛的作品，也是最能代表其社会思想取向的文献。此外，本书还反映了涂尔干晚年思想的主要转向，即用社会决定论来构建道德个体主义的理论企图，其中的若干章节被认为是知识社会学研究的范本。

《实践与反思：反思社会学导引》（被引16次）一书阐明那些支撑布尔迪厄的科学实践的原则，向读者提供理解布尔迪厄科学的内在理路和广博体系的钥匙。该书由三部分组成：第一部分通过勾画出布尔迪厄有关知识、实践和社会的理论结构及其学术图景的轮廓，向读者提供了理解布尔迪厄著作的广博体系和内在理路的钥匙；第二部分主要反映芝加哥大学研讨班的成就；第三部分以巴黎研讨班的讨论为基础，反思社会学的实践。

《华北的小农经济与社会变迁》（被引15次）根据多种档案材料和实地考察，并结合社会学诸多方面，探讨了华北小农经济长期未发展为资本主义经济形式的原因，并系统总结了西方和日本学者在此问题上的各种观点，内容丰富充实。

我们仔细查阅了引用此类图书的期刊论文，分析了它们的研究领域，基本上得到如下结论：引用社会学图书的民族学论文的主题基本上集中在不同民族的社会、家庭结构、民族问题、民族变迁、民族自治等研究领域。

（3）民族主义研究类著作

民族主义，亦称国族主义或国家主义，为包含民族、种族与国家三种认同在内的意识形态。民族主义主张以民族为人类群体生活之"基本单位"，以作为形塑特定文化与政治主张之理念基础。该类入选图书共有4种。

埃里克·霍布斯鲍姆的《民族与民族主义》（被引47次）论述了民族与民族主义在欧洲近两百年历史中的种种表现及其内涵之演变。作者回避了对民族的概念和标准等问题的纠缠，而是着重于它们的变迁与转型，并借助于民族主义的研究来说明民族问题的复杂性。欧洲近现代史是因民族主义兴起而重新拼制版图的历史，各种民族与民族主义的意识也影响到周边地区与殖民地。因此，民族与民族主义的发展演变构成了这段历史的主旋律。该书对了解民族与民族主义在世界范围内的发展演变状况具有很高的参考价值。

《全球化时代的民族与民族主义》（被引37次）是民族主义研究学术译丛中的一册，书中收录了英国学者安东尼·D. 史密斯先生关于全球化时代的民族与民族主义研究的文章。该书首先介绍了一种世界性的文化，接着介绍了现代主义的错误、族裔——民族的复兴和民族国家的危机等内容。该书内容全面，文笔生动流畅，融科学性、系统性、理论性及学术性为一体，可供专业研究人员阅读、参考、交流。

《民族与民族主义》（被引36次）是民族主义研究学术译丛中的一册，书中收录了英国学者厄内斯特·盖尔纳先生关于民族与民族主义研究的文章。该书对各种理论进行比较，并从中建构出自己的理论模式，所用文献极少，但阐述了详尽的观点，并做出突破。厄内斯特·盖尔纳在《民族与民族主义》一书中是这样说的："是民族主义创造了民族，而非相反"，而民族主义"基本上是一个政治原则，这一原则确定政治单元与民族单元应该一致"。

《想象的共同体：民族主义的起源与散布》（被引32次）的作者本尼迪克特·安德森以"哥白尼精神"独辟蹊径，从民族情感与文化根源出发探讨了不同民族属性的、全球各地的"想象的共同体"，力图提出一个解释上述关于民族与民族主义问题的新的理论典范。安德森将民族、民族属性与民族主义视为一种"特殊的文化的人造物"，将民族定义为"一种想象的政治共同体"。他认为这些"想象的共同体"的形成主要取决于以下因素：宗教信仰的领土化、古典王朝家族的衰微、时间观念的改变、资本主义与印刷术之间的交互作用、国家方言的发展等。通过比较史和历史社会学的方法，安德森对民族主义的起源与散布进行了论证：他否定了多数学者所认同的民族主义起源于欧洲的观点，认为18世纪末和19世纪初的南北美洲殖民地独立运动才是第一波的民族主义运动，民族主义是经由美洲而散播至欧洲，再到亚洲和非洲。安德森百科全书式的欧洲史素养与当代东南亚研究权威的背景，以及他对东西方多种语言的掌握能力，使得他的论证更具说服力。

我们仔细查阅了引用有关民族主义图书的论文，分析了它们的研究领域，发现这些论文的研究领域主要集中在如下方面：全球化与民族主义研究、民族关系与民族主义研究、民族自治研究、民族认同研究、民族性研究等。

（4）民族史类著作

民族史是一个民族的综合性资料，它要求对该民族的全部已有事业、客观条件、社会状况等作如实记载。有关民族史的图书共有3种：《史集》、《世界征服者史》、《田野中的族群关系与民族认同：中国西南彝族社区考察研究》。

《史集》（被引75次）为波斯学者施密特所著，内容主要包括世界各民族史，尤其是蒙古帝国史，以及信仰伊斯兰教的各民族历史。书中所述14世纪以前蒙古族的历史，是极为丰富的第一手材料。全书共分3部。第1部为蒙古史，共3卷：第1卷为突厥蒙古部族志、成吉思汗先祖纪及成吉思汗传记；第2卷为波斯伊儿汗以外的成吉思汗后裔史；第3卷为波斯伊儿汗国史。第2部为世界史，记述了从波斯古代诸帝王到萨珊王朝的兴衰史，伊斯兰教先知穆罕默德传记，哈里发艾布·伯克尔以及穆斯塔法诸哈里发时期的历史，包括伽色尼王朝、塞尔柱王朝、花剌子模沙王朝、撒勒噶尔王朝以及伊斯玛仪教派史和印度等民族史。第3部为世界各地区的地理志，已佚。西方学者卡尔·雅恩根据他花费40多年时间对该书的研究，认为上述三部已经在1307年以前编撰完成，在1310年时对全书进行了增补，增加了《阿拉伯、犹太、蒙古、拂郎、中华五民族世系谱》。

志费尼的《世界征服者史》（被引40次）所叙述的年代起自成吉思汗，止于旭烈兀平阿杀辛人的阿剌模忒诸堡。全书可分为三个部分：第一部分的内容包括蒙古前三汗，成吉思汗、窝阔台汗和贵由汗时期的历史；第二部分实际是中亚和波斯史，其中包括花剌子的兴亡、哈剌契丹诸汗以及那些地方的蒙古统治者；第三部分内容庞杂，它从拖雷开始，以较大的篇幅谈到蒙哥的登基及其统治初期的史实。

斯蒂文·郝瑞的《田野中的族群关系与民族认同：中国西南彝族社区考察研究》（被引17次）通过对中国西南数个彝族社区进行不同方式的考察，梳理与分析这些社区与汉族和汉文化以及其他民族、文化的接触和交往的历史与现实。

（5）其他著作

除了上述归类讨论以外，还有几种译著在本学科相关领域发挥着很大作用，这些著作是：亨廷顿的《文明的冲突与世界秩序的重建》（被引35次）、杜赞奇的《文化、权力与国家：1900—1942年的华北农村》（被引22次）、道森的《出使蒙古记》（被引20次）、列维－布留尔的《原始思维》（被引19次）、纪登斯《民族－国家与暴力》（被引19次）。

7.6 国内学术著作对民族学研究的影响

我国民族学研究主要针对我国各民族诞生、变迁、发展的研究，因此国内学者出版的民族学著作对我国民族学研究更具现实意义。从入选的图书种数来看，国内学术著作入选65种图书，排在首位。其中最早出版的是1910年的《上海清真寺成立董事会志》，最近出版的是2005年由王铭铭编写的《西方人类学思潮十讲》，被引次数最多的是1999年费孝通教授的《中华民族多元一体格局》，高达69次。详细目录参见表7-8。

表 7-8　　民族学论文引用较多的国内学术著作

序号	图书信息
1	费孝通：《中华民族多元一体格局》，北京：中央民族大学出版社，1999
2	费孝通：《费孝通文集》，北京：群言出版社，1999
3	费孝通：《乡土中国，生育制度》，北京：北京大学出版社，1998
4	中共中央统战部：《民族问题文献汇编》，北京：中共中央党校出版社，1991
5	金炳镐：《民族理论通论》，北京：中央民族大学出版社，1994
6	林耀华：《民族学通论》，北京：中央民族大学出版社，1997
7	庄孔韶：《人类学通论》，太原：山西教育出版社，2002
8	王建民：《中国民族学史》，昆明：云南教育出版社，1997
9	王尧：《敦煌本吐蕃历史文书》，北京：民族出版社，1992
10	宁骚：《民族与国家：民族关系与民族政策的国际比较》，北京：北京大学出版社，1995
11	马戎：《民族社会学：社会学的族群关系研究》，北京：北京大学出版社，2004
12	丁世良：《中国地方志民俗资料汇编》，北京：北京图书馆出版社，1995
13	黄淑娉：《文化人类学理论方法研究》，广州：广东高等教育出版社，1998
14	马戎：《民族与社会发展》，北京：民族出版社，2001
15	广西壮族自治区编辑组：《广西壮族社会历史调查》，南宁：广西民族出版社，1985
16	王铭铭：《社会人类学与中国研究》，北京：生活·读书·新知三联书店，1997
17	刘先照：《中国共产党主要领导人论民族问题》，北京：民族出版社，1994
18	纳日碧力戈：《现代背景下的族群建构》，昆明：云南教育出版社，2000
19	王明珂：《华夏边缘：历史记忆与族群认同》，台北：允晨文化实业股份有限公司，1997
20	夏建中：《文化人类学理论学派：文化研究的历史》，北京：中国人民大学出版社，1997
21	上海清真寺董事会：《上海清真寺成立董事会志》，上海
22	邱树森：《中国回族史》，银川：宁夏人民出版社，1996
23	李亦园：《人类的视野》，上海：上海文艺出版社，1996
24	鲁迅：《鲁迅全集》，北京：人民文学出版社，1958
25	王钟翰：《中国民族史》，北京：中国社会科学出版社，1994
26	翁独健：《中国民族关系史纲要》，北京：中国社会科学出版社，1990
27	广西壮族自治区编辑组：《广西瑶族社会历史调查》，南宁：广西民族出版社，1985
28	马戎：《西方民族社会学的理论与方法》，天津：天津人民出版社，1997
29	韦善美：《雷沛鸿文集》，南宁：广西教育出版社，1990
30	刘锡蕃：《岭表纪蛮》，北京：商务印书馆，1934
31	哈经雄：《民族教育学通论》，北京：教育科学出版社，2001

续表

序号	图书信息
32	钟敬文：《民俗学概论》，上海：上海文艺出版社，1998
33	王森：《西藏佛教发展史略》，北京：中国社会科学出版社，1997
34	费孝通：《中华民族研究新探索》，北京：中国社会科学出版社，1991
35	中国蔡元培研究会编：《蔡元培全集》，杭州：浙江教育出版社，1997
36	唐耕耦：《敦煌社会经济文献真迹释录》，北京：全国图书馆文献缩微复制中心，1990
37	费孝通：《乡土中国》，北京：生活·读书·新知三联书店，1985
38	张声震：《壮族通史》，北京：民族出版社，1997
39	白寿彝：《白寿彝民族宗教论集》，北京：北京师范大学出版社，1992
40	胡朴安：《中华全国风俗志》，石家庄：河北人民出版社，1986
41	江应樑：《傣族史》，成都：四川民族出版社，1983
42	王尧：《吐蕃金石录》，北京：文物出版社，1982
43	马戎：《中华民族凝聚力形成与发展》，北京：北京大学出版社，1999
44	徐迅：《民族主义》，北京：中国社会科学出版社，1998
45	王希恩：《民族过程与国家》，兰州：甘肃人民出版社，1998
46	周星：《社会文化人类学讲演集》，天津：天津人民出版社，1996
47	潘光旦：《潘光旦民族研究文集》，北京：民族出版社，1995
48	瞿秋白：《瞿秋白文集》，北京：人民出版社，1987
49	李兴华：《中国伊斯兰教史参考资料选编》，银川：宁夏人民出版社，1985
50	乌丙安：《中国民俗学》，沈阳：辽宁大学出版社，1985
51	刘大鹏：《晋祠志》，太原：山西人民出版社，1986，2003
52	国家民族事务委员会：《中国共产党关于民族问题的基本观点和政策》，北京：民族出版社，2002
53	郭于华：《仪式与社会变迁》，北京：社会科学文献出版社，2000
54	葛剑雄：《中国移民史》，福州：福建人民出版社，1997
55	林惠祥：《文化人类学》，北京：商务印书馆，1991
56	方国瑜：《中国西南历史地理考释》，北京：中华书局，1987
57	杨伯峻：《春秋左传注》，北京：中华书局，1981
58	罗家伦：《罗家伦先生文存》，台北：中国国民党中央委员会党史委员会，1976
59	乌丙安：《民俗学原理》，沈阳：辽宁教育出版社，2001
60	王铭铭：《想象的异邦：社会与文化人类学散论》，上海：上海人民出版社，1998
61	宋蜀华：《民族学理论与方法》，北京：中央民族大学出版社，1998

续表

序号	图书信息
62	周大鸣：《现代都市人类学》，广州：中山大学出版社，1997
63	林翰：《匈奴通史》，北京：人民出版社，1986
64	费孝通：《江村经济：中国农民的生活》，南京：江苏人民出版社，1986
65	王铭铭：《西方人类学思潮十讲》，北京：广西师范大学出版社，2005

分析表7-8中图书主题，可以说几乎涵盖了民族学所有主要研究领域，由于文章篇幅的原因，选择8个主题来讨论这些图书的基本概况和特点以及它们的被引用情况。

(1) 社会学与人类学著作

人类学源于古希腊文，是一门研究"人"本身及其文化的学科。社会学是一门通过实证研究深入系统认识社会，从而提出相应社会理论的应用性学科，其研究的内容和范围大致包括社会、社会中的个人、群体、组织、阶级和阶层、社区、社会变迁、社会控制、社会秩序等。民族学则是一门以民族为研究对象，研究民族的发生、发展和消亡的学科。因此，与人类学的部分研究内容有相通之处，但两者绝不能等同。三者关系密切，民族学研究学者经常引用社会学和人类学领域的图书。我们把入选图书中的16种图书归入此类，它们包括：《文化人类学理论方法研究》、《人类的视野》、《文化人类学》、《社会人类学与中国研究》、《想象的异邦：社会与文化人类学散论》、《西方人类学思潮十讲》、《文化人类学理论学派：文化研究的历史》、《现代都市人类学》、《人类学通论》、《乡土中国，生育制度》、《乡土中国》、《江村经济：中国农民的生活》、《西方民族社会学的理论与方法》、《民族社会学：社会学的族群关系研究》、《仪式与社会变迁》和《社会文化人类学讲演集》。

为了分析民族学论文引用这些著作的观点和受到哪些启示，我们对民族学论文引用较多的7种人类学和社会学著作做一个简要的解析。《乡土中国，生育制度》（被引54次）是费孝通先生的经典作品之一，该书虽经历了中国社会的巨大变迁却不曾失去吸引人的地方。费孝通先生在序言中说，该书"不是一个具体社会描写而是具体社会中提炼的概念"，这种实证主义的概念认识，我们可以从文中对农村经验生活描述中获得。该书主要内容以乡土农业生产地理耕作特点以及区域中华文化圈内家庭、社会的特征为主题，描述了乡土社会对于文字下乡，家庭管理以及社会管理上的特殊存在方式。

庄孔韶的《人类学通论》（被引48次）着重介绍文化概念及其解释，重新整理了以往中外人类学著作中常见的理论述说模式，并探求人类学理论的时空轨迹及在今日社会变迁条件下的研究途径，从而阐明了人类学的理论架构及其内涵。

黄淑娉的《文化人类学理论方法研究》（被引30次）、夏建中的《文化人类学理论学派：文化研究的历史》（被引25次）、林惠祥的《文化人类学》（被引16次）和王铭铭的《想象的异邦：社会与文化人类学散论》（被引15次）都是有关人类学的分支文化人类学的内容。西方人类学诞生一百多年来，学派纷呈，各有见解，从不同角度做出建树。《文化人类学理论方法研究》对文化人类学各个学派及其主要代表人物的理论和方法论，从学科诞生至当代人类学思潮逐一作扼要的介绍并加以评论。该书本着批判地吸收的原则，撷其精华，以供借鉴，书中引用中外文资料也很丰富。《文化人类学理论学派：文化研究的历史》叙述了文化人类学史上的10个主要学派，介绍了各学派的代表人物对文化研究的主要理论观点。作者力图将人类学发展中已成型的或已基本有定论的、同时深具影响的理论学派介绍给读者，使读者从中可一窥海外文化研究的主要趋势、主要学者、主要理论和主要方法的基本线索，以此作为我们从事中国文化研究的借鉴。《文化人类学》通俗地介绍了人类学的定义、对象、分科、目的及其与其他学科的关系；介绍了文化人类学的产生、发展及学派；介绍了原始物质文化、原始社会组织、原始宗教、原始艺术及原始语言文字。该书对了解和研究文化人类学及原始人生活都有较大参考价值。《想象的异邦：社会与文化人类学散论》包括四编：第一编的4篇论文集中探讨人类学（尤其是社会与文化人类学）理论发展的脉络；第二编的6篇论文旨在介绍人类学的主要研究分支和视野；第三编的6篇大多是对在当代人类学界产生深刻影响的学者和思想的评论；第四编侧重探讨人类学的跨文化表述危机及人类学学科的中国相关性等问题。

王铭铭的《西方人类学思潮十讲》（被引11次）出版于2005年。该书首先介绍了20世纪60年代以前的人类学思潮，使读者对人类学的发展状况有一个初步的把握，在对一些重要理论转变的探讨中了解传统人类学的局限性以及新的理论取向的基本定位，随后介绍了近30年来人类学思潮。书中收录的10篇讲稿，是作者于1994年至1998年间记录下来的。其中7篇曾以"文化格局与人的表述"为名于1997年结集出版，8年后再版补充了3篇，改名为"西方人类学思潮十讲"。书中收录的讲稿曾提交"社会文化人类学高级研讨班"等学术研讨会，也曾用作北京大学社会人类学理论与方法课程的教学参考资料。讲稿涉及西方人类学理论的历史演变，比较集中地介绍了19世纪人类学向20世纪人类学的转变及20世纪60年代以来人类学思潮的基本特征。

我们仔细查阅了引用此类图书的期刊论文，分析了它们的研究领域，基本上得到如下结论：引用人类学、社会学著作的论文的主题几乎包含了人类学与社会学的所有方面，主要主题包括农村社会结构、民族变迁、民族文化研究、农村经济文化制度、家族企业研究、农村宗族问题等。

（2）民族学理论与方法论类著作

新中国的民族学理论与方法论的发展是和中国共产党领导的全国各族人民的革命和建设实践密切联系着的，因此我国的民族学理论与方法论有其重要特色：其一，它继承的是马克思主义的科学民族学,同时对西方资产阶级民族学也加以研究,批判地吸取其中有用的东西;其二,它为革命实践服务,为各民族的发展进步和广大人民群众的利益服务。本类共有3种图书入选:《民族理论通论》、《民族学通论》和《民族学理论与方法》。

金炳镐的《民族理论通论》(被引50次)是探讨中国特色的民族理论学科理论体系的学术专著,也是探索完善民族理论和民族政策教材体系的教科书。作者以自己20年的大学民族理论和民族政策方面教学经验和大量的民族研究方面的科研成果为基础,撰写了这部学术著作。该书在马克思主义民族理论与政策专业的本科生、硕士研究生、博士研究生的培养过程中起到了重要的教科书作用,在全国民族理论与民族政策这门公共政治理论课教学教改中起到了重要的参考书作用,在民族理论学科理论体系的建设中,也起到了重要的学术探讨和理论建构的作用。

林耀华的《民族学通论》(被引49次)是一部力图以马克思列宁主义、毛泽东思想的理论原则为指导,运用国内各民族包括汉族和少数民族的资料以及世界各地区各民族一些有关的最新研究成果,来阐述民族学的基本原理及其研究的对象、内容和方法的著作。

宋蜀华的《民族学理论与方法》(被引15次)分上下两编:上编为民族学理论概括与探索,包括20世纪中期以前的西方民族学理论、当代西方民族学理论、马克思主义民族学和民族学中国化的理论探索;下编为民族学研究方法,包括民族学实地调查方法、历史文献研究法、跨文化比较研究法和跨学科结合研究方法。

经查阅,此类图书的引用文献主题基本上包括很多方面:有关民族学理论和方法论创新的研究、民族文化、民族关系、民族心理、民族社会形态、民族问题、民族教育、民族融合等,几乎涉及民族学研究的所有主题。

(3) 民俗研究类著作

民俗学是一门针对信仰、风俗、口传文学、传统文化及思考模式进行研究,用来阐明这些民俗现象在时空中流变的学科。民俗学与发生在我们周围的各种生活现象息息相关,尽管人们不一定能意识到自己的生活对整个社会具有多大的意义,他们在日常交流中所展现的一切对文化的传播和保存起了哪些意义和作用。但是有关人类活动的一切细节,都可以作为民俗学者的研究对象,而且其中还包含和传达着重要的文化信仰。

此次入选的5种民俗学图书中,影响最大、被引次数最多的是丁世良教授的《中国地方志民俗资料汇编》,被引频次达34次。该书由地方志中民俗资料汇编而成,对了解和研究中国各地方、各民族的风俗和进行有关的文学、社会学、历史学、地理学等学科的研究有不小帮助,对于编纂新的地方志以及促进移风易俗,研讨这方面的精神文明建设问题也有参考价值。

《民俗学概论》(被引20次)几乎涵盖了民俗学研究的所有内容:民俗与民俗

学，民俗的基本特征，民俗的社会功能，中国民俗的起源与发展，物质生产民俗，农业民俗，狩猎、游牧和渔业民俗，工匠民俗，商业与交通民俗，物质生活民俗，饮食民俗，服饰民俗，居住建筑民俗，社会组织民俗，社会组织民俗的分类描述，宗族组织民俗，社团和社区组织民俗。

《中华全国风俗志》（被引 18 次）分上下两编：上编摘自历史的志书、笔记；下编抄自近代的报刊、杂著等。两编既相互联系，又各自独立，自古至今，以近为主，把散见于浩繁的卷帙之中有关风俗民情的资料加以摘抄整理，汇集成册。

《中国民俗学》（被引 17 次）和《民俗学原理》（被引 15 次）均为乌丙安所撰。作者在撰写《中国民俗学》时对于民俗学做了大量而细致的研究，研究触角深入到民间生活的各个层面，书中将经济的民俗、社会的民俗、信仰的民俗、游艺的民俗等民俗的各种类型都给予了详细剖析，并列举出了许多生动的事例。

分析了这些书的引用文献，显示了它们的引用主题集中在以下几个方面：神话、传说、民间故事、民间宗教、佛教、道教、家族制度、社会制度、民间生活等等。

（4）民族史类著作

一部完善和成功的民族史应是一个民族的综合性资料书，它要求对该民族的全部已有民族史志、客观条件、社会状况等作如实记载。民族地理既包含了一个民族地区的自然地理又包含了该地区的人文地理。属于该类的入选图书共有 15 种：《中国民族关系史纲要》、《中国西南历史地理考释》、《中华民族多元一体格局》、《中华民族研究新探索》、《中国移民史》、《广西壮族社会历史调查》、《广西瑶族社会历史调查》、《傣族史》、《匈奴通史》、《岭表纪蛮》、《晋祠志》、《中国回族史》、《敦煌本吐蕃历史文书》、《中国民族史》和《壮族通史》。

在这 15 种图书中，费孝通教授有两本著作入选：《中华民族多元一体格局》（被引 69 次）和《中华民族研究新探索》（被引 16 次）。这两种书对中华民族的形成及其结构特点作了高层次的理论概括，即"多元一体格局"，在学术界、思想界等引起了广泛影响。十多年来，这一理论为许多学者（包括不同学科领域）接受并运用于学术研究中，而不同的研究成果也使这一理论得到充实、完善，全面推动了中华民族整体研究的开展。在多元一体格局理论的指导下，从中国民族的整体角度研究和阐释中华民族的起源、形成和发展过程及其客观规律性的专门史——中华民族形成史的研究不断深入，研究范围涉及中华民族的起源、中华民族的主体——汉民族的起源、形成和发展、统一多民族中国的形成与发展、中国各民族分布格局的形成、中华民族文化的同一性与多元性、中华民族经济、中华民族民族意识及民族观、近代中华民族的独立解放、现代化过程中中华民族各成员间之关系以及中国大一统及海内外中华民族子孙之关系等方面，并已取得相当引人注目的系列成果。该书不仅在民族史学界，而且在考古学、社会学界均产生了极大的影响。

王钟翰教授的《中国民族史》（被引 22 次）自 1988 年拟定提纲，历时四五年时间完成,共 140 万字。该书从内容结构上,力争要打破以汉族为主的传统的封建皇朝的体系,而是按以少数民族为主贯穿全书来写,以在不同的历史时期在历史舞台上产生重要影响的少数民族为主线,从而告诉人们,我们今天看待历史问题,应该以民族平等的眼光看待历史上的兄弟民族。

《中国回族史》(被引 24 次)、《壮族通史》(被引 18 次)《傣族史》(被引 18 次)和《匈奴通史》(被引 15 次)都是关于各个民族的史志。比如《中国回族史》从中外关系发展的角度,详细论证回族的族源及其聚合;以中国历史的发展为线索,置回族于全国大环境内,详细论证其政治活动与经济结构;从中华民族多元一体化格局的角度,探索回族的共性与个性、文化的内涵以及伊斯兰文化的中国化问题。该书的出版将为今后内容更翔实、学术水平更高的回族史的问世打下一个好的基础。

翁独健的《中国民族关系史纲要》(被引 22 次)是研究中国民族关系发展演变的通史性著作。全书以中国有史以来的少数民族为主,联系华夏汉民族的产生、形成与发展,既记述各民族自身的生成与演化,又叙述各民族之间政治、经济、文化的交往与融合,同时概括出了各个民族盈虚消长和兴衰治乱的特点和规律,是中国民族关系研究领域中一部重要著作。

广西壮族自治区编辑组编写的《广西壮族社会历史调查》(被引 28 次)和《广西瑶族社会历史调查》(被引 22 次)是有关广西两大少数民族的历次社会历史调查资料,内容十分丰富。比如《广西壮族社会历史调查》包含了壮族政治及生活习俗的调查,社会经济结构、社会制度的调查等。

刘锡蕃的《岭表纪蛮》(被引 21 次)基于少数民族地区实地调查的所见所闻实录,著者在书中将少数民族与汉族一视同仁、平等看待,摆脱了传统的《地方志》民族史观,可谓是具有重要意义的研究成果。

查阅这些图书的引用文献后我们证实,该类引用文献主题大致包括:少数民族政治、经济和文化研究、中华民族的融合、民族关系研究、民族发展与变迁等。

(5) 民族工作、民族问题类著作

所谓民族问题,指的是在民族关系上民族与民族之间的矛盾问题。该类图书共有 3 种入选:《中国共产党关于民族问题的基本观点和政策》、《中国共产党主要领导人论民族问题》和《民族问题文献汇编(1921.7—1949.9)》。

《民族问题文献汇编(1921.7—1949.9)》(被引 54 次)包括整个新民主主义革命阶段中国共产党及其领导下的革命根据地政府和军队有关民族问题的纲领、宣言、决议、指示以及有代表性的领导人的文章和其他重要的文献资料。

《中国共产党主要领导人论民族问题》(被引 27 次)编选了 1921—1992 年期间毛泽东、周恩来等党和国家领导人关于民族问题的重要论述,充分揭示了我们党关于民族问题的观点,为我们做好民族工作指明了方向。

《中国共产党关于民族问题的基本观点和政策》(被引 16 次)由《国家民族事务

委员会》主编，此书全面系统地阐述了中国共产党解决民族问题的成功经验，对我们认识和解决中国民族问题，进一步做好民族工作具有权威指导作用。可以作为各级领导干部、民族工作者学习马克思主义民族观和我们党的民族理论与民族政策的必读手册。

对引用此类图书的期刊论文我们进行了认真的查阅后发现，民族工作、民族问题类图书在以下研究领域有着非常大的学术影响：民族统一战线理论、民族区域自治理论、民族政策制定、主要领导人民族观研究、中国共产党民族理论的发展等。

（6）民族与宗教信仰类著作

我国是一个宗教信仰自由的国度，不同的民族可以有不同的宗教信仰。充分了解和尊重各民族的宗教信仰对于增进民族之间的理解和尊重、维护民族团结和社会稳定具有重要意义。有关民族与宗教信仰的入选图书共有 3 种：《上海清真寺成立董事会志》、《中国伊斯兰教史参考资料选编》和《西藏佛教发展史略》。

《上海清真寺成立董事会志》（被引 25 次）记述了清末上海穆斯林社团成立的历史事件及其董事会管理机构的基本情况。该董事会的成立折射了穆斯林社团为了生存竞争和维护文化传统的独特性而建立伊斯兰组织的原因。此外从董事会负责人及其职能部门、清真寺寺产、宗教活动、教育等方面的状况可以看出这是上海穆斯林社团为适应上海社会的飞速发展而做出的改革努力，因此上海成立董事会事件在中国伊斯兰教界中具有重要意义。[①] 该文献是研究清末民初上海地区伊斯兰教状况和清真寺内外关系的重要资料。

王森的《西藏佛教发展史略》（被引 20 次）根据藏汉及外文资料系统阐述了藏传佛教发展演变史，为填补空白之作。该书详细阐述了藏传佛教各派系起源、发展的过程，充分揭示了宗教对于社会政治、经济结构、人们生活的重大影响。

李兴华编撰的《中国伊斯兰教史参考资料选编》（被引 17 次）收入了 1911—1949 年全国各地中文报刊所载有关伊斯兰教的论文、调查、散记、报道、译文等 197 篇，分为史略概述、寺院古迹、人物掌故、教派门宦、文化教育、经著学说、各地概况、其他等 8 类。

（7）文集类著作

文集往往集中包含了一个学者一生中的绝大多数重要论文、书籍，因此一些有影响的民族学研究者的文集通常是青年学者进行研究时的必读文献。共有 8 种图书入选此类图书：《鲁迅全集》、《雷沛鸿文集》、《费孝通文集》、《蔡元培全集》、《白寿彝民族宗教论集》、《潘光旦民族研究文集》、《瞿秋白文集》和《罗家伦先生文存》。下面介绍影响较大的 3 种民族研究文集。

---

① 王建平："清末上海穆斯林社团成立董事会事件初探"，《华东师范大学学报（哲学社会科学版）》2006 年第 6 期。

《费孝通文集》（被引 64 次）收录了我国著名的人类学家、社会学家费孝通教授从 1924 年到 1999 年间的各类文章共 450 多万字，除了大量社会学、人类学的重要著作外，还有作者早年所写的政论时评和近几十年来的散文随笔。从这些文集中可以看到，作为一名现代中国知识分子对所在社会的细致入微的观察研究和严肃思考，极具收藏价值。该书同时也是民族学研究者在研究费孝通教授的民族学理论时的主要参考资料。

《白寿彝民族宗教论集》（被引 18 次）是白寿彝先生 60 余年来所写的关于民族和宗教的论述的选集，内容广泛，思想弘搏，在史学界和整个社会都产生了极其重要的影响。书中论述了民族史与中国史的关系，中国历史上民族关系和疆域，民族关系的主流问题等。白先生用马克思主义唯物史观的理论和方法为中国学术研究指明了如何看待民族关系趋势的本质和方向，告诉我们如果运用唯物史观去分析和研究中国民族关系的发展及其规律问题。

《潘光旦民族研究文集》（被引 17 次）收录了我国著名优生学家、社会学家、民族学家和教育学家潘光旦先生有关民族研究的主要著作，包括论著、译作、论文、书评、诗词、日记等。该书着重分析了中国、美国与犹太等民族的特性，指出民族生理与心理健康和人口控制与改进的重要。该书不仅便于国内外读者了解和研究潘光旦先生的学术思想和学术成果，也有助于广大学者研究中国民族学发展的历史状况。

（8）其他著作

我们把不宜归入以上 7 类的图书放入此类，共 12 种图书：《中华民族凝聚力形成与发展》、《民族教育学通论》、《现代背景下的族群建构》、《敦煌社会经济文献真迹释录》、《中国民族学史》、《华夏边缘：历史记忆与族群认同》、《吐蕃金石录》、《民族主义》、《春秋左传注》、《民族与社会发展》、《民族与国家：民族关系与民族政策的国际比较》和《民族过程与国家》。这些图书有的涵盖主题众多，如《华夏边缘：历史记忆与族群认同》、《民族与社会发展》、《现代背景下的族群建构》、《民族与国家：民族关系与民族政策的国际比较》、《中华民族凝聚力形成与发展》等。本章主要介绍被引较多的 7 种图书。

王建民的《中国民族学史》（被引 48 次）主要研究 20 世纪以来中国民族学的历史演变。研究民族学在中国的发展史对中国民族学的发展有重要意义，认真总结中国民族学发展历程中的经验和教训，是学科发展的基本要求，亦是中国民族学家的责任。该书的出版对民族学研究者具有极高的指导意义。

马戎的《民族与社会发展》（被引 28 次）的主要内容包括对民族的研究、对民族关系的社会学研究、中华民族的凝聚力和意识的产生、中国各民族的交流以及中国少数民族的教育、婚姻等。

纳日碧力戈的《现代背景下的族群建构》（被引 26 次）在辨析族群、种族和民族的源流的同时，介绍了国外族群理论，对族群作新的观察和分析；在讨论中国族群观念的时候，分析了民族识别和民族区域自治的背景，强调了种族、族群和民族的互相渗透。此外该书还深入分析了语言和族群文化、民族与国家、多元一体与民族主义以及社会经济发展中的中国族群生活方式的变迁，展望了族群理论的一些新视角和发展趋向。

《华夏边缘：历史记忆与族群认同》（被引 26 次）运用"边缘研究"方法，对"华夏边缘"作了新的解读。作者认为，所谓"边缘研究"就是"将研究的重点由民族的内涵转移至民族的边缘"。并由此通过对"华夏生态边界的形成"、"华夏族群边缘的形成与扩张"、"华夏族群边缘的维持与变迁"等的论述，用以揭示在特定的资源竞争与分配环境中，华夏边缘如何形成与变迁，华夏如何借历史记忆与失忆来凝聚、扩张以及华夏边缘人群如何借历史记忆与失忆来成为华夏或成为非华夏。

哈经雄的《民族教育学通论》（被引 20 次）充分吸收了国内外有关领域的最新研究成果和方法，并对我国的民族教育进行了大量的田野调查而形成的。该书从宏观与微观领域出发进行探索，在理论框架与研究方法上都较以前有了很大突破。该书的出版对民族教育学学科的进一步理论化、学术化起到积极的推动作用。

《民族过程与国家》（被引 17 次）以马克思主义民族学理论为指导，吸纳了以往民族研究的长处，从民族生长发育的动态上和宏观总体上把握了民族形成过程与国家形成、演进的关系，从而为创立和完善我国的民族理论体系，提出了一种完整的见解。该书对近代以来民族运动的分析，颇为深刻。

《中华民族凝聚力形成与发展》（被引 17 次）主要是从历史的角度探讨中华民族凝聚力形成的诸种因素及其发展的内在规律，不仅具有重大的学术价值，而且具有积极的现实意义。全书共分 8 章：中华各族的居住环境与多源多流；各民族的经济交流，相互促进，彼此依存；各民族文化上的相互交融；各民族迁徙杂居，相互融合；历代民族政策日臻完善；主体民族的历史作用；大一统思想和中华整体观念的形成；各族人民在反帝斗争中形成血肉相连的关系。

本次遴选出的 65 种国内学术著作涉及 46 位学者和 4 个团体著者。50 位学者中我国社会学和人类学的奠基人费孝通先生共有 6 种图书入选，马戎教授、王铭铭教授、乌丙安教授分别有共有 4 种、3 种、2 种图书入选。此外 41 位作者有 1 种入选。4 个团体著者分别是：广西壮族自治区编辑组、中共中央统战部、上海清真寺董事会和国家民族事务委员会。

7.7 结语

综合以上统计分析，可以清晰地说明图书是我国民族学研究与发展的主要学术资源。为了分析图书对我国民族学研究的学术影响力状况，我们将被民族学论文引用的图书文献分成"领袖著作"、"历史文献"、"工具书"、"国外学术著作"和"国内学术著作"5个大类。由于"历史文献"、"国外学术著作"和"国内学术著作"入选图书较多，不利于讨论的条理化，我们又进一步梳理、细分。需要说明的是：这种类别的划分必然涉及分类的标准性问题，我们在分类的过程中发现，少量图书存在多类别属性的状况，譬如民族学文集往往都同时兼有民族史研究、民俗研究、民族宗教研究的属性等。然而想要清晰地从各个角度把握不同类别性质的图书对我国民族学研究的学术影响，这样的分类也是必须的。

在被民族学论文引用15次及以上或年均被引3次及以上的189种图书中共涉及152位作者，其中142位为个人作者，10位为团体作者。需要说明的是：如果1种外文原著由不同学者翻译，那么我们在进行作者统计时，就将其作为1种书归并到原作者名下。例如克利福德·格尔茨所著的《文化的解释》共有3种版本入选，但我们统计作者时，只算作克利福德·格尔茨的1种著作。在这些作者中有2种及以上的图书入选的作者共18位，其中国内个人作者10位，国外作者7位，国内团体作者1位，详见表7-9。

表7-9　　　　　　　　　民族学学科入选两种及以上图书作者

序号	作　者	入选图书种数
1	费孝通	6
2	马戎	4
3	马克思	3
4	脱脱	3
5	王铭铭	3
6	江泽民	2
7	列宁	2
8	毛泽东	2
9	斯大林	2
10	孙中山	2
11	李昉	2
12	欧阳修	2
13	爱弥尔·涂尔干	2
14	克利福德·格尔茨	2
15	马歇尔·萨林斯	2
16	布罗尼斯拉夫·马林诺夫斯基	2
17	乌丙安	2
18	广西壮族自治区编辑组	2

在入选的189种图书中共涉及61家出版社，其中入选4种及以上图书的出版社

有11家，详见表7-10。

表7-10　　　　　　民族学学科入选图书较多的出版社

序号	出版社	入选图书种数
1	中华书局	51
2	人民出版社	15
3	民族出版社	10
4	上海人民出版社	9
5	商务印书馆	7
6	中国社会科学出版社	7
7	生活·读书·新知三联书店	5
8	中央编译出版社	5
9	中央民族大学出版社	5
10	北京大学出版社	4
11	上海古籍出版社	4

综上分析我们可以清晰地看出，图书对民族学学科的影响有以下显著特点：

第一，图书作为一种学术资源，对民族学研究的影响很大。2000—2007年CSSCI中的民族学论文引用图书（包括"汇编文献"）被引总次数高达66171次，占民族学论文引用文献总次数的71.89%，其余类型的引用文献之和为25879次，仅占所有引用文献的28.11%。

第二，历史文献对国内民族学领域的影响最大，不论是被引种数还是被引次数，都保持较高的水平。本章选出的189种图书中共有64种为历史文献，占到所选图书的33.86%，但其被引用次数占全部入选图书被引次数的57.36%，雄居榜首。

第8章 中国文学

随着我国人文社会科学事业发展，学术成果越来越多，学术资源越来越丰富，从大量的学术资源中获取对学术研究有针对性、高质量、高水平的成果已成为学者面临的非常棘手的问题。在中国文学研究领域，图书的学术影响尤为重要，根据CSSCI的统计数据（参见表8-1），2000—2007年间中国文学论文引用文献中，图书（包括汇编文献，下同）被引占有比例接近80%。由此可见，图书是中国文学研究领域最重要的学术资源。近年来，我国每年出版的文学类新书逾万种[①]，学者如何从如此众多的书籍中选择自己研究所需的最权威著作，确实存在很大难度。本章正是根据引文分析遴选了一批在中国文学领域最有学术影响的图书，以飨读者，并促进中国文学研究的发展。

在CSSCI浩瀚数据中，中国文学论文引用图书的数据可以用来考察图书的学术价值和学术影响。如果很多学者在研究中都引用某一本书，说明这本书对这些学者的研究产生了学术影响。因此，一本书被引越多，表示学者对该书的关注度越高，产生的学术影响力也越大。由于图书的被引数量与其出版时间的长短有一定关系，越早出版的图书被引数也就可能越高，而近期出版的图书，则由于被引用年限较短，可能被引数量不会很高。为使选出图书更具科学性，少受出版时间的影响，我们拟定了中国文学入选图书标准：(1) 2000—2007年间CSSCI中被中国文学论文引用50次及以上的图书；(2) 以图书的出版年算起，年均被引5次及以上者。为了科学地考察不同类型的图书对中国文学的影响状况，我们把遴选的图书分成领袖著作、历史文献、工具书、国外学术著作、国内学术著作等5类，尝试从不同角度分析各类别图书对中国文学研究领域的学术影响。

由于作者在引用图书的标注过程产生差异，并且CSSCI分年度组成引文索引，可能造成数据的谬误和不一致的现象，必须进行细致的校对处理才能使数据具有可信度。针对这一情况我们进行了技术上的处理。其一，补全书名以及出版信息。有些作者在引用图书时，引用信息不完整，如只有主标题名，没有副标题名，或者缺少部分图书信息。我们在查阅国家图书馆以及CALIS相关图书信息后，补全书名以及

---

① 中国新闻出版信息网．[2009-11-9] http://www.cppinfo.com/sjfw/tjbg/.

其他出版信息，并统一书名格式。其二，规范了作者信息。CSSCI 中中国文学图书引用图书包括许多古籍，这些古籍由于年代久远，产生了许多校注本。我们将著者、校对者以及注者等信息统一规范处理，包括对外文图书中的作者、译者等信息等。其三，对于分册或者分卷出版的著作合集以及汇编文献，我们对这些数据进行了合并处理，如《马克思恩格斯选集》、《毛泽东选集》、《鲁迅全集》等，这些图书学者引用有些给出了分卷号，但大部分引用没有给出具体分卷信息。为了体现领袖人物以及文学大师对学科的影响，我们将这些分卷予以合并。其四，对于同一作者相同出版社出版的不同年代的同一本书，为体现该书在学科内的学术影响，我们将其不同年代版本的被引数据进行合并。

本章主要讨论中国文学领域内产生较大学术影响的图书，由于中国文学与中国历史、中国哲学等学科有着密切关系，因此入选图书并非都是本学科图书，还包括对中国文学产生较大学术影响的其他学科的图书。

8.1 概述

从学科论文引用文献类型的数量统计分析，可以发现该学科学术资源配置，了解该学科主要和重要学术成果的形式，甚至可以反映学科的发展速度和学科成熟度[①]。CSSCI 设定的引用文献类型有：期刊论文、图书、汇编文献、报纸文章、会议论文、报告、法规文献、学位论文、信函、网络资源及其他。表 8-1 列出了 2000—2007 年 CSSCI 中中国文学论文引用各类文献的数量。本章对中国文学学科产生学术影响的图书的讨论主要取自于这 8 年的 147882 次的图书被引数据以及 68826 次的汇编文献被引数据。

表 8-1　　　2000—2007 年 CSSCI 中中国文学论文引用文献类型统计　　（单位：篇次）

类型\年份	期刊论文	图书	汇编文献	报纸文章	会议论文	报告	法规文献	学位论文	信函	网络资源	其他
2000	3553	14719	3417	488	47	4	1	11	35	10	322
2001	3757	14215	2467	613	56	6	1	66	32	4	243
2002	3843	15249	3467	510	53	3	0	14	16	67	148
2003	3969	14800	6171	673	48	6	1	23	3	53	173
2004	5890	19291	7713	959	78	6	1	33	3	164	475

---

① 苏新宁、邹志仁："从 CSSCI 看我国人文社会科学研究"，《江苏社会科学》2008 年第 2 期。

续表

类型\年份	期刊论文	图书	汇编文献	报纸文章	会议论文	报告	法规文献	学位论文	信函	网络资源	其他
2005	6986	18893	12809	1065	118	13	0	38	14	193	920
2006	8648	24191	16062	1393	129	7	0	68	6	258	523
2007	9468	26524	16720	1477	129	7	2	106	10	372	487
合计	46114	147882	68826	7178	658	52	6	359	119	1121	3291

根据表8-1中的数据显示，2000—2007年间中国文学学科论文引用图书的数量远高于其他类型文献被引，在所有类型文献被引中所占比例达78.63%，这个比例在人文社科各学科中位居前列（参见本书第1章）。考察这8年间图书被引数据数量变化，我们发现，除2001年图书被引量略微下降外，其他年份均呈上升趋势，2007年图书被引数已是2000年图书被引数的2倍多。但我们也应该看到，2000—2007年间中国文学论文引用的图书所占比例则在波动中微降，从2000年的80.22%下降到2007年的78.20%，比例最高的年份是2003年（80.91%），最低为2005年（77.23%）。以上数据表明，作为传统的文史哲学科，中国文学学科发展较为成熟，学者开展学术研究多以学科内的经典著作为研究基础，文学作品是中国文学研究的核心。

表8-2　　　　2000—2007年CSSCI中中国文学论文引用文献语种统计　　　（单位：篇次）

语种\年份	中文	英文	日文	俄文	德文	法文	其他语种	译文
2000	19556	349	187	40	26	41	118	2290
2001	18278	566	80	29	62	14	138	2293
2002	20168	565	132	15	6	13	137	2334
2003	22358	629	131	8	19	43	91	2641
2004	30180	832	98	4	31	45	41	3382
2005	35088	1286	165	21	31	30	164	4264
2006	43844	1429	377	42	83	64	103	5343
2007	47780	1343	135	11	37	42	292	5662
合计	237252	6999	1305	170	295	292	1084	28209

根据表8-2数据显示，2000—2007年间中国文学引用文献语种以中文为主，中文文献所占比例高达86.08%。考察这8年间中国文学引用中文文献数量变化情况可

以发现，除 2001 年略有下降以外，其他年份中文文献的被引数量均有较大幅度增长。但中文文献被引数量所占比例变化不大，基本维持在 86% 左右。同时，在所有外语（含译文）被引文献中，译文所占比例最大，8 年间所占比例均超过 70%。以上数据表明，中国文学文献来源主要是中文，学者参考外国文献时也多以译文为主。这些数据向我们显示了这样一些信息：（1）中国文学的研究对象是中国的文学，研究对象所活跃的区域也是在中国，其研究成果的主要形式更是以中文出现，必然造成中国文学论文的引用文献以中文为主的现象。（2）中国文学研究本身的区域封闭性。从文化背景来讲，中国文学具有自己独特的文学观念体系，这种体系深受传统儒道思想影响，有着整套与西方不同的范畴。即使五四以后，中国文学中儒家思想的主导地位被现代民主主义与社会主义思潮所取代，形成了新的民族文学，但这一时期的主要成果形式依然是中文。（3）中国文学的研究者主要在中国，西方学者对中国文学的关注较少，因而由西方学者撰写的关于中国文学的作品也就相对较少[①]。

我们根据拟定的中国文学图书选择标准（总被引 50 次及以上或年均被引 5 次及以上）选出了 283 种图书，这些入选图书总共被引 34816 次，占据中国文学论文引用的图书总次数的 16.07%。这些图书并非全部为中国文学著作，但均被中国文学论文大量引用，说明这些图书都对中国文学研究领域产生了重要影响。我们从领袖著作、历史文献、工具书、国外学术著作、国内学术著作 5 个类别分析图书对中国文学产生的影响。各类别入选图书数量、被引次数、所占比例以及平均被引参见表 8-3。

表 8-3　　　　入选中国文学论文引用图书的类别统计

内容类别 \ 图书类别	领袖著作	历史文献	工具书	国外学术著作	国内学术著作
入选图书种数	6	97	2	50	128
入选图书被引次数	1637	12506	111	3470	17092
入选图书被引次数所占比例	4.70%	35.92%	0.32%	9.97%	49.09%
入选图书的平均被引次数	272.83	128.93	55.50	69.40	133.53

分析表 8-3 我们发现：入选最多的是国内学术著作，占入选图书数量的 45.23%，其被引次数所占比例达 49.09%，入选图书的平均被引高达 133.53 次，位居第二。历史文献在所有入选图书中仅次于国内学术著作，入选数量占总入选数的 34.28%，其平均被引数接近国内学术著作位居第三。这表明中国文学作为传统学科对古代文献的倚重，同时也体现了中国文学对历史的传承。国外学术著作入选 50 种

---

① 白宾（Ben Blanchard）："90 年过去了，中国文学始终未能走向世界"，《中华读书报》2009 年 4 月 29 日第 4 版。

而位居第三，入选数量超出我们的想象。入选的国外学术著作多数为哲学类或文学理论类，平均被引次数仅有69.40，说明国外学术著作整体上对中国文学的影响力相对较小。领袖著作虽然入选6种，仅占入选图书的2.12%，但其平均被引数达272.83，在5类入选图书中位居首位，远高于其他类别入选图书。分析其原因，主要是领袖人物的思想对中国文学有着很强的指导作用，马克思主义哲学和毛泽东思想对中国文学产生了巨大的影响。工具书在所有入选图书中所占比例最小，仅入选2种，对本学科影响较小。

8.2 领袖著作对中国文学研究的影响

随着近现代中国社会的变迁，中国文学也在不断汲取新思想过程中反映中国社会各历史时期的时代特色。马克思主义、毛泽东思想取代了儒家思想成为中国文学新的指导思想，随着时代的进步与社会发展，中国文学研究领域在马克思主义、毛泽东思想指导下更加繁荣，呈现出百花齐放的局面。根据中国文学图书入选标准，我们选出了6种被中国文学论文引用较多的领袖著作，分别是《马克思恩格斯选集》、《马克思恩格斯全集》、《毛泽东选集》、《1844年经济学哲学手稿》、《独秀文存》、《邓小平文选》，详细图书出版信息参见表8-4[①]。其中，《毛泽东选集》、《独秀文存》、《邓小平文选》是马克思主义与中国国情相结合的理论著作，既是马克思主义中国化的集中体现，同时又是对中国文学研究领域产生巨大影响的领袖著作。

表8-4　　　　　　　　中国文学论文引用较多的领袖人物著作

序号	图书信息
1	马克思等：《马克思恩格斯选集》，北京：人民出版社
2	马克思等：《马克思恩格斯全集》，北京：人民出版社
3	毛泽东：《毛泽东选集》，北京：人民出版社
4	马克思著，刘丕坤译：《1844年经济学哲学手稿》，北京：人民出版社，1979*
5	陈独秀：《独秀文存》，合肥：安徽人民出版社，1987
6	邓小平：《邓小平文选》，北京：人民出版社

注：标有"*"号的图书有多个版本，这里给出的是被引最多的版本。

由于中国革命实践的发展和需要，马克思主义文学理论逐步成为主流的文学理论，马克思主义创始人对文学的理解是从不同侧面、不同层次、采用多学科的观点

---

① 对于发行量较大、印刷次数较多的领袖著作，我们忽略其出版年代，特此说明。

而做出的。因此《马克思恩格斯全集》、《马克思恩格斯选集》对中国文学各领域研究都产生了重要的影响。其中作为收录马克思恩格斯主要著作集的《马克思恩格斯选集》更为精练，因此在学者开展研究时也更受关注，其被引次数远超《马克思恩格斯全集》。根据 CSSCI 中国文学图书被引数据统计显示，2000—2007 年间《马克思恩格斯选集》被引 744 次，《马克思恩格斯全集》被引 381 次。此外，同样入选的马克思著作还有《1844 年经济学哲学手稿》（被引 82 次），这部著作是马克思于 1844 年初步探索政治经济学时写下的一部手稿，它是马克思著作中最难懂的文本之一。在这部著作中，马克思的思想元素开始汇集、融合，日益成长为一些新思想，并得到了尽管还不完备，但却是较为系统的创造性发挥。因此，它有很大的思想含量和解释空间，其学术价值也备受我国学者关注，成为我国文学研究者重要的思想源泉。

《毛泽东选集》（被引 288 次）包括了毛泽东同志在中国革命各个时期的重要著作，其中也包括了他对我国社会主义文学理论的重要表述，其文学反映论成为新中国成立之后最重要的文学理论观点。提倡革命现实主义和革命浪漫主义相结合的艺术方法，是毛泽东同志对马克思主义文艺理论的又一重大贡献，这就给社会主义文学艺术开辟了一个广阔自由的天地[1]。《毛泽东选集》对我国文学研究者产生了巨大的影响，在涉及文学艺术指导思想等方面被引较多，是学者开展学术研究的重要理论源泉。

《独秀文存》（被引 80 次）收录了陈独秀 1915—1921 年期间发表的文章，分为论文、随感录、通信三部分。陈独秀是五四新文化运动的倡导者之一，同时也是中国共产党的创始人和早期的主要领导人之一。他将人权说、进化论和社会主义视做近代世界文明成果的集中体现，认为中国社会的进步应该以这些文明成果为基础和方向，这是《独秀文存》的理论基础[2]。陈独秀主张将文学改良着眼于社会政治，把文学革命视为政治革命的先声和基础[3]。《独秀文存》对于学者研究五四新文学以及中国文学由传统向现代转变等方面，具有重要的学术价值。

《邓小平文选》（被引 62 次）展现了建设有中国特色社会主义理论体系逐步形成的历史全貌，集中体现了当代中国马克思主义的精华。对于中国文学，邓小平同志结合改革开放和现代化建设的实际，提出了许多新的指导原则。邓小平文艺思想是我国当代社会主义文艺思想日趋成熟、日臻完善的重要标志，也是在新的历史条件下及世纪转换关头规范和引导我国社会主义文艺事业繁荣和发展的根本理论原则和

---

[1] 周扬：《我国社会主义文学艺术的道路：一九六〇年七月二十二日在中国文学艺术工作者第三次代表大会上的报告》，人民文学出版社 1960 年版。

[2] 马雅丽："进化、人格和社会主义——读《独秀文存》有感"，《合肥工业大学学报》（社会科学版）2003 年第 5 期。

[3] 姜玉琴："新文学发生期的理论分歧与选择——试论陈独秀、胡适对中国新文学的影响"，《华中师范大学学报》（人文社会科学版）2004 年第 6 期。

基本指导思想①。《邓小平文选》对于发展有中国特色社会主义研究以及新时期文学指导思想等方面的研究具有重要的学术价值。

8.3　历史文献对中国文学研究的影响

中国文学主要由两个部分组成：中国古代文学、中国近现代文学。中国古代文学的研究对象主要是中国古代文学作品、古代文学家、中国古代文学的形成与发展等。中国文学研究必须参考大量的历史文献，这是大量历史文献入选的主要原因。本次中国文学入选的历史文献96种，仅次于国内学术著作，占所有入选图书数的34.28%。表8-5列出了2000—2007年间中国文学论文引用较多的历史文献。

表8-5　　　　　　　　　中国文学论文引用较多的历史文献

序号	图书信息
1	《史记》，北京：中华书局，1959
2	《论语译注》，北京：中华书局，1980*
3	《文心雕龙注》，北京：人民文学出版社，1958
4	《汉书》，北京：中华书局，1962
5	《旧唐书》，北京：中华书局，1975
6	《全唐诗》，北京：中华书局，1960②
7	《四库全书总目》，北京：中华书局，1965③
8	《晋书》，北京：中华书局，1974
9	《十三经注疏》，北京：中华书局，1980*
10	《历代诗话》，北京：中华书局，1981
11	《新唐书》，北京：中华书局，1975
12	《全唐文》，北京：中华书局，1983
13	《宋史》，北京：中华书局，1977*
14	《庄子》，上海：上海古籍出版社，1989
15	《后汉书》，北京：中华书局，1965
16	《红楼梦》，北京：人民文学出版社，1982

---

①　"学习邓小平文艺思想　繁荣社会主义文艺创作——全国毛泽东文艺思想研究会九五年会综述"，《南方文坛》1995年第6期。

②　（清）曹寅、彭定求等奉旨编撰，中华书局编辑部点校。

③　《四库全书总目》又名《四库全书总目提要》。

续表

序号	图书信息
17	《朱子语类》，北京：中华书局，1986
18	《苏轼文集》，北京：中华书局，1986
19	《孟子译注》，北京：中华书局，1960*
20	《三国志》，北京：中华书局，1959*
21	严羽著，郭绍虞校释：《沧浪诗话校释》，北京：人民文学出版社，1961*
22	《明史》，北京：中华书局，1974
23	《诗薮》，上海：上海古籍出版社，1979
24	苏轼著，王文诰辑注，孔凡礼点校：《苏轼诗集》，北京：中华书局，1982
25	《焚书》，北京：中华书局，1975
26	《隋书》，北京：中华书局，1973
27	《苕溪渔隐丛话》，北京：人民文学出版社，1962
28	《资治通鉴》，北京：中华书局，1956*
29	《宋书》，北京：中华书局，1974
30	［日］高楠顺次郎编：《大正新修大藏经》，台北：新文丰出版公司，1983
31	《艺概》，上海：上海古籍出版社，1978
32	杜甫撰，仇兆鳌详注：《杜诗详注》，北京：中华书局，1979
33	严可均校辑：《全上古三代秦汉三国六朝文》，北京：中华书局，1958*
34	永瑢、纪昀等撰：《四库全书》，上海：上海古籍出版社，1987
35	《左传》，长沙：岳麓书社，1988
36	《太平广记》，北京：中华书局，1961
37	《文选》，北京：中华书局，1977
38	《随园诗话》，北京：人民文学出版社，1982
39	《诗源辩体》，北京：人民文学出版社，1987
40	《白居易集》，北京：中华书局，1979
41	《清诗话》，上海：上海古籍出版社，1978
42	《文心雕龙注释》，北京：人民文学出版社，1981
43	《庄子集释》，北京：中华书局，1961
44	《元史》，北京：中华书局，1976
45	《袁宏道集笺校》，上海：上海古籍出版社，1981
46	《列朝诗集小传》，上海：上海古籍出版社，1983
47	《乐府诗集》，北京：中华书局，1979

续表

序号	图书信息
48	《袁枚全集》，南京：江苏古籍出版社，1993①
49	《南史》，北京：中华书局，1975
50	《太平御览》，北京：中华书局，1960
51	《老子》，上海：上海古籍出版社，1989
52	《梁书》，北京：中华书局，1973
53	《南齐书》，北京：中华书局，1972
54	《五灯会元》，北京：中华书局，1984
55	《徐渭集》，北京：中华书局，1983
56	《柳宗元集》，北京：中华书局，1979
57	《诗集传》，上海：上海古籍出版社，1980
58	《道藏》，北京：文物出版社，1988②
59	《楚辞补注》，北京：中华书局，1983
60	《礼记》，北京：中华书局，1984
61	《昭昧詹言》，北京：人民文学出版社，1961
62	方回选评，李庆甲集评校点：《瀛奎律髓汇评》，上海：上海古籍出版社，1986
63	《庄子今注今译》，北京：中华书局，1983
64	《文心雕龙》，北京：中华书局，1985
65	《陶渊明集》，北京：中华书局，1979
66	《春秋左传注》，北京：中华书局，1981
67	《唐音癸签》，上海：上海古籍出版社，1981
68	《全唐诗》，上海：上海古籍出版社，1986
69	《金史》，北京：中华书局，1975
70	《船山全书》，长沙：岳麓书社，1996
71	《清史稿》，北京：中华书局，1977
72	《宋会要辑稿》，北京：中华书局，1957
73	《国语》，上海：上海古籍出版社，1978

---

① 《袁枚全集》包括《小仓山房诗集》、《小仓山房文集》、《小仓山房尺牍》等袁枚自著、编著的著作及伪托袁枚的部分著作共21部。

② 目前所见《道藏》，由文物出版社（北京）、上海书店、天津古籍出版社三家联合，于1988年影印出版，为明代《正统道藏》、《万历续道藏》之合集，共收入各类道家经典著作1476种，5485卷。

续表

序号	图书信息
74	《诚斋集》，上海：上海书店，1989
75	《蕙风词话》，北京：人民文学出版社，1960
76	《带经堂诗话》，北京：人民文学出版社，1963
77	《白雨斋词话》，北京：人民文学出版社，1959
78	《直斋书录解题》，上海：上海古籍出版社，1987
79	《后村先生大全集》，上海：上海书店，1989
80	《韩昌黎文集校注》，上海：上海古籍出版社，1986
81	《古诗评选》，北京：文化艺术出版社，1997
82	《豫章黄先生文集》，北京：商务印书馆，1936
83	《诗品》，上海：上海古籍出版社，1994
84	《文选》，上海：上海古籍出版社，1986
85	《水浒传会评本》，北京：北京大学出版社，1981
86	《李贽文集》，北京：社会科学文献出版社，2000
87	《李渔全集》，杭州：浙江古籍出版社，1992
88	《王阳明全集》，上海：上海古籍出版社，1992
89	《四书章句集注》，北京：中华书局，1983
90	释慧皎撰，汤用彤校注：《高僧传》，北京：中华书局，1992
91	《欧阳修全集》，北京：中华书局，2001
92	黄遵宪撰，吴振清等编校整理：《黄遵宪集》，天津：天津人民出版社，2003
93	《诗经》，北京：中华书局，1980
94	《艺文类聚》，上海：上海古籍出版社，1982
95	《少室山房笔丛》，上海：上海书店出版社，2001
96	《阆风集》，北京：商务印书馆，2005
97	《上海博物馆藏战国楚竹书》，上海：上海古籍出版社，2001

注：标有 * 号的图书有多个版本，这里给出的是被引最多的版本。

分析表 8-5，可以看出入选的历史文献不仅包括中国古代文学著作，还包括史书、儒家著作、诸子百家著作等相关古籍。为了能够详细讨论历史文献对中国文学研究的不同影响，我们参照传统古籍分类法，将中国文学入选图书分为 5 类：经部著作（9 种）、史部著作（20 种）、子部著作（18 种）、集部著作（45 种）、丛书类著作（5 种）。其中丛书收录著作为一个总书名下汇集多种单独著作，这一点有别于其他历史文献，因此在传统的经史子集分类外新增丛书类图书。另外需要说明的是，对于传统的经子古籍，今注版本也受到学者较多关注，许多学者在引用文献时选用的版本就是今译版，如《论语译注》、《孟子译注》等。因此，我们在进行入选图书分类时，将这类古籍的今译图书归入历史文献。

(1) 经部著作

入选的历史文献中经部著作有9种，主要收录儒家经典著作以及对这些著作进行解释的释著。儒家思想是中国古典文化的核心，历代封建统治者都非常注重对文人的儒家教育，这种教育对中国古代文学创作产生了深远的影响。古代文人经常通过文学的方式来抒发自己报效国家、忧国忧民的爱国情怀，而这些正是儒家思想的精髓所在。同时，我们也注意到这些经部著作本身也是优秀的文学作品，对于研究我国先秦文学有着重要的学术价值。

《论语译注》（被引503次）是历史文献中被引最多的经部著作，这本著作是目前较为流行的《论语》读本之一。《论语》是儒家学派的经典著作之一，它以语录体和对话文体为主，记录了孔子及其弟子言行，集中体现了孔子的政治主张、伦理思想、道德观念及教育原则等。孔子思想完全渗透到中国古代封建社会的政治、教育、文化等领域，并成为中国古代文人思想的典范，学者在研究中国古代文学作品中儒家思想时经常参考《论语》。同时，《论语》首创语录体，其语言简约含蓄，也是学者研究我国儒家文学时经常引用的学术资料之一。

《十三经注疏》（被引271次）作为"十三经"①各注释版本中最完备的一个版本，是研究我国古代文化的重要资料。其中"注"、"疏"是后来历代学者对经籍中文字正假、语词意义、音读正讹、语法修辞以及名物、典制、史实等方面的注解。这些注解反映了儒家著作长期以来对我国古代文化思想、社会观念的影响，在学者研究古代文学中的儒家思想时也经常被参考引用。

《孟子译注》（被引194次）是《孟子》各读本中影响力较大的一个今译版本。《孟子》是继《论语》后最重要的儒家经典，主要记述了孟子主张仁政、反对武力的政治思想以及民本主义思想。孟子的思想对后来的中国文人产生了巨大影响，其"仁政"、"民本"的理念也渗透到后来的古典文学作品中。此外，孟子的文章语言生动、说理畅达，气势充沛并长于论辩，这也对后来的中国文学发展产生了重要的影响。

《左传》（被引128次）原名《左氏春秋传》，又称《春秋左氏传》或《左氏春秋》，是我国现存最早的编年体史书。《左传》以《春秋》为本，通过记述春秋时期的史实来说明《春秋》，具有强烈的儒家思想倾向，因此也被儒家归为经典。在文学方面，《左传》继承了《春秋》的编年体方式，并保留了当时的部分应用文，其叙事

---

① "十三经"包括《易》、《诗》、《书》、《周礼》、《礼记》、《仪礼》、《公羊传》、《穀梁传》、《左传》、《孝经》、《论语》、《尔雅》、《孟子》等十三部儒家经典。

工整、文采丰富，代表了先秦史学与文学的最高成就，是学者研究先秦文学的重要资料。《春秋左传注》（被引65次）是当前《左传》译注版本中影响力较大的版本，作为研究《左传》的重要参考也受到学者较多关注。

《诗集传》（被引72次）是宋代朱熹所著，代表了宋代《诗经》研究的最高成就，也是此后的权威读本。《诗经》开创了我国现实主义诗歌的优秀传统，具有重要的文学艺术价值，对中国文学产生了深远的影响，是研究中国诗歌的重要学术资源。同时，朱熹在阐述《诗经》时采用了多种手法，这些阐释手法随着西方阐释学在中国的传播也成为研究热点，学者在对比东西方阐释学时经常引用《诗集传》。

《礼记》（被引69次）是儒家重要的典章制度书籍，主要收录了秦汉时期儒家学者解释说明经书《仪礼》的一些文章，以记述和解释先秦的礼仪为主，包括孔子及其弟子关于修身做人准则的对答。其内容广博，几乎涉及先秦社会的各个方面，集中体现了先秦儒家的政治主张、哲学思想以及伦理道德观念。《礼记》全书的写作方式是记叙为主，其中一些篇章具有较高的文学价值，书中的一些格言警句也经常被学者引用。

《四书章句集注》（被引52次）是朱熹最著名的理学著作之一，对我国后期封建社会思想产生了深远影响。由于这本著作的刊行，《大学》、《中庸》、《论语》、《孟子》才开始被合成"四经"，理学也因此成为官方哲学，被历代封建统治者所追捧。《四书章句集注》一度成为科举考试的教材和标准答案，深刻地影响了南宋以后文人的思想。对于研究我国封建社会后期文学家思想、文学与哲学等方面，《四书章句集注》都具有十分重要的参考价值，在这些研究中经常被学者引用。

《诗经》（被引51次）是我国第一部诗歌总集，收入自西周初年至春秋中叶500多年的诗歌311篇，我国古典文学学者在对《诗经》作品研究时十分重视对这部著作的参考引用。

（2）史部著作

入选历史文献的史部著作有20种，主要是各种体例的史书，其中就包括纪传体形式的二十四史。中国古代文学家中许多也是著名思想家、政治家，纪传体史书为他们的生平事迹专门立传，因此在研究这些文学家时，史书也具有非常重要的参考价值。此外这些史书中有些本身也是非常优秀的文学著作，对后世文学产生了重大影响。

《史记》（被引508次）是史部著作中被引次数最多的图书，记述了从传说中的黄帝时代到汉武帝元狩元年之间近3000年的历史。作为我国第一部纪传体史书，《史记》对后世的史学和文学都产生了深远的影响，其编撰方式为历代正史所传承。《史记》本身具有极高的文学价值，开创了我国传记文学的先河，司马迁将自己的看法通过对各传记人物生平事迹的记述表现出来，其文采历来备受我国文学家推崇，具有很高的学术价值，学者们也非常注重对《史记》的引用和参考。

第8章 中国文学

《汉书》（被引465次）是继《史记》后又一部重要的纪传体史书。与《史记》为纪传体通史不同的是，《汉书》是纪传体断代史。《汉书》主要记述了汉高祖元年至王莽地皇四年共230年间的史事，开创了断代史体例，为后代正史所承袭。《汉书》继承发展了史传文学，成为以后断代纪传史文学的典范，在中国史传文学发展过程中具有非常重要的地位。此外《汉书》编撰严谨、史料丰富，对于研究我国两汉文学也具有非常重要的学术价值。在中国文学发展史上，两汉文学是继先秦文学后的另一重要时期。作为记述东汉历史的纪传体断代史书，《后汉书》（被引223次）在学者研究两汉文学时被较多引用。

《旧唐书》（被引346次）为五代后晋时期的官修唐代史书，是我国现存最早的唐代史书。唐代文学在我国文学发展过程中占有非常重要的地位，它上承魏晋南北朝文学，下启两宋文学。其中唐代诗歌是我国古代文学重要的组成部分，是我国古代诗歌的顶峰。《旧唐书》保存了唐代的第一手历史资料，对于研究唐代文学具有重要的史料价值。但由于《旧唐书》编撰时间较短，被宋代统治者认为芜杂不精，因此命宋祁、欧阳修重修《新唐书》（被引253次）。《新唐书》收录有关唐代的史料更多，文笔优于《旧唐书》，因此此后很长一段时期内《旧唐书》都受到冷遇。但是，在中国文学论文引用这两本书的次数上《旧唐书》高于《新唐书》，这主要是由于《旧唐书》保留了有关唐代的第一手研究资料，因此在研究唐代文学时，学者较多选用《旧唐书》。

《晋书》（被引280次）是唐太宗下诏房玄龄、许敬宗等人撰修的晋代官史，记录了从司马懿到晋恭帝元熙二年（420年）之间的西晋、东晋历史。在文学史上，两晋文学被归入魏晋南北朝文学时期中，这个时期在中国文学发展史上具有非常重要的地位。与此相关的入选史部著作还有《三国志》（被引163次）、《宋书》（被引138次）、《南史》（被引91次）、《梁书》（被引84次）、《南齐书》（被引82次）。在魏晋南北朝文学时期，中国古代文学出现了许多新变化，如文学进入自觉阶段、文学作品趋于个性化，玄学与佛学对文学影响，文体由骈文、赋向更为精简灵活诗歌转变等。因此，这些史书对于研究魏晋南北朝文学具有较高的学术价值，在引用文献时也受到学者较多关注。此外，《隋书》（被引144次）中也收录了许多关于南北朝的历史资料，对于研究魏晋南北朝文学到初唐文学变革具有重要的史料价值，多被学者参考引用。

《宋史》（被引240次）是元代官修的宋代史书，其特点为史料丰富，叙事详尽。两宋时期经济繁荣，文人受到封建统治者较高礼遇，且宋代统治者尤为重视对本朝史的编撰，因此史料资源保存较多，《宋史》就是在原有宋代官史基础上编撰而成。两宋时期中国古代文学又达到另一个顶峰，涌现了大批的文学大家以及优秀的文学作品。同样入选的宋代史书还有《宋会要辑稿》（被引61次）。这部著作源自宋代官修本朝史书，这点与《宋史》不同，对宋代的历史记载更为详尽，但由于有所散失，到明朝时从《永乐大典》中的《宋会要》辑出。这两本关于宋代的史书在学者研究两宋文学时，具有非常重要的参考价值，经常被学者参考引用。此外，作为元代官修三史之一的《金史》（被引63次）也入选本次收录的对中国文学影响力较大的图书。该书是我国学者研究东北少数民族文学、金代散文的重要参考资料。

《明史》（被引160次）是清代官修的明代史书，记载了自朱元璋洪武元年（1368年）至朱由检崇祯十七年（1644年）两百多年的历史。在明代中国古代文学经历了重要的转变，正统诗文相对衰微，小说、戏曲等通俗文学昌盛。这种变化在作品数量上并没有体现出来，但作品的内涵、思想方面却有明显体现。小说这一文学体裁在明代文学中成就最高，明代戏曲在继元代戏曲后继续繁荣发展。在研究这些领域以及明代文学变迁时，学者非常重视对《明史》的参考引用。

《资治通鉴》（被引138次）是我国古代著名史学家、政治家、文学家司马光主持编撰的编年体通史巨著，其所记历史上起周威烈王二十三年（前403年），下至后周显德六年（959年），共1362年。《资治通鉴》的内容主要是政治、军事，兼及经济、文化以及历史人物评价，其目的是希望通过对历朝国家盛衰的叙述，告诫统治者。《资治通鉴》自成书以来，一直受到历代封建统治阶级、政治家、思想家以及文学家的重视，是继《史记》后影响力最大的史书著作。在中国文学研究领域内，《资治通鉴》对于学者在研究中国古代文学与政治关系等方面有着重要的参考价值，学者在论述有关朝代兴亡的有关课题时经常引用。

《元史》（被引99次）是系统记载元代兴亡过程的一部纪传体断代史，记述了从蒙古兴起直到元朝灭亡的历史。元代是中国古代文学发展的一个重要时期，元曲对于我国民族诗歌、文化繁荣有着深远影响，后人常把"元曲"与"唐诗"、"宋词"相提并论。在学者研究元曲产生的文化背景、历史形成时，《元史》具有重要的学术价值。

《国语》（被引61次）是中国最早的一部国别史著作。记录了周朝王室和鲁国、齐国、晋国、郑国、楚国、吴国、越国等诸侯国的历史。上起周穆王西征犬戎（约前947年），下至智伯被灭（前453年）。《国语》在内容上有很强的儒家倾向，反映了儒家崇礼重民等观念，同时在表现形式上以记言为主，文字组织和逻辑思维都很缜密。由于是各国史料的汇编，《国语》中各国部分记言水平不一，编者也没有进行统一润色，但都具有通俗化、口语化的表达特征，对于研究我国先秦语言文学具有重要参考价值，经常被学者引用。

《清史稿》（被引63次）是由中华民国初年特设的清史馆进行编修，以纪传为中心，记述了自1616年清太祖努尔哈赤在赫图阿拉建国称汗至1911年清朝灭亡之间共296年的历史。清代作为我国封建社会的最后一个朝代，也是古代文学史上最后一个重要的阶段，诗、词、散文、小说、戏曲都取得了重要成就。其中小说的繁荣是清代文学的主要成就，《红楼梦》作为中国古代小说的巅峰之作就出现在清代。同时，清代文学评论也在我国古典文学评论中占有非常重要的地位，文学流派众多，文学理论也有所突破。因此《清史稿》对于研究清代文学有着重要的史料价值。此外，中国古代文学在1840年前逐渐走向终结，近代文学开始兴起，该书对于研究中国文学变革也具有十分重要的学术价值，许多学者在研究近代中国文学变革时都引用了该书。

（3）子部著作

子部著作共有18种，主要收录了古代思想家著作以及宗教著作，还包括笔记小说、类书。由于子部涉及范围比较广，为了方便讨论其对中国文学学科的影响，我们将这19种图书按照主题细分如下：哲学著作、宗教著作、类书、小说、笔记。

哲学著作主要是记录诸子百家以及历代思想家言论的作品，这些作品对我国古代思想发展都产生了深远的影响，在研究文学与哲学关系等方面具有重要的学术价值。本次入选历史文献的哲学类著作有6种，分别是《庄子》（被引234次）、《朱子语类》（被引198次）、《焚书》（被引150次）、《庄子集释》（被引99次）、《老子》[①]（被引86次）、《庄子今注今译》（被引65次）。其中，《老子》所表述的道家思想对中国文化产生了深远的影响，儒家思想与道家思想是中国古典思想文化最重要的两个分支。《庄子》所述学说是对《老子》思想的继承与发展，同时这部著作本身也是非常优秀的文学作品，在哲学、文学研究领域经常被学者引用，《庄子集释》、《庄子今注今译》是中国文学研究领域受学者较多关注的《庄子》注本。《朱子语类》是朱熹与其弟子问答的语录汇编，朱熹作为我国封建社会著名的理学代表，其言论对后来的文人产生了重要影响，明清两代统治者都极其推崇理学，其哲学理念也影响了后来的文学发展，学者在研究有关理学的课题时经常引用这部著作。《焚书》是明朝晚期思想家李贽所著哲学、文学性著作，是李贽反对封建传统思想的力作，书中对占统治地位的儒学以及程朱理学进行了大胆的批判。其影响直至五四运动，五四时期进步思想家都将其作为反孔的先驱代表，对中国新文学产生了重要影响，是学者探究新文学思想来源时重要的参考文献。

宗教著作主要是对中国文学研究影响力较大的宗教类图书，包括佛道经书以及相关宗教名人传记，分别是《大正新修大藏经》[②]（被引138次）、《五灯会元》（被引77次）、《道藏》（被引71次）、《高僧传》（被引52次）。中国宗教对于中国文学发展的影响极其广泛和深刻，宗教与文学二者在发展中相互影响、相互推动。在中国古代专制政治体制下，儒、佛、道（道家和道教）形成支撑思想、文化发展的三大支柱，因而更加强化了宗教与文学的关系[③]。这些著作在研究中国文学与宗教方面有着非常重要的意义，受到学者较多关注。

类书主要通过辑录各门类或某一门类图书，按类编排，用于寻检、引证。类书对

---

① 《老子》又名《道德经》，也是道家重要典籍，这里将其作为哲学著作加以讨论。
② 《大正新修大藏经》又称《大正藏》，是历代汉译佛经集著，因此归入历史文献加以讨论。
③ 孙昌武："关于中国宗教与中国文学相互影响的研究"，《武汉大学学报（人文科学版）》2009年第3期。

于保存古代文学作品方面有着重要的作用,许多古代文学作品早已佚失,但通过相关类书,我们得以窥其原貌。中国文学入选图书历史文献中有5种类书入选,分别是《四库全书总目》(被引314次)、《太平广记》(被引128次)、《太平御览》(被引88次)、《直斋书录解题》(被引59次)、《艺文类聚》(被引50次)。这些著作在学者查询引用古籍时,经常作为参考。

小说是明清时期我国古典文学重要体裁,历史文献中入选的古代小说作品有两种,分别是《红楼梦》(被引216次)、《水浒传会评本》(被引55次)。《红楼梦》是我国古代小说的巅峰之作,长期以来有关《红楼梦》的研究一直是中国文学的研究热点。结合文学作品评论主题词分析,我们可以发现与《红楼梦》有关的"红学研究"、"红学"、"红楼梦研究"一直位于作品主题词排名的前列[①]。

《少室山房笔丛》(被引47次,2001年出版)是一部以考据为主的笔记,具有很高的文学史料价值。这部著作内容广博,既有对古代佚书的考据,也有对前人考据的驳斥,还包括对古代诗歌、小说、戏曲的考辨。因此,《少室山房笔丛》在研究中国古代小说演化、戏曲来源等方面,具有重要的参考价值,经常被学者参考引用。

(4) 集部著作

集部著作主要收录古代的诗文集、文学评论以及词曲著作,这些文学作品是我国古典文学的精髓,长期以来一直是中国文学研究的重要资料。本次入选历史文献的集部著作有45种,我们按照主题将其分为3个小类:总集(8种)、别集(19种)、文学评论(18种)。

总集是将多名古代文学家作品收录在一起的著作,这些著作对研究我国古代文学某一领域文学或某一时期文学有着重要的学术价值,多被学者参考引用。本次入选的相关作品是《全唐诗》(被引329次,中华书局出版)、《全唐文》(被引244次)、《全上古三代秦汉三国六朝文》(被引135次)、《文选》(被引126次,中华书局出版)、《乐府诗集》(被引95次)、《全唐诗》(被引63次,上海古籍出版社出版)、《文选》(被引55次,上海古籍出版社出版)、《上海博物馆藏战国楚竹书》(被引45次,2001年出版)。其中《上海博物馆藏战国楚竹书》所辑战国简牍是秦始皇焚书坑儒之前原始的战国古籍,内容涉及历史、哲学、宗教、文学、音乐、语言文字、军事等,是极为珍贵的佚书,其文献价值极高。此外这本著作还包括了国内学者对古简的释文、诸本校勘和考证,在先秦文学研究领域具有重要的参考价值。

别集是指古代某一文学家作品合集,对于研究古代文学大家思想、作品等方面有着重要的意义,一些古代文学家直到现在仍然是中国文学领域内专人研究的热点。这里入选著作有《苏轼文集》(被引194次)、《苏轼诗集》(被引154次)、《杜诗详注》(被

[①] 赵宪章、苏新宁:"基于CSSCI的中国文学研究主题词分析(2000—2004)",《当代作家评论》2006年第6期。

引 136 次)、《白居易集》(被引 109 次)、《袁宏道集笺校》(被引 96 次)、《袁枚全集》(被引 94 次)、《徐渭集》(被引 74 次)、《柳宗元集》(被引 73 次)、《陶渊明集》(被引 65 次)、《诚斋集》(被引 61 次)、《后村先生大全集》(被引 59 次)、《韩昌黎文集校注》(被引 58 次)、《豫章黄先生文集》(被引 57 次)、《李贽文集》(被引 54 次)、《李渔全集》(被引 54 次)、《王阳明全集》(被引 52 次)、《欧阳修全集》(被引 51 次)、《黄遵宪集》(被引 51 次)、《阆风集》(被引 20 次, 2005 年出版)。结合关键词分析[1], 我们发现一些古代中国著名文学家、思想家仍是中国文学研究的重要对象, 因此学者在开展相关文学家研究时, 非常重视对此类作品的参考引用。

文学评论是古代中国文学的重要组成部分, 这些著作对研究我国文学发展、文学理论、文学作品思想都有非常重要的价值, 经常被学者作为参考文献引用。本次入选历史文献的文学评论类图书如下:《文心雕龙注》(被引 495 次)、《沧浪诗话校释》(被引 161 次)、《诗薮》(被引 155 次)、《艺概》(被引 136 次)、《随园诗话》(被引 116 次)、《诗源辩体》(被引 112 次)、《文心雕龙注释》(被引 104 次)、《列朝诗集小传》(被引 95 次)、《楚辞补注》(被引 70 次)、《昭昧詹言》(被引 67 次)、《瀛奎律髓汇评》(被引 66 次)、《文心雕龙》(被引 65 次)、《唐音癸签》(被引 63 次)、《蕙风词话》(被引 60 次)、《带经堂诗话》(被引 60 次)、《白雨斋词话》(被引 60 次)、《古诗评选》(被引 58 次)、《诗品》(被引 56 次)。

(5) 丛书类著作

丛书类著作是将各种单独的著作收集起来, 冠以总名的一套书, 一般分为综合性丛书与专门性丛书两种。综合性丛书一般收录面较广, 专门性丛书只是对某一类图书进行收录。但不论是综合性丛书还是专门性丛书, 它们都对文献的收集、保存、传播起到了非常重要的作用, 是重要的学术研究资料。学者多通过中国古代丛书获取那些早以佚失的古代文学作品信息并加以引用。本次入选的丛书有《历代诗话》(被引 262 次)、《苕溪渔隐丛话》(被引 144 次)、《四库全书》(被引 133 次)、《清诗话》(被引 107 次)、《船山全书》(被引 63 次)。

8.4 工具书对中国文学研究的影响

工具书是专供查找知识信息的文献, 主要形式有字典、词典、百科全书、年鉴等。对中国文学领域而言, 一些字典、辞书等工具书对学者考察文字来源有着重要的参考价值。对于一些古代工具书, 如类书, 我们将其划为历史文献加以讨论。对于近现代工具书, 对中国文学产生重要影响的主要是一些辞书。20 世纪 80 年代以

---

[1] 赵宪章:"2005—2006 年中国文学研究热点和发展趋势——基于 CSSCI 中国文学研究关键词的分析",《河北学刊》2008 年第 4 期。

来，许多与中国文学鉴赏有关的辞书出版，但由于这些著作大都偏向中国文学某一方面，被引用不多，所以本次入选的中国文学工具书只有2种，详情参见表8-6。

表8-6　　　　　　　　　中国文学论文引用较多的工具书

序号	图书信息
1	许慎撰，段玉裁注：《说文解字注》，上海：上海古籍出版社，1981
2	辞海编辑委员会：《辞海》，上海：上海辞书出版社，1979*

注：该书有多个版本，这里给出的是被引最多的版本。

《说文解字注》（被引58次）是清代知名学者段玉裁的代表性作品，是对许慎撰写的《说文解字》的注释之作，著书时间长达近三十年，是徐锴《说文系传》以后的首部《说文解字》注释书。该书对中国古典文学研究有很大的参考价值。

《辞海》（被引53次）是中国最大的综合性辞典，它以字带词，兼有字典、语文辞典功能。对于研究古文用词出处、词语多义等方面具有重要的参考价值。同时该书也具有百科词典功能，其中的一些词条收录了古代著名文学家的生平简介、文学作品简介，是查找古代文学信息重要的资料来源。

8.5　国外学术著作对中国文学研究的影响

中国文学与西方文学有着截然不同的观念体系，儒家思想作为封建社会的主流意识，对中国文化产生了深远影响，并渗透到了中国文学发展的各个历程。中国文学长期以来一直在封建统治者的严密控制下发展，因此与外国文学交流较少，形成了自己凝练稳重的特色。这种风格直到封建制度瓦解才开始有所变化，随着西方思想的涌入，中国文学不断汲取新的思想元素，并开始借鉴一些西方的写作模式。但是，由于长期以来的文化理念差异，中国文学仍然具有较强的本土特色，中国文学研究学者也较多关注本国著作。因此，本次入选的对中国文学研究产生较大影响的国外学术著作仅有50种，占所有入选图书总数的17.67%，总被引次数更下降到不足10%。表8-7列出了入选的国外学术著作目录。

表8-7　　　　　　　中国文学论文引用较多的国外学术著作

序号	图书信息
1	［德］黑格尔（G. W. F. Hegel）著，朱光潜译：《美学》，北京：商务印书馆，1979
2	［美］勒内·韦勒克（Rene Wellek）著，刘象愚译：《文学理论》，北京：生活·读书·新知三联书店，1984

续表

序号	图书信息
3	［德］恩斯特·卡西尔（Ernst Cassirer）著，甘阳译：《人论》，上海：上海译文出版社，1985
4	［俄］米·巴赫金（M. M. Bakhtin）著，钱中文主编，白春仁、李兆林等译：《巴赫金全集》，石家庄：河北教育出版社，1998
5	［古希腊］亚里士多德（Aristotles）著，陈中梅译：《诗学》，北京：人民文学出版社，1962
6	［德］马丁·海德格尔（Martin Heidegger）著，陈嘉映等译：《存在与时间》，北京：生活·读书·新知三联书店，1987
7	［德］汉斯-格奥尔格·伽达默尔（Hans-Georg Gadamer）著，洪汉鼎译：《真理与方法：哲学诠释学的基本特征》，上海：上海译文出版社，1999*
8	［美］丹尼尔·贝尔（Daniel Bell）著，赵一凡译：《资本主义文化矛盾》，北京：生活·读书·新知三联书店，1989
9	［美］马泰·卡林内斯库（Matei Calinescu）著，顾爱彬译：《现代性的五副面孔：现代主义、先锋派、颓废、媚俗艺术、后现代主义》，北京：商务印书馆，2002
10	［德］爱克曼（J. P. Eckermann）辑录；朱光潜译：《歌德谈话录》，北京：人民文学出版社，1978
11	［美］弗雷德里克·詹姆逊（Fredric Jameson）著，张旭东编，陈清侨等译：《晚期资本主义的文化逻辑：詹明信[1]批评理论文选》，北京：生活·读书·新知三联书店，1997
12	［美］叶维廉：《中国诗学》，北京：生活·读书·新知三联书店，1992
13	［德］康德（Immanuel Kant）著，宗白华译：《判断力批判》，北京：商务印书馆，1964
14	［美］浦安迪（Andrew H. Plaks）演讲：《中国叙事学》，北京：北京大学出版社，1996
15	［美］朗格（Langer, S. K.）著，刘大基等译：《情感与形式》，北京：中国社会科学出版社，1986
16	［德］马丁·海德格尔（Martin Heidegger）著，孙周兴选编：《海德格尔选集》，上海：上海三联书店，1996
17	［捷］米兰·昆德拉（Milan Kundera）著，董强译：《小说的艺术》，北京：生活·读书·新知三联书店，1992
18	［美］爱德华·W. 萨义德（Edward W. Said）著，王宇根译：《东方学》，北京：生活·读书·新知三联书店，1999
19	［法］丹纳（H. A. Taine）著，傅雷译：《艺术哲学》，北京：人民文学出版社，1963*

---

[1] 本书统一将 Fredric Jameson 译为弗雷德里克·詹姆逊，但该书书名中"詹明信"保持原名。

续表

序号	图书信息
20	[英]迈克·费瑟斯通（Mike Featherstone）著，刘精明译：《消费文化与后现代主义》，南京：译林出版社，2000
21	[美]李欧梵：《现代性的追求》，北京：生活·读书·新知三联书店，2000
22	[美]M. H. 艾布拉姆斯（M. H. Abrams）著，郦雅牛等译：《镜与灯：浪漫主义文论及批评传统》，北京：北京大学出版社，1989
23	[德]叔本华（A. Schopnhauer）著，石冲白译：《作为意志和表象的世界》，北京：商务印书馆，1982*
24	[瑞士]荣格（Jung, C. G）著，冯川译：《心理学与文学》，北京：生活·读书·新知三联书店，1987
25	[美]布斯（Booth, W. C.）著，华明等译：《小说修辞学》，北京：北京大学出版社，1987
26	[美]华莱士·马丁（Wallace Martin）著，伍晓明译：《当代叙事学》，北京：北京大学出版社，1990
27	[法]让·波德里亚（Jean Baudrillard）著，刘成富译：《消费社会》，南京：南京大学出版社，2000
28	[法]列维－布留尔（Levy－Bruhl, Lucien）著，丁由译：《原始思维》，北京：商务印书馆，1981*
29	[俄]米·巴赫金（M. M. Bakhtin）著，白春仁译：《陀思妥耶夫斯基诗学问题》，北京：生活·读书·新知三联书店，1988
30	[法]西蒙娜·德·波伏娃（Simone de Beauvoir）著，陶铁柱译：《第二性》，北京：中国书籍出版社，1998
31	[德]H. R. 姚斯（Hans Robert Jauss）等著，周宁等译：《接受美学与接受理论》，沈阳：辽宁人民出版社，1987
32	[瑞士]费尔迪南·德·索绪尔（Ferdinand de Saussure）著，高名凯译：《普通语言学教程》，北京：商务印书馆，1980
33	[英]霍克斯（Hawkes, T.）著，瞿铁鹏译：《结构主义和符号学》，上海：上海译文出版社，1987
34	[俄]别林斯基（В. Г. Белинский）著，满涛译：《别林斯基选集》，上海：上海译文出版社，1980
35	[美]勒内·韦勒克（Rene Wellek）著，刘象愚译：《文学理论》，南京：江苏教育出版社，2005

续表

序号	图书信息
36	［日］丸山升著，王俊文译：《鲁迅·革命·历史：丸山升现代中国文学论集》，北京：北京大学出版社，2005
37	［美］夏志清著，刘绍铭等译：《中国现代小说史》，上海：复旦大学出版社，2005
38	［美］刘禾著，宋伟杰译：《跨语际实践：文学，民族文化与被译介的现代性》，北京：生活·读书·新知三联书店，2002
39	［英］雷蒙·威廉姆斯（Raymond Williams）著，刘建基译：《关键词：文化与社会的词汇》，北京：生活·读书·新知三联书店，2005
40	［美］海登·怀特（Hayden White）著，陈永国译：《后现代历史叙事学》，北京：中国社会科学出版社，2003
41	［捷］米兰·昆德拉（Milan Kundera）著，董强译：《小说的艺术》，上海：上海译文出版社，2004
42	［荷］米克·巴尔（Mieke Bal）著，谭君强译：《叙述学：叙事理论导论》，北京：中国社会科学出版社，2003*
43	［德］沃尔夫冈·韦尔施（Wolfgang Welsch）著，陆扬等译：《重构美学》，上海：上海译文出版社，2002
44	［美］爱德华·W. 萨义德（Edward W. Said）著，单德兴译：《知识分子论》，北京：生活·读书·新知三联书店，2002
45	［美］李欧梵著，毛尖译：《上海摩登：一种新都市文化在中国（1930—1945）》，北京：北京大学出版社，2001
46	［美］本尼迪克特·安德森（Benedict Anderson）著，吴叡人译：《想象的共同体：民族主义的起源与散布》，上海：上海人民出版社，2003*
47	［日］竹内好著，李冬木译：《近代的超克》，北京：生活·读书·新知三联书店，2005
48	［美］宇文所安著，王柏华译：《中国文论：英译与评论》，上海：上海社会科学院出版社，2003
49	［美］哈罗德·布鲁姆（Harold Bloom）著，江宁康译：《西方正典：伟大作家和不朽作品》，南京：译林出版社，2005
50	［美］王德威著，宋伟杰译：《被压抑的现代性：晚清小说新论》，北京：北京大学出版社，2005

注：标有"*"号的图书有多个版本，这里给出的是被引最多的版本。

分析表8-7中数据，本次入选国外学术著作涉及面较广，包括国外的哲学、文学、社会学、历史学等方面著作,这从一个侧面体现出中国文学在摆脱封建束缚后,注重从西方社会、文化获取新的思想理论支持。"五四"运动时期,中国文学完成了一个质的飞跃,这种变化正是中国传统文学与西方文化之间的碰撞产物①。西方古典哲学以及社会主义思潮给中国文学注入了新的思想元素,中国文学写作形式、主题内容、写作题材也发生了重要的变革。此外改革开放以后,中国文学与世界文学联系更加紧密,比较文学、美学、女性文学等都成为中国文学新的研究热点。为详细讨论国外学术著作对中国文学的影响,我们将本次入选的 50 种著作按其主题进行如下分类:西方哲学类著作(12 种)、西方文化类著作(3 种)、文学理论类著作(12 种)、海外中国文学研究类著作(7 种)、比较文学类著作(3 种)、名家著作集类著作(4 种)、其他著作(9 种)。需要说明的是,许多著作本身涵盖面较广,我们的分类也主要是通过学者被引情况,选取学者研究时较多关心的热点主题将其归类。

(1) 西方哲学类著作

西方哲学有着与中国哲学不同的特点。中国哲学在老子、庄子以后进入了儒家统治时期,封建统治者出于政治需要,对知识分子思想言论严加控制,因而中国哲学一般较为抽象、玄奥。另一方面,由于汉语文字发达,因此可以较为细致地描述哲学问题,中国古代哲学家往往通过文学作品来表达其对人生的感悟以及对世界的认识等哲学观点。西方哲学基础是自然科学,更多考虑的是现实问题,在摆脱宗教神学影响后,西方哲学体系更趋严谨,逻辑性也更强。当中国文学由古典向现代转化过程中,西方哲学就对中国文学的创作理念、表达方式等方面产生了重要影响,尤其体现在白话文取代文言文的过程中。此外,国外的哲学研究热点也对中国文学产生了重大影响(如美学),学者在探究相关文学作品时也较多参考此类著作。

美学是哲学的一个分支,其主题是对美的本质及其意义的研究。美学的主要研究对象是艺术,探究艺术中的哲学问题。文学作为艺术表现形式之一,长期以来一直是美学关注的重点领域之一,因而美学的一些研究思想也对文学研究产生了重要影响。本次入选国外学术著作的美学作品有 7 种,分别是:《美学》(被引 360 次)、《诗学》(被引 109 次)、《现代性的五副面孔:现代主义、先锋派、颓废、媚俗艺术、后现代主义》(被引 84 次)、《判断力批判》(被引 74 次)、《情感与形式》(被引 72 次)、《接受美学与接受理论》(被引 53 次)、《重构美学》(被引 39 次,2002 年出版)。这些美学著作,在学者探讨美学对文学影响、中国美学、东西美学对比等课题时经常被参考引用。

除了美学著作外,其他一些西方哲学著作也对中国文学研究产生了重要影响,经常被学者引用,这些入选著作分别是《人论》(被引 175 次)、《存在与时间》(被引

---

① 王文倩:"中西文化的矛盾运作对'五四'文学的推动——西方文化对'五四'文学内容、形式、观念的影响",《现代语文》(语言研究版)2005 年第 12 期。

102次)、《真理与方法：哲学诠释学的基本特征》（被引99次）、《艺术哲学》（被引68次)、《作为意志和表象的世界》（被引63次）。《人论》全面阐述了恩斯特·卡西尔的人类文化哲学的体系，在文化与文学研究以及文化对文学的影响等课题中经常被学者引用。《存在与时间》是德国哲学家海德格尔的代表著作，对文学批评、社会学、神学、心理学、政治学、法学等领域产生了广泛而深刻的影响，因而受到中国文学学者的关注。《真理与方法：哲学诠释学的基本特征》是伽达默尔的代表作，对人文学科各领域都产生了巨大影响，被称为现代诠释学的经典。《艺术哲学》反映了丹纳的艺术思想和哲学思想，在文学艺术思想研究中经常被学者引用。《作为意志和表象的世界》一书全面阐述了叔本华唯意志主义的哲学观，其中的哲学思想经常被学者引用。

（2）西方文化类著作

从20世纪初开始，西方文化就开始对中国文学产生了全方位、多层次的影响，随着封建制度在中国的崩溃，旧有的古典文学已经不能适应民众需求。随着中国社会结构的西方化，中国文学也受到了很大影响，新文化运动在西方思潮的影响下蓬勃发展。80年代改革开放以后，各种现代西方思潮涌入，又对中国文学产生了巨大冲击，如现代主义、后现代主义、女性文学等，中国文学学者也开始关注西方资本主义社会发展、变革过程中所形成的新思潮。通过CSSCI中的中国文学学科论文引用西方文化类图书的次数统计，我们选出被引较多的西方文化类图书3种：《资本主义文化矛盾》（被引98次）、《晚期资本主义的文化逻辑：詹明信批评理论文选》（被引78次）、《消费文化与后现代主义》（被引67次）。

（3）文学理论类著作

西方文学理论起源于古希腊时期的诗学、修辞学，后来又加入美学、诠释学，现代西方文学理论从20世纪50年代开始，并在60年代末至80年代成为文学的研究热点，出现了许多理论流派。不论古典西方文学理论还是现代西方文学理论，都主要受西方哲学流派的影响而出现。西方主要文学理论包括新批评、形式主义、俄国形式主义、结构主义、后结构主义、马克思主义、女性主义、新历史主义、解构主义、读者反应理论与心理分析批评，等等。这些理论都对中国文学研究产生了重要影响，其中一些目前仍是中国文学的研究热点。本次入选国外学术著作文学理论类图书如下：《文学理论》（被引250次，生活·读书·新知三联书店出版）、《中国叙事学》（被引72次）、《小说的艺术》（被引70次，生活·读书·新知三联书店出版）、《镜与灯：浪漫主义文论及批评传统》（被引67次）、《小说修辞学》（被引58次）、《当代叙事学》（被引58次）、《陀思妥耶夫斯基诗学问题》（被引55次）、《结构主义和符号学》（被引51次）、《文学理论》（被引30次，江苏教育出版社2005年出版）、《小说的艺术》（被引27次，上海译文出版社2004年出版）、《叙述学：叙事理论导论》（被引33次，2003年出版）、《西方正典：伟大作家和不朽作品》（被引16次，

2005年出版)。这些西方文学理论著作中的观点，在学者探讨中国当代文学以及相关课题时经常被作为参考文献加以引用。

(4) 海外中国文学研究类著作

随着中西文化交流的深入，中国文学开始走向世界，国外对于中国文学的关注也在逐渐升温。与国内研究相比，海外中国文学研究形式更为丰富多彩，研究视角也有很大不同。这些海外中国文学研究对中国文学国内研究产生了重要影响，从而促进了我国现代文学研究发展。本次入选的对中国文学产生较大影响的海外中国文学研究著作有7种，分别是：《中国诗学》(被引76次)、《现代性的追求》(被引67次)、《鲁迅·革命·历史：丸山升现代中国文学论集》(被引29次，2005年出版)、《中国现代小说史》(被引28次，2005年出版)、《上海摩登：一种新都市文化在中国(1930—1945)》(被引42次，2001年出版)、《近代的超克》(被引17次，2005年出版)、《被压抑的现代性：晚清小说新论》(被引16次，2005年出版)。我国学者在开展学术研究时，也非常重视从这些海外中国文学研究中吸取新的元素，加以参考引用。其中，《中国诗学》、《现代性的追求》、《中国现代小说史》、《上海摩登：一种新都市文化在中国(1930—1945)》、《被压抑的现代性：晚清小说新论》都是海外华人对中国文学研究的理论著作，是西方汉学界的重要理论成果。《近代的超克》、《鲁迅·革命·历史：丸山升现代中国文学论集》是日本学界对中国文学的重要研究成果，这两种著作都与鲁迅文学研究有关，受到我国学者的较多关注。

(5) 比较文学类著作

比较文学兴起于19世纪末和20世纪初，它是艺术学分支，主要研究民族间文学的相互关系、文学与其他艺术学科间意识形态的相互关系。中国自20世纪30年代起开始介绍国外的比较文学，虽然中间有一段时间停滞，但70年代末又开始恢复比较文学研究。近些年来比较文学也一直是中国文学研究的热点之一，国外一些比较文学作品也成为学者重要的参考资料。通过CSSCI的中国文学论文引用图书的统计，达到入选标准的比较文学作品有3种，分别是：《东方学》(被引70次)、《跨语际实践：文学，民族文化与被译介的现代性》(被引44次，2002年出版)、《中国文论：英译与评论》(被引28次，2003年出版)。通过比较文学研究，可以探究中国文学与国外文学之间本无实际联系却十分相似的文学现象，这些比较文学著作是学者开展研究的重要参考引用来源。

(6) 名家著作集类著作

自中国封建社会被打破以来，传统儒家思想被现代主义和社会主义思想所取代，一些西方著名思想家、文学家受到我国学者关注，他们的哲学思想、艺术思想、文学理念都对中国文学的变革产生了重大影响。这些思想家、文学家的重要论著合集作为其思想较为全面的体现，受到我国文学工作者的较大关注。本次入选的名家著作集有《巴赫金全集》(被引121次)、《歌德谈话录》(被引79次)、《海德格尔选集》(被引72次)、《别林斯基选集》(被引51次)。我国学者在开展中国文学研究时,十分注重吸纳国外思想,并使之与中国国情相结合。此外,在我国学者开展国外文学研究时,这些著作也是重要的研究对象。

(7)其他著作

本节入选著作中,有一些与文学并不存在直接关系,但其著作思想有着十分重要的借鉴意义。结合引用这些著作的论文主题,我们发现其涉及面较广,包括了社会学、宗教学、历史学、女性主义、心理学等研究领域,反映了中国文学研究多元化、多学科交叉的趋势。本次入选的这类著作有:《心理学与文学》(被引61次)、《消费社会》(被引56次)、《原始思维》(被引55次)、《第二性》(被引55次)、《普通语言学教程》(被引52次)、《关键词:文化与社会的词汇》(被引21次,2005年出版)、《后现代历史叙事学》(被引34次,2003年出版)、《知识分子论》(被引38次,2002年出版)、《想象的共同体:民族主义的起源与散布》(被引30次,2003年出版)。

8.6 国内学术著作对中国文学研究的影响

由于历史原因以及东西文化差异,中国文学具有强烈的本土特色,因而对中国文学研究产生较大影响的多是本国学者著作。五四运动以后,虽然我国学者也开始尝试将中国文学推向世界,但由于语言原因以及东西文化体系的巨大差异,使得西方学者在研究中国文学时很难取得共鸣。我国学者在开展研究时,除去历史文献外,更多选用国内学术著作。本次入选对中国文学研究领域产生较大影响的国内学术著作有128种,占所有入选图书的45.23%,这些图书被引次数占所有入选图书被引次数的49.09%。这些数据一方面体现了国内学术著作对中国文学研究的影响力,另一方面也反映了中国文学与世界文学间交流有待加强。表8-8列出了中国文学论文引用较多的国内学术著作目录。

表8-8　　　　　　　　中国文学论文引用较多的国内学术著作

序号	图书信息
1	鲁迅:《鲁迅全集》,北京:人民文学出版社,1981*
2	沈从文:《沈从文文集》,广州:花城出版社,1984
3	唐圭璋编:《词话丛编》,北京:中华书局,1986
4	钱锺书:《管锥编》,北京:中华书局,1979*
5	胡适著,欧阳哲生编:《胡适文集》,北京:北京大学出版社,1998

续表

序号	图书信息
6	赵家璧主编：《中国新文学大系》，上海：上海良友图书印刷公司，1935①
7	钱锺书：《谈艺录》，北京：中华书局，1984
8	丁福保：《历代诗话续编》，北京：中华书局，1983
9	郭绍虞主编：《中国历代文论选》，上海：上海古籍出版社，1979*
10	闻一多著，孙党伯等主编：《闻一多全集》，武汉：湖北人民出版社，1993
11	胡风：《胡风全集》，武汉：湖北人民出版社，1999
12	鲁迅：《中国小说史略》，北京：人民文学出版社，1973*
13	鲁迅：《坟》，北京：人民文学出版社，1980
14	钱理群：《中国现代文学三十年》，北京：北京大学出版社，1998
15	洪子诚：《中国当代文学史》，北京：北京大学出版社，1999
16	郭绍虞：《清诗话续编》，上海：上海古籍出版社，1983
17	茅盾：《茅盾全集》，北京：人民文学出版社，1989
18	汪曾祺著，邓九平编：《汪曾祺全集》，北京：北京师范大学出版社，1998
19	沈从文：《沈从文全集》，太原：北岳文艺出版社，2002
20	袁行霈：《中国文学史》，北京：高等教育出版社，1999*
21	张爱玲著，金宏达等编：《张爱玲文集》，合肥：安徽文艺出版社，1992
22	胡适著，姜义华主编：《胡适学术文集》，北京：中华书局，1991
23	陈思和：《中国当代文学史教程》，上海：复旦大学出版社，1999
24	逯钦立：《先秦汉魏晋南北朝诗》，北京：中华书局，1983
25	中国戏曲研究院：《中国古典戏曲论著集成》，北京：中国戏剧出版社，1959
26	朱光潜：《朱光潜全集》，合肥：安徽教育出版社，1987②
27	梁启超：《饮冰室合集》，北京：中华书局，1989*
28	老舍：《老舍文集》，北京：人民文学出版社，1990

① 《中国新文学大系》分10集，蔡元培作总序，各集均由著名学者编写：胡适编写《中国新文学大系·第一集·建设理论集》，郑振铎编写《中国新文学大系·第二集·文学论争集》，茅盾编写《中国新文学大系·第三集·小说一集》，鲁迅编写《中国新文学大系·第四集·小说二集》，郑伯奇编写《中国新文学大系·第五集·小说三集》，周作人编写《中国新文学大系·第六集·散文一集》，郁达夫编写《中国新文学大系·第七集·散文二集》，朱自清编写《中国新文学大系·第八集·诗集》，洪深编写《中国新文学大系·第九集·戏剧集》，钱杏邨编写《中国新文学大系·第十集·史料·索引》。

② 安徽教育出版社在1987—1993年间分20卷将《朱光潜全集》出版，收录了朱光潜先生的全部著作、译文。

第 8 章　中国文学

续表

序号	图书信息
29	周扬：《周扬文集》，北京：人民文学出版社，1984①
30	王国维著，姚淦铭主编：《王国维文集》，北京：中国文史出版社，1997
31	朱自清：《朱自清全集》，南京：江苏教育出版社，1988②
32	郁达夫：《郁达夫文集》，广州：花城出版社，1982③
33	鲁迅：《华盖集》，北京：人民文学出版社，1981
34	郭沫若：《郭沫若全集》，北京：人民文学出版社，1982
35	张京媛主编：《当代女性主义文学批评》，北京：北京大学出版社，1992
36	老舍：《老舍全集》，北京：人民文学出版社，1999
37	游国恩等主编：《中国文学史》，北京：人民文学出版社，1964
38	鲁迅：《南腔北调集》，北京：人民文学出版社，1973
39	唐圭璋编：《全宋词》，北京：中华书局，1965
40	林语堂英文原著，张振玉汉译：《林语堂名著全集》，长春：东北师范大学出版社，1994
41	陈平原等编：《二十世纪中国小说理论资料》，北京：北京大学出版社，1997
42	杨义：《中国现代小说史》，北京：人民文学出版社，1986
43	鲁迅：《且介亭杂文》，北京：人民文学出版社，1951*
44	鲁迅：《中国小说史略》，上海：上海古籍出版社，1998
45	巴金：《巴金全集》，北京：人民文学出版社，1989
46	章培恒：《中国文学史》，上海：复旦大学出版社，1996
47	张京媛主编：《新历史主义与文学批评》，北京：北京大学出版社，1993
48	王德威：《想象中国的方法：历史·小说·叙事》，北京：生活·读书·新知三联书店，1998④
49	胡士莹：《话本小说概论》，北京：中华书局，1980
50	鲁迅：《二心集》，北京：人民文学出版社，1993

---

① 人民文学出版社在1984—1994年间分5卷出版《周扬文集》，编排以年代为序，1949年以前归入第1卷，1950—1966年间的为第2、3、4卷，1978年以后的为第5卷。

② 江苏教育出版社自1988年起，先后将《朱自清全集》分12卷出版，收录了迄今为止所能发现的朱自清生前发表和未发表的全部著述，包括诗歌、小说、散文、文学和语言研究，以及书信、日记、译文等，大约375万字。

③ 花城出版社在1982—1984年间分12卷出版《郁达夫文集》，第1、2卷收录郁达夫小说作品，第3、4卷收录散文作品，第5、6卷收录文论作品，第7卷收录文论、序跋作品，第8卷收录政论、杂文作品，第9卷收录日记及书信作品，第10卷收录诗词作品，第11卷收录译文作品，第12卷收录译文及其他作品。

④ 作者王德威，台湾学者、美籍华人，他的另外一部入选著作《被压抑的现代性：晚清小说新论》作为译著归入国外学术著作加以讨论，这里我们按照作品作者国籍标注进行分类。

续表

序号	图书信息
51	胡风：《胡风评论集》，北京：人民文学出版社，1984
52	冯至：《冯至全集》，石家庄：河北教育出版社，1999
53	童庆炳：《文学理论教程》，北京：高等教育出版社，1998*
54	伍蠡甫：《西方文论选》，上海：上海译文出版社，1979
55	宗白华：《美学散步》，上海：上海人民出版社，1981
56	闻一多：《闻一多全集》，北京：生活·读书·新知三联书店，1982
57	王国维：《人间词话》，北京：人民文学出版社，1960
58	朱光潜：《西方美学史》，北京：人民文学出版社，1979*
59	郭沫若：《沫若文集》，北京：人民文学出版社，1959
60	傅璇琮主编：《全宋诗》，北京：北京大学出版社，1991*
61	瞿秋白：《瞿秋白文集》，北京：人民文学出版社，1953
62	鲁迅：《三闲集》，北京：人民文学出版社，1973
63	鲁迅：《且介亭杂文二集》，北京：人民文学出版社，1973
64	朱光潜：《朱光潜美学文集》，上海：上海文艺出版社，1982①
65	钱锺书：《宋诗选注》，北京：人民文学出版社，1958*
66	周作人著，钟叔河编：《周作人文类编》，长沙：湖南文艺出版社，1998
67	钱锺书：《七缀集》，上海：上海古籍出版社，1985*
68	叶朗：《中国美学史大纲》，上海：上海人民出版社，1985
69	陈寅恪：《金明馆丛稿二编》，上海：上海古籍出版社，1980
70	申丹：《叙述学与小说文体学研究》，北京：北京大学出版社，1998*
71	鲁迅：《华盖集续编》，北京：人民文学出版社，1981
72	余英时：《士与中国文化》，上海：上海人民出版社，1987
73	陈平原：《中国小说叙事模式的转变》，上海：上海人民出版社，1988
74	刘小枫：《现代性社会理论绪论：现代性与现代中国》，上海：上海三联书店，1998
75	王国维：《王国维文学美学论著集》，太原：北岳文艺出版社，1987
76	杨义：《中国叙事学》，北京：人民出版社，1997
77	梁宗岱：《诗与真·诗与真二集》，北京：外国文学出版社，1984
78	胡适：《胡适全集》，合肥：安徽教育出版社，2003
79	司马长风：《中国新文学史》，香港：昭明出版有限公司，1980

① 上海文艺出版社在1982—1989年间分5卷出版《朱光潜美学文集》，收入了作者的美学著作，兼收部分与美学直接有关的文学、哲学、心理学著作。

续表

序号	图书信息
80	石昌渝：《中国小说源流论》，北京：生活·读书·新知三联书店，1994
81	鲁迅：《而已集》，北京：人民文学出版社，1973
82	徐复观：《中国艺术精神》，沈阳：春风文艺出版社，1987
83	宗白华：《艺境》，北京：北京大学出版社，1987*
84	鲁迅：《鲁迅杂文全集》，郑州：河南人民出版社，1994
85	赵树理：《赵树理文集》，北京：工人出版社，1980
86	鲁迅：《热风》，北京：人民文学出版社，1973
87	鲁迅：《准风月谈》，北京：人民文学出版社，1951*
88	沈从文：《沈从文选集》，成都：四川人民出版社，1983
89	鲁迅：《鲁迅书信集》，北京：人民文学出版社，1976
90	宗白华：《宗白华全集》，合肥：安徽教育出版社，1994
91	唐湜：《新意度集》，北京：生活·读书·新知三联书店，1990
92	张元济主编：《四部丛刊》，北京：人民文学出版社，1983
93	鲁迅：《两地书》，北京：人民文学出版社，1981
94	顾颉刚：《古史辨》，上海：上海古籍出版社，1982
95	严家炎：《中国现代小说流派史》，北京：人民文学出版社，1989*
96	王运熙等编：《中国文学批评通史》，上海：上海古籍出版社，1996
97	李泽厚主编：《中国美学史》，北京：中国社会科学出版社，1984①
98	章太炎：《章太炎全集》，上海：上海人民出版社，1982
99	傅璇琮：《唐才子传校笺》，北京：中华书局，1990
100	卞之琳：《雕虫纪历》，北京：人民文学出版社，1984
101	朱立元主编：《当代西方文艺理论》，上海：华东师范大学出版社，1997
102	葛兆光：《中国思想史》，上海：复旦大学出版社，2001
103	罗钢：《叙事学导论》，昆明：云南人民出版社，1994
104	罗宗强：《魏晋南北朝文学思想史》，北京：中华书局，1996
105	郑敏：《诗歌与哲学是近邻：结构—解构诗论》，北京：北京大学出版社，1999
106	胡适：《胡适文存》，合肥：黄山书社，1996
107	周汝昌：《红楼梦新证》，北京：人民文学出版社，1976
108	李健吾：《咀华集·咀华二集》，上海：复旦大学出版社，2005

---

① 中国社会科学出版社在1984年出版《中国美学史》第一卷，1987年出版第二卷。

续表

序号	图书信息
109	刘心武：《刘心武揭秘红楼梦》，北京：东方出版社，2005
110	贾平凹：《秦腔》，北京：作家出版社，2005
111	余华：《兄弟》，上海：上海文艺出版社，2005
112	谢有顺：《此时的事物》，南京：江苏教育出版社，2005
113	洪子诚：《问题与方法：中国当代文学史研究讲稿》，北京：生活·读书·新知三联书店，2002
114	周作人：《周作人自编文集》，石家庄：河北教育出版社，2002
115	续修四库全书编纂委员会：《续修四库全书》，上海：上海古籍出版社，2002
116	黄霖：《中国历代小说论著选》，南昌：江西人民出版社，2000
117	罗钢主编：《文化研究读本》，北京：中国社会科学出版社，2000
118	陈晓明：《表意的焦虑：历史祛魅与当代文学变革》，北京：中央编译出版社，2002
119	陈衍著，钱仲联编校：《陈衍诗论合集》，福州：福建人民出版社，1999
120	丁玲著，张炯主编：《丁玲全集》，石家庄：河北人民出版社，2001
121	赵树理著，董大中主编：《赵树理全集》，太原：北岳文艺出版社，2000
122	孙犁：《孙犁全集》，北京：人民文学出版社，2004
123	臧克家：《臧克家全集》，长春：时代文艺出版社，2002
124	陈寅恪：《金明馆丛稿二编》，北京：生活·读书·新知三联书店，2001
125	黄子平：《"灰阑"中的叙述》，上海：上海文艺出版社，2001
126	陶东风主编：《文学理论基本问题》，北京：北京大学出版社，2004
127	简政珍：《当闹钟与梦约会》，北京：作家出版社，2006
128	丁帆：《中国乡土小说史》，北京：北京大学出版社，2007

注：标有"＊"号的图书有多个版本，这里给出的是被引最多的版本。

分析表8-8数据我们不难看出，本次入选对中国文学影响力较大的国内学术著作涵盖了中国文学研究的各个主要领域，如文学理论、文学评论、文学史论、专人研究、文化研究等，反映出中国文学研究的繁荣。同时结合具体被引情况，我们注意到古典文学、五四文学、新时期文学、当代文学是学者研究的重点，这些著作在中国文学相关课题研究时经常被学者加以引用。为详细讨论国内学术著作对中国文学研究的影响，我们将这128种著作按主题分为7个大类：文学理论类著作（18种）、文学评论类著作（8种）、文学史论类著作（20种）、文学作品类著作（15种）、文学选集类著作（14种）、名家著作集类著作（49种）、文化研究类著作（4种）。需要说明的是，这里的分类主要是根据学者引用情况而定，其中一些著作与多个主题相关，我们选取被引较多的主题将其归入并加以讨论。

(1) 文学理论类著作

19世纪末20世纪初，中国文学理论发生了一次巨大的转折，这种转折决定了中国20世纪文论的基本状态与格局，使中国文学理论走上了"以西释中"、"以西套中"，甚至"以西代中"之路①。西方文学理论对中国文学发展造成了深远影响，一方面学者通过西方文学理论来重新阐释传统文学，另一方面又用这些理论来指导文学创作。虽然中间受到了"文化大革命"时期封闭影响，但改革开放以来中国学者积极参与世界文学理论交流，各种西方文学理论都在中国文学研究中有所体现。同时中国学者也十分注重将这些理论与中国文学具体情况相结合，发展出适合本国国情的新文学理论。本次入选的对中国文学产生较大影响的文学理论著作有《二十世纪中国小说理论资料》(被引102次)、《文学理论教程》(被引87次)、《美学散步》(86次)、《西方美学史》(被引78次)、《中国美学史大纲》(被引69次)、《叙述学与小说文体学研究》(被引66次)、《中国小说叙事模式的转变》(被引64次)、《现代性社会理论绪论：现代性与现代中国》(被引64次)、《中国叙事学》(被引60次)、《中国小说源流论》(被引59次)、《艺境》(被引58次)、《中国美学史》(被引51次)、《当代西方文艺理论》(被引51次)、《叙事学导论》(被引50次)、《诗歌与哲学是近邻：结构—解构诗论》(被引50次)、《问题与方法：中国当代文学史研究讲稿》(被引42次，2002年出版)、《表意的焦虑：历史祛魅与当代文学变革》(被引33次，2002年出版)、《文学理论基本问题》(被引20次，2004年出版)。结合具体被引情况分析，我们发现中国文学理论研究呈现多元化态势，相关文学理论著作既是学者研究的热点，同时也是学者研究文学作品时的重要理论依据，经常被学者参考引用。

《文学理论教程》是面向21世纪课程教材和普通高等教育"九五"规划国家级重点教材。这部著作介绍了文学理论的性质和形态，阐述了马克思主义文学理论的诞生与中国当代文学理论的建设，论述了文学活动性质以及文学创作的过程。此外该书还对文学作品以及如何分析文学作品做了论述。考察被引情况，我们发现这部著作对于学者开展文学理论研究具有非常重要的参考价值，被较多引用。同样作为探讨文学理论经常被引的还有《文学理论基本问题》，这本著作提出通过反本质主义的当代思想资源，在历史语境中去呈现"文学理论"的基本问题，从而在根本上突破本质主义的文学理论编写模式。该书对学者在探讨通过历史性梳理各种文学理论有着十分重要的参考价值。

本次入选的文学理论著作中，与小说理论研究有关的作品有《二十世纪中国小说理论资料》、《中国小说源流论》。《二十世纪中国小说理论资料》共5卷，分5个

---

① 曹顺庆："中国文学理论的世纪转折与建构"，《中州学刊》2006年第1期。

时间段（1897—1916、1917—1927、1928—1937、1937—1949、1949—1976）收录了相关现代中国小说理论资料。这套著作取材翔实，对于各时期反映小说观念变化、理论建树与创作面貌的资料均予以选录，主要包括与小说相关的理论、评论、序跋、专著、创作谈、书信、杂论等方面。学者在研究中国现代小说时较多参考引用这部著作。《中国小说源流论》从文体学的角度，以古代小说的文本结构和语体形式为研究对象，构建了中国小说史的新体系①。这部著作开拓了中国小说史的研究视野，将小说史研究从题材转向文体，是中国小说史研究的主要理论参考资料，学者开展相关研究时引用较多。

美学是在近现代文学理论中受到学者较多关注的研究领域之一，本次入选文学理论著作中与美学相关的有《美学散步》、《西方美学史》、《艺境》、《中国美学史》。其中《美学散步》、《艺境》是我国著名美学大师宗白华先生所著的有关美学、艺术的论文集。宗白华是我国现代美学的先行者和开拓者，他的美学思想对中国文学产生了重要影响，是学者研究文学与美学相关课题的重要参考。《中国美学史大纲》、《中国美学史》在学者探讨中国古典文学作品与美学关系、中国古典文学作品中所体现的美学等课题时经常被引用；《西方美学史》则在论述西方美学发展及其对中国文学影响、中西文学中的美学对比等方面经常被引。

叙事学理论发源于西方，以形式主义批判而闻名于世，自传入中国后迅速成为中国文学领域的热点问题。《叙述学与小说文体学研究》、《中国小说叙事模式的转变》、《中国叙事学》、《叙事学导论》、《表意的焦虑：历史祛魅与当代文学变革》是本次入选文学理论著作中与叙事学有关的著作。我国学者在借鉴西方叙事学理论的同时，注重结合中国所特有的文学资源，展开对中国古典文学以及现当代小说叙事的研究。这些作品作为中国本土化的叙事学理论研究成果，经常被学者参考引用。

文学史研究一直是中国文学研究关注的重要领域之一，但长期以来关于文学史的归属，究竟是历史学还是文艺学，一直没有定论。《问题与方法：中国当代文学史研究讲稿》通过对20世纪后50年中国文学的梳理以及社会思潮变迁的分析，提出了一些关于中国文学史研究的基本问题，并给出作者的一系列思考。这本著作在学者进行中国文学史基本问题研究时，受到较多关注，在文学史研究领域较多被引用。

现代性问题是中国文学近些年来的研究热点问题之一。《现代性社会理论绪论：现代性与现代中国》以现代性问题为焦点，总结百年来的欧美社会理论对现代性的观察和把握，同时将欧美现代性思想与中国思潮相结合，对比中西对现代性提出了不同理解。这本著作是中国文学学者开展现代性研究时的重要参考资料，也是学者对比中西现代性研究时经常被引的著作之一。

结构主义以及解构主义是中国文学学者在研究文学作品时经常使用的理论方法，

---

① 吴峤："评石昌渝《中国小说源流论》"，《文学评论》1995年第6期。

《诗歌与哲学是近邻：结构—解构诗论》是作者对诗歌领域运用结构—解构思维方法的成果。同时，这本著作还具有现代性文学与后现代文学的特征，是学者以相关理论探讨诗歌这一体裁时被引较多的作品。

（2）文学评论类著作

文学评论是运用文学理论对文学作品进行研究，通过对其思想内容、创作风格、艺术特点等不同角度评价指导文学创作的实践活动。近百年来，文学评论一直是中国文学学者关心的热点之一，许多著名文学家本身也是文学评论大师。中国文学评论在这段时间内发生了多次巨大变化：五四运动以及新文化运动时期，中国学者开始运用西方文学评论方法重新解读古典文学；新中国成立以后文学评论受到意识形态影响，更多运用马克思主义文艺思想来指导文学评论；改革开放以来，当代文学评论迅速与世界接轨，各种新的西方文学评论理念在中国文学领域都有所体现。本次入选对中国文学产生较大影响力的国内文学评论类著作有：《管锥编》（被引339次）、《谈艺录》（被引273次）、《当代女性主义文学批评》（被引113次）、《新历史主义与文学批评》（被引89次）、《人间词话》（被引80次）、《新意度集》（被引53次）、《此时的事物》（被引23次，2005年出版）、《"灰阑"中的叙述》（被引35次，2001年出版）。考察这些文学评论著作的评论对象，我们将这些著作分为古典文学评论和近现代文学评论。

在古典文学评论著作《管锥编》、《谈艺录》、《人间词话》。《管锥编》中，钱锺书先生对《周易》、《毛诗》、《左传》、《史记》、《太平广记》、《老子》、《列子》、《焦氏易林》、《楚辞》等古代典籍进行了详尽的缜密的考疏，其中运用了多种中西文学评论方法，是我国学者开展相关古籍研究的重要参考资料，经常被引用。《谈艺录》是钱锺书先生运用中西文学评论方法对近体诗这一诗歌体裁进行评论的著作，在近体诗研究中被学者引用较多。需要说明的是，在《管锥编》、《谈艺录》中，钱锺书先生运用了中西文学评论方法，这两种著作也经常作为中国比较文学重要学术资料被学者加以引用。《人间词话》是中国近代最负盛名的一部词话著作，王国维先生在书中提出的"三重境界"说一直受到国内外学者的重视，经常被学者引用。

近现代文学评论著作有《当代女性主义文学批评》、《新历史主义与文学批评》、《新意度集》、《此时的事物》、《"灰阑"中的叙述》。《当代女性主义文学批评》收录了20世纪70—80年代女性主义文学批评中最有代表性、创造性的英美学派和法国学派的重要文章。《新历史主义与文学批评》以美国学者H.阿兰穆·威瑟编辑的《新历史主义》论文集为蓝本，同时收入了著名美国新历史主义批评家海登·怀特的《话语的转义学：文化批评论文集》中的几篇文章，以及著名美国马克思主义文学理论家弗雷德里克·詹姆逊的两篇与历史主义有关的文章。这两本著作在学者参考国外文学批评时，经常被引用。

《新意度集》是在《意度集》的基础上，选入新中国成立后几十年间作者所写的文学评论，主要以评论九叶派的诗歌与诗人为主，是研究九叶诗派的重要文献。《此时的事物》中文学批评是以人对世界和个人的生存状态的追问为出发点，考察了文学和存在、语言和伦理、消费和身体等关键词之间的隐秘关系。《"灰阑"中的叙述》是黄子平先生的文学批评作品，他突破形式美学，重视语言给文学带来的丰富性，并强调文学作品对历史的承担性。这3本著作反映了我国学者在文学评论领域所取得的成就，受到学者较多重视。

（3）文学史论类著作

文学史是某个时代学者对以往文学（包括文学的过程和产品）的知识和认识[1]，文学作品本身书写的不一定是真正的历史，但却又反映了特定历史时期的时代特色，考据这些作品的形成、文化背景、作者生平也是文学史论家关心的重要问题。五四运动以来，文学史论一直受到中国文学学者关注，文学史论研究也与文学理论研究一起成为中国文学基础理论研究的两个重要方面。本次入选对中国文学产生较大影响力的国内文学史论类著作有：《中国小说史略》（被引209次，人民文学出版社出版）、《中国现代文学三十年》（被引188次）、《中国当代文学史》（被引185次）、《中国文学史》（被引158次，袁行霈主编）、《中国当代文学史教程》（被引147次）、《中国文学史》（被引107次，游国恩主编）、《中国现代小说史》（被引99次）、《中国小说史略》（被引94次，上海古籍出版社出版）、《中国文学史》（被引91次，章培恒主编）、《想象中国的方法：历史·小说·叙事》（被引89次）、《话本小说概论》（被引89次）、《中国新文学史》（被引59次）、《古史辨》（被引52次）、《中国现代小说流派史》（被引51次）、《中国文学批评通史》（被引51次）、《唐才子传校笺》（被引51次）、《魏晋南北朝文学思想史》（被引50次）、《红楼梦新证》（被引50次）、《刘心武揭秘红楼梦》（被引26次，2005年出版）、《中国乡土小说史》（被引5次，2007年出版）。这些著作在学者论述中国文学发展历程、文学流派思想及其形成、考证文学作品相关信息等方面，具有十分重要的参考价值，被较多引用。

《中国小说史略》是鲁迅先生编撰的中国第一部小说史专著，叙述中国古代小说发生、发展、演变过程，从神话与传说开始直至清末谴责小说。鲁迅先生通过将各种类型的小说及其发展放在当时社会各种条件下进行考察，从而描绘出近千年来中国小说的发展脉络，具有极高的学术价值。这本著作对学者开展中国小说发展演化研究，以及各时期小说研究具有十分重要的参考价值，被学者较多引用。此外与中国古典小说史研究有关的还有《话本小说概论》。这部著作全面探讨了唐、宋、元、明、清各代话本小说的发展历史以及话本小说的艺术成就，也是我国学者研究古代小说发展的重要参考引用文献。

---

[1] 董乃斌："文学史学：对象、性质及其定位"，《东方丛刊》2006年第2期。

《中国现代小说史》则以开放的文学史观重新审视了中国现代小说的发展与演变，是学者探讨中国现代小说发展的重要参考资料。与中国现代小说发展相关的还有《中国现代小说流派史》。这部著作从小说流派的角度来研究中国现代小说发展，在学者研究中国现代小说作品及其发展历程时经常被引用。另外《想象中国的方法：历史·小说·叙事》集中了王德威先生近些年来有关晚清后中国小说发展的论文23篇。论文体现了作者的中国文学史观点，其观点经常被学者作为中国现代小说研究的参考加以引用。

《中国乡土小说史》全方位地探讨中国乡土小说。乡土小说作为乡土文学的主要表现方式反映了在农业文明向工业文明转化过程中人们的复杂情态。该书在接受世界乡土文学理念的同时，注意与中国实际相结合，反映了有中国特色的乡土小说的发展道路。在学者开展有关乡土小说的研究中受到较多关注。

三版不同的《中国文学史》都对中国文学历史发展过程进行了叙述，评价各时期中国文学作家、作品、文学现象，探究中国文学的发展规律。此外与中国文学发展历程相关的史论著作还有《中国现代文学三十年》、《中国当代文学史》、《中国当代文学史教程》、《中国新文学史》、《古史辨》，这些著作记述了特定时期中国文学的发展，时间跨度选取不一，但作为中国文学发展的研究成果，是学者探讨中国文学发展的重要参考资料。

《中国文学批评通史》主要就中国文学中的文学批评这个领域的发展历程进行了记述，从古代文学批评开始，直到近代中国文学批评理论现代化、系统化。这部著作梳理了各个时期中国文学批评作品，较为全面地反映了中国文学批评发展历程，是学者研究相关课题的重要参考资料。

《唐才子传校笺》是以日茂元刊十卷本为底本，参考《唐才子传》其他古代版本，考证近400位唐代重要诗人生平史料。这部著作以这些唐代诗人的生平和创作为基本架构，探究其作品思想，对于学者开展相关唐代文学家研究有着重要的史料价值，因而受到学者较多重视。

《魏晋南北朝文学思想史》作为一本研究魏晋南北朝文学思想的专著，详尽勾勒了近400年间文学思想的发展脉络，展现了这一时期中国文学的发展历程。魏晋南北朝时期是中国文学发展的重要阶段，这个阶段里中国文学发生了很多重大变革，在中国古典文学研究中历来是学者重点关注的时期之一。该书对于学者开展魏晋南北朝文学研究有着非常重要的理论价值，在相关研究中较多被引。

《红楼梦》作为我国古典小说的代表，长期以来一直是中国文学研究的热点之一，对于《红楼梦》的考证一直是中国文学学者研究的重要课题。《红楼梦新证》是周汝昌先生考证《红楼梦》的代表作，也是学者开展红学研究的必读之作，经常被学者作为参考加以引用。近年来有关红学的研究成果很多，《刘心武揭秘红楼梦》就是其中影响力较大的一本。该书主要考据了《红楼梦》中"秦可卿"的原型，拓展了红学研究范围,对近年来红学研究产生了较大影响。

(4) 文学作品类著作

文学作品是文学研究的基础,通过对被引情况的统计分析,我们可以发现哪些文学著作较多受到学者关注。分析 2000—2007 年 CSSCI 中的中国文学论文引用图书情况,我们发现鲁迅文学、《红楼梦》、《水浒传》等经典著作是学者关注的重点。本次入选的文学作品有《坟》(被引 205 次)、《华盖集》(被引 118 次)、《南腔北调集》(被引 106 次)、《且介亭杂文》(被引 98 次)、《二心集》(被引 89 次)、《三闲集》(被引 74 次)、《且介亭杂文二集》(被引 74 次)、《华盖集续编》(被引 66 次)、《而已集》(被引 59 次)、《热风》(被引 56 次)、《准风月谈》(被引 55 次)、《两地书》(被引 52 次)、《秦腔》(被引 24 次,2005 年出版)、《兄弟》(被引 23 次,2005 年出版)、《当闹钟与梦约会》(被引 10 次,2006 年出版)。对于这些入选作品,需要说明的有以下几点:首先,本次入选的文学作品主要参照 2000—2007 年间中国文学论文引用图书的情况,许多优秀文学作品由于被引次数较少并未入选,但被引情况只能反映近期学术关注情况;其次,一些古典文学作品,如《红楼梦》、《水浒传》等,我们将其归入历史文献讨论,这里就不再赘述;最后,鲁迅先生的著作许多本身就是合集,如杂文集、书信集,但考虑其文学影响,我们将这些作品归入此类讨论。

(5) 文学选集类著作

文学选集是学者根据研究对象,将文学作品收录在一起加以保存、传播、评注,这些选集有的选取特定文学体裁进行辑录,有的则是综合性辑录。不论是专门性选集还是综合性选集,这些著作都对文学作品研究产生了一定影响,是中国文学研究的重要学术资源。本次入选对中国文学产生较大影响的此类著作有《词话丛编》(被引 359 次)、《中国新文学大系》(被引 287 次)、《历代诗话续编》(被引 259 次)、《中国历代文论选》(被引 243 次)、《清诗话续编》(被引 171 次)、《先秦汉魏晋南北朝诗》(被引 141 次)、《中国古典戏曲论著集成》(被引 140 次)、《全宋词》(被引 104 次)、《西方文论选》(被引 86 次)、《全宋诗》(被引 78 次)、《宋诗选注》(被引 71 次)、《四部丛刊》(被引 53 次)、《续修四库全书》(被引 37 次,2002 年出版)、《中国历代小说论著选》(被引 46 次,2000 年出版)。需要说明的是,这里所说的文学选集主要反映了近现代学者的研究成果,因此不包括古人对各历史时期相关文学体裁的辑录之作[①]。

《先秦汉魏晋南北朝诗》、《全宋词》、《全宋诗》、《宋诗选注》是相关历史时期诗词选集,在学者开展诗词研究、文学家研究时经常作为史料被引。《词话丛编》、《历代诗话续编》、《中国历代文论选》、《清诗话续编》、《中国古典戏曲论著集成》、《中国历代小说论著选》是我国古典文学理论研究的著作选集。这些著作在学者开展

---

① 古人所辑各种文学作品选集已归入历史文献讨论。

古典文学理论研究时经常被作为参考资料加以使用，同时也是研究我国古典文学理论发展演化的重要资料。

《四部丛刊》、《续修四库全书》主要收录了古代中国文学作品，具有非常重要的史料价值。《四部丛刊》按我国传统分类法，将所有的书分成经史子集四大门类，力图辑录中国古代文学的必读书、必备书，《续修四库全书》则是《四库全书》的续编。

《中国新文学大系》全面地对五四以来的新文学进行了整理和总结，反映了新文学时期中国文学各方面所取得的成就。这部作品所辑各部均由新文化运动时期的著名学者选编，因而具有较高的史料价值。学者在研究五四文学、新文化运动时非常重视这部作品，经常参考引用。

《西方文论选》对西方古代和近代著名的文献作了精选和扼要的分析介绍，在一定程度上弥补了当时我国对西方文论研究的空白。这部著作是我国学者研究国外文学的重要学术资料，在学者开展国外文学研究时经常作为参考文献被引。

(6) 名家著作集类著作

专人研究一直是中国文学学者关心的热点之一，中国古代著名文学家、近现代产生过重大影响的文学家都是专人研究的重点对象。这些文学家的著作合集是其主要文学作品的汇集，对于研究其文学理念、写作风格、思想背景有着重要的参考价值。同时，这些著作合集也反映了文学家所处历史时期的社会背景，对于研究特定时期的文学有着重要的学术价值。本次入选的对中国文学产生较大影响的国内名家著作集如下：《鲁迅全集》（被引 4890）、《沈从文文集》（被引 374 次）、《胡适文集》（被引 306 次）、《闻一多全集》（被引 238 次，湖北人民出版社出版）、《胡风全集》（被引 213 次）、《茅盾全集》（被引 171 次）、《汪曾祺全集》（被引 162 次）、《沈从文全集》（被引 162 次）、《张爱玲文集》（被引 157 次）、《胡适学术文集》（被引 152 次）、《朱光潜全集》（被引 139 次）、《饮冰室合集》（被引 136 次）、《老舍文集》（被引 130 次）、《周扬文集》（被引 127 次）、《王国维文集》（被引 127 次）、《朱自清全集》（被引 126 次）、《郁达夫文集》（被引 123 次）、《郭沫若全集》（被引 117 次）、《老舍全集》（被引 111 次）、《林语堂名著全集》（被引 103 次）、《巴金全集》（被引 92 次）、《胡风评论集》（被引 88 次）、《冯至全集》（被引 88 次）、《闻一多全集》（被引 82 次，生活·读书·新知三联书店出版）、《沫若文集》（被引 78 次）、《瞿秋白文集》（被引 75 次）、《朱光潜美学文集》（被引 72 次）、《周作人文类编》（被引 70 次）、《七缀集》（被引 70 次）、《金明馆丛稿二编》（被引 69 次）、《王国维文学美学论著集》（被引 61 次）、《诗与真·诗与真二集》（被引 60 次）、《胡适全集》（被引 60 次）、《鲁迅杂文全集》（被引 57 次）、《赵树理文集》（被引 56 次）、《沈从文选集》（被引 55 次）、《鲁迅书信集》（被引 55 次）、《宗白华全集》（被引 54 次）、《章太炎全集》（被引 51 次）、《雕虫纪历》（被引 51 次）、《胡适文存》（被引 50 次）、《咀华集·咀华二集》（被引 27 次，2005 年出版）、《周作人自编文集》（被引 39 次，2002 年出版）、《陈衍诗论合集》（被引 49 次，1999 年出版）、《丁玲全集》（被引 38 次，2001 年出版）、《赵树理全集》（被引 43 次，2000 年出版）、《孙犁全集》（被引 21 次，2004 年出版）、《臧克家全集》（被引 31 次，2002 年出版）、《金明馆丛稿二编》（被引 36 次，2001 年出版）。需要说明的是，对于古代文学家选集，我们将其归入历史文献加以讨论，这里收录的名家著作集主要是近现代国内学者文学作品集。

（7）文化研究类著作

文化研究是目前西方最为流行的文化学术思潮，这个思潮对文学研究产生了重要影响。中国文学发展与中国文化密不可分，中国古代文化的儒家思想对中国文学产生了重大的影响。随着封建制度在中国的终结，中国文学也开始吸纳西方文化中的一些现代思想。本次入选对中国文学产生较大影响的国内文化研究著作有 4 种，分别是《士与中国文化》（被引 65 次）、《中国艺术精神》（被引 58 次）、《中国思想史》（被引 50 次）、《文化研究读本》（被引 46 次，2000 年出版）。分析被引情况，我们发现这些著作对于学者研究中国古典文化、西方文化对中国文学的影响等方面具有十分重要的参考价值。

《士与中国文化》通过对一系列史学专题的研究，展示"士"在中国文化史上的特殊地位。"士"作为古代中国的特殊阶层，对中国文化的传承与创新起到了相当重要的作用。中国古代知识分子也经常以"士"作为行为准则，并在文学作品中从各个角度描述"士"所代表的优秀品质。学者在研究古代文人思想时，经常参考引用这部著作。

《中国艺术精神》通过对中国文化作"现代的疏释"，阐释中国道德精神以及艺术精神。书中对庄子思想做了详细探讨，并深入研究了以老子、庄子为代表的道家文化思想对艺术的影响。这部著作从特殊角度出发，强调了道家的文化观，批判西方现实主义文化。这本著作涉及庄子学说、魏晋玄学、中国绘画等方面，学者在开展相关研究时较多引用。

《中国思想史》分两卷探讨了 7 世纪前中国的知识、思想与信仰世界以及 7 世纪至 19 世纪中国的知识、思想与信仰。这部著作较为全面地反映了古代中国思想发展历程，学者在开展古代思想研究时较多引用。

《文化研究读本》分 5 个部分收录了国外文化研究具有重要影响的论文。这 5 个部分分别是：什么是文化研究、历史与先驱者、差异政治与文化身份、大众文化的政治经济学、传媒研究。我国学者在探讨有关文化研究课题时，经常引用这部著作。

8.7 结语

综上所述，图书作为一种学术资源，对中国文学研究产生了重要的学术影响。为细致探讨图书对中国文学的研究学术影响,我们根据被引情况将其划分为"领袖著作"、"历史文献"、"工具书"、"国外学术著作"、"国内学术著作"5个大类。其中,"历史文献"、"国外学术著作"、"国内学术著作"入选图书数量较多,我们进一步将其细分,使之能够尽量全面地反映这些著作对学术研究的影响。需要说明的是,此次入选的图书包含信息量较大,我们的分类也只是从引文分析的角度找出学者较为关心的学术热点,很多图书在多个领域被引,我们在分类时选取了被引较多的类别将其归入。

本章所分的几种类别图书中,国内学术著作在入选数量和被引用次数所占比例上都位居首位,这体现了国内学术著作对中国文学的研究具有很大的学术影响。国内学术著作涵盖了中国文学研究的各个主要领域,如文学理论、文学评论、文学史论、专人研究、文化研究等,从而反映出国内中国文学研究的繁荣。历史文献也对中国文学产生了较大影响,仅次于国内学术著作,体现了中国文学作为传统文史哲学科的历史传承性。国外学术著作对中国文学影响较小,这表明中国文学与世界文学的交流有待加强。但值得一提的是,本次国外学术著作入选了50种,其中涵盖的比较文学、美学、女性文学等都成为中国文学新的研究热点,这反映出中国文学在保留传统特色以及本国特色的同时,也非常注重从国外学界获取新元素。领袖著作虽然入选较少,但其平均被引次数位居首位,反映了其作为指导思想的重要性,反映了中国文学学者始终以马克思主义为学术指导,崇尚马克思主义思想的优秀品质。

在被中国文学论文引用50次及以上或年均被引5次及以上的283种图书中共涉及211位作者,其中208位为个人作者,3位为团体作者。需要说明的是,部分入选图书为同一作者所著,不同出版社出版,我们在统计时将其归入同一作者作品加以讨论。同时,我们也注意到,在中国文学历史文献中,有部分图书出现较多注本,如刘勰的《文心雕龙》,这里我们也将其归入同一作者加以讨论。表8-9列出了被引图书数为3种以上的作者共12人,全部为我国学者,其中8位作者为近现代学者,4位为中国古代文学家。

表8-9　　　　　　　　　　中国文学学科入选3种及以上图书作者

序号	作者	入选图书种数
1	鲁迅	17
2	钱锺书	4
3	胡适	4
4	沈从文	3
5	王夫之	3
6	王国维	3

续表

序号	作者	入选图书种数
7	刘勰	3
8	杨伯峻	3
9	朱光潜	3
10	朱熹	3
11	宗白华	3
12	左丘明	3

入选的图书涉及60家出版社，其中入选图书5种及以上的出版社有11家，详情参见表8-10。

表8-10　　　　中国文学学科入选图书较多的出版社

序号	出版社	入选图书种数
1	中华书局	62
2	人民文学出版社	48
3	上海古籍出版社	29
4	生活·读书·新知三联书店	20
5	北京大学出版社	20
6	商务印书馆	8
7	上海译文出版社	7
8	上海人民出版社	6
9	人民出版社	6
10	复旦大学出版社	5
11	中国社会科学出版社	5

综上所述，我们可以看出，图书是中国文学重要的学术资源，对中国文学学术研究的影响主要有以下两个方面：第一，2000—2007年间中国文学论文引用图书的数量远高于其他类型文献被引，在所有类型文献被引总次数中占78.63%，是中国文学研究领域内最重要的学术资源；第二，中国文学引用文献语种以中文为主，中文文献所占比例高达86.08%，在所有外语（含译文）被引文献中，译文所占比例最大，8年间所占比例均超过70%。分析以上情况产生原因，主要是中国文学研究对象的区域性、研究成果主要表现形式以及研究者所处区域性所决定的。

第9章 外国文学

如本书第1章所述，在2000—2007年CSSCI的外国文学论文的引用文献中，图书所占比重已达到83.59%。充分说明了图书在我国外国文学研究领域中的重要作用，是外国文学研究不可缺少的重要学术资源。因此，从这一重要学术资源中，寻找、挖掘在外国文学领域中发挥重要作用、产生重大学术影响的图书，以促进外国文学研究的繁荣和发展，是学界所期待和关注的。通常由专家推荐的重要著作不可避免地带有个人学术偏好，存在一定的片面性和主观性，缺少让人信服的客观数据支持。为了弥补这一缺憾，我们利用广大学者在研究中引用图书的数据来分析重要著作，揭示其学术影响力。

为了推出我国外国文学领域最具学术影响的著作，我们借助《中文社会科学引文索引》（CSSCI），对其中2000—2007年外国文学学科论文引用的图书进行统计，选出被引次数较多的图书。由于被引数量是一个累积的数据，越早出版的图书其被引用次数可能越多。所以，为了使所选出的图书较少受出版时间影响，我们拟定了外国文学领域的图书入选标准：2000—2007年间，外国文学论文引用10次及以上的图书或年均被引3次及以上者。

需要说明的是，CSSCI的数据是按年度组织的，每一年度组成一个数据库。由于我们分析的数据跨越8年，势必要花费大量精力去校对、统一和合并，为了保证数据质量，我们做了如下处理：

（1）数据不一致的处理。其中包括：书名的主标题和副标题之间的符号不一致，例如，盛宁的《人文困惑与反思——西方后现代主义思潮批判》一书，有的标注为《人文困惑与反思：西方后现代主义思潮批判》；译著的作者不一致，有的引用著录的是译者，有的为原作者，例如，马丁·海德格尔著，陈嘉映、王庆节译的《存在与时间》，有的标注为马丁·海德格尔，有的标注为陈嘉映。这些记录都需要处理、补充和合并。

（2）多卷本著作的合并处理。为了反映一套书的整体学术影响，我们将一些多卷本著作进行合并处理。如《新编美国文学史》，全书共有四卷，如果拆分成四本书，则难以全面反映该套著作的整体学术影响。另一个需要合并的因素是，许多引文没有对所引用的书标注出卷，使我们在分卷处理时无法归入某一卷，因此，对这类分卷图书我们将其合并处理。

（3）为了反映一个作者、一种图书的学术影响，当我们确认了在不同年份、同一出版社出版的同一本书时，我们将其进行合并，确保这本书的学术影响能够充分反映出来。例如《存在与时间》一书，生活·读书·新知三联书店分别于1987年和1999年两次出版，作者相同，因此将其合并。

另一点需要说明的是，本章入选的在外国文学领域具有较大学术影响的图书，但并不意味着这些图书都属于外国文学学科，它们也可能属于其他学科，这些书的入选主要来自于外国文学的论文对其大量引用，说明这些图书在外国文学领域产生了较大学术影响。例如，入选的图书中有多部哲学经典著作，说明这些经典著作对外国文学研究也产生着重要影响。

9.1 概述

为了考察图书在外国文学研究领域的作用和影响，我们专门从CSSCI中统计出外国文学论文引用的期刊论文、图书、汇编文献、报纸文章、会议论文、学位论文、报告文献、法规文献、信函、网络资源等类型文献的数据，以突出图书对外国文学研究的重要影响。表9-1给出了2000—2007年CSSCI中外国文学论文引用各类文献的数量。本章对外国文学的图书学术影响力的讨论主要取自于这8年的41349次的图书被引数据（包括8112次的汇编文献被引数据）。由于绝大多数汇编文献是以图书形式出版的，以下涉及图书被引数据也都包括汇编文献被引数据，不再另作说明。

表9-1　　2000—2007年CSSCI中外国文学论文引用文献类型统计　　（单位：篇次）

类型 年份	期刊论文	图书	汇编文献	报纸文章	会议论文	学位论文	报告文献	法规文献	信函	网络资源	其他
2000	314	2116	488	35	8	4	0	0	1	1	29
2001	520	2368	407	57	12	1	0	1	1	8	6
2002	528	3344	519	46	4	0	0	1	0	19	9
2003	645	3220	792	94	5	3	0	0	0	38	31
2004	835	4578	1068	65	20	5	1	0	0	97	24
2005	962	5107	1377	100	5	10	0	0	1	85	34
2006	1132	5620	1481	97	10	19	2	0	0	116	18
2007	1653	6884	1980	139	27	18	1	0	2	180	36
合计	6589	33237	8112	633	91	60	4	2	5	544	187

从表 9-1 可以看出，2000—2007 年外国文学论文引用图书的数量远远超过其他类型引用文献，达到 41349 次，占所有引用文献的 83.59%，位居第一，其余类型的引用文献之和为 8115 次，仅占所有引用文献的 16.41%，说明被引的文献中，图书远远超过其余类型的引用文献，充分证实了图书是外国文学研究的第一大学术资源，具有其他类型文献无法比拟的重要学术价值。

从 2000—2007 年的图书被引数量的年度数据变化分析，8 年中图书被引数量呈逐年增加趋势，尤其是 2002 年和 2004 年的增幅分别达到 39.21% 和 40.73%。从各年份图书被引数量占所有被引文献数量比例的变化来看，图书所占份额却在波动中呈缓慢下降趋势，已从 2000 年的 86.92% 下降到 2007 年的 81.17%。以上分析表明：图书在外国文学研究领域是最重要的学术资源，其重要学术价值是其他文献无法替代的；另一方面，论文与网络形式的文献的占有比例逐年增加（已从 2000 年的 10.91% 上升到 2007 年的 17.20%），这一数据给了我们这样一个信息：外国文学研究的活跃度在逐年增加，其学科发展在提速。

引用文献的文种统计可以发现一个学科与国外学术界的接轨程度。CSSCI 标注的引用文献语种主要有：中文、英文、德文、法文、日文、俄文，另外还有部分文献属于其他语种和译著。表 9-2 给出了 2000—2007 年 CSSCI 中外国文学论文引用文献语种统计。

表 9-2　　　　2000—2007 年 CSSCI 中外国文学论文引用文献语种统计　　（单位：篇次）

年份\语种	中文	英文	德文	法文	日文	俄文	其他语种	译文
2000	785	1081	66	68	68	59	49	820
2001	994	1206	67	57	71	105	68	813
2002	1280	1618	81	62	111	72	112	1134
2003	1405	1577	120	69	196	63	53	1345
2004	1875	2438	157	85	128	77	102	1831
2005	2010	2973	203	129	190	92	127	1957
2006	2413	3315	103	113	214	110	131	2096
2007	3047	4422	186	134	250	55	173	2653
合计	13809	18630	983	717	1228	633	815	12649

由于外国文学的学科特点，决定了该学科的引用文献必然以国外文献为主，正如我们所预测的，表 9-2 的外国文学论文引用文献中，中文文献所占比例仅有 20% 左右，这是所有学科中中文文献被引所占比例最少的学科。在外文文献中，英文文献

的引用数量占据首位,其被引数量占国外被引文献总量的80%左右(不包括译文),从年度变化来看,2007年较2000年有了大幅度的提高,达到年均增加23.52%,说明我国外国文学领域对英美等英语国家的文学研究占据主流。

为了更合理地讨论外国文学领域的图书影响力,根据拟定的本学科遴选标准(总被引10次及以上或年均被引3次及以上)选出了151种在外国文学领域影响较大的图书,这151种总共被引2783次,占据外国文学论文引用的图书总次数的6.73%。为了更科学、系统地分析不同类别的图书对外国文学研究产生的不同影响,我们将这些图书分成5类:领袖著作、历史文献、工具书、国外学术著作(包括外国作家的作品)、国内学术著作。各类著作入选的详细数据参见表9-3。

表9-3　　　　　入选外国文学论文引用图书的类别统计

内容类别 \ 图书类别	领袖著作	历史文献	工具书	国外学术著作	国内学术著作
入选图书种数(种)	2	1	2	92	54
入选图书被引次数(次)	124	84	23	1642	910
入选图书被引次数所占比例(%)	4.45	3.02	0.83	59	32.7
入选图书的平均被引次数(篇次)	62	84	11.5	17.85	16.85

由表9-3可以看出,对外国文学产生最大学术影响的图书来自国外学术著作,无论被引种数还是被引次数,所占比重均在60%左右。入选的国内学术著作种数排在第二,被引次数也位列第二,所占比重达到32.7%,说明国内学术著作对外国文学研究也具有相当的影响。入选的领袖著作较少,仅有2本入选,入选种数与多个学科并列排在倒数第3位(参见第1章表1-2),这虽然可以解释为外国文学学科的特殊性,但我们还是应该注重马克思主义对学科的指导性。历史文献和工具书入选的图书都较少,分别只有1种和2种,这些都是由外国文学研究的学科性质所决定的。

9.2　领袖著作对外国文学研究的影响

领袖著作不同于学术性著作,它的高瞻远瞩对学术研究有着很强的指导性。通过对外国文学引用较多的领袖著作分析,可以了解领袖著作对外国文学领域的指导作用,也可以促进学者学习和阅读这些著作。根据拟定的外国文学图书入选标准,本章遴选出的对外国文学产生重要学术影响的领袖著作共有2本:《马克思恩格斯选集》、《马克思恩格斯全集》。表9-4给出了外国文学论文引用较多的领袖人物著作。

表9-4 外国文学论文引用较多的领袖人物著作

序号	图书信息
1	马克思：《马克思恩格斯选集》，北京：人民出版社，1972
2	马克思：《马克思恩格斯全集》，北京：人民出版社，1957

结合表9-3和表9-4可以看出，虽然外国文学学科入选的领袖著作不多，只有两本，但其较高的平均被引率，说明马恩著作对外国文学研究仍具有一定的指导作用，从引用这两本领袖著作的论文主题来看，它们涉及大多数外国文学研究领域：外国文学史研究，外国文学思潮、文学流派、重点作家研究，外国文学发展趋势研究，跨学科研究（外国文学与哲学、外国文学与宗教、外国文学与文化等），外国文学翻译研究，外国文学教材编撰等。

通常，文献资料的学术价值直接决定其被引次数，但易获得性、使用便捷性也是不能忽视的影响因素。《马克思恩格斯全集》（被引26次）共50卷本，而《马克思恩格斯选集》（被引98次）只有4卷本，很明显，《马克思恩格斯选集》相对于《马克思恩格斯全集》更加容易获得，使用也更加方便，这也许就是《马克思恩格斯选集》的被引次数大大超过《马克思恩格斯全集》的原因之一。

9.3 历史文献对外国文学研究的影响

由于外国文学的学科特点，其研究中涉及的历史文献较少，达到入选标准的只有1种，参见表9-5。

表9-5 外国文学论文引用较多的历史文献

序号	图书信息
1	《圣经》，中国基督教协会

从表9-5中的信息可以看到，入选的历史文献只有1种，即《圣经》。《圣经》（被引84次）是基督教的典籍，版本很多，在中国流传较广、影响较大的是中国基督教协会1989年版，该版本是采用简化字与现代标点符号的和合本。该书由《旧约》和《新约》两部分构成，《旧约》完成的年代是公元前1500多年到前400年之间，而《新约》完成的年代是公元30年到96年之间。旧约圣经最早的著作，至今已经有3500年的历史，而新约圣经最早的著作，至今也有1900年的历史。《圣经》

创造了很多奇迹：它不是一本文学书，但其中文笔的独特和优美是举世公认的，许多伟大的文学作品的题材直接来源于圣经；它也不是一本哲学书，但却是被哲学家引用最多、讨论最多的一本书；它不是历史书，但《圣经》中关于犹太古史的记载，无论从详尽还是可靠来说，都远远超过其他民族的古史书；它不在书店发行，但它的发行量却是全球之冠。直到目前为止，《圣经》仍然是全世界最受欢迎、销售量最多、影响最大的一本书。我国外国文学学者在研究西方文学的文化源头时，或多或少都会参考《圣经》，尤其是在《圣经》叙事艺术、《圣经》叙事中的重复艺术、《圣经》的叙事话语、《圣经》的悲剧美、《圣经》与乌托邦文学、《圣经》的阐释与西方对待希伯来传统的态度、《圣经》典故与象征意义、中西文化特性与审美精神、人类起源神话文化内涵、神学解释学与现代解释学等研究领域都可能参考引用该书。

9.4 工具书对外国文学研究的影响

通过查阅 CNKI 的中国工具书网络出版总库，我们发现外国文学类工具书共有 30 多部，从量上来说并不少。这些工具书在外国文学学科发展中起着一定的作用，具有辅助自学、解答疑难之功能，是开展外国文学研究工作的好助手。但我们从外国文学引用的工具书来看，其发挥的作用并不是很大，达到入选标准的只有两种工具书，表 9-6 给出了这两本工具书的书目信息。

表 9-6　　　　　　　　外国文学论文引用较多的工具书

序号	图书信息
1	中国大百科全书编辑委员会编：《中国大百科全书：外国文学》，北京：中国大百科全书出版社，1982
2	王先霈编：《文学批评术语词典》，上海：上海文艺出版社，1999

表 9-6 中的两种工具书分别是《中国大百科全书：外国文学》（被引 13 次）、《文学批评术语词典》（被引 10 次），仅有两种工具书入选可能来自两个方面原因：其一，外国文学学者还不是很善于使用工具书；其二，学者们虽在研究中参照了工具书，但并不认为是研究性参考而未将其列入参考文献，这种情况也许占据很大一部分。

《中国大百科全书：外国文学》卷共收条目 3007 个，插图 1827 幅，计 354 万字。内容包括东北亚文学、东南亚文学、南亚文学、西亚非洲文学、北欧文学、中欧东西欧文学、苏联文学、法语文学、德语荷兰语文学和英语爱尔兰语文学，该卷对"东方文学"给予了足够的重视。该百科全书对初入外国文学研究领域的学者具有引导作用，即使专家教授也应把它作为自己书架上的必藏之本。

由王先霈、王又平主编的《文学批评术语词典》由上海文艺出版社出版。这部词典从创意策划到组织编写,从数次修改到最后出版,历时 6—7 年。全书计 90 万字,共收入词目 1000 余条。该书分为"马克思主义文学批评"、"中国古代文学批评"和"西方现代文学批评"3 大部分,是近年来文学批评术语词典编撰上的大制作,其中"西方现代文学批评"在整部《文学批评术语词典》中约占 80%,因而也可以称为西方现代文学批评术语的一次检阅①。

9.5 国外学术著作对外国文学研究的影响

对于外国文学学科而言,国外学术著作尤其重要,因为其研究对象很多为国外文学,而且根据表 9-3 的统计,外国文学论文引用较多的著作也大多是国外学术著作。本章选出的对外国文学研究有较大影响的 151 种图书中,共有 92 种为国外学术著作(包括译著),占到所选图书的 60.93%,引用次数也占到全部入选图书被引次数的 59%(参见表 9-3)。表 9-7 给出 2000—2007 年间外国文学论文引用较多的国外学术著作目录。

表 9-7　　　　　外国文学论文引用较多的国外学术著作与作品

序号	图书信息
1	[俄] 米·巴赫金(M. M. Bakhtin)著,钱中文主编,晓河等译:《巴赫金全集》,石家庄:河北教育出版社,1998
2	[德] 黑格尔(G. W. F. Hegel)著,朱光潜译:《美学》,北京:商务印书馆,1979
3	[美] 爱德华·W. 萨义德(Edward W. Said)著,王宇根译:《东方学》,北京:生活·读书·新知三联书店,1999
4	[英] 莎士比亚(William Shakespeare)著,朱生豪等译:《莎士比亚全集》,北京:人民文学出版社,1978
5	[美] 勒内·韦勒克(Rene Wellek)等著,刘象愚等译:《文学理论》,北京:生活·读书·新知三联书店,1984
6	[俄] 米·巴赫金(M. M. Bakhtin)著,白春仁等译:《陀思妥耶夫斯基诗学问题》,北京:生活·读书·新知三联书店,1988
7	[英] 艾勒克·博埃默(Elleke Boehmer)著,盛宁等译:《殖民与后殖民文学》,沈阳:辽宁教育出版社,1998
8	[德] 马丁·海德格尔(Martin Heiderger)著,陈嘉映等译:《存在与时间》,北京:生活·读书·新知三联书店,1987

---

① 曾军:"术语的清理与文学批评话语的转型——评王先霈、王又平主编的《文学批评术语词典》",《外国文学研究》2001 年第 2 期。

续表

序号	图书信息
9	［古希腊］亚里士多德（Aristotle）著，罗念生译：《诗学》，北京：人民文学出版社，1962
10	［美］苏珊·S. 兰瑟（Susan Sniader Lanser）著，黄必康译：《虚构的权威：女性作家与叙述声音》，北京：北京大学出版社，2002
11	［美］布斯（Booth, W. C.）著，华明等译：《小说修辞学》，北京：北京大学出版社，1987
12	［德］恩斯特·卡西尔（Ernst Cassirer）著，甘阳译：《人论》，上海：上海译文出版社，1985
13	［奥］弗兰茨·卡夫卡（Franz Kafka）著，叶廷芳主编，洪天富等译：《卡夫卡全集》，石家庄：河北教育出版社，1996
14	［美］弗雷德里克·詹姆逊（Fredric Jameson）讲演，唐小兵译：《后现代主义与文化理论》，北京：北京大学出版社，1997
15	［德］弗里德里希·尼采（Friedrich Nietzsche）著，周国平译：《悲剧的诞生：尼采美学文选》，北京：生活·读书·新知三联书店，1986
16	［日］川端康成：《川端康成全集》，新潮社，1980
17	［德］爱克曼（J. P. Eckermann）著，朱光潜译：《歌德谈话录》，北京：人民文学出版社，1978
18	［美］爱德华·W. 萨义德（Edward W. Said）著，李琨译：《文化与帝国主义》，北京：生活·读书·新知三联书店，2003
19	［英］F. R. 利维斯（F. R. Leavis）著，袁伟译：《伟大的传统》，北京：生活·读书·新知三联书店，2002
20	［英］奥斯卡·王尔德（Oscar Wilde）著，荣如德等译：《王尔德全集》，北京：中国文学出版社，2000
21	［古希腊］亚里士多德（Aristotle）著，陈中梅译注：《诗学》，北京：商务印书馆，1996
22	［美］丹尼尔·贝尔（Daniel Bell）著，赵一凡等译：《资本主义文化矛盾》，北京：生活·读书·新知三联书店，1989
23	［英］弗吉尼亚·伍尔夫（V. Woolf）著，瞿世镜译：《论小说与小说家》，上海：上海译文出版社，1986
24	［法］西蒙娜·德·波伏娃（Simone de Beauvoir）著，陶铁柱译：《第二性》，北京：中国书籍出版社，1998
25	［俄］别林斯基（В. Г. Белинский）著，满涛译：《别林斯基选集》，上海：上海译文出版社，1979

续表

序号	图书信息
26	[法] 米歇尔·福柯（Michel Foucault）著，刘北成等译：《规训与惩罚：监狱的诞生》，北京：生活·读书·新知三联书店，1999
27	[美] Edward W. Said：*Orientalism*，London：Routledge & Kegan Paul，1978
28	[美] Richard Ellmann：*James Joyce*，New York：Oxford University Press，1959
29	[英] 托·斯·艾略特（T. S. Eliot）著，李赋宁译注：《艾略特文学论文集》，南昌：百花洲文艺出版社，1994
30	[美] 弗雷德里克·詹姆逊（Fredric Jameson）著，张旭东编，陈清侨等译：《晚期资本主义的文化逻辑：詹明信①批评理论文选》，北京：生活·读书·新知三联书店，1997
31	[英] 安德鲁·桑德斯（Andrew Sanders）著，谷启楠等译：《牛津简明英国文学史》，北京：人民文学出版社，2000
32	[美] 爱德华·W. 萨义德（Edward W. Said）著，谢少波等译：《赛义德②自选集》，北京：中国社会科学出版社，1999
33	[法] 巴尔扎克（Honore de Balzac）著，傅雷等译：《巴尔扎克全集》，人民文学出版社，1999
34	[美] 华莱士·马丁（Wallace Martin）著，伍晓明译：《当代叙事学》，北京：北京大学出版社，1990
35	[德] 康德（Immanuel Kant）著，宗白华等译：《判断力批判》，北京：商务印书馆，1964
36	[美] 马泰·卡林内斯库（Matei Calinescu）著，顾爱彬译：《现代性的五副面孔：现代主义、先锋派、颓废、媚俗艺术、后现代主义》，北京：商务印书馆，2002
37	[美] 弗雷德里克·詹姆逊（Fredric Jameson）著，王逢振等译：《政治无意识：作为社会象征行为的叙事》，北京：中国社会科学出版社，1999
38	[加] 诺思罗普·弗莱（Northrop Frye）著，陈慧等译：《批评的剖析》，天津：百花文艺出版社，1998
39	[法] 米歇尔·福柯（Michel Foucault）著，严锋译：《权力的眼睛：福柯访谈录》，上海：上海人民出版社，1997
40	[英] 特里·伊格尔顿（Terry Eagleton）著，王杰等译：《美学意识形态》，桂林：广西师范大学出版社，1997

---

① 本书统一将 Fredric Jameson 译为弗雷德里克·詹姆逊，但该书名中"詹明信"保持原名。
② 本书统一将 Edward W. Said 译为爱德华·W. 萨义德，但该书名中"赛义德"保持原名。

续表

序号	图书信息
41	[俄]尼·别尔嘉耶夫（Nicolas Berdyaev）著，雷永生等译：《俄罗斯思想》，北京：生活·读书·新知三联书店，1995
42	[捷]米兰·昆德拉（Milan Kundera）著，唐晓渡译：《小说的艺术》，北京：作家出版社，1992
43	[法]热奈特（Gérard Genette）著，王文融译：《叙事话语，新叙事话语》，北京：中国社会科学出版社，1990
44	[美]J.希利斯·米勒（J. Hillis Miller）著，申丹译：《解读叙事》，北京：北京大学出版社，2002
45	[英]拉曼·塞尔登（Raman Selden）编，刘象愚等译：《文学批评理论——从柏拉图到现在》，北京：北京大学出版社，2000
46	[捷]米兰·昆德拉（Milan Kundera）著，孟湄译：《被背叛的遗嘱》，伦敦：牛津大学出版社，1995
47	[古希腊]柏拉图（Plato）著，郭斌和等译：《理想国》，北京：商务印书馆，1986
48	[英]特里·伊格尔顿（Terry Eagleton）著，伍晓明译：《二十世纪西方文学理论》，西安：陕西师范大学出版社，1986
49	[英]巴特·穆尔－吉尔伯特（Bart Moore-Gilbert）等编撰，杨乃乔等译：《后殖民批评》，北京：北京大学出版社，2001
50	[法]米歇尔·福柯（Michel Foucault）著，刘北成等译：《疯癫与文明：理性时代的疯癫史》，北京：生活·读书·新知三联书店，1999
51	[美]勒内·韦勒克（Rene Wellek）著，杨自伍等译：《近代文学批评史：1750—1950》（1—8卷），上海：上海译文出版社，1987
52	[俄]米·巴赫金（M. M. Bakhtin）著，佟景韩译：《巴赫金文论选》，北京：中国社会科学出版社，1996
53	[捷]米兰·昆德拉（Milan Kundera）著，孟湄译：《小说的艺术》，北京：生活·读书·新知三联书店，1992
54	[美]伊恩·P.瓦特（Lan Watt）著，高原等译：《小说的兴起：笛福、理查逊、菲尔丁研究》，北京：生活·读书·新知三联书店，1992
55	[法]让－保尔·萨特（Jean-Paul Sartre）著，陈宣良等译：《存在与虚无》，北京：生活·读书·新知三联书店，1987
56	[古罗马]奥古斯丁（S. Aureli Augustini）著，周士良译：《忏悔录》，北京：商务印书馆，1963

续表

序号	图书信息
57	[美] 爱德华·W. 萨义德（Edward W. Said）著，单德兴译：《知识分子论》，北京：生活·读书·新知三联书店，2002
58	[阿根廷] 豪·路·博尔赫斯（Jorge Luis Borges）著，王永年等译：《博尔赫斯全集》，杭州：浙江文艺出版社，1999
59	[德] 瓦尔特·本雅明（Walter Benjamin）著，陈永国等译：《本雅明文选》，北京：中国社会科学出版社，1999
60	[英] 莎士比亚（William Shakespeare）著，梁实秋译：《莎士比亚全集》，内蒙古文化出版社，1995
61	[美] 埃默里·埃利奥特（Emory Elliott）主编，朱通伯译：《哥伦比亚美国文学史》，成都：四川辞书出版社，1994
62	[英] A. S. Byatt：Possession：A Romance，London：Vintage，1990
63	[英] 托·斯·艾略特（T. S. Eliot）著，王恩衷编译：《艾略特诗学文集》，北京：国际文化出版公司，1989
64	[英] 霍克斯（Hawkes，T.）著，瞿铁鹏译：《结构主义和符号学》，上海：上海译文出版社，1987
65	[意] 维柯（Giovanni Battista Vico）著，朱光潜译：《新科学》，北京：人民文学出版社，1986
66	[德] 叔本华（A. Schopnhauer）著，石冲白译：《作为意志和表象的世界》，北京：商务印书馆，1982
67	[日] 芥川龙之介：《芥川龙之介全集》，岩波书店，1977
68	[捷] 米兰·昆德拉（Milan Kundera）著，董强译：《小说的艺术》，上海：上海译文出版社，2004
69	[法] 蒂费纳·萨莫瓦约（Tiphaine Samoyault）著，邵炜译：《互文性研究》，天津：天津人民出版社，2003
70	[英] 戴维·洛奇（David Lodge）著，王峻岩等译：《小说的艺术》，北京：作家出版社，1998
71	[荷] 佛克马（Fokkema，D.）等编，王宁等译：《走向后现代主义》，北京：北京大学出版社，1992
72	[美] 弗拉基米尔·纳博科夫（Vladimir Nabokov）著，申慧辉等译：《文学讲稿》，北京：生活·读书·新知三联书店，1991
73	[德] 马丁·海德格尔（Martin Heiderger）著，彭富春译：《诗·语言·思》，北京：文化艺术出版社，1991

续表

序号	图书信息
74	［英］托·斯·艾略特（T. S. Eliot）著，裘小龙译：《四个四重奏》，桂林：漓江出版社，1985
75	［法］C. Baudelaire：*oeuvres*，*tome* 2，Bibliotheque de la pleiade，1976
76	［俄］列夫·托尔斯泰（Lev Tolstoy）著，陈燊等译：《列夫·托尔斯泰文集》（第14卷），北京：人民文学出版社，1992
77	［美］哈罗德·布鲁姆（Harold Bloom）著，江宁康译：《西方正典：伟大作家和不朽作品》，南京：译林出版社，2005
78	［德］汉斯-格奥尔格·伽达默尔（Hans-Georg Gadamer）著，洪汉鼎译：《真理与方法——哲学诠释学的基本特征》，上海：上海译文出版社，1999
79	［德］瓦尔特·本雅明（Walter Benjamin）著，王炳钧等译：《经验与贫乏》，天津：百花文艺出版社，1999
80	［英］阿伦·布洛克（Alan Bullock）著，董东山译：《西方人文主义传统》，北京：生活·读书·新知三联书店，1997
81	［意］艾柯（Umberto Eco）等著，王宇根译：《诠释与过度诠释》，北京：生活·读书·新知三联书店，1997
82	［德］马克斯·勃罗德（Max Brod）著，叶廷芳等译：《卡夫卡传》，石家庄：河北教育出版社，1997
83	［美］克拉克（Katerina Clark）等著，语冰译：《米哈伊尔·巴赫金》，北京：中国人民大学出版社，1992
84	［德］弗里德里希·尼采（Friedrich Nietzsche）著，张念东等译：《权力意志：重估一切价值的尝试》，北京：商务印书馆，1991
85	［美］马尔库塞（Herbert Marcuse）著，李小兵译：《审美之维：马尔库塞美学论著集》，北京：生活·读书·新知三联书店，1989
86	［德］瓦尔特·本雅明（Walter Benjamin）著，张旭东等译：《发达资本主义时代的抒情诗人：论波德莱尔》，北京：生活·读书·新知三联书店，1989
87	［法］波德莱尔（C. Baudelaire）著，郭宏安译：《波德莱尔美学论文选》，北京：人民文学出版社，1987
88	［美］福克纳（W. Faulkner）著，李文俊译：《喧哗与骚动》，上海：上海译文出版社，1984
89	［美］Fredric Jameson：*The Political Unconscious：Narrative As A Socially Symbolic Act*，Ithaca，N. Y.：Cornell University Press，1981

续表

序号	图书信息
90	［美］萨克文·伯科维奇（Sacvan Bercovitch）主编，孙宏等主译：《剑桥美国文学史》，北京：中央编译出版社，2005
91	［印］毗耶娑（Piyesuo）著，黄宝生等译：《摩诃婆罗多》，北京：中国社会科学出版社，2005
92	［奥］英格博格·巴赫曼（Ingeborg Bachmann）著，韩瑞祥选编：《巴赫曼作品集》，北京：人民文学出版社，2006

从国别来看，入选的 92 种国外学术著作分别来自美国（25 种）、英国（18 种）、德国（13 种）、法国（10 种）、苏联（俄罗斯）（6 种）、捷克（4 种）、古希腊（3 种）、奥地利（3 种）、意大利（2 种）、日本（2 种）、加拿大（1 种）、荷兰（1 种）、古罗马（1 种）、印度（1 种）、阿根廷（1 种）、爱尔兰（1 种）等 16 个国家。美国、英国合计有 43 种著作入选，占所有入选国外学术著作的 46.74%，说明美国和英国的学术著作对我国外国文学研究领域产生很大影响，德国、法国、俄罗斯等国的学术著作也对我国外国文学研究领域有着较大影响。其次，入选的 92 种国外学术著作中，译著 85 种，原版外文 7 种，说明外国文学领域十分注重国外优秀著作的引进，为我国外国文学研究的繁荣与发展打下了良好基础。

为了便于详细讨论国外学术著作对我国外国文学研究的影响，本章将入选的这些图书按著作的内容特征大致分为：文学作品集（13 种）、单行本文学作品（4 种）、文学史类著作（4 种）、文学理论类著作（42 种）、哲学与美学类著作（20 种）、其他类著作（9 种）等 6 大主题类别。需要说明的是，许多著作本身涵盖面较广，例如《巴赫金全集》，既涉及专题作家研究，也有小说理论研究，用一种类别往往难以包括所有内容，因此，我们的分类也主要是通过学者被引情况，选取学者研究时较多关注的热点主题将其归类。

（1）文学作品集

文学作品集为外国文学研究提供了丰富的文本阅读材料，对外国文学研究产生了重要影响，该类著作共入选 13 种，占 14.13%。

《巴赫金全集》（被引 92 次）收录了 20 世纪俄罗斯著名思想家、美学家、文艺理论家巴赫金在海内外发表的全部著述。全书分为 6 卷：哲学美学卷、周边集、小说理论卷、文本对话与人文卷、诗学与访谈卷、拉伯雷研究卷。该书在作者的祖国俄罗斯没有出版，说明作为 20 世纪最重要的思想家之一，巴赫金更多得到中国学界的青睐。在巴赫金文学体裁理论、陀思妥耶夫斯基正教诗学、巴赫金时空体理论、契诃夫小说与戏剧意识、俄罗斯语言学诗学流派、俄罗斯文艺学的历史主义传统与创新、俄罗斯文艺学的理论起点、狂欢化理论等研究领域，中国学者多参考引用该书。

值得注意的是该全集的第3卷《小说理论》、第4卷《文本对话与人文》和第6卷《拉伯雷研究》被大量引用，这也反映出巴赫金的小说理论、对话理论、狂欢化理论对我国外国文学研究产生了重要影响。

人民文学出版社1978年出版的《莎士比亚全集》（被引41次）共11册，是迄今为止收入作品最全的中文版莎士比亚全集。收入的莎氏戏剧共37部，其中31部为朱生豪所译。全集中其余6部莎氏戏剧作品，由方平译出，其语言更适合现代读者。诗歌部分由梁宗岱等人译。梁实秋翻译的《莎士比亚全集》（被引12次）第1版由台湾远东图书公司1967年出版，1968年全集40册出齐，内蒙古文化出版社于1995年出版了该全集的简体版。该书凝聚了梁实秋37年的心血，几乎是一年一部。尽管梁实秋翻译和出版莎士比亚的戏剧都比朱生豪早，但梁实秋的译本并没有在内地流传开来，这从朱版的被引用次数是梁版的3倍有余可见一斑，这与梁实秋1949年6月出走台湾有一定关系。我国学者在研究莎士比亚、莎士比亚有关的作品的课题时基本均引用该书。

《卡夫卡全集》（被引26次）选自德国菲舍尔出版社1994年的校勘本，包括作者创作的全部长篇、中篇和短篇小说。该版本忠实于卡夫卡的手稿，既保留了原作无规则的标点符号和异乎寻常的书写方式，又突出了原作完成和未完成的两个部分，同时也纠正了其他一些版本的错误，为翻译和认识卡夫卡的作品提供了很有价值的参考。国内研究卡夫卡的学者均参考引用该书，主要集中在以下几个主题：卡夫卡的思想史、卡夫卡与犹太文化、卡夫卡创作中的语言问题、卡夫卡作品中的父亲形象、卡夫卡小说美学、卡夫卡的自虐狂倾向、卡夫卡创作中的"办公室"形象等。

《川端康成全集》（被引25次）收录了日本新感觉派作家、著名小说家川端康成的作品，包括：小说、散文、随笔、讲演、评论、诗歌、书信和日记等。川端康成的创作，就思想倾向而言相当复杂，并且经历了一个颇为曲折的发展过程。川端康成对于作品的文学语言要求极为严格，对于自己所描写的对象总是观察细致，熟谙于心。因此，他在创作时用语简明，描写准确。目前通行的版本有：1959年11月起出版《川端康成全集》（12卷，新潮社，1962年8月出齐）。1981年为纪念川端康成逝世10周年，新潮社出版了新版《川端康成全集》（全35卷，另增补2卷，共37卷，1984年出齐）。在研究作家川端康成、川端康成写作风格等主题时多被我国学者所参考引用。

《王尔德全集》（被引22次）共六卷，收录的王尔德作品包括：小说、童话、戏剧、诗歌、评论随笔、书信。该全集系国内首次出版，让我们全面认识了这位充满矛盾的英国奇人。作为19世纪最重要的作家之一，王尔德是继莎士比亚之后在欧洲作品中被阅读最多、被翻译成最多语言的英国作家。他的诗歌、小说、戏剧、童话创作，言简意赅的艺术批评，文情并茂、堪当自传的上千封书信，无不在为清除平庸而实践着。该全集最难得的是书信集，这是国内唯一的完整翻译版，能比较清晰和完整地了解王尔德以及那个年代。该书对于研究纨绔主义与审美现代性、王尔德与中国文化、王尔德的审美性伦理观、享乐主义道德与唯美主义艺术、后现代西方作家左倾情结等课题具有参考价值。

《艾略特文学论文集》（被引 18 次）介绍了 20 世纪欧美最有影响力的文艺理论著作，较为全面、系统地反映了艾略特文学文化批评思想，具有很高的学术价值。在艾略特文学作品、文学创作理论等研究领域，我国学者均参考引用此书。

为了纪念 19 世纪法国最伟大的小说家巴尔扎克，人民文学出版社于 1999 年出版了《巴尔扎克全集》（被引 16 次）中译本。该全集收入了巴尔扎克除书信外的全部著作，其中 220 万字为已故著名翻译家傅雷所译，其余基本上都是 20 世纪 80 年代以来的新译。法语文学翻译界的佼佼者差不多都参加了这部巨著的翻译或审校工作，付出了无数的心血和汗水[①]。国内研究巴尔扎克的学者往往参考引用该全集。

《本雅明文选》（被引 12 次）选取了本雅明最具代表性的 13 篇作品，但一些有译本的重要作品未收入。该书详细解读了本雅明对语言的思考，本雅明的批评观念，本雅明对文学类型的研究，本雅明对艺术现代性的进一步思考，本雅明对资本主义的批判。我国学者在研究本雅明及其思想时多参考引用该书。

《博尔赫斯全集》（被引 12 次）为博尔赫斯作品最大规模的中文翻译之作，系根据阿根廷埃梅塞出版社 1996 年出版的 4 卷本《博尔赫斯全集》译出。全书收入博尔赫斯的小说 1 卷、诗歌和散文各 2 卷，共 30 个集子。其中小说卷收入 6 个短篇小说集和 1 篇献词；散文卷分上、下卷，共收入 10 个散文集和 1 篇《结语》；诗歌卷分上、下卷，共收入 14 个诗集。我国学者在研究博尔赫斯及其作品时多参考引用该书。

《芥川龙之介全集》（被引 12 次）收录了日本大正时代小说家芥川龙之介的作品，包括：小说、散文、诗歌、游记、评论和书简。芥川龙之介被称为日本短篇小说之王，在他短暂的一生中，写了超过 150 篇短篇小说。他的短篇小说篇幅很短，取材新颖，情节新奇甚至诡异，以其巧妙的构思与精湛的白描手法，往往给人意料之外的震撼。他的小说，凄绝中带有嘲讽，严肃中不失幽默，曾被翻译成 25 种以上语言，广受世界喜爱。该部著作对于研究芥川龙之介的文学意识、芥川龙之介的中国观、芥川龙之介的创作思想、芥川龙之介的宗教思想、芥川龙之介与中国文学、芥川龙之介和鲁迅等外国文学主题有重要的参考借鉴价值。

《巴赫曼作品集》（被引 4 次）的作者英格博格·巴赫曼被奉为奥地利当代最优秀的作家之一，在 20 世纪德语文坛具有重要地位。人民文学出版社推出这本《巴赫曼作品集》让我国读者了解这位颇具魅力的德语女性作家，进一步了解和认识奥地利文学。该书收入其诗歌、中短篇小说、广播剧、杂文等各种文体的代表作，反映

---

① 李可可："巴尔扎克诞辰二百周年纪念会——暨《巴尔扎克全集》中译本（纪念版）首发式在北京举行"，《中国图书评论》1999 年第 5 期。

了她不同时期的创作风格。在研究巴赫曼及其作品时，国内学者基本参考引用了该书。

（2）单行本文学作品

Possession：A Romance（《占有》）是英国当代著名女作家拜厄特（A. S. Byatt）的代表作，1990年获英文小说最高荣誉布克奖（Booker Prize）。这是一本很诗意化的小说，文学性很强。故事从文学研究助理罗兰偶然发现夹于一部古旧图书中的两封情书开始，引领读者沿着"维多利亚时代著名诗人"艾许断断续续的足迹，逐渐接近历史的真相。该书熔文化寻根、历史悬疑、学术计谋、凄美爱情于一炉，呈现出"荡气回肠的大师作品"的紧张刺激与悲伤惆怅。该小说2002年曾被改编成电影。我国学者在研究作家拜厄特及其作品时往往参考引用该书，8年间该小说被外国文学论文引用12次。

《四个四重奏》（被引11次）是艾略特晚期诗歌中的代表作，反映了他成熟的哲学思想和世界观。《四个四重奏》是一部诗与乐完美结合的现代主义经典作品。艾略特在创作理念中预设了"四重奏"这一音乐学概念，借助复调、对位、和声、变奏等音乐技法来建构这部作品的主题，因此只有从音乐性主题结构和相关音乐技法切入，才能完整地理解这部作品的审美价值[①]。在研究作品《四个四重奏》相关课题时，该书往往被参考引用。

《喧哗与骚动》（被引10次）以生动的创作主题和独特的艺术手法代表了福克纳创作的最高成就[②]。该书通过老康普生三个儿子的内心独白，围绕凯蒂的堕落展开，最后则由黑人女佣迪尔西对前三部分的"有限视角"进行补充，归结全书。小说大量运用多视角叙述方法及意识流手法，是意识流小说乃至整个现代派小说的经典名著。该著作对研究福克纳小说、小说的空间形式、时间哲学等外国文学主题有参考引用价值。

《摩诃婆罗多》（被引6次，2005年出版）是古印度两大著名梵文史诗之一，约成书于公元前4世纪至公元4世纪之间，即从产生和最后定型经历了约800年时间。全书以婆罗多族大战为故事主线，汇入印度古代各种神话传说、寓言故事以及宗教、哲学、政治、军事、律法和伦理等，而成为一部"百科全书式"的史诗，是印度古代文化的集大成者。2005年由中国社会科学院外文所梵文学者黄宝生研究员主持翻译的《摩诃婆罗多》（中文全译本，共6卷）的出版，有助于我们更好地了解印度古代神话传说、宗教哲学、政治制度、律法伦理和社会风俗等，对于推动国内的印度历史和文化的整体研究也大有裨益。我国学者在研究印度史诗《摩诃婆罗多》、中印

---

① 李兰生："'跃出诗外'的辉煌——《四个四重奏》的音乐学阐释"，《中南大学学报》（社会科学版）2005年第11卷第6期。

② 袁秀萍："艺术的创新与永恒——评析《喧哗与骚动》的叙述风格"，《楚雄师范学院学报》2004年第19卷第5期。

古代文化传统比较主题的论文时参考引用了该书。

(3) 文学史类著作

《殖民与后殖民文学》(被引34次)讨论了过去200年中以英语写作的文学作品，主要是小说和诗歌，也涉及了剧本、散文、游记和书信。作者并没有简单地认为文学即政治和社会发展的反映，她的目标是把后殖民理论所做的本不相关的认识扩展为一个更长的历史叙述，进而阐述一个20世纪后期全球化文化的故事。该书阐述了帝国主义如何把欧洲影响散布到世界各地，而使迥然不同的语言文化归于类似，这些不同的文化又如何进一步大肆混杂交融，终于使得英语文学典律出现了永久性的变化，继而又使过去被视为一统的英语语言分崩离析、七零八落。在涉及殖民主义文学、后殖民文学、跨文化书写、殖民和后殖民模仿、印第安历史的重构、文化批评与西方游记、诗歌中的民族文化等研究主题的论文中参考引用了该书。

《牛津简明英国文学史》(被引16次)是英国少壮派学者安德鲁·桑德斯的一部力作。该书详析了古英语文学、中世纪文学、文艺复兴时期、莎士比亚、17世纪和18世纪文学、浪漫主义、维多利亚时期、现代主义与战后写作；从乔叟直至希尼，涉及大量重要作家和作品；写文学也写历史，深刻地揭示了文学对政治发展、社会发展和知识分子发展的强大冲击。该书1994年初版，深得英语国家评论界好评，分别于1996年、1999年和2002年重版并作修订。我国外国文学界在研究英国作品、英国文学史等主题时参考引用了该书。

美国哥伦比亚大学出版社1988年出版了《哥伦比亚美国文学史》(被引12次)，1994年四川辞书出版社出版了中译本。原书的主编是美国普林斯顿大学英语系主任埃默里·埃利奥特教授，译者为四川大学美国研究中心教授朱通伯等。这本著作涵盖了从史前洞穴里的记叙文字到20世纪60年代的激进运动，一直到80年代的各种实验性尝试这样广阔的范围。该书不仅讨论了霍桑、麦尔维尔、狄金森、海明威等有确定地位的作家，同时也相当注意诸如凯特·肖邦等新发现的作家以及过去没有充分研究的文学运动和写作样式。这本著作吸取了最新的批评方法和理论观念，反映了美国文学史研究中的论争和不同见解。我国学者在研究欧美文学史、美国族裔文学、当代美国文学和欧美文化融合等主题时多参考引用该书。

萨克文·伯科维奇主编的8卷本《剑桥美国文学史》(被引8次)于1994年至2005年陆续出版完成，各卷分别对1590年至1995年之间的美国多种文学流派和文学作品进行了广泛的、跨学科的论述。"该书在新的文学观、文学史观和历史观的视野下，采用了与此前文学史不同的撰写模式，这种模式在美国文学史的撰写中具有开创性，对于其他国别文学史的撰写有一种启迪意义和借鉴作用"[①]。我国学者在研

[①] 苗永姝："在历史想像中还原文学史——评八卷本《剑桥美国文学史》"，《国外理论动态》2008年第11期。

究美国南方小说、美国同性恋文学、小说中双环形结构等问题时引用了该书。

(4) 文学理论类著作

在这6个类别国外学术著作中文学理论类著作的影响最为广泛，共有42种著作，占所有入选国外学术著作的45.65%，表明我国外国文学界非常注重对国外文学理论的参考和借鉴。

① 基本理论著作

韦勒克和沃伦合著的《文学理论》（被引36次）是西方形式主义流派的代表作，也是西方文艺学的权威性著作。作者特别重视艺术形式分析的审美意义和美学价值，并将文学研究区分为"外部研究"和"内部研究"，宣称只有内部研究才是真正的"文学的研究"。该书试图把诗学、批评、研究和文学史统一为一个内部研究体系，逐步建构起以文学本体为研究对象的理论体系，其中文学的"本体性"和文学的"内部研究"是这一体系的核心内容[①]。该书对我国学者在研究文学思潮观、诗性和乐感、诗歌的文学精神、诗歌的美学思想、艺术表现架构、诗歌创作方法等主题时有较高的参考引用价值。

伊格尔顿的《二十世纪西方文学理论》（被引14次）系统地介绍和评论了西方20世纪文学理论。作者将起自俄罗斯形式主义的纷繁复杂的20世纪西方文学理论革命梳理出从形式主义、结构主义到后结构主义，从现象学、诠释学到接受美学以及精神分析理论三条主要的发展脉络，对其产生和流变、问题和局限进行了深入分析。伍晓明依据1996年第2版译出该书中文版。在涉及英美女性文学中的宗教意识、道德情结和圣经方式、克里斯特瓦的女性主义诗学、伊格尔顿的文学意识形态、历史诗学等主题的外国文学论文中多参考引用了该书。

蒂费纳·萨莫瓦约的《互文性研究》（被引11次）主要从互文性概念的渊源、手法以及特征这三个角度详细介绍了"互文性"究竟为何物。在互文性概念的界定上，更多地把互文性当作一个文本中出现其他多种话语的状态来考察，强调文学的记忆，文本对现实、文本对文学传统、文本对文本的参考作用；在文本与作家、读者、世界之间关系的界定上，该书完成了一种解构主义式的间性的转变；在阅读理论上，该书又强调了结构主义阅读方法。该书在涉及二元文本的艺术张力、叙事策略、女性主义小说、历史诗学等主题的研究领域具有一定的参考引用价值。

《文学讲稿》（被引11次）是俄罗斯出生的美国小说家、诗人、文学批评家、翻译家、文体家纳博科夫的著作。该书以简洁明晰的语言、深入浅出的叙述，明确地表达了他对所讨论作品的看法，观点鲜明、独到。作者从文本出发，从分析作品的语言、结构、文体等创作手段入手，抓住要点，具体分析，充分突出了作品的艺术

---

① 王佳佳："文学的纯文学研究——读韦勒克和沃伦合著的《文学理论》"，《淮北职业技术学院学报》2009年第8卷第2期。

性，点明了作品在艺术上成功的原因。该书还较多地引用了作品的原文，这一方面保留了此书原为课堂讲稿的本色，另一方面也具体说明了作者的见解是如何形成的。如果我们了解纳博科夫的艺术观，将更加有助于阅读这部著作。在研究纳博科夫及其文学观等主题时我国学者参考引用了该书。

《米哈伊尔·巴赫金》（被引 10 次）的两位作者克拉克和霍奎斯特是颇有造诣的文论家，对现代各派思潮相当熟悉。该书是迄今为止西方世界较为权威的巴赫金研究专著，具有一定的理论深度和比较广泛的文化视野。巴赫金的著述涵盖了语言学、精神分析、神学、社会理论、历史诗学、价值论和人的哲学。此外，他还专论了活力论、形式主义以及陀思妥耶夫斯基、弗洛伊德、歌德和拉伯雷的著作。在西方的人类学家、民俗学家、语言学家和文学批评家的圈子当中，他已获得了举足轻重的地位。该书对于巴赫金文学体裁理论、文学理论等研究具有参考引用价值。

《诠释与过度诠释》（被引 10 次）是意大利著名小说家、符号学家艾柯与罗蒂、卡勒、罗斯这 3 位知名学者的辩论文集，主要探讨诠释的有限性问题。艾柯以作品的创作者和解释者的双重身份，提出的观点更有意义和启发性。他在书中提出"作品意图"这一概念，来限制文本诠释具有的无限丰富的可能性。而罗蒂、卡勒、罗斯则分别从哲学、文学理论和文学批评等方面反驳艾柯，并阐述了各自的独特观点。在这个讨论中，我们可以看到诠释学的不同理论之间的差异及其交锋。我国学者在研究叙事策略、神秘主题、深层主题等文学领域时参考引用了该书。

② 小说与诗歌理论

《陀思妥耶夫斯基诗学问题》（被引 35 次）是巴赫金的成名之作。该书作者以"对话理论"为基础，对陀思妥耶夫斯基的复调小说进行了大量而又周密的研究，其中以专章分析了陀氏小说的对话语言风格。这些语言风格的分析，都是从"元语言学"的对话类型角度入手的，尚未涉及"元语言学"与语言学的关系问题。我国学者在陀思妥耶夫斯基诗学理论、"历时性"诗学、复调艺术、宗教修辞以及俄罗斯人文精神等研究领域的论文中，很多参考引用了该书。

古希腊著名美学家亚里士多德的《诗学》，原名为《论诗》，据说是亚里士多德的讲义。中译本主要有：罗念生版（被引 31 次，人民文学出版社，1962 年）、陈中梅版（被引 22 次，商务印书馆，1996 年）。原书有佚失，有人认为失传的第二卷可能是讨论喜剧的。现存 26 章分为五大部分，主要讨论悲剧和史诗。第一部分主要分析了各种艺术所模仿的对象、模仿所采用的媒介和方式，以及各种艺术由此而形成的差别，进而指出了诗的起源，还追溯了悲剧与喜剧的历史发展。第二部分讨论了悲剧的定义、构成要素和写作风格等。第三部分讨论的是史诗。第四部分讨论了批评家对诗人的指责，并提出反驳这些指责的原则和方法。第五部分比较了史诗与悲剧的高低。我国学者在研究文学范式的转化、古典情诗中的喻托、主题与叙事技巧、反戏剧手法、歌曲的作用、文学伦理学批评与道德批评、悲剧艺术、诗学归纳法、诗学流派等外国文学主题时多参考引用了该书。

韦恩·布斯的《小说修辞学》初版于1961年，再版于1983年。该书一问世便赢得了欧美文论界的很高赞誉，被称为"小说美学的里程碑"。这部著作对欧美小说理论的发展产生了巨大的影响，成为了西方许多大学文学系学生的必读书之一[①]，在我国也有相当的影响。在我国该书主要有两个译本：华明、周宪版（被引28次，北京大学出版社，1987年）和付礼军版（广西人民出版社，1987年）。我国学者在研究结构艺术、叙事结构、小说情节结构原型、叙述视角、现代童话、饶舌叙述等主题时大多参考引用了华明、周宪版。

《论小说与小说家》（被引22次）的作者弗吉尼亚·伍尔夫是意识流小说的代表性作家，在小说理论研究上颇有建树。该书收集了她的10多篇论文，分别论述作者对奥斯丁、爱略特、康拉德、哈代、劳伦斯、福斯特等人作品的看法。从中可以看出作者的一些文学论点及她的批评方式。在诗小说、悲剧艺术比较、现代叙事艺术特征、文学伦理学批评的多元主义等论文中对该书多有参考引用。

《伟大的传统》（被引22次）从英国小说史上乔治·艾略特、亨利·詹姆斯、约瑟夫·康拉德等"几位真正大家"着手，梳理和阐明了英国小说传之伟大所在，以"唤醒一种正确得当的差别意识"。我国学者在研究英国小说史上的著名大家时多参考引用该书。

捷克流亡作家米兰·昆德拉的《小说的艺术》中译本主要有：唐晓渡版（被引15次，作家出版社，1992年）、孟湄版（被引13次，生活·读书·新知三联书店，1992年）、董强版（被引11次，上海译文出版社，2004年）3个版本。《小说的艺术》为米兰·昆德拉的自述，直接反映出其艺术观点、写作风格、写作技巧、写作态度以及在这态度背后的他对人和世界的态度，他对文学传统的了解和认识。中译本的出版有助于中国作家、评论家们全面深入了解米兰·昆德拉。我国学者在涉及小说创作原则、权力的内化与人的社会化、美学适用性、创作风格等主题的论文中对3个版本的中译本都有参考和引用。

米兰·昆德拉的《被背叛的遗嘱》（被引14次）是"一部关于小说的艺术、欧洲小说的渊源、小说与音乐及其他姐妹艺术、小说与存在智慧的作品。作者赋予它小说的框架，让小说、回忆录、音乐评论、艺术札记、哲理随笔、翻译研究、名词释义等分析元素穿插其中，融抒情、叙事和议论为一体，以全然个性化的言说方式反映了我们时代的精神境况"[②]。我国学者在撰写关于父亲形象、现实主义、随笔主义、小说美学的比较等论文时，许多参考引用了该书。

伊恩·P.瓦特的《小说的兴起：笛福、理查逊、菲尔丁研究》（被引13次）是

---

① 程锡麟："小说理论的里程碑——谈布思的《小说修辞学》"，《四川大学学报（哲学社会科学版）》1997年第3期。

② 汪剑钊："雾中人的自由——读《被背叛的遗嘱》"，《中国图书评论》1996年第9期。

20世纪50年代英美小说理论研究的扛鼎之作[1],该书对18世纪早期小说予以了充分研究,也是将现代社会学应用于文学的开山之作[2]。在涉及贵族与平民形象、小说文化意味、小说形式研究、诡异创作风格等主题论文中,有一些参考引用了该书。

《艾略特诗学文集》(被引12次)收入英国著名现代派诗人和文艺评论家艾略特关于诗歌的精辟专论,还收入了一些他关于社会、文化等方面的论文,使读者对艾略特的文学思想有一个更全面的了解。艾略特开启了一代诗风,他的创作和他的批评是紧密相关的。我们可以通过他的批评更好地欣赏他的创作,同时也有助于我们更好地理解文学的本质,有助于提高当代中国文学、中国诗歌的水准。很多国内学者在涉及诗歌的文学精神、艾略特研究、英美现代主义诗歌、文化的多元融合等研究主题时参考引用了该书。

戴维·洛奇的《小说的艺术》(被引11次)由50篇短文组成。每篇开头都有文本片段作为例子,论述了传统的小说艺术,并介绍了现代主义—后现代主义的新技巧。该书充分发挥了洛奇本人既精通文本细读又掌握后现代理论,既有理论思维又会形象表达的特长,彰显出学者型作家的独特魅力。我国学者在涉及小说中的偶然性、小说理论、小说创作、叙事母题、元小说叙述等主题的外国文学论文中对该书有所参考引用。

③ 叙事理论

《虚构的权威:女性作家与叙述声音》(被引30次)是女性主义叙事学的代表人物苏珊·S. 兰瑟的一本女性主义叙事学力作。该书中译本的出版使我们对女性主义叙事学有了较为全面的了解。该书讨论的小说文本都通过文本中产生出来的叙述声音来涉及有关权威的问题,提出个人型叙述声音、作者型叙述声音和集体型叙述声音的概念,为女作家发出自己的声音提供了理论依据[3]。我国学者在涉及"话语"结构、性别政治、女权主义、黑人女性文学、叙事策略、叙述声音、多重对话关系、结构艺术等研究主题的论文中多参考引用该书。

华莱士·马丁的《当代叙事学》(被引16次)从小说理论入手,在社会、历史、文化与哲学、精神分析的背景下,对西方近代的各种叙事理论的得失作了全面而精当的介绍与评述。作者通过评介方式,显示这些小说理论已经如何改变了我们对虚构作品、非虚构作品(诸如传记与历史写作)的理解。《当代叙事学》受到研究小说、虚构作品和批评理论的学者的欢迎。在涉及小说叙事动力、结构艺术、小说空

---

[1] 董俊峰:"英美小说理论研究的拓展与深化——《小说的兴起》与《小说修辞学》述评",《贵州大学学报》(社会科学版)2001年第19卷第1期。

[2] 柳鸣:《从现代主义到后现代主义·西方文艺思潮论丛》,中国社会科学出版社1994年版,第26页。

[3] 王晓静:"有了声音便有路可走——女性作家与叙述声音",《平原大学学报》2008年第25卷第3期。

间形式、叙事结构、叙述声音、精神分析与传记真实性等主题的论文中该书得到一些参考引用。

《叙事话语 新叙事话语》（被引15次）收录了法国著名的批评家、修辞学家以及结构主义叙事学代表热拉尔·热奈特的两篇论文——《叙事话语》、《新叙事话语》，这两篇论文被称为法国结构主义文论的纲领性文件①。热拉尔·热奈特总结了文学叙事的规律，提出了"故事"和"话语"两个叙事学概念。除了"故事"和"话语"，热奈特还对故事、叙事和叙述作了界定。他建议用故事表示内容；用叙事表示话语或文学；用叙述表示行为或动作。该书在叙事策略、叙述结构、叙事艺术、叙述视角、叙事构建、小说的空间形式等外国文学研究领域被广泛参考引用。

美国解构主义批评的主要代表J.希利斯·米勒的《解读叙事》（被引14次）由申丹教授主持翻译。"米勒以线条意象为框架，对各个时期的各种叙事文本进行了大量鞭辟入里、极具新意的细读，为我们观察文学文本中的各种语言现象和修辞手段提供了新的角度和方法，富有启迪意义"②。线条意象为米勒的论述带来了系统性、生动性和新的切入点，也为我国的批评理论提供了颇有价值的参照和借鉴。在研究叙述形式、反讽、J.希利斯·米勒、解构主义、戏剧叙事、饶舌叙述等主题时该书具有一定的参考引用价值。

弗雷德里克·詹姆逊的 *The Political Unconscious: Narrative As A Socially Symbolic Act*（被引10次）是"一部具有重要影响且极富挑战性的作品，被认为是詹姆逊最成熟的马克思主义文艺学研究成果"③。书中，詹姆逊坚持认为无论从任何批评角度出发，文学阐释都首先并且最终是政治和"社会象征行为"。该书中译本《政治无意识：作为社会象征行为的叙事》（被引15次）由王逢振、陈永国翻译完成，中国社会科学出版社1999年出版。国内学者在涉及詹姆逊后现代理论、意识形态理论、叙述理论以及美国主流文化的"华人形象"、基督教经典阐释体系等主题的外国文学论文中对该书均有参考引用。

④ 文学批评

《近代文学批评史：1750—1950》（被引45次）是当代美国著名比较文学专家勒内·韦勒克的代表作。它以新批评、俄罗斯形式主义和英加登的美学为理论框架，第一次系统梳理了200年间西方文学批评的发展脉络。全书分为8卷，1955年由耶鲁大学出版社出版第1卷，1992年出齐，前后跨越37年。3年之后勒内·韦勒克逝

---

① 李权文："当代叙事学的奠基之作——评热拉尔·热奈特的《叙事话语》"，《山花》2009年第4期。
② 申丹："解构主义在美国——评J.希利斯·米勒的'线条意象'"，《外国文学评论》2001年第2期。
③ 苏绘泉："詹姆逊《政治无意识》的文学叙事理论"，《读与写杂志》2008年第5卷第6期。

世，享年92岁。也就是说，韦勒克倾其后半生的全部精力在这部《近代文学批评史：1750—1950》上。该书中文版的出版也跨越了整整20年的时间，第1卷由上海译文出版社在1987年出版，此后的20年相继出版了后7卷，第8卷于2006年12月出版。外国文学论文对该书的引用主要集中于如下主题：现代文学理论研究、浪漫主义理论价值、中外诗歌创作理论、从俄罗斯文学到苏联文学的诗学转换等。

萨义德的《文化与帝国主义》（被引22次）对现代西方宗主国与它在海外的领地的关系做出了普遍性的描述，内容涵盖"重叠的领土，交织的历史"、"融合的观念"、"抵抗与敌对"等四章。作者采用"对位阅读"的批评方法，对19、20世纪英法小说文本进行后殖民主义的细读和阐释，探讨西方文学叙事与帝国主义事业之间、西方帝国主义的扩张与其整体民族文化之间的联系，分析阐述"文化"与"帝国主义"的"共谋"关系[①]。这一批评方法也成为后殖民理论美学分析的经典阐释模式。该书开启了运用后殖民理论进行文学批评的道路，在标准的学术和历史分析中增加了文学批评的新维度。我国学者在涉及萨义德的文学观、后殖民文学及其主体性、文学道德观、雅西宗教文化、悲观主义历史观、复调艺术等主题的论文中参考引用了该书。

《别林斯基选集》（被引21次）是根据苏联科学院出版的13卷本《别林斯基全集》，并参照苏联国家文学出版社1948年版《别林斯基选集》3卷本进行编选和翻译的。该书主要内容包括：论普希金、莱蒙托夫、果戈理及其他俄罗斯重要作家的评论，1840—1847年的年度文学总评，对当时俄罗斯文学中某些错误倾向及作品的批评，还有部分对西欧文学的评论等，凡别林斯基较重要的论文基本入选其中。这些文艺理论著作对于我们研究俄罗斯文学的发展进程无疑将提供最重要的根据，对于我国的文艺创作也具有现实的借鉴作用。我国学者在以戏剧研究、诗学理论、多重话语、俄罗斯比较文学、俄罗斯民族认同、悲剧意识、主人公的恶魔性、俄罗斯文艺学等为主题的论文中很多参考引用了该书。

《赛义德自选集》（被引16次）的作者是当代美国著名的批评家爱德华·W. 萨义德。他的著作卓尔不群，富有独创性，善于将表现理论与文化实践联系起来。该书选择了作者最著名、最有代表性的论文，侧重批评理论和文化实践，其中包含《东方主义》、《世界、文本和批评家》及《文化与帝国主义》的最主要论点。我国学者在萨义德的文学观、美国华裔文学、美国少数族裔批评理论、大正日本文学等外国文学研究领域多有参考引用该书。

诺思罗普·弗莱的《批评的剖析》（被引15次）是一部原型批评的代表作，但其内容又不局限于单一的批评模式。该书着重研究西方整个文学系统的结构形式，

[①] 许晓琴："阐释文学经典，重构西方文化史——读赛义德《文化与帝国主义》"，《中国图书评论》2006年第12期。

并对这些结构形成进行了多层面的精细分析。因此,从另外一个角度看,它也是西方最早的一部结构主义文学批评著作。① 我国学者在文学中的宗教与神话、《占有》中对话关系等研究主题时对该书有所引用。

拉曼·塞尔登主编的《文学批评理论——从柏拉图到现在》(被引 14 次)是一本颇有特色的西方文论选本,在同类的西方文论史书籍中占有很重要的地位。这部书的编排打破了原有的按时代顺序的传统方式,在阅读的时候给人耳目一新之感。该书按再现,主体性,形式、体系与结构,历史与社会,道德、阶级与性别 5 个主题来编选从柏拉图开始到现在的主要西方文论理论。每个主题都对文学及其背景提出一些根本性的问题,然后再对这些问题进行详细阐释和回答。我国学者在关于文学伦理观、文学浪漫主义、诗学理念、消费文化、文学道德观、诗歌与道德关系、唯美主义等主题的论文中多参考引用了该著作。

《后殖民批评》(被引 13 次)由巴特·穆尔 - 吉尔伯特等人编撰并撰写评论,朗文出版公司 1997 年第 1 版,中文版据此译出。该书所收集的 11 篇论文,大都写于 1991 年至 2000 年,基本呈现了作者在急剧变动的时代对现实中出现的一些理论问题的思考。主要讨论以下 3 个方面的问题:一是后现代主义和后殖民主义提出的一些论题,作者把其当做全球化的意识形态的产物和生产者;二是全球化问题,同时也讨论了本土和全球化的关系、"本土中的全球化"等问题;三是全球资本主义条件下的激进的政见形式,包括后革命和后社会主义等问题。这些问题的讨论具有较高的理论意义和现实意义。我国学者在涉及小说中种族主义、虚拟殖民文学、后殖民主义文学等主题的论文参考引用了该书。

⑤ 文学流派

《后现代主义与文化理论》(被引 25 次)是詹姆逊学术著作中唯一没有英文版的作品。1985 年詹姆逊在北京大学开设了西方文化理论专题课,着重讲述晚期资本主义的文化特征,该书是这次讲课的翻译记录。他认为,在继国家资本主义、垄断资本主义(帝国主义)之后的晚期资本主义是一个过度全商品化了的、技术高度发达的信息社会。在这样的社会中,个人对时间和空间的感受产生了新的变化,历史的深度消失了。多民族、无中心、反权威、叙述化、零散化、无深度等概念是这个社会的主要文化特征,"后现代主义"是对这些特征的概括。我国学者在涉及文学意识形态理论、后现代主义文化理论、后现代小说"通俗化"、后现代论争、消费文化与生存美学、后现代文学作品中的道德嬗变等主题的论文多参考引用该书。

《现代性的五副面孔:现代主义、先锋派、颓废、媚俗艺术、后现代主义》(被引 15 次)从美学角度分析了现代性的 5 个基本概念:现代主义、先锋派、颓废、媚俗艺术和后现代主义,对其来源、演变过程直至目前的状况作了详尽的论述,并列

---

① 阮毅:"开放的批评——读《批评的剖析》",《咸宁学院学报》2006 年第 26 卷第 5 期。

举了丰富实例。作者还提出美学现代性应被理解成一个包含三重辩证对立的危机概念，即对立于传统；对立于资产阶级文明的现代性；对立于美学现代性自身。我国学者在涉及文学中审美现代性、唯美主义、后现代主义的现代性等主题的外国文学论文中参考引用了该书。

《走向后现代主义》（被引 11 次）将"后现代主义"作为一种文化概念，全面考察了它的历史沿革、世界观，后现代主义与现代主义的关系，后现代主义的准则及其文学史分期等理论问题，同时还运用新批评理论对后现代主义的文学作品的艺术结构进行生动的剖析和论述。该书在后现代派文学、后现代主义小说、后现代的多重意义、文学范式的转化等研究领域有一定影响，很多学者参考引用该书。

⑥ 作品评论和作家研究

理查德·艾尔曼（Richard Ellmann）的 *James Joyce*（詹姆斯·乔伊斯，被引 19 次）至今仍是众多乔伊斯评传中无出其右的经典之作。此书 1959 年由牛津大学出版社出版后，立即受到学界的热烈欢迎与好评，后来又增补了许多鲜为人知的新鲜材料，于乔伊斯诞辰百年之际（1982 年）出了修订增扩版。全书近 900 页的篇幅，分为 5 个部分，以编年的顺序详细叙述乔氏的文学生涯。这本评传不仅以资料丰赡翔实、观点中肯独到为乔学者推崇，而且其文字流丽，文采斑斓也是学界公认的。我国学者在乔伊斯的小说艺术、乔伊斯研究等领域的论文中均参考引用该书。

德国美学家、文艺批评家和哲学家本雅明的《经验与贫乏》（被引 10 次）收录了作者自 1915 年所写的《评弗里德里希·荷尔德林的两首诗》（《诗人之勇气》、《羞涩》），1920 年所写的《德国浪漫主义的艺术批评概念》，1931 年创作的《评弗兰茨·卡夫卡的建造中国长城时》，1933 年《经验和勇气》，1934 年的《弗兰茨·卡夫卡——纪念卡夫卡逝世十周年》，1938 年的《致格尔斯霍姆·朔勒姆的信》，总计 12 篇力作。本雅明的作品在法兰克福学派批评理论的发展中扮演着重要的角色。我国学者在涉及布达佩斯学派的重构美学思想、文化模式批判等研究主题参考引用该书。

《发达资本主义时代的抒情诗人：论波德莱尔》（被引 10 次）是本雅明对波德莱尔的评论著作，由三段分别写于不同时间的彼此间既独立又有关联的文章组成（《巴黎 19 世纪的都城》1935 年，《波德莱尔笔下的第二帝国》1938 年，《论波德莱尔的几个主题》1939 年），该书由后人在本雅明死后编辑而成①。该书为研究纨绔主义与审美现代性、后现代主义小说、波德莱尔诗歌中的"现代性意义危机"等外国文学领域具有参考引用价值。

马克斯·布罗德的《卡夫卡传》（被引 10 次）叙述了卡夫卡的文学经历、成果、风格和思想，演绎并诠释了卡夫卡其人其文，从文学评判的角度来看这位世界公认

---

① 徐日君："《发达资本主义时代的抒情诗人》及其他"，《理论界》2007 年第 12 期。

的西方现代主义文学的先驱和大师。我国学者在涉及作家卡夫卡及其作品研究等主题的论文中均参考引用了该书。

《列夫·托尔斯泰文集》（第14卷）（被引10次）收录了19世纪俄罗斯最伟大的作家列夫·托尔斯泰有关文学理论以及一些序跋的文章，如《战争与和平序》、《莫泊桑文集序》、《论所谓艺术》、《论莎士比亚戏剧》、《谈果戈理》等。我国学者在涉及克拉姆斯科伊与托尔斯泰、托尔斯泰的美学思想、中西文学中女性婚恋模式等领域对该书有所引用。

美国著名批评家哈罗德·布鲁姆名作《西方正典：伟大作家和不朽作品》（被引10次）为解读数百年来西方伟大作家和重要作品提供了引导。书中布鲁姆高扬"审美自律性"的主张，坚持其"影响的焦虑"理论，以莎士比亚为西方经典的中心，并在与莎士比亚的比照中，考察了从但丁、乔叟、塞万提斯一直到乔伊斯、卡夫卡、博尔赫斯、贝克特等的20多位西方一流作家，揭示出文学经典的奥秘所在，即经典作品都源于传统与原创的巧妙融合。我国学者在研究乔伊斯的"经典"观、经典的普适性、文化阐释的多元性、美国民族特性的文学想象与重建等领域的论文中很多引用了该书。

（5）哲学与美学类著作

哲学与美学类著作在入选的国外学术著作中所占比例较高，达到21.74%，从中可以看出哲学与美学对外国文学研究的影响较大，显示了外国文学跨学科研究的实际状况。

黑格尔的《美学》（被引71次）像他的其他许多著作一样，并不是他本人编纂的，而是在他逝世以后，由他的门生霍托、拉森等根据他授课的讲义编纂而成。黑格尔《美学》给我们留下了一份丰富的遗产，它的价值就是其中时时闪烁出来的辩证法的光芒。运用辩证法的规律，以历史观点和辩证观点考察艺术的发展、运动规律，提出许多有价值的艺术观点，成为后来马克思主义美学、文艺学的直接来源。该书对研究雕刻美学、身体美学、悲剧美学、音乐美学、戏剧美学、自然美与艺术美等具有重要参考价值。

《存在与时间》（被引31次）是德国哲学家海德格尔的代表著作，1926年写就，翌年出版。它也是20世纪最重要的哲学著作之一，不仅影响了此后多种重要哲学流派和重要哲学家，而且在文学批评、社会学、神学、心理学、政治学、法学等多个领域产生了广泛而深刻的影响。在涉及文学中的存在主义、现实主义与现代主义、时间观与诗歌创作等主题的论文中，均可见国内学者对该书的参考引用。

《悲剧的诞生：尼采美学文选》（被引25次）是德国现代哲学家尼采第一部较为系统的美学和哲学著作，写于1870—1871年间。从书名来看，该书是对作为文学形式之一的悲剧的探讨，但实际上包含着比较丰富的内容，阐述了作者的许多哲学思想，因而可以说是他的哲学的诞生地，是一本值得重视的著作。该书为涉及生存论、酒神精神、悲剧意识、自然逍遥、现代性批判、古希腊悲剧、悲剧观等领域的研究提供了重要参考资料。

《歌德谈话录》（被引 24 次）由歌德的朋友艾克曼辑录整理而成，对歌德作了细致而深刻的描绘，真实记录了歌德晚年成熟的思想和实践经验。该书涉及哲学、美学、文艺理论、创作实践，以及日常生活和处世态度，得到文艺批评家、自然科学家、哲学家和一般读者的共同喜好，可以说是雅俗共赏、意义非凡。《歌德谈话录》全译本在我国还是第一次出版，有助于读者，尤其是青年读者全面了解歌德，走近歌德，提高文学修养，陶冶思想情操，领略人生真谛。我国国学者在研究歌德教育思想、抒情诗、文学道德观、浮士德精神、格里耶的"空缺论"、文学范式的转化等主题的课题时多参考引用了该书。

《规训与惩罚：监狱的诞生》（被引 19 次）是法国著名思想家米歇尔·福柯的代表作之一，于 1975 年问世。该书旨在论述关于现代灵魂与一种新的审判权力之间相互关系的历史，论述现行的科学—法律综合体的系谱。在这种综合体中，惩罚权力获得了自身的基础、证明和规则，扩大了自己的效应，并且用这种综合体掩饰自己超常的独特性。在涉及真理意志、权力机制、替罪羊形象等外国文学研究主题的论文中，该书多被学者参考引用。

《判断力批判》（被引 16 次）是德国哲学家、美学家康德的代表作，是康德著名的"三大批判"（另两部为《纯粹理性批判》、《实践理性批判》）中的最后一部。该书堪称德国古典美学的奠基之作，对费希特、席勒、谢林、黑格尔、叔本华等人，乃至整个欧洲和后世都产生了深刻影响。此书分《审美判断力批判》与《目的的判断力批判》两部分。我国学者在研究德国现象学、文艺组织生活论、文学大众化等外国文学主题时多参考引用了该书。

《俄罗斯思想：十九世纪末至二十世纪初俄罗斯思想的主要问题》（被引 15 次）是别尔嘉耶夫的代表作之一，也是他一生精神不懈探索之总结性著作。这是一部视野宏大的著作。从纵的方面来说，作者施墨的重点虽在 19 世纪至 20 世纪初的俄罗斯思潮，但他在诸多问题上常常上溯至 16 世纪以至更为久远的年代，透过俄罗斯古老文化传统审视 19 世纪至 20 世纪初的各种思潮；通过对俄罗斯民族的历史命运、历史地位以及俄罗斯民族的性格、特点的分析，使读者更深地触摸到现代俄罗斯思想的历史深层积淀，从而获得对俄罗斯文化和思想的整体性认识。这是一部寓论于史的著作。作者将这一时期俄罗斯思想界探索的问题加以科学的归纳，提出俄罗斯的历史命运和特殊道路问题、个人与世界和谐的冲突问题、俄罗斯的人道主义问题、俄罗斯的社会主义问题、俄罗斯的虚无主义问题、国家与政权问题、俄罗斯的宗教哲学问题、俄罗斯的"弥赛亚说"和世界末日论问题、20 世纪初俄罗斯的文化复兴问题等进行理论与历史融为一体的考察和论述。在论及俄罗斯"白银世纪"文学、俄罗斯人文精神、俄罗斯自由主义群体的思想特征、笑理论等主题的论文中，很多都参考引用了该书。

　　英国著名批评家特里·伊格尔顿引人注目的《美学意识形态》（被引 15 次）中译本 1997 年由广西师范大学出版社出版，2001 年出版中译本第 2 版，书名改为《审美意识形态》。该书不是一部美学史，而是试图在美学范畴之内来探索现代欧洲思想的一些中心问题，通过美学发展的线索，来书写不同时代社会意识形态的历史。该书为研究社会历史视野中的文学批评、审美现代性、艺术自主性、文学意识形态论、重构美学思想等主题领域提供重要参考借鉴。

　　《权力的眼睛：福柯访谈录》（被引 15 次）选取了福柯 18 篇访谈和两篇演讲，从中我们可以窥见这位学术大师的精神风貌。福柯研究的东西，似乎很多是旁门左道的、社会旮旯里的细小琐碎的常被其他研究者忽视或觉得没有可作为的东西，但福柯很多时候都是围绕权力来展开的，通过这些琐碎的东西来探究权力，于是这些琐碎的东西成了观看权力的眼睛。我国学者在关于权力机制、气质与性别等主题的论文中多参考引用该书。

　　《理想国》（被引 14 次）在哲学史乃至人类思想史上产生了广泛深远的影响，凡是知道柏拉图的人几乎都知道这部著作。柏拉图的《理想国》不仅对他此前的唯心主义哲学思想作了最为完整系统的表述，而且在人类思想史上第一次提出了一个完整系统的理想国家方案，构成了以后各种作为社会政治理想而提出的乌托邦方案的开端。在诗学观、诗学理论等研究领域的论文中许多参考引用了该书。

　　《忏悔录》（被引 13 次）的作者奥古斯丁是古罗马帝国时期基督教思想家，欧洲中世纪基督教神学、教父哲学的重要代表人物。该书可以看作是一篇诗意浓厚的长篇祷文，自始至终以上帝为谈话对象，向上帝倾诉衷曲。他在书中所注重的乃是分析自己灵性生活的每一过程，从幼年到少年，又从少年到成年各阶段的发展情况，表现了作者个人最真实的情感和人格，一点儿隐讳、一点儿做作都没有。在有关忏悔体文学、自我意识本体论、诗歌创作、后现代招式等研究主题的论文大多参考引用了该书。

　　《存在与虚无》（被引 13 次）的出版宣告了作为哲学家的萨特的诞生，他开始运用自己独立的思想观点和哲学词语述说对世界的理解。该书前三部分主要解决现象学本体论的基本观点问题：萨特确定了存在的范畴，确定了自为的存在的结构与特性及其存在规律。在这个基础上，后面两部分主要探讨自为的存在与其他的自为的存在、与自在即与处境的具体关系，从而论证了人的自由，并且最终以现象学的"存在精神分析"的方法描述了自由的伦理意义，这也是"现象学本体论"的落脚点。在存在主义、现代主义文学、生存取向等外国文学研究领域，该书多被学者参考引用。

　　《疯癫与文明：理性时代的疯癫史》（被引 13 次）是米歇尔·福柯的博士论文，也可视为是一部人文科学史著作。该书全面考察了从文艺复兴到今天，造型艺术、文学和哲学中所体现的疯癫对于现代人的意义。这部著作是对知识的清洗和质疑，把"自然"的一个片段交还给历史，改造了疯癫，即把我们当做医学现象的东西变成了一种文明现象。该书对于疯癫的嬗变、疯癫中的诗意、真理意志、权力机制等主题领域具有参考引用价值。

《新科学》（被引12次）是18世纪意大利法学家、历史哲学家、美学家维柯所著，是一部阐述古代文化史、诗歌和美学的理论著作。该书对以前的所有诗学理论进行了批评，对诗的本质作了独特的阐发，还对语言、神话、文字和符号象征等许多具体的文艺现象进行了深刻、独特的分析。维柯在书中力图说明人类如何从神的时代，经过英雄时代，进入人的时代。该书对于研究诗学理论、象喻世界、西方神话与叙事艺术、宗教修辞、人类起源传说、艺术真实观等主题的研究具有参考借鉴价值。

《作为意志和表象的世界》（被引12次）是叔本华的代表作，包含了叔本华哲学的一切细节，其后他漫长的一生都只不过是在解释或补充这部著作。该书通过"生的智慧"，尤其是通过对宗教信仰的追求与实践，人可以克服意志，战胜欲望，从而最终解脱痛苦。叔本华的人生哲学建立在他的哲学本体论——意志学说的基础之上，该书对其进行了系统而全面的阐述。可以说，这部后来影响了包括尼采、瓦格纳、托玛斯·曼甚至存在主义的哲学名作，是研究作者哲学思想的必备书目。我国学者在进行外国文学领域中涉及悲剧意义、自由言说、知识分子观、流亡知识分子理论等主题的研究中多参考引用了该书。

《波德莱尔美学论文选》（被引10次）选择法国著名诗人波德莱尔的27篇文艺批评论著，内容涉及诗歌、小说、戏剧、绘画、雕塑、音乐等领域，基本上囊括了其美学思想的方方面面。通过这些理论作品，读者可以对波德莱尔的美学思想和观点有一个更为全面、深刻的了解。波德莱尔被认为是使欧洲人的经验方式和协作方式发生重大变革的作家，他的美学理论在诗歌和艺术史上是一个重大转折，是现代主义各流派灵感与理论的不尽源泉。在关于本雅明眼中的波德莱尔及其诗学、现代性意义危机、纨绔主义、审美现代性、唯美主义等主题的外国文学论文中，国内学者对该书多有参考和借鉴。

《权力意志：重估一切价值的尝试》（被引10次）为19世纪末德国重要哲学家尼采晚年哲学思想的代表之作，也是尼采最有影响的哲学著作。尼采受生存竞争学说的某些影响，把叔本华的生命意志发展为权力意志，并提出了超人的理论，从而赋予唯意志论以社会达尔文主义的内容。要了解尼采的哲学思想的伟大精髓，该书不可不读。在涉及现代性批判、宗教情怀、美学思想、解构阅读理论、现象学等领域的外国文学论文中往往引用了该书。

《审美之维：马尔库塞美学论著集》（被引10次）是当代美学史上的经典著作。作者马尔库塞总结了20世纪左派激进运动衰落的实践，重新在理论上对人的本能解放进行了强调。在对资本主义批判、对马克思主义美学和现代艺术进行考察的基础上，该书系统阐述了以下论点：艺术的社会政治作用与它的审美形式功能，始终保持着辩证的关联，人的本能解放这一乌托邦构想要凭借艺术审美的方式才能达到。只有以艺术、文学为中心的"审美之维"的革命才能在根本上造就崭新的人的心理—观念结构，从而实现人的解放。在对爱欲解放、审美之维、人的解放、浪漫美学等外国文学主题研究时，该书具有一定参考价值。

《西方人文主义传统》（被引10次）梳理和阐释了"人文主义"在西方的起源、发展及其含义的丰富乃至歧义，并从文艺复兴开始，取历史的宏观角度广泛地论述了人文主义在西方哲学、政治学、社会学、心理学、文学、艺术等诸领域的影响和贡献。用译者董乐山先生的话说，"实际上，这就是一本简明西方主流思想史"。该书对于研究俄罗斯人文精神、文艺复兴运动时期的欧洲文学、人文主义、文学批评与知识分子的社会使命等主题具有参考借鉴价值。

《真理与方法——哲学诠释学的基本特征》（被引10次）是德国著名哲学家伽达默尔的代表作，被称为现代诠释学的经典。作者对文学、思想史、美学等方面卓有成效的研究，使哲学诠释学对人文学科各领域产生了巨大影响，甚至被看做人文学科的方法论基础。在有关中西方文学释义、神学解释学、伦理学解读、文学的移情等研究主题的论文中均可见到对该书的参考引用。

（6）其他类著作

入选的外国文学论文引用较多的国外学术著作还有一些不属于上述所归纳的类别，例如政治（3种）、文化（2种）、艺术（1种）、语言学（1种）和历史（2种）。由于其数量较少，所以将其合并，统一放到其他类著作中。这说明国外的政治理论、文化理论、艺术理论、历史学和语言学著作对我国外国文学研究也产生一定的影响。

萨义德的 *Orientalism*（被引19次）着力分析了近代以来西方学科建制中的"异国情调"，尤其是东方与欧美帝国主义世界之间历史形成的不平等文化关系，是第一本揭开帝国主义意识形态外衣的著作。在梳理东方主义的历史及其内在的逻辑结构的同时，萨义德也梳理了有关东方主义的诸多理论和批评，并讨论了东方主义在当代西方的深化和实践。这部书在世界范围内引起了很大的关注，有的表现出极大的敌意，有的表现出不理解，但大部分反响是肯定性的。从1980年的法文版开始，该书的各种版本相继问世。1999年王宇根完成中文版《东方学》（被引42次）的翻译工作，由北京生活•读书•新知三联书店出版。在外国文学研究领域涉及印度现当代文学、印度侨民文学、亚裔美国文学、殖民（主义）文学、中国女性形象、东西方文化关系、印度书写等的研究论文中均可见对该书的参考引用。

《人论》（被引28次）的作者恩斯特•卡西尔是现代西方最重要的哲学家之一。该书是他生前发表的最后一部著作，流传甚广，影响非常大。作者在书中全面阐述了他的人类文化哲学的体系。该书分上下两篇：上篇着力于人的特点的研究，指出人具有创造"理想世界"的能力，人的本质就是无限的创造活动，并独树一帜地把人定义为"符号的动物"；下篇从这一定义出发，对各种文化现象，诸如神话、宗教、语言、艺术、历史、科学等，进行全面的探索。该书对外国文学研究的影响主要体现在对其内容的深度挖掘上，如在教育启示、思维方式、人的本质、艺术观、人类学等研究领域均对该书有所参考。

《资本主义文化矛盾》（被引22次）对何谓资本主义文化矛盾进行了阐释，集中探讨了当代西方社会的内部结构脱节与断裂问题，指出资本主义历经两百余年的发展与演变，已形成经济、政治与文化三个领域间的根本性对立冲突。随着后工业社会的到来，这种价值观念和品格构造方面的冲突将更加突出，难以遏制。国内学者在探究资本主义文化矛盾的原由、发展和趋势、资本主义和谐观、资本主义文化矛盾等问题时大量引用了该书。

西蒙娜·德·波伏娃的《第二性》（被引21次）被誉为"有史以来讨论妇女的最健全、最理智、最充满智慧的一本书"，甚至被尊为西方妇女的"圣经"。她以涵盖哲学、历史、文学、生物学、古代神话和风俗的文化内容为背景，纵论了从原始社会到现代社会的历史演变中，妇女的处境、地位和权利的实际情况，探讨了女性个体发展史所显示的性别差异。《第二性》实可堪称为一部俯瞰整个女性世界的百科全书，揭开了妇女文化运动向久远的性别歧视开战的序幕。外国文学学者在研究男女平等观、女权主义、女性生存论、女性主义思想等问题时多参考引用了该书。

《晚期资本主义的文化逻辑：詹明信批评理论文选》（被引17次）共辑选詹明信（詹姆逊）的9篇重要论文及3篇附录，反映了詹姆逊理论的框架和中心思想，在后结构主义和马克思主义这两个似乎互相排斥的领域，詹姆逊进行了结合性尝试，并据此奠定了自己的地位。在他看来，理论的深刻含义不在于其自成体系，而在于理论所揭示、所叙述的问题。他对资本主义的文化设置和逻辑进行了解构性的分析，并运用"辩证法"的叙事原则，重新审视人与环境及历史变化的无穷尽的搏斗。外国文学学者在研究文化霸权、资本逻辑、资本主义文化、大众文化等主题时多参考引用该书。

《结构主义和符号学》（被引12次）从历史角度阐述和结构主义思维方式有关的语言学和人类学的原则，充分地引证索绪尔等结构语言学家的著作。通过对俄罗斯形式学派的讨论来介绍当代西方文学研究和评论中的结构主义观点。该书是了解结构主义的哲学、语言学和文艺批评理论的研究者的一本理想的入门书籍。外国文学研究领域中涉及结构主义、解构主义、后现代主义艺术手法、民俗象征符号、符号学等主题的论文多参考引用该书。

《知识分子论》（被引12次）是萨义德总结近年文学、文化、政治批评的经验，对"知识分子"这一重要议题所做的系列反思。他尖锐地指出，在当今媒体发达、政治与学术利益交融的时代，所谓的知识分子已经是一种特殊专业，集编辑、记者、政客及学术中间人于一身。反而在去国离乡的移民逐客中,在甘居异端的"业余者"、"圈外人"中,我们方能得见知识分子不屈不移、卓然特立的风骨典型。我国外国文学学者在关于知识分子的述写自由、知识分子的流浪和业余精神等主题的研究论文中多参考引用了该书。

《诗·语言·思》(被引11次)的作者海德格尔是西方哲学由现代跨向后现代的桥梁。"他始终有一种浓郁的危机意识,认为西方特别是欧洲的精神世界在没落,精神的力量在消散、衰竭。他曾企图借东方智慧之光,跳出西方传统逻辑思维的套路,另辟新'道';后来又皈依神学,但所获得的总是一片困惑。"[①] 他的存在论哲学根源于现实、服务于现实,充满了现实的人文关怀精神。虽然没有找到追回本真的解忧之道,但他的思想探索却成了颠覆、解构传统的先锋。该书由数篇直接或间接关涉到"艺术"的文章集结而成,选文基本均围绕"诗意开启了人的生活"[②] 这一主题展开不同方面的叙述。在外国文学领域涉及实用主义诗学观、后现代主义小说、诗与诗人的相互寻找、叙事策略与语言风格、现代诗学对文学语言特性的探索等研究主题的论文中均可见对该书的参考引用。

9.6 国内学术著作对外国文学研究的影响

20世纪90年代以后是我国外国文学研究持续发展的重要时期。这一时期在外国文学这一领域推出的成果无论在数量还是质量方面都远远地超过了历史上任何一个时期,从本次遴选出的国内外国文学领域较有学术影响的54种图书绝大部分出版于20世纪90年代以后也可以证实这一点。更可喜的是,越来越多的研究成果体现出了我国的研究人员正以我为主,不再跟在西方专家学者的后面人云亦云,而是努力用一种独特视角来审视外国文学作品、剖析国外的文学思潮和流派。在许多方面,我国的外国文学研究正逐步与国际学术界接轨。表9-8给出了外国文学论文引用较多的54种图书。

表9-8　　　　　　外国文学论文引用较多的国内学术著作

序号	图书信息
1	鲁迅:《鲁迅全集》,北京:人民文学出版社,1981
2	朱立元:《当代西方文艺理论》,上海:华东师范大学出版社,1997

---

① 王胜男等:"后乌托邦时代文学的应对姿态——浅谈海德格尔《诗·语言·思》的文学态度",《东京文学》2008年第9期。

② 汪堂家:"'人诗意地栖居'——读海德格尔《诗·语言·思》",《当代青年研究》1990年第3期。

续表

序号	图书信息
3	申丹：《叙述学与小说文体学研究》，北京：北京大学出版社，1998
4	刘海平等主编：《新编美国文学史（第1—4卷）》，上海：上海外语教育出版社，2002
5	伍蠡甫：《西方文论选》，上海：上海译文出版社，1979
6	王岳川：《后殖民主义与新历史主义文论》，济南：山东教育出版社，1994
7	侯维瑞：《现代英国小说史》，上海：上海外语教育出版社，1985
8	李赋宁：《欧洲文学史》，北京：商务印书馆，1999
9	瞿世镜：《当代英国小说》，北京：外语教学与研究出版社，1998
10	黄源深：《澳大利亚文学史》，上海：上海外语教育出版社，1997
11	肖明翰：《威廉·福克纳研究》，北京：外语教学与研究出版社，1997
12	盛宁：《人文困惑与反思——西方后现代主义思潮批判》，北京：生活·读书·新知三联书店，1997
13	罗钢：《叙事学导论》，昆明：云南人民出版社，1994
14	李文俊：《福克纳评论集》，北京：中国社会科学出版社，1980
15	朱光潜：《西方美学史》，北京：人民文学出版社，1979
16	王岳川：《后现代主义文化研究》，北京：北京大学出版社，1992
17	胡全生：《英美后现代主义小说叙述结构研究》，上海：复旦大学出版社，2002
18	钱锺书：《管锥编》，北京：中华书局，1986
19	杨周翰：《莎士比亚评论汇编》，北京：中国社会科学出版社，1979
20	张京媛：《当代女性主义文学批评》，北京：北京大学出版社，1992
21	董衡巽：《海明威研究》，北京：中国社会科学出版社，1980
22	王佐良：《英国二十世纪文学史》，北京：外语教学与研究出版社，1994
23	程锡麟：《当代美国小说理论》，北京：外语教学与研究出版社，2001
24	蒋孔阳：《西方美学通史》，上海：上海文艺出版社，1999
25	张首映：《西方二十世纪文论史》，北京：北京大学出版社，1999
26	罗钢：《后殖民主义文化理论》，北京：中国社会科学出版社，1999
27	杨仁敬：《美国后现代派小说论》，青岛：青岛出版社，2004
28	孟华：《比较文学形象学》，北京：北京大学出版社，2001
29	李维屏：《英美现代主义文学概观》，上海：上海外语教育出版社，1998
30	朱虹：《英国小说的黄金时代（1813—1873）》，北京：中国社会科学出版社，1997
31	王佐良：《英国诗史》，南京：译林出版社，1997
32	陈惇：《比较文学》，北京：高等教育出版社，1997

续表

序号	图书信息
33	伍蠡甫：《西方文艺理论名著选编》，北京：北京大学出版社，1985
34	钱锺书：《谈艺录》，北京：中华书局，1984
35	申丹：《英美小说叙事理论研究》，北京：北京大学出版社，2005
36	殷企平：《英国小说批评史》，上海：上海外语教育出版社，2001
37	胡家峦：《历史的星空：文艺复兴时期英国诗歌与西方传统宇宙论》，北京：北京大学出版社，2001
38	李维屏：《乔伊斯的美学思想和小说艺术》，上海：上海外语教育出版社，2000
39	侯维瑞：《英国文学通史》，上海：上海外语教育出版社，1999
40	叶渭渠：《日本文学思潮史》，北京：经济日报出版社，1997
41	马新国：《西方文论史》，北京：高等教育出版社，1994
42	张京媛：《新历史主义与文学批评》，北京：北京大学出版社，1993
43	盛宁：《二十世纪美国文论》，北京：北京大学出版社，1993
44	杨周翰：《十七世纪英国文学》，北京：北京大学出版社，1985
45	陈世丹：《美国后现代主义小说艺术论》，大连：辽宁师范大学出版社，2002
46	陈厚诚，王宁：《西方当代文学批评在中国》，天津：百花文艺出版社，2000
47	何其莘：《英国戏剧史》，南京：译林出版社，1999
48	张岩冰：《女权主义文论》，济南：山东教育出版社，1998
49	张子清：《二十世纪美国诗歌史》，长春：吉林教育出版社，1995
50	胡亚敏：《叙事学》，武汉：华中师范大学出版社，1994
51	张寅德：《叙述学研究》，北京：中国社会科学出版社，1989
52	钱满素：《美国当代小说家论》，北京：中国社会科学出版社，1987
53	赵一凡：《西方文论关键词》，北京：外语教学与研究出版社，2006
54	蒋承勇：《英国小说发展史》，杭州：浙江大学出版社，2006

根据表9-8的数据，共有11位学者有两本著作入选，他们分别是：钱锺书、侯维瑞、李维屏、罗钢、申丹、盛宁、王岳川、王佐良、伍蠡甫、杨周翰、张京媛。这些学者在外国文学领域有相当的学术影响，他们的著作对我国外国文学研究的发展有着极大的促进作用。

为了详细讨论国内学术著作对外国文学研究的影响，本章将入选的这些图书按著作的内容特征大致分为：综合性著作（2种）、文学史类著作（9种）、文学理论类著作（28种）、英美小说史与小说理论类著作（9种）、作家专题研究类著作（3种）、其他类著作（3种）等6个主题分别加以讨论。

（1）综合性著作

综合性著作有两种著作入选，分别是《鲁迅全集》和《管锥编》。作为跨越多个领域的大家，鲁迅、钱锺书对我国外国文学研究产生了重要影响。

由人民文学出版社先后出版的20世纪50年代版和80年代版《鲁迅全集》（被引91次）都是当时鲁迅著作的最佳版本。在30多年鲁迅研究的辉煌成就与鲁迅佚文尤其是书信陆续被发现的基础上出版的80年代版，以其更加完备的内容和翔实的注释成为迄今为止最完美的《鲁迅全集》①。外国文学研究领域的学者大量参考引用的就是80年代版。该书在关于圣经汉译理论、中国俄罗斯学、疯癫形象、外国文学与中国社会现代价值观、小说中的犯罪问题、叙事模式与文化表述、犹太古典文学、比较文学研究等主题的外国文学研究论文中被大量引用。

《管锥编》（被引16次）是钱锺书先生的学术代表作，1979年8月由北京中华书局正式出版。当时共出版了4册，后来又加上一册订补，共5册约100万字。作者对中国从先秦到魏晋南北朝的一些重要典籍进行深入的研究，阐发作者读书时的心得体会，融古今中外于一体。书中有一部分是关于文学艺术方面的各种问题的论述，在材料上有不少新的发现，在观点上也多有精辟的见解。学术界认为，这是新中国成立以后出版的一部重要的学术著作。该书虽然不属于外国文学领域，但是作者使用的比较文学平行研究方法对于外国文学研究者来说具有重要借鉴意义。在中印古代文化传统比较、莎士比亚戏剧、德国现象学、英国文化风习考、《围城》与《小世界》比论、后现代主义与禅、印度古典诗学和西方现代文论等外国文学研究论文中均可见对该书的参考引用。

（2）文学史类著作

外国文学史类著作共有9种入选，占16.67%，涵盖文学史（6种）、诗歌史（2种）、戏剧史（1种）等主题。我们通过查看出版时间发现，9种文学史类著作有6种是在"九五"期间出版的，其余3种也均在"九五"前后，相差不超过2年。由此可以看出，"九五"期间以及之前之后的几年，外国文学史已经成为中国学者的研究重点和热点，这与留学回国的外国文学研究人员逐渐增多，并带回国外最新的研究成果有关。另外，从国别来看，涉及英国的有4种，美国2种，澳大利亚1种，日本1种，还有一部是欧洲文学史。这也反映出外国文学史的研究领域还很狭窄，对非主流国家的文学史关注还不够。

刘海平、王守仁主编的《新编美国文学史》（第1—4卷）（被引33次）被学界评定为新中国成立以来我国学者编写的外国文学史中的一部优秀之作。全书按照美国文学发展的4个阶段分为4卷。在时间跨度上，这部文学史从北美印第安传统文学

---

① 孔昭琪："评八十年代版《鲁迅全集》——兼论目前鲁迅著作出版的混乱状况"，《山东科技大学学报》（社会科学版）2000年第2卷第1期。

时期一直讲述到20世纪结束,比通常人们认为美国文学发轫的殖民时期向前推进不少;在覆盖的广度上,则增加了包括华裔美国文学在内的各少数族裔文学;在叙述形式上,各卷主撰亦邀请多位同人根据各自的研究角度分写某些章节,使得读者能在一个基本连续的历史述说中,倾听不同的声音,接触不同的视角。我国学者在关于男性沙文主义、美国文学史建构、美国印第安文学、狄金森研究、美国黑人奴隶文学、越南战争文学等主题的论文很多参考引用了该书。

李赋宁主编的新编《欧洲文学史》(被引22次)的出版是我国外国文学史研究领域的一件大事。尽管其出版时间并不一定是有意选择在20世纪末、21世纪初,但是它在世纪之交的问世,仍然有着特殊的意义。它是在总结杨周翰先生等主编的原《欧洲文学史》的成就和经验的基础上,根据20世纪后1/3阶段欧洲文学发展的新情况,吸收了国内外文学史、文学理论与批评研究的新成果,由北京大学各语种文学专家为主体的近百名作者通力合作完成的一部高质量的文学史著作。该书显示了20世纪中国欧洲文学史研究的总体水平,可以说,在今后一个较长的时间内,这部文学史都将是我国欧洲文学史研究领域的一项标志性成果,我国外国文学教学和研究方面的一部权威性参考书①。在研究历史诗学、哥特传统、北欧新浪漫主义文学、欧洲中世纪文学、古希腊罗马文学、巴罗克文学等主题的论文中该书被大量参考引用。

黄源深的《澳大利亚文学史》(被引21次)以16万字的篇幅,详论了澳大利亚自1788年建国至今200多年间文学产生与发展的历史,包括文学思潮的消长、流派的兴衰、作家思想及风格的演变、作品的内容及艺术特质等,客观、真实地再现了澳大利亚文学演变的轨迹。该书对澳大利亚文学研究产生一定影响。涉及澳大利亚土著文学、彼得·凯里的小说、澳大利亚"新派小说"、当代澳大利亚文学等研究主题的许多论文都参考引用了该书。

王佐良的《英国二十世纪文学史》(被引14次)是中国第一部比较完备的英国文学史,分为五卷,每卷独立成书,各有重点,又互相连贯,合起来组成整个英国文学从古到今的发展全景图②。该套丛书以叙述文学事实为主,包括所有重要流派、作家、作品,注重利用国内外新资料,表述具有可读性,结合形式分析内容,附有大量引文和译文。在涉及英美女性文学、当代爱尔兰诗歌、战后英国小说、英国地域性诗歌、英美现代主义诗歌运动等研究领域,该书得到较多的参考引用。

王佐良的《英国诗史》(被引12次)将我们带进那个在几百年之前生活的诗人的世界和为诗歌疯狂的时代,为我们娓娓道来英国诗歌在历史的河流中的成长和蜕变的美丽过程。"全书表述,厚今不薄古,分寸合宜;源与流,呼应得当;分析内

---

① 汪介之:"我国欧洲文学史研究的标志性成果——评商务版新编《欧洲文学史》",《外国文学研》2002年第3期。

② 李赋宁:"评《英国二十世纪文学史》",《中国图书评论》1995年第7期。

容，结合形式；点出继承与发展，传统与创新之间并不脱节"①。该书对研究勃朗宁诗歌的艺术风格、莎士比亚十四行诗、莎剧的翻译、英国湖畔派诗歌、凯尔特文化传统、非个性化理论等外国文学问题具有参考借鉴价值。

叶渭渠的《日本文学思潮史》（被引 11 次）是我国研究日本文学思潮史的第一部学术专著。作者从新的视角出发，以日本本土文学思想为要基，采取汉和文学、洋和文学交流的动态分析，系统地论述了从诸种文化混沌状态、原初文学意识的自力生成、与汉文学思想的接触与调和，形成观念形态的文学思潮，到近代乃至第二次世界大战后与西方异质文学思想的碰撞与化合，形成主义形态的文学思潮的发展全过程，并深入地分析各种文学思潮的发生、发展、鼎盛、衰落的内在的必然性和外在的因素。在关于日本文化因子、日本战后派文学、日本创作流变、日本文学史、日本明治时期浪漫主义及日本自然主义文学等论文中，该书均被参考引用。

侯维瑞教授主编的《英国文学通史》（被引 11 次）是集体合作的成果。这部中等规模的英国文学通史以历史进程为顺序，以文学体裁的演化为框架，以流派运动的转换为线索审视了古往今来英国文学重要作家作品。该书结构体系清楚，材料繁简适中，叙述条理明晰，评论切实中肯；力求系统地介绍作家和创作观念与社会历史背景，多视角、多层次地评论作品的内容意义，对于重要作家的创作技巧和艺术特色也作了扼要的分析。我国学者在研究作品艺术魅力、作家诗学观、莎士比亚诗、小说和诗歌创作等主题时均有对该书引用。

张子清教授的《二十世纪美国诗歌史》（被引 10 次）是中国学者撰写的较有分量的一部专门研究现代美国诗歌史的著作，全书系统探讨了 20 世纪美国诗歌发展及其趋向，对近百年来美国诗坛的思潮流变、主要诗人及其代表作、诗歌评论、边缘诗歌等进行了认真总结，其中对 20 世纪 20 年代至 50 年代中期的美国现代派诗歌和 50 年代中期以来的后现代派诗歌的论述相当深入而细致。在涉及国外诗学家休斯、艾略特、贝里曼、斯奈德、金斯伯格、默温、罗特克、伯恩斯坦等为主题的论文中有些参考引用了该书。

何其莘的《英国戏剧史》（被引 10 次）记述了英国每一戏剧发展时期的主要作家和他们的代表作，以及他们各自为推动英国戏剧的发展所作出的贡献。该书在研究莎士比亚十四行诗、斯托帕德的戏仿型荒诞剧、品特式戏剧语言、马洛"欲望"戏剧的伦理维度、18 世纪英国戏剧的伦理学等研究主题的论文中被引用。

（3）文学理论类著作

对外国文学研究有较大影响的 54 种国内学术著作中有 28 种是文学理论著作，占

---

① 卞之琳："第一本中国学者撰写的英国诗通史——简介王佐良著《英国诗史》"，《外国文学》1994 年第 2 期。

入选国内学者著作的51.85%。这类著作涉及5个主题，分别是：基本理论（7种）、文学批评理论（6种）、叙事学（6种）、文学流派（7种）、比较文学（2种）。深入分析这些文学理论著作的主题可以看出，文学基本理论、文学批评理论、叙事学、文学流派等受到国内学者的关注，比较文学的研究正在不断深入。但是，纵观入选的28种文学理论著作，文选或专史类著作达到10多种，占了较大比例，而创新性论著的数量明显不足，因此国内学者们的研究视野和论证模式基本上还是因循外国学者的理论和观点。如果创新性专著和一般学术概述的比例始终倒挂，就意味着研究人员缺乏对文学作品的细读和文本分析，往往导致学科的学术创新力不足[1]，这是需要我们密切关注的现象。

① 基本理论

朱立元教授主编的《当代西方文艺理论》（被引46次）勾勒了中国学者对百年西方当代文艺理论时代性的揭示和理性整合的思考轨迹。该书"从象征主义与意象派诗论一直到对后殖民主义的论述，力图把纷繁、多元的各种流派，整合到人本主义和科学主义两大哲学主潮、作家研究以文本研究到读者接受两次转移、非理性转向与语言学转向两个转向之中去，宏观地审视20世纪西方当代几十种文艺理论流派此消彼长、传承革新的变化脉络"[2]。该书在象征主义与意象派诗论、表现主义、精神分析批评、直觉主义与意识流、原型批评、解释学与接收理论、解构主义、女权主义批评、空间理论等主题的论文中被大量引用。

伍蠡甫主编的《西方文论选》（被引33次）初版于20世纪60年代，20世纪70年代末修订再版，是国内权威的西方文论选本。该书选择在文学理论、文学批评、创作经验和文艺理论的哲学、美学等领域具有一定代表性和较大影响的著作。全书按时代、思潮、流派、国别和作者生年排列，分为上下两卷：上卷为古代至18世纪，下卷为19世纪。该书在西方文艺美学、中德日常叙述比较研究、美学意蕴、中西文学关系、犹太古典文学、诗歌意象功能、中波古典情诗的喻托、中外文论中的镜喻、中西文论融合模式、叙事艺术、古希腊艺术理论、西方幽默精神等主题的研究领域中仍然具有较大影响。

伍蠡甫的《西方文艺理论名著选编》（被引12次）选收了从公元前4世纪到公元19世纪后期的西方文学理论名篇。入选资料基本按照历史线索编排，但至现代，则顾及思潮、流派的不同，略变次序。为丰富、充实选编，新译了20余万言的外文资料编入此书。新译的资料，多为在我国影响甚大而被了解不多的文艺理论，特别是现代的文艺理论。在外国文学研究方法论、文学语言规范、文学批评、中国文论、

---

[1] 江宁康等："中国外国文学研究概况分析——基于CSSCI分析"，《重庆大学学报》（社会科学版）2008年第14卷第4期。

[2] 荒凉："20世纪西方文论的理性把握和整体观照——读面向21世纪教材《当代西方文艺理论》"，《华东师范大学学报》（哲学社会科学版）1998年第3期。

文学史、俄罗斯文学、修辞叙事学理论和思想范式、德国浪漫艺术童话、存在论美学观、俄罗斯形式主义批判等外国文学论文中都有学者对这本书参考引用。

张首映的《西方二十世纪文论史》（被引 13 次）依据 M. H. 艾布拉姆斯"世界、作品、艺术家、欣赏者"之间的关系，从作者系统、作品系统、读者系统、文化——社会系统和后现代系统 5 个方面介绍了 20 世纪的西方文论，内容翔实、系统。该书主题是打倒庸俗社会学，强化文艺美学，引进研究方法，促进文艺学改革，方式是夹叙夹议，用中国文艺事例进行分析。该书对于了解西方文学和专题学习有很大帮助。

盛宁的《二十世纪美国文论》（被引 11 次）将美国文学批评作为一个学科领域，对渗透到这一领域中的各种思潮和观念进行梳理和分析，勾勒出它们之间相互承袭、取代、引起嬗变的轨迹。综观全书，作者对美国文学批评现象大体上按时间先后顺序进行介绍，目的是为了在讨论某些文论家、批评家所提出的批评观点时，对同时所发生的社会历史事件和思潮有所对照。我国学者在研究效果美学、哈罗德·布鲁姆理论、写作模式、形式与耦合等相关领域时对该书多有参考引用。

马新国主编的《西方文论史》（被引 11 次）是一部系统介绍、阐发西方文学理论发展和历史演变的著作。该书作者以实事求是的态度，坚持以辩证唯物主义和历史唯物主义为指导展开研究，对每一种文学观念和文学思潮，尽量有分析有批判地阐述，不简单地冠以唯心或唯物的帽子，而是有理有据地分析其积极的一面和历史局限性。作者既有宏观的概括总结又有具体的分析阐述，并注意从纵向继承和横向影响的全面观察中完整把握不同时期西方文论的发展状况，力图在此基础上对每一种文论做出较为科学的评价[①]。该书对于从事文艺理论研究、文艺批评的研究者具有参考价值。

赵一凡等人主编的《西方文论关键词》（被引 4 次，2006 年出版）以一词一文的形式对西方文学及文化批评理论当中的关键用语和时新词汇予以明确阐释，共收录论文 83 篇，均提供简明扼要的概念解说和背景介绍。作者对每一概念的发展演变过程进行了仔细的梳理辨析，且力求在外国理论与评论的基础上提出我国学者的自家见解。为该书撰稿的 60 位作者分别来自海内外 30 余所高校和科研机构，其主力阵容是一批常年研究西方文论或讲授相关课程的资深学者和专家。我国学者在涉及中西文论异质性比较、英国当代戏剧与后现代主义、网络音乐人文叙事、小说创作中的美国性伦理等主题的论文中参考引用了该书。

② 文学批评理论

李文俊编选的《福克纳评论集》（被引 20 次）收录了美国著名评论家马尔科姆·考利、罗伯特·潘·沃伦等撰写的关于福克纳创作研究的重要论文和对福克纳

---

① 吴学先："《西方文论史》评介"，《中国大学教学》1994 年第 3 期。

几部重要作品的分析性论文。该书是介绍福克纳评论情况的论文以及福克纳本人谈生活、艺术和创作的第一手资料。我国外国文学界关于美国文学中的自然观、美国南方小说的救赎意识以及福克纳的时间哲学、种族观、小说的空间形式、叙事的空间解读等主题的研究论文多引用该书。

杨周翰教授选编的《莎士比亚评论汇编》（被引16次）是中国较为完备和系统的国外莎评汇编，包括从莎士比亚同时代人到20世纪60年代一些重要的、有代表性的评论。全书分为上下两册：上册到托尔斯泰为止，分国依年编排，下册收布拉德雷以后的文章。该书对于研究莎士比亚戏剧的审美意义、莎士比亚悲剧、莎士比亚喜剧、莎士比亚戏剧与基督教的关系等外国文学主题具有重要参考价值。

张京媛主编的《当代女性主义文学批评》（被引15次）收录了20世纪70—80年代女性主义文学批评中英美学派和法国学派的重要文章。全书分为"阅读与写作"、"女性主义批评理论"两部分，探讨了"女性主义"文学的界定，女性文化及创造力，女性主义与解构主义、马克思主义、心理分析学、结构人类学的关系等。我国外国文学领域的学者在研究"躯体写作"、"女性"与"小说"、新生代女性主义写作、女性主义翻译理论、后现代语境中的女性主义、散曲中的女性意识等主题时很多参考引用该书。

张京媛主编的《新历史主义与文学批评》（被引11次）主要是以美国学者H.阿兰穆·威瑟编辑的《新历史主义》（1989年）论文集为蓝本，同时收入了著名美国新历史主义批评家海登·怀特的《话语的转义学：文化批评论文集》（1987年）的几篇文章以及著名美国马克思主义文学理论家弗雷德里克·詹姆逊的两篇与历史主义有关的文章。该书在论及比较文学研究、翻译研究、诗学话语、叙事伦理分析、新历史主义、自传文学、新历史主义批评理论等主题的研究具有参考价值。

《谈艺录》（被引12次）是杰出的古典诗话作品，也是钱锺书除了《管锥编》以外最为重要的学术著作。该书主要对中国近体诗进行广泛批评，既继承传统诗话的长处，同时又广泛汲取欧美文艺思想，行文优美，引文繁复，多所创见，充分体现了作者的渊博和睿智。该书在文学翻译标准、诗歌翻译、解构主义翻译观、文学翻译范畴的伦理性、波德莱尔美学思想、译语的异化与优化、外国文学教学研究、德国现象学、巴洛克自然诗等主题的外国文学研究论文中被参考引用。

陈厚诚、王宁主编的《西方当代文学批评在中国》（被引10次）主要研究西方当代批评"在中国"的生存状态，即考察西方当代文学批评引进的历史背景，在中国语境中得以译介、传播、认同、选择、改造、重构以及运用于批评实践的情况。书中分析了西方当代文学批评在我国新时期文学批评中的地位与作用，以期对这种引进做出正确的评价，解决好如何正确对待西方当代文学批评、如何正确处理中西文论乃至文化的关系等问题。可以说，对于西方现代文艺理论对中国当代文学的影响，该书进行了一次卓有成效的整理和总结。

③ 叙事学

申丹教授的《叙述学与小说文体学研究》（被引 41 次）是将叙述学研究与小说文体学研究相结合的一部专著。该书旨在对叙述学和小说文体学的一些主要理论进行深入系统的评析，以澄清有关概念，并通过大量实例分析来修正、补充有关理论和分析模式。该书材料引证丰富，辨析很有深度和独创性①。国内外国文学界在叙述学和小说文体学研究领域对该书多有参考与引用，主要表现在以下主题：语言形式、叙事手法、叙事策略、叙事视角、叙事特征、叙事话语分析、叙事艺术、英美叙事传统、后经典叙事理论、人物刻画、现代文体学研究、文体学流派、小说文体革命等。

申丹、韩加明、王丽亚等合著的《英美小说叙事理论研究》（被引 11 次）比较全面、系统地评介、探索英美从 17 世纪末至 20 世纪初主要小说家及理论家的小说叙事基本主张，详尽、深入地评介了经典叙事理论流派，全面勾勒了英美小说叙事理论的发展轨迹。在分析评论这些经典叙事理论的优劣长短的同时，阐述了许多新的理论观点。该书是当代叙事学研究领域里的一项重要成果②。我国学者在涉及叙事策略、叙事伦理、叙事艺术、叙事学、文体学等主题的论文均有对该书的参考引用。

罗钢的《叙事学导论》（被引 20 次）从叙事文本、叙事功能、叙事结构、叙事时间、叙事情境、叙事声音、叙事作品的接受等方面对这一理论进行了全面系统的介绍。该书不仅对西方当代叙事学家，如巴尔特、托多罗夫、布雷蒙、格雷玛斯、热奈特、查特曼等人的学说作了精辟扼要的分析，也阐述了中国古代小说理论家的独特贡献。我国学者在研究叙事艺术、叙事特征、叙事策略、叙事比较、叙事学、文人叙事、民间叙事、叙述视角的转换及其艺术效果、经典叙事学等为主题的论文均对该书参考引用。

胡全生的《英美后现代主义小说叙述结构研究》（被引 16 次）分为"理论篇"和"实践篇"。该书理论探讨有条有理，细密完备；作品分析深入透彻，阐发允当。作者"既有自己的理论思考，又以具体作品分析为基础，不失为研究后现代主义小说的有益之作"③。该书在关于后现代主义小说、后现代叙述策略、后现代小说美学、后现代反情节特征、后现代女性主义小说、叙事学范畴等主题领域对我国学者有较大帮助。

胡亚敏的《叙事学》（被引 10 次）是一本拿起"批判的武器"进行"纯粹理性

---

① 汪民安："评申丹的《叙述学与小说文体学研究》"，《外国文学》1999 年第 5 期。
② 王理行："问题意识与创新意识下的独特声音——评《英美小说叙事理论研究》"，《当代外国文学》2006 年第 2 期。
③ 王守仁："谈后现代主义小说——兼评《美国后现代主义小说艺术论》和《英美后现代主义小说叙述结构研究》"，《外国文学评论》2003 年第 3 期。

批判"的书①，从叙述、故事、阅读这三方面阐述了叙事学的基本理论知识和基本问题。该书将形式批评与意义阐释结合起来，强调文本的未完成性和可交流性，强调读者阅读过程中的自主性、参与性和创造性，而这种从文本向读者的转移实际上是走出结构主义城堡的第一步。此外，书中对情节完整性的诘问和提出的"过程论"人物理论等也是变革和拓展经典叙事学的尝试。我国学者在以叙事者形象分析、叙事艺术、叙事结构解析、西方文学批评等为主题的文章中往往会对该书进行参考引用。

1989年张寅德编选的《叙述学研究》（被引10次）出版，收集了几乎所有法国20世纪60—70年代最有影响的叙事学成果。该书代表了结构主义叙事学的最高成果，因而在中国产生了非同寻常的反响，成为文论研究者的必备书之一。我国学者在研究叙事者形象分析、叙事分析、文学方法论等问题时很多都参考引用了该书。

④ 文学流派

文学流派的研究十分重要，因为这种研究可以使人们对某一类外国文学思潮和创作形成比较全面的认识，也可以使人们对文学艺术的一些规律性问题进行深入的探讨。

王岳川教授的《后殖民主义与新历史主义文论》（被引23次）是一部专论后殖民主义和新历史主义文论的学术著作。该书从后殖民主义与新历史主义理论话语以及这些新的话语与当代理论话语文化的关系层面讨论后殖民主义、新历史主义文化思潮同当代文论的复杂关系。在涉及文化唯物论、新历史主义小说创作、后殖民主义、美国华裔文学、后殖民视角等主题的论文中，该书被大量引用。

盛宁的《人文困惑与反思——西方后现代主义思潮批判》（被引20次）是近年来国内学界有关后现代主义争论问题的一部论著。西方后现代主义思潮批判研究涉及西方人文学术的改造与发展前景，具有较强的跨学科性，范围广，难度大，因此不易做出定论。但作者知难而进，把握重点，切实而中肯地加以评述与分析，对于国内研究者确有引导解惑之功，这也许就是该书被大量引用的原因。

王岳川的《后现代主义文化研究》（被引18次）是我国第一部全面系统地研究后现代主义文化哲学和文艺美学的学术专著，开拓了一种宏观整体地研究后现代思想的途径②。作者深入分析了后现代主义的起源、发展和理论特征，透视了后现代主义文化品格和审美逻辑，集中展示了后现代主义文化与美学发展历程中发生在哲学家、美学家之间的几次重大思想论战。我国学者在后现代主义电视文化、后现代叙事、后现代主义艺术手法、后现代主义文化思潮、后现代理论、含意本体论等主题的研究中均对该书参考引用。

---

① 简德彬：“拿起批判的武器——读《叙事学》”，《吉首大学学报》（社会科学版）1996年第4期。

② 肖静：“《后现代主义文化研究》"，《文艺研究》1993年第3期。

罗钢、刘象愚主编的《后殖民主义文化理论》（被引 13 次）精选了后殖民理论中最具影响和代表性的论文，包括萨义德著名的东方主义讨论，斯皮瓦克、霍米·芭芭等人后结构主义理论，法侬的文化抵抗及后殖民与女性主义、后现代主义的关系等。该书对于推动中国思想界以一种积极的姿态介入国际性的后殖民主义讨论发挥了一定的作用。该书在论及后殖民批评、后殖民英语作品、印度现当代文学、印度侨民文学、后殖民模仿、翻译研究的后殖民视角等主题的论文中被参考引用。

杨仁敬教授的《美国后现代派小说论》（被引 12 次）共评介了 21 位美国后现代派小说家及其 30 多部长短篇小说。这些作家中有白人，也有黑人、犹太、华裔和墨西哥裔，具有广泛的代表性，大体可以反映 20 世纪后半叶美国后现代派小说的概貌。由于美国后现代派小说研究是个崭新的课题，涉及哲学、政治学、历史学、文化学、社会学、文艺学等多种学科，其难度可想而知。我国学者在研究 20 世纪末小说文体操作、小说写作模式、小说虚空主题、当代美国小说新现实主义等诸多主题时都参考引用了该书。

李维屏的《英美现代主义文学概观》（被引 12 次）对英美现代主义文学的起源、发展过程和影响都作了较深入的探讨，且结合英美现代主义主要流派和作家与作品进行了发掘，比现有从某一流派（如意识流、象征主义等）、某一体裁、某一位或几位作家讨论现代主义的论著更具完整性和系统性。我国学者在研究爱尔兰诗歌特征、英美现代主义诗歌、小说批评理论、小说中宗教思想、认知文体等主题时均有对该书的引用。

陈世丹的《美国后现代主义小说艺术论》（被引 10 次）比较详尽地阐释了美国最有代表性的后现代主义小说，该书从众多的美国后现代派小说家及其作品中挑选了 10 位最有代表性作家的最有代表性的长、短篇小说进行了深入而细致的剖析。我国学者在对后现代派创作技巧、后现代派艺术技巧、后现代作品解读等主题的研究过程中参考引用了该书。

⑤ 比较文学

陈惇的《比较文学》（被引 12 次）试图就几个重要的文化理论（后现代理论、文化人类学、阐释学、接受理论、符号学、女性主义、文化相对主义）与比较文学的关系，提出一些探索性的意见，主要说明它们与比较文学研究的契合点。该书既全面系统地介绍了比较文学，反映学科发展的新成就，又探讨了比较文学的一些理论问题和现实问题。我国外国文学界在西方女性主义文学批评、比较文学、比较文学的意识形态功能、比较文学研究范式等主题的研究中多少都受到该书的影响。

孟华主编的《比较文学形象学》（被引 12 次）共收入了欧洲大陆比较文学学者 13 篇论述形象学或进行形象学研究的论文。该书既有理论和方法的探讨与阐发，也有具体的研究实例，可使读者清楚地把握形象学发展的脉络及其理论来源，了解当代形象学的基本理论和研究方法。该书对我国外国文学研究的影响主要体现在国民性理论的形象学、形象学对欧洲早期汉学研究、东方形象、女性形象、土著形象、非洲形象、中国形象的文化阐释、欧美异国形象研究、文化过滤等问题的研究上。

(4) 英美小说史与小说理论类著作

侯维瑞所著《现代英国小说史》(被引23次)旨在追溯英国小说的历史概貌与发展轨迹，论述其艺术形式和创作风格的演化与变革，并揭示其社会意义与历史价值。在全面阐述影响英国小说发展的历史背景、社会环境、经济关系和文化思潮的同时，作者采用叙述为主、评论为辅的方式，系统地介绍了英国历代著名小说家的创作思想和艺术成就，并有选择地对那些已被视为经典的优秀小说作了较为透彻的分析[①]。我国学者在后现代现实主义文学、现代现实主义文学、英国小说、现代英诗、维多利亚文化精神等主题研究时参考引用该书。

瞿世镜、任一鸣等合著的《当代英国小说》(被引22次)是一部小说史。鉴于作者在当代论当代，缺乏历史的距离感，因此把"史"字删去[②]。全书共分12章，作者运用历史唯物主义的观点，采取微观分析与宏观考察相结合的手法，把不同风格流派小说的微观分析成果，放到社会历史变迁的宏观背景中去考察，以此探讨和总结当代英国小说创作的发展规律。这本书既有理论的构架，也不乏独特的观点，而且可读性也比较强[③]。该书在战后英国小说、后现代重构、文化语境中矛盾意识、英国移民文学、后现代小说、后现代叙述策略等主题领域产生重要影响，被大量参考引用。

程锡麟教授的《当代美国小说理论》(被引13次)是一本系统研究美国小说理论的专著，全书对当代美国小说主要理论的代表人物及其代表作有较为系统、全面的介绍，同时客观阐述、评价了各自的理论基础、主要观点及其影响。我国外国文学界在黑人美学思想、小说叙述形式、命名符号、叙事策略等主题的研究中多少都受到该书的影响。

朱虹的《英国小说的黄金时代(1813—1873)》(被引12次)收文18篇，研究视角大多抓住作家作品的突出特点，文学批评与文化历史批评相结合，通过研究者女性立场的阐述，丰富了文学研究的内容。该书在西方女性小说、小说创作、文化的多元融合等主题的论文中均得到参考引用。

胡家峦教授的《历史的星空：文艺复兴时期英国诗歌与西方传统宇宙论》(被引11次)概述了西方传统宇宙论的历史发展和主要内容，描述了文艺复兴时期英国诗人心目中的宇宙图景，常见的宇宙意象或象征在诗歌中的各种具体运用和表现的研究。我国学者在关于诗歌圆形意象、诗歌与伊甸园传统、诗歌中的时间意象、诗歌

---

① 陈渊："现代英国小说作家作品的评价与鉴赏——评侯维瑞的《现代英国小说史》"，《外国语》(上海外国语大学学报)1986年第4期。
② 瞿世镜："《当代英国小说》：一部难产的著作"，《外国文学》1999年第5期。
③ 刘蔚："鸟瞰英国当代文学的'路线图'——读《当代英国小说史》"，《文汇读书周报》2009年2月27日，第10版。

中的现代主义时空观、诗歌的文体特征、美学理论与诗歌翻译、诗歌的艺术魅力等外国文学研究论文中均有对该书引用。

《十七世纪英国文学》（被引 11 次）是杨周翰教授运用比较的方法，从阔大的视野和新的角度来研究国别文学的一部力著。该书"作为一部颇有学术价值的研究专著，却没有那么浓烈的学究味道，而是结合具体作品进行实例分析，以明快、流畅的语言，随想杂感式的风格，深入浅出，通过一部或几部作品的介绍分析，给人以研究方法上的启迪"[1]。在涉及英国宗教抒情诗、英国诗歌园林意象、诗中圆形意象等主题论文中，该书均有被参考引用的痕迹。

殷企平的《英国小说批评史》（被引 11 次）从理论批评的角度对英国小说的发展进行了系统的梳理，将英国小说批评史分成四个时期，即萌芽时期、成熟时期、繁荣时期和反思时期，勾勒出英国小说理论批评史的全貌。该书突破了传统的古典主义、现实主义、浪漫主义、现代主义、后现代主义的分期模式，体现出中国学者自主研究的特点。作者对"真实"、"现实主义"等概念的内涵进行了研究，就小说许多基本理论问题提出了自己独到的见解，展示了英国小说批评理论的丰富性和复杂性[2]。我国学者在研究战后英国小说、现实主义道德、诗学研究、英国小说叙事、小说"逼真性"、小说批评理论等为主题的领域均有参考引用。

钱满素主编的《美国当代小说家论》（被引 10 次）一书对活跃在当代美国文坛上的分属于不同流派和风格的 24 位重要小说家进行了细致而深切的评介。在对作家作品论析的同时，还对其创作道路、文学思想和艺术特色进行了一定的理论探析，揭示出当代美国小说创作的总体面貌及不同小说家的个人风格和艺术追求。在犹太文学、索尔·贝娄作品、麦尔维尔作品、托妮·莫里森作品等外国文学研究领域，该书被学者参考引用。

蒋承勇教授等著的《英国小说发展史》（被引 3 次，2006 年出版）是一部全面系统研究英国小说发展史的力作，它对丰富与完善我国对英国文学史，特别是英国小说史的研究具有重要的学术价值[3]。全书以欧洲历史文化和文学史发展为背景，以 70 多位重点作家为论述的个案依据，同时还简要分析了 300 多位作家。该书结合史论，全面系统地描述英国小说的发展轨迹，揭示其发展演变的基本规律，并阐述其在世界文学中的影响与地位。

（5）作家专题研究类著作

---

[1] 王宁："超越传统模式的国别文学研究——读杨周翰先生的《十七世纪英国文学》"，《北京大学学报（哲学社会科学版）》1987 年第 5 期。

[2] 陈光孚等："英国小说研究的最新成果——评《英国小说批评史》和《英国小说艺术史》"，《外国文学研究》2005 年第 2 期。

[3] 肖霞："英国小说研究的新成果——评蒋承勇《英国小说发展史》"，《外国文学研究》2007 年第 5 期。

外国作家的专题研究仍然局限在极为经典的作家和作品上,这既有传统学术的影响,也有缺乏新资料和不了解前沿课题等实际问题的影响。美国作家福克纳与海明威是国内学者研究的热点,这与他们的大多数作品被翻译成中文有很大关系。爱尔兰作家、诗人乔伊斯研究一直被国内学者关注,特别是对他的小说的解读与探索成了一个热点。

肖明翰的《威廉·福克纳研究》(被引20次)是一部系统研究福克纳生平、思想和创作情况的专著。该书着重探讨了福克纳与美国南方社会文化、文学传统之间的关系;福克纳的创作手法与世界观的内在统一性以及他与西方现代派文学的渊源关系;他主要的创作和艺术成就等几个方面的问题[1]。在研究福克纳的种族观、空间形式、创作的重要动因等问题时,学者很多都参考引用了该书。

董衡巽编选的《海明威研究》(被引15次)尽可能地收集了国外有代表性的、不同观点的研究论文,对国内海明威研究有重要的参考价值[2]。全书介绍了有关海明威的生平、性格、创作经验和艺术见解,海明威评价中的分歧及其发展,并对海明威重点作品进行了分析。在涉及海明威的英雄主义情结、海明威作品中的"青年因素"、海明威的死亡哲学等外国文学相关研究主题时,很多论文都参考引用了《海明威研究》。

李维屏的《乔伊斯的美学思想和小说艺术》(被引11次)以乔伊斯的6本主要著作为代表,系统、详细地探讨了乔伊斯的艺术实践和美学原则。该书文笔流畅,论述透辟,是国内乔学领域唯一一部此类专著。在研究乔伊斯小说中的词语、西方乔伊斯研究现状、中国乔伊斯研究现状、乔伊斯的"经典"观等主题时,我国学者很多都参考引用了该书。

(6)其他类著作

朱光潜先生的《西方美学史》(被引20次)是我国第一部关于西方文艺批评和美学发展史的论著。该书奠定了此后中国的西方美学史的研究范式和书写体例,对西方美学研究具有开拓性的作用[3]。该书自1963年出版以来,一直作为高等学校文科教材,因此在写作方式上采用以时代为线索,以人物为纲要的结构方式。全书按历史顺序分为几个时代,梳理每一个时代的主要人物,每一人物的主要著作,每一主要著作里的主要思想,列出时代划分和人物名单。该书对美学史上的几个基本问题:美的本质、形象思维、典型人物和作为创作方法的浪漫主义及现实主义,作了相当细致的分析介绍,并对不同时代的美学家对这几个或其中某一个问题所持的基本主张,以及他们在美学史上的建树与得失都给予了相应的评价。在涉及国外美学

---

[1] 高奋等:"二十年来我国福克纳研究综述",《浙江大学学报(人文社会科学版)》2004年第34卷第4期。

[2] 姜岳斌等:"国内海明威研究述评",《外国文学研究》1989年第4期。

[3] 凌继尧:"评《西方美学史》",《外国文学研究》1980年第1期。

家、西方美学观念、西方美学思想、审美观、艺术真实观、西方美学著作等研究领域的论文中对这本书有参考引用。

著名美学家、复旦大学蒋孔阳教授和朱立元教授的《西方美学通史》（7 卷本，被引 13 次）以 480 万字的规模对西方从古希腊到当代 2000 多年美学发展的历程做了全方位的梳理，体系宏大、史料丰富、视角新颖、结构缜密，"堪称迄今为止国内外最为完备的一部西方美学通史"①。全书坚持历史和逻辑相结合的方法，在广阔的社会文化背景下，对西方美学发展的历史作了全面描述，将其归纳为"古希腊罗马美学"、"中世纪文艺复兴美学"、"17—18 世纪美学"、"德国古典美学"、"19 世纪美学"、"20 世纪美学（上下卷）"等阶段，并对每一阶段的主要思潮、流派和一大批有代表性的美学家作了详细的梳理和描述。我国学者在研究弥尔顿诗学观、比较文学、外国文学研究的问题意识、新历史主义和文化唯物论、美学史等主题的论文中都有参考和引用《西方美学通史》的痕迹。

张岩冰的《女权主义文论》（被引 10 次）对女权主义文论在西方的发生发展情况，英美、法国两大学派理论中有关女性政治、女性文学传统、女性写作、女性文学语言等问题进行了细致的研究和梳理，探讨了女权主义文论与马克思主义、精神分析、解构主义等文论的关系。在评述西方女权主义文论的基础上，分析了中国女权主义文学批评的现状，并指出女权主义文论面临的问题。我国学者在研究黑人女性主义文学、俄罗斯后现代主义戏剧、加拿大后现代女性主义、中国女性文学研究、女性话语、存在主义介入观等主题时，往往会参考引用该书。

9.7 结语

综合以上统计分析，可以清晰地说明图书是我国外国文学研究与发展的主要学术资源。为了分析图书对我国外国文学研究的学术影响力状况，我们将被外国文学论文引用的图书文献分成"领袖著作"、"历史文献"、"工具书"、"国外学术著作"和"国内学术著作" 5 个大类。由于"国外学术著作"和"国内学术著作"入选图书较多，不利于讨论的条理化，我们又进一步梳理、细分。需要说明的是：这种类别的划分必然涉及分类的标准性问题，我们在分类的过程中发现，少量图书存在多类别属性的状况，譬如文学作品集往往都同时兼有文学批评、小说理论、诗歌理论的属性等。然而想要清晰地从各个角度把握不同类别性质的图书对我国外国文学研究的学术影响力，这样的分类也是必需的。

在被外国文学论文引用 10 次及以上或年均被引 3 次及以上的 151 种图书中共涉

---

① 姚君喜："现代视界中的西方美学——论《西方美学通史》的美学史观"，《社科纵横》2004 年第 19 卷第 3 期。

及 114 位作者，其中 112 位为个人作者，2 位为团体作者。需要说明的是：（1）如果一本外文原著由不同学者翻译，那么我们在进行作者统计时，就将其作为 1 本书归并到原作者名下。例如，米兰·昆德拉所著的《小说艺术》有 3 种中译本入选，但我们统计作者时，只算作米兰·昆德拉的 1 本著作；（2）如果外文原版与译著同时入选，则将其看做同 1 本书，归并到原作者名下。例如，爱德华·W. 萨义德有一本原版书 Orientalism 入选，对应的中文版《东方学》也入选，则只能算 1 本。在这些作者中有 2 种及以上的图书入选的作者共 24 位，其中国外学者 13 位，我国学者 11 位，详见表 9-9。

表 9-9　　　　　　　　外国文学学科入选两种及以上图书作者

序号	作者	入选图书种数
1	爱德华·W. 萨义德	4
2	弗雷德里克·詹姆逊	3
3	米·巴赫金	3
4	米歇尔·福柯	3
5	托·斯·艾略特	3
6	瓦尔特·本雅明	3
7	波德莱尔	2
8	马丁·海德格尔	2
9	勒内·韦勒克	2
10	马克思	2
11	米兰·昆德拉	2
12	弗里德里希·尼采	2
13	特里·伊格尔顿	2
14	侯维瑞	2
15	李维屏	2
16	罗钢	2
17	钱锺书	2
18	申丹	2
19	盛宁	2
20	王岳川	2
21	王佐良	2
22	伍蠡甫	2
23	杨周翰	2
24	张京媛	2

第9章 外国文学

在被外国文学论文引用10次及以上或年均被引3次及以上的151种图书中共涉及52家出版社,其中入选3种及以上图书的出版社有10家,详见表9-10。

表9-10　　　　　　　　外国文学学科入选图书较多的出版社

序号	出版社	入选图书种数
1	生活·读书·新知三联书店	22
2	北京大学出版社	19
3	中国社会科学出版社	13
4	人民文学出版社	11
5	上海译文出版社	9
6	商务印书馆	9
7	上海外语教育出版社	7
8	外语教学与研究出版社	5
9	河北教育出版社	3
10	百花文艺出版社	3

综上所述,我们可以清晰地看出,图书对外国文学学科的影响有以下显著特点:

第一,图书是我国外国文学研究的第一大学术资源。2000—2007年CSSCI中的外国文学论文引用图书的次数达到41349次,占所有引用文献的83.59%,仅次于马克思主义、宗教学这两个学科,其余类型的引用文献之和为8115次,仅占所有引用文献的16.41%。

第二,国外学术著作对我国外国文学研究产生的学术影响最大。本章选出的151种图书中,共有92种为国外学术著作(包括译著),占到所选图书的60.93%,引用次数也占到全部入选图书被引次数的59%,无论入选种数还是被引次数均超过其他4类文献资源,位居榜首。

第 10 章 语言学

语言学是一门历史悠久，发展得相对成熟的学科。早在公元前 600 年至公元前 300 年，在早期文明发达的中国、印度和希腊就分别形成了古代语言学的三个中心[①]。因而，在长时间的发展历程中，语言学领域内产生的优秀研究成果相对较多，特别是以图书形式发表的论著。本章旨在通过《中文社会科学引文索引》（CSSCI）的引用统计数据，找出对我国语言学领域影响最大的一部分图书，并加以分析，以期给广大语言学研究人员提供一些具有参考价值的信息，促进我国语言学领域的繁荣与发展。

引用分析是我们常用来定量分析科学研究成果学术影响力大小的有力工具。为了推出在我国语言学领域最具学术影响的图书著作，我们对《中文社会科学引文索引》（2000—2007 年）中的语言学论文引用的图书进行了统计，由此选出语言学领域最有学术影响的图书。由于随着图书出版时间的推移，出版时间越长的被引机会和次数可能越多，仅仅以被引次数的多少来选择图书，将会失去近期出版的优秀图书。因此，为了使我们的选书尽可能少地受出版时间影响，我们拟定了语言学图书入选标准：（1）2000—2007 年间，CSSCI 中语言学论文引用 40 次及以上的图书；（2）被语言学论文年均引用 5 次及以上者。符合上述两条中的一条即可入选。由于不同类型的图书在研究中产生的作用不同，我们把入选图书分成了"领袖著作"、"历史文献"、"工具书"、"国外学术著作"、"国内学术著作" 5 类，分别从不同角度分析这些图书对语言学领域产生的影响，以此科学地考察不同种类的图书对语言学的影响状况。

我们在对 CSSCI 数据库中语言学论文引用图书的数据统计过程中遇到了许多问题，因此必须对数据进行清理、核查和整理工作：（1）修正错误数据。如书名、作者、出版社名称有误。（2）消除数据不一致。往往有多条数据对应同一本书，而这些数据或者缺少副标题，又或者主、副标题之间的符号不一；对于译著，有的著录的是翻译者，有的著录的是原作者；或者同一个出版社名称不一样，如国外出版社，经常用缩写或单词之间的顺序不同；这些都需要经过查证后进行修正或者数据合并。（3）一些著作的分卷合集处理。如《马克思恩格斯全集》、《史记》、《现代汉语》

---

① 王铭玉等："普通语言学史述要"，《外语教学》2003 年第 1 期。

等，这些书的引用有些直接给出了具体的卷，但大多数没有给出。为了不失偏颇，综合反映这些著作对本学科的影响，我们将这些分卷书进行了合并。(4) 合并数据。为了确保一本书的学术影响能够充分反映出来，当我们确认了在不同年代、同一出版社出版的是同一本书时，我们将其进行合并。需要说明的是，虽然本章讨论的是在语言学领域具有较大学术影响的图书，但本章所选出的图书并不都属于语言学，也有可能属于其他学科的图书，例如《鲁迅全集》就是文学类图书。

10.1 概述

根据 CSSCI 对引用文献的类别著录，我们对语言学论文引用的 11 类文献（期刊论文、图书、汇编文献、报纸文章、会议论文、报告文献、法规文献、学位论文、信函、网络资源及其他）进行了统计。表 10-1 给出了 2000—2007 年 CSSCI 中语言学论文引用各类文献的数量。本章将基于这 8 年总数为 118433 次的图书和汇编文献的被引数据进行讨论。

表 10-1　　　　2000—2007 年 CSSCI 中语言学论文引用文献类型统计　　　　（单位：篇次）

类型\年份	期刊论文	图书	汇编文献	报纸文章	会议论文	报告文献	法规文献	学位论文	信函	网络资源	其他
2000	4156	8466	1601	95	237	39	5	183	13	11	182
2001	4779	8578	1701	87	286	11	2	145	0	23	45
2002	5051	10076	2258	121	330	14	10	192	2	61	58
2003	5612	10008	2440	91	287	12	8	212	0	64	134
2004	7712	12167	303	108	2702	21	4	249	0	196	177
2005	8291	12776	3514	122	397	29	24	306	0	237	141
2006	12309	17494	4356	164	477	33	4	458	3	405	181
2007	14247	17701	4994	132	667	72	4	579	3	408	180
合计	62157	97266	21167	920	5383	231	61	2324	21	1405	1087

由表 10-1 可知，语言学论文在 2000—2007 年间引用图书的总数是最多的，比排名第二的期刊论文要多出 35000 余次，如果加上另一种图书形式的文献（汇编文献）则多出 56000 多次。累计 8 年的图书和汇编文献的被引次数，这两种文献的被引次数占语言学论文所有引用文献的 61.68%，充分说明图书（包括汇编文献，下同）是语言学研究领域的最大学术资源，与其他类型的文献相比具有绝对优势。虽然，图书每年的被引数量均呈增长态势，8 年间平均年增长率达到 13.12%，可以说

对于本学科的影响是在逐步扩大的，但我们必须注意到，图书的被引数量所占份额是在逐年减少的，已从 2000 年的 67.17% 减少到 2007 年的 58.21%。虽然减少的幅度并不大，但从中可见图书较之其他类型文献对语言学的影响优势在逐渐减小，因而挖掘出对语言学领域具有重要参考价值的图书仍然具有很大的意义。

表 10-2　　2000—2007 年 CSSCI 中语言学论文引用文献语种统计　　（单位：篇次）

年份\语种	中文	英文	日文	俄文	德文	法文	其他语种	译文
2000	9502	4259	175	73	58	109	96	716
2001	10143	4616	119	28	22	67	107	555
2002	12041	5076	90	35	13	33	104	781
2003	12320	5334	126	12	34	53	65	924
2004	15000	7465	103	7	26	61	95	882
2005	16413	8037	128	15	27	76	88	1053
2006	21804	12232	156	7	43	80	151	1411
2007	23285	13988	167	2	28	117	157	1242
合计	120508	61007	1064	179	251	596	864	7564

从表 10-2 可以看出，语言学论文的引用文献语种主要以中文为主，中文文献在所有语种文献中的占有比例达 62.75%。其次是英文文献，占 31.77%，与其他学科相比，语言学论文引用外文图书相对较多，说明本学科学者十分关注和重视国外相关领域的科研成果。译文文献占 3.94%，其他语种的文献都不到 1%。我们将表中的中文文献被引数量和其他语种文献被引数量和进行了比较，发现 2002 年以前，中文文献所占的比例呈上升趋势，其后出现明显的下滑态势，从 2002 年的 66.26% 下降到了 2007 年的 59.73%；与此相反，引文中外文文献（包括译文）的占有比率从 2002 年后稳步上升，2002 年仅为 33.74%，到了 2007 年这一数字已经变成了 40.27%。说明近年来语言学学者越来越关注国外相关领域的科研成果。为了讨论国外出版的著作对本学科的影响，我们专门为国外出版的学术著作和国内引进后翻译的著作设立了一个类——"国外学术著作"，以此来讨论这些著作对我国语言学研究的影响。

根据语言学图书选择标准（2000—2007 年总被引 40 次及以上或年均被引 5 次及以上），我们从语言学论文引用的万余种图书中选出了 218 种在本学科产生了较大影响的图书。这 218 种仅占总数的 2% 左右，其被引次数达 17023 次，占语言学论文引用图书总次数（118433 次）的 14.37%；语言学论文引用的图书平均每种被引 10 次左右，而入选的 218 种图书每种平均被引多达 78.09 次。这两方面的统计数据都可以证明入选的图书在语言学研究领域产生了很大影响。为了更科学地分析不同类别的图书对本学科产生的具体影响，我们将这 218 种图书分成了 5 大类：领袖著作、历史文献、工具书、国外学术著作、国内学术著作。各类图书的详细数据参见表 10-3。

表 10-3　　　　　　　　入选语言学论文引用图书的类别统计

内容类别＼图书类别	领袖著作	历史文献	工具书	国外学术著作	国内学术著作
入选图书种数（种）	1	6	23	67	121
入选图书被引次数（次）	54	523	2357	5567	8522
入选图书被引次数所占比例（％）	0.32	3.07	13.85	32.70	50.06
入选图书的平均被引次数（次）	54.00	87.17	102.48	83.09	70.43

表 10-3 中数据显示，对语言学研究领域产生最大学术影响的图书是国内学术著作，无论是被引图书种数和被引总次数都排在第一，其入选种数占所有选出的 218 种图书的 55.50%，被引次数占入选图书总被引次数的 50.06%。国外学术著作次之，虽然国外学术著作的入选种数少于国内学术著作，但是平均被引次数却超过了国内学术著作，说明这些被引的国外学术著作的平均学术影响力高于国内学术著作。工具书的入选种数和被引次数均排在第 3 位，但是平均被引次数排名第一，说明工具书对语言学研究领域的平均影响力度高于学术著作，这也是语言学区别于人文社会科学其他学科的一大特色。历史文献在本学科的学术影响相对较小，但是其平均被引达 87.17 次，也是相当高的，说明入选的几本历史文献都是相当经典的古籍，所以才会被频繁引用。领袖著作仅有 1 本入选，这与语言学的学科性质不无关系，虽然领袖著作被关注的主要学科是马克思主义、哲学、政治学等学科（可参见本书相关章节），但是其科学的世界观与方法论对语言学研究仍有一定的影响。本章将分别就各类图书对语言学研究领域的学术影响进行分析。

10.2　领袖著作对语言学研究的影响

本章遴选出的对语言学研究产生重要学术影响的领袖著作是人民出版社出版的《马克思恩格斯全集》[1]，该书在 2000—2007 年间，被语言学论文引用了 54 次。

《马克思恩格斯全集》隶属于马克思主义理论体系，并不属于语言学的范

---

[1] 《马克思恩格斯全集》由人民出版社在 1956—1995 年间多次出版，语言学论文主要引用的是 1、4 两卷。

畴，表面上看起来似乎和语言学关系不大，但是语言学和哲学颇有学术渊源。西方语言学萌芽于古希腊哲学，语言学问题最早是在哲学范围内讨论的。19世纪语言学发展成为一门独立的科学，20世纪西方哲学又开始转向语言学。从语言学方面看，马克思主义哲学思想对语言的影响既深刻又深远，尤其是哲学上的唯物主义和经验主义思想①。语言学家们正是以这两种不同的哲学思想为指导，才取得了语言学研究的不断进步。因此，在进行语言学的哲学思考和语言学基本原理研究时，有必要加强对马克思主义思想、方法和理论的运用。《马克思恩格斯全集》是马克思主义经典著作，为科学研究与发展进一步提供了一般的世界观和方法论。如此，便不难理解这本书对于语言学所起到的思想指导作用和产生的学术影响。

众所周知，语言学的学科体系十分复杂，有很多的分支学科和二级学科。然而，《马克思恩格斯全集》这本著作到底是在语言学哪些领域起着较大的学术影响呢？经过仔细查阅引用该书的语言学论文和分析这些文章的研究主题，我们得到了如下结论：这些论文中大部分都是语言学哲学②研究领域内的；其次较多的是讨论语言学和哲学之间关系的论文，体现了语言学和哲学的学科交叉性；还有一些是涉及诸如语言教学、翻译学、语义学、修辞学等方面的主题。因此，基本反映了《马克思恩格斯全集》对语言学各学术领域的指导性。

10.3 历史文献对语言学研究的影响

人类最早的语言研究是从解释古代文献开始的，是为了研究哲学、历史和文学而研究语言的。中国在汉朝时就产生了训诂学③。因此，在语言学研究中，对历史文献的参考和引用是不可或缺的。在这次遴选出的218种图书中，历史文献有6种。其中流传年代最为久远的是汉代司马迁撰述的《史记》，被引频次最多的是清代阮元著述的《十三经注疏》，被引次数为187次。2000—2007年间语言学论文引用较多的历史文献参见表10-4④。

---

① 周利娟等："哲学思想与西方语言学"，《北京师范大学学报》（人文社会科学版）2000年第4期。

② 语言学哲学：是对意义、同义词、句法、翻译等语言学共相进行哲学思考，并且对语言学理论的逻辑地位和验证方式进行研究的学科。

③ 训诂学：中国传统研究古书中词义的学科，是中国传统的语文学的一个分支。训诂学在译解古代词义的同时，也分析古代书籍中的语法、修辞现象。从语言的角度研究古代文献，帮助人们阅读古典文献。

④ 表中图书的顺序按被引次数从多到少排列，后面类似表格均按此标准排序。

表10-4　　　　　　　　　语言学论文引用较多的历史文献

序号	图书信息①
1	《十三经注疏》,北京:中华书局*
2	《史记》,北京:中华书局*
3	马建忠:《马氏文通》,北京:商务印书馆*
4	《汉书》,北京:中华书局*
5	《红楼梦》,北京:人民文学出版社*
6	大正藏刊行会编:《大正藏》,中国台湾:新文丰出版公司

传统语言学称为语文学,它的很多分支学科,例如词源学、训诂学、音韵学、方言学、文字学等都是需要专门研究历史文献的。虽然此次仅有6种历史文献达到入选标准,但这6种图书的平均被引次数达到了87.17次,可见这些入选的历史文献对语言学研究的重要性。但是,仅仅从入选的6种历史文献来看,语言学研究领域对历史文献引用和重视程度还不够。

分析入选的历史文献:《十三经注疏》(被引187次)是对十三部儒家经典字句的注解,对于中国传统语言学和训诂学的研究都能起到很好的指导和帮助作用;《马氏文通》(被引72次)是我国第一部用现代语言学理论研究中国语法的著作,引导中国语法体系的建立,在我国语言学史上具有划时代的意义②。其余四种图书《史记》(被引106次)、《汉书》(被引65次)、《红楼梦》(被引53次)、《大正藏》③(被引40次),虽然不属于语言学范畴,但是仍然对语言学的研究影响颇深。《史记》被语言学论文引用106次,仅次于《十三经注疏》,它对语言学中古汉语的语法、语用、词源等方面的研究具有重要的参考价值;文学名著《红楼梦》中的语言现象十分丰富,有很多语言学学者专门从事对《红楼梦》中人物之间的称谓、方言、文体应用,以及《红楼梦》英译的研究;《大正藏》是一部佛典汇编图书,由于佛经中往往包含一些不同于日常所用口语和书面语的特殊的语言现象,也有学者专门从事佛经语言的研究,《大正藏》收录范围广泛,且实用性强,因此成为这些学者很好的参考书籍。

为了具体地分析表10-4中的图书对语言学产生的影响,我们统计和查阅了其引用来源。发现对历史文献引用较多的是训诂学和词源考证方面的文章,对汉语历史的追溯

---

① 表中加*的书都有多个版本,如果是被同一家出版社多次出版的图书,则合并各版被引次数或给出被引最多的版本;如果是多家出版社出版过的图书,则给出被引最多的版本。以下"图书信息"表格类似。

② 百度百科·马氏文通.[2009-4-25] http://baike.baidu.com/view/108681.htm,2009年4月25日。

③ 《大正藏》全称《大正新修大藏经》,在我们统计的引用数据里,包含这两种书名。

和考察也离不开此类图书。其他引用文献的主题论及文本体裁的特征及规律、句法结构，以及构词、方言、语法、语义、语用等方面的问题，几乎覆盖了中国传统语言学的各大学科分支。可见历史文献对语言学学术研究的影响范围是极其广泛的。

10.4 工具书对语言学研究的影响

工具书是专供查找知识、信息的文献。它系统汇集了某方面的资料，按特定方法加以编排，以供需要时查考用。工具书在语言学领域的研究和发展中起到了非常重要的作用：一方面，语言学是入选工具书最多的学科之一；另一方面，由表10-3中显示出的工具书所拥有的最高平均被引次数也可以得到证实。工具书的类型很多，这次遴选出来的工具书就包括教学参考书、字典、词典、手册、地图集。表10-5列出了入选工具书的详细书目。

表10-5　　　　　　　　语言学论文引用较多的工具书

序号	图书信息
1	吕叔湘编：《现代汉语八百词》，北京：商务印书馆*
2	中国社会科学院语言研究所词典编辑室编：《现代汉语词典》，北京：商务印书馆*
3	Randolph Quirk, *A Comprehensive Grammar of the English Language*, London and New York: Longman, 1985
4	许慎撰，段玉裁注：《说文解字注》，上海：上海古籍出版社，1981*
5	许慎：《说文解字》，北京：中华书局*
6	汉语大词典编辑委员会编：《汉语大词典》，上海：汉语大词典出版社*
7	《辞海》编辑委员会编：《辞海》，上海：上海辞书出版社*
8	中国社会科学院编：《中国语言地图集》，香港：朗文出版（远东）有限公司*
9	王力：《同源字典》，北京：商务印书馆，1982
10	许宝华编：《汉语方言大词典》，北京：中华书局，1999
11	北京大学中国语言文学系语言学教研室编：《汉语方言字汇》，北京：文字改革出版社，1989
12	李荣编：《现代汉语方言大词典（综合本）》，南京：江苏教育出版社*
13	［英］戴维·克里斯特尔（David Crystal）编，沈家煊译：《现代语言学词典》，北京：商务印书馆，2000
14	侯学超编：《现代汉语虚词词典》，北京：北京大学出版社，1998
15	黄布凡编：《藏缅语族语言词汇》，北京：中央民族学院出版社，1992
16	徐中舒编：《甲骨文字典》，成都：四川辞书出版社*

第10章 语言学　　367

续表

序号	图书信息
17	高等学校外语专业教学指导委员会英语组：《高等学校英语专业英语教学大纲》，上海：上海外语教育出版社，2000
18	汉语大字典编辑委员会：《汉语大字典》，武汉：湖北辞书出版社*
19	郭锡良：《汉字古音手册》，北京：北京大学出版社，1986
20	陆谷孙：《英汉大词典》，上海：译文出版社，1993
21	国家对外汉语教学领导小组办公室汉语水平考试部：《汉语水平词汇与汉字等级大纲》，北京：北京语言学院出版社，1992
22	教育部高等教育司：《大学英语课程教学要求（试行）》，上海：上海外语教育出版社，2004
23	李行健：《现代汉语规范词典》，北京：外语教学与研究出版社，2004

注：标有"＊"号的图书有多个版本，这里给出的是被引最多的版本。

由表10-5可以看出，有23种工具书入选，说明语言学学者在学术研究中非常重视工具书的使用，这23种对语言学较具影响的工具书中，有17种都是各种字典、词典类工具书，占总数量的73.91%，是语言学研究最主要的参考工具书。究其原因，字典、词典汇集了语言中的各种字词及短语，分别给予拼写、发音和词义解释等项信息，是方便读者随时查检特定词语信息的语言工具书[①]。因此，字典、词典是学者首当其冲需要掌握并能够熟练使用的工具书。而语言学的研究对象是语言和文字，基本工作就是研究文字、语音、语法、词汇。综上两个因素，语言学的研究工作和字典、词典是分不开的，可以说字典、词典在语言学研究领域内发挥了不可取代的作用。

为了从不同角度考察工具书对语言学研究的影响，从工具书的组织形式、所涉及内容和主题等方面因素，我们将这23本工具书细分成以下6个类别进行讨论：

（1）汉语字、词典

字、词典不单是语言学学者进行研究的参考书，而且是我们日常生活中的常用工具。入选此类的工具书有10种，这10种工具书在语言学论文中平均每本被引次数高达157.4次，可以说是语言学研究的重要参考书。它们按被引次数由多到少排列分别是：《现代汉语八百词》、《现代汉语词典》、《说文解字注》、《说文解字》、《汉语大词典》、《辞海》、《同源字典》、《现代汉语虚词词典》、《汉语大字典》、《现代汉语

---

① 百度百科·工具书．[2009-4-27] http://baike.baidu.com/view/478727.html.

规范词典》①。

《现代汉语八百词》是中国第一部现代汉语语法词典，选词以虚词为主，也收录部分实词，每个词按意义和用法分项说明。可供非汉族人学汉语时使用，也可供语文工作者和方言地区的人学普通话时参考②。这是一本很实用的专业工具书，特别是在以汉语作为第二语言的教学工作中。这本书被语言学论文引用高达480次，不但在工具书类图书中排名第一，而且是入选对语言学最具影响的218种图书中最多的，可见其对语言学领域的学术研究具有很大的影响力和参考价值。从引用这本书的论文来看，主要是方言、汉语教学、古汉语、汉语语法等方面的研究更多地参考了这本书，所以对于从事这些方面研究的学者来说，此书应当是必备品。

《现代汉语词典》是由国家级学术机构——中国社会科学院语言研究所编写的以推广普通话、促进现代汉语规范化为宗旨的工具书，它的两任主编吕叔湘和丁声树，皆为享誉中外的语言学家。《现代汉语词典》是我国第一部规范型现代汉语词典，其权威性、科学性至今无出其右，对现代汉语的统一与规范，对研究、学习与正确应用现代汉语都有着重要的影响③。这本词典的被引次数也多达353次，在工具书类图书中仅次于《现代汉语八百词》。它主要影响的是汉语语法、语义、语用等研究领域。

《说文解字》是东汉时期许慎的杰作，是中国第一部系统地分析字形、说解字义、辨别声读的字典。这部书集中了汉代训诂学的成就，还蕴涵着丰富的古代社会政治、经济、军事、法律、科技、方言、俗语方面的资料，是研究甲骨文、金文和古音、训诂不可缺少的桥梁，被奉为文字训诂学的巨著。书中关于秦汉时期全国各地方言的介绍使其成为了解中国古方言的一本参考书籍。《说文解字注》是清代知名学者段玉裁的代表性作品，著书时间长达近30年，是徐锴的《说文系传》以后的首部《说文解字》注释书。《说文解字注》校勘大徐本《说文解字》的不足之处，对《说文解字》本身进行了一些发凡起例④，注释过程中注意到了词义的历史性及发展演变规律，注意到了同源词的探讨和同义词的辨析。这两部书在语言学界都是影响深远、反响巨大的图书。在我们的被引统计数据里，《说文解字》被语言学论文引用153次，《说文解字注》则是169次，在218本图书中排名均靠前。引用这两本书的语言学论文涉及了以下一些主题：对字典和词典中字、词的释义进行的勘误考证；对《说文解字》本身的研究；对一些国学、语言学经典著作中所用古词、方言词的含义和来源的研究。

其余6种字、词典的被引次数相对较少，分别为29—124次不等。但这些书也都

---

① 后面类似列举图书的地方，均按被引次数从多到少排列。
② 百度图书·现代汉语八百词．[2009-4-28] http://0.book.baidu.com/weilan/m0/w8/h66/4b0fba2e5b.1.html.
③ 百度百科·现代汉语词典．[2009-4-28] http://baike.baidu.com/view/191029.htm.
④ 发凡起例：指说明全书要旨，拟定编写体例。

具有很高的学术价值和参考价值。比如《汉语大词典》全书正文12卷，共收单字2.27万个，复词37.5万个，约5000万字，是我国一部大型的汉语词典。其内容之浩繁，包括社会生活、古今习俗、中外文化乃至各种宗教的教义等，可以说是语言学领域的一部鸿篇巨制；再如我们耳熟能详的《辞海》是以字带词，兼有字典、语文词典和百科词典功能的大型综合性辞典，其内容丰富性和深刻性不言而喻；《汉语大字典》是以解释汉字的形、音、义为目的的大型汉语专用工具书，全书约2000万字，共收单字56000多个，凡古今文献、图书资料中出现的汉字，几乎都可以从中查出，是当今世界上规模最大、收集汉字单字最多、释义最全的一部汉语字典。这三本书的被引次数分别为124、91、46次。《同源字典》和《现代汉语虚词词典》与其他综合性字、词典不同，具有一定专用性，参考前者的论文主题一般是同源、同义词研究或语音、语源研究，参考后者的大都是研究汉语中虚词的语用和语法的论文。这两本书分别被引78次和51次，也是具有一定学术影响的。《现代汉语规范词典》被引次数只有29次，但这是由于其出版时间较晚——2004年才出版，所以才导致被引次数较少，相信随着时间的推移，也将在语言学领域中发挥它应有的价值。

（2）方言和民族语言研究工具书

属于方言和民族语言类工具书的有5种图书：香港朗文出版有限公司的《中国语言地图集》、中华书局的《汉语方言大词典》、文字改革出版社的《汉语方言字汇》、江苏教育出版社的《现代汉语方言大词典（综合本）》和中央民族学院出版社的《藏缅语族语言词汇》。它们在2000—2007年间分别被语言学论文引用74、66、63、57、49次，被引次数在23种入选工具书中均排在10名左右，说明在语言学的研究领域内，虽然方言学和民族语言学都是语言学下的专门分支学科，但是对于方言和其他民族语言的研究较之汉语研究而言相对较少。

《中国语言地图集》是一本隶属于语言地理学的图书，由中国社会科学院和澳大利亚人文科学院合作编绘。《中国语言地图集》共有35幅彩色地图，主要用线条和色彩表现汉语方言的分区和各种少数民族语言的分布，并附有文字说明和人口统计、参考书目等资料，其中包括了中国语言学家近几年来通过调查研究获得的最新成果。这是一本具有综合性质的图书，因此在这一类别中被引次数最高。分析引用这本书的语言学论文也可以发现，这些论文广泛涉及各种汉语方言和少数民族语言的归属、系属、演变历史、发音、现状以及地域性特征等研究主题。

这5种图书中，三种是汉语方言字、词典。《汉语方言大词典》是复旦大学和日本京都外国语大学进行科研合作的一项成果，编纂工作从1986年至1991年，历时5年。共收录古今南北汉语方言词汇21万余条，是一部规模宏大，通贯古今南北的大型方言工具书，初步汇集、整理、积累古今汉语方言资料，对方言学、民俗文化学等领域的研究都不无裨益；由李荣先生主编的《现代汉语方言大词典（综合本）》是20世纪末汉语方言词汇研究的一个重大收获，它不仅为普通话的词汇规范提供了重要依据,为汉语方言词汇的深入研究奠定了坚实基础,对于汉语语法,尤其是方言语法的研究来说,也同样具有十分重要的意义。① 引用这三本书的论文中,不外乎涉及这样几个大的主题:其一,对各地方言进行整体上的语法、句法结构等研究,或对某地方言的具体某个字、词进行读音、意义及用法考释;其二,对文学著作和其他学科文献中的方言词语的用法及其词源、词义进行考证;其三,对汉语方言和其他民族语言中的词语进行比较研究;其四,对本词典和其他词典的研究和校正。可以看出,这三本书对本学科的方言学研究有着非常重要的地位和作用。

《藏缅语族语言词汇》分词汇和语音两部分,汇编了40种藏缅语族语言中包括基本词在内的常用词1822条。分析其来源文献,主要是对藏缅语族内各民族语言的单独研究或比较研究,对具体字词的考证,也有少数论文针对藏缅语族语言的分类问题和语音、词性问题的讨论。总而言之,这本书对藏缅语族语言的研究功不可没,起到了很大的辅助和指导作用。

(3) 语言学专用词典

《现代语言学词典》是由英国学者戴维·克里斯特尔(David Crystal)编撰的,是一本语言学的专用词典,对语言学文献中常见的4000个术语做了详尽说明,是迄今为止最全面详尽、最新的一部语言学词典。这本词典的一个特点是术语之间的互参:一个术语的释义中涉及的其他术语都用特殊字体排印,可在相应词条下查阅其释义。为便于查阅,词典最后增加了"汉英术语对照表"。这张对照表对术语的汉译英也会有参考价值。虽然这本词典的被引次数只有53次,但是考虑到它是用来查阅语言学术语的,其专用性较高,所以能有这样的被引次数已属不易。

值得注意的是,引用这本书的论文主题涉猎却非常广泛,比如语言学研究的方法论、对外汉语研究、现代汉语的发展历史、语言教育、外语语法研究、汉英翻译、语言学著作评介等。因此,应当说这本书是学者进行语言学研究的基本工具。

(4) 教学参考书

应用语言学有一个分支学科,即语言教学。语言教学又分为第一语言教学、第二语言教学、英语教学和外语教学这三个小的类别。因此,语言教学大纲这一类工具书在语言教学研究领域发挥着重要作用。在我国不论是中学还是高校,都十分重视英语教学。英语几乎是中国所有学生的第一外语。这样的英语学习热潮也引发了语言学学者对研究英语教学方法的关注和热衷。这一小类有两种参考书都是关于英语教学的:上海外语教育出版社出版的《高等学校英语专业英语教学大纲》和《大学英语课程教学要求(试行)》,被引次数分别是48次和34次。此外《汉语水平词汇与汉字等级大纲》(被引41次)也属于这一类别,该书是一个规范性的汉语水平词汇和汉字大纲,是我国基础汉语水平、中等汉语水平、高等汉语水平和我国对外汉

---

① 汪国胜:"从语法研究角度看《现代汉语方言大词典》综合本",《方言》2003年第4期。

语教学总体设计、教材编写、课堂教学以及成绩测试的重要依据。因此，对第一语言学教学和对外汉语教学领域的研究者颇具参考价值。由于此书也可作为编制汉语水平四级通用字典及其他辞书编撰的框架范围，其作用领域也延伸到词典学范围。

分析这三本工具书的学术影响，其被引次数在表10-5的所有工具书中排名均比较靠后，说明其对本学科的学术影响和前面分析的字、词典相比还是相对较弱的。引用这三本书的语言学论文，主要涉及英语教学、汉语汉字教学、课程设置、教材编写、多媒体或网络教学、考试形式、汉语词典编纂等相关的研究主题。可见，教学类的工具书在本学科领域的主要作用是对语言教育工作者进行工作指导，辅助相关学者进行教学方法研究，有利于我们进行教学改革从而进一步完善教学体制。所以这些工具书在语言教学的研究与实践中发挥着非常重要的作用，是语言教学工作者和研究者必备之书。

（5）外语类工具书

我国语言学研究领域包括汉语研究和外国语言学研究，因此语言学工具书也有外语或双语工具书入选。在表10-5列出的23本工具书中，外语类工具书主要有：*A Comprehensive Grammar of the English Language* 和《英汉大词典》。

A Comprehensive Grammar of the English Language（译名：《英语语法大全》）是英国学者伦道夫·夸克（Randolph Quirk）等所著，英国朗文出版社出版的具有权威性的现代英语综合语法书，被称为"近时英国学术史上的一部力作"，在中文工具书占主导的情况下被引次数高达167次，充分说明了其对语言学领域的学术影响和重要性。分析其来源文献，发现其主要对英语语法和英语语法教学研究具有很大的参考价值。

《英汉大词典》[①] 收录词条22万条，增补新词、新义约2万条，及时描记最新语言动态。例证近24万条，承载大量语法、语用信息，兼顾学习型词典特征和百科信息，同时具有实用性和知识性。由于该版的《英汉大词典》2007年春季才正式出版发行，所以被引次数仅有41次。但是多位著名语言学家如王德春、桂诗春、方立等都对此书给予了高度评价[②]，对于从事英语研究、英语教学、翻译研究的学者和工作者都不无裨益。

（6）其他工具书

因无法设定一个确切的类别，我们将《甲骨文字典》和《汉字古音手册》放到一起讨论，实际上这两本书隶属于语言学的不同分支学科，也在各自相应的研究领域里发挥着很大的作用。

古文字学研究古代文字，是语言学与历史学、考古学交叉的边缘学科。甲骨文是中国发现最早的文献记录，如今甲骨学已成为一门蔚为壮观的世界性学科，为了便

[①] 首版《英汉大词典》早在1991年就已出版，这里所指的实际是现在通用的《英汉大词典》（第2版），由上海译文出版社出版，复旦大学教授陆谷孙主编并主持修订。

[②] 百度百科·英汉大词典.[2009-4-30] http://baike.baidu.com/view/1166155.html.

于甲骨文及相关学科的研究，急需一部全面反映甲骨文研究新水平的大型工具书，于是《甲骨文字典》就应运而生了。《甲骨文字典》的特点是在每个甲骨文字头下，列举部分字形，以解明甲骨文一字诸形的特点，并且标明分期，有助于读者了解甲骨文字的演变；每个字头下，列"解字"和"释义"，说明该字的构形、部首、隶定，并解释该字在卜辞中的用义；适当列举卜辞，有助于读者理解。此前的工具书或偏重于汇集字形，或偏重于罗列解说，《甲骨文字典》可说是集中两者的优点，对于学习甲骨文的人十分有用[①]。因此，这是一本对甲骨文研究具有很大辅助作用的书，被语言学论文引用48次，这些论文都是以研究甲骨文和汉语古字为主题的。由于甲骨文研究对历史学、文字学、考古学等都具有极其重要的意义，随着这个学科的繁荣发展，《甲骨文字典》亦将在这个领域内发挥越来越大的作用，其学术影响也会进一步扩大。

《汉字古音手册》是一本针对音韵学研究的工具书，收集了7479个汉字的8011个音的古韵、古声调，对人们了解古音拟音方面很有影响，读者面大，既有音韵学界学者，也有一般的文史工作者，是很多教师指定的音韵学学习者的必读书目。该书所产生影响的领域并不局限于音韵学，也对方言学、民族语言学、语源学研究起到了一定的辅助作用，这一点从引用它42次的语言学论文中可以得到论证。

综上所述六类，对语言学影响较大的工具书以各类字、词典为主，当然词典编纂本身是语言学的一个研究领域，因此工具书对语言学的影响主要表现在辞典编撰、文字学研究、教学参考、方言和少数民族语言研究等方面。

10.5 国外学术著作对语言学研究的影响

不论是自然科学，还是社会科学的研究，都强调学习和借鉴国外学术成果，在确保研究具有本土特色外，还兼具与国外研究的接轨。在语言学发展的漫长历史中，各国特别是西方发达国家涌现出了许多优秀的语言学家，也产生了很多经典的语言学著作。因此，我国语言学学者在学术研究过程中，对国外先进的语言学研究理念、方法和成果的借鉴和吸收有助于我国语言学成果水平的提升。为了帮助语言学界对国外学术著作的了解，理清这些著作产生影响的学术领域，给出对我国语言学界最有学术影响的国外学术著作以及分析引用这些著作的论文主题，对促进语言学研究的繁荣和发展具有十分重要的意义。

此次遴选出的218种图书中，国外学术著作有67种，占语言学入选图书种数的30.73%，这67种图书共被语言学论文引用5567次，占整个218种图书总被引次数（17023次）的32.70%。这些数据足以说明国外学术著作对语言学的较大学术影响

---

① 柳春鸣："甲骨文工具书综论"，《西南师范大学学报》（人文社会科学版）2005年第3期。

力。表 10-6 给出了语言学论文引用较多的 67 种国外学术著作目录。

表 10-6　　　　　　　　语言学论文引用较多的国外学术著作

序号	图书信息
1	[英] M. A. K. Halliday, *An Introduction to Functional Grammar*, London: Edward Arnold*
2	[瑞士] 费尔迪南·德·索绪尔（Ferdinand de Saussure）著, 高名凯译:《普通语言学教程》, 北京: 商务印书馆*
3	[法] Dan Sperber, *Relevance: Communication and Cognition*, Oxford, UK; Cambridge, Mass: Blackwell Publishers, 1995
4	[美] George Lakoff, *Metaphors We Live by*, University of Chicago Press, 1980
5	[中] 赵元任著, 吕叔湘译:《汉语口语语法》, 北京: 商务印书馆*
6	[美] George Lakoff, *Women, Fire, and Dangerous Things: What Categories Reveal about the Mind*, Chicago University Press, 1987
7	[美] Ronald W. Langacker, *Foundations of Cognitive Grammar*, Stanford University Press*
8	[美] Noam Chomsky, *Minimalist Program*, Cambridge, Mass: MIT Press, 1995
9	[日] 太田辰夫著, 蒋绍愚等译:《中国语历史文法》, 北京: 北京大学出版社*
10	[英] S. C. Levinson, *Pragmatics*, Cambridge University Press, 1983
11	[英] M. A. K. Halliday, *Cohesion in English*, London: Longman, 1976
12	[英] Geoffrey N. Leech, *Principles of Pragmatics*, London and New York: Longman, 1983
13	[美] Rod Ellis, *The Study of Second Language Acquisition*, Oxford: Oxford University Press, 1994
14	[英] John Lyons, *Semantics*, Cambridge: Cambridge University Press, 1977
15	[美] H. Paul Grice, *Syntax and Semantics (3): Speech Acts*, New York: Academic Press, 1975
16	[美] Noam Chomsky, *Lectures on Government and Binding: the Pisa Lectures*, Dordrecht: Foris Publications, 1981
17	[英] M. A. K. Halliday, *Language as Social Semiotic: the Social Interpretation of Language and Meaning*, London: Edward Arnold, 1978
18	[英] Gillian Brown, *Discourse Analysis*, Cambridge University Press, 1983
19	[美] Adele E. Goldberg, *Constructions: a Construction Grammar Approach to Argument Structure*, Chicago and London: the University of Chicago Press, 1995
20	[英] Paul J. Hopper, *Grammaticalization*, Cambridge University Press, 1993
21	[美] Noam Chomsky, *Aspects of the Theory of Syntax*, MIT Press, 1965
22	[英] J. L. Austin, *How to Do Things with Words*, Oxford University Press, 1962
23	[中] Yuen-Ren Chao（赵元任）, *A Grammar of Spoken Chinese*, University of California Press, 1968

续表

序号	图书信息
24	［美］George Lakoff, *Philosophy in the Flesh: the Embodied Mind and Its Challenge to Western Thought*, New York: Basic Books, 1999
25	［美］Stephen D. Krashen, *Input Hypothesis: Issues and Implications*, London and New York: Longman, 1985
26	［美］Lyle F. Bachman, *Fundamental Considerations in Language Testing*, Oxford University Press, 1990
27	［美］Lawrence Venuti, *The Translator's Invisibility: a History of Translation*, London and New York: Routledge, 1995
28	［美］Noam Chomsky, *Knowledge of Language: Its Nature, Origin and Use*, New York: Praeger Publishers, 1986
29	［美］Stephen D. Krashen, *Principles and Practice in Second Language Acquisition*, Oxford: Pergamon Press, 1982
30	［比］Jef Verschueren, *Understanding Pragmatics*, Edward Arnold Publishers Limited, 1999
31	［英］Peter Skehan, *A Cognitive Approach to Language Learning*, Oxford: Oxford University Press, 1998
32	［美］Edwin Gentzler, *Contemporary Translation Theories*, London and New York: Routledge, 1993
33	［瑞典］高本汉著，赵元任等译：《中国音韵学研究》，北京：商务印书馆*
34	［美］Gilles Fauconnier, *Mappings in Thought and Language*, Cambridge University Press, 1997
35	［英］Geoff Thompson, *Introducing Functional Grammar*, London: Edward Arnold*
36	［美］J. Michael O'Malley, *Learning Strategies in Second Language Acquisition*, Cambridge: Cambridge University Press, 1990
37	［德］威廉·冯·洪堡特（Baron von Wilhelmvon Humboldt）著，姚小平译：《论人类语言结构的差异及其对人类精神发展的影响》，北京：商务印书馆*
38	［澳］J. R. Martin, *English Text - System and Structure*, John Benjamins Publishing Company, 1992
39	［美］爱德华·萨丕尔（Edward Sapir）著，陆卓元译：《语言论：言语研究导论》，北京：商务印书馆*
40	［美］Charles N. Li, *Mandarin Chinese: a Functional Reference Grammar*, University of California Press, 1981
41	［美］Eugene A. Nida, *Theory and Practice of Translation*, Leiden: E. J. Brill, 1969

续表

序号	图书信息
42	［德］Friedrich Ungerer, *An Introduction to Cognitive Linguistics*, London：Longman, 1996
43	［美］布龙菲尔德（Leonard Bloomfield）著，袁家骅等译：《语言论》，北京：商务印书馆，1980
44	［英］John R. Taylor, *Linguistic Categorization：Prototypes in Linguistic Theory*, Oxford：Oxford University Press, 1995
45	［美］Rod Ellis, *Understanding Second Language Acquisition*, Oxford：Oxford University Press, 1985
46	［美］Andre Lefevere, *Translation, Rewriting, and the Manipulation of Literary Fame*, London and New York：Routledge, 1992
47	［英］Andrew Ortony, *Metaphor and Thought*, Cambridge University Press, 1993
48	［美］Charles N. Li, *Subject and Topic*, New York：Academic Press, 1976
49	［英］John Sinclair, *Corpus, Concordance, Collocation*, Oxford：Oxford University Press, 1991
50	［英］William Croft, *Typology and Universals*, Cambridge University Press, 1990
51	［英］杰弗里·利奇（Geoffrey Leech）著，李瑞华等译：《语义学》，上海：上海外语教育出版社，1987
52	［德］Bernd Heine, *Grammaticalization：a Conceptual Framework*, University of Chicago Press, 1991
53	［美］Noam Chomsky, *Syntactic Structures*, The Hague：Mouton, 1957
54	［新西兰］I. S. P. Nation, *Teaching and Learning Vocabulary*, Newbury House Publishers, 1990
55	［英］Jenny Thomas, *Meaning in Interaction：an Introduction to Pragmatics*, London and New York：Longman, 1995
56	［美］Gilles Fauconnier, *Mental Spaces：Aspects of Meaning Construction in Natural Language*, Cambridge：Cambridge University Press, 1994
57	［加］H. H. Stern, *Fundamental Concepts of Language Teaching*, Oxford：Oxford University Press, 1983
58	［以］Gideon Toury, *Descriptive Translation Studies and Beyond*, John Benjamins Publishing Company, 1995
59	［英］Peter Newmark, *A Textbook of Translation*, Prentice Hall International Ltd, 1988
60	［英］Peter Newmark, *Approaches to Translation*, Pergamon Press, 1981
61	［英］J. C. Catford, *A Linguistic Theory of Translation：an Essay in Applied Linguistics*, Oxford University Press, 1965

续表

序号	图书信息
62	［美］Lyle F. Bachman, *Language Testing in Practice*: *Designing and Developing Useful Language Tests*, Oxford University Press, 1996
63	［美］Ray Jackendoff, *Semantic Structures*, MIT Press, 1990
64	［英］William Croft, *Cognitive Linguistics*, Cambridge University Press, 2004
65	［德］Friedrich Ungerer, *An Introduction to Cognitive Linguistics*, 上海：外语教学与研究出版社, 2001
66	［美］Gilles Fauconnier, *Way We Think*: *Conceptual Blending and the Mind's Hidden Complexities*, New York: A Member of the Perseus Books Group, Basic Books, 2002
67	［澳］J. R. Martin, *Working With Discourse*: *Meaning Beyond the Clause*, Continuum, 2003

注：赵元任《注语口语语法》由英语写成，故将之与其译本归为国外学术著作。

分析表 10-6 中书目可得知，这些图书中大多数都是 1980—1999 年出版的或该期间国内引进、翻译的国外学术著作，虽然近几年出版的书只有 4 种，但可以肯定，随着时间的推移，将会有越来越多的新近出版的国外学术著作得到较多引用和重视。在这 67 种图书中，译著仅有 8 种，其余都是原版外文图书，这主要来自外国语研究学者本身的语言优势，较强的国外学术著作的阅读和获取能力保证了他们能够很轻松地阅读外文文献。以这些著作作者的国别划分，美国学者著作有 30 种，英国学者著作有 21 种，二者之和占全部被引最多的国外学术著作总数的 76.12%，这些著作基本都属于语言学范畴，可以说在语言学领域，美、英两国具有较大的优势。为了细致分析国外学术著作对我国语言学研究的学术影响，我们将入选的国外学术著作按其内容划分成 8 个方面进行讨论：

（1）普通语言学类著作

该类著作是对语言学研究具有综合性指导作用的基础理论著作，国内对语言学原理和基础理论的研究多受国外学术著作的影响。入选其中的有费尔迪南·德·索绪尔（Ferdinand de Saussure）的《普通语言学教程》、威廉·冯·洪堡特（Baron von Wilhelmvon Humboldt）的《论人类语言结构的差异及其对人类精神发展的影响》、爱德华·萨丕尔（Edward Sapir）的《语言论：言语研究导论》和布龙菲尔德（Leonard Bloomfield）的《语言论》。这四种书均为中国引进、由商务印书馆出版的译著，其作者都是语言学界早期的大师级人物。说明这些书不但是经典之作而且在国内语言学界具有很高的声誉和学术影响。然而四种书的被引用率却大相径庭，只有《普通语言学教程》被引用达 234 次，其余三本分别仅有 57、56、51 次。

瑞士语言学家费尔迪南·德·索绪尔是现代语言学的重要奠基者，也是结构主义的开创者之一。他被后人称为现代语言学之父,结构主义的鼻祖。《普通语言学教程》是索绪尔的代表性著作,集中体现了他的基本语言学思想,对20世纪的现代语言学研究产生了深远的影响。而他的《普通语言学教程》作为西方语言学最著名的经典著作,蕴涵着索绪尔的许多天才思想,它的影响几乎波及了20世纪的整个社会科学。结构主义文学理论、符号学、美学、语义学、语言哲学以及分支众多的结构主义语言学等,这些领域无一不是从索绪尔那里找到思想的源头。我国语言学的发展同样受到了索绪尔的巨大影响。语言符号、系统性、任意性等概念,构成了我国近40年来对于语言的基本认识[①]。这本书在国内外均得到如此高的评价,可见其被引234次并非偶然。而且其来源文献所涉及的研究领域包括翻译、词汇、功能语言学、认知语言学、语用、语法、结构、语言哲学、语义、语文教育等,在语言学范畴内几乎无所不包。当然,也有不少是对索绪尔自身理论的研究。

威廉·冯·洪堡特是著名的德国语言学家、语文学家和政治家。他学识渊博、兴趣广泛,但一生的兴趣主要集中于语言的研究,并取得了很大成就,被视为理论语言学和19世纪整个语言哲学系统的创始人。他的语言理论强调语言与民族精神的联系,虽然距今已有200年历史,但是直至20世纪仍有很大的影响。《论人类语言结构的差异及其对人类精神发展的影响》是他的代表作之一。该书实际上是作者对自己在1827—1829年所撰写的"论人类语言结构的差异"一文的扩充,内容非常广泛,涉及了人类学、民族学、语言哲学三大方面,有整体的宏观把握,也有细微的微观审视[②]。因此,该书不但值得语言学家一读,与人类学、民族学、心理学、认知科学等也都有一定关系。虽然这本书堪称经典,但是由于国内学者接触时间较晚——此书于20世纪90年代末才被引进,而且成书时间较早,其思想理论体系和现代语言学有一定距离,所以被引次数较少。引用这本书的语言学论文其实也涉及多个领域,但是它的影响多是在研究思想上的渗透,在关于实践和应用的研究中被引用得较少。

爱德华·萨丕尔是美国人类学家、语言学家。他发展了音位理论,是形态音位概念最早提出者之一。在历史比较语言学方面,他做了大量研究工作,探索语言之间的亲缘关系。他还提出了结构压力论,说语言变化(音位、形态变化)是由于受到语言本身固有的有关模式的影响。他撰写的《语言论:言语研究导论》是美国观念主义语言学派的代表作。本次入选的是商务印书馆出版的中译本,并且自1964年以后多次再版。该书共11章,系统地讨论了语言学的对象,语言成分,语音,语法程序,语法概念,语言结构的类型,语言的发展,语音规律,语言的交互影响,语言与种族、文化的关系等问题。因此,一些研究主题为语音、跨文化语言、文学语言、

---

① 耿红岩. 试论索绪尔语言观对我国语文教育的影响. [2009-5-2] http://www.goxk.com/111/20080509/792717-1.htm.

② 吴英臣等:"语言与精神——评《论人类语言结构的差异及其对人类精神发展的影响》",《天府新论》2007年第6期。

翻译、修辞、对外汉语教学的语言学论文参考和引用了此书。

布龙菲尔德是20世纪美国结构主义学派的代表人物,也是结构主义语言学的集大成者。他在语言学理论上发展了索绪尔的结构主义思想,又进一步具体化,并有所创新,于1933年出版了他的代表作《语言论》。这部著作可说是美国结构主义语言学的奠基之作,对美国结构主义语言学的形成、发展有重要的作用和深远的影响,使得美国结构主义语言学成为世界结构主义语言学中发展最完备、影响最大的一个流派。布龙菲尔德的《语言论》对中国语言学的影响也是巨大的,他的很多分析语言的方法直到今天仍为我国的语言学家所采用,用来分析汉语及其方言和少数民族语言,对我国语言学的研究及发展有着重要的意义。① 然而时隔70多年,书中不少论点都需要修改补充,也正是由于这一点,该书被引频次偏低。来源文献所涉及的领域也比较有限,以汉语及方言研究为主。

(2) 应用语言学类著作

应用语言学是研究语言在各个领域中实际应用的语言学分支,包括对于语言教学、翻译、辞典编纂、标准语的建立和规范这样一些主题的研究。应用语言学发端于19世纪末叶,在20世纪以后得到了极大的发展,因此在这一时期产生了很多优秀作品。我们将表10-6中的18种图书归入此类,在所有国外学术著作中占了26.87%的比重。从侧面反映出国内语言学中研究应用语言学的学者较多,是语言学界非常活跃的研究领域。这些图书包括:Corpus、Concordance、Collocation、Fundamental Considerations in Language Testing、Language Testing in Practice:Designing and Developing Useful Language Tests、Teaching and Learning Vocabulary、Fundamental Concepts of Language Teaching、Approaches to Translation、The Translator's Invisibility:a History of Translation、Contemporary Translation Theories、Theory and Practice of Translation、Translation, Rewriting, and the Manipulation of Literary Fame、Descriptive Translation Studies and Beyond、A Linguistic Theory of Translation:an Essay in Applied Linguistics、A Textbook of Translation、The Study of Second Language Acquisition、Input Hypothesis:Issues and Implications、Principles and Practice in Second Language Acquisition、Learning Strategies in Second Language Acquisition、Understanding Second Language Acquisition。这18种图书平均每种被引56次,而所有国外学术著作平均被引次数是83.09次,所以这个类别的图书种数虽然多,但是平均被引次数并不高,这与应用语言学的应用性研究有很大关系,即其研究均是面向各领域的应用,各自"狭窄"的应用是被引次数不高的缘故。

参考应用语言学的研究领域的划分,我们又可以把这18种图书分成4个小类:

① 语料库著作

语料库通常指利用计算机为语言研究收集的、用电子形式保存的语言材料,由自

---

① 曲建华:"试评布龙菲尔德的《语言论》",《呼伦贝尔学院学报》2006年第6期。

然出现的书面语或口语的样本汇集而成,用来代表特定的语言或语言变体。人们通过语料库观察和把握语言事实,分析和研究语言系统的规律。语料库已经成为语言学理论研究、应用研究和语言工程不可缺少的基础资源。入选的与语料库相关的著作仅有一种,即 Corpus, Concordance, Collocation(译名:《语料库、检索与搭配》),被引仅有46次,这说明我国的语料库应用和研究还有待进一步深入和发展。《语料库、检索与搭配》是一部论述如何建立语料库、进行词语检索和词语搭配分析的学术专著。作者约翰·辛克莱(John Sinclair)是英国伯明翰大学现代英语教授,主要从事话语研究和计算语言学研究。作者在书中描述了计算语言学的发展状况,详细阐明了有关语料库建立的具体过程,以及从语料库使用而得出的对语言的进一步认识。它不仅是语料库语言学研究的入门读物,也可为语言学和应用语言学研究提供数据,同时可作为语言学教师的参考书和攻读语言学和应用语言学专业的研究生的教学用书。很多语言学论文中内容涉及语料库在语言学中应用研究、语料库的建设、多媒体和网络技术与词汇研究以及语言测试的参考了此书。

② 语言测试和语言教学著作

入选的语言测试和语言教学类国外学术著作有4本:Lyle F. Bachman 的 Fundamental Considerations in Language Testing(译名:《语言测试要略》)和 Language Testing in Practice: Designing and Developing Useful Language Tests(译名:《语言测试实践》)、I. S. P. Nation 的 Teaching and Learning Vocabulary(译名:《英语词汇教与学》)、H. H. Stern 的 Fundamental Concepts of Language Teaching(译名:《语言教学的基本概念》),它们分别被语言学论文引用了68、41、44、43次。

美国学者 Lyle F. Bachman 是世界著名语言测试学家,《语言测试要略》和《语言测试实践》是他的两部代表作。其中《语言测试要略》介绍了客观语言测试在20世纪的发展,是关于衡量语言能力方面的著作的极其重要的补充。对于从事 TESOL(Teaching English to Speakers of Other Languages)的教师和学生有重要的价值,适用于攻读应用语言学和外语教学理论的硕士生和博士生,同时也适用于专门从事语言测试发展和使用的工作者,作为他们的教学用书和参考书。《语言测试实践》是讨论语言测试问题的一部实用性著作。全书分三部分:第一部分提出语言测试的理论框架;第二部分引用大量实例全面探讨了测试发展的全过程;第三部分为读者提供了10个不同的测试发展项目的实例。适用于英语专业高年级学生以及攻读应用语言学专业的硕士和博士研究生,也可作为英语教师的参考书。引用这两部书的语言学论文基本都是关于各类语言测试的研究,比如大学英语四、六级考试,汉语水平考试,英语口语考试;另外还有少部分涉及第二语言习得和外语教学研究等主题。

《英语词汇教与学》是新西兰学者 I. S. P. Nation 所著,其阅读对象是将英语作为第二语言或外语的英语教师。它针对英语词汇教学过程中遇到的具有普遍性的问题,在理论分析的基础上通过具体的举例说明,并做出解答。该书的主旨是把英语词汇的教学系统化、理论化,为英语词汇的教学提供理论依据和实践指导。由于词汇学习贯穿了整个语言学习的过程,因此对于我国目前的英语教学实际来说,该书的出版具有实用价值和指导意义。《语言教学的基本概念》是一部从历史的、多学科的角度,运用应用语言学的研究成果对语言教学进行理论探讨的学术专著。作者 H. H. Stern 是研究第二语言教学问题的权威人士,加拿大卓越的教学法专家。该书主要研究除母语以外的语言教学问题,试图从宏观的角度探讨各种不同情况下、各种环境中的非母语语言教学;但作者并没有在母语和非母语教学之间划出明确的界限,书中阐述的某些理论也适用于母语教学。分析其来源文献,发现主题为第二语言词汇学习和英语词汇教学研究的语言学论文参考了这两种书,说明它们对于这两个领域的学者具有很大的辅助作用。

③ 翻译学著作

翻译学是研究翻译的规律和艺术的学科。其主要任务是:研究中外翻译的历史、理论、流派;探讨翻译的性质、作用、标准、原则和方法;描述实际的翻译过程,说明各类翻译的特点和不同要求;确定翻译人员应具备的素养、才能和培养提高途径,预测翻译事业的发展方向等。近年来随着中外文化交流的纵深发展以及我国现代化建设对人才的需求,翻译学实践性强的特点使其成为应用语言学的研究热点,因此引入国外翻译研究的经典著作,对促进我国翻译学研究有很大帮助。

在我们遴选的国外学术著作中有 8 种是关于翻译的研究:The Translator's Invisibility: a History of Translation(译名:《译者的隐身:一部翻译史》)、Contemporary Translation Theories(译名:《当代翻译理论》)、Theory and Practice of Translation(译名:《翻译理论与实践》)、Translation, Rewriting, and the Manipulation of Literary Fame(译名:《翻译、改写以及对文学名声的制控》)、Descriptive Translation Studies and Beyond(译名:《描述翻译学及其他》)、Approaches to Translation(译名:《翻译教程》)、A Textbook of Translation(译名:《翻译问题探讨》)、A Linguistic Theory of Translation: an Essay in Applied Linguistics(译名:《翻译的语言学理论》),其中前 7 种都被引进并收入《国外翻译研究丛书》。①

《译者的隐身:一部翻译史》(被引 67 次)是美籍意大利学者 Lawrence Venuti 的一本代表作,1995 年由 Routledge 出版社出版。该书批判性地审视了 17 世纪至今的翻译活动,介绍了在各种翻译策略中通顺的策略如何占据了主导地位,并形成英语中外国文学的成文规范。在追溯翻译历史的过程中,作者发现并指出那些与通顺策略相对的翻译理论和实践,这些理论与实践旨在传达而不是消除不同语言和文化间的差异。作者还援引英美及欧洲国家的一些文本和译文,细致阐述了把翻译作为一个差异集合体进行研究和实践的理论及批判依据。

---

① 我国第一套原版引进的翻译学丛书,上海外语教育出版社 2000 年出版。

19 世纪中期以来，翻译理论有了长足的发展。1993 年美国学者 Edwin Gentzler 出版了《当代翻译理论》（被引 61 次）一书，对当今纷繁复杂的翻译理论进行了去粗取精，详细研究并介绍了几个主要翻译流派——北美翻译培训派、翻译科学派、翻译研究派、多元体系派和解构主义派的主要观点。作者在书中探讨了各个流派的特点，研究了他们之间的内在联系，并描述翻译理论对当今文化学研究的重要性，同时对当今主要翻译理论所作的各种假设提出了质疑。在结论部分，作者以其对翻译、语言以及跨文化交际本质的深刻洞察力，对翻译研究的未来发展方向作了预测。

Eugene A. Nida 博士是美国著名语言学家和翻译理论家，《翻译理论与实践》（被引 55 次）是他的一部论述翻译的经典著作，于 1969 年由荷兰 Brill 学术出版社出版。该书旨在帮助译者在进一步领会翻译理论精髓的同时，切实掌握翻译技巧和策略。翻译理论和实践的紧密结合是本书的主要特点。作者在书中一方面对翻译进行了详尽的语言学分析；另一方面也指出，翻译不仅仅是一门科学，也是一门技术，而真正理想的翻译甚至是一门艺术。

《翻译、改写以及对文学名声的制控》（被引 48 次）的作者 Andre Lefevere 是翻译研究的文化学派的主将，他的理论强调社会因素对翻译活动的激发与抑制，比较适合中国的翻译研究。该书指出翻译不仅仅是语言层次上的转换，更是译者对原作所进行的文化层面上的改写。作者在书中引进了"改写"这个重要概念，它泛指对文学原作进行的翻译、改写、编撰选集、批评和编辑等各种加工和调整的过程。作者指出，在不同的历史条件下，改写主要受到意识形态和诗学形态两方面的限制。改写者往往会对原作进行一定程度上的调整，以使其与改写者所处时期主流意识形态和诗学形态相符，从而达到让改写的作品被尽可能多的读者接受的目的。

经过统计分析引用这 8 种书的语言学论文主题，我们发现，中国文学翻译、翻译理论和方法研究、西方翻译理论研究、翻译教学、对翻译本质的哲学思考、翻译与意识形态等占了多数。所以，可以说这些书会对本领域学者在这些问题上的研究带来一些启发。

④ 第二语言习得著作

第二语言习得是应用语言学的一个重要分支学科，主要研究人们学习第二语言的过程和结果，其目的是对语言学习者的语言能力和交际能力进行客观描述和科学解释。早期的第二语言习得理论是教学法的附庸，为服务提高教学质量而存在，1967 年开始成为一门独立的学科。入选此类的图书分别是：*The Study of Second Language Acquisition*（译名：《第二语言习得研究》）、*The Input Hypothesis: Issues and Implications*（译名：《输入假说》）、*Principles and Practice in Second Language Acquisition*（译名：《第二语言习得的原理与实践》）、*Learning Strategies in Second Language Acquisition*（译名：《第二语言习得的学习策略》）和 *Understanding Second Language Acquisition*（译名：《第二语言习得概论》）。

1994年美国费城Temple大学教育学院二语英语教学教授Rod Ellis出版了巨著《第二语言习得研究》，成为第二语言习得领域的经典教科书。该书系统详尽，成为该领域研究生的教材和第二语言习得研究者的参考书，并于2000年由上海外语教学出版社引进出版。该书被语言学论文引用了131次，大大超过了国外学术著作被引次数的平均值。可以看出，这确实是一本非常优秀的著作，对本领域学者产生了很大的学术影响。Rod Ellis教授的另一本专著《第二语言习得概论》出版于1985年，也被广泛用作该领域学生的教材。全书分为10章。第一章提出了第二语言习得领域研究的主要问题，并简要进行评析。第二至第九章讨论第一语言的功用、中介语及第二语言习得的"自然"途径，中介语变量，学习者个体差异与第二语言习得的关系等。第十章对上述问题加以综合，对不同的第二语言习得理论加以评述。但是由于这本书出版时间较早，不如作者后来撰写的《第二语言习得研究》出名，所以被引次数并不高，只有48次。参考这两本书的语言学论文主要有三种主题：英语教学、第二语言学习、中介语理论研究。

美国语言学家Stephen D. Krashen在20世纪中叶以来提出的第二语言习得的"输入假说模式"，是近几十年来影响广泛、解释全面又很具争议性的理论。早在20世纪70年代初Krashen就提出了"监控模式"，80年代中叶，Krashen对其进一步扩充修订，形成了以"输入假说"为中心的"输入假说模式"，由五个互相联系的核心假说构成，它们分别是习得学假说、自然顺序假说、监控假说、语言输入假说、情感过滤假说。Krashen将他的五大假说进行了汇总，并作了细致的描述和论证。他的这些理论都汇集在其学术著作《输入假说》（出版于1985年，被引71次）和《第二语言习得的原理与实践》（出版于1982年，被引63次）中。因此，这两本书入选了对语言学最具学术影响的国外学术著作，是不无道理的，其影响范围颇广，可以作为从事第二语言习得研究的学者和从事外语教学的教师的重要参考书。

美国学者J. Michael O'Malley和Anna Uhi Chamot合著的《第二语言习得的学习策略》（出版于1990年，被引57次）阐述了语言学习的认知理论，探讨了认知理论与第二语言习得的关系，介绍了不同层次的第二语言学习者和外语学习者采用的各种学习策略等内容。因此，这本书具有学科交叉性，该书在第二语习得中引入认知策略，对从事第二语言研究的学者有很大的参考价值。

（3）认知语言学类著作

认知语言学是语言学的一个重要的分支学科，它脱胎于认知心理学或认知科学，大约在20世纪80年代后期至90年代开始形成，涉及人工智能、语言学、心理学、系统论等多种学科。67种入选的国外学术著作中有13种属于认知语言学领域产生的学术成果，按被引次数从多到少排列如下：*Metaphors We Live by*（译名：《我们依以生活的隐喻》）、*Women, Fire, and Dangerous Things: What Categories Reveal about the Mind*（译名：《女人、火与危险事物：范畴所揭示之心智的奥秘》）、*Foundations of Cogni-*

tive Grammar（译名：《认知语法基础》）、*Philosophy in the Flesh: the Embodied Mind and Its Challenge to Western Thought*（译名：《体验哲学：体验心智及其对西方思想的挑战》）、*A Cognitive Approach to Language Learning*（译名：《语言学习认知法》）、*Mappings in Thought and Language*（译名：《思维和语言中的映现》）、*An Introduction to Cognitive Linguistics*（译名：《认知语言学入门》，Longman 出版社，1996）、*Linguistic Categorization: Prototypes in Linguistic Theory*（译名：《语言的范畴化：语言学理论中的类典型》）、*Metaphor and Thought*（译名：《隐喻与思维》）、*Mental Spaces: Aspects of Meaning Construction in Natural Language*（译名：《心理空间：自然语言意义建构面面观》）、*Cognitive Linguistics*（译名：《认知语言学》）、*An Introduction to Cognitive Linguistics*（译名：《认知语言学入门》，外语教学与研究出版社，2001）、*Way We Think: Conceptual Blending and the Mind's Hidden Complexities*（译名：《我们思考的方式：概念整合和人类心智的隐匿复杂性》）。[①] 比较而言，这 13 种图书中相对具有更大学术影响的是《我们依以生活的隐喻》（被引 229 次）、《女人、火与危险事物：范畴所揭示之心智的奥秘》（被引 181 次）和《认知语法基础》（被引 179 次），其余 10 种的被引次数在 32—75 次不等。

隐喻是一种比喻，即用一种事物暗喻另一种事物。表达方法：A 是 B。《我们依以生活的隐喻》是关于隐喻这个题目的一部重要著作，其作者是认知语言学创始人之一 George Lakoff。在书中，作者认为隐喻并非仅是语言层面的事，而是渗入了我们的思维和行动之中。隐喻的本质在于依据某类事物来理解和经验另一类事物。通过隐喻，经验中未成形的概念得以成形，从而划入语言形式之中。因此，我们依以思考和行为的日常概念系统本质上是隐喻性的，也因此隐喻是我们依以生活的。这本书被语言学论文引用了 229 次，一方面肯定了此书具有很高的学术价值和影响力；另一方面也说明在我国语言学界，对于隐喻的研究已经成为热点，引起了相当的关注。

《女人、火与危险事物：范畴所揭示之心智的奥秘》（以下简称《范畴》）是 George Lakoff 的另一部著作。Lakoff 专门研究语言中的比喻及其与人类认知的关系，提倡比喻（隐喻）是日常语言活动中的必须认知能力。《范畴》于 1987 年由 University of Chicago press 出版，一问世，就轰动了美国的科学界，很多重要的学术刊物纷纷发表评论：该书提供了关于思维和意义之间关系的最激动人心的见解，开辟了一条探索思维奥秘的新路；《范畴》的出版是认知科学中的一件大事，它将影响到各个相关的学科，诸如语言学、心理学、计算机科学、科学哲学等；任何一个语言学家都无法弥补因忽视此书而带来的损失。[②] 该书自 1987 首版后，多次再版。这些资料

---

① 其中有两种实际是同一本书，但是由不同的出版社出版，为了区别不同的出版社出版的图书，我们在表 10-6 中没有合并。

② 石毓智："《女人、火与危险事物范畴揭示了思维的什么奥秘》评介"，《国外语言学》1995 年第 2 期。

加上 CSSCI 数据充分证明了《范畴》的极大影响力,尤其是对语言学研究领域所产生的学术影响。

《认知语法基础》① 的作者 Ronald W. Langacker 是美国加州大学（圣地亚哥）语言学教授,他从 1976 年起致力于创建"认知语法",到 1987 年和 1991 年,《认知语法基础》前后两卷的相继问世标志着他的语法理论已形成一个完整的系统。该书第一卷介绍了一种全新的与以往完全不同的语言结构和语言学调查概念。与正统的观念相对,作者主张语法不能脱离语义独立存在,它是概念内容的构成和象征关系的表达式；语法与词汇构成一个连续体,可以通过象征单位（形式—意义配对）加以描述。第二卷主要告诉读者如何运用在第一卷中阐述的理论,将认知语法应用于分析一系列典型语法现象,这些现象主要取自英语。书中材料的数量、分析的价值,给人留下了深刻的印象。

其余 10 种图书也分别从不同的角度对认知语言学进行了基础介绍和深入探讨,均是认知语言学领域非常具有参考价值的著作。比如《语言学习认知法》着重探讨了认知心理学与第二语言学习研究的关系,介绍了与语言习得有关的心理语言学和认知过程方面的知识；Gilles Fauconnier 的《思维和语言中的映现》和《我们思考的方式：概念整合和人类心智的隐匿复杂性》提出并详细阐释了概念整合理论（概念整合是人类所特有的心智运作）,使概念整合理论成为第二代认知语言学理论的核心；《认知语言学入门》细致入微地阐释了认知语言学的核心概念,探讨了在诸如相似性、词汇变化、语法化和语言教学等研究中引入认知概念的种种益处；《心理空间：自然语言意义建构面面观》对认知语言学心理空间理论进行了详细阐述；《认知语言学》介绍了认知语言学研究的重要概念和原则,并进行了词汇语义学和语法的认知研究。由于认知语言学的发展只有 30 年左右的历史,这一类的图书有很多都尚未得到广泛传播和有效利用。相信在未来的发展中,它们会对认知语言学的研究起到更多的指导作用,产生更大的学术影响。

我们仔细查阅了引用此类图书的语言学论文,通过分析它们的研究领域,可以得到如下结论：引用认知语言学类图书的论文主题基本上是将认知理论引入到语言学研究的各个方面。具体来说,有如下一些：认知语法研究；在认知的范畴内对词汇进行语义分析；认知法在语篇分析中的应用；认知与二语词汇学习和外语教学等。此外,也有部分论文专门讨论了认知语言学中的心理空间理论和隐喻理论。

（4）系统功能语言学类著作

系统功能语言学是当今影响最大的语言学流派之一,至今已有 60 多年的历史,它的兴起与整个语言学的功能主义思潮有关。功能主义旨在通过语言在社会交际中

---

① 由两卷《Ⅰ理论前提》和《Ⅱ描写应用》所组成,我们的数据也是两卷被引次数合并而成。

应实现的功能来描写和解释各种语言的音系的、语法的和语义的语言学特征。在这个学术思潮中，有几个主要的学派影响比较大，其中伦敦学派由于著名语言学家韩礼德（M. A. K. Halliday）的继承和发展，形成现在人们称之为系统功能语言学的学派。系统功能语言学关注对语言使用的研究，重视语言的社会功能及如何实现这些社会功能，自20世纪下半叶以来影响力不断扩大，特别是对语言教与学影响甚大。入选此类的相关著作有9种，它们分别是：*An Introduction to Functional Grammar*（译名：《功能语法导论》）、*Cohesion in English*（译名：《英语的衔接》）、*Language as Social Semiotic: the Social Interpretation of Language and Meaning*（译名：《作为社会符号的语言：从社会角度诠释语言与意义》）、*Discourse Analysis*（译名：《话语分析》）、*Introducing Functional Grammar*（译名：《功能语法入门》）、*English Text: System and Structure*（译名：《英语语篇：系统和结构》）、*Typology and Universals*（译名：《语言类型学与普遍语法特征》）、*Subject and Topic*（译名：《主题与话题》）、*Working With Discourse: Meaning Beyond the Clause*（译名：《语篇研究：跨越小句的意义》）。这9种图书总共被引884次，平均被引次数为98.22次。其中《功能语法导论》的影响最大，它的被引次数为336次，不仅是此类中最高的，也在所有67种入选国外学术著作中排名第一。

韩礼德教授从20世纪70年代以来陆续发表了很多著述，建立起一个完整的系统功能语法的理论体系，此类10种图书中排名前三的都是他的著作，被引次数分别为336、140、89次。

《功能语法导论》是韩礼德教授从20世纪60年代开始对功能语法进行长期研究的成果，该书是一部全面、系统地阐述功能语法的专著。语言系统由语义、语法（词汇）和音位层组成。语义层又包括概念、交际、话语3种纯功能。功能语法研究的就是这种社会功能在语言中的具体体现。《功能语法导论》自1985年由Edward Arnold出版第1版以来，就成为国内外许多大学讲授功能语法的基本教科书。至今已经推出第3版，其更新主要体现在：增加了系统网络的内容；从小句描写走向语篇分析；基于语料库的论述；理论的修订与扩展。此书几易其稿已经推出3版，而且被引次数高达336次，充分证明了它具有很高的学术价值，并且对学界影响至深。

《英语的衔接》成书于20世纪70年代，一经出版即引起学术界巨大反响，许多研究者开始在此书的基础上进行英语语篇方面的研究。此书已重印多次，至今仍为功能语法理论研究及对英语语篇衔接感兴趣的读者的必读书目。此书共分8章，分别对衔接的概念、指称、替代、省略、连接、词汇衔接、衔接的意义等做了详细介绍和分析。

《作为社会符号的语言：从社会角度诠释语言与意义》几乎涉及韩礼德语言理论的所有重要方面，是了解系统功能语言学基本思想的形成和发展的必读之书，书中收录了作者于1972—1976年期间写成的13篇文章。这13篇文章有着共同的主题，即都把语言看作是一种社会符号,并力图从社会和文化的角度对语言的性质和意义进行了诠释。它们在内容上有若干重叠之处,如语域、语境、语言系统以及语言与教育之间的关系等论题多次出现,甚至贯穿于全书始终。

除此之外,《话语分析》(被引 86 次)在这类图书中也属于具有较高影响力的学术著作。《话语分析》1983 年由剑桥大学出版社(Cambridge University Press)出版,作者 Gillian Brown 为剑桥大学英语系教授。该书是出版最早的有关话语分析的论著之一,至今仍然具有它的权威性。它全面地介绍了话语分析的不同理论与方法,系统地论述了语言是如何在实际生活中得到应用的,语料涉及谈话录音、通知、书信、小说、报刊文摘等,因此有利于学习者全面掌握话语分析这门学科并在今后进行深入的学习和研究,堪称话语分析领域的经典之作。该书将对我国的外语教育领域,同时也给外语工作者和汉语研究者提供信息,拓宽思维,具有极高的学术价值和研究参考价值,值得广大中国外语教学教育理论研究者参考。

经查阅,引用此类图书的论文主题基本上包括三个方面:其一,对功能语法核心思想、语义性质、实际应用和某些观点的探讨;其二,关于语篇(话语)分析的研究,包括语篇分析的基本方法,语篇衔接与连贯,语篇中各成分之间的结构分析等;其三,外语教学和翻译研究,涉及例如英语写作教学,研究生英语教学,翻译的性质、规律、策略和模式这样一些研究主题。

(5)语义学、语用学类著作

语义学是一个涉及语言学、逻辑学、计算机科学、自然语言处理、认知科学、心理学等诸多领域的一个术语。其目的在于找出语义表达的规律性、内在解释,不同语言在语义表达方面的个性以及共性。① 语用学是语言学、哲学和心理学的一个分支学科,研究脉络如何影响人运用和理解语言,分析影响语言行为的标准和支配轮流发言的规则,还研究语言用于成事的方式。② 语义学研究的重点在于语言意义表达的系统,不涉及具体的应用。语用学也研究语言的意义,但是更多的着眼于语言在具体语境中的意义,言语行为、预设、会话含义,等等。二者既有区别又有联系,因此将语义学和语用学归入一类讨论。本次入选的语义学及语用学国外学术著作有 10 种:*Relevance*:*Communication and Cognition*(译名:《关联性:交际与认知》)、*Pragmatics*(译名:《语用学》)、*Principles of Pragmatics*(译名:《语用论》)、*Semantics*(John Lyons 著,译名:《语义学》)、*Syntax and Semantics*(3):*Speech Acts*(译名:《句法和语义学:言语行为》)、*How to Do Things with Words*(译名:《如何以言行事》)、*Understanding Pragmatics*(译名:《语用学诠释》)、《语义学》(Geoffrey N. Leech 著)、*Meaning in Interaction*:*an Introduction to Pragmatics*(译名:《语用论入门:

---

① 百度百科·语义学.[2009-6-5] http://baike.baidu.com/view/158702.htm.
② 百度百科·语用学.[2009-6-5] http://baike.baidu.com/view/537789.htm.

交互中的意味》)、Semantic Structures（译名：《语义结构》）。其中《语义学》（Geoffrey N. Leech 著）为译著，其余均为原版外文图书。这 10 种图书中有 6 种是关于语用学研究的著作，其余 4 种是语义学著作，而且被引较多的（100 次以上）5 种图书中，有两种为语义学著作。

1986 年法国语言学家、哲学家 Dan Sperber 和英国语言学家 Deirdre Wilson 出版了《关联性：交际与认知》（被引 230 次），本次入选的是 1995 年由 Blackwell Publishers 出版的版本。该书主要提出了涉及交际与认知的关联理论。关联理论这一语用学理论主要研究信息交际的推理过程，尤其注重语言交际的话语解释原则。该书分成四章：第 1 章，"交际"交代了关联理论的来源，综述了作者的交际观；第 2 章，"推理"即该书的难点所在；第 3 章，"关联性"即该书的核心部分也是重点；第 4 章，"言语交际的若干方面"，有选择地涉及如何利用关联理论去解释语言现象。

1983 年，S. C. Levinson 的《语用学》和 Geoffrey N. Leech 的《语用论》相继问世，为语用学的理论体系构筑了雏形，语用学有了自己的研究范围和主要内容。二者被共同视为语用学发展史上的两大里程碑，其中《语用学》成为第一部语用学教科书。因此，这两部书可以说是语用学领域内的经典之作，得到了广大语言学研究者的承认，同时也被广泛引用。它们的被引次数分别为 147 次和 137 次。

John Lyons 所著的《语义学》1977 年由剑桥大学出版社（Cambridge University Press）出版，距今已有 30 余年，但是被引次数依然有 107 次，毫不逊色于后来出版的图书。

西方哲学大师、牛津日常语言哲学派的领袖人物 J. L. Austin 所著《如何以言行事》虽属语言哲学范畴，但该书对当代语言学特别是语用学的发展都起到了极大的推动作用。在这部著作中，Austin 首先指出，"言"就是"行"。根据索绪尔的语言和言语的两分法，Austin 认为，言语是人在特定场合对特定语言的具体运用。基于这一点，Austin 提出了三种言语行为：以言表意行为、以言施事行为和以言取效行为。

经过查阅和分析，引用此类图书的语言学论文的研究主题主要涉及利用语用学理论在翻译中的应用、语义学与语用学的关系、语义结构、语篇衔接的语用认知、言语行为理论、跨文化交际、少数民族语用语义习惯等方面，说明此类图书在上述研究领域具有重要的影响作用。

（6）生成语法与构式语法理论类著作

入选的生成语法与构式语法理论类著作共 6 种，这 6 种书中有 5 种是转换—生成语法的创始人、美国著名语言学家乔姆斯基（Noam Chomsky）所著。乔姆斯基是一位富有探索精神的语言学家。最初，他用结构主义的方法研究希伯来语，后来发现这种方法有很大的局限性，转而探索新的方法，逐步建立起转换—生成语法，1957 年出版的《句法结构》就是这一新方法的标志。这种分析方法风靡全世界，冲垮了结构语言学的支配地位，因而被人们称为"乔姆斯基革命"。后来他又不断丰富和发展转换—生成语法的理论和方法,相继发表了《句法理论要略》、《支配和约束论集》等重要著作,对世界语言学的发展方向产生了巨大的影响。他的这 5 种入选图书分别是 Minimalist Program（译名:《乔姆斯基的最简方案》）、Lectures on Government and Binding: the Pisa Lectures（译名:《支配和约束论集:比萨学术演讲》）、Aspects of the Theory of Syntax（译名:《句法理论的若干问题》）、Knowledge of Language: Its Nature, Origin and Use（译名:《语言知识:其性质、来源及使用》）、Syntactic Structures（译名:《句法结构》）。

乔姆斯基的这 5 本著作,基本上描述了他的语法理论经历的 5 个发展阶段:[①]

第一个阶段（1957—1965 年）,称为"第一语言模式时期",也有人称为"古典理论时期",其代表作便是《句法结构》。作者在书中论证了语法的生成能力,认为应该把语法看成是能生成无限句子的有限规则系统。并且通过分析以"马尔可夫过程"为基础的通信理论,提出了转换语法模式,由短语结构规则、转换规则、语素音位规则三套规则构成。但是由于此书出版时间早（1957 年）,而且是该套理论的早期著作,被引次数较少（44 次）。

第二个阶段（1965—1970 年）,称为"标准理论时期",其代表作是《句法理论的若干问题》。该书补充和修正了作者原有的观点,阐述了语言能力和语言运用、语言普遍现象、语言习得、生成语法的表层结构、深层结构与语法转换等理论问题,反映了作者的语言观点和哲学观点。作者在该书中明确提出了深层结构和表层结构两个概念,并认为任何一个句子都有深层结构和表层结构,他的转换语法的主要内容便成了如何通过转换规则由深层结构变为表层结构。该书于 1965 年出版,被引用 79 次。

第三个阶段（1970—1979 年）,称为"修正后扩充标准理论时期",由于该阶段的代表作被引年次数没有达到入选标准而未被选入,所以不做探讨。

第四个阶段（1979—1993 年）,称为"支配和约束理论时期",其代表作是《支配和约束论集:比萨学术演讲》（1981 年出版,被引 101 次）。这本书是根据乔姆斯基 1979 年在意大利比萨的一次学术会议上提出的"支配"和"约束"理论整理而成的,目前,支配和约束理论仍然处于不断地修正和发展中。《语言知识:其性质、来源及使用》也诞生于这个时期（1986 年出版,被引 65 次）,其价值主要体现在两个方面,它详尽阐述了生成语法"原则与参数模型"的语言观;它对"管辖与约束理论"的分析系统进行一些调整与修改,对所阐述的模型进行了发展与改进。

第五个阶段（1993—现在）,称为"最简方案时期",《乔姆斯基的最简方案》是这个阶段的代表作,并且是乔姆斯基具有划时代意义的重要著作。作者通过对以

---

① 易小玲等:"乔姆斯基生成语法的理论基础与发展——兼议《乔姆斯基语言学的哲学基础及其缺陷》",《哈尔滨学院学报》2007 年第 3 期。

往语言理论研究的检讨式探索，逐步修正此前提出的生成语法理论；以解释语言的简洁、经济、对称等作为研究的兴趣点，力求阐释他坚信的语言"完美体系"；同时从生物语言学角度对内在语言的属性进行研究，强调运算的经济性。此时，乔姆斯基的转换——生成语法理论已经成熟，所以这本书被引次数达到了166次之多。

除了生成语法理论，构式语法理论也是国际国内的研究热点之一，近年来引起国内学者的极大兴趣。关于该理论的著作 Constructions: a Construction Grammar Approach to Argument Structure （译名：《构式：论元结构的构式语法研究》）基于语言学、语言习得和计算机科学的研究成果，比较深入地探讨了以下理论问题：为什么构式本身具有独立于词的意义，构式在解释句子的形式和意义的关系时起着什么作用，构式和其成分之间存在什么关系，构式之间又有什么关系，怎样系统地研究构式，以及构式的能产性程度。该书还对英语中的双及物构式、致使—移动构式、动结构式以及 way 构式等四个构式进行了细致的分析和解释。对于研究兴趣在理论语言学、句法学、语义学、计算语言学、心理语言学等领域的师生而言，这是一部很值得研读著作。

分析引用此类图书的语言学论文可以发现，引用乔姆斯基的五本著作的论文多以转换—生成语法及相关研究为主题，具体包括汉语语义句法的生成机制、词义生成、生成音位学、生成结构的符号学分析等。而参考《构式：论元结构的构式语法研究》一书的论文也以研究构式语法为主，比如对某种具体构式的探讨：英语的使动结构、汉语的双及物结构式、汉语双宾语句等。也有一些论文是国内学者对构式语法的理解和新发展，或从认知角度去研究构式语法。

（7）汉语研究类著作

在67种国外学术著作中，也有一些是专门对中国语言进行相关研究的。因此，将它们归入一类：《汉语口语语法》、《中国语历史文法》、A Grammar of Spoken Chinese（译名：《汉语口语语法》）①、《中国音韵学研究》、Mandarin Chinese: a Functional Reference Grammar（译名：《汉语语法》）。由于《汉语口语语法》和《中国语历史文法》的被引次数比其他3种要高出一倍以上，所以此处着重介绍二者。

赵元任先生的 A Grammar of Spoken Chinese 一书原本是给外国人研究中国话用的。后来语言学专家吕叔湘先生将其翻译成中文，即《汉语口语语法》（被引182次）。这是一本描写、分析现代汉语语法的专著，英文版本长达800多页。内容涉及现代汉语语法领域内的许多重要问题。这本书的写成经过了长期的准备过程，历时23年。23年中作者搜集了大量的语言资料，写了一些关于口语语法的专题论文，对后来书中所持的基本观点和所用的基本分析方法经过了反复的考证和斟酌。尽管作者声明

---

① 《汉语口语语法》是我国早期语言学学者赵元任用英文撰写——即 A Grammar of Spoken Chinese，并于1968年在国外 University of California Press 首次出版的著作，后来被吕叔湘翻译成中文，并由商务印书馆出版发行。按语言学图书入选标准，此书的中、英文版均入选。

这是一本讨论性的语法著作，偏重于提出问题而不是解决问题，但是《汉语口语语法》无论在方法上还是在材料上都是一本极有分量的著作。

《中国语历史文法》（被引 156 次）由日本的太田辰夫所著，中国学者蒋绍愚等译，北京大学出版社出版。太田辰夫是日本著名汉学家，长期任日本神户外国语大学教授，对汉语历史语法、词汇以及中国古代文学都有精深的研究。该书从历史的角度考察了现代汉语语法的形成，对于汉语语法从唐代直至明清的历史发展的描写尤为细致，可以说是近代汉语语法史的开创之作。此书以十分丰富、翔实的语言材料为基础，对汉语语法的历史发展作了详细、深入的论述，得到世界各国汉语语法研究者的高度评价，其材料和论述经常为人们引用。直至今天，仍是研究汉语语法史（特别是近代汉语语法史）的一本必不可少的参考书。

引用这几种图书的语言学论文主题比较明确：包括古汉语、现代汉语及方言语法研究；汉语句法语义分析；对外汉语教学；口语规范与口语词汇；方言、古代汉语音韵研究。此类图书对从事汉语研究的学者，特别是国外的学者有相当的指导意义。

（8）语法化研究类著作

除了以上的类别，入选的国外学术著作中还有两种书是关于语法化研究的。"语法化"指的是一个词语或若干个词语成为语法语素的过程，在此过程中这些词语的配置和功能被改变了。试见较早的定义："语法化存在于词汇语素进而为语法语素，或从较低的语法地位进而为具有较高的语法地位，即从派生构形成分进而为曲折构形成分，其范围有所增加。"[①] 语法化是语言演变的重要方面，因此是当代语言学关注的重要课题之一。

Grammaticalization（译名：《语法化学说》）主要由美国卡内基梅隆大学人文学科的杰出教授鲍尔·J. 霍伯尔（Paul J. Hopper）所著。书中综合介绍了语法化学说，即借以使词汇项和结构进入某种语言环境以表示语法功能的演变，一旦这些词汇项和结构发生了语法化，它们继续发展出新的语法功能。作者综合了语言学多个领域的研究成果，包括历史语言学、话语分析和语用学等。资料取自多种语言，其中尤以英语为主。该书于 1993 年出版，2000—2007 年的 8 年间共被语言学论文引用 81 次，对所有关注语法形式发展的语言学家来说，《语法化学说》是一本富有价值而引人入胜的教科书，影响甚大。

Bernd Heine 是德国科隆大学非洲研究所教授，在语言学诸多领域均有建树，而尤以语法化研究和非洲语言研究最为学界推崇，迄今已出版语言学专著 35 部，*Grammaticalization: a Conceptual Framework*（译名：《语法化：一个概念框架》）是其中之一。该书主要探寻语言演变的机制，认为语法化的机制是很重要的一个方面，对于研究人员了解语言的演变、演变的途径以及语法标记的来源都大有裨益。

---

① 胡壮麟：《语法化研究的若干问题》，《现代外语》2003 年第 1 期。

根据分析结果，引用这两种书的大都是国内关于语法化研究的学术论文，这些论文多关注汉语的"实词虚化"，即"语法化"在中国传统语言学中的称谓，研究汉语语法演变的特征，具体到某个汉字的语义演变过程。另外也有引用该书的论文是关于英语语法化研究的。

10.6　国内学术著作对语言学研究的影响

从 20 世纪 50 年代末期开始，国际语言学理论出现了剧烈的震荡，各种学说竞相争鸣。在此背景下，我国语言学界也十分活跃，汉语研究特别是现代汉语的研究取得了扎实的进展，产生了很多优秀甚至是经典的学术专著。"文化大革命"期间，我国语言学研究基本停顿，但改革开放以来，我国语言学界又重新活跃起来，许多早期出版的语言学经典之作得以再版，更多语言学研究成果如雨后春笋般涌现，从入选的国内学术著作来看，基本为 20 世纪 80 年代以后出版的著作。

对我国语言学研究领域影响最大的仍是国内学术著作，此次遴选出的对语言学最有学术影响的 218 种图书中，国内出版的著作有 121 种，占 55.50%，超过一半。总被引 8522 次，也是各类图书中最多的。其中，除了 Language, Culture and Translating① 是英文图书之外，其余均为中文图书。这些图书集中了中国近当代语言学领域最著名的学者，例如吕叔湘、朱德熙、徐通锵、王力、桂诗春、束定芳、蒋绍愚等的多部优秀研究成果，其中不乏学界公认的经典著作和高校语言学的教科书。但不可否认的是，入选的国内学术著作的平均被引用次数仅为 70.43 次，低于历史文献、工具书、国外学术著作三大类，说明国内学术著作的整体质量和学术影响还有待提高，人们对语言学著作尚需充分了解。因此，推出我国语言学研究领域最有学术影响的国内学术著作十分必要。表 10-7 给出了语言学论文引用较多的 121 种国内学术著作。

表 10-7　　　　　　　　语言学论文引用较多的国内学术著作

序号	图书信息
1	朱德熙：《语法讲义》，北京：商务印书馆，1982
2	王力：《汉语史稿》，北京：中华书局，1980
3	沈家煊：《不对称和标记论》，南昌：江西教育出版社，1999
4	罗新璋：《翻译论集》，北京：商务印书馆，1984
5	吕叔湘：《中国文法要略》，北京：商务印书馆，1982*
6	张敏：《认知语言学与汉语名词短语》，北京：中国社会科学出版社，1998

---

① Language, Culture and Translating 是国外学者在中国出版的，所以也归入国内学术著作。

续表

序号	图书信息
7	张伯江：《汉语功能语法研究》，南昌：江西教育出版社，1996
8	吕叔湘：《汉语语法分析问题》，北京：商务印书馆，1979
9	赵艳芳：《认知语言学概论》，上海：上海外语教育出版社，2001
10	何兆熊：《新编语用学概要》，上海：上海外语教育出版社，2000*
11	胡壮麟：《语篇的衔接与连贯》，上海：上海外语教育出版社，1994
12	吕叔湘：《汉语语法论文集》，北京：商务印书馆，1984
13	黄伯荣：《现代汉语》，北京：高等教育出版社*
14	徐通锵：《历史语言学》，北京：商务印书馆*
15	王力：《中国现代语法》，北京：商务印书馆，1985
16	丁声树：《现代汉语语法讲话》，北京：商务印书馆*
17	蒋绍愚：《近代汉语研究概况》，北京：北京大学出版社，1994
18	王力：《汉语语音史》，北京：中国社会科学出版社，1985
19	何自然：《语用学概论》，长沙：湖南教育出版社*
20	陈福康：《中国译学理论史稿》，上海：上海外语教育出版社*
21	黄伯荣：《汉语方言语法类编》，青岛：青岛出版社，1996
22	裘锡圭：《文字学概要》，北京：商务印书馆，1988
23	王力：《王力文集》，济南：山东教育出版社*
24	何自然：《语用学与英语学习》，上海：上海外语教育出版社，1997
25	侯精一：《山西方言调查研究报告》，山西高校联合出版社，1993
26	李方桂：《上古音研究》，北京：商务印书馆，1980
27	鲁迅：《鲁迅全集》，北京：人民文学出版社*
28	束定芳：《现代外语教学：理论、实践与方法》，上海：上海外语教育出版社，1996
29	吕叔湘：《近代汉语指代词》，上海：学林出版社，1985
30	徐烈炯：《话题的结构与功能》，上海：上海教育出版社，1998
31	杨伯峻：《古汉语语法及其发展》，北京：语文出版社，1992
32	徐通锵：《语言论：语义型语言的结构原理和研究方法》，长春：东北师范大学出版社，1997
33	黄国文：《语篇分析概要》，长沙：湖南教育出版社，1988
34	胡裕树：《现代汉语》，上海：上海教育出版社*
35	袁家骅：《汉语方言概要》，北京：文字改革出版社*
36	李如龙：《客赣方言调查报告》，厦门：厦门大学出版社，1992

续表

序号	图书信息
37	胡壮麟：《系统功能语法概论》，长沙：湖南教育出版社，1989
38	王力：《古代汉语》，北京：中华书局*
39	邢福义：《汉语语法学》，长春：东北师范大学出版社*
40	王力：《汉语语法史》，北京：商务印书馆，1989
41	曹广顺：《近代汉语助词》，北京：语文出版社，1995
42	谢天振：《译介学》，上海：上海外语教育出版社，1999
43	潘悟云：《汉语历史音韵学》，上海：上海教育出版社，2000
44	陈望道：《修辞学发凡》，上海：上海教育出版社*
45	梁敏：《侗台语族概论》，北京：中国社会科学出版社，1996
46	王福堂：《汉语方言语音的演变和层次》，北京：语文出版社，1999
47	朱德熙：《语法答问》，北京：商务印书馆，1985
48	束定芳：《隐喻学研究》，上海：上海外语教育出版社，2000
49	黎锦熙：《新著国语文法》，北京：商务印书馆*
50	熊学亮：《认知语用学概论》，上海：上海外语教育出版社，1999
51	刘叔新：《汉语描写词汇学》，北京：商务印书馆，1990
52	石毓智：《汉语语法化的历程：形态句法发展的动因和机制》，北京：北京大学出版社，2001
53	向熹：《简明汉语史》，北京：高等教育出版社，1993
54	朱德熙：《现代汉语语法研究》，北京：商务印书馆，1980
55	周祖谟：《问学集》，北京：中华书局*
56	谭载喜：《西方翻译简史》，北京：商务印书馆*
57	石毓智：《语法的认知语义基础》，南昌：江西教育出版社，2000
58	吕叔湘：《吕叔湘文集》，北京：商务印书馆*
59	现代语言学研讨会：《现代汉语配价语法研究》，北京：北京大学出版社，1995
60	北京大学中文系1955、1957级语言班：《现代汉语虚词例释》，北京：商务印书馆，1982
61	桂诗春：《新编心理语言学》，上海：上海外语教育出版社，2000
62	王宁：《训诂学原理》，北京：中国国际广播出版社，1996
63	吴福祥：《敦煌变文语法研究》，长沙：岳麓书社，1996
64	刘宓庆：《当代翻译理论》，北京：中国对外翻译出版公司，1999
65	蒋绍愚：《古汉语词汇纲要》，北京：北京大学出版社，1989
66	刘月华：《实用现代汉语语法》，北京：外语教学与研究出版社，1983

续表

序号	图书信息
67	潘文国：《汉英语对比纲要》，北京：北京语言文化大学出版社，1997
68	张谊生：《现代汉语副词研究》，上海：学林出版社，2000
69	徐烈炯：《语义学》，北京：语文出版社，1995
70	刘润清：《西方语言学流派》，北京：外语教学与研究出版社，1995
71	伍铁平：《模糊语言学》，上海：上海外语教育出版社，1999
72	桂诗春：《语言学方法论》，北京：外语教学与研究出版社，1997
73	李新魁：《广州方言研究》，广州：广东人民出版社，1995
74	江蓝生：《近代汉语探源》，北京：商务印书馆，2000
75	王辅世：《苗瑶语古音构拟》，北京：中国社会科学出版社，1995
76	冯胜利：《汉语的韵律、词法与句法》，北京：北京大学出版社，1997
77	刘纶鑫：《客赣方言比较研究》，北京：中国社会科学出版社，1999
78	李临定：《现代汉语句型》，北京：商务印书馆，1986
79	刘坚：《近代汉语虚词研究》，北京：语文出版社，1992
80	叶蜚声：《语言学纲要》，北京：北京大学出版社*
81	钱乃荣：《当代吴语研究》，上海：上海教育出版社，1992
82	王力：《龙虫并雕斋文集》，北京：中华书局，1980
83	彭聃龄：《汉语认知研究》，济南：山东教育出版社，1997
84	邵敬敏：《现代汉语疑问句研究》，长春：华东师范大学出版社，1996
85	Eugene A. Nida, *Language, Culture and Translating*，上海：上海外语教育出版社，1993
86	徐烈炯：《共性与个性：汉语语言学中的争议》，北京：北京语言文化大学出版社，1999
87	丁邦新：《丁邦新语言学论文集》，北京：商务印书馆，1998
88	郭建中：《当代美国翻译理论》，武汉：湖北教育出版社，2000
89	祝畹瑾：《社会语言学概论》，长沙：湖南教育出版社，1992
90	贾玉新：《跨文化交际学》，上海：上海外语教育出版社，1997
91	董秀芳：《词汇化：汉语双音词的衍生和发展》，成都：四川民族出版社，2002
92	俞士汶：《现代汉语语法信息词典详解》，北京：清华大学出版社*
93	王力：《汉语史稿》，北京：科学出版社，1958
94	邓炎昌：《语言与文化：英汉语言文化对比》，北京：外语教学与研究出版社*
95	陈嘉映：《语言哲学》，北京：北京大学出版社，2003
96	王均：《壮侗语族语言简志》，北京：民族出版社，1984
97	束定芳：《外语教学改革：问题与对策》，上海：上海外语教育出版社，2004

续表

序号	图书信息
98	于省吾:《甲骨文字诂林》,北京:中华书局,1996
99	戴耀晶:《现代汉语时体系统研究》,杭州:浙江教育出版社,1997
100	朱永生:《系统功能语言学多维思考》,上海:上海外语教育出版社,2001
101	赵元任:《语言问题》,北京:商务印书馆,1980
102	陈原:《社会语言学》,上海:学林出版社,1983
103	李运兴:《语篇翻译引论》,北京:中国对外翻译出版公司,2001
104	王洪君:《汉语非线性音系学:汉语的音系格局与单字音》,北京:北京大学出版社,1999
105	赵元任:《赵元任语言学论文集》,北京:商务印书馆,2002
106	郭锐:《现代汉语词类研究》,北京:商务印书馆,2002
107	徐烈炯:《生成语法理论》,上海:上海外语教育出版社,1988
108	陈德鸿:《西方翻译理论精选》,中国香港:香港城市大学出版社,2000
109	钱冠连:《汉语文化语用学》,北京:清华大学出版社,1997
110	杨伯峻:《春秋左传注》,北京:中华书局*
111	黄国文:《语篇分析的理论与实践:广告语篇研究》,上海:上海外语教育出版社,2001
112	石毓智:《肯定和否定的对称与不对称》,北京:北京语言文化大学出版社,2001
113	刘丹青:《语序类型学与介词理论》,北京:商务印书馆,2003
114	吴安其:《汉藏语同源研究》,北京:中央民族大学出版社,2002
115	许钧:《翻译论》,长沙:湖北教育出版社,2003
116	华劭:《语言经纬》,北京:商务印书馆,2003
117	杨惠中:《语料库语言学导论》,上海:上海外语教育出版社,2002
118	桂诗春:《中国学习者英语语料库》,上海:上海外语教育出版社,2003
119	胡壮麟:《认知隐喻学》,北京:北京大学出版社,2004
120	胡壮麟:《系统功能语言学概论》,北京:北京大学出版社,2005
121	赵彦春:《翻译学归结论》,上海:上海外语教育出版社,2005

注:表中标有"*"图书均多次出版,标出年代的是被引用最多的版本,未标明出版年的图书是因为没有显著被引较多的版本。

表10-7标记出版年份的图书中,最早的有1958年出版的王力的《汉语史稿》,最近出版的是2005出版的赵彦春的《翻译学归结论》以及胡壮麟的《系统功能语言学概论》。引用次数最多的是朱德熙的《语法讲义》,被引次数达448次,在所有218种遴选出的图书中,排名第二。这些书中,有一部分是多个作者所著的汇编图书,责任者标记为编者,例如《共性与个性:汉语语言学中的争议》;有些图书为团体所

著,例如《现代汉语虚词例释》,责任者标记为团体。经过对图书内容的分析,这些图书主题涵盖了语言学基本理论、汉语语法、汉语发展历史、方言或少数民族语言、翻译学理论、语篇分析、外语教学、训诂学、音韵学、文字学等语言学所有主要研究领域,主题繁杂,交叉性强。另外也有非语言学图书入选,例如《鲁迅全集》。本节将其按照主题划分为8个大类12个小类来分析这些图书主要内容和影响领域等。

(1) 语言学概论类著作

一般来说,概论性质的图书主要功用在于向读者介绍本学科或研究领域的基础理论和基本概念、研究方法、发展历史等,从整体上反映本学科的研究进展,是学者进行理论研究的认知基础。在选入的121种对语言学最具学术影响的国内学术著作中,仅有6种语言学概论性质的图书,而且从被引次数来看,这类图书平均每种被引只有50.17次,与其他专著相比,国内语言学界缺乏公认或经典概论性图书。当然,这也与我国语言学发展历史较短有关。

入选此类的图书有:《语言论:语义型语言的结构原理和研究方法》(被引82次)、《语言学方法论》(被引51次)、《西方语言学流派》(被引51次)、《语言学纲要》(被引46次)、《语言问题》(被引41次)和《语言经纬》(被引30次,2003年出版)。

被引最多的《语言论:语义型语言的结构原理和研究方法》为语言学家徐通锵所著,内容包括:语言是现实的编码体系、语言的结构原理、印欧系语言的结构原理、汉语的结构原理、声母和声母系统等。作者在书中将汉语和英语区分表述为"语法型"与"语义型"语言,即西方语言是典型的语法型语言,汉语是典型的语义型语言。语法型与语义型语言的差异,主要表现在编码方式、结构框架和基本结构单位不同。语法型语言采用间接编码的方式,语义型语言采用直接编码的方式,西方语言以"句"为本位,汉语以"字"为本位。

《语言学纲要》是汉语专业和外语各专业的基础理论课"语言学概论"的教科书,书中阐明了语言学的基本理论和基本概念,主要任务是为学习各门语言课程提供必要的理论知识,也为以后学习语言理论课程打下基础。同时我国语言学近50年的新进展在该书中也有所反映。

《语言问题》是赵元任先生20世纪60年代在台北一所大学的演讲稿,内容比较零散,但里面涉及了很多语言学相关内容,包括语音、语法、语义、符号各个方面,内容广泛。书中语言也很风趣、生动,读后可增长许多见识。

黑龙江大学华劭老师集50余载教学和科研成果之大成所著的《语言经纬》从宏观着眼,高屋建瓴,系统而深入地阐述了语言学研究中的一些基本的问题,对大量重要的语言学概念进行了梳理和廓清,并对一些研究薄弱的问题提出了自己独到的见解,是一本极具学术价值的参考书。

检索了引用这些图书的语言学论文,分析了论文主题,这些论文大都涉及对语言学的基础研究,包括语言学研究的认识论和方法论、语言教学、语言哲学、语言学史、语言学发展趋势,也有的是关于语言学具体研究,比如翻译、语法、文字、词汇等。

(2) 普通语言学类著作

在我国语言学的学科体系中,普通语言学包括语音学、语法学、语义学、词汇学、语用学、修辞学、文字学等这样一些对语言所包含的各方面进行具体研究的学科,但是此次入选的图书中仅包括其中四个研究领域的图书,按照它们彼此之间的邻近关系,分成以下两个小类讨论。

① 语义学、语用学著作

国内对于语义学和语用学的研究是比较重视和盛行的,从该类图书的被引情况可以看出:《新编语用学概要》被引 119 次,《语用学概论》被引 98 次,《语用学与英语学习》被引 89 次,《认知语用学概论》被引 66 次,《语法的认知语义基础》被引 58 次,《语义学》被引 51 次,平均每种被引达 80 次。这些著作在语言学研究领域均有着很大的学术影响。

《新编语用学概要》系统地研究了语用学这一课题,阐述了语用学研究领域最基本的理论、原则和概念。全书理论丰富,资料翔实,分析深入,观点新颖,具有极高的学术价值;《语用学概论》是国内出版的第一本语用学入门读物,自问世以来一直是年轻学人进军语用学领域的必读书目。该书较为全面系统地介绍了语用学这一新兴语言学分支的基本概念和主要理论,为语用学在中国的起步和发展作出了巨大的贡献;与《语用学概论》同为西安外国语大学何自然教授所著的《语用学与英语学习》可以说是前者的新编,但是在介绍普通语用学的同时,增加了近年来在语用学领域有过深入讨论的新课题:关联理论、社会与语用、文化差异与语用翻译等。此外,书中还谈到了关于语用学如何指导英语学习的问题。

通过查阅和分析引用这 6 种图书的语言学论文主题,主要涉及:汉语的语义语用研究、汉英翻译、跨文化交流中的语用原则、语言教学与研究、语篇分析、认知语言学研究等,说明这几种著作在上述研究领域产生着很大影响。

② 语法学、修辞学著作

语法学和修辞学研究领域范围较广,本节根据入选图书的情况,把语篇、语法、隐喻研究集中于此讨论。入选此类的图书有 7 种:《语篇的衔接与连贯》、《语篇分析概要》、《系统功能语法概论》、《隐喻学研究》、《生成语法理论》、《语篇分析的理论与实践:广告语篇研究》以及《认知隐喻学》。

语篇是指一次交流过程中的一系列连续的话段或句子所构成的语言整体。它可以是对话,也可以是独白,它包括书面语,也包括口语。从理解整篇内容入手,分析句际、段际关系,然后分段找出中心思想和重要信息,再把一些长句和难句放在一定的语言环境中进行语法分析与训练,这就是语篇分析。这个主题下的两种图书中,

《语篇的衔接与连贯》和《语篇分析概要》被引次数较多,分别为 112 次和 81 次,而《语篇分析的理论与实践:广告语篇研究》被引仅有 39 次。引用它们的语言学论文多涉及语篇翻译、语篇语法分析、从系统功能语法角度进行语篇分析、语篇的衔接与连贯、语篇教学等课题的研究。

系统功能和转换生成是语言学的两种趋于对立的不同流派,我们选入的《系统功能语法概论》和《生成语法理论》这两种图书恰好分别介绍了这两种流派的语法理论。两者出版日期接近:前者 1989 年出版。后者 1988 年出版。被引次数分别为 77 次和 40 次,比较而言,系统功能语法理论对国内的语言学研究学术影响更大。经察看和总结,引用两种图书的语言学论文多是对两种语法理论本身的研究和阐释,也有将它们运用到各种语言学研究中的,例如系统功能语法对语言教学的指导意义,隐喻的转换生成语法解释,也有讨论两种语法理论之间关系的。

隐喻是众多学科关注的热门话题,国外对隐喻的研究,已从传统的修辞学,进入当代的认知科学。然而在国内,隐喻研究还局限在修辞层次。《隐喻学研究》(被引 70 次)在对西方隐喻理论进行吸收和整理的基础上,对隐喻的产生原因、工作机制和本质特征以及隐喻的功能等进行了全面的讨论和分析。该书对语言学、文学批评、心理学及认知科学等学科有重要参考价值。《认知隐喻学》(被引 23 次,2004 年出版)从认知的视角,探讨了隐喻、语言和认知的关系,隐喻的实质,隐喻的理解,隐喻的应用和我国的隐喻研究。并进行中外比较,以唤起国内学者在继承发扬我国传统的基础上,关注隐喻研究的最新动向。当然,引用这两种图书的论文也以研究隐喻为主,如探讨隐喻研究的现状、焦点和趋势,认知隐喻,隐喻的结构特点和运作机制,隐喻的语篇功能等。

(3)应用语言学类著作

关于应用语言学的介绍可参见本章第 5 节相关内容。在入选的国内学术著作中仅包括语言教学和翻译学这两个研究领域的图书。

① 语言教学类著作

推动语言学前进的传统动力是语言的教学和运用,因此语言教学是语言学研究领域中一个非常重要的课题,入选的专门针对语言教学研究的图书有 3 种:《现代外语教学:理论、实践与方法》(被引 84 次)、《外语教学改革:问题与对策》(被引 42 次)和《中国学习者英语语料库》(被引 29 次,2003 年出版)。

《现代外语教学:理论、实践与方法》主要内容包括当代外语教学研究的几个重要趋势、介绍近年来国外外语教学理论研究的一些重要动向、外语教学研究的目标和方法、讨论外语教学研究与相关学科的关系、外语学习过程分析等。

《外语教学改革:问题与对策》在对我国外语教学现状进行深入调查和讨论的基础上,全面分析了我国外语教学理论研究和实践方面所存在的问题和面临的挑战。对我国外语教学的课程设计、大纲制定、教材编写和选用、课堂教学、教学评估等方面存在的问题进行了客观的分析,提出了一系列的改进意见及建议。

《中国学习者英语语料库》论述了中国学习者英语语料库研究方法,收录了据此方法所得的"中国学习者英语语料库"的各种统计资料和列表。本书所述的语料库语言学研究方法对研究中国学习者英语的特点具有开创性的意义,该方法亦可用于其他二语习得的研究;书中的研究结果对推进我国英语教学的意义也是深远的。

从以上对3种图书的介绍,并综合引用这些图书的语言学论文主题来看,它们对语言教学理论和方法、教材编写、课程设计、语言测试、辞典编撰等主题的研究具有较大影响。

② 翻译学著作

中国的翻译历史由来已久,《礼记》已有关于翻译的记载。但是直至进入现代以来,翻译才受到普遍重视,翻译理论研究也才开始繁荣起来。因此,国内翻译理论的发展规模和研究成果无论在数量还是影响上与西方翻译研究相比都还存在一定的差距。中国的翻译研究侧重于综合和实际应用方面,忽略了对语言本质的细致分析。因此谈翻译技巧多,谈抽象理论少。尽管如此,在入选图书里尚有11种是翻译理论研究的论著:《翻译论集》(被引176次)、《中国译学理论史稿》(被引94次)、《译介学》(被引73次)、《西方翻译简史》(被引61次)、《当代翻译理论》(被引54次)、*Language, Culture and Translating*(译名:《语言、文化和翻译》,被引45次)、《当代美国翻译理论》(被引43次)、《语篇翻译引论》(被引41次)、《西方翻译理论精选》(被引40次)、《翻译论》(被引32次,2003年出版)、《翻译学归结论》(被引15次,2005年出版)。

在这些图书中,《翻译论集》在被引次数上具有明显优势,其出版时间最早,于1984年出版,而其余图书大多数都在1999年及以后出版,例如《翻译学归结论》2005年出版,在所有121种图书中都属于出版时间最晚的。从这一点可以看出中国的翻译理论研究确实才处于发展的较初级阶段,缺乏经典著作。

《翻译论集》为翻译理论研究者罗新璋所编,分为古代、近世、近代、现代和当代5个部分,着重汇编了各个时期重要翻译家的主要论述,不少古代佛教翻译家的论述都是首次汇编发表。这部被誉称为"纵跨千余年,汇集百家言"的史料集,收集了汉唐以来到20世纪80年代约1700年间探讨翻译理论、经验和翻译史料的文稿180篇,约80万字,称得上是一部鸿篇巨著。该书出版后,立即受到学术界的关注。

《中国译学理论史稿》由中国古代译学理论、中国近代译学理论、中国现代译学理论、中国当代译学理论4章组成,汇总了我国各个时期的主要翻译理论。

《译介学》通过大量例子具体讨论翻译过程中出现的文化信息的失落与变形、"创造性叛逆"、翻译文学的承认以及翻译与政治意识形态之关系等译介学问题。虽然严格来讲这本书不属于语言学的范畴,但是从被引次数可以看出,对语言学的研究还是具有很大的学术影响。

还有三种图书是专门对国外翻译理论的介绍和引进：《西方翻译简史》内容包括古代中世纪、文艺复兴时期、近代和现当代等各个历史时期西方的翻译实践史和翻译思想发展史；《当代美国翻译理论》从4个方面介绍了美国的翻译理论，即美国早期翻译研究、阐释学与翻译研究、新批评与翻译研究、语言学与翻译研究等；《西方翻译理论精选》收录了20位译论家的论文20篇，囊括了西方翻译理论中6个新旧流派的代表作。

通过分析引用这类图书的语言学论文，发现这些图书对语言学研究所产生的影响主要表现在如下主题：中西翻译思想和理论的差异、翻译工具书的研编、文学翻译、翻译学方法论、中国翻译现状的整体思考、中国翻译史研究、当代翻译学理论建设、意识形态对翻译的影响等。

（4）双语对比语言学类著作

翻译教学和研究的经验表明：翻译理论和技巧必须建立在不同语言和文化的对比分析基础上。机器翻译是让计算机按照人们所制定的程序和指令进行不同语言的对比转换，也离不开对比分析。因此，对不同语言进行对比分析和归纳差异，对翻译学来说是极其重要的，同时语言之间的对比分析也有助于我们进行语言交际（其中最重要的是英、汉语之间的对比研究）。

《汉英语对比纲要》（被引52次）的作者潘文国先生对汉、英两种语言都有很深的研究，还在海外学习语言学多年。他的这本著作吸收并消化了国内外英汉对比的研究成果，并形成了自己的体系，颇有特色。该书名为汉英对比而非英汉对比，实际侧重点在汉语上。在该书中，作者对汉英在语音、文字、语法、语言研究史、语言的哲学基础及语言心理等很多方面进行了对比研究。从理论到实践，宏观到微观为读者勾勒出一幅有关汉英对比的基本框架。

北京外国语大学邓炎昌教授根据自己长期从事英语教学的经验，参考当代语言学方面著作，撰写了《语言与文化：英汉语言文化对比》（被引42次），就英汉语言文化进行了对比，以适应英语教学与研究的需要。作者通过对中国文化与西方文化差异的比较，详细论述在使用英语时所涉及的重要文化因素，以大量实例说明，必须掌握与这些因素有关的英语使用规则，才能措辞得当，言语得体。该书对大专院校学生、英语教师、外事工作者、翻译工作者等都有参考价值。

正如前面所介绍的，这两种图书主要影响的领域为翻译学，包括各种翻译理论、策略、技巧，文化差异对翻译的影响等研究课题。此外许多以对外汉语和英语教学、汉英语言对比、跨文化语言交际等为研究主题的论文也参考了这两种图书。

（5）语言学其他分支学科（历史语言学、心理语言学、社会语言学等）著作

语言学有很多分支学科，包括与其他学科交叉融合形成的边缘性学科，在各自的研究领域内也有一些概论性的图书。此类入选的图书有10种：《认知语言学概论》（被引128次）、《历史语言学》（被引106次）、《新编心理语言学》（被引56次）、

《模糊语言学》（被引 51 次）、《社会语言学概论》（被引 43 次）、《语言哲学》（被引 42 次）、《社会语言学》（被引 41 次）、《系统功能语言学多维思考》（被引 41 次）、《语料库语言学导论》（被引 30 次，2002 年出版）、《系统功能语言学概论》（被引 17 次，2005 年出版）。要强调的是，《系统功能语言学多维思考》、《系统功能语言学概论》和《认知语言学概论》分属语言学中两种从不同角度进行语言研究的流派，即系统功能语言学和认知语言学。① 而其他几种图书所属的分支学科基本上都是研究有关领域与语言之间的关系。

上海外语教育出版社出版的、赵艳芳先生撰写的《认知语言学概论》，是国内第一部系统介绍认知语言学研究成果的专著，填补了国内认知语言学研究的空白。

《历史语言学》是徐通锵先生在语言学领域产生广泛影响的一部重要研究著作。该书系统地阐述了历史语言学的基本理论，应用到汉语方言和汉语历史音韵领域，深化了许多个案研究，并在音变理论方面有新的建树。这一著述是中西语言学结合的重要成果。

与被引较多的前两种图书不同，其余 8 种大多是在 1999—2005 年出版的，其中部分以年均被引 5 次以上入选。究其原因，这些图书所涉及的例如社会语言学、心理语言学、模糊语言学这些领域的研究在西方产生的时间晚，在国内的起步更晚，所以其被引较少也是可以理解的。

考察引用这些图书的语言学论文可知，由于这些图书分别属于不同的研究领域，它们具体产生影响的范围也主要是各自所属的领域。

（6）汉语研究类著作

近年来，有关汉语语言理论的研究和应用可谓是多姿多彩，小到"字"理论的探索，大到语篇理论的思考，不管是句法、语义、语用层面还是语音、词汇、语法层面，都留下了学者们理论求索的足迹。② 再者，从我们的统计数据中，也可以显而易见地看出，在国内语言学研究领域，汉语研究无论是在量的方面（所有入选国内学术著作中汉语研究类图书占了 60 种），还是在质的方面（60 种汉语研究类图书平均每种被引 80.82 次）都具有绝对优势。入选图书中，不但有对各时期汉语的研究，也有对汉语语音、音韵、语法、词汇、训诂、修辞等各方面的研究。通过查阅资料，这些图书可大致分为三个小类。

① 汉语语法著作

121 种入选的国内学术著作中，主题为汉语语法研究的图书有 34 种，占 28.10%，而且这些图书的平均被引次数也多达 87.1 次，可见对于汉语语法的研究是目前语言学研究中非常重要和热门的领域。这 34 种图书分别是：《语法讲义》、《不

---

① 惠长征："系统功能语言学与认知语言学"，《边疆经济与文化》2008 年第 10 期。
② 尹蔚："当前汉语语言理论研究的现状与发展"，《怀化学院学报》2006 年第 12 期。

对称和标记论》、《中国文法要略》、《认知语言学与汉语名词短语》、《汉语功能语法研究》、《汉语语法分析问题》、《汉语语法论文集》、《中国现代语法》、《现代汉语语法讲话》、《话题的结构与功能》、《近代汉语指代词》、《古汉语语法及其发展》、《汉语语法学》、《近代汉语助词》、《汉语语法史》、《语法答问》、《新著国语文法》、《汉语语法化的历程：形态句法发展的动因和机制》、《现代汉语语法研究》、《现代汉语配价语法研究》、《现代汉语虚词例释》、《敦煌变文语法研究》、《实用现代汉语语法》、《现代汉语副词研究》、《汉语的韵律、词法与句法》、《现代汉语句型》、《近代汉语虚词研究》、《现代汉语疑问句研究》、《词汇化：汉语双音词的衍生和发展》、《现代汉语语法信息词典详解》、《现代汉语时体系统研究》、《现代汉语词类研究》、《语序类型学与介词理论》、《肯定和否定的对称与不对称》。其中，被引次数在87.1次以上的图书只有9种，而《语法讲义》最多，为448次，其余图书的被引次数都在38—83次之间。下面就被引较多的9种图书展开讨论。

被引次数最多的《语法讲义》为我国著名语言学家朱德熙所著，该书的底本是作者1961—1962年在北京大学讲授现代汉语语法这门课程的讲义。从1961年初次在北京大学油印这份讲义到该书出版时，已经过了整整20年。书中系统地阐述了作者关于现代汉语语法研究的基本观点，注重实用，分析描写细致深刻，是运用结构主义语法理论分析汉语语法结构的一部力作。因此，虽然是一部年代已久的书，却并不显得过时，到现在还拥有这么高的被引次数，说明此书堪称经典，能为大多数学者所用。

产生于20世纪30年代的"标记理论"是现代语言学的一个重要理论。沈家煊先生的《不对称和标记论》（被引189次）是将"标记理论"运用于现代汉语语法研究的开拓性著作。该书用"标记理论"进行研究，对汉语语法中各种对称和不对称现象做出统一的描写和解释，采取了由浅入深、层层推进的论述方法，从理论切入，以解决实际问题为归宿，将读者一步步引向深入。这部著作不仅是将一种新的国外语言学理论积极引入汉语语法研究，更是发展了一种研究语言问题的方法论和思考问题的重要维度，因此，国内学者从此书受益匪浅。[1]

商务印书馆出版的《中国文法要略》（被引173次）、《汉语语法分析问题》（被引129次）和《汉语语法论文集》（被引110次）这三部书都是吕叔湘先生的著作。吕叔湘先生是我国语言学界的一代宗师，70多年以来一直孜孜不倦地从事语言教学和语言研究，涉及一般语言学、汉语研究、文字改革、语文教学等多个领域，但是他的研究重点是汉语语法，这三部书就是他在汉语语法研究中的代表作。《中国文法要略》[2]是我国语法学史上的开创性著作之一。吕叔湘历来重视语言实际的研究，他的语法著作总是从具体的语言材料出发，努力探索汉语的特点和规律。因此，这本

---

[1] 胡琳等："标记理论用于汉语语法研究的代表性著作——读沈家煊教授《不对称和标记论》"，《渝西学院学报》（社会科学版）2005年第3期。

[2] 《中国文法要略》共分三卷，上卷最早出版于1942年，中、下卷最早出版于1944年。

书以丰富的语言材料为基础,引用的材料大多数取于当时的语文课本,文言白话兼收。书中用比较法研究语法,建立了一个新的语法体系,对后来的语言研究产生了一定的影响。《汉语语法分析问题》于1979年出版问世,本来是作为一篇论文来写的,因此篇幅较小,然而依然在语法学界引起了巨大反响,人人都感受到这本书的分量。全书着眼点就是提出问题和分析问题,以语法分析问题为纲,结合语法研究的历史和现状,对汉语语法研究中一些长期未能解决的基本理论和实际问题,特别是语法体系方面的问题,进行了深入分析和探讨,同时通过摆问题的方式提出了今后的研究任务,可以说这是作者数十年来从事语法研究的经验总结。[①]《汉语语法论文集》主要收录的是吕叔湘先生20世纪40年代撰写的论文,多采用文献证据和音韵学知识来对具体个案进行分析,贯穿了历史发展的语言学观念。在该书中,吕叔湘先生把"近代汉语"从笼统的"古代汉语"中分化出来,建立了近代汉语学科,打开了中国近代汉语研究的大门,从理论和实践两个方面为后来者指引了方向,具有极为重大的意义。

《认知语言学与汉语名词短语》(被引143次)将认知语言学理论和汉语研究结合在一起,选取汉语语法里一个非常小却具有重大理论意义的问题来对汉语实际做具体研究运用。书中应用到了认知语言学的三大基础理论:范畴化、隐喻和意象图示以及认知语法的一些基本原则与研究方法,对汉语语法里的"名词短语"这个专题进行比较精细的个案分析。

《汉语功能语法研究》(被引132次)借鉴现代语言学的话语分析和功能句法学方法,对现代汉语语法中若干重要问题进行功能分析。该书涉及的研究领域有:主位结构研究,焦点结构研究,语法化研究,词类功能与句法功能的研究。该书的用例大多取自北京口语。材料来源既有书面材料,也有录音材料,都是典型地反映北京口语特点的例子。这种取材方式不仅提高了语料的纯度,也增强了研究结论的可靠性。

王力先生是中国现代最具影响力和最具成就的语言学家之一,也是中国现代语言学的奠基人。其撰写的重要著作无数,《中国现代语法》(被引104次)正是其中之一,是研究中国语文现代语法的重要学术专著。该书内容包括第一章造句法(上),第二章造句法(下),第三章语法成分,第四章替代法和称数法,第五章特殊形式,第六章欧化的语法等,是研习中国现代语法的学者和师生的重要参考书目。该书和吕叔湘的《中国文法要略》一起被认为是20世纪前半个世纪里最重要的两部汉语语法著作,可见其对现代汉语语法研究的影响之广泛和深远。

《现代汉语语法讲话》(被引104次)由中国科学院语言研究所语法小组编写,内容共分20章。这本书着重语言事实的分析,并不着重体系的安排和解说。它以描

---

① 吉玉见:"《汉语语法分析问题》评介",《辽宁教育学院学报》1995年第2期。

写为主，较深刻地反映了现代汉语的结构规律，词的分类根据，词的共同性质和共同用法。这本书吸取了结构主义的一些方法，又并非拘泥于一种理论和方法。发表后引起了语法学界的广泛重视，也因此引起学术上的几次大讨论，如词类问题的讨论，析句方法的讨论。它在发展语法研究和改进语法分析方面，起了很大的推动作用。

这些图书具体对哪些领域的研究产生了学术影响，由于数量比较大，我们仅考察了部分引用这些图书的语言学论文的主题，大致可以得出如下的结论：以现、当代汉语语法研究为主，也有对古汉语、汉语方言以及外语语法的研究。涉及句式语法、篇章语法、词类问题、语法教学、语法化、国外语法理论、生成语法理论、构式语法理论等研究主题。还有部分论文是针对汉语语法研究的现状和方法论进行探讨。总而言之，包含了国内语法研究的各个方面，因此，这些图书对所有从事语法研究的学者都有一定的借鉴和指导作用。

② 汉语史、汉语语音、音韵、训诂、词汇、修辞及其他方面著作

在入选的语言学图书中，除了前面讨论的汉语语法研究类图书，另有 19 种也是汉语研究方面的专著，但是主题涉及语法之外的训诂、音韵、汉语史、词汇、语用等研究领域。这些图书包括《汉语史稿》（中华书局出版）、《现代汉语》（黄伯荣主编）、《近代汉语研究概况》、《汉语语音史》、《文字学概要》、《上古音研究》、《现代汉语》（胡裕树主编）、《古代汉语》、《修辞学发凡》、《汉语历史音韵学》、《汉语描写词汇学》、《简明汉语史》、《训诂学原理》、《古汉语词汇纲要》、《近代汉语探源》、《汉语认知研究》、《汉语史稿》（科学出版社出版）、《汉语非线性音系学：汉语的音系格局与单字音》、《汉语文化语用学》。19 种图书中有两种为不同出版社出版的同一部书：《汉语史稿》；另有两种同名，但著者不一样：《现代汉语》。从被引次数来看，这些图书的平均被引次数为 78.6 次，比前一类图书少了许多，但是也超过了所有入选的国内学术著作的平均被引次数，其中被引最多的是王力先生的《汉语史稿》（中华书局出版）。

《汉语史稿》（中华书局出版）被引多达 243 次，是作者王力先生在北京大学讲授"汉语史"课程时撰写的教材，也是我国研究汉语历史发展的第一本专著，后来一直是北京大学中文系汉语专业"汉语史"课的主要教材。全书分语音部分、语法发展部分、词汇发展部分。详细讲述了汉语史研究对象、研究方法、语言的发展成分等。

《现代汉语》（黄伯荣主编）和《现代汉语》（胡裕树主编）均为高校教授"现代汉语"的重要教材，也是常用的考研参考书。前者被语言学论文引用 109 次，后者 81 次。《现代汉语》（黄伯荣主编）是自 20 世纪 80 年代以来高校通用的三大教材之一，它以"教学方便、易于掌握"的特点受到各级各类学校的欢迎，尤其是经过多次修订，它在理论的科学性、体系的系统性、教学的实用性等方面亦显得日臻完善。《现代汉语》（胡裕树主编）成书于 1962 年，自从问世后就被列为高等院校文科

统编教材，多次刊印发行，后根据实际发展作了修订，重新由上海教育出版社出版。该书分门别类地介绍了现代汉语的语音、文字、词汇、语法、修辞等方面的内容，学术气息浓厚，是研究现代汉语必读书目。二者在内容上不尽相同，各有千秋，学者在做研究时，参考两书，可以做到兼听则明，得到更多启发。

《近代汉语研究概况》全面介绍了近代汉语研究的资料，首次总结了半个世纪以来国内外在近代汉语语音、语法、词汇以及作品的断代和方言成分的考察等方面的研究成果，资料丰富，所引述的国内外近代汉语研究的专著和论文共200多种。这是一部系统研究近代汉语的学术专著，也是一部研究近代汉语必读的入门书，因此，该书被引率较高，在2000—2007年的8年间被引达102次。

《汉语语音史》也是王力先生的著作，被引98次。该书详细概述了汉语语音的发展历史。全书分导论、历代的音系和语音的发展规律三部分。导论中，对研究汉语语音史要具备的四方面基础知识——韵书、韵图、方言、方法进行了论述；在历代的音系中，梳理了从先秦至现代的音系发展变化；最后，在语音的发展规律中，总结出语音发展的四种主要方式，以及语音的自然变化、条件变化和不规则变化。全书思维缜密，例证繁多，适合从事语言研究工作的专业人士阅读。

裘锡圭教授所著《文字学概要》被引93次，是一部关于汉字的通论性著作，同时也是一部很适用的教材。此书是作者在讲稿的基础上写成的，共13章。对文字学的基本问题诸如文字形成的过程、汉字的性质、汉字形体的演变、汉字基本类型的划分、汉字的整理和简化等都进行了深入的讨论。此书观点新颖，科学性强，以丰富的实例支持理论，富于启发性，是研习文字学时的必读书之一。

李方桂先生是研究上古音的大家，他的《上古音研究》（被引87次）系统地阐述其对中国上古音韵系统的构拟。此书虽不厚，却十分厚重，可以系统全面地了解中国上古音。而且此书所构拟之音，是从音理上研究古音不可或缺的，许多后来学者在构拟古音时，多参考李方桂先生所构拟的系统。

王力先生主编的《古代汉语》（被引75次）是高校古代汉语教学领域的权威性教材，自1964年初版以来，一直受到社会的好评。王力先生的不少著作，都具有开拓创新、填补空白的意义，为中国现代语言学的发展与成熟作出了重要贡献。但若论其惠及人数之众，发行量之大，影响之广，则莫过于《古代汉语》。20世纪60年代以后成长起来的从事语言与文学研究的学者大都从中受益。

陈望道所著《修辞学发凡》（被引73次）在修辞学研究上融合中外，贯通古今，创新理论，缔造体系，被学界奉为中国现代修辞学的奠基之作。全书共分12个篇章，可为人文学科的教学与研究尤其是中国语言学的教学与研究提供一种必读的参考书。

《汉语历史音韵学》（被引73次）内容包括上古汉语和中古汉语。目的是以汉语音韵学所要解决的问题为纲，向汉语音韵学的研究者介绍这门学科的前沿状况，介绍国内外主要学者的研究成果和研究方法。

其余9种图书被引次数相对较少,此处不一一赘述。由于这些图书本身涉及汉语研究的各个方面,因此,它们对语言学产生的学术影响也表现在各研究子领域。例如,仅考察引用《汉语史稿》的语言学论文,就涉及对方言、古汉语、现代汉语进行的语音、语法、词汇、语用研究,此外还有词典学、训诂学、语言教学等领域的论文。概括来说,对于从事汉语研究的学者、汉语学习者或汉语教学人员,这类图书都可以作为很好的参阅对象。

③ 汉语综合研究文集

在121种语言学国内学术著作中,还有一些是某一学者或多个学者的论文合集,以多卷、册、辑的形式汇编而成的图书。这些图书往往不拘于某一研究领域,围绕多个主题展开论述。共有7种图书可划归此类:《王力文集》、《问学集》、《吕叔湘文集》、《龙虫并雕斋文集》、《共性与个性:汉语语言学中的争议》、《丁邦新语言学论文集》、《赵元任语言学论文集》。

王力先生是我国语言学界泰斗之一,尤其精于古汉语研究。从事语言科学研究和教学工作60年,研究领域之广,取得成就之大,中外影响之深远,在中国语言学家中是极其突出的,被公认为是汉语语言学最具权威的专家。王力先生在语言学方面的专著有40多种,研究范围涉及词汇、语音、语法、音韵、语言教学等几乎语言学各个研究领域,这些专著被汇编成《王力文集》,共计20卷,包括近200篇论文。该书被语言学论文引用达93次,在此类中排第一。《龙虫并雕斋文集》同为王力先生所著的文章集合,但是只收录了其小部分研究成果,远不及《王力文集》全面,所以被引次数较少,只有46次。由于王力先生的研究范围广泛,这两本书对语言学各领域的研究都具有一定参考价值。

语言学家周祖谟的《问学集》分上下两册,共收文章44篇,包括有关汉语文字、音韵、训诂三方面的论文、札记和书籍序跋。其中有些是关于书籍或资料的考证和校订;有些是问题的探讨;有些是对前人著述的评论。从考察和分析材料入手,进而论述材料所反映的语言现象,以供学者参考。《问学集》共被引63次,从事汉语音韵和训诂方面研究的学者可参考本书。

《吕叔湘文集》为中国早期的著名语言学家和语言教育家吕叔湘所著,共分6卷,其中包括同样入选了对语言学最有影响的121种国内学术著作的《中国文法要略》和《汉语语法论文集》。该文集的内容主要是作者在各个时期对汉语语法的研究成果,因此对汉语语法研究领域的学者颇有帮助。

其余3种图书也均为国内语言学界知名学者所著,其中《共性与个性:汉语语言学中的争议》汇集了顾阳、王志洁等多个学者的研究成果。查阅这些图书的引用文献,发现这些论文的主题涉及语言学研究的各方面,包括语法、文字、词汇、音韵等,但多是对于汉语的研究。当然由于这些文集综合性强,而专指度低,所以平均每种只被引了55.7次,但是并不能因此否认它们的学术价值。

（7）中国各地方言以及少数民族语言研究类著作

由于我国地域广阔，民族众多，导致各地方言和少数民族语言也多种多样，于是语言学界也有相当一部分学者从事方言以及少数民族语言研究。入选的语言学国内学术著作中，就有12种图书是关于各地方言和少数民族语言的研究，也包括各种语言的对比、综合研究。这些图书有：《汉语方言语法类编》、《山西方言调查研究报告》、《客赣方言调查报告》、《汉语方言概要》、《侗台语族概论》、《汉语方言语音的演变和层次》、《广州方言研究》、《苗瑶语古音构拟》、《客赣方言比较研究》、《当代吴语研究》、《壮侗语族语言简志》、《汉藏语同源研究》。这些图书总共被语言学论文引用759次，平均被引63.3次，其中有6种图书的被引次数在所有国内学术著作的平均被引次数以上，最高为94次。

《汉语方言语法类编》为当代语言学家黄伯荣主编，汇集了29个省、市、自治区和香港地区250个方言点的语法材料500多篇，将其分成2500个词条，按照词法、句法和语义、语法形式的先后顺序分门别类排列起来。该书犹如包罗万象的汉语方言语法词典，是语言教学和研究人员以及语文教师的重要参考书。

《山西方言调查研究报告》分两卷，上卷描写了山西方言语音、词汇、语法特点，山西方言的文白异读等，下卷讨论全省方言分区的标准。

《客赣方言调查报告》是目前规模最大、影响也最大的客赣方言研究的著作。该书是在对7省及香港地区客赣方言所做大型调查基础之上所书总结报告，其中有翔实的语音描写，语音、词汇和语法等方面的比较分析和综合讨论，为客赣方言的比较研究提供了较为具体可感的材料，确实是一部研究客赣方言的力作，也给进行客赣方言研究的学者提供了很好的资料。

《汉语方言概要》介绍了汉语方言学的历史发展，着重对汉语北方方言、吴方言、湘方言、赣方言、客家方言、粤方言、闽方言形成的历史背景、语音系统、词汇语法特点作了详细的描写和分析，并从语音、词汇和语法三方面举例说明现代汉语方言的亲疏关系。该书是语言研究人员、大专院校中文系师生科研和教学的重要参考书。

《侗台语族概论》认为侗台语族的声调大约产生于3000年前，各语支的分化在声调产生之前，原始侗台语声调的发生形成与韵尾有关。

《汉语方言语音的演变和层次》从汉语的变化规律和形成原因的角度介绍了汉语方言中语音方面的现象。该书共分8章，前两章分别介绍汉语方言中由语音演变和外来影响这两种不同原因造成的语音变化以及它们的表现形式；其后的"儿化韵"、"子变韵"、"连续变调"等3章介绍了几个重要的方言现象，探索它们生成发展的规律；"原始闽语"一章是根据头两章的认识对一个古方言音系构成所做的分析。

分析引用这12种图书的语言学论文，研究主题主要分布在4个方面：其一，语法研究。对方言或少数民族语言中的特殊语法、句式、语法类型以及某些字、词语法化的研究。其二，语源考察。现代方言及几大语族中某些句式、语法、语音的来源，历史演变过程。其三，语音研究。古音构拟，音变规律，语音特点，元音、辅音、声母、韵母、声调等的研究。其四，比较研究。包括分区方言之间、各种句式之间、几大语族（壮侗语族、藏缅语族、侗台语族）下各种语言之间的比较研究等。

（8）非语言学科著作

对语言学产生重大影响的国内学术著作不仅是语言学著作，也有隶属于其他学科的图书，入选语言学最有学术影响力的非语言学国内学术著作有4本：《鲁迅全集》、《跨文化交际学》、《甲骨文字诂林》、《春秋左传注》。这些来自不同学科的图书对语言学的影响也体现在各个不同的研究领域。

《鲁迅全集》是这几种图书中唯一被语言学论文引用较多的，超过了所有入选的国内学术著作的平均被引次数，作为一部并非属于语言学范畴的图书，实属不易。《鲁迅全集》本身是一部很具学术价值的著作，作者鲁迅先生是中国现代卓越的文学家、思想家、革命家和教育家。该书主要收录鲁迅先生撰写的著作，包括创作、评论、文学史专著以及部分书信等，最新版本（2005年）收录多达18卷。通过引用该书的语言学论文的主题得知，该书对语言学中文学翻译、句式、语文教学与课程改革、鲁迅著作中的语言现象、民俗语言、文言和白话等研究领域具有一定的学术影响。

《跨文化交际学》（被引43次）在中国图书分类办法的分类体系中属于社会科学总论，作者贾玉新是跨文化交际学领域的专家。所谓跨文化交际学，即不同文化背景的人走到一起分享思想、感情和信息时所发生的一切，可见跨文化交际学和语言学某些领域的研究有着一定的联系。在考察引用该书的语言学论文之后发现，该书主要对语言学中翻译、外语和对外汉语教学、跨文化交际中的语言应用、语言交际这些领域的研究具有学术影响，其中关于语言教学研究的论文最多，因此本书也是许多高校进行外语教学的重要参考书。

《甲骨文字诂林》是一部甲骨文考释的类编图书，共分4册，广泛搜集了自甲骨文字发现以来90年间有关甲骨文字考释的研究成果，凡是有价值的观点和意见全部辑录其中，是研究古文字学者理想的工具书。该书被引42次，其引用此书的语言学论文主题主要涉及古汉语研究、词源词义考察、古文字释义等，其中又以研究甲骨文中语法和字形为最多。

《春秋左传》是我国现存最早的编年体史书，是学习、研究先秦历史、文学、哲学和语言必读的典籍。时任中华书局编审的杨伯峻用了数十年的时间，对《春秋左传》经、传作详细校勘、分段、注释，充分吸收前人研究成果及近代考古资料，融会贯通，时出己见，最后写成《春秋左传注》，是当代《春秋左传》集大成之全注本。该书被语言学论文引用仅有40次，涉及的研究领域较少，主要是对先秦古汉语和《春秋左传》本身所包含的语言现象进行研究的论文。

以上是对本次遴选出的121种国内学术著作进行分类讨论的情况，可以看出国内学术著作对语言学的影响范围几乎涵盖本学科所有研究领域和分支学科，包括语义学、语用学、汉语语法、翻译理论、音韵学、语言教学、训诂学、文字学、历史语言学，等等。其中，与其他类别相比，汉语语法研究类的图书，对语言学的影响具有明显优势，而其他以研究汉语为主的专著被语言学论文引用的也较多。但是涉及语言学基础理论和基本原理的图书被引相对较少，说明国内对于语言学基础理论和原理的研究是较为薄弱的领域。除了语言学的图书，对语言学研究产生一定学术影响的还有4本非语言学著作。从来源文献的研究主题分布来看，这些图书对汉语语法、音韵、训诂、词汇等方面的研究最具学术影响，其次是对方言和少数民族语言以及应用语言学研究，例如语言教学、翻译、词典编纂等具有影响。

此外，我们也对121种入选图书的著者和出版社作了如下统计。这些图书共涉及86位学者和2个团体著者。其中，国内语言学大师王力先生有8种图书入选，吕叔湘先生有5种入选；语言学专家徐烈炯和胡壮麟分别有4种图书入选；4位专家分别有3种图书入选，他们是朱德熙、束定芳、石毓智、桂诗春；7位专家分别有2种图书入选，他们是赵元任、杨伯峻、徐通锵、蒋绍愚、黄国文、黄伯荣、何自然；其余71位专家各有1种图书入选。2个团体著者分别是北京大学中文系1955、1957级语言班和现代语言学研讨会。121种学术著作分别由33家出版社出版：其中商务印书馆出版26种，上海外语教育出版社出版20种，北京大学出版社出版10种，中华书局出版6种，上海教育出版社、语文出版社、中国社会科学出版社各出版5种，湖南教育出版社、外语教学与研究出版社各出版4种，其他出版社各出版一种，此处不一一列举。

10.7 结语

为了更加有效地分析图书对我国语言学研究的学术影响，我们将被语言学论文引用较多的218种图书划分成"领袖著作"、"历史文献"、"工具书"、"国外学术著作"和"国内学术著作"5大类分别进行讨论。此外由于"工具书"、"国外学术著作"和"国内学术著作"3类入选图书较多，不利于讨论的条理化，我们又进一步细分成若干个小类。然而这种类别的划分必然涉及分类的标准性问题，我们在分类的过程中发现，少量图书可归类于多种类别，譬如国内学术著作中的个人文集，往往围绕多个主题展开论述，并不限于某个研究领域，因此单设一个"汉语综合研究文集"进行讨论。但是想要清晰地从各个角度把握不同类别的图书对我国语言学研究所产生的学术影响，这样的分类又是必需的。

在语言学论文引用40次及以上或年均引用5次及以上的218种图书中共涉及163位作者，其中151位为个人作者，12位为团体作者。在这些作者中有2种及以上的图书入选的作者共 28 位，全部是个人作者，其中国外学者 13 位，国内学者 15 位，详见表 10-8。

表 10-8　　　　　　　语言学学科入选两种及以上图书作者

序号	作者	入选图书种数
1	王力	9
2	吕叔湘	6
3	Noam Chomsky	5
4	胡壮麟	4
5	徐烈炯	4
6	赵元任	4
7	George Lakoff	3
8	Gilles Fauconnier	3
9	M. A. K. Halliday	3
10	桂诗春	3
11	石毓智	3
12	束定芳	3
13	朱德熙	3
14	Charles N. Li	2
15	Eugene A. Nida	2
16	Friedrich Ungerer	2
17	J. R. Martin	2
18	Lyle F. Bachman	2
19	Peter Newmark	2
20	Rod Ellis	2
21	Stephen D. Krashen	2
22	William Croft	2
23	何自然	2
24	黄伯荣	2
25	黄国文	2
26	蒋绍愚	2
27	徐通锵	2
28	杨伯峻	2

从表 10-8 可以看出，有多本著作入选的学者在语言学界有相当的学术影响，他们的学术著作对我国语言学研究的发展有着极大的促进作用。

在被语言学论文引用 40 次及以上或年均引用 5 次及以上的 218 种图书中共涉及 65 家出版社，其中入选 4 种及以上图书的出版社有 14 家，详见表 10-9。

表 10-9　　　　　　　　语言学学科入选图书较多的出版社

序号	出版社	入选图书种数
1	商务印书馆	37
2	上海外语教育出版社	23
3	北京大学出版社	13
4	中华书局	11
5	Cambridge University Press	10
6	Oxford University Press	10
7	Longman	7
8	外语教学与研究出版社	6
9	上海教育出版社	5
10	语文出版社	5
11	中国社会科学出版社	5
12	Edward Arnold	4
13	Chicago University Press	4
14	湖南教育出版社	4

综上所述，图书作为科学研究的理论成果，同时也是重要的学术资源，对语言学领域产生了极大的学术影响。这些图书在各方面为语言学研究提供了理论依据和指导，对语言学学科的发展壮大可以说是作出了很大的贡献。同时，我们也可以得出以下一些结论：

第一，图书是我国语言学研究的第一大学术资源。2000—2007 年 CSSCI 收录的语言学论文引用图书的次数达到 118433 次，占所有引用文献的 61.68%，其余类型的引用文献之和为 73589 次，仅占所有引用文献的 38.32%。

第二，国内学术著作对我国语言学研究产生的学术影响最大。本章选出的 218 种图书中，共有 121 种为国内学术著作，占到所选图书的 55.51%，引用次数也占到全部入选图书被引次数的 50.06%，无论入选种数还是被引次数均在 5 类图书文献中位居榜首。

第11章 文化学

图书是人文社会科学研究中十分重要的学术资源,根据《中文社会科学引文索引》(CSSCI)的统计数据,CSSCI收录论文的引用文献中图书的比例超过了50%,广义的图书形式文献(包括:著作、汇编、法规文献、标准)被引比重则超过60%。[①] 文化学研究领域的论文也是如此,引用图书(包括汇编)的比重高达73.68%,因此考察文化学领域图书的学术影响力至为重要。当今的出版业越来越发达,每年出版的新书数以万计,对文化学图书及其出版社进行合理科学的评价,一方面能够为该领域研究者的交流和学习提供一定的参考;另一方面能够为出版社提供反馈,提高图书质量,促进更多经典书籍的诞生。

值得注意的是,目前期刊评价体系已经发展得较为成熟,但由于图书存在诸多特性,图书评价的发展相对而言还处于初级阶段。我们除了借鉴部分期刊评价模式外,还针对图书发行周期较长、没有连续性的特点,进一步对其中一些具体引用数据加以深层分析。

我们在文化学图书评价的研究中综合采用了引用分析法、专家调查法和情报分析法等多种研究方法,利用CSSCI的引用数据研究被引图书在作者、出版年代、出版社、主要内容和引用次数方面的分布及其特征。特别是利用学术成果中的引用分析法,可以充分且真实地揭示图书在科学研究中的学术影响。本章借助CSSCI对其中2000—2007年的文化学论文引用的图书数据进行了统计,选出了被引次数较多的图书。图书被引次数的多少,能显示其研究内容被学界所关注的程度,同时也说明该图书对本学科领域的影响力大小。我们可以推断,图书被引次数越多,说明它的学术影响越大。同时运用专家调查法,邀请相关领域专家初步确定选择图书的标准和依据。在此基础上确定具体图书入选标准:2000—2007年CSSCI中文化学论文引用10次及以上的图书或年均被引用3次及3次以上的图书。

由于CSSCI以年度组库和作者引用中的错误,许多被引图书存在不一致性,我们依照本书第1章的处理方法对文化学论文引用的图书数据进行了纠错和合并处理,确

[①] 苏新宁主编:《中国人文社会科学学术影响力报告(2000—2004)》,中国社会科学出版社2007年版,第8页。

11.1 概述

为了能够对引用文献的类型进行深入分析，从中发现学科间的引用文献类型差异，了解各学科主要学术资源，CSSCI 将引用文献分为 11 类，具体为：期刊论文、图书、汇编文献、报纸文章、会议论文、报告文献、法规文献、学位论文、信函、标准文献、网络资源，外加一个其他类。表 11-1 给出了 2000—2007 年 CSSCI 文化学论文引用各类文献的数量。本章对文化学的图书学术影响力的讨论主要取自于这 8 年间 CSSCI 中文化学论文引用图书和汇编的数据。

表 11-1　　2000—2007 年 CSSCI 文化学论文引用文献类型统计　　（单位：篇次）

类型 年份	期刊论文	图书	汇编文献	报纸文章	会议论文	报告文献	法规文献	学位论文	信函	标准文献	网络资源	其他
2000	914	3481	646	146	34	2	5	15	1	0	0	32
2001	751	3475	415	182	22	10	0	5	0	0	20	30
2002	893	3365	588	158	22	17	2	3	2	0	30	25
2003	1164	4001	989	167	37	11	12	7	0	0	50	56
2004	1187	3613	865	248	58	7	4	5	0	0	112	81
2005	1198	3799	1503	240	48	13	6	7	0	0	144	91
2006	2018	5489	2061	370	58	25	1	19	3	0	314	96
2007	2391	5270	1399	413	68	34	9	29	1	0	369	140
合计	10516	32493	8466	1924	347	119	39	90	7	0	1039	551

从表 11-1 中可以看出，2000—2007 年文化学论文引用图书的数量是最大的，如果把另一种图书形式的文献（汇编文献）也算作图书，则图书被引次数占 8 年文化学论文引用文献总数的 73.68%，说明图书在文化学研究领域是最大的并且是最重要的学术资源。另一方面也说明该学科处于一个稳定发展的阶段，学科知识更新速度比较慢，大量的学科内容已经著录成书，该领域有指导意义的经典图书和学术精品较多。通过数据我们也发现，文化学论文引用图书的数量在不规则地起伏，虽然 2007 年的总量较 2000 年有很大增长，但所占比例却下降了 5 个百分点。另外文化学研究领域论文的被引比例在增加，说明该学科的繁荣与发展在不断加快。

表 11-2　　　2000—2007 年 CSSCI 中文化学论文引用文献语种统计　　（单位：篇次）

语种 年份	中文	英文	日文	俄文	德文	法文	其他语种	译文
2000	3757	559	108	13	8	4	23	804
2001	3332	613	82	14	7	14	30	818
2002	3521	507	34	6	1	9	48	979
2003	4219	991	32	2	58	21	6	1165
2004	3943	1004	62	23	37	32	26	1053
2005	4324	1160	67	68	41	26	60	1303
2006	7089	1402	81	32	15	11	77	1747
2007	6808	1184	89	2	12	27	114	1887
总计	36993	7420	555	160	179	144	384	9756

从表 11-2 中可以看出，中文文献的引用量最大，占 8 年所有被引用量的 66.54%，其次是译文和英文文献。中文文献的引用量每年占所有文献引用量的百分比比较稳定，2005 年到 2006 年有显著增长，从被引 4324 次增长到 7089 次，增长了 63.9%。值得注意的是，译文文献的占有比例基本呈增长态势，从 2000 年的 15.24% 增长到 2007 年的 18.64%，说明文化学领域的学者们越来越注重国际上相关领域的研究动态和研究成果。

根据遴选标准我们选出了 196 种图书，这 196 种图书总共被引 5527 次。考虑到绝大多数汇编文献也以图书形式出版，许多入选图书也是汇编文献，所以把汇编文献类型的被引次数与图书类型的被引次数合并计算，这样文化学入选图书被引次数占总引用次数比例则为 13.49%。可以认为入选的 196 种图书在我国文化学领域研究较具学术影响，它们是本领域学者的思想结晶和理论升华，为本学科的发展提供了理论基础、思想导引与实践参考，对中国文化学研究领域产生了极大的学术影响力。为了更科学地分析不同类别的图书对本学科产生的不同影响，我们将这些图书分成 5 类：领袖著作、历史文献、工具书、国外学术著作、国内学术著作。详细数据参见表 11-3。

表 11-3　　　　2000—2007 年入选文化学论文引用图书的类别统计

内容类别 \ 图书类别	领袖著作	历史文献	工具书	国外学术著作	国内学术著作
入选图书种数	20	54	3	57	62
入选图书被引次数	1599	1607	40	1151	1130
入选图书被引次数所占比例	28.93%	29.08%	0.72%	20.83%	20.45%
入选图书的平均被引次数	79.95	29.76	13.33	20.19	18.23

从表 11-3 中可以看出，五类图书中，领袖著作的被引种数仅有 20 种，但其被引次数最高，达到 1599 次，平均被引次数达到 79.95 次，远远超过排名第二的历史文献，说明领袖著作对文化学研究领域的指导作用不可低估，产生的学术影响非常之大。被引次数第二的是历史文献，其平均被引次数也排名第二，为 29.76 次，说明历史文献在文化类研究有重要作用。相反，工具书的被引种数、被引次数以及平均被引次数都是最低的，说明目前在文化学研究领域中缺乏有影响力的工具书。国内外学术著作是入选图书最多的两类图书，但由于平均被引次数较低，使这两类图书的被引次数跌落到第 3、第 4 位。比较这两类学术著作的平均被引次数可以看出，国外学术著作的平均被引次数高于国内学术著作，这一方面说明本学科学者对国际研究的重视，另一方面也说明国内文化学学科迫切需要推出更多的精品著作。

11.2 领袖著作对文化学研究的影响

本章遴选出的对文化学研究产生重要学术影响的领袖著作共有 20 种，这 20 种书均隶属于马克思主义哲学理论体系，它们对指导文化学领域的研究有很大的作用。表 11-4 给出了文化学论文引用较多的 20 种领袖人物著作，表中图书按被引次数从多到少排序。由于一些领袖著作多次再版或印刷，引用这些著作的版本有多种，我们合并了这些版本，因此下列书目没有给出出版年份。

表 11-4　　文化学论文引用较多的领袖人物著作

序号	图书信息
1	马克思等：《马克思恩格斯选集》，北京：人民出版社
2	马克思等：《马克思恩格斯全集》，北京：人民出版社
3	毛泽东：《毛泽东选集》，北京：人民出版社
4	邓小平：《邓小平文选》，北京：人民出版社
5	列宁：《列宁选集》，北京：人民出版社
6	毛泽东：《毛泽东文集》，北京：人民出版社
7	孙中山：《孙中山全集》，北京：中华书局
8	江泽民：《全面建设小康社会，开创有中国特色社会主义事业新局面——在中国共产党第十六次全国代表大会上的报告》，北京：人民出版社
9	江泽民：《江泽民论有中国特色社会主义（专题摘编）》，北京：中央文献出版社
10	江泽民：《论"三个代表"》，北京：中央文献出版社
11	江泽民：《江泽民文选》，北京：人民出版社
12	马克思著，刘丕坤译：《1844 年经济学哲学手稿》，北京：人民出版社

续表

序号	图书信息
13	毛泽东：《毛泽东著作选读》，北京：人民出版社
14	陈独秀：《独秀文存》，合肥：安徽人民出版社
15	江泽民：《在庆祝中国共产党成立八十周年大会上的讲话》，北京：人民出版社
16	江泽民：《论科学技术》，北京：中央文献出版社
17	陈独秀：《陈独秀文章选编》，北京：生活·读书·新知三联书店
18	孙中山：《孙中山选集》，北京：人民出版社
19	陈独秀：《陈独秀著作选》，上海：上海人民出版社
20	马克思：《资本论》，北京：人民出版社

马列主义经典著作为代表的领袖著作为学科研究与发展提供了科学的世界观和方法论，学者利用它可以将本不相属的知识点串联起来，形成自己新的学科框架或理论体系，对文化学领域影响巨大。领袖著作总被引量达到 1599 次，占所有入选图书被引总数的 28.93%，直接证明了马列主义经典著作的影响力。

入选的 20 种领袖著作中，《马克思恩格斯选集》和《马克思恩格斯全集》被引次数居前两位，分别被文化学论文引用 526 次和 328 次，这两部著作是无产阶级的伟大导师和领袖、马克思主义创始人——马克思和恩格斯一生的著述的汇集，是马克思主义的重要理论遗产，也是全人类思想精华的一座宝库。[①] 马克思、恩格斯的相关论述中包含着有关文化的思想，蕴涵着研究文化的原则、立场和方法。通过对文化现象的研究，马克思、恩格斯把文化问题与人的发展问题结合起来，开辟了文化研究的一条新路。马克思在社会结构框架中划分出物质文化、制度文化、精神文化，认为"文化的本质要由人的本质来说明"，而人的本质是"一切社会关系的总和"，在从全部社会关系中具体展开人的本质的同时，文化系统与文化结构的层次分析也就有了参照标准和依据。另外，马克思的《1844 年经济学哲学手稿》、《资本论》的被引次数也分别达到了 22 次和 11 次，马克思在行文中也多处使用"文化意识"、"文化观"、"文化史"等概念，同时马克思通过对历史学、民族学、人类学研究成果的探讨，认为不应以西方社会和西方文化的发展道路作为唯一标准去认识世界和其他类型的社会和文化发展。这些理论和观点对于文化学领域的研究有着很大的影响。

《毛泽东选集》的被引次数为 195 次。《毛泽东选集》是中国无产阶级革命领袖毛泽东的个人著作选集，由人民出版社出版发行，前后公开发行五卷，共选录毛泽东在 1925 年至 1957 年间的各种著作、讲话稿等共 229 篇。该选集是毛泽东思想的集

---

① 《马克思恩格斯选集》·百度百科．[2009－5－5] http：//baike.baidu.com/view/559338.htm．

中概括，包括汉语在内，《毛泽东选集》曾以26种语言正式出版，总授权发行量超过3亿册①。同时《毛泽东文集》和《毛泽东著作选读》的被引次数也分别达到了47次和21次。毛泽东思想涉及文化本质、文化类型、文化冲突、文化批判、文化整合、文化控制等思想理论，特别是关于文化发展的"民族化、科学化、大众化"方向，处理古今、中外文化关系的"古为今用，洋为中用"原则，促进科学和艺术发展的"百花齐放，百家争鸣"方针，文化选择和吸收的"剔除其糟粕"、"吸收其精华"方法，对于当代中国文化的建设和发展都发挥着理论指导作用。

《邓小平文选》的被引次数为176次。《邓小平文选》是中华人民共和国前领导人邓小平的文集，收录了邓小平同志的讲话、文章、谈话记录等，目前分为三卷②。对全球化现实与态势的关注是邓小平文化观的理论起点，并由此出发提出了社会和文化发展主要的两种动力：一是靠自身的创造、更新能力，不断积累与进步；二是靠外来文化的不断补充、丰富、启发、刺激。作者对改革开放国策的提出使我国文化建设和文化交流达到了一个新的高度。

《列宁选集》的被引次数为49次。《列宁选集》收录了列宁1894—1907年，即投身革命初期、建党时期和俄国第一次民主革命时期的著作，其间论述了俄国国情进行文化建设的迫切性、文化建设是无产阶级巩固领导权的需要、文化建设与经济建设关系等方面。不少文化学学科论文对列宁的"文化革命"观都有引用，文化革命观是一个广泛的文化体系，是个整体性的概念，既包括物质文明的内容，也包含精神文明的内容。

《孙中山全集》与《孙中山选集》的被引次数分别为40次和12次。《孙中山全集》收录了包括孙中山执笔的各种著作，别人执笔经他同意署名的诗文函电，他主持制定的文件，据他口述写成的书文，他人记录的演说和谈话，当事人回忆的可信而意思完整的演说和谈话，由他签发的公文、命令、委任状、各种证券和收据，以及一部分题词等③。孙中山十分重视传统文化的内在价值，他将传统文化观与民族振兴、三民主义等思想有机结合起来，尤其在如何对待西方文化问题上，形成了顺应时代发展融合中西的文化观。

入选的20种领袖著作中江泽民的著作有6种：《全面建设小康社会，开创有中国特色社会主义事业新局面——在中国共产党第十六次全国代表大会上的报告》、《江泽民论有中国特色社会主义（专题摘编）》、《论"三个代表"》、《江泽民文选》、《在庆祝中国共产党成立八十周年大会上的讲话》、《论科学技术》。江泽民这6种著

---

① 《毛泽东选集》·维基百科．[2009-5-5] http：//zh.wikipedia.org/w/index.php? title=%E6%AF%9B%E6%B3%BD%E4%B8%9C%E9%80%89%E9%9B%86&variant=zh-cn．

② 《邓小平文选》·维基百科．[2009-5-5] http：//zh.wikipedia.org/w/index.php? title=%E9%82%93%E5%B0%8F%E5%B9%B3%E6%96%87%E9%80%89&variant=zh-cn．

③ 《孙中山全集》·百度百科．[2009-5-5] http：//baike.baidu.com/view/1642120.htm．

作共被引125次，是入选著作最多的领袖作者。江泽民文化建设思想是"三个代表"思想的重要组成部分，他关于弘扬先进文化的观点科学地阐述了文化建设在党和国家工作大局中的战略地位以及文化在经济社会发展中的重要作用。

陈独秀是中国共产党的创始人，"若以一个人代表一个时代，那么1915年《新青年》创办前是孙中山时代，1927年八一南昌起义后是毛泽东时代，1915—1927年是陈独秀时代"①，陈独秀是这一历史时期的领袖人物，所以我们将其文选和著作归为领袖著作。陈独秀共有3种著作入选，分别是《独秀文存》（被引21次）、《陈独秀文章选编》（被引14次）、《陈独秀著作选》（被引12次）。其中《独秀文存》收录的文章起自1915年，讫于1921年，分为论文、随感录、通信三部分，记录了作者陈独秀的思想历程。

为了详细了解表11-4列出的图书对本学科哪些领域产生着较大影响，我们仔细查阅了引用这些领袖著作的论文，分析这些文章所在研究领域，得到如下结果：引用领袖著作的论文主题几乎涉及文化学的大多数领域，基本反映了马克思主义对文化学领域的指导性。同时从表11-4中可以看出，被引最多的领袖著作主要来自人民出版社，其所出版的图书占13种，被引次数占领袖著作图书总被引次数的90%以上，体现了文化学研究者对于其出版的领袖著作权威性的认可。

11.3 历史文献对文化学研究的影响

历史文献是我国源远流长的历史长河中流传下来的古代学者的智慧结晶，它记载了我国古代社会政治、经济、文化、军事等重大的历史事件。考察历史文献对文化学研究领域的学术影响，分析对文化学领域产生重要影响的历史文献，对文化学研究具有很大的学术价值。表11-5给出了文化学论文引用较多的54种历史文献，表中图书按被引次数从多到少排序。

表11-5　　　　　　　　文化学论文引用较多的历史文献

序号	图书信息
1	《论语》
2	《史记》，北京：中华书局，1959
3	《孟子》，北京：中华书局，1943
4	《汉书》，北京：中华书局，1975

---

① 新世纪以来陈独秀研究述评．[2010-3-10] http://dangshi.people.com.cn/GB/144956/10847969.html.

续表

序号	图书信息
5	《荀子》，北京：中华书局，1963
6	《礼记》，北京：中华书局，1984
7	《后汉书》，北京：中华书局，1964
8	《左传》，北京：商务印书馆，1931
9	《元史》，北京：中华书局，2000
10	《明史》，北京：中华书局，1984
11	《文渊阁四库全书》，中国台北：商务印书馆股份有限公司，1986
12	《十三经注疏》，北京：中华书局，1980
13	《朱子语类》，北京：中华书局，1994
14	《晋书》，北京：中华书局，1974
15	《文史通义》，北京：商务印书馆，1933；中华书局，1956
16	《四库全书总目》，北京：中华书局
17	马坚译：《古兰经》，北京：中国社会科学出版社，1981
18	《老子》，北京：中华书局，1959
19	《尚书》，北京：中华书局，1998
20	《国语》，上海：上海古籍出版社，1982
21	杨伯峻：《论语译注》，北京：中华书局，1980
22	《旧唐书》，北京：中华书局，1975
23	《中国地方志集成》，南京：江苏古籍出版社，1991
24	《新唐书》，北京：中华书局，1975
25	《宋史》，北京：中华书局，1977
26	《魏书》，北京：中华书局，1974/1997/2003
27	《春秋繁露》，上海：上海古籍出版社，1990
28	《三国志》，北京：中华书局，1959
29	《论衡》，上海：上海人民出版社，1974
30	《四书集注》，长沙：岳麓书社，1985
31	《庄子》，上海：上海古籍出版社，1989
32	《资治通鉴》，北京：中华书局，1965

续表

序号	图书信息
33	《道藏》，北京：文物出版社，1988①
34	《韩非子》，北京：中华书局；太原：山西古籍出版社，2003
35	《清圣祖实录》，北京：中华书局，1985
36	《高丽史》，东京：吉川弘文馆，1996
37	《中庸》：北京：生活·读书·新知三联书店，1998
38	《宋书》，北京：中华书局，1997
39	《管子》，沈阳：辽宁教育出版社，1997
40	《太平御览》，北京：中华书局，1959
41	《老子》，太原：山西古籍出版社，1999
42	《孟子译注》，北京：中华书局，1960
43	《宋元学案》，北京：中华书局，1986
44	《周礼》，长沙：岳麓书社，2001
45	《弘明集》，成都：巴蜀书社，2005
46	《全唐诗》，北京：中华书局，1960
47	丁文江、赵丰田编：《梁启超年谱长编》，上海：上海人民出版社，1983
48	《文选》，北京：中华书局，1977
49	《清史稿》，北京：中华书局，1977
50	《清代朱卷集成》，中国台北：成文出版社，1992
51	《陆九渊集》，北京：中华书局，1980
52	《周易》，北京：中华书局，2006
53	《隋书》，北京：中华书局，1973
54	《张载集》，北京：中华书局，1978

由于《论语》有多个出版社、多种版本，故统计表中对它们进行了合并，略去出版社和出版年份。另外《史记》中华书局1959年、1982年、1998年、2006年都曾出版，《汉书》中华书局1962年、1975年、2007年都曾出版，《后汉书》

---

① 《道藏》由（北京）文物出版社、上海书店、天津古籍出版社三家联合，于1988年影印出版，为明代《正统道藏》、《万历续道藏》之合集，共收入各类道书1476种，5485卷。本章中以文物出版社的《道藏》（也称《正统道藏》）被引用次数最多，同时上海书店、天津古籍出版社1988年版《道藏》影印本也因被引用次数较多而入选。此外，中国台湾新文丰出版股份有限公司出版的《正统道藏》也在本章入选。

中华书局 1965 年、1982 年两次出版，《左传》分别于 1931 年在商务印书馆、1999 年在山东大学出版社出版，《元史》中华书局 1976 年、1983 年、1997 年、2000 年多次出版，《明史》中华书局 1974 年、1984 年都曾出版，《文渊阁四库全书》在 1983 年、1986 年被台北商务印书馆两次出版，《朱子语类》中华书局 1986 年、1994 年均曾出版，《旧唐书》中华书局在 1975 年、1987 年两次出版，《中国地方志集成》分别于 1991 年在江苏古籍出版社、2004 年在上海书店出版社出版，《庄子》分别于 1989 年、2001 年在上海古籍出版社、1997 年在中国文学出版社出版，《韩非子》于 1997 年在辽宁教育出版社、2003 年在山西古籍出版社、2007 年在中华书局分别出版，《太平御览》于 1960 年、1985 年在中华书局出版，《老子》于 2006 年在中华书局、1999 年在山西古籍出版社分别出版，《全唐诗》中华书局在 1960 年、1997 年两次出版，表中所列出版社和出版年份均为文化学论文中被引最多的版本。

为了更好地分析入选历史文献对文化学的影响，我们根据中国图书分类办法将这 54 种图书进行分类。经过汇总我们发现，属于"中国史"的图书有 20 种，属于"中国哲学"的图书有 23 种，另外 11 本分属综合、传记等"其他"类。

（1）中国史

文化学领域入选的 19 种中国史类图书被引次数达 602 次，平均被引次数为 31.68 次，其种数、被引次数和平均被引次数都占很大的比例。说明文化学研究领域对于经典史籍的需求很大。按照被引次数排名，这 19 种图书分别是：《史记》、《汉书》、《后汉书》、《左传》、《元史》、《明史》、《晋书》、《尚书》、《国语》、《新唐书》、《旧唐书》、《宋史》、《魏书》、《三国志》；《资治通鉴》、《清圣祖实录》、《宋书》、《清史稿》、《隋书》。为了分析本学科引用这些著作的观点和受到哪些启示，我们对其中被文化学论文引用较多的 6 种中国史著作做一个简要的解析。

《史记》（被引 123 次）是中国历史上一部伟大的史学著作，同时也是一部伟大的传记文学巨著，对中国后世的史学和文学影响深远。《史记》诞生于公元前 1 世纪中国西汉时期，它记载了从中国上古开始到西汉时期长达 3000 年的政治、经济、文化、历史[①]。《史记》是中国第一部以写人物为中心的纪传体通史，同时也开创了中国传记文学的先河。

《汉书》（被引 83 次）又称《前汉书》，是我国第一部纪传体断代史，由东汉班固撰写，主要记述汉高祖元年（前 206 年）至王莽地皇四年（23 年）共 230 年的史事，是继《史记》之后我国古代又一部重要史书。《汉书》包括本纪 12 篇、表 8 篇、

---

① 《史记》·互动百科．[2009-3-18] http://www.hudong.com/wiki/.

志10篇、列传70篇，共100篇，后人划分为120卷①。

《后汉书》（被引50次）又称《续汉书》，《后汉书》与《史记》、《汉书》、《三国志》并称"前四史"，是纪传体史书的代表作之一。全书包括帝后纪10卷，列传80卷，记载了王莽末年到汉献帝逊位其间200余年的史事②。

《左传》西汉时称为《左氏春秋》，东汉以后改称《春秋左氏传》，简称《左传》③，是一部文学名著，也是我国现存第一部叙事详细的编年体史书，旧时相传是春秋末年左丘明为解释孔子的《春秋》而作。它起自鲁隐公元年（前722年），迄于鲁悼公十四年（前453年），以《春秋》为本，通过记述春秋时期的具体史实来说明《春秋》的纲目，是儒家重要经典之一。

《元史》（被引35次）是系统记载元朝兴亡过程的一部纪传体断代史，成书于明朝初年。由宋濂（1310—1381年）、王濂（1321－1373年）主编。全书210卷，包括本纪47卷、志58卷、表8卷、列传97卷，记述了蒙古族兴起到元朝建立和灭亡的历史④。

《明史》（被引35次）是清代官修的一部反映我国明朝（1368—1644年）历史情况的纪传体断代史。全书336卷，其中目录4卷、本纪24卷、志75卷、表13卷、列传220卷，其卷数在二十四史中仅次于《宋史》，但其修纂时间之久，用力之勤却大大超过了以前诸史。修成之后，得到后代史家的好评，认为它超越了宋、辽、金、元诸史。⑤

《文史通义》（被引29次）是我国清代著名史学家章学诚的代表作，是一部开新学术风气的著作。书中主张借古通今，所论涉及史学、文学、校雠学等多种领域，创见颇多。正如史学大师吕思勉先生所言：其说不必尽合于今，然精深透辟，足以矫前此之失，而为后人导其先路者甚多。读其书既可知前此思想之转变，又可知新说未输入前吾国史学家之思想如何，实治国学者所不可不留意也⑥。"学以经世"为贯穿整部《文史通义》的重要思想，"六经皆史"则是其中的重要命题，还有许多观点被后来的文化大家所认同和推介。

这6本书覆盖了中国历史上最重要的几段时期。值得注意的是，在表中被引用次数很高的图书，也恰好是历史学中的重要典籍。这再次证明了历史学和文化学的紧密联系，以及文化学研究对历史学研究成果的需求和依赖。我们有理由推测，当历史学出现某项研究热点时，在一定时期内，该热点也会成为文化学研究的热点之一。

---

① 《汉书》·史书精读．[2009－3－18] http：//ls.zxxk.com/Article/35362.html.
② 《续汉书》·互动百科．[2009－3－18] http：//www.hudong.com/wiki/.
③ 《左传》·百度百科．[2009－3－18] http：//baike.baidu.com/view/19124.htm.
④ 《二十五史》·百度百科．[2009－3－18] http：//baike.baidu.com/view/42298.htm.
⑤ 《明史》·国学网．[2009－3－18] http：//www.guoxue.com/wenxian/wxshi/shibu.htm.
⑥ 《文史通义》·豆瓣网．[2009－5－5] http：//www.douban.com/subject/3427166/.

限于篇幅，本章不详述。

(2) 中国哲学

属于中国哲学的历史文献类图书共有21种，被引次数为753次，平均被引次数为35.86次。按照被引次数多少排序，这21种书分别是：《论语》、《孟子》、《荀子》、《礼记》、《十三经注疏》、《朱子语类》、《老子》、《春秋繁露》、《论衡》、《四书集注》、《庄子》、《道藏》、《韩非子》、《中庸》、《管子》、《道德经》、《周礼》、《弘明集》、《陆九渊集》、《周易》、《张载集》。

为了分析本学科引用这些著作的观点和受到哪些启示，我们对文化学论文引用较多的5种中国哲学著作做一个简要的解析。

《论语》（被引235次）是记载孔子及其弟子言行的书。孔子（前551—前479年）是儒家学派的创始人，是我国古代的大思想家、大教育家。他对我国思想文化的发展有巨大和深远的影响。《论语》成书时间大约在春秋战国之际，最后的编订者是孔子弟子及其再传弟子。汉代以后，被奉为儒家经典，后来成为历代文人必读的教科书[①]。

《孟子》（被引113次）是孟子的言论汇编，由孟子及其弟子共同编写而成，是记录孟子的语言、政治观点和政治行动的儒家经典著作，属语录体散文集。《孟子》共有7篇传世：《梁惠王》、《公孙丑》、《滕文公》、《离娄》、《万章》、《告子》、《尽心》。其学说出发点为性善论，提出"仁政"、"王道"，主张德治[②]。

《荀子》（被引63次）是荀况的著作集，今存32篇。荀子是战国时期著名的思想家，他从性恶论出发创立了"隆礼重法"的德法并举的治国思想，荀子思想对学术界影响很大，受到后人的推崇和重视，抑或是批判。《荀子》中的《劝学》篇总结了治学经验，《富国》、《王霸》篇中纵横古今引述历代兴亡鉴辙，《天论》篇则探微扶隐。

《礼记》（被引56次）是战国至秦汉年间儒家学者解释说明经书《仪礼》的文章选集，是一部儒家思想的资料汇编。《礼记》多数篇章可能是孔子的72名弟子及其学生的作品，还兼收先秦的其他典籍。《礼记》的内容主要是记载和论述先秦的礼制、礼仪，解释《仪礼》，记录孔子和弟子等的问答，记述修身做人的准则[③]。

《朱子语类》（被引30次）是朱熹与其弟子问答的语录汇编。中国宋代景定四年（1263年）黎靖德以类编排，于咸淳二年（1270年）刊为《朱子语类大全》140卷，即今通行本《朱子语类》。此书首论理气、性理、鬼神等世界本原问题，以太极、理为天地之始；次释心性情意、仁义礼智等伦理道德及人物性命之原；再论知行、力行、读书、为学之方等认识方法。《朱子语类》基本代表了朱熹的思想，内容丰富，

---

① 《论语》·豆瓣网．[2009-5-5] http：//www.douban.com/subject/1891302/.
② 《孟子》·互动百科．[2009-5-5] http：//www.hudong.com/wiki/.
③ 《礼记》·百度百科．[2009-5-5] http：//baike.baidu.com/view/73645.htm.

析理精密①。

《论语译注》（被引 23 次）汇编了研究孔子的重要文献《论语》20 篇，并作了较为具体的分析和解注，内容涉及"性相近，习相远"的人性思想、"有教无类"的教育主张、"任人唯贤"的人才观念、"各因其才"、"不愤不启，不悱不发"、"学而不思则罔，思而不学则殆"的教学方法等，是研究《论语》最重要的辅助读本。

《论语》、《孟子》、《荀子》、《礼记》均属于先秦哲学著作的典范。这四本书及《朱子语类》都属于儒家思想的代表著作，从孔子、孟子至荀子一脉相承。一方面，这充分说明文化学学者非常关注对儒家思想的研究；另一方面也反映了儒家思想（也称为儒教或儒学）是对中国文化影响最大的流派之一，也是中国古代的主流意识。儒家学派对中国、东亚乃至全世界都产生过深远的影响。从我们对数据的分析研究中得出，儒学对中国文化学的研究影响非常大。

（3）其他

在被引用的历史文献中，宗教类图书仅被引用一种，即《古兰经》（被引 26 次）。文化学研究的范围非常广，宗教作为信仰、祭礼等种种集合的人类行为对人类的发展有着重要影响，理应作为文化学研究的重要内容之一。不过数据显示宗教方面的文化学研究仍然是冷门，目前的相关学术成果还远远不够，文化学领域的学者应该多加强宗教方面的研究。

《四库全书》是中国历史上最大的一部丛书。囊括了从先秦到清代乾隆以前的主要典籍，涵盖了中国传统学术文化的各个学科领域，被誉为"东方文化的金字塔"、"中国文化的万里长城"。《四库全书》卷帙浩繁，每部 79337 卷，36277 册，230 万页。在抄定的 7 部《四库全书》中，"文渊阁本"最为珍贵，监制最严，缮写最精，制作最美，是乾隆御赏之宝。②

从已有的数据分析，在历史文献类图书的出版上，最具影响力的出版社是中华书局。中华书局成立于 1912 年 1 月，由我国近代著名教育思想家、出版家陆费逵先生在上海创办。建局之初就奉行"开启民智"的宗旨，在传播科学文化方面起了积极作用。20 世纪 50 年代迁到北京，成为古籍整理和学术著作出版的专业机构，出版了一大批古代文、史、哲、语言文字等经典文献和古籍整理图书，极大地推动了文化的传播和文化学研究。

11.4 工具书对文化学研究的影响

工具书是专供查找知识信息的文献。它系统汇集某方面的资料，按特定方法加以

---

① 踏弩历史版本．［2009 - 5 - 5］http：//www.hudong.com/versionview/Ne0ACAwQFWkEA，CQB9QwILA，A．

② 四库全书·淘藏网．［2009 - 5 - 5］http：//art.taocang.com/art/rarebooks/65805.htm．

编排，以供需要时查考。工具书在文化学发展中起着非常重要的作用，它具有辅助自学之功、解答疑难之能，是开展学术研究的好助手，同时也是传播思想与文化的媒介。虽然工具书的类型很多，但这次遴选出来的工具书只有3种。详细书目参见表11-6。

表11-6　　　　　　　　　文化学论文引用较多的工具书

序号	图书信息
1	辞海编辑委员会：《辞海》，上海：上海辞书出版社，1979
2	国家统计局：《中国统计年鉴》，北京：中国统计出版社
3	中国大百科全书编辑委员会：《中国大百科全书》，北京：中国大百科全书出版社，1987

从被引图书的数量上可以看出，文化学与其他学科有非常大的区别：由于文化学涵盖范围广，很难有某类型或者某学科的工具书被集中引用。这3种书的被引次数是：《辞海》（被引18次）、《中国统计年鉴》（被引12次）、《中国大百科全书》（被引10次）。

《辞海》是一个世纪、几代学人千锤百炼的结晶，是以字带词，兼有字典、语文词典和百科词典功能的大型综合性辞典。《辞海》最早的策划、启动始于1915年，是中华书局主持人陆费逵先生决心编纂集中国单字、语词兼百科于一体的综合性大辞典，其宏博气势令人钦敬，并取"海纳百川"之意定名为《辞海》[①]。

《中国统计年鉴》是由国家统计局发布的权威数据资料，有不同的年度版本，其中1999年版本被引次数最多，考虑到不同版本数据的合并问题，表11-6中并没有给出《中国统计年鉴》的出版年份。

《中国大百科全书》是中国第一部大型综合性百科全书，也是世界上规模较大的几部百科全书之一。中国大百科全书总编辑委员会和中国大百科全书出版社先后组织2万余名专家学者，取精用宏，历时15载终于纂成。全书按学科或领域分成74卷，共收7.8万个条目，计1.26亿字，并附有近5万幅图片，册叶浩瀚，内容宏富[②]。《中国大百科全书》，包括前述的《辞海》，对文化学研究的影响力已经不仅仅是引用次数可以表现的，其作为文化传播的载体本身也是一个标志性文化现象。

11.5　国外学术著作对文化学研究的影响

文化学的开放性不仅仅体现在与其他学科的融合，借助先进的技术等方面，还表

---

① 《辞海》·百度百科．[2009-5-5] http://baike.baidu.com/view/6713.htm.
② 《中国大百科全书》·百度百科．[2009-5-5] http://baike.baidu.com/view/28413.htm.

现为对国外先进理念、技术、方法和经验的汲取。在此次遴选出的196种图书中，国外学术著作（包括翻译著作）有57种，占文化学入选图书总数的29.08%，其总被引次数共1151次，占所有入选图书总被引次数的20.83%；其平均被引次数为20.19次，超过了国内学术著作。表11-7给出了入选的国外学术著作目录。

表11-7　　　　　　　　文化学论文引用较多的国外学术著作

序号	图书信息
1	[美] 塞缪尔·P. 亨廷顿（Samuel P. Huntington），周琪等译：《文明的冲突与世界秩序的重建》，北京：新华出版社，1998
2	[美] 丹尼尔·贝尔（Daniel Bell）著，赵一凡等译：《资本主义文化矛盾》，北京：生活·读书·新知三联书店，1989
3	[美] 爱德华·W. 萨义德（Edward W. Said）著，王宇根译：《东方学》，北京：生活·读书·新知三联书店，1999
4	[法] 让·鲍德里亚（Jean Baudrillard）著，刘成富等译：《消费社会》，南京：南京大学出版社，2000
5	[德] 恩斯特·卡西尔（Ernst Cassirer）著，甘阳译：《人论》，上海：上海译文出版社，1985
6	[英] 迈克·费瑟斯通（Mike Featherstone）著，刘精明译：《消费文化与后现代主义》，南京：译林出版社，2000
7	[英] 约翰·汤姆林森（John Tomlinson）著，冯建三译：《文化帝国主义》，上海：上海人民出版社，1999
8	[美] 弗雷德里克·詹姆逊（Fredric Jameson）著，唐小兵译：《后现代主义与文化理论》，北京：北京大学出版社，1997
9	[美] 罗兰·罗伯森（Roland Robertson）著，梁光严译：《全球化：社会理论和全球文化》，上海：上海人民出版社，2000
10	[美] 克利福德·格尔兹（Clifford Geertz）著，纳日碧力戈译：《文化的解释》，上海：上海人民出版社，1999
11	[德] 马克斯·霍克海默（M. Horkheimer）等著，洪佩郁等译：《启蒙辩证法：哲学片断》，重庆：重庆出版社，1990
12	[英] 约翰·汤姆林森（John Tomlinson）著，郭英剑译：《全球化与文化》，南京：南京大学出版社，2002
13	[英] 戴维·赫尔德（David Held）等著，杨雪冬等译：《全球大变革：全球化时代的政治、经济与文化》，北京：社会科学文献出版社，2001

续表

序号	图书信息
14	[德] 马克斯·韦伯（Max Weber）著，于晓等译：《新教伦理与资本主义精神》，北京：生活·读书·新知三联书店，1987
15	[美] 弗雷德里克·詹姆逊（Fredric Jameson）著，张旭东编，陈清侨等译：《晚期资本主义的文化逻辑》，北京：生活·读书·新知三联书店，1997
16	[美] 泰勒·爱德华（Tylor Edward Bernatt）著，连树声译：《原始文化：神话、哲学、宗教、语言、艺术和习俗发展之研究》，上海：上海文艺出版社，1992
17	[匈牙利] 欧文·拉兹洛（Ervin Laszlo）著，戴侃等译：《多种文化的星球：联合国教科文组织国际专家小组的报告》，北京：社会科学文献出版社，2001
18	[美] 塞缪尔·P. 亨廷顿（Samuel P. Huntington），程克雄译：《文化的重要使用：价值观如何影响人类进步》，北京：新华出版社，2002
19	[美] 露丝·本尼迪克特（Ruth Benedict）著，王炜等译：《文化模式》，北京：生活·读书·新知三联书店，1988
20	[德] 赫尔穆特·施密特（Helmut Schmidt）著，柴方国译：《全球化与道德重建》，北京：社会科学文献出版社，2001
21	[英] 汤因比（Toynbee, Arnold Joseph）著，曹未风等译：《历史研究》，上海：上海人民出版社，1959
22	[德] 卡尔·雅斯贝尔斯（K. Jaspers）著，魏楚雄等译：《历史的起源与目标》，北京：华夏出版社，1989
23	[美] 爱因斯坦（E. Ainstein）著，许良英等编译：《爱因斯坦文集》，北京：商务印书馆，1976
24	[美] 约翰·费斯克（John Fiske）著，王晓珏等译：《理解大众文化》，北京：中央编译出版社，2001
25	[英] 安吉拉·默克罗比（Angela McRobbie）著，田晓菲译：《后现代主义与大众文化》，北京：中央编译出版社，2001
26	[美] 斯蒂文·贝斯特（Steven Best）等著，张志斌译：《后现代理论：批判性的质疑》，北京：中央编译出版社，1999
27	[英] 安东尼·吉登斯（Anthony Giddens）著，赵旭东等译：《现代性与自我认同》，北京：生活·读书·新知三联书店，1998
28	[法] 皮埃尔·布尔迪厄（Pierre Bourdieu）著，包亚明译：《文化资本与社会炼金术：布尔迪厄访谈录》，上海：上海人民出版社，1997

续表

序号	图书信息
29	［英］布罗尼斯拉夫·马林诺夫斯基（Bronislaw Malinowski）著，费孝通等译：《文化论》，北京：中国民间文艺出版社，1987
30	［德］黑格尔（G. W. F. Hegel）著，朱光潜译：《美学》，北京：商务印书馆，1979
31	［美］希尔斯（E. Shils）著，傅铿等译：《论传统》，上海：上海人民出版社，1991
32	［美］马克·波斯特（Mark Poster）著，范静哗译：《第二媒介时代》，南京：南京大学出版社，2001
33	［德］马丁·海德格尔（Martin Heidergger）著，陈嘉映等译：《存在与时间》，北京：生活·读书·新知三联书店，1987
34	［德］尤尔根·哈贝马斯（Jurgen Habermas）著，曹卫东等译：《公共领域的结构转型》，上海：学林出版社，1999
35	［美］弗雷德里克·詹姆逊（Fredric Jameson）著，胡亚敏等译：《文化转向》，北京：中国社会科学出版社，2000
36	［英］雷蒙德·威廉斯（Ruymond Williams）著，吴松江等译：《文化与社会》，北京：北京大学出版社，1991
37	［英］约翰·斯道雷（John Storey）著，杨竹山等译：《文化理论与通俗文化导论》，南京：南京大学出版社，2001
38	［美］克利福德·格尔茨（Clifford Gerrtz）著，韩莉译：《文化的解释》，南京：译林出版社，1999
39	［美］爱德华·W. 萨义德（Edward W. Said）著，谢少波等译：《赛义德①自选集》，北京：中国社会科学出版社，1999
40	［意］利玛窦（Matteo Ricci）著，何高济等译：《利玛窦中国札记》，北京：中华书局，1983
41	［美］露丝·本尼迪克特（Ruth Benedict）著，吕万和等译：《菊与刀：日本文化的类型》，北京：商务印书馆，1990
42	［英］安东尼·吉登斯（Anthony Giddens）著，田禾译：《现代性的后果》，南京：译林出版社，2000
43	［美］露丝·本尼迪克特（Ruth Benedict）著，何锡章等译：《文化模式》，北京：华夏出版社，1987
44	［德］黑格尔（G. W. F. Hegel）著，王造时译：《历史哲学》，北京：生活·读书·新知三联书店，1956

① 本书统一将 Edward W. Said 译为爱德华·W. 萨义德，但该书书名中"赛义德"保持原名。

第 11 章 文化学　　　　　　　　　　　　　　　　　　　429

续表

序号	图书信息
45	[美] 理查德·E. 凯夫斯（Richard E. Caves）著，孙绯等译：《创意产业经济学：艺术的商业之道》，北京：新华出版社，2004
46	[英] 多米尼克·斯特里纳蒂（Dominic Strinati）著，阎嘉译：《通俗文化理论导论》，北京：商务印书馆，2001
47	[法] 皮埃尔·布尔迪厄（Pierre Bourdieu）等著，李猛等译：《实践与反思：反思社会学导引》，北京：中央编译出版社，1998
48	[德] 马丁·海德格尔（Martin Heidegger）著，孙周兴选编：《海德格尔选集》，上海：上海三联书店，1996
49	[美] 兹比格纽·布热津斯基（Zibgniew Brzezniski）著，中国国际问题研究所译：《大棋局：美国的首要地位及其地缘战略》，上海：上海人民出版社，1998
50	[英] 汤因比（Toynbee, Arnold Joseph）著，荀春生等译：《展望 21 世纪：汤因比与池田大作对话录》，北京：国际文化出版公司，1985
51	[美] 本尼迪克特·安德森（Benedict Anderson）著，吴叡人译：《想象的共同体：民族主义的起源与散布》，上海：上海人民出版社，2003
52	[美] 爱德华·W. 萨义德（Edward W. Said）著，李琨译：《文化与帝国主义》，北京：生活·读书·新知三联书店，2003
53	[英] 齐格蒙·鲍曼（Zygmunt Bauman）著，洪涛译：《立法者与阐释者：论现代性、后现代性与知识分子》，上海：上海人民出版社，2000
54	[加拿大] 赫伯特·马歇尔·麦克卢汉（Herbert Marshall Mcluhan）著，何道宽译：《理解媒介：论人的延伸》，北京：商务印书馆，2000
55	[美] 熊彼特（J. A. Schumpeter）著，何畏等译：《经济发展理论》，北京：商务印书馆，1990
56	[德] 黑格尔（G. W. F. Hegel）著，范扬译：《法哲学原理》，北京：商务印书馆，1961
57	[美] 史蒂文·塞德曼（Steven Seidman）编，吴世雄等译：《后现代转向》，沈阳：辽宁教育出版社，2001

对于表 11-7 中图书的出版社和版次还需说明的是：新华出版社在 1998 年、1999 年、2002 年均出版过中文版《文明的冲突与世界秩序的重建》；《后现代主义与文化理论》唐小兵译本最早由中国台北合志文化事业公司于 1989 年出版，国内引用较多的是北京大学出版社 1997 年版本；《历史研究》的版本包括 1959—1964 年曹未风等译的版本，以及 2000 年刘北成、郭小凌译的版本；《利玛窦中国札记》原著于 1583—1610 年间，中华书局 1983 年、1990 年重印，上述图书已按照本书数据合并约定予以处理，本表仅列出被最多引用的版本。

分析表11-7中书目可以看出，入选的国外学术著作多数是国外最新学术著作或是20世纪80年代以后国内引进、翻译的。我们已经注意到56种图书全是译著，没有原版图书，这一方面说明我国文化学研究领域学者虽然很重视对外来成果的引用，但囿于语言方面的原因，对原版图书的重视程度不够。由于译文往往会因为翻译者的原因而使读者存在一定程度偏差，这种偏差可能在普通读者看来或者在研究的基础层次时不会显现，但随着研究的深入，可能会影响到研究的精准性。

入选的56种国外学术著作中，美国学者著作有26种，占入选的国外学术著作总数的46.43%，说明在文化学领域，美国的学术水平与学术成果要遥遥领先于其他各国，同时也可以看出美国文化对我国文化学研究的重要影响；其次，排名第二和第三的国家是英国和德国，这两个国家学者的学术成果对我国文化学领域也有着较大的影响；另外还有少数来自奥地利、加拿大、意大利、匈牙利等国学者的学术著作。

将入选的外国著作根据出版年份排序，我们发现，入选图书的年代跨度是1956年到2004年。而其中1990年到2004年出版的图书超过70%，这部分图书的被引量占总被引量的70%。这充分说明对中国文化学研究影响最大的国外著作是现当代著作。结合上一部分对于历史文献被引状况的研究，文化学学界对于较早出版的国外著作还缺乏足够的认识，关注度不高。国外许多极具价值的文化学研究成果并未被国内学者参考引用，其中一个重要原因还是语言方面的障碍，国内学者很少去参考国外原著，而被翻译的著作数量又少，使国外文化学著作对我国的文化学研究的影响受到一定限制。我们选择其中被引次数超过20次的图书予以简要介绍。

《文明的冲突与世界秩序的重建》（被引105次）的作者塞缪尔·P.亨廷顿认为，冷战后，世界格局的决定因素表现为七大文明，即中华文明、日本文明、印度文明、伊斯兰文明、西方文明、东正教文明、拉美文明，还有可能存在的非洲文明[1]。他鼓励美国将其现行的文化价值观推广到全世界，并断言基督教文化与伊斯兰文化的冲突不可避免。正因为其认为冷战后的世界冲突的基本根源不再是意识形态，而是文化方面的差异，主宰全球的将是"文明的冲突"，该书的观点至今在学术界仍大有争议。该书对现今世界各种文明的深入研究和剖析对文化学学者有重大参考价值。

《资本主义文化矛盾》（被引71次）论述的不仅仅是资本主义文化矛盾，而且涉及资产阶级社会的矛盾，认为商人和制造业主创建了这一新世界。资本主义作为一个社会经济系统，它与建立在成本核算基础上的商品生产挂钩，依靠资本的持续积累来扩大再投资，这种独特的新式运转模式牵涉着一套独特文化和一种品格构造。在文化上，它的特征是自我实现，即把个人从传统束缚和归属纽带（家庭或血统）

---

[1] 《文明的冲突与世界秩序的重建》·互动百科．[2009-5-5] http://www.hudong.com/wiki/.

中解脱出来，以便他按照主观意愿"造就"自我[①]。正是这种经济系统与文化、品格构造的交融关系组成了资产阶级文明。

《东方学》（被引46次）自1978年问世以来，给学术界带来的冲击远非一句话或一本书就能说清楚。且不论此书开启了所谓的"后殖民时代"，单是那些颇具冲击性的概念，如"他者"、"表述"、"殖民话语"、"东方主义"等就给人们留下了足够的阐释与批评空间。萨义德在《东方学》中一贯坚持的"文化差异"意识依然有着强烈的现实意义，一直是文化学相关研究的热点之一[②]。

《消费社会》（被引39次）作者鲍德里亚认为，资本主义社会已经从生产社会进入到了消费社会，消费构成了社会的主导性逻辑。对于消费社会，他一方面从马克思的生产逻辑出发进行批判；另一方面又借用了符号学的成果，揭示消费社会中由于符号的编码作用而导致的身份的社会区分过程[③]。其独特的见解向人们揭示了大型技术统治集团是如何引起不可遏制的消费欲望，而且在此基础上对阶级社会里的各个阶层重新进行了划分，对于重新审视当代西方社会，加深对其政治、经济、文化等各个方面的本质的认识都大有裨益。

《人论》（被引39次）着力于人的特点的研究，指出人具有创造"理想世界"的能力，人的本质就是人的无限创造活动，并独树一帜地把人定义为"符号的动物"。从这一定义出发，对各种文化现象，诸如神话、宗教、语言、艺术、历史、科学等，进行全面的探索[④]。《人论》作为卡西尔生前发表的最后一部著作，全面阐述了他的人类文化哲学的体系。从其问世后被翻译和流传情况也可以看出其巨大的影响，其中文版也对我国的哲学、文化学研究产生了巨大影响。

《消费文化与后现代主义》（被引37次）从消费文化着手，全面论述了后现代社会的特征，以及消费文化对后现代社会的影响，并且考察了布尔迪厄、鲍德里亚、利奥塔和詹姆逊等理论家的思想。作者指出，消费文化是后现代社会的动力，以符号与影像为主要特征的后现代消费，导致了艺术与生活、学术与通俗、文化与政治、神圣与世俗间区别的消解，也产生了符号生产者、文化媒介人等文化资本家。消费所形成的消解，既使后现代社会形成一个同质、齐一的整体，又使追求生活方式的奇异性，甚至是反叛和颠覆合法化[⑤]。

汤姆林森的《文化帝国主义》（被引36次）介绍了冷战结束后有关文化帝国主

[①] 《资本主义文化矛盾》·互动百科．[2009-5-5] http：//www.hudong.com/wiki/.
[②] 《东方学》·互动百科．[2009-5-5] http：//www.hudong.com/wiki/.
[③] 鲍德里亚的后现代传媒观及其对当代中国传媒的启示·传媒学术网．[2009-5-5] http：//academic.mediachina.net/article.php?id=5343.
[④] 卡西尔．人论．[2009-5-5] http：//bbs.sachina.pku.edu.cn/thread-10688-1-5.html.
[⑤] 价值中国．[2009-5-5] http：//www.chinavalue.net/bookinfo/Bookinfo.aspx?Bookid=185772.

义的观点。该书在分析了媒介帝国主义、民族文化认同以及文化同质化和消费主义后,指出文化帝国主义是资本主义现代性的扩散。资本主义在文化领域的诸多悖论不应该站在意识形态的立场来解释,而应归属于"现代化"的大背景之中①。汤姆林森将有关文化帝国主义的论述分为4个层次或是途径来加以剖解和分析,其中现代性的批判是其被关注的焦点,相关领域研究者多有引用。

《后现代主义与文化理论》(被引32次)吸收了卢卡契关于意识形态的理论,考虑了阿多诺关于马克思主义与弗洛伊德学说的综合,参考了阿尔图塞关于马克思主义与结构主义的研究,使之能圆满解释当前晚期资本主义的各种社会文化现象。对中国研究者而言,"文化批评"的概念与詹姆逊是分不开的,詹姆逊的文化理论探讨了语言和文化之间的关系,还探讨了"文化革命"和文化知识分子的问题,并由此打开了其后现代主义理论。而他有关视频艺术和空间艺术的后现代文化文本的分析,则进一步生动而具体地体现了后现代主义的特征。

《全球化:社会理论和全球文化》(被引32次)以社会学的视角分析了诸多学派在全球化问题上展开争论的聚焦点,通过综合比较分析研究剖析了世界体系理论,文化和世界秩序的形象,国与国之间普遍性和特殊性的关系,现代主义与后现代主义对全球化的不同看法以及由全球化所引出的对传统文化的定位、怀乡范式、寻求原教旨的倾向,等等。该书对于在全球化过程中出现的所有社会问题和文化问题进行跨学科的研究②。文化学论文引用者多通过对其全球文化理论的解读来探讨全球化时代文化交往、文化普遍性(文化同质化)、文化特殊性(文化异质化)、多元文化认知、文化价值冲突等问题。

格尔兹的《文化的解释》(被引25次)是文化人类学研究论文精选集。该书全面梳理了文化人类学研究领域里的误区,对文化的概念,文化与宗教、文化与意识形态等的关系进行了翔实的研究。该书所有的论文基本上都是通过个案提出独特的观点来阐明什么是文化,文化在社会生活中扮演的角色③。其"要支撑起一个强大的现代化国家,除了经济、制度、科技、教育等力量之外,还需要先进的、强有力的文化力量"的观点被文化学者广为引用。

《启蒙辩证法:哲学片断》(被引24次)的作者霍克海默作为著名的德国哲学家、法兰克福学派的倡导者,其提出的"批判理论"在德国思想界具有举足轻重的地位,该书是霍克海默的代表作之一。正如作者自己所说,该书探讨的是这样一个主题,即文化进步走向其对立面的各种趋势,该书通过对20世纪30—40年代美国社

---

① 文化帝国主义与现代化. [2009-5-5] http://hi.baidu.com/whatslife/blog/item/3081892323eecc44ad34deee.html.

② 《全球化——社会理论和全球文化》·易文网. [2009-5-5] http://www.ewen.cc/cache/books/view/01/view-0SJCB07208033501.html.

③ 《文化的解释》·豆瓣网. [2009-5-5] http://www.douban.com/subject/3124527/.

会现象的描述努力去揭示这一主题。作者主张用"文化工业"代替"大众文化"表示现代大众传媒及其传播的流行文化,这一理念对于现代文化传播的研究有着较大的影响。

《全球化与文化》(被引23次)首先分析了全球化进程和当代文化变迁之间的关系,进而把这种分析同有关社会的现代性和文化的现代性的相关争论联系在一起,核心是对全球现代性复杂的、模棱两可的"活生生的体验"进行深入细致的分析。汤姆林森认为,我们现在能够在文化体验和区域地方之间的联动中看到一种消解的普遍模式,并把这种体验的"不均衡"性质和第一与第三世界社会的关系进行了讨论,还探讨了文化的杂交化的问题,以及在这种"非领土扩张化"进程中通信与传媒技术的特殊作用等[1]。该书的世界主义的文化政治问题论述对文化学研究有着深远影响。

《全球大变革:全球化时代的政治、经济与文化》(被引23次)系统和全面地对全球化进程的政治、经济、文化、环境、移民等问题进行了历史的描述和比较的分析;在总结了三种全球化理论(狂热的全球化论者、怀疑论者以及变革论者)的基础上建立自己的分析模式,并且使用这个模式对6个发达资本主义国家(美国、英国、德国、法国、日本、瑞典)在不同全球化维度中的表现进行了分析;还注意到了全球化进程中的不平衡性[2]。其文化全球化方面的观点和论述被广为引用、解读和评述。

《新教伦理与资本主义精神》(被引21次)论述了资本主义的起源和本质以及宗教信仰与日常经济行为的关系问题,分析和论证了资本积累时期中产阶级的人格特征。作者认为这一时期的中产阶级的人格特征作为一种广泛风行的社会精神气质渗透到社会的各个领域,形成了"资本主义精神",近代资本主义正是以这种精神作支撑,发展起来的,同时这一精神气质也是欧洲理性主义长期发展的产物[3]。其对宗教和经济这两种文化现象做的关联性解释与研究给文化学注入了新的营养液。

《晚期资本主义的文化逻辑》(被引20次)辑选作者的9篇重要论文及3篇附录。该书反映了詹姆逊理论的框架和中心思想,在后结构主义和马克思主义这两个似乎互相排斥的领域,詹姆逊进行了结合的尝试,并据此奠定了自己的地位。在作者看来,理论的深刻含义不在于其自成体系,而在于理论所揭示、所叙述的问题。书中对资本主义的文化设置和逻辑进行了解构性的分析,并运用"辩证法"的叙事

---

[1] 《全球化与文化》·三围搜书网. [2009-5-5] http://www.wenxueboke.cn/book/book.asp?id=zhbk950152.

[2] 《全球大变革》·豆瓣网. [2009-5-5] http://www.douban.com/subject/1085335/.

[3] 《新教伦理与资本主义精神》·百度百科. [2009-5-5] http://baike.baidu.com/view/1153956.htm.

原则，重新审视人与环境及历史变化的无穷尽的搏斗①。

在其余被引次数少于20次的图书中也不乏产生标志性影响的著作，比如泰勒·爱德华在《原始文化：神话、哲学、宗教、语言、艺术和习俗发展之研究》一书中提出的经典定义："所谓文化或文明，乃是包括知识、信仰、艺术、道德、法律、习俗以及包括作为社会成员的个人而获得的其他任何能力、习惯在内的一种综合体。"该书第一章标题就是"文化学"，这在英语国家中是最早的。

在入选的外国著作中，这些图书的出版社呈现百家争鸣的繁荣态势。其中由生活·读书·新知三联书店出版的国外著作有10种，上海人民出版社出版的有9种，商务印书馆出版的有7种，译林出版社出版的有6种。其中最引人注目的是生活·读书·新知三联书店，该社出版的入选图书被引次数占所有国外著作被引次数的20%以上，该出版社恪守"人文精神，思想智慧"的理念，坚持"一流、新锐"的标准引进和翻译了大量的人文社会科学读物，其本身就代表着一种文化、一种公共的知识精神②。从上述的译文图书的数据可看出该出版社一直走在中国引进国外文化类图书的前沿，极大地推动了我国的文化学研究。

11.6　国内学术著作对文化学研究的影响

我国大陆已出版的文化学著作在20世纪60年代以前不多，"文化大革命"10年期间基本中断，1978年以后中国大陆的文化学研究又逐渐繁荣，80—90年代涌现出很多文化学著作。在此次遴选出的对国内文化学最有学术影响的196种图书中，国内出版的著作有62种，占31.63%。在被引次数方面，入选的国内学术著作被引1130次，占所有被引图书的20.45%，排名第三，低于领袖著作和历史文献的被引用量。从平均被引次数看，入选的国内学术著作为18.23次，排名第四，仅高于入选工具书类。详细目录参见表11-8。

表11-8　　　　　　　　文化学论文引用较多的国内学术著作

序号	图书信息
1	鲁迅：《鲁迅全集》，北京：人民文学出版社
2	严复：《严复集》，北京：中华书局，1986
3	梁启超：《饮冰室合集》，北京：中华书局，1989
4	罗钢：《文化研究读本》，北京：中国社会科学出版社，2000

---

① 《晚期资本主义的文化逻辑》·豆瓣网．[2009-5-5] http：//www.douban.com/subject/1037587/．

② 三联书店．[2009-5-5] http：//www.sdxjpc.com/．

续表

序号	图书信息
5	费孝通：《乡土中国》，北京：生活·读书·新知三联书店，1985
6	王宁：《全球化与后殖民批评》，北京：中央编译出版社，1998
7	胡适：《胡适文集》，北京：北京大学出版社，1998
8	梁漱溟：《梁漱溟全集》，济南：山东人民出版社，1989
9	陈寅恪：《金明馆丛稿二编》，北京：生活·读书·新知三联书店，2001
10	李大钊：《李大钊文集》，北京：人民出版社，1984
11	胡适：《胡适文存》，合肥：黄山书社，1996
12	张岱年：《中国文化概论》，北京：北京师范大学出版社，1994
13	罗荣渠：《现代化新论：世界与中国的现代化进程》，北京：北京大学出版社，1993
14	艾恺：《世界范围内的反现代化思潮：论文化守成主义》，贵阳：贵州人民出版社，1991
15	鲁迅：《坟》，北京：人民文学出版社，1981
16	王列：《全球化与世界》，北京：中央编译出版社，1998
17	李鹏程：《当代文化哲学沉思》，北京：人民出版社，1994
18	冯友兰著，涂又光译：《中国哲学简史》，北京：北京大学出版社，1985
19	郭沫若：《郭沫若全集》，北京：人民文学出版社，1992
20	蔡元培著，高平叔编：《蔡元培全集》，北京：中华书局，1984
21	章太炎著，汤志钧编：《章太炎政论选集》，北京：中华书局，1977
22	徐贲：《走向后现代与后殖民》，北京：中国社会科学出版社，1996
23	冯天瑜：《中华文化史》，上海：上海人民出版社，1990
24	余英时：《士与中国文化》，上海：上海人民出版社，1987
25	金泽荣：《韶护堂集》，南通：南通翰墨林书局，1911
26	梁漱溟：《东西文化及其哲学》，北京：商务印书馆，1999
27	张岱年：《中国文化与文化论争》，北京：中国人民大学出版社，1990
28	张岱年：《张岱年全集》，石家庄：河北人民出版社，1996
29	林拓：《世界文化产业发展前沿报告》，北京：社会科学文献出版社，2004
30	章太炎：《章太炎全集》，上海：上海人民出版社，1985
31	费孝通：《乡土中国》，北京：北京大学出版社，1998
32	熊月之：《西学东渐与晚清社会》，上海：上海人民出版社，1994
33	花建：《软权力之争：全球化视野中的文化潮流》，上海：上海社会科学院出版社，2001
34	王宁：《后革命氛围》，北京：中国社会科学出版社，1999
35	宗白华：《宗白华全集》，合肥：安徽教育出版社，1994

续表

序号	图书信息
36	沈从文：《沈从文文集》，广州：花城出版社，1984
37	周宪：《中国当代审美文化研究》，北京：北京大学出版社，1997
38	方克立：《现代新儒学与中国现代化》，天津：天津人民出版社，1997
39	衣俊卿：《文化哲学：理论理性和实践理性交汇处的文化批判》，昆明：云南人民出版社，2001
40	中共中央党校文献室：《十六大报告辅导读本》，北京：人民出版社，2002
41	王晓德：《美国文化与外交》，北京：世界知识出版社，2000
42	汤志钧：《康有为政论集》，北京：中华书局，1981
43	朱自清：《朱自清全集》，南京：江苏教育出版社，1996
44	罗钢：《后殖民主义文化理论》，北京：中国社会科学出版社，1999
45	费孝通：《费孝通文集》，北京：群言出版社，1999
46	贺麟：《文化与人生》，北京：商务印书馆
47	汪晖：《文化与公共性》，北京：生活·读书·新知三联书店，1998
48	罗明坚：《中华文明史》，石家庄：河北教育出版社，1994
49	费孝通：《中华民族多元一体格局》，北京：中央民族大学出版社，1999
50	陈序经：《中国文化的出路》，北京：商务印书馆，1934
51	祁述裕：《中国文化产业国际竞争力报告》，北京：社会科学文献出版社，2004
52	葛兆光：《中国思想史》，上海：复旦大学出版社，1998
53	刘小枫：《现代性社会理论绪论：现代性与现代中国》，上海：上海三联书店，1998
54	陶东风：《文化研究：西方与中国》，北京：北京师范大学出版社，2002
55	司马云杰：《文化社会学》，济南：山东人民出版社，1986
56	周浩然：《文化国力论》，沈阳：辽宁人民出版社，2000
57	钱锺书：《管锥编》，北京：中华书局，1979
58	辜鸿铭：《辜鸿铭文集》，海口：海南出版社，1996
59	陈刚：《大众文化与当代乌托邦》，北京：作家出版社，1996
60	刘师培：《刘申叔先生遗书》，南京：江苏古籍出版社，1997
61	林语堂：《林语堂名著全集》，长春：东北师范大学出版社，1994
62	张君劢：《科学与人生观》，济南：山东人民出版社，1997

对于表11-8中图书的出版社及其版次需说明的是：《鲁迅全集》在1956年、1968年、1973年、1981年、1998年、2005年均出版过；《乡土中国》为

两个版本，一是由北京大学出版社1998年出版，另一个是生活·读书·新知三联书店于1985年出版，在此分为两种书进行统计，这与历史文献类的出版统计及数据处理有所区别。

表11-8显示了入选多本著作的学者：张岱年（《中国文化概论》、《中国文化与文化论争》、《张岱年全集》），王宁（《全球化与后殖民批评》、《后革命氛围》），鲁迅（《鲁迅全集》、《坟》），梁漱溟（《梁漱溟全集》、《东西文化及其哲学》），胡适（《胡适文集》、《胡适文存》），费孝通（《乡土中国》、《中华民族多元一体格局》、《费孝通文集》），罗刚（《文化研究读本》、《后殖民主义文化理论》），章太炎（《章太炎全集》、《章太炎政论选集》）。这些学者在文化学领域有相当大的学术影响，对文化学的研究和发展起到比较大的推动作用。

分析表11-8中图书情况，可以说涵盖了相当多的领域，由于文章篇幅的原因，现选择被引次数高于20次的几种图书进行介绍。

《鲁迅全集》（被引169次）最早的版本由鲁迅先生纪念委员会编辑，收入作者的著作、译文和辑录的古籍共20卷，于1938年印行。新中国成立后，该书由人民文学出版社重新编辑的版本，只收鲁迅撰写的著作，包括创作、评论、文学史专著以及部分书信，并加了必要的注释。鲁迅对于中国政治文化的透视以及意识文化本质的把握对于后来研究者有着极大影响，可以说《鲁迅全集》是他留给中国人民和世界各国人民的一笔宝贵的精神财富，鲁迅思想和学者对鲁迅思想的研究一起影响着新时期的中国文化学研究。

《严复集》（被引59次）由王栻先生历时24年主持编订，是目前所有严复作品集中收录最全、质量最好的集子。严复独特的个人际遇和激荡的时代背景使严复早年的文化观呈现出传统背离的特点，但随着对中国国情和西方文化的全面深入体察，严复晚年在文化观上又表现出传统回归倾向，这一从背离到回归的嬗变历程，既体现了严复高度的文化辩证思维水平，也为后来学者研究那个时期的中西文化比较观、研究当今传统文化的现代化问题提供了很多有益启示。

《饮冰室合集》（被引49次）是近代梁启超（别署饮冰室主人）撰，计148卷1000余万字。该书分《文集》、《专集》两部分：《文集》包括文700余篇，诗话1种，诗词300余首；《专集》包括《戊戌政变记》、《自由书》、《新民说》、《清代学术概论》、《中国近三百年学术史》、《中国历史研究法》、《古书真伪及其年代》等104种。梁启超作为近代著名的政治家、思想家，同时也是一位文化大家，他在近代的政治、社会和思想文化方面都起过重大的历史作用，特别是作为近代新学的启蒙大师和学术巨子，开辟了中国思想文化和学术研究的许多领域，影响了一代中国知识分子。

"文化研究"（Culture Studies）是目前北美和欧洲人文知识分子最为活跃的知识区域之一，正是通过文化研究，学院知识分子的智识活动溢出了大学校园之外，也溢出了传统的经典命题之外。文化研究关注的是阶级、性别、身份、传媒、大众文化等范围广泛的社会文本，它具有迫切的政治性和焦虑感，这就和传统的形式主义、唯美主义、精英主义乃至文学主义的要旨相冲突，因而带有左翼色彩[①]。《文化研究读本》（被引41次）收集的论文刻写了文化研究发展中的最重要痕迹，堪称文化研究中的经典文献。

《乡土中国》（被引27次）是学界公认的中国乡土社会传统文化和社会结构理论研究的代表作。该书虽然是费孝通在"乡村社会学"讲稿的基础上撰写的，但它对中国传统文化、社会结构的分析，其广度和深度已高于一个社会学分支学科的层面[②]，引用文献显示其对我国的文化学研究也有很大影响。费孝通对于文化学研究的影响也体现在其早在1940年就翻译了英国文化人类学家马林诺夫斯基的《文化论》，此书也入选了文化学论文引用较多的国外学术著作。

《全球化与后殖民批评》（被引27次）是作者王宁在后殖民理论思潮研究领域内的成果体现。作者对西方后殖民主义理论思潮在当前的全球化语境下的新发展作了进一步深入探讨，认为萨义德已经超越了早期的东方主义和文化霸权主义批判，而是更为关注流亡及其写作问题：心灵和文字的流亡；斯皮瓦克也试图摆脱所受到的解构思维的影响，进一步探讨后殖民理性的哲学和文化批判；巴巴在超越早期的含混和晦涩文风之后，致力于文化身份和少数族裔的研究[③]。本书对文化学研究的贡献主要就体现在对这三位后殖民理论代表人物在全球化语境下的解读，研究他们的"非边缘化"和解构"中心"进而占据国际学术"中心"的成功尝试，对于中国文学理论批评的国际化有所启发。

胡适（1891—1962年）是中国新文化运动的重要作家和著名学者。《胡适文集》（被引26次）收入了他的文学创作、文艺理论、文学史著作、古典文学研究和考证以及有关文化问题的论著和书信，较全面地反映了作者的文学成绩和基本文化思想。《胡适文存》（被引21次）收录了胡适1911—1935年发表过的大部分文章，是其学术思想的精华。近年来国内掀起一股"重新评价胡适"的热浪也提升了文化研究者对他的关注。

梁漱溟是中国现代史上的著名学者、思想家、教育家和社会活动家，他的学术思想和社会活动在海内外有广泛影响，深为人们所关注。为便于各界人士研究和查考，中国文化书院将其著述编成《梁漱溟全集》（被引26次），由山东人民出版社出版[④]。用梁漱溟自己的话评述其学术思想："中国儒家、西洋派哲学和医学三者，是

[①] 《文化研究读本》·豆瓣网. [2009-5-5] http：//www. douban. com/subject/1059632/.

[②] 《乡土中国》·豆瓣网. [2009-5-5] http：//www. douban. com/subject/1795079/.

[③] 学术中华. [2009-5-5] http：//www. xschina. org/auth_ list. php? author = % CD% F5% C4% FE.

[④] 《梁漱溟全集》·百度百科. [2009-5-5] http：//baike. baidu. com/view/1739488. htm.

我思想所从画之根柢。"作者在东西文化观上把人类文化划分为西洋、印度和中国三种类型，认定"世界未来的文化就是中国文化复兴"，认为只有以儒家思想为基本价值取向的生活，才能使人们尝到"人生的真味"。他的影响并不仅局限于国内，在西方他被誉为"最后的儒家"（The Last Confucian）。

《金明馆丛稿二编》（被引24次）作者陈寅恪是中国现代历史学家、古典文学研究家、语言学家。该书主旨在于纠正王鸣盛《十七史商榷》中王遵绝无功业之说，列举史实证述了在东晋初年，江东境内诸政治社会力量团结共同抵御北方盛强胡族的侵略，使得当时中国的文化得以保存。书中分析了南来北人的社会阶层及居住地域及其与后来南朝史事的关系。这本著作被以文化传承、文化融合为研究主题的诸多论文引用，成为研究陈寅恪学术思想和治学方法的主要文献资料。

《李大钊文集》（被引21次）于1985年6月由人民出版社分上、下两卷出版，收入文章437篇共110万字，是迄今最完整的李大钊文章的总集。李大钊一生的主要精力都放在研究和解决中国现实的政治问题上，因此该文集中经济和历史方面的文章占相当比例[①]。李大钊对于文化学研究影响很深远，他是我国最早提出"文化学"一词学者，虽然和现在理解的文化学还不太一样，但首议之功不可没。

11.7 结语

图书作为人文社会科学重要的学术资源，对文化学领域产生了极大的学术影响力。2000—2007年文化学论文引用图书占所有引用文献的73.68%，充分说明了图书在文化学研究领域的重要性。

文化学推荐的196本图书中，有领袖著作20本，被引用次数高达1599次，被引次数所占比例为28.93%；历史文献54本，被引用次数达1607次，被引次数所占比例为29.08%；工具书3本，被引用40次，被引次数所占比例为0.72%；国外学术著作57本，被引用1151次，被引次数所占比例为20.83%；国内学术著作62本，被引用1130次，被引次数所占比例为20.45%。这些数据表明，对文化学有较大学术影响的图书中，按影响力从大到小依次排序为：领袖著作、历史文献、国内学术著作、国外学术著作、工具书。

在被文化学论文引用10次及以上或年均被引3次及以上的196本图书中，被引用图书在2本及以上的作者有29位，其中领袖著作作者5位，历史文献著作作者4位，国外学术著作作者11位，国内学术著作作者9位，详见表11－9。

---

① 《李大钊文集》·马克思主义研究网．[2009－5－5] http://myy.cass.cn/file/200512177440.html．

表 11-9　　　　　　　文化学学科入选两种及以上图书作者

序号	作者	入选图书种数
1	江泽民	6
2	马克思	4
3	费孝通	4
4	爱德华·W. 萨义德	3
5	弗雷德里克·詹姆逊	3
6	黑格尔	3
7	露丝·本尼迪克特	3
8	陈独秀	3
9	毛泽东	3
10	张岱年	3
11	安东尼·吉登斯	2
12	布尔迪厄	2
13	克利福德·格尔兹	2
14	马丁·海德格尔	2
15	塞缪尔·P. 亨廷顿	2
16	汤因比	2
17	约翰·汤姆林森	2
18	胡适	2
19	纪昀	2
20	老子	2
21	梁漱溟	2
22	鲁迅	2
23	罗钢	2
24	孙中山	2
25	王宁	2
26	杨伯峻	2
27	章太炎	2
28	朱熹	2
29	左丘明	2

从表 11-9 中数据可以看出，有多本著作入选的作者在文化学有相当的学术影响

力，他们的著作对我国文化学的研究和发展有着极大的促进作用。另外，在被文化学论文引用10次及以上或年均被引3次及以上的196种图书中，共涉及59家出版社，其中入选图书2种以上的出版社有18家，详见表11-10。

表11-10　　　　　　　　文化学学科入选图书较多的出版社

序号	出版社	入选图书种数
1	中华书局	45
2	人民出版社	16
3	上海人民出版社	16
4	生活·读书·新知三联书店	15
5	商务印书馆	12
6	中国社会科学出版社	7
7	北京大学出版社	7
8	中央编译出版社	6
9	社会科学文献出版社	5
10	南京大学出版社	4
11	人民文学出版社	3
12	新华出版社	3
13	中央文献出版社	3
14	山东人民出版社	3
15	译林出版社	3
16	北京师范大学出版社	2
17	华夏出版社	2
18	江苏古籍出版社	2

综上所述，我们可以清晰地看出，图书对文化学学科的影响有以下显著特点：

文化学论文的引用文献语种主要以中文为主，国外文献引用尚有不足。虽然译文的引用量基本逐年增加，但所占比例却上下波动。这些数据告诉我们，文化学学者需要加强对国外文献的获取和阅读能力，只有这样才能使我们在全球化、多元化的现代环境下全面迅速地同国际文化学研究相接轨。

从被引次数分析不同类型的图书对文化学的影响：领袖著作对于主流文化有着重要的引导和指导作用；历史文献对文化学的影响体现了中华文化的源远流长、影响深远。值得注意的是国内学术著作被引总数和平均被引次数的排名都比较低，这说明文化学领域国内的经典理论、著作还不多，能产生重大影响的文化学大家和文化学著作相对还较少。另外工具书在我国文化学研究领域影响力的欠缺也很凸显。

第 12 章 艺术学

艺术学作为一门独立的学科形成于 20 世纪初，包含音乐、戏剧、戏曲、舞蹈、电影、电视、美术摄影等众多二级学科。艺术学以其庞大的学科群和百花齐放的学术成果展示了其学术活力和艺术魅力，在这些不同类型的学术成果中，毫无疑问，图书是最重要的学术成果之一，也是学者进行学术研究的最重要的学术资源。图书在艺术学研究领域中起到的重要作用是任何其他学术资源所不能替代的。

为了更清晰地反映图书在艺术学研究领域的重要作用，我们借助《中文社会科学引文索引》（CSSCI），对其中（2000—2007 年）的艺术学论文引用的图书进行了统计，并进行了数据整理和处理，分析出被引用较多的图书，并依此推荐在艺术学领域产生重要学术影响的优秀图书，使之对艺术学领域的研究与发展起到一定的推动作用。

需要说明的是，由于作者在引用图书时存在不一致性（如书名的谬误、出版年份和出版社名称的不一致），造成计算机在统计中的误差，因此，在分析前我们进行了大量的处理和归并，使我们推出的最有影响力的图书更具准确性和可靠性。我们的处理包括：统一书名（如主标题和副标题之间的符号、副标题的补充、有些书名的谬误）；增补作者（CSSCI 只著录了一个作者，因此对翻译的书，增加译者或增加原作者）；合并出版年份不一致的同一图书（对年代不一致，但其他数据一致的图书进行合并）；图书的合集处理（对一些标注了分卷又有大量没有标注分卷的历史文献和领袖著作进行合集归并处理）。本章进行的所有处理都经过了认真仔细的查阅，每一种入选图书都查阅了国家图书馆书目，并进行了仔细的核对，确保数据的可信度。

另外，虽然本章讨论的是在艺术学研究领域产生较大学术影响的书，但并不是说本章所推出的图书都是艺术学类图书，这里主要是指艺术学论文引用较多的图书，也就是说包括艺术学论文引用较多的其他学科图书，这些图书虽然不属于艺术学类，但它们在艺术学研究领域产生了很大的学术影响。

12.1 概述

CSSCI 将引用文献类型分为 11 个大类，分别为：期刊论文、图书、汇编文献、报纸文章、会议论文、学位论文、法规文献、信函、报告文献、网络资源及其他。实际上艺术学文献类型更为丰富，如曲谱、绘画、书法、剧本、摄影，等等。对于这些类型的文献，CSSCI 基本按其形式归于相应的图书、汇编以及其他类之中，由于本章主要考察对艺术学产生较大学术影响的图书，故本章忽略其他类型文献的内容。表 12-1 给出了 2000—2007 年 CSSCI 中艺术学论文引用各类文献的统计数据。

表 12-1　　　2000—2007 年 CSSCI 中艺术学论文引用文献类型统计　　（单位：篇次）

类型 年份	期刊论文	图书	汇编文献	报纸文章	会议论文	报告文献	法规文献	学位论文	信函	网络资源	其他
2000	1484	4105	841	250	24	2	2	16	15	1	49
2001	1444	4307	774	231	35	13	1	11	19	23	112
2002	1512	4782	1019	220	27	9	2	16	11	45	50
2003	1904	5586	1549	205	54	6	2	20	0	39	158
2004	2300	6803	1917	327	46	13	13	42	0	135	196
2005	3296	7083	2417	404	104	18	5	40	2	204	158
2006	3436	7381	3067	496	50	34	11	46	0	393	174
2007	3941	8016	3200	585	74	31	4	77	2	459	234
合计	19317	48063	14784	2718	414	126	40	268	49	1299	1131

从表 12-1 可以看出，图书的被引用数量远远超出了其他类型的文献，在艺术学论文引用文献类型中占据首位，是艺术学研究领域中最为重要的学术资源。2000—2007 年，图书类型（包括另一种图书形式的文献——汇编文献，下同）的文献引用量始终处在遥遥领先的位置，占所有被引文献的 71.25%，相比其他类型的文献来说，占有绝对的优势。数据显示，艺术学论文引用的图书数量在逐年增长，2007 年艺术学图书被引数量较 2000 年增加了 127%，可见其增长速度之快，并足以证明图书对艺术学研究的重要学术价值。但从另一个角度来看，被引文献中，图书所占比例从 2002 年以后在逐渐下降，已从 2002 年的 75.90% 下降到 2007 年的 67.48%，这并不是说明图书对艺术学研究的影响在减弱，而是因为快速发展的艺术学研究以及人们获取学术资源的渠道增加、手段丰富，保证了艺术学各类最新研究成果能够更快速地到达学者手中，从另一个角度体现了艺术学研究的繁荣。

引用文献的语种可以从一个角度反映学科的开放程度、与国外研究接轨程度以及学者对外文文献的获取和阅读能力。表 12-2 给出了艺术学论文引用文献的语种统计数据，表中的文献语种有 8 种：中文、英文、日文、俄文、德文、法文、其他语种和译文。

表12-2　　　2000—2007年CSSCI中艺术学论文引用文献语种统计　　（单位：篇次）

语种 年份	中文	英文	日文	俄文	德文	法文	其他语种	译文
2000	4672	934	86	38	128	43	68	820
2001	4645	1038	93	23	32	32	138	969
2002	5383	921	66	29	32	16	75	1171
2003	6969	933	38	25	26	82	124	1326
2004	8915	922	144	7	104	79	79	1542
2005	10170	1405	62	13	66	38	61	1916
2006	11242	1630	61	9	29	49	83	1985
2007	12645	1542	87	12	75	58	72	2132
合计	64641	9325	637	156	492	397	700	11861

从表12-2的统计数据可以看出，艺术学论文的引用文献语种以中文为主，中文引用文献在所有语种文献中所占比例达73.28%，居于首位。中文被引文献数量保持着平稳增长，2007年相对2000年增长了170.65%，即使从中文被引文献所占比例来看，也在波动中增长，从2000年的68.82%增长到了2007年的76.07%。综观其他几个语种的文献引用量，除译文以外，其他6个语种的文献引用数量的变化趋势不稳定，有增有减。从所占比例来看，英文文献达到了10%左右，其他语种的文献比例均不超过1%。位于第二位的译文文献，其数量呈逐渐增长趋势，但所占比重基本稳定在13%左右。

可以看出，艺术学论文引用文献的语种较倾向于中文文献或译成中文的外文文献，这两种文献占据所有文献的86.73%，说明艺术学研究领域对外文原著引用的力度远远不够。这一方面说明艺术学学者对国外研究成果的获取技能和阅读能力存在一定障碍；另一方面也说明艺术学领域与国外艺术学研究的接轨和交融还显得不够。虽然此种现象可能与东西方、国内与国外在艺术学研究的地域性有关，但加强与国外的交流与合作，吸收其中的精华，对促进我国艺术学研究的发展是有益无害的。

如上所述，图书在艺术学研究领域发挥着很大作用，但究竟哪些图书在艺术学领域产生重要学术影响，这是本章的目的所在。根据艺术学论文引用图书的实际情况，我们拟定了艺术学论文选择标准：2000—2007年，艺术学论文引用15次及以上的图书；或从图书的出版年算起，年均被引3次及以上的图书。根据这个标准，在艺术学领域被遴选出了206种具有较大影响力的图书，合计被引6501次，占艺术学图书被引总量的10.34%。我们将这206种图书分成5类：领袖著作、历史文献、工具书、国外学术著作、国内学术著作。具体数据参见表12-3。

表12-3　　　　　　　入选艺术学论文引用图书的类别统计

内容类别＼图书类别	领袖著作	历史文献	工具书	国外学术著作	国内学术著作
入选图书种数	4	45	11	49	97
入选图书被引次数	271	1453	441	1561	2775
入选图书被引次数所占比例	4.17%	22.35%	6.78%	24.01%	42.69%
入选图书的平均被引次数	67.75	32.29	40.09	31.86	28.61

从表12-3中可以看出,对艺术学产生最大学术影响的是国内学者的著作,不论是被引种数还是被引次数,均占首位,其中,被引种数和被引次数的所占比例分别为47.09%和42.69%。位居入选种数和被引次数第二的是国外学术著作,比例分别达到23.79%和24.01%。排在第三位的是历史文献,入选种数为45种,被引次数为1453次,所占比例为22.35%。工具书和领袖著作的入选种数相对偏少。从入选图书的平均被引次数来看,国内学术著作最低,只有28.61篇,领袖著作最高,达到了67.75篇,排在第2—4位的是工具书、历史文献和国外学术著作。由此可见,国内学术著作的整体质量和学术影响力还有待进一步提升,国外学术著作的引入和借鉴尚需引起学界重视。

12.2　领袖著作对艺术学研究的影响

一切学科的发展都有其核心的指导思想,作为领袖著作的代表马克思、列宁、毛泽东等领袖人物的著作对艺术学研究同样具有很强的指导作用,它们贯穿于艺术学的理论研究和实践应用之中。根据艺术学图书的选择标准,领袖著作仅入选4种:《马克思恩格斯选集》、《毛泽东选集》、《1844年经济学哲学手稿》、《列宁选集》。

由于入选的领袖著作都多次再版,我们在处理数据时忽略了这些图书的出版年份,表12-4给出了艺术学论文引用较多的4种领袖人物著作的详细信息。

表12-4　　　　　　艺术学论文引用较多的领袖人物著作

序号	图书信息
1	马克思:《马克思恩格斯选集》,北京:人民出版社
2	毛泽东:《毛泽东选集》,北京:人民出版社
3	马克思著,刘丕坤译:《1844年经济学哲学手稿》,北京:人民出版社
4	列宁:《列宁选集》,北京:人民出版社

表 12-4 显示,《马克思恩格斯选集》（被引 185 次）以极高的被引率占据了艺术学论文引用领袖人物著作的首位，该书收录了马克思恩格斯在各个时期的经典著作，如在《〈政治经济学批判〉导言》中，马克思就提出了"物质生产的发展同艺术生产的不平衡关系"的著名论断。还收录了《剩余价值理论》等一批优秀的著作，它们深刻揭示了艺术发展和社会的经济、政治、社会、文化、意识形态的发展变化相联系的规律，指出新的艺术形态是否进步，必须放在具体的历史背景、关系中加以比较和考察，考察是否提供了新东西，而这些新东西又是否同人类艺术发展的基本趋势相一致。这些理论为艺术学的发展指明了前进的方向。

《1844 年经济学哲学手稿》（被引 26 次），由于这是单篇论著（不是多篇合集），所以被引数量低于《马克思恩格斯选集》。其中讨论有关"劳动创造了美"等重要艺术学问题时，马克思认为，艺术起源于劳动，劳动孕育了艺术的产生，又推动了艺术的发展。这是马克思从社会实践这一经济事实，以及其间广泛深刻的联系上所阐发的一个重要论断。[①] 在文艺学史上，关于艺术起源的问题经过了无数的探讨，其中不乏一些较有影响的解释，马克思继承了其中科学的部分，摒弃了不合理的部分。最终建立了自己关于艺术学起源的一套学说。

不仅马克思的著作，在毛泽东和列宁的著作中我们同样可以看到对艺术学的发展起到推动作用的文字。领袖人物著作的地位和作用在艺术学研究领域是特殊的，他们通常影响的是某个领域的思想建设，起到的是指导作用，对学科发展具有深远的影响。对艺术学领域的研究者来说，这些领袖人物的著作都值得钻研和领会。

12.3　历史文献对艺术学研究的影响

一切学科都有它们的起源，然后逐渐发展壮大起来，历史见证了它们的发展过程。在滚滚不息的历史长河中，它们的发展留下了不少为后人所称颂的经典著作，是前人智慧的结晶。历史文献中记载了科学的起源、社会的变迁、重大历史事件和社会活动，对我们研究学术史、学科起源与发展、历史作品都有着极其重要的价值。对于艺术学来说，历史文献对于研究现当代艺术学的发展具有启示作用，学者们可以从中汲取前人的思想精髓，利用其探索前人未竟事业，为艺术学研究提供素材。在本章所选出的 206 种艺术学最有学术影响的图书中，历史文献有 45 种，占所选图书的 22.33%，被引次数占全部入选图书被引次数的 22.35%（参见表 12-3）。表 12-5 给出了 2000—2007 年艺术学论文引用较多的历史文献。

---

① 汤岳辉：《马克思的艺术起源思想探索——〈1844 年经济学哲学手稿〉学习札记》，《惠州大学学报》（社会科学版）1996 年第 3 期。

表 12-5　艺术学论文引用较多的历史文献

序号	图书信息
1	《宋史》，北京：中华书局，1977
2	《论语》，北京：中华书局，1980
3	《史记》，北京：中华书局，1959
4	《隋书》，北京：中华书局，1973
5	《十三经注疏》，北京：中华书局，1980
6	《新唐书》，北京：中华书局，1974
7	《汉书》，北京：中华书局，1962
8	《历代名画记》，北京：人民美术出版社，1963
9	[日] 高楠顺次郎：《大正藏》，中国台北：新文丰出版股份有限公司，1983
10	《乐府诗集》，北京：中华书局，1979
11	《旧唐书》，北京：中华书局，1975
12	《全唐诗》，北京：中华书局，1999
13	《后汉书》，北京：中华书局，1965
14	《魏书》，北京：中华书局，1974
15	《晋书》，北京：中华书局，1974
16	《乐书》，上海：上海古籍出版社，1987
17	苏轼撰，孔凡礼点校：《苏轼文集》，北京：中华书局，1986
18	《礼记》
19	《宋书》，北京：中华书局，1974
20	《嘉业堂丛书》，北京：文物出版社，1982
21	《庄子》
22	《通典》，北京：中华书局，1988
23	王国维：《王国维戏曲论文集》，北京：中国戏剧出版社，1984
24	《法书要录》，北京：人民美术出版社，1984
25	《元史》，北京：中华书局，1976
26	《明史》，北京：中华书局，1974
27	《东京梦华录》，上海：上海古典文学出版社，1956
28	《图画见闻志》，北京：人民美术出版社，1963
29	《陆放翁全集》
30	《道藏》，北京：文物出版社，1988
31	《文献通考》，北京：中华书局，1986

续表

序号	图书信息
32	《老子》
33	《汤显祖全集》，北京：北京古籍出版社，1999
34	《唐会要》，北京：中华书局，1955
35	《南齐书》，北京：中华书局，1972
36	《书谱》
37	《四库全书》，中国台北：台湾商务印书馆，1986
38	《孟子》
39	《三国志》，北京：中华书局，1982
40	《左传》
41	《辽史》，北京：中华书局，1974
42	王国维：《宋元戏曲史》，上海：华东师范大学出版社，1995
43	《太平御览》，北京：中华书局，1960
44	《荀子》
45	《文心雕龙》

分析表 12-5 中的书目，入选的 45 篇历史文献具有不同的主题分布，为了深入考察历史文献对艺术学研究的作用，我们将入选的 45 篇历史文献划分为 9 类：史书（20 种）、古代学者论著（6 种）、戏剧论著（3 种）、美术论著（2 种）、书法论著（2 种）、音乐论著（1 种）、诗集与文集（4 种）、类书与丛书（3 种）以及杂书著作（4 种）。可以看出，艺术学著作引用最多的历史文献是史书著作，接近一半，这是因为艺术学本身就是一门具有很强的传承性质的学科，古代艺术学的发展对现代艺术学的影响源远流长。艺术学具有众多的门类，不同门类的研究不仅仅是研究自身的理论、技艺，还要研究不同研究领域的发展，这样不仅可以从历史的角度更加深入地理解学科的发展，更能从中借鉴其精髓部分，为当代艺术学研究的发展所借鉴。

(1) 史书

艺术的发展有其历史渊源，史书中记载了大量历史上各类艺术的产生与传播、代表人物生平事迹、历史事件和历史人物传记等内容，它们为艺术学研究提供了大量的史实材料。这就是为什么在艺术学研究中史书被大量引用和参考的原因。

艺术学论文引用最多的史书是《宋史》（被引 93 次），这也是艺术学论文引用的历史文献中最多的一种书。《宋史》撰修于元朝末年，是二十五史中篇幅最庞大的一部官修史书，总共有 496 卷，包括本纪 47 卷、志 162 卷、表 32 卷、列传 255 卷，字数多达 500 多万。《宋史》的主要材料是宋代的国史、实录、日历等，它将宋朝文化的繁荣昌盛呈现在读者面前，书中记载了宋朝极其灿烂的文化。宋代艺术空前繁荣，诗词、歌赋、书法、戏曲、民间音乐等都可谓发展迅猛。唐宋八大家中六位宋朝的杰出人物也出现在《宋史》中，另外还有四大书法家。从《宋史》中我们可以看到宋朝不仅有词，而且还有诗，宋朝诗的数量为唐诗的四倍。宋朝的绘画艺术更是灿烂辉煌，山水画在中国绘画史中占据最高地位，特别是水墨画和文人画的繁荣，相对唐代之前写实的"勾线填色"而言，具有划时代的意义。宋代的瓷器具有中国最辉煌的美术工艺，艺术与精美工艺相结合，格调清新高雅，前无古人，后无来者，可谓千古绝唱。这些艺术学上的辉煌卓越的成就都在《宋史》中被一一记录下来，为后人研究艺术学提供了极具价值的参考资料。《宋史》史料丰富，叙事详尽，是保存宋代官方和私家史料最系统的一部书。

在学术界广为流传的《史记》（被引63次），是中国历史上一部伟大的史学和传记文学巨著，它诞生于公元前1世纪中国西汉时代，记载了从中国上古传说中的黄帝开始到西汉时期，长达3000年的政治、经济、文化、历史。《史记》是中国第一部以写人物为中心的纪传体通史，同时也开创了中国的传记文学的先河。《史记》的取材极其广泛，当时社会上流传的诸子百家等著作和国家的文书档案，以及交游所得、实地调查获取的材料，都是司马迁写作《史记》的重要材料来源，这些材料经过了司马迁的认真分析和选择，记事翔实。对艺术学来说，《史记》更是一本不可多得的研究资料。如在戏剧方面，由于《史记》的故事具有强烈的戏剧性，人物性格鲜明，矛盾冲突尖锐，因而自然而然成为后代戏剧取材的宝库。据傅惜华《元代杂剧全目》所载，取材于《史记》的剧目就有180多种。据李长之统计，在现存132种元杂剧中，有16种采自《史记》的故事，其中就包括《赵氏孤儿》这样具有世界影响的名作。已经失传的类似作品，当然更多。到后来的京剧中，仍然有许多是取材于《史记》的，如众所周知的《霸王别姬》等。《史记》不但对魏晋小说、唐宋古文，甚至对宋元戏曲，都有很大影响，在学术界堪称是一座伟大的丰碑，它对古代的小说、戏剧、传记文学、散文，都有广泛而深远的影响。

《隋书》（被引61次）是唐代官修正史的代表作，弘扬了秉笔直书的优良史学传统，保存了大量政治、经济以及科技文化资料，是唐初所修五代史中较好的一部。《隋书》一部分是纪传，另一部分为史志。史志部分保存了大量政治、经济以及科技文化资料，其中的10志包括：《仪礼志》7卷，《音乐志》、《律历志》、《天文志》各3卷，《五行志》2卷，《百官志》、《地理志》各3卷，《食货志》、《刑法志》各1卷，《经籍志》4卷，记载了梁、陈、北齐、北周和隋五朝的典章制度，有些部分甚至追溯到汉魏，较全面地展现了封建社会的政权结构、统治规模和学术文化的面貌。史志部分不乏艺术学方面的有价值的资料，如《音乐志》除记录祭天地、祀鬼神的乐章外，还记载了当时杂技的各种表演和域外音乐的内流；《仪礼志》记载了封建礼制方面的内容，贯彻着维护等级制度的宗旨。这些都是有价值的艺术史料。纪传部分也保存了不少艺术学方面有价值的资料，如《万宝常传》记录《乐谱》64种，等等。《隋书》的内容丰富、充实，在正史书志中，一直享有较高的声誉。

对艺术学的研究和发展具有较大影响的史学著作还有《新唐书》（被引54次）和《旧唐书》（被引48次）。这两种书都是记载中国唐代历史的纪传体史书。《旧唐书》是五代后晋的官修史书。到宋朝欧阳修、宋祁等人编修了《唐书》，才有了新、旧之别，后者为《新唐书》。众所周知，唐朝是中国历史上的重要朝代之一，在经济、政治、文化和中外交流等方面，都取得了杰出的成就。唐朝时期，文化异常灿烂夺目，宗教思想、文学艺术、史学、科学技术等领域成果辉煌，造就了李白、杜甫、玄奘、刘知几、僧一行及孙思邈等杰出人物。另外，社会风气开放，民间生活多姿多彩，都使得唐朝呈现出高度的文明气象。在艺术造诣与成就上来说，唐朝的艺术水平有了显著的发展与提高。唐代手工业水平之高超，甚至可以与现代工艺相媲美，从现在所见到的"唐三彩"等唐代艺术品便可窥知一二。唐朝前期的人文艺术更是发展迅速。诗、书、画各方面都有大量名家涌现。其中包括"初唐四杰"、"田园山水派"的代表王维、"边塞派"诗人岑参以及素有"诗仙"之称的大诗人李白等。此外，还有今人熟知的"画圣"吴道子、李思训，大音乐家李龟年。唐朝的雕刻、音乐、绘画等艺术也有蓬勃的发展。唐朝绘画不仅名家辈出，而且在题材内容、绘画技法方面都有很大进步。初唐绘画，以宗教佛像和贵族人物画为主。名家有阎立德、阎立本兄弟等，现存的《太宗步辇图》和《历代帝王图》就是阎立本的杰作。盛唐以后，人物画开始以世俗生活为内容，山水画也日益兴盛起来。最有成就的画家是吴道玄（又名吴道子），有"画圣"之称。诗人王维首创水墨山水画（此前为勾线填色），他的山水画精练、淡雅，富有诗意，为山水画南派之祖，对后世影响很大，是中国画从"写实"转向"写意"的分水岭。唐朝还有许多长于画花鸟禽兽的画家，这些绘画艺术都为后世留下了宝贵的形象化资料，有极高的艺术价值和史料价值。这些艺术成就在《新唐书》和《旧唐书》中都有详细的记载，是后人研究唐代艺术发展有价值的资料。

《新唐书》比起《旧唐书》来，有自己的一些特点和优点。《新唐书》对"志"特别重视，新增了《旧唐书》所没有的《仪卫志》、《选举志》和《兵志》。其中《兵志》是《新唐书》的首创。《选举志》与《兵志》系统地整理了唐朝科举制度和兵制的演变资料。其他一些志也补充增加了大量成系统、有条理的资料，补充了《旧唐书》在相关方面的内容，篇幅上也大大增加，《新唐书》无论从体例、剪裁、文采等各方面都很完善，另外，《新唐书》在列传的标名上也作了归纳整理，这样，就使得眉目更为清楚。这些都是在文笔、编裁方面，新书胜过旧书之处。

《旧唐书》撰稿时间仓促，存在缺陷，但也具有其不可抹杀的价值。它保存了丰富的史料，其中《礼仪志》7卷，篇幅最大，主要是根据《开元礼》改编而成；《音乐志》4卷，多取材于《通典》，对南朝时的吴声、西曲的起源和歌辞颇多叙述，记事比较详细，便于读者了解历史事件的过程和具体情况，因而受到重视。司马光著写的《资治通鉴》的《唐纪》部分，大抵采用《旧唐书》。《旧唐书》还保存了不少很有价值的文章，其中不少是中国思想史和地理学史的重要文献。《旧唐书》忠实于唐代遗留下来的原始资料，对历史事实的记载完全按照当时人的思想认识，这样就真实地反映唐代不同时期的思想认识和时代风貌，对后期艺术学的研究提供了真实可靠的研究资料。

《汉书》（被引53次）是我国第一部纪传体断代史，主要记述了汉高祖刘邦元年（前206年）至王莽地皇四年（23年）共230年间西汉的史事，是继《史记》之后我国古代又一部重要史书。《汉书》记载的内容，包括律历、礼乐、天文、地理、艺文等，其中《艺文志》记载了我国古代学术文化的各种学科、不同学派的源流和得失，也记录了汉代官府藏书的情况，是我国现存的第一部目录学的著作。《汉书》还记载了西汉时期高超的艺术。绘画、雕刻和音乐是西汉艺术的主要成就。当时，随着经济的发展，作为帝王、官僚、地主的宫殿、住宅、坟墓的装饰品之一的壁画也发展起来。上层社会不仅在建筑物上作画，而且在绢帛、漆器、陶器等工艺品上作画，有彩绘，有素墨画，有刻缕画，内容涉及神话传说、历史故事，也有渔猎、农事、宴会、乐舞等生活情景，题材广泛，画意高超。汉代雕刻艺术与绘画相映生辉。统治阶级用石刻来装饰宫室、陵墓，以夸耀豪华，显示威严。这些雕像虽经2000多年的风剥雨蚀，依然神态生动，栩栩如生，有很高的艺术价值。书中对西汉艺术的记载为后人了解和研究当时的艺术具有重要的历史价值。

另一部入选的记录东汉历史的著作是《后汉书》（被引43次），记载了王莽末年到汉献帝逊位其间200余年的史事，大部分是东汉时期的历史。《后汉书》大部分沿袭《史记》、《汉书》的现成体例，着力探讨东汉社会问题，从不同的角度对社会的方方面面进行了实录。东汉的雕塑艺术发展水平较高。东汉时代的墓祠、墓室都装饰浮雕，在题材上，除部分记述墓主人的享乐生活和宣扬封建礼教以外，很多是描写人民群众所喜爱的历史人物故事和狩猎、农事耕作以及杂技百戏等内容的。虽然这种发展是在统治阶级炫耀豪贵浮奢的思想驱动下发展起来，但是形成的雕塑艺术品仍具有重要的艺术价值，生动地反映了人民的勤劳、勇敢和热爱生活的乐观心情。它是一部东汉200年间历史的见证和形象记述，也是中国古代建筑装饰艺术的宝库。

《魏书》（被引43次）是现存叙述北魏历史的最原始和比较完备的资料，记载了鲜卑拓跋部早期至公元550年被北齐取代这一阶段的历史，内容涉及其发展兴盛、统一北方、实现封建化和门阀化的过程，其间的历史、政治、经济、文化、军事、艺术等社会生活各个领域的情况在其中都有较详尽的阐述。书中记录了各族的部落、氏族的离合过程。其中收录的文章诗歌是后人阅读北魏诗文的主要来源，也是后人研究当时社会艺术发展的重要依据。北魏时期洛阳成为当时的政治、经济、文化中心，加速了黄河流域的民族融合。洛阳地区北魏墓葬中出土的众多陶俑，真实地记录了这一民族融合的历史过程，为我们研究河洛文化及陶塑艺术的发展，提供了珍贵的实物资料。北魏陶塑在长期的动荡和战争洗礼中，自身寻求变化，表现现实生活，艺术水平得到了进一步的发展，并为隋唐陶塑艺术的鼎盛奠定了坚实的基础。另外，北魏时期的敦煌壁画人物造型艺术也有很高的造诣。《魏书》为研究各民族的文化融合提供了详尽的史料，研读《魏书》，对于认识我国历史上北魏时期艺术的发展，也很有帮助。

《晋书》（被引40次）是一本记述西晋、东晋历史的纪传体史书。它的叙事从司马懿开始，到刘裕以宋取代东晋为止，记载了西晋和东晋封建王朝的兴亡史，包含西晋、东晋以及与东晋同时存在的北方"十六国"的历史。书中资料的来源采用了诸家旧史和晋代文集中的材料，记载了当时大量的艺术史料。西晋前期，在社会相对安定、经济全面复苏的前提下，朝廷礼乐建设的客观需求与君主、贵族们的精神消费需求，有力地推动着文人和艺人们歌诗创作和表演的艺术活动，民间诗歌则为他们的艺术创造提供了源头活水，这一切使诗歌艺术的发展呈现出空前繁荣的景象，并为南北朝诗歌的发展奠定了坚实的基础①。西晋、东晋时期的艺术发展虽然比较短暂，但其间的繁荣兴盛还是值得一提的。《晋书》将这一时期的艺术发展生动形象地记载了下来。

《宋书》（被引30次）是一部纪传体断代史著，记述了南朝刘宋王朝自刘裕建基至刘準首尾60年的史实，收录当时的诏令奏议、书札、文章等各种文献较多，保存了原始史料，有利于后代的研究。《宋书》诸志中的叙述，往往上溯到魏晋，可以补《三国志》等前史的缺略。其中，《礼志》把郊祀天地、祭祖、朝会、舆服等合在一起，《乐志》详述乐器，记载乐章、乐器演变情况，汇集了汉魏晋宋的乐章、歌词、舞曲，在各史乐志中有独特的风格。《宋书》还叙述了自屈原以后文学的发展和演变，以及沈约的评论和他关于诗文用声律的主张，这是研究六朝文学史的珍贵材料。《宋书》收录时人文章，虽使篇幅冗长了一些，却为人们了解当时历史情况提供了大量第一手材料。沈约是当时的文学家，行文优美流畅，也是《宋书》的优点之一。《宋书》中的民族思想比较复杂，它反映了当时民族的现实，也是研究这一时期艺术的背景资料。

《元史》（被引23次）是系统记载元朝兴亡过程的一部纪传体断代史，成书于明朝初年。《元史》不仅对元朝的典章制度作了比较详细的记述，还记载了元曲的出现，元曲的出现，直接影响了明清传奇、戏曲，开启了歌与戏剧的结合，开辟了我国曲艺文化的另一片天空。而且，在元代，民间杂剧兴起，大放异彩，元杂剧艺术的发展呈现空前繁荣。元代音乐出现了巨大的转折——由歌舞转向戏曲。与此同时，

---

① 刘怀荣："曹魏及西晋歌诗艺术考论"，《东南大学学报》（哲学社会科学版）2003年第5卷第6期。

元代的绘画艺术与瓷器艺术也有长足的发展。《元史》中保存了这方面相关的大批珍贵的史料，是最早的全面、系统记述元代历史的著作，它仍是今天了解、研究元代艺术发展极其珍贵的文献。

还有几部史书也对艺术学的研究很有价值。《明史》（被引21次）是清代官修的一部反映我国明朝历史情况的纪传体断代史，《南齐书》（被引17次）记述了南朝萧齐王朝自齐高帝建元元年（公元479年）至齐和帝中兴二年（502年），共23年史事，是现存关于南齐最早的纪传体断代史，其中的史料比较真实可靠，书中的许多史事为作者所亲历目睹，属于第一手材料，一些文化史记载颇有价值。《三国志》（被引16次）是一部主要记载魏、蜀、吴三国鼎立时期的纪传体国别史，详细记载了从魏文帝黄初元年（220年）到晋武帝太康元年（280年）60年间的历史。《左传》（被引16次）是古代编年体历史著作，儒家经典之一，是一部史学名著和文学名著，也是我国现存第一部叙事详细的编年体史书。《左传》是记录春秋时期社会状况的重要典籍。《辽史》是记录辽朝史事的纪传体史书。这些史书记载了当时社会的绘画、陶瓷、书法、乐曲等各种艺术体裁的发展和成就，不仅包括民间生活中的艺术，还包括了宫廷艺术的发展，是重要的艺术史料。

入选的史书中还有4种是专门记录古代典章制度的书，它们分别是《礼记》、《通典》、《文献通考》和《唐会要》。《礼记》的内容主要是记载和论述先秦的礼制、礼仪，解释《仪礼》，记述修身做人的准则。这部著作内容广博，门类杂多，涉及政治、法律、道德、哲学、历史、祭祀、文艺、日常生活、历法、地理等诸多方面，包罗万象，集中体现了先秦儒家的政治、哲学和伦理思想，是研究先秦社会历史、文化、艺术的重要资料。《通典》是记述唐天宝以前历代经济、政治、礼法、兵刑等典章制度及地志、民族的专书。《文献通考》是从上古到宋朝宁宗时期的典章制度通史，是《通典》之后，规模最大的一部记述历代典章制度的著作。《文献通考》以《通典》为蓝本，兼采经史、会要、传记、奏疏、议论等多种资料，扩大和补充内容，内容上比《通典》更加广泛，分类上比《通典》更加精密。《唐会要》是记载唐代典章制度的专书，它和《通典》的主要区别在于，《通典》是历代典章制度沿革的综合叙述；《唐会要》则是有关典章制度原始资料的摘录。这4种历史著作无一例外地介绍了当时社会各方面的礼制礼法，这些礼教规矩深刻影响着人们的思想，同时也影响着古代艺术发展，研究这些典章制度为我们研究古代艺术提供了充分的背景资料，是艺术学研究中不可缺少的一部分。

在查阅了引用上述这些图书的论文主题之后，我们发现这些论文主要涉及音乐艺术实践、文学艺术精神、民族文化艺术等，同时在研究民族艺术发展的论文中也出现引用这些图书的痕迹。可以说，史书在艺术发展研究领域是不可或缺的学术资源。

（2）古代学者论著

古代学者的思想可谓流派众多，各流派之间争芳斗艳，这不仅是主张和思想见解上的不同，更反映了当时社会激烈和复杂的政治斗争，比如新兴地主阶级和没落的奴隶主阶级之间就存在着很大的矛盾。在这期间，涌现出各家各派的文化思想，这些思想和主张奠定了整个时代文化的基础，对中国古代文化有着非常深刻的影响。

《论语》（被引 63 次）是记载孔子及其弟子言行的书。孔子是儒家学派的创始人，是我国古代的大思想家、大教育家。他对我国思想文化的发展有巨大和深远的影响。《论语》在汉代以后，被奉为儒家经典，后来成为历代文人必读之书。全书记录孔子谈话、答弟子问及弟子间的相互谈论，多方面表现了孔子的思想和学说，包括孔子的政治主张、教育原则、伦理观念、品德修养、文学理论等。故《论语》成为后人研究孔子思想的主要资料。

《十三经注疏》（被引 59 次）是文史研究工作者经常要查检的书，是华夏文明的核心典籍。在现代社会中，华夏文明是绵延数千年的一大文明体系，拥有难以数计的古代典籍。但不可否认的是，"十三经"是中国传统文化的基本资料库，是其中的核心部分。如果我们将浩瀚的中华典籍比作一朵朵璀璨夺目的花朵，那么，"十三经"就是它们最重要的母树。在悠久的中华文明进程中，"十三经"对我国的传统文化产生了巨大影响，长期根植于人们的思想意识和社会生活观念中。"十三经"在中国思想文化史上的重要价值是不言而喻的。概括来说，它们是研究中国古代思想文化的重要史料，从某种意义上来说又是中国古代文化的百科全书，从古代经书中也可以看到不同学派的相互影响，而且经学作为中国思想文化的主干对于民族凝聚和文化认同始终发挥着不可取代的主导作用。

《庄子》（被引 27 次）是道家经典之一，为庄周及其后学的著作集。《庄子》在文学上的影响很大。自宋玉、贾谊、司马迁以来，历代大作家几乎无一不受到它的熏陶。在思想上，或取其愤世嫉俗、不与统治者为伍；或随其悲观消极，自解自嘲。对于《庄子》的艺术，或者赞叹，或者仿效，或者从中取材而化为己意。阮籍、陶渊明、李白、苏轼，在思想和艺术上都从《庄子》那里汲取了许多营养。庄周一生著书十多万字，书名《庄子》。这部文献标志着在战国时期，我国的哲学思想和文学语言，已经发展到很高的水平，是我国古代典籍中的瑰宝。因此，庄子不但是我国哲学史上一位著名的思想家，同时也是我国文学史上一位杰出的文学家。无论在哲学思想方面，还是文学语言方面，他都给予了我国历代的思想家和文学家以深刻的、巨大的影响，在我国思想史、文学史上都有极其重要的地位。庄子对后世的影响，不仅表现在他独特的哲学思想上，而且表现在文学上。他的政治主张、哲学思想不是干巴巴的说教，相反，都是通过一个个生动形象、幽默机智的寓言故事，通过汪洋恣肆、仪态万方的语言文字，巧妙活泼、引人入胜地表达出来，全书仿佛是一部寓言故事集，这些寓言表现出超常的想象力，构成了奇特的形象，具有石破天惊、振聋发聩的艺术感染力。后人在思想、文学风格、文章体制、写作技巧上受《庄子》影响的，可以开出很长的名单，即以第一流作家而论，就有阮籍、陶渊明、李白、苏轼、辛弃疾、曹雪芹等,由此可见其影响之大。

在历史上提出过自己的政治和思想主张,并产生了一定影响的思想家代表人物还有很多,他们的思想也被写在历史文献中并流传了下来,其中影响较大的还有《老子》、《孟子》和《荀子》。《老子》是先秦道家典籍,更多地表现了战国时期的特征。《老子》是一本道家的哲理书,主要研究社会政治哲学和人生哲学,但它具有一定的文学性,对后世文学的影响很大。老子是道家的创始人,春秋时期的思想家。《老子》一书主要阐述自然无为思想,其中包含了不少对立转化的朴素辩证观点。《老子》也有相当篇幅的论兵内容,特别是该书多从考察历史和战争的角度来揭示其哲学命题,故所论往往对军事领域具有重要的借鉴意义。《孟子》是孟子的言论汇编,由孟子及其弟子共同编撰而成。它是记录了孟子的语言、政治观点和政治行动的儒家经典著作,属语录体散文集。孟子继承和发展了孔子的思想,提出一套完整的思想体系,发展为仁政学说,成为其政治思想的核心,对后世产生了极大的影响。《荀子》是荀况的著作集,既是先秦重要的哲学著作,也是重要的散文集。全书基本上都是独立的专题散文。这些思想集虽然都提出了不同的主张,但对后来的社会发展都起到了重要的作用,对整个历史的发展也产生了深远的影响。

古代学者论著是古代思想家政治和思想主张的集中反映,记录了当时经济社会生活的方方面面,律历、礼乐、天文、地理、艺文等都有记载,我们查阅了引用这些图书的艺术学论文,就艺术学的不同研究方向而言,这些论文的研究主题包括音乐学、影视学、艺术美学、艺术精神等多个方面。例如论文《试论中国影视美学的文化属性》、《通俗音乐美学探析——兼谈通俗音乐发展趋势》就引用了《论语》中儒学艺术的思想;《庄子》中涉及的美学思想也在许多论文中被引用,如《一衣带水,两岸同芳——论韩国电影与中国古典美学的渊源》、《中西艺术本性的哲学阐释》等论文就引用了这一点,其他的古代学者论著中的艺术思想在现代的艺术学发展中也都有所体现。研究古代艺术学的发展及其对现代艺术发展的影响,自然少不了要研究当时的社会生活以及政治主张对艺术发展的影响,在艺术作品中也会将这些体现出来,因此研究艺术学的发展,要将艺术与政治、生活、思想等各方面联系起来,才能全面准确地了解历史艺术的发展及其对现代艺术发展的影响。

(3) 戏剧论著

《王国维戏曲论文集》(被引 24 次)是收录清朝末年中国优秀的历史学家、文艺理论家、国学家王国维戏曲作品的一本辑录,它和同样入选历史文献的《宋元戏曲史》都同属王国维的著作。王国维一生著述甚丰,《王国维戏曲论文集》中所收录的他的戏曲文章,集中反映了王国维的艺术思想。王国维将美学、文学与哲学并重,在哲学、教育、文学、戏曲、史学、文字学和考古学各方面都留下了精深的著作。不仅对中国文学,还对西方文学进行了深入的思考和探索,将中西方文学互融,中西美学、文学思想互通,形成了深远的影响。他以其杰出的贡献在国内外学术界享有独特的地位。王国维研究了从上古时代直至元、明时期中国戏曲的发展之路，用较为科学的观点进行全面分析。他的艺术观点源于戏剧技艺和戏剧有关的多种事物，这都是前人所不曾做过的。他发表了众多具有创造性的研究成果，给学术界开辟了一条戏曲研究的崭新道路，对我们研究中国古代艺术，以及王国维本人的艺术造诣都有重要的意义。

《宋元戏曲史》（被引15次）是王国维的一本具有代表性的专著，也是中国文艺研究上的一本权威性的著作。它是中国第一部系统研究戏曲发展史的专著，也是中国第一部史料详尽、论证严密的戏曲史。全书以宋元戏曲为主要考察对象，追溯了中国古典戏曲的起源和形成过程，同时也探讨了一些中国戏曲史研究中带根本性的问题，是王国维在戏曲研究方面带总结性的最重要的著作。该书的学术意义，一方面来自于作者对戏曲艺术的构成及发展时序的独特体察和描述；另一方面也来自于作者对中国古代戏曲学在文学史上的准确定位。作者的首要贡献在于将戏曲从传统的诗歌中剥离出来，确定了戏曲本体观念。在王国维看来，戏曲是具有独立发展历史的艺术样式，应将戏曲提高到与传统文学诗词同等的地位，并且从理论上挖掘了戏曲的崇高价值，对戏曲学这一新兴的学科门类进行了全面系统的建构，确定了戏曲学的本体观念和学科品格。就这一意义而言，《宋元戏曲史》可谓是中国戏曲学的开山之作。该书还对戏曲的起源和流变过程进行了冷静而科学的探索，在中国学术史上首次较为正确地回答了戏曲艺术的起源与形成等诸问题，进而得出结论，中国戏曲是由某种单一的形式发展而来，到了宋代歌舞方才合一而形成戏剧。《宋元戏曲史》的另一重大贡献，是充分肯定了元杂剧在文学史上的地位及其独特的文学价值。

《汤显祖全集》（被引18次）包括了诗文和戏曲，是到目前为止内容覆盖最完整的汤显祖著作全集。汤显祖是我国著名的戏剧家、文学家，他的主要创作成就在戏曲方面，代表作是《牡丹亭》（又名《还魂记》），它和《邯郸记》、《南柯记》、《紫钗记》合称"玉茗堂四梦"。他的剧作，植根于现实生活的土壤，同时又显示出高度的浪漫主义精神。汤显祖在戏曲批评和表演、导演理论上，也有重要建树。在戏剧创作上，他认为内容比形式更重要，不能单纯强调曲牌格律；对表演、导演艺术，他强调演员要体验生活、体验角色、领会曲意，在生活上和艺术上要严于律己，以人物的感情去感染观众。汤显祖的作品和主张，在当时和后世都有很大影响。

（4）美术论著

《历代名画记》（被引53次）是我国第一部系统的完整的关于绘画艺术的通史。书中总结了前人有关画史和画论的研究成果，继承发展了史与论相结合的传统，开创了编写绘画通史的完备体例。作者收集了尽可能丰富的资料，从当时达到的理论认识水平探讨绘画史的发展过程及其内在联系，并以系统的绘画史实来支持其理论认识。全书以大量的篇幅阐述绘画史及某些画科史的发展演进，讨论重大的理论问题。传记部分则分等列传，在寓褒贬、明高下的同时，较全面地汇集画家生平、思想、创作等有关资料，充分引证前人的评价，又不为前人所局限，做到有分寸地评价画家的得失。此外，作者更能从绘画创作欣赏的全过程着眼，把著录、鉴藏、流传以至装裱也纳入了研究画史的必要组成部分，对于中国画史的研究提出了完整的体系。该书长期以来被认为是中国第一部系统完整的绘画通史，亦具有当时绘画"百科全书"的性质，在中国绘画史学的发展中，具有无可比拟的承前启后的里程碑的意义。书中还编入了极其丰富的绘画史料，在绘画理论上，此书在继承前人认识的基础上，总结了新的经验，合理地加以发挥，反映了唐代后期绘画理论的新发展。

《图画见闻志》（被引20次）是中国北宋绘画史著作，记载了唐会昌元年（841年）至北宋熙宁七年（1074年）间的绘画发展史。书中不仅记述了各位画家生平、师承、艺术思想和绘画成就，而且反映了作者的艺术思想和见解，以及作者本人对当时画坛耳闻目睹的事件记录。该书继承和发展了张彦远《历代名画记》纪传体和史论相结合的传统，反映了唐末至北宋中期绘画的发展面貌，在中国绘画史学上占有重要地位。书中记载的绘画艺术理论思想，在继承张彦远理论的基础上又有新的发展，体现了中国绘画由唐而发展到五代北宋的艺术创作新成就，同时也是对北宋前期绘画艺术发展实践的较为全面深入的总结，是我国重要的美术论著书籍，在中国绘画史及美学史上有着重要的影响。

（5）书法论著

《法书要录》（被引23次）是入选的历史文献中代表书法论著的一本不朽的论著。此书共10卷，是书法论著的汇编，保存了不少珍贵的艺术史料，其中大部分是书法史料，书中辑录东汉至唐代元和年间书法家的书法理论文章和著名书录等，其中包含了许多极为重要的书法论著，是传世最早的书论专辑。由此可见，《法书要录》无论从体例上还是从内容上来看，均在中国书学史上占有无可争议的重要地位。

《书谱》（被引17次）是入选的另一本古代书法论著，此书不仅仅是一本可供楷模的书法范本，也是中国唐代书法的重要著作。自汉末魏晋以来，中国出现了许多讨论书法艺术的著作，但大多是一些片段的言论，而且常常偏于书体、技法的探讨和对书法的评论。《书谱》第一次较为系统而集中地从美学上分析、论述了书法艺术的实质特征，对中国古代美学有所丰富和发展，在中国书法史上具有重要影响。在美学上，《书谱》既不脱离儒家对文艺的一般看法，同时又深受道家和魏晋玄学的影响，对书法美的实质有超越前代的认识和见解。它充分强调了书法表现个性情感的功能，反对前代书论"外状其形，内迷其理"的偏颇，即不懂得书法表现个性情感的道理。在审美的趣味、理想上，《书谱》明显赞赏魏晋时期所追求的"风神"、"闲雅"之美，但又十分强调"众妙攸归，务存骨气"，并把"骨气"置于单纯的"遒丽"、"妍媚"之上，表现出赞赏唐代重视风骨刚健之美的新倾向。此外，《书谱》还就"平正"与"险绝"的关系提出了看法，主张"险绝"最后须复归于"平正"，但不否认"务追险绝"的必要性。这种看法，同样表现出赞赏唐代书法从"险绝"之中求美的新倾向。

(6) 音乐论著

在入选的所有历史文献中，虽然仅有《乐书》（被引37次）1种音乐论著，但它却代表了艺术学中"音乐"这个很庞大的门类。《乐书》是中国历史上较早出现的一部音乐百科著作，全书200卷，分为两大部分。书中阐述儒家学派的音乐思想，并论述律吕五声、历代乐章、乐舞、杂乐、百戏等，记述了前代和当代的民间音乐、少数民族和外国音乐以及各种乐器，对前朝和当时的雅乐、俗乐、胡乐及乐器，均有较详尽的说明，并结合插图来说明，是一部很有参考价值的音乐论著。其来源均取自现在很少见的唐、宋时代的乐书。该书篇章有1124条之多，几乎集中了古代儒家学派全部著作中有关音乐的论述，渊博宏大，对当时的古今中外音乐资料几乎无所不包，尤其可贵的是包括了许多民间及外来音乐资料。

(7) 历史文献中的诗集与文集

《乐府诗集》（被引51次）是继《诗经》之后，一部总括我国古代乐府歌辞的著名诗歌总集。"乐府"本是掌管音乐的机关名称，最早设立于汉武帝时，南北朝也有乐府机关。其具体任务是制作乐谱，收集歌词和训练音乐人才。后来，人们将乐府机关采集的诗篇称为乐府，或称乐府诗、乐府歌辞，于是乐府便由官府名称变成了诗体名称。《乐府诗集》以辑录汉魏至唐的乐府诗为主，现存100卷，是现存收集乐府歌辞最完备的一部，主要辑录汉魏到唐、五代的乐府歌辞兼及先秦至唐末的歌谣，共5000多首。它搜集广泛，各类有总序，每曲有题解。《乐府诗集》根据音乐性质的不同把乐府诗分为12大类，其中又分若干小类。它所收诗歌，多数是优秀的民歌和文人用乐府旧题所作的诗歌。《乐府诗集》的重要贡献是把历代歌曲按其曲调收集分类，使许多作品得以汇编成书，对一些已经失传的古辞，而其曲调对后人有过影响的乐曲，都作了说明，这对乐府诗歌的整理和研究提供了很大的方便。另外，《乐府诗集》对各类乐曲的起源、性质以及演唱时所使用的乐器都做了较详细的介绍和说明。在现存的诗歌总集中，《乐府诗集》是成书较早，收集历代各种乐府诗最为完备的一部重要书籍。

《全唐诗》（被引44次）是清朝初年编修的汇集唐朝诗歌的总集，全书共900卷，共计收录诗48900余首，整理了唐五代的诗歌，包括已结集者及散失者而成，资料丰富，内容较完整。全书以帝王后妃作品列于首，其次为乐章、乐府；接着是历朝作者，按时代先后编排，附以作者小传；而后是联句、逸句等，最后是补遗、词缀等。它不但全部收集了唐代知名诗人的集子，而且广泛搜集了一般作家及各类人物的作品，不仅全面反映了唐诗的繁荣景象，也为后代研究者提供了莫大的方便。

《陆放翁全集》（被引19次）是南宋著名诗人陆游的作品集，其中收录了陆游一生的创作结晶，他的诗歌艺术创作，继承了屈原、陶渊明、杜甫、苏轼的优良传统，可谓各体兼备，无论是古体、律诗、绝句都有出色之作，其中七律诗更为出色，是我国文化史上一位具有深远影响的卓越诗人。

《苏轼文集》（被引35次）是北宋著名文学家苏轼的作品集，苏轼一生著作颇多，著作集情况比较复杂。《苏轼文集》收录了他的许多著名的作品，他的诗歌和散文的许多传世之作都收录其中。苏轼是著名的文学家，他在政治上几次遭受挫折，长期被贬，使他有机会接触到人民的生活和祖国的山河，加上他有很高的文学才能和多方面的艺术修养，又把写作当作日常的功课，从少到老，坚持不懈，所以获得了丰硕的创作成果。他留下了2700多首诗，近300首词和卷帙繁富的散文作品。他的诗词和散文反映了相当广阔的社会生活面，在读者面前展开了琳琅满目的艺术画卷，可以说是北宋社会生活的一部百科全书。在散文创作方面，苏轼是唐宋八大家之一。他沿着欧阳修开辟的平易畅达，文从字顺的方向发展，体现了宋代散文平易婉转的共同特色，同时，又有他自己的鲜明个性，表现出一种纵横恣肆、挥洒自如的艺术风格。《苏轼文集》对后代研究者研究宋代的诗歌和散文具有重要的研究价值。

引用诗集和文集的艺术学论文的研究主题主要是音乐研究，如歌唱艺术、音乐曲调等。由于历史上很多的诗词歌赋最终被用于音乐或者歌曲填词，像《乐府诗集》中的内容大多是收录的文人专门制作的歌词，或是从民间搜集到的歌词，因此历史上的音乐与诗和词是分不开的。当然，不仅是研究音乐的论文，其他研究主题的文章对诗集和文集类文献也有所引用，如文艺审美、民间音乐、书画艺术特色等。

（8）类书[①]与丛书

《嘉业堂丛书》（被引30次）是清末刊刻的珍贵书稿，此书分经、史、子、集四部，收录了古代很多著名的文章和文集，对后世的文学艺术发展具有重要的意义。

《四库全书》（被引17次）中包含了大多数入选的历史文献中史书类和思想集类历史文献，如《史记》、《宋史》、《辽史》、《元史》、《明史》、《新唐书》、《旧唐书》、《后汉书》、《元史》、《明史》、《南齐书》、《庄子》、《老子》、《孟子》、《荀子》，等等，是乾隆皇帝亲自组织的中国历史上一部规模最大的丛书。该书包括经、史、子、集四部，3461种书目，79039卷，总字数将近10亿，可谓超级文化大典，其影响力自然不言而喻，对于艺术学来说，更是一本艺术宝典，不仅提供了极具价值的艺术史料，也影响着后来艺术思想的发展。

《太平御览》（被引15次）是中国宋代一部著名的百科全书性质的类书，门类繁多，征引赅博。全书以天、地、人、事、物为序，分成55部，综述了宋朝300余年历史，从纵向来看，各章之间有机相连，多视角、全方位地展现了宋朝纷繁复杂的历史长卷。从横向看，每章都博采详考，追本溯源，丰腴饱满，可谓包罗古今万象。因为此书类目全，资料多，用其来研究诸如唐代服饰、饮食、器物等，往往一检即

---

① 类书是辑录古籍原文中的部分或全部资料，按类或按韵编排，供人们查考，是我国古代百科全书性质的一种资料汇编，由于内容广阔，博采群书，分类编辑而成，所以得名。

得。书中共引用古书1000多种，保存了大量宋代以前的文献资料，而其中十之七八已经散佚，其中汉人传记百种，旧地方志200种，更是十分难得的珍贵材料，这就使本书显得尤为珍贵，被人们誉为辑佚工作的宝山。《太平御览》与同时编纂的史学类书《册府元龟》，文学类书《文苑英华》和小说类书《太平广记》合称为"北宋四大部书"。

（9）杂书著作

《大正藏》（被引25次）是一本关于佛教的著作，其中不仅收录了历代大藏经所录经籍的内容，还收录了20世纪初在敦煌及其他地方新发现的写经，这些都有一定的艺术价值。

同为宗教领域的图书还有《道藏》（被引19次），这是道教经籍的总集，是按照一定的编纂意图、搜集范围和组织结构，将许多经典编排起来的大型道教丛书。书中内容庞杂，卷帙浩繁。其中有大批道教经典、论集、科戒、符图、法术、斋仪、赞颂、宫观山志、神仙谱录和道教人物传记等，是研究道教教义及其历史的百科全书。此外还收入诸子百家著作，其中有些是《道藏》之外已经失传的古籍，可供研究古代学术思想者参考。《道藏》中还有不少有关中国古代科学技术的著作，是研究中国古代医药学、养生学、化学、天文学、历法、气功、内外丹、人体科学等的重要史料。《道藏》虽然是一本宗教学的著作，但其对艺术学的研究也具有重要的意义。如历代《道藏》中都收录了一本古书《易林》，其中记载了大量上古时代的美妙多彩的诗，有吟唱渔猎耕织的，有揭示贵族生活的，有折射社会世态、人生哲理、异域风情，等等，风格各异，从不同的角度反映了悠远的古代传说和当时广阔的现实社会，为艺术学研究留下了宝贵的财富。

《东京梦华录》（被引20次）是一本追述北宋都城东京开封府城市风貌以及昔日的都市繁华的著作，所记大多是宋徽宗崇宁到宣和（1102—1125年）年间北宋都市生活及风土人情，为我们描绘了这一历史时期居住在东京的上至王公贵族、下及庶民百姓的日常生活情景。书中所描述的当时的表演说书与杂剧，以及当时的歌舞技艺，都为考证北宋文化艺术提供了重要线索和依据，是研究北宋都市社会生活、经济文化的一部极其重要的历史文献。

《文心雕龙》（被引15次）是中国古代思想文学理论方面最重要的经典，是部"体大思精"、"深得文理"的文章写作理论巨著。全书分50篇，内容丰富，见解卓越，皆"言为文之用心"，全面而系统地论述了写作上的各种问题。尤为难得的是对应用写作也多有论评，是中国文学理论批评史上第一部有严密体系的，"体大而虑周"的文学理论专著。[①]

虽然类书与丛书并不是每一本都类似于大百科全书，但是都收录了古代许多著作

---

① 百度百科·文心雕龙．[2010-2-9] http://baike.baidu.com/view/330801.htm? fr = ala0_1_1.

和文章，对艺术学的研究和发展都有一定影响，杂书亦是如此。就艺术学的研究来说，引用这两类图书的论文的主题包括：绘画艺术、戏曲艺术等方面，虽然类书与丛书的被引没有史书频繁，但是在艺术学研究上却是不可缺少的参考资料。

12.4　工具书对艺术学研究的影响

工具书是专供查找知识信息的文献，是系统汇集了某方面的资料，按特定方法加以编排，以供需要时查考用的文献。按照不同的标准可以将工具书划分为不同的类别，常用的工具书有以下几个大类：①字典、词典，如《辞海》、《中文大辞典》等；②百科全书，如《中国大百科全书》、《大美百科全书》；③年鉴，如《中国统计年鉴》、《世界知识年鉴》；④手册，如《化学物理手册》、《机械工程手册》；⑤标准，如《中国国家标准》；⑥传记资料类工具书，包括传记词典，人名录，传记索引和姓名译名手册；⑦地理资料类工具书：包括地名词典，地名录，地名译名手册，地图及地图集，旅游指南等；⑧机构名录。

艺术学论文引用的工具书并不多，涵盖的类型较少，入选的11种工具书主要涉及百科全书类、辞典类和年鉴。详细数据参见表12-6。

表12-6　　　　　　　　　　艺术学论文引用较多的工具书

序号	图书信息
1	中国大百科全书编辑委员会：《中国大百科全书》，北京：中国大百科全书出版社，1989
2	中国艺术研究院音乐研究所《中国音乐词典》编辑部：《中国音乐词典》，北京：人民音乐出版社，1985
3	辞海编辑委员会：《辞海》，上海：上海辞书出版社，1989
4	缪天瑞：《音乐百科词典》，北京：人民音乐出版社，1998
5	Stanley Sadie：*New Grove Dictionary of Music and Musicians*，London：Macmillan Publishers LTD，1980
6	许南明：《电影艺术词典》，北京：中国电影出版社，1986
7	[英]迈克尔·肯尼迪（Michael Kennedy）著，王九丁等译：《牛津简明音乐词典》，北京：人民音乐出版社，2002
8	许慎撰：《说文解字》，北京：中华书局，1963
9	中国社会科学院语言研究所词典编辑室：《现代汉语词典》，北京：商务印书馆，1996
10	中国教育电影协会：《中国电影年鉴（1934）》，南京：中国教育电影协会发行，1934
11	汪启璋：《外国音乐辞典》，上海：上海音乐出版社，1988

我们对入选的 11 种工具书可以进行一个简单的归类：《中国大百科全书》隶属于百科全书类工具书，还有 2 种横跨百科全书和词典两类，即《音乐百科辞典》、New Grove Dictionary Of Music And Musician；词典类工具书有《中国音乐词典》、《牛津简明音乐词典》、《外国音乐辞典》、《电影艺术词典》；《中国电影年鉴（1934）》是属于年鉴类工具书；《辞海》和《现代汉语词典》涵盖了各个学科，可属于综合性工具书，《说文解字》是古代文字类工具书。

《中国大百科全书》（被引 99 次）是 10 种入选工具书中被引次数最多的一本工具书。该书是我国第一部大型现代综合百科全书，它涵盖哲学、社科、文艺、自然科学、工程技术等 66 个学科知识领域，近 80 万个条目、50 多万幅图表和 1.3 亿个汉字，构成了完整、规范、准确的知识系统。原书全套 74 卷，为了普及推广，它先后出版了 12 卷的简明版、《中国大百科全书·图文数据光盘》和《中国大百科全书·光盘 1.1 版》。

《音乐百科词典》（被引 40 次）是由缪天瑞主编，100 多名专家学者参与撰写的，并于 1998 年出版发行。该书的出版在中国近现代音乐发展的历史上具有里程碑的意义。它第一次正视了许多外国音乐家对中国新音乐的影响；收录了许多具有时代性特征的词目，使音乐辞书的内容与日益发展的社会同步，具有与时俱进的意味；综合音乐辞书的词目具体化、客观性，使这本书具有实用性的特征；这部词典的"非欧"性特征，是主编者音乐无国界、文化无大小的学术思想的具体表现。[①]

世界权威的音乐百科全书 New Grove Dictionary of Music and Musicians（被引 32 次）可译为《新格罗夫音乐与音乐家大辞典》，书中对音乐学做出了极为广泛的定义，认为今天的音乐学包括了所有环境中对任何音乐形式的研究，包括从物理、声乐、数码、多媒体、社会学、文化、历史、地理等任何与音乐相关的角度对音乐的研究。

音乐是艺术学的一个重要组成部分，此次入选的词典类工具书，除了 1 种是电影词典外，其余 3 种都是音乐辞典。音乐词典是解释音乐词语的重要工具书，是音乐学生、音乐教师、专业音乐工作者和业余音乐爱好者求知解惑的日常参考用书，因此，它的准确性、真实性，权威性是非常重要的。

《中国音乐辞典》（被引 73 次）收录的条目包括中国音乐的乐律学、创作表演术语，历代的乐种、制度、职官、机构、书刊、人物、作品，以及歌曲、歌舞音乐、曲艺音乐、戏曲音乐、器乐等有关名词术语共 3560 条。这本辞典有助于人们了解中国音乐、研究中国音乐，它为创造和发展我国民族新音乐奠定了基础。为使读者对中国音乐有更具体的了解，辞典附有谱例、图片、音乐家头像，内容竭尽所能地反映了我国音乐的研究成果，不愧为一本优秀的工具书，对音乐研究具有传承和指导意义。

---

① 国华："简析缪天瑞的《音乐百科词典》"，《中央音乐学院学报》2006 年第 3 期。

第12章 艺术学

《牛津简明音乐词典》（被引28次）是一本评价很高的音乐百科词典，此书内容极为丰富实用，编排匠心独具。构架不拘一格，疏密有致，简繁得当。各个重要的作曲家的创作风格及其影响都作了介绍，虽遣词造句颇多委婉，但观点明确、立论中肯。全书200多万字，9887个词条。作曲家都附有详尽的主要作品表，如舒伯特的作品表收有其300多部作品，其中歌曲有130余首。

入选的音乐词典还有另外一种，就是《外国音乐词典》（被引16次）。它虽然没有《中国音乐辞典》的引用率高，但同样是一本优秀的工具书，它的材料丰富、内容翔实并且非常实用。它不但翔实地介绍了音乐学、作曲、器乐等方面的知识，而且对声乐知识也有较系统的介绍。

《电影艺术词典》（被引29次）是一部供专业电影工作者、大专院校师生和广大电影爱好者参考、查阅的专业词典。该词典对电影艺术的理论、沿革、学说、流派、创作实践经验等，尽量给以切实客观的介绍，不做空泛的议论；对不同学术观点尽量做到兼收并蓄，或以一说为主，兼及他说，力避以个人或某一学派的观点加以褒贬论断。全书分总类、电影学、电影流派、电影编剧、电影导演、电影表演、电影摄影、电影美术、电影音乐、电影录音、电影剪辑、美术电影12个分科，收条目1734条，约70万字。从总体上说，词典大体概括地介绍了迄今为止我国电影艺术理论研究的成果和创作实践经验的精华，不仅是一部可供查阅的工具书，而且具有较高的可读性。

《中国电影年鉴（1934）》（被引18次）是我国最早出版的一本电影年鉴，它正式确立了电影的四个学术研究构架，奠定了中国现代电影研究的学科分类和专业分类，使得中国电影理论的研究在学术上基本成型和梳理清晰，对中国电影史学界的研究无疑具有重要的现实意义和学术意义。

《说文解字》（被引26次）是中国第一部系统地分析汉字字形和考究字源的字书，是中国最早的且对后代影响极大的一部字典，也是中国第一部按部首编排的中文字典，流传非常广泛。该书改变了周、秦至汉的字书的编纂方法，即将所收字编为四言、七言韵语的形式，首创了部首编排法，为后世字书所沿用。作者又总结了以前的"六书"理论，开创了有系统地解释文字的方法，先解释字义，次剖析形体构造，再说明读音。另外，本书还总结了先秦、两汉文学的成果，保存了研究古代社会历史、文化等各方面的材料，给国人保存了汉字的形、音、义，是研究甲骨文、金文和古音等不可缺少的材料，是文人整理中国优秀的文化遗产的重要的阶梯。特别是书中对字义的解释一般保存了最古的含义，对理解古书上的词义更有帮助，也包括各种含义的字的解释，反映了古代的政治、经济、文化、风俗习惯等各种知识，有助于现在的中国人民博古通今。该书对古文字，古文献和古史的研究都有重大的贡献，它奠定了中国古代字书的基础。

12.5 国外学术著作对艺术学研究的影响

艺术学是一门研究与创作并举的学科,国外艺术学的发展经历了不同的发展时期,形成了今天的成就。本次入选的艺术学图书中,有49种图书是外国作者的学术著作,表12-7给出了这些图书的详细书目。

表 12-7　　艺术学论文引用较多的国外学术著作

序号	图书信息
1	[德] 黑格尔(G. W. F. Hegel)著,朱光潜译:《美学》,北京:商务印书馆,1979
2	[美] 马泰·卡林内斯库(Matei Calinescu)著,顾爱彬等译:《现代性的五副面孔:现代主义、先锋派、颓废、媚俗艺术、后现代主义》,北京:商务印书馆,2002
3	[美] 苏珊·朗格(S. K. Langer)著,刘大基等译:《情感与形式》,北京:中国社会科学出版社,1986
4	[法] 安德烈·巴赞(Andre Bazin)著,崔君衍译:《电影是什么?》,北京:中国电影出版社,1987
5	[美] 唐纳德·杰·格劳特(Donald Jay Grout)等著,汪启璋等译:《西方音乐史》,北京:人民音乐出版社,1996
6	[英] 特里·伊格尔顿(Terry Eagleton)著,王杰等译:《美学意识形态》,桂林:广西师范大学出版社,1997
7	[德] 恩斯特·卡西尔(Ernst Cassirer)著,甘阳译:《人论》,上海:上海译文出版社,1985
8	[美] 鲁道夫·阿恩海姆(R. Arnheim)著,滕守尧等译:《艺术与视知觉》,北京:中国社会科学出版社,1984
9	[德] 布莱希特(Bertolt Brecht)著,丁扬忠等译:《布莱希特论戏剧》,北京:中国戏剧出版社,1990
10	[古希腊] 亚里士多德(Aristotles)著,罗念生译:《诗学》,北京:人民文学出版社,1962
11	[美] 丹尼尔·贝尔(Daniel Bell)著,赵一凡等译:《资本主义文化矛盾》,北京:生活·读书·新知三联书店,1989
12	[美] 保罗·亨利·朗(Paul Henry Lang)著,顾连理等译:《西方文明中的音乐》,贵阳:贵州人民出版社,2001
13	[德] 齐格弗里德·克拉考尔(Siegfried Kracauer)著,邵牧君译:《电影的本性:物质现实的复原》,北京:中国电影出版社,1981

续表

序号	图书信息
14	[匈] 贝拉·巴拉兹（Bela Balazs）著，何力译：《电影美学》，北京：中国电影出版社，1986
15	[奥地利] 爱德华·汉斯立克（Eduard Hanslick）著，杨业治译：《论音乐的美：音乐美学的修改刍议》，北京：人民音乐出版社，1980
16	[法] 乔治·萨杜尔（George Sadoul）著，徐昭等译：《世界电影史》，北京：中国电影出版社，1995
17	[美] 苏珊·朗格（Susanne K. Langer）著，滕守尧译：《艺术问题》，北京：中国社会科学出版社，1983
18	[美] 罗伯特·C. 艾伦（Robert C. Allen）等著，李迅译：《电影史：理论与实践》，北京：中国电影出版社，1997
19	[美] 托玛斯·沙兹（Thomas Schatz）著，周传基译：《旧好莱坞/新好莱坞：仪式、艺术与工业》，北京：中国广播电视出版社，1992
20	[苏] 斯坦尼斯拉夫斯基（Konstantin Serqeievich Stanislavsky）著，林陵等译：《斯坦尼斯拉夫斯基全集》，北京：中国电影出版社，1959
21	[德] 康德（Immanuel Kant）著，宗白华等译：《判断力批判》，北京：商务印书馆，1964
22	[美] 汉森（P. S. Hamsen）著，孟宪福译：《二十世纪音乐概论》，北京：人民音乐出版社，1981
23	[美] 弗雷德里克·詹姆逊（Fredric Jameson）著，唐小兵译：《后现代主义与文化理论》，西安：陕西师范大学出版社，1986
24	[德] 汉斯－格奥尔格·加达默尔（Hans－Georg Gadamer）著，洪汉鼎译：《真理与方法：哲学诠释学的基本特征》，上海：上海译文出版社，2004
25	[俄] 米·巴赫金（M. M. Bakhtin）著，钱中文主编，晓河等译：《巴赫金全集》，石家庄：河北教育出版社，1998
26	[美] 尼克·布朗（Nick Browne）著，徐建生译：《电影理论史评》，北京：中国电影出版社，1994
27	[美] 罗伯特·麦基（Robert McKee）著，周铁东译：《故事：材质、结构、风格和银幕剧作的原理》，北京：中国电影出版社，2001
28	Alan P. Merriam：*The Anthropology of Music*，Illinois：Northwestern University Press，1964
29	[德] 马丁·海德格尔（Martin Heiderger）著，陈嘉映等译：《存在与时间》，北京：生活·读书·新知三联书店，1987
30	[英] 迈克·费瑟斯通（Mike Featherstone）著，刘精明译：《消费文化与后现代主义》，南京：译林出版社，2000

续表

序号	图书信息
31	［英］彼得·布鲁克（Peter Brook）著，邢历等译：《空的空间》，北京：中国戏剧出版社，1988
32	［波］捷西·格洛托夫斯基（Jerzy Grotowski）著，魏时译：《迈向质朴戏剧》，北京：中国戏剧出版社，1984
33	［美］戴安娜·克兰（Diana Crane）著，赵国新译：《文化生产：媒体与都市艺术》，南京：译林出版社，2001
34	［古希腊］柏拉图（Platon）著，朱光潜译：《文艺对话集》，北京：人民文学出版社，1959
35	［英］艾思林（M. Esslin）著，罗婉华译：《戏剧剖析》，北京：中国戏剧出版社，1981
36	［法］让·波德里亚（Jean Baudrillard）著，刘成富等译：《消费社会》，南京：南京大学出版社，2001
37	Bruno Nettl: *Study of Ethnomusicology: Twenty-Nine Issues and Concepts*, Urbana/ Chicago: University of Illinois Press, 1983
38	［德］尤尔根·哈贝马斯（Juergen Habermas）著，曹卫东等译：《公共领域的结构转型》，上海：学林出版社，1999
39	［美］鲁道夫·阿恩海姆（Rudolf Arnhim）著，滕守尧译：《视觉思维：审美直觉心理学》，北京：光明日报出版社，1986
40	［美］劳逊（J. H. Lowson）著，邵牧君等译：《戏剧与电影的剧作理论与技巧》，北京：中国电影出版社，1978
41	［美］大卫·波德威尔（David Bordwell）著，何慧玲译，李焯桃编：《香港电影的秘密：娱乐的艺术》，海口：海南出版社，2003
42	［英］尼古拉斯·阿伯克龙比（Nicholas Abercrombie）著，张永喜等译：《电视与社会》，南京：南京大学出版社，2002
43	［美］梭罗门（S. J. Solomon）著，齐宇译：《电影的观念》，北京：中国电影出版社，1983
44	［美］鲁道夫·阿恩海姆（Rudolf Arnhim）：《电影作为艺术》，北京：中国电影出版社，1981
45	［澳］理查德·麦特白（Richard Maltby）著，吴菁等译：《好莱坞电影：1891年以来的美国电影工业发展史》，北京：华夏出版社，2005
46	［英］雷金纳德·史密斯·布林德尔（Reginald Smith Brindle）著，黄枕宇译：《新音乐：1945年以来的先锋派》，北京：人民音乐出版社，2001
47	［匈］豪泽尔（A. Hauser）著，居延安译编：《艺术社会学》，上海：学林出版社，1987
48	［英］罗宾·乔治·科林伍德（R. G. Collingwood）著，王至元等译：《艺术原理》，北京：中国社会科学出版社，1985
49	［美］贝内特·雷默（Bennett Reimer）著，熊蕾译：《音乐教育的哲学》，北京：人民音乐出版社，2003

第12章 艺术学

从表12-7可以看出，入选的图书大多数已被译成了中文，不仅在国外具有影响力，也影响着国内艺术学的发展。这49本图书包括音乐（8种）、电视电影（13种）、戏剧（6种）、艺术理论及研究（4种）和其他（18种）5个大类。

（1）音乐类著作

音乐学是关于音乐创作与发展理论的学问。西方音乐学通常分为三个相对独立的研究领域：历史音乐学、民族音乐学、系统音乐学，三者的分界线不是很明确，但是都有相对独立的研究对象和方法。[①] 入选的8种较有学术影响的国外音乐学著作有：《西方音乐史》、《西方文明中的音乐》、《论音乐的美：音乐美学的修改刍议》、《二十世纪音乐概论》、Anthropology of Music、Study of Ethnomusicology：Twenty-Nine Issues and Concepts、《新音乐：1945年以来的先锋派》、《音乐教育的哲学》。

音乐史的研究是音乐研究中的一个重要组成部分，《西方音乐史》（被引54次）是一部较具权威性的乐史著作，一经出版，便引起了学术界的普遍关注和好评。书中叙述了从文艺复兴时期、巴洛克时期，经由古典主义时期迈入浪漫主义时期，再到20世纪西方音乐发展的路程以及其间的创作成果。此书已经过多次改版，并成为美国专业音乐院校乃至各类普通综合性大学中使用最广泛的音乐史教材。

保罗·亨利·朗的《西方文明中的音乐》（被引34次）旨在以"西方文明"为整体舞台，展示音乐艺术在近3000年（自古希腊至20世纪初）的漫长历程中所扮演的戏剧性角色。书中将音乐置于极其广阔的"大文化"背景中，用独特的诠释性批评和富于感召力的文字表述考察了音乐如何参与、改变和塑造西方文化面貌的历史进程，因而获得了极高的学术威望和荣誉。《西方文明中的音乐》不仅是音乐史学领域的大师级经典论著，而且也被证明对文化史的研究作出了突出贡献。

汉斯立克的《论音乐的美：音乐美学的修改刍议》（被引33次）阐明了感情美学的谬误，反对浪漫主义音乐美学的激情论和启蒙主义学者关于语言音调决定音乐表现力的观点，坚持音乐的"自律性"，认为"音乐的内容就是音乐的运动形式"，并详细阐述了自己的观点，区分了音乐和情感两者之间质的差异，对欧美现代音乐美学产生了极大的冲击，甚至对我国当代音乐美学和音乐创作都产生了一定的影响。[②]

民族音乐学是在文化语境中对音乐进行的研究，常被认为是音乐的人类学或民族志，是西方音乐学研究领域一个独立的分支，被称为是对"人类创作音乐"的研究。Study of Ethnomusicology：Twenty-Nine Issues and Concepts（被引17次）正是着眼于民族音乐领域，从比较的角度，运用来自文化人类学、文化研究、社会人类学、社会学以及社会科学和人文科学体系中其他学科的理论和方法，对西方音乐进行研究。

[①] 曹意强等："国外艺术学科发展近况"，《新美术》2008年第6期。
[②] 胡企平："评汉斯立克《论音乐的美》及其思想源流"，《上海交通大学学报》（哲学社会科学版）2001年第2期。

作者依靠深入实地调查的民族学研究方法，进行案例分析，是民族音乐研究领域的一个里程碑。

国外音乐学的研究由来已久，西方音乐的发展历程，详细的时代可分为古希腊罗马时期的音乐、中世纪时期的音乐、文艺复兴时期的音乐、巴洛克音乐、古典主义音乐、浪漫主义音乐、民族主义音乐、现代音乐和新世纪音乐等。目前西方的音乐理论在全世界的音乐界占有主导地位，欧洲音乐界发展的记谱法和作曲的程式得到世界的公认，因此，外国音乐学著作对整个音乐学领域的研究都具有极其重要的参考价值。

（2）电视、电影类著作

这个类别的绝大多数著作是关于电影的研究。电影是 20 世纪人类精神的形象铭刻，也是 20 世纪人类想象和渴望的鲜活凝结。入选的 13 本电视、电影著作分别是：《电影是什么?》、《电影的本性：物质现实的复原》、《电影美学》、《世界电影史》、《电影史：理论与实践》、《旧好莱坞/新好莱坞：仪式、艺术与工业》、《电影理论史评》、《故事：材质、结构、风格和银幕剧作的原理》、《香港电影的秘密：娱乐的艺术》、《电视与社会》、《电影的观念》、《电影作为艺术》、《好莱坞电影：1891 年以来的美国电影工业发展史》。

安德烈·巴赞的电影理论被视为电影理论史上的里程碑，他提出或主张的电影本体论、长镜头理论、景深摄影、作者论和真实美学等一系列概念，形成了与传统的电影蒙太奇不同的理论体系，开拓了电影研究的领域。巴赞的现实主义美学也深刻地影响了世界电影的发展。《电影是什么?》（被引 67 次）是巴赞经典批评文章的结集，涉及电影本体论、电影社会学、电影心理学和电影美学等诸多话题，被称为"电影的圣经"，50 余年来一直是世界各国电影专业必备书籍和影评写作的实用参考书，也是研究巴赞和当代电影美学的必备读物。

对国内电影工作者与电影爱好者而言，克拉考尔（Siegfried Kracauer）是耳熟能详的名字。他 1960 年的著述《电影的本性：物质现实的复原》（被引 33 次）（*Theory of Film: The Redemption of Physical Reality*）对中国电影界产生过不可估量的影响。克拉考尔不仅继承了巴赞的基本电影观念，而且对写实主义美学做了更系统更完整的表述。相比之下，作为一个理论家，克拉考尔对照相本性论的阐述更系统更完备。《电影的本性》犹如一座结构严谨的理论大厦，可看作纪实主义的一个总结。

匈牙利著名电影理论家贝拉·巴拉兹的名著《电影美学》（被引 33 次）十分具有特色，巴拉兹所谈到的"电影美学"即电影理论。他在这本书中，对电影理论的功能做出了要求，提出电影应该能够成功地解释艺术现实，根据发展规律昭示未来发展的必然趋势，并且从接受主题的层面对电影艺术的表现手法进行了经验总结，批评了形形色色的形式主义。总之，《电影美学》是一本为指导电影实践而写作的、有说服力的电影理论著作。

《世界电影史》（被引31次）是一部在欧美电影史论界广有影响的世界电影史著述，也是一本在西方国家十分畅销的电影教科书，美国许多大学的电影系和传播系均以此书作为教材。《世界电影史》通过回顾电影历史，阐述了人类精神和艺术发展的历史，引领我们探寻人类20世纪的困惑与追求、理想与梦。该书对电影史的体系架构具有相当的独创性，除了电影艺术、电影美学风格、电影大师等方面的系统论述之外，对电影工业的发展也有资料详尽的独到论述。无论在电影史的整体外观，还是在某些特殊细节上都提供了对电影史形貌的新颖见解，不仅是一次对世界电影历史的重新整理，也是对世界电影研究学术史的一次系统探索和批判。

《故事：材质、结构、风格和银幕剧作的原理》（被引20次）不同于其他流行的讲述银幕剧作手法的著作，它所论及的是形式而不是公式。麦基以100多部影片作为示例，向读者传授了银幕剧作的原理，它超越僵硬死板的教条，发掘名品佳作中那些使其卓越超群却又常常被人忽略的组成部分。麦基从基本概念入手，不仅精辟地阐释了标准的三幕戏剧结构的奥妙，而且还揭开了非典型结构的神秘面纱，指出了每一种类型的局限性，强调了主题、背景和气氛的重要性，以及人物和人物塑造作为一对相对概念的重要性。罗伯特·麦基被公认为世界银幕剧作教学第一大师，《故事：材质、结构、风格和银幕剧作的原理》是麦基第一次以书的形式揭示银幕剧作方法。

最近几年，国外电影与新媒体研究与国际学术总趋向步调一致，呈现出两个特点：首先是在全球视野中重新审视本土或民族电影的历史与品质；其次是旨在构建多媒体的历史。在理论方面，对电影在现代媒体冲击下的命运进行了思考，同时继续关注性别与身份认同理论。① 因此，在这种更大的趋势下，一定还会涌现出一批新的有影响力的图书著作，促进电影事业的发展。

（3）戏剧类著作

戏剧是一种通过舞台演出而诉诸观众感官的艺术形式，是一种综合艺术。对我国戏剧研究较有影响的国外戏剧著作有《布莱希特论戏剧》、《斯坦尼斯拉夫斯基全集》、《空的空间》、《迈向质朴戏剧》、《戏剧剖析》、《戏剧与电影的剧作理论与技巧》。

《布莱希特论戏剧》（被引39次）系统地阐述了布莱希特的戏剧理论，他要求建立一种适合反映20世纪人类生活特点的新型戏剧，即史诗戏剧。这种戏剧以辩证唯物主义和历史唯物主义的思想认识生活、反映生活，采用自由舒展的戏剧结构形式，多侧面地展现生活宽广多彩的内容，让读者透过众多的人物场景，看见生活的真实面貌和它的复杂性、矛盾性，促使人们思考，激发人们变革社会的热情。布莱希特的史诗戏剧理论是在20世纪20—30年代与资产阶级为艺术而艺术的思潮作斗争中逐步形成的，主要目的是引起观众的批判和思考。布莱希特戏剧是20世纪德国戏剧的一个重要学派，他对世界戏剧发生着很大影响。这个学派在它的形成过程中，一方

---

① 曹意强等："国外艺术学科发展近况"，《新美术》2008年第6期。

面继承和革新欧洲及德国的现实主义传统；另一方面借鉴东方文化，对斯坦尼斯拉夫斯基体系持肯定态度，曾多次谈论这个体系对现实主义表演艺术所做的贡献。

斯坦尼斯拉夫斯基是苏联著名演员、导演、戏剧教育家和理论家、舞台艺术改革家，其一生导演和担任艺术指导的话剧和歌剧共有 120 余部，并扮演过许多重要角色，著有许多具有影响力的著作。他创立的现实主义演剧体系也就是前面提到的斯坦尼斯拉夫斯基体系，继承和发展了俄罗斯和欧洲的艺术成果，是在积累了大量的表演和实践经验的基础上探索建立而成的。斯坦尼斯拉夫斯基体系在中国博得梅兰芳等戏剧家的高度评价，并对中国戏剧产生了深远的影响。斯坦尼斯拉夫斯基的著作始于 20 世纪 30 年代介绍进中国，此次入选的《斯坦尼斯拉夫斯基全集》就收录了大部分他的艺术成果，为后人研究、继承和发扬光大。

《空的空间》（被引 18 次）讲的是戏剧理论的内涵，是对戏剧的发展规律、基本要素、艺术特征和社会功能等总体性问题的认识，以及对戏剧创作各个环节的深层的探索。戏剧理论的内涵为戏剧的美学思想和创作法则提供了科学的阐释。因此，理论对戏剧的发展，无论在宏观上还是在微观上，都不仅具有认识价值，而且具有实践意义。《空的空间》中的戏剧理论，是对戏剧现象理性认识的结晶，又是引导戏剧冲破旧藩篱走向新发展的号角。

西方戏剧的艺术成就对整个世界的戏剧发展都有深远的影响，因此，研究国外戏剧著作特别是西方著名的戏剧著作对我国学者研究戏剧具有相当重要的作用，同时有利于我国戏剧的发展进程。

（4）艺术理论及研究类著作

艺术学著作与美学或者一些其他哲学问题的联系不可分割，因此，此类图书可能涉及哲学、美学等方面的问题，但是主旨都是从艺术的角度来论述。入选的艺术理论及研究类著作有：《情感与形式》、《艺术与视知觉》、《艺术问题》、《艺术原理》。

《情感与形式》（被引 69 次）分为 3 个部分：艺术符号、符号的创造、符号的力量。这三个部分组成了一个完整的理论体系。全书从把艺术问题、艺术符号上升到哲学的角度开始；进而探讨了符号的创造，在这部分中，作者分别研究了音乐、舞蹈、文学、戏剧等艺术的符号创造；最后作者着重探讨了艺术符号的表现力以及作品与观众的联系等问题，一个完整无缺的体系就这样被苏珊·朗格严密地构架起来。

《艺术与视知觉》（被引 42 次）采用一种不受羁绊的写作风格来系统地陈述艺术与视知觉。书中力图将那些潜在的原则清晰地陈述出来，阐述了视觉所具有的倾向于最简洁结构的趋势、视觉图式细分的发展阶段、知觉的动力特性及其他各种适用于所有视觉现象的基本原则，以使读者能够更清楚地看到形状、颜色、空间和运动等要素都可以作为一个统一的媒介呈现在艺术作品中。[①]

[①] 摘自该书内容简介。

《艺术问题》（被引 31 次）是 20 世纪西方美学一个重要流派"符号学美学"的代表作之一。《艺术问题》与《情感与形式》是朗格集中阐述其美学思想的主要著作，共同指向她独创的最重要的美学命题，即将艺术定义为"人类情感的符号形式的创造"。《艺术问题》从这一理论基础出发，提出艺术应当表现"生命的逻辑形式"，并将这种生命形式的基本特点概括为有机性、运动性、节奏性和不断成长性，进而认为艺术创造应当把握这些特征、自觉运用艺术直觉捕捉艺术形式与生命的逻辑形式之间的"象征性联系"，创造出"与情感和生命的形式相一致"的"有意味的形式"，即幻象符号。和《情感与形式》的系统论述不同，《艺术问题》由 10 篇演讲稿构成，易于理解。

《艺术原理》（被引 15 次）是英国现代著名的哲学家、历史学家兼考古学家罗宾·乔治·科林伍德探讨关于艺术的原理的一本著作。在书中，作者首先论证了技艺、巫术艺术和娱乐艺术不属于真正的艺术，提出真正的艺术是对情感的表现，是想象性活动，然后又进一步从理论上探讨了感觉、意识、想象、情感、思维和语言等现象。通过对这些方面详尽的论述，作者最终阐明了他的艺术理论。

（5）其他学科著作

艺术学的发展不是孤立的，与其他各种学科存在着相互交叉和影响。其他学科涉及哲学特别是美学等一系列图书，都对艺术学的发展产生着深远的影响，这些图书有：《美学》、《现代性的五副面孔：现代主义、先锋派、颓废、媚俗艺术、后现代主义》、《美学意识形态》、《人论》、《诗学》、《资本主义文化矛盾》、《判断力批判》、《后现代主义与文化理论》、《真理与方法：哲学诠释学的基本特征》、《巴赫金全集》、《存在与时间》、《消费文化与后现代主义》、《文化生产：媒体与都市艺术》、《文艺对话集》、《消费社会》、《公共领域的结构转型》、《视觉思维：审美直觉心理学》、《艺术社会学》。

美学是以对美的本质及其意义的研究为主题的学科。美学是哲学的一个分支，研究的主要对象是艺术，但不研究艺术中的具体表现问题，而是研究艺术中的哲学问题，因此，被称为"美的艺术的哲学"。美学的基本问题有美的本质、审美意识同审美对象的关系等。黑格尔的《美学》（被引 185 次）是 19 世纪德国古典哲学和美学的经典著作。他的美学体系从属于他的客观唯心主义和辩证法的哲学体系，其哲学分为三个部分：逻辑学、自然哲学和精神哲学，美学是研究艺术的，是精神哲学的一个组成部分。《美学》一书共包括 3 个部分：艺术美的理念或理想；理想发展为艺术的各种特殊类型；探讨象征艺术、古典艺术与浪漫艺术。另外与美学相关的图书还有《美学意识形态》、《判断力批判》等。

恩斯特·卡西尔是现代西方著名的哲学家之一，《人论》（被引 43 次）是他生前发表的最后一部著作。《人论》是研究所谓"人的问题"的，作者在书中全面阐述了他的人类文化哲学的体系。全书分上、下两篇。上篇是回答一个有关"人的问题"

的各种哲学理论，并在最后指出，当代尽管科学昌盛、技术发达，但"人的问题"不但没有真正解决，反而处在深刻的危机之中。下篇转入对人类世界本身的全面考察，确切地说，就是考察人怎样运用不同的符号创造各种文化。《人论》力图论证的一个基本思想实际上就是：人只有在创造文化的活动中才能成为真正意义上的人；也只有在文化活动中，人才能获得真正的"自由"。

《诗学》（被引39次）是古希腊著名美学家亚里士多德所著，主要讨论悲剧和史诗。现存的《诗学》可以分为五大部分。在《诗学》中，亚里士多德认为，艺术的本质是摹仿，摹仿是把艺术和技艺制作区别开来的基础，也是学术分类和界定个别艺术的本质的基础。《诗学》是西方美学史上第一部最为系统的美学和艺术理论著作，它对西方后世文艺理论和文学创作的发展产生过巨大影响。

国外艺术学的发展历史悠久，已经有了相当多具有影响力的成果，影响着世界艺术的发展，并且对国内艺术的研究也具有深远的影响。

12.6 国内学术著作对艺术学研究的影响

艺术对社会发展、社会和谐以及丰富社会文化生活都起着很大作用，艺术学研究也在艺术的发展中得到激励和繁荣。近些年国内每年出版的艺术类图书（包括重印）逾万种，[①] 同时国内出版的艺术类图书在艺术学研究中也发挥着越来越大的作用。入选的艺术学领域97种国内学术著作在艺术学各类入选图书中所占的比例最大，涉及艺术学的众多领域。详细书目参见表12-8。

表12-8　　　　艺术学论文引用较多的国内学术著作

序号	图书信息
1	上海书画出版社：《历代书法论文选》，上海：上海书画出版社，1979
2	杨荫浏：《中国古代音乐史稿》，北京：人民音乐出版社，1980
3	中国戏曲研究院：《中国古典戏曲论著集成》，中国戏剧出版社，1959
4	程季华：《中国电影发展史》，北京：中国电影出版社，1981
5	《中国音乐文物大系》总编辑部编：《中国音乐文物大系》，郑州：大象出版社，1996
6	宗白华：《美学散步》，上海：上海人民出版社，1981
7	鲁迅：《鲁迅全集》，北京：人民文学出版社，1981
8	钟惦棐：《起搏书》，北京：中国电影出版社，1986
9	汪毓和：《中国近现代音乐史》，北京：人民音乐出版社，2002

---

① 参见国家新闻出版总署网站，http://www.gapp.gov.cn/.

续表

序号	图书信息
10	黄翔鹏：《传统是一条河流》，北京：人民音乐出版社，1990
11	朱光潜：《西方美学史》，北京：人民文学出版社，1963
12	宗白华：《艺境》，北京：北京大学出版社，1989
13	郦苏元等：《中国无声电影史》，北京：中国电影出版社，1996
14	张前：《音乐美学基础》，北京：人民音乐出版社，1998
15	卢辅圣：《中国书画全书》，上海：上海书画出版社，1992
16	修海林：《音乐美学通论》，上海：上海音乐出版社，1999
17	黎英海：《汉族调式及其和声》，上海：上海文艺出版社，1959
18	黄翔鹏：《乐问》，北京：中央音乐学院学报社，2000
19	中国电影资料馆：《中国无声电影》，北京：中国电影出版社，1996
20	冯文慈：《中外音乐交流史》，长沙：湖南教育出版社，1998
21	伍国栋：《民族音乐学概论》，北京：人民音乐出版社，1997
22	于润洋：《西方音乐通史》，上海：上海音乐出版社，2001
23	焦菊隐：《焦菊隐文集》，北京：文化艺术出版社，1988
24	缪天瑞：《律学》，北京：人民音乐出版社，1996
25	俞人豪：《音乐学概论》，北京：人民音乐出版社，1997
26	张庚：《中国戏曲通史》，北京：中国戏剧出版社，1980
27	董维松：《民族音乐学译文集》，北京：中国文联出版公司，1985
28	欧阳予倩：《欧阳予倩全集》，上海：上海文艺出版社，1990
29	杨儒怀：《音乐的分析与创作》，北京：人民音乐出版社，2003
30	李纯一：《中国上古出土乐器综论》，北京：文物出版社，1996
31	于润洋：《现代西方音乐哲学导论》，长沙：湖南教育出版社，2000
32	罗艺军：《中国电影理论文选》，北京：文化艺术出版社，1992
33	杨荫浏：《中国音乐史纲》，上海：万叶书店，1952
34	尹鸿：《世纪转折时期的中国影视文化》，北京：北京出版社，1998
35	李恒基等主编：《外国电影理论文选》，上海：上海文艺出版社，1995
36	夏衍：《夏衍全集》，杭州：浙江文艺出版社，2005
37	张骏祥：《张骏祥文集》，上海：学林出版社，1997
38	王光祈著，冯文慈等选注：《王光祈音乐论著选集》，北京：人民音乐出版社，1993
39	伍蠡甫：《西方文论选》，上海：上海译文出版社，1979
40	萧友梅著，陈聆群等编：《萧友梅音乐文集》，上海：上海音乐出版社，1990

续表

序号	图书信息
41	杜亚雄：《中国民族基本乐理》，北京：中国文联出版公司，1995
42	项阳：《山西乐户研究》，北京：文物出版社，2001
43	黄翔鹏：《溯流探源：中国传统音乐研究》，北京：人民音乐出版社，1993
44	王耀华：《中国传统音乐概论》，福州：福建教育出版社，1999
45	袁静芳：《民族器乐》，北京：人民音乐出版社，1987
46	郑英烈：《序列音乐写作基础》，上海：上海音乐出版社，1989
47	陆弘石：《中国电影：描述与阐释》，北京：中国电影出版社，2002
48	李泽厚：《中国美学史》，北京：中国社会科学出版社，1987
49	吴钊：《中国音乐史略》，北京：人民音乐出版社，1983
50	陈荒煤：《当代中国电影》，北京：中国社会科学出版社，1989
51	沈子丞：《历代论画名著汇编》，北京：文物出版社，1982
52	沈湘：《沈湘声乐教学艺术》，上海：上海音乐出版社，1998
53	王耀华：《世界民族音乐概论》，上海：上海音乐出版社，1998
54	谢晋：《我对导演艺术的追求》，北京：中国电影出版社，1998
55	吴梅著，王卫民编：《吴梅戏曲论文集》，北京：中国戏剧出版社，1983
56	何乾三：《西方哲学家、文学家、音乐家论音乐》，北京：人民音乐出版社，1983
57	韩宝强：《音的历程：现代音乐声学导论》，北京：中国文联出版社，2003
58	郝建：《影视类型学》，北京：北京大学出版社，2002
59	陆弘石：《中国电影史》，北京：文化艺术出版社，1998
60	刘再生：《中国古代音乐史简述》，北京：人民音乐出版社，1989
61	叶朗：《中国美学史大纲》，上海：上海人民出版社，1985
62	徐复观：《中国艺术精神》，上海：华东师范大学出版社，2001
63	孙继南：《中国音乐通史简编》，济南：山东教育出版社，1993
64	洛地：《词乐曲唱》，北京：人民音乐出版社，1995
65	朱狄：《当代西方艺术哲学》，北京：人民出版社，1994
66	许健：《琴史初编》，北京：人民音乐出版社，1982
67	修海林：《中国古代音乐史料集》，西安：世界图书出版西安公司，2000
68	黄翔鹏：《中国人的音乐和音乐学》，济南：山东文艺出版社，1997
69	蔡仲德：《中国音乐美学史》，北京：人民音乐出版社，1995
70	程青松：《我的摄影机不撒谎：先锋电影人档案——生于1961—1970》，北京：中国友谊出版公司，2002

第 12 章 艺术学

续表

序号	图书信息
71	汪流：《艺术特征论》，北京：文化艺术出版社，1984
72	彭志敏：《音乐分析基础教程》，北京：人民音乐出版社，1997
73	崔宪：《曾侯乙编钟钟铭校释及其律学研究》，北京：人民音乐出版社，1997
74	蔡仲德：《中国音乐美学史资料注译》，北京：人民音乐出版社，1990
75	陶亚兵：《中西音乐交流史稿》，北京：中国大百科全书出版社，1994
76	钱锺书：《管锥编》，北京：中华书局，1979
77	江明惇：《汉族民歌概论》，上海：上海音乐出版社，1982
78	袁静芳：《乐种学》，北京：华乐出版社，1999
79	文化部文学艺术研究院音乐研究所：《民族音乐概论》，北京：人民音乐出版社，1964
80	李纯一：《先秦音乐史》，北京：人民音乐出版社，1994
81	冼星海全集编委会：《冼星海全集》，广州：广东高等教育出版社，1989
82	叶朗：《现代美学体系》，北京：北京大学出版社，1999
83	周宪：《中国当代审美文化研究》，北京：北京大学出版社，1997
84	中国戏曲志编辑委员会：《中国戏曲志》，北京：中国 ISBN 中心，1995
85	宗白华：《宗白华全集》，合肥：安徽教育出版社，1994
86	李幼燕：《当代西方电影美学思想》，北京：中国社会科学出版社，1986
87	教育部：《全日制义务教育音乐课程标准（实验稿）》，北京：北京师范大学出版社，2001
88	樊祖荫：《中国多声部民歌概论》，北京：人民音乐出版社，1994
89	陈白尘：《中国现代戏剧史稿》，北京：中国戏剧出版社，1989
90	徐复观：《中国艺术精神》，沈阳：春风文艺出版社，1987
91	彭志敏：《新音乐作品分析教程》，长沙：湖南文艺出版社，2004
92	戴锦华：《雾中风景：中国电影文化（1978—1998）》，北京：北京大学出版社，2006
93	冯文慈：《中国音乐史学的回顾与反思：冯文慈音乐文集》，上海：上海音乐学院出版社，2005
94	张燕：《映画：香港制造——与香港著名导演对话》，北京：北京大学出版社，2006
95	黄爱玲编：《现代万岁：光艺的都市风华》，香港：香港电影资料馆，2006
96	孙继南：《黎锦晖与黎派音乐》，上海：上海音乐学院出版社，2007
97	杨燕迪：《音乐的人文诠释——杨燕迪音乐文集》，上海：上海音乐学院出版社，2007

分析表 12-8 中的图书，可以将其分成 7 个大类，分别是音乐（53 种）、电影（18 种）、戏剧戏曲（7 种）、书法绘画（3 种）、艺术学其他著作（5 种）以及其他

学科著作（11 种）。从出版年份来看，最早出版的是上海万叶书店 1952 年出版的《中国音乐史纲》，入选艺术学最有学术影响的国内学术著作大部分是 20 世纪 80 年代以后出版的，80 年代以前出版的仅入选 6 种；80 年代出版的入选 28 种；90 年代出版的入选 42 种；2000 年以后出版的入选 21 种。入选图书的内容各有侧重，按照其内容和主题的不同，从被引数量上可以看出，关于音乐和电影的著作被引数量分别列第一、第二位，这也是由于这两种艺术在近几年的发展比较突出的结果，而入选的图书中没有专门关于舞蹈艺术和摄影艺术的图书，这也是值得关注的一个方面。

（1）音乐类著作

有关音乐的国内学者著作在 7 个大类中所占的比例最高，共有 53 种，占入选的 97 种国内学术著作的 55%：《中国古代音乐史稿》、《中国音乐文物大系》、《中国近现代音乐史》、《传统是一条河流》、《音乐美学基础》、《音乐美学通论》、《汉族调式及其和声》、《乐问》、《中外音乐交流史》、《民族音乐学概论》、《西方音乐通史》、《律学》、《音乐学概论》、《民族音乐学译文集》、《音乐的分析与创作》、《中国上古出土乐器综论》、《现代西方音乐哲学导论》、《中国音乐史纲》、《王光祈音乐论著选集》、《萧友梅音乐文集》、《中国民族基本乐理》、《山西乐户研究》、《溯流探源：中国传统音乐研究》、《中国传统音乐概论》、《民族器乐》、《序列音乐写作基础》、《中国音乐史略》、《沈湘声乐教学艺术》、《世界民族音乐概论》、《西方哲学家、文学家、音乐家论音乐》、《音的历程：现代音乐声学导论》、《中国古代音乐史简述》、《中国音乐通史简编》、《词乐曲唱》、《琴史初编》、《中国古代音乐史料集》、《中国人的音乐和音乐学》、《中国音乐美学史》、《音乐分析基础教程》、《曾侯乙编钟钟铭校释及其律学研究》、《中国音乐美学史资料注译》、《中西音乐交流史稿》、《汉族民歌概论》、《乐种学》、《民族音乐概论》、《先秦音乐史》、《冼星海全集》、《全日制义务教育音乐课程标准（实验稿）》、《中国多声部民歌概论》、《新音乐作品分析教程》、《中国音乐史学的回顾与反思：冯文慈音乐文集》、《黎锦晖与黎派音乐》、《音乐的人文诠释——杨燕迪音乐文集》。

杨荫浏先生的《中国古代音乐史稿》（1980 年出版，被引 166 次）和《中国音乐史纲》（1952 年出版，被引 24 次）是 20 世纪两部杰出的中国音乐史著作，属于两个不同历史时期的阶段性成果，[①] 这两种书是杨荫浏先生在两个不同阶段对中国古代音乐发展历史的不同认识的反映，对当代中国音乐史的发展具有很大影响。如果把同一作者不同历史时期同一性质的作品放在一起比较研究，一般情况都是后期超越前期，就这两本书而言，它们产生的社会作用和影响也是后期的作品超越了前期。《中国古代音乐史稿》以丰富的资料、充分的篇幅描述了各个历史时期中国人民创造

[①] 孔培培："杨荫浏著《中国音乐史纲》和《中国古代音乐史稿》比较研究"，《中国音乐学》2003 年第 3 期。

音乐文化的丰硕成果，在乐律学、民间俗乐以及古代乐器等方面作了详尽的阐述。而《中国音乐史纲》则可谓是一部中国古代乐律、宫调集大成性质的著作，全书共列举了我国历史上出现过的乐律48种，其涵盖面之广远远超过以前的音乐史著作，这也是这本书的一个鲜明亮点。《中国音乐史纲》的学术含量总体上不如《中国古代音乐史稿》丰富，但价值仍超越了前期众多同类著作。《中国古代音乐史稿》正是在《中国音乐史纲》的基础上对中国音乐史的研究有了一个质的飞跃，它将历史上的音乐文化作为上层建筑的一个组成部分在每个历史时期经济基础的制约下予以阐述，正确地解释了音乐的历史发展规律，这是以往的中国音乐历史著作未能达到的时代高度。

黄翔鹏先生的著作也入选了4种，分别是：《传统是一条河流》（被引40次）、《溯流探源：中国传统音乐研究》（被引21次）、《中国人的音乐和音乐学》（被引18次）和《乐问》（被引29次）。他的研究主要在中国音乐史和中国传统音乐理论两个领域，对出土和传世音乐文物的研究、传统音乐的形态学特征及其历史发展和中国乐律学史、曲调考证等诸方面都具有理论建树和新发现。这4种书都是关于传统音乐研究的，对我国传统音乐发展从宏观审视到某一具体问题的微观研究，从中国古代音乐史到中国古代乐律学，探寻了传统音乐的发展规律和学术研究中的浪漫主义。

《中国音乐文物大系》（被引95次）是中国音乐考古学的一部重要典籍，是规格最高、规模最大的一套专业音乐书籍。此书本着对各省音乐文物进行全面普查和地毯式收集的宗旨，而成为中国音乐文物资料的集成性典籍。众所周知，考古出土的各类材料是古代人们物质生活和精神生活直接、真实的遗存和忠实的反映，它们的日益丰富，使得学术界对于音乐历史研究的方法和视角产生了新的认识。在音乐史著作中引入考古材料，是中国古代音乐历史研究的范例和趋势，为中国音乐考古学的形成埋下了伏笔。

《中国近现代音乐史》（被引42次）明确了中国音乐"近代史"和"现代史"之间的时间界限，它以高等学校音乐必修课教材为目的，其意义和影响是深远的，其"现代部分"收录的20世纪中国港、澳、台地区的相关内容，填补了现阶段音乐史教学中部分内容的空白。这些关于音乐史的研究书籍是音乐发展的基础，不仅对于研究历史上音乐这门艺术的发展情况具有重要的意义，对于现代音乐的发展同样具有研究价值。

缪天瑞的《律学》（被引26次）是作者经过长期的文献整理而又悉心钻研的成果，是现代音乐学家完成的第一本系统而全面的律学论著。这本书从纷繁浩瀚的史籍中取精用宏、细加梳理，同时又汲取西方同行的学说，整合于一书，为现代律学开辟了一个新天地。数十年来，该书先后修订4版，每版都有新材料补充丰富，既反映了作者治学的严谨，也使音乐学界获益匪浅。在中国律学领域，《律学》同样被尊为里程碑式的开山之作。

音乐美学是音乐研究的一个重要分支。提起音乐美学，许多人感到陌生，甚至有一点神秘感，不知道它是怎样一门学科，是研究什么问题的。其实，从某种意义上说，它的历史与音乐本身的历史一样久远，因为人们在认识音乐时，也就开始了对它的认识和思考。《音乐美学基础》（被引35次）正是为人们了解这些问题而著撰的。该书详细阐述了音乐美学方面的知识，它的内容涉及音乐的材料、形式、内容、创作、表演、音乐欣赏、音乐的功能及音乐的美与审美。《音乐美学通论》（被引31次）也是我国一部全面而又系统地阐述音乐美学基础理论的教程性专著。分为两大部分：第一、第二章构成的"音乐美学思想史"，分别介绍了中、西方音乐审美意识的历史发展轨迹；第三至第七章则分别对音乐的"存在方式"、音乐审美中的情感情绪问题、音乐创作、表演、传播审美活动的规律，音乐美的鉴赏以及音乐美的价值问题作了详尽而细致的分析。此书立论严谨，观念新颖，例证精详，读者能从其中对音乐美产生顿悟。

20世纪中国文化及学术研究的基本特色，与20世纪中国社会经济的历史性变革直接相关。如果从音乐文化的历史脉络看，我们可以说20世纪是中国传统音乐与现代专业音乐的一个分水岭。入选的53种著作主题各不相同，涉及音乐学（包括音乐史、音乐美学等）、作曲与作曲理论、音乐表演艺术，等等。音乐史方面有：《中国古代音乐史稿》、《中国近现代音乐史》、《上古出土乐器综论》、《先秦音乐史》等；传统音乐研究方面有：《溯流探源：中国传统音乐研究》、《传统是一条河》、《乐问》、《中国人的音乐和音乐学》、《汉族调式及其和声》、《中国传统音乐概论》、《民族器乐》、《乐种学》、《民族音乐概论》等；音乐美学方面：有《音乐美学基础》、《音乐美学通论》、《中国音乐美学史》等；音乐学论文专集有：《王光祈音乐论著选集》、《萧友梅音乐文集》、《民族音乐概论》等。这种多角度的研究充分显示了音乐学研究发展的欣欣向荣的景象。正因为音乐著作的研究涉及如此多的主题，因此，在引用这些图书的期刊论文中，也包含了艺术学的多个方面，主要是与音乐研究主题相关的，如民族音乐学、音乐理论与方法、西方民族音乐学理论与方法、中国本土音乐学、音乐文化、中国民族音乐等各个方面。

（2）电影研究类著作

电影研究是艺术学研究领域另一重要的学科分支，特别是在当代，国内外的电影艺术都有了蓬勃快速的发展，其速度之快、题材之丰富、作品之繁多令人惊叹。此次入选的电影类艺术图书有18种，它们是：《中国电影发展史》、《起搏书》、《中国无声电影史》、《中国无声电影》、《中国电影理论文选》、《世纪转折时期的中国影视文化》、《外国电影理论文选》、《张骏祥文集》、《中国电影：描述与阐释》、《当代中国电影》、《我对导演艺术的追求》、《影视类型学》、《中国电影史》、《我的摄影机不撒谎：先锋电影人档案——生于1961—1970》、《当代西方电影美学思想》、《雾中风景：中国电影文化（1978—1998）》、《映画：香港制造——与香港著名导演对话》、

《现代万岁：光艺的都市风华》。其研究角度丰富多彩，包括电影史、电影理论、电影艺术等。

在100多年的历史时段里，电影作为艺术不言而喻。历史上也曾经出现过夏衍、陈荒煤、钟惦棐等声誉卓著的电影评论家。《中国电影发展史》（被引104次）就是一本重要的研究电影史的著作，它以翔实而丰富的史料为依据，论述了1905—1949年中国电影历史的概况，阐述了中国民族电影事业产生的时代背景及其在发展过程中与中国新民主主义革命运动的关系，剖析了中国电影各个历史时期的特点及其相互联系，评价了有代表性的重点影片及电影艺术家的成就及其历史作用，勾勒出中华人民共和国成立之前中国电影的基本面貌及发展脉络，是迄今为止最全面、最系统的关于中国电影历史的通史著作，具有开拓性的学术价值。

改革开放以来，在思想启蒙的历史背景下，从20世纪70年代末期开始到20世纪80年代末期，中国电影界掀起了一股观念更新热潮。在此基础上，一批中国学者的电影理论著述相继问世。早期以李幼蒸的《当代西方电影美学思想》等著述为代表的一批作品，以及2002年出版的郝建的《影视类型学》等都在各自领域和不同层面促进着中国电影理论的发展。

20世纪80年代以来，随着电影文化的逐渐复兴以及中国电影学士、硕士、博士学位教育的全面展开，电影史与电影史学开始得到重视。陈荒煤主编的《当代中国电影》等著述，不断开拓着中国电影史的研究疆域。综合的与比较的电影史观的确立，电影断代史与电影专题史的出现，成为20世纪90年代中期以后中国电影学术发展的主要方向。郦苏元与胡菊彬的《中国无声电影史》，戴锦华的《雾中风景：中国电影文化（1978—1998）》等著述，都为中国电影史研究展现出个性的文本与有益的启示。发表于电影登陆中国百年之际的《中国无声电影史》，是迄今为止大陆学者对中国早期电影研究最完整的一部作品。

《中国电影理论文选》（被引24次）和《外国电影理论文选》（被引23次）是两种关于电影理论研究的论著，从这两种书中我们可以分别看到国内外电影理论的历史进程、发展状况和研究成果。书中回顾了电影学成为独立知识体系的历史过程，对电影理论进行了详细分析，收录了国内外许多著名的电影大师知名的电影理论，对于电影研究人员也具有重要的参考价值。

虽然入选的这19种图书的研究内容不仅包括电影史和电影理论，也包括了其他重要的一些研究角度，如《雾中风景：中国电影文化（1978—1998）》，不仅从历史的角度，更从文化的角度对电影的发展进行了深刻的阐述，曾在电影史的发展中影响着一批学者的思想，是电影研究的一部重要著作；《我对导演艺术的追求》则是著名导演谢晋从一个导演的角度谈电影艺术；《映画：香港制造——与香港著名导演对话》也是通过与导演的对话揭示电影艺术的创作与发展；《当代西方电影美学思想》则是注重电影美学的发展。这种多角度的研究都对电影思想和文化的发展产生着深远的影响。与当代社会的发展结合起来看，电影研究的多角度发展不仅仅是学科研究本身的需要，更是社会发展与人类精神文化进步要求的必然结果。在全球化发展的大环境中，电影艺术的发展不仅包括横向的区域电影文化的合作，还包括纵向的多元形态的电影文化构建，保证了中国电影能够在一种良性、有序的环境中得到更全面的发展。

引用电影研究类著作的论文主题有电影理论研究、电影美学、电影艺术与理论、电影制作艺术等方面。因为电影学的研究领域异常广泛，尤其在当代，与电影相关的研究分支特别多，因此这些电影类图书，对当代电影研究具有重要价值。

（3）戏曲、戏剧研究类著作

戏曲和戏剧是艺术学研究领域下两个大的类别，但在近现代和当代的艺术发展中明显没有前面已经提到的音乐和电影这两个领域的那种繁荣景象。此次入选的戏曲、戏剧的国内学术著作只有7种：《中国古典戏曲论著集成》、《焦菊隐文集》、《中国戏曲通史》、《欧阳予倩全集》、《吴梅戏曲论文集》、《中国戏曲志》、《中国现代戏剧史稿》。其中《焦菊隐文集》、《欧阳予倩全集》与《中国现代戏剧史稿》这3种是关于戏剧的，其余4种是关于戏曲研究的。

《焦菊隐文集》（被引26次）和《欧阳予倩全集》（被引25次）是关于这两位著名戏剧大师著作的合集。《焦菊隐文集》收录了焦菊隐先生1927年至1940年期间撰写的戏剧论文共14篇，集中展现了焦菊隐的艺术成就和对中国话剧艺术所做的杰出贡献。其中有焦菊隐通过对国内戏剧发展状况的考察，表明了他的话剧发展需要"职业化"的论点。书中收入了他生前的理论文章、早期诗歌、小说、散文及翻译作品，这本文集可以说将焦菊隐一生的艺术成就全部包含在其中。《欧阳予倩全集》也是关于戏剧创作研究的书，欧阳予倩本人就是中国近现代戏剧运动的奠基人之一，他一生创作、改编了40余部话剧作品，在话剧戏曲创作、舞台演出、戏剧教育和电影创作上都取得了相当的成就。

《中国现代戏剧史稿》（被引15次）是新中国成立以来第一部中国现代戏剧史专著，书中内容从19世纪末中国现代话剧产生写起，一直到新中国成立。该书系统阐述了我国现代戏剧（主要是话剧）的产生及其沿革，从多方面总结了中国现代戏剧（特别是话剧文学）发展的历史规律，总结了一系列值得记取并令人深思的经验教训。书中对田汉、曹禺、夏衍等我国著名剧作家列有专章或专节进行介绍评述。《中国现代戏剧史稿》有较高的学术价值，又是很好的现代文学史、现代戏剧史教科书。

《中国古典戏曲论著集成》（被引165次）是一本戏曲史料汇编，收录了唐、宋、元、明、清五个朝代的戏曲论著，其中包括探讨戏曲创作，评述或考证作家及其作品，记录各时代作家及曲目，专论戏曲音韵、曲谱及制曲，记述元代戏曲演员身世、生活，总结古代戏曲表演艺术经验等内容。这部戏曲史料丛刊收录了一些罕见的孤本，从书中大体上可以看出中国戏曲艺术在各个历史时期的发展面貌与艺术成就。

其中只有少数是比较完整的戏曲理论著述，一般是文献史料，也有的是笔记性质的杂谈。

《中国戏曲通史》（被引 26 次）是一本中国古代戏曲史专著，书中从戏曲的起源与形成论述到清代地方戏的勃兴。该书介绍了中国戏曲的起源与形成，以及不同时期、不同形式戏曲的发展情况以及成就。全书还收入近 80 幅珍贵的戏曲文物、书影、脸谱照片，它们是中国古代戏曲在各阶段发展状况的重要实物资料的反映。这本书既吸收了前人的研究成果，又努力做出新的探索。它把戏曲艺术的产生和发展，放在各个历史时期的政治、经济、文化背景上，从与各种社会因素的联系和影响中进行探讨，在史与论的结合上，比较严密。不仅注重戏曲文学，并且联系舞台演出的实际，在戏曲舞台艺术方面，作了不少新的探讨和研究。另外两种戏曲著作是《吴梅戏曲论文集》和《中国戏曲志》。

（4）书法、绘画研究类著作

书法和绘画同样是艺术学两个重要的分支学科，但是这两个分支的研究与发展明显没有音乐和电影的发展那么繁荣。同戏剧、戏曲一样，入选书法、绘画类的图书也较少，此次入选的只有 3 种，分别是《历代书法论文选》、《中国书画全书》、《历代论画名著汇编》。

我国的书法艺术起源较早，自秦、汉以后，逐渐成为一门专业。研究书法的文章也渐有问世，文章的内容涉及：总结书写经验、著录书家名作、探讨用笔技巧、考证碑帖迁流，整理和研究这一宝贵的文化遗产无疑是十分必要的。《历代书法论文选》搜集整理了历代著名书法论文，以供书法工作者和爱好者参考。

《中国书画全书》（被引 33 次）是一部纵贯千年、横集百家的大型美术理论丛书。书中汇集了我国自先秦至清代的重要书画专著 400 余种，约 2400 万字，凡曾单独成书的历代书画史、论、技法、著录等专著，都有收录。这部大型书画论著丛书的问世，为研究中国书画艺术、整理古代书画典籍，提供了完备严谨的文献资料。《中国书画全书》所取底本皆为初刻本、足本和精刻精校本，书后附有篇目索引，收得大量鲜为人知的善本典籍，弥足珍贵。《历代论画名著汇编》则是将理法著作与品评著作一并收入，在现代学科意义上，对中国古代绘画理论第一次进行系统的知识整理。

（5）艺术学其他著作

以上 4 个分类是艺术学大类下的小类别，本类的 6 种图书为不属于上述 4 类的艺术学著作，它们是：《夏衍全集》、《中国艺术精神》（华东师范大学出版社）、《当代西方艺术哲学》、《艺术特征论》、《中国艺术精神》（春风文艺出版社）。

夏衍是我国著名文学、电影、戏剧作家，文艺评论家、文学艺术家。《夏衍全集》（被引 23 次）是对这位文化巨匠丰厚的文化遗产的总结和呈现，其间表现出鲜明的时代性，对时代脉搏和民族命运的紧密回应，对以关注社会、剖析人生的现实主义创作风格的偏爱和追寻,对艺术规律的深切体察和充沛的创新精神,而这一切都取决于作家质硬形软的人格特征和精神力量。[①]《夏衍全集》分为戏剧剧本、戏剧评论、电影剧本、电影评论、文学、新闻时评、译著、回忆录、书信日记等卷目,这本书是对这位文化巨匠文化遗产的全面总结和展示,从中能获得许多有益的启迪和昭示。

徐复观先生是现代新儒学大师,他所著的《中国艺术精神》(被引19次)是一部影响很大的书。该书对中国艺术史上以庄子为线索、以山水画为落实的一脉艺术精神进行了溯源与讨论,至今对学界有着深远的影响。书中的内容少部分论述了上古音乐艺术之精神,大部分内容均为论述绘画艺术及其所蕴涵的中国艺术精神。对于要深入了解中国传统文化及徐复观其人其学的人,《中国艺术精神》都是一部值得一读的好书。

朱狄是中国著名的美学家,他所著的《当代西方艺术哲学》讲述了艺术概念的历史性变化、当代西方几种主要的艺术理论、艺术创造及各种艺术不同的存在方式、艺术作品与审美经验及艺术价值的判断标准等西方艺术哲学包含的主要内容。

(6) 其他学科著作

艺术学的研究和发展不是独立的,离不开其他学科的影响。美学对艺术学发展的影响就很大。美学从学科分支上来说并不属于艺术学研究分支,而属于哲学的研究范畴,是哲学研究下的一个研究方向,但艺术学的研究又离不开与美学的相互影响。在现代美学研究上较有影响力的图书有:《美学散步》、《艺境》、《西方美学史》、《中国美学史》、《中国美学史大纲》、《现代美学体系》、《中国当代审美文化研究》、《宗白华全集》。

在现代中国美学史上,宗白华是一位泰山北斗式的人物,他的文章和思维方式是抒情的、偏于艺术的,更是古典的、中国的,《美学散步》(被引69次)几乎汇集了他一生最精要的美学篇章,其词句典雅优美、充满诗意,是中国美学经典之作和必读之书。书中作者对审美现象的价值本性进行了深入挖掘,从人的本质与价值的本质入手,论证了审美活动本质上是一种价值活动的思想,论证了作为审美现象的"美"与价值现象的相关性与本质联系,令人信服地将审美界定于价值范畴内。作者在书中教我们如何欣赏艺术作品,如何建立一种审美的态度,直至形成艺术的人格,而这正是中国艺术美的精神所在。《艺境》(被引37次)是宗白华先生的另一本美学论文集。《宗白华全集》(被引16次)则收录了宗白华先生生前具有影响力的大部分著作,其影响力不言而喻。

朱光潜是中国现代最著名的美学家之一,他的《西方美学史》(被引38次)是汉语学界第一本关于西方美学史的著作,对这一学科具有开拓性的作用。《西方美学

---

① 陈坚:《杰出的开拓者和创造者——读〈夏衍全集〉》,《当代电影》2006年第3期。

史》对中国的西方美学研究做出了杰出的贡献；李泽厚所著的《中国美学史》（被引20次）依据人的社会实践是美产生的根源这一基本观点，论述了中国美学的基本特征和发展线索，确立了中国美学史的对象、任务和方法。

《中国美学史大纲》（被引19次）是北京大学教授叶朗先生的名作，出版十多年来受到广泛好评，被许多大学选为教材。全书分为四篇：中国古典美学的发端、中国古典美学的展开、中国古典美学的总结、中国近代美学。论述的时间跨度为先秦至近代，内容涉及哲学、文学理论、诗歌、小说、戏剧、书画、园林等。作者采用"略小而存大，举重以明轻"的方法，抓住每个时代最有代表性的美学思想和美学著作，注重把握美学范畴和美学命题的演变和发展，因此《中国美学史大纲》又可看作一部中国美学思想史或中国美学范畴史。叶朗先生的另外一本比较有影响力的著作是《现代美学体系》，此书在现代美学体系的构筑上，立足于中国文化的根基，打破了东西方美学研究的封闭传统，把二者融为一体，构建了现代形态的、融合和超越西方美学和古典东方美学的、科学的美学体系。

另外，《鲁迅全集》、《西方文论选》、《管锥编》这三种非艺术学领域的书对艺术学的研究和发展也产生了较大的影响。《鲁迅全集》中涉及了近代美术史、艺术论等方面的内容；《西方文论选》收录了由古希腊至20世纪西方文艺理论史上的经典、代表性作品；《管锥编》是钱锺书先生的学术代表作，贯穿全书的主题，是诗化的观念，即用艺术化的眼光阐释各类文献，其中不少文字都对艺术学的发展具有重要影响。

其他学科的著作也渗透到了艺术学的领域中，例如美学就是与艺术学密切相关的一个学科，文学中当然也涉及了艺术问题，如绘画、戏剧等。许多艺术学的研究论文都引用了这些具有影响力的图书，借鉴了其中的艺术思想和对艺术的预见性发展建议，这些论文的研究主题包括艺术欣赏与感知、绘画创作艺术、艺术创作手法与艺境、西方艺术发展等，所以跨学科的研究对艺术领域横向及纵向相关的研究，如艺术学下的各类二级学科的各类研究都十分重要。

单从图书被引数量和次数上就可以看出，艺术学这个大学科下的音乐和电影这两个门类的发展比较充分，其他的如戏曲、戏剧、书法、绘画等艺术的发展则不如前两者，此次收录的98种国内艺术学著作中没有专门关于舞蹈和摄影这两个艺术学研究方向的图书，虽然这并不代表这两种艺术形式没有很好地发展，但至少说明了它们的发展没有形成比较具有影响力的学术著作，因此，这两方面需要加强自身的理论研究，扩大自身的影响力。

12.7 结语

在人文社会科学领域的研究中，图书作为一种重要的学术资源起着极大的作用，在艺术学领域更为如此,艺术学论文引用图书的数量在逐年上升。2000—2007年艺术学论文引用图书的比例远高于其他类型引用文献,8年来图书总被引次数占所有类型文献被引总次数的71.25%,艺术学论文引用文献的语种以中文为主,2000—2007年间引用的中文文献总数在所有语种被引用文献中的所占比例达73.28%。

入选的206种艺术学图书著作中,国内艺术学图书著作数量最多,达到97种,被引数量所占比例达到了42.96%,对艺术学产生的影响也最大。其次是国外学术著作和历史文献。相比之下,领袖著作和工具书的被引数量较少,但是在人文社会科学领域,一些领袖人物的思想始终指引着发展方向,艺术学的发展需要领袖人物的思想来指导其研究和指引方向。

为了更清晰地分析图书在我国艺术学领域的学术影响力和重要程度,我们将被艺术学论文引用的图书文献分成"领袖著作"、"历史文献"、"工具书"、"国外学术著作"和"国内学术著作"5个大类。由于"国外学术著作"和"国内学术著作"入选图书较多,不利于讨论的条理化,我们又进一步梳理、细分。需要说明的是:这种类别的划分必然涉及分类的标准性问题,我们在分类的过程中发现,少量图书存在多类别属性的状况,譬如艺术作品集往往都同时兼有音乐艺术、电影艺术等各种艺术形式的属性。众所周知,艺术的形式多种多样,且互相融合,书中描述的内容通常都是多种艺术形式的混合。然而想要清晰地从各个角度把握不同类别性质的图书对我国艺术学研究的学术影响力,这样的分类也是必需的。

将入选的图书进行分类之后,我们可以看到,入选的领袖著作多是一些领袖人物的思想著作;工具书包括百科全书、辞典及一些艺术学领域的专用词典;历史文献则包括一些艺术史、思想史等;国内外的学术著作中的大部分图书都是关于艺术学本身及其下面的二级学科的,艺术学本领域的图书较多,其他学科的较少。这些图书对艺术学学科发展提供了理论依据、思想指导,指明了艺术学的研究和发展的方向,是艺术学领域的专家和其他研究人员在研究过程中不可或缺的研究资料。

被艺术学论文引用15次及以上或年均被引3次及以上的206种图书中,有确切考证的共涉及180位作者,其中168位为个人作者,12位为团体作者。需要说明的是:如果一本外文原著由不同学者翻译,那么我们在进行作者统计时,就将其作为1种图书归并到原作者名下。在这些作者中有2种及以上图书入选的作者共21位,其中国外学者2位,我国学者19位,详见表12-9。

表12-9　　　　　　　　艺术学学科入选2种及以上图书作者

序号	作者	入选图书种数
1	宗白华	4
2	黄翔鹏	4

续表

序号	作者	入选图书种数
3	缪天瑞	3
4	鲁道夫·阿恩海姆	3
5	张彦远	2
6	袁静芳	2
7	于润洋	2
8	叶朗	2
9	杨荫浏	2
10	徐复观	2
11	修海林	2
12	王耀华	2
13	王国维	2
14	脱脱	2
15	孙继南	2
16	彭志敏	2
17	马克思	2
18	陆弘石	2
19	李纯一	2
20	冯文慈	2
21	蔡仲德	2

表 12-9 可以看出，有多种著作入选的学者在艺术学界有相当的学术影响，他们的著作对我国艺术学研究的发展有着极大的促进作用。

入选艺术学最有影响的 206 种图书中涉及 65 家出版社，其中入选 3 种及以上图书的出版社有 17 家，详见表 12-10。

表 12-10　　艺术学学科入选图书较多的出版社

序号	出版社	入选图书种数
1	人民音乐出版社	31
2	中华书局	26
3	中国电影出版社	17
4	中国戏剧出版社	8

续表

序号	出版社	入选图书种数
5	上海音乐出版社	8
6	中国社会科学出版社	7
7	北京大学出版社	7
8	人民出版社	5
9	文化艺术出版社	4
10	商务印书馆	4
11	人民文学出版社	4
12	学林出版社	3
13	文物出版社	3
14	上海音乐学院出版社	3
15	上海译文出版社	3
16	上海文艺出版社	3
17	人民美术出版社	3

综上所述，我们可以清晰地看出，图书对艺术学学科的影响有以下显著特点：

第一，图书是我国艺术学研究的第一大学术资源。2000—2007年CSSCI中的艺术学论文引用图书的次数达到62847次，占所有引用文献的71.25%，其余类型的引用文献之和为25362次，仅占所有引用文献的28.75%。

第二，国内学术著作对我国艺术学研究产生的学术影响最大。本章选出的206种图书中，共有97种为国内学术著作，占所选图书的45.63%，引用次数也占到全部入选图书被引次数的42.69%，无论是入选种数还是被引次数均超过其他四类文献资源，位居榜首。

第13章 管理学

现代管理学是适应现代社会化大生产的需要而产生的，以弗雷德里克·温斯洛·泰罗（Frederick Winslow Taylor）的名著《科学管理原理》（*The Principles of Scientific Management*）的出版[①]为标志。随着现代工业和技术的飞速发展，管理学有了长足的进步与发展，管理学的研究者、管理学的学习者、管理学方面的著作文献等指数均呈上升趋势，显示了作为一门年轻学科勃勃向上的生机和兴旺发达的景象。进入21世纪，随着其研究对象的日趋丰富和研究方法的不断进步，我们欲进一步了解我国管理学的研究状况和发展趋势，有必要对管理学研究的主题、论文、著作、期刊、学者等情况作一番深入的分析与统计。本章将分析统计近几年（2000—2007年）对我国管理学研究产生重要影响的著作。有关管理学研究的基本状况和管理学的学术期刊，请参考中国社会科学出版社出版的《中国人文社会科学学术影响力报告（2000—2004）》（2007年）和《中国人文社会科学期刊学术影响力报告》（2009年）有关管理学的章节。

管理学是一门综合性的交叉学科。一方面，很多领域都涉及管理学，如经济管理、农业管理、信息管理等；另一方面，适用于管理学的方法和理论也很多，如运筹学、计量学、统计学、心理学等，因此，不同机构对于管理学的分类和范围有不同的阐述。本章所采用的基础数据来自于中文社会科学引文索引（CSSCI）数据库。

我国每年出版大量图书，数量几乎每年都有增长。[②] 管理学领域的图书出版虽无权威统计数据，但从管理学论文引用的图书状况分析，图书被引数量在逐年增加（见表13-1），说明图书始终是管理学领域的重要学术资源。我们通过文献计量的科学方法对管理学学科论文引用数据进行分析统计，分析出对管理学学科具有较大学术影响的图书，以期对管理学研究起到一定指导作用。

除了本书提到按照被引次数选择"有学术影响"的图书之外，很多机构、个人也列出了一些类似的核心书单，它们的根本目的是让学者在海量的图书中能快捷地、

---

① Frederick Winslow Taylor. [2009-7-13] http：//en. wikipedia. org/wiki/Frederick_ Winslow _ Taylor.

② 统计信息. 中华人民共和国新闻出版总署. [2009-9-15] http：//www. gapp. gov. cn/cms/html/21/464/List-1. html.

有针对性地了解到对自己学习和研究最有价值的图书。例如：《财富》杂志曾选出75本必读书，分为商业兴衰、企业、决策、经济学等类别，其中就有本章讨论的《国富论》；①《福布斯》杂志评出了20世纪末最具影响力的20本商业书籍，②其中入选的《基业长青》、《公司再造》、《竞争优势》、《竞争大未来》等著作也被本章选为有影响的学术著作；还有些是个人推荐的书目，如《哈佛书架》，它是哈佛大学肯尼迪管理学院的几个在职研究生编纂而成的。他们采访了在哈佛大学颇有影响的教授、学者、图书馆员、行政管理人员等，恳请他们各自列出一份对自己产生过重大影响的图书目录，并简要说明列选的理由。然后，他们从中选出颇有代表性的113位学者列出的书单，将其整理成册并出版，这个书单的选择原则并非看其学术性，更多关心的可能是它对这些学者思想、习惯产生影响的著作。③国内也有类似的书单，中国出版集团在2008年组织评选了"改革开放30年最具影响力的300本书"④，其中有《邓小平文选》、《江泽民文选》、《正义论》、《社会契约论》、《国富论》、《看得见的手》、《经济学》（萨缪尔森版）等12本著作也在本章多次被引图书中。类似的书单还有王余光等编著的《中国读者理想藏书》⑤、邓咏秋等编著的《中外推荐书目一百种》⑥、黄秀文主编的《智者阅读：中外名报名刊名家的推荐书目》⑦等，当然，更多的是一些图书出版销售行业推出的所谓畅销书，而这些畅销书排名更多可能是利益驱使的结果，⑧对学术研究参考价值可能不大。

如何反映图书在科学研究中的学术影响呢？学者在研究中参考引用可能是一个重要的标志。因此，引文分析无疑是选择我国管理学领域最具学术影响的图书的一种便捷、有效的方法。借助 CSSCI 对 2000—2007 年的管理学学科论文引用的图书进行了统计，选出了被引次数较多的图书。由于论文的写作发表时间和被引文献的出版时间有很大关系，再加上本章的被引统计数据是一个积累的数据，近期出版的图书可能被引数量会相对较少。所以，为了使所选出的图书较少受出版时间影响，管理学图书的入选标准如下：2000—2007 年间 CSSCI 中管理学论文引用 50 次及以上的图

---

① 《财富》推荐的75本必读书. ［2009-8-12］http：//www.beijingww.com/6/2007/04/11/61@20585.htm.

② The 20 Most Influential Business Books. ［2009-7-27］http：//www.forbes.com/2002/09/30/0930booksintro.html.

③ 寒川子等主编：《值得一读的好书》，学林出版社2007年版，序。

④ 30年最具影响力的300本书入选目揭晓，［2009-8-12］http：//book.sohu.com/20090122/n261908946.html.

⑤ 王余光主编：《中国读者理想藏书》，光明日报出版社1999年版。

⑥ 邓咏秋等编：《中外推荐书目一百种》，陕西师范大学出版社2001年版。

⑦ 黄秀文主编：《智者阅读：中外名报名刊名家的推荐书目》，华东师范大学出版社2002年版。

⑧ 巴陵："揭秘图书排行榜的水分"，《河北日报》，2008-1-18，第A11版。

书；或以图书的出版年算起年均被引 5 次及以上者。为了更科学地考察不同图书对管理学的影响状况，本章把所选择出的图书分成 5 类（领袖著作、历史文献、工具书、国外学术著作、国内学术著作），分别从不同角度分析这些图书对管理学领域的学术影响。

由于 CSSCI 是一种年度索引，各年度的数据相对独立，不同年度的数据可能存在不一致情况，即使是同一年的数据，也可能由于数据录入错误或杂志印刷错误或作者的书写差错，而造成同一本书的数据不一致情况。因此，我们对数据做了如下处理：（1）作者或书名不一致者，我们查阅国家图书馆目录后，进行补充和统一处理；（2）对分卷合集的图书，如《马克思恩格斯全集》、《毛泽东选集》等，进行合并处理。这样可以全面反映领袖人物著作对学科的影响；（3）对不同年代、同一作者、同一出版社出版的同一本书合并处理，以确保这本书的学术影响能够充分反映出来。

需要说明的是，虽然本章讨论的是管理学领域的具有较大学术影响的图书，但由于管理学论文引用的图书并非全部是管理学领域的图书，对那些虽非管理学图书，但在管理学领域中被引很多并产生很大影响的图书我们也给予收入。

13.1 概述

为了分析不同类型的文献资源对社会科学研究的影响，CSSCI 把引用文献类型分为 11 类[①]：期刊论文、图书、汇编文献、报纸文章、会议论文、学位论文、法规文献、信函、标准文献、网络资源，不属于以上 10 类的归为其他类。表 13-1 给出了 2000—2007 年 CSSCI 中管理学论文引用各类文献的次数，考虑到 CSSCI 引文数据中的汇编文献基本也是正式出版的图书，本章对管理学的图书学术影响力的讨论主要取自于这 8 年的 137283 次的图书被引数据及 14251 次的汇编文献，合计 151534 次，下文提到的图书均包括汇编文献。

表 13-1　　2000—2007 年 CSSCI 中管理学论文引用文献类型统计　　（单位：篇次）

类型 年份	期刊论文	图书	汇编文献	报纸文章	会议论文	学位论文	报告文献	法规文献	信函	标准文献	网络资源	其他	合计
2000	7831	9393	922	771	267	183	147	61	2	16	112	204	19909
2001	9131	10621	924	731	219	164	99	75	1	7	217	234	22423
2002	16303	15461	1359	1164	319	240	106	129	1	4	600	570	36256

---

① 2001 年前还有古籍这个类别，2001 年后合并到图书类，本文将古籍一概合并到图书类。

续表

类型 年份	期刊论文	图书	汇编文献	报纸文章	会议论文	学位论文	报告文献	法规文献	信函	标准文献	网络资源	其他	合计
2003	19271	16140	1482	1211	360	276	71	146	0	17	879	613	40466
2004	26932	18931	1784	1145	444	328	134	251	1	9	1446	1084	52489
2005	35335	20403	2230	1436	598	519	157	446	0	24	1971	1235	64354
2006	46876	22844	2790	1649	743	484	167	603	3	18	2496	1665	80338
2007	56546	23490	2760	1608	867	511	128	941	5	24	2632	1853	91365
合计	218225	137283	14251	9715	3817	2705	1009	2652	13	119	10353	7458	407600

从表 13-1 可以看出，2000—2007 年管理学论文引用图书的总体数量排在第二位，表中数据显示了早期作为管理学领域第一大学术资源的图书已让位于期刊。从年度的图书被引数量变化来看，虽然基本呈增长态势，但与期刊论文的增长速度相比尚显缓慢。如 2002 年以前图书的被引数量还高于期刊论文，但到了 2007 年却远低于期刊论文。再如，2000 年图书的被引数量占总被引数量的 51.8%，到 2007 年已减少到 28.7%。这个数据变化告诉我们，管理学是一个快速发展的应用学科，目前正处于高速成长期，同时也反映了我国管理学领域注重对国内外管理学研究的最新动态、最新成果的追踪和吸收，这对一个新兴学科来说是一个可喜现象。

表 13-2　　　　2000—2007 年 CSSCI 中管理学论文引用文献语种统计　　　（单位：篇次）

语种 年份	中文	英文	德文	法文	日文	俄文	其他语种	译文	合计
2000	12149	4872	170	16	17	18	59	2608	19909
2001	12935	6073	163	15	33	6	41	3157	22423
2002	20025	11128	166	27	29	20	68	4793	36256
2003	22069	13039	255	9	29	2	51	5012	40466
2004	27343	18665	175	13	39	23	51	6180	52489
2005	33092	24468	123	102	27	27	87	6428	64354
2006	40469	32252	147	61	67	25	43	7274	80338
2007	44228	39418	164	21	68	18	98	7350	91365
合计	212310	149915	1363	264	309	139	498	42802	407600

从表 13-2 可以看出，虽然管理学论文引用的文献语种以中文为多，占有比例达 52%。但和外文文献的差距在减小，2000 年的中文文献占比还达到 61%，但 2007 年已经降到了 48%，相比之下，引文中英文文献的占有比例却在逐年上升。2000 年，这一比例尚不到 25%，2007 年达到了 43%，已逼近中文文献，如果译文总量的 90% 看做来自于英文文献的话（这一假设来自于外文文献中英文文献的被引比例，因为英文文献的被引比例占所有外文文献被引总量的 98.31%），那么 2007 年的英文文献的被引数量已经超过了中文文献。这一数据充分说明了管理学学者越来越关注国外的相关领域的科研成果（尤其是英语文献），这在我国人文社会科学其他学科中是不多见的。

根据本书第 1 章拟定的管理学图书入选标准（总被引 50 次及以上或年均被引 5 次及以上）选出了古今中外图书 217 种，这 217 种图书总共被引 24318 次，占据管理学论文引用的图书总次数的 16.05%。为了从不同的角度反映不同类型图书的学术影响，我们将入选的管理学领域最有影响的 217 种图书分成 5 类：领袖著作、历史文献、工具书、国外学术著作、国内学术著作。详细数据参见表 13-3。

表 13-3　　入选管理学论文引用图书的类别统计

内容类别＼图书类别	领袖著作	历史文献	工具书	国外学术著作	国内学术著作
入选图书种数	13	1	4	122	77
入选图书被引次数	4029	60	1177	12933	6119
入选图书被引次数所占比例	16.6%	0.2%	4.8%	53.2%	25.2%
入选图书的平均被引次数	310	60	294	106	79

从表 13-3 可以看出，对管理学领域产生最大学术影响的图书是来自国外学者出版的图书，不论入选种数还是被引次数，所占比重均超过半数。其次是国内学术著作，入选种数和被引次数所占比例分别为 35.5% 和 25.2%；领袖著作排在第三位；工具书和历史文献对于管理学的影响相对较小，分别只有 4 种和 1 种图书入选，这同人文社会科学其他学科的区别十分明显。本章将详细讨论每一类别入选的图书以及这些图书对管理学领域所产生的学术影响。

13.2　领袖著作对管理学研究的影响

本章讨论的领袖著作，主要指马克思、恩格斯、列宁、毛泽东、刘少奇、周恩来、邓小平、陈云等革命领袖著作、当代党和国家领导人的有关言论以及其他党和国家领导人的文献等。马克思和恩格斯的经典著作直接和集中体现了马克思主义的基本立场、基本观点和基本方法。这些著作代表着无产阶级和人类智慧对社会现实的反思和探索,尽管《共产党宣言》发表已有160余年,但它所代表的马克思主义学说却始终在影响人类社会发展的进程,马克思主义的创始人及继承者历来认为,马克思主义的相关理论是发展的理论,马克思、恩格斯、列宁、毛泽东、邓小平等都是与时俱进、勇于理论创新的光辉典范。党的十五届六中全会提出:要在全党"深入进行马克思主义发展史的教育,特别要用我们党不断推进理论创新的实践教育广大党员干部"①。党的十六届六中全会《中共中央关于构建社会主义和谐社会若干重大问题的决定》也指出:"我们要构建的社会主义和谐社会……必须坚持以马克思列宁主义、毛泽东思想、邓小平理论和'三个代表'重要思想为指导……"② 胡锦涛在中国共产党第十七次全国代表大会上的报告也指出"在改革开放的历史进程中,我们党把坚持马克思主义基本原理同推进马克思主义中国化结合起来,……中国特色社会主义理论体系,就是包括邓小平理论、'三个代表'重要思想以及科学发展观等重大战略思想在内的科学理论体系。这个理论体系,坚持和发展了马克思列宁主义、毛泽东思想,凝结了几代中国共产党人带领人民不懈探索实践的智慧和心血,是马克思主义中国化最新成果,是中国共产党最为宝贵的政治和精神财富,是全国各族人民团结奋斗的共同思想基础。……在当代中国,坚持中国特色社会主义理论体系,就是真正坚持马克思主义"③。

由此可见,掌握马列主义基本思想,学习包括马列著作在内的相关领袖著作和政治文献,不仅对指导我国的社会主义实践、发展国民经济具有重要意义,对相关领域的学术研究也有着重要的指导作用,本章根据筛选标准,遴选出的对管理学产生重要学术影响的领袖著作有:《马克思恩格斯全集》、《邓小平文选》、《马克思恩格斯选集》、《资本论》和《毛泽东全集》等13种,入选数量在人文社会科学各学科中处于中间位置。这13种书均隶属于马克思主义哲学理论体系,对管理学研究有着极大的指导作用。表13-4给出了管理学论文引用较多的领袖人物著作。

---

① 中共中央关于加强和改进党的作风建设的决定. [2009 - 10 - 27] http://xf. people. com. cn/GB/42468/3202837. html.

② 中共中央关于构建社会主义和谐社会若干重大问题的决定. [2009 - 7 - 16] http://news. qq. com/a/20061018/001698. html.

③ 胡锦涛:高举中国特色社会主义伟大旗帜,为夺取全面建设小康社会新胜利而奋斗:在中国共产党第十七次全国代表大会上的报告. [2009 - 5 - 7] http://news. sina. com. cn/c/2007 - 10 - 24/205814157282. html.

表 13-4　管理学论文引用较多的领袖人物著作

序号	图书信息
1	马克思：《马克思恩格斯全集》，北京：人民出版社，1995*
2	邓小平：《邓小平文选》，北京：人民出版社，1993*
3	马克思：《马克思恩格斯选集》，北京：人民出版社，1995*
4	马克思：《资本论》，北京：人民出版社，1975*
5	毛泽东：《毛泽东选集》，北京：人民出版社，1991*
6	列宁：《列宁全集》，北京：人民出版社，1972*
7	江泽民：《全面建设小康社会，开创中国特色社会主义事业新局面：在中国共产党第十六次全国代表大会上的报告》，北京：人民出版社，2002
8	列宁：《列宁选集》，北京：人民出版社，1995*
9	毛泽东：《毛泽东文集》，北京：人民出版社，1999
10	江泽民：《江泽民论有中国特色社会主义（专题摘编）》，北京：中央文献出版社，2002
11	江泽民：《论科学技术》，北京：中央文献出版社，2001
12	江泽民：《江泽民文选》，北京：人民出版社，2006
13	胡锦涛：《高举中国特色社会主义伟大旗帜，为夺取全面建设小康社会新胜利而奋斗：在中国共产党第十七次全国代表大会上的报告》，北京：人民出版社，2007

注：图书信息右上角标有"*"的为在不同年份出版的图书，本表仅列举被引次数最多的年份。

为了详细了解表 13-4 列出的图书对本学科哪些领域产生着较大影响，我们仔细地查阅了引用这些马列著作的管理学论文，分析这些文章所在的研究领域，得知对马克思、列宁、毛泽东著作的引用论文主题几乎涉及管理学大多数领域，如国有企业改革、人力资源管理、宏观调控、经济改革、政府职能、知识经济、市场经济、电子政务等，基本反映了马克思主义对管理学各学术领域的指导作用。

马列主义经典著作为学科研究与发展提供了一种科学的世界观和方法论，学者利用它可以将本不相属的知识点串联起来，形成自己新的学科框架或理论体系。表 13-4 中的 13 种领袖著作又可以分为两大类：国外领袖著作和国内领袖著作。

（1）国外领袖著作

《马克思恩格斯全集》（被引 1116 次）是无产阶级的伟大导师和领袖、马克思主义创始人马克思和恩格斯一生的全部著述的汇集，是马克思主义的重要理论遗产，也是全人类思想精华的一座宝库。由于《马克思恩格斯全集》第一版合计 50 卷，第二版 60 卷，给读者阅读带来一定压力，因此择其精华编撰而成的 4 卷本《马克思恩格斯选集》（被引 800 次）同样大受欢迎。

《资本论》（被引 431 次）是马克思主义理论宝库中光辉灿烂的科学巨著，在《资本论》中，马克思运用辩证唯物主义和历史唯物主义的立场、观点、方法，创立了剩余价值理论，深刻分析了资本主义社会经济运动的规律，揭示了资本主义社会的基本矛盾：社会化大生产与生产资料私人占有的矛盾，这一鸿篇巨制是马克思主义理论的基础。它包含了马克思主义的哲学、政治经济学、科学社会主义的基本原理和主要内容，被誉为马克思主义的"百科全书"、"工人阶级的圣经"，[①] 该著作不但在民主革命时期有重要指导意义，我国领导人毛泽东等都曾多次阅读该书，在现代市场经济发展过程中仍然十分重要。在当前全球的金融危机当中，《资本论》再次掀起热潮，学者和管理者都希望能从这部经典中找到救世良策。[②] 美国学者休·海克罗认为，《资本论》的第一卷就是一部对社会和历史的分析汇集。在马克思面前，黑格尔显然相形见绌。[③]

列宁，马克思主义者、苏联革命家、政治家、理论家、苏联创建者。马克思主义者认知其为"全世界无产阶级和劳动人民的伟大导师和领袖"，集其主要思想的文献巨作《列宁全集》（被引 184 次）（第二版）共计 60 卷，共 2600 万字，收载列宁文献 9000 多篇，全集分三大部分，即著作卷、书信卷和笔记卷。[④] 同《马克思恩格斯选集》一样，4 卷本的《列宁选集》（被引 97 次）也是列宁重要著述中的精华。

以上 5 种著作中，被引最高的为 1116 次，最低为 97 次，都是国际马克思主义者的著作，他们的思想指导了全球的共产主义事业，对中国社会主义的发展也具有重要的指导作用，但其著作本身则缺少对中国社会主义事业的直接指导。

（2）国内领袖著作

邓小平，改革开放的总设计师，跨越革命战争、"文化大革命"和改革开放三个重要历史时期。《邓小平文选》（被引 867 次）展现了其建设有中国特色社会主义理论体系逐步形成的历史全貌，集中体现了当代中国马克思主义的精华，在邓小平讲话和文章中几乎每篇都出现"点睛语"。例如："改革是中国的第二次革命"，"建设有中国特色的社会主义"，"实事求是是毛泽东思想的精髓"，"坚持四项基本原则的核心，是坚持共产党的领导"，"资产阶级自由化的核心就是反对党的领导"，"四个现代化，关键是科学技术的现代化"，"端正党风是端正社会风气的关键"，"改革是社会主义制度的自我完善"等。这些点睛之笔一语破的，抓住根本，击中要害，极为有力。[⑤] 《邓小平文选》还同《江泽民文选》一起入选了"阅读 30 年：改革开放

[①] 张全景："深入学习研究《资本论》"，《光明日报》，2009-5-11，第 10 版。
[②] 编者的话：衰退的因果．[2009-6-12] http://www.p5w.net/p5w/fortune/200811．
[③] 寒川子等主编：《值得一读的好书》，学林出版社 2007 年版，第 7 页。
[④] 《列宁全集》．百度百科．[2009-6-12] http://baike.baidu.com/view/187153.html．
[⑤] 郑淑乔：《〈邓小平文选〉的语言艺术》，《应用写作》1995 年第 6 期。

30年最具影响力的300本书"①。

毛泽东同志是中国人民的伟大领袖，是伟大的思想家、哲学家、军事家、政治家、作家、诗人。综观其一生，风风雨雨，他对中国革命所做出的丰功伟绩，是人们永远难以忘怀的，《毛泽东选集》（被引244次）就是其一生重要观点和思想的大集成。

《毛泽东文集》（被引65次）共收入毛泽东文稿803篇，是继《毛泽东选集》一至四卷之后的又一部体现毛泽东思想科学体系的综合性多卷本毛泽东著作集，弥补了毛泽东在社会主义时期的著作没有选集这个空缺，它和《毛泽东选集》一起，是马列主义、毛泽东思想在中国实践的理论总结。

《全面建设小康社会，开创中国特色社会主义事业新局面：在中国共产党第十六次全国代表大会上的报告》（被引97次）是江泽民同志在中国共产党第十六次全国代表大会上的报告。报告鲜明地回答了在新世纪新阶段我们党举什么旗、走什么路、实现什么目标的重大问题，全面、深刻、科学地总结了党团结和带领全国各族人民建设中国特色社会主义的基本经验，阐明了全面贯彻"三个代表"重要思想的根本要求，对新世纪初我国改革开放和现代化建设做出了全面部署，提出了全面建设小康社会的奋斗目标。②

《江泽民论有中国特色社会主义（专题摘编）》（被引50次）、《论科学技术》（被引45次，2001年出版）、《江泽民文选》（被引28次，2006年出版）是党和国家领导人江泽民的有关著述。中国共产党第十六次全国代表大会以前，江泽民同志发表许多重要的报告、讲话、文章、书信、批示等，这些是我们党建设有中国特色社会主义实践的产物，是不断推进理论探索和理论创新的丰硕成果。《江泽民论有中国特色社会主义》（专题摘编）集中反映了这方面的重大成果。③《论科学技术》收录1989年12月至2000年10月江泽民关于科学技术问题的讲话、文章、书信和批示共49篇约15万字，其中还有不少资料是首次公开发表，反映江泽民同志坚持邓小平同志关于科学技术是第一生产力的思想，又根据新形势和新实践做出了新的论述。④《江泽民文选》收录了江泽民同志在1980年8月至2004年9月这段时间内具有代表性和独创性的重要著作，共有报告、讲话、谈话、文章、信件、批示、命令、题词等203篇，也有很大一部分是首次公开，它"集中反映了我们党坚持以马克思列宁

---

① 改革开放30年最具影响力的300本书，你看了几本．[2009－6－23] http：//bbs. cnhan. com/dispbbs. asp？boardid=125&id=722823.

② 全面建设小康社会，开创中国特色社会主义事业新局面．[2009－6－11] http：//www. bjyouth. gov. cn/llwx/jzmwx/3/246209. shtml.

③ 李忠杰："丰硕的理论成果"，《瞭望》2002年第36期．

④ 江泽民《论科学技术》出版发行．人民网．[2009－5－13] http：//www. people. com. cn/GB/paper39/2603/384292. html.

主义、毛泽东思想、邓小平理论为指导，坚持马克思主义基本原理同当代中国实践和时代特征相结合，创造性地提出的新的重大理论成果，深刻反映了'三个代表'重要思想孕育、形成、发展的历史过程和重大成果"①。江泽民同志的这些理论观点和战略思想，将继续影响我国社会主义的进程，推动党和国家有关改革和发展的各项工作取得新成就、开创新局面。

《高举中国特色社会主义伟大旗帜，为夺取全面建设小康社会新胜利而奋斗：在中国共产党第十七次全国代表大会上的报告》（被引5次，2007年出版）是以上13种领袖著作中年代最新的。该报告反映了以胡锦涛为核心的新一代领导集体始终高举中国特色社会主义伟大旗帜，坚持以邓小平理论和"三个代表"重要思想为指导，深入贯彻落实科学发展观，努力开拓中国特色社会主义更加广阔的发展前景。

以上8种著作中，《邓小平文选》合计被引867次，在管理学所有图书中排名第二位，它和其他7本领袖著作一起，反映了中国革命以及社会主义建设各重要阶段的发展概况，是马克思主义在中国的具体延伸，这些著作在建设有中国特色的社会主义过程必将发挥越来越重要的作用。

13.3 历史文献对管理学研究的影响

历史文献是我国源远流长的历史长河中流传下来的古代学者的智慧结晶，它记载了我国古代社会政治、经济、文化、军事等重大的历史事件，但历史文献对管理学的指导却有所不足，在这次遴选出的217种图书中，历史著作仅有1种：《论语》（被引60次），是历史文献入选图书最少的学科之一。

《论语》是儒家学派的经典著作之一，由孔子的弟子及其再传弟子编撰而成。它以语录体和对话文体为主，记录了孔子及其弟子言行，集中体现了孔子的政治主张、伦理思想、道德观念及教育原则等。通行本《论语》共20篇。论语的语言简洁精练，含义深刻，其中有许多言论至今仍被世人视为至理，其指导思想涉及如何做人、关于学习、教育、务政、治国与安邦等方面，这些内容对管理学都有一定的参考和借鉴价值。《论语》自成书以来就享有重要地位，宋代起就被列为儒家经典《四经》之一，近代也入选"中国读者理想藏书"书目②、胡适1920年开列的《中学国故丛书》、1923年开列的《实在的最低限度的书目》等书目都曾收录该书。③

---

① 《江泽民文选》第一、二、三卷在全国出版发行．新华网．[2009-5-13] http://news.xinhuanet.com/politics/2006-08/09/content_4940473.htm.

② 王余光编：《中国读者理想藏书》，光明日报出版社1999年版，序.

③ 邓咏秋等编：《中外推荐书目100种》，陕西师范大学出版社2001年版，第3—4页.

13.4 工具书对管理学研究的影响

工具书系统汇集某方面的资料，按特定方法加以编排，以供需要时查考用的文献，在各学科发展中起着非常重要的作用。工具书的类型很多：字词（辞）典、年鉴、手册、名录、百科全书、标准等。管理学入选的工具书只有4种，涉及三类：年鉴、辞典和百科全书。详细书目参见表13-5。由于表中的工具书基本都在不同年份出版或重印，因此表中列举的是被引次数最多的年份或省略了年份。

表13-5　　　　　　　　　　管理学论文引用较多的工具书

序号	图书信息
1	国家统计局编：《中国统计年鉴》，北京：中国统计出版社
2	国家统计局编：《中国科技统计年鉴》，北京：中国统计出版社
3	［英］约翰·伊特韦尔（John Eatwell）等编，陈岱孙主编译：《新帕尔格雷夫经济学大辞典》，北京：经济科学出版社，1996
4	［英］戴维·米勒（David Miller）等编，邓正来主编，中国问题研究所等译：《布莱克维尔政治学百科全书》，北京：中国政法大学出版社，1992

由表13-5可知，前2种统计年鉴类工具书被引次数较多，前者被引近700次，后者被引300余次，后2种引用较少，分别为103次和54次。从4种工具书的学科性质看，没有一本是直接针对管理学的，这一方面说明管理学研究在借鉴其他学科的知识和统计数据，另一方面也说明，管理学领域缺乏自己学科的工具书。

《中国统计年鉴》是一部全面反映中华人民共和国经济和社会发展情况的资料性年刊，收录当年全国和各省、自治区、直辖市每年经济和社会各方面大量的统计数据以及历史重要年份和近20年的全国主要统计数据。该书由国家统计局每年出版发行，是我国最全面、最具权威性的综合性统计年鉴。《中国科技统计年鉴》是国家统计局和科技部共同编撰的反映我国科技活动的统计资料书，书中收录了全国各省、自治区、直辖市以及国务院有关部门每年度的科技统计数据。年鉴类图书得以进入管理学研究的核心书目，表明近年来，中国管理学研究越来越重视实证研究，在讨论经济增长、产业结构、区域发展等问题的时候，如何收集高质量的数据是一个突出的问题，通过《中国统计年鉴》、《中国科技统计年鉴》等获得研究数据是最佳选择之一。需要说明的是，以上年鉴都是各年出版，在CSSCI数据中大量引用这些年鉴的文献没有标注年代，因此，在本章统计中，将各年年鉴合并统计，以体现其总体影响。

《新帕尔格雷夫经济学大辞典》(The New Palgrave a Dictionary of Economics,以下简称《新典》) 起源于英国经济学家罗伯特·哈利·英格利斯·帕尔格雷夫 (Robert Harry Inglis Palgrave) 主编的、1894 年出版的《政治经济学辞典》。15 年后，曾协助帕尔格雷夫主编辞典的亨利·希格斯又出版了该辞典的修订版，为纪念原作者，在书名中加上帕尔格雷夫的姓，即为《帕尔格雷夫政治经济学辞典》。1983 年，英国剑桥大学的约翰·伊特韦尔约请美国哈佛大学默里·米尔盖特 (Murray Milgate) 和约翰·霍普金斯大学彼得·纽曼 (Peter Newman) 合作，对辞典进行全新编辑，1987 年出版，立名为《新帕尔格雷夫经济学大辞典》。《新典》英文版出版后，我国立即组织翻译出版，历时 8 年多，终于于 1996 年分卷出版告竣。《新典》的价值主要体现了其权威性，辞目经过 100 位一流经济学家讨论，34 个国家 900 多位知名学者 (其中包括当时 13 位在世的诺贝尔经济学奖获得者中的 12 位) 编写。四卷辞典共收辞条 2000 多条，大部分是以专题论文的形式出现，涉及经济学各个领域的重要问题和最新发展，还收录了约 700 位近现代世界著名经济学家的小传。《新典》的价值最终还是表现在其学术价值上。该辞书的权威性不只是撰稿人是学术权威，更重要的是其内容有无可争辩的学术价值，辞书"从出版之日起，就立即得到经济学者的欢迎，并保证其在出版后半世纪中，继续处于经济文献中心的地位。"它"是维多利亚女王时期学术研究方面取得的最出色成就之一"[1]，随手翻阅辞典的任一辞条，读者都会获得该经济学知识点最权威、最全面的介绍。该书中文版主编、已故经济学泰斗陈岱孙先生称该辞典为"国内一切从事于认真学习、研究经济学的个人及机构的不可或缺的参考书"[2]。

《布莱克维尔政治学百科全书》(The Blackwell Encyclopedia of Political Science) 是中国现代政治学界的第一部百科全书译著，是《布莱克维尔政治思想百科全书》和《布莱克维尔政治制度百科全书》的合成之作。该书英文版出版于 1987 年，是世界公认的迄今最具权威的政治学工具书。撰稿者来自 10 多个国家，400 余人，均为权威专家。收条目近 900 条，内容不仅包括政治理论、政治制度、政党、社团与舆论、国际关系 (主要是国际组织)、政治学家，还论及与政治有关的法学、经济学、哲学、社会学等方面。《布莱克维尔政治思想百科全书》旨在为研究政治思想的专业学者和非专业学者了解有关影响当今世界的各种重要观点和理论提供一种指南。它总结了古今政治理论家的思想，历史地考察了各种政治思想的演化和走向。需要注意的是，该书主要关注的是西方政治思想传统，但出于让读者了解一些非西方政治思想的考虑，也收录了为数不多的几条有关中国、印度和伊斯兰政治思

---

[1] 刘志："漫话《新帕尔格雷夫经济学大辞典》"，《统计与信息论坛》1999 年第 2 期。
[2] 新帕尔格雷夫经济学大辞典．[2009 - 8 - 4] http://www.verycd.com/topics/29846/

想传统的概述性条目。[①]《布莱克维尔政治制度百科全书》的宗旨是要提供一个简明指南，介绍一些用于研究发达工业社会政治制度、重要的政治组织和运动以及主要政治共同体类型的核心概念。中译本由著名法学家邓正来主编，在中国改革逐步深入的历史条件下，中国学者在研究和讨论政治理论及政治问题的过程中常常直接借鉴该书。

13.5　国外学术著作对管理学研究的影响

有人类活动即有管理出现，其管理思想随之逐步形成。但现代管理学的诞生也只有100年左右的历史，我国把管理学作为一门学科也是近几十年的事。因此，在我国管理学研究与实践的发展过程中，大量引进、借鉴国外管理学成果和现代管理理念，是促使我国管理学迅速发展的有效途径。我国管理学界也正是这样做的，在管理学研究论文中大量地引用国外文献就是一个有力证明。在此次遴选出的217种图书中，国外学术著作（包括已被翻译成中文的）有122种，被引12933次，分别占入选图书总数的56.2%和入选图书被引总次数的53.2%。平均被引用次数为106次，仅次于领袖文献和工具书。表13-6给出了入选的国外学术著作目录。

表13-6　　　　　　　　管理学论文引用较多的国外学术著作

序号	图书信息
1	［美］迈克尔·波特（Michael E. Porter）著，陈小悦译：《竞争优势》，北京：华夏出版社，1997*
2	［美］R. H. 科斯（R. H. Coase）等著，刘守英译：《财产权利与制度变迁：产权学派与新制度学派译文集》，上海：上海三联书店，1991*
3	［美］彼得·圣吉（Peter M. Senge）著，郭进隆译：《第五项修炼：学习型组织的艺术与实务》，上海：上海三联书店，1998
4	［美］熊彼特（J. A. Schumpeter）著，何畏等译：《经济发展理论：对于利润、资本、信贷、利息和经济周期的考察》，北京：商务印书馆，1990
5	［美］迈克尔·波特（Michael E. Porter）著，陈小悦译：《竞争战略》，北京：华夏出版社，1997
6	［美］小艾尔弗雷德·D. 钱德勒（Alfred D. Chandler）著，重武译：《看得见的手：美国企业的管理革命》，北京：商务印书馆，1987

---

① 布莱克维尔政治学百科全书（修订版）. 豆瓣．[2009-6-12] http://www.douban.com/subject/1120991/.

续表

序号	图书信息
7	Ikujiro Nonaka：*Knowledge - Creating Company*：*How Japanese Companies Create the Dynamics of Innovation*，New York：Oxford University Press，1995
8	Oliver E. Williamson：*The Economic Institutions of Capitalism*：*Firms*，*Markets*，*Relational Contracting*，New York：Free Press，1985*
9	［美］道格拉斯·C. 诺斯（Douglass C. North）著，陈郁等译：《经济史中的结构与变迁》，上海：上海三联书店，1991
10	Edith Tilton Penrose：*Theory of the Growth of the Firm*，New York：Oxford University Press，1995
11	［美］西奥多·W. 舒尔茨（Theodore W. Schultz）著，吴珠华等译：《论人力资本投资》，北京：北京经济学院出版社，1990
12	［英］亚当·斯密（Adam Smith）著，郭大力等译：《国民财富的性质和原因的研究》，北京：商务印书馆，1972*
13	［美］戴维·奥斯本（David Osborne）等著，上海市政协编译组等编译：《改革政府：企业精神如何改革着公营部门》，上海：上海译文出版社，1996
14	［美］斯蒂芬·P. 罗宾斯（Stephen P. Robbins）著，黄卫伟等译：《管理学》，北京：中国人民大学出版社，1997*
15	Adolf A. Berle：*The Modern Corporation and Private Property*，New York：Macmillan，1932
16	［法］让·泰勒尔（Jean Tirole）著，马捷等译：《产业组织理论》，北京：中国人民大学出版社，1997
17	［日］青木昌彦等主编：《转轨经济中的公司治理结构：内部人控制和银行的作用》，北京：中国经济出版社，1995
18	［澳］欧文·E. 休斯（Owen E. Hughes）著，彭和平等译：《公共管理导论》，北京：中国人民大学出版社，2001
19	［英］马歇尔（A. Marshall）著，朱志泰等译：《经济学原理》，北京：商务印书馆，1997*
20	［日］青木昌彦著，周黎安译：《比较制度分析》，上海：上海远东出版社，2001
21	［美］加里·德斯勒（Gary Dessler）著，吴雯芳等译：《人力资源管理》，北京：中国人民大学出版社，1999
22	［美］道格拉斯·C. 诺斯（Douglass C. North）等著，刘守英译：《制度、制度变迁与经济绩效》，上海：上海三联书店，1994
23	［美］迈克尔·波特（Michael E. Porter）著，李明轩等译：《国家竞争优势》，北京：华夏出版社，2002

续表

序号	图书信息
24	[德]马克斯·韦伯（Max Weber）著，林荣远译：《经济与社会》，北京：商务印书馆，1997
25	Oliver E. Williamson: *Markets and Hierarchies, Analysis and Antitrust Implications: A Study in the Economics of Internal Organization*, New York: Free Press, 1975
26	Michael E. Porter: *Competitive Advantage of Nations*, New York: Free Press, 1990
27	[丹]尼古莱·J.福斯（Nicolai J. Foss）等编，李东红译：《企业万能：面向企业能力理论》，大连：东北财经大学出版社，1998
28	[美]奥列佛·哈特（Oliver Hart）著，费方域译：《企业、合同与财务结构》，上海：上海三联书店、上海人民出版社，1998*
29	[德]柯武刚（Wolfgang Kasper）等著，韩朝华译：《制度经济学：社会秩序与公共政策》，北京：商务印书馆，2000
30	[美]斯蒂芬·P.罗宾斯（Stephen P. Robbins）著，孙建敏等译：《组织行为学》，北京：中国人民大学出版社，1997*
31	H. Thomas & Laurence Davenport Prusak: *Working Knowledge: How Organizations Manage what they Know*, Boston: Harvard Business School Press, 1998
32	Michael E. Porter: *Competitive Advantage: Creating and Sustaining Superior Performance*, New York: Free Press, 1985
33	Michael E. Porter: *Competitive Strategy: Techniques for Analyzing Industries and Competitors*, New York: Free Press, 1980*
34	[美]B.盖伊·彼得斯（B. Guy Peters）著，吴爱明等译：《政府未来的治理模式》，北京：中国人民大学出版社，2001
35	Richard R. Nelson: *An Evolutionary Theory of Economic Change*, Cambridge: Harvard University Press, 1982
36	[美]路易斯·普特曼（Louis Putterman）等编，孙经纬译：《企业的经济性质》，上海：上海财经大学出版社，2000*
37	[美]R. H.科斯（R. H. Coase）等著，[瑞典]拉斯·沃因（Lars Werin）等编，李风圣主译：《契约经济学》，北京：经济科学出版社，1999*
38	[美]J.弗雷德·威斯通（J. Fred Weston）等著，唐旭等译：《兼并、重组与公司控制》，北京：经济科学出版社，1998
39	[美]哈罗德·德姆塞茨（Harold Demsetz）著，段毅才等译：《所有权、控制与企业：论经济活动的组织》，北京：经济科学出版社，1999

续表

序号	图书信息
40	陈郁编：《企业制度与市场组织：交易费用经济学文选》，上海：上海三联书店、上海人民出版社，1996*
41	陈郁编：《所有权、控制权与激励：代理经济学文选》，上海：上海三联书店、上海人民出版社，1998*
42	[美] 菲利普·科特勒（Philip Kotler）著，梅汝和等译：《营销管理：分析、计划、执行和控制》，上海：上海人民出版社，1999*
43	[美] 保罗·S. 麦耶斯（Paul S. Myers）主编，蒋惠工等译：《知识管理与组织设计》，珠海：珠海出版社，1998
44	[德] 爱因斯坦（E. Ainstein）著，许良英等编译：《爱因斯坦文集》，北京：商务印书馆，1979*
45	[美] 奥利弗·E. 威廉姆森（Oliver E. Williamson）著，段毅才等译：《资本主义经济制度：论企业签约与市场签约》，北京：商务印书馆，2002*
46	[美] 彼得·F. 德鲁克（Peter F. Drucker）等著，杨开峰译：《知识管理》，北京：中国人民大学出版社，1999
47	[美] R. H. 科斯（R. H. Coase）著，盛洪等译校：《论生产的制度结构》，上海：上海三联书店，1994
48	Ronald Burt：*Structural Holes*：*The Social Structure of Competition*，Cambridge：Harvard University Press，1992
49	[美] 伊查克·爱迪思（Ichak Adizes）著，赵睿译：《企业生命周期》，北京：中国社会科学出版社，1997
50	[美] R. H. 科斯（R. H. Coase）著，盛洪等译：《企业、市场与法律》，上海：上海三联书店，1990
51	[美] 玛格丽特·M. 布莱尔（Margaret M. Blair）著，张荣刚译：《所有权与控制：面向21世纪的公司治理探索》，北京：中国社会科学出版社，1999
52	[美] Y. 巴泽尔（Yofam Barzel）著，费方域等译：《产权的经济分析》，上海：上海三联书店，1997*
53	[美] 维纳·艾莉（Verna Allee）著，刘民慧等译：《知识的进化》，珠海：珠海出版社，1998
54	[美] 约翰·罗尔斯（John Rawls）著，何怀宏等译：《正义论》，北京：中国社会科学出版社，1988
55	[德] 迈诺尔夫·迪尔克斯（Meinolf Dierkes）等主编，上海社会科学院知识与信息课题组译：《组织学习与知识创新》，上海：上海人民出版社，2001

续表

序号	图书信息
56	[美] 迈克尔·迪屈奇（Michael Dietrich）著，王铁生等译：《交易成本经济学：关于公司的新的经济意义》，北京：经济科学出版社，1999
57	[美] 理查德·R. 纳尔逊（Richard R. Nelson）等著，胡世凯译：《经济变迁的演化理论》，北京：商务印书馆，1997
58	[美] 贝克尔（G. S. Beeker）著，梁小民译：《人力资本：特别是关于教育的理论与经验分析》，北京：北京大学出版社，1987
59	世界银行编著，蔡秋生等译：《1997 年世界发展报告：变革世界中的政府》，北京：中国财政经济出版社，1997
60	[美] 戴维·贝赞可（David Besanko）等著，武亚军总译校：《公司战略经济学》，北京：北京大学出版社，1999
61	[日] 青木昌彦等编著，魏加宁等译：《经济体制的比较制度分析》，北京：中国发展出版社，1999
62	[美] G. J. 施蒂格勒（George Joseph Stigler）著，潘振民译：《产业组织和政府管制》，上海：上海三联书店，1996*
63	[美] 丹尼尔·A. 雷恩（Daniel A. Wren）著，赵睿等译：《管理思想的演变》，北京：中国社会科学出版社，2000
64	[美] 克林·盖尔西克（Kelin E. Gersick）等著，贺敏译：《家族企业的繁衍：家庭企业的生命周期》，北京：经济日报出版社，1998
65	[美] J. P. 科特（John P. Kotter）等著，曾中等译：《企业文化与经营绩效》，北京：华夏出版社，1997*
66	[美] 弗朗西斯·福山（Francis Fukuyama）著，彭志华译：《信任：社会美德与创造经济繁荣》，海口：海南出版社，2001
67	[英] 安德鲁·坎贝尔（Andrew Campbell）等编，严勇等译：《核心能力战略：以核心竞争力为基础的战略》，大连：东北财经大学出版社，1999
68	[法] 孟德斯鸠（Baron de Montesquieu）著，张雁深译：《论法的精神》，北京：商务印书馆，1997*
69	[美] 曼瑟尔·奥尔森（Mancur Olson）著，陈郁等译：《集体行动的逻辑》，上海：上海三联书店，1995
70	[澳] 杨小凯等著，张玉纲译：《专业化与经济组织：一种新兴古典微观经济学框架》，北京：经济科学出版社，1999
71	[美] 奥利弗·E. 威廉姆森（Oliver E. Williamson）著，王健等译：《治理机制》，北京：中国社会科学出版社，2001

续表

序号	图书信息
72	［美］加里·哈默尔（Gary Hamel）等著，王振西译：《竞争大未来》，北京：昆仑出版社，1998
73	［古希腊］亚里士多德（Aristotle）著，吴寿彭译：《政治学》，北京：商务印书馆，1965*
74	［美］弗朗西斯·福山（Francis Fukuyama）著，李宛蓉译：《信任：社会道德和繁荣的创造》，呼和浩特：远方出版社，1998
75	［日］青木昌彦等编著，周国荣译：《模块时代：新产业结构的本质》，上海：上海远东出版社，2003
76	［日］植草益著，朱绍文等译：《微观规制经济学》，北京：中国发展出版社，1992
77	［美］迈克尔·波特（Michael E. Porter）著，高登第等译：《竞争论》，北京：中信出版社，2003*
78	［美］理查德·L. 达夫特（Richard L. Daft）著，李维安等译：《组织理论与设计精要》，北京：机械工业出版社，1999*
79	［美］查尔斯·M. 萨维奇（Charles M. Savage）著，谢强华等译：《第五代管理》，珠海：珠海出版社，1998
80	Oliver Hart：*Firms, Contracts and Financial Structure*，New York：Oxford University Press，1995
81	［美］塞缪尔·P. 亨廷顿（Samuel P. Huntington）著，王冠华等译：《变化社会中的政治秩序》，北京：生活·读书·新知三联书店，1989
82	Peter M. Senge：*Fifth Discipline：The Art and Practice of the Learning Organization*，New York：Doubleday/Currency，1990*
83	［美］安纳利·萨克森宁（A. Saxenian）著，曹蓬等译：《地区优势：硅谷和128公路地区的文化与竞争》，上海：上海远东出版社，1999
84	［美］哈罗德·孔茨（Harold Koontz）等著，张晓君等编译：《管理学》，北京：经济科学出版社，1998
85	［美］约瑟夫·E. 斯蒂格利茨（J. E. Stiglitz）等著，［荷］阿诺德·赫特杰（Heertie. Arnold）主编，郑秉文等译：《政府为什么干预经济：政府在市场经济中的角色》，北京：中国物资出版社，1998
86	［美］保罗·萨缪尔森（Paul A. Samuelson）等著，高鸿业等译：《经济学》，北京：中国发展出版社，1992*
87	［英］J. D. 贝尔纳（J. D. Birnal）著，陈体芳译：《科学的社会功能》，北京：商务印书馆，1982
88	［美］丹尼斯·C. 缪勒（Dennis C. Mueller）著，杨春学等译：《公共选择理论》，北京：中国社会科学出版社，1999

续表

序号	图书信息
89	[美] 道格拉斯·C. 诺斯（Douglass C. North）等著，厉以平等译：《西方世界的兴起》，北京：华夏出版社，1999*
90	[美] 艾尔弗雷德·D. 钱德勒（Alfred D. Chandler）著，张逸人等译：《企业规模经济与范围经济：工业资本主义的原动力》，北京：中国社会科学出版社，1999
91	[美] 丹尼斯·卡尔顿（Dennis W. Carlton）等著，黄亚钧等译：《现代产业组织》，上海：上海三联书店、上海人民出版社，1998
92	[美] 西奥多·W. 舒尔茨（Theodore W. Schultz）著，蒋斌等译：《人力资本投资：教育和研究的作用》，北京：商务印书馆，1990
93	Michael Hammer: *Reengineering the Corporation: A Manifesto for Business Revolution*, New York: Harper Business, 1993*
94	[美] 加布里埃尔·A. 阿尔蒙德（Gabriel A. Almond）等著，曹沛霖等译：《比较政治学：体系、过程和政策》，上海：上海译文出版社，1987
95	张五常著，易宪容等译：《经济解释：张五常经济论文选》，北京：商务印书馆，2000
96	[美] 唐纳德·J. 鲍尔索克斯（Donald J. Bowersox）等著，林国龙等译：《物流管理：供应链过程的一体化》，北京：机械工业出版社，1999
97	Chris Argyris: *Organizational Learning: A Theory of Action Perspective*, Massachusetts: Addison-Wesley, 1978
98	[美] 罗伯特·希斯（Robert Heath）著，王成等译：《危机管理》，北京：中信出版社，2004*
99	[美] E. S. 萨瓦斯（E. S. Savas）著，周志忍等译：《民营化与公私部门的伙伴关系》，北京：中国人民大学出版社，2002
100	[美] 特里·L. 库珀（Terry L. Cooper）著，张秀琴译：《行政伦理学：实现行政责任的途径》，北京：中国人民大学出版社，2001
101	经济合作与发展组织（OECD）编，杨宏进等译：《以知识为基础的经济》，北京：机械工业出版社，1997
102	[美] 丹尼尔·F. 史普博（Daniel F. Spulber）著，余晖等译：《管制与市场》，上海：上海三联书店、上海人民出版社，1999*
103	[美] 查尔斯·沃尔夫（Charles Wolf）著，谢旭译：《市场或政府：权衡两种不完善的选择》，北京：中国发展出版社，1994
104	[英] 雷丁（S. B. Redding）著，张遵敬译：《海外华人企业家的管理思想：文化背景与风格》，上海：上海三联书店，1993

续表

序号	图书信息
105	[美] 乔治·弗雷德里克森（H. George Frederickson）著，张成福等译：《公共行政的精神》，北京：中国人民大学出版社，2003
106	[法] 让-雅克·拉丰（Jean-Jacques Laffont）等著，陈志俊等译：《激励理论：委托—代理模型》，北京：中国人民大学出版社，2002
107	[英] 弗里德利希·冯·哈耶克（Friedrich A. Von Hayek）著，邓正来译：《自由秩序原理》，北京：生活·读书·新知三联书店，1997
108	[法] 让-雅克·卢梭（Jean-Jacques Rousseau）著，何兆武译：《社会契约论》，北京：商务印书馆，2003*
109	[英] 罗伯特·D. 帕特南（Robert D. Putnam）著，王列等译：《使民主运转起来：现代意大利的公民传统》，南昌：江西人民出版社，2001
110	[英] 安德鲁·坎贝尔（Andrew Campbell）等编著，任通海等译：《战略协同》，北京：机械工业出版社，2000
111	[美] 哈罗德·德姆塞茨（Harold Demsetz）著，梁小民译：《企业经济学》，北京：中国社会科学出版社，1999
112	[美] 伊兰伯格（Ronald G. Ehrenberg）等著，潘功胜等译：《现代劳动经济学：理论与公共政策》，北京：中国人民大学出版社，1999*
113	[美] 雅各布·明塞尔（Jacob Mincer）著，张凤林译：《人力资本研究》，北京：中国经济出版社，2001
114	[美] 戴维·奥斯本（David Osborne）等著，谭功荣等译：《摒弃官僚制：政府再造的五项战略》，北京：中国人民大学出版社，2002
115	[美] V. K. 纳雷安安（V. K. Narayanan）著，程源等译：《技术战略与创新：竞争优势的源泉》，北京：电子工业出版社，2002
116	[美] 彼得·F. 德鲁克（Peter F. Drucker）著，刘毓玲译：《21世纪的管理挑战》，北京：生活·读书·新知三联书店，2003
117	[美] 吉姆·柯林斯（Jimcollins）等著，真如译：《基业长青：企业永续经营的准则》，北京：中信出版社，2002
118	[加] 弗朗西斯·赫瑞比（Frances Horibe）著，郑晓明等译：《管理知识员工》，北京：机械工业出版社，2000
119	[美] 珍妮特·V. 登哈特（Janet V. Denhardt）等著，丁煌译：《新公共服务：服务，而不是掌舵》，北京：中国人民大学出版社，2004
120	[美] 戴维·H. 罗森布鲁姆（David H. Rosenbloom）等著，张成福等校译：《公共行政学：管理、政治和法律的途径》，北京：中国人民大学出版社，2002

序号	图书信息
121	［韩］W. 钱·金（W. Chan Kim）等著，吉宓译：《蓝海战略：超越产业竞争、开创全新市场》，北京：商务印书馆，2005*
122	［美］乔治·斯蒂纳（Geroge A. Steiner）等著，张志强等译：《企业、政府与社会》，北京：华夏出版社，2002

注：标注"＊"的著作在不同年份出版或重订，本表仅列举被引次数最多的年份。

分析表13-6中的书目，外文原版图书15种，译著107种。其中迈克尔·波特教授比较突出，他关于竞争方面的三部曲的译文和原文被引次数高达上千次，这是管理学入选的外国学术著作中被引频次最高的。波特教授关于竞争战略的研究成果完全可以享有"企业家圣经"的赞誉；除此之外，对国内管理学研究贡献比较大的就是国内外耳熟能详的经济学、管理学名著，如熊彼特的《经济发展理论》、圣吉的《第五项修炼》、钱德勒的《看得见的手：美国企业管理的革命》以及罗宾斯的《管理学》等。特别要指出的是，国内三联出版社近年来翻译了许多国外管理学著作，这对国内管理学知识的积累与传播起了重要的引路作用，如科斯的《财产权利与制度变迁》，诺斯的《经济史中的结构与变迁》、《制度、制度变迁与经济绩效》，巴泽尔的《产权的经济分析》等。

从国别来看，美国出版的图书最多，日本、英国、德国次之，表明这些发达国家都是管理学研究的重镇。表13-6中的著作所讨论的主题既涉及了相对传统的"企业理论"与"企业战略管理"，也涉及近几年才成为热门的"知识管理"和"技术创新"。从这些著作的来源看，被大量引用的大多是国外知名学者的研究成果。此外还需指出的是，外国学者的思想大多是以译著的形式产生影响的。如波特的"竞争三部曲"：《竞争战略》、《竞争优势》、《国家竞争优势》，对原著的引用普遍少于译著，表明我国学者参考国外学者专著的途径多数来自于经过了第二次加工的成果，较少直接借鉴外国学者的观点。

以上122本著作，学科内容以经济学居多，其次有管理学、政治学和社会学等，由此可见，经济学的相关理论与方法在管理学的研究中有着非常重要的作用。为进一步了解以上著作的影响，我们按其研究内容以及其对管理学的影响分为以下10余类。需要说明的是，有很多著作涉猎甚广，难以指定单一的类别，如《经济与社会》，引用该书的文章有很多是讨论政治与行政改革的，但该书讨论了经济与社会制度的问题，因此涉及制度经济学的范畴。《正义论》、《社会契约论》传统意义上可能更多的是政治理论，但如果从对管理学、经济学学术影响的角度看，它们是讨论社会制度或宪政制度的，因此，既可归为制度经济学，也可归为公共与行政管理，等等。本书的分类一方面考虑到原著的内容，另一方面则考虑到它们对于管理学的实际影响，相关类别及著作讨论如下。

（1）制度经济学类著作

制度是一个内涵宽泛而又争议颇多的概念，常被表述为约束人们在社会活动中行为选择的规范及其作用机制的总和。制度经济学是把制度作为研究对象的一门经济学分支学科。它研究制度对于经济行为和经济发展的影响以及经济发展如何影响制度的演变。制度经济学的研究始于科斯的《企业之性质》，科斯的贡献在于将交易成本这一概念引入到经济学的分析中并指出企业和市场在经济交往中的不同作用。威廉姆森、德姆塞茨等人对于这个新兴学科作出了重大的贡献。[①] 入选的国外学术著作中有32本著作归属到制度经济学类，其中单本被引次数最多的是译文集《财产权利与制度变迁：产权学派与新制度学派译文集》（357次），被引最少的是德姆塞茨的《企业经济学》（50次）。

《财产权利与制度变迁：产权学派与新制度学派译文集》（被引357次）是一本关于产权与制度变迁理论的论文集，总共收集了13篇经典文章，大部分作者都是国外知名学者。[②] 这本文集基本反映了产权学派和新制度学派的重要假说、分析特征和政策意义的全貌，如科斯的"社会成本问题"被公认为是经典之作，它的主要思想被总结为著名的科斯定理；阿尔钦和德姆塞茨的论文阐述了产权的定义与功能，不同产权结构与效率的关系以及诱致产权结构与安排变迁的因素等；张五常的文章则将产权方法应用于土地租约安排方面的分析等。因此，本文集对于经济学如何关注我国改革和现代化进程中的产权和制度问题具有重要的借鉴意义。[③] 引用该书较多的管理学论文主题有制度创新、人力资本、制度变迁、国有企业等。

威廉姆森是美国著名经济学家，2009年诺贝尔经济学奖获得者，他的著作 *Economic Institutions of Capitalism: Firms, Markets, Relational Contracting*（被引222次）及其中译本《资本主义经济制度：论企业签约与市场签约》（被引100次）都进入了管理学高被引图书之列。《资本主义经济制度》集中了威廉姆森20世纪70年代中期到80年代中期对组织理论的研究成果。总体而言，该书内容广博，思路清晰，详尽分析了资本主义主要经济制度，包括市场、企业、工作组织、劳动组织、公司治理、自然垄断特许权、反垄断法等。[④] 作者提出了构造经济组织是为了节省交易成本的理论，他以"合同"作为研究对象，提出了两个在客观规律层面上把握问题的论点：

[①] 制度经济学．[2009-7-12] http://wiki.mbalib.com/wiki/Institutional_Economics.

[②] 但由于该书并没有在国外直接出版，而是国内组织集结成册，仍然将其放在国外著作部分来讨论。

[③] 财产权利与制度变迁．[2009-8-1] http://www.hibooks.cn/cache/books/view/15/view-0SJCB07208018715.htm.

[④] 聂辉华："交易费用经济学：过去、现在和未来：兼评威廉姆森《资本主义经济制度》"，《管理世界》2004年第12期。

一是用简单的治理结构去解决复杂的交易问题会把事情搞乱；而用复杂的治理结构去解决简单的交易问题成本太高。二是交易的属性不同，治理结构即组织成本与组织的权能也应不同，不同的交易就需要不同的治理结构与之相匹配。① 从引用该书的来源文献来看，该书对人力资本、交易费用和成本、企业边界等制度经济学的基本理论影响较大。因此，该书可以说是制度经济学研究不可或缺的一环，对中国现代企业制度的建立、企业改革等都具有现实意义。

作为交易成本经济学理论创始人，威廉姆森还有两本书进入本书排行：*Markets and Hierarchies, Analysis and Antitrust Implications: A Study in the Economics of Internal Organization* （被引 132 次）以及《治理机制》（被引 74 次）。*Markets and Hierarchies*（译为《市场与公司的等级制度》）是威廉姆森入选的第二本著作，这本书出版在先，但影响不及后来出版的《资本主义经济制度》，该书较难阅读和理解，所以未能获得应有重视。作者在书中指出，传统的规模经济学说严重低估了"交易成本"，亦即沟通、协调和决定的成本。这跟传统的论点相呼应：员工人数若呈算数级数增加，沟通等方面的复杂度就会呈几何级数增加，许多要素需要彼此协调，所以协调的成本通常会让技术带来的规模经济徒劳无功。② 引用该书的文章主题主要有交易成本、企业理论、人力资本等。

《治理机制》则是威廉姆森近年的一部力作。在书中，作者以交易成本经济学研究了许多组织问题，深化了对组织理论的研究，发展了组织学的理论，在交易成本经济学的发展过程中作出了杰出的贡献。从引用该书的来源文献看，它对我国有关公司治理，包括上市公司和家族企业等问题的研究有一定参考价值。全书包括五大部分：一是总论，论述了交易成本经济学的起源，它与早期的组织学的关系，以及交易成本经济学的创立；二是概念和应用，以比较经济组织的方法分析了可信的承诺、自发的和有意识管理的经济制度、公司融资和公司管理、再分配和效率等理论；三是组织理论，论述了交易成本经济学和组织理论的关系，精算和信用及经济组织等理论；四是公共政策，论述了理论的应用，包括反垄断的界限、策略和节约及经济组织，经济发展以及改革的制度和管理；五是展望交易成本经济学和组织学的进展。③

美国经济学家诺斯由于建立了包括产权理论、国家理论和意识形态理论在内的"制度变迁理论"，获得 1993 年诺贝尔经济学奖。他有 3 本书入选高被引图书：《经济史中的结构与变迁》（被引 219 次）、《制度、制度变迁与经济绩效》（被引 138 次）以及《西方世界的兴起》（被引 58 次）。

---

① 资本主义经济制度．[2009-7-23] http://www.chinavalue.net/bookinfo/Bookinfo.aspx?Bookid=141302.
② 进化．[2009-7-23] http://www.touding.com/member/user.asp?id=16325.
③ 治理机制．[2009-7-23] http://www.wl.cn/1635446.

《经济史中的结构与变迁》在经济史学中有两大创新：首先在方法论上恢复了理论与历史相结合的经济学优良传统；其次是诺斯在该书中形成了一个包括产权理论、国家理论和意识形态理论在内的制度变迁理论。其理论一反传统的经济增长理论，认为对经济增长起决定作用的是制度因素，而非技术因素，关键在于产权结构方面的变革制度的变迁才是历史演进的源泉。[1]诺斯在书中分析了产权、国家，意识形态和制度对经济发展的影响，并建构了制度——制度变迁——经济绩效这一有关制度变迁的理论基石。在常人看来，产业革命的爆发无非是蒸汽机和飞梭发明之类技术进步的结果，产业革命似乎是一种突变，因此人们通常顺理成章地把技术创新、规模经济、教育和资本积累等因素看做是促进经济增长的源泉。诺斯在书中把这些因素看做是增长的过程，而不是增长的动因，他认为，是一系列制度方面的变化给产业革命这一根本性的变革铺平了道路：市场规模的扩大引起了专业化和劳动分工，进而引起了交易费用的增加；交易费用的增加意味着资源的浪费，也说明原有的经济组织出现了不适应性，这迫使经济组织发生变更，从而降低了技术变革的费用，加速了经济增长。诺斯把制度创新与产权理论结合起来，指出对决定经济增长的是制度性因素而非技术性因素，[2]从引用该书的来源文献看，其影响面除制度创新、产权制度等之外，还包括了有关政府职能、行政改革、国企改革等方面的研究。该书中文版除了本文选择的三联版外，商务出版社也曾出版过厉以平翻译的译本[3]。

《制度、制度变迁与经济绩效》也是诺斯主要的理论著作，可视为当代制度经济学理论中一部经典著作。在书中，诺斯分析的重点在于厘清了制度的含义，探讨了制度是如何影响交易费用和生产成本的，继而从历史的角度讨论了制度变迁的内在机制，以及制度与经济绩效之间的关系。诺斯在书中十分清晰地建立了制度变迁分析框架，对古典经济学的传统模型进行了有力的修正，将个人效用函数差异，信息不确定性等因素引入到了古典经济学工具理性的基本假设，使之具有了更强的现实解释力，同时为经济史研究提供了新的观察视角与分析框架。[4]从具体影响的研究领域来看，该书同《经济史中的结构与变迁》比较类似，即主要影响涉及制度创新及政府管理方面的内容。

《西方世界的兴起》是诺斯与他人合作的一部经济学著述。作者在书中深入地考辨了西方经济的发展与财产权属关系演化的联系，他从历史发展进路的角度，实在地揭示出西方经济在近代以降之所以有突破性的发展，完全在于财产权属确定性的

---

[1] 经济史中的结构与变迁. [2009-7-23] http://www.douban.com/subject/1255502/.
[2] 经济制度创新与合法产权界定促进发展进程. [2009-7-23] http://guancha.gmw.cn/show.aspx? id=5594.
[3] 道格拉斯·C.诺斯著，厉以平译：《经济史中的结构和变革》，商务印书馆1992年版。
[4] 制度的秘密. 豆瓣. [2009-7-24] http://www.douban.com/review/1641429/.

不断明晰,尽管这一观点没有太多新意,但作者在书中使用的论述方法尤其具有说服力。[①] 正如该书文后序中所指出的:在某些方面,该书试图成为一本革命性的著作,而另一方面,该书又确实是非常合乎传统的。该书的革命性在于我们发展了一种复杂的分析框架用来考察和解释西方世界的兴起;这个框架与标准的新古典派经济理论保持一致并互为补充。不过同前两本书不同,这本书的影响更集中于技术创新、制度创新等研究领域,对政府职能研究的影响稍弱。

青木昌彦是美国斯坦福大学经济系讲座教授、《日本和国际经济》杂志主编、兼任日本理论计量经济学会会长等职务,曾获得1998年度国际熊彼得学会熊彼得奖,并为瑞典皇家工程科学院外籍院士,[②] 是入选其中的国外学者中为数不多的亚洲人之一。他有4本著作入选,其中属于制度经济学的就有3种:《转轨经济中的公司治理结构:内部人控制和银行的作用》(被引160次)、《比较制度分析》(被引148次)以及《经济体制的比较制度分析》(被引86次)。

《转轨经济中的公司治理结构:内部人控制和银行的作用》所反映的是一项从新的比较制度分析角度进行的关于转轨经济中公司治理结构的研究项目的成果。按该书的思路,银行以及其他外部机构可以在公司的治理结构中扮演重要的角色,这与传统的思路形成了对照。作者汇集了对单个国家的研究,并将这些研究放在一起,对它们的含义进行考察和比较,从而可以避免做出不成熟的总结或只是依据对单一国家的观察而形成的理论。通过比较不同的体制的运行状况,揭示出有助于或是制约一种特定的治理结构运行的潜伏的因素。[③] 而从来源文献来看,主要是研究公司治理、治理结构、国企改革等方面的文章引用了该书。需指出的是,该书合作者是华人经济学家钱颖一,原美国伯克利加州大学经济系教授,现为清华大学经济管理学院院长。

《比较制度分析》是青木昌彦近年来致力于比较制度研究的一部集大成之著。该书运用20世纪80年代发展起来的合同理论、信息经济学,尤其是博弈论(包括进化博弈论),在研究日本企业和金融制度的基础上,建立了一个透视和比较不同制度安排及其特征的系统性框架。该书的一个突出贡献是论证了博弈模型中存在的多重均衡问题恰恰为制度的比较性和历史性分析提供必要性和可能性。由于青木昌彦教授这一创造性的解释和阐述,一个本来被理论界视为困惑性的结果成了经济学一个新兴领域——比较制度分析的起点和基础。[④] 引用该书的管理学论文主题较广泛,如

---

① 西方世界的兴起. [2009-7-24] http://www.mendui.com/h_book/462852.shtml.
② 青木昌彦. MBA智库百科. [2009-7-24] http://wiki.mbalib.com/wiki/AOKI_Masahiko.
③ 肖梦:"寻找对企业的外部监控机制",《改革》1995年第3期。
④ 《比较制度分析》概要. [2009-7-24] http://www.rieti.go.jp/cn/publications/summary/aoki-masahiko_0002_01.html.

公司治理、人力资本、企业集群、交易成本等。该书英、法、日版全球同步发行，被誉为制度分析学的经典著作，中文版荣获上海市新闻出版局颁发的2002年度优秀引进图书奖。

《经济体制的比较制度分析》将经济体制看做各种制度的集合，是比较制度分析这一新领域中第一部系统论述市场经济体制多样性的权威著作。该书以现代日本经济体制作为比较制度分析的主要对象，从理论上对这一体制的内部结构以及构成这种结构的各种要素所具有的激励效果和相互依存关系加以论述。[①] 引用该书的管理学论文主题除了公司治理以外，还包括企业绩效、企业制度、治理结构等。

由德国学者柯武刚和史漫飞合著的《制度经济学：社会秩序与公共政策》（被引127次）从有关人类认识和动机的基本前提入手，展开了一系列具有政策取向的讨论：如制度的逻辑基础以及制度的重要性；为国内市场与国家贸易奠定基础的各种制度安排；奠定商务组织基础的各种制度安排；政府的职能、私人选择和公共选择的相对优点以及对机会主义运用政治权力的行为施加控制的办法等。作者认为制度的关键功能是增进秩序：它是一套关于行为和事件的模式，它具有系统性、非随机性，因此是可以理解的[②]。从引用该书的管理学论文看，该书除了影响制度经济学研究外，还影响公共政策、市场经济、公共管理、诚信机制等研究领域。国内有学者认为，在我国政府改革进程中，该书有重要的参考意义，尤其在对政府职能的论述方面，可以得到一些借鉴。[③]

An Evolutionary Theory of Economic Change（被引115次）及其中译本《经济变迁的演化理论》（被引90次）同时入选管理学高被引著作。作者认为，企业的成长是通过类似生物进化的三种核心机制，即多样性、遗传性和自然选择性来完成的。组织、创新和路径依赖（Path Dependency）等进化对企业成长的影响至深，市场环境提供企业成长的界限，这一界限与企业存活能力和增长率有密切关系。纳尔逊和温特在企业生物相似性的基础上，构建了一个模拟生物的企业研究模型，该模型特别强调"惯例"（知识遗传和继承）、"搜寻"（企业适应和惯例变异）和"市场选择"在企业演化过程中的作用。在企业进化论中，惯例是企业持久不变的行为特点，深深根植于企业的一切思维和行为中，是可以遗传和继承的。惯例既对短期行为（如企业的某次营销活动）的思维方式和行为特征产生影响，又对企业长期行为（如基本竞争战略的选择或投资风格的确立）产生根本影响。但惯例并非一成不变，企业进

---

① 经济体制的比较制度分析（修订版）. [2009-7-25] http://www.amazon.cn/dp/zjbk086820.
② 制度经济学——社会秩序与公共政策. [2009-7-25] http://0.book.baidu.com/weilan/m0/w4/h41/4803be285a.1.html.
③ 冀峰."政府应该做什么：读《制度经济学：社会秩序与公共政策》札记",《天津财税》2001年第4期.

化论也考虑到它受环境和随机因素的影响，否则进化也就无从谈起。① 该书对我国管理学研究而言，主要影响有关技术创新、演进经济学、企业战略管理等方面的内容，著名经济学家汪丁丁认为，对中国读者而言，这本书的重要价值在于它的前半部分。这一部分介绍了演进理论的来源、特征、方法论以及利弊。在这一意义上，它足以当做一部"演进经济学"教科书，尽管其成书较早，无法引用20世纪90年代演进理论的新进展，但就国内演进经济学几乎处于空白的现状而言，这本书仍然是试图在这一方向上探索的中国学者必须阅读的当代经典。②

科斯，1991年诺贝尔经济学奖的获得者，被誉为新制度经济学的鼻祖。他入选著作包括：《契约经济学》（参著，被引114次）、《论生产的制度结构》（被引98次）和《企业、市场与法律》（被引96次）。

《契约经济学》作者包括诺贝尔经济学奖的获得者科斯、加里·贝克尔等研究现代契约经济学的著名的经济学家，1990年他们在瑞典的斯德哥尔摩召开了一次有关契约经济学前沿问题的研讨会，该书是将此次会议上发表的论文汇集成册出版的集子。这些经济学家从不同角度分析了契约经济学的有关问题。阿尔奇安和德姆塞茨等人以古典企业为分析对象，指出了监督在团队中的作用，由此确立了监督者应该成为产权所有的假说；分析了企业存在的原因，并指出所有权与控制权的分离更需要所有权作为基础条件。③ 该书对国内研究的影响也主要在契约理论、人力资本、治理结构等方面。

《论生产的制度结构》和《企业、市场与法律》实际是同本书的不同译本：1990年，上海三联书店出版了科斯的《企业、市场与法律》，后来这本书又以《论生产的制度结构》为名，于1992年出了修订版。该书收录了科斯发表的《企业的性质》、《社会成本问题》、《经济学中的灯塔》等经典论文和演讲。收入本书的《企业的性质》把当时革命性的交易成本概念引入经济学理论，被公认为新制度经济学的开山之作；《社会成本问题》则进一步发展了交易成本概念，强调法律对经济体系运行的影响，这两篇论文如今已成为研究经济学的人必读的文献。在该书收入的其余文章中，作者澄清并拓展了他有关企业、产业和市场的论点，发表了对经济学发展所存在问题的评论。引用该书的管理学论文主题主要包括企业边界、交易成本、产权制度等。

《企业的经济性质》（被引114次）的作者路易斯·普特曼是布朗大学经济系教授，研究领域很广泛，成果涉及经济发展理论、实验经济学，对中国、非洲等发展中国家和地区也很关注。该书分为四部分：第一部分企业内和企业间讨论了劳动分

---

① 理查德·R. 纳尔逊. MBA智库百科. [2009-7-25] http：//wiki.mbalib.com/wiki/Nelson.
② 理性选择还是制度演变. [2009-7-25] http：//magazine.caijing.com.cn/2007-10-29/110062061.html.
③ 契约经济学. 百度百科. [2009-7-25] http：//baike.baidu.com/view/638884.htm.

工和《国富论》、《资本论》等经典中的相关论述;第二部分主要涉及企业的范围、性质、约束等问题;第三部分则讨论了雇佣关系、人的因素和内部组织、生产、信息成本和经济组织、竞争性交换;最后讨论了企业的融资和控制权、合并和公司控制权市场、代理问题和企业理论、企业理论等。[1] 国内引用该书的管理学论文涉及企业理论、交易费用、合作剩余、人力资本与产权结构等主题领域。

《所有权、控制与企业:论经济活动的组织》(被引108次)的作者哈罗德·德姆塞茨曾在芝加哥大学、斯坦福胡佛研究所等单位任职,1978年起在加利福尼亚大学洛杉矶分校任教,是蒙特·佩尔兰学会的最活跃成员之一。[2] 全书共分四篇,分别阐述了私人权利、外部性的内涵及拓展、企业控制问题、规范性问题。作者用新制度经济学的概念解释了企业、控制和所有权的有关问题,他认为一个节省交易成本的制度安排、制度框架和制度创新的空间是至关重要的,一个国家的经济制度安排、制度结构、制度框架、制度环境和制度走向决定了它的经济绩效。[3] 从引用该书的管理学论文主题看,主要涉及公司治理结构、产权制度等方面的研究。

《企业制度与市场组织:交易费用经济学文选》(被引104次)也是一个论文集,其中心议题为交易费用研究。该书收集了威廉姆森、本杰明、巴泽尔、张五常等《生产的纵向一体化:市场失灵的考察》、《交易费用经济学:契约关系的限制》、《经济组织的逻辑》、《考核费用与市场组织》等关于交易费用经济学方面的论文。该书既有对交易费用理论的怀疑和探讨,也有对交易费用理论的深入和发展。这本有关现代企业制度和现代市场组织的经典论文文选,不仅给中国学者提供了资料上的方便,而且为中国国有企业改革提供了可借鉴的理论依据。交易费用、企业、不完全契约、核心能力、激励机制等管理学领域的论文引用该书的次数较多。

《所有权、控制权与激励:代理经济学文选》(被引103次)选编翻译了代理经济学的代表性人物迈克尔·詹森的《企业理论:管理行为、代理成本与所有权结构》、《权利与生产函数:对劳动者管理型企业和共同决策的一种应用》和尤金·法马的《代理问题与企业理论》、《所有权与控制权的分离》等7篇论文,所提供的理论研究和经验应用,对于转型期的中国国有企业也具有一定的借鉴意义。引用该书较多的管理学论文主题有公司治理、上市公司、代理成本、国有企业、股权结构等。

约拉姆·巴泽尔是华盛顿大学经济学教授,所著《产权的经济分析》(被引94次)是巴泽尔对自己以及与他的思想发展关系密切的几个经济学家的研究成果的介绍。在这本书中,巴泽尔开篇就分析产权在经济学和法律上的不同含义,他认为法律上使用产权概念,强调由国家所赋予人的对物品的权利,重点在权利的合法性上,

---

[1] 企业的经济性质. 百度百科. [2009-7-25] http://baike.baidu.com/view/1724686.htm.
[2] 哈罗德·德姆塞茨. 百度百科. [2009-7-25] http://baike.baidu.com/view/1249725.htm.
[3] 此领域中之经典. 豆瓣. [2009-7-25] http://www.douban.com/review/1235116/.

而经济学上的产权概念,强调的是产权的价值,这个价值体现为产权所有人对物品(或者物品提供的服务)的直接消费或者间接消费。如果法律上的产权不能对人们实际的利益产生影响,那么这种法律产权就毫无意义。正是在这个意义上,巴泽尔说,经济学产权是法律产权要追求的结果,而法律产权是经济产权实现的手段。[①] 从引用该书的管理学论文主题看,主要涉及人力资本、产权等领域。

《交易成本经济学:关于公司的新的经济意义》(被引90次)考察了用以说明跨国公司发展的奥利弗·威廉姆森方法的优缺点。由于其相比较而言的静态的方法论,交易成本经济学在解释公司行为的动态方面时显得完全无能为力。迈克尔·迪屈奇并不因此而否定其整个方法,他探索了扩大该理论并提高其解释能力的途径。[②] 在交易成本范例的这一严谨的分析中,迈克尔·迪屈奇试图证明,虽然交易成本方法提供了一些深刻见解,但是对于公司的总的理论来说,它不是一个恰当的基础。考虑到诸如全面质量管理制度等一些在组织设计和管理思想方面最近的革新,该书提出了一种公司的观点,它能使公司决策既具有管理等级制的特征,又具有创造性的特色,该书还评估了这种做法对商界和国家政策的意义。[③] 该书不但影响了国内有关交易成本、企业边界等研究领域,对战略联盟、第三方物流等方面的研究也有一定参考价值。

美籍日裔学者弗兰西斯·福山是著名哲学家、政治学家、作家,曾在20世纪90年代初以其《历史的终结与最后的人》(The End of History and the Last Man)而声名大振。他撰著的《信任》的两个中文译本都进入了管理学高被引图书行列:彭志华译为《信任:社会美德与创造经济繁荣》(被引79次),李宛蓉译为《信任:社会道德和繁荣的创造》(被引71次)。福山把"信任"作为经济生活中最重要的社会准则之一,并以此为核心概念,构建了全书。他把人类社会分为两类:一类是"高度信任社会",以美国为代表;另一类是"低度信任社会",以华人文化圈、意大利、韩国为代表。作者认为,在"高度信任社会"中,经济发展呈现繁荣景象;而在"低度信任社会"中,经济状况却危机四伏。[④] 福山信任观的主要实质就是把信任当成是源于人性基础之上的社会资本,他认为人们自发组织社群并进行各种互惠合作的天性和争取被认可的本性是形成信任的主要源泉和基础,作为社会资本的信任对于经济、政治及社会各领域有着非常重要的作用和影响,是决定社会文明程度高低的一个重要因素。该书的学术影响主要涉及家族企业、民营企业以及相关社会资本的研

---

① 产权的经济分析. [2009-7-25] http://productp.dangdang.com/product.aspx?product_id=8863925.
② 交易成本经济学. [2009-7-25] http://youa.baidu.com/item/c9fa3e424bc0f08ac2f27800.
③ 交易成本经济学(关于公司的新的经济意义). [2009-7-25] http://www.wl.cn/48610/.
④ 余杰:"美国与中国,谁更'个人主义'?:读福山《信任》",《书屋》2003年第2期。

究,其信任观尽管仍然属于唯心史观,但是对于信任问题的全面了解和深入探究还是有不少的帮助和启示。[①]

《集体行动的逻辑》(被引76次)是马里兰大学教授曼瑟尔·奥尔森的代表作,该书1993年获得美国管理学会颁发的"最持久贡献著作奖",1995年获得美国政治学会颁发的"里昂·爱泼斯坦奖",是公共选择理论的奠基之作。全书共6章:第1章对集团和组织行为的某些方面作了逻辑的理论解释;第2章对不同规模的集团进行了分析,并得出在许多情况下小集团更富有生命力这一结论;第3章考察了工会和经济自由的问题,并认为某一形式的强制性会员制度在大多数情况下对工会是生死攸关的;第4章对马克思的社会阶级理论进行考察并对其他一些经济学家提出的国家理论进行分析;第5章按照本研究阐述的逻辑对许多政治学家使用的"集团理论"进行分析,并证明对这一理论在逻辑上的矛盾性;最后1章提出了一个与第1章概述的逻辑关系相一致的新的压力集团理论,这一理论说明大的压力集团组织的会员制度和力量并不是游说疏通活动的结果,而是它们其他活动的副产品。[②] 引用该书的管理学论文主题比较分散,包括公共管理、国企改革、国有资产管理、产权改革等。

《组织理论与设计精要》(被引69次)作者理查德·L.达夫特是美国当代著名的管理学家。该书是一部畅销数十年,系统反映国际上组织理论与设计最新成果的经典教科书,自出版以来已连续修订了近十次,国内管理学论文涉及组织结构、组织设计等方面的论文很多参考引用了该书。组织理论与设计是现代管理科学体系的重要分支,主要研究企业组织的结构设计与变革的战略选择,尤其注重组织对迅速变化的外部环境的反应与组织创新。作者使用了大量生动的实例,系统介绍了组织理论与设计的基本原理和基本方法,涉及不同文化背景中组织面临的诸多挑战:如组织对外部环境的快速反应、利用新技术完成组织使命、建立合理的劳动分工体系,报告关系和协调机制在组织结构工作流程和产出等方面促进周期性的创新与变革以及判断组织是否精心地和有效地利用了有限的资源等。该书无论在内容上还是在形式上都体现出目前许多国内外相关著述所很少具备的特点。[③]

20世纪70年代,美国硅谷和128号公路区域同时向科技产业发展,后者还具有地理、人才和资金等优势,但如今只有硅谷一枝独秀。安纳利·萨克森宁在《地区优势:硅谷和128公路地区的文化与竞争》(被引61次)中指出,硅谷和128号公路区域发展的不同结局的主要原因在于两地企业文化的差异:硅谷的产业系统具有弹性且能顺应时势,当地企业与金融机构、教育机构之间的关系也是以开放的态度维持着,这使不同机制的资源能够不费力地集结起来;而128号公路区域则一贯支持

[①] 郑小鸣:"信任:基于人性的社会资本:福山信任观述评",《求索》2005年第7期。
[②] 集体行动的逻辑. [2009 - 7 - 25] http://youa.baidu.com/item/0d39378b3eeec693933f7ae5.
[③] 李维安等:"一部从现实透析未来的精要之作:理查德·达夫特《组织理论与设计精要》评介",《南开管理评论》2000年第5期。

某种泾渭分明的划分方式,缺乏实时互动的能力。① 目前国内也有长三角、珠三角等经济带,各种经济园区也在不断摸索发展,因此,该书对有关产业集群、高科技园区以及技术创新等方面的研究颇为重要。

张五常是国际知名经济学家,新制度经济学和现代产权经济学的创始人之一,1982年至今任香港大学教授、经济金融学院院长,曾当选美国西部经济学会会长,是第一位获此职位的美国本土之外的学者。1969年他撰著的《佃农理论:引证于中国的农业及台湾的土地改革》的博士论文轰动西方经济学界。1991年作者作为唯一一位未获诺贝尔奖的经济学者而被邀请参加了当年的诺贝尔颁奖典礼。他撰著的《经济解释:张五常经济论文选》(被引55次)收集了作者1968年至1998年在各种杂志上发表的25篇文章,基本上囊括了其学术思想。在这部书中,张五常融入了"新制度经济学"的研究成果——产权和交易费用理论,且其逻辑划一、前后连贯、一气呵成。书中并无"微观"与"宏观"之分,只阐述至今依然坚如磐石的经济原理,而不充当经济思想史的展览馆,所以它比现行的"萨缪尔森体系"的经济学教科书更加可靠。② 该书主要被涉及交易费用、企业边界、合约理论的论文所引用。

兰德公司是美国的民间智囊库,其研究成果在美国乃至全世界都有一定的权威性。《市场或政府:权衡两种不完善的选择》(被引52次)是该公司最著名的研究成果之一,主要论述经济政策制定的根本问题,即在经济体制的运作中如何在市场和政府之间做出恰当的选择。作者查尔斯·沃尔夫是兰德公司高级经济顾问,他认为不管是市场还是政府,在发挥效用的同时,都有着自身基因所决定的缺陷,市场失灵和非市场失灵都可能发生。因此,社会的基本经济选择是复杂和多方面的。它既不是一种完全市场和不完全政府之间的选择,也不是一种不完全市场和完全政府之间的选择;相反它是不完全市场和不完全政府之间的不完全结合,也是两者之间的一种选择。③ 该书对国内管理学研究的影响也多偏向市场经济、政府行为等方面。

《自由秩序原理》(被引51次)是自由主义思潮的最重要的经典之一,作者冯·哈耶克是奥地利出生的美国著名经济学家和政治哲学家,被广泛视为是奥地利经济学派最重要的成员之一,对于法学和认知科学领域也有相当重要的贡献。哈耶克在1974年获得了诺贝尔经济学奖,1991年获美国总统自由勋章。④ 该书从自由的概念出发,探讨了自由同社会伦理的多维关系,从而论证了自由在社会实践当中的价值

---

① 王志仁等:"硅谷如何击倒波士顿:专访《地区优势》作者萨克瑟尼安(Annalee Saxenian)",《多媒体世界》2001年第1期。
② 经济解释——张五常经济论文选. [2009-7-25] http://www.zker.cn/book/175380.
③ 市场还是政府——不完善的可选事物间的抉择. [2009-7-25] http://www.bookuu.com/kgsm/ts/2007/03/14/1076600.shtml.
④ 弗里德里希·哈耶克. MBA智库百科. [2009-7-25] http://wiki.mbalib.com/wiki/弗里德里希·哈耶克。

所在。自由同法律的关系问题是作者给予深切关注的问题。由此作者对于宪政制度有着很中肯的评价。在该书的第三部分，作者更是就福利国家的自由问题进行了有益的探讨。该书曾经被席殊好书俱乐部评为 1998 年度十大好书之一，哈佛大学的诺尔顿认为其目的是为保卫西方文明提供一个原则性的基础，为有关制度和政策变化的建设提供评估的标准。① 邓正来先生在《自由主义社会理论：邓正来解读哈耶克〈自由秩序原理〉》② 中指出，哈耶克在《自由秩序原理》"自由的价值"和"自由与法律"这两个部分中至少讨论了四个重大的理论问题，即有关知识的认识问题、人类社会秩序的类型问题、与秩序相应的规则或法律问题以及作为这些规则或法律之正当理据的法治问题。③ 引用该书的管理学论文大多涉及民主与公共管理方面的内容。

《企业经济学》（被引 50 次）是加利福尼亚大学洛杉矶分校教授、国际西方经济学会主席、美国艺术与科学院院士哈罗德·德姆塞茨的著作。该书的 7 篇文章在工商企业理论及其在经济学的运用中开辟了一个新领域，对我国企业理论、公司治理、股权结构等方面的影响较多。德姆塞茨批评了当时关于企业存在、定义与组织的概念与理论问题的争论。他还研究并评论了当前有关企业所有权、财产与经济发展之间关系的各种论述。这一系列文章对竞争、利润最大化和理性行为都提出了新见解，对管理的报酬，反托拉斯政策和企业会计资料的准确性也提出了新观点。特别是后一类问题引起了企业界读者和经济专业工作者与学生的兴趣。④ 诺斯称赞这本书说"所有评论文章都表现了我所称赞的哈罗德·德姆塞茨著作中的那种见解与思想。他涉及的重要问题，大大扩展了我们的认识范围"⑤。

（2）政治与行政管理类著作

坚持走中国特色的社会主义道路，这是个崭新的课题。为此我国各方面专家学者都在研究探索有关中国以及国外政治、行政管理的理论、方法。尤其是改革开放以来，改革力度和速度都得到提高，使得政治与行政管理的研究越来越深入，本类入选的图书有《改革政府：企业精神如何改革着公营部门》等 21 种国外名作，仅次于制度经济学类入选的种数。

---

① 寒川子等主编：《值得一读的好书》，学林出版社 2007 年版，第 74 页。
② 邓正来著：《自由主义社会理论：邓正来解读哈耶克〈自由秩序原理〉》，山东人民出版社 2003 年版。
③ 邓正来解读哈耶克的《自由秩序原理》．[2009 - 7 - 25] http：//www.cenet.org.cn/article.asp? articleid = 11350.
④ 企业经济学．[2009 - 7 - 25] http：//product.dangdang.com/product.aspx? product_id = 462338，2009 - 7 - 25.
⑤ 企业经济学．[2009 - 7 - 25] http：//www.amazon.cn/mn/detailApp? id = 477 - 7246637 - 4650552&prodid = bkbk949641，2009 - 7 - 25.

《改革政府：企业精神如何改革着公营部门》（被引185次）是前美国副总统阿尔·戈尔的高级顾问戴维·奥斯本的著作。该书指出，政府不应当成为一个庞大的、无效率的机构，并对此进行了详细的理论探讨。作者认为，政府完全可以摆脱传统思维，通过挖掘企业家精神和自由市场的力量，来实现真正的重大改革。作者通过许多实例说明：只要政府官员有事业心和创新精神，是可以严格按照预算来投入公共服务与设施，为广大公众服务，提供优质公共产品，而且削减税收、提高服务机构效率都是可为可行的。政府完全可以摆脱传统思维，通过挖掘企业家精神和自由市场的力量，来实现真正的重大改革。[①] 美国前总统克林顿认为"美国每一位当选官员都应该阅读该书。我们要使政府充满新的活力，就必须对政府进行改革。该书给我们提供了改革的蓝图"[②]。除了《改革政府：企业家精神如何改革着公营部门》，奥斯本还有另外一本书入选，即《摒弃官僚制：政府再造的五项战略》（被引45次，2001年出版）。该书全面、系统地提出了政府再造的路线图，并在充分吸收美国和国际案例研究的基础上，详细地阐述了核心战略、后果战略、顾客战略、控制战略、文化战略及其在实践中的运用。奥斯本主张，应遵循如下10项原则对传统的政府官僚体制进行改革：掌舵而不是划桨、重妥善授权而非事必躬亲、注重引入竞争机制、注重目标使命而非繁文缛节、重产出而非投入、具备"顾客意识"、有收益而不浪费、重预防而不是治疗、重参与协作的分权模式而非层级节制的集权模式、重市场机制调节而非仅靠行政指令控制，即所谓的企业家政府的10个基本特征。[③] 以上两本书的影响领域基本相同，主要涉及公共管理、行政改革以及政府服务与绩效等内容。

欧文·E.休斯在《公共管理导论》（被引156次）中提到的公共管理的理念及方法与实践带有较为强烈的新公共管理运动色泽。该书主要介绍与评价了公共管理的理论与原则，尤其是介绍与评价被经常称之为"新公共管理"运动的公共部门改革；并将其与传统的公共行政模式进行比较与对照。全书主要分为三部分：第一部分阐述了传统公共行政与新公共管理这两种竞争性理论，并认为这两种完全不同的理论造成了公共服务的不同概念；第二部分探讨的是政府角色的变化，这种变化在很大程度上滞后于管理方面的变化。这部分论述的内容包括公共企业作用的下降与政府公共政策的模式；第三部分更详尽地阐述了新公共管理的特定方面——战略规划与管理、人事管理与绩效管理、财政管理、外部要素的管理以及发展中国家

---

① 改革政府（企业家精神如何改革着公共部门）．［2009 - 7 - 25］http：//www.amazon.cn/dp/zjbk443691．

② 丁煌："当代西方公共行政理论的新发展"，《广东行政学院学报》2009年第6期，第5—10页。

③ 彭照辉："奥斯本'企业家政府'理论的价值及应用"，《济宁师范专科学校学报》，2004年第2期，第103—105页。

的管理。① 从引用该书的管理学论文主题看，主要是公共管理、行政改革等方面的研究。

马克斯·韦伯是德国著名的社会学家、哲学家，是当代西方颇有影响的学者。《经济与社会》（被引134次）是他去世之后，由他人编撰而成的。② 该书分为上、下两卷：上卷是所谓的抽象的社会学部分，是从"最小的社会单位"，也就是从个人在社会学上有重要意义的举止与行为，上升到社会关系，上升到人的（非团体组织的）社会的共同行为，再上升到联合体与群体，最后上升到社会团体，直至政治团体的论述；下卷对事实的分析与论述体现了韦伯的特殊的方法论。这部分所涉及的是社会学——经验论的观察方法与法学的或其他规范的观察方法之间的关系，以及他们的相互关系中各自研究对象的领域。这种关系实际上意味着经济与社会制度之间的原则关系，是韦伯所要论述的经济与社会间最普遍的实际关系，它们之间存在的依赖关系和在经验上的相互影响等等。③ 引用该书的管理学论文主题主要包括官僚制、行政改革、公共管理等。

《政府未来的治理模式》（被引116次）是美国著名政治学家、行政学家B. 盖伊·彼得斯关于行政改革的一部理论力作。该书第一次系统地评价了席卷全球的行政改革运动，并把各国政府的改革尝试和各种治理的观点有机地结合在一起，是一部行政改革的理论力作，被誉为对全球治理变革进行综合分析的杰出著作。④ 该书从分析传统行政模式出发，阐明了各国政府竭力建构新治理模式的原因，并从各国政府的革新主张和发达国家的政府改革实践中，梳理归纳出四种未来政府治理模式：市场式政府（强调政府管理市场化）、参与式政府（主张对政府管理有更多的参与）、弹性化政府（认为政府需要更多的灵活性）、解制型政府（提出减少政府内部规则）。⑤ 对每一种政府治理模式，作者都从问题、结构、管理、政策制定和公共利益五个方面进行了深入分析。该书对国内有关公共管理、行政改革以及政府治理等方面的研究有一定影响。

罗尔斯是美国政治哲学家、伦理学家。著有《正义论》、《政治自由主义》、《作为公平的正义：正义新论》、《万民法》等名著。其中《正义论》（被引93次）的主要理论贡献表现在政治哲学上重新采用社会契约论和自然法学说，全面论述了"作

---

① 欧文·E. 休斯：《公共管理导论》（第三版）. [2009-7-26] http：//txs. eol. cn/article_page. php? articleid=15719.

② 马克斯·韦伯《经济与社会》. [2009-7-26] http：//www. netyi. net/Book/36d0648e-a2ad-4360-b65b-c9628c6932cb. htm.

③ 《经济与社会》基本信息. [2009-7-26] http：//www. wyzxsx. com/shudian/ShowArticle. asp? ArticleID=7562.

④ 政府未来的治理模式. [2009-7-26] http：//www. crup. com. cn/scrp/bookdetail. cfm? iBookNo=5826.

⑤ 佚名："摒弃官僚制：政府未来的治理模式"，《领导决策信息》2002年第12期。

为公平的正义"的基本理论,并对功利主义作了相当深刻而全面的批评。[①] 罗尔斯的《正义论》不只是对传统正义观的继承,更是对其创新和发展。它较为深刻地论述了个人与社会关系这一带有普遍意义的社会基本问题。该书在国内的主要影响涉及公共政策、和谐社会等方面的研究,其基本原则对我国改革开放的市场经济条件下的个人自由与国家干预、公平与效率以及公平分配社会财富、缩小个人收入差距等方面都有一定的意义。[②]

自 1978 年起的世界银行发展政策导向就集中体现于一年一度的世界发展报告,每期的发展报告都是在世界银行负责政策的副行长暨首席经济学家的主持下完成的。[③]"变革世界中的政府"是 1997 年世界发展报告《1997 年世界发展报告:变革世界中的政府》(被引 88 次)的主题。重新定位政府职能,寻求提高政府有效性的途径,以更好地为市场化、全球化的发展服务,是报告的中心内容,可以认为是对于 20 世纪 80 年代以来的市场化改革的一种反思和发展。[④] 近几年我国政府改革向着提高执政能力的方向发展,该书对政府职能、公共服务等研究领域有重要的参考价值。

《论法的精神》(被引 76 次)是法国伟大的启蒙思想家、法学家孟德斯鸠最重要的、影响最大的著作。该书中提出的追求自由、主张法治、实行分权的理论,对世界范围的资产阶级革命产生了很大影响。此书被称为是"亚里士多德以后第一本综合性的政治学著作;是到他的时代为止的最进步的政治理论书",凝结了孟德斯鸠一生的心血。[⑤] 该书最早由严复翻译,题名《法意》。孟德斯鸠法律思想的出发点是法同政体的性质和原则,同国家的自然状态、气候、土地和农、猎、牧民的生活方式,以及居民的自由、宗教、财富和人口,同立法者的目的等均有关系。所有这些关系的综合,就称为"法的精神"。孟德斯鸠提出了法的一些基本原理,认为从最广泛的意义上说,法是由事物的性质产生出来的必然关系,因此一切事物都有各自的法。孟德斯鸠还提出许多有关刑法、民法、诉讼法以及国际法的学说,他对法的精神的界定和对与法有关诸多因素的探讨,大大拓展了法学研究的视野,丰富了法学理论体系。正是基于上述原因,孟德斯鸠被认为是西方政治法律思想史上最伟大、最杰出的思想家之一。[⑥] 引用该书的管理学论文主题大多涉及公共权力、依法行政、和谐社会等方面。

---

① 罗尔斯与他的《正义论》.[2009-7-26] http://zhidao.baidu.com/question/6184659.html.
② 程世礼:"评罗尔斯的正义论",《华南师范大学学报》(社会科学版)2002 年第 12 期。
③ 世界银行发展报告评介.[2009-7-26] http://sard.ruc.edu.cn/chengshulan/index.php?option=com_content&task=view&id=14&Itemid=16.
④ 绪论.[2009-7-26] http://sard.ruc.edu.cn/chengshulan/files/jiaoxue/shbg/shbg06.pdf.
⑤ 论法的精神.百度百科.[2009-7-26] http://baike.baidu.com/view/112406.htm.
⑥ 刘朝阳:"论法的精神——法学名著评述",《北京人民警察学院学报》2002 年第 4 期。

《政治学》（被引 74 次）是古希腊著名哲学家亚里士多德关于其政治学理论的一部讲稿，也是古希腊政治学思想的集大成者。作者探讨了国家的起源、本质和理想的社会政治制度这些重要的政治理论问题。其核心内容是关于城邦问题，以"人是天生的政治动物"为前提，分析了城邦的形成及基础，探讨了各种城邦理论、制度、研究了各政体的分类和变革，并提出了他关于理想城邦的设想。该书为西方政治学研究的开山之作，被视为政治研究体系的典范。《政治学》在世界各国流传甚广，哈佛教授推荐的《值得一读的好书》认为，此书是对人类的本质及政治生活所做出的最明确也是最权威的论述。① 我国 20 世纪 20—30 年代即有了完整的中译本，并有多个版本。1965 年商务印书馆出版了吴寿彭新译本，并于 1981 年收"汉译名著"系列。② 引用该书的管理学论文主题涉及和谐社会、公共管理、民主政治等方面。

塞缪尔·P. 亨廷顿是当代美国最有影响力的政治思想家之一，哈佛大学教授，著述颇丰。其著作《变化社会中的政治秩序》（被引 68 次）初版于 1968 年，是 20 世纪后期社会科学的经典著作之一，也是一部对学界和决策层思考有关政治发展问题产生了巨大影响的著作。该书确立了作者作为同时代人中最杰出政治学家之一的声誉，并入选哈佛 100 位教授推荐的《哈佛书架》。此书清晰地透析了不同国家的文化源流，认为正是这些源流制约了这些国家的社会制度和行为规范。③ 作者指出，政治衰朽至少和政治发展一样可能发生，现代性中的好东西常常向交错的目标运动。在社会动员超越政治机构发展时，新的社会行为者发现他们无法参与政治而产生挫折感，其结果便是亨氏名之为"普力夺主义"（praetorianism）的状况，也是导致反叛、军事政变以及软弱和组织不力政府的主要原因。经济发展和政治发展不是同一事物的严丝合缝的组成部分，后者随着诸如政党和法制系统之类组织的设立或衍变为更复杂的形式而具有自身的、另类的逻辑。④ 该书最新版为 2008 年版，除此之外，还有 1989 年上海译文出版社的版本。⑤ 引用该书的管理学论文主题除和谐社会、政府职能之外，还包括村民自治、群体性事件等方面。

丹尼斯·C. 缪勒是知名经济学家和政治学家，国际公共选择学会主席、公共选择学派创始人之一。1979 年他的《公共选择》出版⑥，其后的新版《公共选择理论》（被引 60 次）对其作了很多修订和扩充。新版除了对重要定理用专门的章节给予了证明之外，还新增了一些内容。作者把注意力集中于过去 40 年公共选择文献的各个

---

① 寒川子等主编：《值得一读的好书》，学林出版社 2007 年版，第 2 页。
② 政治学. [2009 - 7 - 26] http：//www.wenxueboke.cn/book/book2.asp？id = 9129470.
③ 寒川子等主编：《值得一读的好书》，学林出版社 2007 年版，第 54 页。
④ 变化社会中的政治秩序. [2009 - 7 - 26] http：//product.dangdang.com/product.aspx？product_id = 20300572.
⑤ ［美］塞缪尔·P. 亨廷顿著，张岱云等译：《变动社会的政治秩序》，上海译文出版社 1989 年版。
⑥ 有中文版，［美］丹尼斯·缪勒著，王诚译：《公共选择》，上海三联书店 1992 年版。

主题，论及诸如寻租、政府膨胀、国家的兴衰、政治经济周期、股票的应用趋势、再分配的性质和程度等社会选择问题。这本书对公共选择的规范问题提供了详细论述，包括伯格森－萨缪尔森社会福利函数、阿罗不可能性定理和森不可能性定理等。对国内管理学的影响主要涉及公共选择、公共产品、政府职能等有关政府提供公共服务、进行群体决策方面的主题。

《比较政治学：体系、过程和政策》（被引56次）是美国当代比较政治学结构功能主义学派创始人加里布埃尔·阿尔蒙德的代表作之一。作者对东西方和第三世界24个国家的政治体制、政治文化和政治决策的特点进行了分析和比较，试图在各种不同类型的国家中找出具有共同意义的可以用来比较的概念和标准，进而通过这些概念和标准，运用结构功能主义体系方法去分析评价一个国家的政治体系的实际运行过程以及在各个层次上所发挥的功能作用。这与西方传统的注重法律机构和制度等静态的分析方法相比是别具一格的。[1] 该书提出了比较政治分析的一整套与传统政治学不同的概念和框架，并把它运用于现实政治的分析。[2] 该书对我国有关公共政策、政府能力、政治文化方面的研究有一定影响。

《民营化与公私部门的伙伴关系》（被引53次）系世界民营化大师 E. S. 萨瓦斯的最新力作。作者致力于民营化改革30余年，历经了美国在内的49个国家的民营化实践，积累了大量宝贵的实践经验，是民营化的先驱和主要倡导者，为民营化理念的传播和实践的发展作出了不可估量的贡献。[3] 他采用系统、翔实的资料，从民营化的背景、理论与实践三个方面论证了民营化是改善政府的最佳途径这一理念，结合自己的亲身经历，深刻分析了民营化运动中所出现的问题，提出了切实有效的解决之道和具体方法。作者在该书中不仅系统地阐明了民营化的含义和有效发挥作用的领域及条件，且紧密追踪了10多年来民营化中的新战略。[4] 加入WTO后，我国政府改革力度加大，部分行业民营化程度不断提高，相关研究也不断深入。该著作对有关政府提供公共服务、建设服务型政府、改善公共管理等方面的研究影响颇大。

《危机管理》（被引53次）的作者罗伯特·希斯博士曾在澳大利亚昆斯兰大学开设了第一个涉及危机管理的管理课程，该书是其多年研究的结晶。导论部分阐述了危机规模、可见性、危机复杂程度，并对危机管理的范畴和危机中人之生理和心理状况进行了概要的介绍。作者对即将发生的危机进行风险评估，率先提出危机管理4R模式：即缩减力

---

[1] 比较政治学：体系、过程和政策. [2009 - 7 - 26] http：//www. langlang. cc/1828421. htm.
[2] 陈剩勇等："论阿尔蒙德的政治发展理论"，《浙江大学学报》（人文社会科学版）2007年第9期.
[3] 民营化与公私部门的伙伴关系. [2009 - 7 - 26] http：//www. crup. com. cn/scrp/bookdetail. cfm? iBookNo =4686&sYc =1 - 2.
[4] 民营化与公私部门的伙伴关系. [2009 - 7 - 26] http：//product. dangdang. com/product. aspx? product_ id =638772.

(Reduction)、预备力（Readiness）、反应力（Response）、恢复力（Recovery）四个阶段。全书围绕4R模式，系统地论述了危机管理的四个方面，即缩减危机的几种技能和方法、制订更有效的应对及恢复计划、如何管理危机局面和危机情境中的人，并从反映管理和处理心理创伤与压力等方面考虑危机对人的心理影响。该书对管理学的影响主要涉及危机管理、危机决策、企业危机等研究方面的主题。

特里·L.库珀是美国著名的行政伦理学专家，现为南加州大学公共管理学院"公民与民主价值"专业教授。他的著作《行政伦理手册》奠定了其在该领域的著名专家地位，并被我国学者所熟知。《行政伦理学：实现行政责任的途径》（被引53次）更使其蜚声海内外，被美国公共行政学会评为公共管理学科使用最为广泛的教材。① 书中大量而生动的案例使得它极具可读性和趣味性。作者将抽象难懂的伦理学理论分析寓于活生生的案例分析之中，而这些案例都源于真实事件，其中有一些就是我们所熟悉的重大历史事件，如水门事件等，这一切无疑让读者对抽象的伦理困境问题有了更为鲜活的认识和理解。② 第四版中，库珀教授在原版的基础上增加了新的内容，并提出了行政伦理学的一种新的"设计的方法"，即行政人员和行政机关在面对内外部压力时，应该如何采取负责任的行政行为；书中还描述了在后现代境域中，公共组织如何面对新的挑战和解决新的问题以及行政伦理学理论与正在兴起的委托—代理理论之间的关系。国内管理学受该书影响的研究领域主要包括公共管理、行政伦理、公共政策等。

乔治·弗雷德里克森曾任堪萨斯大学埃德温·斯滕尼特聘教授，美国行政学会会长。1990年获美国公共行政学会和公共行政与公共事务学院全美联合会共同颁发的特别研究奖。1992年获美国公共行政学会为公共行政专业研究作出杰出贡献的学者颁发的德怀特·沃尔多奖。③《公共行政的精神》（被引51次）是一本公共行政学的重要著作。作为"新公共行政"的代表人物，弗雷德里克森的正义观具有非常典型的特征，他认为"社会正义"是除了效率和经济之外的公共行政学的第三个规范性支柱，促使"社会公平成为公共行政的精神"。弗雷德里克森在第四章和第五章描述了社会公平概念的发展和应用，在第六章特别讨论了代际公平的问题。特别需要强调的是，作者在该书最后提出的公共行政八原则，值得每一位研究公共行政的专家、学者以及对公共行政感兴趣的读者加以研读与思考。④

---

① 行政伦理学：实现行政责任的途径. [2009-7-26] http://www.mendui.com/h_book/11314.shtml.
② 行政伦理学：实现行政责任的途径. 豆瓣. [2009-7-26] http://www.douban.com/subject/1232392/.
③ 公共行政的精神. [2009-7-26] http://youa.baidu.com/item/d2c26a6676a44db9e4d1a29a.
④ 陆斌："实现社会公正，构建责任政府：读《公共行政的精神》一书"，《新学术》2007年第1期。

"人是生而自由的，但却无往不在枷锁之中"是卢梭的名言。而这也正是卢梭《社会契约论》第一章的开场白。① 《社会契约论》（被引 50 次）（法文：Du Contrat Social，又译《民约论》，或称《政治权利原理》，该书译本众多）是法国思想家让·雅克·卢梭于 1762 年写成的一本书。该书分为四卷：第一卷论述了社会结构和社会契约，第二卷阐述主权及其权利，第三卷阐述政府及其运作形式，第四卷讨论几种社会组织。美国的《独立宣言》和法国的《人权宣言》及两国的宪法均体现了《社会契约论》的民主思想。② 作者认为主权在民的思想是现代民主制度的基石，这一命题深刻地影响了逐步废除欧洲君主绝对权力的运动和 18 世纪末北美殖民地摆脱大英帝国统治、建立民主制度的斗争。有学者指出，作者力图对自由和权力、个人和集体之间的关系进行协调，其努力虽然没有成功，但精神可嘉，因为它对我们富有启迪。③ 公共行政、政府职能以及法制建设是引用该书的主要主题领域。

《使民主运转起来：现代意大利的公民传统》（被引 50 次）由哈佛大学国际事务研究中心主任罗伯特·D. 帕特南撰著，该书的出版奠定了他在西方学术界的权威性地位。与其他著作不同，该书是一本实证性的研究著作。它以 20 世纪 70 年代后的意大利作为个案，通过研究意大利地区的公民生活来探索某些根本性的和普遍性的民主政治理论问题。作者运用社会资本、治理和善治等新的政治分析框架，对意大利进行个案考察，经历长达 20 年的实证研究，论述了意大利如何在法西斯专制崩溃后，成功地利用意大利深厚的公民传统，建立起一套有效的民主机制，逐渐使意大利社会走向善治和繁荣。该书出版后立即引起了很大反响，1993 年荣膺美国易斯·布朗罗图书奖。《经济学家》杂志称它的学术价值"足以与托克维尔、帕雷托和韦伯的著作齐名"，《民族》周刊认为该书是托克维尔的《美国的民主》在现代的翻版。④ 其对管理学的影响主要涉及社会资本、公民参与等主题领域。

罗伯特·B. 登哈特是美国国家公共行政研究院院士，著述甚丰。《新公共服务：服务，而不是掌舵》（被引 37 次，2004 年出版）是其代表作之一。这是一部具有里程碑意义的公共行政学专著，由其妻珍妮特·V. 登哈特与其合著而成，它以其宽广的学术视野和鲜明的理论创新在学界和政界产生了广泛而深远的影响。作者在对传统公共行政，特别是新公共管理进行反思和批判的基础上，从 7 个方面系统地阐述了新公共服务的基本理论内涵：服务于公民，而不是服务于顾客；追求公共利益；重视公民权胜过重视企业家精神；思考要具有战略性，行动要具有民主性；承认责任并不简单；服务，而不是掌舵；重视人，而不只是重视生产率。该书无论是从理论价值还是从实践意义来看，都不失为当代西方公共行政学研究领域的一部很有创新

---

① 陈晓洁："论卢梭的自由思想：评析《社会契约论》"，《法制与社会》2007 年第 9 期。
② 社会契约论. 百度百科. [2009-7-26] http://baike.baidu.com/view/771569.htm.
③ 寒川子等主编：《值得一读的好书》，学林出版社 2007 年版，第 11 页。
④ 使民主运转起来：现代意大利的公民传统. [2009-7-27] http://lib.yixia.net/186/426847/.

性的学术力作。① 登哈特夫妇为"新公共服务"建立了一个颇有说服力的论点,即:我们公务员必须从民主治理理论而不是从私营部门管理理论中获得启示。② 引用该书的管理学论文主题基本围绕公共服务、公共管理研究等方面。

《公共行政学:管理、政治和法律的途径》(被引 35 次,2002 年出版)的作者戴维·H. 罗森布鲁姆是美国著名行政学家,现为美国大学公共行政学终身教授和美国国家行政学院院士。该书提出的三种不同视角的公共行政观、公共行政未来发展九大趋势及坚持传统公共行政范式,力图将(新)公共管理纳入其框架之中的主要观点;分析了将法律途径纳入研究视角、多视角地研究公共行政的多元公共行政观及重视公共行政中民主宪政的重要性三方面的贡献及创新之处。③ 引用该书的管理学论文主题包括责任政府、公共管理、公共行政、公共价值取向等研究领域。

乔治·斯蒂纳的《企业、政府与社会》(被引 32 次,2002 年出版)旨在说明企业、政府和社会之间的相互关系及其对企业经理的影响。作者认为,经理在持续变化的世界中掌握着企业的方向,而改变世界的力量主要来自两个方面:第一,源远流长的历史力量不断重塑我们的经济、文化、政治、技术和生态,而这些都是企业经营所依赖的基础;第二,日益增加的大量股东对传统观念发出的挑战,诸如公司的某种经营活动是否符合道德,是否负起了应有的社会责任等。这两种力量形成了一个无时无处不在的复杂多变的网络,对经理在国内和国际上妥善处理企业、政府和社会之间的关系构成威胁。这些关系在过去的 150 年间已发生了很大的变化,但变化从没有像现在这样迅速和意义重大。它改变了经理人的态度、责任和决策;它迫使政府做出根本的方向性的调整;它也改变了人们生活、工作、思维和行动的方式。而这种变革的时代远未结束。④ 引用该书的管理学论文主题主要涉及企业社会责任等内容。

(3) 战略管理类著作

"战略"一词的希腊语是 strategos,意思是"将军指挥军队的艺术",原是一个军事术语。20 世纪 60 年代战略思想开始运用于商业领域,并与达尔文"物竞天择"的生物进化思想共同成为战略管理学科的两大思想源流。⑤ 战略管理发展到现在产生了多种流派,如行业结构学派、核心能力学派和战略资源学派等,同时也产生了许多战略管理方面的专家学者,如伊戈尔·安索夫、加里·哈默尔等。在如今战略管理领域,影响力最大的当属迈克尔·波特,在入选本类的 13 本图书中,波特一人独占 7 本(3 本原著,4 本中译本),累计被引 1600 余次。

---

① 新公共服务:服务,而不是掌舵. [2009 - 7 - 27] http://www.zker.cn/book/1419607.
② 新公共服务:服务,而不是掌舵. [2009 - 7 - 27] http://www.china - pub.com/810088.
③ 曹剑光:"多视角的公共行政观:评《公共行政学:管理、政治和法律途径》一书",《公共管理学报》2007 年第 2 期。
④ 企业、政府与社会. [2009 - 7 - 27] http://club.book.csdn.net/book/147621.html.
⑤ 战略管理. MBA 智库百科. [2009 - 7 - 27] http://wiki.mbalib.com/wiki/Strategy_Management.

迈克尔·波特是当今全球第一战略权威，被誉为"竞争战略之父"，是现代最伟大的商业思想家之一。2000年12月迈克尔·波特获得哈佛大学最高荣誉"大学教授"（University Professor）资格，成为哈佛大学商学院第四位得到这份殊荣的教授。2002年5月埃森哲公司对当代最顶尖的50位管理学者的排名中，迈克尔·波特位居第一。波特教授的书籍风靡全球，被翻译成中文并在中国国内大量发行的主要著作有《竞争优势》、《竞争战略》、《竞争论》、《国家竞争优势》、《日本还有竞争力吗》等。

《竞争优势》（被引776次）及其英文版 Competitive Advantage : Creating and Sustaining Superior Performance（被引138次）是波特1985年的作品，至今已再版30多次，[1] 并入选"20世纪《福布斯》20本最具影响力的商业书籍"[2]。《竞争优势》阐述了企业可以选择和推行一种基本战略以创造和保持竞争优势的方法。它论述了竞争优势的不同类型与企业活动空间之间的相互作用。用于判定竞争优势和寻找方法以增强竞争优势的基本工具是价值链。它将企业划分为产品的设计、生产、营销和分销等互相分离的活动。企业活动的空间，波特称之为"竞争景框"，"竞争景框"通过对价值链的影响而对竞争优势发挥着强有力的作用。狭窄的"竞争景框"通过调整价值链来创造竞争优势，宽广的"竞争景框"通过开发利用服务于不同细分市场、产业或地理区域的价值链之间的相互联系获得竞争优势。该书在论述竞争优势的同时，也增强了实干家分析产业和竞争对手的能力。[3] 该书对我国管理学有关竞争优势、企业战略、价值链等方面的研究有重大影响。

《竞争战略》（被引286次）是波特第一部广为流传的著作，如今已再版63次，它改变了CEO的战略思维。作者在书中总结出了五种竞争力：行业中现有对手之间的竞争和紧张状态、来自市场中新生力量的威胁、替代的商品或服务、供应商的还价能力以及消费者的还价能力，这就是著名的"五力模型"。书中还系统地提出了三种通用竞争战略，并首次将产品寿命分析引入产业寿命分析。[4] 其原著 Competitive Strategy : Techniques for Analyzing Industries and Competitors（被引117次）出版于1980年。引用该书的管理学论文主题同《竞争优势》。

继《竞争战略》和《竞争优势》之后，波特教授将其思想战略和理论框架提升到更为宽泛的领域，推出了"竞争三部曲"中最经典的一部《国家竞争优势》（被引137次），原著 Competitive Advantage of Nations（被引131次）一经出版即被《商业周

---

[1] 竞争战略. [2009-7-27] http://www.dushu.com/book/11197331/.
[2] The 20 Most Influential Business Books. [2009-7-27] http://www.forbes.com/2002/09/30/0930booksintro.html.
[3] 竞争优势. MBA智库百科. [2009-7-27] http://wiki.mbalib.com/wiki/Competitive_Advantage:_Creating_and_Sustaining_Superior_Performance.
[4] 杨志安："论波特在《竞争战略》中的主要贡献"，《辽宁大学学报》1999年第6期。

刊》评为"年度最佳商业书籍"。该书基于对美、英、德、意等10个主要贸易国家的研究,提出了"为什么基于特定国家的企业在特定的产业领域获得了国际性的成功,而其他产业或国家却无此幸运"这一核心问题,并第一次全面而系统地做出了理论解释。① 在激烈的全球竞争时代,这本开拓性的关于国家新财富的著作已经成为衡量未来所有工作必需的标准。和前两本著作不同,引用该书的管理学论文主题除了有关竞争优势、竞争战略方面的研究外,还包括产业集群、国际竞争等领域。

《竞争论》(被引69次)是波特入选的第4本书,它首次将波特的10多篇论文收集在一起,每一篇文章都体现了波特对竞争的丰富认识,有全新的感召力和重大的意义。该书最新版2009年出版,新增"战略、慈善事业与企业社会责任"、"战略与企业领导力"两部分,全面更新与新增了8章节的内容。② 该书分为三大部分:第一部分论述企业的竞争和竞争战略,通过了解战略的本质、多元化战略如何实施以及产业结构演变对竞争战略的影响等问题,有助于观察和分析产业和企业后续发展的基础;第二部分探讨了地域在竞争中的作用,表面上看企业活动的日益全球化降低了地域的重要性,实际上地域在企业拟定竞争战略中有着不可忽视的作用;第三部分说明竞争如何和社会问题交织在一起,在谋求企业自身利益的同时兼顾社会利益是企业的双赢战略。③ 从引用该书的管理学论文主题看,其影响偏向于产业集群、跨国公司、产业竞争等研究领域。

《公司战略经济学》(被引87次)是20世纪90年代中后期出版的具有世界影响的企业战略教科书和教学参考书。该书作者戴维·贝赞可等都是美国西北大学战略管理的教授,他们从经济学的角度系统地研究了企业战略的原理,吸收了交易费用经济学、产业组织理论、组织经济学以及战略理论的核心内容,对企业的边界、市场与竞争分析、战略定位及其动态、内部组织等问题进行了分析和归纳,内容涵盖了该领域直到20世纪90年代中期的主要研究成果。该书以MBA和管理类学生为主要研究对象,以通俗易懂的方式,将有关内容合理安排,从而填补了战略管理领域高级教科书的一个空白。该书一经出版,就受到了世界范围内职业管理教育界的注目和好评。④ 该书对我国管理学的影响除了涉及竞争优势、战略管理之外,还包括企业文化、战略联盟等领域。

《核心能力战略:以核心竞争力为基础的战略》(被引76次)旨在为那些关注对同一个组织内跨业务单位竞争力进行管理的经理、学者提供指南,换句话说,特别关注那些研究公司层面战略的竞争方法和多业务公司内竞争力的管理。该书由三部

---

① 国家竞争优势. [2009-7-27] http://www.dushu.com/book/11781534/.
② 竞争论. 百度百科. [2009-7-27] http://baike.baidu.com/view/2603723.htm.
③ 竞争论. [2009-7-27] http://www.publish.citic.com/book/ViewSpecial.asp?FolderName=277&BookCommentID=71.
④ 公司战略经济学. [2009-7-27] http://blog.icxo.com/read.jsp?aid=21798.

分构成：理论、应用和实践。每部分都有一个对所选论文的简介，以帮助读者理解问题并选读最感兴趣的论文，有助于读者理解关于技能和竞争力的许多文献资料。该书在讲述核心竞争力理论的同时，展示了索尼、沃尔玛、苹果、IBM 等世界知名企业提高核心竞争力的做法，引用该书次数较多的管理学论文主题有核心能力、核心竞争力、竞争优势等。作者安德鲁·坎贝尔是阿什里奇战略管理中心主任，担任过伦敦商学院经营战略中心的研究员，在麦肯锡公司工作过 6 年，主要研究战略与组织问题。她的另一本入选著作《战略协同》（被引 50 次）对过去 40 年间发表的大量文献进行系统研究，并将在协同研究方面最具代表性的文章汇集起来形成了《战略协同》，其中不仅有伊戈尔·安索夫、迈克尔·波特和罗莎贝丝·莫斯·坎特等管理权威所写的理论文章，也有关于美国运通、花旗银行、爱立信、飞利浦、美林证券、松下等著名跨国公司管理实践的案例研究。该书分四个部分：第一部分告诉读者什么是协同；第二部分指导经理人如何认识协同的效能；第三部分是怎样实现协同，这是该书的重点；第四部分的主体是实践中的协同，进一步探讨了如何实施协同的问题。引用该书较多的管理学论文主题除了协同效应外，还包括竞争优势、战略联盟及其管理等研究领域。

《竞争大未来》（被引 74 次，也译作《为未来竞争》）也是战略管理方面的一部名作。该书作者加里·哈默尔被《经济学人》誉为"世界一流的战略大师"，《财富》杂志称他为"当今商界战略管理的领路人"，在 2001 年美国《商业周刊》"全球管理大师"的评选中，他位列第四，可谓声名显赫。战略意图、核心竞争力、战略构筑、行业前瞻，这一系列影响深远的革命性概念，都是由他提出的，从而改变了许多知名企业的战略重心和战略内容。[1]《竞争大未来》被《商业周刊》评为年度最佳管理图书，[2] 也入选《福布斯》评出的影响世界商业最深远的 20 本商业书籍。[3] 作者认为企业应该把主要精力放在自身优势和客户需求上，而不是在考虑对手是如何做之后再来决定自己采取何种行动。作者明确提出：把市场定位对准顾客需求是企业在竞争中胜出的关键，资深经理人必须认清一个事实，今后经营事业的真正重心，应该放在如何掌握未来竞争的机会。具体而言，是要回答下述问题：我们将来应建立何种核心竞争力？我们应开发哪些新产品及其对应的观念？我们应该建立哪些联盟？我们应该保护哪些刚开始发展的开发计划？我们应该追求何种发展目标？[4]

---

[1] 加里·哈默尔. MBA 智库百科. [2009 - 7 - 27] http：//wiki. mbalib. com/wiki/Hamel/.

[2] 为未来竞争. MBA 智库百科. [2009 - 7 - 27] http：//wiki. mbalib. com/wiki/《为未来竞争》.

[3] The 20 Most Influential Business Books. [2009 - 7 - 27] http：//www. forbes. com/2002/09/30/0930booksintro. html.

[4] 为未来竞争. MBA 智库百科. [2009 - 10 - 2] http：//wiki. mbalib. com/wiki/Competing_ for _ the_ Future.

引用该书的管理学论文主题比较分散，但主要还是涉及有关核心竞争力、企业创新、企业竞争战略等内容。

印裔学者 V. K. 纳雷安安是德雷塞尔大学教授，他的《技术战略与创新：竞争优势的源泉》（被引 41 次，2002 年出版）主要讨论技术战略管理的相关问题，包括技术战略管理的主要原则、技术战略管理的活动、技术经理的一般角色和职能。该书分为四大部分：第一部分理论基础篇，提出了一些核心的理论观点，这些观点形成了技术管理研究的基础；第二部分技术战略篇，涵盖了获取技术知识的过程，总结了技术战略和现在流行的战略合作，并提出了一些分析方法；第三部分技术管理领域篇，包括了技术适用性、技术在新产品中的应用及技术在价值链中的作用；第四部分综合管理篇，主要涉及各种管理都需要解决的一些问题，讨论了技术开发的组织方法和管理介入的关键点，经理人作为组织中技术变化代理人的角色以及知识产权战略和项目评估的财务观点。[1] 引用该书的管理学论文大多是讨论技术创新、技术管理等为主题的文章。

《蓝海战略：超越产业竞争、开创全新市场》（被引 34 次，2005 年出版）是韩裔学者钱金的代表作。该书自 2005 年 2 月出版后，在世界范围内引起极大的反响，先后获得了"《华尔街日报》畅销书"、"美国全国畅销书"、"全球畅销书"的称号，迄今为止已经被译为 25 种文字，打破了哈佛商学院出版社有史以来出售国际版权的纪录。《蓝海战略》是作者历时 15 年，收集跨度达百年以上的资料而得出的成果。"蓝海战略"要求企业把视线从市场的供给一方移向需求一方，从关注并比超竞争对手的所作所为转向为买方提供价值的飞跃。通过跨越现有竞争边界看市场以及将不同市场的买方价值元素筛选与重新排序，企业就有可能重建市场和产业边界，开启巨大的潜在需求，从而摆脱"红海"，即已知市场空间的血腥竞争，开创"蓝海"，即新的市场空间。"蓝海战略"不仅适用于商业战略的策划和实施，也能够启发政府和公共政策部门规划和实施战略创新。该书对有关价值创新、管理创新和合管理等方面的研究有一定参考价值。

(4) 企业管理类著作

企业管理是对企业的生产经营活动进行组织、计划、指挥、监督和调节等一系列职能的总称。本类著作入选图书有 12 种，被引次数最高的是钱德勒的《看得见的手：美国企业的管理革命》（被引 266 次），最低的是吉姆·柯林斯的《基业长青：企业永续经营的准则》（被引 40 次，2002 年出版）。

艾尔弗雷德·D. 钱德勒是伟大的企业史学家、战略管理领域的奠基者之一。《看得见的手：美国企业的管理革命》是其第二部著作，并于 1978 年赢得了普利

---

[1] 技术战略与创新. [2009-7-27] http://www.phei.com.cn/bookshop/bookinfo.asp?bookcode=F079390+&booktype=main.

策历史奖，还获得了历史著作最高奖——班克洛夫特奖。[①] 该书通过食品工业、烟草工业、化学工业、橡胶工业、石油工业、机器制造业和肉类加工业中的大量史料，论证了现代大型联合工商企业的诞生乃是市场和技术发展的必然结果。作者认为，凡是进行大批量生产和大批量分配相结合并在产品流程中可以协调的那些工业，必然会产生现代的这种工商企业，因为管理协调的"看得见的手"比亚当·斯密所谓的市场协调的"看不见的手"更能有效地促进经济的发展，同时也更能增强资本家的竞争能力；现代工商企业的管理体制取代了市场机制而协调着货物从原料供应，经过生产和分配，直至最终消费的整个流程。作者通过大量史料论证了高效率的销售组织对于保证企业顺利发展的极端重要性，阐述了管理的变革对生产发展的促进作用，指出随着生产的扩大，客观上又要求管理进行变革。[②] 引用该书较多的管理学论文主题有家族企业、民营企业、企业制度、人力资本、制度与组织创新等方面的研究。钱德勒的另一本入选著作《企业规模经济与范围经济：工业资本主义的原动力》（被引58次）于1990年被评为美国出版协会商业和管理类最佳图书奖。这本厚达千页的论著，从头至尾记述了美、英、德三个资本主义强国在100多年的工业化进程中，不同行业以及各行业的子行业交替采用"规模经济"与"范围经济"的历史。作者认为，这两种经济模式是工业化经济的基本矛盾，在传统生产力条件下，"规模经济"一直处于矛盾的主导方面。"信息革命"的出现改变了二者的力量对比，"范围经济"逐渐占据主导位置，世界经济由此发生了从"旧"到"新"的质变。[③] 该书主要影响了有关企业成长、规模经济、企业竞争方面的研究。

约翰霍普金斯大学教授安蒂思·彭罗斯于1959年出版的 Theory of the Growth of the Firm（被引217次）是一部继承了熊彼特传统，从经济学角度通过研究企业内部动态活动来分析企业行为的经济学著作。[④] 作者在书中不断强调管理团队的作用，她认为管理经验和管理能力决定了企业所有资源所能提供的生产性服务的数量和质量，也制约了企业成长的速度。作者同时强调了创新能力对企业成长的重要性，认为产品创新和组织创新均是企业成长的推动因素。企业多样化成长是彭罗斯理论体系的重要组成部分，企业多样化发展的程度与其拥有的资源量相关，而成功率则与原有

[①] 李思寰："从'看不见的手'到'看得见的手'：读钱德勒《看得见的手》的启示"，《科技和产业》2007年第1期。

[②] 看得见的手（美国企业的管理革命）．[2009 - 7 - 27] http：//www.wenxueboke.cn/book/book.asp？id=zjbk138555.

[③] 钱德勒深度解读"范围经济"．[2009 - 7 - 27] http：//www.dltv.cn/zhuanti/2009 - 06/19/cms10096article.shtml.

[④] 潘罗斯的企业成长理论．MBA智库百科．[2009 - 7 - 27] http：//wiki.mbalib.com/wiki/Penrose%E2%80%99s_Firm_Growing_Theory.

专长领域相关。这些理论都已成为今天管理学和经济学中的核心观点。① 引用该书较多的管理学论文主题涉及企业成长、竞争优势、战略管理、企业能力等方面的研究。

以企业"核心能力"为特征的企业能力理论是管理学和经济学相互融合的最新成果，尼古莱·J. 福斯等主编的《企业万能：面向企业能力理论》（被引130次）深入探讨这一预示企业成长前景的重要理论。在经济学与管理学交融过程中，经济学为其提供了丰富的基础理论，而战略管理研究更突出强调发展一种揭示企业内部本质的、更加实用的理论，两者的完美结合提供一种全新的企业分析理论。当然，企业能力理论的成功还不止于此，它同时充分展示了在解释包括日本等亚洲国家在内的各国工商企业的重要发展趋势、世界范围内的企业联合并购浪潮的兴衰和大批成功企业的经营之道等方面的独到见解。② 引用该书的管理学论文大多涉及核心能力、企业竞争、战略管理等相关的企业理论。

菲利普·科特勒被誉为现代营销学之父，西北大学凯洛格管理学院终身教授。③ 他的《营销管理：分析、计划、执行和控制》（被引103次）不断再版，是世界范围内使用最广泛的营销学教科书。该书成为现代营销学的奠基之作，被选为全球最佳50本商业书籍之一。该书中文版本众多，有1990年、1991年、1997年、1999年、2001年、2003年等版，翻译者有梅汝和、陈乃新、梅清豪等。④ 这本著作改变了主要以推销、广告和市场研究为主的营销概念，扩充了营销的内涵，将营销上升为科学。按照科特勒的观点，营销建立在经济的、行为的、组织的和数量的各个学科的基础上。他认为，假如经济学的根本概念是短缺，政治学的是权力，社会学的是集体，人类学的是文化，那么营销学的核心概念就是交换。营销的本质是交易——双方或多方之间的交换，这样营销学就被视作社会过程的人类行为的学科。引用该书较多的管理学论文主题涉及顾客价值、顾客满意、市场营销等研究领域。

伊查克·爱迪思是美国最有影响力的管理学家之一，企业生命周期理论创立者，组织变革和组织治疗专家。⑤《企业生命周期》（被引96次）是一本广为人知的管理理论杰作，被 The Library Journal 评选为十大最佳商业书籍之一。⑥ 该书是企业管理领域内的一部较为全面的著作。作者以系统的方法巧妙地把企业的发展视作一个像人和生物那样的有机体，讨论了如何安排结构、制度和人员，以便让组织保持新鲜、

---

① 揭开企业成长的面纱：彭罗斯名著《企业成长理论》出版. [2009-7-27] http://www.ewen.cc/books/bkview.asp? bkid = 129163&cid = 382690.
② 企业万能：面向企业能力理论. [2009-7-27] http://lib.yixia.net/254/104532/.
③ 菲利普·科特勒. MBA 智库百科. [2009-7-27] http://wiki.mbalib.com/wiki/Philip_Kotler.
④ 费明胜："营销管理理论的演变与发展：基于菲利普·科特勒《营销管理》中文各版本的比较研究"，《经济管理》2006年第20期.
⑤ 伊查克·爱迪思. MBA 智库百科. [2009-7-27] http://wiki.mbalib.com/wiki/爱迪思.
⑥ 企业生命周期. [2009-7-28] http://www.wl.cn/4087753.

竞争和活力，其模型在微观的人际关系领域和宏观的政府层面都是适用的。爱迪思结合众多例子，描述企业生命周期过程，提供了解释企业为何成长和衰老的分析工具，并对引导企业走向全盛期所需的干预方法进行了介绍。该书对我国企业发展，尤其是企业生命周期的各类研究有显著影响。

《企业文化与经营绩效》（被引80次）由美国哈佛商学院两位著名教授约翰·科特和詹姆斯·赫斯克特合著而成。科特33岁成为哈佛商学院的终身教授，他和迈克尔·波特是哈佛史上获得此项殊荣最年轻的学者。[①] 书中总结了他们在1987—1991年间对200多家公司的企业文化和经营状况的深入研究，列举了强力型、策略合理型和灵活适应型三类企业文化对企业长期经营业绩的影响，并通过对一些世界著名公司成功与失败案例的分析，说明了企业文化对企业长期经营业绩有着重要的影响。该书是研究企业文化与经营业绩关系的经典之作：一是考虑了组织环境的变化对企业文化的影响；二是证实了那些重视所有关键的管理要素（消费者、股东、企业员工）和管理人员领导艺术的公司，其经营业绩远远胜于那些没有这些文化特征的公司；三是综合考虑了时间因素在其中的作用。[②] 引用该书的管理学论文大多讨论了企业文化这个主题，对象包括家族企业、跨国公司、高科技企业等各类组织。

《家族企业的繁衍：家庭企业的生命周期》（被引80次）主要内容分为三部分：三极发展模式、四种典型的家庭企业类型、管理发展中的家庭企业，先后介绍了家庭发展进程、家族企业创立者与企业家的经历、引导发展的结构与计划等内容。在这本富有新意的书中，作者克林·盖尔西克所要谈论的是家族经营这一主题。该书笔势强劲，更兼有丰富的经验材料，斐然可观，几乎概括了家族企业可能遇到的所有基本问题。研究家族企业、私营企业的管理学论文引用该书较多，内容涉及企业制度、企业文化、治理结构等。

日本经济学者青木昌彦的著作在前面制度经济学部分已有讨论，在本类，他也有一本著作入选，即《模块时代：新产业结构的本质》（被引70次）。该书由5篇论文和日本独立行政法人经济产业研究所2001年7月主办的专题研讨会的内容组成。在理论与实践方面活跃在世界前沿的政府官员、专家学者、企业家在书中从各种角度揭示了"模块化"的本质。主要内容包括："模块化"的基本概念、产业结构的模块化理论、模块时代的经营、模块化的成本与价值、数码化与模块化、"风险企业"经济与模块化的关系等。[③] 引用该书较多的管理学论文主题包括模块理论、产业边界、产业组织、价值理论等。

Reengineering the Corporation: A Manifesto for Business Revolution（被引56次）是美

---

① 约翰·科特. MBA智库百科. [2009-7-28] http://wiki.mbalib.com/wiki/Kotter.
② 企业文化与经营业绩. [2009-7-28] http://www.bookuu.com/kgsm/ts/2009/03/21/1490078.shtml.
③ 模块时代：新产业结构的本质. [2009-7-28] http://www.wl.cn/3779342.

国近年出版的一本关于企业管理的畅销书,曾一度登上《纽约时报》畅销书的排行榜,也入选《福布斯》评出的影响世界商业最深远的 20 本商业书籍。全球十大管理学大师之一的哈默博士在这本书中提出:企业改革应该是彻底的、根本的,特别是应该彻底再造企业的业务流程。他列举了 IBM 等三家公司的例子,说明只有再造业务流程,才能大幅度提高企业绩效,提高服务质量。[1] 该书 2007 年出版了中译本。[2] 引用该书较多的管理学论文主题除了关于流程再造的之外,还包括管理创新、管理整合、信息技术等。

《海外华人企业家的管理思想:文化背景与风格》(被引 52 次)是对海外华人家族企业深有研究的雷丁的著作。作者从纵向合作、横向合作、控制、适应性四个方面探讨了华人家族企业组织形式的优点和缺点,认为华人家族企业既是一种高效的工具,也可能成为失败的根源。中国人十分重视"信任"这一观念,中国人的信任建立在个人的承诺以及保持名誉和面子的基础上。同时雷丁也指出了另一面:华人之间的信任是有限的,是个人之间的信任。他还认为:关系网是起决定作用的,关系网是理解海外华人社会与经济生活所必须注意的基本情况,中国人的家族企业通过复杂的外界网络扩大交易与势力。大量研究家族企业、传统文化的管理学论文引用了该书。[3]

《基业长青:企业永续经营的准则》(被引 40 次,2002 年翻译出版)曾占据亚马逊畅销书排行榜 12 年,入选了《福布斯》遴选的 20 世纪 20 本最佳商业畅销书,在中国荣获"全国优秀畅销书"奖。[4] 该书作者吉姆·柯林斯和杰里·波勒斯在斯坦福大学为期 6 年的研究中,选取了 18 个卓越非凡、长盛不衰的公司,并将这些公司直接与它们的一个突出的竞争对手对照,审视了公司由最初创建到今天的历史:创业、中等公司、大型公司。自始至终作者都在回答:为什么通用电气、3M、默克、沃尔玛等公司不同于它们的竞争对手?通过回答这些问题,柯林斯和波勒斯超越了连篇累牍的专业术语,拒绝追逐时尚,发现了使杰出公司出类拔萃的永恒品质。全书有数百个具体的例子,并被组织成了紧密的实用概念框架,能够适用于各个层次上的经理人与创业者。从国内管理学论文来看,部分研究家族企业、创业、企业发展的论文参考了该书。

(5)知识管理类著作

知识管理诞生于知识经济的兴起,信息技术的飞速发展,商业竞争日益加剧的环境中。知识管理与信息技术密不可分,两者融为一体构建了企业商务智能,并以此

---

[1] 企业再造(Reengineering the Corporation).[2009 - 7 - 28] http://www.ddbook.net/book/20715.html.
[2] 迈克尔·哈默等著,王珊珊等译:《企业再造》,上海译文出版社 2007 年版。
[3] 储小平:"家族企业研究:一个具有现代意义的话题",《中国社会科学》2000 年第 5 期。
[4] 基业长青.百度百科.[2009 - 7 - 28] http://baike.baidu.com/view/548206.html.

成为企业核心竞争力的源泉。本次入选的知识管理类著作12本,排名首位的是学习型组织之父彼得·圣吉的《第五项修炼》,被引304次,最少的是《管理知识员工》,被引40次。

1990年《第五项修炼:学习型组织的艺术与实务》出版后,连续三年荣登全美最畅销书排行榜榜首,并于1992年荣获世界企业学会最高荣誉的开拓者奖(Pathfinder Award)。在短短几年中被译成20多种文字风行全世界,它不仅带动了美国经济近十年的高速发展,并在全世界范围内引发了一场创建学习型组织的浪潮。1997年《第五项修炼》被《哈佛商业评论》评为过去75年中影响最深远的管理书籍之一。[1] 该书提出的五项修炼概括地说:自我超越、改善心智模式、建立共同愿景、团队学习、系统思考。五项修炼是一套完整的、可操作性强、从理论到实践配套管理的新技术体系。以系统思考为核心的第五项修炼及其相关的四项修炼为我们打开了一扇重新看世界的窗口,将为解决人类难题开启一种新思路,值得我们认真研究这一认识方法,并以之重新认识我国管理理论及方式的功过得失。[2] 该书英文版 *Fifth Discipline*:*The Art and Practice of the Learning Organization*(被引67次)也一同入选。作为知识管理类引用次数最高的图书,国内研究知识管理、组织学习、知识型企业文化等内容的大量论文都参考了该书。

日本学者野中郁次郎的 *Knowledge Creating Company*:*How Japanese Companies Create the Dynamics of Innovation*(被引250次)系统地提出了隐性知识与显性知识之间的相互转换模式,精辟地指出正是由于隐性知识和显性知识之间的相互转换,或者形象地说形成了一种"知识螺旋"运动,新的知识才被源源不断地创造出来。作者强调借助团队精神和个人投入的态度,集思广益,群策群力,使含而不露的个人隐性知识得以共享,利用集体的想象力找出新思路和新角度,酝酿和传播新概念,创造新生意模式、新市场契机和新动力,使组织完成从仿造到制造,再向创造阶段的进化,形成新的核心价值、建立持久的竞争优势。[3] 这本书被评为日本近100年来最有影响力的图书之一,荣获美国出版者协会1996年度最佳管理图书奖,该书中文版2006年出版。[4] 引用该书的管理学论文主题除了知识管理、组织学习之外,还包括隐性知识、知识创新等。

Working Knowledge:*How Organizations Manage what they Know*(被引118次)是两

---

[1] 彼得·圣吉. 百度百科. [2009-7-28] http://baike.baidu.com/view/536246.htm.
[2] 魏晓蓉等:"管理新趋势:研读《第五项修炼》的启示",《甘肃社会科学》2000年第6期。
[3] 李萌:"'新'的源泉及发掘:关于野中郁次郎的知识创造理论",《发明与创新》2007年第5期。
[4] [日] 野中郁次郎等著,李萌等译:《创造知识的企业:日美企业持续创新的动力》,知识产权出版社2006年版。

位资深咨询顾问托马斯·H. 达文波特和劳伦斯·布鲁萨克的力作。他们在与 30 余个知识型企业合作的基础上，考察了各类型公司是如何有效地理解、分析、评估和管理他们的智力资本，并将组织智慧转化为市场价值的。在该书中，他们将知识工作划分为 4 个连续的活动：进入（Accessing）、产生（Generating）、深化（Embedding）、转移（Transferring），并且观察了关键技能、技术和每项活动的过程。他们提出了一个切实可行的划分和存储知识的方法，以便整个企业的员工都可以容易地使用它。但同时指出，通信讯和信息技术在管理智力资本方面是有局限的。① 该书中文译本已由江西教育出版社 1999 年出版。② 引用该书较多的管理学论文主题主要有知识共享和知识转移等。

《知识管理与组织设计》（被引 103 次）包含了多位学者的论述，如已故经济学家哈耶克和法国社会学家迈克尔·克罗泽等。书中提出了知识时代管理者必须面对的一个全新问题，即组织设计。该书前言讨论了知识、知识管理的重要性，正文则由三部分组成：知识、决策与组织设计；淘汰传统模式的组织创新；促进权力转移的组织竞争与设计。该书集中了一批著名管理学家和经济学家关于知识经济环境下组织设计的思想精髓，它对知识时代的企业家具有重要的指导和启迪意义，③ 也影响了国内有关组织结构、企业文化、知识联盟、柔性管理等方面的研究。

众所周知，《哈佛商业评论》是哈佛商学院的标志性杂志，创刊于 1922 年。《哈佛商业评论》首先发现了知识管理的重要性，并且从不同角度对知识管理问题作了深入的探讨。《知识管理》（被引 98 次）收录的论文都曾发表于《哈佛商业评论》，作者都是当今享有盛名的管理学家。可以说，正是由于他们的推动，知识管理才得以异军突起、始领风骚。④ 该书收录论文包括德鲁克的《新型组织的出现》、野中郁次郎的《知识创新型企业》、戴维·A. 加文的《建立学习型组织》等，代表了当时国际上知识管理研究的最高水平。引用该书的主题主要有知识管理、隐性知识等。

维娜·艾莉所著的《知识的进化》（被引 93 次）不仅从全新的角度重新审视了知识、创新性地剖析了知识的特性，而且用清晰的语言和超乎想象的综合能力，讨论了知识生产和知识管理的有关核心问题。作者认为，作为企业和经济组织的领导人，必须理解生产是一个全体成员奉献"智力"的过程。仅仅依靠个人或少数专业人才从事知识生产的时代已经结束。如何使你的机制具有一种彼此合作共同创新的文化，并且如何使这一过程有效而协调是知识时代管理者必须熟悉的课题。该书既

---

① 营运知识/Working Knowledge. ［2009 - 7 - 28］ http：//www.chinakm.com/KM_ resCenter/KM_ Books/KM_ ClassicBooks/kmClassicBook_ 0009.html.

② ［美］达文波特等著，王者译：《营运知识：工商企业的知识管理》，江西教育出版社 1999 年版。

③ 知识管理与组织设计. ［2009 - 7 - 28］ http：//www.china - pub.com/1464043.

④ 知识管理. ［2009 - 7 - 28］ http：//www.langlang.cc/1162972.htm.

有对知识管理的实务分析,也有对知识演化的历史和哲学的信息,任何现代企业的领导者都将发现该书是无价之宝。[①] 从引用该书的管理学论文主题来看,讨论知识管理、知识转化、企业竞争以及企业创新的论文引用该书的比例较高。

《组织学习与知识创新》(被引92次)也是多位学者的合作产物,主编迈诺尔夫·迪尔克斯先生是德国奔驰基金会课题负责人,合作者有阿里安娜·贝图安·安托尔、英国的约翰·蔡尔德、日本的野中郁次郎等人。这些学者在《组织学习与知识创新》中系统地探讨了促进组织学习的条件,探讨了引发组织学习的因素,审视了实践中的组织学习提出的促进和实施组织学习的具体方法,各种个案研究探讨了如何应用。[②] 引用该书较多的管理学论文主题除组织学习和知识管理、知识创新外,还包括知识转化、学习机制和企业文化等。

《第五代管理》(被引69次)的作者查尔斯·M. 萨维奇博士把管理分为五代,从第二代到第五代都是按计算机的发展阶段来区分的,强调用新的"工作观"和"时间观"来否定工业文明的管理理念,废弃过时的等级制管理,通过建立虚拟组织、动态团队协作和知识联网来共同创造财富。该书的第一部分,作者以小说家的文采和风格,为读者描述了一个处在知识经济门槛上的企业管理者发现传统管理理念的弊端以及他们捕捉到知识经济时代管理哲学的全过程,并且生动地展示了弃旧图新过程中的一代跨时代的管理专家焦虑、彷徨、挣扎,最终走向新时代的心路历程;第二部分理性地阐释了作者对知识经济条件下经营行为特征及适应这一特征的新哲学的理解。[③] 有大量研究知识管理、知识经济、虚拟企业、知识创新等方面的文章引用了该书。

克里斯·阿吉里斯(Chris Argyris)是哈佛大学咨询心理学与组织学习方面的教授,在 *Organizational Learning: A Theory of Action Perspective*(被引55次)中,阿吉里斯等人提出了组织学习的创新概念,他们将组织视为一个独立的整体,主张不只是个人才能学习,组织也会学习。该书分四篇,第一篇介绍组织学习与研究、研究与实践之关系的概念架构,同时也以一个工业公司长期的转变案例,来诠释组织学习在其转化过程中扮演的角色作用;第二篇说明为何学习会受限;第三篇则呈现一个仍在持续中的组织,如何由防卫移向生产性学习,以及由受限的到较具效益之组织学习系统的变化;第四篇回顾了组织学习领域近来的发展历史,并框定其中引起争论的主题与挑战。该书中文译本由台湾远流出版公司出版。[④] 引用该书的管理学论文

---

① 知识的进化. [2009-7-28] http://www.chinakm.com/KM_resCenter/KM_Books/km-Book_0004.html.
② 组织学习与知识创新. [2009-7-28] http://fifid.com/subject/1379584/.
③ 知识时代的管理. [2009-7-28] http://www2.ceocio.com.cn/99/9901/06.htm.
④ Donald A. Schon 等著,夏林清等译:《组织学习——理论、方法与实践》,远流出版公司2006年版。

主题包括组织学习、知识管理、组织绩效、技术创新等。

1996 年经合组织（OECD）发表题为《以知识为基础的经济》（被引 53 次）的报告，首次提出了知识经济的概念。然后全球很快掀起了知识经济的讨论热潮，国内有不少研究知识管理、技术创新、知识经济、国家创新体系等方面的文章参考了本书。书中阐述了知识、科学技术在经济增长中的重要作用，探讨了相关的理论如"新增长理论"，并对知识体系进行了详细分类，还对涉及知识生产、传播和应用的科学系统的作用、"信息社会"的出现、国家创新体系的运作以及相关的就业新趋势等问题都作了陈述。另外书中强调了学习的重要性，探讨了关于知识和知识投入产出指标的设置问题等，对我们了解知识经济，借鉴别国的成功经验都具有积极作用。全书只有 50 多页，但是其中的思想，如有关对知识的分类确实成为知识管理研究的重要理论根据与来源。①

远景艺术（Vision Arts）有限公司的总裁弗朗西斯·赫瑞比所著的《管理知识员工》（被引 40 次，2000 年出版）提供了切实可行并且是惠而不费的管理、激励、挽留的方略。该书不仅让人认识到知识在一个组织中的重要地位，而且让管理者知道如何管理人力资源中的脑力资源部分。② 引用该书的管理学论文大多讨论知识员工、激励机制、人力资源管理等内容。

（6）微观经济学类著作

微观经济学主要研究个体消费者、企业、产业的经济行为及其生产和收入分配。本类别入选图书 7 种，被引次数最高的是《国民财富的性质和原因的研究》，被引 206 次，最低的是《激励理论：委托—代理模型》，被引 51 次。

1776 年出版《国民财富的性质和原因的研究》（简称《国富论》，严复曾译为《原富》）被称为西方经济学的圣经，经济学的百科全书，影响世界历史的十大著作之一，影响人类文化的 100 本书之一，影响中国近代社会的经典译作。③《国富论》的首次出版标志着经济学作为一门独立学科的诞生。作者从国富的源泉——劳动，说到增进劳动生产力的手段——分工，因分工而引起交换，论及作为交换媒介的货币，再探究商品的价格以及价格构成的成分——工资、地租和利润。书中总结了近代初期资本主义发展的经验，批判吸收了当时的重要经济理论，对整个国民经济的运动过程作了系统的描述，被誉为"第一部系统的伟大的经济学著作"④。引用该书的管理学论文主题较多，包括人力资本、公司治理、产权、制度创新、公共管理等。

---

① 以知识为基础的经济．［2009 - 7 - 28］http：//www.chinakm.com/KM_resCenter/KM_Books/kmBook_0023.html.

② 管理知识员工．［2009 - 7 - 28］http：//www.dushu.com/book/10019868/.

③ 国富论．豆瓣．［2009 - 7 - 28］http：//www.douban.com/subject/1951719/.

④ 国富论．MBA 智库百科．［2009 - 7 - 28］http：//wiki.mbalib.com/wiki/The_Wealth_of_Nations.

1988年泰勒尔代表作之一《产业组织理论》（被引160次）的出版，标志着一个新理论框架的形成。自20世纪70年代以来，博弈论方法的引入使产业组织理论发生了革命性变化。在该书之前，这些新的理论模型仅散见于各种期刊，尚未出现一本教科书。泰勒尔的《产业组织理论》是第一本用博弈论范式写成的教科书，创新性地将博弈论和信息经济学的基本方法和分析框架应用于产业组织理论，是研究企业行为博弈的专著。泰勒尔在书中引用的许多文献只是在该书出版数年后才公开发表，这使得该书的内容在今天仍具有较强的"前瞻性"。10多年来，该书一直作为世界著名大学研究生的权威教本，广为流传，历久不衰。引用该书较多的管理学论文主题有网络外部性、企业集群、市场结构、博弈分析等。

《经济学原理》（被引152次）是英国"剑桥学派"的创始人马歇尔的主要著作，被经济学界公认为划时代的著作，对现代经济学的发展有着深远的影响。该书的主要成就在于：建立了静态经济学，为微观经济学各流派提供了一个共同的理论框架，为经济自由之路作了总结，其核心是均衡价格论。该书被看做是与斯密的《国富论》、李嘉图的《赋税原理》齐名的划时代的著作，多年来一直被奉为英国经济学的"圣经"。[1] 马歇尔以英国古典经济学中生产费用论为基础，吸收边际分析和心理概念，论述价格的供给方；又以边际效用学派中的边际效用递减规律为基础，对其进行修改，论述价格的需求方。作者认为商品的市场价格决定于供需双方的力量均衡，犹如剪刀之两刃，两者是同时起作用的，从而建立起均衡价格论。引用该书较多的管理学论文主题有企业集群、企业家理论、竞争优势、人力资本等。

杨小凯，澳大利亚籍华裔，世界著名经济学家，曾经被两次提名诺贝尔经济学奖，他和黄有光合著的《专业化与经济组织：一种新兴古典微观经济学框架》（被引75次）被权威杂志书评称为"盖世杰作"。[2] 该书力图拓展出古典微观经济学的一个新框架。从各篇章的标题可见，这是一本新的统一的分析框架，涉及国际贸易理论、发展经济学、增长理论、交易费用经济学、比较经济学、管理经济学、城市经济学、工业组织理论以及宏观经济学等领域。这个新框架将专业化经济、分工和经济组织结构引入经济学的核心部位。可以解释企业、地区性贸易和国际贸易的产生，解释生产力、贸易依存度、专业化水平、最终产品和中间产品的种数，交易层系和城市层系的层次数，生产集中程度，市场一体化程度以及生产迂回程度的提高，解释专业中间商、城市、货币、失业和景气循环的产生。不少研究交易成本、交易费用、企业理论、中小企业的论文参考了该书。

《政府为什么干预经济：政府在市场经济中的角色》（被引61次）是2001年诺

---

[1] 阿尔弗雷德·马歇尔. MBA智库百科. [2009-7-28] http://wiki.mbalib.com/wiki/Alfred_Marshall.

[2] 巨星的陨落. [2009-7-28] http://hi.baidu.com/dingyixuan/blog/item/99b671f49db290ddf3d38543.html.

贝尔经济学奖的斯蒂格利茨教授的著作。作者是主张在市场经济条件下，政府必须干预经济的代表人物之一。他认为，由于信息不完善，市场不完全，市场会出现失灵，因此，政府必须干预经济，才能达到政府预期的经济目的。斯蒂格利茨与其他西方经济学家一样，认为政府干预的主要作用是弥补市场失灵。因此，对市场失灵的研究就成为政府干预理论的一部分。传统的市场失灵理论在承认市场竞争可以在某些条件下达到帕累托最优的同时，认为市场机制不能解决外部性、垄断、收入分配和公共品提供等问题，因此政府干预的范围应限制在上述"老四条"范围之内。斯蒂格利茨对这种观点提出了挑战，其独特之处在于：不仅从各种表面现象论证市场失灵，而且还触及到了微观经济学的核心——福利经济学的基本原理，这就使他的理论有比较扎实的基础。① 引用该书较多的管理学论文主题主要有政府职能、市场经济、政府干预、政府规制等。

丹尼斯·卡尔顿等编著的《现代产业组织》（被引 58 次）是一本入门式的产业组织教材。读者完全可以从零开始，循序渐进地从价格理论到信息理论，从静态模型到动态模型，从产业理论到政府政策，一步步地建构起有关产业组织理论的整个知识框架。该书从世界上第一支圆珠笔诞生过程中的掠夺性定价到美国 AT&T 公司的被迫解体，从商店分发优惠券造成的价格歧视到关于性在广告中的作用，从专利对于研究与开发和垄断的双重促进到政府对于有线电视垄断的特许权投标等上百个案例作了精彩的经济学分析，使人领略到了产业组织理论的强烈的说服力和穿透力。② 引用该书的管理学论文主要讨论了有关竞争优势、网络外部性、产业组织、市场等主题。

让-雅克·拉丰是世界上研究产业经济最知名的学术机构之一的产业经济研究所（IDEI）的所长，他编写的《激励理论：委托—代理模型》（被引 51 次）共三卷，其中第一卷激励理论是整个理论框架的基础部分。该卷着重分析了完全契约下的委托—代理理论，它可使读者对不对称信息下契约的交易成本有一个初步的理解，并且不必借助于高级对策论工具。引用该书的管理学论文主题包括激励机制、供应链、委托代理理论、不对称信息等。

（7）管理理论类著作

这里提到的管理理论是泛指，主要包括有关企业管理、商业管理的基本理论、方法，不能分到以上各类别的图书，涉及图书 6 种，被引次数最高的是罗宾斯的《管理学》，被引 165 次，最低的是《21 世纪的管理挑战》，被引 40 次。

美国著名管理学家斯蒂芬·P. 罗宾斯撰写的《管理学》是西方经典的管理学教材，被欧美大多数商学院选为指定教材或推荐参考书，已发行近 10 版，每版都有新

---

① 杨天宇："斯蒂格利茨的政府干预理论评析"，《学术论坛》2000 年第 2 期。
② 现代产业组织（上、下）. [2009-7-28] http://www.ewen.cc/cache/books/view/25/view-0202010000006525.html.

的内容加入。该书以管理过程为主线,分别阐述了管理的四大职能:计划、组织、领导与控制。该书坚持以应用为导向,并不断引入前沿话题,反映了最新管理思想和发展趋势。该书结构清晰,语言生动,博采众长,不仅提供了大量的应用案例,荟萃了众多学者的研究成果。作者颇具匠心地设计了"管理者困境"、"成为一名管理者"等多个实用性很强的专栏和练习,帮助读者掌握所学内容[①]。受到该书影响的研究领域较广泛,包括企业管理、激励机制、企业文化、组织结构、人力资源管理等,涉及管理学各方面。

罗纳德·伯特,著名社会学家,美国芝加哥大学商学院社会学和战略学教授。*Structural Holes: The Social Structure of Competition*(被引97次)阐述的结构洞理论是伯特结合奥地利学派和格兰诺维特(Mark Granovetter)的社会网络分析于1992年提出的。伯特认为,在社会网络中某些个体之间存在无直接联系或关系间断的现象,从网络整体来看,好像网络结构中出现了洞穴,这就是结构洞。而将无直接联系的两者连接起来的第三者拥有信息优势和控制优势,因此组织和组织中的个人都要争取占据结构洞中的第三者位置。[②] 该书的中译本2008年由格致出版社出版。引用该书较多的管理学论文主题有社会资本、社会网络、技术创新、企业网络等。[③]

曾在佛罗里达州立大学执教的美国管理思想史学家丹尼尔·A.雷恩编撰的《管理思想的演变》(被引80次)系统地分析了管理思想的演变和进化过程,对诸多我们已经看似熟悉的理论提供了新的注解和阐释。该书主要包含四大部分:早期管理思想、科学管理时代、社会人时代。该书多次再版,中译本也有多种,最新的为2009年人民大学出版社出版的孙健敏译本。[④] 引用该书较多的管理学论文主题包括企业管理、管理创新、管理理论、管理模式、管理思想、人力资本等。哈罗德·孔茨是美国管理学家、管理过程学派的主要代表人物之一,他的著作《管理学》(被引61次)是西方企业管理过程学派的代表作之一。1955年该书初版时原名为《管理原理》,1980年第7版时改书名为《管理学》,中译本先后有中国社会科学出版社、经济科学出版社出版。该书的重点放在以正确的理论为基础的管理实践上。最新版除了比较全面系统地反映了当代西方管理学理论的主要成就,阐明了企事业单位的主管者有效地工作所必须具备的管理学基础理论知识外,还充分认识到企业的外部环境对企业巨大的挑战性,特别讨论了一些重要的国际问题。值得一提的是,该书首次将中国当代企业的管理事务作为重点加以讨论,并将其与美国和日本的管理进行对比,使国内管理人士不再有"水中望月"之感。同时该书还选取了大量欧美著名

---

① 管理学(第9版). [2009-7-28] http://www.china-pub.com/192000.

② 王旭辉:"结构洞:陷入与社会资本的运作:读《结构洞:竞争的社会结构》",《中国农业大学学报》(社会科学版)2007年第3期。

③ [美]罗纳德·伯特著,任敏等译:《结构洞:竞争的社会结构》,格致出版社2008年版。

④ [美]丹尼尔·A.雷恩著,孙健敏等译:《管理思想史》,中国人民大学出版社2009年版。

大公司的管理实例。[①] 引用该书的管理学论文主题也比较广泛,涉及企业管理、企业社会责任、激励理论、战略管理等。

《物流管理:供应链过程的一体化》(被引55次)由美国密歇根州立大学唐纳德·J. 鲍尔索克斯和戴维·J. 克劳斯合作出版。该书对当前社会上私人和公共部门的物流实践进行了全面的描述,阐述了应用物流原理获得竞争优势的方法和途径,并结合大量的实例对西方发达国家的优秀物流管理实践进行了生动描述。在每章结尾,作者都有针对性地给出了思考题,帮助读者把握重点。该书在内容编排上注重科学性、系统性和可操作性,是渴望汲取新知、开阔思路的物流从业人员必读教材。引用该书的管理学论文主题比较集中,主要涉及供应链管理、物流管理等相关内容。

现代管理学之父彼得·杜拉克(又译德鲁克)在他90岁高龄时献给读者的《21世纪的管理挑战》(被引40次,2003年出版)一书以他广博的知识,丰富的实践经验,敏锐的洞察力,深入浅出的分析,高瞻远瞩地分析了社会的进步、企业的发展以及管理者在21世纪所面临的挑战,充分体现了德鲁克管理思想的前瞻性、科学性和实用性。该书只涉及未来的"热点"问题,共分6章,分别阐述了管理的新范式、战略——新的必然趋势、变革的引导者、信息挑战、知识工作者的生产率以及自我管理等6个方面问题,是又一部管理学"里程碑式"的著作。该书讨论的问题远远超过管理的范围,杜拉克自己说得好:"这本书真正关注的是:我们社会的未来。"[②] 该书的另一个译本2006年由机械工业出版社出版。引用该书的管理学论文主题主要有人力资源管理、企业文化、知识员工、企业管理等。

(8) 人力资源管理类著作

人力资源管理是指企业的一系列人力资源政策以及相应的管理活动。入选本类著作共6种,被引次数最多的是舒尔茨的《论人力资本投资》(213次),最少的是明塞尔的《人力资本研究》(47次)。

西奥多·W. 舒尔茨,1979年诺贝尔经济学奖得主,《论人力资本投资》是其有关人力资本投资理论的论文集。该书编排的顺序是从舒尔茨人力资本投资的基本思想出发,收录了他有关提高人口素质,以及教育、健康、人的时间价值、人口迁移等具体问题的论文,包含"人力资本投资"、"穷国的经济学"、"教育资本构成"等14篇论文。引用该书较多的主题有人力资本、人力资源、知识经济等。舒尔茨的另一本入选著作是《人力资本投资:教育和研究的作用》(被引58次)。全书的主要内容分为四章:第一章"教育的经济成分",第二章"教育费用",第三章"教育的经济价值";第四章"有待商榷的问题"。作者的主要观点是人力投资对经济增长正发

---

① 管理学(第10版). [2009-7-28] http://www.ezkaoyan.com/book/0X33MH23clvEqJCAArjhUQ22.html.

② 《21世纪的管理挑战》关注我们社会的未来. [2009-7-29] http://www.cnii.com.cn/20080623/ca562406.htm.

生着深刻的影响，而人力资本的关键性投资在于教育。① 引用该书的管理学论文主题除了人力资本、人力资源外，还包括经济增长、知识资本等。

加里·德斯勒教授的主要研究领域是人力资源管理和组织管理。他的畅销书《人力资源管理》（被引138次）被公认为是最优秀的人力资源管理教科书之一，自面世以来，备受国际管理教育界的关注和好评。国内研究人力资源管理、绩效考核、薪酬制度的许多论文都参考了该书的观点。《人力资源管理》（第6版）的中译本由中国人民大学出版社出版，自1999年出版以来，被全国高校普遍采用，并获第十二届中国图书奖。最新版增加了中国人力资源管理方面的理论和案例，共有六个模块：人力资源战略、工作分析、招聘与录用、培训与开发、绩效考核与薪酬管理。改编后的中国版将使中国的读者能够阅读到最全面、最综合的人力资源管理理论与方法，在了解国际最新的人力资源管理理论的同时也系统了解中国相关理论的发展与创新。其中新版所补充的中国案例将使人力资源管理的教学更具针对性。②

《人力资本：特别是关于教育的理论与经验分析》（被引90次，又译为《人力资本理论》）全面阐述了人力资本理论的创始人、1992年诺贝尔经济学奖得主加里·贝克尔（Gary S. Becker）的有关人力资本的系统理论、观点和研究方法。书中运用成本—收益法对教育投资进行了分析，认为对个人教育的投资和普通的商业投资相似，在决策时同样需要将成本与收益进行比较。该书还从经济学的角度对歧视、婚姻、家庭和教育之间的关系进行了剖析，让读者用一个全新的角度去观察自己的日常行为。这种人力资本的研究角度也为管理学开辟了新的视角，原来单纯的企业人员管理变成了与教育、培训、激励机制设计等相结合的人力资本管理。贝克尔对人力资本的理解极大地突破了囿于物质资本的传统经济学局限，使经济学研究朝着主体化的方向发展。③ 最新中译本由中信出版社2007年推出。引用该书较多的管理学论文主题有人力资本、教育投资等。

伊兰伯格等著的《现代劳动经济学：理论与公共政策》（被引49次，1999年出版）是为研究生或本科生的劳动经济学课程设计，是美国劳动经济领域最有影响的教科书。书中有众多案例，详尽地说明了公共政策对劳动力市场和企业的影响。该书还有一些有利于教学的特点：每章都有实例，用以说明该章的理论在非传统、历史、企业或跨文化环境中的应用，每章都有大量复习题，同时编者还精选了部分阅读材料的目录列于各章的结尾。④ 引用该书较多的管理学论文主题有人力资本、劳动

---

① 教育的经济价值. ［2009-7-29］http：//life.cersp.com/explore/lists/200706/1917.html.
② 人力资源管理（第6版）. ［2009-7-29］http：//www.crup.com.cn/gsgl/newsdetail.cfm?iCntno=1163.
③ 李守身等："贝克尔人力资本理论及其现实意义"，《江淮论坛》2001年第5期.
④ 现代劳动经济学（理论与公共政策 第6版）. ［2009-7-29］http：//www.zker.cn/Book/204914.

力市场、就业与劳动保障等。

雅各布·明塞尔的《人力资本研究》（被引 47 次，2001 年出版）是他关于人力资本理论的一部论文集。该集收集了作者自 20 世纪 50 年代以来关于这个主题所发表的十几篇有代表性的论文，记录了作者在这个新开拓的理论领域辛勤耕耘的历程。该书共分三篇：人力资本与挣得；人力资本、工资增长、劳动转换与失业；技术与人力资本需求。可以说，该书就人力资本问题作了深入透彻的研究。引用该书的管理学论文主题有人力资本、在职培训、教育投资、收入分配等。

（9）公司财务及公司治理类著作

入选该类的著作有 5 种，主要讨论有关公司治理的一些问题，被引次数最多的是 Modern Corporation and Private Property（162 次），最少的是 Firms, Contracts and Financial Structure（69 次）。

1932 年贝利与他人合作出版了 Modern Corporation and Private Property（译为《现代公司与私有产权》）。该书详尽分析了 20 世纪 20—30 年代美国的垄断产业和寡头垄断产业的实际情况，并指出：一方面现代公司所有权和控制权的分离产生了使所有者的利益与最终经营者的利益背道而驰的条件；另一方面所有权分散在众多的股东手中，使得现代公司中典型的股东已不再能真正行使权力来监督经营者的行为，由此导致公司股东失去公司资源的控制。彼得·德鲁克评论说"可以证明，该书是美国商业历史上最具有影响力的一本著作。"[①] 引用该书的管理学论文主题有公司治理、上市公司、公司绩效、股权、所有权等。

哈特的《企业、合同与财务结构》（被引 128 次）及其原著 Firms, Contracts and Financial Structure（被引 69 次）是一本讨论现代产权理论的著作。它集中了哈特同他的合作者以及同事等在产权、企业和财务结构方面的理论贡献，主要内容包括：对企业的理解、产权观点、产权观点的深层问题、关于不完全合同模型基础的讨论、财务合同和债务等。引用该书的管理学论文主题有人力资本、公司治理、剩余控制权、产权等。

J. 弗雷德·威斯通是美国最具权威的金融学家之一，其专著《兼并、重组与公司控制》（被引 112 次）通过对企业兼并与重组大量案例的分析与论证，大量文献的归纳和总结，对企业合并、接管、重组以及公司控制等主题进行了系统完整的阐述。作者将企业兼并与重组的形式概括为四大类企业产权的变动：扩张型、收缩型、公司控制型和所有权结构变更。作者还分析了公司的控制机制对公司发展的制约和促进作用，认为公司控制权的价值通常是由市场决定的，公司控制权的内外机制都是用于激励、监督管理者，需要的话还可以更换管理者等。引用该书较多的管理学论文主题有企业并构、上市公司、管理层收购、资产重组等。

---

① 现代公司与私有财产. [2009 - 7 - 29] http://www.nalimai.com/book2037108658.htm.

《所有权与控制：面向 21 世纪的公司治理探索》（被引 95 次）由美国企业组织结构专家、布鲁金斯研究中心高级研究员玛格丽特·M. 布莱尔所著，该书是一部有关公司治理问题的著作，开创了从利益相关者理论的视角研究公司治理的先河。全书共 9 章，既讨论了公司的控制问题，也论述了公司控制过程中所体现的产权问题；既提供了公司治理问题的理论脉络，也展现了美国公司治理的历史、现状和变革。玛格丽特·布莱尔提出了自己对公司治理的独到见解：过度强调股东的力量和权利会导致其他相关利益者的投资不足，并进而降低公司潜在的财富创造。作者指出，公司应该关注的不仅是一系列属于股东的有形资产，相反应该关注的是制度安排，这种制度安排控制着公司利益相关者。总体看来，该书对于我国正在进行的企业制度的改革具有十分重要的借鉴意义。① 引用该书的管理学论文主题有公司治理、治理结构、利益相关者、人力资本等。

（10）其他类著作

剩余的著作分属多个类别，每个类别入选种类不多，因此都归属到其他类，包括微观规制、科学学、经济学教材、组织行为学等方面。

微观规制是政府站在中立的立场上，依据行政、法律法规和经济等手段对微观经济主体实施的一种外部限制和监督，入选的此类著作有 3 本：《产业组织和政府管制》、《微观规制经济学》和《管制与市场》。

潘振民编译的《产业组织和政府管制》（被引 81 次）汇集了美国已故的著名经济学家 G. J. 施蒂格勒关于产业组织和政府管制的一些重要论文，主要是根据施蒂格勒的论文集《产业组织》和《市民与国家》两书选译，汇集了作者最主要的论文。该书涉及的主要内容有：竞争和垄断的属性、决定产业规模结构的各个因素、市场行为方面的主题、反托拉斯政策等。引用该书的管理学论文主题有政府管制、规模、企业规模、政府规制等。

《微观规制经济学》（被引 70 次）的作者植草益教授担任过日本政府的电力、煤气、电气通信等公用事业的审议委员会委员，又参加过"行政改革审议会"专门委员会的指导工作，掌握了许多难以获得的资料。植草益在其著作中，详尽分析了规制产生的起因。它从公正分配、经济的稳定性、非价值物品、公共性物品、外部经济、自然垄断、不完全竞争、信息偏在、风险等方面，论证了"市场的失灵"，由此提出了对经济进行规制的必要性。同时，针对美国、日本、英国等发达国家由于"规制的失败"导致放松规制的起因和放松规制的结果，进行了详尽的分析论证。此外，作者还讨论了谁来规制规制者的问题。著名经济学家马洪在该译著的序言中写道："《微观规制经济学》可以毫不夸张地说是当代西方'规制经济学'中优秀的著

---

① 张春霖："理解现实的企业——从玛格丽特·布莱尔的理论得到的一些启示"，《经济社会体制比较》1998 年第 5 期。

作."该书是国内翻译的第一本以"规制经济学"为名的专著。① 国内管理学论文引用该书的主题领域主要有政府规制、国有企业、自然垄断、公用事业等。

美国西北大学教授丹尼尔·F. 史普博长期致力于管理战略、管理经济学和决策科学的研究,《管制与市场》(被引52次)就是其多年研究的结晶。该书从规范和实证两方面展开对政府管制的考察,着重点放在理论问题上,如规模经济或沉淀成本等。该书包括多个部分,分别介绍了经济效率与行政程序,管制与经济分析,递增规模报酬下的竞争与定价,市场的行政管制,反托拉斯:效率与竞争等。② 最新译本由格致出版社2008年出版。引用该书较多的管理学论文主题除了政府管制和政府规制外,还有跨国公司、信息不对称、自然垄断等。

任何一个学科都要遵循科学的基本方法和理论,管理学也不例外,在管理学研究当中,也有两本有关科学学理论的著作入选:《爱因斯坦文集》和《科学的社会功能》。

爱因斯坦是现代物理学的开创者和奠基人。1921年获诺贝尔物理学奖。《爱因斯坦文集》(被引101次)共分三卷:第一卷主要收录的是爱因斯坦的科学哲学与一般科学类文章;第二卷收录的主要是爱因斯坦的重要科学论文;第三卷收录的主要是爱因斯坦的社会政治言论及一些补遗。③ 中文译本分别于1976年、1977年、1979年出版④。引用该书的管理学论文主题有爱因斯坦、科学、科学哲学、科学创造、科学理论等。

《科学的社会功能》(被引61次)的作者J. D. 贝尔纳(J. D. Birnal)是著名的物理学家,贝尔纳在书中明确地把科学本身作为研究的对象,他分析了科学发展的现状及其规律性,特别是研究了如何改进科学、改造科学,如何制定正确的战略(政策)使得科学朝着健康的道路发展。在书中他第一次运用数量方法研究科学学,研究了科学研究的经济效益问题,这些无疑对后来的研究具有巨大的影响。引用该书较多的管理学论文主题有科学学、科学社会学、科学研究、科研管理等。

在经济学基础教材方面,1970年诺贝尔经济学奖获得者萨缪尔森的《经济学》(被引61次)先后被翻译成40多种文字出版,是有史以来发行量最大、至今在全球范围内仍然被广泛采用的经济学教科书。最新版为第18版,全书共7编34章:包括基本概念,供给、需求和产品市场,要素市场,国际贸易、政府和环境,经济增长

---

① 产业经济学专业研究生中文参考资料选录. [2009-7-29] http://www.dufe.edu.cn/organization/yanjiujigou/chanyezuzhi/xsdt/cankao/36/a1.htm.

② 管制与市场. [2009-7-29] http://www.syvcd.com/bookinfo/bookDetail/? bid =50093.

③ 爱因斯坦文集:一部对中国人影响超常的科学家著作. [2009-7-29] http://www.china.com.cn/international/txt/2008-04/18/content_ 14976106.htm.

④ 刘兵:"对《爱因斯坦文集》编译出版的简要历史回顾",《科学对社会的影响》2005年第4期。

与商业周期,经济发展、经济增长与全球经济以及失业、通货膨胀与经济政策等内容。囊括了微观经济学和宏观经济学领域的大部分知识。在保持"把注意力始终放在经济学的基本概念和核心理论"这一风格的前提下,该书对金融经济学、网络经济学、环境经济学以及全球化背景下的国际经济与贸易作了重点论述或重写,对前沿的实践及理论成果,对国际化外包、股息税改革、品牌价值以及行为经济学等也给出了最新的介绍。译者高鸿业教授认为,萨缪尔森的教科书不仅能够让初学者迅速地概览主流经济学的全貌,而且还能不断地刷新财政学、金融学、统计学、会计学、制度经济学、国际经济学、发展经济学和环境经济学的知识。在西方它堪称一部"流动的百科全书"①。该书也入选哈佛 100 位教授推荐的《值得一读的好书》,② 最新中译本由萧琛主译,人民邮电出版社 2008 年出版。市场经济、人力资本、政府职能、市场失灵等管理学研究领域的许多论文引用了该书。

组织行为学类仅有美国组织行为学权威、圣迭戈大学管理学教授斯蒂芬·P. 罗宾斯撰写的经典管理教科书《组织行为学》(被引 121 次)入围。该书修订再版 10 余次,持续畅销 20 多年。该书围绕组织行为学这个中心内容,分别从个体行为、群体行为、组织系统和组织动力的角度论述了组织管理中"人"的行为问题。作者从大量的研究案例和数据中归纳出许多新颖而独辟蹊径的观点,如作者认为一定程度的冲突有利于改善组织的运作绩效等,此类论述常常使人耳目一新。在每一章中作者都独具匠心地设计了对一个问题从正反两面进行辩论的专栏,在每一章的后面都提供了大量练习和案例,帮助读者深入掌握所学内容。③ 引用该书较多的管理学论文主题有企业文化、企业管理、人力资源管理、激励机制、组织文化等。

熊彼特的《经济发展理论:对于利润、资本、信贷、利息和经济周期的考察》(被引 302 次)是一本发展经济学方面的著作,他在书中提出了"创新理论",后来又在另外两本书中加以运用和发挥,形成了以"创新理论"为基础的独特的理论体系。④ 该书分六章:包括对"企业家"的特点和功能、生产要素的新组合、"创新"的含义和作用,资本主义的产生,信贷与资本,企业家利润,资本利息等问题的考察与论述。此书的意义首先还不是所论述的经济发展理论本身,而是在阐释这些理论背后的经济研究方法上。作者继承了他最推崇的经济学家瓦尔拉斯的一般均衡法,但并不满足于其对静态均衡分析,而是在静态均衡理论基础上主张从事物的内部寻求原因,进而创立了动态均衡论,建立了一套从经济体系内部因素来说明经济动态现象的"动态的经济发展理论"。此外,该书把历史分析、理论分析和统计分析结合

---

① 经济学. [2009 - 7 - 29] http: //youa. baidu. com/item/92ff22b13458791b74ecb298.
② 寒川子等主编:《值得一读的好书》,学林出版社 2007 年版,第 72 页。
③ 组织行为学(第 12 版). [2009 - 7 - 29] http: //www. amazon. cn/mn/detailApp? qid = 1246545822&ref = SR&sr = 13 - 4&uid = 476 - 6043632 - 0620818&prodid = zjbk178528#.
④ 熊彼特. 百度百科. [2009 - 7 - 29] http: //baike. baidu. com/view/745835. htm.

起来是其又一特色。① 引用该书的管理学论文主要研究领域有技术创新、企业家、企业创新、自主创新、企业文化、竞争优势等。

13.6 国内学术著作对管理学研究的影响

在此次遴选出的对国内管理学学科最有学术影响的 217 种图书中，国内学术著作 77 种，占 35.5%，被引总次数 6119 次，占入选图书总被引次数的 25.2%，基本集中了改革开放以来我国管理学领域出版的最有学术影响的著作，客观真实地反映了这一时期管理学研究状况，对管理学体系和学术研究都产生了深远的影响。详细目录参见表 13-7。

表 13-7　管理学论文引用较多的国内学者学术著作

序号	图书信息
1	张维迎：《博弈论与信息经济学》，上海：上海三联书店、上海人民出版社，1996
2	张维迎：《企业理论与中国企业改革》，北京：北京大学出版社，1999
3	张维迎：《企业的企业家：契约理论》，上海：上海三联书店、上海人民出版社，1995
4	傅家骥：《技术创新学》，北京：清华大学出版社，1998
5	王缉慈等：《创新的空间：企业集群与区域发展》，北京：北京大学出版社，2001
6	马士华等：《供应链管理》，北京：机械工业出版社，2000
7	梁能：《公司治理结构：中国的实践与美国的经验》，北京：中国人民大学出版社，2000
8	谢识予编：《经济博弈论》，上海：复旦大学出版社，2002
9	俞可平：《治理与善治》，北京：社会科学文献出版社，2000
10	李维安等：《公司治理》，天津：南开大学出版社，2001
11	林毅夫等：《充分信息与国有企业改革》，上海：上海三联书店、上海人民出版社，1997
12	卢现祥：《西方新制度经济学》，北京：中国发展出版社，1996
13	仇保兴：《小企业集群研究》，上海：复旦大学出版社，1999
14	杨瑞龙：《企业共同治理的经济学分析》，北京：经济科学出版社，2001
15	许庆瑞：《研究、发展与技术创新管理》，北京：高等教育出版社，2000
16	杨瑞龙等：《企业的利益相关者理论及其应用》，北京：经济科学出版社，2000
17	张维迎：《产权、政府与信誉》，北京：生活·读书·新知三联书店，2001
18	费方域：《企业的产权分析》，上海：上海三联书店、上海人民出版社，1998

---

① 刘方："熊彼特的'创新思想'评介：读《经济发展理论》"，《求实》2004 年第 5 期。

续表

序号	图书信息
19	周三多：《管理学》，北京：高等教育出版社，2005
20	赵曙明：《人力资源管理研究》，北京：中国人民大学出版社，2001
21	李建民等：《人力资本通论》，上海：上海三联书店，1999
22	林毅夫等：《中国的奇迹：发展战略与经济改革》，上海：上海三联书店、上海人民出版社，1999
23	李维安等：《现代公司治理研究：资本结构、公司治理和国有企业股份制改造》，北京：中国人民大学出版社，2002
24	薛澜等：《危机管理：转型期中国面临的挑战》，北京：清华大学出版社，2003
25	李忠民：《人力资本：一个理论框架及其对中国一些问题的解释》，北京：经济科学出版社，1999
26	李惠斌等：《社会资本与社会发展》，北京：社会科学文献出版社，2000
27	高建：《中国企业技术创新分析》，北京：清华大学出版社，1997
28	张康之：《寻找公共行政的伦理视角》，北京：中国人民大学出版社，2002
29	樊纲等：《中国市场化指数：各地区市场化相对进程报告》，北京：经济科学出版社，2001
30	周志忍：《当代国外行政改革比较研究》，北京：国家行政学院出版社，1999
31	芮明杰：《管理学：现代的观点》，上海：上海人民出版社，1999
32	吴贵生：《技术创新管理》，北京：清华大学出版社，2000
33	吴淑琨等：《公司治理与中国企业改革》，北京：机械工业出版社，2000
34	柳卸林：《技术创新经济学》，北京：中国经济出版社，1993
35	张国庆：《行政管理学概论》，北京：北京大学出版社，2000
36	席酉民等：《和谐管理理论》，北京：中国人民大学出版社，2002
37	张德：《人力资源开发与管理》，北京：清华大学出版社，2001
38	余光胜：《企业发展的知识分析》，上海：上海财经大学出版社，2000
39	许国志：《系统科学》，上海：上海科技教育出版社，2000
40	陈剑等：《虚拟企业构建与管理》，北京：清华大学出版社，2002
41	张成福等：《公共管理学》，北京：中国人民大学出版社，2001
42	焦斌龙：《中国企业家人力资本：形成、定价与配置》，北京：经济科学出版社，2000
43	刘光明：《企业文化》，北京：经济管理出版社，1999
44	金碚等：《竞争力经济学》，广州：广东经济出版社，2003
45	盖文启：《创新网络：区域经济发展新思维》，北京：北京大学出版社，2002
46	盛洪：《现代制度经济学》，北京：北京大学出版社，2003
47	谢德仁：《企业剩余索取权：分享安排与剩余计量》，上海：上海三联书店、上海人民出版社，2001

续表

序号	图书信息
48	项保华：《战略管理：艺术与实务》，北京：华夏出版社，2001
49	黄群慧：《企业家激励约束与国有企业改革》，北京：中国人民大学出版社，2000
50	魏杰：《企业前沿问题：现代企业管理方案》，北京：中国发展出版社，2001
51	郁义鸿：《知识管理与组织创新》，上海：复旦大学出版社，2001
52	冯子标：《人力资本运营论》，北京：经济科学出版社，2000
53	宋华等：《现代物流与供应链管理》，北京：经济管理出版社，2000
54	赵曙明等：《知识企业与知识管理》，南京：南京大学出版社，2000
55	杨小凯等：《新兴古典经济学和超边际分析》，北京：中国人民大学出版社，2000
56	李新春：《企业联盟与网络》，广州：广东人民出版社，2000
57	李维安等：《网络组织：组织发展新趋势》，北京：经济科学出版社，2003
58	李维安：《中国公司治理原则与国际比较》，北京：中国财政经济出版社，2001
59	中国教育与人力资源问题报告课题组：《从人口大国迈向人力资源强国》，北京：高等教育出版社，2003
60	魏江：《产业集群：创新系统与技术学习》，北京：科学出版社，2003
61	王众托：《企业信息化与管理变革》，北京：中国人民大学出版社，2001
62	张蕊：《企业战略经营业绩评价指标体系研究》，北京：中国财政经济出版社，2002
63	魏江：《企业技术能力论：技术创新的一个新视角》，北京：科学出版社，2002
64	孙永祥：《公司治理结构：理论与实证研究》，上海：上海三联书店、上海人民出版社，2002
65	周三多等：《战略管理思想史》，上海：复旦大学出版社，2002
66	张厚义：《中国私营企业发展报告（2001）》，北京：社会科学文献出版社，2002
67	傅家骥等：《技术经济学前沿问题》，北京：经济科学出版社，2003
68	夏敬华等：《知识管理》，北京：机械工业出版社，2003
69	王众托：《知识系统工程》，北京：科学出版社，2004
70	王德禄：《知识管理的IT实现：朴素的知识管理》，北京：电子工业出版社，2003
71	蔡昉等：《劳动力流动的政治经济学》，上海：上海三联书店、上海人民出版社，2003
72	李军鹏：《公共服务型政府》，北京：北京大学出版社，2004
73	司春林编：《企业创新空间与技术管理》，北京：清华大学出版社，2005
74	国务院研究室课题组：《中国农民工调研报告》，北京：中国言实出版社，2006
75	张维迎：《产权、激励与公司治理》，北京：经济科学出版社，2005
76	杨其静：《企业家的企业理论》，北京：中国人民大学出版社，2005
77	蔡昉等：《中国劳动力市场转型与发育》，北京：商务印书馆，2005

在管理学研究领域，北京大学的张维迎教授的系列研究成果受到了学术界的广泛关注，其中：《博弈论与信息经济学》被引616次，《企业理论与中国企业改革》被引418次，《企业的企业家：契约理论》被引376次。入选图书两本以上的学者还有李维安、蔡昉、傅家骥、林毅夫、陈郁、王众托、杨瑞龙、赵曙明、周三多等，这都是我国管理学界耳熟能详的知名学者。分析表13-7中的书目，可以说几乎涵盖管理学所有主要研究领域，表中所列书目所讨论的主题既涉及了相对传统的"企业理论"与"企业战略管理"，也涉及近几年才成为热门的"知识管理"和"技术创新"等诸多研究领域。

（1）制度经济学类著作

同国外入选的制度经济学类著作类似，入选的国内制度经济学著作也较多，有14种。被引最多的是张维迎的《企业理论与中国企业改革》，被引418次，最少的是魏江的《产业集群：创新系统与技术学习》，被引35次。

此类中，张维迎有三本著作入选，除了《企业理论与中国企业改革》之外，还有《企业的企业家：契约理论》（被引376次）和《产权、政府与信誉》（被引89次）。

《企业理论与中国企业改革》论述了国有企业的本质，国有企业改革的方向以及改革中出现的问题，并指出解决这些问题不仅需要对现实问题有良好的感觉和体验，而且要很好地掌握有关产权、激励方面的现代经济学理论。张维迎一直尝试着将企业理论和自己在这方面的研究成果运用于中国企业改革的实践。该书收录的论文概括了作者有关中国企业改革的主要观点，内容包括股份制与企业家职能的分解、国家所有制下的企业家不可能定理两大部分。引用该书较多的管理学论文主题有国有企业、人力资本、公司治理、上市公司、激励机制等。

《企业的企业家：契约理论》以作者长期参与中国经济改革的经验为背景，做出对主流经济学一个核心问题的解答。该书以一个特定的企业理论为题目，为中国年轻一代经济学者提供了一个方法论典范，即在系统把握了微观经济学以后如何将理论应用于具体问题以及如何在特定背景下叙述理论。张曙光等学者认为该书成功之处在于，作者娴熟地运用了现代经济学的分析方法，以企业的企业家理论为背景，综合了企业的契约理论，发展了企业的企业家契约理论，推动了企业理论的研究。这是一本"既能够融入当代经济科学主流，又能够推进中国经济研究传统重建的著作"[①]。引用该书较多的管理学论文主题有人力资本、国有企业、企业家、公司治理等。

---

① 张维迎．［2009-7-29］http：//www.hudong.com/versionview/eGwYDQlgaFnBGUVIaDgpGXQ＊＊．

《产权、政府与信誉》中的 20 多篇文章回答了诸如为什么相当多的中国企业不讲信誉、什么样的企业才有积极性讲信誉、信誉机制的建立需要哪些基础以及如何才能得到有效维护等问题。这些属于产权与企业行为、政府管制、市场秩序等方面的文章,其核心思想可以概括为产权是社会道德的基础,限制了自由竞争必然导致市场秩序混乱,坑蒙拐骗盛行。靠政府管制来建立市场秩序不仅达不到目的,而且常常事与愿违。[1] 该书指出:缺乏信誉增大了社会的总成本,不合理的产权制度以及政府对经济的过多管制是造成社会信誉机制缺失的根本原因。国营企业领导人看不到长远预期,最根本的原因是产权不明晰,因而他们更愿意选择一次性博弈,追求利润最大化。而民营企业不讲信誉,是因为有些地方政府行为多变,增加了民营企业家的不安全感。[2] 引用该书的管理学论文主题主要有家族企业、国有企业、信用管理、信用缺失和政府信用等。

《创新的空间:企业集群与区域发展》(被引 229 次)是北京大学王缉慈教授承担的国家自然科学基金地学部项目《新产业区理论及其在我国的应用研究》的最终研究成果。这本书在对国内外最新的有关理论进行深入研究的基础上,剖析了国外最具典型的区域实例(如美国硅谷、第三意大利、印度提若普尔地区等地区),并对我国传统产业区、新兴工业区域及智力密集型区域中的代表性区域进行细致的实际调研,在此基础之上,发掘了新产业区理论在中国的实际应用价值。该书通过理论综述和实例分析,尽可能全面而深刻地指出关系到区域和国家竞争优势的公共政策变化,希望能够促进我国这一跨学科领域的研究进展,并为区域产业政策更加科学而作出贡献。[3] 引用该书较多的管理学论文主题有企业集群、产业集群、竞争优势、中小企业以及技术创新等。

林毅夫等撰写的《充分信息与国有企业改革》(被引 106 次)从探讨现代企业制度的内涵出发,结合我国国有企业面临的现实问题,提出了对国有企业改革的看法。作者认为,现代企业制度的核心是公平竞争的市场能够产生关于企业经营绩效的充分信息,从而降低经营者与所有者之间信息不对称、激励不相容和责任不对等的问题,使得企业的所有者得以有效地监督经营者的行为,并创造出所有者和经营者激励相容的企业管理制度。由于目前国有企业面临着一系列政策性负担,缺乏公平而充分竞争的市场环境,产生不了企业经营绩效的充分信息,因此经营者侵犯所有者权益的现象难以避免。在他们看来,创造一个公平而充分竞争的市场环境是国

---

[1] 裴春霞:"一个经济学家视野中的道德与信誉:读张维迎教授的《产权、政府与信誉》",《济南金融》2003 年第 8 期。

[2] 诚信是最好的竞争手段. [2009 - 8 - 1] http://www.sichuandaily.com.cn/2004/03/09/20040309430104430175.htm.

[3] 创新的空间:企业集群与区域发展. [2009 - 8 - 1] http://lib.yixia.net/242/344990/.

有企业改革的核心,有了这种外部市场环境,并改进企业内部的管理体制,国有企业也可以是有效率的。①引用该书较多的管理学论文主题有国有企业、公司治理、企业改革、人力资本等。

中南财经政法大学卢现祥教授编著的《西方新制度经济学》(被引98次)系统地阐述了西方新制度经济学的产生、发展及其基本原理。作者认为西方新制度经济学由制度的构成与起源、制度的变迁与创新、制度、产权与国家理论以及制度与经济发展的相互关系等所组成,并应用制度分析法对我国市场化改革中的一些深层次问题作了有意义的探讨。引用该书较多的管理学论文主题有制度创新、制度变迁、技术创新、产权制度等。

建设部副部长仇保兴在大量第一手材料的基础上,对小企业在国民经济中的作用,尤其是对"小"与"大"的转换,即在某一区域形成"小企业集群"之后,对某一区域经济发展产生的影响作了全面的理论分析。其研究成果《小企业集群研究》(被引96次)从历史和现实、理论与实践多个视角,分析了小企业及小企业集群的内在机制及外部条件,从而得出了一系列有说服力的结论。并有针对性地提出,我国各级地方政府应建立五大支撑体系才能有效地扶植小企业的发展。②该书对我国中小企业、企业集群等研究领域的研究有重要影响。

中国人民大学杨瑞龙教授有两本著作进入本类:《企业共同治理的经济学分析》(被引94次)和《企业的利益相关者理论及其应用》(被引90次)。《企业共同治理的经济学分析》批评了传统的股东至上的企业治理理论和治理模式,从理论上论证了银行、所有者、经营者和劳动者等企业的相关利益者共同治理企业的合理性,并针对国有企业改革的实践提出了具体可行的操作方案。主要内容有:从单边治理到共同治理;从经济学角度透视企业的共同治理结构;联合生产、收入分配与企业治理;从创新角度透视外部网络化趋势对企业治理结构的影响等。引用该书较多的管理学论文主题主要有公司治理、利益相关者、人力资本、剩余索取权等。《企业的利益相关者理论及其应用》则采取直面现实的研究方法,把主流的企业理论与利益相关者理论结合起来,探寻决定企业所有权配置的内在原因,构建一个具有新意的企业治理结构分析框架。作者认为企业的利益相关者理论要求治理机制的设计必须考虑利益相关者相互之间的利益协调,而不仅仅是股东利益最大化。反映到具体的制度安排上,就是共同治理和相机治理的有机结合。通过这种思路,可以克服国有企业特定历史背景下产生的利益格局的制约,从而可以低成本地改革和创

---

① 充分信息与国有企业改革——林毅夫、蔡昉、李周合著新书学术研讨会. [2009-8-1] http://www.ccer.edu.cn/cn/ReadNews.asp? NewsID=2799.
② 小企业集群研究. [2009-8-1] http://www.dushu.com/book/10505117/.

新国有企业的治理结构。① 引用该书较多的管理学论文主题有利益相关者、公司治理、企业所有权等。

费方域的《企业的产权分析》（被引84次）对已有的文献作了系统整理、比较和分析，在给出了产权经济学的整个源与流的清晰图画之后，运用"不完全相同"这一当今理论前沿的方法，阐述了企业最基本的问题、最基本的企业理论和企业改革最通达、最切实的思路。该书主要分为三部分：传统理论的回顾和评价、不完全合同与产权、产权与企业。该书对现代产权理论作了系统的研究和阐述，以弄清它的主要观点，逻辑结构和基本命题。并论述现代观点下的产权内涵和基本结构，探讨剩余控制与剩余索取权的关系，并依此对产权残缺做出解释。作者的写作意图是为把产权结构调整视作企业基本问题分析和企业改革思路设计核心的政策主张提供理论根据。② 引用该书的管理学研究领域主要有公司治理、人力资本、企业所有权、内部人控制、剩余控制权等。

《创新网络：区域经济发展新思维》（被引47次，2002年出版）由盖文启所著，内容涉及经济学、地理学、社会学、管理学等学科领域的新知识，并有大量的区域实证分析。书中探讨了区域创新网络的基本理论和原理，分析产业的空间集聚与网络的创新活动，并结合当前形势探讨未来区域及其创新网络的发展趋势。同时该书对意大利、德国、美国等国外一些成功区域的发展进行对比分析，并对我国高新技术产业区今后的发展提出启示并对我国中关村地区的区域创新网络发展进行了实证分析。③ 该书主要被产业集群、技术创新、企业集群等管理学论文所引用。

盛洪主编的《现代制度经济学》（被引46次，2003年出版）由上下两卷组成。上卷摘选了科斯、诺斯、布坎南、奥尔森、德姆塞茨、威廉姆森、张五常等新制度经济学家的开创性原典，涉及产权理论、交易费用理论、制度变迁理论、公共选择理论、集体行动的逻辑、宪法经济学、法与经济学等诸多领域，可视为学习和掌握现代制度经济学理论体系必备书籍④。下卷精选了汪丁丁、张宇燕、张维迎、周其仁、盛洪、樊纲、张军、林毅夫等中国经济学家的论文，涉及科斯定理、契约与企业、公共选择与集体行动经济发展与制度变迁、制度选择与国家兴衰等诸多领域，为理解和掌握现代制度经济学理论，并成为对中国问题分析的必备书籍。⑤ 引用该书

---

① 课题简介：《企业的利益相关者理论及其应用》. [2009 - 8 - 1] http://finance.sina.com.cn/roll/20041217/14401233365.shtml.
② 企业的产权分析. 百度百科. [2009 - 8 - 1] http://baike.baidu.com/view/2478100.htm.
③ 创新网络：区域经济发展新思维. [2009 - 8 - 1] http://www.amazon.cn/dp/zjbk229207.
④ 该书上下卷合在一起放在国内著作部分讨论。
⑤ 现代制度经济学（上、下）. [2009 - 8 - 1] http://www.law - lib.com/SHOPPING/shopview_p.asp?id=31699.

的管理学论文主题主要有交易费用、产权改革、股份企业、交易成本等。

黄群慧的《企业家激励约束与国有企业改革》（被引45次，2000年出版）是一本运用现代最优机制设计理论，研究企业家激励约束机制问题的著作。当前国有企业低效率的一个重要原因就是对企业家的约束效率差，激励严惩不足。该书对这一问题作了深入的分析。在综合分析模式的指导下，该书系统全面地分析、描述了激励约束企业家的报酬机制、控制权机制、声誉机制和市场竞争机制，并对这些机制产生激励约束作用的理论基础和面临的实际问题进行了深入研究。这一研究在当前加大国有企业改革力度的环境下无疑具有深远的理论意义和实践意义。[①] 引用该书的管理学论文主题主要有国有企业、人力资本、企业绩效、企业家等。

魏江所著的《产业集群：创新系统与技术学习》（被引35次，2003年出版）就产业集群的创新系统和技术学习问题作了研究，以期建立产业集群这种特殊产业组织形态的创新系统。该书就系统内部的技术学习范式和技术能力增长机理作了全面的介绍。主要内容包括：集群创新系统的要素、结构和联结模式、集群技术能力增长机制、技术学习途径机制、技术学习动力机制、集群技术学习范式、技术学习规制设计和完善集群学习环境的对策等。此外，作者还运用大量第一手调查案例，总结了东部地区产业集群发展的现状和经验，为其他地区制定经济发展战略提供借鉴。以产业集群、企业集群、竞争优势、技术创新等为主题的管理学论文引用该书较多。

（2）企业管理类著作

入选的国内学术著作中有企业管理方面著作12本，内容涉及供应链管理、企业文化、企业组织等，被引次数最多的为219次，最少的为17次。

马士华等著的《供应链管理》（被引219次）是国内第一本供应链管理的专著，在社会上产生了很大的影响，该书曾连续重新印刷18次，是国内物流、供应链管理研究和应用的主要参考书。该书阐述了供应链管理产生和发展的历史背景，对供应链管理的含义及重要性作了介绍，包括业务外包与企业的可扩展性、供应链构建模型及方法、供应链合作伙伴的选择、供应链管理环境下的生产运作管理、物流管理及库存管理等核心内容，介绍了支持供应链管理运行的信息支持技术等。作者根据供应链管理运作的特点介绍了优化运作流程和企业业务流程重构等内容，给出相应的供应链管理组织系统的构成要素及业务流程重新设计的原则，最后研究了供应链企业的绩效评价和激励机制等问题。引用该书较多的管理学论文主题有供应链、供应链管理、核心竞争力、企业管理、电子商务等。

席酉民等著的《和谐管理理论》（被引53次）沿袭原和谐理论的基本思路，即将组织系统视为基于规则和单元自治的整体来考虑组织如何在急剧变动的外部环境

---

① 陈佳贵："评《企业家激励约束与国有企业改革》"，《中国人民大学学报》2001年第1期。

中发挥整体优势而非部分或整体的改进。该理论的主要特点在于,它认为管理问题的有效解决必须遵循双规则,即用优化思路解决客观科学的一面,用减少不决定性的思路解决主观情感的一面,并设法使二者有机地结合起来,以提高组织有效性。和谐管理理论通过对组织系统要素的分析,以及对"主题和谐"的强调,形成了一套独特的组织管理理论。[1] 引用该书的管理学论文以和谐管理理论、和谐整合方面的内容居多。

陈剑等著的《虚拟企业构建与管理》(被引50次)从虚拟企业的产生背景和基本特点出发,对虚拟企业的构建与管理进行了系统的介绍。主要内容包括:核心能力及其识别方法,虚拟企业伙伴选择及优化模型,基于动态合同网的虚拟企业组织和运行模式,虚拟企业中的风险/利益分配、伙伴关系管理、协调机制以及虚拟企业中的风险管理与控制等。在上述理论方法的基础上,进一步对虚拟企业目前应用的主要领域进行了讨论,并给出了虚拟企业构建与管理的一个典型案例。[2] 引用该书的管理学论文主题主要是虚拟企业,其他还有核心能力、知识网络、业务流程重组等。

刘光明所著的《企业文化》(被引48次,1999年出版)从企业文化的物质层面、行为层面、制度层面、精神层面以及企业的品质文化、服务文化、营销文化、广告文化、管理文化、环境文化等方面作了全方位、多维度的阐释。作者指出,搞好企业管理,创建名牌企业,必须在充分重视技术、设备、规章等"硬件"的同时,不断提高运用企业文化力、企业精神、企业形象等"软件"管理的能力。引用该书较多的管理学论文主题有企业文化、企业管理、企业竞争力、人本管理等。

《企业剩余索取权:分享安排与剩余计量》(被引46次,2001年出版)是以对现代企业理论中的企业剩余索取权的研究为中心而展开的。该书在介绍了一些基本假设与基本概念之后,主要讨论了企业剩余索取权的界定、特征与企业所有权的安排及企业剩余索取权在企业所有权安排框架中的分享安排原则。在分析剩余索取权的分享安排时,作者谢德仁提出了一个关于企业性质新的理解,即企业是市场中一组不完备的要素使用权交易合约的履行过程,接着研讨企业剩余的计量问题。该书还提出了一个企业剩余计量的悖论,然后从实践和理论两方面来进行解读。全书是以交易成本为分析工具研究会计规则制定权合约安排,并提出了"会计准则的性质是一份公共合约"的新观点和一个包容会计理论在内的新的广义企业理论框架。[3] 引用该书较多的管理学论文主题包括人力资本、企业家、企业治理、利益相关者等。

《企业前沿问题:现代企业管理方案》(被引43次,2001年出版)主要是研究

---

[1] 和谐管理理论. [2009-8-4] http://book.jqcq.com/extend/3/56944.html.
[2] 虚拟企业构建与管理. [2009-8-1] http://www.du8.com/books/sep7ito.html.
[3] 谢德仁:"会计交叉研究的探索:《企业剩余索取权:分享安排与剩余计量》的研究背景及其过程",《财会通讯》(综合版) 2004年第5期。

我国改革开放以来经济改革与发展的动态,既包括理论上的前沿动态,也包括实践上的前沿动态,其中将企业改革与发展的前沿动态作为一个重点等内容。作者把深奥的经济学原理化为明白晓畅的语言。在参照国际大企业发展大势基础上,详尽而深刻地剖析了中国企业面临的迫切问题,并指出了中国企业改革与发展的方向。引用该书的管理学论文主题有人力资本、公司治理、激励机制、企业文化等。

宋华等编著的《现代物流与供应链管理》(被引41次,2000年出版)有别于其他物流管理书籍,其显著特点在于:突破了传统的物流管理理论与方法,在立足于产、销、物一体化发展的基础上,全面、系统分析、研究、介绍了现代物流与供应链管理的理论、思想和方法。作者试图从新的视野重新审视物流管理的本质,并通过及时追踪国际现代物流与供应链管理的发展动向,并在结合对生产、流通发展分析的基础上,揭示当代物流与供应链管理纵深化发展的规律、特点和管理模式。① 引用该书的管理学论文基本都涉及物流与供应链管理。

在传统的有着严格边界的企业组织让位于"开放式"的企业联盟与网络的今天,结盟将增强企业的竞争力的灵活性,也将提高企业的学习能力和降低进入新市场的风险与壁垒。李新春的《企业联盟与网络》(被引40次,2000年出版)对战略联盟与网络的基本概念和内容进行系统的归结,并从两个主要的视角考察战略联盟与网络问题。该书主要内容包括:战略联盟、战略网络的概念与意义、战略联盟与网络、产业的差异、日本式企业、网络企业之间层级制关系网络、中小企业商业网络、"第三意大利"与华人等。② 有关企业网络、战略网络方面的管理学论文引用该书较多。

李维安教授带领的团队研究撰写的《网络组织:组织发展新趋势》(被引38次,2003年出版)对网络组织的内涵、特征、运作、模式等进行了全面、深入的研究和探讨。作者基于团队在公司治理方面的研究积累,创新性地提出了网络组织治理的课题并进行了系统研究。该书在把握组织发展方向、构建网络组织分析架构、尝试复杂性分析等新方法以及探索网络组织治理等交叉、前沿研究领域方面论述的十分充分,系统、翔实地展现了网络组织的全貌。③ 引用该书的管理学论文主题有网络组织、企业网络、治理机制等。

中国工程院王众托院士所著《企业信息化与管理变革》(被引35次,2001年出版)提出了企业信息化与管理变革相结合以促进管理创新的思路与方法。作者对信息化如何与企业流程再造、组织变革相结合以及电子商务进行了分析与研究,并探讨了新的信息化规则及其开发的思路,用广义信息系统工程的思想与方法处理了信

---

① 现代物流与供应链管理. [2009-8-1] http://www.zker.cn/Book/224412.
② 企业联盟与网络. [2009-8-1] http://www.zker.cn/book/1625907.
③ 薛有志:"揭示组织发展趋势,拓展治理研究领域:评《网络组织:组织发展新趋势》",《南开管理评论》2006年第4期。

息技术与任何组织的关系,最后还提出创建知识系统工程学科来研究处理知识管理问题。① 引用该书的管理学论文主题涉及企业信息化、企业管理、电子商务、业务流程、信息技术等。

张厚义主编的《中国私营企业发展报告(2001)》(被引32次,2002年出版)作为一种学术资料性专著,力求忠实地记录私营企业的发展过程,客观地描述私营企业的发展状况,全面地分析私营企业的发展特点。该书由中国社会科学院私营企业主研究中心组织,国家发展与改革委员会、国家工商总局、浙江、安徽、山东等省社科院、海南发展战略研究所、暨南大学、首都经贸大学等单位的专家、学者参与撰著。主要分专题、调查、研究报告、学术探讨等篇章。引用该书的管理学论文主题主要有私营企业、家族企业、民营企业等。

杨其静的《企业家的企业理论》(被引17次,2005年出版)主要内容包括企业家的企业理论——企业家经济的需要、企业的创立——企业家的自我定价器、企业家的融资契约理论、企业家的最佳融资契约模型等章节。该书特点主要有三点:第一,通过对现有理论的评述找到了一个与前人不同的分析角度和考察重点;其次,作者作了一个很好的假定和抽象,从资本家和经营者中抽象出企业家,并假定企业家是企业的始作俑者;第三,作者把自己的理论逻辑贯彻到底,不论是对现有理论的评述,还是理论模型的设计和自己理论的展开,都始终坚持了自己的假定,做到了逻辑的自洽。② 引用该书的管理学论文主题有公司治理、人力资本、企业家、企业理论等。

(3)人力资源管理类著作

赵曙明教授撰写的《人力资源管理研究》(被引83次)追溯了人力资源管理近一个世纪的演变历程,阐述了传统人事管理向现代人力资源管理转变的必然要求和发展趋势。围绕人力资源管理与企业效益关系,对人力资源管理效益的概念,人力资源管理与企业效益的关系以及人力资源管理对企业效益的作用过程、作用方式作了较为全面的探讨。对于诸如企业发展演化与人力资源管理的关系、企业家薪酬制度、知识员工管理、高新技术企业和学习型企业的人力资源管理等新兴问题给出了新的研究成果。作者还根据中国国有企业人事制度发展的沿革,提出了建立与发展中国国有企业人力资源管理机制的途径和措施,并且综述了国外人力资源管理研究的现状和21世纪全球企业的人力资源管理。③ 引用该书的管理学论文主题主要有人

---

① 企业信息化与管理变革.[2009-8-1] http://www.amazon.cn/dp/zjbk200376.
② 张曙光:"企业理论的进展和创新:评杨其静著《企业家的企业理论》",《经济研究》2007年第8期。
③ 赵曙明. 人力资源管理研究.[2009-8-3] http://www.chinahrd.net/guanli_gj/listinfo.asp? ArticleID = 35628.

力资源管理、人力资源、人力资本等。

李建民的《人力资本通论》(被引81次)所研究的不仅仅是"发展的实质究竟是什么"这些有关发展的表面问题，更主要强调作为客观世界所存在的三大社会生产要素之一，人力资本始终是人们一直在开发的资源。该书的主要内容包括：人力资本理论的思想渊源、人力资本理论的形成与发展、人力资本的供给与需求、人力资本投资与人力资本形成、人力资本投资成本与收益分析、人力资本与经济增长、发展中国家的人力资本与经济发展、人力资本与个人收入分配等。引用该书的管理学论文主题有人力资本、人力资本投资、产权等。

全球经济正经历着从物质经济到知识经济的深刻变革，《人力资本：一个理论框架及其对中国一些问题的解释》(被引68次)的作者基于这一变革事实，对人力资本进行全面、深入的研究。全书分六章：第一章分析了人力资本概念生成问题，第二到第四章分析了人力资本形成问题，第五章对人力资本配置问题进行了研究，这相当于人力资本一般均衡理论即人力资本与非人力资本的契约均衡，第六章是全文的一个逻辑延伸，提出用人力资本全面解释经济发展。该书运用历史与逻辑相统一、一般均衡与博弈均衡、静态与动态分析相结合的方法，将人力资本的概念生成、人力资本形成与配置三大问题置于一个一般均衡的理论体系中来讨论，并就中国的一些问题做出解释。引用该书的管理学论文主题除了人力资本外，还有剩余索取权、人力资本定价、企业家人力资本、潜在人力资本等。

《人力资源开发与管理》(被引51次)是清华大学张德教授多年研究成果的总结。作者撰著本书遵循了"顶天立地"的写作原则。所谓"顶天"即与人力资源领域的最新研究成果接轨，内容和观念"新"(该书的修订版突出地加强了工作分析、职位评价、绩效考核、薪酬管理、企业文化、人事风险、职业管理等新鲜内容)；所谓"立地"即立足于中国的人力资源管理实践，内容和方法"实"(每章后均附适用案例，内容体现中国特色，表述方法和案例面向解决中国的管理问题)。全书共16章，包括人力资源开发与管理的基本原理，人力资源开发与管理的基础工作，人力资源计划等内容。[①] 引用该书的管理学论文主题有人力资本、人力资源管理、企业管理等。

焦斌龙博士的《中国企业家人力资本：形成、定价与配置》(被引49次，2000年出版)是一部深入研究人力资本理论，并将之用于中国改革实践的专著。该书对人力资本理论的贡献在于：第一，将人力资本与劳动力紧密联系起来，有助于人力资本理论融入主流经济学；第二，从制度角度探讨企业家人力资本形成，从而弥补了人力资本理论在此方面的不足；第三，探讨了企业家人力资本定价制度及其变迁，有助于推动人力资本理论的发展；第四，探讨了企业家人力资本配置问题，从而使

---

① 人力资源开发与管理(第三版). [2009-8-3] http://www.mendui.com/h_book/107554.shtml.

人力资本理论更加完善。① 引用该书的管理学论文主题主要是人力资本和企业家。

冯子标在其专著《人力资本运营论》（被引 42 次，2000 年出版）中，批判了传统资本理论，概括了人力资本概念，分析了人力资本价值，较深入地探讨了劳动力与人力资本的关系，提出了人力资本流通公式和包括人力资本在内的资本的一般流通公式，阐释了人力资本分配论，并初步说明了新的三位一体公式，尝试把要素分配与按劳分配的原则相结合，为政府研究和决策问题提供了重要的理论基础和条件。② 引用该书的管理学论文主题有人力资本、企业家、人力资本产权等。

《从人口大国迈向人力资源强国》（被引 36 次，2003 年出版）是教育部根据十六大总体战略部署，组织 10 多家科研单位和高校的专家组成的课题组开展的教育与人力资源问题的联合攻关研究的成果。该书由 20 多万字的总报告，50 余万字的 17 个专题报告，加上 30 多万字的发展指标共 110 余万字和 170 多张图表组成。该书是一本重要的学术性著作，也是一本具有工具性和资料性的著作，是中国第一部关于 21 世纪教育与人力资源战略问题研究的图书。该书着眼于中国的现实国情，真实反映了我国教育与人力资源开发的基本现状，总结我国近年来的教育与人力资源发展的经验教训，分析了在市场化改革和经济全球化背景下，教育与人力资源开发面临的机遇和挑战。书中报告部分不仅在整体框架设计上，而且在内容材料取舍上，都力图从多层面、多角度、多方位反映我国教育与人力资源开发的现状和发展趋势，凸显出专家学者对国家富强民族振兴的强烈忧患意识和创新精神，为政府人力资源开发和教育改革与发展的决策提供了有力支持。③ 引用该书较多的管理学论文主题有人力资源管理、人力资源开发、人力资本等。

中国社会科学院人口与劳动经济研究所所长蔡昉有两部著作入选：《劳动力流动的政治经济学》（被引 26 次，2003 年出版）和《中国劳动力市场转型与发育》（被引 16 次，2005 年出版）。自 20 世纪 80 年代中期以来，劳动力流动和人口迁移问题已成为各界关注的社会现象并成为理论界研究和讨论的一个热门题目。本书作者长期关注城乡分割造成的三农问题，特别是与此相关的劳动力城乡流动问题。在《劳动力流动的政治经济学》中，作者使用政治经济学的理论框架，研究了中国农村劳动力在城乡之间和地区之间的流动这一中国经济发展过程中十分重要的现象，并全面分析了我国城乡分割造成的劳动力流动问题。中国特有的制度现象和迅速发生的

---

① 卫兴华：“人力资本理论的新发展：简评《中国企业家人力资本：形成、定价与配置》”，《理论前沿》2001 年第 15 期。
② 山西财经大学硕士研究生导师冯子标教授简介．[2009 - 8 - 3] http://daoshi.kaoyantj.com/2005/09/08/BEF09D2016261A72.html.
③ 成刚："新世纪中国教育与人力资源发展战略的恢宏巨篇：评《从人口大国迈向人力资源强国》"，《中国高等教育》2003 年第 7 期。

变化使得本书的研究具有极大的现实意义和学术理论价值。① 引用该书较多的管理学论文主题有农民工问题、劳动力转移、农村剩余劳动力等。《中国劳动力市场转型与发育》是一本较为全面地考察中国20余年来劳动力市场转型和发育的专著。该书将对中国人口资源的总量和分布的研究、对经济转型从而带来的劳动力供求变动的研究熔为一炉,通过回顾和展望劳动力市场的转型和发展,分析了中国所面临的下岗、失业、劳动参与率下降等就业压力以及社会保障和社会保护现状。书中对政府积极的就业政策效果进行了评价,提出和论证了政府树立就业优先政策原则的必要性,并就进一步培育劳动力市场,发挥劳动力资源丰富的比较优势,在保持经济增长可持续性的同时治理失业、扩大就业等问题提出了政策建议。既然是考察转型过程中的劳动力市场,该书自然也将揭示市场目前存在的种种问题,如劳动力市场垄断与竞争程度的问题,统一与分割的问题,效率与公平的问题,以及如何找到解决这些问题的措施等。② 引用该书的管理学论文主题涉及劳动力市场、工资差异、劳动力供给等。

《中国农民工调研报告》(被引17次,2006年出版)是作者对北京、上海等11个省市农民工问题进行全面、系统、深入调查的研究报告。报告包括劳动和社会保障部、农业部等中央部委完成的33篇专题研究报告,北京、河北等省(区、市)完成的12篇专题研究报告以及专家完成的10篇专题研究报告。这些报告基本摸清了当前农民工面临的突出问题及原因,基本掌握了我国农民工的历史、现状、特点和发展趋势,总结了近年来各地各部门加强农民工管理和服务的做法和经验,探讨了解决农民工问题的原则思路和政策建议。③ 引用该书的管理学论文主题有农民工问题、经济增长、劳动法、劳动合同等。

(4) 公共与行政管理类著作

入选的公共与行政管理类的国内学术著作有《治理与善治》等7本,被引次数最多的是俞可平教授的《治理与善治》(109次),被引次数最少的是2004年出版的《公共服务型政府》(24次)。

俞可平教授主编的《治理与善治》(被引109次)收录了目前西方治理理论研究中几位代表人物的文章,这些文章分别从不同的学科、不同的国别表达了对治理与善治的不同观点。书末所附的若干案例,是有关国家善治竞赛中的获奖项目,从中可以形象地看到不同国家的善治实践。俞可平综合各家在善治问题上的观点,提出

---

① 劳动力流动的政治经济学. [2009-9-10] http://price.51fanli.com/price-612999372.html.
② 袁志刚:"劳动力资源的优化配置及其在中国的特别意义:评蔡昉等著《中国劳动力市场转型与发育》",《经济研究》2006年第1期。
③ 国务院研究室发布《中国农民工调研报告》. [2009-8-4] http://news.sina.com.cn/c/2006-04-17/10018717113s.shtml.

了善治的 8 个分析性标准：合法性、透明性、责任性、法治、回应、有效、秩序、稳定。① 引用该书较多的管理学论文主题有和谐社会、政府治理、公共管理、善治等。

薛澜等著的《危机管理：转型期中国面临的挑战》（被引 68 次）比较系统地反映了美国"9·11"事件发生后全球危机形态的变化，并通过理论研究和对"9·11"恐怖事件、拉脱维亚的破产危机以及对国内 1998 年洪灾、广西南丹矿井透水特大事故等案例分析，详尽探讨了转型期我国危机形态的根源及特征。作者从不同的角度勾勒出了现代危机管理体系的基本框架，提供了非常规决策治理的整体战略设计和制度安排，为促进公共治理结构的顺利转型和社会协调发展提出了可资借鉴的模式。② 引用该书的管理学论文主题除了危机管理之外，还包括公共危机、突发公共事件、应急管理等。

《寻找公共行政的伦理视角》（被引 66 次）是一本关于现代行政伦理学的开拓性著作。书中通过对威尔逊等人的政治—行政二分原则、韦伯的官僚制理论、哈贝马斯的交往行为理论、公共选择学派的经济学方法中的基本概念和思想观点的历史考察，揭示了现代公共行政"思想模型"中的各种缺陷。作者张康之采用了理论与实践一体性的视角，在理论分析的同时揭示了公共行政发展中的问题，并对 20 世纪 70 年代以来全球范围内的行政改革进行了反思，认为整个 20 世纪公共行政的理论和实践的根本缺陷就在于放弃了它的伦理向度。③ 引用该书的管理学论文主题有服务型政府、公共行政、公共管理、行政伦理等。

周志忍著的《当代国外行政改革比较研究》（被引 60 次）分导论、英国行政改革、美国行政改革、日本行政改革、原苏联东欧国家行政改革、第三世界的行政改革与发展等章节。作者通过深入研究当代国外行政改革的动因、过程、主要措施、客观效果及经验教训，以综合讨论和重点讨论相结合的方式，全面论述了当今世界具有代表性国家的行政改革，对实现我国行政管理现代化具有重要的借鉴意义。④ 引用该书较多的管理学论文主题有行政改革、公共管理、行政改革、政府绩效等。

张国庆教授的《行政管理学概论》（被引 54 次）阐述了行政管理学的基本原理、一般原则、主要范畴及研究方法，是迄今为止国内关于行政管理学的知识性、理论性、学术性、规范性、资料性比较全面的教科书之一。该书着眼于"20 世纪的行政学"，相应在时间跨度上选择了 1887 年伍德罗·威尔逊的《公共行政之研究》等作为公共行政学开端的理论标志，选择了 1992 年戴维·奥斯本和特德·盖布勒的《改

---

① 政府治理浅析——读俞可平的《治理与善治》. [2009 - 8 - 4] http：//www.chinavalue.net/Article/Archive/2006/2/18/20643.html.
② 危机管理：转型期中国面临的挑战. [2009 - 8 - 4] http：//www.gooedu.com/Book57260/.
③ 寻找公共行政的伦理视角. [2009 - 8 - 4] http：//www.wl.cn/226893/.
④ 当代国外行政改革比较研究. [2009 - 8 - 4] http：//price.51fanli.com/price - 629868304.html.

革政府》等作为20世纪末期公共行政研究的理论标志,对其间百余年公共行政学的重要思想、理论、时间、争论、任务及其代表作等作了相应的介绍和讨论。该书新版还增加了有关中国行政管理方面的讨论。引用该书的管理学论文主题包括行政改革、公共行政、责任政府、政府能力等。

张成福等编著的《公共管理学》(被引49次,2001年出版)系统地介绍了公共管理的特性,内容涉及公共组织管理、公共政策分析、公共人力资源管理、信息资源管理、电子化政府、公共管理的新策略及公共管理的未来,为读者提供了有关公共管理的一般性的知识参考框架。[①] 引用该书的管理学论文主题包括公共管理、公共服务、行政改革等。

《公共服务型政府》(被引24次,2004年出版)系统研究了公共供求关系的基本理论,提出了中国政府公共供给与公共服务的指标体系,并对中国政府公共产品供给做了国际比较研究。该书研究了国际化、新型工业化、城市化、社会现代化、市场化过程中社会公共需求的增长趋势,重点研究了国际化与城市化过程中的政府公共服务战略。该书还系统研究了中国特色公共服务的模式与战略,研究了我国地方政府建设服务型政府的经验与对策,提出了推进中国政府职能战略转变、建立公共服务型政府、建立公共财政体制、建立公共治理体制、建立公共行政体制等行政管理体制改革的对策。[②] 服务型政府、公共服务、和谐社会等领域的很多管理学论文引用了该书。

(5) 技术经济学类著作

技术经济学是一门应用理论经济学原理研究技术领域经济问题和经济规律,研究技术进步与经济增长之间的相互关系的科学,换句话说技术经济是研究技术领域内资源的最佳配置,寻找技术与经济的最佳结合以求可持续发展的科学。入选本类的图书有9本,被引最高的《技术创新学》280次,最低《企业创新空间与技术管理》18次。

傅家骥是我国技术经济及管理学科早期的开拓者和推动者之一,在本领域他有两本著作入选:《技术创新学》(被引280次)和《技术经济学前沿问题》(被引29次)。

《技术创新学》是以傅家骥为首的清华大学技术创新研究课题组基于较长时间的研究积累,密切结合中国实际编写的一本系统探讨技术创新的理论、过程、机制、要素、方式、战略、组织、作用和政策等理论和实际问题的学术专著,也是探索建立"技术创新学"学科的一次尝试。该书既介绍了国外技术创新研究成果,又反映

[①] 公共管理学(修订版). [2009-8-4] http://youa.baidu.com/item/4a2a54fdebf15bf6a003ba48.
[②] 佚名:"《公共服务型政府》一书出版",《中国行政管理》2004年第10期。

了我国企业技术创新的成功实践和创新理论研究的最新进展。引用该书的管理学论文主题中,技术创新方面的研究主题数量遥遥领先,其次有企业技术创新、中小企业、自主创新等。

《技术经济学前沿问题》侧重在于提出问题,而不是力图解决提出的问题。作者对技术经济学前沿性问题进行了初步的思考,包括工程层面、企业层面、产业层面、国家层面的技术经济前沿问题。该书主要内容包括技术经济学发展问题、技术经济学的创立与发展、技术经济学的新希望、技术经济学的对象、技术经济学教育的发展、项目层面的技术经济前沿问题、前景性高技术项目的产业化识别、高技术创业的技术机会和机会窗口、创业投资家选择项目和企业的标准、企业层面的技术经济前沿问题、技术创新把握的科学性与艺术性等等。① 引用该书的管理学论文主题有技术创新、技术轨道等。

《研究、发展与技术创新管理》(被引93次)是面向21世纪课程教材和教育部管理学"九五"规划教材。全书共四篇:研究、发展与技术创新过程;技术创新战略;结构与组织实施;技术创新系统。该书是许庆瑞在其前作《研究与发展管理》的基础上,根据世界经济形势和科学技术的发展、变化,突出了技术创新的战略管理,突出了作者们的自主研究成果,综合反映了国外著名学者在这一领域的最新研究成果。此外,书中还附有国内外大公司在技术创新方面的经验、案例与实例。引用该书的管理学论文主题有技术创新、R&D、创新模式、合作创新等。

高建的《中国企业技术创新分析》(被引67次)以企业技术创新问卷调查为基础,系统、全面地对我国技术创新进行了测度和实证分析,是国内第一本融理论探索和实证分析于一体的技术创新专著。作者构建了技术创新的测度框架和指标体系,提出了技术创新的发展阶段,分析了企业技术创新的投入、过程、产出和成败因素,研究了技术创新的主动性、技术创新的主体化和技术创新能力等我国企业面临的三个关键问题。该书还介绍了衡量企业技术创新主动性、技术创新主体化和提高技术创新能力的有效方法。② 引用该书的管理学论文主题涉及技术创新、中小企业、企业技术能力等。

吴贵生的《技术创新管理》(被引59次)系统介绍了企业技术创新管理的理论和方法,简要阐明了技术创新的理论。全书分为技术创新理论、技术创新决策、技术创新过程管理和技术创新要素管理四篇,阐明了技术与技术成长规律、技术创新的理论,对技术预测与评价、技术创新战略、技术创新审计、技术创新决策评估、技术获取与技术转移、创意开发、新产品开发、服务创新管理、技术创业管理、技

---

① 技术经济学前沿问题. [2009 - 8 - 4] http://www.wl.cn/1041329/.
② 中国企业技术创新分析. [2009 - 8 - 4] http://www.wl.cn/218819/.

术创新项目管理、技术创新的信息与知识管理、技术创新能力、技术创新组织进行了全面介绍。该书反映了国内外技术创新管理领域的最新理论进展，融入了作者研究成果，内容新颖，富有启发性；理论结合实际、具有指导性和可操作性；理论阐述和案例分析结合，有很好的可读性。[①] 引用该书的管理学论文主题有技术创新、中小企业、技术转移、创新管理等。

柳卸林著的《技术创新经济学》（被引 55 次）是从经济学角度研究创新的系统运行规律和战略选择的学术著作。该书系统地介绍了技术创新经济学各方面的内容，不仅揭示了技术创新的过程、机制，分析了技术创新与市场结构、企业、产业演化和经济增长之间的关系，还阐述了创新政策、技术创新经济学的理论、方法等问题，并对技术创新的激励等问题做了深入的研究。引用该书的管理学论文主题除了技术创新外，还有中小企业、创新过程模式、创新系统等。

中国工程院院士许国志教授是著名的运筹学家和系统科学家，中国系统工程学会的创建人之一，长期致力于运筹学、组合最优化和系统科学的科研与教学。[②] 他主编的《系统科学》（被引 51 次）系统阐述了对各类系统的结构、功能和演化有普适意义的动力学系统理论（包括分岔、混沌等）、自组织理论、随机性理论，以及简单巨系统、复杂适应系统、开放的复杂巨系统的理论，对信息论、控制论、运筹学、系统工程方法论等系统工程技术作了简要介绍。该书对技术创新、复杂系统等方面的研究有一定参考引用价值。

《企业技术能力论：技术创新的一个新视角》（被引 33 次，2002 年出版）从企业内在资源和能力的层面研究提高技术创新能力的机理、模式、途径和策略，以期揭示企业实现持续技术创新的内在规律。全书共 11 章，分别探讨了我国企业技术能力的现状、理论背景、基本概念、演化模式和支撑条件、增长轨迹等，提出并分析了技术核心能力及其培育对策，技术能力评价和度量体系，技术能力协调模型和激活机制，技术能力和持续竞争优势的关联等，最后还提出了企业提高技术能力的政策。技术能力、技术创新、技术学习等领域的论文很多引用了该书。

司春林教授的《企业创新空间与技术管理》（被引 18 次，2005 年出版）在总结近年来美国著名技术创新管理学家的重要研究成果的基础上，运用企业理论、组织设计、知识管理、组织学习、战略联盟、知识网络、实物期权、战略管理等理论工具，提出了基于技术、组织、市场相互关系的企业创新空间新框架，并且根据生命周期对企业创新的动态性进行了科学的刻画。该书的特色是关注了破坏性技术创新的动态管理模式，在吸收国际创新管理大师理论精髓的基础上，进行了科学的综合

---

① 技术创新管理. 百度百科. [2009 - 8 - 4] http://baike.baidu.com/view/1717507.htm.
② 许国志. 百度百科. [2009 - 8 - 4] baike.baidu.com/view/187770.htm.

与再创造，因此有较高的理论价值。该书还提供了国内外著名企业的创新事例，有利于结论的操作化。① 该书对我国开放式传新、供应链、合作研发等方面的研究有一定影响。

（6）公司财务与公司治理类著作

入选本类的国内学术著作共有7本，被引次数最多的是《公司治理结构：中国的实践与美国的经验》（190次），最少的是《产权、激励与公司治理》（17次，2005年出版）。

梁能教授主编的《公司治理结构：中国的实践与美国的经验》是召集了北京大学中国经济研究中心、北京大学光华管理学院等专家学者共同完成的。该书几乎每个章节都涉及一个知名学者的专长，如张维迎论述了所有制、治理结构与委托—代理关系，周其仁阐释了企业家和企业制度问题，梁能构建了总裁生命周期的五个季节模型等。该书共分三篇22章；第一篇的第6章讨论有关公司治理结构的理论问题；第二篇的第9章讨论中国的治理结构实践；第三篇的第7章介绍美国公司治理结构的经验。此外，该书首次在国内发表美国最有代表性的1500家大中小型公司治理结构和总裁薪酬的实际数据及归类分析，具有很高的权威性和参考价值。② 引用该书较多的管理学论文主题有公司治理、上市公司、独立董事等。

南开大学商学院院长李维安有3本著作入选：《公司治理》、《现代公司治理研究：资本结构、公司治理和国有企业股份制改造》和《中国公司治理原则与国际比较》。

《公司治理》（被引106次）分绪论、体系、模式、应用四篇：绪论篇介绍了国内外公司治理的实践问题及公司治理的理论发展状况；体系篇从公司治理的内涵、主客体及治理形式入手，研究了公司治理边界、公司内部治理、公司外部治理等核心问题；模式篇比较分析了英美模式、德日模式、东亚与东南亚家族治理模式，在此基础上，研究了公司治理模式的趋同化取向以及转轨经济国家的公司治理问题；应用篇研究了企业集团的公司治理、非执行董事在公司治理中的作用等当今中外管理实践及理论研究中的难点热点问题，并对公司治理的发展趋向进行了前瞻性研究。③ 公司治理、上市公司、治理结构、利益相关者等方面的研究很多引用了该书。

《现代公司治理研究：资本结构、公司治理和国有企业股份制改造》（被引69次）的中心主题是将资本结构、公司治理和国有企业股份制改造有机结合，从资本

---

① 陈劲："在动态的环境中设计创新的空间：《企业创新空间与技术管理》一书评述"，《研究与发展管理》2005年第2期。
② 梁能简介．[2009-8-6] http：//www.cenet.org.cn/article.asp? articleid = 27570．
③ 公司治理：寻求新的突破——评李维安博士的《公司治理》．[2009-8-6] http：//www.nkup.com.cn/app/index.php? View = Comment&ID = 89．

结构的角度构筑公司治理的理论框架。该书一方面通过采用实证分析与规范分析相结合的方法，对国内外资本结构、公司治理以及中国的国有企业改革等各层次的研究均以大量翔实的资料和数据进行了实证分析，对资本结构与公司治理的内在联系、我国国有企业渐进改革以及公司治理目标模式的构建等都从理论上给予论证。该书为我国国有企业的改革提供必要的借鉴。① 引用该书的管理学论文主题除了公司治理外，还有资本结构、治理结构等。

《中国公司治理原则与国际比较》（被引37次）第一次系统地将公司治理理论的研究推进到公司的实务运作层面，实现了由公司治理结构的研究向公司治理原则研究的跨越。作者指出：对公司治理的研究必须实现从权力制衡到科学决策，从静态的治理结构到动态的治理运作的转变，这一转变的突破口即是中国企业改革实践中最为需要的公司治理实务。该书的另一个重要特色是以其标志性研究成果——中国公司治理原则（草案）统率全文，这不仅在体例上别具一格，而且在内容上具有开拓性。② 引用该书的管理学论文主题主要有公司治理、上市公司、治理结构等。

吴淑琨等著的《公司治理与中国企业改革》（被引55次）在对企业概念和公司治理深入分析的基础上，提出了公司治理和公司管理的系统化模型，分析了韩、日、美三国公司治理的模式，对我国企业改革进程中存在的问题从理论方面给出了新的解释，还在我国上市公司实证研究的基础上展望了我国未来企业治理的目标模式。该书分十章：前两章介绍了公司治理的起源和研究概况，第3章讨论了马克思、科斯、张五常等关于企业与市场关系的论点，第4章介绍了公司治理模式的理论概念模型，第5—7章介绍了企业制度、国外公司的治理模式以及中国上市公司治理的实证研究，最后两章是有关建议和总结。该书对我国公司治理、上市公司、企业治理等方面的研究有一定影响。

《公司治理结构：理论与实证研究》（被引33次）是一部探讨公司治理结构的理论与经验的著作。该书与其他著作的不同之处在于，作者孙永祥将股东利益放在了首要的位置，从比较广泛的范围与角度探讨公司治理的四个方面：股东或股权与公司治理的关系、债权人与公司治理的关系、与公司董事会有关的理论问题以及经理激励的深层次理论问题。该书的论述，深入浅出、主题明确，并结合案例进行了生动、直观的剖析。③ 引用该书的管理学论文主题有公司治理、股权结构、上市公司等。

---

① 朱光华："评《现代公司治理研究》"，《经济理论与经济管理》2003年第7期。
② 吴先明："从公司治理结构到公司治理原则的跨越：评《中国公司治理原则与国际比较》"，《管理世界》2002年第2期。
③ 公司治理结构：理论与实证研究．[2009-8-6] http://www.sinoshu.com/1427350/．

张维迎教授在《产权、激励与公司治理》中反复强调的是企业所有权对公司治理结构的重要性，并明确指出，离开所有权谈公司治理结构是没有任何意义的。这本书还批判了公司治理结构的利益相关者理论，并指出了这一理论的危险性。作者认为公司治理结构是所有企业参与人及其利益相关者之间的关系，其核心问题是如何在不同的企业参与人之间分配企业的剩余索取权和控制权。公司治理结构的有效性主要取决于四个方面的制度安排：企业所有权安排、国家法律制度、市场竞争和信誉机制和经理人的薪酬晋升制度。公司治理、人力资本等方面的论文许多引用了该书。

（7）知识管理类著作

自国内第一本知识管理方面的专著《知识管理：竞争力之源》出版以来，[1] 国内研究知识管理的专家和学者出版了许多相关著作，入选国内学术著作中的知识管理相关著作有《企业发展的知识分析》等6本。

余光胜的《企业发展的知识分析》（被引51次）系统地分析了企业发展这一人们普遍关注的经济问题。作者通过分析企业知识活动的微观机理，对主流的企业发展理论提出了挑战，并初步构建了企业发展知识论的理论框架。该书共分9章，主要内容包括：企业知识及企业知识理论、企业理论核心问题的知识论阐释、企业知识理论的基本命题等。引用该书的管理学论文主题有知识管理、竞争优势、知识资本、核心能力等。

复旦大学管理学院的郁义鸿教授的《知识管理与组织创新》（被引43次，2001年出版）在知识管理的总标题下，重点阐述知识管理与组织创新及它们之间的关系。全书共分知识经济、知识组织与知识管理、组织的知识结构、知识组织的结构设计、价值识别与流程再造、知识共享与组织学习、组织记忆与组织设计、虚拟企业组织、面向未来的组织创新等8章。引用该书最多的管理学论文主题是知识管理，其次有组织学习、企业文化等。

南京大学赵曙明教授等著的《知识企业与知识管理》（被引41次，2000年出版）系统分析了知识经济下企业知识管理的有关问题。该书首先用翔实的资料说明作为21世纪主潮流的知识经济的到来是经济发展的必然，然后介绍了知识企业和知识资本的相关概念，并指出在知识经济条件下，企业的核心能力包括企业内部知识创造、传递及商品化的能力以及与外部组织相互交流、沟通、学习的能力。因此，了解企业基本的知识种类和特征，掌握企业知识系统的基本构成，知晓不同企业组织之间信息知识沟通、交流、合作的网络，对提高企业的市场竞争力大有裨益。作

---

[1] 专访长城战略研究所所长王德禄．[2009-8-6] http：//emuch.net/journal/article.php?id=CJFDTotal-ZZXD200313004．

者还在书中对企业知识管理战略作了组织创新与员工激励的描述。引用该书较多的管理学论文主题有知识管理、隐性知识等。

夏敬华的专著《知识管理》（被引 28 次，2003 年出版）以"知识管理的迷思"开始提出问题，分别从知识管理的理念和方法、知识管理的系统和工具、知识管理的规划和实施以及知识管理的案例等方面对问题进行了回答。全书 25 章，分 5 部分：知识管理的迷思、知识管理理念和方法、知识管理系统与技术、知识管理规划和实施及知识管理案例与实践。该书理论和实践并重，不仅是向人们介绍知识管理，还是实现知识管理"突围"的一种尝试。[①] 引用该书的管理学论文主题有知识管理、隐性知识、知识管理系统等。

王德禄早在 1999 年就出版过知识管理著作《知识管理：竞争力之源》，而《知识管理的 IT 实现：朴素的知识管理》（被引 27 次，2003 年出版）是其在多年知识管理应用推广的基础上完成的。该书系统地论述知识管理付诸实践的方法。在总结丰富的实践经验的基础上，作者提出"朴素的知识管理"这一思想；在明确知识管理基本概念的基础上，详细介绍了知识管理的基本构架，组织知识的分类与流程，知识管理在软件工程、电子商务、客户关系管理、供应链管理、电子政府中的实现以及最佳实践案例。附录中汇集了权威的知识管理网站资源，是研究和实践知识管理较有价值的参考资料。[②] 知识管理、知识共享、知识管理系统、信息技术等方面的论文主题引用了该书。

中国工程院王众托院士将系统工程理论与方法引入知识管理与知识经济的研究中，创造性地建立了知识系统工程学科，开辟了系统工程学科新的研究与应用领域。他所著《知识系统工程》（被引 27 次，2004 年出版）就是这一工作的结晶。该书简述了知识经济的产生与发展过程及其对社会经济生活的影响，全面介绍了知识的各种类型，并探讨了知识作为资源、生产要素以及资本的意义与重要性，特别强调了组织的意会性知识是一种核心的竞争能力。书中提出知识管理的内涵与特征，建议开创知识系统工程学科，应用系统工程的原理与方法研究知识系统。作者还对知识系统的各种体系结构与运行过程进行了分析研究，提出知识系统的开发及其与管理变革相集成的思路。[③] 引用该书的管理学论文主题除了知识管理外，其他主题比较分散，如知识创新、知识管理相关技术等。

---

① AMT 专家顾问夏敬华博士《知识管理》一书问世．[2009 – 8 – 6] http：//www.amteam.org/ShowArticle.aspx? id = 467223.

② 知识管理的 IT 实现：朴素的知识管理．[2009 – 8 – 6] http：//www.tushucheng.com/book/1617621.html.

③ 知识系统工程．[2009 – 8 – 6] http：//www.zker.cn/Book/67689.

(8) 战略管理类著作

入选管理学国内学术著作中战略管理方面的图书有 4 本，包括《竞争力经济学》（被引 47 次，2003 年出版）、《战略管理：艺术与实务》（被引 45 次，2001 年出版）、《企业战略经营业绩评价指标体系研究》（被引 34 次，2002 年出版）以及《战略管理思想史》（被引 33 次，2003 年出版）。

金碚等著的《竞争力经济学》运用经济学和与经济学密切相关的管理学理论对产业和企业竞争力问题进行了系统解剖，揭示了产业组织理论、国际经济学、区域经济学、管理学与竞争力之间的内在逻辑联系，建立了竞争力研究的一个经济学范式。作者独具匠心地提出了竞争力研究的三个层次：竞争力理论经济学、竞争力应用经济学和竞争力研究。作者还将中国工业竞争力置于中国工业化和经济全球化这个大背景下，分析了中国工业化的独特性对中国产业和企业竞争力的作用机制。[1] 引用该书的管理学论文主题有企业竞争力、核心竞争力和品牌竞争力等。

《战略管理：艺术与实务》是复旦大学项保华教授经多年的研究与探索，借鉴吸收了哲学、宗教、经济学、心理学等多门学科的研究成果。该书融行业竞争、特异资源、核心能力、组织网络、内外匹配、交易费用、互动博弈、动态演化等现代西方战略理论学说与中国传统经世济民观点为一体，提出了极具操作性的实践问题导向型战略管理整体框架。该书围绕战略中心命题做什么、如何做、由谁做，提出了战略疑、思、解运作模式，并以此为理论基础，剖析了战略形成需关注的持续经营优势构建、业务演化路径选择、竞合互动关系处理三大实践主题，研究了战略实施相关的决策，变革、激励三类支撑行动。该书附录还提供了战略管理领域相关的研究，咨询、教学、案例资料，可以满足更为广泛层面的各类战略实践与理论研究者的需要。[2] 引用该书较多的管理学论文主题有竞争优势、战略管理、顾客价值、企业战略等。

张蕊的《企业战略经营业绩评价指标体系研究》主要内容是企业进入战略经营时代后的考核企业经营业绩的评价指标体系更新。该书肯定了卡普兰战略积分卡的贡献，在此基础上，进一步注入了创新性的内容，以适应新形势的发展与需要。现代竞争是综合能力的竞争，尤其突出的是科学技术的竞争、创新能力及速度的竞争、人才的竞争。这种竞争态势客观上要求把技术创新能力、人力实力等纳入评价指标体系。因此，作者把卡普兰的四个层面扩展为五个层面，增添了技术创新层面，以创新为战略经营业绩评价指标体系的内核，从而体现企业的核心竞争力。为了力求

---

[1] 陈佳贵："《竞争力经济学》评介"，《中国工业经济》2003 年第 8 期。
[2] 战略管理：艺术与实务．[2009 - 8 - 6] http：//shop. kongfz. com/book_ detail. php? bookId =69382679&shopId =12135.

吻合战略经营时代业绩评价的要求，该书对传统的财务业绩评价指标体系大加拓展，使之臻于更加完善，且注重长期的发展战略和战略思想。作者已经把企业业绩评价体系发展为战略经营管理的理论和工具，这可能也就是该书的创新所在。[①] 引用该书的管理学论文主题有绩效评价、平衡计分卡、经济增加值等。

周三多教授领衔完成的《战略管理思想史》是在总结国内外企业战略管理研究成果基础上，对关于"史"的问题的一次大胆尝试。全书从战略管理流派的演变、企业成长与竞争理论的变革、企业组织与领导角色的转换、中外战略思想家的学术思想等四个方面较系统地评述了当代企业战略管理思想发展的历史。该书是国内出版的第一部战略管理思想史专著，受到国内同行的广泛关注与好评。[②] 引用该书的管理学论文主题比较分散，有不确定环境、核心竞争力、企业战略等。

（9）管理学综合类著作

周三多教授和陈传明教授主持编写的《管理学》（被引83次）是教育部"高等教育面向21世纪教学内容和课程体系改革计划"以及高等教育出版社"高等教育百门精品课程教材建设计划"的研究成果。该书运用理论与实践相结合的方法，汲取了古今中外人类社会经济活动中所积累的管理思想和管理理论的精华，系统地阐释了管理的基本原理，分析了管理维持与管理创新的辩证关系，论证了有效的管理是维持与创新的适度组合，构建了决策、组织、领导、控制、创新的管理学新体系。[③] 引用该书的管理学论文主题比较分散，涉及企业管理、创新、企业文化等多个领域。

芮明杰主编的《管理学：现代的观点》（被引60次）广泛吸收了20世纪90年代以来管理学领域所取得的重要的、具有创新性的研究成果：学习型组织理论、流程再造理论、人际沟通理论以及共同愿景的塑造等。该书较为全面深入地分析了管理成本的构成以及组织规模、产权制度、组织环境、组织文化、组织结构和管理者才能等因素对管理成本的影响，弥补了传统教科书论述体系的不足，建立了比较完整缜密的管理绩效分析框架。[④] 引用该书的管理学论文主题有企业管理、管理创新、管理模式等。

（10）经济学其他类著作

张维迎的《博弈论与信息经济学》等6本有关经济学的著作难以分到以上各类，

---

① 裘宗舜："企业战略管理的利器：评《企业战略经营业绩评价指标体系研究》"，《江西财经大学学报》2003年第1期。

② 周三多．百度百科．[2009-8-11] http://baike.baidu.com/view/535198.htm.

③ 同上。

④ 王玉成等："对管理学基础理论教材结构框架与内容体系的探索：评芮明杰主编的《管理学：现代的观点》"，《河北师范大学学报》（教育科学版）2002年第5期。

因而在此集中介绍。这些著作中被引最高的《博弈论与信息经济学》累计被引616次,最少的《新兴古典经济学和超边际分析》被引40次。

《博弈论与信息经济学》可以说填补了国内的一项空白,被国内多所大学选作研究生教材,同时被《中华读书报》评为1997年最畅销的经济学著作。国际知名经济学家、澳大利亚社会科学院院士杨小凯教授认为这本书是"国内最好的一本经济学教科书"。该书不但涵盖了子对策完美均衡、序贯均衡(贝叶斯完美均衡)这些高深且最适合用来分析中国经济体制的对策模型,而且对委托人—代理人模型、效率工资、各种"逆向选择"模型都作了深入的介绍。引用该书较多的管理学论文主题有激励机制、博弈分析、委托代理、信息不对称等。

谢识予编著的《经济博弈论》(被引139次)重视对博弈模型、原理经济意义的阐述,并尽量通过例子介绍概念和原理。主要内容包括博弈论的基本概念和基础理论、有限理性假设下的博弈理论、各种非理想信息条件下的静态和动态博弈论、合作博弈理论等。引用该书较多的管理学论文主题有博弈分析、博弈模型、博弈论等。

现任世界银行行长的林毅夫以诱发性制度变迁理论为框架来分析中国的发展战略、经济体制、经济改革和经济发展的关系。他在《中国的奇迹:发展战略与经济改革》(被引71次)中,采用经济学的分析方法讨论了中国的资源结构、发展战略、经济体制和经济改革的问题。为了使该书的分析逻辑更加鲜明,主题更加突出,书中对与一般发展及改革有关的问题,如环境与可持续发展问题、全球化问题、法治化问题、政治体制改革问题等未予涉及。[①] 作者不仅解释了中国连续20多年高速增长奇迹的发生原因,而且也阐述了亚洲"四小龙"的成功经验;不仅解释了苏联、东欧等社会主义国家经济的失败,而且也分析了亚洲、美洲一些实行资本主义制度的国家经济陷入发展困境的原因。[②] 国有企业、经济增长、人力资本等方面的许多管理学论文引用了该书。

社会发展需要四种资本:物质资本、金融资本、人力资本和社会资本。其中社会资本在20世纪90年代以后才为学者所广泛重视。社会资本主要是指建立在信任和互助合作基础上的社会关系网络。李惠斌等主编的《社会资本与社会发展》(被引67次)选择了西方学术界在这一领域中有代表性的若干论著,向国内学者比较系统地介绍了关于社会资本的各种观点:从法国社会学家皮埃尔·布迪厄提出社会资本的概念、美国社会学家詹姆斯·科尔曼为社会资本所下的定义,到真正引起广泛关注的哈佛大学社会学教授罗伯特·普特南的社会资本概念。作者还运用社会资本理论

[①] 中国的奇迹:发展战略与经济改革. [2009-8-11] http://www.bimba.org/article.asp?articleid=7473.

[②] 孟耀:"中国发展战略的转变与中国经济奇迹:评《中国的奇迹:发展战略与经济改革》",《财经问题研究》2006年第7期。

对有关国家社会发展的案例进行了研究。[①] 引用该书的管理学论文主题主要有社会资本、人力资本等。

樊纲主编的《中国市场化指数：各地区市场化相对进程报告》（被引61次）具有以下几个特点：对各地区的市场化进程进行比较全面的比较；提供了一个稳定的、持续的观测体系；完全采用客观指标衡量各地区市场化改革的深度和广度，避免了主观评价；基本概括了市场化的各个主要方面，但同时又避免了把制度变量同度量发展程度的变量相混淆。报告主要依据前几年的统计数据和抽样调查数据对各省、自治区、直辖市的市场化相对进程的现状进行排序比较，并展示它们各自在市场化方面的最新变化方向，度量这些变化的程度。引用该书的管理学论文主题涉及公司治理、上市公司、政府干预、市场化进程等。

虽然新兴古典经济学大量使用数理工具，但杨小凯等著的《新兴古典经济学和超边际分析》就像畅销至今的萨缪尔森的《经济学原理》一样，是一本没有数学演算的介绍性的书籍。从这本书中读者能了解新兴古典学派的基本框架。除了全新的模型分析和学派整合之外，这本书还向读者解释了中国政治经济现象：城乡差别、企业形式、产权模式、制度改革、失业的缘由。通过贯彻始终的模型分析，作者证明了他的学派的解释力是超群的，并认为经济学只应该有一个框架，而以超边际分析为方法的新兴古典经济学模型能成功地把目前所有的经济学分支整合在一个框架中。[②] 引用该书的管理学论文主题有交易费用、企业理论、企业性质等。

13.7　结语

中国的管理学思想源远流长。公元前5世纪前后，先秦诸子的学说着眼于解决如何治国平天下的问题，呈现出了"国家管理学"百家争鸣的局面，其中《孙子兵法》因探索战略的一般规律被认为是最早的战略管理学著作。[③] 从以上入选的国内外学术著作的来源看，国外知名学者的学术著作水平高，被引的比例比较大，即便是那些引用频次较高的本土学者，也大多具有国外学习的背景。这说明，现代管理学起源和发展主要在西方发达国家，中国现代管理学研究的发展历史相对较短。新中国成立以后，20世纪50年代起在中国人民大学等少数高等院校虽也开设了企业或工业管理专业，中国管理学的发展是与我国的改革开放分不开的。1978年3月中国社会科

[①] 社会资本与社会发展. [2009-8-11] http://www.ssap.com.cn/Shop/book/zzxgj/ddxfxsqy/200512/984.htm.

[②] 安替："来自文革狱中的主流经济学：《新兴古典经济学和超边际分析》"，《商务周刊》2001年第4期。

[③] 陈佳贵等："新中国管理学60年的探索与发展"，《光明日报》2009年11月3日第10版。

学院、国家计委经济研究所等单位提出"技术经济和生产管理现代化的理论和方法的研究"被全国科学大会审议通过的《1978—1985年全国科学技术发展规划纲要（草案）》列为第107项，这是中国第一次在操作层面正式提出要推进管理学研究工作，为中国现代管理学的发展破除了坚冰。① 计划经济向市场经济的转换、经营自主权的扩大引导企业和学者去研究市场、研究决策、研究长期发展方向和路径的选择，导致了中国管理学的发展且进入深化的研究。1984年后陆续有清华大学等高校成立或恢复管理学院，1990年前后 MBA 进入中国②，1992年11月中国技术监督局颁布国家标准的《学科分类与代码》（GB/T13745—92），管理学被列为一级学科，1999年出现 MPA 学位教育，2002年部分高校开始开展 EMBA 教育，同时中国工程院目前也已拥有41名管理学院士③。目前的中国高校几乎都设有管理学专业，大量的专职教学研究人员与企业管理实践的密切结合，在此基础上对企业管理的实际问题进行广泛、深入的系统分析，促成了中国企业管理学、中国管理学的日臻成熟。在本章讨论的众多学者和著作中，也有大量来自中国自己的著述，尤其是著名学者张维迎，有5本著作进入管理学高被引图书之列，合计被引1516次，著作总被引次数仅比战略管理大师迈克尔·波特少100余次。这些事实说明了我国在管理学本科、硕士、博士等各层次的教育和教学体系日臻完善的同时，很多卓有才华和学术潜能的中青年作家和学术带头人已经逐渐脱颖而出。

前面我们将管理学高被引图书按"领袖著作"、"历史文献"、"工具书"、"国外学术著作"和"国内学术著作"5个大类来分析图书对管理学的学术影响力状况，部分大类下又分为若干小类来讨论。在被 CSSCI（2000—2007年）管理学论文引用50次及以上或年均被引5次及以上的217种图书中共涉及166个作者，其中31个作者有两种以上图书入选④。从地区来看，这31个作者中，国内14个，国外17个，而国外作者主要来自美国，详见表13-8。

表13-8　　　　　　　　管理学学科入选两种及以上图书作者

序号	作者	被引用图书种数
1	迈克尔·波特	7
2	R. H. 科斯	5⑤

---

① 1978—1985年全国科学技术发展规划纲要（草案）. [2009-11-23] http://www.most.gov.cn/ztzl/gjzcqgy/zcqgylshg/t20050831_24438.htm.
② 南大 MBA 项目简介. [2009-11-23] http://nubs.nju.cn/mba/zxjj.php/128.
③ 全体院士名单. [2009-11-23] http://www.cae.cn/cn/ysxx/qtysmd/.
④ 有些著作是组编的，数量计到编者上。
⑤ 有几个合集也计算为科斯作品。

续表

序号	作者	被引用图书种数
3	张维迎	5
4	奥利弗·E. 威廉姆森	4
5	青木昌彦	4
6	李维安	4
7	江泽民	4
8	道格拉斯·C. 诺斯	3
9	马克思	3
10	奥列佛·哈特	2
11	彼得·F. 德鲁克	2
12	彼得·圣吉	2
13	戴维·奥斯本	2
14	弗兰西斯·福山	2
15	哈罗德·德姆塞茨	2
16	理查德·R. 纳尔逊	2
17	斯蒂芬·P. 罗宾斯	2
18	小艾尔弗雷德·D. 钱德勒	2
19	安德鲁·坎贝尔	2
20	蔡昉	2
21	陈郁	2
22	傅家骥	2
23	国家统计局	2
24	列宁	2
25	林毅夫	2
26	毛泽东	2
27	王众托	2
28	魏江	2
29	杨瑞龙	2
30	赵曙明	2
31	周三多	2

从推出这些著作的出版社来看，入选的 217 种著作共涉及 53 家出版社（《论语》

未标记出版社），其中入选 4 种以上图书的出版社有 14 家：北京 10 家，上海 2 家，香港 1 家，国外 1 家，详见表 13-9。从以上国内外（指译著）著作来看，这些被引用较多的著作大多是在北京与上海两个城市出版，其中又以北京为最，如北京的人民出版社、商务印书馆、经济科学出版社、中国人民大学出版社等。北京的出版社近年来在国内外重要管理学术研究成果的出版上做了大量工作，从另一个侧面反映了我国管理学学术研究的中心主要还是在北京。

表 13-9　　　　　　　　　管理学学科入选图书较多的出版社

序号	出版社	被引用图书种数
1	中国人民大学出版社	25
2	上海三联书店	24[①]
3	商务印书馆	17
4	经济科学出版社	16
5	人民出版社	11
6	北京大学出版社	8
7	机械工业出版社	8
8	中国社会科学出版社	8
9	华夏出版社	7
10	清华大学出版社	7
11	中国发展出版社	6
12	Free Press	5
13	复旦大学出版社	4
14	生活·读书·新知三联书店	4

　　管理学是适应现代社会化大生产的需要产生的，因此它是一个动态的学科，新概念、新名词、新理论层出不穷。在当前中国经济转轨的背景下，面对日益增长的社会各个层面和维度对管理研究的需要、面对成熟的学科发展对严密的学术研究范式和学术研究精品的需要，中国管理学研究正面临着严峻的挑战[②]。与此同时，随着中国管理学研究队伍、机构不断壮大，学术交流和推广不断增强，教学和研究成果日趋丰富和多样化，我国管理学学科必定能取得更大的进步和发展。

---

　　① 有多本图书标注出版社为上海三联书店、上海人民出版社联合出版，此处合计到上海三联书店。

　　② 苏新宁主编：《中国人文社会科学学术影响力报告（2000—2004）》，中国社会科学出版社 2007 年版，第 608 页。

第14章 经济学

2007年中国社会科学出版社出版的《中国人文社会科学学术影响力报告》指出，我国人文社会科学论文的引用文献中，图书形式文献（包括：著作、汇编、法规文献、标准）的比重接近60%。[①] 根据对CSSCI收录经济学论文的引用文献类型的统计（参见表14-1），图书（包括汇编）在经济学论文的引用文献中所占比重超过38%。可见，在经济学研究领域，图书资源有着其他资源不可替代的学术参考价值。因此挖掘经济学领域最有学术影响的图书，并向学界推出和介绍这些图书，对经济学研究具有重要的学术价值和指导意义。

本章借助《中文社会科学引文索引》（CSSCI），通过对2000—2007年经济学论文引用图书的统计，选出被引次数较多的图书。由于本次引文统计跨越了8年时间，考虑到图书出版的时间因素，为了保证近期出版的优秀图书也能够入选，我们拟定了两个入选标准（只要满足其中之一即可入选）：(1) 2000—2007年间，CSSCI中经济学论文引用60次及以上的图书；(2) 以图书的出版年份算起，年均被引6次及以上的图书。为了更客观真实地反映不同类型图书对我国经济学研究的影响状况，我们将所选图书分为五类：领袖著作、历史文献、工具书、国外学术著作（含译本），国内学术著作。

由于本章所选用的数据是2000—2007年8年的合并数据，需要对数据进行大量的校对和合并，主要的处理工作包括以下几个方面：(1) 统一书名，将不完全的、错误的书名补充和纠正；(2) 补充作者和规范作者，许多译著中，对缺少原作者或译者的图书将其补充完整，对不统一或不规范的外国作者的译名将其统一和规范；(3) 领袖著作分卷的合并处理，如《马克思恩格斯全集》、《毛泽东选集》。为了全面反映领袖著作对于经济学发展的影响，我们将书名相同，卷号不同或没有卷号的书视为同一种书；(4) 著作不同年份的合并处理，我们将作者名相同、书名相同、出版社相同，仅出版年份不同的书视为同一种书进行合并，从而更全面地去判断每一种书的学术影响。

[①] 苏新宁主编：《中国人文社会科学学术影响力报告（2000—2004）》，中国社会科学出版社2007年版，第8页。

由于社会科学发展的跨学科性，经济学领域尤为显著，经济学研究需要参考大量的非经济学领域成果，因此本章根据经济学论文的引用文献统计选出的图书，包括一些非经济学著作，这些图书虽然不属于经济学领域，但它们在经济学研究中同样发挥了很大作用，故我们同样把他们作为对经济学领域产生重要影响的著作。

14.1 概述

CSSCI 中标注的经济学论文引用文献的类型有 12 种：期刊论文、图书、汇编文献、报纸文章、会议论文、报告文献、法规文献、学位论文、信函、标准文献、网络资源及其他，这为我们分析不同类型的学术资源在经济学研究中的作用提供了有利的条件。表 14-1 给出了 2000—2007 年 CSSCI 中经济学论文引用各种类型文献的次数。本章将依据 2000—2007 年经济学论文引用的 357192 次的图书（包括汇编文献，下同）数据分析经济学领域中图书的学术影响力。

表 14-1　　　　2000—2007 年经济学论文引用文献类型统计　　　　（单位：篇次）

类型\年份	期刊论文	图书	汇编文献	报纸文章	会议论文	报告文献	法规文献	学位论文	信函	标准文献	网络资源	其他
2000	19711	28176	3447	2620	471	474	372	157	5	28	361	953
2001	24358	31477	2942	2648	555	547	186	202	5	42	689	1021
2002	31039	33434	3053	3002	542	746	296	224	11	28	1103	1570
2003	44234	39831	4246	3664	755	1036	325	356	2	49	2124	2653
2004	57882	41540	4475	3707	939	796	224	529	1	50	3063	3817
2005	76133	44334	7239	4456	1252	1227	256	751	4	72	4710	5046
2006	95113	47240	8274	4998	1587	1215	277	1012	9	70	6141	6430
2007	115766	49750	7734	4786	2013	1274	265	1641	5	74	6745	6688
合计	464236	315782	41410	29881	8114	7315	2201	4872	42	413	24936	28178

表 14-1 中的数据显示，2000—2007 年经济学论文引用图书的数量仅仅低于期刊论文的引用数量，大大超过其他类型文献的引用数量。图书（包含汇编文献）总被引次数占所有类型文献被引次数的 38.52%。这说明图书文献是经济学领域中较为重要的学术资源，具有独特而重要的学术价值。

通过对表 14-1 的分析（为了便于分析，我们仅观察表 14-1 中"期刊论文"、"图书"列）。我们发现两个现象：(1) 2000—2002 年，图书的被引次数比期刊论文的被引次数要高，但两者之间的差距在逐年缩小；2003 年，期刊论文的被引次数首次超过图书的被引次数,且两者的差距逐年拉大;(2)图书的被引次数在逐年增长,最少增长量在 2000 次左右,最多增长量高达 7000 多次(2003 年),但期刊论文的被引次数的年增产量,2002 年以后基本稳定在 13000 次以上,最高达 2 万多次(2007 年)。

分析这些数据的内涵:(1)经济学论文引用的论文形式(包括会议论文和学位论文)的文献数量和比例逐年增加,到 2007 年已达到了 60%以上,说明我国经济学研究领域十分活跃,正处在一个快速成长期;(2)图书被引比例的逐年减少,已从 2000 年的 60%左右减少到 2007 年的不足 30%,说明我国经济学学者的学术参考,更注重近期的研究成果,从另一个角度也说明经济学研究从早期的理论研究为主逐渐转向以应用研究为主;(3)近些年来,我国每年出版新书 10 万余种,仅经济学图书就 1 万多种,占新书出版量的 10%左右,而且经济学的图书数量每年以 10%的比例增加。[①][②][③]虽然,出版了如此多的新书,但经济学论文引用图书的比例却在减少,从入选的学术著作的出版年分析,近几年出版的图书入选还不是很多,这说明了在出版的新书中,大量的图书学术水平和学术质量不高,真正经典的高水平的学术著作相对偏少,学界迫切期待大量高水平、高质量的著作出版。

为了能够考察各学科的学术资源国际分布,各学科研究与国外接轨状况,CSSCI 对被引用文献的语种进行了标注,所标注语种包括:中文、英文、日文、俄文、德文、法文及其他语种。表 14-2 给出了 2000—2007 年经济学论文引用文献的语种统计。

表 14-2　　　　2000—2007 年经济学论文引用文献的语种统计　　　　(单位:篇次)

年份＼语种	中文	英文	日文	俄文	德文	法文	其他语种	译文
2000	37517	11406	621	139	58	53	265	6716
2001	40838	14673	639	145	148	53	208	7968
2002	47245	18346	552	156	78	54	161	8456
2003	61206	26826	470	113	127	62	227	10244
2004	69427	35427	484	155	74	52	172	11232
2005	84503	47123	106	55	114	508	232	12839
2006	97768	59641	124	56	113	477	202	13985

---

① 2006 年全国新闻出版业基本情况. [2009-9-19] http://www.gapp.gov.cn/cms/html/21/493/200707/448190.html.

② 2007 年全国新闻出版业基本情况. [2009-9-19] http://www.gapp.gov.cn/cms/html/21/490/200808/459129.html.

③ 2008 年全国新闻出版业基本情况. [2009-9-19] http://www.gapp.gov.cn/cms/html/21/464/200907/465083.html.

续表

年份＼语种	中文	英文	日文	俄文	德文	法文	其他语种	译文
2007	113310	68552	592	69	116	53	202	13847
合计	551814	281994	3588	888	828	1312	1669	85287

从表 14-2 中可以发现，经济学被引文献的语种主要是中文、英文及译文，占所有语种文献的比例分别为 59.5%、30.4%、9.2%。由于其他语种文献被引次数过低，我们主要讨论上述三个语种。(1) 中文文献的被引虽然占 59.5%，但从年度比例变化来看呈逐年下降趋势，已从 2000 年的 66.08% 下降到 2007 年的 57.93%，说明我国经济学学者越来越注重对国外经济学成果的学习、借鉴和引用，注意将自己的研究与国外研究接轨；(2) 英文文献的被引比例在逐年增加，从 2000 年的 20.09% 上升到 2007 年的 34.84%，增加了 14 个百分点，说明我国经济学领域非常注重对英文文献的获取，换句话说，就是经济学学者非常注重对英美等国经济学研究成果的汲取；(3) 译文文献的被引虽然占有 9.2% 的比例，但其比例在逐年下降，已从 2000 年的 11.83% 下降到 2007 年的 7.04%。这个数字给了我们这样一个信息：我国经济学学者的外文阅读水平和外文原版资料的获取能力在提升，这保证了研究中对国外成果接受和引用的原汁原味，也避免了翻译过程中可能出现的偏差，这对经济学研究是十分有益的。

为了更合理地讨论经济学领域的图书影响力，我们根据总被引 60 次及以上或年均被引 6 次及以上的标准遴选出了 330 种在经济学领域影响较大的图书，这 330 种图书共被引 52309 次，占经济学论文引用的图书总被引次数的 14.64%。为了更科学、客观地分析不同类型图书对经济学领域所产生的不同影响，我们将这些图书分为 5 类：领袖著作、历史文献、工具书、国外学者著作（含译本）、国内学者著作。各类型入选图书数量、被引次数、所占比例及被引见表 14-3。需要说明的是，一种著作可能会被不同出版社出版，而且都有较高的被引数量，本章将这种情况下的著作视为不同的图书加以选择，因此 330 种经济学入选图书会有同名出现；若一本著作被同一家出版机构在不同年份出版，本章视为同一种书，并将每个版本的图书被引次数相加。

表 14-3　　　　入选经济学论文引用图书的类别统计

内容类别＼图书类别	领袖著作	历史文献	工具书	国外学术著作	国内学术著作
入选图书种数	19	15	10	118	168
入选图书被引次数	14812	2028	4628	16579	14262

续表

图书类别 内容类别	领袖著作	历史文献	工具书	国外学术著作	国内学术著作
入选图书被引次数所占比例	28.32%	3.88%	8.85%	31.69%	27.26%
入选图书平均被引次数	779.58	135.20	462.8	140.50	84.89

通过表 14-3 的数据我们可以发现：（1）领袖著作在平均被引方面独占鳌头，这说明以马克思主义、毛泽东思想等为代表的领袖著作对经济学研究具有深刻的指导意义；（2）历史文献、工具书的被引种数少，但平均被引次数较高，这说明对经济学发展产生影响的历史文献、工具书的数量较少，但是这些少数的历史文献、工具书带来的影响较深远；（3）国内学术著作的被引种数高于国外学术著作，但平均被引次数低于国外学术著作，这说明我们国内的经济学著作数量不少，但整体学术水平和学术质量与国外学术著作相比还有一定的差距。

14.2 领袖著作对经济学研究的影响

作为一个国家或一个政党的领袖，他们对国家乃至世界经济的发展十分关注，他们观察经济的角度高、看得远，因此他们的论述对经济学研究有着重要的指导意义。在领袖人物的著作中，对我国经济学领域影响最大的还是马恩列斯以及我国党和国家主要领导人的著作，这些著作被我国经济学论文频繁引用体现了其在我国经济学研究领域中的重要地位和指导作用。根据本书拟定的经济学图书入选标准，我们选出了 19 种对经济学研究产生重要学术影响的领袖著作（见表 14-4）。

由于一些领袖人物的著作往往出版年代久远，印刷次数频繁，因此版本众多，故表中的领袖著作省去了出版年代。

表 14-4　　　　　　　　经济学论文引用较多的领袖著作

序号	图书信息
1	马克思：《马克思恩格斯全集》，北京：人民出版社
2	马克思：《资本论》，北京：人民出版社
3	邓小平：《邓小平文选》，北京：人民出版社
4	列宁：《列宁全集》，北京：人民出版社
5	毛泽东：《毛泽东文集》，北京：人民出版社
6	江泽民：《全面建设小康社会，开创中国特色社会主义事业新局面——在中国共产党第十六次全国代表大会上的报告》，北京：人民出版社

续表

序号	图书信息
7	陈云：《陈云文选》，北京：人民出版社
8	孙中山：《孙中山全集》，北京：中华书局
9	马克思：《马克思恩格斯〈资本论〉书信集》，北京：人民出版社
10	斯大林：《斯大林全集》，北京：人民出版社
11	马克思著，刘丕坤译：《1844年经济学哲学手稿》，北京：人民出版社
12	马克思：《剩余价值理论》，北京：人民出版社
13	江泽民：《论"三个代表"》，北京：中央文献出版社
14	江泽民：《江泽民论有中国特色社会主义（专题摘编）》，北京：中央文献出版社
15	江泽民：《在庆祝中国共产党成立80周年大会上的讲话》，北京：人民出版社
16	中共中央文献研究室：《邓小平年谱（1975—1997）》，北京：中央文献出版社
17	中共中央：《中共中央关于完善社会主义市场经济体制若干问题的决定》，北京：人民出版社
18	江泽民：《江泽民文选》，北京：人民出版社
19	胡锦涛：《高举中国特色社会主义伟大旗帜，为夺取全面建设小康社会新胜利而奋斗——在中国共产党第十七次全国代表大会上的报告》，北京：人民出版社

通过表14-3可以看出，在图书类别统计的五个类别中，领袖著作在被引种数、被引次数及被引次数所占比例三项指标中均处于中游，而在平均被引这一类别上则大大领先其他各类图书。因此可以认为：（1）领袖人物是人类历史发展过程中的最杰出代表，甚至是几百年而出其一的精英，领袖人物这一群体的人数大大小于其他任何群体的人数，因此领袖人物的著作是人类智慧的高度结晶和升华，与其他类别的图书相比，领袖著作无论是在理论深度，还是世界观和方法论的指导作用，以及理解、分析问题的角度，都有其他图书所不具备的优势，也正是这种特点使得领袖著作数量上呈相对劣势，而个体优势明显；（2）从内容上看，领袖著作并非针对某一具体的研究领域，更多的是起着宏观指导作用及政策导向作用，涉及经济学研究的各个领域，如普通经济学、微观经济学、宏观经济学、政治经济学、经济学说史、数量经济学、制度经济学、区域经济学等。因此，领袖著作对经济学研究的各个领域都具有学术指导作用，致使领袖著作平均被引次数远远高于其他类别的图书。

通过对表14-4的分析，我们可以发现以下几个特点：（1）被引频率较高的国外领袖人物一共有四人：马克思、恩格斯、列宁、斯大林。这四人是伟大的共产主义导师，他们的著作均属于马克思主义哲学理论体系，这些著作为我国经济学研究提供了理论基础和方法论指导，为我国经济建设这一实践指明了方向，从而为马克思列宁主义普遍真理与中国经济理论与实践相结合奠定了基础；（2）被引频率较高的国内领袖人物主要是：毛泽东、邓小平、江泽民。这充分说明了我们党的三代主要领导人的著作对我国经济学研究的指导作用，体现了我国领导人对经济发展思路的转变，从单一的模仿苏联模式到走有中国特色的经济发展道路，这些都为我国经济学的研究指明了方向和提供了理论基础。我们还需要注意的是，在选取的领袖著作中，最新出版的著作是2007年出版，胡锦涛所著的《高举中国特色社会主义伟大旗帜，为夺取全面建设小康社会新胜利而奋斗——在中国共产党第十七次全国代表大会上的报告》，这充分说明了我国当今经济发展思路对我国经济学研究的重要引导作用，以及经济学者对于经济发展政策导向的敏锐洞察力；（3）在被引频率较高的国内领袖人物中，只有孙中山先生一人为非共产党人，作为民族资产阶级的代表、中国国民党的缔造者、中华民国第一任临时大总统，孙中山先生的资产阶级民主思想推动了当时的经济发展，促进了中国由农业社会向工业社会的转变，为中国由封建社会步入社会主义社会提供了过渡，同时也证明中国的经济发展需要走社会主义道路而非资本主义道路。

对于经济学学者来说，首先应该认真领会马克思列宁著作，将之作为经济学研究的指导思想，把马克思列宁主义的普遍真理应用到具体研究中，同时也应该认真学习国内领袖人物的著作，领略我国领导人的经济发展思路，将马克思列宁主义普遍真理与中国经济发展实际相结合，研究中国经济的发展规律，从而更好地为经济建设服务。另外，本章所选的对经济学影响较大的19种领袖著作，所涉及的出版社非常集中，其中由人民出版社出版的图书多达15种（占78.9%），充分说明了人民出版社是出版领袖著作的最重要的出版社，其余涉及的出版社有中央文献出版社（3种）、中华书局（1种）。

14.3 历史文献对经济学研究的影响

历史文献是人类历史发展过程中保存下来的文化遗产和宝贵财富，历史文献记载了古代各朝代的社会政治、经济、文化、军事等重大历史事件。在经济学研究领域，历史文献依然发挥着很大作用，通过历史文献我们可以了解古代各个历史时期的经济政策及规律，洞悉经济变迁道路，从而更好地把握经济发展的历史轨迹。本章所选出的经济学较有学术影响的历史文献共有15种，占全部入选图书的4.55%，引用次数占到全部入选图书被引次数的3.88%（见表14-3）。表14-5给出了2000—2007年经济学论文引用较多的历史文献。需要说明的是，由于历史文献首次出版的年代久远，再版次数频繁，因此对历史文献的不同出版时间不加区分，将同一出版社出版，但出版年代不同的历史文献均视为同一种书。

表 14-5　　　　　　　　　经济学论文引用较多的历史文献

序号	图书信息
1	《续资治通鉴长编》，北京：中华书局
2	《宋史》，北京：中华书局
3	《宋会要辑稿》，北京：中华书局
4	《汉书》，北京：中华书局
5	《史记》，北京：中华书局
6	《旧唐书》，北京：中华书局
7	《元史》，北京：中华书局
8	《清高宗实录》，台北：大通书局有限公司
9	《新唐书》，北京：中华书局
10	《明史》，北京：中华书局
11	《后汉书》，北京：中华书局
12	《管子》，长沙：岳麓书社
13	《全唐文》，北京：中华书局
14	《孟子》，长沙：岳麓书社
15	《资治通鉴》，北京：中华书局

　　为了便于详细讨论历史文献对经济学研究的影响，本章将所入选的历史文献按著作的内容特征大致分为史书类著作（12种）、类书与丛书类著作（2种）、儒家著作（1种）3个类别讨论。在这3个类别的历史文献中，史书对我国经济学研究的影响相对广泛和深远，占入选历史文献的80%。由于社会经济发展与人类历史发展源远流长，不同的历史时期呈现出不同的发展特点及规律，史书将不同历史时期的经济事件、经济思想、经济政策等作为历史事件加以记录并流传至今，这是史书在经济学中具有一定参考价值的原因。

　　（1）史书类著作

　　对经济学研究产生较大影响的历史文献中绝大部分是史书，史书大多将历史上的经济发展、经济制度与结构、经济形态的变迁以及对经济发展产生重大影响的人作为历史事件和人物传记加以记载和流传，这些都为经济学的研究提供了大量翔实的经济史实资料，特别是经济学学者在研究古代经济政策、经济制度以及具体经济形态的时候，史书更有着不可替代的作用。同时史书往往记载统治者的思想和观点，这为研究古代统治者的经济发展观、古代社会经济与政治、军事、文化的关系提供了大量的佐证。

经济学论文引用最多的史书是《续资治通鉴长编》（被引314次），该书是我国古代私家著述中卷帙最大的断代编年史，作者李焘模仿司马光著《资治通鉴》体例，断自宋太祖赵匡胤建隆，迄于宋钦宗赵桓靖康，主要记载了北宋九朝168年的历史，是研究辽、宋、夏等历史的基本史籍之一。书中较多地记载了北宋时期的农业发展、河西走廊农牧业开发、王安石变法、商税与审计政策、中央与地方的财政关系以及商业信用形式等方面的内容，这就为经济学者研究古代尤其是北宋时期的农业、畜牧业、经济政策改革、税收、经济监管以及各级政府之间的财政关系提供了许多有价值的史料。同时《续资治通鉴长编》还记载有辽、夏等少数民族的史料，这就为学者研究我国古代少数民族的经济发展状况提供了参考资料，并有助于北宋与少数民族之间的比较研究及经济发展的相互影响。

《资治通鉴》（被引61次）是一部规模空前的编年体通史著作。该书选材广泛，对史料的选取十分严格，力求真实可靠。作者司马光通过对历史的总结，提出了恢复和发展经济的办法，对现今的经济改革具有一定的参考价值，但在经济学领域该书的影响力尚不及《续资治通鉴长编》。

《宋史》（被引213次）是元代的官修史书，系二十四史之一，于元末至正三年（1343年）由丞相脱脱和阿鲁图先后修撰。《宋史》的特点是史料丰富，叙事翔实，是研究南北宋300多年历史的基础史料。两宋时期的经济活动比较频繁，《宋史》中也记载了一定数量的经济史料，为经济学的研究产生了较大的参考价值，在《宋史》中所涉及的经济领域方面的内容主要包括：丝绸纺织工业的发展、政府购买制度的建立和发展、传统农业发展的要素及生产率、信用票据市场、移民的经济救济和保障制度、农村市场和城市市场、宋代弓箭手营田制度、政府职役的财政属性以及军需供应的商业化等。因此对于研究古代工业雏形、传统农业生产、政府购买行为、农村经济与城市经济、社会经济保障制度、军需产品市场化等问题的学者来说，《宋史》具有较高的参考引用价值。

《宋会要辑稿》（被引208次）是由清代徐松根据《永乐大典》的宋代官修《宋会要》加以辑录而成的。全书366卷，分为帝系、后妃、乐、礼、职官、刑法、兵、方域等17门，内容丰富，且大部分内容为《宋史》所没有，是研究宋朝法律典制、经济、政治的重要资料。在研究两宋时期河西东部地区的经营问题、粮食仓储、北宋时期的经济结构性供需失衡、南宋高宗时期的财政制度变迁、农村经济的制度性缺陷、古代审计制度的权利制约机制、南宋蜀道经济带的衰落、少数民族地区的封建生产关系发展、两宋时期教育与财政的关系状况、商业经济与少数民族的社会地位及商人的社会地位等问题时，该书具有较高的参考价值。

《汉书》（被引204次）主要记述汉高祖元年至王莽地皇四年共230年的史事，收入大量有关政治、经济、军事和文化方面的奏疏、对策、著述和书信。另外还增补《史记》对于国内外各民族史的资料。《汉书》对经济学研究的影响作用主要体现在以下领域：春秋时期土地制度的改革、少数民族区域经济及农业生产、乡村经济市场化、古代小农经济、国家在古代经济结构中的作用、历史时期的西北农村经济发展、封建社会的土地市场等。

南朝范晔所撰的《后汉书》（被引88次）详细记载了东汉195年的历史，保存了东汉时期的诸多史料，包含了儒家正统思想、道家玄学思想。经济学者在研究秦汉时期的边疆开发经营、秦汉时期的农业与农村经济管理措施、历史进程中的中小农经济、历史时期的西北地区经济开发、古代经济区的划分等领域时经常被参考引用。

《史记》（被引187次）由中国西汉时期的历史学家司马迁所撰写。该书记载了从传说中的黄帝开始一直到汉武帝元狩元年（公元前122年）3000年左右的历史，是中国历史上第一部百科全书式纪传体通史，首次把政治、经济、文化等各个方面都包容在历史学的研究范围之内，从而使《史记》包含了大量有关经济学领域的内容。该书关于经济学的研究和记载主要体现以下方面：古代农耕文化、汉武帝时期的新经济政策、汉代时期的苏北农业、古代社会经济结构、古代民间资本流向、环境史视野下的经济史研究等。对于当代经济学学者而言，在研究上述内容时，《史记》是一本具有较高学术价值的参考文献。

五代史学家、后唐、后晋大臣刘昫编修的《旧唐书》（被引128次）是现存最早的唐代古籍，保存了唐代的第一手史料。在研究江南早期工业化社会的形成与发展、唐代审计制度、北方边粮供应、松江学派的开放式经济伦理、唐代少数民族经济策略、古代商业兴衰、唐代官商一体化时该书常常被学者们所引用。北宋时宋仁宗下诏重修《新唐书》（被引93次），由宋祁、欧阳修等大家执笔修撰。与《旧唐书》相比，《新唐书》的系统化程度、结构的组织、文章的文笔修辞都有所提高。《新唐书》对唐代的财政体制演进、少数民族经济文化类型、汉藏经济交流、唐代土地所有权、唐代税收政策等内容都有记载。从被引用数量分析，《旧唐书》的学术影响力要大于《新唐书》，原因是《旧唐书》更多的是记载唐代的第一手史料，学者更倾向于参考第一手资料。

《元史》（被引115次）是一部系统记载元朝兴亡过程的一部纪传体断代史书，成书于明朝初年，为官修史书。该书由明朝宋濂等人主编，记录了从蒙古族兴起到元朝建立和灭亡的历史，其中保存了大量元朝时期的经济事件，如元朝对商人的管理、元朝失政之财政思考、元朝的货币政策和通货膨胀、元代的审计制度、元朝对云南的特殊货币政策、元代纸币的管理思想。因此在研究元代的经济制度和政策，尤其是研究元代的货币管理思想和政策时，经济学学者都对其借鉴和参考。

在历史文献的史书著作中，具有一定学术影响力的著作还包括《清高宗实录》（被引110次）和《明史》（被引90次）。《清高宗实录》内容涉及政治、经济、文化、军事、外交及自然现象等诸多方面，是经过整理编撰而成的清代原始资料。在经济学领域，《清高宗实录》对清代江南与两湖地区的经济联系、明清典当对国家财政金融的历史作用、清代财政收入规模与结构、明清市场秩序整合等方面的内容都有所记载和收录。《明史》所记载的均为明代的历史，包含了大量的第一手史料，既包括了完整的明朝皇帝实录，也包含了邸报、方志、文集和大量私家史乘。《明史》对明朝的经济发展状况也有翔实的记载，经济学学者在研究明朝农业结构、明朝地主阶层的兴衰、明代海外贸易立法、明清台湾地区对外贸易以及亚洲贸易网建构等方面时，《明史》均可提供大量的第一手史料，是学者研究的重要参考文献。

（2）类书和丛书类著作

入选的历史文献中的类书和丛书数量较少，共两种：《管子》（被引79次）和《全唐文》（被引75次）。这说明类书和丛书对于经济学研究的影响力相对较弱。

《管子》是我国古老的先秦名著，是周秦子书中最为重要的几部基本元典之一。该书带有总集性质，而非一人一时之笔，也不是一家一派之言。《管子》所著内容涉及春秋战国时代的政治、经济、文化、军事等方方面面，不仅保存了极为丰富的学术史、文化史料，而且反映了儒、道、法、农、阴阳等诸多学派之间的对立和交流。《管子》对于经济学研究的影响和学术价值主要体现在：古代教育经济思想、货殖家的商争思想、中国古代农业思想中人本意识，传统农业理论，春秋战国时期的商业发展等方面。

《全唐文》是清代官修的文章总集，共1000卷。嘉庆十三年至十九年（1808—1814年）由董诰领衔，阮元、徐松等百余人参加编撰。该书共收3042名作者的文章18488篇，编次以唐五代及五代诸帝居首，其次是后妃、诸王、公主，各朝作者、释道、闺秀、宦官、四裔等附编书末，是迄今为止唯一最大的唐文总集。就经济学领域而言，《全唐文》在唐代丝绸贸易、西州贸易经济、汉藏经济文化交流、唐代城市经济与消费结构水平、唐代上层消费经济、唐代土地制度及农民的地位等方面，具有较高的学术参考价值。

（3）儒学著作

入选历史文献中的儒学著作只有1种：《孟子》（被引63次），说明儒学作为一个独立的学术整体，对我国经济学研究也有一定的学术影响。

孟子是我国战国时期著名的哲学家、教育家，是儒家的主要代表之一，他继承和发展了孔子的思想，其学说与孔子思想被后人合称为"孔孟之道"，是中国古代传统儒家的精华。在《孟子》这部近35000字的著作中，作者构建了完整、庞大的孟学体系，涵盖中国古代政治学、伦理学、哲学、教育学、心理学乃至美学的经典，全书讨论的内容围绕着人性、人伦、人道、人格，紧扣人和人类社会，其立论之精深、学科涉及之广泛，称得上是一部博大精深的古代人学的百科全书。经济学领域论文引用该书的主题主要涉及儒家道德理性在经济活动的作用、前秦儒家消费思想、儒家经济伦理与经济思想、租约选择的微观经济分析、人文素质与市场经济、古代信用制度、官社经济体制、孔子义利观、古代消费历史、市场失灵与经济法等。

14.4 工具书对经济学研究的影响

工具书是专供查找知识信息的文献，它系统汇集某方面的资料，按照特定方法加以编排，以供需要时查考用的文献。本次在经济学领域入选的工具书不仅种数较多，而且平均被引次数也较高，说明工具书对经济学研究具有较大的学术影响。工具书对经济学研究的影响主要体现在基本经济准则和概念的解释和定义，为经济学领域的定量分析提供及时、准确的经济统计数据和不同地域、不同行业的经济发展的汇总情况。本章所选的经济学较有学术影响的工具书一共有 10 种，占所选图书的 3.03%，引用次数占到全部入选图书被引次数的 8.85%（参见表 14-3）。表 14-6 给出了 2000—2007 年经济学论文引用较多的工具书。表中图书信息中标有"*"的工具书属于资料性年刊，因此在多个年份均有出版及被引，本章将对这些资料性年刊的出版年代不加以区分，而将其视为同一种书。

表 14-6   经济学论文引用较多的工具书

序号	图书信息
1	国家统计局：《中国统计年鉴》，北京：中国统计出版社*
2	世界银行：《世界发展报告》，北京：中国财政经济出版社，2001
3	[英] 约翰·伊特韦尔（John Eatwell）等编，陈岱孙主编译：《新帕尔格雷夫经济学大辞典》，北京：经济科学出版社，1996
4	国家统计局：《中国统计摘要》，北京：中国统计出版社*
5	国家统计局国民经济综合统计司：《新中国五十五年统计资料汇编（1949—2004）》，北京：中国统计出版社，2005
6	国家统计局城市社会经济调查总队：《中国城市统计年鉴》，北京：中国统计出版社*
7	中国金融年鉴编辑部、中国金融学会：《中国金融年鉴》，北京：中国金融出版社*
8	上海市统计局：《上海统计年鉴》，北京：中国统计出版社*
9	国家旅游局：《中国旅游统计年鉴》，北京：中国旅游出版社*
10	财政部：《企业会计准则》，北京：经济科学出版社，2006

为了便于详细讨论工具书对经济学的影响，本章将所入选的工具书按内容特征大致分为综合类工具书（4种）、行业类工具书（3种）、区域类工具书（2种）和学术类工具书（1种）。

(1) 综合类工具书

在所选入的经济学有影响的工具书中，《中国统计年鉴》（被引 3081 次）无疑是经济学研究领域最有参考价值的工具书，它的被引次数是排名第二的《世界发展报告》（被引 426 次）7 倍多。这也足见《中国统计年鉴》对于经济学研究的重要参考借鉴价值。《中国统计年鉴》是一部全面反映中华人民共和国经济和社会发展情况的资料性年刊，收录前一年全国和各省、自治区、直辖市经济和社会各方面大量的统计数据以及各年的全国主要统计数据，是我国最全面、最权威的综合统计年鉴。引用《中国统计年鉴》的经济类论文的主题主要在以下领域：会计准则、财务会计的模式及管理、固定资产和无形资产的管理和评估、税务的转型发展和增值税的转型、公允价值、区域经济发展、中央和地方的财政支出和产出、经济发展的社会环境等。

《世界发展报告》（被引 426 次）是由世界银行每年出版发行的全球性资料性年刊。每年都以不同的主题作为其统计研究的对象，其课题涉及世界发展的方方面面。在过去几年中，《世界发展报告》的主题主要有：重塑世界经济地理、以农业促发展、发展与下一代、公平与发展、改善投资环境、促使人人受益、让服务惠及穷人等。引用《世界发展报告》的经济学论文所涉及的领域主要有：地区经济模式，经济全球化与世界政治经济格局、反贫困战略、我国的货币债券市场、世界经济发展趋势、国外经济转型研究、政府的经济职能等。

在综合类工具书中，对经济学有着较大参考价值的工具书还有《中国统计摘要》（被引 198 次）、《新中国五十五年统计资料汇编》（被引 103 次）。在这两种工具书中，《中国统计摘要》在全球化与中国经济、中国经济的国际比较、对外经济开放发展战略、对外贸易投资、教育与经济、区域经济发展、消费与生态经济等方面具有较高的参考价值；涉及中国经济增长与稳定、社会消费预测、市场转型与现代化转型、地区产业结构研究、劳动力研究、财政税收增长的可持续性研究等领域的论文则比较多地引用了《新中国五十五年统计资料汇编》。

综上可以发现，在经济学论文引用最多的前 5 位的工具书中，4 种综合类工具书位居其中，这说明综合类工具书对经济学研究具有很高的参考价值。

(2) 行业类工具书

《中国金融年鉴》（被引 97 次）是由中国金融年鉴编辑部，中国金融学会每年出版的金融类年刊资料。该书主要记述了金融发展的基本情况，汇集了金融业的基本资料，以年为卷，通常每卷采用分类编辑法，共设四大部分和一个附录。《中国金融年鉴》对经济学研究的影响主要体现在：金融的深化改革、银行业的竞争力和战略重组、货币，税收，汇率的政策、保险、西部开发的金融战略以及金融体制改革。

《中国旅游统计年鉴》（被引 72 次）是一本全面反映中华人民共和国旅游业发展情况的资料性年刊。全书内容分为：上一年度中国旅游业统计公报和入境旅游人数、入境外国旅游者主要特征、国际旅游（外汇）收入、国内旅游基本情况、国内接待入境旅游者情况、星级饭店基本情况、旅行社基本情况、旅游企事业单位基本情况等统计资料。当经济学者研究旅游管理体制、旅游资源经营、区域外向型经济发展、入世后的旅游业发展、旅游经济综合分析、旅游业产业结构、旅游市场的发展分析、旅游购买力、旅游服务贸易等方面的课题时，该书具有较强学术参考价值。

《企业会计准则》（被引 65 次）学术影响主要体现在新会计准则分析及对财务管理的影响、会计要素，规范及政策、会计模式分析、财务会计框架、财务报告的历史演进及发展趋势、知识产权的财务应用等方面。

(3) 区域类工具书

《中国城市统计年鉴》（被引 98 次）是由国家统计局城市社会经济调查总队编写，中国统计出版社出版发行的反映中国城市经济和社会发展情况的资料性年刊。全书收录了全国 600 多个建制城市（含地级及以上城市和县级城市）上一年度社会经济发展和城市建设等各方面的统计数据。这些统计数据所涉及的经济学研究领域主要有：城市发展规划、城市结构与经济增长、城市经济生活保障、城市经济实力比较、区域外商投资结构、城际经济联系、城市生态系统研究、城市化之路及现代化判别标准。经济学者在撰写相关主题的论文或著作时，该书具有较高的学术参考价值。

《上海统计年鉴》（被引 93 次）主要收录上海的经济和社会等各方面的统计数据，以及历史重要年份和改革开放以来的主要统计数据。该书是唯一以具体某一个城市为统计研究对象入选的工具书，这说明了上海强大的经济实力以及在全国经济发展过程中举足轻重的地位。通过对引用《上海统计年鉴》经济学论文的主题分析，我们发现这些论文的主题主要集中在城市老龄化、上海消费需求分析、上海技术进步与研究、上海市民收入与文化消费、入世后上海城市发展战略、上海第三产业的发展、制造业结构和竞争力、上海信息化水平、上海城市经济基础等方面。

(4) 学术类工具书

《新帕尔格雷夫经济学大辞典》是迄今为止影响最大的经济学辞典，撰写者全部为顶尖经济学家，是该领域全球范围内最有影响的学者[①]。《新帕尔格雷夫经济学大辞典》的前身，是英格利斯·帕尔格雷夫（R. H. Inglis Palgrave）于 1894 年、1896 年、1899 年出版的三卷本《政治经济学辞典》，1923—1926 年，由亨利·希格斯（Henry Higgs）编辑，全面修订以《帕尔格雷夫政治经济学辞典》出版，1983 年剑桥大学的约翰·伊特韦尔（John Eatwell），哈佛大学的默里米尔盖特（Murray Milgate）和约翰·霍普金斯大学的彼得·纽曼（Peter Newman）列出初选条目，并邀请约 100 位一流经济学家参与审定，900 多位经济学家撰写而成。能够为《新帕尔格雷

---

① 《新帕尔格雷夫经济学大辞典》. [2009 - 09 - 10] http：//222.180.188.198/xy/jjx/newweb/news/show_ inc. asp? id = 1621.

夫经济学大辞典》撰写条目,是一种崇高的荣誉,华裔经济学家中张五常、邹至庄等人就被邀请参加条目的撰写。经济学的许多概念,可以在该辞典中找到最权威的解释,因此该书在经济学的各个领域都有参考和引用的价值。

另外,通过对表 14-6 的分析,可以发现经济学中具有重要影响的工具书有两个特点,第一个特点是在所入选工具书为以一个组织或团队的名义署名合作完成,这说明工具书自身的权威性、复杂性、真实性、全面系统性决定了一本优秀的工具书很难靠一己之力完成,而需要通过集体智慧的共同努力才能编写而成;第二个特点是在入选的 10 种工具书中,一共涉及 5 家出版社,出版社分布相对分散,其中 5 种工具书是由中国统计出版社出版发行的,说明了中国统计出版社是出版工具书的最重要出版社,经济科学出版社出版 2 种工具书,其余 3 家出版社分别只有 1 种工具书入选。

14.5 国外学术著作对经济学研究的影响

经济学作为一门独立的科学,是在资本主义产生和发展的过程中形成的。在资本主义发展的各个历史阶段,都有不少学者对当时的经济现象和经济问题发表见解,形成某种系统的经济思想,作为发达资本主义国家的代表,欧美学者对经济学的发展产生了巨大而深远的影响,他们的著作也广为流传,被我国诸多的经济学学者参考、借鉴和引用。本章选出的对经济学研究有较大影响的 330 种图书中,共有 118 种国外学术著作(其中原著 14 种,译著 102 种,2 种国外学者的中文原著)。通过对表 14-3 的分析,我们可以看出,国外学术著作的入选种数虽然低于国内学术著作(入选 168 种),但是其总被引次数却超过国内学术著作,可以认为:从整体而言,国外学术著作对我国经济学的学术影响力要高于国内学术著作。

表 14-7 经济学论文引用较多的国外学术著作

序号	图书信息
1	[美] R. H. 科斯(R. H. Coase)等著,刘守英译:《财产权利与制度变迁:产权学派与新制度学派译文集》,上海:上海三联书店、上海人民出版社,1994
2	[英] 亚当·斯密(Adam Smith)著,郭大力等译:《国民财富的性质和原因的研究》,北京:商务印书馆,1972
3	[美] 道格拉斯·C. 诺斯(Douglass C. North)著,陈郁等译:《经济史中的结构与变迁》,上海:上海三联书店、上海人民出版社,1991

续表

序号	图书信息
4	［美］迈克尔·波特（Michael Porter）著，李明轩等译：《国家竞争优势》，北京：华夏出版社，2001
5	［德］柯武刚（Wolfgang Kasper）等著，韩朝华译：《制度经济学：社会秩序与公共政策》，北京：商务印书馆，2000
6	［美］熊彼特（J. A. Schumpeter）著，何畏译：《经济发展理论：对于利润、资本、信贷、利息和经济周期的考察》，北京：商务印书馆，1990
7	［美］道格拉斯·C. 诺斯（Douglass C. North）著，刘守英译：《制度、制度变迁与经济绩效》，上海：上海三联书店、上海人民出版社，1993
8	［美］迈克尔·波特（Michael Porter）著，陈小悦译：《竞争优势》，北京：华夏出版社，1997
9	［美］马歇尔（Affred Marshall）著，朱志泰等译：《经济学原理》，北京：商务印书馆，1981
10	［日］青木昌彦著，周黎安译：《比较制度分析》，上海：上海远东出版社，2001
11	［美］保罗·萨缪尔森（Paul A. Samuelson）等著，高鸿业译：《经济学》，北京：中国发展出版社，1979
12	［英］凯恩斯（John Maynard Keynes）著，高鸿业译：《就业、利息和货币通论》，北京：商务印书馆，2002
13	［美］弗雷德里克·S. 米什金（Frederic S. Mishkin）著，李扬等译：《货币金融学》，北京：中国人民大学出版社，1998
14	［美］H. 钱纳里（H. Chenery）等著，吴奇等译：《工业化和经济增长的比较研究》，上海：上海三联书店、上海人民出版社，1995
15	［法］让·泰勒尔（Jean Tirole）著，马捷等译：《产业组织理论》，北京：中国人民大学出版社，1997
16	［美］菲利普·科特勒（Philip Kotler）著，梅汝和等译：《营销管理：分析、计划、执行和控制》，上海：上海人民出版社，1999
17	［美］道格拉斯·C. 诺斯（Douglass C. North）著，厉以平译：《西方世界的兴起》，北京：华夏出版社，1999
18	［美］保罗·克鲁格曼（Paul Krugman）著，海闻等译：《国际经济学》，北京：中国人民大学出版社，2002
19	［美］Michael Porter：*Competitive Advantage of Nations*，New York：Free Press，1990

续表

序号	图书信息
20	[美] G. J. 施蒂格勒（George Joseph Stigler）著，潘振民译：《产业组织和政府管制》，上海：上海人民出版社，1996
21	[美] 保罗·萨缪尔森（Paul A. Samuelson）等著，萧琛主译：《经济学》，北京：华夏出版社，1999
22	[美] 曼瑟·奥尔森（Mancur Olson）著，陈郁等译：《集体行动的逻辑》，上海：上海三联书店，1995
23	[美] 西奥多·舒尔茨（Theodore W. Schultz）著，梁小民译：《改造传统农业》，北京：商务印书馆，1987
24	[美] Oliver E. Williamson: *Economic Institutions of Capitalism*: *Firms*, *Markets*, *Relational Contracting*, New York: Free Press, 1985
25	[美] 约拉姆·巴泽尔（Yoram Barzel）著，费方域等译：《产权的经济分析》，上海：上海三联书店、上海人民出版社，1997
26	[美] 罗纳德·麦金农（Ronald I. McKinnon）著，卢骢译：《经济发展中的货币与资本》，上海：上海三联书店，1988
27	[美] 刘易斯（W. A. Lewis）著，施炜等译：《二元经济论》，北京：北京经济学院出版社，1989
28	[美] 戈德·史密斯（R. W. Golfsmith）著，周朔等译：《金融结构与金融发展》，上海：上海三联书店、上海人民出版社，1990
29	[日] 植草益著，朱绍文等译：《微观规制经济学》，北京：中国发展出版社，1992
30	[美] 约瑟夫·E. 斯蒂格利茨（J. E. Stiglitz）著，梁小民等译：《经济学》，北京：中国人民大学出版社，2000
31	[美] 迈克尔·波特（Michael Porter）著，陈小悦译：《竞争战略》，北京：华夏出版社，1997
32	[澳] 杨小凯等著，张玉纲译：《专业化与经济组织：一种新兴古典微观经济学框架》，北京：经济科学出版社，1999
33	[美] R. 多恩布什（Rudiger Dornbusch）等著，李庆云等校译：《宏观经济学》，北京：中国人民大学出版社，1997
34	[美] 库兹涅茨（S. Kuznets）著，常勋等译：《各国的经济增长：总产值和生产结构》，北京：商务印书馆，1985
35	[美] 大卫·罗默（David Romer）著，苏剑等译：《高级宏观经济学》，北京：商务印书馆，1999

续表

序号	图书信息
36	［美］Douglass C. North：*Institutions, Institutional Change and Economc Performance*, Cambridge Massachusetts：Cambrldge University Press, 1990
37	［美］丹尼尔·F. 史普博（Daniel F. Spulber）著，余晖等译：《管制与市场》，上海：上海三联书店、上海人民出版社，1999
38	［英］安格斯·麦迪森（Angus Maddison）著，周庭煜等译：《经济市场化的次序：向市场经济过渡时期的金融控制》，上海：上海三联书店，1996
39	［美］卡尔·夏皮罗（Carl Shapiro）等著，张帆译：《信息规则：网络经济的策略指导》，北京：中国人民大学出版社，2000
40	［美］约翰·R. 康芒斯（John R. Commons）著，于树生译：《制度经济学》，北京：商务印书馆，1962
41	［美］Robert J. Barro：*Economic Growth*, New York：MCGRAW – HILL INC, 1995
42	［美］西奥多·舒尔茨（Theodore W. Schultz）著，吴珠华译：《论人力资本投资》，北京：北京经济学院出版社，1990
43	［美］加里·S. 贝克尔（Gary S. Becker）著，王业宇等译：《人类行为的经济分析》，上海：上海三联书店、上海人民出版社，1993
44	［美］迈克尔·波特（Michael Porter）著，高登第等译：《竞争论》，北京：中信出版社，2003
45	［美］Gene M. Grossman：*Innovation and Growth in the Global Economy*, Cambridge Massachusetts：Mit Press, 1991
46	［印］阿马蒂亚·森（Amartya Sen）著，任赜译：《以自由看待发展》，北京：中国人民大学出版社，2002
47	［冰］思拉恩·埃格特森（Thrainn Eggertsson）著，吴经邦译：《新制度经济学》，北京：商务印书馆，1996
48	［英］弗里德利希·冯·哈耶克（Friedrich A. Von Hayek）著，邓正来译：《自由秩序原理》，北京：生活·读书·新知三联书店，1997
49	［美］R. H. 科斯（R. H. Coase）著，盛洪等译校：《论生产的制度结构》，上海：上海三联书店，1994
50	［美］E. S. 肖（E. S. Shaw）著，邵伏军等译：《经济发展中的金融深化》，上海：上海三联书店，1988
51	［美］R. H. 科斯（R. H. Coase）著，盛洪等译：《企业，市场与法律》，上海：上海三联书店，1990

第14章 经济学

续表

序号	图书信息
52	[美] 钱德勒（A. D. Chandler）著，重武译：《看得见的手：美国企业的管理革命》，北京：商务印书馆，1987
53	[美] 约翰·罗尔斯（J. Rawls）著，何怀宏等译：《正义论》，北京：中国社会科学出版社，1988
54	[比] 杰拉德·罗兰德（Gerard Roland）著，张帆等译：《转型与经济学：政治、市场与企业》，北京：北京大学出版社，2002
55	[美] 巴罗（Robert J. Barro）等著，何晖等译：《经济增长》，北京：中国社会科学出版社，2000
56	[美] 丹尼斯·卡尔顿（Dennis W. Carlton）等著，黄亚钧等译：《现代产业组织》，上海：上海三联书店、上海人民出版社，1998
57	[美] 古亚拉堤（Damodar N. Gujarati）著，林少宫译：《计量经济学》，北京：中国人民大学出版社，2000
58	[美] 埃里克·弗鲁博顿（Eirik G. Furubotn）等编，孙经纬译：《新制度经济学》，上海：上海财经大学出版社，1998
59	[美] 奥利弗·E. 威廉姆森（Oliver E. Williamson）著，段毅才等译：《资本主义经济制：论企业签约与市场签约》，北京：商务印书馆，2002
60	[美] Ronald I. Mc Kinnon：*Money and Capital in Economic*，Washington：Brookings Institution，1973
61	[美] J. A. 熊彼特（J. A. Schumpeter）著，朱泱等译：《经济分析史》，北京：商务印书馆，1991
62	[日] 青木昌彦等编著，魏加宁等译：《经济体制的比较制度分析》，北京：中国发展出版社，1999
63	[印] 阿马蒂亚·森（Amartya Sen）著，王宇等译：《伦理学与经济学》，北京：商务印书馆，2000
64	[美] 哈罗德·德姆塞茨（Harold Demsetz）著，段毅才等译：《所有权、控制与企业：论经济活动的组织》，北京：经济科学出版社，1999
65	[美] 保罗·A. 萨缪尔森（Paul A. Samuelson）等著，萧琛译：《经济学》，北京：人民邮电出版社，2004
66	[美] 罗伯特·S. 平狄克（Robert S. pindyck）等著，张军译：《微观经济学》，北京：中国人民大学出版社，2000
67	[日] 青木昌彦等主编：《政府在东亚经济发展中的作用：比较制度分析》：北京：中国经济出版社，1998

续表

序号	图书信息
68	［德］阿尔弗雷德·韦伯（Alfred Weber）著，李刚剑等译：《工业区位论》，北京：商务印书馆，1997
69	［美］丹尼斯·C. 缪勒（Dennis C. Mueller）著，杨春学等译：《公共选择理论》：北京：中国社会科学出版社，1999
70	［美］迈克尔·迪屈奇（Michael Dietrich）著，王铁生等译：《交易成本经济学：关于公司的新的经济意义》，北京：经济科学出版社，1999
71	［美］R. H. 科斯（R. H. Coase）等著，［瑞典］拉斯·沃因（Lars Werin）等编，李风圣主译：《契约经济学》，北京：经济科学出版社，2003
72	［美］哈维·S. 罗森（Harvey S. Rosen）著，平新乔等译：《财政学》，北京：中国人民大学出版社，2000
73	［美］James D. Hamilton：*Time Series Analysis*, Princeton：Princeton University Press, 1994
74	［美］保罗·克鲁格曼（Paul Krugman）著，朱文晖等译：《萧条经济学的回归》，北京：中国人民大学出版社，1999
75	［美］保罗·萨缪尔森（Paul A. Samuelson）等著，姚开建译：《经济学》，北京：中国人民大学出版社，1997
76	［美］奥列佛·哈特（Oliver Hart）著，费方域译：《企业、合同与财务结构》，上海：上海三联书店、上海人民出版社，1998
77	［美］约瑟夫·E. 斯蒂格利茨（J. E. Stiglitz）等著，［荷］阿诺德·赫特杰（Heertie Arnold）主编，郑秉文等译：《政府为什么干预经济：政府在市场经济中的角色》，北京：中国物资出版社，1998
78	［美］V. 奥斯特罗姆（Vincent Ostrom）等编，王诚等译：《制度分析与发展的反思：问题与抉择》，北京：商务印书馆，1992
79	［美］Goldsmith：*Financial Structure and Development*, New Haven：Yale University Press, 1969
80	［美］黄宗智：《华北的小农经济与社会变迁》，北京：中华书局，1986
81	［美］道格拉斯·C. 诺斯（Douglass C. North）著，厉以平译：《经济史上的结构和变革》，北京：商务印书馆，1991
82	［美］兹维·博迪（Zvi Bodie）等著，欧阳颖等译：《金融学》，北京：中国人民大学出版社，2000

序号	图书信息
83	[美] 理查德·R. 纳尔逊（Richard R. Nelson）等著，胡世凯译：《经济变迁的演化理论》，北京：商务印书馆，1997
84	[美] Avinash K. Dixit：*Investment and Uncertainty*，Princeton：Princeton University Press，1994
85	[美] 弗兰克·J. 法博齐（Frank J. Fabozzi）著，唐旭等译：《资本市场：机构与工具》，北京：经济科学出版社，1998
86	[美] Edward Stone Shaw：*Financial Deepening in Economic Development*，New York：Oxford University Press，1973
87	[美] 杰弗里·萨克斯（Jeffrey D. Sachs）等著，费方域等译：《全球视角的宏观经济学》，上海：上海三联书店、上海人民出版社，1997
88	[美] 阿瑟·M. 奥肯（Arthur M. Okun）著，王奔洲等译：《平等与效率：重大的抉择》，北京：华夏出版社，1987
89	[波] 格泽戈尔兹·W. 科勒德克（Grzegorz W. Kolodko）著，刘晓勇等译：《从休克到治疗：后社会主义转轨的政治经济》，上海：上海远东出版社，2000
90	[日] 青木昌彦等主编：《转轨经济中的公司治理结构：内部人控制和银行的作用》，北京：中国经济出版社，1995
91	[美] 赫尔（John C. Hull）著，张陶伟译：《期权、期货和衍生证券》，北京：华夏出版社，1997
92	[美] David Romer：*Advanced Macroeconomics*，Boston：MCGRAW-HILL，1996
93	[美] H. 钱纳里（H. Chenery）等著，李新华等译：《发展的型式（1950—1970）》，北京：经济科学出版社，1988
94	[美] Oliver E. Williamson：*Markets And Hierarchies：Analysis and Antitrust Implications*，New York：Free Press，1975
95	[美] 富兰克林·艾伦（Franklin Allen）等著，王晋斌等译：《比较金融系统》，北京：中国人民大学出版社，2002
96	[英] 霍奇逊著，向以斌等译：《现代制度主义经济学宣言》，北京：北京大学出版社，1993
97	[美] 道格拉斯·C. 诺斯（Douglass C. North）著，刘瑞华译：《制度、制度变迁与经济绩效》，北京：生活·读书·新知三联书店，1994
98	[美] 哈尔·瓦里安（hal Varian）著，周洪等译：《微观经济学（高级教程）》，北京：经济科学出版社，1997

续表

序号	图书信息
99	[美] 黄宗智:《长江三角洲小农家庭与乡村发展》,北京:中华书局,1992
100	[英] 弗里德利希·冯·哈耶克(Friedrich A. Von Hayek)著,邓正来译:《个人主义与经济秩序》,北京:生活·读书·新知三联书店,1989
101	[美] Paul Krugman: *Geograpy under Trade*, Cambridge Massachusetts: Mit Press, 1991
102	[日] 青木昌彦等编著,周国荣译:《模块时代:新产业结构的本质》,上海:上海远东出版社,2003
103	[美] 杰弗里·M.伍德里奇(Jeffrey M. Wooldridge)著,费剑平等译:《计量经济学导论:现代观点》,北京:中国人民大学出版社,2003
104	[美] B.约瑟夫·派恩(B. Joseph Pine)等著,夏业良等译:《体验经济》,北京:机械工业出版社,2002
105	[美] John Y. Campell: *Econometrics of Financial Markets*, Princeton: Princeton University Press, 1997
106	[美] 埃德加·M.胡佛(Edgar M. Hoover)著,王翼龙译:《区域经济学导论》,北京:商务印书馆,1990
107	[美] J.A.熊彼特(J. A. Schumpeter)著,吴良健译:《资本主义、社会主义与民主》,北京:商务印书馆,1999
108	[英] 多纳德·海(Donald A. Hay)等著,钟鸿钧等译:《产业经济学与组织》,北京:经济科学出版社,2001
109	[美] 埃德加·E.彼得斯(Edgar E. Peters)著,王小东译:《资本市场的混沌与秩序》,北京:经济科学出版社,1999
110	[日] 速水佑次郎著,李周译:《发展经济学:从贫困到富裕》,北京:社会科学文献出版社,2003
111	[美] 阿瑟·奥莎利文(Arthur O'Sullivan)著,苏晓燕译:《城市经济学》,北京:中信出版社,2003
112	[法] 让-雅克·拉丰特(Jean-Jacques Laffont)著,陈志俊等译:《激励理论:委托—代理模型》,北京:中国人民大学出版社,2002
113	[法] 让·波德里亚(Jean Baudrillard)著,刘成富等译:《消费社会》,南京:南京大学出版社,2000
114	[英] 安格斯·麦迪森(Angus Maddison)著,伍晓鹰等译:《世界经济千年史》,北京:北京大学出版社,2003

续表

序号	图书信息
115	［美］弗朗西斯·福山（Francis Fukuyama）著，彭志华译：《信任：社会美德与创造经济繁荣》，海口：海南出版社，2001
116	［美］莱斯特·R. 布朗著，林自新等译：《生态经济：有利于地球的经济构想》，北京：东方出版社，2002
117	［美］罗纳德·I. 麦金农（Ronald I. McKinnon）著，王信等译：《美元本位下的汇率：东亚高储蓄两难》，北京：中国金融出版社，2005
118	［美］埃里克·G. 弗鲁博顿（Eirik G. Furubotn）等编，姜建强译：《新制度经济学：一个交易费用分析范式》，上海：上海人民出版社，2006

从表14－7中的国外学术著作的信息来看，入选著作的作者来自美国、英国、日本、法国、德国、澳大利亚、印度、冰岛、比利时、西班牙、意大利、波兰、瑞典、以色列等14个国家。这些国家绝大部分为发达资本主义国家，这与本节之前所述的经济学发展历史是相吻合的。这些图书几乎涉及了经济研究的各个领域，为了更加详细讨论国外学术著作对我国经济学研究的影响，我们将入选的国外学术著作按著作的内容特征大致分为制度经济学（18种）、微观经济学（16种）、经济理论及发展史（15种）、产业经济学（13种）、货币银行学（11种）、宏观经济学（8种）、计量经济学（7种）、比较经济学（5种）、发展经济学（5种）、区域经济学（5种）、现代经济学（4种）、经济学其他类著作等类别进行讨论。

在这些类别的国外学术著作中，被引种数较多、学术影响力较大的类别主要有：制度经济学、微观经济学、经济发展史、产业经济学、货币银行学、宏观经济学。这6个类别的入选图书总数81本，占全部入选的国外学术著作的69.83％，因此，上述几个类别将是本节所要讨论的重点。

（1）制度经济学类著作

所谓制度经济学就是用主流经济学的方法分析制度的经济学，已经发展成为经济学的一个重要分支。在入选的对经济学研究影响较大的118种国外学术著作中，属于制度经济学领域的图书18种，所占比重为15.25％，这充分说明了制度经济学研究在经济学领域具有不可忽视的地位。为了分析经济学论文引用制度经济学著作的观点以及从中所获得的参考借鉴价值，我们对经济学论文引用较多的9种制度经济学著作进行简要的分析，并给出了这些著作产生影响的主要领域。

《财产权利与制度变迁：产权学派与新制度学派译文集》（被引720次）精选了产权与新制度学派名家的代表作13篇，集中反映了这两个学派的分析特征、重要假说和政策意义。对于研究制度创新、新制度经济学派、经济转型方式、企业所有权安排、公司监管体系、家族企业产权、产权激励、东亚货币合作、国民经济核算、西方经济学产权理论、交易费用理论、要素产权与企业产权等领域的学者来说，该书有很高的参考引用价值。

由柯武刚和史漫飞所著的《制度经济学：社会秩序与公共政策》（被引373次）是经济学论文引用次数最多的国外制度经济学著作。该书从有关人类知识和动机的基本前提入手，展开了一系列具有政策导向的讨论，对制度本源与制度演进进行了探索，分析比较了相关的制度，有助于我们认识过去和今天所处的社会与制度环境，理解制度进步的历史意义和现实意义。引用该书的经济学论文涉及主题有：经济补偿制度、消费制度本质、制度系统的关联、制度创新分析、市场经济体制的制度分析、经济制度变迁、经济发展市场制度、二元经济结构、新制度经济、元制度分析、政府行为规则分析等。

《制度、制度变迁与经济绩效》（被引345次）是诺斯的理论著作之一。这本书的内容共分为三篇：第一篇"制度"，主要探讨制度经济的方法基础，解释了制度的基本概念；第二篇"制度变迁"，阐述了制度变迁的一般理论；第三篇"经济绩效"，着重分析了制度对经济绩效的影响。该书认为制度在人类生活当中并非是恒久不变的假定，制度会随着人们交易成本的变化而修正，而且制度的变迁其实就是在帮助人们规避经济行为的交易风险，在人类的历史发展中，制度的变迁也就不断地随着历史的发展而积累，从而造成对历史的影响力。我国经济学学者在研究经济发展的制度分析、银行改革的渐进、区域制度创新、组织经济绩效、政府制度竞争、金融制度激励理论、循环经济制度创新、制度变迁、组织制度变迁等领域时，往往会引用该书。该书的英文版 *Institutions, Institutional Change and Econome Performance*（被引134次）是所入选的制度经济学领域著作中唯一一种原版著作。

《产权的经济分析》（被引175次）是约拉姆·巴泽尔对自己以及与他的思想发展关系密切的几个经济学家的研究成果的介绍。巴泽尔因研究"排队问题"和奴隶制度的经济学分析而成名。在该书中，巴泽尔开篇就分析了产权在经济学和法律上的不同含义：法律上使用产权概念，强调由国家赋予人的对物品的权利；而经济学上的产权的概念，强调的是产权的价值，体现为产权所有人对物品的直接消费或间接消费。引用该书的经济学论文主要涉及资本产权特征、企业产权结构、产权交易、区域产权比较、产权与所有权、产权经济学分析、财务理论、剩余控制权与剩余索取权等研究领域。

《制度经济学》（被引128次）是美国资产阶级经济学家约翰·R.康芒斯的主要著作之一。该书集中地反映了约翰·R.康芒斯公开地为垄断资本主义辩护的思想，是制度学派的一部重要代表作。制度学派出现在20世纪初叶的美国，这时美国在世界工业产量排名中已占首位，并且成为垄断资本最发达的国家。正是在资本主义的矛盾表现得最为露骨的美国，工人运动日益开展，为了欺骗人民，垄断资本家需要为垄断资本主义进行粉饰,并寻找医治资本主义的灵丹妙药。制度学派就是适应这种需要而产生的。书中阐述了金融制度变迁、人学维度的制度研究、制度经济学方法论、财产制度、产权理论、制度变迁范式,制度设计、制度安排伦理,信息制度分析等方面的内容,涉及这些主题的论文很多都引用了该书。

《新制度经济学》(被引115次)是由冰岛经济学家埃格特森所著的一本关于新制度经济学的著作。该书将新制度经济学和新古典经济学进行了比较,认为由于缺乏可用的理论结构,经济学在运用制度分析方法方面总体上已经落后于其他学科。为了弥补这一缺陷,埃格特森教授对经济学各个分支中正在进行的制度研究进行了调查,并提出建议,为这种建立在新古典模型上的强调共同依存的研究找到一种统一的方法。在研究土地制度变迁、产权分析、制度演化、企业治理结构与经济制度、政府制度创新及职能、信誉的制度性研究、教育制度内生性、制度理论研究动态、企业控制权市场理论等领域时,该书被较多地引用和借鉴。

科斯在《论生产的制度结构》(被引111次)中指出生产的制度结构是经济系统的特征,这对价格理论或微观经济学可能产生根本的改观。科斯认为,现代经济学很大程度上是对斯密思想的形式化,但又过于关注斯密世界的理论而忽视非斯密世界的其他方面。因此,组织内部活动往往被忽略,企业只是一个投入产出的"黑匣子",这显然是不完整的。科斯通过自己的研究弥补了这一缺陷,同时也开辟了"契约与组织理论"的先河。该书在公有制的实现形式、企业性质、新制度经济学、企业技术创新、生产结构控制、企业联盟与虚拟企业、企业资产结构、企业组织结构、企业治理、企业家成长制度等研究领域具有较高的参考价值。

《企业,市场与法律》(被引106次)是科斯的另一部经济学著作,该书收录了科斯的7篇论文,主要探讨了企业的性质、边际成本的论争、社会成本问题等领域。该书在资产专用性、知识产权管理、公司治理结构、企业契约理论、新制度经济学革命、经济自由决策权、企业体制成本、西方经济学的产权理论、法律经济学、网络化市场等领域,具有较高的参考引用价值。

除此以外,入选的制度经济学领域的国外学术著作还有:埃里克·弗鲁博顿和鲁道夫·芮切特所著的《新制度经济学》(被引101次)对于经济学的影响主要体现在:国有企业产权界定、制度环境、新经济发展、新旧经济制度分析、技术创新制度结构、组织网络治理结构等主题领域;拉斯·沃因和汉斯·韦坎德所著的《契约经济学》(被引88次)主要被研究不完全契约产权、交易费用、财务结构分析、公司约束效率比较、契约与激励机制、信用效应分析等领域的论文较多地参考和引用;在研究企业制度比较、企业家成长、制度规范行为、地方政府制度创新、新旧制度经济学比较、国家与制度变迁等领域,奥斯特罗姆等的《制度分析与发展的反思:问题与抉择》(被引81次)被较多地参考和引用;奥利弗·E. 威廉姆森(Oliver E. Williamson)所著的 *Markets and Hierarchies: Analysis and Antitrust Implications*(被引67

次)在产权制度选择、组织设计与管理、企业组织变化、投资选择规则、新制度经济学与国际贸易与投资理论整合等领域被引用较多;引用霍奇逊所著的《现代制度主义经济学宣言》(被引65次)的经济学论文的主题主要包括现实主义与制度主义、制度变迁理论、市场演进与改革、财务学的制度主义思考、不确定性与制度;诺斯所著的《制度、制度变迁与经济绩效》(被引65次)被研究产权制度选择、产权分析范式、权利经济分析、技术市场研究、风险利益制度、制度现代化解构等领域的论文引用较多;哈耶克所著的《个人主义与经济秩序》(被引64次)在不确定性与国家计划、经济分析中的个体研究、市场法制的原则、市场秩序构建与治理、金融市场研究范式等领域影响较大,引用次数较多;让-雅克·拉丰特(Jean-Jacques Laffont)所著的《激励理论:委托—代理模型》(被引50次,2002年出版)的影响主要在公共产品理论、公司治理效率、委托代理问题研究、技术创新扩散激励机制、道德风险问题、金融契约模型等领域;埃里克·弗鲁博顿和鲁道夫·芮切特所著的《新制度经济学:一个交易费用分析范式》(被引21次,2006年出版)被研究新制度经济学边界、会计管制的合约分析、制度效率、现代产权理论、产权制度、产权、财产权与所有权比较等领域论文参考引用较多。

(2)微观经济学类著作

微观经济学是研究社会中单个经济单位的经济行为以及相应的经济变量的单项数值如何决定的经济学说,也称为市场经济学或价格理论,微观经济学的中心理论是价格理论。本次入选的微观经济学图书16种,在118种国外学术著作中所占比重为13.56%,这足以证明微观经济学在经济学的重要地位。为了分析本学科引用微观经济学著作的观点以及从中所获得的参考借鉴价值,我们对经济学论文引用较多的微观经济学著作进行主要的分析,并给出引用这些著作的经济学论文的主题领域。

Economic Institutions of Capitalism: *Firms*, *Markets*, *Relational Contracting*(被引182次)是入选的国外微观经济学著作中唯一一本原版学术著作。该书的作者奥利弗·E.威廉姆森(Oliver E. Williamson)被誉为重新发现"科斯定理"的人,使科斯的交易费用学说成为经济学中异军突起的一派,并汇聚了包括组织理论、法学、经济学在内的大量学科交叉和学术创新,逐步发展成为当代经济学的一个新的分支,Oliver. E. Williamson将这一分支命名为"新制度经济学"。该书对于研究产权制度结构、企业战略联盟和关系模式、创新供应链策略、国际货币制度、企业性质和制度、网络化市场、股票期权的博弈分析,企业理论与组织创新等领域的学者有着较高的学术参考和借鉴价值。其中文版《资本主义经济制:论企业签约与市场签约》(被引98次)在企业理论与公司职责、企业投资,沉淀资本与政权市场、企业制度分析、企业并购,重组与转型、企业文化模型、企业组织模块化、金融市场与经济发展、企业集群、中国近代企业制度等领域被引用较多。

《微观规制经济学》(被引157次)的作者植草益先生是日本著名的经济学家。

他在《微观规制经济学》中，根据西方微观经济学和日本的经济政策实践，对有关规制政策的理论和运作问题，特别是经济性规制政策的目的、手段、结构、主体、价格规制、激励规制等问题阐述十分透彻。论述日本企业规制、竞争性产业的价格规制、规制与放松规制、税法规制、激励规制、结构规制、政府规制、市场规制理论、垄断企业的管制改革、规制成本、产业竞争等方面的论文对该书引用较多。

《专业化与经济组织：一种新兴古典微观经济学框架》（被引145次）由澳大利亚籍华裔学者杨小凯、黄有光所著。该书从经济对提高社会财富生产能力的作用入手，认为小到一项工程的可行性研究，大到国家的经济政策，再大到国际贸易的制定，都需要经济学的理论做指导，经济布局可以使市场运作的效率大大提高，同时减少争议，从而为人类社会的进步作出重大的贡献。该书对新兴古典经济学、企业制度的专有性、企业集群演进、产业结构成长模式、数量经济、国外企业本质、经济发展水平与城市规模、比较优势战略理论、创新企业行为分析等领域的研究有着较大的借鉴、启示作用。

钱德勒的《看得见的手：美国企业的管理革命》（被引105次）通过食品工业、烟草工业、化学工业、橡胶工业、石油工业、机器制造业和肉类加工业中的大量资料，论证了现代大型联合工商业的诞生乃是市场和技术发展的必然结果。作者认为，凡是进行大批量生产和大批量分配相结合并在产品流程中可以协调的那些工业，必然会产生现代的商业企业，因为管理协调的"看得见的手"比亚当·斯密所谓的市场协调的"看不见的手"更能有效地促进经济的发展。引用该书的经济学论文主题主要涉及经济社会体制、企业理论制度、组织创新、家族企业控制权，企业生产力研究和制度分析、企业治理、西方产业民主、企业技术创新等领域。

哈罗德·德姆塞茨的《所有权、控制与企业：论经济活动的组织》（被引97次）揭示了新制度经济学，并用新制度经济学的概念解释了企业、控制和所有权等问题。该书认为一个节省交易成本的制度安排、制度框架和制度创新的空间是至关重要的，一个国家的经济制度安排、制度结构、制度框架、制度环境和制度走向决定了它的经济绩效。该书对经济学研究的学术影响主要体现在以下领域：企业制度与企业治理结构、企业产权和所有权、企业组织资本、企业内收入分配、企业激励理论、企业资本与企业控制的研究、知识型企业、会计准则和财务管理理论等。

《微观经济学》（被引94次）是由美国经济学家平狄克和鲁宾费尔德合著的经济学著作。该书在论述微观经济学理论时作了与众不同的处理，即着重突出了这一理论对于管理和公共政策决策所具有的相关性和实用性，通过80多个较详尽的案例来强调这一学科的实用性，这些案例涉及需求、成本和市场效率的分析，定价策略的制定，投资和生产决策。该书对调控理论模式、股份制企业改革、规模经济与规模扩张、多元化经营、政府的微观经济职能、外贸代理理论、经济外部性扩张、区域经济发展、企业组织结构、现代微观经济学等领域具有较高的学术影响力。

在其他入选的微观经济学领域的图书中，引用迈克尔·迪屈奇所著的《交易成本经济学：关于公司的新的经济意义》（被引 88 次）的经济学论文的主题主要集中在分工与交易效率、社会资本逻辑、企业边界、交易收益、网络组织效率、内部交易的制度影响等方面；保罗·克鲁格曼著的《萧条经济学的回归》（被引 85 次）的学术影响涉及萧条经济比较、新经济辨析、主流经济学、经济学的三重世界、市场有限性、货币政策有效性研究等方面；奥列佛·哈特所著的《企业、合同与财务结构》（被引 83 次）在企业结构、企业并购理论、制度结构与变迁、公司监督权、不完备合同、剩余控制权等领域被经济学论文引用较多；约瑟夫·E. 斯蒂格利茨所著的《政府为什么干预经济：政府在市场经济中的角色》（被引 82 次）的主要学术影响力在企业保值、政府投资、政府的经济职能、宏观税负的形成机理、政府规制、政府利益分析等领域；法博齐和莫迪利亚尼所著《资本市场：机构与工具》（被引 74 次）被金融证券化、资产证券化、交易商制度、金融入世的结构性挑战、证券市场创新机制、股票指数期货交易等领域的论文引用较多；阿瑟·奥肯所著的《平等与效率：重大的抉择》（被引 71 次）在效率与公平的关系、经济效率、社会保障制度、新自由主义经济学等主题领域被引较多；青木昌彦所著的《转轨经济中的公司治理结构：内部人控制和银行的作用》（被引 69 次）则被以企业治理结构、企业投资体制、融资模式、股份制与公司治理、金融中介、上市公司内部人控制为主题的论文借鉴较多；引用哈尔·瓦里安的《微观经济学（高级教程）》（被引 64 次）的经济学论文的主题主要集中在金融监管、税收与信贷、技术资本理论、银行内部资金转移等方面；让·波德里亚所著的《消费社会》（被引 49 次，2000 年出版）在消费文化研究、消费历史、消费主义价值观、消费伦理等主题领域具有一定的学术影响。

（3）经济理论及发展史类著作

经济理论及发展史的研究在经济学发展过程中扮演着重要的角色，有助于我们更好地理解经济理论，观察经济现象，总结经济规律，了解著名经济学家的观点，更好地掌握经济发展的脉搏，有效地预测未来经济的发展趋势。本章所入选的国外学术著作中，关于经济理论及发展史的国外学术著作共有 15 种，占入选的国外学术著作的 12.71%。为了更有效地分析经济学论文引用经济理论及发展史著作以及他们对经济影响的具体领域，我们选取了经济学论文引用较多的经济理论及发展史著作进行分析，并对这些著作产生影响的具体领域进行讨论。

亚当·斯密的《国民财富的性质和原因的研究》（被引 683 次）是宏观经济学领域中被引用次数最多的国外学术著作，从而可见该书在经济学领域具有深远的学术影响。该书总结了近代初期各国资本主义发展的经验，并在批判和吸收了当时有关重要经济理论的基础上，就整个国民经济运动过程作了较系统、较清晰的描述。该书不但对英国资本主义的发展产生了很大的促进作用，而且对世界资本主义的发展来说，也是一本产生广泛影响的资产阶级经济学著作。该书在宏观经济政策、国家经济职能、混合经济模式、财富效应、国际贸易理论、经济人伦理分析、发展经济学框架、商品二因素、市场经济理论、生产工具劳动理论、资本人格化、劳动价值理论、德行成本等领域影响较大，有关上述主题的经济学论文很多都参考引用了该书。

诺斯的《经济史中的结构与变迁》（被引683次）是经济发展及经济史领域被引次数最多的国外学术著作。诺斯是新经济史学派的创始人，该书是其以西方产权理论，制度变迁理论对经济史进行解释的一部代表作。该书首先在方法论上恢复了理论与历史相结合的经济学优良传统，其次形成了一个包括产权理论、国际理论和意识形态理论在内的制度变迁理论，他的反传统的经济增长理论认为对经济增长产生决定作用的是制度因素，而非技术因素，关键在于产权结构方面的制度的变迁才是历史演进的源泉。在制度变迁、金融制度、社会变迁、土地制度、历史变迁、经济人制度、制度创新与技术创新、市场经济结构、知识经济与经济发展、制度经济学方法论、知识产权基本制度、人类观念的经济学分析等诸多研究领域中的许多论文均引用了该书。

《经济发展理论：对于利润、资本、信贷、利息和经济周期的考察》（被引348次）由美国当代西方著名经济学熊彼特所著。该书以"对于利润、资本、信贷、利息和经济周期的考察"作为副标题，涉猎范围可谓极其广泛。最具特色和最引人注目的是熊彼特所提出的"创新理论"，作者从静止状态的"循环流转"到经济发展的根本现象对经济发展（包括从"企业家的特点和功能"、"生产要素的新组合"、"创新"的含义与作用，直到"资本主义的产生"）作了开创性的精辟论述。引用该书的经济学论文主要涉及以下领域：创新理论、经济增长理论、知识经济、企业网络化、企业家机制、信息时代区位论、动态比较优势和竞争力提升、制度演化和企业成长、产业空间集聚等。

马歇尔所著《经济学原理》（被引326次）也是经济学领域被引次数较高的国外学术著作。该书继承了19世纪以来英国庸俗经济学的传统，兼收并蓄，用折衷主义的方法把供求论、生产费用论和边际生产力等完美地融合在一起，形成了以"完全竞争"为前提和以"均衡价格论"为核心的庸俗经济学体系，成为许多国家大学课堂里的经济学教科书。该书对当代经济学研究的影响主要体现在：微观经济与宏观经济学的发展研究、企业与企业家理论、西方福利经济学、不确定性经济决策、西方经济学思想发展、制度变迁理论、知识经济与城市产业空间、产业空间集聚等方面。

《经济学》由保罗·萨缪尔森和威廉·诺德豪斯合作编著。作为世界知名学者保罗·萨缪尔森是美国获得诺贝尔经济学奖的第一人，现代经济学之父，因提出统一的经济活动理论而被称为经济学领域中的爱因斯坦。威廉·诺德豪斯是耶鲁大学经济学教授，研究领域广泛，涉及环境、能源、技术变革、经济增长、理论和生产率趋势等。该书是经济学的经典之作，其思想影响源远流长，同时具有丰富的课后辅导材料。书中包含核心分析与现实政策,并配有专门的中英文对照术语表。该书有两个译本入选,高鸿业编译的版本(被引291次)和萧琛主译的版本(被引190次)。

由约瑟夫·E. 斯蒂格利茨著、梁小民等翻译的《经济学》(被引147次)与保罗·萨缪尔森、威廉·诺德豪斯所著的《经济学》相比,其学术影响力稍逊后者。该书反映了20多年来经济思想革命,讨论了完全市场、不完全市场、政策问题、充分就业的宏观经济学、失业的宏观经济学、动态与宏观经济政策、宏观经济政策等问题。涉及宏观经济学、经济市场结构、经济全球化、所得税理论、西方产业组织理论、经济哲学等主题的论文,该书具有较大的参考引用价值。

E. S. 肖所著的《经济发展中的金融深化》(被引107次)是一部影响深远的金融研究著作。该书将金融发展理论和货币金融理论融合起来,不但探讨了经济发展与金融业的密切关系,而且针对发展中国家特定的经济和金融环境,提出了以"金融深化"战略为核心的崭新发展理论,对经济金融的关系调整和发展都产生了积极意义。该书对于经济学领域的影响主要体现在:金融深化实践、金融深化理论、金融深化与经济发展、金融管制与金融危机、金融发展战略、转型经济条件下的金融控制、金融体系效率与金融结构变迁、金融结构比较分析等方面。

本类其他著作的被引情况如下:弗里德利希·冯·哈耶克所著的《自由秩序原理》(被引105次),该书在经济学领域的影响主要在个人自由与社会秩序、自由的位置、社会公正理论、法治与自由、制度伦理、人文素质与市场经济、契约平等;巴罗和萨拉伊马丁所著的《经济增长》(被引103次)的影响主要在经济增长与结构调整、经济横向拨动理论、经济增长模式、经济增长的均衡路路径、人力资本与经济增长等领域;人民邮电出版社出版、萧琛主译的《经济学》(被引95次)在博弈论与经济思维、企业国际竞争力、货币政策、财政政策理论、优势经营战略、贸易比较优势等领域具有一定的影响力;姚开建翻译的《经济学》(被引83次)的学术影响领域主要集中在生态经济发展、社会保障体制改革、资本作用的认识、金融中介理论、制度供给、农村金融体系等方面。诺斯所著《经济史上的结构和变革》(被引78次)在传统文化与商业运营、制度变迁理论、产业结构调整、政府制度行为、经济发展的制度分析、循环经济理论等领域被较多被引用;理查德·R. 纳尔逊和悉尼·G. 温特所著的《经济变迁的演化理论》(被引77次)被经济进化理论及方法论、产业结构优化、企业治理结构、组织分权、组织结构变革等领域的论文参考引用较多;安格斯·麦迪森所著的《世界经济千年史》(被引47次,2003年出版)在资本主义经济发展、新自由主义时期世界经济、中国经济体制改革、不同融资制度下的金融中介发展等研究领域具有一定的学术影响。

(4)产业经济学类著作

产业经济学是现代西方经济学中分析现实经济问题的新兴应用经济理论体系。该体系从作为一个有机整体的"产业"出发，探讨在以工业化为中心的经济发展中产业间的关系结构、产业内企业组织结构变化的规律以及研究这些规律的方法。产业经济学的研究对象是产业内部各企业之间相互作用关系的规律、产业本身的发展规律、产业与产业之间互动联系的规律以及产业在空间区域中的分布规律。入选的产业经济学领域图书共有13种，在118种国外学术著作的所占比重为11.02%，这说明了国外产业经济学著作对我国经济学领域具有的一定影响力。为了分析经济学论文引用产业经济学著作的观点以及从中所获得的参考借鉴价值，我们主要对经济学论文引用较多的产业经济学著作进行介绍。

《国家竞争优势》（被引505次）是哈佛商学院迈克尔·波特教授的代表作，其原版 Competitive Advantage Of Nations（被引223次）也入选。在该书中，波特提出了国家竞争优势理论，又称"国家竞争优势钻石理论"，国家竞争优势理论既可基于国家的理论，也可基于公司的理论，国家竞争优势理论试图解释如何才能造就并保持可持续的相对优势。《国家竞争优势》对于研究企业的国际竞争力、制度竞争、国家的比较优势和后发优势、城市竞争力、跨越式发展模式、竞争优势分析、美国经济政策、资源的全球配置、产业国际竞争力、知识产权战略、国家创新系统、全球贸易竞争等领域的学者来说，其重要性更加突出，参考的价值更大，因此该书较多地被上述领域经济学论文所引用。

迈克尔·波特的《竞争优势》（被引344次）阐述了企业可以选择和推行的基本战略以创造和保持竞争优势的方法。作者论述了竞争优势的不同类型以及与企业活动空间之间的相互作用，同时指出价值链是判定竞争优势和寻找方法以增强竞争优势的基本工具，并将企业划分为产品的设计、生产工具、营销和分销等相互分离的活动。该书的学术影响力主要体现在产业创新、战略创新、竞争战略、竞争力研究、企业竞争优势、价值链研究、供应链管理、营销管理、企业评价体系等领域。

《工业化和经济增长的比较研究》（被引275次）是作者钱纳里20世纪80年代的研究新成果。该书运用了产业分析方法、一般均衡分析方法和经济计量模型，通过多种形式的比较研究，考察了"二战"以后发展中国家的工业化进程；分析了结构转变同经济增长的一般关系；剖析了影响工业化和经济增长的各种因素，特别是贸易政策和生产率增长的作用，并概括出外向型、中间型、内向型三种各具优劣的发展工业化形式。该书的价值主要体现在经济增长与产业结构、经济增长模式及特征、产业政策及实施机制、工业化与信息化、工业化战略、工业化过程中的贸易政策、区域产业结构、结构变动与产业运行、产业结构测评、劳动结构效应、企业贡献率、企业规模扩张与收缩等领域，并被这些领域的论文大量引用。

法国著名经济学大师让·泰勒尔的《产业组织理论》（被引266次）标志着一个新的理论框架的形成。20世纪70年代以来，博弈论方法的引入使产业组织理论发生了革命性的变化，让·泰勒尔的《产业组织理论》是第一本用博弈论范式写成的教科书，是研究企业行为的博弈论专著。作者将博弈论和信息经济学的基本方法和分析框架引入产业组织理论的研究领域，对产业组织理论产生了革命性的影响，同时博弈论的引入意味着对由市场机制决定的瓦尔拉均衡可行性的怀疑。引用借鉴该书的经济学论文主题主要涉及：产业组织结构、产业经济学、组织创新、产业过度竞争、产业组织改善、产业集群、组织激励机制、互联网经济、现代企业产权制度、国际间企业合作与兼并、企业规模扩张、企业战略管理等领域。

《产业组织和政府管制》（被引192次）是根据美国著名经济学家乔治·斯蒂格勒的论文集《产业组织》和《市民与国家》两书选译的，其中汇集了作者关于产业组织和政府管制的一些重要论文。斯蒂格勒是美国权威经济学家，1982年诺贝尔经济学奖得主，其在工业机构、市场的作用和公共经济法规的作用与影响方面做出了创造性的贡献。该书对企业集群与政府作用、企业规模理论、政府管制和产业竞争、政府规划体制、政府干预经济理论、政府的经济特性、政府监管的制衡机制、规制与放松规制、金融监管体制等领域产生了较大的学术影响。

迈克尔·波特所著的《竞争战略》（被引145次）和《竞争论》（被引118次）多被企业核心竞争力、区域竞争力、竞争战略研究、竞争力形成机理，企业战略理论等领域的经济学论文所引用；引用库兹涅茨的《各国的经济增长：总产值和生产结构》（被引142次）的经济学论文的主题主要集中在工业化进程与积累方式、知识经济与经济增长、经济制度与产业结构、经济增长中劳动力结构、经济成长与制度革新、古代经济增长理论、信息化与经济现代化、国民经济结构、经济发展模式、产业发展政策等方面；丹尼斯·卡尔顿所著的《现代产业组织》（被引102次）对产业组织理论、产业经济学流派、产业组织分析、产业市场势力、产权结构与市场结构等领域的研究具有一定的指导作用；在研究城市空间结构、集群经济、地域分工理论、产业集群理论、园区经济模式等领域时，阿尔弗雷德·韦伯所著的《工业区位论》（被引88次）具有较高的参考借鉴价值；青木昌彦所著《模块时代：新产业结构的本质》（被引63次）在模块化理论、产业竞争未来战略、价值模块整合、产业组织结构、系统结构与竞争优势等领域有一定的影响力；多纳德·海和德理克·莫瑞斯所著的《产业经济学与组织》（被引55次，2001年出版）的学术影响则主要体现在产业组织结构、产业组织理论、组织竞争优势、市场结构变迁、资本结构与市场竞争等领域。

（5）货币金融学类著作

货币金融学研究的核心内容是货币供给和需求、利率的决定以及由此产生的对金融经济现象的解释和相应的政策建议。货币金融学领域入选的图书11种，在118种国外学术著作的所占比重为9.32%。为了分析入选的货币金融学著作对经济学研究的参考借鉴价值，我们对被引次数较多的6种货币金融学著作进行介绍。

《就业、利息和货币通论》（被引286次）被认为是凯恩斯的代表作之一，该书的出版标志着凯恩斯主义这一独立的理论体系的形成。凯恩斯主张政府促进有效需求的办法是增加工资以增加消费,采用累进税增加穷人收入,实行赤字预算与适度的通货膨胀政策。他认为刺激投资比刺激消费更重要。该书在西方经济学的很多研究领域都产生着影响,诸如实际利率水平与经济增长、反通货紧缩与刺激内需、货币供求变化、消费与经济增长、投资的乘数效应、公债与财政货币政策关系、现代社会保障制度、西方政府失灵理论、内生货币供给理论等。

《货币金融学》(被引279次)由美国经济学家弗雷德里克·S.米什金所著。由于国际贸易和国际金融市场的发展,创造了一体化的世界经济,使得发生在一个国家金融市场中的事件对其他国家金融市场的运作会产生很大影响。该书以最新的货币金融理论为基础,提供了一个简洁、严密、首尾一贯的理论分析框架,对近年来美国和国际经济社会中出现的重大金融事件作了细致的剖析,还深入探讨了全球金融一体化的起因、发展和经验教训。引用该书的经济学论文的主题主要包括:货币结构与政策、货币政策传导、货币收入政策、货币经济学、金融工程、金融调控体制、金融创新、银行业结构与竞争模式、汇率制度选择、利率市场化、利率管理体制、国际贸易与国际经济一体化等。

罗纳德·麦金农所著的《经济发展中的货币与资本》(被引168次)也是金融学领域引用次数较多的国外学术著作,其原版书 *Money And Capital In Economic Development* (被引98次)也得以入选。该书的最大贡献在于突出了"金融抑制论",该理论的基本观点包括:发展中国家的经济结构一般是割裂的;发展中国家市场不完全的一个重要表现是大量中小企业和住户被排斥在有组织的资金市场之外;内部积累可以采取实物形式;如果积累以货币持有的方式进行,则对货币持有者必须能保证其所持货币不会贬值;发展中国家不能过分依赖国外资本等。引用该书的经济学论文主题主要包括:金融创新、金融发展理论、金融中介理论、金融自由化、金融结构与经济增长、金融体系、二元金融结构、利率市场化、金融失衡、金融理论、证券市场制度变迁、通货紧缩形成机制、经济发展与金融运行、市场化货币模型、利率市场化、银行资本、所得税理论、产业组织理论等。

戈德·史密斯的《金融结构与金融发展》(被引159次)对金融发展理论做出了杰出的贡献,其原版书 *Financial Structure And Development* (被引80次)也是在经济学领域产生较大学术影响的国外学术著作。该书指出金融理论的职责在于:找出一个国家的金融结构、金融工具存量和金融交易流量的主要经济因素。创造性地提出金融发展就是金融结构的变化,通过采用定性和定量相结合以及国际横向比较和历史纵向比较相结合的方法,明确了衡量一国金融结构和金融发展水平的基本指标体系。该书被金融制度变迁、金融组织空间结构、区域金融行为、金融结构与经济结构、金融监管、金融结构分析、区域金融制度、金融效率理论、金融机构多元化、政府债券市场、证券产业、融资机制变迁、利率管制与利率市场化等领域的论文参考引用较多。

另外，兹维·博迪和罗伯特·C. 莫顿的《金融学》（被引 77 次）在资本市场交易、国债结构管理、股票市场研究、股权结构、风险投资业、中国银行业发展、金融结构体系、经济金融化等领域具有一定的学术影响；阿维纳什·K. 迪克斯特（Avinash. K. Dixit）的 Investment Under Uncertainty（被引 77 次）被西方投资理论、不确定性决策、非完全理性决策、R&D 投资决策研究、实物期权、不完全竞争环境、企业技术创新等领域论文引用较多；研究金融创新、金融深化、金融发展与经济发展、金融脆弱性的学者对爱德华·斯通·肖（Edward Stone Shaw）的 Financial Deepening In Economic Development（被引 74 次）引用的较多；赫尔的《期权、期货和衍生证券》（被引 68 次）在期货交易、期权定价、金融期权衍生技术、实物期权理论等领域具有一定的学术影响；一些研究外汇储备与投资政策、国际风险分担机制、人民币国际化、中美金融关系演进的论文引用了罗纳德·麦金农的《美元本位下的汇率：东亚高储蓄两难》（被引 36 次，2005 年出版）。

（6）宏观经济学类著作

宏观经济学是以国民经济总过程的活动为研究对象，主要考察就业总水平、国民总收入等经济学问题，研究整个的经济社会的运作过程，并找出办法让经济社会运行得更加稳定、发展得更快。宏观经济学领域入选的图书 8 种，在 118 种国外学术著作的所占比重为 6.78%，就入选图书的种数而言，宏观经济学著作的被引数量不及微观经济学著作。为了分析经济学论文引用宏观经济学著作的观点以及从中所获得的参考借鉴价值，我们对经济学论文引用较多的宏观经济学著作作简要解析。

《国际经济学》（被引 247 次）是美国著名经济学家保罗·克鲁格曼的著作。该书既重视传统理论，又包含许多国际经济学研究的最新成果和国际经济领域实务。保罗·克鲁格曼主要从事国际贸易及国际金融领域的研究，在国际贸易领域，他发明了"新贸易理论"这一名词，揭示了国际贸易中的收益递减、不完全竞争及其后果。引用该书的经济学论文的主题主要涉及：国际贸易政策、外向型经济、美元本位、出口竞争力、复合比较优势、外资管理比较、经济一体化、汇率改革、资本流动、贸易投资一体化、H-O 贸易理论、国际经贸关系、货币局制度等领域。

多恩布什和费希尔所著的《宏观经济学》（被引 143 次）分为四个部分：第一部分为宏观经济学基础；第二部分是总需求—总供给分析与经济增长理论；第三部分为总需求分析的微观基础；第四部分为宏观经济专题。该书理论联系实际、反映了宏观经济学的最新研究成果，具有很高的学术价值，对经济运行周期、通货膨胀与紧缩、经济增长机理、货币供给机制、宏观经济调控、宏观经济政策、货币政策的经济效应、政府债务、财政政策绩效、新型工业互动发展、经济增长质量、利率理论与政策等领域的论文有较大的参考引用价值。

《高级宏观经济学》（被引 135 次）是经济学家大卫·罗默的著作，该书的英文原著 Advanced Macroeconomics（被引 68 次）也同时入选。大卫·罗默在书中总结了当代宏观经济学的最新研究成果，全面阐述了内生经济增长理论，对经济增长的方式和源泉以及经济增长与其他经济现象的关系做了深入的论述和总结。内容包括：索洛增长模型、索洛模型背后（无限期界和世代交叠模型）、超越索洛模型（新增长理论）、真实经济周期理论、传统凯恩斯主义波动理论等。我国学者在研究经济政策的国际协调、经济制度与产业结构、货币政策、价格机制系统、政府经济调控职能、经济政策、资源约束下的制度变迁、经济增长理论、效率成本、宏观经济形式的科学认识等课题时，较多地引用了这本书。

在其他入选的宏观经济学领域的图书中，安格斯·麦迪森的《经济市场化的次序：向市场经济过渡时期的金融控制》（被引 131）的影响领域：金融开放、金融发展指标、金融组织成长、金融改革机构；Robert J. Barro 的 Ecnomic Growth（被引 128 次）的被引主要来自于经济持续增长、内生经济增长模型、区域经济成长、经济增长模型、经济增长差距等主题的论文；Gene. M. Grossman 的 Innovation and Growth in the Global Economy（被引 117 次）对于我国经济学者的参考和引用价值主要体现在经济体制创新、新经济地理学理论、内生技术进步、市场结构与技术创新、经济增长模式等领域；杰弗里·萨克斯和费利普·拉雷恩所著的《全球视角的宏观经济学》（被引 72 次）对国际资本流动、全球经济周期、经济全球化测度、宏观经济理论研究等领域具有一定的参考借鉴价值。

（7）计量经济学类著作

计量经济学是以一定的经济理论和统计资料为基础，运用数学、统计学方法，以建立经济计量模型为主要手段，定量分析研究具有随机性的经济变量关系。主要内容包括理论计量经济学和应用经济计量学。本次入选的计量经济学领域图书有 7 种，在 118 种国外学术著作的所占比重为 5.93%。为了使读者了解国外计量经济学著作对我国经济学研究领域的影响，下文将对被经济学论文引用较多的计量经济学著作作简要介绍。

加里·S. 贝克尔所著的《人类行为的经济分析》（被引 124 次）记录了加里·S. 贝克尔的学术思想和理论建树。该书作者运用经济分析的方法建立了时间经济学和新消费者行为理论，借助法律学、政治学、人口学、社会学及社会生物学等学科知识考察人类行为，并明确阐述了其中的研究方法，读者可以循着这一思路在人文科学领域里进行任何一个问题的研究。另外，该书绝大部分内容由作者从他已发表的诸多论述中精心采集、编撰而成，各个章节具有相对独立性，且又彼此关联。在研究经济作用分析、道德行为经济学分析、意识形态经济学分析、竞争优势经济学分析、休闲消费经济学分析、垄断的经济学分析、会计违法行为经济学分析、消费函数分析、经济学效用范式、人本经济学等主题时，该书具有较高的参考和引用价值。

古亚拉堤所著的《计量经济学》（被引 101 次）十分重视基础知识的教学及训

练，内容深入浅出，充分考虑了学科发展的前沿。对微观计量经济学的定性与限制应变量方法和宏观计量经济学的时间序列分析都占有相当篇幅，突出强调了计量经济学对经济和金融数据的应用分析。在技术创新的非线性增长、股票收益率与交易量相关性、货币市场关联性分析、货币乘数变动、货币政策分析、计量经济模型、多重共线性、宏观消费函数分析、经济增加值模型、动态检测模型等领域该书被学者关注较多。

Time Series Analysis（被引 86 次）是 James D. Hamilton 的经济学著作。该书归纳了时间序列领域的最新进展，并就其现有表述给出了一个单一的、一致的表示。书中就诸如向量自回归、广义矩方法的估计、单位根的经济和统计结果、随时间变化的方差分析以及非线性时间序列模型等给出了详尽论述。该书在股票市场、国债收益分析、汇率可测性分析、财政政策乘数效应、消费函数分析、经济计量模型、货币政策经济效益分析、马尔可夫转换模型、汇率结构平衡、基金业绩分析模型等领域具有一定参考借鉴价值。

《计量经济学导论：现代观点》（被引 61 次）由伍德里奇所著。该书用简洁、准确的语言叙述了计量经济学研究的最新特点。在陈述和解释假定时，作者放弃了非随机的或在重复样本中加以固定的回归元假定，从而便于对计量经济学的理解和运用，是对计量经济学研究和教学的一个突破。该书对我国经济学研究的影响主要体现在：消费增长模型、竞争力聚类分析、Panel Data 变系数模型、借贷行为计量分析、格兰杰因果检验和 ADL 模型等领域。

在入选的计量经济学其他国外学术著作中，John Y. Campbell 的 *Econometrics Of Financial Markets*（被引 61 次）对股市交易模型研究、股票双因子定价模型、股市非线性研究、证券变动的 CAPM 检验、股票收益波动性研究、股价波动 ARCH 效应等领域具有一定的影响；埃德加·E. 彼得斯的《资本市场的混沌与秩序》（被引 55 次，1999 年出版）在期货的非线性特征分析、金融市场分形特征分析、H 指数计算、投机行为博弈分析、股票长期记忆特征等领域具有一定的学术影响。

（8）比较经济学类著作

比较经济学是对比研究不同社会制度或同一社会制度的不同国家的经济理论、制度的学科。通过比较分析、衡量优劣、判明利弊、总结经验，作为一国经济体制改革、经济结构调整以及制定有关部门经济政策的依据。在本章入选的 118 种对经济学产生较大影响的国外学术著作中，属于比较经济学领域的图书共有 5 种：《比较制度分析》（被引 319 次）、《经济体制的比较制度分析》（被引 97 次）、《政府在东亚经济发展中的作用：比较制度分析》（被引 92 次）、《比较金融系统》（被引 66 次）、《资本主义、社会主义与民主》（被引 59 次，1999 年出版）。

《比较制度分析》、《经济体制的比较制度分析》、《政府在东亚经济发展中的作用：比较制度分析》均是日本经济学家青木昌彦的著作或由其参与撰写，其中对经济学产生影响最大的当属《比较制度分析》,该书的被引次数大大超过比较经济学领域的其他图书。作者在该书中详细地叙述了比较制度理论的最新发展,运用比较制度揭示了从日本德川时代的灌溉系统制度一直到硅谷崛起的多种制度的形式和结构。该书在比较经济学领域产生了深远的影响,尤其在公司治理结构模式国际比较、经济增长路径比较、转型经济比较制度、社会资本与经济分析、行为经济学、制度缺失分析、制度形成博弈分析、制度需求分析、制度经济学等领域被相关论文较多地引用和参考。

《经济体制的比较制度分析》将经济体制看成多种制度的集合,是"比较制度分析"领域中系统论述市场经济体制多样性的著作。作者以现代日本经济体制作为比较制度分析的主要对象,从理论上对这一体制的内部结构以及构成这种结构的各种要素所具有的激励效果和相互依存关系加以论述。该书在日本经济体制、日本竞争政策过程的制度特征、日本企业并购与重组、日本经济史研究、融资模式效率比较、制度兼容与经济绩效、新老制度经济学的融合、制度主义与比较经济学、APEC模式的制度分析等领域被参考引用较多。

《政府在东亚经济发展中的作用:比较制度分析》强调了政府在经济发展中的作用,提供了一个全新的、影响日益增强的政府观,即政府最积极的作用在于增强每个人自我判断并开展经济活动的能力,并以一种更具竞争性却有序的方式协调其分散的决策,而不是被动地加以指导或使之无序竞争。该书对比较经济学的影响主要是在政府在金融发展中的作用、发展中国家政府经济职能、发展中国家金融自由化、发展经济学视野下的政府角色、APEC中政府作用、政府在区域经济发展中的作用、政府在经济转型中的作用、政府功能定位等研究领域。

在其他入选的比较经济学领域的国外学术著作中,富兰克林·艾伦的《比较金融系统》的影响主要在金融结构比较分析、金融改革的制度比较、金融结构与技术创新、金融结构与风险管理、西方私人权益资本市场、金融制度转型等方面。而在资本主义演化、经济社会学历史分析、产业组织演进、现代经济增长、市场过程理论、后现代主义境域与经济学研究等领域中,熊彼特的《资本主义、社会主义与民主》被较多引用。

(9) 发展经济学类著作

发展经济学是20世纪40年代在西方世界逐步形成的一门综合性经济学分支学科,主要以发展中国家的经济发展为研究对象。在发展经济学领域,共有5种著作入选:《西方世界的兴起》(被引249)、《改造传统农业》(被引188次)、《二元经济论》(被引166次)、《发展的型式(1950—1970)》(被引67次)、《发展经济学:从贫困到富裕》(被引53次,2003年出版)。

诺斯和托马斯所著的《西方世界的兴起》是一本论述西欧上下近千年历史的著作。作者就西欧从中世纪后期到英国产业革命开始时期之间的历史,分析了西欧所以先于世界其他地区、英国之所以先于西欧其他民族国家发生产业革命和经济增长的原因，提出了一个用以考察和说明西方世界兴起的全面的分析框架。对于研究西方社会私人财产权、中西方社会经济结构比较、新经济与经济发展的制度选择、西方制度创新理论、制度创新与经济增长、中外金融制度变迁比较、英国宪政发展、西欧封建制矛盾复杂性、西方国家产业结构变动等领域的学者来说，该书具有很高的参考和引用价值。

《改造传统农业》由西奥多·舒尔茨所著。农业问题是发展经济学的主要议题之一，作者就农业能否成为发展中国家经济增长的源泉、如何改造发展中国家的传统农业等问题给出了独树一帜的见解和观点。引用该书的经济学论文的主题主要集中在农业经济增长、农业现代化、农业经济组织创新、农业产业体系、农业国际竞争力、传统农业要素生产率、三农问题等方面。

《二元经济论》是美国经济学家刘易斯的著作。作者的二元经济模型是建立在劳动力和商品市场的完备和统一上的，独特之处在于他试图从劳动力供给的变化来连接和调和古典主义与新古典主义，而不是以新古典主义来批判和解释古典主义。该书在二元经济演化与转换、双重二元经济结构、二元劳动力市场资源配置、二元经济条件下财政政策有效性、劳动力就业市场、劳动转移方法论、农村劳动力流向、劳动力剩余等领域具有较高的参考和引用价值。

发展经济学领域入选的另两本分别是 H. 钱纳里等著的《发展的型式》和速水佑次郎著《发展经济学：从贫困到富裕》，前者在经济学研究的学术影响主要体现在：劳动就业结构和产业结构、农业制度变迁、工业可持续发展对策、扩大消费需求、二元经济结构的转化、宏观消费率等方面。后者的学术影响主要体现在农业持续发展动力、反贫困的逆向鼓励、社会资本、激励机制与传导效应、收入分配研究等方面。

（10）区域经济学

在入选的 118 种国外学术著作中，区域经济学领域入选的图书有 5 种：《华北的小农经济与社会变迁》（被引 80 次）、《长江三角洲小农家庭与乡村发展》（被引 64 次）、*Geography And Trade*（被引 64 次）、《区域经济学导论》（被引 60 次）、《城市经济学》（被引 52 次，2003 年出版）。

黄宗智的《华北的小农经济与社会变迁》借助 20 世纪 30 年代南满洲铁道株式会社在华北地区 33 个自然村的实地调查资料和清代刑科档案，分析了近百年来华北农村经济和社会的演变形式，讨论了近代华北农村经济社会变迁，村庄与国家政权的关系。引用该书的经济学论文的主题主要包括：华北农村人口流动、华北村落社区结构、华北集市的集期分析、中国农村土地调整与使用权、农村社区机制、土地租佃制度与农村社会经济等。

黄宗智的另一本著作《长江三角洲小农家庭与乡村发展》在小农与经营式农场、农业经济的区域差异、近代农村工业化、苏南农村村级治理、中西封建时代城乡经济关系比较、农村微观经济组织变迁等领域被引用较多。

其他入选的国外学者的区域经济学著作还有：*Geography And Trade*，该书的影响主要涉及新经济地理学、区域经济发展、地区比较优势、溢出效应和不确定性、结构主义和非对称均衡、西方区域发展等领域；《区域经济学导论》，引用的经济学论文主题主要为：区域经济动态协调发展、区域经济可持续发展、区域经济特征、区域环境与经济发展、区域空间扩散等研究领域；《城市经济学》，在城市行业集中度、城市化水平、城镇财政制度、城市工业化结构和产业布局、全球产业空间整合等领域具有较高的参考引用价值。

（11）现代经济学类著作

在入选的118种对经济学产生较大学术影响的国外学术著作中，现代经济学领域的著作共有4种，分别是：《论人力资本投资》（被引125次）、《以自由看待发展》（被引116次）、《转型与经济学：政治、市场与企业》（被引104次）、《伦理学与经济学》（被引97次）。

《论人力资本投资》是著名经济学家西奥多·舒尔茨的著作。舒尔茨最重要的贡献是对农业与经济增长、农业发展与人力资本投资之间关系的研究。在《论人力资本投资》中，舒尔茨分析了人力资本投资包括教育、培训和保健，指出人力资本在现代经济增长中发挥着关键性的作用，人力资本投资的收益率远远高于其他投资。该书被人力资本很多领域的论文所引用，如人力资本存量、人力资本贬值风险、人力资本形成特性、人力资本优先投资战略、人力资本发展战略、人力资本投资决策分析、人力资本产权特性、人力资本测度、人力资本与经济增长等。

在《以自由看待发展》一书中，作者阿马蒂亚·森综合了他在经济基础理论、经验研究以及道德、政治哲学领域多年来的成果完成的一部里程碑式的著作。该书阐述了人的自由是发展的最终目的，建立了全新的理论框架。该框架涉及政治、经济、社会、价值观念等众多方面，它意味着消除贫困、人身束缚、各种歧视压迫、缺乏法律权益和社会保障的状况，从而提高人们按照自己意愿来生活的能力。在反贫困启示、经济学与伦理学的融合、文化精神与经济增长、自由观点解读、经济社会关系网络核心、经济自由及代价、道德体系与市场经济、经济自由主义、经济民族主义等方面，该书得到经济界学者的广泛关注。

在其他入选的现代经济学领域影响力较大的国外学术著作中，杰拉德·罗兰德的《转型与经济学：政治、市场与企业》的影响主要在资本存量调整模型、转型经济绩效、国有企业重组、转轨时期经济增长原理、转型期产权转移等方面；阿马蒂亚·森的《伦理学与经济学》则被经济学二向维度、经济伦理学、西方经济伦理思想、马克思主义经济伦理思想、经济思想中的伦理因素、经济增长伦理思考等领域的论文参考引用较多。

（12）经济学其他类著作

在入选的对经济产生较大影响的国外学术著作中，还包括：政治经济学、生态经济学、管理经济学、经济伦理学、应用经济学、信息经济学等领域的国外学术著作，由于篇幅所限，只对属于上述学科的入选图书的影响领域做简单介绍。

政治经济学领域入选的图书包括《集体行动的逻辑》（被引189次）、《公共选择理论》（被引88次）、《从休克到治疗：后社会主义转轨的政治经济》（被引70次）。《集体行动的逻辑》是美国经济学家的曼瑟·奥尔森的著作。奥尔森的"集体行动理论"是研究集体行为和公共选择的重要理论，该书被认为是对集体行动理论进行系统阐述的经典著作，也是公共选择理论的奠基之作。该书对国际环境制度分析、环境保护主体的行为、西方组织文化背景、企业行为道德边界、集体协商谈判、贸易保护的新政治经济学、政治企业家、商业诚信、社会资本理论等研究领域产生着较大影响，引用该书的论文主题也集中在上述领域；《公共选择理论》被研究中小银行发展比较、政府财政活动、知识劳动价值论、公民选择与公民参与、政治与经济的整合、公共利益取向、公共物品的私人供给等领域的论文引用较多。《从休克到治疗：后社会主义转轨的政治经济》的学术影响主要涉及经济转轨、转型期经济、渐进式改革路径选择、经济全球化与转轨、经济体制转型方式、转轨经济学比较研究等领域。

生态经济学领域入选的图书有2种：《体验经济》（被引61次）和《生态经济：有利于地球的经济构想》（被引43次，2002年出版）。前者被研究体验营销模型、体验观点构建、体验经济特征分析、体验消费、体验媒介等领域的论文引用较多；后者的影响领域主要在生态环境问题的经济学分析、西部生态经济发展、循环经济发展、环境型城市社会发展、生态化经济体系等方面。

管理经济学领域入选的图书有2种：《营销管理：分析、计划、执行和控制》（被引252次）和《管制与市场》（被引161次）。《营销管理：分析、计划、执行和控制》作者菲利普·科特勒是美国营销学界权威人士之一，该书取得了营销学界的普遍认可，并广泛地应用于教学和实践。全书由营销管理的原理概念、分析营销机会、制定营销战略、营销计划和组织执行市场营销等五个部分组成。引用该书的经济学论文的主题主要集中在：营销理念、营销策略、权变营销、营销转型研究、体验营销模型、无形资产的营销、网络营销模式、政府营销与区域经济、新兴产业的理解和改革等方面。引用该书较多的经济学论文涉及领域主要有：市场竞争监督、政府规制体制、区域环境管制、政府审批制度、监管体制与信息结构、公用事业管制改革等。

经济伦理学有2种国外学术著作入选：《正义论》（被引105次）的影响集中在市场经济与民主政治、政治哲学、财产权劳动学说、激励机制研究、收入差别研究、国际机制的正义性问题、制度伦理观、教育公平与机会分配等领域；《信任：社会美德与创造经济繁荣》（被引47次）在诚信伦理、企业信用、市场经济与政府诚信、信任建立、民间信用生成逻辑、税收伦理等领域具有一定的学术影响。

应用经济学、信息经济学分别各有一本国外学术著作入选。《财政学》（被引86

次）对环境保护的财政对策、税收改革、公共管理效益评价、增税与发债、财产税归宿等领域有较大影响；《信息规则：网络经济的策略指导》（被引129次）被研究信息商品、电子商务、网络经济发展、信息政策体系构建、信息经济制度变迁、数字经济与政府规制、信息经济学、无边界企业等主题的论文引用较多。

西方的经济学研究历史远远早于中国，无论是从研究的深度还是广度来看，都值得我国经济学研究领域学习和借鉴。可以说，入选的国外学术著作的学术影响力普遍高于入选的国内学术著作，这一事实可以被国外学术著作的平均被引次数高于国内学术著作所证实。入选的国外学术著作的数量少于国内学术著作，入选的原版国外著作数量更少。造成上述现象的原因来自三个方面：可获取性、语言障碍和研究对象。由于经费限制了原版图书的进口，造成获取不易；许多经济学学者外文阅读能力的限制；或阅读中文具有更高的效率等原因，促使他们对外文文献的阅读选择更倾向于译著。我国经济学学者的主要研究对象还是国内经济学领域的问题，因此入选的国内学术著作的数量超过国外学术著作。

14.6 国内学术著作对经济学研究的影响

经济学作为现代科学的一门独立学科于20世纪初传入我国。新中国成立以后，经济学的发展相对缓慢，出版的学术著作也较少，并在"文化大革命"期间基本中断。随着我国改革开放国策的确立以及经济建设的迅速发展，经济学研究得到了方方面面的重视，发展十分迅速，研究成果颇多，尤其在进入20世纪90年代以后，涌现出许多经济学著作。本章所选取的对经济学具有较大学术影响力的330种著作中，国内学者的经济学著作就有168种，所占比例达到了50.91%。表14-8列出了我国经济学论文引用较多的国内学著作的详细目录。

表 14-8　　　　　　　　经济学论文引用较多的国内学术著作

序号	图书信息
1	张维迎：《博弈论与信息经济学》，上海：上海三联书店，上海人民出版社，2004
2	王缉慈：《创新的空间：企业集群与区域发展》，北京：北京大学出版社，2001
3	卢现祥：《西方新制度经济学》，北京：中国发展出版社，2003
4	林毅夫：《中国的奇迹：发展战略与经济改革》，上海：上海人民出版社、上海三联书店，1996
5	谢识予：《经济博弈论》，上海：复旦大学出版社，2002
6	张维迎：《企业理论与中国企业改革》，北京：北京大学出版社，1999
7	林毅夫：《制度、技术与中国农业发展》，上海：上海三联书店、上海人民出版社，1994

续表

序号	图书信息
8	吴必虎：《区域旅游规划原理》，北京：中国旅游出版社，2001
9	保继刚：《旅游地理学》，北京：高等教育出版社，1993
10	中国科学院可持续发展研究组：《中国可持续发展战略报告》，北京：科学出版社，2006
11	易丹辉：《数据分析与 EVIEWS 应用》，北京：中国统计出版社，2002
12	张杰：《中国金融制度的结构与变迁》，太原：山西经济出版社，1998
13	高鸿业：《西方经济学》，北京：中国人民大学出版社，1996
14	傅家骥：《技术创新学》，北京：清华大学出版社，1998
15	李子奈：《高等计量经济学》，北京：清华大学出版社，2000
16	杨小凯：《新兴古典经济学和超边际分析》，北京：中国人民大学出版社，2000
17	许学强：《城市地理学》，北京：高等教育出版社，1997
18	周一星：《城市地理学》，北京：商务印书馆，1995
19	赵人伟：《中国居民收入分配再研究：经济改革和发展中的收入分配》，北京：中国财政经济出版社，1999
20	张晓峒：《计量经济分析》，北京：经济科学出版社，2000
21	张维迎：《企业的企业家：契约理论》，上海：上海三联书店、上海人民出版社，1995
22	杨小凯：《经济学原理》，北京：中国社会科学出版社，1998
23	苏东水：《产业经济学》，北京：高等教育出版社，2005
24	薄一波：《若干重大决策与事件的回顾》，北京：中共中央党校出版社，1993
25	谭崇台：《发展经济学的新发展》，武汉：武汉大学出版社，1999
26	林毅夫：《再论制度、技术与中国农业发展》，北京：北京大学出版社，2000
27	张五常：《经济解释》，北京：商务印书馆，2000
28	陈共：《财政学》，北京：中国人民大学出版社，1998
29	张维迎：《产权、政府与信誉》，北京：生活·读书·新知三联书店，2001
30	樊纲：《中国市场化指数：各地区市场化相对进程报告》，北京：经济科学出版社，2003
31	周起业：《区域经济学》，北京：中国人民大学出版社，1989
32	谢文蕙：《城市经济学》，北京：清华大学出版社，1996
33	刘曼红：《风险投资：创新与金融》，北京：中国人民大学出版社，1998
34	王俊豪：《政府管制经济学导论：基本理论及其在政府管制实践中的应用》，北京：商务印书馆，2001

续表

序号	图书信息
35	谢彦君：《基础旅游学》，北京：中国旅游出版社，2001
36	陆大道：《区域发展及其空间结构》，北京：科学出版社，1995
37	谭崇台：《发展经济学》，上海：上海人民出版社，1989
38	张帆：《环境与自然资源经济学》，上海：上海人民出版社，1998
39	倪鹏飞：《中国城市竞争力报告》，北京：社会科学文献出版社，2006
40	谢平：《中国金融制度的选择》，上海：上海远东出版社，1997
41	吴敬琏：《当代中国经济改革：战略与实施》，上海：上海远东出版社，2003
42	仇保兴：《小企业集群研究》，上海：复旦大学出版社，1999
43	马费成：《信息经济学》，武汉：武汉大学出版社，1998
44	江小涓：《中国的外资经济：对增长、结构升级和竞争力的贡献》，北京：中国人民大学出版社，2002
45	陈宗胜：《中国经济体制市场化进程研究》，上海：上海人民出版社，1999
46	易纲：《中国的货币、银行和金融市场：1984—1993》，上海：上海三联书店、上海人民出版社，1996
47	梁琦：《产业集聚论》，北京：商务印书馆，2004
48	王小鲁：《中国经济增长的可持续性：跨世纪的回顾与展望》，北京：经济科学出版社，2000
49	张杰：《中国农村金融制度：结构、变迁与政策》，北京：中国人民大学出版社，2003
50	顾朝林：《经济全球化与中国城市发展：跨世纪中国发展战略》，北京：商务印书馆，2000
51	李扬：《中国金融理论前沿》，北京：社会科学文献出版社，2000
52	胡序威：《中国沿海城镇密集地区空间集聚与扩散研究》，北京：科学出版社，2000
53	郝寿义：《区域经济学》，北京：经济科学出版社，2004
54	李小建：《经济地理学》，北京：高等教育出版社，1999
55	石广生：《中国加入世界贸易组织知识读本》，北京：人民出版社，2001
56	黄少军：《服务业与经济增长》，北京：经济科学出版社，2000
57	杨治：《产业经济学导论》，北京：中国人民大学出版社，1985
58	徐建华：《现代地理学中的数学方法》，北京：高等教育出版社，1996
59	罗荣渠：《现代化新论：世界与中国的现代化进程》，北京：北京大学出版社，1993
60	崔功豪：《区域分析与规划》，北京：高等教育出版社，1999
61	张培刚：《新发展经济学》，郑州：河南人民出版社，1999

续表

序号	图书信息
62	盛洪：《中国的过渡经济学》，上海：上海三联书店、上海人民出版社，1994
63	金碚：《中国工业国际竞争力：理论、方法与实证研究》，北京：经济管理出版社，1997
64	中国社会科学院工业经济研究所：《中国工业发展报告》，北京：经济管理出版社，2002
65	陆懋祖：《高等时间序列经济计量学》，上海：上海人民出版社，1999
66	张馨：《公共财政论纲》，北京：经济科学出版社，1999
67	金碚：《竞争力经济学》，广州：广东经济出版社，2003
68	郭大力：《政治经济学及赋税原理》，北京：商务印书馆，1972
69	叶裕民：《中国城市化之路：经济支持与制度创新》，北京：商务印书馆，2001
70	洪银兴：《长江三角洲地区经济发展的模式和机制》，北京：清华大学出版社，2003
71	李子奈：《计量经济学：方法和应用》，北京：清华大学出版社，1992
72	何晓群：《现代统计分析方法与应用》，北京：中国人民大学出版社，1998
73	陆学艺：《当代中国社会阶层研究报告》，北京：社会科学文献出版社，2002
74	毕宝德：《土地经济学》，北京：中国人民大学出版社，1991
75	章有义：《中国近代农业史资料》，北京：生活·读书·新知三联书店，1957
76	冯之浚：《循环经济导论》，北京：人民出版社，2004
77	陆大道：《中国区域发展报告》，北京：商务印书馆，1997
78	梁能：《公司治理结构：中国的实践与美国的经验》，北京：中国人民大学出版社，2000
79	姜波克：《国际金融学》，北京：高等教育出版社，1999
80	刘思峰：《灰色系统理论及其应用》，北京：科学出版社，1999
81	樊纲：《渐进改革的政治经济学分析》，上海：上海远东出版社，1996
82	杨春学：《经济人与社会秩序分析》，上海：上海三联书店、上海人民出版社，1998
83	盛洪：《现代制度经济学》，北京：北京大学出版社，2003
84	程国强：《WTO农业规则与中国农业发展》，北京：中国经济出版社，2000
85	谭崇台：《发展经济学》，太原：山西经济出版社，2000
86	高铁梅：《计量经济分析方法与建模：EVIEWS应用及实例》，北京：清华大学出版社，2006
87	王春峰：《金融市场风险管理》，天津：天津大学出版社，2001
88	张坤民：《可持续发展论》，北京：中国环境科学出版社，1997

第 14 章　经济学

续表

序号	图书信息
89	厉以宁：《区域发展新思路：中国社会发展不平衡对现代化进程的影响与对策》，北京：经济日报出版社，2000
90	周其仁：《产权与制度变迁：中国改革的经验研究》，北京：社会科学文献出版社，2002
91	魏江：《产业集群：创新系统与技术学习》，北京：科学出版社，2003
92	张昕竹：《网络产业：规制与竞争理论》，北京：社会科学文献出版社，2000
93	姚士谋：《中国城市群》，合肥：中国科学技术大学出版社，1992
94	保继刚：《旅游开发研究：原理、方法、实践》，北京：科学出版社，2002
95	魏权龄：《评价相对有效性的 DEA 方法：运筹学的新领域》，北京：中国人民大学出版社，1988
96	陈宗胜：《再论改革与发展中的收入分配：中国发生两极分化了吗?》，北京：经济科学出版社，2002
97	方福前：《公共选择理论：政治的经济学》，北京：中国人民大学出版社，2000
98	李蕾蕾：《旅游地形象策划：理论与实务》，广州：广东旅游出版社，1999
99	郭志刚：《社会统计分析方法：SPSS 软件应用》，北京：中国人民大学出版社，1999
100	李树华：《审计独立性的提高与审计市场的背离》，上海：上海三联书店，2000
101	平新乔：《微观经济学十八讲》，北京：北京大学出版社，2001
102	晏智杰：《劳动价值学说新探》，北京：北京大学出版社，2001
103	洪银兴：《可持续发展经济学》，北京：商务印书馆，2000
104	谈儒勇：《金融发展理论与中国金融发展》，北京：中国经济出版社，2000
105	史晋川：《制度变迁与经济发展：温州模式研究》，杭州：浙江大学出版社，2004
106	庹国柱：《中国农业保险与农村社会保障制度研究》，北京：首都经济贸易大学出版社，2002
107	王少平：《宏观计量的若干前沿理论与应用》，天津：南开大学出版社，2003
108	中国科技发展研究报告研究组：《中国科技发展研究报告》，北京：经济管理出版社，1999
109	于秀林：《多元统计分析》，北京：中国统计出版社，1999
110	张培刚：《发展经济学教程》，北京：经济科学出版社，2001
111	李子奈：《计量经济学》，北京：高等教育出版社，2005
112	盖文启：《创新网络：区域经济发展新思维》，北京：北京大学出版社，2002
113	马士华：《供应链管理》，北京：机械工业出版社，2000

续表

序号	图书信息
114	温铁军：《中国农村基本经济制度研究："三农"问题的世纪反思》，北京：中国经济出版社，2000
115	黄金老：《金融自由化与金融脆弱性》，北京：中国城市出版社，2001
116	金人庆：《中国当代税收要论》，北京：人民出版社，2002
117	上海财经大学公共政策研究中心：《中国财政发展报告》，上海：上海财经大学出版社，2000
118	中国科技发展战略研究小组：《中国区域创新能力报告》，北京：中共中央党校出版社，2002
119	卢纹岱：《SPSS FOR WINDOWS 统计分析》，北京：电子工业出版社，2000
120	马拴友：《财政政策与经济增长》，北京：经济科学出版社，2003
121	刘锋：《中国西部旅游发展战略研究》，北京：中国旅游出版社，2001
122	刘宇飞：《当代西方财政学》，北京：北京大学出版社，2000
123	张晓峒：《计量经济学软件 EVIEWS 使用指南》，天津：南开大学出版社，2003
124	高洪深：《区域经济学》，北京：中国人民大学出版社，2002
125	盛昭瀚：《演化经济学》，上海：上海三联书店，2002
126	李维安：《公司治理》，天津：南开大学出版社，2001
127	胡鞍钢：《地区与发展：西部开发新战略》，北京：中国计划出版社，2001
128	赵晋平：《利用外资与中国经济增长》，北京：人民出版社，2001
129	陈秀山：《区域经济理论》，北京：商务印书馆，2003
130	韦森：《社会制序的经济分析导论》，上海：上海三联书店，2001
131	夏斌：《金融控股公司研究》，中国金融出版社，2001
132	蔡昉：《制度、趋同与人文发展——区域发展和西部开发战略思考》，北京：中国人民大学出版社，2002
133	蔡昉：《劳动力流动的政治经济学》，上海：上海三联书店、上海人民出版社，2003
134	黄佩华：《中国：国家发展与地方财政》，北京：中信出版社，2003
135	李扬：《中小企业融资与银行》，上海：上海财经大学出版社，2001
136	吴季松：《循环经济：全面建设小康社会的必由之路》，北京：北京出版社，2003
137	周立：《中国各地区金融发展与经济增长（1978—2000）》，北京：清华大学出版社，2004
138	张金昌：《国际竞争力评价的理论和方法》，北京：经济科学出版社，2002
139	陆大道：《中国区域发展的理论与实践》，北京：科学出版社，2003

续表

序号	图书信息
140	郑功成：《中国社会保障制度变迁与评估》，北京：中国人民大学出版社，2002
141	林善浪：《中国农业发展问题报告》，北京：中国发展出版社，2003
142	毛如柏：《论循环经济》，北京：经济科学出版社，2003
143	侯杰泰：《结构方程模型及其应用》，北京：教育科学出版社，2004
144	余建英：《数据统计分析与SPSS应用》，北京：人民邮电出版社，2003
145	朱华晟：《浙江产业群：产业网络、成长轨迹与发展动力》，杭州：浙江大学出版社，2003
146	汪红驹：《中国货币政策有效性研究》，北京：中国人民大学出版社，2003
147	刘斌：《中国三农问题报告：问题、现状、挑战、对策》，北京：中国发展出版社，2004
148	张二震：《贸易投资一体化与中国的战略》，北京：人民出版社，2004
149	钱颖一：《现代经济学与中国经济改革》，北京：中国人民大学出版社，2003
150	张坤：《循环经济理论与实践》，北京：中国环境科学出版社，2003
151	张维迎：《信息、信任与法律》，北京：生活·读书·新知三联书店，2003
152	中国社会科学院财政与贸易经济研究所：《中国：启动新一轮税制改革：理念转变、政策分析和相关安排》，北京：中国财政经济出版社，2003
153	蔡昉：《中国经济：改革与发展》，北京：中国财政经济出版社，2003
154	魏权龄：《数据包络分析》，北京：科学出版社，2004
155	姚洋：《土地、制度和农业发展》，北京：北京大学出版社，2004
156	贾根良：《演化经济学：经济学革命的策源地》，太原：山西人民出版社，2004
157	黄贤金：《循环经济：产业模式与政策体系》，南京：南京大学出版社，2004
158	李心丹：《行为金融学：理论与中国的证据》，上海：三联书店，2004
159	江世银：《区域产业结构调整与主导产业结构研究》，上海：上海三联书店、上海人民出版社，2004
160	王梦奎：《中国中长期发展的重要问题（2006—2020）》，北京：中国发展出版社，2005
161	国务院研究室课题组：《中国农民工调研报告》，北京：中国言实出版社，2006
162	卢现祥：《新制度经济学》，武汉：武汉大学出版社，2004
163	李扬：《中国城市金融生态环境评价：2005》，北京：人民出版社，2005
164	吴敬琏：《中国增长模式抉择》，上海：上海远东出版社，2005
165	农业部课题组：《建设社会主义新农村若干问题研究》，北京：中国农业出版社，2005

续表

序号	图书信息
166	孔祥智：《中国三农前景报告》，北京：中国时代经济出版社，2005
167	魏后凯：《现代区域经济学》，北京：经济管理出版社，2006
168	张幼文：《新开放观：对外开放理论与战略再探讨》，北京：人民出版社，2007

通过对表14-8的观察分析，我们可以发现入选3种或3种以上著作的学者有：张维迎（5种）、林毅夫（3种）、蔡昉（3种）、李扬（3种）、李子奈（3种）、陆大道（3种）、谭崇台（3种）。说明这些学者在经济学领域具有较大的学术影响，他们的著作对经济学研究的发展有着极大的推动促进作用。为了便于详细分析国内学术著作在经济学领域的学术影响，我们对入选的国内学术著作按主题领域大致分为10类：区域经济学（34种）、货币金融学（27种）、计量经济学（19种）、发展经济学（19种）、产业经济学（16种）、制度经济学（14种）、微观经济学（8种）、经济学综合理论（6种）、循环经济学（5种）、经济学其他类著作。并按照不同的学科类别对国内学术著作进行讨论。

（1）区域经济学类著作

改革开放以来我国各地区经济获得了迅速发展，在发展过程中各地区所呈现的不同特点，使得区域经济学成为我国学术研究的一个热点，出版了许多学术著作。在入选的168种国内学术著作中，有34种属于区域经济学领域，占所有入选的国内著作的20.24%。

王缉慈所著《创新的空间：企业集群与区域发展》（被引410次）是区域经济学领域被引次数最多的国内学术著作。该书以地方企业集群为焦点探讨如何营造区域创新环境、增强国家竞争优势以应对全球化挑战。作者从20世纪初的工业区位论到战后理论变迁，回顾了诸多流派的产业集聚理论，诠释了在全球化背景下区域发展的含义，使区域成为有利于企业持续创新的地理空间，并通过理论与实际的结合，将西方的有关理论创造性地应用于我国实际。该书在区域经济发展、企业集群、集群企业无形资产、集群竞争优势、产业集群、产业战略网络、全球供应链、产业集群优势、区域知识创新、地域化与国际化、城市工业空间扩散、西方区域经济理论等领域具有很大的影响，在这些领域内被大量论文参考引用。

吴必虎所著的《区域旅游规划原理》（被引207次）主要探讨了区域旅游规划的基础理论和一般范式，阐述了作为规划基础的市场分析和资源评价的理论方法。作者就旅游形象设计、产品开发、空间结构、目的地营销、出行接待与服务等要素所涉及的概念、技术和案例进行了综述和评价，并强调可持续旅游理念的重要意义，最后从支持系统建设的角度对规划的事实和操作进行了论述。引用该书的经济学论文的主题主要涉及：区域旅游发展模式、区域旅游规划、旅游空间规划、旅游空间单元与结构、旅游交通及环境建设、旅游产品开发、民族旅游事业、旅游形象、旅游业协同、旅游效应等领域。

许学强所著的《城市地理学》（被引 146 次）系统地阐述了城市地理学的基本理论、方法和基础知识，探讨了城乡划分和城市地域的理念，描绘了城市化原理和城市化的历史进程，介绍了城市土地利用、城市市场空间、社会空间和感应空间等方面的内容。该书在诸如城市区域定位、城市化与经济增长、城市土地利用、城市经济基础、城市经济带构建、城市竞争与竞争力、城市群经济整合、区域一体化发展、区域空间结构、区域产业结构等研究领域具有较大学术影响。

周一星所著的《城市地理学》（被引 145 次）从外部条件和内部机制两个方面讨论了城市形成和发展的基本原理，深入比较和分析了城市体系的三大支柱：城市职能结构、等级规模结构和空间网络结构，探讨了城镇体系规划。在研究诸如城市化战略、城市化与经济发展、集聚区域城镇空间结构特征、城市体系演变、等级体系优化、土地结构创新与小城镇发展、城市工业的空间扩散、城镇可持续发展、城市规模与经济产出等研究领域，该书被引次数较多。

由樊纲等编著的《中国市场化指数：各地区市场化相对进程报告》（被引 103 次）是关于中国各省、自治区、直辖市市场化相对进程的一项连续性研究报告。作者依据不同年份的统计数据和抽样调查数据，对各省、自治区、直辖市的市场化相对进程的现状进行排序比较，并展示它们各自在市场化方面的最新变化方向，分析这些变化的程度。该书在区域经济一体化、区域经济振兴、企业赢利能力的地区差异、区域科技产出指标效率、经济体制市场化、市场化变迁、市场化测度方法、政府能力比较、区域市场化程度等研究领域具有较高的参考引用价值。

《区域经济学》（被引 102 次）由周起业等著，中国人民大学出版社出版。这是一部系统研究区域经济的专著，融合了中外区域经济发展的理论与实践，阐述了区域经济发展的理论基础，分析了区域经济发展中的规律性问题，揭示了区域经济系统的运行机制，比较详尽地评价了区域经济发展的主要数学模型。引用该书的经济学论文主题主要涉及：区域产业结构、区域环境规划、区域经济地理、区域经济学比较、区域发展理论、区域差异衡量指标、区位理论研究、区域经济布局与规划、区域经济法等研究领域。

谢文蕙等编写的《城市经济学》（被引 101 次）比较全面地论述了城市经济的基本理论、实践中的新问题及其对策。主要内容包括：城市化及其规律、经济区与中心城市、城市经济发展战略、城市经济结构等。在研究城市发展态势、中国城市化水平、市场经济中的城市规划、工业化与信息化互动、城市化与经济发展互动、城市空间体系、产业发展与城镇化、区域人口城市化、逆城市化现象等方面的课题时，该书被借鉴和引用得较多。

陆大道在《区域发展及其空间结构》（被引 96 次）中阐述了几十年来，特别是近十多年来国内外在区域发展研究方面的进展及主要理论，论述了产业结构、空间结构、资源与环境等一系列实际问题，揭示了区域发展过程中空间结构演变的一般特征。该书对研究经济地理学、区域空间结构、城市体系分形结构、经济空间结构、产业—空间结构、空间经济集聚、区域产业空间转移、区域经济差异、城市区位、国土开发、人文地理等领域的课题有一定的参考引用价值。

张帆所著的《环境与自然资源经济学》（被引94次）全面、系统地介绍了环境与自然资源经济学的基本内容。其中环境经济学部分包括基本理论与分析方法、环境政策手段与实施、环境价值评估方法等，自然资源经济学部分包括可再生资源经济学与不可再生资源经济学。研究环境经济与可持续发展、环境问题经济学分析、环境保护财政对策、公共资源市场化、生态资本研究、生态经济农业发展、国有资产管理体制、资源替代模型等领域的论文参考引用该书较多。

《中国城市竞争力报告》（被引91次）是由国内著名高校、国家统计部门和地方科研院所近百名专家联合完成的。报告对中国城市的综合竞争力进行了排名，并将国内外城市的综合竞争力进行了比较，提出并检验了测试城市竞争力的指标和计量模型，并从计量研究、案例研究、主题研究入手，对中国城市的未来发展进行了预测。该书的学术影响主要在城市营销与城市发展、城市产业经济的可持续发展、城市创新系统评价、区域产业集聚能力、区域经济空间结构、城市核心竞争力等领域。

20世纪80年代以来，信息技术推动了产业信息化和信息经济时代的到来，促进了经济全球化过程，城市作为全球经济发展的节点，发挥着越来越重要的作用。顾朝林所著的《经济全球化与中国城市发展：跨世纪中国发展战略》（被引83次）一方面阐述了中国城市迎接信息经济时代的发展战略部署，另一方面规划了适应社会经济体制改革的城市发展战略。该书为城市体系演化规律、社会经济比较分析、经济全球化、社会信息化、新经济体制下我国城市体系发展、城市体系规划等领域提供了新的理论和方法，并对上述领域的研究产生了较大的影响。

胡序威所著的《中国沿海城镇密集地区空间集聚与扩散研究》（被引83次）总结了我国沿海城镇密集地区调控研究的成果，从全球宏观背景，结合国际和我国国情对都市区与都市连绵区、大中城市与小城镇的发展进行了不同地域层次的分析，在一定程度上减少了区域和城市发展以及生产力布局和环境演变的盲动性。在诸如城市体系演变、城市规划、城镇群建构、城市工业空间扩散与郊区化、地域城镇密集度、人居生态环境、区域经济一体化、城镇发展区域协调等领域有着一定的学术影响，被相关论文引用较多。

在《区域经济学》（被引82次）中，作者认为区域并非杂乱无章的众多事物和现象的聚集，而是一种由网络结构所构成的有机整体。区域的本质一种结构，这种结构并不是先天就有的，而是逐渐形成并不断演进而来的。这种结构的过程也就是某一区域的形成过程，区域一旦形成，就开始其生命史，其生命史的主线就是经济发展。该书在经济空间结构、区域竞争优势、区域核心竞争力、城市化制度变迁、经济区域形成、城乡一体化等领域产生了较大的学术影响，得到该领域学者较多的引用和参考。

李小建的《经济地理学》（被引 81 次）在经济区划、区域空间结构、区域经济一体化、区域经济协调发展、城市群经济整合、城市战略规划等领域被参考引用较多。

研究价格系统动力学模型、土地利用结构、城镇体系规模等领域的论文许多引用了徐建华的《现代地理学中的数学方法》（被引 76 次）。

崔功豪等编著的《区域分析与规划》（被引 73 次）系统阐述了区域规划的基本内容、理论和方法。该书前半部分以区域分析为主，重点对区域经济发展、空间结构及区域联系进行了系统分析；后半部分以区域规划为主，就区域规划中的产业发展布局、土地利用、区域基础设施、城镇体系及环境等各项规划进行了具体的阐述。该书引起了区域产业结构、区域经济发展、市域空间结构、城市空间分布、区域创新系统、新时期区域规划、城镇体系规划、资源的区域比较等领域学者的重视，在他们的研究中得到了许多引用。

叶裕民在《中国城市化之路：经济支持与制度创新》（被引 71 次）中根据中国城市化经济社会环境和条件，从经济、制度、科技与人才、农村与农业、资源与环境、城镇发展等 6 个方面对中国城市化进程进行了深入的研究，并对城镇发展中的几个重大问题进行了探讨。在关于城市问题的研究中，尤其是在城市化进程、城市社会保障、城市发展因素、城乡经济结构、城市建设系统等领域，该书具有一定的学术影响，并得到较多的参考引用。

洪银兴在《长江三角洲地区经济发展的模式和机制》（被引 70 次）中研究了长江三角洲地区的竞争与合作，产业分工和竞争力、上市公司、城市化以及外资企业的投资战略等一系列问题，突出了对长江三角洲地区经济发展的模式和机制的描述和分析。该书对于研究长江三角洲问题的学者有着重要的借鉴和参考价值，尤其是在长三角地区城市网络化、长三角地区的产业同构及定位、市场一体化、长三角地区竞争力比较、城市综合竞争力评价、跨行政区域创新体系等领域，其学术影响更为显著。

毕宝德的《土地经济学》（被引 68 次）对土地整理理论、土地经营状况、土地经济学、土地利用结构、土地产权制度、农村土地货币化模式等领域的研究具有较大的参考价值。

《中国区域发展报告》（被引 67 次）由陆大道等编著。该书以中国区域经济发展为主体，通过翔实的资料，概括了中国宏观区域经济发展政策的演变以及实施的成就及负面效应，对我国各省区市的发展状态按科学的指标体系进行了划分，阐述了在高速经济增长的情况下各地区生态环境的变化。该书对经济学领域的影响主要体现在宏观区域经济发展、西部地区生态环境、区域经济结构、区域经济空间、对外经济联系的空间格局、区域开发与可持续发展、产业地理集聚等方面。

厉以宁所著的《区域发展新思路：中国社会发展不平衡对现代化进程的影响与对策》（被引64次）被研究区域经济差异、区域经济结构转变、区域经济模式、区域经济一体化、区域现代化指标体系、区域经济广义梯度理论等领域学者参考引用较多；姚士谋的《中国城市群》（被引62次）对于研究中国特色的城市化问题、城市群规划、城市地域结构、城市经济区域的空间扩散、基于全球区位论的城市发展等领域学者来说，具有一定的学术影响；研究区域创新系统、产业集群与区域经济、区域国际竞争力、产业集群网络机制、企业集群网络结构等主题的论文很多引用了盖文启的《创新网络：区域经济发展新思维》（被引52次，2002年出版）；刘锋所著《中国西部旅游发展战略研究》（被引50次，2001年出版）在区域旅游开发、旅游资源区域比较、旅游资源空间布局、旅游供给、跨区域旅游协作等领域具有一定的学术影响；《中国区域创新能力报告》（被引50次，2002年出版）则对区域创新能力、区域经济的比较优势和竞争优势、区域创新战略与政策等领域有着较高的参考引用价值。

高洪琛的《区域经济学》（被引48次，2002年出版）主要涉及区域产业结构、区域经济传递机制、区域经济发展战略、区域经济一体化、区域经济地理学等主题，对该主题研究领域有一定的学术影响。《地区与发展：西部开发新战略》（被引45次，2001年出版）由胡鞍钢所著，研究西部产业结构、西部生态环境建设、西部开发的资金应用、政府制度供给与西部经济增长、地区差异与政府失灵等主题的论文很多引用了该书。陈秀山的《区域经济理论》（被引44次，2003年出版）在区域经济创新发展、区域产业结构调整、区域经济政策、区域产业品牌、区域环境合作等领域具有一定的学术影响。周立的《中国各地区金融发展与经济增长（1978—2000）》（被引40次，2004年出版）的学术影响主要体现在区域金融发展、区域金融调控、西部地区的金融抑制、农村金融组织空间结构分析、金融发展对经济增长的贡献等领域。

《中国区域发展的理论与实践》（被引37次，2003年出版）由陆大道所编。该书在区域发展战略、区域经济协调发展、区域工业同构、西部区域经济政策、区域经济地理学与区域经济学融合发展等领域被较多引用。朱华晟所著《浙江产业群：产业网络、成长轨迹与发展动力》（被引33次，2003年出版）在浙江产业集群动力机制、浙江产学研合作、产业集群竞争优势、产业集群空间结构、浙江工业化发展等领域具有一定的学术影响。江世银的《区域产业结构调整与主导产业结构研究》（被引26次，2004年出版）被研究区域战略性产业结构布局、产业部门群结构、区域间支柱产业同构、区域产业结构发展等主题领域的论文引用较多。李扬的《中国城市金融生态环境评价：2005》（被引22次，2005年出版）被研究金融生态建设、金融生态中的激励与规制、区域金融发展的论文多次参考引用。魏厚凯的《现代区域经济学》（被引 15 次，2006 年出版）在地区间经济差异、地区专业化等领域具有一定的学术影响。

(2) 货币金融学类著作

货币金融学近年来也是经济学研究的一个热点领域，这是由货币、金融在经济发展中的重要作用所决定的。被经济学论文引用较多的货币金融学领域的国内学术著作有 27 种，这些著作对于我国经济学研究的发展产生着很大影响和积极作用。

由张杰所著的《中国金融制度的结构与变迁》（被引 184 次）是货币金融学领域被引用次数最多的国内学术著作。该书在主流经济学框架中系统描述了中国金融制度变迁轨迹，在宽广深邃的历史背景之下，把现实金融制度变迁视作几千年中国经济社会历史变迁构成的一个有机片段，并在此基础上运用主流经济学的实证研究来考察现实金融制度变迁过程，从而体现了历史逻辑与理论逻辑的统一。该书在如下主题领域产生着较大学术影响：中国金融体制、金融制度变迁、金融深化实证检验、金融组织空间结构、民间金融制度、金融安全、金融全球化、货币化进程、投融资体制变革等。

陈共所著的《财政学》（被引 108 次）是一本着重于基本理论、基本知识和基本管理技能传授的教科书。该书以财政支出和财政收入为核心，阐述了财政支出的基本理论，分析了财政支出规模和结构，并将财政支出项目按购买性支出和转移性支出分别论述。另外，该书在分析财政收入的规模和结构的基础上，重点分析了税收原理、税收制度、税收改革和税收管理。在经济学领域中引用该书的论文主要集中于财政支出、财政转移支付、政府收入结构、财政投资政策、税收原则、财政赤字、社会保险公平、财税分配体制、公共税收、税制优化等领域。

《风险投资：创新与金融》（被引 97 次）由刘曼红所著。该书从资金的筹措、运营、投资、收回等角度对风险投资进行了阐述。作者在书中主要探讨了风险投资与一般投资的区别、风险投资的收益和成功率、风险投资家在风险资本运作中的作用、风险投资业在我国的发展等问题。该书对研究风险投资机制、风险资本运行机制、中美风险投资比较、投资风险控制、风险投资立法、风险资本市场、风险投资家与企业家合作等领域有着较大的学术价值。

《中国金融制度的选择》（被引 90 次）是谢平所著的金融学专著。该书介绍了中央银行以及货币政策方面的内容，研究了中国利率市场化改革以及中国经济制度转轨中的个人储蓄行为，并对中国证券市场进行了制度性分析，指出了我国证券市场存在的制度性缺陷，另外还对外汇体制进行了比较和选择。该书对经济学领域的影响主要涉及中国货币政策、汇率制度选择、利率机制、金融控制、金融机构变革、证券市场风险、证券市场改革、存款准备金制度、储蓄改革等领域。

我国经济正处在转型期，自 20 世纪 70 年代末金融部门一直处于变动之中，曾任货币政策司司长的易纲撰著的《中国的货币、银行和金融市场：1984—1993》（被引86次）全面考察了中央银行建立以来，中国金融部门的改革过程。作者提供了制度和统计方面的信息，对改革期间发生的事件加以叙述，并进行以理论和统计证据为基础的经济分析。该书对银行业集中度、金融体制改革、货币供求函数、利率传导机制、金融结构变迁、金融体系效率、中国经济转轨、经济货币化进程等领域具有较高的学术参考价值。

《中国农村金融制度：结构、变迁与政策》（被引84次）是张杰在货币金融学领域的又一著作。该书内容涵盖了财政货币政策、农村金融改革、风险投资、财政管理与经济发展、公共财政框架的设计、商业银行治理结构、资本市场开放等诸多领域。该书旨在解读中国农村金融制度的结构与变迁，并试图为未来中国农村金融改革政策的酝酿与制定提供理论支持。引用该书的经济学论文的主题主要涉及中国农贷制度、农村金融制度变迁、金融发展与农民收入、农村正规与非正规金融、农村金融边缘化、农村人力资本、农村信贷、社区银行模式选择等研究领域。

由李扬主编的《中国金融理论前沿》（被引83次）是由国内许多知名金融学家共同撰写的一部重点反映国内金融理论前沿问题的论文集。该书在货币政策、货币需求、财政与货币政策协调，货币政策目标选择、资本市场理论、转轨时期金融风险、中国金融安全、债权资产证券化等主题领域具有一定学术影响，值得学者借鉴和引用。

在《公共财政论纲》（被引71次）中，张馨以"公共财政"为分析对象，探究了财政的公共性问题。作者通过对"公共财政"的定义、基本特征和内涵的阐述，指出了当前构建公共财政模式的改革目标，同时介绍了西方财政发展的概况。该书的主要内容涉及弥补市场失效、非市场营利性、法治化财政、公共财政类型等主题领域。在研究公共财政体系构建、财政支出结构、公共财政与财政公共性、国家财政与公共财政模式、积极财政政策、财政约束软化、西方税收原则、财政法治化等方面的课题时，该书具有一定的参考引用价值。

姜波克等主编的《国际金融学》（被引66次）是复旦大学金融学研究生学位课程教材。该书以系统的国际金融学理论和新的教学内容为引导，有利于研究生系统地学习和掌握国际金融学的理论前沿。主要内容包括：国际金融学概论、账户跨时分析、汇率理论、货币危机理论、国际金融市场、开放经济宏观经济学。引用该书的经济学论文主题主要在以下领域：国际金融学科体系、国际金融协调、汇率研究、货币兑换、货币政策效应、热钱流动、中国"双顺差"结构等。

王春峰是我国金融工程学科的主要创始人之一，创建了国内第一个金融工程研究机构——天津大学金融工程中心。他的《金融市场风险管理》（被引64次）是国内第一部系统研究金融风险主流测量方法VaR的学术专著，该书得到了我国金融界前辈钱荣堃教授的高度评价。[①] 引用该书的经济学论文主题主要有：VaR 方法、金融风险、金融衍生工具、企业风险管理、投资风险、风险度量技术、GARCH 模型、SWARCH 模型等。

在《再论改革与发展中的收入分配：中国发生两极分化了吗?》（被引 62 次）中，陈崇胜探索性地将全国、城镇和农村居民收入差别、城乡差别、地区差别等纳入统一的分析框架，尝试性地测度了包括偷税漏税、走私贩私、不法收入以及其他几种主要的非法非正常收入对居民收入差别的影响，提出了理顺收入分配关系的政策方针："缩减两端、调整中间"。在居民收入分配、收入差距与低收入群体、金融发展与收入分配关系、城乡差距理论、基尼系数理论、富民优先与中国经济发展、农村流动收入等研究领域的论文被较多引用。

李树华所著的《审计独立性的提高与审计市场的背离》（被引 61 次）是"当代经济学系列丛书"之一。该书的主要内容包括：会计盈余在我国证券市场中的作用、会计盈余与股票计价理论、会计盈余水平、对会计盈余披露信息含量的实证检验、会计盈余的价值相关性、股价信息含量的实证研究、投资者对会计盈余信息反映的功能锁定现象。该书对经济学研究的学术影响主要体现在上市公司盈余管理、独立审计市场秩序、会计责任与审计责任、证券市场的审计问题、会计变更与企业财务特征、上市公司股权性质等研究领域。

在货币金融学领域，还有一些国内学术著作具有一定的学术影响，但和上述的图书相比，由于其出版年代较近，这些著作的被引次数相对较少。谈儒勇的《金融发展理论与中国金融发展》（被引 57 次，2000 年出版）的学术影响主要体现在中国金融改革、金融控制与风险化解、金融约束分析、金融深化路径、金融资源等领域；庹国柱的《中国农业保险与农村社会保障制度研究》（被引 56 次，2002 年出版）在农村保险、"三农"保险市场、政策性农业保险、农村合作医疗、社会保障制度创新、社会保障制度的城乡差异等领域具有一定学术影响和较多的被引次数。在研究发展中国家金融自由化、银行体系脆弱性、中国金融脆弱性、货币自由兑换、金融监管理论等主题相关的课题时，黄金老的《金融自由化与金融脆弱性》（被引 51 次，2001 年出版）有一定的参考引用价值。金人庆的《中国当代税收要论》（被引 51 次，2002 年出版）主要论述了关于税收权利、依法治税、积极财政政策、税收征管改革、税务组织结构优化等内容，上述领域的经济学论文很多引用了该书。《财政政策与经济增长》（被引 50 次，2003 年出版）由马拴友所著，该书对于经济学的影响主要在财政政策与长期经济增长、财政分权制度、税收与政府支出政策、政府支出与居民消费、公共支出模式等领域。《中国财政发展报告》（被引 50 次，2000 年出

[①] 王春峰. 《金融市场风险管理》. [2009-9-20] http：//bbs. jjxj. org/thread-46058-1-1. html.

版）的学术影响力主要在西部开发的投资政策、财政政策与税收政策分析、经济全球化与中国文化产业、财政体制改革、税制运行的优化、研究与开发活动的财务支持等领域。

研究西方最优税收理论、和谐财政理论、政府储蓄形成、税收流失、避税政策等主题的论文很多参考引用了刘宇飞所著的《当代西方财政学》（被引49次，2000年出版）。夏斌所著的《金融控股公司研究》（被引43次，2001年出版）被金融控股监管制度、金融控股公司风险分析、金融集团的法律规制、金融业混业经营模式等领域的论文引用较多。黄佩华的《中国：国家发展与地方财政》（被引42次，2003年出版）在地方财政支出、分税制财政体制、地方政府财政关系重构、城乡税制一体化、政府财政层次改革等领域的论文被引用较多；引用李扬所著的《中小企业融资与银行》（被引42次，2001年出版）的经济学论文的主题主要集中在中小企业融资结构、中小企业融资分析、金融支持与中小企业发展、中小企业信贷约束等研究领域。

郑功成所著的《中国社会保障制度变迁与评估》（被引37次，2002年出版）对于政府社会保障责任、农民工社会保障问题、中外保险制度比较、社会保障制度创新、医疗保障制度体系的研究具有一定的参考价值。汪红驹所著的《中国货币政策有效性研究》（被引33次，2003年出版）在研究我国货币政策及传导机制、货币政策的地区效应、货币需求函数、居民金融投资等领域的论文中得到较多引用。张二震所著《贸易投资一体化与中国的战略》（被引32次，2004年出版）被贸易投资一体化实证研究、对外直接投资、我国外贸增长方式、全球价值链分工等研究领域的论文中具有较多的引用次数。《中国：启动新一轮税制改革：理念转变、政策分析和相关安排》（被引30次，2003年出版）在所得税制度改革、财产税制改革、地方税收管理、税收激励机制等领域具有一定的参考引用价值。李心丹的《行为金融学：理论与中国的证据》（被引27次，2004年出版）在行为金融范式、个人金融投资行为、证券市场羊群效应、投资决策行为研究等领域的论文中常被引用。

（3）计量经济学类著作

20世纪50年代，我国就开始了对计量经济学的研究，不过很快中断。直到70年代末，才恢复有关研究。80年代后期进入计量经济学研究的快速发展时期，在这段时期出现了一批高质量的关于计量经济学的国内学术著作。本次入选的168种国内学术著作中，属于计量经济学领域的19种，所占比例为11.31%。

在入选的计量经济学著作中，易丹辉所著的《数据分析与EVIEWS应用》（被引192次）被引用次数比排名第二的图书高出26次，说明了该书在计量经济学领域的重要影响。《数据分析与EVIEWS应用》介绍了多种常用的计量经济模型，既包括经典线性及非线性的回归模型、传统时间序列模型，也涉及条件异方差模型、Panel Data模型、离散及受限因变量模型等一些新近发展的分析工具。该书在诸如动态计量经济、价格弹性研究、平行数据模型、时间序列模型、财政支出结构优化、财政政策效率分析、人民币有效汇率、消费价格指数预测、ARCH模型研究、各种指标波动特征、协整研究等多个领域都具有较大学术影响，常被上述领域的学者借鉴和引用。

李子奈编写的《高等计量经济学》（被引166次）系清华大学经济学系列教材。作者介绍了模型结构非经典的计量经济学问题，估计方法非经典的计量经济学问题，数据类型非经典的计量经济学问题，非线性计量经济学模型、动态计量经济学模型等内容。该书产生较大学术影响的领域包括经济增长测算模型、二元因变量模型、信用评价模型、预测方法、自适应回归模型、协整关系研究、多指数模型、时间序列的模型分析、神经网络模型、Panel Data 模型等。

张晓峒所著的《计量经济分析》（被引138次）全面系统地介绍了20世纪末至今20多年的计量经济学关于非平衡变理的研究成果，阐述了经典计量经济学理论，包括非平衡变量的统计特征、虚假回归、单位根检验，"一般到特殊"建模方法、协整与误差修正模型等内容。该书既可以作为工商管理各专业硕士生和博士生的计量经济学教材，也可作为该领域内学者的参考。引用该书的经济学论文的主题主要包括股票指数联动分析、跨期替代模型、协整分析与误差修正模型、经济波动的计量分析、动态均衡关系研究、VAR模型分析、根检验比较、时间序列分析、信息份额模型分析等。

在《高等时间序列经济计量学》（被引71次）中，陆懋祖介绍了20世纪80—90年代的计量经济学在时间序列领域的发展，重点阐述了非稳定的单位根过程（unit root precess），同积过程和同积系统的一些主要理论。该书很大程度上改变了传统的时间序列计量经济学的理论和方法，使得非稳定的时间序列不再是不可涉足的领域。当学者在研究股票价格协整现象、Value at Risk 模型、伪回归和误差修正模型、趋势时间序列模型、数据平稳性检验、单位根检验比较、非均衡模型、跳跃式回归方法等相关课题时，该书具有较高的参考引用价值。

《计量经济学：方法和应用》（被引70次）是李子奈又一本计量经济学领域的著作。该书论述了单方程计量经济学模型、联立方程计量经济学模型、计量经济学应用模型等内容。该书使用的方法是较为基础的方法，并未对计量经济学难点内容做深入的研究，只是全面简单地介绍了计量经济学中比较普遍的模型和方法，比较适合刚刚开始学习计量经济学的学者使用。该书的学术研究价值主要体现在以下领域：消费结构和行为分析、消费函数理论、投资函数分析、自适应线性回归模型、趋势预测研究、ELES 模型分析、平行数据模型、财政政策理论乘数和实际乘数等。

何晓群在《现代统计分析方法与应用》（被引70次）中，使用统计方法与技术分析了一元线性回归和多元线性回归算法，并对诸如聚类分析、判别分析、主成分分析、因子分析、对应分析、典型相关分析等方法进行了阐述，为量化分析起到了一定的示范指导作用。该书既可作为学生学习用书，也可作为进行量化研究的参考用书。该书被多元统计分析、主成分预测模型、竞争力评价模型、列联表分析、组织系统协同度模型、经济全球化程度、聚类挖掘、errors – in – variables 预测模型等领域的论文引用较多。

《灰色系统理论及其应用》(被引 66 次) 是刘思峰关于灰色系统的基本理论、基本方法和应用技术的学术专著。作者通过对灰色理论的长期探索,并结合国内外取得的最新理论和应用成果,展示了灰色理论这一新学科的概貌以及发展动态。该书在灰色聚类决策、灰关联聚类模型、灰性测度及灰色关联分析、多层次灰色评价、灰色评价模型、时序系数 GM(1, 1)模型、动态与静态聚类比较等领域的研究中,具有一定的参考价值。

高铁梅所著的《计量经济分析方法与建模:EVIEWS 应用及实例》(被引 64 次) 全面介绍了计量经济学的主要理论和方法,尤其是 20 世纪 80 年代以来重要的和最新的发展,并将它们纳入一个完整、清晰的体系之中。书中的案例大多是作者在实践中运用的实例和国内外经典案例,并基于 Eviews 软件来介绍实际应用,具有很强的可操作性。经济学领域的学者在研究脉冲响应、价格波动区域差异、宏观经济政策分析模型、ARIMA 模型、市场关联性分析、消费价格指数影响因素等领域时,很多参考引用了该书。

《评价相对有效性的 DEA 方法:运筹学的新领域》(被引 62 次) 的作者魏权龄是国内介绍 DEA (数据包络分析,Data Envelopment Analysis) 的第一人,该书也是国内介绍 DEA 的第一本专著。[①] DEA 是一个对多投入、多产出的多个决策单元的效率评价方法,于 1986 年由 CHAENES 和 COOPER 创建的,可广泛应用业绩评价。我国经济学者在研究 DEA 评价模型、DEA 方法分层系统评价、DEA 算法、科技实力评价、多指标综合评价、区域 R&D 绩效评价等领域时,参考引用该书较多。魏权龄的另一本关于 DEA 的著作是《数据包络分析》(被引 29 次,2004 年出版),该书的影响主要在 DEA 分析方法、DEA – TOBIT 两步法、系统效率分析、DEA 模型之间的动态关系、空间技术分解等领域。

郭志刚所著的《社会统计分析方法:SPSS 软件应用》(被引 61 次) 改变了以往统计学教科书单纯讲述统计原理与方法的不足,将多种多元统计分析方法与相应的计算机软件结合起来介绍,从原理的阐述到具体案例的分析示范和统计软件使用说明,构成一体化的内容,并特别介绍了在社会学领域广为流行的 SPSS 软件的应用。引用该书的经济学论文主题主要集中在:人口研究、多元统计分析、股票指数编制、城市化与经济发展相关性、统计分析方法、生存状态关系、区域城市竞争力等领域。

在计量经济学领域中,入选的其他著作还有:王少平的《宏观计量的若干前沿理论与应用》(被引 55 次,2003 年出版),该书主要被财政货币政策、外汇汇率、

---

① 《数据包络分析》介绍. [2009 – 9 – 20] http://comm.dangdang.com/reviewlist/8901740.

宏观经济运行因果关系、VAR方法等领域的论文所引用；《计量经济学》（被引53次，2005年出版）是作者李子奈在计量经济学领域入选的第三本学术著作，充分说明了李子奈在计量经济学领域的学术影响，该书在多指标相互影响模型、可持续利用评价指标体系、城乡二元结构、生产函数、消费和投资的计量分析等领域具有较大的学术影响；卢纹岱的《SPSS FOR WINDOWS 统计分析》（被引50次，2000年出版），引用该书的经济学论文主题主要涉及：因子分析、偏相关分析、主成分分析、经济开放度测算、多种评价方法综合应用等领域；《计量经济学软件EVIEWS使用指南》（被引48次，2003年出版），该书是第三本入选的关于Eviews软件的国内著作，说明该软件在计量经济学研究中的重要作用，在研究货币财政政策与经济增长关系、GARCH模型、菲利普斯曲线与经济周期、理性与非理性定价、基于不同软件的回归分析比较等领域时，该书具有一定的参考使用价值。

韦森所著的《社会制序的经济分析导论》（被引44次，2001年出版）被体制创新规律、经济秩序演进、经济体制转型的平滑模式与突变模式、经济市场化维度等领域的论文参考引用较多。在研究结构方程模型、评价模型验证因子分析、结构方程建模方法时，学者会参考和引用侯杰泰的《结构方程模型及其应用》（被引33次，2004年出版）。余建英的《数据统计分析与SPSS应用》（被引33次，2003年出版）的学术影响涉及领域主要有多元统计分析、成功因素模型构建、价格回归模型、经济发展水平评价等。

（4）发展经济学类著作

发展经济学是20世纪40年代后期在西方国家逐步形成的一门综合性经济学分支学科，并于20世纪70年代末引入我国，对中国的经济改革和发展产生了深刻影响。我国学者在探讨中国经济发展问题时提出了不少新的范畴和命题，并且以中国为背景修正了某些西方主流经济学的假设条件，为发展经济学研究作出了重要贡献。在本章所收录的168种对经济产生较大学术影响的国内学术著作中，属于发展经济学领域的国内著作共有19种，占全部入选的国内学术著作的11.31%。

《中国的奇迹：发展战略与经济改革》（被引330次）由著名经济学家林毅夫等所著。该书是发展经济学领域被引次数最多的国内学术著作，并且该书的被引次数远远超过其他同类著作，说明该书在发展经济学领域具有不同凡响的学术影响力。林毅夫先生在该书中以诱发性制度变迁理论为框架分析了中国的发展战略、经济体制、经济改革和经济发展的关系。对中国渐进式改革过程做出了令人信服的描述。该书以经济学分析方法讨论了中国的资源结构、发展战略、经济体制和经济改革的问题，而与一般发展及改革有关的问题，如环境与可持续发展、全球化问题、法治化问题、政治体制改革问题等未予涉及，从而使该书的分析逻辑更加鲜明，主题更加突出。该书是研究发展经济学、中国经济改革与发展研究的非常有价值的参考书，具有很高的借鉴指导意义。在涉及制度与中国经济发展、中国渐进式改革、新制度经济学研究评价、发展中国家发展战略、中国经济转轨、经济改革推进方式、经济发展差距分析、比较优势与技术进步、后发优势与产业升级、国内外经济体制比较、市场经济的内生逻辑、资源约束等领域的论文中，该书具有很高的被引用率。

《中国可持续发展战略报告》（被引190次）是中国科学院发布的系列年度报告之一，是中国科学院多年来对自然、经济、社会的复杂关系进行长期理论研究和实证研究的结晶。该书以客观性、权威性、文献性为基本要求，为国家可持续发展战略的推进提供了科学指导，为国家实施可持续发展战略提供科学理论依据。该书在可持续发展的循环经济体系、消费压力人口与可持续发展、可持续发展的技术指标、区域可持续发展研究、人口资源及环境的可持续发展、经济现代化战略等领域被引用较多。

《中国居民收入分配再研究：经济改革和发展中的收入分配》（被引140次）是由赵人伟所编的关于中国居民收入分配的专著。作者在书中归纳了我国总体收入差距的组成要素，从经济发展和经济增长的作用、经济改革的作用以及政府政策的作用三方面，分析了导致收入差距扩大的原因，并在对收入分配现状做出基本判断的基础上提出政策建议。作者认为缩小收入差距必须最终借助政治体制改革来完成。该书的出版使研究财政收入分配职能、总体收入差别研究、收入差别制度解释、收入分配与消费需求、贫富差距心态影响、转型期收入分配、市场经济条件下的收入公平、基尼曲线、中国经济非均衡性等领域的学者获益匪浅，在这些领域该书也获得比较高的被引次数。

谭崇台教授是中国发展经济学领域一位标志性人物，是将西方发展经济学引入中国的第一位学者。1985 年由谭崇台撰写、人民出版社出版的《发展经济学》（被引95次）是我国第一部研究西方发展经济学的专著。[①] 由于该书的巨大学术地位和影响，山西经济出版社于2000年将《发展经济学》（被引64次）再版发行。该书阐述了发展经济学的兴趣和演变，介绍了主流派发展经济学和非主流如结构学派发展经济学的基本理论，考察了发展中国家30年经济发展现实，并根据成就和问题，对发展经济做出了评价。该书对研究发展中国家经济发展、发展经济学演变过程、发展经济学教学模式、发展经济学就业理论、中国经济转型、区域经济发展模式、发展中国家农业改造、农村劳动力剩余、二元经济结构等领域的论文具有较高的参考引用价值。

《发展经济学的新发展》（被引118次）是谭崇台继《发展经济学》、《西方经济发展思想史》之后，向学术界贡献的又一部重要著作，这三部著作构成了谭崇台教授对西方发展经济学研究的完整体系。该书着重对20世纪80年代以后的发展经济学

---

① 谭崇台.将发展经济引入中国第一人.[2009-9-21] http：//news. stock888. net/031202/101, 1317, 318866, 00. shtml.

的最新发展进行了全面考察,并根据主导思想的变化将发展经济学的演变过程分为三个阶段:以结构主义为主导思想的阶段、以新古典主义为主导思想的阶段、以新古典政治经济学为主导思想的阶段。该书在新古典政治经济学与发展经济学、发展经济学学科建设、发展经济学逻辑演变、可持续发展、后发优势与跳跃式发展、发展中国家对外贸易战略、制度创新与技术创新、制度变迁、区域空间发展、区域循环经济等领域被相关论文参考引用较多,具有较高的学术影响。

王小鲁等所著的《中国经济增长的可持续性:跨世纪的回顾与展望》(被引84次)旨在评价中国改革开放后20年经济增长的整体状况,从多方面分析经济高速增长的原因,判断这些原因要素的剩余潜力,研究制约经济增长的内外部因素,从而对中国以后20年中保持经济持续增长的可能性做出判断。在研究可持续经济发展、经济转型期经济发展、政府竞争能力与经济增长、经济增长态势分析、中国经济增长格局、经济增长方式转变、经济生产率与效率、全要素生产率等领域课题时,该书具有较大的参考引用价值。

《中国加入世界贸易组织知识读本》(被引81次)是由前外经贸部部长石广生亲自主持编写的、学习WTO规则和知识的最权威图书。该书详细介绍了什么是世界贸易组织,入世以后所需要面对的利与弊,从而使全国上下对加入世界贸易组织这一重大外交政治问题形成统一的认识。该书在加入WTO与政府职能转变、加入WTO对中国工业的影响、加入WTO与我国大型企业战略调整、加入WTO与投资管理体制改革、新贸易壁垒、加入WTO后经济改革与发展、绿色贸易与多边贸易规则、世贸组织规则下的贸易保护等领域的研究课题中具有权威性的参考价值。

黄少军所著的《服务业与经济增长》(被引78次)主要介绍了服务经济思想的演进、现代服务经济理论、服务业分类、服务产出计量、服务业与经济增长、金融服务业等内容。该书的学术影响主要体现在服务价值与使用价值、我国服务业发展现状、服务业革命、服务经济发展与服务经济理论、经济增长中的服务业、服务业与经济发展关系等主题领域。

20世纪80年代,面对西方发展经济学研究陷入低潮的境况,张培刚全面提出了创立新发展经济学的思想,引导发展经济学研究走出困境。1992年他主撰的《新发展经济学》(被引73次)将发展经济学推向了一个新阶段。张培刚也因此被世界经济学界誉为新发展经济学的创始人之一。[①] 在发展经济学发展历程、经济发展差异分析、新世纪工业发展、发展经济学的就业理论、经济发展中的市场规则、农村工业化、经济发展比较研究等领域的研究中,该书受到较多的引用。

洪银兴著的《可持续发展经济学》(被引58次,2000年出版)从经济理论和经

---

① 张培刚.发展经济学之父.[2009-9-21] http://theory.workercn.cn/contentfile/2009/03/01/160734716776606.html.

济政策角度阐述了发展中国家面临的发展任务和可持续发展的战略及可持续发展的指标体系；分析了生态和环境等可持续发展系统，给出了可持续发展对产业结构、区域发展、技术进步和人力资源开发所提出的要求，研究了可持续发展的实现和调节机制。在可持续发展以及发展经济学领域，该书都被学者大量参考引用。引用该书的论文主题有区域经济可持续发展、生态环境可持续发展、可持续发展政策体系、可持续发展资源利用、经济增长方式、经济增长指标体系等。

张坤民的《可持续发展论》（被引 64 次）在可持续消费、资源可持续利用、区域可持续发展、环境可持续性、可持续发展指标体系等领域被引用次数较多。张培刚的《发展经济学教程》（被引 53 次，2001 年出版）的主要学术影响领域集中在新时期经济结构、跳跃式区域经济传递机制、发展中国家国际贸易地位、经济转型发展、发展经济学思想等；引用赵晋平的《利用外资与中国经济增长》（被引 45 次，2001 年出版）的经济学论文主题主要涉及吸收外资的产业政策、外资与经济增长、外资投资经济效应、外资结构优化、外资与区域经济发展、区域投资效应等；在农业国际竞争力、农村市场化与农业产业化、农村生态环境、农村商品市场建设、区域发展环境等领域。林善浪的《中国农业发展问题报告》（被引 36 次，2003 年出版）具有一定参考引用价值。刘斌的《中国三农问题报告：问题、现状、挑战、对策》（被引 33 次，2004 年出版）多被农业产业化、农村市场化、农村经济发展、农村税费改革、农业创新系统等领域的论文所引用。引用蔡昉所著《中国经济：改革与发展》（被引 30 次，2003 年出版）经济学论文的主题主要涉及财税体制改革、就业增长率、制度变迁与经济增长、新农村建设等领域。王梦奎的《中国中长期发展的重要问题（2006—2020）》（被引 25 次，2005 年出版）主要被中国经济与产业发展、城市循环经济发展、经济增长方式转变、工业结构优化、区域经济发展策略等领域的学者所引用。吴敬琏的《中国增长模式抉择》（被引 22 次，2005 年出版）在产业增长模式转变、城镇体系规划变革、经济增长路径、经济制度创新等领域具有一定的学术影响。

（5）产业经济学类著作

作为应用经济学科，产业经济学在中国的发展主要是在改革开放以后尤其是在 20 世纪 80 年代中期至今的 20 多年中，改革开放的经济建设实践推动了产业经济研究深入和理论探讨，在中国特色的背景下形成了中国产业经济学雏形。这一时期国内学术界出版了许多产业经济学著作，其中不乏精华之作。在本章所入选的 168 种国内学术著作中，产业经济学领域的著作 16 种，在所有国内学术著作类别中居于第 5 位，基本反映了产业经济学的学科地位。

傅家骥所著的《技术创新学》（被引 173 次）是产业经济学领域中被引用次数最多的国内学术著作。该书系统论述技术创新过程、机制、要素、方式、战略、组织、作用、政策和理论，是探索建立"技术串行学"这一新学科的有效尝试。在技术创新战略、技术创新行为、技术创新与政府作用、技术创新平台、技术创新激励机制、技术创新风险管理、企业创新网络、企业技术跨越、集成创新、合作创新、创新型组织等主题研究领域中，该书的参考引用价值得到极大地体现。

《产业经济学》（被引123次）是苏东水教授主编的教育部"高等教育面向21世纪教学内容和课程体系改革计划"的研究成果。该书论述了产业组织、产业结构、产业政策、产业发展，也论述了"以人为本、以德为先、人为为人"的产业经济思想，介绍了世界产业经济领域的最新动态和精华。在产业竞争优势、产业集聚、产业发展与城镇化、产业结构、产业经济增长模型、产业组织分析、产业发展周期、产业政策等领域中，该书不失为很有参考引用价值的著作。

汪小涓在《中国的外资经济：对增长、结构升级和竞争力的贡献》（被引88次）中指出：外资经济在中国经济发展过程中扮演着重要的角色，推动着中国经济的持续增长、改变着中国经济的增长方式，提高了中国经济增长的质量，具体体现在提供资金来源、改善投资效益、扩大产出、引进先进技术和研发能力、提升产业结构、扩大出口和提升出口商品结构以及推进体制改革等诸多方面。在外资与经济增长、外资投资效益、外资利用方式、外商投资政策、外资投资与出口竞争力、外资与西部经济开发、外商投资与技术进步、外资进入与过度竞争、国家经济安全等研究领域，该书具有较高的参考价值，被该领域的论文引用较多。

梁琦所著的《产业集聚论》（被引85次）是在国际经济背景下研究产业集聚理论的著作。该书采取数学模型和实证分析相结合的研究方法，用数学模型证明产业集聚理论，用实际案例来说明产业集聚理论，并具体解释了中国产业集聚现象。对于高技术产业集聚、产业同构性与集聚、传统产业集聚与专业市场化、产业集聚与产业升级、产业集聚定量分析、产业集聚政策研究、产业集群形成机制等主题领域，该书具有较高的参考引用价值。

杨治于1985年出版的《产业经济学导论》（被引76次）是我国第一本以"产业经济学"为名的著作，被国内许多学者引用参考。[①] 近年来国内出版的产业经济学教材基本框架大多与其相近，产业组织理论和政策分析是该书研究内容的一个重要组成部分，同时论述了产业结构理论、产业联系理论、产业组织理论在经济发展中的均衡问题。该书在产业结构调整与优化、产业组织分散化、市场结构分析、产业群、产业政策、经济转型等领域具有较大的学术影响。

金碚所著的《中国工业国际竞争力：理论、方法与实证研究》（被引73次）主要涉及研究领域有产业国际竞争力理论、对外经济政策与产业国际竞争力的关系、产业国际竞争力与国家经济安全、产业结构的演进、中国工业品竞争力分析以及产

---

① 20世纪产业组织理论的演进与最新前沿．[2009-9-21] http://www.yscbook.com/test-bbb/ShowArticle.asp? ArticleID=21095.

品竞争和品牌竞争等。引用该书的经济学论文的主题主要集中于品牌国际竞争力、产品出口结构、比较优势与外贸长期发展、国际竞争力测评、产业选择、产业结构调整、品牌国际化战略、工业现代化水平等。

《中国工业发展报告》（被引 72 次）是由中国社会科学院工业经济研究所编写、经济管理出版社发行的关于中国工业发展情况的年刊资料。该报告根据每年工业发展的新特点，选取当年的工业热点问题作为报告的核心。近几年的《中国工业发展报告》的主题主要是中国工业改革开放 30 年、工业发展效益现状与分析、科学发展观与工业增长方式转变、资源与环境约束下的中国工业发展。该报告对于经济学研究的影响主要在以下几个领域：工业产业结构的调整与改组、新中国工业发展阶段研究、经济增长方式、区域工业发展、中小企业与中国经济发展、企业产权结构和市场结构等。

《竞争力经济学》（被引 71 次）是金碚关于产业经济学的另一本学术专著。该书系统剖析和论述了经济学及其各主要分支学科在竞争力方面已取得的成果。该书开拓了经济学中一个专门研究领域——竞争力经济学，并说明该研究领域具有理论研究价值和广阔的探索空间。该书的影响领域主要在竞争力核心与本质、产业竞争力、企业竞争力和竞争优势、竞争战略研究、品牌竞争力、产业结构优化升级、区域综合竞争力等方面，这些领域的论文许多参考引用了该书。

程国强的《WTO 农业规则与中国农业发展》（被引 64 次）在加入 WTO 后农业面临的机遇与挑战、WTO 后农业发展思路、农业市场化建设、农业发展比较优势、农业国际竞争力等领域被引用次数较多。魏江的《产业集群：创新系统与技术学习》（被引 63 次）的影响领域主要在产业集群技术创新、产业集群学习机制、产业集群耦合结构、产业集群竞争力、产业集群与技术集群、产业集聚政策等方面。研究网络经济学、网络产业竞争与规制、网络产业价格规制、信息政策体系、纵向一体化网络等领域的作者较多地参考和引用了张昕竹的《网络产业：规制与竞争理论》（被引 63 次）。引用《中国科技发展研究报告》（被引 54 次，1999 年出版）的经济学论文主题主要包括：高新技术出口及统计，国外跨国投资理论，知识经济测度、企业技术创新战略、全球技术进步的趋势、特征及政策走向、区域技术创新、高新技术产业的人才结构、科技投入与产业评价。张金昌的《国际竞争力评价的理论和方法》（被引 39 次，2002 年出版）主要涉及主题有：产业国际竞争力、竞争力测评、竞争力国际比较、对外开放竞争力评价、制度与体系竞争力等，与上述主题相关的论文许多参考引用了该书。引用姚洋的《土地、制度和农业发展》（被引 29 次，2004 年）的经济学论文的主题主要涉及农村土地保障、土地产权制度、农业规模经济、农村产业发展等方面。《中国农民工调研报告》（被引 25 次，2006 年出版）对于经济学研究的影响主要体现在以下方面：基于农民工的工业化和城镇化发展、农民工社会融入问题、农民工对经济增长的贡献、农民工奢华养老保险制度、农民工权益保障、农民工消费方式、劳动密集型经济增长。

(6) 制度经济学类著作

自 20 世纪 80 年代后期，我国学术界一直关注有关制度理论的研究，许多的学者开始引进西方制度理论及研究成果，并运用相应的制度理论分析我国改革开放过程中出现的一系列问题，为改革提供了必要的理论准备和指导。经过 20 年的发展，中国制度经济学已经从简单介绍和模仿阶段转入到独立思考和研究阶段，并取得了一定的成就。此次入选的对经济学领域具有较大学术影响的 168 种国内著作中，有 14 种属于制度经济学领域。

卢现祥所著的《西方新制度经济学》（被引 356 次）是制度经济学领域中被引次数最多的国内学术著作。该书在国内首次阐述了西方新制度经济学的产生、发展及其基本原理。作者认为西方新制度经济学由制度的构成与起源、制度的变迁与创新、制度和产权与国家理论以及制度与经济发展的相互关系等组成，并应用制度分析法对我国市场化改革中的一些深层问题作了有意义的探讨。该书主要在新制度经济学的国家理论、制度经济学构建、制度信仰与价值、制度需求、制度变迁理论、产业发展的制度因素、风险利益制度、产权的新经济史观分析等研究领域产生着很大影响。

《制度、技术与中国农业发展》（被引 208 次）和《再论制度、技术与中国农业发展》（被引 114 次）都是著名经济学家林毅夫的学术著作，这两本著作位居制度经济学领域国内学术著作被引次数的第 2、3 位，充分说明了这两部著作以及作者林毅夫先生在制度经济学乃至整个经济学界的卓越影响力。《制度、技术与中国农业发展》的前 5 篇文章探讨农业制度变迁的原因，不同的农业制度对家庭产业发展的影响；后 4 篇文章探讨在社会主义制度下，农业技术的选择、创新和扩散；最后一篇文章则阐述中国五千年历史，说明中国的科技在前现代社会领先于世界各国、而到现代社会却落后于西方的原因。引用该书的经济学论文主题领域主要涉及：制度变迁、农业土地制度、农业产业化、农村现代化与城市发展、农村经济发展的制度分析、农民经营行为分析、技术创新与制度创新、组织创新与技术进步、制度技术决定论、农村聚落扩散等。

《再论制度、技术与中国农业发展》是林毅夫继《制度、技术与中国农业发展》之后的又一部著作，该书以规范的经济学理论方法来研究我国农村、农业和经济发展中的制度与技术问题，用中国农业改革和发展的实证资料对制度经济学和技术经济学的理论进行了规范和开创性的研究，比较完美地将主流经济学方法、制度经济学理论和中国改革与发展的实践相结合，弥补了制度经济学缺乏实证分析的缺陷。该书的学术影响主要体现在以下主题领域：农村经济组织、农村金融改革、农村产业化组织、经济发展与城乡收入差距、农村转轨经济、农业技术创新、乡镇企业股份制、中美经济比较、制度与经济发展、制度创新等，这些领域的论文很多都引用了该书。

《产权、政府与信誉》（被引103次）是张维迎的一部论文集。该书剖析了社会信誉机制缺失的根本原因：由于信誉缺失而导致的社会总成本增加、不合理的产权制度以及政府对经济的过多管制。同时作者在书中指出"大量的管制在中国出现的更主要原因是政府角色的冲突和错位"。在诸如政府规制、政府管制、政府角色错位、政府信用、会计诚信、信用体系制度、信用经济、信任及其解释、市场经济信誉机制、现代产权制度、监管体制改革等领域，该书具有较大参考引用价值。

《中国经济体制市场化进程研究》（被引87次）是陈宗胜主持的谷生堂经济学研究基金资助课题。该书创建了一套对我国市场化进程进行测度的指标体系，描述了中国经济体制改革的推进阶段和特征，说明了市场化的含义及其特征。在此基础之上，以经济体制模式转换为分析侧重点，揭示了中国的经济体制模式的转换程度，并对市场化进程的发展进行了测度。引用该书的经济学论文主题主要包括：经济市场化分析、市场化进程测度、市场化差异、市场组织创新、经济转型量化指标体系、金融市场化度量、企业市场化进程等。

盛洪所著的《中国的过渡经济学》（被引73次）集中了中国过渡经济学最具代表性的文献，不仅是对中国改革实践的总结，更为这种实践赋予了理论含义，对理论本身的发展起着积极的意义。该书所指的"中国的过渡经济学"首先是指中国人在这一领域中的研究文献，其次是指对中国的计划经济向市场经济的过渡过程的研究。该书在制度主义与中国经济学发展、制度变迁、经济转轨发展、过渡经济学范式分析、经济结构调整与制度创新、制度设计理论等主题领域的论文中被引用较多。

《现代制度经济学》（被引65次）是盛洪在制度经济学的另一本著作。该书精选了汪丁丁、张宇燕、张维迎、周其仁、盛洪、樊纲、张军、林毅夫、张曙光、唐寿宁、汪新波等中国经济学家的重要论文，涉及科斯定理、契约与企业、公共选择与集体行动、经济发展与制度变迁、制度选择与国家兴衰等诸多领域。该书很好地理解和掌握了现代制度经济学理论，并将之运用于中国问题的分析。引用该书的经济学论文所涉及的主题领域包括：新制度主义、制度创新与经济增长、改革的制度经济学分析、区域经济演进、经济制度创新等。

《产权与制度变迁：中国改革的经验研究》（被引63次）是周其仁教授主编的论文集，该文集除了一篇是关于经济学研究方法的文章，其余主要是研究计划经济制度、公有制产权结构的改革和变迁的论文。周其仁先生指出了中国建立真正的市场经济还有相当长的路要走，其成功与否的关键在于讨论私有化在既有的社会主义市场经济体制下的可行性问题。该书在市场经济秩序、土地制度变迁、人力资本研究、制度变化双效应、组织与制度变迁、产权制度社会学解释、分权化改革等领域中具有较大学术影响，得到了许多学者的参考和引用。

史晋川的《制度变迁与经济发展：温州模式研究》（被引56次，2004年出版）

的影响主要体现在产业集群核心竞争力、行业协会发展、民营企业迁移、产业发展路径、制度变迁与城镇化等主题领域。温铁军的《中国农村基本经济制度研究:"三农"问题的世纪反思》(被引52次,2000年出版)主要被研究农业产业化、农村市场化、农地所有制、农村经济发展的制度障碍、农业创新系统等领域的论文所引用。蔡昉的《制度、趋同与人文发展——区域发展和西部开发战略思考》(被引43次,2002年出版)对东西部经济合作、区域经济差距、区域经济增长等主题领域的研究具有一定的参考引用价值。引用卢现祥的《新制度经济学》(被引24次,2004年出版)的经济学论文的主题主要有经济结构调整、金融制度变迁、制度设计和制度创新、可持续城镇化的制度体系等。孔祥智的《中国三农前景报告》(被引18次,2005年出版)主要被农村贫困与扶贫、农村劳动力转移、农业可持续发展、农业社会转型等领域的论文所引用。

(7)微观经济学类著作

在入选的168种经济学国内学术著作中,共有8种属于微观经济学领域。

《企业理论与中国企业改革》(被引234次)和《企业的企业家:契约理论》(被引131次)都是著名经济学家张维迎教授的学术著作。这两本书的被引次数位居入选的微观经济学国内学术著作前两位,充分说明了张维迎教授在此领域的学术影响。该书概括了有关中国企业改革的主要观点,注重将产权、激励方面的理论以及企业理论的研究成果运用于中国企业改革的实践中,确保正确地理解国有企业的性质、国有企业改革的方向以及改革中出现的问题,有助于企业竞争力、国家竞争力乃至民族生存能力的提高。该书在国有企业改革、公司治理、公司治理结构改革、企业制度演进企业并购、企业激励网格模型、法人治理结构、制度安排与持续创新、劳动力产权、不完全合同与模糊产权、产权改革、产权基础复归等主题领域有着很大的学术影响。《企业的企业家:契约理论》由契约理论和企业家理论发展成为企业的企业家——契约一般均衡理论。该书试图在主流经济学的框架内解释市场经济中企业内部权威安排的决定因素,解释企业家、职业经营者、单纯资本所有者、工人四个群体之间的均衡关系的演变。该书出版以后,被企业产权契约演进、企业产权变迁、企业所有权与财产所有权、企业产权博弈、企业控制问题、企业家激励约束因素、企业经营者激励与约束、企业家人力资本产权、剩余控制权等主题的论文引用较多。

王俊豪所著的《政府管制经济学导论:基本理论及其在政府管制实践中的应用》(被引97次)通过对政府管制这种特殊公共产品的需求与供给、成本与收益的分析,阐述了经济性管制与社会性管制、政府管制过程、信息不对称下的政府管制理论等基本原理,并在探讨外部性理论和信息不对称理论的基础上,讨论了政府对环境和产品质量的管制问题,从而预测了中国放松经济性管制与加强社会性管制这两个发展趋势。该书在体制转型期的政府规制、政府微观规制职能、政府规制失灵、政府管制与经济管制、政府管制与经济增长、政府社会性管制经济分析、管制放松后管制规则、政府经济权威的定位、产业管制与竞争等领域具有一定的学术影响。

仇保兴所著的《小企业集群研究》（被引88次）从历史和现实、理论与实践多视角出发，分析了小企业及小企业集群的内在机制及外部条件，得出一系列有说服力的结论，并有针对性地提出了我国各级地方政府应建立五大支撑体系才能有效地扶植小企业的发展。该书在市场群落理论、小企业集群技术、中小企业的产品战略、中小企业核心竞争力、小企业集群竞争力、企业集群与中小企业国际化、中小企业协同、集群创新等领域具有一定的参考引用价值。

梁能的《公司治理结构：中国的实践与美国的经验》（被引66次）主要在中西方资本结构比较、上市公司治理结构、公司治理结构的模式和国际比较、独立董事制度等主题领域具有一定参考引用价值。平新乔的《微观经济学十八讲》（被引60次）的学术影响主要体现在委托代理模型与激励机制、社会保障制度政策、企业并购、市场均衡域、产业竞争力等领域。马士华的《供应链管理》（被引52次）在供应链管理模式、供应链管理与竞争力、供应链管理与产业结构调整、供应商选择、供应链技术创新等领域被引用较多。李维安的《公司治理》（被引46次）在上市公司治理结构、跨国公司治理、资本监管与公司治理、企业控制模式与市场结构等领域具有一定的参考引用价值。

(8) 经济学综合理论类著作

一个学科理论既是学科研究的基础也是实践运用的升华，对于经济学理论著作而言，对经济学研究起着重要的参考作用和理论指导意义。在此次入选的168种国内学术著作中，属于经济史及经济学理论范畴的著作共有6种。

谢识予所著的《经济博弈论》（被引240次）是"复旦博学：经济学系列"之一，是介绍现代博弈论的基础教程，也是经济学理论领域中被引次数最高的国内著作之一。该书主要论述了理想、非理想信息状态下静态、动态和重复博弈理论以及完全理性假设和有限理性假设下的博弈理论。作者重视对博弈模型、原理的经济意义阐述，以实例的方式介绍概念和原理。在诸如市场经济博弈分析、搜寻理论博弈分析、信贷博弈分析、监督博弈、博弈可信性、群体行为博弈、资本与技术博弈、制度创新博弈、信息不对称条件下双赢博弈、产业博弈模型、非对称信息条件下资本结构等主题领域，该书受到广泛的借鉴引用和参考。

《新兴古典经济学与超边际分析》（被引157次）是澳大利亚籍华裔经济学家杨小凯的著作。该书是第一本没有数学演算，而用图示和直观的描述系统介绍新兴古典经济学与超边际分析的学术专著，很好地阐述了这一新学派核心文献中的主要思想。该书在新兴古典经济学，古典政治经济学、人力资源专业化、经济增长内在机制、经济转型期技术创新、交易费用分析、新经济学范式、投资环境研究、劳动分工与产业集群形成、生态资源可持续利用等诸多领域产生了较大的学术影响，得到相关领域的许多论文引用。

《经济学原理》（被引 124 次）是杨小凯先生关于经济学理论领域的另一本学术专著。该书是系马歇尔的经济学原理教科书以来的第三代经济原理教科书。杨小凯先生不同于马歇尔经济原理教科书中将需求分析与对个人专业化决策分析分割出来，而是在系统讲授新型古典经济学的同时，系统地吸收和整合了当代的大部分新经济学知识。引用该书的经济学论文主题主要涉及制度变迁演进论、市场升级演进、生态资本研究、经济自由主义理论、企业性质、最优与次优选择、交易分工经济、组织创新等。

《经济解释》（被引 113 次）收集了张五常 1968 年到 1998 年在各种杂志上发表的 25 篇文章，基本囊括了张先生的学术思想，概述贯彻了张五常"让我们做经济解释的弄潮儿"这一思想。通过《经济解释》，张五常先生表达了经济学必须是解释现象的科学，只有能够解释现象的经济理论才具有生命力这一理念。在研究经济学的逻辑结构、区域现代化与区域制度、产权制度、现代产权理论、企业性质理论、转型经济制度分析、知识产权归属、农地权属、品牌经济等主题相关课题时，该书具有较大的参考引用价值。

在经济学原理领域，还有一些国内著作具有一定的学术影响力，诸如：杨春学的《经济人与社会秩序分析》（被引 65 次）在经济学与道德建设、经济人与社会人、经济人的生命周期性、经济自由主义发展、自由市场与诚信等主题领域被引用和参考较多；晏智杰的《劳动价值学说新探》（被引 59 次，2001 年出版）对研究劳动价值论、效用论价值、供求价格论、分配制度改革价值论等领域的课题有着较高的学术引用价值。

（9）循环经济学类著作

循环经济学是研究人们按照生态学规律从事经济活动的科学。作为经济学领域新兴的分支学科，循环经济学在我国有了长足的发展，尤其是进入 21 世纪以后，涌现出许多循环经济学类著作，本章共收录了 5 种对循环经济学领域产生较大学术影响的国内学术著作。

冯之浚所著的《循环经济导论》（被引 67 次）是循环经济学领域被引次数最多的国内学术著作，该书系统阐述了循环经济的理论与方法，全面介绍了国际国内的实践经验，清晰展示了企业、园区、城市、区域等层次的循环模式，深入分析了我国在发展环境产业、促进科技进步、转变政府职能、加快立法研究等方面的基本思路与最新发展。该书是一部体系完整、理论严谨的学术专著。引用该书的经济学论文的主题主要涉及循环经济与和谐社会、循环经济评价指标、对外贸易与循环经济、循环经济与生态伦理、循环经济发展范式、循环经济制度分析、循环经济产业结构、环境经济的发展战略等。

吴季松所著的《循环经济：全面建设小康社会的必由之路》（被引 41 次，2003

年出版）阐述了循环经济的理论基础、主要原则、科学基础、实践基础，分析了水资源、能源、高新技术产业、市场与消费、城乡建设、人力资源建设等与循环经济的关系，论述了循环经济是走向小康社会和知识经济的必由之路，并回顾了国际循环经济的发展历程。在撰写循环经济发展思路、循环经济制度分析、物质循环与价值循环，循环经济的管理创新、循环经济指标评价体系、循环经济与可持续发展、生态经济发展等方面的论文时，该书具有一定的参考价值。

除上述两本专著以外，毛如柏的《论循环经济》（被引34次，2003年出版）在循环经济的发展模式、循环经济与土地可持续利用、循环经济与生态建设、循环经济评价指标体系等领域得到一定引用和参考。张坤的《循环经济理论与实践》（被引31次，2003年出版）的学术影响更多地体现在循环经济模式、国外循环经济学发展、循环经济的税务建设、循环型农业等领域。研究我国循环经济发展状况、循环经济发展模式比较、循环经济生态问题、循环经济产业发展、循环经济与价值转化等领域的论文许多引用了黄贤金的《循环经济：产业模式与政策体系》（被引28次，2004年出版）。

（10）经济学其他类著作

旅游经济学入选著作4种：保继刚的《旅游地理学》（被引205次）在旅游行为空间、生态旅游环境、旅游空间布局、旅游空间竞争、旅游市场结构特征、旅游城市规划、旅游业可持续发展、旅游资源评价、工业旅游发展等领域具有较大的学术影响，被众多相关论文所参考引用；谢彦君所著的《基础旅游学》（被引96次）的学术影响主要表现在旅游合作与区域经济发展、区域旅游规划、旅游的可持续发展、旅游经济效益、旅游资源开发、旅游业与环境、旅游目的地竞争、产品结构与旅游空间结构等主题领域；保继刚的《旅游开发研究：原理、方法、实践》（被引63次）的学术影响主要体现在生态旅游开发、旅游资源定量研究、区域旅游开发模式、旅游区域空间分布等领域；李蕾蕾的《旅游地形象策划：理论与实务》（被引61次）主要在城市旅游研究、旅游区可持续发展、旅游业与外资引入、城市旅游竞争力等领域被相关论文引用较多。

政治经济学入选著作4种：郭大力的《政治经济学及赋税原理》（被引71次）。主要被经济学价值论、价值论与资本论比较、劳动价值论、价值转移理论、经济自由主义等领域的论文借鉴和引用；樊纲的《渐进改革的政治经济学分析》（被引66次）在全球化的政治经济分析、渐进的规划制度、制度改革、改革路径分析、市场化进程中制度相容等领域具有一定的学术影响；方福前的《公共选择理论：政治的经济学》（被引61次）对研究公共政策创新的结构、公共部门管理范式、制度创新理论、政府契约结构等领域的课题具有一定的参考引用价值；在研究劳动力流动机制、农民工移民、劳动力要素价格、劳动力就业市场分析等课题时，蔡昉的《劳动力流动的政治经济学》（被引42次，2003年出版）具有一定的参考引用价值。

现代经济学领域有 4 种入选：吴敬琏的《当代中国经济改革：战略与实施》（被引 88 次）在当今经济体制改革、企业制度变革、土地产权结构变迁、渐进式改革、现代经济史述评、国有资产管理体制改革、股市制度建设、产业结构变动特征等领域的研究中，具有较大的学术参考和引用价值；罗荣渠的《现代化新论：世界与中国的现代化进程》（被引 75 次）的学术影响主要体现在现代化模式与意识、发展中国家现代化模式、现代化道路比较、区域现代化、现代化转型与可持续发展、生态现代化与可持续发展等领域；陆学艺的《当代中国社会阶层研究报告》（被引 68 次）多被社会阶层的经济分化、农民工阶层的经济特征、社会各阶层贫富差距、阶层化机制等领域的学者所参考引用；研究社会缺位下经济改革、市场化条件下分权改革、市场经济基础制度结构等学者较多引用钱颖一的《现代经济学与中国经济改革》（被引 31 次，2003 年出版）。

本次入选的经济学图书有 3 种属于信息经济学领域，其中《博弈论与信息经济学》是张维迎先生关于信息经济学的一本重要著作，其被引次数达到 1195 次，是入选的经济学国内学术著作中被引次数最高的著作，远远高于其他的国内著作，说明该书在信息经济学领域，乃至整个经济学领域具有重要学术影响。此书不但涵盖了子博弈完美均衡、序贯均衡（见叶斯完美均衡）这些高深且最适合用来分析中国经济体制的对策模型，而且对委托人、代理人模型、效率工资、各种"逆向选择"模型有深入的探讨。此书还有一个为国内同类书所没有的特点，即非常系统地介绍了研究前沿的成果，文献引用完全，看得出张维迎教授非同一般的学术功力。该书的学术影响力非常广泛，引用该书的论文涉及经济学的各个领域，影响面广泛。张维迎的另一本著作《信息、信任与法律》（被引 30 次，2003 年出版）则多被博弈论和委托代理理论、社会诚信体系、知识产权冲突及激励、社会资本与经济绩效、社会信用制度供给等领域的学者所参考引用。此外，马费成的《信息经济学》（被引 88 次）的学术影响主要在信息产业发展、信息经济理论范式、社会经济信息化、信息商品需求弹性、信息化水平测算方法、信息市场失灵与政府干预、信息服务的网络营销、知识生产力构成要素等领域。

西方经济学有 3 种图书入选：高鸿业所著的《西方经济学》（被引 182 次）的学术影响主要在马克思主义与中国经济学、西方庸俗经济理论的经济增长因素分析、财政政策与货币政策、经济转型时期政府失灵、市场失灵、利率市场化、国民收入分配、效用理论、社会消费模式等领域；盛昭瀚的《演化经济学》（被引 47 次，2002 年出版）多被均衡与演化、演化均衡与制度演化制度演进、管理体制生成与演进、演化博弈理论与分析、合作行为的演化分析、产业演化模型等领域的论文引用；贾根良的《演化经济学：经济学革命的策源地》（被引 29 次，2004 年出版）在后凯恩斯经济学的新发展、中小企业演化理论、内生增长理论与演化理论、创新研究等主题领域的课题中，具有一定的参考引用价值。

另外，薄一波的《若干重大决策与事件的回顾》（被引119次）是他的回忆并带有研究性质的有关中国当代史的专著。书中评述了中共党内在农业合作化问题争论的是非，加快手工业改造问题上的得与失，详细论证了党内分析的实际情况及其产生原因，这对于澄清国内外的错误看法有极大意义。该书对新民主主义时期经济建设、三线建设与西部大开发、国有企业改革、区域经济发展、农村经济改革理论、个体农业、农业合作化与家庭联产承包、西方经济学理论在中国的验证、非公有制经济政策等领域的研究产生了较大的学术影响力。章有义所著的《中国近代农业史资料》（被引68次）在近代农业经济、近代农业私人投资、中国近代社会形态和阶级结构、村落权力机构、农村集市发展、近代农业生产与收成等领域具有一定的学术影响，并被该领域的学者引用参考较多。

以上分析表明，我国经济学经济领域的研究发展迅速，形成了比较完整的经济学科体系，无论是从入选的国内学术著作的数量，还是从这些著作所涉及的研究领域来看，都充分证明了我国经济学发展过程中积极的一面。通过上文分析我们可以发现，虽然国内学者著作的入选数量是所有图书类别中最多的，但是被引次数超过100次的著作仅仅只有30种，与之形成鲜明对比的是，在国外学术著作中，被引次数超过100次的著作达到58种。这些情况说明在学科学术影响力上国内著作与国外著作尚存在一定差距，需要学界共同努力，全面提升国内著作的学术影响力。

14.7 结语

综上所述，我们从"领袖人物著作"、"历史文献"、"工具书"、"国外学术著作"、"国内学术著作"五大类别分析了图书对我国经济学研究产生的重大学术影响的图书，清晰地体现出图书在我国经济学发展中的学术价值。由于国外学术著作和国内学术著作的入选种数较多，为了更加有条理地分析该类图书的学术影响力，我们对该两大类别图书进行了再次的细分。需要说明的是，在确定图书所属类别的过程中，势必会涉及分类的标准性问题，从而导致部分图书存在多类别属性的情况，例如，领袖著作具有学术著作的属性，经济学理论著作既可具有西方经济学的属性，也可具有制度经济学的属性。然后为了清晰地从不同层面分析不同类别图书对我国经济学研究的学术影响力，这样的分类也是必需的。

在本章所分的几种类别的图书中，不同图书类别有着不同的特点，领袖人物著作的平均被引次数最高，体现了领袖著作对经济学研究的指导性，尤其是一些领袖人物本身也是颇有学术造诣的经济学家，他们的很多学术观点直接影响着经济学具体领域的研究和发展；国外著作的总被引次数最高，这说明了国外学术著作的学术质量、理论深度以及对经济学影响的深远程度都是与其他图书类别所不能相提并论的；国内学术著作的入选种数最多，这说明国内经济学著作与中国经济发展与建设结合

第14章 经济学

得更加紧密,对经济实践的指导性更强,具有较强的实用性。

在被经济学论文引用60次及以上或年均被引6次及以上的330种图书共涉及256个作者,其中238个为个人作者,18个为团体作者。在这些作者中19个作者有3种及以上图书入选,详见表14-9。

表14-9 经济学学科入选3种及以上图书作者

序号	作者	入选图书种数
1	道格拉斯·C. 诺斯	6
2	马克思	5
3	江泽民	5
4	迈克尔·波特	5
5	青木昌彦	5
6	保罗·萨缪尔森	4
7	R. H. 科斯	4
8	罗纳德·麦金农	3
9	保罗·克鲁格曼	3
10	熊彼特	3
11	奥利弗·E. 威廉姆森	3
12	蔡昉	3
13	李子奈	3
14	李扬	3
15	林毅夫	3
16	陆大道	3
17	谭崇台	3
18	杨小凯	3
19	张维迎	3

入选的经济学较有学术影响力的330种图书中共涉及67家出版社,其中入选5种及以上图书的出版社有19家,详见表14-10

表14-10 经济学学科入选图书较多的出版社

序号	出版社	入选图书种数
1	中国人民大学出版社	35
2	商务印书馆	30
3	上海三联书店	26

续表

序号	出版社	入选图书种数
4	经济科学出版社	22
5	人民出版社	22
6	中华书局	15
7	北京大学出版社	13
8	上海人民出版社	9
9	中国发展出版社	9
10	高等教育出版社	8
11	科学出版社	8
12	华夏出版社	7
13	清华大学出版社	7
14	上海远东出版社	7
15	中国统计出版社	7
16	社会科学文献出版社	6
17	生活·读书·新知三联书店	6
18	中国经济出版社	5

通过对全文的分析，我们可以发现我国经济学研究的一些特点。一是引用国外原版著作较少，原版著作比译本更能准确地反映作者的真实观点，可以让我们更易汲取其中的"原汁原味"。同时由于译本一般较原著具有一定的时间滞后性，因此原版著作更能使我们了解到科学的前沿热点。二是引用的国外学术作者集中在美国、英国、法国等少数国家，没有一个国外著作的作者来自于现在或曾经的社会主义国家。三是国内学术著作的影响力亟需提高。通过本章的分析可以发现，国内著作的平均被引次数低于国外著作。虽然学术影响力和著作质量不能直接地画等号，但通过被引次数统计得到的图书学术著作影响力从一个方面体现了图书学术质量。因此我国学者在努力提高学术著作质量的同时，更需要提升学术著作的影响力。这些都是日后我国经济学界必须加以重视并解决的问题。

第15章 政治学

根据CSSCI的统计数据，2000—2007年政治学论文对图书（包括汇编文献）的引用量已达171676次（参见表15-1），占本学科论文全部引用文献的64.45%（参见本书第1章，表1-3），是社会科学学科中所占比例最高的学科。数据充分说明图书对政治学研究具有重要价值，是本学科领域第一大学术资源，对政治学研究发挥着极大的作用。因此，挖掘政治学领域内最具学术影响力的图书，对繁荣政治学领域、提升政治学研究水平有着十分重要的意义。

然而，如何从这些图书中分析出对政治学领域最具学术影响的图书，是我们一直所关注的问题。根据我们对引文索引的理解，借助《中文社会科学引文索引》（CSSCI），并利用引文分析的方法对其中（2000—2007年）的政治学论文引用的图书进行统计、处理、分析，选出了被引次数较多的图书。本书第1章拟定的政治学图书入选标准是：2000—2007年间在CSSCI中被政治学论文引用50次及以上或年均被引5次及以上的图书。根据这一标准共遴选出了对我国政治学领域具有较大学术影响的225种图书。

需要说明的是，由于原始数据中存在诸多错误，同时要对多年数据进行合并，使我们在统计与处理数据时花费了大量精力。数据统一处理的标准为：（1）查询中国国家图书馆和CALIS中的数据，对可能错误的数据进行纠错；（2）进行合并处理时，如书名、作者、出版社都相同，出版年不一致，在确认是同一本书的情况下，将其合并；一些译著在CSSCI数据中，有的著录作者是翻译者，有的是原作者，在确定是一本书的情况下，合并这两本书并累计被引次数，并把原作者和译者同作为作者项著录。（3）一些多卷图书著录的详简不一，如《马克思恩格斯全集》等领袖人物的著作、《史记》等历史文献和统计年鉴等大量的书著录不完全，缺少卷号或出版年代，甚至将出版社写错。为了反映这些书整体对学术研究的影响，我们将这些书进行多卷合并处理。

经过繁杂的处理过程，我们选出了符合标准的对政治学领域产生较大学术影响的225种图书。为了从不同角度、不同层面分析所选出图书的学术影响，我们把选择出来的图书分成6类（领袖著作、政治文献与资料、历史文献、工具书、国外学术著作、国内学术著作），并分别从不同角度讨论这些图书对政治学领域的学术影响。

15.1 概述

为了考察不同类别的文献对学术研究产生的不同作用，CSSCI将引用文献分为11类，外加一个其他类。具体为：期刊论文、图书、汇编文献、报纸文章、会议论文、报告文献、法规文献、学位论文、信函、标准文献、网络资源及其他。借助对政治学论文引用文献类型的统计分析，可以从不同类型文献的被引用量的差异反映出对政治学领域中具有较大学术影响的重要学术资源分布状况。表15-1给出了2000—2007年CSSCI中政治学论文引用各类文献的数量。

表15-1　　2000—2007年政治学论文引用文献的类型统计　　（单位：篇次）

类型 年份	期刊论文	图书	汇编文献	报纸文章	会议论文	报告文献	法规文献	学位论文	信函	标准文献	网络资源	其他
2000	3733	13626	2116	1007	255	127	140	20	86	0	81	442
2001	3750	13936	1339	1062	173	137	29	30	27	0	169	301
2002	4624	16065	1666	1555	117	202	57	25	6	3	348	312
2003	5574	16367	2868	1946	140	195	60	18	11	0	839	606
2004	6584	17982	2806	2076	194	203	106	29	8	0	1685	656
2005	8196	19930	4108	2867	248	222	95	65	23	0	2393	1046
2006	11256	23841	5150	3102	263	263	54	107	9	2	3010	1082
2007	11755	24815	5061	3357	324	234	48	120	19	0	3539	1233
合计	55472	146562	25114	16972	1714	1583	589	414	189	5	12064	5678

从表15-1可以看出，一方面，2000—2007年政治学论文引用图书（包括汇编文献，下文论及图书均指包括汇编文献）的数量基本在逐年增加（除2001年有微量的减少外），所占比重基本在逐年减少（除2001年稍有增加外）；另一方面，图书的被引总量也有迅猛的增长，8年高达171676次，所占比重为64.45%，即使是比重最低的2007年，也达到了59.15%。可见，图书被引种数和被引次数远远超过其他类型文献，足以说明图书是政治学领域最重要的学术资源。

另一方面我们也应看到，期刊论文、报纸文章、学位论文和网络资源所占的比例基本呈现出逐年增长趋势。这一方面说明在我国繁荣的哲学社会科学领域中大量的最新文章对政治学领域产生着越来越大的影响，另一方面也反映出政治学领域对新的精品著作的期待。虽然如此，但诸多政治学经典著作始终发挥着重要学术影响，确保了在政治学领域图书的学术影响仍占据主导地位。

为了分析不同语种的文献对我国人文社会科学研究的影响，CSSCI 对引用文献的语种进行了标注，所标注的语种主要有：中文、英文、日文、俄文、德文、法文，另外还有部分被引用文献属于译著。通过这些语种信息我们可以分析不同语种的学术资源对政治学领域的影响。表 15 - 2 给出了 2000—2007 年 CSSCI 中政治学论文引用文献语种统计。

表 15 - 2　　　　2000—2007 年政治学论文引用文献的语种统计　　　　（单位：篇次）

年份\语种	中文	英文	日文	俄文	德文	法文	其他语种	译文
2000	12247	4275	424	411	72	50	200	3954
2001	11638	4485	267	282	86	55	280	3860
2002	14393	5246	321	279	87	46	133	4475
2003	16068	6194	355	327	157	75	130	5318
2004	16673	8442	487	313	183	128	273	5830
2005	19951	10471	541	320	126	100	417	7267
2006	25064	12915	503	277	243	79	298	8760
2007	24983	14593	578	385	156	107	425	9278
合计	141017	66621	3476	2594	1110	640	2156	48742

从表 15 - 2 中可以看出，2000—2007 年政治学论文引用文献中，中文文献合计 141017 次，占全部被引文献的 52.94%，历年被引量呈一定的上升趋势；英文文献 66621 次，占全部被引文献的 25.01%，历年被引量总体上亦呈上升趋势；其他语种文献被引较少。中文引用文献的占有比率自 2002 年后有明显下滑趋势，从 2002 年的 57.62% 降为 2007 年的 49.47%，英文引用文献的占有比率则在稳步上升，已由 2000 年的 19.76% 增长为 2007 年的 28.89%。这说明，政治学领域的英语文献对中国政治学影响呈上升的趋势，政治学学者越来越关注国外相关领域的科研成果。其原因之一在于，政治学研究中包括了国际政治、国际关系和外交学等二级学科，而英语世界国家（例如美国）在这些领域的成就十分突出。

为了更合理地评价政治学领域的图书影响力，我们根据遴选标准（总被引 50 次及以上或年均被引 5 次及以上）选出了 225 种图书，这 225 种图书总共被引 42796 次，占据本学科论文引用的图书总次数的 24.93%。为了更科学地分析不同类别的图书对本学科产生的不同影响，我们根据本学科的特点，将这些图书分成 6 类：领袖著作、政治文献与资料、历史文献、工具书、国外学术著作（含译著）、国内学术著作。详细数据参见表 15 - 3。

表15-3　入选政治学论文引用图书的类别统计

内容类别 \ 图书类别	领袖著作	政治文献与资料	历史文献	工具书	国外学术著作	国内学术著作
入选图书种数	37	31	21	5	95	36
入选图书被引次数	25311	3602	2666	514	8521	2182
入选图书被引次数所占比例	59.14%	8.42%	6.23%	1.20%	19.91%	5.10%
入选图书平均被引次数	684.08	116.19	126.95	102.8	89.69	60.61

分析表15-3中的数据，可以得出以下几点：

第一，领袖著作入选的图书种数37种，排在入选数量的第2位，但被引次数却越过排在入选种数第1位的国外学术著作而高居榜首，占全部入选图书被引总次数的59.14%，平均每种被引次数超过680次，远远高于其他人文社会学科，这是政治学学科的独特之处。

第二，由于政治学的独特性，本章特别为政治学设立了政治文献与资料类别，以分析政治文献与资料对政治学领域的影响。本章所定义的政治文献与资料主要包括中共中央和中华人民共和国的重要文献汇编、重要领袖人物的年谱传记以及中华民国重要史料、少量其他国家政治资料等。从表15-3可以看出，入选的政治文献与资料共31种，排在第4位，但由于平均被引次数远高于国内学术著作，所以被引次数超过了国内学术著作上升到第3位。另外，平均被引数量也仅次于历史文献排在第3位。

第三，虽然政治学研究的主要涉足领域是当代社会政治问题，但历史的演变与社会发展、古代政治制度与社会文化等依然对当今政治学研究领域产生着很大影响。21种历史文献以平均被引126.95次位列各类文献第2位，反映了历史文献对政治学研究领域有着较为重要的影响。

第四，入选的工具书只有5种，平均被引高于国内外学术著作排在第4位。总的来看，工具书在政治学领域的学术影响偏低，这一方面与政治学的研究内容和特点有关，另一方面也提醒学者在研究中应注重对工具书的利用。

第五，入选图书种数最多的类别是国外学术著作，说明我国政治学领域受国外学术著作的影响很大。当然，这与政治学领域包含有政治学理论、国际政治、国际关系等二级学科也有一定关系。与同属学术性著作的国内学术著作相比，入选的国外学术著作的平均被引远高于国内学术著作，说明国内学术著作与国外学术著作的差距不仅仅表现在入选数量上，还体现在整体的学术水平上。

第六，国内学术著作的入选种数不到国外著作的一半，仅入选36种，且被引次数和平均被引的排名比入选种数的排名相对靠后。平均被引次数排名落到各类文献的最后，被引总次数排名也仅仅高于工具书排在倒数第2位。这不仅仅说明国内学术著作中有较大学术影响的著作不多，而且入选的著作平均影响力度与其他类图书也存在很大差距。如果我们将政治学入选图书排名与其他学科比较，可以看到政治学入选图书种数排在第7位，而其中入选的国内学术著作的种数却仅高于马克思主义学科，排在倒数第2位（参见本书第1章：表1-2）。

15.2 领袖著作对政治学研究的影响

本次入选的领袖著作主要是马克思列宁主义方面的重要著作。马克思列宁主义、毛泽东思想、邓小平理论、"三个代表"重要思想是科学的理论体系，是指导中国革命、建设和改革的强大思想武器，同时又是当代中国学者进行科学研究的根本指导思想。在当代中国，我们所要建设的政治学是马克思主义政治学，必须要坚持马克思主义的立场、观点和方法，正确运用这些立场、观点和方法去观察、分析、解答社会生活中的各种政治现象、政治关系和政治问题，并力求提出解决这些问题的对策和方法。①

政治学入选的领袖著作为37种，其入选种数在整个人文社会科学各学科中排在第2位，这是政治学学科一大独特之处，极大地凸显了国内政治学研究的"政治性"的色彩。

表15-4列出了本章遴选的被政治学论文引用较多的领袖著作的详细书目，图书的顺序按被引次数从多到少排序。由于领袖人物的著作往往经过多次印刷，因而版本众多，本章所选的领袖著作中，很多都忽略了它们的出版年代。

表15-4　　　　　　政治学论文引用较多的领袖人物著作

序号	图书信息
1	邓小平：《邓小平文选》，北京：人民出版社，1993
2	马克思：《马克思恩格斯选集》，北京：人民出版社，1995
3	马克思：《马克思恩格斯全集》，北京：人民出版社，1979
4	毛泽东：《毛泽东选集》，北京：人民出版社
5	列宁：《列宁全集》，北京：人民出版社
6	列宁：《列宁选集》，北京：人民出版社
7	毛泽东：《毛泽东文集》，北京：人民出版社

---

① 张永桃："在坚持与创新中建设马克思主义政治学"，《人民日报》2004年12月21日，第9版。

续表

序号	图书信息
8	孙中山：《孙中山全集》，北京：中华书局
9	毛泽东：《建国以来毛泽东文稿》，北京：中央文献出版社，1992
10	江泽民：《论"三个代表"》，北京：中央文献出版社，2001
11	江泽民：《江泽民论有中国特色社会主义（专题摘编）》，北京：中央文献出版社，2002
12	江泽民：《全面建设小康社会，开创中国特色社会主义事业新局面：在中国共产党第十六次全国代表大会上的报告》，北京：人民出版社，2002
13	刘少奇：《刘少奇选集》，北京：人民出版社
14	陈云：《陈云文选》，北京：人民出版社
15	毛泽东：《毛泽东著作选读》，北京：人民出版社
16	江泽民：《江泽民文选》，北京：人民出版社，2006
17	江泽民：《论党的建设》，北京：中央文献出版社，2001
18	周恩来：《周恩来选集》，北京：人民出版社，1984
19	江泽民：《在庆祝中国共产党成立80周年大会上的讲话》，北京：人民出版社，2001
20	斯大林：《斯大林全集》，北京：人民出版社
21	马克思：《资本论》，北京：人民出版社，1975
22	毛泽东：《毛泽东外交文选》，北京：中央文献出版社、世界知识出版社，1994
23	斯大林：《斯大林选集》，北京：人民出版社
24	孙中山：《孙中山选集》，北京：人民出版社，1981
25	周恩来：《周恩来外交文选》，北京：中央文献出版社，1990
26	普京：《普京文集：文章和讲话选集》，北京：中国社会科学出版社，2002
27	江泽民：《高举邓小平理论伟大旗帜，把建设有中国特色社会主义事业全面推向21世纪：在中国共产党第十五次全国代表大会上的报告》，北京：人民出版社，1997
28	江泽民：《论科学技术》，北京：中央文献出版社，2001
29	胡锦涛：《在"三个代表"重要思想理论研讨会上的讲话（2003年7月1日）》，北京：人民出版社，2003
30	陈独秀：《陈独秀文章选编》，北京：生活·读书·新知三联书店，1984
31	马克思著，刘丕坤译：《1844年经济学哲学手稿》，北京：人民出版社
32	周恩来：《周恩来统一战线文选》，北京：人民出版社，1984
33	毛泽东：《毛泽东书信选集》，北京：人民出版社，1983
34	钱其琛：《外交十记》，北京：世界知识出版社，2003

序号	图书信息
35	江泽民：《江泽民论加强和改进执政党建设（专题摘编）》，北京：中央文献出版社，2004
36	胡锦涛：《高举中国特色社会主义伟大旗帜，为夺取全面建设小康社会新胜利而奋斗：在中国共产党第十七次全国代表大会上的报告》，北京：人民出版社，2007
37	陈云：《陈云文集》，北京：中央文献出版社，2005

由表15-4中可看出，入选的领袖著作基本可分为两大类：国外领袖著作与国内领袖著作，其中国内领袖著作又可细分为"领袖文集"与"重要会议讲话"两类。为了详细了解这些图书对本学科哪些领域产生着较大影响，我们仔细地查阅了引用这些著作的政治学论文，分析这些文章所在研究领域，分类归纳得出以下几点：

第一，领袖著作对政治学研究的影响极其广泛和深刻。对领袖著作引用的论文主题几乎涉及政治学领域的方方面面，可以说在政治学研究的各个领域无不充满着领袖人物的理论、思想和观点，他们的著作在政治学领域中的强大指导作用得到了充分的体现。引用领袖著作的论文主题主要集中在如下领域：马克思、恩格斯、列宁、斯大林、毛泽东政治学经典著作研究，政治学原理，马克思主义中国化研究，科学社会主义与国际共产主义运动，中外政治制度，当代中国政府与政治，中共党史，政治思想，政治哲学；此外还涉及国际政治、外交学等诸多领域。

第二，国内领袖人物著作中的"领袖文集"在中共党史和马克思主义中国化研究方面多被引用，领袖人物的"重要会议讲话"的影响领域较集中地体现为当代中国政府与政治、中共党史和马克思主义中国化研究。

与人文社会科学其他学科相比，领袖人物著作对于我国政治学研究有着更为特殊的意义。当代中国的政治学必须反映和代表广大人民的根本利益，必须以其最有效的方式为社会主义市场经济体制服务。因此，维护马克思主义在思想政治意识形态中的主体地位，是当代中国政治学发展的重要任务和指导思想[1]。坚持马克思主义的立场、观点和方法，是我国政治学自身发展的要求，也是我国所有政治学工作者应尽的责任和必须掌握的基本功。对于学者而言，坚持马克思主义的立场、观点和方法，并正确运用这些立场、观点和方法去做研究，必须对领袖著作有全面的认识和深刻的理解与感悟，在此基础上积极推进理论的创新，并将理论联系实践，更好地为我国的社会主义现代化服务。

---

[1] 蔡立辉："论当代中国的政治学研究及其发展"，《社会科学研究》2002年第4期。

15.3 政治文献与资料对政治学研究的影响

政治文献与资料是政治学区别于其他人文社会科学的独特的一类。与人文社会科学其他学科相比，马克思列宁主义、毛泽东思想、邓小平理论、"三个代表"重要思想不仅是政治学研究的根本指导思想，也是政治学的重要研究对象。进行深入的理论研究，推进理论创新，并将理论与实践相结合，为党、国家与人民服务，为中国的政治发展服务，是中国政治学研究义不容辞的责任。因此，政治文献与资料在政治学研究中的重要地位是十分显著的。表 15-5 给出了政治学论文引用较多的政治文献与资料。

表 15-5　　　　　　政治学论文引用较多的政治文献与资料

序号	图书信息
1	中央档案馆：《中共中央文件选集》，北京：中共中央党校出版社
2	中共中央文献研究室：《建国以来重要文献选编》，北京：中央文献出版社，1992
3	Department of State, United States of America: *Foreign Relations of the United States*, Washington: United States Government Printing Office.
4	薄一波：《若干重大决策与事件的回顾》，北京：中共中央党校出版社，1991
5	中共中央文献研究室：《十三大以来重要文献选编》，北京：人民出版社
6	中共中央文献研究室：《十四大以来重要文献选编》，北京：人民出版社，1996
7	中共中央文献研究室编：《周恩来年谱》，北京：中央文献出版社，1997
8	中共中央文献研究室：《十五大以来重要文献选编》，北京：人民出版社
9	中共中央文献研究室：《邓小平思想年谱：1975—1997》，北京：中央文献出版社，1998
10	中共中央文献研究室：《毛泽东传》，北京：中央文献出版社
11	中国共产党第十六次全国代表大会秘书处：《中国共产党第十六次全国代表大会文件汇编》，北京：人民出版社，2002
12	中共中央文献研究室：《邓小平年谱：1975—1997》，北京：中央文献出版社，2004
13	朱佳木：《陈云年谱（1905—1995）》，北京：中央文献出版社，2000
14	《中共中央关于加强党的执政能力建设的决定》，北京：人民出版社，2004
15	中共中央文献研究室：《三中全会以来重要文件选编》，北京：人民出版社，1982
16	胡绳：《中国共产党的七十年》，北京：中共党史出版社，1991
17	中共中央党校文献室：《十六大报告辅导读本》，北京：人民出版社，2002

第15章 政治学

续表

序号	图书信息
18	中共中央党史研究室第一研究部：《共产国际、联共（布）与中国革命档案资料丛书》，北京：北京图书馆出版社，1997
19	秦孝仪：《中华民国重要史料初编：对日抗战时期》，中国台北：中国国民党中央委员会党史委员会，1981
20	中共中央党校党史教研室：《中共党史参考资料》，北京：人民出版社，1979
21	逄先知：《毛泽东年谱》，北京：人民出版社，1993
22	中共中央文献研究室：《关于建国以来党的若干历史问题的决议（注释本）》，北京：人民出版社，1985
23	顾维钧著，中国社会科学院近代史研究所译：《顾维钧回忆录》，北京：中华书局，1983
24	刘崇文：《刘少奇年谱》，北京：中央文献出版社，1996
25	苏共中央马克思列宁主义研究院：《苏联共产党代表大会、代表会议和中央全会决议汇编》，北京：人民出版社
26	金冲及：《周恩来传》，北京：中央文献出版社，1998
27	中国共产党第十五次全国代表大会秘书处：《中国共产党第十五次全国代表大会文件汇编》，北京：人民出版社，1997
28	中共中央文献研究室：《十六大以来重要文献选编》，北京：中央文献出版社，2005
29	中共中央宣传部：《"三个代表"重要思想学习纲要》，北京：学习出版社，2003
30	中央保持共产党员先进性教育活动领导小组办公室：《保持共产党员先进性教育读本》，北京：党建读物出版社，2004
31	中共中央：《关于构建社会主义和谐社会若干重大问题的决定》，北京：人民出版社，2006

从表 15-5 可以看出，入选的政治文献与资料主要为中共中央有关部门编写的：中华人民共和国全国人大、中共中央重要文献汇编、重要领袖人物的年谱、传记等，也有少量中央领导人（薄一波）和我国著名外交家（顾维钧）的回忆录。出版单位主要集中于中共中央党校出版社、人民出版社和中央文献出版社三家。

通过查阅引用论文的主题发现，引用党和国家的重要文献的政治学论文主题主要集中在当代中国政府与政治、中共党史（包括党的建设）与马克思主义中国化研究方面；引用领袖人物的年谱、传记的论文主题主要是中共党史与领袖人物思想研究。

在该类图书中，有一部外文图书 Foreign Relations of the United States[①]。该书是一套按年度编制的文集，由美国国务院负责编写，主要记录了美国政府在外交事务和外交决策中的官方文件，其形式主要是美国驻各国各地区的大使公使或负责人与华盛顿首府的电报往来，也附带各国外长及美国国内相关机构与首府的书信。该书范围涵盖全球，以国别和区域来分类，因此，我们也将其归入政治资料。引用该书的政治学论文主题领域主要为美国外交史及国际关系史研究。

15.4 历史文献对政治学研究的影响

历史文献是古代人类社会文化财富的宝库，是各民族祖先文明发展史的物质见证，它记载了包括古代政治、经济、民族、文学、艺术、史学、哲学、法学、科技、农学、医药等方面的重要内容，在人类文化史上占有重要地位。在这次遴选出的225种图书中，历史著作有21种，被引次数占入选图书总被次数的6.23%。其中被引次数最多的是《论语》，被引次数达435次。表15-6给出了CSSCI中2000—2007年间政治学论文引用较多的历史文献。[②]

表15-6 政治学论文引用较多的历史文献

序号	图书信息
1	《论语》
2	《孟子》，北京：中华书局，1980
3	《汉书》，北京：中华书局
4	《史记》，北京：中华书局
5	《荀子》
6	《宋史》，北京：中华书局，1977
7	《明史》，北京：中华书局，1974
8	《筹办夷务始末》，北京：中华书局
9	《韩非子》
10	《续资治通鉴长编》，北京：中华书局
11	《旧唐书》，北京：中华书局，1975

---

① 本文集源于1861年林肯总统向国会递交的年度报告的外交部分，除1869年外都是连续出版的。最开始的书名是 Papers Relating to Foreign Affairs Accompanying the Annual Message of the President，1870年改为 Papers Relating to Foreign Relations of the United States，到1947年采用现在的名字。

② 历史文献年代久远，大都经过多次印刷，版本众多，CSSCI中的著录也有许多不完全、不一致的地方。因此，本表给出的图书有的没有年代，有的标注的年代是选取被引最多的版本。

续表

序号	图书信息
12	《尚书》，北京：中华书局
13	《资治通鉴》，北京：中华书局，1956
14	《礼记》，北京：中华书局
15	《清高宗实录》，北京：中华书局，1985
16	《清史稿》，北京：中华书局
17	《左传》，北京：中华书局，1980
18	《隋书》，北京：中华书局，1973
19	《后汉书》，北京：中华书局
20	《宋会要辑稿》，中华书局
21	《管子》

查阅了表15-6中图书的引用来源发现，引用历史文献的政治学论文主题主要集中于中国古代政治思想、政治文化与政治制度方面。在中国政治思想史和政治制度史的研究中，历史文献发挥着举足轻重的作用，它不仅提供了基本的研究对象，也提供了重要的史料支持。在政治学总共遴选的225种图书中，历史文献虽只入选了21种，但平均被引次数高达126次，高于国内外学术著作，凸显了这21种历史文献在政治学领域内的学术影响力。

在表15-6中，位居前5位的分别为《论语》、《孟子》、《史记》、《汉书》和《荀子》，被引次数依次为435、280、224、198、188。其中有3本为儒家经典之作，总被引次数达903次，占历史文献被引总数的33.87%，可见传统的儒家思想对中国政治发展的影响之深。中国传统文化是以儒家文化（或称儒学）为主体的多元文化，儒家文化在中国2000多年的封建政治统治中发挥了重要的作用，并对之后的政治发展有着深远影响。科学地研究传统文化，正确看待儒家文化在传统政治中的作用及其对现代政治的影响成为政治思想与文化研究者们关注的焦点。

15.5　工具书对政治学研究的影响

政治学类工具书比较少，因为政治学研究领域广阔、理论复杂深奥，即使一个概念本身即可构成一个庞大的理论系统，同一概念也难以形成统一定论。入选的属于政治学领域的工具书只有一本，并且是较为经典与权威的百科全书式著作——《布莱克维尔政治学百科全书》，该书被引用频率排在工具书的首位。工具书对政治学研究的影响主要体现在概念的诠释和资料的引用。从政治学领域的图书影响上来看，工具书被学者引用次数偏少，对政治学研究的影响较小。表 15-7 给出了政治学论文引用较多的工具书。

表 15-7　　　　　　　　　政治学论文引用较多的工具书

序号	图书信息
1	［英］戴维·米勒（David Miller）等编，中国问题研究所等译：《布莱克维尔政治学百科全书》，北京：中国政法大学出版社，1992
2	国家统计局：《中国统计年鉴》，北京：中国统计出版社
3	中国大百科全书编辑委员会：《中国大百科全书》，北京：中国大百科全书出版社
4	世界知识出版社：《国际条约集》，北京：世界知识出版社
5	辞海编辑委员会：《辞海》，上海：上海辞书出版社，1999

从表 15-7 中可以看出，虽然入选的工具书只有 5 种，但却涉及 4 个方面：百科全书、统计年鉴、国际条约和词典。

《布莱克维尔政治学百科全书》为引用次数最多的工具书，该书被政治学论文引用 207 次，与国内外的政治学学术著作相比，其被引次数超过所有入选的国内学术著作，在国外学术著作中也位居前列，由此可见其非同一般的学术价值。《布莱克维尔政治学百科全书》是《布莱克维尔政治思想百科全书》和《布莱克维尔政治制度百科全书》的合成之作，是世界公认的迄今最具权威的政治学学术工具书。撰稿者均为来自 10 多个国家的 400 余位权威专家。收录条目近 900 条，内容不仅包括政治理论、政治制度、政党、社团与舆论、国际关系（主要是国际组织）、政治学家，还涉及与政治学有关的法学、经济学、哲学、社会学等方面的内容。

《中国统计年鉴》[①] 是一部汇集了上一年重要时事、文献和统计资料，并按年度连续出版的资料性工具书。它收录了全国和各省、自治区、直辖市每年经济和社会发展各方面的数据以及历史重要年份和近 20 年的全国主要统计数据，全面反映了中华人民共和国经济和社会发展状况。它为学者研究提供了翔实、准确、可靠的现实和依据，其资料多被引用于当代中国政府与政治、行政管理领域的研究论文。

《国际条约集》共有多版多卷，最早的是世界知识出版社于 1961 年编辑出版的《国际条约集》（1917—1923）和《国际条约集》（1924—1933）。1961 年之后，世界知识出版社又陆续编辑出版了多个版本。该套条约集全面地汇编了 1648—1971 年间主要国际条约，是国内学者研究外交学、国际关系和国际法最为重要的国际条约检索工具。

---

① 为全面反映年鉴类工具书对于政治学的影响，此处的《中国统计年鉴》采用多年合并的数据。

15.6 国外学术著作对政治学研究的影响

国外学术著作（包括外文原著和译著）是政治学入选图书最多的一个类别，总共 95 种[①]，占入选图书总量的 42.22%，被引次数为 8521 次，占 19.91%，两项指标都远远高于同类的国内学术著作。可见，国外政治学著作在中国政治学研究中占据十分重要的地位。表 15-8 给出了入选的国外学术著作目录。

表 15-8　　　　　　　　政治学论文引用较多的国外学术著作

序号	图书信息
1	［美］塞缪尔·P. 亨廷顿（Samuel P. Huntington）著，王冠华等译：《变化社会中的政治秩序》，北京：生活·读书·新知三联书店，1989
2	［美］兹比格纽·布热津斯基（Zbigniew Brzezinski）著，中国国际问题研究所译：《大棋局：美国的首要地位及其地缘战略》，上海：上海人民出版社，1998
3	［美］亚历山大·温特（Axexander Wendt）著，秦亚青译：《国际政治的社会理论》，上海：上海人民出版社，2000
4	［古希腊］亚里士多德（Aristotle）著，吴寿彭译：《政治学》，北京：商务印书馆，1965
5	［美］詹姆斯·多尔蒂（James E. Dougherty）等著，阎学通等译：《争论中的国际关系理论》，北京：世界知识出版社，2003
6	［美］塞缪尔·P. 亨廷顿（Samuel P. Huntington）著，周琪等译：《文明的冲突与世界秩序的重建》，北京：新华出版社，1998
7	［美］约翰·罗尔斯（John Rawls）著，何怀宏译：《正义论》，北京：中国社会科学出版社
8	［法］让-雅克·卢梭（Jean-Jacques Rousseau）著，何兆武译：《社会契约论》，北京：商务印书馆，1980
9	［美］加布里埃尔·A. 阿尔蒙德（Gabriel A. Almond）等著，曹沛霖等译：《比较政治学：体系、过程和政策》，上海：上海译文出版社，1987
10	［美］塞缪尔·P. 亨廷顿（Samuel P. Huntington）著，刘军宁译：《第三波：20 世纪后期民主化浪潮》，上海：三联书店，1998

[①] 部分入选的国外著作有多个中译本。对于不同译者、不同出版社出版的中译本，算作不同的图书分别记入此类。

续表

序号	图书信息
11	［法］孟德斯鸠（Baron de Montesquieu）著，张雁深译：《论法的精神》，北京：商务印书馆
12	［德］马克斯·韦伯（Max Weber）著，林荣远译：《经济与社会》，北京：商务印书馆，1997
13	［法］托克维尔（Tocqueville）著，董果良译：《论美国的民主》，北京：商务印书馆，1988
14	［美］亨利·基辛格（Henry A. Kissinger）著，顾淑馨等译：《大外交》，海口：海南出版社，1998
15	［美］罗伯特·基欧汉（Robert O. Keohane）著，苏长和等译：《霸权之后：世界政治经济中的合作与纷争》，上海：上海人民出版社，2001
16	［英］约翰·洛克（John Locke）著，瞿菊农等译：《政府论》，北京：商务印书馆，1964
17	［美］肯尼思·华尔兹（Kenneth N. Waltz）著，胡少华等译：《国际政治理论》，北京：中国人民公安大学出版社，1992
18	［美］乔万尼·萨托利（Giovanni Sartori）著，冯克利等译：《民主新论》，北京：东方出版社，1998
19	［美］塞缪尔·P. 亨廷顿（Samuel P. Huntington）著，李盛平等译：《变革社会中的政治秩序》，北京：华夏出版社，1989
20	［美］约翰·米尔斯海默（John J. Mearsheimer）著，王义桅等译：《大国政治的悲剧》，上海：上海人民出版社，2003
21	［美］汉斯·摩根索（H. J. Morgenthau）著，卢明华等译：《国际纵横策论：争强权，求和平》，上海：上海译文出版社，1995
22	［美］汉斯·摩根索（H. J. Morgenthau）著，徐昕等译：《国家间政治：寻求权力与和平的斗争》，北京：中国人民公安大学出版社，1990
23	［美］罗伯特·吉尔平（Robert Gilpin）著，武军等译：《世界政治中的战争与变革》，北京：中国人民大学出版社，1994
24	［美］亚历山大·汉密尔顿（Alexander Hamilton）等著，程逢如等译：《联邦党人文集》，北京：商务印书馆
25	［美］肯尼思·华尔兹（Kenneth N. Waltz）著，信强译：《国际政治理论》，上海：上海人民出版社，2003
26	［英］安东尼·吉登斯（Anthony Giddens）著，郑戈译：《第三条道路：社会民主主义的复兴》，北京：北京大学出版社，生活·读书·新知三联书店，2000

续表

序号	图书信息
27	Robert O. Keohane：*After Hegemony*：*Cooperation and Discord in the World Political Economy*, Princeton, N. J.：Princeton University Press, 1984.
28	［英］弗里德利希·冯·哈耶克（Friedrich A. Von Hayek）著，邓正来译：《自由秩序原理》，北京：生活·读书·新知三联书店，1997
29	［英］托马斯·霍布斯（Thomas Hobbes）著，黎思复等译：《利维坦》，北京：商务印书馆，1985
30	［美］道格拉斯·C. 诺斯（Douglass C. North）著，陈郁等译：《经济史中的结构与变迁》，上海：三联书店、上海人民出版社，1994
31	［德］黑格尔（G. W. F. Hegel）著，范扬等译：《法哲学原理》，北京：商务印书馆，1961
32	［美］西摩·马丁·李普塞特（Seymour Martin Lipset）著，张绍宗译：《政治人：政治的社会基础》，上海：上海人民出版社，1997
33	［美］科恩（Carl Cohen）著，聂崇信等译：《论民主》，北京：商务印书馆
34	［美］迈克尔·罗斯金（Michael G. Roskin）著，林震译：《政治科学》，北京：华夏出版社，2001
35	［美］戴维·伊斯顿（David Easton）著，王浦劬译：《政治生活的系统分析》，北京：华夏出版社，1999
36	［美］罗伯特·基欧汉（Robert O. Keohane）等著，门洪华译：《权力与相互依赖》，北京：北京大学出版社，2002
37	Kenneth N. Waltz.：*Theory of International Politics*, Reading, Mass.：Addison–Wesley Pub. Co., 1979.
38	［美］小约瑟夫·奈（Jr. Joseph S. Nye）著，张小明译：《理解国际冲突：理论与历史》，上海：上海人民出版社，2005
39	Robert O. Keohane：*International Institutions and State Power*：*Essays in International Relations Theory*, Boulder, Colo.：Westview Press, 1989.
40	［美］萨拜因（G. H. Sabine）著，刘山译：《政治学说史》，北京：商务印书馆，1986
41	［美］大卫·A. 鲍德温（David A. Baldwin）主编，肖欢容译：《新现实主义和新自由主义》，杭州：浙江人民出版社，2001
42	［英］戴维·赫尔德（David Held）著，燕继荣等译：《民主的模式》，北京：中央编译出版社，1998
43	［美］罗伯特·达尔（R. A. Dahl）著，李柏光等译：《论民主》，北京：商务印书馆，1999

续表

序号	图书信息
44	［德］乌尔里希·贝克（Ulrich Beck）等著，王学东等译：《全球化与政治》，北京：中央编译出版社，2000
45	［英］J. S. 密尔（J. S. Mill）著，汪瑄译：《代议制政府》，北京：商务印书馆，1982
46	Hedley Bull：*The Anarchical Society：A Study of Order in World Politics*，New York：Columbia University Press，1977.
47	［英］戴维·赫尔德（David Held）等著，杨雪冬等译：《全球大变革：全球化时代的政治、经济与文化》，北京：社会科学文献出版社，2001
48	［英］安东尼·吉登斯（Anthony Giddens）著，胡宗泽等译：《民族国家与暴力》，北京：生活·读书·新知三联书店，1998
49	［英］赫德利·布尔（Hedley Bull）著，张小明译：《无政府社会：世界政治秩序研究》，北京：世界知识出版社，2003
50	［美］道格拉斯·C. 诺斯（Douglass C. North）著，刘守英译：《制度、制度变迁与经济绩效》，上海：三联书店，1994
51	［美］罗伯特·达尔（R. A. Dahl）著，王沪宁译：《现代政治分析》，上海：上海译文出版社，1987
52	［美］杰里尔·A. 罗赛蒂（Jerel A. Rosati）著，周启朋等译：《美国对外政策的政治学》，北京：世界知识出版社，1997
53	Alexander Wendt.：*Social Theory of International Politics*，Cambridge；New York：Cambridge University Press，1999.
54	［美］罗伯特·吉尔平（Robert Gilpin）著，杨宇光等译：《国际关系政治经济学》，北京：经济科学出版社，1989
55	［德］尤尔根·哈贝马斯（Juergen Habermas）著，张博树译：《交往与社会进化》，重庆：重庆出版社，1989
56	［美］R. H. 科斯（R. H. Coase）等著，刘守英译：《财产权利与制度变迁：产权学派与新制度学派译文集》，上海：三联书店、上海人民出版社，1994
57	［德］柯武刚（Wolfgang Kasper）著，韩朝华译：《制度经济学：社会秩序与公共政策》，北京：商务印书馆，2000
58	［美］罗伯特·基欧汉（Robert O. Keohane）著，郭树勇译：《新现实主义及其批判》，北京：北京大学出版社，2002
59	［美］曼瑟尔·奥尔森（Mancur Olson）著，陈郁等译：《集体行动的逻辑》，上海：上海三联书店、上海人民出版社，1995

续表

序号	图书信息
60	Joseph S. Nye, Jr.: *The Paradox of American Power: Why the World's Only Superpower Can't Go It Alone*, Oxford; New York: Oxford University Press, 2002.
61	[英] 巴瑞·布赞（Barry Buzan）等著, 朱宁译:《新安全论》, 杭州: 浙江人民出版社, 2003
62	Robert Gilpin.: *War and Change in World Politics*, Cambridge; New York: Cambridge University Press, 1981.
63	[美] L. S. 斯塔夫里阿诺斯（L. S. Stavrianos）著, 吴象婴等译:《全球通史: 1500 年以后的世界》, 上海: 上海社会科学院出版社
64	[德] 尤尔根·哈贝马斯（Juergen Habermas）著, 曹卫东等译:《公共领域的结构转型》, 上海: 学林出版社, 1999
65	[美] 约翰·罗尔斯（John Rawls）著, 万俊人译:《政治自由主义》, 南京: 译林出版社, 2000
66	[美] 杜赞奇（Prasenjit Duara）著, 王福明译:《文化、权力与国家: 1900—1942 年的华北农村》, 南京: 江苏人民出版社
67	[美] 玛莎·费丽莫（Martha Finnemore）著, 袁正清译:《国际社会中的国家利益》, 杭州: 浙江人民出版社, 2001
68	[美] 戴维·奥斯本（David Osborne）等著, 上海市政协编译组、东方编译所编译:《改革政府: 企业精神如何改革着公营部门》, 上海: 上海译文出版社, 1996
69	[美] 塞缪尔·P. 亨廷顿（Samuel P. Huntington）著, 张岱云等译:《变动社会的政治秩序》, 上海: 上海译文出版社, 1989
70	[美] 伊曼纽尔·沃勒斯坦（Immanuel Wallerstein）著, 尤来寅等译:《现代世界体系》, 北京: 高等教育出版社, 1998
71	Emanuel Adler.: *Security Communities*, Cambridge, UK, New York: Cambridge University Press, 1998.
72	[英] 罗伯特·D. 帕特南（Robert D. Putnam）著, 王列等译:《使民主运转起来: 现代意大利的公民传统》, 南昌: 江西人民出版社, 2001
73	John J. Mearsheimer.: *The Tragedy of Great Power Politics*, New York: Norton, 2001.
74	[美] 约瑟夫·奈（Joseph S. Nye）著, 郑志国等译:《美国霸权的困惑: 为什么美国不能独断专行》, 北京: 世界知识出版社, 2002
75	[德] 托马斯·迈尔（Thomas Meyer）著, 殷叙彝译:《社会民主主义的转型: 走向 21 世纪的社会民主党》, 北京: 北京大学出版社, 2001

续表

序号	图书信息
76	［美］布鲁斯·拉西特（Bruce Russett）等著，王玉珍等译：《世界政治》，北京：华夏出版社，2001
77	［美］罗伯特·杰维斯（Robert Jervis）著，秦亚青译：《国际政治中的知觉与错误知觉》，北京：世界知识出版社，2003
78	［美］詹姆斯·N. 罗西瑙（James N. Rosenau）主编，张胜军等译：《没有政府的治理：世界政治中的秩序与变革》，南昌：江西人民出版社，2001
79	［美］詹姆斯·德·代元（James Der Derian）主编，秦治来译：《国际关系理论批判》，杭州：浙江人民出版社，2003
80	［法］让－马克·夸克（Jean-Marc Coicaud）著，佟心平等译：《合法性与政治》，北京：中央编译出版社，2002
81	［德］尤尔根·哈贝马斯（Juergen Habermas）著，童世骏译：《在事实与规范之间：关于法律和民主法治国的商谈理论》，北京：生活·读书·新知三联书店，2003
82	［英］巴瑞·布赞（Barry Buzan）等著，刘德斌主译，《世界历史中的国际体系：国际关系研究的再构建》，北京：高等教育出版社，2004
83	［俄］伊·伊万诺夫（Igor Ivanov）著，陈凤翔等译：《俄罗斯新外交：对外政策十年》，北京：当代世界出版社，2002
84	［美］塞缪尔·P. 亨廷顿（Samuel P. Huntington）著，程克雄译：《我们是谁？：美国国家特性面临的挑战》，北京：新华出版社，2005
85	［美］弗朗西斯·福山（Francis Fukuyama）著，黄胜强等译：《历史的终结及最后之人》，北京：中国社会科学出版社，2003
86	［德］贝娅特·科勒－科赫（Beate Kohler-Koch）等著，顾俊礼等译：《欧洲一体化与欧盟治理》，北京：中国社会科学出版社，2004
87	［美］托马斯·库恩（Thomas S. Kuhn）著，金吾伦等译：《科学革命的结构》，北京：北京大学出版社，2003
88	［加］威尔·金里卡（Will Kymlicka）著，刘莘译：《当代政治哲学》，上海：三联书店，2004
89	［美］彼得·卡赞斯坦（Peter J. Katzenstein）等编，秦亚青等译：《世界政治理论的探索与争鸣》，上海：上海人民出版社，2006
90	［美］孔华润（沃伦·I. 科恩）（Warren L. Cohen）主编：《剑桥美国对外关系史》，北京：新华出版社，2004
91	［英］马丁·怀特（Martin Wight）著，宋爱群译：《权力政治》，北京：世界知识出版社，2004

序号	图书信息
92	［美］罗伯特·基欧汉（Robert O. Keohane）著，门洪华编译：《局部全球化世界中的自由主义、权力与治理》，北京：北京大学出版社，2004
93	［加］阿米塔·阿查亚（Amitav Acharya）著，王正毅等译：《建构安全共同体：东盟与地区秩序》，上海：上海人民出版社，2004
94	［美］威廉森·默里（Williamson Murray）等编，时殷弘等译：《缔造战略：统治者、国家与战争》，北京：世界知识出版社，2004
95	［英］爱德华·卡尔（E. H. Carr）著，秦亚青译：《20年危机（1919—1939）：国际关系研究导论》，北京：世界知识出版社，2005

表15-8中含有外文原著共9种，这9种外文原版著作的被引总次数达608次，占此类图书被引种数的7%左右。这9种著作是 *Social Theory of International Politics*（Alexander Wendt.），*Theory of International Politics*（Kenneth N. Waltz.），*The Paradox of American Power：Why the World's Only Superpower Can't Go It Alone*（Joseph S. Nye, Jr.），*The Tragedy of Great Power Politics*（John J. Mearsheimer.），*International Institutions and State Power：Essays in International Relations Theory*（Robert O. Keohane.），*After Hegemony：Cooperation and Discord in the World Political Economy*（Robert O. Keohane.），*War and Change in World Politics*（Robert Gilpin.），*The Anarchical Society：a Study of Order in World Politics*（Hedley Bull），*Security Communities*（Emanuel Adler）。从书名分析，这9种著作基本都是国际政治与国际关系类著作。在这9种著作中，除了 *International Institutions and State Power：Essays in International Relations Theory* 和 *Security Communities* 两本外，其他著作的中译本也全部都以较高的被引次数入围政治学领域较有影响的国外学术著作。

除去外文原著，在所有译著当中，有多本著作入选的学者有塞缪尔·P.亨廷顿、罗伯特·基欧汉、罗伯特·吉尔平、罗伯特·达尔、约翰·罗尔斯、道格拉斯·C.诺斯、安东尼·吉登斯、巴瑞·布赞、哈贝马斯等。其中罗伯特·基欧汉有4本国际政治方面的不同著作入选，塞缪尔·P.亨廷顿的《变化社会中的政治秩序》的三个中译本均被引用多次，成为国外著作中被引用频率最高的经典之作。

在所有入选此类的图书中，国际政治与国际关系方面的著作共49种，占入选的国外著作总数的51.58%；政治学理论方面的著作共28种，约占总数的29.47%；政治制度类著作共8种，占总数的8.42%；行政学类著作3种，占总数的3.16%。此外，该类图书主题还涉及经济、社会、世界史、哲学、法律等多个领域。为了便于深入了解政治学领域最具学术影响的国外学术著作以及这些著作的影响领域，我们将对这些著作进行分类讨论,① 并对这些具有代表性的著作予以简介。②

(1) 政治学理论类著作

此类著作大多是政治学领域内众人皆知的经典著作。这些经典著作对政治学研究的影响十分广泛、深刻,每个领域的研究与发展都离不开这些基础理论。该类图书共入选 28 种,总计被引 2935 次,在入选的国外著作中占 34.44%。此类图书涉及的具体主题包括政治哲学、政治学史与政治思想史、比较政治学、政治社会学、民主理论、国家理论及其他政治理论问题等。

《政治学》(被引 259 次)是亚里士多德关于其政治学理论的一部经典著作,也是古希腊第一部全面、系统地论述政治问题的著作。它以"人是天生的政治动物"为前提,分析了城邦的形成及基础,探讨了各种城邦理论、制度,研究了各种政体的种类和变革,并讨论了关于最好的政体、最好的生活方式和理想城邦的设想。该书被公认为西方传统政治学的开山之作,它所建立的体系和一系列政治观点对西方政治思想的发展产生了深远影响。在当今政治学研究中该书被广泛引用于政治哲学、政治思想与政治制度等各个领域。

《正义论》(被引 218 次)的作者罗尔斯继承了西方契约论的传统,进一步提出了"公平的正义"的理论。该书共分"理论"、"制度"和"目的"三编,分别对有关正义的理论、原则,正义原则怎样应用于社会制度以及正义理论的稳定性和正义的善等问题进行了详细的解剖与论述。该书逻辑严密,思想深奥,被视为第二次世界大战后西方政治哲学中最重要的著作之一。对于政治哲学、中外政治制度、行政伦理等各个领域影响十分深刻。

《社会契约论》(被引 215 次)是 18 世纪法国启蒙思想家卢梭最重要的政治理论著作。卢梭在此书中详细论述了人的自由与社会公约、社会公约与公意、立法、政府的形式以及巩固国家体制的方法等,探讨了如何在社会状态下实现社会平等的问题,提出民主共和国的社会理想,试图创立一种真正合法的社会契约。该书被广泛引用于政治哲学领域、当代中国政治制度以及行政学的研究论文中。

《比较政治学:体系、过程和政策》(被引 198 次)是美国当代比较政治学结构——功能主义学派创始人加里布埃尔·阿尔蒙德的代表作之一。作者对东西方和第三世界 24 个国家的政治体制、政治文化和政治决策的特点进行了分析和比较,试图在各种不同类型的国家中找出具有共同意义的可资比较的概念和标准,进而通过这些概念和标准,运用结构——功能主义体系方法去分析评价一个国家的政治体系的实际运行过程。该书是比较政治学研究的典范之作,被许多政治哲学、政治文化、中

---

① 以下国内外学术著作主要按照国家政治学二级学科分类标准进行具体分类。由于政治学学科的特殊性,很多图书难以明确予以归类。笔者主要依据图书的主要内容、影响的主要领域并参考中图法相关信息对其进行分类。

② 下文部分图书简介主要参考百度百科。

外政治制度研究方面的论文所引用。

《第三波：20世纪后期民主化浪潮》（被引189次）以1974—1990年期间发生在世界范围内的民主化运动为研究对象进行了深入细致的描述，并进一步探讨了这波民主化运动的原因、方式以及后果。该书横跨理论和历史两个领域，可以使读者对发生在这一特定时期的繁杂的重大的政治事件有一个条理性认识，对诸国民主化运动有深刻的了解。该书对研究各国政治制度与政治发展方面的论文有深刻影响。

《论法的精神》（被引179次）是孟德斯鸠最重要、影响最大的著作。作者在三卷中分别探讨了法与政体、法与政治权力、法与地理环境民族风俗的关系，提出了政治自由与三权分立的重要思想，对近代以来的资产阶级政治实践和政治思想产生了直接而深远的影响。该书被政治哲学、当代中国政治制度、行政管理与行政法学方面的论文广泛引用。

《政府论》（被引145次）共上下两篇，洛克在上篇中批驳了罗伯特·菲尔麦的君权神授和王位继承学说，在下篇中讲述了君主立宪制下的议会主权理论。洛克用自然法学说和社会契约论阐述国家的起源和本质，论证了生命、自由和私有财产是人神圣不可侵犯的自然权利，最早提出了分权的思想。《政府论》为在英国建立资产阶级君主立宪制提供了理论依据，对今天的政治理论与政治制度的研究仍具有非凡的意义。

《民主新论》（被引138次）是一部具有相当学术深度、完整的民主论著。该书的基本线索是主流民主理论，它整理了民主理论研究的使用语言和学术规范，梳理了各种概念间的关系，理顺了当代各种关于民主的争论。该书被较多地引用于民主理论、中外政治制度以及行政学的研究论文中。

《第三条道路：社会民主主义的复兴》（被引105次）共分"社会主义之后"、"五种两难困境"、"国家与公民社会"、"社会投资型国家"、"迈向全球化的时代"五章。作者阐明了开拓第三条道路在当代政治中的可行性和必要性，并引起广泛争论。引用该著作的论文主题主要集中于西方社会民主主义与社会民主党的研究。

《自由秩序原理》（被引100次）是自由主义思潮最重要的经典之一。全书共分三部分：自由的价值、自由和法律、福利国家的自由，并包含一个"为什么我不是一个保守主义者"的著名后记。作者陈述了自由哲学、法律及政治的基本原则，并揭示古典原则怎样才能被运用到福利国家的特殊情境。[①] 该书在政治哲学领域以及当代中国政治制度的研究中被广泛引用。

《利维坦》（被引100次）是霍布斯的一本有关国家理论的专著。该书共分"论人类"、"论国家"、"论基督教体系的国家"、"论黑暗的国家"四大部分。该书的国家学说充分体现了"恐惧"和"自由"的意义：因为恐惧，需要一个强大的国家政

---

① 俞可平主编：《西方政治学名著提要》，江西人民出版社2000年版，第36页。

权来保障臣民的自由与安全。作者认为国家形成靠的是契约，臣民依据契约将全部权利转让给利维坦，而利维坦必须忠诚地履行维护臣民自由权利的义务。引用该书的论文主题主要集中于国家理论研究以及其他政治哲学与政治制度相关领域。

《法哲学原理》（被引96次）的全称为《法哲学原理或自然法和国家学纲要》。该书以国家学为主要内容，把国家作为一种理性的东西来理解和叙述。该书还涉及法、权利、道德、伦理和社会等内容，系统地反映了黑格尔的国家观、法律观、道德观和伦理观。该书对政治哲学研究有重要意义，被大量引用于公民社会的研究论文中。

科恩的《论民主》（被引94次）与罗伯特·达尔《论民主》（被引74次）是两部同名著作。科恩的《论民主》是一部以哲学语言分析民主规范的精深之著。该书主要采用规范的分析方法，来论证民主价值的合理性、重要性与普遍性。科恩教授把民主定义为高度参与的社会管理和公民决策的体制，强调民主过程实质不仅在于选择，而在于公民自身的参与和经历，并臻于全体民主。罗伯特·达尔的《论民主》从民主的起源、理想的民主、现实的民主、民主的条件、民主的前景等方面对古老的话题作了通俗而新颖的阐释。该书通俗、生动、精深、博大。与科恩的同名著作相比，科恩主要从公民的角度来分析民主的含义，而达尔主要从宏观政治分析的角度来论述。① 两部著作在民主理论、政治制度以及行政学的研究中都被广泛引用。

《政治人：政治的社会基础》（被引94次）是一部以论析民主政治的社会基础为主旨的政治社会学著作。书中论述了民主秩序的条件、西方民主国家的选举、美国社会的政治行为、民间社团的政治等内容。作者李普塞特打开了当代政治学研究一种新的视野，开创了政治社会学的研究方法。引用该书的政治学论文主题主要集中于政治哲学领域以及中国政党制度研究。

《政治科学》（被引89次）是一本被多个国家的高等院校广泛采用的政治学教科书，它分为政治基础、政治态度、政治互动、政治制度、政治行为五编。全书采取兼容并包的方法，以科学、客观的态度分析不同的意识形态和政治体系，在认可美国民主体制的同时，也批判了美国现实政治的弊端。引用该书的论文主题主要包括政治哲学方面、政治文化、中外政治制度等。

《政治生活的系统分析》（被引85次）是美国现代政治学理论的著名学者戴维·伊斯顿的一部代表著作。作者运用现代系统论的观点和方法，深入地探讨了政治体制建构中的结构特征、文化内涵、交往渠道等机制，并研究了支持这些机制运行的诸环节以及当其出现阻隔时的调节方案。引用该书的政治学论文主题主要包括公共

---

① 邹建锋："对罗伯特·达尔《论民主》的一种解读"，《哈尔滨市委党校学报》2005年第1期。

政策、政党制度、政治学方法论研究等。

《政治学说史》（被引77次）的作者萨拜因根据他多年来从事教学和科研所积累的资料，不仅对政治学说从理论上做了探讨，而且从史的方面对自古希腊以来两千多年的政治学说的形成、演变和发展做了系统的阐述。该书内容广泛，史料丰富，对于政治思想研究具有十分重要的意义。

《民主的模式》（被引74次）一书被誉为"民主理论的必读之书"。作者不仅对民主理论发展的线索进行了清晰的勾勒，也做出了原创性的深入的学术阐释。他力求展示民主遗产的当代相关性，并对它的长处和局限性做出评价。该书不仅为民主理论、政治制度和行政学类论文所广泛引用，对中国探索民主化的新路径也具有重大的现实意义。

《民族国家与暴力》（被引68次）以全球社会变迁的历程为叙事框架，力图通过建构社会转型的一般模型，阐明塑造现代社会的力量和在现代社会纷繁复杂的表面下所隐藏的日益严重的军事威胁。[1] 引用该书的政治学论文主题主要集中于政治社会学、民族国家理论研究。

《现代政治分析》（被引63次）是行为主义方法论的代表作。罗伯特·达尔以社会政治现象为研究对象，为读者提供了政治的基本概念、观念和新的分析框架。全书结构清晰，论述深入浅出，将政治学研究的各个重要问题勾勒出来，并引用实例加以论证。该书在行政学领域、政治制度、民主理论、国家理论的论文中被较多引用。

《公共领域的结构转型》（被引53次）对资产阶级公共领域的发生、发展及其衰落过程进行了深入的探索，集中阐述了资产阶级公共领域中的自由主义因素及其在社会福利国家层面上的转型。该书被广泛引用于政治哲学与行政学领域，主题领域主要包括自由民主理论、公共领域与公民社会研究等。

《政治自由主义》（被引52次）是罗尔斯对《正义论》所受质疑的回应和辩护，也是对"正义"主题的修缮和延伸。在《政治自由主义》中他重新解释了"公平的正义"这一核心理念，把这个概念从伦理的层面提升到政治的层面，并围绕它建构起了"政治自由主义"的哲学体系。[2] 与《正义论》一样，该书在政治哲学领域被广泛引用。

《社会民主主义的转型：走向21世纪的社会民主党》（被引46次，2001年出版）简要介绍了社会民主主义的思想渊源和历史发展，并着重论述了20世纪70年代末以来的社会民主主义危机和苏东剧变对西欧社会民主主义的影响，探讨了社会民主党如何适应全球化的经济、政治和社会条件，改变策略以迎接新世纪的挑战。该

---

[1] 胡秋红："安东尼·吉登斯的民族—国家理论——读《民族国家与暴力》"，《史学理论研究》2001年第3期。

[2] 万俊人："罗尔斯，一生探究正义"，《环球时报》2003年1月17日第12版。

书被较多地引用于有关社会民主主义与社会民主党研究的论文中。

《合法性与政治》（被引 39 次，2002 年出版）共六章，分别对政治合法性的定义，关于政治合法性的论战，现代性、社会科学的合理性与合法性，社会科学、历史真实性和真理，以及共同体验、可能的原动力与政治合法性等问题进行了详细的论述。该书被大量政治哲学、政党制度以及公共行政研究方面的论文所引用。

《在事实与规范之间：关于法律和民主法治国的商谈理论》（被引 35 次，2003 年出版）提出要对法律和宪法的范式性背景理解加以澄清，它针对法学界日益流行的法律怀疑论，低估了现存法律实践的那些规范性预设的经验效用，表现出了一种现代性的道德——实践自我理解。商谈论所要做的工作，是对这种自我理解作一种重构，使它能维护自己的规范性硬核，既抵制科学主义的还原，也抵制审美主义的同化。[①] 该书对政治哲学与公共行政方面的论文影响较大。

《历史的终结及最后之人》（被引 26 次，2003 年出版）继承了黑格尔和康德论证普遍史的思路，重新提出并阐释了"历史的终结"的概念，解释了人类走向自由民主的定向史的原因，分析和阐释了"自由、民主"发展到顶峰后的"最后之人"问题，表达了对这种历史观念的深远忧虑。该书主要被引用于政治哲学领域。

《当代政治哲学》（被引 24 次，2004 年出版）集中探讨了在西方英美国家（美国、英国、加拿大和澳大利亚）的学术圈内占主导地位的政治哲学。书中指出支配当代英美政治哲学的是关于自由主义民主的论辩。个人权利、机会平等、民主的公民资格等自由主义民主的基本原则为哲学论辩提供了依据。该书多为政治哲学方面的论文所引用。

（2）政治制度类著作

在入选的国外学术著作中，政治制度类图书共 8 种，占入选国外学术著作总数的 8.42%，被引 930 次，占入选国外学术著作被引总量的 10.91%。该类图书涉及的主题主要有政治制度理论、政党制度、议会制度、中外政治制度史等。

《变化社会中的政治秩序》（生活·读书·新知三联书店 1989 年版，被引 295 次[②]）研究了第三世界国家在实现现代化过程中的政治参与和政治稳定问题，审视了发展与稳定的关系，提出了政治秩序论，为战后西方兴起的现代化理论增添了新的内容。该书是 20 世纪后期政治学研究的经典著作之一，被研究政治制度、政治稳定与政治发展等方面的论文频繁引用。

《论美国的民主》（被引 168 次）分为上下两卷：上卷的第一部分讲述美国的政治制度，第二部分对美国的民主进行了社会学的分析；下卷讲述民主对美国社会智力活动、精神、民情以及政治社会的影响。托克维尔在这部著作里阐述了他的政治

[①] 万安培主编：《中国排行榜年鉴（2005）》，中国财政经济出版社 2005 年版，第 849－850 页。

[②] 若累计该书的 3 个不同的中译本被引次数则达到 478 次。

哲学的基本原理以及他对平等与自由的关系的观点。该书是研究美国民主最经典的著作，在今天的政治哲学与中外政治制度的研究论文中被频繁引用。

《联邦党人文集》（被引111次）是亚历山大·汉密尔顿、詹姆斯·麦迪逊和约翰·杰伊三人在美国历史上著名的制宪会议时期，为争取批准新宪法而以共同笔名在纽约报刊上发表的一系列的论文文集。它详尽全面地论证了宪法的合理性，并对与人民自治政府有关的最为重要的政治课题加以探讨。该文集在中外政治制度、民主宪政的研究中被引用频率很高。

《代议制政府》（被引71次）是西方第一部论述代议制的专著，是密尔政治思想特别是国家理论的一部重要著作。其主要内容包括代议制政府的形式、职能、民主制、选举权、议会以及地方代表机关和民族问题等。该书被西方学者公认为是有关议会民主制的经典著作，对于研究民主理论、中外政治制度有重要影响。

《文化、权力与国家：1900—1942年的华北农村》（被引52次）是入选的95种国外学术著作中唯一一本专门研究中国政治的著作。该书对1900—1942年的华北乡村做了详细的个案研究。作者杜赞奇力图打通历史学与社会学的间隔，从"大众文化"的角度，提出了"权力的文化网络"等新概念，且详细论述了国家权力是如何通过种种渠道（诸如商业团体、经纪人、庙会组织、宗教、神话及象征性资源等）来深入社会底层的。① 该书对中国政治制度与政治文化研究、农村政治研究等影响十分深刻。

《使民主运转起来：现代意大利的公民传统》（被引50次）运用社会资本、治理和善治等新的政治分析框架，采用实证研究的方法，对意大利地方政府20年间的政治行为和制度加以考量，从而论述了意大利如何利用其深厚的公民传统在法西斯专制崩溃后成功建立起了一套有效的民主机制。该书对于政治制度、民主理论、善治与社会资本理论研究有重要影响。

（3）行政学类著作

行政学是一门开放的学科。在行政学的发展过程中，引入了相当多的经济学理论与研究方法。例如制度经济学、公共选择理论等。此次归入此类的著作共3种，占总数的3.16%。这些图书分别是《制度经济学：社会秩序与公共政策》、《集体行动的逻辑》以及《改革政府：企业精神如何改革着公共部门》。

《制度经济学：社会秩序与公共政策》（被引58次）为尚在发展的制度经济学方法和有关私人产权及其竞争性应用的核心问题提供了一个引论。它包括一系列具有政策取向的讨论，比如制度的逻辑基础以及制度的重要性，为国内市场与国家贸易奠定基础的各种制度安排，政府的职能、私人选择和公共选择的相对优点，全球化

---

① 董国强："警惕现代化的'陷阱'——《文化、权力与国家》读后"，《开放时代》1998年第5期。

对制度发展的影响，等等。引用该书的论文主题主要有制度与制度变迁理论、产权理论、政府行政、公共政策研究、公共物品研究等。

《集体行动的逻辑》（被引57次）是对集体行动理论进行系统阐述的经典著作，被认为是公共选择理论的奠基之作。作者奥尔森的理论建构在两个前提之上：理性人假设和集体目标的公共性。全书的重要观点在于，"除非一个集团中人数很少，或者除非存在强制或其他某些特殊手段以使个人按照他们的共同利益行事，有理性的、寻求自我利益的个人不会采取行动以实现他们共同的或集团的利益。"[①] 引用该书的论文主题主要涉及公共行政、公共政策、公共物品、利益集团、社会资本理论以及国际制度等研究领域。

《改革政府：企业精神如何改革着公营部门》（被引52次）具体生动地描述了美国的官僚主义弊端，提出了革命性的观念和措施来改革政府。作者通过实例来说明政府完全可以摆脱传统思维，通过挖掘企业家精神和自由市场的力量，来实现真正的重大改革。该书是关于政府改革的"新公共管理"浪潮中的代表性著作之一，在当前新公共管理和中国政府改革的研究中被广泛引用。

(4) 国际政治学[②]类著作

国际政治学（含国际关系和外交学）作为政治学一级学科下属的二级学科，是政治学研究的一个重要领域和方向。在中国，国际政治学还是一门年轻的学科，大量参考与借鉴国外优秀研究成果是国内国际政治研究发展的必经之路。此次遴选出的国际政治类著作（含外文原著和译著）在所有国外著作中占有51.58%的比重。其涉及的主题十分丰富，包括国际政治与国际关系理论、外交学、美洲政治、欧洲政治、亚洲政治、全球化问题等。

《大棋局：美国的首要地位及其地缘战略》（被引277次）是一本论述美国当前和长远欧亚战略的重要著作。作者布热津斯基在综合分析欧亚大陆地缘战略的重要性和存在的问题的同时，着重分析了美国的霸权或世界首要地位的特征、范围和深度，欧亚各大国的现状和发展前景，美国如何周旋于各大国之间而处于最有利的地位以及中国在美国对欧亚的战略中所处的关键性地位等。[③] 该书对于学者研究美国对外战略以及世界战略格局变化具有重要意义。

《国际政治的社会理论》（中译本被引276次[④]）论述了国际政治的四种社会理论、科学实在论与社会类别、权利与利益的建构、结构施动和文化、国家与团体施动问题、三种无政府文化等。作者亚历山大·温特借鉴哲学和社会学的理论，以社

---

① [美]曼瑟尔·奥尔森著，陈郁等译：《集体行动的逻辑》，生活·读书·新知三联书店、上海人民出版社1995年版，第2页。
② 在此采用宽泛意义上的"国际政治学"，包括了世界政治、外交和国际关系等。
③ 宋以敏："评布热津斯基新著《大棋局》"，《国际问题研究》1998年第1期。
④ 该书的原著 Social Theory of International Politics 被引63次。

会学的视角审视国际关系，开拓了国际关系研究的新途径。该书是一本全面阐述温特社会建构理论的著作，也是深入研究文化和观念在国际关系中重要意义的力作。

《争论中的国际关系理论》（被引251次）以对西方国际关系学说的本源性思考为逻辑出发点，引出国际关系这一学科发展过程中的各种流派及其哲学的和政治思想的根源，并客观地介绍了各自的理论范式和研究方法，分析各种理论流派的内在相互关系，展示了该领域非线性的理论发展图景。① 该书被誉为探索西方国际关系"精神的历史"的经典教材，被国际关系研究方面的论文广泛引用。

《文明的冲突与世界秩序的重建》（被引245次）是亨廷顿的一部重要著作，该书分"一个多文明的世界"、"变动中的各文明力量对比"、"正在形成的文明秩序"、"文明的冲突"、"文明的未来"五部分对冷战后全球政治的演变做出了解释。亨廷顿认为，在冷战后的世界，文化和宗教的差异而非意识形态的分歧将导致世界几大文明之间的竞争和冲突。该书是冷战后世界影响最大同时引起争议最多的著作之一，主要被引用于"文明冲突论"、文化视角的国际关系、全球化问题研究中。

《大外交》（被引154次）叙述了从17世纪欧洲的30年战争，到苏联解体、冷战结束的几百年间纷纭变幻的国际风云。作者以其独到的见解分析了世界各国外交风格的差异，重点提示了美国外交政策的思想实质。该书对于国际关系史研究具有重要价值。

《霸权之后：世界政治经济中的合作与纷争》（中译本被引147次②）借助多方面的理论材料，对后霸权时代的合作问题进行了深入的探讨，分析了世界政治经济中合作得以发生的国际机制的作用以及随着美国霸权的衰落而发生的变化，回答了霸权衰落后如何通过国际体制的运转使世界政治经济得以继续合作的问题。该书是迄今为止对国家间合作问题进行研究的最为全面、最有影响的一部著作，被频繁引用于国际关系理论、美国霸权和对外政策研究论文中。

《国际政治理论》（中国人民公安大学出版社1992年版，被引144次③）共计九章，主要讨论了"理论"的定义及国际政治理论的建构过程，阐明了政治结构的产生、无政府状态的特性以及国家在系统中预期的可能变化，并对国际政治的结构理论进行了检验。该书建构了国际政治的系统，提出了著名的"结构现实主义"理论，是当代国际政治领域影响最大的著作之一，被广泛引用于国际关系理论研究论文中。

---

① 张静："探索西方国际关系'精神的历史'的经典之作——评《争论中的国际关系理论》（第五版）"，《学术论坛》2005年第6期。

② 该书的原著 *After Hegemony: Cooperation and Discord in the World Political Economy* 被引101次。

③ 该书的原著 *Theory of International Politics* 被引82次。由上海人民出版社2003年出版的中译本被引108次。

《大国政治的悲剧》(中译本被引125次①)以大量的事实、缜密的逻辑阐述了"进攻性现实主义"理论。作者以清晰易懂的文笔,解释了为什么安全竞争与国际体系紧密相关,区分了大国权力竞争的不同模式。该书堪称"进攻性现实主义"的权威之作,主要被引用于国际关系的现实主义理论研究中。

《国际纵横策论:争强权,求和平》(被引121次)主要围绕"国际政治即争强权"这一主题进行论证。汉斯·摩根索提出了现实主义六原则作为论证的根基,精辟地分析了权力均衡、世界舆论、国际法等因素对权力冲动的制约作用,并结合二战以来的国际政治现实,对新的权力均衡、世界一体化等重大问题进行了细致考察。该书又名《国家间政治:寻求权力与和平的斗争》②(被引119次),被认为是现实主义的奠基之作,被广泛引用于国际关系理论研究中。

《世界政治中的战争与变革》(中译本被引111次③)所探讨的核心问题是国际政治的稳定与变革。作者罗伯特·吉尔平力图构建出全新的概念框架,综合运用历史、社会学和经济学方面的理论来分析世界秩序变革的动力与根源,讨论国际体系的稳定与各个行为主体不平衡的实力增长之间的关系。该书是国际政治经济学领域中最有影响的著作之一,被广泛引用于国际关系理论、各国外交战略、全球化问题研究。

《权力与相互依赖》(被引84次)由美国著名学者罗伯特·基欧汉与约瑟夫·奈合著。该书论述了相互依赖的概念、复合相互依赖的理想模式以及权力与相互依赖的关系等,并用大量笔墨分别从海洋领域、国际货币领域、美加关系、美澳关系方面来解释国际机制的变迁,回答了国际制度在相互依赖的国际社会中是如何运作的。该书既有理论上的深度建构,也有实践上的指导价值。两位学者将全球化、国际机制与相互依赖概念相整合,对21世纪初的世界政治进行了严肃的理论分析,使得该书成为新自由制度主义发展的巅峰之作。④被广泛引用于国际关系理论、区域一体化、中美日俄外交关系与外交战略研究。

《理解国际冲突:理论与历史》(被引81次)运用传统的现实主义方法,以伯罗奔尼撒战争为引子,用简洁的语言和历史事例来阐述复杂的国际政治现实,利用国际体系的层次分析来对重大的历史事件进行剖析,对冷战后的相互依存现象进行思考,并提出建立新的世界秩序的构想。引用该书的政治学论文主题主要有国际关系理论研究,中日、中美关系,美国对外政策,区域合作,中国崛起问题等。

---

① 该书的原著 *The Tragedy of Great Power Politics* 被引49次。
② 本章所入选的《国际纵横策论:争强权,求和平》是由卢明华等翻译、上海译文出版社1995年出版;《国家间政治:寻求权力与和平的斗争》由徐昕等译、中国人民公安大学出版社1990年出版。
③ 该书的原著 *War and Change in World Politics* 被引54次。
④ 门洪华:"建构新自由制度主义的研究纲领——关于《权力与相互依赖》的一种解读",《美国研究》2002年第4期。

International Institutions and State Power：*Essays in International Relations Theory*（被引80次）提出了新自由主义关于国际体系的理论主张。作者认为：世界政治的"制度化"将对各国政府的行为产生重大影响，国家决策和行为只有通过对合作与纷争模式的分析，才能加以准确的界定和评估；制度安排要包含加强政府实施自身承诺和监督别国遵守协定的能力、增加谈判各方之间信息和机会的交流、维护国际协议的一致性三个方面；落实上述制度安排的基本形式是：政府间组织或跨国非政府组织，国际机制和约定俗成的共识或协定。① 该书被广泛引用于国际关系理论研究领域，主要包括国际制度、国际机制、美国霸权等。

《新现实主义和新自由主义》（被引75次）反映的是20世纪80年代初到90年代初国际关系理论中的新现实主义与新自由主义之争，该书涉及的主要是两种流派的研究对象、研究方法和理论效用等，对于具体的国际政治层面涉及不多。该书被较多引用于国际关系理论研究领域的论文中。

《全球化与政治》（被引73次）选录了乌尔里希·贝克主编的学术论文集《全球化的政治》（美因河畔法兰克福1998年德文版）和《世界政治的前景》（美因河畔法兰克福1998年德文版）中的部分论文。其主题主要包括全球化时代的民主、工业关系、国际合作、环境政策、超越民族国家、跨国社会空间、种族归属等问题，对于研究全球化政治具有重要参考价值。

《全球大变革：全球化时代的政治、经济与文化》（被引70次）对全球化进程中的政治、经济、文化、环境、移民等问题进行了历史描述和比较分析，在总结了三种全球化理论（狂热的全球化论者、怀疑论者以及变革论者）的基础上建立了自己的分析模式，并用这个模式对六个发达资本主义国家在不同全球化维度中的表现进行了分析。该书是研究全球化问题的重要著作，主要被引用于国际关系理论，全球化视野下的国家、安全、文化、治理、合作问题以及中国对外战略研究论文中。

《无政府社会：世界政治秩序研究》（中译本被引67次②）从国家组成国际社会这一基本观点出发，分析了国际秩序如何得以维持的重大理论问题。作者认为，均势、国际法、外交、战争和大国等国际社会的制度同国际秩序的维持有着密切的关系。该书是西方国际关系理论流派中的"英国学派"最负盛名的代表作，主要被引用于国际关系理论特别是"英国学派"国际政治思想研究、中国对外关系研究等。

《美国对外政策的政治学》（被引63次）采用具体的案例，将叙述、历史和理论融为一体，从政府、社会与全球环境三个层面，论述了美国对外政策的延续性与变化、总统治理以及国家安全与民主之间的紧张关系，介绍了相关因素和力量之间的

---

① 倪世雄："西方国际关系理论的新发展——学派、论战、理论"，《复旦学报》（社会科学版）1999年第1期。

② 该书的原著 *The Anarchical Society*：*A Study of Order in World Politics*，被引71次。

相互作用以及对美国对外政策的政治学的影响。该书为理解美国复杂的对外政策提供了主要视角，多被引用于美国外交与对外政策、中美关系研究论文中。

《国际关系政治经济学》（被引61次）大致分为三部分：对国家与市场的相互关系进行了理论阐述；讨论了国际货币体系、国际贸易、跨国经济、不发达国家经济、国际金融等重要领域中国家主权与世界市场的内在冲突；从宏观角度总结了第二次世界大战以来国际经济关系的历史性转变，并讨论了走向21世纪的国际经济新秩序。[①] 该书是一本全面阐述国际关系政治经济学的杰作，被广泛引用于国际关系研究与国际政治经济学研究领域各个方面的论文中。

《新现实主义及其批判》（被引58次）是辑录国际关系理论史上"第三次论战"期间，肯尼思·沃尔兹、罗伯特·基欧汉、约翰·鲁杰、理查德·阿什利、罗伯特·考克斯、罗伯特·吉尔平等著名理论家最重要的文本，展现了新现实主义、新自由主义、社会建构主义、后现代主义、西方马克思主义等理论流派的学术精粹，集中探讨了当代国际关系理论的核心问题。该书是迄今为止国际关系理论批评史上最有影响的作品之一，主要被引用于国际关系理论研究的论文中。

《新安全论》（被引55次）展示了哥本哈根学派对安全问题的独到思考。该书的核心概念之一是颇具争议的"安全化"及"非安全化"。作者对"古典复合安全理论"做出了重要的修改和超越，从宽泛的"领域研究"和明确的"建构主义观点"两大方面对其重新定义，提出了"超越古典复合安全理论"。[②] 该书是国际关系研究中社会建构主义的重要理论文献，主要被引用于国际安全理论、非传统安全问题、区域安全合作等方面的论文中。

《国际社会中的国家利益》（被引52次）将方法论与实证案例有机结合，脉络清晰地剖析了国家利益的轨迹，提供了分析国家利益的新视角——社会学的角度。作者试图通过考察国际政治结构来建立系统认识国家利益和国家行为的方法，得出了国家偏好从某种程度上是国家进入国际社会社会化的结果的结论。该书被广泛引用于国际关系理论研究领域的论文中。

《现代世界体系》（被引51次）集中论述了资本主义世界经济体系即现代世界体系的形成、运作及基本趋向。作者的"世界体系"论较深刻地揭示了经济全球化时代资本主义的危机，是分析当代资本主义的理论新范式。该书为中国的发展研究提供了一个"全球性"的新视角，被国际体系理论、现代化研究以及全球化研究方面的论文广泛引用。

Security Communities（被引51次）收集了一系列富有思想的论文，这些论文旨在重新阐释由卡尔·多伊奇于20世纪50年代后期开展的关于安全共同体系的研究。该

---

① 黄仁伟："步入21世纪的国际关系学——评吉尔平《国际关系政治经济学》"，《世界经济研究》1991年第1期。

② 高峻："哥本哈根学派复合安全理论的修正和演进"，《教学与研究》2005年第10期。

书共三部分，第一部分是由编者所写，建立了讨论这些共同体系的理论框架；第二部分分析了不同国家的安全共同体种类并讨论了在全球范围内牵涉地区安全体系的事件；第三部分回顾了适用于这些共同体的研究理论。引用该书的论文主题主要有国际安全、共同体研究以及建构主义的国际关系理论研究等。

《美国霸权的困惑：为什么美国不能独断专行》（中译本被引47次[①]，2003年出版）分析了美国霸权的现状和面临的问题，对美国外交政策中的单边主义、傲慢自大和鼠目寸光提出了批评意见，回答了美国在21世纪面临什么样的挑战，如何重新界定美国利益等一系列重要问题。[②] 该书被认为是"9·11"事件后美国对其外交政策和国际战略进行反思的代表作，主要被引用于美国国家利益与对外战略研究、中国对外政策研究、软实力研究的论文中。

《世界政治》（被引45次，2001年出版）多角度地对世界政治关系变革及影响进行了全面分析。该书分为上、下两篇：上篇主要进行理论阐述和分析；下篇结合历史事件评价相关的理论，研究当前和未来世界政治面临的问题并综合提出对未来的展望。该书是西方大学极具影响力的国际关系教材。引用该书的政治学论文的主题领域主要有：国际体系、国际秩序、国家利益、国家安全等国际政治理论以及美国对外政策等研究。

《国际政治中的知觉与错误知觉》（被引43次，2003年出版）从国际政治最微观的分析层次入手，使用大量国际关系史实，从认知心理学角度分析国际社会中冲突和战争的原因。作者认为，追寻战争和冲突的原因，不仅要分析国际体系和国家体制，而且要研究决策者个人的认知心理，探寻决策者知觉形成的原因，分析错误知觉可能产生的后果。引用该书的论文主题主要有国家安全研究、外交政策研究、国际关系中的心理分析等。

《没有政府的治理：世界政治中的秩序与变革》（被引42次，2001年出版）围绕"没有政府的治理"这一核心主题，探讨了世界上不同地区所采取的不同治理模式、治理结构及其哲学基础、行为模式、制度安排和发展方向等。该书是运用治理和善治理论分析国际政治问题的开山力作，被广泛引用于治理理论、地区治理与全球治理的研究论文中。

《国际关系理论批判》（被引39次，2003年出版）是一部有关国际关系理论的论文集。这些文章将批判性探索和经典性理论结合在一起，从"外交探索"拓展到有关国际关系理论的局限性和可能性等领域，对传统现实主义的霸权地位提出了质疑。该书被广泛引用于国际关系理论研究中。

《俄罗斯新外交：对外政策十年》（被引34次，2002年出版）叙述了俄罗斯联

[①] 该书的原著 *The Paradox of American Power: Why the World's Only Superpower Can't Go It Alone* 被引57次。

[②] 杨牧之主编：《中国图书年鉴》（2003），湖北人民出版社2004年版，第162页。

邦第一个十年的对外政策，揭示了新俄罗斯对外政策的建立经过以及形成的内在逻辑。该书共四大部分，分别论述了20世纪90年代与世纪之交俄罗斯对外政策的主要问题及思想基础、俄罗斯建立世界新秩序的问题、对外政策的地区方面以及外交新视野等，被广泛引用于俄罗斯外交史与对外政策的研究论文中。

《世界历史中的国际体系：国际关系研究的再构建》（被引34次，2004年出版）以国际体系为主线，阐释了人类如何从分散的采猎群演进成今天高度一体化的全球性国际政治经济体。作者将主流国际关系理论与世界历史研究相结合，对当今以威斯特伐利亚条约签订以来欧洲史的阐释为基础的西方主流国际关系理论提出了质疑和挑战。引用该书的论文主题主要有国际体系、国际合作、国家主权等国际关系理论研究以及"英国学派"的国际政治思想研究等。

《我们是谁？美国国家特性面临的挑战》（被引27次，2005年出版）将"文明的冲突"的视角由国际转向美国国内，论述了美国国家特性所受到的种种挑战。全书分为"特性/身份问题"、"美国特性"、"对美国特性的挑战"和"重振美国特性"四部分，从美国的国家利益出发，阐述了美国在21世纪初所处的国际形势以及在世界上应起的作用。该书在美国国内和国际社会引起了广泛的争议，被较多地引用于美国政治与文化、美国对外政策研究的论文中。

《欧洲一体化与欧盟治理》（被引25次，2004年出版）从政治学的角度研究欧洲一体化的进程、现状及其发展的趋势，系统而全面地介绍了欧共体/欧盟的整个发展历程，力求在欧洲一体化的背景下从欧洲国家体制、欧盟社会治理、欧盟外部治理三个方面纵深探讨欧盟治理问题。该书主要被欧洲一体化研究、欧盟治理方面的论文所引用。

《剑桥美国对外关系史》（被引21次，2004年出版）由四卷组成：第1卷《共和制帝国的创建（1776—1865）》追溯了从殖民地时代到内战结束时期的美国对外关系；第2卷《美国人对机会的寻求》追溯了1865—1913年间美国的对外政策；第3卷《美国的全球化进程（1913—1945）》详细地阐述了美国在安全、经济和文化等各方面全球化扩张的过程；第4卷《苏联强权时期的美国（1945—1991）》探究了第二次世界大战结束后国际体系的状态及美苏争霸造成的"安全困境"。[①] 该书对于美国外交史与对外政策研究具有重要价值。

《世界政治理论的探索与争鸣》（被引21次，2006年出版）共收录13篇代表性论文。全书围绕国际政治经济学、国内政治经济与国际政治经济的关系、国际制度的运行及变化方式等进行了讨论，梳理了国际政治理论30年的发展历程，并指明了未来的发展方向。该书反映了国际政治学科前沿性研究的整体面貌和发展现状，主

---

① 张书元："寻绎美国对外行为的特点与根源——《剑桥美国对外关系史》简评"，《世界经济与政治论坛》2005年第5期。

要被引用于国际关系理论研究的论文中。

《缔造战略：统治者、国家与战争》（被引20次，2004年出版）以时间为序，涵盖了自古希腊以来近2500年的人类战略史实。作者以国家的战略缔造为线索，探究了一国战略缔造过程中，参与塑造并对战略最终成败起重要作用的因素。该书是大战略和战略研究领域主要的经典之一，主要被引用于大战略研究、中美对外战略分析的论文中。

《建构安全共同体：东盟与地区秩序》（被引20次，2004年出版）是一本以东南亚地区为个案的建构主义实证研究著作。作者在书中对东盟处理国家和国际安全问题的创造性方式进行了严密论证，为从安全共同体的途径研究国际关系提供了令人信服的基本原理和实例。引用该书的论文主题主要为东亚、东南亚区域安全与区域合作研究。

《局部全球化世界中的自由主义、权力与治理》（被引20次，2004年出版）是一本专为中国读者编辑的学术著作，书中收集了罗伯特·基欧汉20年来重要论文。该书围绕世界政治的相互依赖、制度、全球化、治理等问题展开，探究在相互依赖的情境下国际制度的运作。引用该书的论文主题主要有世界秩序、国际制度、国际合作、全球治理等国际关系理论研究。

《权力政治》（被引20次，2004年出版）以历史比较研究的方法，对"国家体系"的基本概念、古希腊和波斯的国家体系、当代国家体系的地理和时空界限以及国际主权要求的合法性做了系统的阐述。该书对20世纪90年代兴起的建构主义流派的理论构建产生了深刻影响，被较多引用于国际关系理论、"英国学派"的国际政治思想研究的论文中。

《20年危机（1919—1939）：国际关系研究导论》（被引16次，2006年出版）是当代国际关系现实主义理论大师爱德华·卡尔的代表作。作者将国际关系思想划分为理想主义和现实主义两大流派，分析了两次世界大战期间的国际局势，批判了当时占据主导地位的理想主义，阐述了现实主义的国际政治理论。该书是国际政治领域里程碑式的经典理论著作，被广泛引用于国际关系理论研究中。

（5）其他类著作

《经济与社会》（被引178次）分上下两卷，以现代西方社会为立足点，通过对古今东西方文明的比较，突出以理论化为方向的现代西方文明的本质和特征。书中对经济、政治、法律和宗教的社会行动和社会制度进行了详细的比较分析，试图对社会行动的结构进行阐释。引用该书的论文主题十分丰富，主要有政府行政与公共行政、公共性与公民社会、官僚制、政治合法性研究等。

《经济史中的结构与变迁》（被引100次）是诺斯以西方产权理论、制度变迁理论对经济史进行解释的一部代表作。诺斯在方法论上恢复了理论与历史相结合的经济学优良传统，在该书中形成了一个包括产权理论、国家理论和意识形态理论在内的制度变迁理论，其理论一反传统的经济增长理论，认为对经济增长起决定作用的是制度因素。该书被频繁引用于制度变迁理论及当代中国政治制度的研究论文中。

《制度、制度变迁与经济绩效》（被引63次）是当代制度经济学理论中的一部经典文献。在这本书中，诺斯分析的重点在于厘清制度的含义，并探讨了制度是如何影响交易费用和生产成本的，继而从历史的角度讨论了制度变迁的内在机理以及制度与经济绩效之间的关系。引用该书的论文主题主要有新制度主义研究、交易成本理论、产权理论、制度变迁理论、中国政治制度及政治发展研究等。

《财产权利与制度变迁：产权学派与新制度学派译文集》（被引60次）是一本关于产权与制度变迁理论的论文集，总共收集了13篇经典文章，包括《社会成本问题》、《生产、信息费用与经济组织》、《关于产权的理论》、《私有产权与分成租佃》、《交易费用、风险规避与合约安排的选择》、《产权：一个经典的注释》等文章，基本反映了产权学派和新制度学派的重要假说、分析特征和政策意义的全貌。该书对于公共行政中产权理论、交易成本理论、制度与制度变迁理论以及中国政治制度研究有深刻影响。

《交往与社会进化》（被引60次）是哈贝马斯的代表作之一。作者在书中阐述了普遍语用学的概念、道德发展与自我身份、重建历史唯物主义以及现代国家的合法性问题研究。引用该书的政治学论文主要涉及政治哲学研究领域。

《全球通史：1500年以后的世界》（被引53次）采用全新的史学观点和方法，将世界看作一个不可分割的有机的统一体，从全球的角度来考察世界各地区人类文明的产生和发展，把研究的重点放在研究人类历史事件和它们之间的相互影响上。全书内容涉及政治、经济、军事、文化、教育、宗教、科学技术等各个方面，并以较大篇幅叙述了第二次世界大战以来的世界历史。该书材料新颖、范围广阔，被大量引用于国际关系史和国际政治思想研究中。

《科学革命的结构》（被引25次，2003年出版）从科学史的视角探讨了常规科学和科学革命的本质，第一次提出了范式理论以及不可通约性、学术共同体、常态、危机等概念，提出了革命是世界观的转变的观点，深刻揭示了科学革命的结构，开创了科学哲学的新时期。该书的影响不仅在于科学史、科学哲学、科学社会学等相关领域，而且延伸到社会学、文化人类学、文学史、艺术史、政治史、宗教史等人文和社会科学领域。引用该书的政治学论文主题比较广泛，包括政治学范式研究、国际关系学、公共行政与公共政策研究等。

15.7 国内学术著作对政治学研究的影响

在此次遴选出的国内政治学学科最有学术影响的225种图书中，国内出版的学术著作有 36 种[①],占图书总数的 17.48%,被引 2182 次,占总被引次数的 5.10%,平均被引次数约为 60 次。无论是从入选的种数还是被引的次数来看,国内学术著作都远远低于国外学术著作,除工具书外,总被引次数比例和平均被引数也低于其他各类图书。具体入选的图书目录见表 15-9。

表 15-9　　　　　政治学论文引用较多的国内学术著作

序号	图书信息
1	王逸舟:《西方国际政治学:历史与理论》,上海:上海人民出版社,1998
2	倪世雄:《当代西方国际关系理论》,上海:复旦大学出版社,2001
3	王逸舟:《当代国际政治析论》,上海:上海人民出版社,1995
4	李大钊:《李大钊文集》,北京:人民出版社,1984
5	陆学艺:《当代中国社会阶层研究报告》,北京:社会科学文献出版社,2002
6	王浦劬:《政治学基础》,北京:北京大学出版社,1995
7	俞可平:《治理与善治》,北京:社会科学文献出版社,2000
8	王泰平、裴坚章:《中华人民共和国外交史》,北京:世界知识出版社
9	阎学通:《中国国家利益分析》,天津:天津人民出版社,1996
10	王绳祖:《国际关系史》,北京:世界知识出版社,1995
11	梁启超:《饮冰室合集》,北京:中华书局,1989
12	王长江:《现代政党执政规律研究》,上海:上海人民出版社,2002
13	吴冷西:《十年论战(1956—1966):中苏关系回忆录》,北京:中央文献出版社,1999
14	徐勇:《中国农村村民自治》,武汉:华中师范大学出版社,1997
15	资中筠:《战后美国外交史:从杜鲁门到里根》,北京:世界知识出版社,1994
16	苏长和:《全球公共问题与国际合作:一种制度的分析》,上海:上海人民出版社,2000
17	鲁迅:《鲁迅全集》,北京:人民文学出版社
18	王铁崖:《国际法》,北京:法律出版社,1995
19	韩念龙:《当代中国外交》,北京:中国社会科学出版社,1988
20	王逸舟:《全球化时代的国际安全》,上海:上海人民出版社,1999
21	罗荣渠:《现代化新论:世界与中国的现代化进程》,北京:北京大学出版社,1993

---

① 由于通过 CSSCI 引用信息或书名很难区分教材、学术专著等的界限,故将所有国内出版的图书都入此类。

续表

序号	图书信息
22	何增科：《公民社会与第三部门》，北京：社会科学文献出版社，2000
23	林尚立：《当代中国政治形态研究》，天津：天津人民出版社，2000
24	秦亚青：《霸权体系与国际冲突：美国在国际武装冲突中的支持行为（1945—1988）》，上海：上海人民出版社，1999
25	俞可平：《权利政治与公益政治：当代西方政治哲学评析》，北京：社会科学文献出版社，2000
26	李少军：《国际政治学概论》，上海：上海人民出版社，2002
27	陈玉刚：《国家与超国家：欧洲一体化理论比较研究》，上海：上海人民出版社，2001
28	王晓德：《美国文化与外交》，北京：世界知识出版社，2000
29	陆忠伟：《非传统安全论》，北京：时事出版社，2003
30	王杰：《国际机制论》，北京：新华出版社，2002
31	秦亚青：《权力、制度、文化：国际关系理论与方法研究文集》，北京：北京大学出版社，2005
32	王逸舟：《全球政治和中国外交：探寻新的视角与解释》，北京：世界知识出版社，2003
33	陆学艺：《当代中国社会流动》，北京：社会科学文献出版社，2004
34	陈家刚：《协商民主》，上海：三联书店，2004
35	赵汀阳：《天下体系：世界制度哲学导论》，南京：江苏教育出版社，2005
36	门洪华：《构建中国大战略的框架：国家实力、战略观念与国际制度》，北京：北京大学出版社，2005

表15-9中显示了被引次数最多的5本国内学术著作分别为：《西方国际政治学：历史与理论》、《当代西方国际关系理论》、《当代国际政治析论》、《李大钊文集》、《当代中国社会阶层研究报告》。其中有三本是国际政治与国际关系方面的著作，一本是李大钊的文集，还有一本是研究中国阶级结构与社会结构的著作。入选多本著作的学者有：王逸舟（国际政治与国际关系）、俞可平（政治学理论）、陆学艺（社会学）、秦亚青（国际政治与国际关系）。

入选的36种国内学术著作内容涵盖了政治理论、政治思想史、中国政治、世界政治、外交与国际关系、中共党史、哲学、经济、法律、社会学等多个方面。其中国际政治、国际关系与外交方面的著作共达到21种，被引次数为1319次，均占到了60%以上。为了详细分析这些著作对政治学领域的影响，本节将根据著作涉及的主题将其分类讨论。

(1) 政治学理论类著作

政治学理论建设，尤其是政治学基础理论的建设是政治学发展的基础和原动力。此次入选此类的图书共4种，依次为《政治学基础》（王浦劬主编）、《权利政治与公益政治：当代西方政治哲学评析》（俞可平著）、《协商民主》（陈家刚选编）、《天下体系：世界制度哲学导论》（赵汀阳著）。

《政治学基础》（被引82次）共分政治与政治学、政治关系、政治行为、政治体系、政治文化、政治发展六编，涉及了当代中国政治学研究在学科建设方面不可或缺的基础理论问题，同时把对现实政治实践问题的解答寓于政治学基础理论框架的构建之中，较好地实现了政治学基础理论的内在逻辑发展和现实政治建设与政治发展的理论抽象的结合。该书对研究当代中国政治提供了新颖的分析框架和视角，对学者进一步的政治理论研究和当代中国政治研究提供了帮助。

《权利政治与公益政治：当代西方政治哲学评析》（被引47次，2000年出版）是俞可平教授的著作。他对当代西方基本的政治学理论问题做出自己的回答，并对当代西方政治学的最新方法、基本范畴、主要流派和重要人物做出系统而深入的评析。引用该书的论文主题主要涉及政治哲学、当代中国政府与政治、国家理论的研究等。

《协商民主》（被引20次，2004年出版）由陈家刚博士选编，收录的文章涉及协商民主理论的各个方面，包括协商民主的内涵、条件、制度建构以及协商民主与多元文化社会的关系及其面临的困境与选择等。该书的出版向学界系统地介绍了"协商民主"的概念与理论，对于国内有关民主理论的研究有重要影响。

《天下体系：世界制度哲学导论》（被引18次，2005年出版）从元哲学角度出发对政治哲学进行了深入探讨，提出了天下体系这一新观念。作者赵汀阳为元哲学给出了"政治——伦理"以及"天下——家庭性"这两个循环先验论证，在无立场分析方法的方法论基础上完善了原先侧重于伦理学角度的思考，补充了政治哲学这一相比伦理学而言更框架性的理论方面，使其哲学理论的政治——伦理两翼变得更为丰满。[①] 该书被较多地引用于政治哲学与国际关系理论研究领域。

(2) 政治制度类著作

入选此类的图书共3种，分别为《现代政党执政规律研究》（王长江）、《中国农村村民自治》（徐勇）、《当代中国政治形态研究》（林尚立）。

《现代政党执政规律研究》（被引59次）在运用大量资料的基础上，通过对影响政党行为的要素、政党执政的基本模式、执政党运作的基本原则、执政党与意识形态等多方面的分析、研究和探索，总结了政党执政的一些规律性内容。该书对于研究世界政党、中国政党制度与中国共产党的执政能力建设具有重要价值。

---

① 林航："用'天下'思考世界"，《中华读书报》2005年6月29日第10版。

《中国农村村民自治》（被引57次）被认为是研究村民自治最权威的著作。其作者徐勇和同事第一次将实证方法引入政治学研究领域。他们在实地调查研究的基础上，运用制度分析和过程研究的方法，对中国农村村民自治的制度构造和实际运作进行了系统、深入的比较分析，并有针对性地提出了具有一定独创性的观点和思路。该书对于建构中国特色的村治理论和指导中国农村村民自治的实际运作，都具有不可低估的作用。

《当代中国政治形态研究》（被引51次）从政治学学理出发，深入探讨了当代中国政治形态形成、发展的逻辑，考察当代中国政治形态与经济、社会发展之间的互动关系，试图揭示当代中国政治在半个世纪中所形成的总体态势和基本特征，并预示其在21世纪的发展趋势。该书对于当代中国政治形态、政治制度与政党制度研究有着重要影响。

（3）行政学类著作

入选此类图书只有2种，分别为俞可平主编的《治理与善治》和何增科主编的《公民社会与第三部门》。

《治理与善治》（被引81次）是由著名学者俞可平主编的一部著作。俞可平是国内善治理论的先驱者，他较早在国内引入和发展了西方学者提出的治理与善治理论。该书收录了目前西方治理研究中几位著名代表人物的文章，展示了治理理论的最新研究成果，极大地推动了国内的相关研究。

《公民社会与第三部门》（被引51次）分为公民社会的一般理论和第三部门研究两大部分，选编了在公民社会的定义、公民社会与国家的关系、公民社会与政治民主、各国公民社会的异同，特别是第三部门的兴起及其社会政治意义等方面的一些代表性论文，比较完整地反映了20世纪90年代以来国际学术界对公民社会与第三部门的最新研究成果，被频繁引用于公民社会、第三部门、新公共管理研究领域。

（4）国际政治学（世界政治、外交与国际关系）类著作

在入选的34种国内学术著作中有21种是有关世界政治、外交与国际关系主题的，其比例高达61.76%。这说明作为政治学二级学科的国际政治、国际关系与外交学在中国发展十分迅速。与其他二级学科相比，国际政治学领域近年来得到了更多的关注，也涌现出了不少较具影响的著作。

《西方国际政治学：历史与理论》（被引178次）是中国学者对国际政治学研究的回应中较为全面、系统的专著。它从思想史的角度，记叙了西方国际政治学80年来的演进过程，包括各阶段的主要特征、成就和问题，对理想主义、现实主义、行为主义、全球主义、后现代主义、新自由主义等各大流派进行了介绍和评点，在完整、系统和忠实地阐释了西方国际政治理论的历史沿革与当代国际政治理论和流派的同时，又以中国学者的目光进行了冷静和机智的解读。该书是国际政治学研究领域被引用频率最高的国内著作。

《当代西方国际关系理论》（被引175次）以西方国际关系理论史上三次大论战为主线，全面系统地论述了西方国际关系理论的历史渊源及发展历程，内容涵盖西方近十个主要学派及其代表人物和几十种有影响的理论观点。作者倪世雄在对各学派、各主要理论的内容及研究方法作详尽评述的同时，重点介绍分析了近20年来西方国际关系理论的最新发展以及关于国际安全和全球化的新观察、新论点。该书在外交与国际关系理论研究方面有深刻影响。

《当代国际政治析论》（被引111次）对发生在现实的国际社会、引起人们越来越多的关注、但缺乏深入分析的一些问题作了专题研究。其中有：全球化问题、主权观念、民族主义、新地缘政治格局、"文明冲突论"、国际冲突新表现、"霸权和平"与国际规则、"太平洋时代"之说等。该书是中国学者撰写的有关冷战后的国际政治及其分析的第一部专著，被广泛引用于国际政治与国际关系领域。

《中华人民共和国外交史》（被引74次①）是该类中有关中国外交的被引频次最高的著作。该书实际上共有三卷，第一卷为裴坚章主编的1949—1956年的外交史，第二、三卷均为王泰平主编，时间跨度分别为1957—1969年、1970—1978年。该书对新中国成立后的中国外交史和中国对外政策研究具有十分重要的意义。

《中国国家利益分析》（被引67次）在效用分析法的基础上提出了一套分析国家利益的科学方法，并依据这种方法对冷战后中国在世界范围内的具体的经济利益、安全利益、政治利益和文化利益进行了分析和衡量，提出了如何维护国家利益的政策建议。引用该书的政治学论文主题主要为国际政治中的国家利益与国家安全研究。

《国际关系史》（被引66次）记载了自17世纪中期以来的国际关系史，涉及了国际关系史上的几乎所有重大事件。作者巧妙地把对历史的陈述与对历史的评价结合起来，同时又把学习国际关系史的方法融入了进去。全书线索清晰、重点突出，被广泛引用于国际关系史、对外政策研究、国际体系研究、地缘政治研究的论文中。

《十年论战（1956—1966）：中苏关系回忆录》（被引59次）是作者根据回忆并参考大量档案和历史报刊资料撰写而成的。该书分为上下两卷，生动而详细地叙述了1956年3月至1966年3月，中苏两党之间思想分歧从内部争论到公开论战，进而导致两党、两国关系的恶化和破裂的变化过程，再现了毛泽东等我党第一代领导反对大国沙文主义、维护国家主权的坚定信念。②该书内容丰富，为国内外研究中苏关系的专家学者提供了第一手资料。

《战后美国外交史：从杜鲁门到里根》（被引57次）分为上下两册，横跨40余年。该书叙述和分析了自杜鲁门到里根前后8位总统在任期间美国外交的走向和每一

---

① 此处为中华人民共和国外交史三卷合并的数据。
② 永军："《十年论战——1956~1966中苏关系回忆录》问世"，《出版参考》1999年第14期。

时期的主要特点和问题,并将讨论和分析置入世界政治的大环境下,看不同的"总统主义"是如何影响国际关系的改变,看美苏对抗的线索如何贯穿在美国的外交意识和战略之中以及美国的传统和"风格"如何体现在不同时期不同总统身上。[①] 该书史料翔实、叙述充分、立论客观,对研究战后的国际关系史和美国外交具有重要的学术价值。

《全球公共问题与国际合作:一种制度的分析》(被引 56 次)主要包括针对制度的分析路径、方法论问题、国际合作与国际制度的概念、国际合作的形式与国际制度安排等内容。作者针对国际合作的障碍问题进行了深入具体的理论探讨,并引入了相关的新制度经济学的研究成果,讨论了在不同博弈情形下国际合作的途径。引用该书的论文主题主要有国际体系与国际制度、国际合作研究、全球化问题研究等。

《国际法》(被引 55 次)由王铁崖先生会同饶戈平教授、王贵国教授等国际法名家共同撰写而成。全书共 18 章,包含了国际法基本原则、国际法主体、国家的基本权利和义务等国际法基础理论以及国际争端的解决、战争和武装冲突法等内容,全面展现了国际法的理论体系。该书采取严肃的科学态度从学术角度力求客观地考察敏感的法律与政治问题,是一本经典的国际法教科书,也是一本不可多得的国际法名著。该书对研究国际政治理论、国际法的学者具有重要的学术参考价值。

《当代中国外交》(被引 55 次)以第三世界为重点,以中美、中苏、中日关系为主轴,通过首脑外交、政府外交、民间外交、多边外交和经济外交等多种渠道,把政治、经济、军事、文化等有机地联系在一起,寓于一个全方位的国际大系统之中。同时也将新中国的外交业务、外交艺术和外交策略在具体的外交事件中予以充分表现。[②] 该书是一部比较完整和系统阐述新中国外交成长、发展的专著,被广泛引用于中国外交史研究中。

《全球化时代的国际安全》(被引 54 次)介绍了国内外专家有关全球化和国际安全的基本观点,概述了国际安全的基本概念和新特点,分析了国际生态安全、军事安全、经济安全和金融安全以及恐怖主义、毒品贩卖、核扩散、难民潮、石油资源和水资源短缺等全球性问题,指出了危及国际安全的诸多因素,提出了我国应对国际挑战的建议。该书被广泛引用于全球化视野下的国家安全、非传统安全问题研究。

《霸权体系与国际冲突:美国在国际武装冲突中的支持行为(1945—1988)》(被引 50 次)以冷战时期美国在国际武装冲突中立场选择的规律性作为研究主题。作者秦亚青以华尔兹的"第三种设想"(即国家间体系)为研究视角,以战后美国对国际

---

① 王逸舟:"以史为鉴——读《战后美国外交史》有感",《美国研究》1995 年第 4 期。
② 杨铮:"严峻的道路,光辉的成就——读《当代中国外交》",《世界经济与政治》1989 年第 5 期。

武装冲突的态度为个案，透视国际系统力量如何对美国的对外支持行为产生影响。①该书说理清楚，立论严密，大部分结论都建立在详尽的论证基础之上，是近10年中国国际关系理论领域不可多得的一部著作。对于研究美国霸权、国际机制和国家利益具有重要学术价值。

《国际政治学概论》（被引46次，2002年出版）共分四大部分：第一部分以国际政治学学科为着眼点，阐释了国际政治学的基本概念和理论体系；第二部分以国际安全为着眼点，阐释了国际关系的本质表现；第三部分以世界政治为着眼点，就全球性问题的主要表现，诸如生态环境、恐怖主义、民族主义、核武器以及难民问题等进行了专题阐释；第四部分以中国与世界的关系为着眼点，通过中西文明对比，对中国未来的发展和面临的机遇进行了讨论。该书被广泛引用于国际关系理论研究中。

《国家与超国家：欧洲一体化理论比较研究》（被引43次，2001年出版）共分9章，分别介绍了问题的界定与研究的方法，自由主义和现实主义，比较政治和认知的研究，一体化的起源解释，一体化的机制剖析，一体化的发展探寻，一体化的对外影响，国家、超国家与国家之外以及国家的区域共同治理等内容。引用该书的政治学论文主题主要有欧盟、东盟研究、区域一体化理论、地区主义理论研究等。

《美国文化与外交》（被引40次，2000年出版）共分十章。该书通过对历史的考察和对决策者思想的分析，从文化的角度探讨了美国文化对外交的影响和作用，并进一步揭示了在这些文化因素影响下的美国外交的实质和最终目的。作者起笔于美国文化，收笔于国家利益，阐释的则是美国文化影响下服务于国家利益的外交政策。②该书材料丰富、视角独特、观点新颖，填补了国内从文化角度研究大国外交的空白，为研究美国外交提供了一个新的思路。引用该书的论文主题除了美国文化与外交外，还包括中国外交史、国家文化安全研究、文化角度的国际关系理论研究等。

《非传统安全论》（被引31次，2003年出版）对何谓"非传统安全"、"非传统安全"涉及哪些领域、"非传统安全"威胁、中国面临哪些"非传统安全"威胁等一系列问题进行了较为详细的论述。作者认为"非传统安全"可像先前的大规模军事冲突一样，干扰乃至打断正常的发展进程，因而我们必须转变观念，切实从战略高度认识"非传统安全"的挑战，树立"大安全"意识，加强制度建设、政策创新，积极推进国际合作。该书对于"非传统安全"问题和国家安全研究具有十分重要的意义。

《国际机制论》（被引30次，2002年出版）是中国第一部系统而全面研究国际

---

① 苏长和："对外政策的国际根源——读《霸权体系与国际冲突》"，《美国研究》2000年第3期。
② 刘国柱："对美国外交的深层诠释——读《美国文化与外交》"，《世界历史》2001年第1期。

机制理论的专著。作者探究了国际机制理论的渊源、发展过程和理论流派；分析了国际机制各理论流派的内在缺陷；描述了国际机制的发展历程，并具体阐释了国际安全机制、国际经济机制、国际环境机制、联合国机制等；最后剖析了中国与国际机制的关系。该书旨在总结国际机制理论的得失，为之后的国际机制理论研究提供了基础和理论框架。

《权力、制度、文化：国际关系理论与方法研究文集》（被引 30 次，2005 年出版）从理论和方法两个方面系统总结了作者最近 10 年来在国际关系领域的研究和探索，包括对现实主义、自由主义和建构主义等西方国际关系理论所做的开创性评介和分析，对中国国际关系学科发展的解读和思考以及应用国际政治理论和社会科学方法对具体国际关系现象的实证性研究等。引用该书的政治学论文主题主要为国际关系理论研究，包括国际体系理论、双层博弈理论、国际制度、国际合作、大战略研究等领域。

《全球政治和中国外交：探寻新的视角与解释》（被引 27 次，2003 年出版）运用经验式的分析方法，聚焦对外关系，研究中国崛起过程中所接收和发散的国际政治影响。该书探讨了在全球政治加速激荡的背景下，中国崛起如何发生、可能产生的后果和具有的含义以及国际政治与中国外交的互动。① 该书观点独到新颖，被较多地引用于国际关系和中国外交政策研究中。

《构建中国大战略的框架：国家实力、战略观念与国际制度》（被引 15 次，2005 年出版）以中国崛起为契机，构建了中国积极参与大战略的基本框架，并深入剖析了这一战略选择的重大意义。该书关于中国大战略的研究框架建立在国家实力、战略观念与国际制度三个核心变量的基础之上，构建了中国大战略框架的理想模式。引用该书的论文主题主要有中国外交、中国大战略研究、软权力研究、美国霸权研究等。

（5）其他类著作

除上述几类图书外，其他领域或学科的部分著作对政治学研究也有较大影响。这些著作主要有：《李大钊文集》、《当代中国社会阶层研究报告》和《当代中国社会流动》（社会学）、《饮冰室合集》、《鲁迅全集》（中国文学作品集）、《现代化新论：世界与中国的现代化进程》（世界经济、国际经济关系）。这些著作在当代中国政治、政治思想与政治文化、世界政治经济等领域都引起了学者的广泛关注。

《李大钊文集》（被引 105 次）主要介绍了李大钊政治方面的文章，收入的历史学方面的著述达 20 万字以上，还收入了李大钊在文艺理论方面的著作以及他的诗歌、散文、杂文、书信、日记和小说等作品。《李大钊文集》是研究李大钊早期思想、世

---

① 郑羽："一种全球政治的视角——评王逸舟教授的新著《全球政治与中国外交》"，《国际论坛》2004 年第 6 期。

界观转变、从事革命理论探讨和革命实践活动的珍贵资料。

《当代中国社会阶层研究报告》（被引 98 次）和《当代中国社会流动》（被引 24 次，2004 年出版）均由陆学艺主编。《当代中国社会阶层研究报告》是对深圳、合肥、汉川和镇宁 4 市县抽样调查的数据进行分析的结果。书中对当代中国社会阶层进行了分析，划分出"十大阶层"，揭示了当前中国社会市场化改革中的某些不平等性。《当代中国社会流动》以丰富的数据和文献资料，全面系统地描述了 1949 年以来中国经历的五次社会流动，展现了当代中国社会流动的总体格局。这两部书都是由中国社会科学院"当代中国社会阶层结构研究"课题组推出的研究报告，对于了解当代中国的社会现状，研究转型时期的政治发展与政治稳定有重要意义。

梁启超所著的《饮冰室合集》（被引 63 次）内容包括：时论、学术文章、诗论诗话、诗词创作、戏剧小说、碑帖、年谱、游记、书信等类别或体裁。全书阐述了他对政治、经济、法治、历史、文化学术、民族性、国民性、东西文化、为学与做人、治学方法等问题的看法，既有利于读者了解他，也有利于理清现代文化思潮发展的线索。

《鲁迅全集》（被引 56 次）共有多个版本，其中被引次数最多的是 1981 年人民文学出版社出版的 16 卷版本。该版本在 1958 年出版的 10 卷本基础上，增加了《集外集拾遗补编》、《古籍序跋集》、《译文序跋集》，并将 1912—1936 年的日记（1922 年缺失）以及当时所能收集到的全部书信都收录进来。引用该书的政治学论文主题领域主要为中国传统政治思想与政治文化研究方面。

《现代化新论：世界与中国的现代化进程》（被引 51 次）从宏观历史学的角度探讨了世界和中国的现代化整体进程。该书首次提出以生产力为社会发展中轴的一元多线历史发展观，以此论述世界的现代化发展总趋势和中国的社会巨变，并对中国的现代化道路作了专题考察。全书融理论与历史研究为一体，采用历史学、发展经济学、发展社会学与政治发展理论相结合的跨学科研究方法，阐发了许多精辟见解。引用该书的政治学论文主题主要是现代化研究和当代中国政治研究。

15.8 结语

在上文中，我们将被政治学论文引用的最多的图书文献分成了领袖著作、政治文献与资料、历史文献、工具书、国外学术著作、国内学术著作 6 个大类，并对其中的国内、外学术著作做了进一步的梳理和细分。我们可以看出：在各类型图书中，领袖人物著作被引次数最多、平均影响力最大，国外学术著作的入选种数最多，而国内学术著作的入选种数却不到国外著作的一半，被引次数也仅仅高于工具书，排在倒数第 2 位。入选的国内外学术著作中，国际政治与国际关系领域的著作最多，比例超过 54%。

在被政治学论文引用 50 次及以上或年均被引 5 次及以上的图书（历史文献除外）中，共涉及 129 位作者，其中 115 位为个人作者，14 位为团体作者。需要说明的是：如果一种外文原著有不同的中译本，那么我们在进行作者统计时，就将其作为 1 种书归并到原作者名下。例如，塞缪尔·P. 亨廷顿的《变化社会中的政治秩序》一书有三个中译本均被入选，我们在统计作者时，只算作塞缪尔·P. 亨廷顿的 1 种著作。在这 129 作者中，有 2 种及以上的图书入选的作者共 24 位，详见表 15-10。

表 15-10　政治学学科入选两种及以上图书作者

序号	作者	入选图书种数
1	中共中央文献研究室	19
2	江泽民	9
3	毛泽东	5
4	罗伯特·基欧汉	5
5	马克思	4
6	塞缪尔·P. 亨廷顿	4
7	王逸舟	4
8	尤尔根·哈贝马斯	3
9	列宁	2
10	孙中山	2
11	陈云	2
12	斯大林	2
13	约翰·罗尔斯	2
14	周恩来	2
15	罗伯特·吉尔平	2
16	安东尼·吉登斯	2
17	道格拉斯·C. 诺斯	2
18	戴维·赫尔德	2
19	罗伯特·达尔	2
20	俞可平	2
21	陆学艺	2
22	巴瑞·布赞	2
23	秦亚青	2
24	胡锦涛	2

在被政治学论文引用50次及以上或年均被引5次及以上的225种图书中，共涉及54家出版社（部分历史文献出版社不详的不计入），其中入选3种及以上图书的出版社有17家，详见表15-11。

表15-11　　　　　　　　政治学学科入选图书较多的出版社

序号	出版社	入选图书种数
1	人民出版社	38
2	中华书局	20
3	中央文献出版社	19
4	上海人民出版社	19
5	世界知识出版社	15
6	商务印书馆	14
7	北京大学出版社	10
8	上海三联书店	7
9	生活·读书·新知三联书店	6
10	社会科学文献出版社	6
11	上海译文出版社	5
12	中国社会科学出版社	5
13	华夏出版社	4
14	新华出版社	4
15	浙江人民出版社	4
16	中央编译出版社	3
17	Cambridge University Press	3

综合以上统计分析，可以简要归纳出2000—2007年间图书在政治学研究与发展过程中的几个特点：

其一，2000—2007年政治学论文引用图书比例在逐年下降，期刊论文和网络文献等学术资源所占的份额在逐年上升。政治学经典著作在政治学研究中始终具有稳定的地位和学术影响力，使得图书被引总量占据主导地位，但新的精品著作还不是很多。

其二，政治学研究的"政治性"色彩较浓。在各类型图书中，被引次数最多、平均影响力最大的是领袖人物著作。领袖人物著作与政治文献与资料类图书总计入选69种，占总数的30.67%，累计被引29018次，占被引总次数的67.8%，如此高的比例，充分说明2000—2007年中国政治学研究仍带有明显的政治化倾向。

其三，国内外学术著作对本学科影响最大的是国际政治与国际关系领域，入选的129种国内外学术著作中，国际政治、国际关系与外交学方面的著作共计70种。这在一定程度上说明，我国政治学各个二级学科的发展不平衡，国际政治、国际关系与外交学相比其他领域发展更为迅速。

其四，尽管国际政治、国际关系与外交学比其他二级学科发展得更为迅速，但在我国，它仍是一门相当年轻的学科，需要大量借鉴国外的研究成果。在入选的著作中，国外的国际政治类图书共49种，而国内的只有21种，且内容大都是对国外国际政治学和国际关系理论的介绍和评价。这说明该学科的本土化程度仍然较低，尚缺少被学界公认、具备创新性的优秀著作。

最后，国内学术著作的影响力与其他类别图书相比相对薄弱。从入选的国内外著作的情况来看，无论是入选种数还是被引次数，国内著作的数量都不及国外著作的一半，被引次数甚至低于政治文献和历史文献。这在一定程度上说明国内政治研究对国外理论的依赖性较强，具有中国特色的相对独立、自成体系、层次严密的政治学范畴体系尚待建立和完善。[①]

[①] 蔡立辉："论当代中国的政治学研究及其发展"，《社会科学研究》2002年第4期。

第16章 法学

图书是人类用于表达思想、积累经验、保存知识与传播知识的重要工具之一，也是科学研究的重要学术资源，特别在人文社会科学领域中这一资源对于其研究与发展显得格外重要。在法学研究领域，图书的被引量独占鳌头，而且每年的被引量都在稳步上升（参见表16-1）。与其他学科相比，图书在法学领域的研究中明显占有举足轻重的地位。虽然中国的法制建设仍然在发展之中，但在学术界，法学已经逐渐成为一个比较成熟的学科，法学领域内的大量的经典著作为法学研究提供了很有价值的学术保证和研究指导。

利用《中文社会科学引文索引》（CSSCI），我们对其中2000—2007年的法学论文引用的图书进行统计，从中选出被引次数较多的图书。由于图书被引是一个积累的过程，被引数量的多寡与图书的出版时间长短有一定的关系。为了使所选出的图书较少受出版时间影响，我们把年均被引指数引入这次最有学术影响的图书遴选之中，并根据法学的图书被引情况和比例要求制定了法学图书的遴选标准，即在2000—2007年间CSSCI数据库中法学论文引用100次及以上的图书或出版以后年均被引10次及以上者，二者具备其一即可入选。

由于CSSCI的数据是分年度组织的，造成来自不同年度的数据存在大量不一致情形，因此必须要对统计以后的数据作一定的技术上处理。具体处理内容如下：（1）同一图书标注不一致的，如主标题和副标题之间的符号不一致（比如两者之间或使用破折号或使用冒号）、只标注主标题不标注副标题、译著没标注原著者只标注翻译者或原著者的姓名标注不规范等经过识别予以合并；（2）著作的分卷合集归并处理，如《马克思恩格斯全集》、《毛泽东选集》等，这类书的引用有些直接给出了卷，但大量的没有给出卷，为了全面反映这类著作对学科的整体影响，都采取了合并处理；（3）同一种著作合并以后，其被引次数相加汇总。

本章讨论的图书主要是法学领域的最具学术影响力的著作，但由于法学学科论文引用的图书来自多学科，所以入选我国法学领域具有较大学术影响的图书可能含有其他学科（如哲学、社会学、经济学等）的著作。

16.1 概述

为了统计不同类型的文献对法学领域的学术影响，CSSCI将引用文献分为11类：期刊论文、图书、汇编文献、报纸文章、会议论文、报告文献、法规文献、学位论文、信函、标准文献、网络资源，外加一个"其他"类。由于汇编文献基本是图书形式的文献，所以我们在讨论图书被引数量时，均把汇编归入其中统计。表16-1给出了2000—2007年CSSCI中法学论文引用各类文献的数量。本章对法学的图书学术影响力的分析主要取自这8年的229209次的图书（含"汇编"）的被引数据。

表16-1　2000—2007年法学论文引用文献类型统计　　　　（单位：篇次）

类型 年份	期刊论文	图书	汇编文献	报纸文章	会议论文	报告文献	法规文献	学位论文	信函	标准文献	网络资源	其他
2000	5643	14165	1623	597	250	45	972	37	2	4	110	145
2001	6168	16133	1644	690	302	79	527	62	2	1	184	135
2002	7435	18463	2174	924	295	87	914	67	0	1	422	237
2003	7875	20778	2814	997	271	142	1093	77	1	5	813	413
2004	11927	28755	3760	1492	364	202	3102	121	1	20	1768	763
2005	13007	29266	6596	1470	438	251	2659	167	14	9	2435	1424
2006	17031	33766	6993	2011	657	308	3454	187	28	18	3748	1761
2007	20158	35148	7131	2179	643	276	3647	269	20	17	4226	2312
合计	89244	196474	32735	10360	3220	1390	16368	987	68	75	13706	7190

从表16-1可以看出，2000—2007年法学论文中图书的被引次数远远高于其他类型的文献，比排名第二位的期刊论文要高出一倍以上。这一方面说明图书是法学领域中最重要的学术资源，具有相当高的学术价值；另一方面说明法学研究在逐渐走向成熟，大量的国内外经典法学著作为这一学科研究奠定了基础。从每年的被引数量变化来看，除2003—2004年图书的被引次数有较大的上升幅度（增长8000余次）外，其余各年份均稳定保持2000—3000次一定的增长幅度。但从图书所占比例来看，却呈逐年下降趋势，已由2000年的66.92%和2001年的68.57%下降到2007年的55.61%，当然这从另一个方面也说明了法学研究的推陈出新和蓬勃发展。

从引用文献的语种分析，可以观察一个学科学术资源的语种分布和该学科与国外研究的接轨状况。表16-2给出了2000—2007年CSSCI中法学论文引用文献的语种统计数据。

表 16 - 2　　　　　　2000—2007 年法学论文引用文献的语种统计　　　　　（单位：篇次）

年份\语种	中文	英文	日文	俄文	德文	法文	其他语种	译文
2000	16340	2484	421	62	114	29	167	3976
2001	18022	2391	420	31	106	41	226	4690
2002	21470	3098	595	57	90	47	218	5444
2003	23677	3868	494	37	129	64	203	6807
2004	34675	6891	767	92	528	151	452	8719
2005	37858	7816	901	50	491	88	229	10303
2006	44716	10451	1111	44	935	180	303	12222
2007	48575	12316	949	47	818	129	231	12961
合计	245333	49315	5658	420	3211	729	2029	65122

从表 16 - 2 可以看出，法学论文引用文献以中文文献为主，8 年总比例占 65.98%，而紧随其后的译文文献和英文文献分别占 17.51% 和 13.26%，充分说明了虽然法学领域的主要学术资源是中文文献，但外文文献在法学研究中的作用和影响不能低估。

从时间维度上看，中文文献、译文文献、英文文献的被引用次数均呈现增长的趋势。各语种文献所占的比重变化可以用来说明某一语种在该学科研究中的地位变化，从表中可以看出中文文献被引比率总体趋势在下滑，除 2000 年到 2001 年从 69.26% 增加到 69.51% 之外，2001 年起开始逐年下降，从 2001 年的 69.51% 降到 2007 年的 63.89%。而包括英文、日文在内的外文文献所占的被引比率则呈逐年增长趋势，如英文文献的被引比例从 2000 年的 10.53% 上升到 2007 年的 16.20%。这说明法学学科的研究越来越注意对国外学术成果的借鉴和利用。在全球化日益加深的大背景下，这个趋势有利于法学学科的发展，也有利于我国新时代法制建设的发展。值得注意的是译文文献（主要是译著），不仅被引数量较多，其比率基本保持在 17% 左右的较高水平，说明了法学学科对国外资源利用的加强，对国外著作的翻译和引进日益重视。

根据总被引 100 次及以上或年均被引 10 次及以上的遴选标准，本学科共选出了对法学学科具有较大学术影响的图书 247 种。这 247 种图书总共被引 45223 次，占据本学科论文引用图书总次数的 19.73%。为了更科学地考察不同类别的图书对本学科的影响状况，我们把选择出来的图书分成 5 类（领袖著作、历史文献、工具书、国外学术著作、国内学术著作），分别从不同角度分析这些图书对本学科领域的学术影响。详细数据参见表 16 - 3。

表16-3　　　　　　　入选法学论文引用图书的类别统计

内容类别＼图书类别	领袖著作	历史文献	工具书	国外学术著作	国内学术著作
入选图书种数	4	18	6	101	118
入选图书被引次数	3921	3594	1056	18844	17808
入选图书被引次数所占比例	8.67%	7.95%	2.33%	41.67%	39.38%
入选图书的平均被引次数	980.25	199.67	176	186.57	150.92

从表16-3可以看出，对法学研究领域产生最大学术影响的图书主要来自国外学术著作和国内学术著作，两者合计被引量占所有入选图书被引量的80%左右，可见法学领域引用的图书主要还是以学术著作为主。以上数据说明我国法学学者在研究中不仅仅把国内学术著作作为自己的重要学术资源，同时也非常注重国外学术著作的获取、阅读和参考。

本次入选的领袖著作虽仅有4本，但平均被引次数却达到了980.25次，是各类入选图书平均被引次数最高的一类图书，遥遥领先于其他类图书，说明领袖著作在我国法学研究中的重要地位和指导作用。另一类对法学研究领域具有重要作用的图书是历史文献，共有18种历史文献入围，平均被引也以近200次位居第二，体现了历史文献在法学研究领域的影响力。工具书在法学研究领域所产生的学术影响相对较小，不仅入选数量较少，平均被引次数也不高，但我们还是通过引用论文发现这类图书在法学领域中具有一定的作用。

16.2　领袖著作对法学研究的影响

领袖著作主要体现了对学术研究的指导作用。从法学论文引用较多的领袖著作来看，主要是马克思、恩格斯、列宁、毛泽东、邓小平的著作。这些著作均属于马克思主义理论著作，反映了辩证唯物主义和历史唯物主义的世界观，揭示了人类社会发展的一般规律，对我国人文社会科学研究有着极大的指导作用。

本章遴选出的对法学领域具有重要学术影响的领袖著作有：《马克思恩格斯全集》、《邓小平文选》、《毛泽东选集》和《列宁全集》。由于所遴选出的著作均为多次再版和印刷，故我们列出的书目中舍去了年代。也因为这些著作被引时，有的按卷著录，有的没有标出卷次，还有的将各卷同时著录，为了反映领袖著作对法学的整体学术影响，故我们在列出的书目中均以合卷（全集）显示，在计算被引次数时将各分卷被引次数求和统计。表16-4给出了法学论文引用较多的4种领袖人物著作，表中图书的顺序按被引次数从多到少排序。

表 16-4　　　　　　　法学论文引用较多的领袖人物著作

序号	图书信息
1	马克思等：《马克思恩格斯全集》，北京：人民出版社
2	邓小平：《邓小平文选》，北京：人民出版社
3	毛泽东：《毛泽东选集》，北京：人民出版社
4	列宁：《列宁全集》，北京：人民出版社

表 16-4 中列举的 4 种领袖著作中，《马克思恩格斯全集》被引用的次数最多，达到了 2742 次，比后面三种著作被引次数的总和还要多。《邓小平文选》、《毛泽东选集》、《列宁全集》的被引次数分别是 522、340、317 次。

《马克思恩格斯全集》中文第一版由中共中央马克思恩格斯列宁斯大林著作编译局根据俄文第二版并参照德文版翻译，共 50 卷。《邓小平文选》由中共中央文献编辑委员会编辑。《毛泽东选集》由中共中央毛泽东选集出版委员会编辑，目前已出版 5 卷，记载了毛泽东同志在我国新民主主义革命时期和社会主义建设时期的主要论著。《列宁全集》由中共中央马克思恩格斯列宁斯大林著作编译局编译，先后共出两版。

通过查询 CSSCI 数据库中引用这 4 部著作的法学论文分析这些论文的研究领域和研究主题我们发现，引用这些著作的论文主题主要属于法理学研究领域，说明马克思主义的著作对我国法理学研究有着强大的指导作用。

法理学是研究一般的法律和法律现象之规律和原理的理论学科。它所研究的对象是"一般的法律"和"一般的法律现象"问题，也就是说它不研究特定的、具体的法律和法律现象，而是研究普遍的法律和法律现象问题。[①]

马克思列宁主义、毛泽东思想等是各学科所必需的科学指导理论，而法理学是法学体系中的基础学科。从这个意义上讲，在法理学研究领域注重马克思列宁主义、毛泽东思想、邓小平理论的指导，也就是加强了马克思主义理论对整个法学领域的指导作用。作为一门与社会制度紧密联系的社会科学学科，强调马克思主义理论的指导作用是非常必要的。从入选的 4 种领袖著作来看，数量偏少，而且多集中于法理学研究领域，说明我国法学领域要更加强调马克思主义的指导作用，用马克思主义的世界观武装自己，把马克思主义法律观完全融入我国法学研究的各个领域。

16.3　历史文献对法学研究的影响

在历史发展的长河中，重要人物、重大事件无不记载于各类历史文献中。关于古

[①] 孙笑侠：《法理学导论》，高等教育出版社 2004 年版，第 13 页。

代社会的法学思想、法律文献、社会制度等的历史文献对当今法学研究有着一定借鉴和参考价值,法学论文中对历史文献的大量引用充分说明了历史文献对我国法学研究领域的价值所在。入选的对法学领域具有重要学术影响的历史文献共有 18 种,其被引次数占所有入选图书被引次数的 7.95%。其中《论语》被引次数最多,达504 次。表 16-5 给出了 2000—2007 年间法学论文引用较多的历史文献书目。由于入选的历史文献大多为多次再版和印刷,所以我们在列出书目时舍去了年代。

表 16-5　　　　　　　　法学论文引用较多的历史文献

序号	图书信息
1	《论语》,上海:上海书店
2	《汉书》,北京:中华书局
3	《史记》,北京:中华书局
4	《孟子》,北京:中华书局
5	《韩非子》
6	《唐律疏议》,北京:中华书局
7	《荀子》,上海:上海古籍出版社
8	《商君书》
9	《晋书》,北京:中华书局
10	故宫博物院明清档案部:《清末筹备立宪档案史料》,北京:中华书局
11	《大清律例》,北京:法律出版社
12	《旧唐书》,北京:中华书局
13	《后汉书》,北京:中华书局
14	《宋史》,北京:中华书局
15	徐松:《宋会要辑稿》,北京:中华书局
16	《尚书》
17	《管子》,上海:上海古籍出版社
18	睡虎地秦墓竹简整理小组:《睡虎地秦墓竹简》,北京:文物出版社

分析表 16-5 中的书目,可将其划分为 4 类:史书、诸子百家著作、古代法典、其他历史资料。史书和古代法典是研究我国古代法律制度的重要参考文献;诸子百家著作记述了春秋战国时期学者的治国思想,其中也包含了他们的法学思想。

(1) 史书类著作

通过查阅 CSSCI 中引用这些历史文献的法学论文发现,这些论文主题所涉及的研究领域包括我国各朝各代法律制度以及法律制度背后的政治思想和社会文化因素等方面。史书提供了大量的史料、古代法律条文、历史事件记述，为研究我国古代法律制度提供了有力的参考，对研究中西法律差异也有一定的帮助。

《汉书》（被引 439 次）是中国第一部纪传体断代史。由东汉班固撰，共一百卷，分一百二十篇。西汉是中国的政治、经济、文化迅速发展的时代，研究西汉历史，特别是西汉的法律制度，在对我国古代法律制度的研究中显得尤为重要。《史记》（被引 267 次）原名《太史公书》，由西汉司马迁撰，共一百三十篇，是中国第一部纪传体通史，包含了大量的那一时期的法律资料。《晋书》（被引 146 次）由唐房玄龄等撰写，共一百三十卷，是纪传体东、西晋史，是了解两晋历史的基本史籍。《旧唐书》（被引 137 次）由后晋刘昫监修，作者为张昭远、贾纬等，是纪传体唐代史。《后汉书》（被引 129 次）由南朝宋范晔撰，今本一百二十卷，分一百三十篇，是纪传体东汉史，是研究东汉历史的重要资料。《宋史》（被引 122 次）由元代脱脱等撰，是纪传体宋代史，史料丰富，叙事详尽，为研究宋代历史的基本史料之一。《尚书》（被引 111 次）相传由孔子选编，是中国上古历史文献和部分追述古代事迹著作的汇编，为儒家经典之一。

（2）诸子百家类著作

《论语》（被引 504 次）是儒家经典之一，是孔子弟子及其再传弟子关于孔子言行的记录。引用《论语》的法学文章主要集中于法理学领域，大多是以探讨道德伦理与法治的关系、研究中国古代德治思想及其现代意义为主题。

《孟子》（被引 236 次）是儒家经典之一，由战国时孟子及其弟子万章等著。引用《孟子》的法学文章主题大多探讨德治与法治的辩证关系、儒家仁政思想的现代意义，此外也有一些针对儒家的德治思想本身的发展进行研究的文章引用。

《韩非子》（被引 229 次）是集先秦法家学说大成的代表作，是韩非后人搜集其遗著，并加入他人论述韩非学说的文章编成。引用《韩非子》的法学文章主题主要涉及中国传统法律制度及思想、中国现代法治、腐败的法律制约、依法治国与以德治国等方面。

《荀子》（被引 227 次）是战国时期著名思想家、文学家、政治家荀子的著作集，共三十二篇。其"正名"学说包含着丰富的逻辑理论，对建立古代名学作出了贡献。引用该书的法学文章包括德治与法治、儒家的礼法思想等主题研究领域。

《商君书》（被引 214 次）是战国时商鞅及其后学的著作的合编。该书叙述了商鞅的变法主张，提出信赏必罚的法治要求，主张从法律上保护土地私有权，把统治权力集中于君主一人以建立中央集权的君主专制国家。此外，该书对于法的起源、本质、作用等也有所论述。研究中国传统法治思想、中国古代法律制度、先秦法家的法律思想的文章对《商君书》有较多的引用。

《管子》（被引 107 次）是战国时齐国学者托名管仲所作。内容庞杂，包含有道、名、法等家的思想以及天文、历数、舆地、经济和农业等知识。引用《管子》的法学文章主要集中在中国法治思想和现状、中国古代法律制度和文化等研究领域。

（3）古代法典类著作

《唐律疏议》（被引227次）是对唐代《永徽律》的全文解释，它照录《永徽律》原文并逐条进行注解。作者集中唐以前的法律思想，加以发挥，并大量引用《永徽律》以外的律典，剖析疑义，解说详明，同时对律文规定得不够完备和不够周密之处进行补充。该书既是唐律的重要组成部分，又是中国古代杰出的法学著作，为研究中国古代特别是唐代法律制度提供了丰富的参考资料。

《大清律例》（被引138次）是清代第一部成文法典。《大清律例》对我国法史学研究具有较大的影响，特别是研究清代法律制度的文章对《大清律例》有较多的引用。

（4）其他历史资料

《清末筹备立宪档案史料》（被引139次）由故宫博物馆档案部编。中华书局1979年7月版。全书按档案内容分为：清末统治集团对预备立宪的策划和议论以及清末预备立宪各项活动的情况，包括出洋考察政治情况、预备立宪的宣布和策划、统治集团内部的议论、官制、议院、地方自治、法律、司法、满汉关系、教育、财政和官报等11个项目。该书为研究清末宪政改革、清末乃至民国的法律思想和法律制度提供了参考。

《宋会要辑稿》（被引122次）由清代徐松辑，共三百六十六卷，二十一类。其中以礼、职官、食货等类篇幅最巨。该书多有《宋史》及宋代其他史书所未采录的材料，为研究宋史和宋朝法律典制的重要资料。

《睡虎地秦墓竹简》（被引100次）是睡虎地秦墓出土的竹简，约4万字，内容多是秦国的法律和文书，也有编年史和卜筮。该书法律类竹简约占竹简总数的一半，是秦国法律条文的实录，涉及律名29种，为中国考古发现最早的成文法典。引用该书的法学文章主要集中在研究秦朝法律制度等领域。

16.4 工具书对法学研究的影响

任何一个学科的研究都离不开工具书，法学研究也不例外。根据所设定的法学图书入选标准，入选的工具书有6种，详细书目参见表16-6。

表16-6　　　　　　　法学论文引用较多的工具书

序号	图书信息
1	［英］戴维·M.沃克（David M. Walker）著，北京社会与科技发展研究所译：《牛津法律大辞典》，北京：光明日报出版社，1988

续表

序号	图书信息
2	中国社会科学院语言研究所词典编辑室：《现代汉语词典》，北京：商务印书馆，1983
3	辞海编辑委员会：《辞海》，上海：上海辞书出版社，1979
4	［日］木村龟二著，顾肖荣译：《刑法学词典》，上海：上海翻译出版公司，1991
5	中国大百科全书编辑委员会：《中国大百科全书》，北京：中国大百科全书出版社，1984
6	薛波等：《元照英美法词典》，北京：法律出版社，2003

表 16-6 中所列工具书包含了法学类词典、综合性词典和百科全书三种类型，我们根据这三类顺序给予介绍。

《牛津法律大辞典》（被引 334 次）是法律出版社与英国著名的牛津大学出版社通力合作的成果，作者是世界最著名的法律大词典——《布莱克法律词典》的作者。该书特点在于只收入当代世界法律用语中最常见、最重要、最容易混淆的法律用语并加以详细的解释和用法的指导。其词条和例句来源于英美法典、判例、法律文书。该书一出版就得到了美国律师、法官和法学院学生的认可，并且成为法律词典的经典，许多新闻、商业和金融领域的从业人员也争相使用这本词典所确立的规范法律写作语言。该书不仅对法律写作的格式和法律文章提供实用可行的建议，而且对法律写作者在使用法律术语过程中遇到的格式上和语言上的问题提供具体的解决方法。该辞典影响到法学研究的各个方面，引用该书的文章主题涉及法理学、刑法学、民商法学、行政法学、诉讼法学等多个研究领域，其中法理学类的居多。

《刑法学词典》（被引 129 次）由日本著名法学家木村龟二所著，上海翻译出版公司出版。刑法学、犯罪学类的文章对其有较多的引用。

《元照英美法词典》（被引 50 次，法律出版社 2003 年出版）由薛波、潘汉典教授等学者组织编写，在全面介绍英美法的基本制度、概念等方面填补了目前我国法律辞书在此方面的空白。该书的特点主要体现在如下方面：一是编译者的权威性，由国内外著名学者担任学术顾问，200 余位专家参加撰写，历经多年反复修订而成；二是收录范围的广泛性，内容涉及法理、宪法、刑法、民法等英美法各大领域；三是对词条解释的准确性、全面性，每个词条都标明了其辞源。该书对我国法和英美法的基本概念对应准确，解释极为精到。[①] 研究比较法、法理学、经济法、法史学、英美法等领域的论文对该书有较多的引用。

《现代汉语词典》（被引 253 次）是国务院 1956 年责成中国科学院语言研究所

[①] 清华大学法律图书馆·工具书举要．［2010-4-6］http：//www.tsinghua.edu.cn/docsn/fxy/lib/gc/gjs.htm.

(后改称中国社会科学院语言研究所)编写的,著名语言学家吕叔湘、丁声树先生先后担任词典主编。该词典 1978 年正式出版,1983 年和 1996 年出版过两次修订本,2002 年出版增补本,2005 年出版第 5 版。① 该词典在法理学、法学术语研究、刑法、刑事诉讼法、民商法等法学研究领域有一定的影响。

《辞海》(被引 167 次)是以字带词,兼有字典、语文词典和百科词典功能的大型综合性辞典。② 作为综合性的工具书,《辞海》对法学研究的影响面比较广,对法理学、经济法、宪法、行政法以及我国法制建设进程中一些实际问题等研究领域有一定的影响。

《中国大百科全书》(被引 123 次)是中国第一部大型综合性百科全书,也是世界上规模较大的几部百科全书之一。它的编辑方针是坚持辩证唯物主义、历史唯物主义,客观地、实事求是地介绍各科知识,不作一家言,反映实际存在的不同见解。③《中国大百科全书》对法理学、法制建设、民法、宪法司法化、法史学等领域均有一定影响。

16.5 国外学术著作对法学研究的影响

改革开放以来,我国政府在加强法制建设,依法治国方面做了大量的工作,法学的自主地位也逐渐确立。在我国,法学还是一个新兴学科,法律制度还有许多有待完善的地方。因此,对国外法学研究成果的引进、消化和借鉴,对我国法学研究的发展有极大的帮助。从入选的对我国法学领域具有重要学术影响力的国外学术著作来看,我国法学学者非常注重对国外学术成果的引用和借鉴,100 多种国外学术著作的入选无论在数量上还是在所占学科图书比例上均排在所有学科的前列。表 16 - 7 给出了被法学学科论文引用较多的国外学术著作目录。

表 16 - 7　　　　　　　　法学论文引用较多的国外学术著作

序号	图书信息
1	[美] 埃德加·博登海默(Edgar Bodenheimer)著,邓正来译:《法理学:法律哲学与法律方法》,北京:中国政法大学出版社,1999
2	[法] 孟德斯鸠(Baron de Montesquieu)著,张雁琛译:《论法的精神》,北京:商务印书馆,1961

---

① 马莲:"《现代汉语词典》与中国科学技术",《现代语文》(语言研究版)2009 年第 12 期。
② 辞海编辑委员会:《辞海》,上海辞书出版社 1999 年版,序言。
③ 高虎:"略谈《中国大百科全书》",《河南图书馆学刊》2002 年第 2 期。

续表

序号	图书信息
3	[古希腊] 亚里士多德（Aristotle）著，吴寿彭译：《政治学》，北京：商务印书馆，1965
4	[德] 黑格尔（G. W. F. Hegel）著，范扬译：《法哲学原理》，北京：商务印书馆，1961
5	[美] 约翰·罗尔斯（John Rawls）著，何怀宏译：《正义论》，北京：中国社会科学出版社，1988
6	[美] 理查德·A. 波斯纳（Richard A. Posner）著，蒋兆康译：《法律的经济分析》，北京：中国大百科全书出版社，1997
7	[意] 切萨雷·贝卡里亚（Beccaria）著，黄风译：《论犯罪与刑罚》，北京：中国大百科全书出版社，1993
8	[美] 埃德加·博登海默（Edgar Bodenheimer）著，邓正来译：《法理学：法律哲学与法律方法》，北京：华夏出版社，1987
9	[英] 约翰·洛克（John Locke）著，瞿菊农等译：《政府论》，北京：商务印书馆，1964
10	[英] 亨利·詹姆斯·萨姆那·梅因（Henry James Sumner Maine）著，沈景一译：《古代法》，北京：商务印书馆，1959
11	[日] 谷口安平著，王亚新译：《程序的正义与诉讼》，北京：中国政法大学出版社，1994
12	[法] 让-雅克·卢梭（Jean-Jacques Rousseau）著，何兆武译：《社会契约论》，北京：商务印书馆，1980
13	[德] 迪特尔·梅迪库斯（Dieter Medicus）著，邵建东译：《德国民法总论》，北京：法律出版社，2000
14	[美] 哈罗德·J. 伯尔曼（Harold J. Berman）著，贺卫方译：《法律与革命：西方法律传统的形成》，北京：中国大百科全书出版社，1993
15	[英] 弗里德利希·冯·哈耶克（Friedrich A. Von Hayek）著，邓正来译：《自由秩序原理》，北京：生活·读书·新知三联书店，1997
16	[美] 亚历山大·汉密尔顿（Alexander Hamilton）著，程逢如译：《联邦党人文集》，北京：商务印书馆，1980
17	[美] 理查德·A. 波斯纳（Richard A. Posner）著，朱苏力译：《法理学问题》，北京：中国政法大学出版社，1994

续表

序号	图书信息
18	[美] 汉斯·凯尔森（Hans Kelsen）著，沈宗灵译：《法与国家的一般理论》，北京：中国大百科全书出版社，1996
19	[德] 卡尔·拉伦茨（Karl Larenz）著，王晓晔等译：《德国民法通论》，北京：法律出版社，2002、2003
20	[美] 罗斯科·庞德（R. Pound）著，沈宗灵等译：《通过法律的社会控制：法律的任务》，北京：商务印书馆，1984
21	[德] 哈特穆特·毛雷尔（Hartmut Maurer）著，高家伟译：《行政法学总论》，北京：法律出版社，2000
22	[英] 弗里德利希·冯·哈耶克（Friedrich A. Von Hayek）著，邓正来译：《法律、立法与自由》，北京：中国大百科全书出版社，2000
23	[意] 彼德罗·彭梵得（Pietro Bonfante）著，黄风译：《罗马法教科书》，北京：中国政法大学出版社，1992
24	[英] 赫伯特·哈特（H. L. A. Hart）著，张文显译：《法律的概念》，北京：中国大百科全书出版社，1995
25	[德] G. 拉德布鲁赫（G. Radbruch）著，米健等译：《法学导论》，北京：中国大百科全书出版社，1997
26	[英] 威廉·韦德（H. W. R. Wade）著，楚建译：《行政法》，北京：中国大百科全书出版社，1997
27	[德] 汉斯-海因里希·耶赛克（Hans-Heinrich Jescheck）等著，许久生译：《德国刑法教科书》，北京：中国法制出版社，2001
28	[德] 马克斯·韦伯（Max Weber）著，林荣远译：《经济与社会》，北京：商务印书馆，1997
29	[法] 托克维尔（Tocqueville）著，董国良译：《论美国的民主》，北京：商务印书馆，1988
30	[美] 迈克尔·D. 贝勒斯（Michael D. Bayles）著，张文显等译：《法律的原则：一个规范的分析》，北京：中国大百科全书出版社，1996
31	[德] 卡尔·拉伦茨（Karl Larenz）著，陈爱娥译：《法学方法论》，北京：商务印书馆，2003
32	[美] 本杰明·卡多佐（Benjamin N. Cardozo）著，朱苏力译：《司法过程的性质》，北京：商务印书馆，1998

续表

序号	图书信息
33	[法] 勒内·达维德（R. David）著，漆竹生译：《当代主要法律体系》，上海：上海译文出版社，1983
34	[日] 田口守一著，刘迪等译：《刑事诉讼法》，北京：法律出版社，2000
35	李昌珂译：《德国刑事诉讼法典》，北京：中国政法大学出版社，1995
36	[日] 棚濑孝雄著，王亚新译：《纠纷的解决与审判制度》，北京：中国政法大学出版社，1994
37	[日] 盐野宏著，杨建顺译：《行政法》，北京：法律出版社，1999
38	[德] K. 茨威格特（Konrad Zweigert）著，潘汉典等译：《比较法总论》，贵阳：贵州人民出版社，1992
39	[日] 大塚仁著，冯军译：《刑法概说》，北京：中国人民大学出版社，2003
40	[德] 伊曼努尔·康德（Immanuel Kant）著，沈叔平译：《法的形而上学原理：权利的科学》，北京：商务印书馆，1991
41	[美] P. 诺内特（P. Nonet）等著，张志铭译：《转变中的法律与社会：迈向回应型法》，北京：中国政法大学出版社，1994
42	[美] 罗纳德·德沃金（Ronald Dworkin）著，信春鹰等译：《认真对待权利》，北京：中国大百科全书出版社，1998
43	[德] 拉萨·奥本海（L. Oppenheim）著，詹宁斯编，王铁崖译：《奥本海国际法》，北京：中国大百科全书出版社，1995
44	[意] 杜里奥·帕多瓦尼（Tullio Padovani）著，陈忠林译：《意大利刑法学原理》，北京：法律出版社，1998
45	[法] 卡斯东·斯特法尼（Gaston Stéphanie）等著，罗结珍译：《法国刑法总论精义》，北京：中国政法大学出版社，1998
46	[英] 彼得·斯坦（Peter Stein）等著，王献平译：《西方社会的法律价值》，北京：中国人民公安大学出版社，1989
47	[美] 伯纳德·施瓦茨（Bernard Chwartz）著，徐炳译：《行政法》，北京：群众出版社，1986
48	[日] 滋贺秀三著，王亚新等译：《明清时期的民事审判与民间契约》，北京：法律出版社，1998
49	[法] 卡斯东·斯特法尼（Gaston Stéphanie）等著，罗结珍译：《法国刑事诉讼法精义》，北京：中国政法大学出版社，1998

续表

序号	图书信息
50	［美］罗伯特·考特（Robert Cooter）著，张军译：《法和经济学》，上海：上海三联出版社，1991
51	［美］伯纳德·施瓦茨（Bernard Chwartz）著，王军译：《美国法律史》，北京：中国政法大学出版社，1989
52	［美］哈罗德·J.伯尔曼（Harold J. Berman）著，梁治平译：《法律与宗教》，北京：生活·读书·新知三联书店，1991
53	［英］罗杰·科特威尔（R. Cotterrell）著，潘大松译：《法律社会学导论》，北京：华夏出版社，1989
54	［英］A. J. M. 米尔恩（A. J. M. Milne）著，夏勇等译：《人的权利与人的多样性：人权哲学》，北京：中国大百科全书出版社，1995
55	［德］伯恩·魏德士（Bernd Ruthers）著，丁小春等译：《法理学》，北京：法律出版社，2003
56	［日］大谷实著，黎宏译：《刑事政策学》，北京：法律出版社，2000
57	［美］罗纳德·德沃金（Ronald Dworkin）著，李常青译：《法律帝国》，北京：中国大百科全书出版社，1996
58	［德］罗伯特·霍恩（Norbert Horn）等著，楚建译：《德国民商法导论》，北京：中国大百科全书出版社，1996
59	［日］大塚仁著，冯军译：《犯罪论的基本问题》，北京：中国政法大学出版社，1993
60	［德］尤尔根·哈贝马斯（Jurgen Habermas）著，童世骏译：《在事实与规范之间：关于法律和民主法治国的商谈理论》，北京：生活·读书·新知三联书店，2003
61	［罗马］F. A. 查士丁尼（F. A. Justinianus）著，张企泰译：《法学总论：法学阶梯》，北京：商务印书馆，1989
62	［德］弗兰茨·冯·李斯特（Franz V. Liszt）著，许久生译：《德国刑法教科书》，北京：法律出版社，2000
63	［日］川岛武宜著，王志安等译：《现代化与法》，北京：中国政法大学出版社，1994
64	［美］R. M. 昂格尔（Roberto Mangabeira Unger）著，吴玉章等译：《现代社会中的法律》，北京：中国政法大学出版社，1994
65	［德］马克斯·韦伯（Max Weber）著，张乃根译：《论经济与社会中的法律》，北京：中国大百科全书出版社，1998
66	［德］卡尔·拉伦茨（Karl Larenz）著，陈爱娥译：《法学方法论》，中国台湾：台湾五南图书出版公司，1996

续表

序号	图书信息
67	[英] 托马斯·霍布斯（Thomas Hobbes）著，黎思复等译：《利维坦》，北京：商务印书馆，1964
68	[日] 大木雅夫著，范愉译：《比较法》，北京：法律出版社，1999
69	[日] 室井力编，吴微译：《日本现代行政法》，北京：中国政法大学出版社，1995
70	[日] 兼子一等著，白绿铉译：《民事诉讼法》，北京：法律出版社，1995
71	[日] 野村稔著，全理其等译：《刑法总论》，北京：法律出版社，2001
72	[日] 大谷实著，黎宏译：《刑法总论》，北京：法律出版社，2003
73	[德] 阿图尔·考夫曼（Arthur Kaufmann）等著，郑永流译：《当代法哲学和法律理论导论》，北京：法律出版社，2002
74	[德] 柯武刚（Kasper Wolfgang）等著，韩朝华译：《制度经济学：社会秩序与公共政策》，北京：商务印书馆，1962
75	[英] 尼尔·麦考密克（N. MacCormick）等著，周叶谦译：《制度法论》，北京：中国政法大学出版社，1994
76	[韩] 李哲松著，吴日焕译：《韩国公司法》，北京：中国政法大学出版社，2000
77	[美] 劳伦斯·M. 弗里德曼（Lawrence M. Friedman）著，李琼英等译：《法律制度：从社会科学角度观察》，北京：中国政法大学出版社，1994
78	[美] 乔万尼·萨托利（Giovanni Sartori）著，冯克利等译：《民主新论》，北京：东方出版社，1993
79	郑冲等译：《德国民法典》，北京：法律出版社，1999
80	[德] K. 茨威格特（Konrad Zweigert）著，潘汉典等译：《比较法总论》，北京：法律出版社，2003
81	[美] R. M. 昂格尔（Roberto Mangabeira Unger）著，吴玉章等译：《现代社会中的法律》，南京：译林出版社，2001
82	[日] 中村英郎著，陈刚译：《新民事诉讼法讲义》，北京：法律出版社，2000
83	[英] J. C. 史密斯（J. C. Smith）等著，李贵方等译：《英国刑法》，北京：法律出版社，2000
84	[德] 阿图尔·考夫曼（Arthur Kaufmann）著，刘幸义等译：《法律哲学》，北京：法律出版社，2004
85	[德] 曼弗雷德·沃尔夫（Manfred Wolf）著，吴越等译：《物权法》，北京：法律出版社，2002

续表

序号	图书信息
86	［英］韦恩·莫里森（Wayne Morrison）著，李桂林等译：《法理学：从古希腊到后现代》，武汉：武汉大学出版社，2003
87	［美］爱伦·豪切斯泰勒·斯黛丽（Ellen Hochstedler Steury）著，陈卫东等译：《美国刑事法院诉讼程序》，北京：中国人民大学出版社，2001
88	［德］尤尔根·鲍尔（Jurgen F. Baur）等著，张双根译：《德国物权法》，北京：法律出版社，2004
89	［德］汉斯·J. 沃尔夫（Hans J. Wolff）等著，高家伟译：《行政法》，北京：商务印书馆，2003
90	［德］奥特马·尧厄尼希（Othmar Jauernig）著，周翠译：《民事诉讼法》，北京：法律出版社，2003
91	［德］罗伯特·阿列克西（Robert Alexy）著，舒国滢译：《法律论证理论：作为法律证立理论的理性论辩理论》，北京：中国法制出版社，2002
92	［爱尔兰］J. M. 凯利（J. M. Kelly）著，王笑红译：《西方法律思想简史》，北京：法律出版社，2002
93	［德］托马斯·魏根特（Thomas Weigend）著，岳礼玲等译：《德国刑事诉讼程序》，北京：中国政法大学出版社，2004
94	［日］高桥宏志著，林剑锋译：《民事诉讼法：制度和理论的深层分析》，北京：法律出版社，2003
95	［德］罗尔夫·克尼佩尔（Rolf Knieper）著，朱岩译：《法律与历史：论〈德国民法典〉的形成与变迁》，北京：法律出版社，2003
96	［英］麦高伟（Mike McConville）等著，刘立霞等译：《英国刑事司法程序》，北京：法律出版社，2003
97	［德］克劳斯·罗克辛（Claus Roxin）著，王世洲译：《德国刑法学总论》，北京：法律出版社，2005
98	［法］雅克·盖斯旦（Jacques Ghestin）著，陈鹏等译：《法国民法总论》，北京：法律出版社，2004
99	［美］米尔伊安·R. 达玛什卡（Mirjan R. Damaska）著，郑戈译：《司法和国家权力的多种面孔：比较视野中的法律程序》，北京：中国政法大学出版社，2004
100	［日］松尾浩也著，丁相顺译：《日本刑事诉讼法》，北京：中国人民大学出版社，2005
101	［英］罗吉·胡德（Roger Hood）著，刘仁文等译：《死刑的全球考察》，北京：中国人民公安大学出版社，2005

分析表16-7中的书目，入选的国外学术著作均为译著，说明法学界非常重视国外优秀成果的引进，为推动法学研究与国外研究的快速接轨和吸收国外的研究成果发挥了很大作用。另一方面，也反映出法学学者要加强外文原版著作获取和阅读，确保汲取原汁原味的国外学术成果。分析入选著作的国别（以原著者国籍为准）：德国31种，美国24种，日本17种，英国15种，法国7种，意大利3种，爱尔兰、韩国、古希腊、古罗马帝国各1种。

为了细致了解入选图书，我们将表16-7中的图书进行了细分（主要依据中图法分类号）：法理学类、法史学类、行政法学类、民商法学类、刑法学类、诉讼法学类、比较法类、犯罪学类、国际法类。对不专属于上述类的图书均归入其他类。

(1) 法理学类著作

法理学类国外著作共39种，在入选的国外著作中所占比重较大。

《法理学：法律哲学与法律方法》（中国政法大学出版社和华夏出版社的版本分别被引900次和376次）是综合法理学派代表人物埃德加·博登海默先生构建其综合法理学理论体系的专著。全书逻辑严密，不论是全书的结构，还是各个章节的论述，都层层展开、丝丝入扣，为研究和阐述法理学问题提供了很好的范本。同时，该书理论综述部分资料丰富、详尽，可作为走进西方法理学的入门读物。该书分为三个部分：对法理学历史的综合、法律价值的综合和技术、手段的综合，构成一个逻辑严密的论述体系。[①] 引用该书的论文以法理学领域居多，也有宪法学、诉讼法学、行政法学、刑法学、司法制度、法史学、国际法学等领域的文章，可以说该书对法学研究的影响相当广泛。

孟德斯鸠的《论法的精神》（被引758次）是继《政治学》以来西方最重要的一部政治性著作，对近代西方政治学、法学、社会学的发展产生了深远影响。引用该书的文章主题以研究我国法制建设、行政立法、依法治国理论为主，还包括民法学、西方法律制度、对孟德斯鸠理论的研究、刑法学等研究领域。可以说该书对我国当代法制建设研究有重要影响。

《法哲学原理》（被引411次）是黑格尔在1818年任柏林大学教授时撰写，并于1821年正式出版。在《法哲学原理》中，黑格尔分析了作为客观精神的自由意志的辩证发展过程，包含了关于法、道德、伦理、国家等问题的精辟论述。该书虽然通篇以客观唯心主义为基调，但是其中蕴涵的深刻思想在西方法哲学史以及整个哲学史上具有极其重要的历史地位，对后世影响极为深远。[②] 该书对我国法理学研究的影响较大，引用该书的文章多从哲学角度进行法学某一论题的研究。

[①] 黄英："读《法理学——法律哲学与法律方法》"，《天府新论》2007年第12期。
[②] 薛桂波："意志、自由和法——黑格尔《法哲学原理》基本概念解读"，《吉林师范大学学报》（人文社会科学版）2009年第1期。

理查德·A. 波斯纳的《法律的经济分析》（被引 393 次）集学术专著与教科书为一体，最早出版于 1973 年。该书旨在"将经济理论运用于对法律制度的理解和改善"，主要的讨论集中于美国现实的法律制度。该书提出的主要命题是：经济思考总是在司法裁决的决定过程中起着重要的作用，即使这种作用不太明确甚至是鲜为人知；法院和立法机关更明确地运用经济理论会使法律制度得到改善。[①] 引用该书的法学论文主题主要集中在：经济法学、民商法学、物权制度、经济犯罪研究、知识产权研究、法律对市场经济的规范等研究领域。

《法律与革命：西方法律传统的形成》（被引 339 次）的中心论旨是：整个西方文化的形成是由 11 世纪末期教皇格列高里七世与神圣罗马皇帝亨利四世之间的授职权之争以及由此引发的全面政教冲突所触发。该书对我国法理学、法哲学、经济法、民商法、中国法律制度改革、比较法学等领域影响较大。

《法学方法论》（商务印书馆和台湾五南图书出版公司的版本分别被引 204 次和 115 次）是德国著名法学家卡尔·拉伦茨的一部重要著作，亦是法学理论方面的一部经典著作。该书坚持了法学方法的狭义法学和以司法裁判为中心的根本立场，对我国法学研究的影响非常广泛。引用它的文章主题涉及法理学、比较法学、公司法、民法、合同法、司法制度、刑法学、诉讼法、宪法学、知识产权法、法律史学等许多研究领域。

《法理学问题》（被引 287 次）是被称为 20 世纪 70 年代以来美国最为杰出的法律经济学家之一的理查德·A. 波斯纳所著。该书不仅对美国法理学界而且对世界法理学界来说都是一本具有重要意义的著作，它使人们真正了解了美国法理学。[②] 引用该书的法学论文主题主要集中于法理学研究领域。

《法与国家的一般理论》（被引 278 次）是纯粹法学派首创人凯尔森的代表作，现代西方法学名著之一。该书对法律和国家的一般理论问题进行了全面系统的阐述。全书分法律论与国家论两编和一个附录：第一编论述了法律的概念、法律权利、法律义务、法律责任等有关法律的基本问题；第二编论述了国家和国际法的基本概念和原理；附录对西方法学中两大对立学派的区别作了分析。该书对法理学、刑法学、犯罪学、行政法学、经济法学、公司法、比较法学、宪法学、国际法学、国家立法制度等研究领域都有较大的影响。

《通过法律的社会控制：法律的任务》（被引 276 次）是美国社会学法学的重要著作，它在借鉴罗斯等人的社会控制理论的基础上，丰富和发展了西方社会学法学的理论，影响了整整一代美国法学家。该书用社会学的方法研究法律，强调法律在

[①] 史晋川等："波斯纳与《法律的经济分析》"，《浙江社会科学》2005 年第 1 期。
[②] 王雪莹："从波斯纳《法理学问题》谈法理学的实用主义"，《金卡工程：经济与法》2009 年第 5 期。

社会控制中的作用，重视研究法律的实际效果，具有一定的合理性与科学性。[①] 引用该书的绝大多数论文属于法理学领域，也有少量的经济法学、民法学、刑法学和诉讼法学等类别的论文，但这些论文也往往是从法理学、法哲学的层面来研究特定的问题。

《法律、立法与自由》（被引 264 次）是 1974 年诺贝尔经济学奖获得者弗里德利希·冯·哈耶克分别于 1973 年、1976 年和 1979 年撰写的一部法学研究的系统性学术著作。该书一是从宏观方面阐述了自由主义理论的认知前提和分析工具；二是从具体方面论述了独具特色的社会与私法的观念。引用该书的论文中大多数属于法理学领域，其中以研究中国法制改革、市场经济体制下法律制度完善为主题的文章为多。

《法律的概念》（被引 260 次）主要运用了强盗情境、战犯审判和国内法三个参照系，对"法律是什么"的问题进行了多角度的论证。引用该书的论文主题以法理学、法哲学、中国法律制度的改革与完善等研究领域为主。

《法学导论》（被引 246 次）是拉德布鲁赫 1910 年发表的法学教育大纲。作者以简练的文笔和敏锐的思路，对法律思想的基本问题作了独到的阐述，在此基础上又对主要法律部门的一般问题作了深刻的研究。[②] 该书在法理学、中国司法制度、经济法等领域被较多地引用。

《现代社会中的法律》（中国政法大学出版社和译林出版社的版本分别被引 126 次和 85 次）不仅是 R. M. 昂格尔早期的代表作，也被认为是批判法学运动的经典著作之一。作者的意图在于通过对法律的研究实现对经典社会理论的批判，试图建构一个宏大的理论体系，进而包容对各种社会形态与法律形态的比较分析。[③] 引用该书的法学论文主要是探讨中国当代法律制度、中国法治社会建设等研究领域。

《法律的原则：一个规范的分析》（被引 210 次）是影响甚大的法学名著。该书将道德成本、程序利益和经济成本综合地运用于法律程序分析，拓展了程序的内涵。[④] 该书对我国司法制度、诉讼程序、民商法学、刑法学等研究领域具有较大的学术影响力。

《司法过程的性质》（被引 199 次）体现了本杰明·卡多佐的实用主义的风格。本杰明·卡多佐对法官造法和法的最终目的是追求社会利益的阐述，对处于社会转型期的美国的发展有着巨大的推动作用。他的思想打破了形式主义的束缚，延续发

---

① 姜美等："法律与社会控制——《通过法律的社会控制》读后"，《湖南涉外经济学院学报》2006 年第 3 期。
② 贾志敏："论《法学导论》中的行政法思想"，《前沿》2004 年第 7 期。
③ 杜健荣："对现代法治的反思——评 R. M. 昂格尔《现代社会中的法律》"，《河北法学》2007 年第 10 期。
④ 张建良："贝勒斯法律程序分析之方法评析"，《湖北警官学院学报》2005 年第 2 期。

展了霍姆斯的实用法学主张。同样，实用主义法学理论对正处于社会转型期的中国具有重大意义。① 该书在我国司法制度、司法改革、诉讼程序研究方面的论文中被较多地引用，同时对法理学、比较法学、刑法学、经济法学、行政法学等领域也有一定的影响力。

《法的形而上学原理：权利的科学》（被引170次）这部著作的目的就是诠证和阐明一套先天的法（权利）原理，而后为一套构成公民状态的实证法律体系提供法（权利）的基础，或者用一般的说法，为公民社会的法律体系提供观念和理论的基础。② 引用该书的论文大多数属于法理学领域。

《转变中的法律与社会：迈向回应型法》（被引169次）的作者提出了法律的三类型理论，即压制型法、自治型法和回应型法。该书的标题表明，作者主张法学研究应当关注社会现实，法律应当回应社会的发展需求相应地进行变革，而变革的方向应当是他们设想的一个适应社会发展需求的法律类型——回应型法。③ 该书对我国法理学、司法制度、中国法治研究影响较大。

《西方社会的法律价值》（被引166次）通过描述不同社会的行为规则所处的社会地位，领会西方社会的法律价值。作者直接提到了法律的基本价值，并用大量的事实去证明这些价值的合理性及其在不同社会的法律适用程度。④ 该书对我国法理学、法哲学研究、司法制度、刑事诉讼、民事诉讼制度研究领域均有一定的影响力。

《认真对待权利》（被引165次）是美国当代著名法理学家罗纳德·德沃金在20世纪60—70年代写成的。在这个阶段中，美国国内面临种族歧视问题、越南战争问题、善良违法问题等。围绕着什么是法律、法律的目的是什么、谁在什么情况下应该遵守法律、在没有成文法依据也没有先例的情况下法官如何审判案件等方面的理论和实践问题，德沃金提出了自己的观点。作者批判了美国法律传统中的实证主义和实用主义，提出了政府必须平等地尊重和关心个人权利，不得为了社会福利或者社会利益牺牲人权的观点。⑤ 该书对我国法学研究的影响主要集中于法理学及司法制度研究领域。

《法和经济学》（被引148次）主要运用经济学理论解释和分析了法律中财产法、合同法、侵权法以及犯罪和惩罚这4个核心领域的相关问题。该书对我国法理学、经济法学、民商法学、知识产权法等研究领域有较大的学术影响。

---

① 李金雷："卡多佐的实用主义法学思想——解读《司法过程的性质》"，《学理论》2009年第6期。
② 韩水法："康德法哲学中的公民概念"，《中国社会科学》2008年第2期。
③ 王启明："法律适应社会，而非社会适应法律——读《转变中的法律与社会：迈向回应型法》"，《贵州民族学院学报》（哲学社会科学版）2008年第3期。
④ 胡钰："《西方社会的法律价值》之书评"，《法制与经济》2007年第11期。
⑤ 陈丽萍："解读德沃金《认真对待权利》之原则模式"，《法制与社会》2009年第5期。

《法律社会学导论》(被引147次)的内容涵盖法律与社会学两大领域,旁征博引,材料翔实,论证严密,涉及面较广,特别是对法律的观察视野和研究方法方面,"与先前的社会学知识和法学的研究全然不同",试图开拓法律研究的新路子。[①] 引用该书的论文主要集中在法理学、司法制度、依法治国研究等方面。

《法律与宗教》(被引147次)的作者是哈罗德·J. 伯尔曼(Harold J. Berman),出版于1974年。该书不仅简要地讨论了历史上法律与宗教的复杂关系,而且在学理上分析了法律与信仰之间的"内在的、深层的"联系。[②] 引用该书的论文有相当一部分是研究宗教与法律的关系的,也有不少是关于依法治国理论研究的。

《法理学》(被引145次)是伯恩·魏德士教授在其长达40年法学教育与研究中关于法理学的思想结晶,虽然是一部教科书,但其教化功能丝毫不能掩盖其学术价值,相反很好地反映和揭示了其思想体系、基本立场与学术传统。[③] 该书对法学研究领域的影响较为广泛,除法理学研究外,其影响涉及法学研究的各个方面。

《人的权利与人的多样性:人权哲学》(被引145次)由英国达勒姆大学教授A. J. M. 米尔恩著。该书见解独到,发人深省,对道德、政治和法律哲学领域的基本问题进行了广泛的探讨。作者对人权观念的支持者和怀疑者皆提出挑战,要求他们重新思考各自的人权观念。作者认为,人类生活并非千篇一律,不同的文化和文明传统随处可见,应当认真地对待这种多样性,而不应像联合国的《世界人权宣言》那样,仅以西方社会的制度和价值为前提。[④]该书的影响较为广泛,引用它的论文多从人权的角度研究我国法制建设中的问题。

《法律帝国》(被引137次)是美国法学家罗纳德·德沃金就"法律是什么"所进行的探讨之作。作者指出:法律是一个解释性概念,法律既包括明确法律规则,又包括原则学说、政策以及政治道德观念。[⑤] 该书对我国法理学、法哲学研究有较大的学术影响。

《在事实与规范之间:关于法律和民主法治国的商谈理论》(被引132次)的作者尤尔根·哈贝马斯是享有世界声誉的哲学家。该书是哈贝马斯对政治哲学及法哲

---

① 潘大松:"通过法律研究社会,在社会中研究法律——罗杰·科特瑞尔《法律社会学导论》评述",《比较法研究》1988年第1期。
② 王海军:"试论构建中国的法律信仰——读伯尔曼《法律与宗教》的启示",《财经政法资讯》2008年第4期。
③ 韩晗:"知识贡献:魏德士之《法理学》",《岳阳职业技术学院学报》2009年第3期。
④ 温静芳:"关于人权的探究评《人的权利与人的多样性人权哲学》",《河北法学》2007年第4期。
⑤ 尹口等:"《法律帝国》的法律问题——德沃金《法律帝国》解读",《湖北省社会主义学院学报》2004年第2期。

学的系统思考和集中表达。① 该书在法理学、社会法治、中国民主法制改革、宪法学、司法制度等研究方面被引用的次数较多。

《法学总论：法学阶梯》（被引 129 次）是东罗马帝国皇帝查士丁尼下令编写的一部法学教科书。所谓"法学阶梯"，就是法学入门的意思。作为《查士丁尼国法大全》的一个组成部分，《法学阶梯》不是一本普通的法学教科书，它与其他三部分一样在东罗马帝国具有同等的法律效力。② 该书的影响较为广泛，引用它的论文涉及法学研究的方方面面。

《现代化与法》（被引 127 次）是从《川岛武宜著作集》（共 11 卷）中精选出来的，内容包括现代法律精神、传统秩序和意识的变革、非西方国家现代化的法学方法论。该书对法理学、法治社会构建、公民法治意识等领域的研究有较大的影响。

《论经济与社会中的法律》（被引 126 次）是现代西方法律社会学的经典之作，由马克斯·韦伯撰写。引用该书的论文大多以研究法律与社会的关系为主题。

《当代法哲学和法律理论导论》（被引 107 次）是由德国当代著名法学家阿图尔·考夫曼和温弗里德·哈斯默尔主编并携其门下与同事共同撰写的一部大学法科用书。③ 该书对法哲学、法学方法论研究有较大的影响。

《制度法论》（被引 106 次）是集尼尔·麦考密克和魏因贝格尔发表的论文编辑而成的，由前言、导论和十个章节组成。该书对法学研究的影响集中于法理学、法哲学及司法制度研究方面。

《法律制度：从社会科学角度观察》（被引 104 次）把法律制度的组成部分归结为结构与实体。④ 该书在中国法制改革、行政制度、法律意识、法律社会学等研究领域被较多地引用。

《法律哲学》（被引 76 次，2004 年出版）内容广泛，从最基础的法律哲学概念演绎，到前沿的克隆人话题，都在讨论对象之列。除法学知识外，还包括了哲学、社会学、政治学、自然科学及现代科技的内容。该书的学术影响力涉及法哲学、法学方法论、刑法学、宪法学等法学领域。

《法理学：从古希腊到后现代》（被引 72 次，2003 年出版）旨在为当代的法理学讨论引入历史的维度和语境的视角，是一本字里行间充满了疑惑与反思的法律史著作，同时又是一本个性洋溢、语言生动并且毫不掩饰自己所持"偏见"的法理学

---

① 王恒："权利正当性后形而上学重建的困境——评哈贝马斯《在事实与规范之间》"，《法制与社会发展》2006 年第 3 期。
② 徐红新等："论查士丁尼《法学阶梯》的体系结构及其影响"，《金融教学与研究》2003 年第 1 期。
③ 郑晓珊："自我回归的法哲学——简评《当代法哲学和法律理论导论》"，《广州社会主义学院学报》2008 年第 3 期。
④ 唐仲清："法律制度的概念分析——读弗里德曼《法律制度》、麦考密克、魏因贝格尔《制度法论》衍生的法哲学思辨"，《辽东学院学报》2005 年第 1 期。

教科书。① 该书在法理学、刑法学、经济与法律、法哲学、法律史学研究中被我国法学学者较多地引用,另外在法律与建设和谐社会研究方面也有一定的参考作用。

《法律论证理论:作为法律证立理论的理性论辩理论》(被引64次,2002年出版)分为导论和三编正文两部分,正文部分包括对若干实践论辩理论的反思,普遍理性实践论辩理论概要,法律论证理论。该书对我国法律论证理论研究有较大影响,同时对法学方法论、行政法、司法制度、民法学、犯罪论领域也有一定的影响。

(2)法史学类著作

法律史是人类历史的重要组成部分,它展示着人文精神的发展历程。法律是人类经验的结晶并加以理性化的产物,集中体现了历史上的人性智慧、人的活动轨迹和价值取向。法律史实际上是社会化行为的理性化程度的提高的历史,是把人类引向离蒙昧和野蛮的动物式行为方式越来越远的境界的历史。所以,法史学能引导人身处现实感悟历史,体悟有限中的无限,从个别中领略一般,使人超脱于历史。法史学不仅包括对法律史实或史料的认定,还包括对法律史实或史料的理解或诠释。② 入选的法史学类著作共6种。

《古代法》(被引375次)从罗马法入手,紧紧把握住从习惯法到法典的转换过程,阐明了传统在法律的历史发展中所起的重要作用,揭示了传统与法治之间的内在关系。该书对中外法律及法律思想史、法理学、法哲学、法律经济学、中国法制现代化、比较法研究等方面都有一定的影响。

《罗马法教科书》(被引261次)是本世纪意大利和欧洲最伟大的罗马法学家彭梵德的重要作品之一,全书分为总论和分论,对罗马法中的诸如权利主体、物权、债权以及家庭继承等基本概念作了详细的阐释。该书在民商法研究方面被我国学者较多地引用。

《明清时期的民事审判与民间契约》(被引155次)编选、翻译了日本学者关于明清时期民事审判与民间契约的部分研究成果,并做出相应解说评论。引用该书的大多是以中国近代民法史为研究内容的论文。

《美国法律史》(被引148次)介绍了美国法律从独立战争时期到当代发展的整个历史。该书在法律程序研究、宪法学、美国法律制度及法律史研究、比较法研究、中国法制改革方面被较多地引用。

《西方法律思想简史》(被引60次,2002年出版)就西方文明中的法律思想重要主题的历史演进方面进行了阐述,为学习法律和政治学的学生提供了指导。该书对行政法学、比较法学、知识产权研究、经济法、法史学、西方法律思想史等方面都有一定的影响。

---

① 艾佳慧:"韦恩·莫里森《法理学——从古希腊到后现代》",《环球法律评论》2006年第5期。
② 强昌文:"论法史学的功能",《法制与社会发展》2002年第2期。

《法律与历史：论〈德国民法典〉的形成与变迁》（被引 53 次，2003 年出版）内容包括：自由、理性、情感、结构和法律中心主义问题导论、《德国民法典》的形成与法典全貌等。该书在民法学、德国民法研究方面被中国法学学者较多地引用。

（3）行政法学著作

行政法学是研究行政法的基本原则和规范，研究行政法的制定、执行和遵守，研究人们关于行政法的观念和学说的理论。[①]

《行政法学总论》（被引 267 次）研究了行政活动方式、行政程序、行政组织以及国家赔偿等主题。《行政法》（威廉·韦德著，楚剑译；被引 237 次）系统介绍了英国的政府体制。《行政法》（盐野宏著，杨建顺译；被引 178 次）从理论角度系统地归纳整理了行政法各方面的制度。《行政法》（伯纳德·施瓦茨著，徐炳译；被引 162 次）主要论述的是美国行政程序法。《行政法》（汉斯·J. 沃尔夫著，高家伟译；被引 65 次，2003 年出版）的内容主要包括：行政组织法的基本理论的基本概念、公共行政的组织形式、私人的合作与私有化、地方自治法概论、公务自治法概论、欧盟行政组织概论、一般行政监督法以及自我监督和数据保护监督。

引用以上 5 部著作的论文主要是行政法学方面的论文，有研究外国行政法的文章，也有大量研究我国行政制度改革的文章。

（4）民商法学类著作

民商法学包括了民法学和商法学。在入选的国外著作中，民商法类著作共 8 种，其中德国著作就有 6 种，说明我国法学学者对德国民商法著作的参考较多，也从一个侧面说明，相对于其他国家来说，德国民商法对我国民商法建设有着重要的借鉴意义。

《德国民法总论》（被引 341 次）是德国民法学者迪特尔·梅迪库斯的一部关于德国民法典总论的专著，对德国民法典总则中的法律行为、权利主体、权利客体等问题进行了阐释。

《德国民法通论》（被引 277 次）作者是卡尔·拉伦茨。该书不仅对《德国民法典》总则中的法律规定做出阐述，还揭示了私法的基础，并向读者阐述民法的体系和基本概念。

《德国民商法导论》（被引 134 次）以德国历史、德国法制史和德国整个法律制度为大背景阐述德国民商法，并将其与德国法与英国法进行比较，书中还大量地引用了德国法院的判例。

《韩国公司法》（被引 106 次）简述了公司法的性质、法源、历史，该书对公司法的问题解释详尽、严谨，是理解东亚国家公司法的入门书。

《德国民法典》（被引 90 次，1999 年出版）在欧洲民法中有重要的地位，其保

---

① 罗豪才：《行政法学》，北京大学出版社 1996 年版，第 43 页。

守而理性的特点同其形成的历史文化背景密不可分。德国民法典的思想深受启蒙思想和理性法论的影响,同时又肩负着统一德国法律生活的重任。德国民法典所体现的独立思考的精神和社会责任感对我国也有一定启发意义。①

《物权法》(被引73次,2002年出版)的作者曼弗雷德·沃尔夫教授为法学博士,德国法兰克福大学民法与诉讼法教授,兼任法兰克福高等法院法官。该书阐述了德国物权法的基本构造以及在实践中的运用情况,论述了德国物权法的法律条文规定与理论原则,列举了大量的经济与社会生活中的实例及联邦法院的判决。

《德国物权法》(被引70次,2004年出版)在具体制度论述中,往往涉及判例的变化与倾向、法学家的观点以及制度理由,这部较高层次的教科书在科学研究以及实践中备受珍视,一直被学术界誉为经典之作。该书语言精确到位,篇章结构十分清晰,按照总则与分则的顺序编排,在具体篇章内部,一般先是概述制度内容,再介绍写作顺序,最后用概览表的形式予以总结。②

《法国民法总论》(被引42次,2004年出版)在法国民法法律条文的基础上,阐述了相关的判例,并使用相当的篇幅介绍学理的争论。该书对法哲学分析、法国的民法解释学也有相当的着墨。另外对于一些前沿性方法也有介绍,譬如法律社会学、法律经济学、法律认识论、法律逻辑学、分析法学、法律信息学等。

通过CSSCI的引文查找,我们发现《德国民法总论》、《德国民法通论》、《德国民商法导论》、《德国民法典》四部著作的影响主要在于民法基础理论、我国民商法、德国民法研究及比较法研究方面;《物权法》、《德国物权法》两部著作在物权法理论、中国物权法、德国物权法方面被较多地引用;《韩国公司法》对我国公司法研究有较大的影响;《法国民法总论》对我国民法学、法国民法研究、物权法研究均较有影响。

(5)刑法学类著作

刑法学有多种内涵:最广义的刑法学是研究有关犯罪与刑事责任的一切问题的学科,其研究对象包括实体的刑法规范、犯罪原因与对策、刑事诉讼程序、刑罚的执行等。这种最广义的刑法学实际上是刑事法学。广义的刑法学,是指对现行刑法进行解释(刑法解释学)、对刑法规定的哲学基础进行阐释(刑法哲学或理论刑法学)、对刑法的历史进行研究(刑法史学)、对不同的刑法进行比较(比较刑法学)的学科。狭义的刑法学,是仅指刑法解释学。③入选的刑法学类国外著作有13种,分属5个不同的国家。其中:意大利2种,日本4种,英国3种,德国3种,法国1种。

《论犯罪与刑罚》(被引389次)是意大利刑事古典学派创始人切萨雷·贝卡里

---

① 赵明非:"简评德国民法典",《商丘师范学院学报》2008年第7期。
② 王洪亮. 真实而有序的法律世界《德国物权法(上册)(当代德国法学名著)》书评,[2010-4-6] http://www.law-lib.com/flsp/sp_view.asp?id=1054.
③ 张明楷:《刑法学》,法律出版社1997年版,第1页。

亚的著作。该书深刻地揭露了旧的刑事制度的蒙昧主义本质，将启蒙运动所倡导的理性主义和自由主义引入刑事政策领域，使人类对犯罪与刑罚的认识发生了革命性的变化。① 引用《论犯罪与刑罚》的法学论文主要涉及刑法学、犯罪学、刑事诉讼法、刑法立法、刑法与社会等研究领域。

《德国刑法教科书》（汉斯·海因里希·耶赛克等著，许久生译；被引229次）全面地阐述了德国刑法学的理论基础、刑法法规、犯罪行为和犯罪的法律后果。该书的学术影响涉及西方刑法研究、大陆法系研究、犯罪学、我国刑法制度完善等研究领域。

《刑法概说》（被引173次）是日本著名刑法学家大塚仁所著的刑法教科书。该书集中荟萃了大塚仁先生关于刑法学基础理论命题的成熟的系统性见解，全面展露了大塚仁先生独具匠心的"人格刑法学"的基本架构，凝结着大塚仁先生在数十年刑法学研究历程中深邃的思考和真挚的努力。② 引用该书的文章主要见于研究犯罪学、刑法立法等主题领域。

《法国刑法总论精义》（被引167次）共由二部分组成："犯罪与犯罪人"以及"制裁：刑罚与保安处分"。第一部分主要阐述刑法的重大原则、犯罪的特有构成要件、犯罪人与刑事责任等问题；第二部分主要论述有关刑事制裁各项原则、制裁适用等问题。该书对我国刑法基本理论、犯罪论、商业犯罪、量刑制度、刑法立法等研究领域有较大影响。

《意大利刑法学原理》（被引167次）系统而全面地阐述了意大利现行刑法的制度与理论。该书在我国刑法基本理论研究、商业犯罪量刑制度、刑事管辖制度、比较法学等研究领域被法学学者较多地引用。

《刑事政策学》（被引145次）由日本著名刑法学家大谷实教授所作。该书阐述了日本新近的刑事政策动向，对我国刑事立法、刑事政策学、死刑政策、未成年人犯罪处理、国家补偿制度等方面的研究有一定的影响。

《德国刑法教科书》（被引127次）是弗兰茨·冯·李斯特的最重要的代表作之一。作者强调刑法对社会的意义，认为为了更好地保全社会，应当在运用刑罚手段惩罚犯罪的同时重视保安处分措施的社会价值。为了证实刑法对于社会存在的积极意义，作者用大量的篇幅讨论了"刑法的历史"问题。③ 我国法学学者在刑法现代化研究、我国刑事政策、刑法立法创新、比较法、犯罪论、量刑原则等研究领域对该书进行了较多的参考引用。

---

① 苏小青："《论犯罪与刑罚》之读后感"，《法制与经济》2009年第13期。
② 徐宏："温和之美 稳健之力——览大塚仁先生《刑法概说》有感"，《研究生法学》2006年第1期。
③ 陈兴良：名师名作惠及吾辈——读李斯特《德国刑法教科书》．[2010-4-7] http://vip.chinalawinfo.com/newlaw2002/SLC/slc.asp? gid = 335571149&db = art.

《刑法总论》（野村稔著，全理其译；被引 111 次）全面地阐述了刑法的基础理论、犯罪论、刑罚论。该书对我国法学研究的影响主要在于刑法学、犯罪学研究领域。

《刑法总论》（大谷实著，黎宏译；被引 108 次）从犯罪的本质是违反社会伦理规范的法益侵害行为的立场出发，意图超越当代日本刑法学中所存在的行为无价值论和结果无价值论之争，实现二者的有机结合。① 该书在刑罚研究、犯罪研究、共犯关系研究、死刑研究等方面被引较多。

《英国刑法》（被引 83 次，2000 年出版）是 J. C. 史密斯和霍根合著的英国刑法教科书。该书对我国刑法理论、英美刑法研究、犯罪学研究有一定的影响。

《英国刑事司法程序》（被引 51 次，2003 年出版）系统展示了英国刑事司法程序的实质和全貌。该书对我国法学研究的影响主要在于外国刑事司法制度研究、我国刑事司法制度研究、陪审团研究、恢复性司法研究等领域。

《德国刑法学总论》（被引 49 次，2005 年出版）阐述了德国刑法一般原理的法学基础，介绍了德国流行的学术观点和与刑法总则性理论有关的司法判决。该书对我国刑法理论研究、刑罚制度研究、德国犯罪学研究、量刑制度研究等有一定的影响。

《死刑的全球考察》（被引 30 次，2005 年出版）介绍了全球范围内有关限制死刑的适用范围，并将之作为国家刑罚的工具而彻底废除的运动进展。对我国法学研究的影响主要在于中国死刑制度研究、死刑的废存问题研究、西方死刑制度研究、刑罚制度改革研究等领域。

（6）诉讼法学类著作

诉讼法是指国家制定的如何进行诉讼活动的法律规定。它是国家司法机关和诉讼参与人进行诉讼活动所必须遵循的准则。国外诉讼法类著作入选 12 种，以刑事和民事诉讼法学为主，没有涉及行政诉讼法学的著作。这说明我国刑事诉讼法和民事诉讼法研究领域对国外著作的借鉴相对较多。②

《程序的正义与诉讼》（被引 374 次）是对日本著名民事诉讼法学家谷口安平先生浩瀚的著作进行精选译编而成的一本集子。该书为中国诉讼法学界注入了新的观念和视角，对我国民事诉讼的理论研究和司法实践具有深刻的指导意义，促进了制度和操作层面对诉讼权利的尊重和救济。③ 引用该书的论文主题多为研究法官在诉讼中的角色、审判制度、民事诉讼法、中国司法改革、法律程序研究、国外诉讼法等方面。

---

① 苏哲："刑法讲义总论（新编第 2 版）"，《江苏警官学院学报》2008 年第 2 期。
② 于绍元：《中国诉讼法学》，中国法制出版社 1994 年版，第 2 页。
③ 朱凌琳．我读《程序的正义与诉讼》．[2010 - 4 - 7] http：//bjgy. chinacourt. org/public/detail. php? id = 19513.

《刑事诉讼法》（被引 193 次）是由日本早稻田大学教授田口守一所著。该书阐述了作者的基本观点：必须根据多种多样的刑事案件特点，建立多样化的刑事司法体系，并以这种多样的刑事司法体系的总体作为研究对象；为了使这个多样的体系有效地发挥作用，应该将刑事司法的权利分散；刑事审判必须以真实事实为基础。该书在我国刑事诉讼法研究、中外刑事诉讼制度比较研究等领域被引较多。

《德国刑事诉讼法典》（被引 191 次）规定了普通审判程序（包括第一审程序、法律救济程序、对已确定判决结束的程序再审程序）、被害人参加程序和特别种类程序（包括处罚令程序，保安处分程序，简易程序，没收、扣押财产程序，对法人、社会团体处以罚款程序）三种。① 该法典对法学研究的影响主要在中外刑事诉讼制度等方面。

《纠纷的解决与审判制度》（被引 186 次）是棚濑孝雄的一本论文集。作者以审判外的纠纷处理模式和审判的纠纷处理模式这两个方面来对纠纷的解决方式进行阐述，其论述的核心在于对"过程分析"的强调，也就是说，无论是审判外还是审判中的纠纷解决过程中，都应当充分发挥当事人自身的积极作用，使原本僵硬的纠纷解决机制向动态发展，达到从严格遵循制度向强调能动过程的转换。其中引入的相关观念，诸如过程、合意及仲裁观念等对于我国的司法改革与法制建设有积极的借鉴意义。② 该书在纠纷解决制度、民事诉讼制度、法院调解制度、庭审制度研究等领域被我国法学学者较多地引用。

《法国刑事诉讼法精义》（被引 149 次）在导论中对刑事诉讼的特点和历史做了简要说明，在后面的章节中，作者从静态与动态的角度对刑事诉讼进行研究：首先作者明确了涉及刑事诉讼的主要规则，然后对参与其中的各种机关作出了详细介绍；其次则研究了这些规则的适用、警察机关与司法机关的运作以及整个过程中刑事诉讼各方当事人的地位与作用。

《民事诉讼法》（兼子一等著，白绿铉译；被引 112 次）是一部具有权威性的、理论水平很高的民事诉讼法学理论专著。作者的治学精神及比较研究各国民事诉讼法的方法，给读者展示了一个新的视野。③ 奥特马·尧厄尼希所著的《民事诉讼法》（被引 65 次，2003 年出版）系统地介绍了德国民事诉讼法的发展。《新民事诉讼法讲义》（被引 85 次，2000 年出版）讲述了日本民事诉讼制度的基本概要，这三本民事诉讼法著作对我国民事诉讼法研究、比较法学研究具有一定的影响。

《美国刑事法院诉讼程序》（被引 70 次，2001 年出版）是一部关于美国刑事诉

---

① 王国枢等："中外刑事诉讼简易程序及比较"，《中国法学》1999 年第 3 期。
② 孙大伟等："在合意与决定之间——兼评《纠纷的解决与审判制度》"，《法制与社会》2007 年第 2 期。
③ 白绿铉："比较民事诉讼法研究的新视野——评日本法学家兼子一的《民事诉讼法（新版）》"，《外国法译评》1998 年第 1 期。

讼程序的译著。该书全面探讨了美国刑事法院诉讼程序的演变、发展及状况，并对当前美国国内有关这方面的争论作了详尽的介绍和评述，对我国辩诉制度研究、中美刑事诉讼制度研究有一定的影响。

《德国刑事诉讼程序》（被引56次，2004年出版）就德国刑事诉讼法的一些基本问题进行简单的介绍。该书对我国刑事诉讼法改革研究、德国刑事诉讼制度研究、比较法研究等领域有一定的影响。

《民事诉讼法：制度和理论的深层分析》（被引55次，2003年出版）所展现的高桥理论反映了民事诉讼法学研究的前沿，甚至最高水平，因而研究学习高桥理论和理论评价研究方法甚为重要。高桥教授试图通过严谨的梳理以期厘清民事诉讼法学中的各种观点，而其自己对某个问题所阐述之观点则甚少且主要为评价性的。[①] 引用该书的论文集中于民事诉讼法研究领域。

《日本刑事诉讼法》（被引37次，2005年出版）全面介绍了日本法学界的刑事司法理论和刑事司法实务，并将日本刑事诉讼制度与包括中国法在内的外国刑事司法制度进行了比较，指出了国际化新形势下日本刑事诉讼法的发展趋势。该书在我国刑事诉讼法研究、中外刑事诉讼法比较研究方面被引用较多。

（7）比较法类著作

法国学者勒内·达维德的《当代主要法律体系》（被引197次）与德国学者K.茨威格特的《比较法总论》（贵州人民出版社和法律出版社两个版本分别被引173次和86次）是比较法学自19世纪作为一门学科兴起以来，在20世纪集大成的两本著作。

《当代主要法律体系》的第一部分至第四部分分别介绍了"罗马日尔曼法系"、"社会主义各国法"、"普通法"及"其他的社会秩序观与法律观"的主要特征。对于"罗马日尔曼法系"与"社会主义各国法"，勒内·达维德主要是采取了以专题为线索对这两种法系内各个国家的异同进行比较分析，并对此两个法系的法的历史发展、法的渊源与法的结构进行比较。而对于"普通法"法系，根据此法系独有的特征，作者采取的是相应的以国别为线索进行分析的架构，由作为母法国度的英国法纵深到作为子法国度的美国法的分析。除了介绍美国法对英国法的继承之外，也介绍了美国法不同于英国法的发展。最后在"其他的社会秩序观与法律观"中，达维德又分为"伊斯兰法、印度法、远东各国法、马达加斯加与非洲各国法"四章阐述。

《比较法总论》分为两大部分：第一部分四章，分别阐述了比较法的概念、功能和目的、方法、历史等比较法的基本原理与背景知识；第二部分是关于世界上各个法系主要特色的比较介绍。作者介绍了关于法系的基本理论，包括法系的样式、法

---

① 余茂玉. 他山之石，可以攻玉——评《民事诉讼法：制度与理论的深层分析》. [2010-4-7] http://51zy.cn/159924927.html.

系划分应注意的情况、法系划分的标准及比较法学界存在过的几种典型的法系划分主张,最后作者陈述了自己对待法系划分的态度与采用的划分类别。此外,作者还阐释了罗马法系、德意志法系、英美法系、北欧法系、社会主义法系、远东法系、伊斯兰法系与印度法系的特色。①

以上两本书对我国法学研究影响较为广泛,其影响主要存在于法理学、中国法治、比较法学等研究领域。

《比较法》(被引113次)由日本著名的比较法学家大木雅夫所著。该书被翻译成多国语言出版已达数年,对比较法研究产生了一定的影响,其内容和观点被法学者们频繁引用,且被很多院校列为比较法学教学的重点参考书目。书中作者以简明清晰的思路梳理了比较法的发展思路和基本原理,不仅对世界上迄今各种比较法学的研究成果和不同观点作了精练的概括,而且在前人的基础上提出了作者独到的精辟见解,发展了法系论的基本框架,并对一些传统论点提出了挑战,特别是关于东西方法律意识的差异这一命题及其论证对于重新认识东西方法律文化的差异,建构适应本土社会的现代法律制度具有不容忽视的意义。②该书对我国比较法学、法理学研究有一定的影响力。

(8) 犯罪学类著作

犯罪学是研究犯罪的产生、发展、变化的原因及其规律,探求预防、减少犯罪之途径的一门综合性学科。③

《犯罪论的基本问题》(被引134次)由日本著名刑法学家大塚仁所著。该书主要介绍了刑法学中犯罪理论的基本问题,如犯罪的概念、犯罪的本质、犯罪论的体系、构成要件理论、共同犯罪等。该书是系统介绍大陆法系刑法理论(犯罪论)的优秀之作,对各种理论观点介绍得准确、全面、深刻。刑法学、刑罚制度研究、犯罪学等领域的论文对该书有较多的参考引用。

(9) 国际法类著作

《奥本海国际法》(被引168次)的作者拉萨·奥本海(1858—1919)是近代著名国际法学家。该书自1905年首版以来,历经多次修订,一直被中外国际法学界奉为经典著作。这部巨著经历了近一个世纪多位法学巨匠的精心雕琢,各位修订者无不尽力在其经典的结构内熔铸各自时代的国际法理论和实践,从而使这部名著得以远远地超越其时代。第9版在其经典的框架之内,指明和阐述了当代国际法的新现象,并借助于典型的案例,从理论和实践两个方面进行了透彻的分析和探讨,反映

---

① 邓春梅:"关于比较法学的比较——对《当代主要法律体系》、《比较法总论》的比较性阐释",《比较法研究》2005年第6期。
② 金卡等:"比较法学初探——读大木雅夫《比较法》",《青年科学》2009年第12期。
③ 莫洪宪:《犯罪学概论》,中国检察出版社2003年版,第1页。

出这部名著深刻而常新的生命力。① 该书对我国国际法研究、国际关系中的法律问题研究有较大的影响。

（10）其他著作

法学研究离不开对其他人文社会科学学科研究成果的吸收。在入选的国外著作中，有一些著作并不专属于法学学科，但它们对法学领域同样具有较大影响力。

《政治学》（被引430次）是亚里士多德的重要政治学著作。作者构想了善治下的教育制度，将人的美好生活方式、城邦善治与教育融合在一起，据此出发将教育作为国家的重要公共事业，同时设定了自由教育的精神和传统，确立了体、德、智和谐全面发展的教育理念。这些教育思想不仅代表古希腊教育发展史上的最高成就，而且对西方教育发展产生了深远的影响。② 该书对中国法制建设、西方法律思想研究、依法治国理论研究等领域有较大的影响。

美国哈佛大学教授约翰·罗尔斯的《正义论》（被引409次）强调正义是社会制度的主要价值，提出了正义的两项原则以及它的适用规则和过程。该书被认为是当代"最有力、最深刻、最精致，研究范围最广泛和最系统"的学说。③ 该书对我国法学研究的影响非常广泛，涉及法理学研究、中国法制建设、与各类社会问题相关的法律研究以及法学研究的许多方面。

约翰·洛克的《政府论》（被引375次）从"自然状态"的概念出发，详细地阐述了自然法、天赋人权、财产权、社会契约、自由和法治等理论。作者在"立法权的范围"、"论国家的立法权、执行权和对外权"以及"论国家权力的统属"等部分着力论述了"立法权是每个国家的最高权力"，呼吁把立法权和执行权分立，并首次提出了司法独立的思想。这对目前正在着力构建法治社会的中国来说，尤其是在立法、执法及法治政府建设等方面，具有借鉴和现实意义。④ 该书的学术影响主要在于依法治国、行政与司法、法治民主、刑罚制度、法治与腐败、比较法学、宪法学、立法研究、法律对政府的监督等研究领域。

清华大学著名学者、翻译家何兆武先生翻译的《社会契约论》（被引373次）是政治学经典著作之一，是法国启蒙运动时期最主要的思想成果之一。卢梭在该著作中勾勒出了一幅理想化的政府架构的远景。很多观点不论是在启蒙时代的欧洲还是在今天的面临政治体制改革的中国都闪烁着智慧的光芒。⑤ 该书对我国法学研究的影

---

① 张英："《奥本海国际法》（第9版）与国际法的发展"，《武汉大学学报》（人文社会科学版）1998年第4期。
② 王晨等：" '善治'中的教育构建——亚里士多德《政治学》解读"，《高校教育管理》2008年第5期。
③ 马晓："正义原则解读——罗尔斯的《正义论》浅析"，《金卡工程：经济与法》2009年第2期。
④ 程纪念等："《政府论》的法治思想"，《信阳农业高等专科学校学报》2007年第3期。
⑤ 程至强："契约的政治意义——重读《社会契约论》"，《世纪桥》2009年第21期。

响较大，引用它的论文主题主要分布在法理学、法治社会建设、法律各部门理论研究、司法制度改革、国外法律思想研究等方面。

《自由秩序原理》（被引337次）作者是弗里德利希·冯·哈耶克。作者提出的自由理论两个核心问题即自由的含义和法治下的自由均在该书中得到了充分阐释，其两个基本理论预设"无知论"和"自生自发秩序"也在该书的进一步分析下基本形成。① 该书在法理学、法哲学、法治研究、宪法学、个人自由与法律责任研究等方面被较多地引用。

《联邦党人文集》（被引319次）是《美国宪法》在讨论和批准过程中最著名的文件。该书收集了联邦党人关于论述建立联邦制的可能性和必要性论文。该书于1788年以两卷本在美国出版，被认为是解释工议制理论和《美国宪法》的最具权威性的著作，也是联邦党人思想的核心体现。② 该书在宪法学、依法执政研究方面被我国法学学者较多地引用。

《经济与社会》（被引222次）的作者马克斯·韦伯是19世纪末20世纪初现代西方学术史上一位著述甚丰、研究领域很广、影响极大的伟大思想家，也是现代文化比较研究的先驱之一，其经历丰富，思想深邃。作者在书中不惜使用相当长的篇幅来阐述他独树一帜的社会科学方法论思想。③ 该书对法理学研究、法治社会建设研究等方面有一定的影响。

《论美国的民主》（被引221次）是法国政治学家、社会学家托克维尔亲自在美国进行长期考察后写出的一部举世公认的世界名著，是第一部剖析早期美国政治及民主制度的专著。该书把美国的道德伦理规范概括为崇尚荣誉、爱财但取之有"法"、敢于冒险、热爱劳动、纯洁和勇敢等6个方面，并对早期美国人践行这些道德伦理规范方面也进行了详细的论述。④ 该书在法理学研究、中美司法制度研究、宪法研究、中国法制改革研究等方面被中国法学学者引用较多。

《利维坦》（被引114次）作者是托马斯·霍布斯。该书认为自由与法律的责任与义务是相对立的，在专制主权下人们才能享有自由。这种"自由"理论是建立在哲学分析基础上的自由，可分为三个层次：运动物体外在阻碍的缺乏；自由人不受阻碍地做想做的事；自由人经过"斟酌"的选择行为。霍布斯认为在强制状态下人是自由的；但在法律或义务束缚下人不是自由的。⑤ 该书对法理学研究、国外法律思

---

① 张翠然："追随哈耶克寻求自由之真谛——解读哈耶克的《自由秩序原理》"，《研究生法学》2007年第5期。
② 褚乐平："《联邦党人文集》思想探源"，《江西社会科学》2003年第2期。
③ 黄新平："马克斯·韦伯生平介绍及方法论思想"，《塔里木大学学报》2008年第3期。
④ 张百顺："论早期美国道德伦理规范的当代启示——读托克维尔《论美国的民主》"，《梧州学院学报》2009年第1期。
⑤ 王菁："《利维坦》中'自由'的哲学基础"，《理论探讨》2008年第2期。

想研究、法律与社会研究、司法制度研究等领域有一定的影响。

《制度经济学：社会秩序与公共政策》（被引107次）对政府职能进行了深入的探讨和系统的阐释。[①] 该书在经济法学、法律制度改革等研究领域被较多地引用。

《民主新论》（被引103次）是美国著名政治思想家乔万尼·萨托利耗费10年心血撰写而成的经典之作。萨托利认为人们较少以任何系统的方式把理想制度和现实加以区分是造成民主实践与理想相背离的主要原因之一，因此应将问题聚焦于民主理想的实现程度和实现方式，力倡"理想主义和现实主义合璧"。这为发展中国社会主义民主政治提供了一定的借鉴。[②] 该书在宪法学、法制与民主等研究领域有一定的影响。

16.6 国内学术著作对法学研究的影响

自改革开放以来，尤其是进入20世纪90年代以后，我国的法学研究蓬勃发展，大量优秀的法学学术著作出现。从本次入选的国内学术著作来看，绝大部分出自于20世纪90年代以后。根据遴选标准，我们选取了118种对我国法学领域具有较大学术影响的国内学术著作（详细目录参见表16-8）。

表16-8　　　　　　　　　法学论文引用较多的国内学术著作

序号	图书信息
1	王泽鉴：《民法学说与判例研究》，北京：中国政法大学出版社，1998
2	张明楷：《刑法学》，北京：法律出版社，1997
3	梁慧星：《民法总论》，北京：法律出版社，1996
4	朱苏力：《法治及其本土资源》，北京：中国政法大学出版社，1996
5	马克昌：《犯罪通论》，武汉：武汉大学出版社，1995
6	周枏：《罗马法原论》，北京：商务印书馆，1994
7	王名扬：《美国行政法》，北京：中国法制出版社，1994
8	王名扬：《法国行政法》，北京：中国政法大学出版社，1987
9	季卫东：《法治秩序的建构》，北京：中国政法大学出版社，1997
10	张文显：《二十世纪西方法哲学思潮研究》，北京：法律出版社，1996

---

① 冀峰："政府应该做什么——读《制度经济学—社会秩序与公共政策》札记"，《天津财税》2001年第4期。

② 汪淑娟："民主的理想主义与现实主义——萨托利《民主新论》批判"，《法制与社会：旬刊》2009年第10期。

续表

序号	图书信息
11	谢在全：《民法物权论》，中国台湾：台湾三民书局，1997
12	张俊浩：《民法学原理》，北京：中国政法大学出版社，1991
13	高铭暄：《刑法学》，北京：北京大学出版社，1989
14	陈兴良：《刑法哲学》，北京：中国政法大学出版社，1992
15	沈宗灵：《现代西方法理学》，北京：北京大学出版社，1992
16	徐国栋：《民法基本原则解释：成文法局限性之克服》，北京：中国政法大学出版社，1992
17	姜明安：《行政法与行政诉讼法》，北京：北京大学出版社，1999
18	陈瑞华：《刑事审判原理论》，北京：北京大学出版社，1997
19	梁慧星：《中国物权法草案建议稿：条文、说明、理由与参考立法例》，北京：社会科学文献出版社，2000
20	张明楷：《外国刑法纲要》，北京：清华大学出版社，1999
21	张文显：《法理学》，北京：高等教育出版社，1999
22	史尚宽：《民法总论》，北京：中国政法大学出版社，1998
23	高铭暄：《刑法学》，北京：中国法制出版社，1999
24	史尚宽：《债法总论》，北京：中国政法大学出版社，1999
25	王泽鉴：《民法总则》，北京：中国政法大学出版社，2001
26	储槐植：《美国刑法》，北京：北京大学出版社，1987
27	陈新民：《德国公法学基础理论》，济南：山东人民出版社，2000
28	高铭暄等：《刑法学原理》，北京：中国人民大学出版社，1993
29	郑成思：《知识产权论》，北京：法律出版社，1998
30	彭万林：《民法学》，北京：中国政法大学出版社，1994
31	梁慧星：《民法解释学》，北京：中国政法大学出版社，1995
32	梁慧星：《中国物权法研究》，北京：法律出版社，1998
33	孙宪忠：《德国当代物权法》，北京：法律出版社，1997
34	陈瑞华：《刑事诉讼的前沿问题》，北京：中国人民大学出版社，2000
35	张文显：《法哲学范畴研究》，北京：中国政法大学出版社，2001
36	朱苏力：《送法下乡：中国基层司法制度研究》，北京：中国政法大学出版社，2000
37	黄茂荣：《法学方法与现代民法》，北京：中国政法大学出版社，2001
38	杨建顺：《日本行政法通论》，北京：中国法制出版社，1998
39	张文显：《法理学》，北京：法律出版社，1997

续表

序号	图书信息
40	史尚宽：《物权法论》，北京：中国政法大学出版社，1999
41	魏振瀛：《民法》，北京：北京大学出版社，2000
42	费孝通：《乡土中国》，北京：北京大学出版社，生活·读书·新知三联书店，1984、1985、1998、1999
43	张文显：《法学基本范畴研究》，北京：中国政法大学出版社，1993
44	梅仲协：《民法要义》，北京：中国政法大学出版社，1998
45	王泽鉴：《民法物权》，北京：中国政法大学出版社，2001
46	梁慧星：《物权法》，北京：法律出版社，1997
47	陈兴良：《本体刑法学》，北京：商务印书馆，2001
48	梁治平：《法律的文化解释》，北京：生活·读书·新知三联书店，1994
49	王利明：《物权法论》，北京：中国政法大学出版社，1998
50	罗豪才：《行政法学》，北京：北京大学出版社，1996
51	李海东：《刑法原理入门·犯罪论基础》，北京：法律出版社，1998
52	王铁崖：《国际法》，北京：法律出版社，1981
53	王利明等：《合同法新论》，北京：中国政法大学出版社，1996
54	梁治平：《法律解释问题》，北京：法律出版社，1998
55	张明楷：《刑法格言的展开》，北京：法律出版社，1999
56	何秉松：《刑法教科书》，北京：中国法制出版社，1993
57	林来梵：《从宪法规范到规范宪法：规范宪法学的一种前言》，北京：法律出版社，2001
58	沈家本：《历代刑法考》，北京：中华书局，1985
59	宋冰：《程序、正义与现代化：外国法学家在华演讲录》，北京：中国政法大学出版社，1998
60	尹田：《法国物权法》，北京：法律出版社，1998
61	马克昌：《比较刑法学原理：外国刑法学总论》，武汉：武汉大学出版社，2002
62	王利明：《司法改革研究》，北京：法律出版社，1999
63	高铭暄：《中国刑法学》，北京：中国人民大学出版社，1988
64	陈华彬：《物权法原理》，北京：国家行政学院出版社，1998
65	张新宝：《中国侵权行为法》，北京：中国社会科学出版社，1995
66	张千帆：《西方宪政体系》，北京：中国政法大学出版社，2000
67	杨仁寿：《法学方法论》，北京：中国政法大学出版社，1999
68	张明楷：《刑法的基本立场》，北京：中国法制出版社，2002

续表

序号	图书信息
69	赵维田：《世界贸易组织（WTO）的法律制度》，长春：吉林人民出版社，2000
70	郑成思：《版权法》，北京：中国人民大学出版社，1997
71	王名扬：《英国行政法》，北京：中国政法大学出版社，1987
72	陈光中：《刑事诉讼法学》，北京：中国政法大学出版社，1990
73	马克昌：《刑罚通论》，武汉：武汉大学出版社，1995
74	马俊驹：《民法原论》，北京：法律出版社，1998
75	陈光中等：《诉讼法论丛》，北京：法律出版社，1998
76	龙卫球：《民法总论》，北京：中国法制出版社，2001
77	崔建远：《合同法》，北京：法律出版社，1998
78	沈宗灵：《法理学》，北京：高等教育出版社，1994
79	贺卫方：《司法的理念与制度》，北京：中国政法大学出版社，1998
80	胡建淼：《行政法学》，北京：法律出版社，1998
81	沈宗灵：《法理学》，北京：北京大学出版社，2000
82	高铭暄：《新编中国刑法学》，北京：中国人民大学出版社，1989
83	翁岳生：《行政法》，北京：中国法制出版社，2000
84	陈兴良：《刑法适用总论》，北京：法律出版社，1999
85	夏勇：《人权概念起源：权利的历史哲学》，北京：中国政法大学出版社，1992
86	张晋藩：《中国法律的传统与近代转型》，北京：法律出版社，1996
87	梁治平：《寻求自然秩序中的和谐：中国传统法律文化研究》，北京：中国政法大学出版社，1997
88	应松年：《行政法学新论》，北京：中国方正出版社，1998
89	梁治平：《清代习惯法：社会与国家》，北京：中国政法大学出版社，1996
90	王利明：《中国物权法草案建议稿及说明》，北京：中国法制出版社，2001
91	王泽鉴：《侵权行为法》，北京：中国政法大学出版社，2001
92	张明楷：《法益初论》，北京：中国政法大学出版社，2000
93	沈达明：《比较民事诉讼法初论》，北京：中信出版社，1991
94	王家福：《中国民法学·民法债权》，北京：法律出版社，1991
95	罗豪才：《行政法学》，北京：中国政法大学出版社，1996
96	江伟：《民事诉讼法学原理》，北京：中国人民大学出版社，1999
97	薛虹：《网络时代的知识产权法》，北京：法律出版社，2000
98	孙长永：《侦查程序与人权：比较法考察》，北京：中国方正出版社，2000

续表

序号	图书信息
99	范愉：《非诉讼纠纷解决机制研究》，北京：中国人民大学出版社，2000
100	曾世雄：《损害赔偿法原理》，北京：中国政法大学出版社，2001
101	王泽鉴：《债法原理》，北京：中国政法大学出版社，2001
102	张明楷：《刑法分则的解释原理》，北京：中国人民大学出版社，2004
103	王作富：《刑法分则实务研究》，北京：中国方正出版社，2001
104	曾世雄：《民法总则之现在与未来》，北京：中国政法大学出版社，2001
105	邓正来：《中国法学向何处去：建构"中国法律理想图景"时代的论纲》，北京：商务印书馆，2006
106	王利明：《物权法研究》，北京：中国人民大学出版社，2002
107	梁慧星：《中国民法典草案建议稿》，北京：法律出版社，2003
108	黄立：《民法债编总论》，北京：中国政法大学出版社，2002
109	李明德：《美国知识产权法》，北京：法律出版社，2002
110	王亚新：《对抗与判定：日本民事诉讼的基本结构》，北京：清华大学出版社，2002
111	陈新民：《中国行政法学原理》，北京：中国政法大学出版社，2002
112	高铭暄等：《刑法专论》，北京：高等教育出版社，2002
113	陈瑞华：《问题与主义之间：刑事诉讼基本问题研究》，北京：中国人民大学出版社，2003
114	张千帆：《宪法学导论：原理与应用》，北京：法律出版社，2004
115	韩世远：《合同法总论》，北京：法律出版社，2004
116	朱苏力：《道路通向城市：转型中国的法治》，北京：法律出版社，2004
117	林钰雄：《刑事诉讼法》，北京：中国人民大学出版社，2005
118	陈瑞华：《程序性制裁理论》，北京：中国法制出版社，2005

参考中国图书分类法，我们对这 118 种学术著作也进行了分类：法理学类、法史学类、民商法学类、刑法学类、诉讼法学类、行政法学类、宪法学类、司法制度类、国际法类、犯罪学类、其他类。

（1）法理学类著作

在入选的国内学术著作中，法理学著作有 17 种，占入选国内著作数量的 14.4%，与国外法理学著作的 38.6% 相比要少。说明国内法理学著作对本学科的影响力与国外法理学著作相比尚有一定差距。

《法治及其本土资源》（被引 350 次）通过独到的观察与综合性的理论分析，把注意力集中在以下三个方面：立足于社会生活之现实来关注中国的法治；立足于法律之实践来关注中国的司法；立足于法学研究之现状来关注中国法律职业共同体和法学共同体的形成。① 该书对我国法治社会理论、法理学、法哲学、民商法学、中国法制建设、司法制度改革等研究领域有较大的影响。

《法治秩序的建构》（被引303次）是季卫东从1988年到1998年主要中文文章的合集。文集分三编：第三编"法学前沿的景观"包括作者为其主编的"当代法学名著译丛"共10本书分别所写的评介，这些评介显示了作者对英日法律社会学思想脉络的深入了解，从中也可以看出作者学术思想的部分渊源；第二编"实践与争鸣"收入了1994年到1996年在香港《二十一世纪》杂志上与崔之元、甘阳等人就"市场经济国策确立后，中国政治和法制向何处发展"这一问题的三篇争鸣文章，文章清楚地表现了作者学术抱负的现实关怀；第一编"制度创新的关键"收入了作者"法律程序的意义"、"法律解释的真谛"、"法律编纂的试行"、"法律职业的定位"、"现代市场经济与律师的职业道德"共5篇论文，涉及立法、司法、法律职业共同体塑造等中国法制建设中的重要问题，提出了所谓"通过程序建设推进中国法治事业"的理路和纲领。② 该书在司法改革、诉讼程序制度、依法治国理论、中国法制建设等研究论文中被引较多。

《二十世纪西方法哲学思潮研究》（被引293次）是张文显教授所承担的国家哲学社会科学"八五"规划重点课题"当代西方法学思潮总评判"的最终成果。作者坚持以马克思主义理论为指导来处理西方法哲学这一法学理论资源，用马克思主义法学原理和方法论作为评价西方法学的基本标准。③ 引用该书的论文所属的研究领域有法理学、法哲学、中外法理学比较研究以及法律各部门研究，例如宪法学、民商法学等。

《现代西方法理学》（被引238次）研究了西方国家20世纪，尤其是第二次世界大战后迄今的法学基本理论，并对这一期间的各主要学派和主要代表人物的重要学说进行了论述、分析和批判。全书由导论、新自然法学和价值论法学、分析实证主义法学、社会学法学、其他法学5编组成，共28章。引用该书的论文多数属于法理学研究领域。

《法理学》（被引198次）是由张文显教授组织我国法理学研究方面的著名学者共同撰写的一本法学专业核心课程的本科教材。该书全面系统地阐述了法理学的理论和知识。该书的影响比较广泛，除法理学研究的文章外，各部门法研究的论文也对该书有较多的引用。

《德国公法学基础理论》（被引183次）是台湾学者陈新民的著作，是他以德国公法学原理为主题的17篇论文集。作者分别对德国法制国概念的起源、德国行政法

---

① 沈岿："法律移植论和自由选择的制度实践"，《北京大学研究生学志》2000年第1期。
② 赵晓力："季卫东：《法治秩序的建构》"，《中国学术》2001年第1期。
③ 张文显：《二十世纪西方法哲学思潮研究》，法律出版社2006年版，"序言"。

学的启蒙和发展与其他一些公法学概念如公共利益问题、宪法上的公民基本权利、国民抵抗权制度、社会基本权利等问题作了深入的探讨。① 该书在行政法学、宪法学研究领域被学者引用较多。

《法哲学范畴研究》（被引166次）是一本以法哲学范畴为对象的学术论著。该书从四个方面对权利和义务的矛盾是法学的基本矛盾这一论断进行了论证：第一，从历史上看，权利和义务包含了法律产生和发展的一切矛盾的萌芽；第二，从法哲学的逻辑结构来看，权利和义务是法哲学范畴体系的逻辑始项所包含的矛盾的两个方面；第三，从法律实践上看，全部法律行为和活动都是围绕着权利和义务而进行的，权利和义务通贯法律运行和操作的全部过程；第四，从法的本体上看，法在本体上是以权利和义务为基本粒子构成的。② 该书对国内法哲学研究有相当的影响。

《法学基本范畴研究》（被引156次）是法哲学领域中一部开创性著作。该书的特点是：其一，综合运用了历史考察、价值分析、阶级分析等多种研究方法；其二，引证翔实，论证严密，提供了大量信息；其三，既是范畴研究，也是理论研究。作者认为，法学范畴研究是一种综合性的理论研究。基于这种认识，作者在阐释每一个范畴时，都把它作为重大的理论问题对待。③ 该书对法理学研究、行政法学、中国法制改革中的现实问题研究等方面有一定的影响力。

《法学方法论》（被引118次）是台湾法学家杨仁寿先生1986年完成的有关法律解释学的力作，是他从事法学研究20年来所写的唯一一本著作，可见花费的心血之多以及写作之认真。中国人民大学法学院王利明在该书序中认为，"该书不仅已初步构建了一门实用而又新兴的学科即法学方法论的体系和框架，而且在中国大陆法学者有关法律解释学的论述基础上多有创新和开拓"。该书对法理学、刑法学等领域有较大的影响。

《法理学》（高等教育出版社1994年版被引113次；北京大学出版社2000年版被引112次）全面阐释了法理学的基本理论和基本知识。该书对我国法理学乃至法学研究的各个领域均有较大的影响。

《法律的文化解释》（被引145次）是一本论文集，共收7篇论文。除收录了3篇外国学者的论文外，主要集中了该书编者梁治平的一些文章。该书是编者多年来不懈追求"用法律去阐明文化，用文化去阐明法律"的一个理论性的总结，也是作

---

① 阿迪：《德国公法学基础理论》读后1. [2010-4-7] http://blog.sina.com.cn/s/blog_4e7c2a640100fmx4.html.

② 张永刚："权利本位"范式下的权利法理学建构. [2010-4-7] http://www.jus.cn/ShowArticle.asp? ArticleID = 822.

③ 张朝霞："一部开创性的著作——读张文显《法学基本范畴研究》"，《中国法学》1994年第3期。

者所追求的对中国传统法律的独特的文化研究的理论构架。① 该论文集在中国法制改革、法理学、法哲学、法律与社会问题研究方面被法学学者引用较多。

《法律解释问题》（被引132次）分理论、实践和历史三大部分，共收论文12篇，书后附有相关文献，是中国法律解释研究领域的一部重要著作。该书对法理学、法哲学、司法制度研究领域均有一定的影响。

《法益初论》（被引103次）引入了日本刑法学的法益研究成果，对于形式犯与实质犯、行为犯与结果犯、自然犯与法定犯的区别，作者立足于法益侵害说的观点对这几对概念引入了日本刑法学的观点和见解，给人耳目一新之感。此外，作者对非法侵入住宅罪、财产罪、受贿罪的法益分析也作了不同常理的解读，循循善诱，引人深思。② 该书对我国刑法理论、犯罪学研究有较大的影响。

《中国法学向何处去：建构"中国法律理想图景"时代的论纲》（被引70次）是对当今中国的历史处境及其法学意义的深刻揭示，对当下中国法学之发展目标及其价值依据的深刻阐释，对实现中国法学发展目标的途径及其相关反思的深刻解析。邓正来以"知识—法学"为研究方向，通过反思或建构"世界结构中的中国"、"主体性的中国"、"中国法律理想图景"、"西方现代化范式"、"对中国现实做'问题化'的理论处理"这5个相互关联的核心范畴和命题，对"中国法学向何处去"这一宏大的时代性课题给予了系统而深刻的追问、审思。③ 该书对我国法理学、法哲学研究以及针对一些社会现实的法理研究有一定的影响。

《道路通向城市：转型中国的法治》（被引43次）是朱苏力教授近几年来已发表的学术论文或者讲演稿的汇集，是作者对中国法治进路和法社会学问题的以往思维瓷片的一种"考古式"黏合。④ 该书对我国法治社会建设、依法治国理论研究有较大的影响。

(2) 法史学类著作

国内法史类著作入选5种。除《罗马法原论》外，其他4种都是研究我国法律传统、法律史的著作。

《罗马法原论》（被引324次）是罗马法专家周枏先生的心血力作，也是目前国内较为权威的罗马法专著。《罗马法原论》以传播罗马法为宗旨，其学术特色具体表现在三个方面：其一，经过细致的考订和分析，该书所译解之名词术语准确传神，

---

① 朱苏力. 法律文化类型学研究的一个评析——《法律的文化解释》读后. [2010-4-7] http://www.civillaw.com.cn/article/default.asp?id=19558.
② 孙利. 再说法益——读《法益初论》，[2010-4-7] http://blog.sina.com.cn/s/blog_3f58fb7b0100c7l3.html.
③ 胡旭晟："在历史的转折点上追问——读《中国法学向何处去》之初步印象"，《河北法学》2007年第10期.
④ 梁剑兵："城乡二元中国的法治背景和前景——评朱苏力新作《道路通向城市》"，《中外法学》2004年第5期.

并为学界普遍接受；其二，该书博观约取，在对材料的选择考订上，取材愈广，辨析愈精，在对罗马法原理的阐述上，则力求透彻明了，深入浅出。其三，该书坚持求真务实的学风，勇于学术批评，为罗马法的研究树立了典范。① 该书对我国法制改革研究，特别是民商法方面的研究有较大的影响。

《历代刑法考》（被引129次）叙述了自唐虞、夏、商、周以来历代的刑法概要，对流、徙等具体刑制的演进逐一进行了探讨。该书的学术影响集中于中国法律史领域，引用它的论文主要研究中国古代律法尤其是刑律。

《中国法律的传统与近代转型》（被引106次）是法学权威张晋藩先生所撰写的著作，是一部研究中国法律史的经典学术著作。作者从多角度、多层面研究和剖析了中国法律的悠久历史传统，极大地丰富了学界对于中华法系的认识与理解，并以中西法律文化交融的视角，阐述了中国近代法律的转型，为读者厘清了中国法律发展的历史脉络。作者将中国历史上的法律制度与文化以及历史人物的活动与重大事件交替呈现，分析并探讨了中国法律传统的独特规律及特征，具有鲜明的逻辑性与条理性，体现了强烈的回归历史场域的客观真实感与当前学人肩负的历史使命感。② 引用该书的论文主题大多属于中国古代法律史、中国传统法律思想以及中外法律传统比较研究等领域。

《寻求自然秩序中的和谐：中国传统法律文化研究》（被引105次）通过导入新的研究范式丰富了法律史和法律文化研究。这种研究范式就是"法律的文化解释"，即"以文化解释的方法研究中国古代法"，"从文化解释的立场对中国传统法律文化作系统研究"。③ 该书在中国古代法律制度的研究中被较多引用。

《清代习惯法：社会与国家》（被引105次）采取了清代习惯法研究视角，主要是表现在通过清代习惯法来解释中国古代的"社会与国家"的关系。反过来说，也就是从"社会与国家"关系的角度来理解和把握清代习惯法。④ 该书在研究清代习惯法、民间法等方面被法学学者引用较多。

（3）民商法学类著作

国内民商法类著作有41种入选，超过入选的国内法学著作总数的1/3，在所有类别当中是最多的，说明目前我国民商法研究成果比较丰富，该领域也比较繁荣。

入选的民法类著作中，被引最多的是我国台湾地区民法泰斗王泽鉴先生的《民法学说与判例研究》，被引次数为521次。该著作收集了作者于1975年至1992年所

---

① 张从容："评《罗马法原论》的学术特色"，《法制与社会发展》2005年第3期。
② 明辉："评《中国法律的传统与近代转型》"，《中国史研究动态》2007年第3期。
③ 张卓明："中国古代法的'深描'说——《寻求自然秩序中的和谐》读后"，《研究生法学》2003年第3期。
④ 徐忠明："从清代习惯法看社会与国家的互动关系——读梁治平《清代习惯法：社会与国家》"，《南京大学法律评论》1997年第1期。

写的132篇论文。作者穿梭于民法理论与实务之间,以简洁凝练、通俗易懂的文字阐释了精深的法理。该书对我国大陆的民法立法、司法实务、法学教学、学术研究等参考价值甚巨。①

国内其他民法学类著作有:梁慧星的《民法总论》(被引369次)论述了"民事法律关系"、"物"、"民事主体——自然人"、"民事权利客体"、"法律行为"、"代理"、"诉讼时效"、"日期、期间"、"权利的行使"、"民法的效力、适用与解释"等;张俊浩等人的《民法学原理》(被引262次)既注意对每一项民事法律制度的分析,又注意从体系角度对每一项民事法律制度的阐述,以便使读者形成具有内在联系的民法体系观念;②徐国栋的《民法基本原则解释:成文法局限性之克服》(被引237次)含有丰富的法理学信息,作者通过讨论法存在新模式问题的方式讨论了法是什么的法理学重大问题,即讨论了法的存在要素和现实基础;③史尚宽的《民法总论》(被引191次)对民法研究和法律实务工作者均有较好的参考价值;王泽鉴的《民法总则》(被引183次)认为民法是保障私权利的基本法,力图把民法的权利本位、私法的价值理念与原理原则全方位地展现给读者;④彭万林的《民法学》(被引176次)对民法、人身权、物权、知识产权、债权、继承权等内容进行了阐述;梁慧星的《民法解释学》(被引176次)论述了民法解释学的沿革、民法解释学的理论、民法解释学的方法;台湾大学法学院黄茂荣的《法学方法与现代民法》(被引162次)主要在说明法学方法对现代民法的影响,并从其中认识法学方法,以及训练运用法学方法进行说理的能力;魏振瀛的《民法》(被引159次)系统论述了民法的基本理论、基本制度和基本知识;梅仲协的《民法要义》(被引148次)主要借助古今中外多个国家的民商法来阐述民法的基本理论;马俊驹的《民法原论》(被引115次)阐释了民法基本理论和制度。龙卫球的《民法总论》(被引114次)讨论了法律关系和权利、权利主体、法律行为和民法上的时间等内容;曾世雄的《民法总则之现在与未来》(被引72次,2001年出版)论述了人的权利义务、法律上之主体、法律上主体之住所、法律上之客体、法律关系之变动、适法行为——法律行为与事实行为等;梁慧星教授牵头起草《中国民法典草案建议稿》(被引67次,2003年出版)也入选了本次最有影响的国内学术著作。上述著作对我国民法理论研究、物权法研究、民法比较法研究、民法司法实践、民事诉讼法研究、商法研究、土地法、合同法等与

---

① 何志:"穿梭于民法理论与实务之间——读王泽鉴《民法学说与判例研究》",《人民司法》2009年第22期。

② 雅典学园.《民法学原理(上下册)》读后感.[2010-4-8] http://www.yadian.cc/book/1243/.

③ 曹义孙:"法律结构模式及其意义和问题——《民法基本原则解释》述评",《中国法学》,1994年第4期,第118—120页。

④ 方志平.入民法学宝殿的敲门砖——读王泽鉴《民法总则》.[2010-4-8] http://www.law-star.com/cac/190021658.htm.

民法相关的领域均有较大的影响。

入选的与债法有关的民法著作 4 种：史尚宽的《债法总论》（被引 186 次）对侵权行为法作了较为详细的介绍和论述；王家福的《中国民法学·民法债权》（被引 101 次）详尽地论述了债法的理论问题；王泽鉴的《债法原理》（被引 74 次，2001 年出版）对债法的重要基本问题进行了深入研究，该书采用案例教学法，引导读者进行法律上的思考；① 黄立的《民法债编总论》（被引 67 次，2002 年出版）论述了民法债编通则的立法意旨，阐明判例、解释所构成的民法理论体系。这 4 种著作在债法、侵权行为法、合同法、商法等研究领域被较多地引用。

有关物权法入选的图书较多。其中：谢在全的《民法物权论》（被引 283 次）提出了一个主要观点，认为所谓对物有事实上管领力，须从一般社会观念出发进行个案认定；梁慧星主编的《中国物权法草案建议稿：条文、说明、理由与参考法例》（被引 215 次）被学者认为"体例严谨、内容充实、立法理由说明详尽，具高度学术价值，体现了当前中国法学界对制定物权法的基本构想，并为将来的民法典提供必要的架构和基础"；② 梁慧星的另一本物权法的著作《中国物权法研究》（被引 175 次）基于我国物权法系统，详细阐述了物权法的基本理论和知识；孙宪忠的《德国当代物权法》（被引 168 次）阐述了德国物权法，包括物与物权法体系、原理、原则及保护，占有，不动产法通则，所有权、不动产所有权，不动产用益物权，抵押权，土地债务和定期金土地债务，动产物权和权利物权；史尚宽的《物权法论》（被引 159 次）介绍了物权的变动、物权中的所有权、地上权、永佃权、地役权、抵押权、质权、典权、留置权、占有权等内容；王泽鉴的《民法物权》对物权进行了较为全面的阐述，如物权的变动、所有权、用益物权、担保物权等；梁慧星的《物权法》（被引 146 次）基于最新物权法理论以及我国物权法实践阐述了物权法；王利明的《物权法论》（被引 144 次）详细探讨了物权法的相关问题。尹田的《法国物权法》（被引 128 次）阐述了法国物权法的基本问题。陈华彬的《物权法原理》（被引 123 次）在物权法法律条文的基础上，阐述物权法原理。王利明主编的《中国物权法草案建议稿及说明》（被引 104 次）介绍了中国物权法草案建议稿和中国物权法草案建议稿的说明。王利明的《物权法研究》（被引 70 次，2002 年出版）紧密结合我国物权立法的理论与实践，并在借鉴国外物权立法先进经验与理论成果的基础上，对我国物权立法的体系、基本原则以及物权法的基本制度进行了较为全面、详尽的研究。③ 这些著作对我国物权法、土地法、合同法、商法等研究

---

① 刘俊芳："债法原理读书笔记"，《法制与社会》2008 年第 8 期。
② 李开国："关于我国物权立法的几点思考——以《中国物权法草案建议稿》为思考对象"，《池州师专学报》2001 年第 4 期。
③ 郭燕红："一部学习中国物权法的必读书——读王利明教授《物权法研究》（修订版）"，《中国人民大学学报》2008 年第 3 期。

领域有一定的影响。

入选的知识产权类图书有：郑成思教授的《知识产权论》（被引177次），该书主要内容涉及知识产权的基本理论和实践的热点、难点问题，在理论上主要从知识产权产生的历史、知识产权的特点、知识产权与有形财产权的比较几个方面反映知识产权在民法中的地位以及从工业经济向知识经济价值的发展中在民法中地位的变化，在实践上主要涉及侵权、价值评估与国际保护等问题，书中有许多观点可能更符合各国立法与司法的实际，却与国内一些传统看法有差异，其目的是引导读者去探究解决实际问题的出路；① 郑成思的《版权法》（被引117次）是我国知识产权研究史上的经典著作，对我国知识产权研究有较大的影响；薛虹的《网络时代的知识产权法》（被引92次，2000年出版）涉及网络时代的版权法、商标法和反不正当竞争法及电子商务的知识产权法律环境，对网络时代的知识产权进行了全景式的论述和分析，作者收集了大量的国内外法律、法规、案例、学说理论作为分析研究的基础，并注意了资料的时效性，既有理论深度，又直面现实，具有很强的实用性；② 李明德的《美国知识产权法》（被引66次，2002年出版）通过具体的案例，解释美国版权理论，是一部介绍和研究美国知识产权法律制度的力作。③ 这些著作对我国保护知识产权立法方面，包括商标法、版权法、专利法等各方面的研究均有一定的影响。

有关合同法著作入选3本：王利明的《合同法新论》（被引133次）基于合同法法律条文阐述合同法的理论问题；崔建远的《合同法》（被引114次）是一本对合同法的学习研究有较高价值的教科书；韩世远的《合同法总论》（被引50次，2004年出版）以我国《合同法》总则部分为分析对象，对合同法的制度进行了解释，也对一些合同法立法问题做了探讨。该书内容丰富详尽，既可以作为教科书，又可以作为学术研究和法律实务的参考书。这3本著作对我国合同法、债法、物权法、担保制度、劳动法等研究领域有一定的影响。

与侵权行为法有关的著作入选3本：张新宝的《中国侵权行为法》（被引121次）从哲学上的因果关系方面分析了侵权行为法的原理；王泽鉴的《侵权行为法》（103次）阐释侵权行为的基本理论，分析讨论了民法规定的一般侵权行为、侵权行为法的基本概念、体系构造与思考方法，关于特殊侵权行为方面则分析了共同侵权行为、雇用人责任、劳动灾害、汽车事故、公害、产品责任及服务责任等侵权行为，探讨了如何在侵权行为法、无过失补偿及社会保障制度上建立一个公平、有效率的

---

① IPworld. 郑成思教授及其所著《知识产权论》简介.［2010-4-8］http://ipworld. blogbus. com/logs/4857819. html.

② 常青. 研究《网络时代的知识产权法》.［2010-4-9］http://www.china.com.cn/chinese/RS/9753.htm.

③ 刘平："经典制度的解读范本——评李明德著《美国知识产权法》"，《中国版权》2004年第2期。

意外事故人身损害赔偿、补偿的体系；曾世雄的《损害赔偿法原理》（被引78次，2001年出版）在两岸学术界和实务界均有相当大的影响，其中对因果关系的学说及其发展演变有相当全面深刻的论述。[①] 这3本著作对我国侵权行为法、物权法、知识产权法等涉及侵权行为、侵权责任研究的各方面都有一定的影响。

（4）刑法学类著作

在入选的国内著作中，刑法学类著作有21种，仅次于民商法类。其中张明楷所著《刑法学》被引次数达510次，高于排名第二的著作250次。

《刑法学》（张明楷著，被引510次）的第一版（1997年出版）基本坚持传统四要件的平面型"全构成要件"体系；第二版（2003年出版）全力论证了"犯罪客体"不是犯罪构成要件。其基本理由相当清晰：坚持实质的犯罪论，对构成要件做实质化解释，取消了作为独立构成要件的评价性"犯罪客体"的存在余地，以保障构成要件的罪刑法定机能；而作为事实要素的"犯罪客体"则完全被客观行为、危险与实害结果说明；第三版（2007年9月出版）将犯罪主体要件进行分解：将主体本身与特殊身份归入客观构成要件；法定年龄与责任能力归入主观构成要件。[②] 该著作对刑法研究的各方面有着广泛的影响，对刑法理论、犯罪论、刑法司法实践、刑法比较法研究等领域均有一定的影响。

《刑法学》（高铭暄著，北京大学出版社和中国法制出版社的版本分别被引260次、189次）阐述了我国刑法学的基本原理和基本知识。全书分上、下两篇共32章，主要包括刑法的基本原则、犯罪构成、排除犯罪性的行为、故意犯罪的停止形态、刑罚裁量、刑罚执行、金融诈骗罪等。该著作对刑法基本理论，刑法司法实践、刑法比较法、犯罪论、各类犯罪行为与量刑研究、刑罚制度等研究领域均有一定的影响。

《刑法哲学》（被引258次）作者陈兴良认为，刑法哲学研究就是"在刑法学研究中，引入哲学方法，从而使刑法学成为一种具有哲理性的理论体系"。[③] 该著作对刑事立法、刑法制度的改善、刑法与哲学等方面有一定的影响。

《刑事审判原理论》（被引222次）主要研究刑事审判制度和刑事审判程序中的基本理论，对刑事审判的性质、刑事审判程序的价值、刑事审判基本原则、刑事审判中的职能区分以及刑事审判程序之模式等问题进行了论述和分析。我国刑事诉讼制度、刑事审判制度等研究领域的论文对该书引用较多。

---

① 陈光卓．评曾世雄《损害赔偿法原理》中的因果关系论．[2010-4-9] http://www.civillaw.com.cn/article/default.asp?id=35458.

② 张理恒："完善我国犯罪体系的一种尝试——读张明楷教授的《刑法学》（第三版）有感"，《法制与社会》2008年第35期。

③ 曲新久："刑法哲学的学术意义——评陈兴良教授从《刑法哲学》到《本体刑法学》"，《政法论坛》2002年第5期。

《外国刑法纲要》（被引215次）阐释了国外最新刑事立法、刑法理论与典型判例中对中国具有借鉴意义的法条、学说与判旨。该著作在刑法基本理论、犯罪论、刑法比较法研究等领域被较多地引用。

《美国刑法》（被引183次）自1987年问世以来，历经1996年、2005年三版仍旧畅销不衰，成为中国大陆刑法学者研习美国刑法的重要参考书目。该书不仅体系紧凑，而且特色鲜明，遣词造句上严谨却又不失简约，读起来鲜有费力之处。[①] 该书对犯罪论、刑罚制度、英美刑法研究、刑法比较法研究、刑法的哲学思考、刑法制度的完善等研究领域有一定的影响。

《刑法学原理》（被引180次）是国家哲学社会科学规划的重点项目成果，由中国人民大学法学院从事刑法研究的14位教授、学者通力合作，潜心调研与写作10年而完成。该书对新中国成立以来，特别是改革开放以来中国刑法的立法、司法和理论进行了全面、系统、深入和富有创见的研究总结，较为深刻地探讨了刑法的基本原则、制度、原理及其发展规律。该书对刑法基本理论、犯罪论、刑法立法及司法实践等领域有一定的影响。

《本体刑法学》（被引145次）对理论刑法学作了全景式的超越法条的探讨与研究，实现了理论与学术的双重提升。[②] 该书在刑法哲学研究、刑法基本理论、犯罪与刑罚研究等领域被较多地引用。

《刑法原理入门·犯罪论基础》（被引139次）是我国旅德刑法学者李海东博士写的一本刑法学的入门书，该书对刑法学原理和知识作了深入浅出的阐释。该书在犯罪论、刑罚制度研究、刑法与社会、刑法与保护人权等方面有一定的影响。

《刑法格言的展开》（被引130次）由22篇文章组成，每篇文章以一句格言为标题，说理透彻，论证充分。该书以标题所引用的格言的基本含义为切入点，叙述其由来或历史沿革，论证国内外刑法理论界关于此格言的学说、理论根据、立法体例，以及在适用过程中应当注意适用范围、使用限制、存在的误区等。[③] 该书对我国刑法哲学、刑法基本理论、犯罪论、刑法立法等研究领域有一定的影响。

《刑法教科书》（被引129次）内容包括刑法学概述、刑法概述、刑法的指导思想、刑法的基本原则、刑法的体系和解释、绪论、危害国家安全罪、危害公共安全罪等。该著作在刑法立法、刑法哲学与基本理论、犯罪与刑罚研究、刑法与人权研究等领域有一定的影响。

[①] 于阳："英美刑法学研究的典范——浅评储槐植教授代表作《美国刑法》"，《研究生法学》2007年第4期。

[②] 蔡道通："理论与学术的双重提升——评陈兴良教授《本体刑法学》"，《法制与社会发展》2002年第1期。

[③] 杨美蓉等："个性鲜明 风格独特——读《刑法格言的展开》"，《全国商情：经济理论研究》2009年第5期。

《比较刑法学原理：外国刑法学总论》（被引128次）是21世纪我国比较法领域新的理论研究成果，由三编十六章组成。该书以日本学者新近的体系作为参照，研究了国内学者较少涉及的理论，扩大了读者的视野，评议了各种立法和学说。① 该著作在刑法比较法、刑法立法、犯罪论、刑罚制度研究等领域有一定的影响。

《刑法的基本立场》（被引117次）旨在促进中国刑法学派之争的形成，同时深刻阐释刑法理论上的基本立场及具体理论观。该书以旧派与新派之争作为理论展开的主线，围绕着新旧之争的基本理论立场的不同，在犯罪论、构成要件论、违法性论、未遂论、共犯论、刑罚论等研究领域阐释了作者自己的基本立场。② 该著作在犯罪论、刑法哲学、刑法基本理论、罪刑法定原则等研究领域有一定的影响。

《刑罚通论》（被引115次）分为刑罚种类、刑罚裁量、刑罚执行和刑罚消灭4篇，另设附编论述非刑措施。该书在刑罚制度研究、量刑制度、监狱法治、死刑制度改革等领域被较多地引用。

《刑法适用总论》（被引107次）采取专题研究的形式，系统地梳理了刑法的基本理论问题。该书在犯罪论、刑罚制度等领域被较多地引用。

《刑法分则的解释原理》（被引73次）共十三章三个部分：解释理念和罪刑法定指引下的解释方法（序说和第一章）；刑法解释中的具体问题（第二章到第十一章）；刑法用语在解释中的问题（第十二章和第十三章）。该著作被刑法解释、刑法哲学方面的论文引用较多。

《刑法分则实务研究》（被引72次，2001年出版）以服务于司法实务为目的，重点研究司法实践中存在的实际问题。引用该书的论文主题集中于犯罪论、刑法解释、各种犯罪行为的刑法适用分析等领域。

《刑法专论》（被引62次）是国家学位办规划教材，由高铭暄教授会同中国人民大学法学院国家重点学科刑法学博士点的三位博士生导师王作富、赵秉志、黄京平分工撰稿共同完成。全书共26章，前17章为刑法总论专题研究，后9章是对各专题中选择出来的10种具体罪的研究。③ 引用该书的论文涉及刑法基本理论研究、刑法立法研究、未成年人刑事责任、死刑制度改革等领域。

（5）诉讼法学类著作

国内诉讼法类著作有11种入选，其中有关刑事诉讼法的著作占6种。同时我们也注意到，诉讼法类著作中有相当一部分是2000年后发表的著作，其年均被引很高。这说明虽然我国诉讼法研究的兴起时间较晚，但正处于快速发展中。

---

① 方源等："全面介绍西方刑法理论的创新之作——评《比较刑法学原理——外国刑法学总论》"，《中国图书评论》2003年第9期。

② 刘隽："吹响中国刑法学学派争鸣的号角——评《刑法的基本立场》"，《台声·新视角》2005年第5期。

③ 高铭暄主编：《刑法专论》，高等教育出版社2002年版，"前言"第1页。

《刑事诉讼的前沿问题》（被引 167 次）运用比较、实证、理性思辨等分析方法，对刑事诉讼的基础理论以及程序改革问题进行了深入的研究。① 该著作对刑事司法实践、司法改革、侦查权研究、刑事审判程序改革、刑事诉讼的理论等研究领域有一定的影响。

《诉讼法论丛》（被引 115 次）是由陈光中和江伟组织编撰的关于诉讼前沿问题研究的论丛。该书在刑事诉讼法、民事诉讼法、行政审判改革、公诉制度、侦查制度研究领域被较多地引用。

《刑事诉讼法学》（被引 115 次）按照刑事诉讼法学的结构，以马克思列宁主义、毛泽东思想为指针，以《中华人民共和国刑事诉讼法》为依据，并参考了各种刑事诉讼法教材撰写的对刑事诉讼法学的研究成果。该书在刑事诉讼程序、公诉制度、侦查制度等领域有一定的影响。

《比较民事诉讼法初论》（被引 101 次）试图说明英、美、联邦德国和法国的民事诉讼法的特点，介绍外国学术理论界对这 4 个国家的民事诉讼法所做的比较研究。② 引用该书的论文主题大多属于民事诉讼程序、民事案件审判制度等领域。

《民事诉讼法学原理》（被引 93 次）在内容和体系上都具有开拓性和创新性，它反映了近年来民事诉讼理论、立法和实践的新成果、新规定、新问题，是新中国民事诉讼法学教材史上的集大成者。该书既是一部融理论性与实践性于一体的好教材，又是一部具有较高学术水准的理论著作。③ 引用该书的论文主题主要集中在民事诉讼法学领域。

《侦查程序与人权：比较法考察》（被引 85 次）研究对象是各主要法治国家的侦查程序。研究的范围主要限于有代表性的法治国家，即英、美、法、德、意、日，但在某些具体问题的比较研究方面往往会同时触及其他一些国家的情况。研究方法上侧重于各国现行立法基本内容与实务状况的比较分析，尤其关注立法上确定的程序规则在实际运用上的效果，有选择性地引用了各国最高法院和欧洲人权法院的一些判例。④ 该书在侦查程序制度、刑事司法制度与道德、人权等研究领域有一定的影响。

《对抗与判定：日本民事诉讼的基本结构》（被引 65 次）力图构成一个关于民事诉讼基本结构的理论模型，在此基础上将日本的民事诉讼作为一个能够例示该模型

---

① 郭燕红："评《刑事诉讼的前沿问题》"，《中国人民大学学报》2001 年第 1 期。
② 沈达明编著：《比较民事诉讼法初论》，中信出版社 1991 年版，"前言"第 1 页。
③ 刘敏："开拓与创新——评江伟教授主编的《民事诉讼法学原理》"，《法学评论》2000 年第 5 期。
④ 孙长永：《侦查程序与人权：比较法考察》，中国方正出版社 2000 年版，"前言"第 7—10 页。

的制度样本，通过对其各个主要领域的介绍分析而描绘出诉讼程序的整体轮廓。① 引用该著作的论文主题主要集中于民事诉讼法研究、司法改革领域。

《非诉讼纠纷解决机制研究》（被引 82 次，2000 年出版）共分 8 个部分：绪论；第 1 章代替性纠纷解决方式与多元化纠纷解决机制；第 2 章代替性纠纷解决方式的起源与发展；第 3 章代替性纠纷解决方式的主要形式；第 4 章纠纷解决理论研究；第 5 章代替性纠纷解决方式与民事诉讼制度；第 6 章我国一代纠纷解决机制——非诉讼；第 7 章我国多元化纠纷解决机制的建构。该书在民事纠纷及其解决机制研究方面被较多地引用。

《问题与主义之间：刑事诉讼基本问题研究》（被引 59 次，2003 年出版）共十章：第一章司法权的性质；第二章司法裁判的行政决策模式；第三章义务本位主义的刑事诉讼模式；第四章比较法视野下的未决羁押制度；第五章未决羁押制度的理论反思；第六章法院变更起诉问题之研究；第七章刑事诉讼中的重复追诉问题；第八章刑事证据规则之初步考察；第九章"法律职业共同体"形成了吗；第十章公共处罚的第三领域。该书在刑事诉讼程序、刑事立法、公诉制度、刑事审判制度等研究领域有一定的影响。

《刑事诉讼法》（林钰雄著，2005 年出版，被引 35 次）主要阐述了刑事诉讼法学的基本原理、基本法律规范、基本教学案例以及国内外基本资料。该书对刑事侦查制度、公诉制度、审判及刑罚制度等研究领域都有一定的影响。

《程序性制裁理论》（被引 32 次，2005 年出版）运用经验实证研究方法，对"公检法三部门"违反刑事诉讼程序的性质和原因做了初步解释，以全面分析检察机关所主导的运动式治理程序性违法方式及通过追究办案人员实体责任来遏制程序性违法方式的局限性来论证实体性制裁制度的本身具有不可弥补的缺陷，从而得出了引进程序性制裁的基本原理的正当性和必要性。② 该书在刑事诉讼制度立法、改革领域有一定的影响。

（6）行政法学类著作

国内行政法类著作有 11 种入选。其中《美国行政法》和《法国行政法》被引次数最高，分别为 314 次和 313 次。

《美国行政法》的作者是当代著名行政法学家，中国政法大学教授王名扬先生。该书分为绪论、行政制度的基本原则和组织、行政程序、行政的监督和控制 4 个部分，共二十三章系统详尽地介绍了美国行政法的理论和制度。该书在美国行政法研究、我国行政法改革、行政诉讼程序制度研究等领域被较多地引用。

---

① 王亚新：《对抗与判定：日本民事诉讼的基本结构》，清华大学出版社 2002 年版，第 3 页。

② 赵康英："浅观程序性制裁制度的发展——读《程序性制裁理论》有感"，《法制与社会》2007 年第 7 期。

《行政法与行政诉讼法》（被引 236 次）是根据教育部高等学校法学学科教学指导委员会的要求，为高校法学专业 14 门核心课程编写的专门教材之一。该书全面深入地阐释了行政法与行政诉讼法的基本理论和基本知识。该书在行政司法理论、行政法及行政诉讼改革与发展、行政法法律地位研究、行政执法研究等领域有一定的影响。

《日本行政法通论》（被引 161 次）作者杨建顺曾在日本留学。该书结合日本社会的实际情况，全面阐释了日本行政法的理论问题。该书在我国行政法改革、国外行政法研究方面被较多地引用。

《行政法学》（罗豪才著，北京大学出版社和中国政法大学出版社的版本分别被引 140 次、110 次）是以平衡率为理论基础构建中国行政法学体系的初步尝试。同过去的行政法学教材相比较，它注重紧紧围绕"政府—公民"之间的权利义务关系的互动而展开论述、分析，对行政法学的理论问题进行了较深层次的研究与探讨。[①] 引用该书的论文主题多涉及对我国行政法及行政诉讼改革方面的研究。

《英国行政法》（被引 116 次）是王名扬根据大量第一手资料撰写的外国行政法学专著。该书内容翔实，学理性强。全书从英国行政法的概念、基本性质、行政机关权力的根据、行使方式和程序，到各种救济手段，逐一加以论述。特别是详细论述了英国的行政组织，对行政裁判所、司法审查和议会行政监察专员等项制度的作用及其沿革作了精辟阐述，并对其利弊发表了独到的见解。该书对研究借鉴英国行政法制的经验，完善我国行政法制建设具有积极的作用。[②] 该书在西方行政法研究、我国行政法改革研究等领域有一定的影响。

《行政法学》（被引 112 次）为教师与学生们提供一种相对统一、稳定的行政法学的制度与原理，力求方便教材使用者系统地掌握一门独立的法律学科。[③] 引用该书的论文主题多为我国行政制度改革、公务员制度、基于一些公众事件对行政制度进行研究等方面。

《行政法》（被引 107 次）被称为台湾地区"行政法经典之作"、"公法史上空前之举"，是台湾行政法研究真正的集大成著作。该书对台湾地区行政法研究成果做了系统介绍，体系宏大，几乎涵盖了当今大陆法系有关行政法研究的绝大部分内容。[④] 该书在我国行政司法实践研究、公务员制度、政府职能研究等方面有一定的影响。

《行政法学新论》（被引 105 次）是目前国内篇幅最长的行政法学著作之一。该

[①] 罗豪才主编：《行政法学》，北京大学出版社 1996 年版，"前言"。
[②] 王名扬：《英国行政法》，中国政法大学出版社 1987 年版，"前言"。
[③] 胡建淼：《行政法学》，复旦大学出版社 2003 年版，"前言"。
[④] 陈峰等："台湾地区行政法学研究集大成之巨著——评翁岳生主编之《行政法》"，《湖南农机》2008 年第 11 期。

书结构完整、体例规范、论述全面，可以作高层次的行政法学教材之用。① 该书在行政立法、行政法基本原则等研究领域有一定影响。

《中国行政法学原理》（被引 62 次）实践性强，在介绍行政法学的基本原理时并不是流于空泛的议论，而是紧密联系行政法制实践，并为我国行政法治事业的推进献计献策。② 该书在行政法基本理论、行政许可制度等研究领域有一定的影响。

（7）宪法学类著作

宪法学类入选的著作共 3 种，其中有两种是北京大学教授张千帆所著，可见张千帆教授在我国宪法学领域是颇具影响力的。

《从宪法规范到规范宪法：规范宪法学的一种前言》（被引 129 次）共有 4 编：宪法规范的认识手段、宪法规范的价值核心、规范宪法的生成条件、规范宪法的制度保障。该书在法理学研究、宪法司法研究、宪法研究综述、宪法与行政立法、公民基本权利研究、社会矛盾的法律思考等主题方面被较多地引用。

《西方宪政体系》（被引 118 次）系统地介绍与比较了美国、法国、德国与欧盟四大政治实体的宪政及实践。该书在宪法基本理论、宪法司法化问题、西方宪法制度研究方面都有一定的学术影响。

《宪法学导论：原理与应用》（被引 51 次，2004 年出版）是专门为法律学生撰写的宪法教材。该书是以法律人的思维来研究和书写的，它非常成功地分析了宪法和宪法学的科学定位和学科体系，研究了中国的宪政问题和解决路径。③ 该书在宪法基本理论、中外宪法比较研究等领域有一定的影响。

（8）司法制度类著作

《送法下乡：中国基层司法制度研究》（被引 163 次）是一部研究中国基层司法制度的专著。作者分别研究了司法制度、司法知识与技术、法官与法律人，发现了一些中外现有的法律知识尚未注意或覆盖的问题等，是一部从法律社会学角度出发，描述和解释我国社会中某些法律现象的著作。该书在行政法改革研究、基层司法制度研究、农村法治研究等领域有一定的影响。

《司法改革研究》（被引 127 次）共分两编十三章：第一编总论，涉及司法权的性质、程序公正、司法独立、司法权威与司法民主等问题；第二编详细阐述了与司法改革相关的多个方面的问题。该书在审判制度、宪法司法、行政诉讼制度、人民法院管理制度、司法独立等研究领域被较多地引用。

《程序、正义与现代化：外国法学家在华演讲录》（被引 129 次）该书从宏观

---

① 司久贵："一部反映中国行政法学研究水平的力作——评应松年教授主编的《行政法学新论》"，《行政法学研究》1999 年第 3 期。

② 陈新民：《英国行政法》，中国政法大学出版社 2002 年版，"前言"。

③ 谢文俊："宪法学的宏观新思维——试评张千帆教授的《宪法学导论：原理与应用》"，《惠州学院学报》2009 年第 1 期。

角度对中国以外复杂而成熟的司法制度的基本概念作一考察,① 所涉及的内容包括司法职业与司法独立、行政法院、上诉法院及法官的作用、法治、现代化与法院体系、判决的执行与法院的权威、判决的艺术、程序公正与实体公正、公正与效率。引用该书的论文主题多涉及司法独立与司法公正、行政法及行政诉讼法改革等方面。

《司法的理念与制度》(被引113次)是作者贺卫方在司法研究领域内的一些论文和随笔的结集。引用该书的论文主题多涉及司法独立、程序正义、司法制度与社会公正等方面。

(9)国际法类著作

《国际法》(被引138次)系统阐述了国际法的一般理论和制度。引用该书的大多是研究国际法理论、与中国有关的国际法实际问题等方面的论文。该著作在国际法基本理论、国际私法、国际经济法、国际法与国家主权问题、国际法与人权问题等研究领域均有一定的影响。

《世界贸易组织(WTO)的法律制度》(117次)主要内容有三部分:世界贸易组织及其规则的基本原则;世界贸易组织规则的主要知识、制度;贸易政策评审机制和WTO争端解决规则。该书对WTO规则研究、跨国公司相关法律研究影响较大。多边贸易体制研究、反倾销问题研究、国际经济纠纷解决机制研究等主题的论文对该著作有较多的引用。

(10)犯罪学类著作

《犯罪通论》(被引326次)是国家教委博士点基金科研项目,武汉大学学术丛书之一。全书约66万字,除绪论外,共分三编:绪论部分对犯罪的概念和本质、犯罪的分类及犯罪论的体系等问题作了阐述,勾勒了犯罪论的概貌;第一编"犯罪构成",系统论述了犯罪构成的基本原理和犯罪构成的诸要件;第二编"犯罪形态",对故意犯罪阶段上的犯罪形态、基于犯罪人数的犯罪形态以及基于犯罪个数的犯罪形态作了深入的研究;第三编"排除犯罪性行为"。该书还对社会上存有较大争议的"安乐死"问题从刑法学的角度作了有益的探讨。该书在犯罪概念、正当防卫限度、各类犯罪行为研究、犯罪构成体系的完善等研究领域被较多地引用。

(11)其他类别著作

《乡土中国》(被引157次)是著名社会学家费孝通先生早期最具代表性的理论著作。他通过数十年深入农村调查研究与观察,得出了对中国乡土社会的传统文化、社会结构、家庭关系和民俗风情等方面的规律性认识。② 该书在法治社会建设、农村

---

① 宋冰编:《程序、正义与现代化:外国法学家在华演讲录》,中国政法大学出版社1998年版,"前言"。

② 尹世洪:"从比较中感悟——《乡土中国》评介",《江西社会科学》2009年第1期,第161—165页。

法律建设、中国传统法律思想、法律与社会文化、民间法研究、少数民族法律研究等领域被法学学者引用较多。

《人权概念起源：权利的历史哲学》（被引107次）是一部在中国语境下从社会与文化的角度研究人权的历史哲学著作。① 该书在宪法学、人权与立法等领域被引用较多。

16.7 结语

为了分析图书对我国法学研究的学术影响力状况，我们将被法学学科论文引用的入选图书文献分成"领袖著作"、"历史文献"、"工具书"、"国外学术著作"和"国内学术著作"5个大类。对于"历史文献"、"国外学术著作"和"国内学术著作"，我们又进行了细分。这种统计类别的划分可能涉及分类的标准性问题，导致个别图书具有多类别属性的状况，譬如领袖著作、历史文献可能同时兼有学术著作的属性等。然而想要清晰地从各个角度把握不同类别性质的图书对法学学科的学术影响力，这样的分类也是必需的。

从分类角度来看，国外学术著作和国内学术著作的影响占主要地位。其中入选的国外学术著作总被引次数最高，达18844次，占入选图书被引次数总和的41.67%；入选的国内学术著作数量最多，达118种，接近入选图书总数的一半，这说明我国法学领域已经拥有相当多的具有较高学术价值和学术影响的著作。

在入选的247种图书中共涉及181位作者，其中176位是个人作者，5位是团体作者。有3种以上图书入选的作者共有14位，详见表16-9。

表16-9　　　　　　　　　法学学科入选3种及以上图书作者

序号	作者	入选图书种数
1	高铭暄	6
2	张明楷	6
3	梁慧星	6
4	王利明	5
5	王泽鉴	5
6	张文显	5
7	陈瑞华	4
8	梁治平	4
9	陈兴良	3

---

① 夏勇：《人权概念起源：权利的历史哲学》，中国政法大学出版社2001年版，"前言"页。

续表

序号	作者	入选图书种数
10	马克昌	3
11	沈宗灵	3
12	史尚宽	3
13	朱苏力	3
14	王名扬	3

在入选的 247 种图书中共涉及 37 家出版社，其中入选 3 种及以上图书的出版社有 13 家，详见表 16-10。

表 16-10　　法学学科入选图书较多的出版社

序号	出版社	入选图书种数
1	法律出版社	59
2	中国政法大学出版社	57
3	商务印书馆	21
4	中国大百科全书出版社	16
5	中国人民大学出版社	14
6	中华书局	11
7	中国法制出版社	11
8	北京大学出版社	9
9	武汉大学出版社	4
10	人民出版社	4
11	中国方正出版社	3
12	高等教育出版社	3
13	生活·读书·新知三联书店	3

综上所述，图书对法学学科的影响有以下显著特点：

第一，相对于其他类型的学术资源，图书对法学领域的影响力是最大的。2000—2007 年法学论文中图书的被引次数远远高于其他类型的文献，比排第二位的期刊论文要高出一倍以上。从每年的被引数量变化来看，除 2003—2004 年图书的被引次数有较大的上升幅度（增长近 8000 次）外，其余各年份均稳定保持一定的增长幅度。但从图书所占比例来看，已由 2000 年的 66.92% 下降到 2007 年的 55.61%，当然这从另一个方面也说明了法学研究的推陈出新和蓬勃发展。

第二，国内学术著作和国外学术著作对我国法学研究产生的学术影响都很大。在入选的247种图书中,有101种是国外学术著作(包括译著),而国内学术著作有118种,分别占入选图书总数的40.89%和47.78%;国外学术著作的被引总次数达18844次,国内学术著作的被引总次数达17808次,分别占入选图书总被引次数的41.67%和39.38%。

第17章 社会学

作为研究社会结构和社会变迁的一门学科，中国社会学自20世纪70年代末恢复重建以来，一直在为引介西方社会学理论与学科本土化建构方面进行着不懈的努力。在这一学术进程中，图书扮演着不可或缺的角色，对中国社会学的整体发展起到了极大的推进作用。根据《中文社会科学引文索引》（CSSCI）中社会学论文的引用文献类型的统计（参见表17-1），社会学论文的引用文献中，图书（包括另一种图书形式：汇编）所占比重最大。由此可见，图书在社会学领域是非常重要的学术资源。然而，究竟哪些图书在社会学领域发挥重要作用、产生重大学术影响，这不仅是学界关注的问题，同时对了解我国社会学的研究现状以及展望中国社会学的研究方向、未来发展也有着毋庸置疑的借鉴作用。

为了推出对我国社会学领域具有较大学术影响的著作，我们借助CSSCI，对其中2000—2007年的社会学论文引用的图书进行了统计，选出了被引次数较多的图书。为了保证遴选图书的科学性和合理性，使入选图书不受或少受图书出版时间的影响。我们依据图书被引情况确定了对社会学具有较大学术影响的图书入选标准，即在2000—2007年间，被CSSCI中社会学论文引用20次及以上的图书或图书出版后年均被引5次及以上者，二者具备其一即可入选。为了科学而又客观地反映图书对社会学的影响状况，我们把入选的图书分成领袖著作、历史文献、工具书、国外学术著作、国内学术著作等5类，分别考察这5种类型的图书在社会学研究领域所产生的不同学术影响。

由于CSSCI数据来自于期刊的原始数据，作者对所引用的图书著录的不同或引文索引在数据输入中出现的差错会导致数据的不一致性。因此，在统计分析之前，我们做了如下处理：（1）错误书名的纠正、不完全的书名补充（增加副标题等）、书名主标题和副标题之间的符号统一；（2）对翻译著作补充原作者或翻译者，并将同一本图书合并；（3）对于分册或分卷出版的著作集或汇编文献合并处理，如《马克思恩格斯全集》、《马克思恩格斯选集》、《毛泽东选集》等，这些书中的文献被引用时，有些直接给出了册、卷，但大量的引用出处并未标明具体的册、卷，为了全面反映领袖人物著作对学科的影响，我们将这些分册、分卷书均给予合并；（4）对同一个作者、同一出版社出版的同一本书，虽然版次不同，我们仍然将其作为同一种书给予合并处理。

需要说明的是，入选本章的图书并不意味着均属于社会学范畴，作为一门综合性的社会学学科，其研究对象非常广泛，涉及众多领域，更为重要的是，社会学领域的研究需要借鉴和引用其他学科的大量成果。所以本章讨论的社会学领域具有较大学术影响力的图书，毋庸置疑会有其他学科的图书入选其中。

17.1 概述

研究一个学科论文的引用文献类型，可以发现该学科学者对学术资源的取向，了解不同类型的文献在本学科研究领域发挥的作用。CSSCI 中社会学论文引用文献类型有期刊论文、图书、汇编文献、报纸文章、会议论文、报告文献、法规文献、学位论文、信函、标准文献、网络资源及其他共 12 种。表 17-1 给出了 2000—2007 年 CSSCI 中社会学论文引用各类型文献的数量。本章对社会学的图书学术影响分析主要依据 2000—2007 年间社会学论文引用的 82750 次的图书及汇编文献数据。

表 17-1　　2000—2007 年社会学论文引用文献类型统计　　（单位：篇次）

年份\类型	期刊论文	图书	汇编文献	报纸文章	会议论文	报告文献	法规文献	学位论文	信函	标准文献	网络资源	其他
2000	3054	6765	1033	304	154	83	36	30	0	3	37	210
2001	3742	8346	1125	310	176	96	43	39	0	1	68	126
2002	4514	7900	1146	356	189	111	37	26	0	0	106	196
2003	5137	8251	1539	781	196	137	30	40	0	0	209	385
2004	5843	7966	1281	652	147	141	35	57	0	5	415	460
2005	6672	8223	2036	690	205	170	57	79	1	1	740	443
2006	9755	10735	2647	998	243	204	44	146	3	1	1075	655
2007	12086	11043	2714	780	208	215	83	179	2	2	1049	606
合计	50803	69229	13521	4871	1518	1157	365	596	6	13	3699	3081

从表 17-1 中可以看出，在社会学论文引用的文献类型中，列于前三位的文献分别是图书（69229）、期刊论文（50803）、汇编文献（13521）。其中除了 2007 年期刊论文的被引次数高于图书外，其余年份都是图书的被引次数最高。由于大量的汇编文献也是以图书的形式出现，因此 CSSCI 在进行数据处理时，很难将两者严格区分开。为保证数据的准确性、客观性，在考察图书学术影响力时，我们将两者数据合并，以下涉及图书被引数据时，均包括汇编文献。

分析表 17-1 中数据可以得到,2000—2007 年 8 年间图书和汇编文献被引次数在所有类型文献被引总数中所占比重达到 55.59%。从年度变化情况来看,除 2001 年的比重有所上升以外,其余年份均呈逐年下降的趋势,所占比重已从 2000 年的 66.60% 下滑到 2007 年的 47.49%。相反,期刊论文不仅每年的被引数量在增加,其占有比例也在逐年提升,已从 2000 年的 26.08% 上升到 2007 年的 41.72%。其他资源类型文献(如网络资源、会议论文等)虽然数量不多,所占比例也不高,但基本保持着持续增加的态势。究其原因:一是由于信息技术的迅猛发展和网络资源的快速普及,使得社会学研究者获得研究资源的途径越来越多元化;二是社会学研究领域的逐渐繁荣与活跃,能够快速体现研究成果的期刊论文得到学者的更多关注,使出版周期较长的图书逐渐丧失了一些优势。但总体而言,图书作为社会学领域最重要的学术资源是其他类型文献无法取代的。

引用文献的语种分布情况可以反映一个学科的学者对国外文献的获取阅读情况,了解对国外研究成果的吸收引进与研究接轨状况。我们根据 CSSCI 标注的引用文献的语种数据对社会学论文引用文献的语种进行了统计,详细数据参见表 17-2。

表 17-2　　　2000—2007 年社会学论文引用文献的语种统计　　　(单位:篇次)

年份\语种	中文	英文	日文	俄文	德文	法文	其他语种	译文
2000	7732	2253	147	13	10	40	43	1471
2001	9661	2380	150	37	29	19	56	1740
2002	9100	3487	113	71	23	17	38	1732
2003	11026	3323	108	38	32	23	42	2113
2004	10723	3894	94	27	28	17	25	2194
2005	11599	4848	80	36	22	18	43	2671
2006	17045	5608	139	2	21	48	35	3608
2007	18464	6665	75	17	17	22	47	3660
合计	95350	32458	906	241	182	204	329	19189

从表 17-2 可以看出,社会学论文引用文献的语种以中文为主。2000—2007 年间社会学论文引用文献中,中文文献占 64.06%,雄踞榜首。从中文被引用文献的年度变化来看:2000—2007 年间大部分年度中文文献被引数量呈现增长趋势,所占比重则在波动中有所减少;英文和译文文献的被引基本在逐年增长,说明社会学学者越来越关注国外相关领域的科研成果,国外的学术著作对我国社会学研究与发展的学术影响也越来越大。

根据择书标准我们遴选出了 222 种图书,这 222 种图书总共被引 11287 次,占据本学科论文引用的图书总次数的 13.64%。可以认为,这 222 种图书是我国社会学领域较有学术影响的图书,它们是社会学领域学者的思想结晶和理论升华,为学科发展提供了理论基础、思想导引与实践参考,对中国社会学研究领域产生了极大的学术影响力。表 17-3 将入选的 222 种图书按 5 个类别分别进行了统计。

表 17-3　　　　　　入选社会学论文引用图书的类别统计

内容类别＼图书类别	领袖著作	历史文献	工具书	国外学术著作	国内学术著作
入选图书种数	12	24	9	86	91
入选图书被引次数	3004	1228	726	3241	3088
入选图书被引次数所占比例	26.61%	10.88%	6.43%	28.71%	27.36%
入选图书的平均被引次数	250.33	51.17	80.67	37.69	33.93

从表 17-3 可以看出,入选的国内学术著作种数最多,为 91 种;其次是国外学术著作,入选 86 种。历史文献入选 24 种排在第 3 位,领袖著作和工具书分列第 4、第 5 位。但从各类入选图书的平均学术影响来看,则基本与入选种数成反比:国内学术著作和国外学术著作分别排在倒数第 1、第 2 位,领袖著作以平均被引 250.33 次居于榜首,表明了领袖著作对社会学领域的指导作用显著;工具书以平均被引 80.67 次排在第 2 位,说明了社会学领域大量的实证研究对工具书的依托。

17.2　领袖著作对社会学研究的影响

本章所述领袖著作是指无产阶级革命家和国家领导人的著作,入选社会学最有学术影响的领袖著作主要为代表马克思主义的马列著作及我国三代领导人的著作。马克思主义以辩证唯物主义和历史唯物主义的世界观与方法论揭示了人类社会发展的客观规律,在中国社会学的发展方向、与历史唯物主义的关系、本土化、社会学学科的性质等问题上,这些领袖著作的影响力是显而易见的。

按遴选标准,社会学领域入选的领袖著作 12 种,除了《孙中山全集》,其余入选著作均隶属于马克思列宁主义哲学理论体系,这些著作对指导社会学领域的研究有着极大的作用。表 17-4 给出了社会学论文引用次数较多的 12 种领袖人物著作,表中图书按被引次数从多到少排序。由于一些书有多个版本,故在表中将那些有多版本的著作的出版年省略。

表 17-4　社会学论文引用较多的领袖著作

序号	图书信息
1	马克思：《马克思恩格斯全集》，北京：人民出版社
2	马克思：《马克思恩格斯选集》，北京：人民出版社
3	邓小平：《邓小平文选》，北京：人民出版社
4	毛泽东：《毛泽东文集》，北京：人民出版社
5	列宁：《列宁全集》，北京：人民出版社
6	马克思：《资本论》，北京：人民出版社
7	马克思著，刘丕坤译：《1844年经济学哲学手稿》，北京：人民出版社
8	江泽民：《全面建设小康社会，开创有中国特色社会主义事业新局面——在中国共产党第十六次全国代表大会上的报告》，北京：人民出版社，2002
9	孙中山：《孙中山全集》，北京：中华书局，1985
10	江泽民：《论"三个代表"》，北京：中央文献出版社，2001
11	江泽民著，中共中央文献研究室编：《江泽民论有中国特色社会主义（专题摘编）》，北京：中央文献出版社，2002
12	江泽民：《江泽民文选》，北京：人民出版社，2006

费孝通先生曾在《建立我国社会学的一些意见》一文中说，在中国就是要建立"一门以马克思列宁主义、毛泽东思想为指导，密切结合中国实际，为社会主义建设服务的社会学"。通过表 17-4 可以看到，对社会学论文中被引次数最多的领袖著作确实正如费老所倡导的那样。《马克思恩格斯全集》被引次数达1114次，《马克思恩格斯选集》被引次数达1008次，《邓小平文选》被引次数达310次，《毛泽东文集》被引次数达160次，《列宁全集》被引次数达121次。虽然在社会学中入选的领袖著作种数并不多，但平均被引次数则非常之高，是学术著作平均被引次数的6倍以上。

究其原因，一方面是因为马克思和恩格斯的著作在中国得到了极为广泛的传播，另一方面是领袖们的社会主义及共产主义思想理论深深地影响了中国的社会发展。就理论而言，马克思、恩格斯在领导国际共产主义运动的革命实践中建立了经典马克思主义社会理论，从而为马克思主义社会学的发展奠定了理论基础和方法论原则；毛泽东、邓小平、江泽民等人结合我国社会主义革命和社会建设的实践经验，建立了具有东方特色的马克思主义社会学理论与方法，使马克思主义社会学有了进一步的本土化发展。就现实而言，我国的时代发展也从社会实践这一层面验证了马克思列宁主义和毛泽东思想对中国的重要性。

17.3 历史文献对社会学研究的影响

社会学是研究社会和社会问题的学科,与历史学关系密切。因此,记载了我国古代社会政治、经济、文化、军事等重大的历史事件的历史文献在社会学研究中发挥了一定作用。从 24 种历史文献的入选,也可以看出其在社会学研究中具有一定地位。表 17-5 给出了 2000—2007 年间社会学论文引用较多的历史文献。

表 17-5　　　　　　　　社会学论文引用较多的历史文献

序号	图书信息
1	《杜凤治日记》
2	《汉书》,北京:中华书局
3	《论语》,北京:中华书局
4	《旧唐书》
5	《后汉书》,北京:中华书局
6	《唐代墓志汇编》,上海:上海古籍出版社
7	《宋史》,北京:中华书局
8	《史记》
9	《资治通鉴》,北京:中华书局
10	《新唐书》
11	《晋书》
12	《明史》,北京:中华书局
13	《孟子》
14	《三国志》,北京:中华书局
15	《魏书》
16	《左传》
17	《资治通鉴长编》
18	《诗经》
19	《管子》
20	《礼记》
21	《唐代墓志汇编续集》,上海:上海古籍出版社
22	《荀子》
23	《国语》,上海:上海古籍出版社
24	陈翰笙:《华工出国史料汇编》,北京:中华书局,1985

入选的 24 种历史文献在 222 种图书中占有 10.81% 的比重。其中,被引次数最

高的是《杜凤治日记》,被引179次。其内容是同治、光绪年间曾任南海知县的杜凤治的日记。日记中记载了清朝后期地方政府对省会城市的管理体制、地方行政机构的具体运作以及晚清官场的各种规则与人际关系。通过《杜凤治日记》,可以从微观层面对传统中国司法实践的细节有所认识,其被引主题主要集中于对清末广东地区的地方行政管理的研究方面。

历史文献中被引次数比较高的还有东汉史学家班固的《汉书》(被引110次)、记录春秋时期我国古代最伟大的教育家和儒家学派的创始人孔子相关言论的《论语》(被引85次)、后晋史学家刘昫的《旧唐书》(被引79次)、南朝史学家范晔编撰的《后汉书》(被引58次)等。由于我国社会学领域主要关注当代社会问题研究,对古代历史上的社会问题讨论较少,所以历史文献对当前社会学领域的学术影响相对较小,所引文献的主题主要集中于对中国古代社会生活史的研究领域。

17.4 工具书对社会学研究的影响

在社会学研究方法中,文献调查法是一种重要的社会调查方法。为了使资料收集得真实、具体、全面、系统,如何运用科学的方法去收集资料,就显得非常重要。因此,社会学研究领域的定量研究中往往就会使用到工具书。表17-6列出的社会学论文引用较多的工具书主要是统计年鉴、人口普查资料和大百科全书。

表17-6　　　　　　　社会学论文引用较多的工具书

序号	图书信息
1	国家统计局:《中国统计年鉴》,北京:中国统计出版社
2	国务院人口普查办公室:《中国2000年人口普查资料》,北京:中国统计出版社,2002
3	国家统计局人口和社会科技统计司:《中国人口统计年鉴》,北京:中国统计出版社
4	中国大百科全书编辑委员会:《中国大百科全书(社会学)》,北京:中国大百科全书出版社,1991
5	彭珮云主编:《中国计划生育全书》,北京:中国人口出版社,1997
6	国务院人口普查办公室:《中国1990年人口普查资料》,北京:中国统计出版社,1993
7	中国老龄科学研究中心:《中国城乡老年人口状况一次性抽样调查数据分析》,北京:中国标准出版社,2003
8	国务院人口普查办公室:《2000年第五次全国人口普查主要数据》,北京:中国统计出版社,2001

续表

序号	图书信息
9	[英]戴维·米勒(David Miller)编,邓正来中译本主编,中国问题研究所等译:《布莱克维尔政治学百科全书》,北京:中国政法大学出版社,1992

《中国统计年鉴》是一部全面反映中国经济和社会发展情况的资料性年刊,收录前一年全国和各省、自治区、直辖市经济和社会各方面大量的统计数据以及历史重要年份和近20年的全国主要统计数据,由国家统计局每年出版发行。该年鉴是我国最全面、最具权威性的综合统计年鉴,被社会学论文引用次数最高,其所有年度版本的被引共368次,占工具书总被引次数的50.69%。

《中国大百科全书(社会学)》涵盖与社会学相关的众多领域,可以为社会学研究提供一些基础性、权威性的信息。该书被引次数为52次,其中1986年版2次、1992年版3次、1991年版45次、1998年版2次。《布莱克维尔政治学百科全书》(被引20次)是中国现代政治学界的第一部百科全书译著,是《布莱克维尔政治思想百科全书》和《布莱克维尔政治制度百科全书》的合成之作,世界公认的迄今最具权威的政治学学术工具书之一。该书收集条目近900条,内容不仅包括政治理论、政治制度、政党、社团与舆论、国际关系(主要是国际组织)、政治学家,还包括与政治有关的法学、经济学、哲学、社会学等方面。

根据我国的国情,人口问题始终是社会学中的研究热点之一。从表17-6可以看出,其余入选的7种工具书皆与人口统计数据有关。《中国2000年人口普查资料》被引81次,《中国人口统计年鉴》(所有年度)被引69次,《中国1990年人口普查资料》被引35次,《中国城乡老年人口状况一次性抽样调查数据分析》被引34次,《2000年第五次全国人口普查主要数据》被引29次。由于全国人口普查资料的系统性、现实性,其数据客观性强且具有一定的代表性,因此在人口研究中成为必不可少的工具性文献。《中国计划生育全书》(被引38次)汇集了自新中国成立以来我国计划生育各个历史时期的重要资料。在我国计划生育工作的史料中,该书在内容方面是最完整、最系统的一本,对总结我国人口工作的历史经验,完善计划生育工作,促进人口战略目标的实现具有重要的现实意义。

17.5 国外学术著作对社会学研究的影响

我国社会学研究在1978年以后得以迅速恢复与重建,几乎与我国改革开放的历史进程同步。因此,大量的国外社会学研究成果在我国社会学重建过程中发挥着重要作用。国外学术著作共入选86种,占入选总数的38.74%;被引3241次,平均被引37.69次。这些入选的国外学术著作大多数是欧美学者所著,绝大部分已被译成中文，原版书仅有 5 种入选。按照著作的基本内容特征，这 86 种国外学术著作大致可分为 7 个主题类别：社会学概论（含理论）类著作（47 种）、应用社会学（20 种）、经济社会学（11 种）、文化社会学（1 种）、比较社会学（1 种）、社会学方法（1 种）、其他类（5 种）。表 17 – 7 给出了社会学论文引用较多的国外学术著作的详细书目。

表 17 – 7　　　　　　　　社会学论文引用较多的国外学术著作

序号	图书信息
1	［美］詹姆斯·S. 科尔曼（James S. Coleman）著，邓方译：《社会理论的基础》，北京：社会科学文献出版社，1999
2	［德］马克斯·韦伯（Max Weber）著，林荣远译：《经济与社会》，北京：商务印书馆，1997
3	［美］约翰·罗尔斯（John Rawls）著，何怀宏等译：《正义论》，北京：中国社会科学出版社，1988
4	［美］戴维·波普诺（David Popenoe）著，李强等译：《社会学》，北京：中国人民大学出版社，1999
5	［英］安东尼·吉登斯（Anthony Giddens）著，李康等译：《社会的构成：结构化理论大纲》，北京：生活·读书·新知三联书店，1998
6	［英］安东尼·吉登斯（Anthony Giddens）著，田禾译：《现代性的后果》，南京：译林出版社，2000
7	［法］皮埃尔·布尔迪厄①（Pierre Bourdieu）等著，李猛等译：《实践与反思：反思社会学导引》，北京：中央编译出版社，1998
8	［美］杜赞奇（Prasenjit Duara）著，王福明译：《文化、权力与国家：1900 – 1942 年的华北农村》，南京：江苏人民出版社，1994
9	［美］乔纳森·H. 特纳（Jonathan H. Turner）著，邱泽奇等：《社会学理论的结构》，北京：华夏出版社，2001②
10	［英］安东尼·吉登斯（Anthony Giddens）著，赵旭东等译：《现代性与自我认同：现代晚期的自我与社会》，北京：生活·读书·新知三联书店，1998

---

① Pierre Bourdieu，国内有译作布尔迪厄，也译作布迪厄，本文中统一用"布尔迪厄"。
② 入选的美国社会学家乔纳森·特纳所编的《社会学理论的结构》共有两个版本：邱泽奇等译，华夏出版社 2001 年版，共被引 74 次；吴曲辉等译，浙江人民出版社 1987 年版，共被引 41 次。

第 17 章 社会学

续表

序号	图书信息
11	［英］罗伯特·D. 帕特南（Robert D. Putnam）著，王列等译：《使民主运转起来：现代意大利的公民传统》，南昌：江西人民出版社，2001①
12	［美］黄宗智：《华北的小农经济与社会变迁》，北京：中华书局，2000
13	［法］皮埃尔·布尔迪厄（Pierre Bourdieu）著，包亚明译：《文化资本与社会炼金术：布尔迪厄访谈录》，上海：上海人民出版社，1997
14	［美］彼得·M. 布劳（P. M. Blau）著，孙非等译：《社会生活中的交换与权力》，北京：华夏出版社，1988
15	［德］尤尔根·哈贝马斯（Juergen Habermas）著，曹卫东等译：《公共领域的结构转型》，上海：学林出版社，1999
16	［澳］马尔科姆·沃特斯（Malcolm Waters）著，杨善华等译：《现代社会学理论》，北京：华夏出版社，2000
17	［法］爱弥尔·涂尔干②（Emile Durkhem）著，渠东译：《社会分工论》，北京：生活·读书·新知三联书店，2000
18	［德］柯武刚（Wolfgang Kasper）等著，韩朝华译：《制度经济学：社会秩序与公共政策》，北京：商务印书馆，2000
19	［法］托克维尔（Tocqueville）著，董果良译：《论美国的民主》，北京：商务印书馆，1991
20	［美］曼瑟尔·奥尔森（Mancur Olson）著，陈郁等译：《集体行动的逻辑》，上海：三联书店，上海人民出版社，1995
21	［美］丹尼尔·贝尔（Daniel Bell）著，赵一凡等译：《资本主义文化矛盾》，北京：生活·读书·新知三联书店，1989
22	［法］让·波德里亚（Jean Baudrillard）著，刘成富等译：《消费社会》，南京：南京大学出版社，2001
23	［德］马克斯·韦伯（Max Weber）著，于晓等译：《新教伦理与资本主义精神》，北京：生活·读书·新知三联书店，1987
24	［美］乔纳森·H. 特纳（Jonathan H. Turner）著，吴曲辉等译：《社会学理论的结构》，杭州：浙江人民出版社，1987
25	［美］曼纽尔·卡斯特（Manuel Castells）著，夏铸九等译：《网络社会的崛起》，北京：社会科学文献出版社，2001

① 本书的中译本和英译本都入选，其中中译本被引用 66 次，英译本被引用 26 次。
② Emile Durkhem，国内有译作迪尔凯姆，也译作涂尔干，本书中统一用"涂尔干"。

续表

序号	图书信息
26	［英］安东尼·吉登斯（Anthony Giddens）著，赵旭东等译：《社会学》，北京：北京大学出版社，2003
27	［美］黄宗智：《长江三角洲小农家庭与乡村发展》，北京：中华书局，2000
28	［印］阿马蒂亚·森（Amartya Sen）著，任赜等译：《以自由看待发展》，北京：中国人民大学出版社，2002
29	［美］道格拉斯·C.诺斯（Douglass C. North）著，陈郁等译：《经济史中的结构与变迁》，上海：三联书店，1994
30	［古希腊］亚里士多德（Aristotle）著，吴寿彭译：《政治学》，北京：商务印书馆，1965
31	［德］黑格尔（G. W. F. Hegel）著，范扬等译：《法哲学原理》，北京：商务印书馆，1961
32	［美］道格拉斯·C.诺思（Douglass C. North）著，刘守英译：《制度、制度变迁与经济绩效》，上海：三联书店、上海人民出版社，1994
33	［法］爱弥尔·涂尔干（Emile Durkeim）著，狄玉明译：《社会学方法的准则》，北京：商务印书馆，1995
34	［美］凡勃仑（T. Veblen）著，蔡受百译：《有闲阶级论：关于制度的经济研究》，北京：商务印书馆，1964
35	［英］安东尼·吉登斯（Anthony Giddens）著，周红云译：《失控的世界：全球化如何重塑我们的生活》，南昌：江西人民出版社，2001
36	［德］斐迪南·滕尼斯（Ferdinand Tonnies）著，林荣远译：《共同体与社会：纯粹社会学的基本概念》，北京：商务印书馆，1999
37	［英］安东尼·吉登斯（Anthony Giddens）著，郑戈译：《第三条道路：社会民主主义的复兴》，北京：北京大学出版社，2000
38	［美］乔治·瑞泽尔（George Ritzer）著，谢立中等译：《后现代社会理论》，北京：华夏出版社，2003
39	［美］塞缪尔·P.亨廷顿（Samuel P. Huntington）著，王冠华等译：《变化社会中的政治秩序》，北京：生活·读书·新知三联书店，1989
40	［美］克利福德·格尔兹（Clifford Geertz）著，纳日碧力戈等译：《文化的解释》，上海：上海人民出版社，1999
41	［美］阎云翔著，李放春等译：《礼物的流动：一个中国村庄中的互惠原则与社会网络》，上海：上海人民出版社，2000

续表

序号	图书信息
42	Ronald S. Burt: *Structural Holes: The Social Structural of Competition*, Cambridge, Mass: Harvard University Press, 1992
43	[美] 加里·S. 贝克尔（Gary S. Becker）著, 王业宇等译:《人类行为的经济分析》, 上海:三联书店、上海人民出版社, 1995
44	[法] 米歇尔·福柯（Michel Foucault）著, 刘北成等译:《规训与惩罚:监狱的诞生》, 北京:生活·读书·新知三联书店, 1999
45	Andrew G. Walder: *Communist Neo-Traditionalism: Work and Authority in Chinese Industry*, Berkely: University of California Press, 1986
46	Peter M. Blau et. c: *The American Occupational Structure*, New York: John Wiley & Sons. Inc., 1967
47	[美] 杰弗里·亚历山大（Jeffery C. Alexander）著, 贾春增等译:《社会学二十讲:二战以来的理论发展》, 北京:华夏出版社, 2000
48	[德] 马克斯·韦伯（Max Weber）著, 王容芬译:《儒教与道教》, 北京:商务印书馆, 1995
49	[美] 阿瑟·奥肯（Arthur M. Okun）著, 王奔洲等译:《平等与效率:重大的抉择》, 北京:华夏出版社, 1999
50	[英] 安东尼·吉登斯（Anthony Giddens）著, 胡宗泽等译:《民族—国家与暴力》, 北京:生活·读书·新知三联书店, 1998
51	[英] 迈克·费瑟斯通（Mike Featherstone）著, 刘精明译:《消费文化与后现代主义》, 南京:译林出版社, 2000
52	[美] 伦斯基（G. E. Lenski）著, 关信平等译:《权力与特权:社会分层的理论》, 杭州:浙江人民出版社, 1988
53	[美] 詹姆斯·C. 斯科特（James C. Scott）著, 程立显等译:《农民的道义经济学:东南亚的反叛与生存》, 南京:译林出版社, 2001
54	[美] 帕克（R. E. Park）等著, 宋俊岭等译:《城市社会学:芝加哥学派城市研究文集》, 北京:华夏出版社, 1987
55	Lin Nan: *Social Capital: A Theory of Social Structure and Action*, Cambridge, UK; New York: Cambridge University Press, 2001①

---

① 本书的英文版与中译本都入选。其中英文版被引用26次，中译本被引用22次（2004年版2次，2005年版20次）。

续表

序号	图书信息
56	Robert D. Putnam：*Making Democracy Work*：*Civic Traditions in Modern Italy*，Princeton，N. J.：Princeton University Press，1993
57	[美] C. 赖特·米尔斯（C. Wright Mills）著，陈强等译：《社会学的想像力》，北京：生活·读书·新知三联书店，2001
58	[美] 丹尼尔·贝尔（Daniel Bell）著，高铦等译：《后工业社会的来临：对社会预测的一项探索》，北京：商务印书馆，1984
59	[美] 莱斯特·M. 萨拉蒙（Lester M. Salamon）等著，贾西津等译：《全球公民社会：非营利部门视界》，北京：社会科学文献出版社，2002
60	[英] 弗里德利希·冯·哈耶克（Friedrich A. Von Hayek）著，邓正来译：《自由秩序原理》，北京：生活·读书·新知三联书店，1997
61	Ulrich Beck：*Risk Society*：*Towards a New Modernity*，London；Newbury Park，Calif.：Sage Publications，1992
62	[美] 加布里埃尔·A. 阿尔蒙德（Gabriel A. Almond）等著，曹沛霖等译：《比较政治学：体系、过程和政策》，北京：东方出版社，2007
63	[美] 阿列克斯·英格尔斯（Alex Inkeles）著，殷陆君编译：《人的现代化：心理·思想·态度·行为》，成都：四川人民出版社，1985
64	[德] 乌尔里希·贝克（Urich Beck）等著，赵文书译：《自反性现代化：现代社会秩序中的政治、传统与美学》，北京：商务印书馆，2001
65	[美] 施坚雅著，史建云等译：《中国农村的市场和社会结构》，北京：中国社会科学出版社，1998
66	[美] 弗朗西斯·福山（Francis Fukuyama）著，李宛蓉译：《信任：社会道德与繁荣的创造》，呼和浩特：远方出版社，1998
67	[美] 刘易斯·芒福德（Lewis Mumford）著，宋俊岭等译：《城市发展史：起源、演变和前景》，北京：中国建筑工业出版社，1989
68	[美] C. 赖特·米尔斯（C. Wright Mills）著，杨小东译：《白领：美国的中产阶级》，杭州：浙江人民出版社，1987
69	[美] 林南著，张磊译：《社会资本：关于社会结构与行动的理论》，上海：上海人民出版社，2005
70	[法] 雷蒙·阿隆（Raymond Aron）著，葛智强等译：《社会学主要思潮》，北京：华夏出版社，2000

续表

序号	图书信息
71	[法] 西蒙娜·德·波伏娃（Simone de Beauvoir）著，陶铁柱译：《第二性》，北京：中国书籍出版社，1998
72	[美] 尼古拉·尼葛洛庞蒂（Nicholas Negroponte）著，胡泳等译：《数字化生存》，海口：海南出版社，1997
73	[美] 科塞（A. Coser）著，孙立平等译：《社会冲突的功能》，北京：华夏出版社，1989
74	[美] 刘易斯（W. A. Lewis）著，施炜等译：《二元经济论》，北京：北京经济学院出版社，1989
75	[英] 莫里斯·弗里德曼（Maurice Freedman）著，刘晓春译：《中国东南的宗族组织》，上海：上海人民出版社，2000
76	[美] 阿列克斯·英格尔斯（Alex Inkeles）等著，顾昕译：《从传统人到现代人：六个发展中国家中的个人变化》，北京：中国人民大学出版社，1992
77	[美] 西奥多·W. 舒尔茨（S. W. Schultz）著，吴珠华等译：《论人力资本投资》，北京：北京经济学院出版社，1990
78	[美] 弗朗西斯·福山（Francis Fukuyama）著，彭志华译：《信任：社会美德与创造经济繁荣》，海口：海南出版社，2001
79	[美] 彼特·M. 布劳（P. M. Blau）著，王春光等译：《不平等和异质性》，北京：中国社会科学出版社，1991
80	[美] R. H. 科斯（R. H. Coase）等著，刘守英译：《财产权利与制度变迁：产权学派与新制度学派译文集》，上海：三联书店，1994
81	世界银行著，劳动部社会保险研究所译：《防止老龄危机：保护老年人及促进增长的政策》，北京：中国财政经济出版社，1996
82	[英] 亚当·斯密（Adam Smith）著，郭大力等译：《国民财富的性质和原因的研究》，北京：商务印书馆，1972
83	[英] 弗里德利希·冯·哈耶克（Friedrich A. Von Hayek）著，王明毅等译：《通往奴役之路》，北京：中国社会科学出版社，1997
84	Mark Granovetter: *Getting a Job*, Cambridge, Mass.: Harvard University Press, 1974
85	[德] 乌尔里希·贝克（Ulrich Beck）著，何博闻译：《风险社会》，南京：译林出版社，2004
86	[美] 阎云翔著，龚小夏译：《私人生活的变革：一个中国村庄里的爱情、家庭与亲密关系（1949—1999）》，上海：上海书店出版社，2006

(1) 社会学概论（含理论）类著作

《社会理论的基础》（被引 130 次）是由当代社会学界权威人士美国的詹姆斯·科尔曼教授撰写的一本有关社会理论的经典性著作。该书从最基本的人的行动和关系谈起一直论述到复杂的社会行动的数学分析，是理性选择学派的经典著作。该书几乎是从事社会学理论的研究人员的必备之书。

《经济与社会》（被引 104 次）是德国社会学家 M. 韦伯的经典著作。韦伯在书中全面而系统地表述了自己的社会学观点和对现代文明本质的见解，对社会学的定义、对象、方法以及一些基本范畴和概念作了详细阐释。作者在书中还互有交叉地阐发了他的经济社会学、法律社会学、政治社会学和宗教社会学思想。引用该书的社会学论文的主题主要集中在政党发展、组织变迁、现代制度、社会自治、国家建构、社会分层、市民社会、城市化等研究领域。

美国哈佛大学教授约翰·罗尔斯的《正义论》（被引 103 次）被视为第二次世界大战后西方政治哲学、法学和道德哲学中最重要的著作之一。作者以洛克、卢梭、康德为代表的契约论为基础，将其上升到更高的抽象水平，提出了"公平的正义"理论。该书得到可持续性发展、政治哲学、社会制度、社会公正、公共管理、现代化、制度建设等为研究主题的论文大量引用。

戴维·波普诺版的《社会学》（被引 96 次）是美国社会学教科书的权威读本，已出版 10 版。该书涵盖了社会学研究的重要领域，包含社会学原理（如社会、社会组织与个人、人的社会化、越轨、犯罪和社会控制），社会的分层研究（社会阶级与贫困问题），民族、种族和少数民族问题，年龄和性别问题等。书中对各个问题采用的由浅入深的个案分析方法对社会学研究具有方法论的意义；书中所关注的问题，虽是以美国社会为范本，但对改革中的中国社会具有借鉴意义。引用该书的社会学论文主题主要集中在社会分层、农民工就业、青年亚文化现象、网络社会、社会转型、社区管理等研究领域。

安东尼·吉登斯是当代著名的社会学理论大师之一，他于 20 世纪 70 年代开始传播结构化理论思想，《社会的构成：结构化理论大纲》（被引 88 次）系统地阐述了他的结构化理论。书中提出了建立在实践基础上的行动理论，认为结构是规则和资源的总和体，以结构二元性来重新阐释结构与行动的关系，跨越了结构与行动的对立。引用该书的社会学论文主题主要集中在社会理论、风险社会、社会现代性等研究领域。

安东尼·吉登斯的另一著作《现代性的后果》（被引 84 次）从一个崭新的视角考察了现代性的本质及其与传统社会形式的特殊关系，讨论了现代性所带来的严重后果，诸如极权的增长、经济增长机制的崩溃、生态环境的破坏、核冲突与大规模战争等。引用该书的社会学论文主题主要涉及社会现代性、社会全球化等研究领域。

《实践与反思：反思社会学导引》（被引 83 次）是法国著名社会学家皮埃尔·布

尔迪厄的一本理论思想汇编。全书由三个部分组成：第一部分勾勒出布尔迪厄有关知识、实践和社会的理论结构及其学术图景的轮廓；第二部分主要是布尔迪厄在芝加哥大学研讨班所展开的对话内容；第三部分记录了1988年春天布尔迪厄在法国社会科学高等研究中心为他的研究生讨论课所做的导论性质的发言。引用该书的社会学论文主要涉及场域研究、社会资本、文化资本、社会转型、身体研究、教育问题等主题研究领域。

美国社会学家乔纳森·特纳所编的《社会学理论的结构》（被引74次）共分七编，包括功能主义理论、进化理论、冲突理论、批判理论、交换理论、互动理论、结构理论，对社会学理论的基本流派和代表人物进行了详尽的介绍。该书主要被社会分化、社会转型、社会理论等主题研究领域的论文引用。

《现代性与自我认同》（被引67次）是安东尼·吉登斯在自我认同理论方面的代表性著作。该书论述了现代性条件下的自我认同是在反思性选择和反思性自恋机制作用下的一种建构过程。作者认为关系化的现代化与关系重构化的现代化是现代性发展的两个阶段，而制度化的反思是晚期现代性的核心环节。引用该书的社会学论文主题主要集中在现代性、全球化问题、后现代化、文化认同、身体问题等研究领域。

布尔迪厄倡导反观性的社会学，他在《文化资本与社会炼金术：布尔迪厄访谈录》（被引54次）中主要探讨了社会资本、文化资本和经济资本之间的区分和相互作用。他认为经济资本更易被转换成象征资本（即社会资本和文化资本）。引用该书的社会学论文主题主要涉及社会网络理论、后现代主义、西方马克思主义、全球化、社会资本理论、文化理论等研究领域。

美国社会学家彼得·M. 布劳是著名的现代社会交换理论家。他的交换理论被称为结构交换理论，以区别于霍曼斯的行为主义交换理论。《社会生活中的交换与权力》（被引54次）是其最主要著作。作者认为，人际之间的社会交换开始于社会吸引，他用对等性解释部分社会交换，用不对等性解释另外一些社会交换，认为不对等性交换产生社会的权力差异和社会分层现象。引用该书的社会学论文主题主要集中在政党制度、社会自组织行为、公民社会、社会转型、社会分层等研究领域。

哈贝马斯的《公共领域的结构转型》（被引54次）以资产阶级公共领域为研究对象，探讨了公共领域的社会结构、政治功能、社会结构的转型、政治功能的转达以及公众舆论概念。该书在公共政策、大众传媒、社会转型、市民社会等研究领域具有一定的学术影响。

《现代社会学理论》（被引53次）对当代社会思想中的热点问题进行了探讨，如变迁与全球化、女性主义与社会理论以及向文化分析的复归等。该书对文化研究、女性研究、组织研究、城市研究以及地理学等诸多领域都有涉及。涉及社会学理论、社会道德、社区研究、现代性、社会变迁等主题研究领域的论文很多引用了该书。

《社会分工论》（被引 50 次）是法国社会学家涂尔干（也译作迪尔凯姆）的开山之作。作者提出的"社会团结"、"集体意识"、"功能"、"社会容量"、"道德密度"等一系列概念一直为社会学界所沿用。引用该书的社会学论文主题主要涉及社团问题、公民合作、现代化、社会分工、全球化等研究领域。

《论美国的民主》（被引 45 次）是法国政治学家、社会学家托克维尔在美国进行长期考察后撰写的对美国社会、政治制度和民情进行社会学研究的著作。作者阐明了美国的民主、自由、平等是如何在政治生活和社会生活中体现的，进而从不同的角度将美国与英法等国为代表的西欧国家的类似问题作了对比。引用该书的社会学论文主题主要集中在公民社会、法制建设、社会资本、民主化等研究领域。

《集体行动的逻辑》（被引 44 次）从公共选择理论的角度出发，分析计划经济的形成、演变及其向市场经济的转型等社会、经济、政治问题。该书的引用主题主要集中在博弈论、全球化、制度变迁、权利治理等研究领域。

《资本主义文化矛盾》（被引 42 次）追溯了资本主义文化的发展历程，剖析这种文化如何与经济和政治中的轴心原则、轴心结构发生不可避免的矛盾，反映出贝尔全面探查当代西方社会结构、政治模式和文化思想领域的努力。该书在社会学研究中的大众文化、媒体研究、现代性、后现代问题、文化转向、意识形态、社会转型等研究领域具有一定的学术影响。

《新教伦理与资本主义精神》（被引 41 次）是著名社会学家、哲学家马克斯·韦伯的经典著作。该书全面揭示了近代资本主义的产生与新教伦理有着一种内在的亲和关系的结论。这一思想不仅奠定了韦伯宗教社会学理论的基本构架，而且成为理解其整个社会学思想体系的一条主线。引用该书的社会学论文主题主要涉及社会全球化、个人主义、社会资本、社会转型、社会现代性、现代社会法治等研究领域。

社会学大家吉登斯的《社会学》（被引 40 次）自始至终将古典与当代的理论和数据密切融合，对社会现象诸如恐怖主义、全球不平等、残障、老年化和生命历程、风险和网络社会等社会问题进行了经典性的解释和探讨。该书在后现代性、社会全球化、社会结构、组织社会学等社会学研究领域具有较大学术影响。

《政治学》（被引 34 次）是亚里士多德关于其政治学理论的一部讲稿，也是古希腊政治学思想的集大成者。作者从"人是天然的政治动物"这一前提出发，分析了城邦的形成及基础，探讨了各种城邦理论、制度，研究了各政体的分类和变革，并提出了关于理想城邦的设想。该书虽然是一本政治学专著，但在社会学研究领域的公共空间、市民社会、社会法制建设、社会民主等领域具有一定学术影响。

《法哲学原理》（被引 34 次）系统地反映了黑格尔的法律观、道德观、伦理观和国家观。黑格尔在序言中申明，该书是以国家学为内容对德国近代国家和政治现实进行批判性的分析。该书还涉及法、权利、道德、伦理和社会等内容。引用该书的社会学论文主题主要集中在社会公正、公民社会、社会现代性等研究领域。

《制度、制度变迁与经济绩效》（被引33次）是诺贝尔经济学奖获得者诺思最主要的理论著作之一，也是当代制度经济学理论中的一部经典文献。该书分析的重点在于厘清制度的含义，并探讨了制度是如何影响交易费用和生产成本的，继而从历史的角度讨论了制度变迁的内在机理以及制度与经济绩效之间的关系。引用该书的社会学论文主题主要涉及社会制度变迁、乡村问题、社会关系等研究领域。

《失控的世界：全球化如何重塑我们的生活》（被引32次）是吉登斯在公众中产生影响最大的一本著作。该书没有从单一的经济角度探讨全球化问题，而是从政治、文化和生活的角度对全球化问题作了深刻的分析，生动地论述了不断增长的全球依赖性如何影响人们的日常生活，告诉人们应当如何适应正在被全球化完全改变着的新的现实生活。引用该书的社会学论文主题主要集中在风险社会、公共管理、社会转型、社会全球化、社会关系、社会理论等研究领域。

德国社会学家滕尼斯的《共同体与社会：纯粹社会学的基本概念》（被引32次）在社会学上的贡献最主要的是发现并深刻阐明在人类的群体生活中的两种结合的类型。作者用二分法的概念，从人类结合的现实中，抽象地概括出人类群体生活的两种类型：共同体与社会。引用该书的社会学论文的主题主要集中在社区理论、市民社会、社会城市化、社会全球化等研究领域。

《第三条道路：社会民主主义的复兴》（被引32次）是社会学大家吉登斯的著作。作者阐明了开拓第三条道路在当代政治中不仅是可行的，而且是必要的。作者认为在这个世界上，旧的左派教条已陈旧不堪，新的右派思想苍白无力，第三条道路才真正代表了社会民主。引用该书的社会学论文主题主要涉及社会全球化、民族认同、社会民主主义等研究领域。

《后现代社会理论》（被引31次）对法国、德国、美国等欧美国家中与后现代社会理论相关的著名理论家，如罗蒂、福柯、德里达、德勒兹、拉康、利奥塔德、维里利奥、吉登斯、贝克、哈贝马斯、鲍曼、哈维、詹明信等人以及当代女权主义者的理论观点进行了简明扼要但却全面系统的介绍，并对后现代社会理论与社会学理论之间的关系等问题进行了富有启示的探讨。该书在后现代性、社会城市化、社会变迁、消费社会等社会学主题领域具有较大的学术影响。

美国学者亨廷顿的《变化社会中的政治秩序》（被引31次）研究了第三世界国家在实现现代化过程中的政治参与和政治稳定问题。作者提出了他的政治秩序论，对现代政治分析作出了重大贡献，也据此奠定了他作为当代西方保守主义政治学大师的地位。引用该书的社会学论文主题主要涉及社会动员、社会转型、民主建设等研究领域。

Structural Holes: The Social Structural of Competition（《结构洞：竞争的社会结构》）（被引29次）是美国著名社会学家罗纳德·伯特以"市场生产函数"为起点，将他先前所从事的网络研究的成果加以整合，把影响市场回报率的"机会"问题和参与

博弈的行动者的社会网络联系起来，提出了"结构洞"理论。该书对研究经济现象的社会结构具有重要的意义。引用该书的社会学论文主题主要集中在网络社会、社会资本、家族企业等研究领域。

《规训与惩罚：监狱的诞生》（被引28次）是法国著名学者福柯的代表作之一，他运用谱系学的方法，集中对现代社会的权力运作机制进行了深入分析。他考察了从18世纪中叶到19世纪中叶这段时期，近代的监狱史、惩罚史和规训纪律社会的形成史，从历史的角度对监狱的诞生进行了阐述，试图从权力、知识、身体的关系中来分析现代社会和现代人。该书在社会学领域的学术影响主要体现在身体研究、社会现代性、社会流行文化、法治社会等研究领域。

《社会学二十讲》（被引27次）对围绕帕林斯结构功能主义和战后向其挑战的美国社会学理论的主要流派作了评论性的论述。引用该书的社会学论文主题主要集中在社会现代性、社会理论等研究领域。

吉登斯的《民族——国家与暴力》（被引27次）弥补了许多着重以政治、种族与文化方面来讨论民族——国家的起源和类型的学说之不足。作者以与马克思的国家观对话的方式，提炼出自己的民族—国家观点。引用该书的社会学论文主题主要集中在民族主义、国家政权建设、公民社会、社会全球化、社会现代性、族群理论等研究领域。

社会分层是社会学研究中的一个重要领域。《权力与特权：社会分层的理论》（被引26次）从社会的性质、社会分配的规律、分配系统的结构、农业社会的特征、工业社会的特征等方面对社会分层问题进行了分析和论述。该书在社会分层、中产阶级研究、社会人口流动等主题的研究领域具有一定的学术影响。

Social Capital: a Theory of Social Structure and Action（《社会资本：关于社会结构与行动的理论》）是前美国社会学副会长林南的代表作。作者强调了通过社会联系与社会关系来实现目标的重要性，详细阐述了社会资本的要素、命题和理论发现，对个体行动与社会结构之间的互动意义进行了理论说明。引用该书的社会学论文主题主要涉及社会关系、社会结构、社会资本等研究领域。

《社会学的想像力》（被引25次）是美国著名社会学家米尔斯集一生学术精华的大成之作。该书以批判美国社会学界的成果作为全书的探讨主题，运用知识社会学的观点并结合作者在社会阶层等方面的研究经验批判传统学科的抽象与僵化界限，由此强调"社会学想象力"的重大意义。该书的引用主题主要集中在大众传媒、现代性、社会转型等研究领域。

丹尼尔·贝尔曾提出"后工业社会"概念，受到西方学者的认同并被广泛使用，并对人类社会的阶段划分具有一定的指导性。贝尔在他的《后工业社会的来临：对社会预测的一项探索》（被引25次）中，进一步提出了"后工业社会"的概念，并阐述了自己的理论建构。该书在社会转型、公共管理、后现代性、社会全球化等为主题的社会学研究领域具有一定的学术影响。

哈耶克的《自由秩序原理》（被引24次）是自由主义思潮的最重要的经典之一。作者从自由的概念出发，探讨了自由同社会伦理的多维度的关系，从而论证了自由在社会实践当中的价值所在。自由同法律的关系是作者给予深切关注的问题。引用该书的社会学论文的主题主要集中在社会民主、社会治理、社会现代性、法治社会、公共管理、制度变迁等研究领域。

Risk Society: Towards a New Modernity（《风险社会》）（被引24次）是德国著名社会和政治理论家乌尔里希·贝克的代表作。作者指出人类社会正从阶级社会向风险社会转变，财富分配的逻辑要被风险分配的逻辑所代替。西方的经济制度、法律制度和政治制度不仅卷入了风险制造，而且参与了对风险真相的掩盖。因而他倡导反思性现代化，试图以理性的精神来治疗这种困境。引用该书的社会学论文的主题主要集中在风险社会、社会全球化、后现代社会等研究领域。

《自反性现代化：现代社会秩序中的政治、传统与美学》（被引23次）汇集了西方3位著名社会思想家乌尔里希·贝克、安东尼·吉登斯、斯科特·拉什对现代社会中的"自反性现代化"的思考，涉及政治、社会、传统和美学等层面。贝克以其"风险社会"的视野，论述了他关于自反性现代化的基本观念；吉登斯具体考察了一代社会的"制度自反性"和去传统化，进而论证了全球社会的发展；拉什提出一个关于美学和文化解释的自反性现代化主体，强调对"审美现代化"和后现代化性的分析。引用该书的社会学论文主题主要集中在风险社会、社会现代性、后现代性、社会全球化等研究领域。

美籍日本学者福山在《信任：社会道德与繁荣的创造》（被引23次）[1]中研究了社会资本对经济发展的重要性以及导致的不同国家和地区的经济发展的差异。他认为，在社会资本与物质资本同样重要的时代，只有那些拥有较高信任度的社会，才有可能创造较稳定、规模较大的企业组织，从而获得更大的竞争优势。该书的引用主题主要集中在社会资本、民主发展、信仰问题、市场经济、网络空间等研究领域。

雷蒙·阿隆是法国当代最有影响的哲学家和社会学家之一。《社会学主要思潮》（被引22次）是西方高校普遍采用的哲学、社会学及普通文科的教材。该书全面、系统并用对比的方式考察了社会学的7位创始人，孟德斯鸠、孔德、马克思、托克维尔、涂尔干、帕累托和韦伯。该书在我国的社会理论、社会资本、社会意识形态等研究领域具有一定学术影响。

《社会冲突的功能》（被引22次）论述了冲突对维护社会的团结和统一，对疏通社会中的不满情绪，对协调各方的利益和要求等方面的积极功能，分析了冲突得以

---

[1] 该书的另一中译本《信任：社会美德与创造经济繁荣》（海南出版社1990年版）也被入选，被引21次。

发挥积极功能的条件以及在此过程中将不得不付出的代价。引用该书的社会学论文主题主要集中在社会分层、社会转型、大众传媒、社会民主等研究领域。

《不平等和异质性》（被引21次）是布劳的另一代表著作，在该书中作者采用演绎和实证相结合的方法，试图构筑社会结构基本理论。该书在西方社会学界产生了巨大的影响。引用该书的社会学论文主题主要涉及社会结构、交换理论、社会理论等研究领域。

（2）应用社会学类著作

《文化、权力与国家：1900—1942年的华北农村》（被引82次）对1900—1942年的华北乡村作了详细的个案研究。杜赞奇力图打通历史学与社会学的间隔，从"大众文化"的角度，提出了"权力的文化网络"等新概念，且详细论述了国家权力是如何通过种种渠道（诸如商业团体、经纪人、庙会组织、宗教、神话及象征性资源等）来深入社会底层的。引用该书的社会学论文主题主要涉及社会体制变迁、社会分层、乡村社会、社会转型、村民自治、宗族权威等研究领域。

帕特南所著《使民主运转起来：现代意大利公民传统》（*Making Democracy Work: Civic Traditions in Modern Italy*）运用社会资本、治理和善治等新的政治分析框架，论述了意大利如何在法西斯专制崩溃后成功地利用自身深厚的公民传统建立起一套有效的民主机制，从而提出了"社会资本"概念以及公民文化传统与社会资本之间的必然关系。该书在社会学领域的学术影响主要体现在社会全球化、公民社会、社会资本、农村问题、公民精神等主题研究领域。

黄宗智根据20世纪30年代人类学家实地调查所得的资料，对中国华北的小农社会进行了实证研究。他在《华北的小农经济与社会变迁》（被引55次）中探讨了华北小农经济长期未发展为资本主义经济形式的原因，提出以分层的方法来论证分析其理论假设，认为中国小农是一个不断分化的群体，不同阶层的小农表征出不同的侧重点。引用该书的社会学论文主题主要集中在失地农民研究、乡村治理、国家与社会关系、土地产权制度、农民工流动等研究领域。

让·波德里亚的著作《消费社会》（被引42次）围绕消费这个中心对包括美国在内的西方社会进行了详尽而深刻的剖析，以独特的见解向人们揭示了大型技术统治集团是如何引起不可遏制的消费欲望，而且在此基础上对阶级社会里的各个阶层重新进行了划分。引用该书的社会学论文主题主要涉及消费文化、后现代语境、大众传媒、社会变迁、自我认同等研究领域。

《网络社会的崛起》（被引40次）是美国学者曼纽尔·卡斯特"信息时代三部曲"的第一卷，该书以在美国、亚洲、拉丁美洲与欧洲的研究为基础，建构了一个系统的信息社会理论。作者在书中描述了创新与应用的快速步伐，审视全球化的过程，认为全球化的威胁将被排除在信息网络之外。引用该书的社会学论文主题主要涉及信息化社会、社会契约、网络社会、社会文化建设、社会知识化等研究领域。

黄宗智的《长江三角洲小农家庭与乡村发展》（被引 38 次）论述了长江三角洲地区六个世纪以来农业经济的发展状态，说明人口压力是使该地区出现过密化经营模式的症结，而把过剩的劳动力从田间转移出来，才是促成生产力突破性发展的关键。引用该书的社会学论文主题主要涉及农村问题研究、社会现代性、民工问题、农民与国家关系、土地流转、社会转型等研究领域。

《以自由看待发展》（被引 37 次）是 1998 年诺贝尔经济学奖获得者阿马蒂亚·森的著作。这本书综合了阿马蒂亚·森的多方面研究成果，提出了一个以"自由"为核心观念的理论框架，对发展的各方面问题作了系统的阐述。作者认为发展是经济、政治、社会、价值观念等众多方面的一个综合过程。该书在社会学研究中产生影响的主题主要在社会公共政策、土地制度变迁、贫困问题、社会转型等研究领域。

《礼物的流动：一个中国村庄中的互惠原则与社会网络》（被引 30 次）是美籍社会学家阎云翔以人类学特有视角进入中国东北下岬村做田野调查，通过描述社会实践中礼物交换的互惠原则、社会网络的培育以及社会关系的实践运作图式，全面呈现一个中国村庄中礼物交换的文化规则和实践中的运作逻辑。引用该书的社会学论文主题主要集中在消费行为研究、乡村人际关系、社会资本、人类学等研究领域。

Communist Neo—Traditionalism: Work and Authority in Chinese Industry（《共产党社会的新传统主义：中国工业中的工作环境和权力结构》）（被引 28 次）是美国研究中国问题著名学者魏昂德的著作。作者以详细的个案资料为基础，对共产主义社会中企业的运作及其中的权威关系进行了深入的解析和透视，从而对共产主义社会中的制度和结构提出了一种独特的、极富洞察力的理解。该书对中国的单位制研究具有重要的作用。引用该书的社会学论文主题主要集中在乡土中国研究、社会政策、社会分层、收入分配、公民社会、社会转型、社会资本、社会福利制度、社会制度变迁等研究领域。

The American Occupational Structure（《美国的职业结构》）（被引 28 次）是美国著名社会学家布劳和邓肯的合作研究成果。该书论述了"职业地位"及其对社会分层的意义，并讨论了社会成员是如何获得自己的社会经济地位的。在分析中他们使用了个人的教育、成就动机、父亲的收入和教育背景等变量，认为主要是这些变量影响了社会成员的社会经济地位获得。换句话说，社会成员在社会中的地位获得取决于两类因素，即家庭环境和个人的努力。引用该书的社会学论文主题主要集中在社会分层、职业声望、社会资本、职业流动等研究领域。

《消费文化与后现代主义》（被引 28 次）从消费文化着手，全面论述了后现代社会的特征以及消费文化对后现代社会的影响，并且考察了布尔迪厄、鲍德里亚、利奥塔和詹姆逊等理论家的思想。作者指出，消费文化是后现代社会的动力，后现代消费就是以符号与影像为主要特征，符号生产者、文化媒介人等文化资本家由此产生。引用该书的社会学论文主题主要集中在消费文化、后现代性、身体研究、网络文化等研究领域。

芝加哥学派是城市社会学的开创者,《城市社会学:芝加哥学派城市研究文集》(被引26次)汇编了该学派的主要代表人物帕克、麦肯齐的重要学术论述。他们对城市进行了广泛而深入的实地调查研究,引入生态学的概念和方法,为社会学的重要分支——城市社会学提供了理论框架和方法论基础。引用该书的社会学论文主题主要集中在城市文化、现代化社会、公民社区、城市空间、城市社会学等研究领域。

《全球公民社会:非营利部门视界》(被引24次)比较系统地提供了西欧、北美洲、亚洲、中欧和东欧、拉丁美洲等国家和地区的非营利组织的基本数据资料,并整理出一套国际非营利部门分类标准体系,即"非营利组织的国际分类标准",使今后非营利部门的国际比较有了统一的标准。该书是从事相关研究不可多得的重要信息源。引用该书的社会学论文主题主要集中在社会全球化、公民社会、社区研究、非营利组织研究等领域。

《中国农村的市场和社会结构》(被引23次)由美国著名汉学家施坚雅于20世纪60年代发表在《亚洲研究杂志》上的文章汇集而成。该书重点论述了20世纪初至60年代的中国农村集市、乡镇和中心城市三级市场的发展、变迁和现代化的过程,对市场作为空间和经济的体系以及市场作为社会和文化的体系进行了描述与理论上的概括。该书对当前我国的市场经济建设和农村经济改革具有一定的参考作用。引用该书的社会学论文主题主要集中在社会转型、文化人类学、村落共同体等研究领域。

《城市发展史:起源演变和前景》(被引23次)是美国著名的城市理论家、社会哲学家刘易斯·芒福德的重要理论著作之一。该书着重从人文科学的角度系统地阐述了城市的起源和发展,并展望了远景。引用该书的社会学论文主题主要集中在社会城市化、城乡统筹、城市竞争力等研究领域。

米尔斯是美国当代著名社会学家,《白领:美国的中产阶级》(被引23次)是其最具影响的代表作之一。作者以敏锐的眼光剖析了20世纪老中产阶级在美国的没落,以及新中产阶级的兴起,并描述了20世纪中叶美国社会的特征,在较大的经济和政治环境中白领人士作为其成员生活于其间的生活结构草图。引用该书的社会学论文主题主要涉及中产阶级研究、社会分层、市场转型等研究领域。

尼葛洛庞蒂的《数字化生存》(被引22次)描绘了数字科技给人类的生活、工作、教育和娱乐带来的各种冲击和其中值得深思的问题。引用该书的社会学论文主题主要集中在网络社会、大众传媒等研究领域。

《中国东南的宗族组织》(被引21次)是英国著名人类学家莫里斯·弗里德曼的代表作,在西方汉学界拥有广泛影响。作者根据20世纪50年代所能搜集的有关文献,描绘了中国东南地区尤其是福建、广东地区在明清时期宗族组织发展的状况,包括宗族的经济、组织结构、仪式活动,宗族内部的权力分配及社会分化,宗族与外部的关系等广泛内容，得出了许多经典的汉人人类学研究的成果。引用该书的社会学论文主题主要集中在社会人类学、村落研究、宗族组织等研究方面。

《私人生活的变革：一个中国村庄里的爱情、家庭与亲密关系（1949—1999）》（被引 12 次，2006 年出版）荣获 2005 年度"美国亚洲学会列文森奖"。作者阎云翔以东北的下岬村为调查对象，进行了长达 10 年多的田野调查。他从下岬村道德观的变化、农村青年择偶过程的变化、转变过程中的各种细节、家庭财产分割过程中三种相互关联的习俗沿革以及在彩礼上体现出来的巨大变化等，讨论了作为独立个体的个人的出现与发展和国家在私人生活的转型以及个人主体性的形成中所起的重要作用。引用该书的社会学论文主题主要集中在社会变迁、乡村人类学、代际关系、家庭问题等研究领域。

《防止老龄危机：保护老年人及促进增长的政策》（被引 21 次）是世界银行的一份研究报告。该报告提出老年保障计划应该既是促进经济增长的工具，又是社会的安全保障网，并认为一个国家的老年保障计划应提供储蓄、再分配和保险三项功能。引用该书的社会学论文主题主要涉及社会保障、人口老龄化、社会转型等研究方面。

（3）经济社会学类著作

由德国学者柯武刚和史漫飞合著的《制度经济学：社会秩序与公共政策》（被引 49 次）从有关人类认识和动机的基本前提入手，讨论了一系列与制度、经济有关的社会问题，比如制度的逻辑基础以及制度的重要性，政府的职能，私人选择和公共选择的相对优点，在第三世界国家的现代化进程中全球化对制度发展的影响等。引用该书的社会学论文主题主要集中在社会转型、社会制度建设、组织管理、区域经济、可持续发展等研究领域。

《经济史中的结构与变迁》（被引 36 次）是新经济史学派的创始人诺思以西方产权理论、制度变迁理论对经济史进行解释的一部代表作。该书在经济史学中有两大创新：首先在方法论上恢复了理论与历史相结合的经济学优良传统；其次是诺思在该书中形成了一个包括产权理论、国家理论和意识形态理论在内的制度变迁理论。引用该书的社会学论文主题主要集中在农民问题、社会现代化、社会经济发展等研究领域。

《有闲阶级论：关于制度的经济研究》（被引 32 次）讨论了作为现代生活中一个经济因素的有闲阶级的地位和价值，并对制度的起源和演进等社会问题进行了深层的研究。引用该书的社会学论文主题主要涉及市场经济、社会经济体制、消费文化等研究领域。

《人类行为的经济分析》（被引 28 次）辑录了美国学者贝克尔的学术思想。作者运用经济分析建立了时间经济学和新消费者行为理论，并运用经济分析考察了传统上由法律学、政治学、人口学、社会学及社会生物学等学科考察的广泛的人类行为。引用该书的社会学论文主题主要涉及社会全球化、社会人力资本、现代经济学、社会转型等研究领域。

阿瑟·奥肯是当代美国知名经济学家,他的《平等与效率:重大的抉择》(被引27次)分析了美国社会公民的政治权利以及金钱对权利的侵犯,评论了主张市场资本主义的各种观点以及对效率的看法。作者在分析了收入不平等的性质和范围以及收入不平等与机会不均等的关系的基础上,论述了在增进效率的前提下缩小生活水平差距的措施。该书是论述美国制度的专著,既涉及经济问题,也涉及到了社会和政治问题。引用该书的社会学论文主题主要涉及社会经济学、社会公平、可持续性发展等研究领域。

《农民的道义经济学:东南亚的反叛与生存》(被引26次)是美国著名学者、耶鲁大学教授詹姆斯·C.斯科特于1976年出版的有关农民问题的一部著作。该书集中体现了斯科特理论阐释与个案分析相结合的实证主义研究特色。作者在书中指出,在"安全第一"的生存伦理下,农民追求的不是收入的最大化,而是较低的风险分配与较高的生存保障。引用该书的社会学论文主题主要集中在农民经济行为、土地改革、社会城市化、劳动力社会化、乡村人类学等研究领域。

二元经济理论是刘易斯关于经济发展理论的基础和精华。《二元经济论》(被引22次)收集了刘易斯关于二元经济理论的7篇论文,详细阐述了他的二元经济理论模型。引用该书的社会学论文主题主要集中在制度经济学研究领域。

Getting a Job(《找工作》)(被引22次)是美国社会学家马克·格兰诺维特对于经济社会学和劳动力市场方面的经典研究成果。作者通过调查282个美国人找工作的过程,发现这些人的个人关系在他们找工作的过程中发挥了巨大的作用,也说明了社会活动是如何影响劳动力市场的。通过探究工作关系人和社会结构之间的联系,格兰诺维特揭示了(人际)网络在有关劳动力流动的经济学研究和有关找工作的个人动机的研究等方面的关键性作用。引用该书的社会学论文主题主要集中在社会资本、人际网络、人力资本、流动人口等研究领域。

舒尔茨是最早研究经济发展理论的学者之一,被西方经济学界称为"人力资本概念之父"。在《论人力资本投资》(被引21次)一书中,他深刻地分析了人力资本对于国家发展的影响和作用,提出人力资源是经济和社会发展的重要原因。他的这一结论对发展中国家,尤其是中国的经济社会发展具有极其重要的借鉴意义。引用该书的社会学论文主题主要涉及社会结构、社会分层、社会转型等研究领域。

《财产权利与制度变迁:产权学派与新制度学派译文集》(被引21次)是一本关于产权与制度变迁理论的论文集,总共收集了13篇经典文章。该论文集基本反映了产权学派和新制度学派的重要假说、分析特征和政策意义的全貌,对经济学如何关注我国改革和现代化进程中的产权和制度问题具有重要的借鉴意义。

亚当·斯密把财富的增长及随之而来的社会各阶级的普遍富裕视为政治经济学的首要目标。他的《国民财富的性质和原因的研究》(被引20次)以富国裕民为中心,系统地阐发了提高劳动生产力水平、增加国民财富、使国家和人民迅速地达到富足的理论和政策问题，在经济学说史上，奠定了经济学作为一门独立学科发展的基石。① 引用该书的社会学论文主题主要涉及社会体制、社会分层、社会流动、社会资本研究等方面。

（4）社会学方法类著作

涂尔干在《社会学方法的准则》（被引33次）中，为社会学确立了有别于哲学、心理学、生理学的独立研究对象：社会事实。书中用较大篇幅论述了观察和说明社会事实的原则，同时提出了功能和因果分析的思想以及功能与历史原因的区分。引用该书的社会学论文主题主要集中在文化研究、身体研究、乡村社会、社会结构等研究领域。

（5）文化社会学类著作

《文化的解释》（被引30次）是美国社会学家格尔兹的文化人类学研究论文精选集。他通过对巴厘岛人斗鸡习俗的个案分析，说明文化是一种象征和意义的体系。格尔兹把这种新的人类学研究方法命名为"文化解释学"。引用该书的社会学论文主题主要涉及审美人类学、文化批评、社会全球化、流行文化、文化人类学等研究领域。

（6）比较社会学类著作

《比较政治学：体系、过程和政策》（被引24次）是美国当代比较政治学结构功能主义学派创始人加里布埃尔·阿尔蒙德的代表作之一。作者对东西方和第三世界24个国家的政治体制、政治文化和政治决策的特点进行了分析和比较，试图在各种不同类型的国家中找出具有共同意义的可资比较的概念和标准。该书在社会学研究的学术影响主要涉及社会司法制度、社会全球化、公共管理、社会分层、社会转型等研究领域。

（7）其他类著作

马克斯·韦伯在《儒教与道教》（被引27次）中，对世界主要文化的经济伦理原则进行了研究，分析了中国社会的各个主要方面，并将它们与西欧及其他社会中的类似方面进行比较。作者同时从"物质"和"观念"两个方面论述了中国没有产生资本主义"理性"精神的原因。该书是海外研究中国文化和中国社会必引的名著之一。引用该书的社会学论文主题主要涉及社会现代性、乡村社会、传统文化、家族企业文化、公共政治等研究领域。

美国社会学家英格尔斯在《人的现代化：心理·思想·态度·行为》（被引24次）中提出了人的现代化理论。作者认为经济发展、社会进步的过程本质上就是社

---

① 吴宇晖等："重温亚当·斯密的富国裕民学说——纪念《国民财富的性质和原因的研究》出版230周年"，《东岳论丛》2006年第11期。

会现代化的过程，社会的现代化必须以人的现代化为基础，没有人的现代化就没有社会的现代化。引用该书的社会学论文主题主要集中在社会现代性、社会心理、农民问题等研究领域。

法国思想家波伏娃的《第二性》（被引22次）被誉为"有史以来讨论妇女的最健全、最理智、最充满智慧的一本书"。[①] 该书从哲学、历史、文学、生物学、古代神话和风俗等角度出发，综论了从原始社会到现代社会的历史演变中，妇女的处境、地位和权利的实际情况，探讨了女性个体发展史所显示的性别差异。引用该书的社会学论文主题主要集中在女权主义、身体研究、大众传媒等研究领域。

英格尔斯（也译作英克尔斯）在另一部著作《从传统人到现代人：六个发展中国家中的个人变化》（被引21次）中，利用自己制定的综合现代性量表，在印度、孟加拉、以色列、智利、阿根廷、尼日利亚六国进行了实地调查，进而分析使人从传统向现代转化的几个重要因素。作者通过调查结果证明，现代人的特征不因任何国家和地区现代化进程的独特性而改变。引用该书的社会学论文主题主要涉及社会现代性、社会心理等研究方面。

《通往奴役之路》（被引20次）在哈耶克的学术生涯中占有极其重要地位，其争议性一直存在。作者认为当时正在计划中的福利国家不是为个人自由的战斗在和平时期的继续，反倒是朝着专制的方向迈出了一步。因此，追求计划经济的无意识后果必然是极权主义。引用该书的社会学论文主题主要集中在极权主义、社会体制、社会转型、社会民主等研究领域。

通过对入选的国外学术著作的分析可以看出，由于中国社会学的发展经历过比较长的断层，因此中国的社会学研究者对国外学术著作进行选择时，首先是在社会学理论方面，而且一开始就以对西方经典社会学理论的介绍为主。所以社会学理论方面的国外学术著作不仅入选品种多，而且被引次数都比较高。西方现代社会学理论的奠基之作在入选名单中名列前茅。韦伯、布劳、涂尔干、哈贝马斯、布尔迪厄等经典大师的理论代表著作纷纷被译介到中国，对中国的社会学理论研究产生了重大影响。不过对西方经典理论的译介多数停留在介绍层面。

从入选的国外学术著作的国别来看，欧美的社会学对我国社会学发展产生的影响力比较大。由于从一开始中国社会学就是在西方的社会学话语体系中展开的，因此社会学的"中国化"、"本土化"还需努力。而随着全球化的浪潮，我国的国外社会学理论著作介绍也有"同步"的趋势。美籍社会学家林南、德国著名社会学家乌尔里希·贝克的英文版和中文版著作都有入选，就从一个侧面说明了这一点。一些国际性的学术热点不断地进入国内学术界，比如社会分层、现代性、反思性、风险社会等，中国社会学研究者的学术视野得到了很大的拓展。

---

① 西蒙·波伏娃《第二性》[2009—11—1] http：//tieba.baidu.com/f? kz = 266820179.

17.6 国内学术著作对社会学研究的影响

改革开放30年来，我国社会学发展迅速。学科体制条件和政策环境得到了很大的改善，学科体制和体系建设逐渐趋向科学，学术研究和理论创新也硕果累累。可以说，社会学的学科地位在这30年中得到了极大提高。从本次入选的国内社会学学术著作的数量也说明了我国社会学领域的繁荣和发展。根据本书拟定的社会学图书入选标准，遴选出国内学术著作共91种，占入选总数的40.99%，远远高于其他各类图书。但由于平均被引次数较低，被引总次数为3088次，从而低于国外学术著作。按照著作的基本内容，可将入选的91种国内学术著作分为9个主题类别：应用社会学（42种）、社会学概论（含理论）类著作（22种）、人口学（12种）、社会学方法（3种）、社会学史（2种）、社会心理学（1种）、比较社会学（1种）、文化社会学（1种）、其他类（7种）。详细入选图书书目参见表17-8。

表17-8 社会学论文引用较多的国内学术著作

序号	图书信息
1	费孝通：《乡土中国，生育制度》，北京：北京大学出版社，2000①
2	陆学艺主编：《当代中国社会阶层研究报告》，北京：社会科学文献出版社，2002
3	费孝通：《乡土中国，生育制度》，北京：生活·读书·新知三联书店，1985
4	郑杭生：《社会学概论新修》，北京：中国人民大学出版社，2003
5	李惠斌等主编：《社会资本与社会发展》，北京：社会科学文献出版社，2000
6	陆学艺主编：《当代中国社会流动》，北京：社会科学文献出版社，2004
7	边燕杰主编：《市场转型与社会分层》，北京：生活·读书·新知三联书店，2002
8	郑功成：《中国社会保障制度变迁与评估》，北京：中国人民大学出版社，2002
9	杨善华主编：《当代西方社会学理论》，北京：北京大学出版社，1999
10	邬沧萍：《社会老年学》，北京：中国人民大学出版社，1999
11	郑功成：《社会保障学：理念、制度、实践与思辨》，北京：商务印书馆，2000
12	清华大学社会学系主编：《清华社会学评论》，厦门：鹭江出版社，2000

---

① 费孝通先生有多部作品入选。《乡土中国，生育制度》因出版年代早，故版本较多。此次入选的有北京大学出版社版（被引情况：1988年版2次，1998年版204次，1999年版7次，2000年版2次，2003年版3次）和生活·读书·新知三联书店版（被引情况：1985年版95次，1998年版2次）。由于费孝通在中国社会学界的影响之大，汇集其学术成就的《费孝通文集》（北京群言出版社1999年版）也被入选，被引45次。

续表

序号	图书信息
13	何增科主编:《公民社会与第三部门》,北京:社会科学文献出版社,2000
14	孙立平:《断裂:20世纪90年代以来的中国社会》,北京:社会科学文献出版社,2003
15	李培林主编:《农民工:中国进城农民工的经济社会分析》,北京:社会科学文献出版社,2003
16	邓正来等编:《国家与市民社会:一种社会理论的研究路径》,北京:中央编译出版社,1999
17	俞可平:《治理与善治》,北京:社会科学文献出版社,2000
18	费孝通:《费孝通文集》,北京:群言出版社,1999
19	郭志刚:《社会统计分析方法:SPSS软件应用》,北京:中国人民大学出版社,1999
20	鲁迅:《鲁迅全集》,北京:人民文学出版社,1981
21	周晓虹:《现代社会心理学:多维视野中的社会行为研究》,上海:上海人民出版社,1997
22	张静:《基层政权:乡村制度诸问题》,杭州:浙江人民出版社,2000
23	费孝通:《江村经济:中国农民的生活》,南京:江苏人民出版社,1986
24	王绍光:《多元与统一:第三部门国际比较研究》,杭州:浙江人民出版社,1999
25	李强:《转型时期的中国社会分层结构》,哈尔滨:黑龙江人民出版社,2002
26	王名:《中国社团改革:从政府选择到社会选择》,北京:社会科学文献出版社,2001
27	杜鹰、白南生主编:《走出乡村:中国农村劳动力流动实证研究》,北京:经济科学出版社,1997
28	梁漱溟:《中国文化要义》,上海:学林出版社,1987
29	葛剑雄主编,曹树基著:《中国人口史》,上海:复旦大学出版社,2000
30	徐永祥:《社区发展论》,上海:华东理工大学出版社,2000
31	刘铮:《人口理论教程》,北京:中国人民大学出版社,1985
32	康晓光:《权力的转移:转型时期中国权力格局的变迁》,杭州:浙江人民出版社,1999
33	王铭铭:《村落视野中的文化与权力:闽台三村五论》,北京:生活·读书·新知三联书店,1997
34	李建民:《持续的挑战:21世纪中国人口形势、问题与对策》,北京:科学出版社,2000
35	王宁:《消费社会学:一个分析的视角》,北京:社会科学文献出版社,2001

续表

序号	图书信息
36	佟新：《人口社会学》，北京：北京大学出版社，2000
37	苏国勋：《理性化及其限制：韦伯思想引论》，上海：上海人民出版社，1988
38	柯兰君等主编：《都市里的村民：中国大城市的流动人口》，北京：中央编译出版社，2001
39	李强：《当代中国社会分层与流动》，北京：中国经济出版社，1993
40	李竞能主编：《当代西方人口学说》，太原：山西人民出版社，1992
41	蔡禾：《城市社会学：理论与视野》，广州：中山大学出版社，2003
42	陈向明：《质的研究方法与社会科学研究》，北京：教育科学出版社，2000
43	宋林飞：《西方社会学理论》，南京：南京大学出版社，1997
44	贾春增：《外国社会学史》，北京：中国人民大学出版社，2000
45	李银河：《生育与村落文化》，北京：中国社会科学出版社，1994
46	李培林等著：《中国社会分层》，北京：社会科学文献出版社，2004
47	李路路：《中国的单位组织：资源、权力与交换》，杭州：浙江人民出版社，2000
48	严复：《严复集》，北京：中华书局，1986
49	郑也夫：《信任论》，北京：中国广播电视出版社，2001
50	刘小枫：《现代性社会理论绪论：现代性与现代中国》，上海：上海三联书店，1998
51	王颖：《社会中间层：改革与中国的社团组织》，北京：中国发展出版社，1993
52	李强：《农民工与中国社会分层》，北京：社会科学文献出版社，2004
53	张静主编：《国家与社会》，杭州：浙江人民出版社，1998
54	张维迎：《博弈论与信息经济学》，上海：上海三联书店、上海人民出版社，2004
55	许欣欣：《当代中国社会结构变迁与流动》，北京：社会科学文献出版社，2000
56	王铭铭：《社会人类学与中国研究》，北京：生活·读书·新知三联书店，1997
57	王春光：《社会流动和社会重构：京城"浙江村"研究》，杭州：浙江人民出版社，1995
58	彭松建：《西方人口经济学概论》，北京：北京大学出版社，1987
59	李强：《社会分层与贫富差别》，厦门：鹭江出版社，2000
60	张静：《法团主义：及其与多元主义的主要分歧》，北京：中国社会科学出版社，1998
61	黄平：《寻求生存：当代中国农村外出人口的社会学研究》，昆明：云南人民出版社，1997
62	袁方：《社会研究方法教程》，北京：北京大学出版社，1997
63	李银河：《女性权力的崛起》，北京：中国社会科学出版社，1997

续表

序号	图书信息
64	沈崇麟等主编：《当代中国城市家庭研究：七城市调查报告和资料汇编》，北京：中国社会科学出版社，1995
65	杜鹏：《中国人口老龄化过程研究》，北京：中国人民大学出版社，1994
66	陶春芳等主编，中国妇女社会地位调查课题组著：《中国妇女社会地位概观》，北京：中国妇女出版社，1993
67	康少邦等编译：《城市社会学》，杭州：浙江人民出版社，1986
68	项飚：《跨越边界的社区：北京"浙江村"的生活史》，北京：生活·读书·新知三联书店，2000
69	涂肇庆主编：《改革开放与中国社会：西方社会学文献述评》，香港：牛津大学出版社，1999
70	葛剑雄主编：《中国移民史》，福州：福建人民出版社，1997
71	王桂新：《中国人口分布与区域经济发展：一项人口分布经济学的探索研究》，上海：华东师范大学出版社，1997
72	徐勇：《中国农村村民自治》，武汉：华中师范大学出版社，1997
73	王沪宁：《当代中国村落家族文化：对中国社会现代化的一项探索》，上海：上海人民出版社，1991
74	赵文林：《中国人口史》，北京：人民出版社，1988
75	翟学伟：《中国人行动的逻辑》，北京：社会科学文献出版社，2001
76	陈成文：《社会弱者论：体制转换时期的社会弱者的生活状况与社会支持》，北京：时事出版社，2000
77	王思斌：《社会工作概论》，北京：高等教育出版社，1999
78	曾毅：《人口分析方法与应用》，北京：北京大学出版社，1993
79	邓国胜：《非营利组织评估》，北京：社会科学文献出版社，2001
80	国务院研究室课题组：《中国农民工调研报告》，北京：中国言实出版社，2006
81	蔡昉：《中国流动人口问题》，郑州：河南人民出版社，2000
82	罗荣渠：《现代化新论：世界与中国的现代化进程》，北京：北京大学出版社，1993
83	何清涟：《现代化的陷阱：当代中国的经济社会问题》，北京：今日中国出版社，1998
84	卢现祥：《西方新制度经济学》，北京：中国发展出版社，1996
85	王政等主编：《社会性别研究选译》，北京：生活·读书·新知三联书店，1998
86	李迎生：《社会保障与社会结构转型：二元社会保障体系研究》，北京：中国人民大学出版社，2001

续表

序号	图书信息
87	梁漱溟：《梁漱溟全集》，济南：山东人民出版社，1989
88	景天魁主编：《基础整合的社会保障体系》，北京：华夏出版社，2001
89	查瑞传：《中国第四次全国人口普查资料分析》，北京：高等教育出版社，1996
90	赵鼎新：《社会与政治运动讲义》，北京：社会科学文献出版社，2006
91	李春玲：《断裂与碎片：当代中国社会阶层分化实证分析》，北京：社会科学文献出版社，2005

(1) 应用社会学类著作

费孝通被誉为"社会学中国风格的奠基人"，其学术影响力非常深远，其作品是研究中国经济、社会和文化的必读之书。《乡土中国，生育制度》涵括了费孝通的两部社会学经典作品。《乡土中国》是费孝通在社区研究的基础上，分别从乡村社区、文化传递、家族制度、道德观念、社会变迁、权力结构等方面分析了中国乡土社会的结构，并提出了"差序格局"等著名的中国社会学概念。《生育制度》从社会出发去探讨婚姻形式和家庭的作用，提出生育制度是人类种族延续的人为保障，为了维持种族延续和社会结构的完整性，人们结成婚姻关系来确保双系抚育的形成，进而形成家庭这一基本的三角结构。引用该书的社会学论文主题主要涉及乡村研究、制度变迁、家族企业、民俗文化、社会转型、婚姻制度、区域文化等研究领域。

在《当代中国社会阶层研究报告》（被引130次）中，陆学艺以大量的调查事实和理论，对社会分层、社会结构和社会流动提出了独到的见解，并结合中国国情给出了以职业为基础，以组织资源、经济资源、文化资源的占有状况为标准，将当代中国社会划分为10个社会阶层，即国家与社会管理者阶层、经理人员阶层、私营企业主阶层、专业技术人员阶层、办事人员阶层、个体工商户阶层、商业服务业员工阶层、产业工人阶层、农业劳动者阶层和城乡无业失业半失业者阶层。并在此基础上将十个阶层划分为五个地位层级，即上层、中上层、中中层、中下层和底层。该书在社会流动、社会分层、社区治理、身份认同、社会网络、收入分配等社会学研究领域产生着较大学术影响。

《当代中国社会流动》（被引59次）是"当代中国社会结构变迁"课题组继《当代中国社会阶层研究报告》之后，推出的一本社会流动研究的力作。全书以丰富的数据和文献资料，系统地描述了文化资源、组织资源（政治资源）、经济资源以及地位的获得、阶层的流动等，并分析了当代中国社会各阶层的人生历程及走向。引用该书的社会学论文主题主要集中在社会转型、社会变迁、社会分层、身份认同等研究领域。

《市场转型与社会分层：美国社会学者分析中国》（被引56次）汇聚了海外社会

学界对中国社会的分析,翻译、收录了 1996 年以前关于中国社会分层研究的有代表性的文章。内容包括对农村、城市市场转型和社会分层体系变化的分析以及研究的新问题。该书提出的社会分层观对中国社会的分层研究具有重要的意义和影响。

《中国社会保障制度变迁与评估》(被引 55 次)以新中国社会保障制度为研究对象,首次从历史纵深与政策评估的角度对中国以往 50 年来社会保障制度的变迁与近 20 年的改革进行了系统的总结与评论,同时根据中国现阶段的形势与发展趋势提出了发展建议,是一部历史性的、全景式的中国社会保障制度变迁、评估与发展研究的著作。引用该书的社会学论文主要涉及社会保障、社会工作、社会转型等研究领域。

《公民社会与第三部门》(被引 49 次)选编了在公民社会的定义、公民社会与国家的关系、公民社会与政治民主、各国公民社会的异同,特别是第三部门的兴起及其社会政治意义等方面的一些代表性论文,比较完整地反映了国际学术界对公民社会与第三部门的最新研究成果。该著作在公民社会、社会运动、社会资本、社会转型、社区治理等社会学研究领域产生较大影响。

《断裂:20 世纪 90 年代以来的中国社会》(被引 49 次)从社会学的独特视角出发,对 20 世纪 90 年代以来中国社会生活发生的一系列变化进行了系统的分析。社会学家孙立平用"断裂"一词来说明目前中国社会生活中存在的种种不和谐的现象及其背后的原因。引用该书的社会学论文主题主要涉及中产阶层研究、社会分层、弱势群体等研究领域。

《农民工:中国进城农民工的经济社会分析》(被引 48 次)汇集了国内权威机构专家、学者近年来关于农民工问题研究的最新成果。这些论文重点对农民工流动与城市化的关系、农民工流动与回乡创业之间的关系、农民工进城与就业的关系、农民工的流动与社会地位的变化、WTO 与农民工的流动及经济全球化、农民工子女的受教育情况、城市空间结构与农民工的居住区位安排等方面问题进行了探讨。引用该书的社会学论文主题主要涉及流动人口、农民工问题以及社会转型等社会学研究领域。

《基层政权:乡村制度诸问题》(被引 35 次)以政治社会学和法律社会学视角,讨论了中国乡村社会的权力分布、角色性质及其与国家政治的关系,并用此解释了乡村冲突的结构来源和政治后果。该研究对用"国家政权建设"来解释中国基层秩序的理论框架提出了质疑。该书对乡村社区、农民市民化、乡村治理、社会转型、村庄权力、村民自治等社会学研究领域产生了较大的影响。

《江村经济:中国农民的生活》(被引 33 次)是费孝通 1938 年在英国伦敦大学学习时撰写的博士论文,论文的依据是作者在江苏省吴江县开弦弓村的调查资料。全书涉及财产与继承、亲属关系、户与村、生活、职业分化、劳作日程、农业、土地的占有、蚕丝业、养羊与贩卖、贸易、资金、中国的土地问题。另有人类学家

B. K. 马林诺夫斯基作的序及附录"关于中国亲属称谓的一点说明"。作者详尽地描述了江村这一经济体系与特定地理环境以及与所在社区的社会结构的关系。该书详尽的资料和客观系统的描述为国际人类学家、社会学家及其他读者了解中国提供了重要的帮助，出版后受到了人类学界和社会学界的高度重视。

《转型时期的中国社会分层结构》（被引 32 次）共分 21 编，其内容有 50 年来中国社会分层结构之变迁、政治分层与经济分层、劳动者参与市场经济的两个阶段、市场转型与我国中间阶层的代际更替等。引用该书的社会学论文主题主要集中在失地农民问题、社会分层、贫困问题等研究领域。

《中国社团改革：从政府选择到社会选择》（被引 32 次）分别从宏观和微观的角度，采取经验实证和个案调研的演绎方法，结合中国社团管理制度和运行机制的特点，探讨了中国社团改革的政策选择方向和组织变革机制，为建立既有中国特色、又有国际接轨的中国非政府组织理论体系奠定了基础。引用该书的社会学论文主题主要集中在社区公共服务、全球公民社会、社会认同等研究领域。

《走出乡村：中国农村劳动力流动实证研究》（被引 29 次）是一部由杜鹰等人主编的代表性学术著作。作者以人口迁移的"推拉理论"解释了农民流动的宏观因素，特别是地区经济发展不平衡的结构因素，导致了欠发达地区的农村人流向发达地区和城市。引用该书的社会学论文主题主要集中在社会养老保障、流动人口、农民工市民化、代际差异、社会身份认同等研究领域。

《社区发展论》（被引 29 次）是近年来社区理论与实践研究的成果。徐永祥从中西历史比较的角度叙述了"社区发展"这一课题对于社会学研究和社会工作实践的重要意义，分析了社区的基本类型以及我国计划经济体制下的"亚社区"及其向现代社区转型的历史必然性，并就社区规划与发展指挥、社区社会服务、社区社会保障、社区管理中的政府角色、社区参与与社会自治等现阶段我国社区建设中的基本问题分别进行了较深入的研究和探讨。该书在社区服务、社会工作理论、社会管理体制改革等研究领域有较大影响。

《权力的转移：转型时期中国权力格局的变迁》（被引 28 次）通过考察三个领域之间的权力分布格局的变化过程来认识 20 年来中国的国家与社会关系的历史变革。内容包括市民社会理论、权力格局的演变、经济权力的演变、政府主导型改革、关于官办社团自治化的个案研究等问题。引用该书的社会学论文主要是围绕这些问题的研究。

《村落视野中的文化与权力：闽台三村五论》（被引 28 次）收入的 5 篇学术论文，表达了王铭铭基于三个村落的实地考察素材而展开的理论思考。该书分别探讨了民族—国家与传统家庭社会组织之间关系、现代化过程中民间传统的地位、现代福利制度比较视野中的地方性互助制度、民间生活观念与现代幸福观的可比性、现代权威制度建设历程中民间权威的延续等问题。尽管这些论文探讨的主题和角度各有不同，但它们始终贯穿着通过理解民间文化来反思现代性的努力。该书对研究社会转型、村民自治、社区变迁、国家建构等社会学问题有较大的参考价值。

《消费社会学：一个分析的视角》（被引27次）从论述消费社会学的研究对象开始，认为消费既是经济领域与日常生活领域进行交换和沟通的渠道，也是资本与日常生活实践相结合的领域。因此，消费不仅具有经济和营销意义，而且具有重要的文化和社会意义。引用该书的社会学论文主题主要集中在消费社会、消费认同、家庭资本等领域。

柯兰君、李汉林主编的《都市里的村民：中国大城市的流动人口》（被引27次）主要探讨中国的流动人口问题。研究者们用社会失范的理论来解释城里的农村外来人口的状况，分析样本城市的地方政府处理和对待外来人口问题的措施和政策，并从农村外来人口自身的角度，分析他们与"城里人"之间的社会互动。该书对研究中国城市化、农民工及人口流动等问题有很大参考价值。

社会流动与社会分层是全世界社会学界最关注的研究课题之一。在《当代中国社会分层与流动》（被引27次）中，李强从研究当代中国大陆的主要职业群体（农民、工人、知识分子、管理干部及个体户、私营企业主）出发，分析了在中国社会结构转型时期，这些社会成员的包括经济地位在内的流动状况及其制约因素，并在社会分层问题上提供了一些可资借鉴的政策建议。该书"在许多问题和观点上有着预见性、指导性"，被认为是近年来关于中国社会结构转型研究引用率最高的一本力作。[1] 引用该书的社会学论文主题主要集中在社会流动、社会分层、社会转型、社会结构等研究领域。

《生育与村落文化》（被引26次）以我国南方与北方各一个村庄中所收集到的资料为依据，比较了生活在不同生活环境的人们在生育观念上的巨大差异，并探讨了这种差异所具备的理论上的意义。该书对生育文化、家庭关系分析、农民生育偏好、村落文化等研究具有一定参考价值。

《中国社会分层》（被引25次）系统分析了转型时期的中国社会阶层的变迁，全面阐述中国阶级阶层的利益整合机制和社会公正秩序的稳定机制，深入探讨社会矛盾和社会冲突的化解机制，忠实记载当代中国的伟大变革和巨大变迁过程。引用该书的社会学论文主题主要涉及社会阶层、社会公平、流动人口、社会转型等研究领域。

《中国的单位组织：资源、权力与交换》（被引25次）从社会学的视角，依据大规模的问卷调查资料对我国城镇社会中的"单位"进行了深入的研究。作者认为，在某种意义上可将中国城镇社会称为"单位社会"，把"单位社会"作为理解中国社会和社会结构的一个独特视角。从"单位社会"的视角出发，作者从微观和宏观结

---

[1] 刘莹："李强教授与他的社会分层流动研究"，《前线》1998年第3期。

合的角度提出"单位组织"在本质上不同于一般的工作组织,并且依据大量数据探讨了在单位组织中资源是怎样形成与分配的,权力在资源的形成和分配过程中是怎样产生的,资源和权力是怎样制约和规范人们的社会行为的,以及在单位组织中人们的服从又是怎样与资源、权力相交换的。该书对差序格局、农民工就业、组织政治、单位制变革等研究领域有一定的参考价值。

《社会中间层:改革与中国的社团组织》(被引25次)在典型社区调查的基础上,运用社会学理论详细描述、系统总结了社团崛起的背景、社团的主要功能、组织模式及与政府和企事业单位组织中间的互动关系,深刻分析了社团在社会组织体系整合中的作用,明确指出了社团发展的新动态和新趋势。引用该书的社会学论文主题主要涉及社会关系、社团组织、公民社会、地方政府、非营利组织等研究领域。

《农民工与中国社会分层》(被引25次)是李强关于社会分层的另一部力作。他从剥夺理论视角研究了中国城市农民工在政治、经济、社会权利等方面所受到的不公正待遇,提出绝对剥夺在现阶段还是普遍现象,认为绝对剥夺降低以后,相对剥夺的问题还会再提出来。该书还提出了三元社会结构的思路。引用该书的社会学论文主题主要集中在社会保障制度、社会转型、社会流动、劳资关系等研究领域。

在"国家与社会"关系研究领域,法团主义的影响主要在双方的连接体制观察方面。《国家与社会》(被引25次)是关于法团主义的提要性导读。作者主要参考了斯密特、雷姆布拉什、考森、威廉姆森等学者的学术论著,强调了对于"公民社会"观念及其与国家关系的了解。作者认为对于多元主义利益团体政治的了解是认识法团主义必要的知识前导,并试图运用法团主义解释中国的案例。该书对社团运作、市场化进程、政治转型、市民社会、村落社会等社会学研究领域有较大的参考价值。

《当代中国社会结构变迁与流动》(被引24次)全面系统地论述了转型时期中国社会结构的变化和社会流动的状况,通过对社会流动的研究,透过各种表象探讨了转型时期中国社会的内在本质、运行规律及发展趋势。作者认为社会资源的占有、分配以及分配关系的变动不仅引发了原有利益格局的深刻变化,而且将继续导致一系列社会结构的变迁。这种社会结构的变迁已经成为近年来国内外理论界和政策研究部门共同关注的热点问题。引用该书的社会学论文研究主题主要涉及社会转型、社会结构、社会流动、社会分层、社会政治认同等研究领域。

《社会人类学与中国研究》(被引24次)主要是对中外社会人类学者研究中国问题时提出的论点进行较为全面的评述。此外,作者还想通过此书的写作对社会人类学视角及其在具体研究中的运用作出一个交代,并通过国内外本土人类学的比较以及对个人经历的回顾,试图为中国学界未来的发展提出若干可供进一步讨论的问题。该书对社会人类学、社区研究、宗族范式、社会结构理论等研究领域有一定的参考引用价值。

"浙江村"是我国社会处于体制转轨和社会转型时期的产物,王春光在《社会流动和社会重构：京城"浙江村"研究》（被引24次）中遵循规范的社会学研究程序，将有典型意义的"浙江村"作为调查研究对象，收集了大量的第一手材料，并进行周密的分析和论证，提出一些具有创新性的社会学观点。对"浙江村"的调查研究将有助于认识我国城乡关系在大中城市的具体表现。引用该书的社会学论文主题主要集中在社会流动、社会资本、人力资本、社会网络等研究领域。

《社会分层与贫富差别》（被引23次）阐述了我国近50年，特别是改革开放30年来社会分层结构的变迁与社会贫富差距、收入差距，并进行了分析，提出对策。引用该书的社会学论文主题主要集中在社会分层、社会保障、阶层认同等研究领域。

《法团主义及其与多元主义的主要分歧》（被引23次）以"国家与社会"的制度化关系为视角，以社会秩序的冲突及结构整合为主线，介绍了法团主义构想的基本内容、功能及针对模式，并讨论了法团主义模式运用于中国的限制及问题。该书对研究市场转型、国家治理等主题的课题具有一定参考引用价值。

《寻求生存：当代中国农村外出人口的社会学研究》（被引23次）的内容包括现状与问题；寻求生存条件的改善、原因与后果；非农活动的社会—经济根源、传统与变迁；非农活动的文化意义等。引用该书的社会学论文主题主要集中在农村流动人口、劳动力转移等研究领域。

《女性权力的崛起》（被引23次）是对世界与中国妇女发展的状况及其未来趋势的全景式描述。包括女性的生存状况；各种女权主义、激进女权主义、后现代女权主义及其他女权主义流派；当代妇女运动新的关注点与未来发展；预测了世界与中国妇女在21世纪的发展前景。这本书可以作为女性研究的入门书。

为了考察中国城市家庭在城市经济体制改革之后所发生的变迁，中国社会科学院社会学研究所与北京大学社会学系等单位的学者在北京、上海、南京、成都、广州、兰州与哈尔滨7个城市进行了城市家庭与婚姻问卷调查。《当代中国城市家庭研究：七城市调查报告和资料汇编》（被引23次）便是这一调查的成果。通过深入的调查，与传统的家庭制度相比，现今中国城市家庭的变迁目标是建立一种与社会主义市场经济相适应的家庭制度。引用该书的社会学论文主题主要集中在城乡家庭结构、妇女社会地位、夫妻权利分配、社会保障制度等领域。

《中国妇女社会地位概观》（被引23次）从教育、社会流动、家庭权利等各个方面，反映了中国妇女社会地位的现状与发展，并研究了男女两性的地位差别。引用该书的社会学论文主题主要集中在女性就业、性别意识、婚姻家庭等研究领域。

《跨越边界的社区：北京"浙江村"的生活史》（被引22次）的作者项飚利用同乡之便，深入位于北京城乡结合部的"浙江村"，全面深入地了解了"浙江村"的形成、结构、运作、变迁，用大量第一手的材料描述了"浙江村"与周边村镇、政府部门、大中型国有商业企业的互动，分析了在深刻而巨大的社会变迁中面临的各种危机和挑战以及他们的对策。该书对研究流动人口、农民工问题等主题领域的课题具有一定参考价值。

《中国农村村民自治》（被引22次）的作者徐勇对全国各地的农村进行了大量的调查研究，以马克思主义和建设有中国特色社会主义理论为指导，创造性地运用多种分析方法，如制度分析、政治过程分析、角色与功能理论、结构功能分析等方法对中国农村村民自治的制度构造和实际运作进行了系统、深入的比较分析，并有针对性地提出了具有一定独创性的观点和思路。该书对于建构中国特色的村治理论和指导中国农村村民自治的实际运作具有不可低估的作用。

《当代中国村落家族文化：对中国社会现代化的一项探索》（被引22次）的作者王沪宁在实地考察的基础上，从中国社会发展和现代化的总体要求出发，认真分析了中国村落家族文化的变革及其与现代化的关系，提出社会体制必须适应变化了的乡村社会，把有关中国现代化进程的思考推进到了一个新的层次。引用该书的社会学论文主题主要涉及农村宗族问题、农民心理变迁、乡村权利结构等研究领域。

《社会弱者论——体制转换时期社会弱者的生活状况与社会支持》（被引21次）的作者以对社会弱者的社会学审视为切入口，在对下岗职工、城市特困老年人、农村老年人等社会弱者进行了大量的社会调查研究的基础上，研究了社会弱者的社会学意义、体制转换时期社会弱者的类型、规模和生活状况，并对西方的社会弱者观的局限性进行了理论批判。引用该书的社会学论文主题主要集中在弱势群体、社会分层、社会转型、社会保障等研究领域。

《中国农民工调研报告》（被引20次）由国务院研究室发布。该报告汇集了对农民工问题系统调查研究的丰硕成果，是近年来全面、系统、深入研究中国农民工问题的权威成果。报告详细论述了我国农民工的历史、现状、特点和发展趋势，摸清了当前农民工面临的突出问题及其原因，总结了近年来各地各部门加强农民工管理和服务的做法和经验，探讨了解放农民工问题的原则思路和政策建议。该书对社会流动、农民工养老保险、社会转型、农民工家庭生态系统等社会学研究领域有一定的参考引用价值。

《现代化的陷阱：当代中国的经济社会问题》（被引20次）着力探讨了我国转型时期的政治经济学问题、经济发展与社会代价的关系、经济决策的政治基础等一系列现实经济社会问题。引用该书的社会学论文主题主要集中在社会资本、社会转型、社会冲突等研究领域。

近年来，收入差异以及其他方面的经济社会差异的迅速扩大引起人们的广泛关注。《断裂与碎片：当代中国社会阶层分化实证分析》（被引15次，2005年出版）是关于社会阶层分化的研究成果。作者采用丰富的实证资料及社会分层研究方法考察和验证了多位社会学者的理论观点，总结出当前经济社会分化呈现多层分化的结构化趋势，并预测这一分化趋势的未来走向取决于社会阶层和社会群体之间的利益竞争和妥协，同时也取决于国家的政策导向。引用该书的社会学论文主题主要涉及社会分层、职业流动等研究领域。

（2）社会学概论（含理论）类著作

《社会学概论新修》（被引94次）贯彻社会学中国化的学术取向，以社会运行论为理论主线，以社会转型论为解释视角，从微观和宏观两个层面对社会学的基本理论和研究方法做了全面、系统的介绍。该书力求反映中国社会发展的最新趋势和中国社会学研究的最新进展，做到前沿性、完整性、规范性和可读性的统一。引用该书的社会学论文主题主要集中在社会理论、社会转型、社会现代化、社会控制、社会保障等研究领域。

《社会资本与社会发展》（被引82次）讲述了社会资本与社会发展的关系，包括"社会资本综述"、"普特南与社会资本"、"社会资本与经济发展"、"社会资本与民主政治"等内容。作者以近年来西方社会学家和政治学家就社会资本问题的研究成果，全面系统地介绍了关于社会资本的各种观点。

《当代西方社会学理论》（被引54次）是通过对帕森斯以后，尤其是20世纪80年代以来西方社会学理论潮流的探索与思考，提炼出西方新一代社会学理论大家理论中的精华，加上作者的分析和评述，形成介绍和研究相结合的学术著作。该书对社会理论、社会现代化、社会全球化、社会转型等社会学研究领域有一定的参考价值。

《社会老年学》（被引50次）由中国老年学会会长邬沧萍教授主编。书中系统、全面地介绍、论述了社会老年学的研究对象、学科性质和研究方法，从人类个体老化、群体化、老年人的基本权利以及人口老龄化对社会政治、经济、文化的影响等方面阐释了老年学的基本理论，并提出了迎接人口老龄化挑战的基本对策。引用该书的社会学论文主题主要涉及社会老龄化、老龄消费市场、社会保障等研究领域。

《社会保障学：理念、制度、实践与思辨》（被引49次）从社会保障专业视角出发，对社会保障理念、制度及其实践进行了系统的、理性的概括和思辨。其内容包括对社会保障概念及学科属性的界定，社会保障理论基础与主要流派及其对制度实践影响的分析，对社会保障制度的发展进程及其规律、模式、经验教训、改革动态的考察，对社会保障与社会、经济、政治及人的发展等宏观关系的探讨，社会保障功能定位与有关国家社会保障制度安排的比较以及对社会保障基金与融资、社会保障法制与管理，社会保障运行与监控的研究等。引用该书的社会学论文主题主要集中在社会保障制度、社会风险传导机制、社会福利、制度伦理等研究领域。

为了推动对中国市民社会研究过程中浮现出来的种种问题的思考，中国学者邓正来和美国当代著名社会学家J. C. 亚历山大编辑并出版了论文集《国家与市民社会：一种社会理论的研究路径》（被引47次）。全书收录了17篇中外学者撰写的有关市民社会的论文，力图呈现出市民社会概念的特定内涵以及某些立足于中国历史与现状的本土性研究趋向。该书在社区公共空间、国家建构、市民社会、社会转型等研究领域有一定的参考引用价值。

《治理与善治》（被引 45 次）的作者俞可平是国内善治理论的先驱者，较早在国内引入和发展了西方学者提出的治理与善治理论。该书收录了目前西方治理理论研究中几位代表人物的文章，分别从不同的学科、不同的国别表达了对治理与善治的不同观点。引用该书的社会学论文主题主要涉及国际社会关系、社会利益失衡、社会转型、社会全球化、公共危机治理等研究领域。

《理性化及其限制：韦伯思想引论》（被引 27 次）是国内首部较系统地介绍韦伯理论的著作。内容包括韦伯的宗教社会学思想、政治社会学思想、社会科学方法论以及韦伯的学术影响。引用该书的社会学论文主题主要涉及社会资本、社会转型、公共组织、社会现代性、社会心理学等研究领域。

《城市社会学：理论与视野》（被引 27 次）是目前国内第一本系统介绍城市社会理论的教材。全书介绍了从 19 世纪下半叶到 20 世纪下半叶形成的各种城市社会学理论流派，包括古典生态学、新正统生态学、文化生态学、城市性理论、社区权力、城市符号互动理论、城市研究中的社会网络理论、消费社会学、城市空间的政治经济理论、新韦伯主义、世界体系理论等，反映了从传统的生态学主流范式向新城市社会学主流范式的变化。引用该书的社会学论文主题主要在城市社会学、社会人类学、人文地理学、城市管理与城市规划等研究领域。

《西方社会学理论》（被引 26 次）遵循西方社会学研究的两个传统的主题，分类介绍了西方主要的社会学理论。上篇是关于社会稳定的探索，包括秩序论、功能论、交换论与互动论。这些理论共同关注的是社会稳定，是社会价值、利益与行动的一致性达到相当高的程度而出现的一种状况。下篇是关于社会变迁的探索，包括冲突理论、批判理论、后现代理论与介入理论。引用该书的社会学论文主题主要集中在社会理论、冲突理论、结构功能主义、社会建构等研究领域。

郑也夫撰写的《信任论》（被引 25 次）是一部关于信任的社会学研究的理论专著。该书从"信任"的词源入手，讨论信任的社会功能，比较中西早期城市化过程中民间组织形式上的差异以及货币与普遍主义信任的关系等，内容涉及人的本性、合作的进化、理性与习俗、信任对复杂的简化、秘密社会、货币与信任、科举与学历、同行评议与科学等。该书在社会建构、社区建设、社会法治、社会理论等社会学研究领域有较大的参考引用价值。

《现代性社会理论绪论：现代性与现代中国》（被引 25 次）旨在以现代性问题为焦点，审视百年来的欧美社会理论对现代性的观察和把握。作者在考察欧美社会理论、探析现代性问题的思路中面对现代中国的基本问题，推进对困扰现代思想的现代性问题的把握。引用该书的社会学论文主题主要涉及社会现代性、社会全球化、社会理论等研究领域。

《城市社会学》（被引 23 次）介绍了城市产生和发展的基本过程、城市化过程及其主要问题、城市规划理论和城市地域规律以及城市人口、经济、社会、文化对于城市发展的影响和未来城市发展的基本方向等。作者结合城市社会学有关理论对世界各国城市进行了案例分析和研究。引用该书的社会学论文主题主要涉及城市理论、社区阶层化、社会建构、社会转型等研究领域。

《改革开放与中国社会：西方社会学文献述评》（被引22次）介绍了近年来西方社会学家对中国的研究成果，内容包括对西方社会学家的初始研究工作综述以及他们对中国国家与社会关系、市场转型与社会网络及求职过程、组织与制度变迁、城市化、家庭、人口转型等方面的研究。引用该书的社会学论文主题主要集中在社会转型、弱势群体研究、社会阶层、社会流动等研究领域。

《中国人行动的逻辑》（被引21次）的作者翟学伟以社会学、社会心理学和文化人类学等学科为基础，从本土化的视角对中国人心理与行为及所处的中国社会与文化脉络进行了方法论的、概念的以及经验和理论的探讨。引用该书的社会学论文主题主要集中在人际关系、社会心理、文化人类学、本土化研究等研究领域。

《社会工作概论》（被引21次）是普通高等教育"十五"国家级规划教材之一。本书比较全面地介绍了社会工作的基本概念、哲学基础和伦理以及社会工作理论，阐述了社会工作与社会福利制度的关系，系统地介绍了个案工作、小组工作、社区工作、社会行政等社会工作的主要专业方法，对我国社会工作的经验进行了梳理和初步总结。引用该书的社会学论文主题主要涉及社会工作、非营利组织、社会福利等方面。

《非营利组织评估》（被引21次）提出了非营利组织的系统框架，并对各类评估制度的形成，政府、媒体、公众、民间评估机构在其中的角色，评估的标准等问题进行了深入的探讨，为中国非营利组织的健康发展提供了理论依据。本书对非营利组织的研究人员和工作人员、公共管理方面的研究者具有一定的参考意义。

罗荣渠是当代中国现代化理论与比较现代化进程研究的主要开创者。《现代化新论：世界与中国的现代化进程》（被引20次）以宏观史学视野，将现代化作为全球大转变的重要主题和内在逻辑，从整体上论述了世界现代化发展的总趋势和近世中国的社会巨变，并对中国的现代化道路作了专题考察。引用该书的社会学论文主题主要涉及现代化研究、社会转型、全球化问题等研究领域。

社会性别作为揭示社会关系的一个概念，是女权主义学术和理论的核心概念。《社会性别研究选译》（被引20次）是一本介绍国外女性研究的译著。全书从不同学科视角出发介绍了社会性别研究在各自领域的发展，为分析社会性别关系与其他社会关系之间的相互作用提供了更开阔的理论视野。引用该书的社会学论文主题主要集中在女性主义、社会转型、社会分层、性别研究等研究领域。

《社会保障与社会结构转型：二元社会保障体系研究》（被引20次）的作者从一种新的理论视角对我国城乡二元社会保障体系进行了系统研究，对我国目前的城乡社会保障体系改革方案提出了有益的见解。本书对我国的城乡社会保障体系改革、社会转型、社会养老等领域的研究具有重要的借鉴意义。

《基础整合的社会保障体系》（被引20次）在大量实地调查的基础上提出了具有独创性的"基础整合的社会保障体系"概念和框架，对于我国社会保障体系的建立具有相当的理论指导意义，对相关课题的研究也有着重要的参考价值。引用该书的社会学论文主题主要涉及社会保障、社会整合、社会救助等研究方面。

《社会与政治运动讲义》（被引11次，2006年出版）对社会运动与革命进行了界定并评述了其研究方法，综述了西方社会运动和革命理论的发展，阐述了集体行为以及情感在社会运动中的作用，并提出了研究社会运动的宏观影响因素：变迁、结构以及话语。引用该书的社会学论文主题主要集中在社会变迁、国家结构、社会运动等研究领域。

（3）人口学类著作

《中国人口史》（被引29次）按朝代对中国人口史进行了详细、全面而系统的介绍。全书300余万字，分为六卷，分别为：导论、先秦至南北朝时期（葛剑雄著），隋唐五代时期（冻国栋著），辽宋金元时期（吴松弟著），明时期（曹树基著），清时期（曹树基著），1910—1953年（侯杨方著）。各卷独立成书，体例基本统一。该书的重点在于人口调查制度、人口的数量变化、人口的分布、人口与社会和历史的关系等方面，近代部分还运用人口统计学方法进行了微观研究。引用该书的社会学论文主题主要集中在人口发展、人口理论、人口分布、社会流动等研究领域。

《人口理论教程》（被引28次）以马克思主义关于物质资料生产和人类自身生产相互关系的原理为人口理论的基础，介绍了资产阶级人口理论的诸流派，阐述了人口发展本身的诸问题，论述了人口政策原理和人口计划原理的科学性。引用该书的社会学论文主题主要涉及人口理论、人口发展、生育政策等研究领域。

《持续的挑战：21世纪中国人口形势、问题与对策》（被引28次）在回顾近半个世纪中国人口发展历程的基础上，展望21世纪，特别是21世纪上半叶中国人口发展的趋势、性质、特点和问题。明确提出中国将面临着人口巨大规模和人口迅速老龄化的双重挑战，未来人口发展将会在更广泛的领域、更深刻的层次上影响中国的现代化和可持续发展进程。该书对人口学、社会学、经济学、可持续发展、计划生育等领域的研究者具有重要的参考价值。

《人口社会学》（被引27次）阐述了人口社会学的基本概念、基本理论和研究方法，介绍了人口社会学的发展过程，并重点分析了中国在生育、死亡和迁移方面的特点，讨论了人口诸结构与社会问题之间的关系，强调了教育在可持续发展中的重要作用。引用该书的社会学论文研究主题主要集中在人口迁移、生育政策、留守子女、人口流动、社会养老保险等研究领域。

《当代西方人口学说》（被引27次）是一部融学术性、资料性、知识性于一体，可读性较强的人口学专著。作者李竞能以时间为脉络，介绍了当代西方人口学说的发展概况，并有所侧重地评述了西方家庭人口社会学理论、适度人口的理论，进而在洋为中用上下工夫，以期对中国的人口理论提供有益的借鉴。该书在移民理论、人口理论、社会流动、城市化进程、社会可持续发展等社会学研究领域有较大的参考价值。

人口问题中有关经济各方面的研究逐渐成为目前人口问题研究中相当重要的部分。《西方人口经济学概论》（被引24次）从重商主义人口主张论开始，第一次全面、系统地介绍了西方人口经济学的产生、形成和发展过程，并对各个学派的主要学说进行了详细的阐述，对我国人口经济学的研究有积极的理论推动作用。引用该书的社会学论文研究主题主要涉及人口原理、人口经济学、社会可持续发展等研究领域。

关注中国人口老龄化问题，这是在我国社会发展中所面临的一个现实问题。《中国人口老龄化过程研究》（被引23次）分析了我国老龄化问题的现状、特点及其对经济发展的影响。引用该书的社会学论文主题主要集中在人口老龄化、老龄化社会、社会保障、生育政策等研究领域。

"人口分布经济学"是一个颇具生命力和发展前景的新领域。《中国人口分布与区域经济发展：一项人口分布经济学的探索研究》（被引22次）探讨了一些人口分布经济学迫切需要研究解决的现实问题，并对中国人口合理再分布与区域经济发展提出了理论上的合理化建议。该书在人口经济学、社会人口学等研究领域具有一定的参考引用价值。

由赵文林、谢淑君编写的《中国人口史》（被引22次）是一部研究中国人口历史发展的重要著作，作者运用现代概率统计，通过还原法对我国人口史料进行审订与推算，系统地编纂我国人口演变历史，提出了"人口波动率"等创新见解。引用该书的社会学论文主题主要集中在人口流动、人口史理论、社会人口发展等研究领域。

《人口分析方法与应用》（被引21次）把西方的人口分析方法与中国的人口分析方法相结合，全面系统地阐述了人口分析的基础知识、基本概念、量测指标、人口模型及其研究方法。该书是人口、社会、经济、地理、公共健康、生态环境、历史等科学研究和管理工作者的重要参考书。

作为一位著名的经济学者，蔡昉对中国的流动人口问题一直很关注。他在《中国流动人口问题》（被引20次）中概括了有关农村劳动力迁移的数量估计和态度取向，反思了改革以前阻碍劳动力流动的体制原因，并讨论了劳动力流动对城乡经济发展、人力资本积累、劳动力市场发育、比较优势发挥等方面的积极效应。引用该书的社会学论文主题主要涉及人口流动、社会转型、乡村研究等方面。

《中国第四次全国人口普查资料分析》（被引20次）以第四次人口普查资料为基

础，对中国人口的发展提出了一些或具有普遍理论意义或具有重要实践价值的结论和意见。

（4）社会学方法类著作

《社会统计分析方法：SPSS软件应用》（被引41次）是一本集多元社会科学的统计方法及相应SPSS统计软件应用的专著。该书将各种多元统计分析方法与相应的计算机统计软件结合起来介绍，从原理的讨论到具体案例的分析示范和统计软件使用说明，成为一体化的内容，并特别介绍了在社会学研究领域广为流行的SPSS软件的应用。引用该书的社会学论文主题主要涉及定量研究方法、社会网络分析、分层数据研究等研究领域。

《质的研究方法与社会科学研究》（被引26次）是国内第一部系统评介"质的研究方法"（qualitative research）的专著。该书对目前国际社会科学界提出的有关理论问题以及新近发展出来的操作手段进行了深入的探讨，并结合有关西方学者以及作者自己的研究实例对其进行了生动的展示和说明。"质的研究方法"目前在社会科学研究领域是与"量的研究方法"相提并论、交相辉映的一种研究方法，它要求研究者深入社会现象，通过亲身体验了解研究对象的存在方式和意义解释，在原始资料的基础之上建立相关理论。该书在社会科学研究、质的研究方法、操作手段等研究领域有一定的参考价值。

《社会研究方法教程》（被引23次）对社会研究的方法和理论作了系统全面的介绍。全书围绕社会研究的原理、逻辑策略和科学程序，从方法论、研究方式和具体研究方法及技术三个层次、定性研究和定量研究两个方面详细阐述了资料的收集、整理、分析、解释与评估的各种方法、技术及其应用。引用该书的社会学论文主题主要集中在社会研究方法、社会研究原理、社会调查研究史等研究领域。

（5）社会学史类著作

《外国社会学史》（被引26次）介绍了社会学产生的历史背景，有重点地概述了社会学产生和形成时期的西方主要社会学家及其理论观点，包括孔德、斯宾塞、滕尼斯、齐美尔、韦伯等以及第二次世界大战后的马克思主义社会学。引用该书的社会学论文主题主要涉及社会理论、社会冲突、社会分层、农村问题、结构功能主义、社会转型等研究领域。

《中国移民史》（被引22次）是目前国内外最完整、最系统的中国移民史。该书论述了自先秦时代至20世纪40年代发生在中国境内的移民，对其中主要的移民运动一般都说明其起因、迁移对象、迁移时间、迁入地、迁出地、迁移路线及方向、定居过程和产生的影响，并尽可能作定量分析，总结其规律。引用该书的社会学论文主题主要集中在移民研究、社会身份、城市化进程、社会史研究等研究领域。

（6）社会心理学类著作

社会心理学是一门理论性极强的应用学科。在入选的国内社会学著作中，周晓虹的《现代社会心理学：多维视野中的社会行为研究》被引用36次，其中1997年版34次，1998年版2次。这本著作从社会学、心理学和文化人类学等学科的综合取向出发，研究人的社会心理和社会行为。其最大特色在于，在充分介绍国外社会心理学的经典研究和最新成果的同时，以很大的篇幅论述了中国社会心理学家在这门学科重建的10多年中的学术观点和实证研究。该书被社会心理学、文化人类学等研究领域的社会学论文引用较多。

（7）比较社会学类著作

《多元与统一：第三部门国际比较研究》（被引33次）讨论了几种有关非营利组织的理论，指出了非营利组织共同的特性。该书的重点在于从个案研究入手对非营利部门作研究，指出各国或地区非营利部门的异同。该书被社会全球化、社区治理、非营利部门、社会公益、公民社会、体制转型等领域的社会学论文引用较多。

（8）文化社会学类著作

《中国文化要义》（被引29次）是国学大师梁漱溟先生的代表作。作者对比了中国人和西方人不同的文化传统和生活方式，提出了中国社会是伦理本位社会的重要论断，并根据对中国宗教的深入考察，指出以伦理组织社会，从而实现中国社会改造的出路。该书在研究中国传统民族性、中国社会文化方面有重要的参考价值。

（9）其他类著作

《清华社会学评论》（被引49次）由清华大学社会学系主编，主要刊登国内外华人社会学者的高水平学术论文，力求提升中国社会学界的研究和教学工作水平。引用该书的社会学论文主题主要集中在社会流动、社会分层、农村基层建设、社会认同、社会学理论、社会人类学、社会转型等研究领域。

费孝通教授一生致力于社会学、人类学的研究。《费孝通文集》（被引45次）收录了作者从1924年到1999年间的各类文章共450多万字。该文集除了大量社会学、人类学的经典著作外，还有作者早年所写的政论时评和近几十年来的散文随笔。从文集中可以看到，作为一名现代中国知识分子对所在社会的细致入微的观察和研究。引用该书的社会学论文主题主要涉及社会资本、差序格局、村民自治、社区研究、社会现代性、社会转型、社会人类学等研究领域。

作为中国现代著名文学家，鲁迅以自己丰富的作品对中国人的国民性、中国社会的弊端予以深刻揭露与阐释，从而成为一位中国现代文学史上不可逾越的人物。《鲁迅全集》（被引37次）的内容包括鲁迅的著作、文章、译文、书信、日记、辑录的古籍等。引用该书的社会学论文主题主要集中在社会文化类型分析、社会思潮演变、乡土社会等研究领域。

严复是清末很有影响的资产阶段启蒙思想家、翻译家和教育家，是中国近代史上向西方国家寻找真理的"先进的中国人"之一。《严复集》（被引25次）中史料丰富，不仅包含严复各类已出版的著述译作，还辑录了大量佚文、手稿、书信等。该著作对中国近代社会思潮的研究具有重要的参考价值。

《博弈论与信息经济学》（被引 24 次）对博弈论和信息经济学的主要内容和研究方法作了比较全面系统的讨论和分析。作者使用对策模型来分析中国经济体制，并对委托人—代理人模型、效率工资、各种"逆向选择"模型有深入的介绍，引导读者运用书中介绍的理论分析现实的经济现象。该著作对社会学的学术影响主要涉及领域为社会经济学。

《西方新制度经济学》（被引 20 次）是国内第一部系统转述和研究西方新制度经济学的著作。内容既有对国外新制度经济学家经典文献的精选，也有部分国内学者研究新制度经济学的成果，反映了当代新制度经济学的基本面貌。本书可作为应用新制度经济学分析中国经济社会问题研究者的参考书。

梁漱溟先生是中国现代史上的著名学者、思想家、教育家和社会活动家，他的学术思想和社会活动在海内外有广泛影响。《梁漱溟全集》（被引 20 次）按专著、论文、讲演、札记、日记、书信等编为 8 卷。该著作对社会学的学术影响主要集中在中西文化理论、儒家理论、乡村建设理论等研究领域。

从对国内社会学著作的分析来看，社会学理论研究和应用研究比例严重失衡，应用社会学著作的比例大大高于社会学理论著作。这从一定层面反映出目前中国社会学研究者的理论兴趣主要集中于对西方社会学理论的介绍和总结，或是借用西方经典社会学理论对本土化社会问题进行再解释，而富有影响力的本土化的理论著作却品种不多。究其原因，一方面是中国的社会学发展对西方社会学理论的依赖性很强，另一方面是社会学学界的"重应用、轻理论"的学风所致。

17.7 结语

综上所述，图书作为人文社会科学重要的学术资源，对社会学领域产生了极大的学术影响力。"领袖著作"、"历史文献"、"工具书"、"国外学术著作"和"国内学术著作"这 5 种类型图书在社会学研究领域内发挥着不同的作用。领袖著作是中国社会学发展的指导思想；国外学术著作为中国社会学的发展提供了丰富的理论框架和广阔的研究视野；国内学术著作则反映出中国的社会学研究者们对社会问题的关注和在理论本土化方面的积累。

在被社会学论文引用 20 次及以上或年均被引 5 次及以上的 222 种图书中共涉及 174 位作者或机构，其中 8 位为团体作者，166 位为个体作者。这里需要说明两点：第一，关于《国语》的具体作者是谁自古至今学界分歧较大，现在还没有形成定论；《诗经》由于流传时间长、产生地域广，涉及作者多且杂，因此《国语》与《诗经》的作者并未计算在内。第二，在国外学术著作中，以第一原著者为计数，一些中译本的第一译者也有著作入选国内学术著作的未计数在内，如孙立平等。

在这 174 位作者或机构中有两种及以上图书入选的作者或机构共 30 位，其中外国学者 17 位，国内学者 12 位，机构 1 个。详见表 17-9。

表 17-9　　社会学学科入选两种及以上图书作者

序号	作者	入选图书种数
1	安东尼·吉登斯	7
2	马克思	4
3	费孝通	4
4	江泽民	4
5	李强	4
6	马克斯·韦伯	3
7	乌尔里希·贝克	3
8	国务院人口普查办公室	3
9	张静	3
10	爱弥尔·涂尔干	2
11	彼特·M. 布劳	2
12	丹尼尔·贝尔	2
13	皮埃尔·布尔迪厄	2
14	道格拉斯·C. 诺思	2
15	C. 赖特·米尔斯	2
16	林南	2
17	罗伯特·D. 帕特南	2
18	弗里德利希·冯·哈耶克	2
19	弗朗西斯·福山	2
20	阎云翔	2
21	黄宗智	2
22	葛剑雄	2
23	李培林	2
24	李银河	2
25	陆学艺	2
26	王铭铭	2
27	郑功成	2
28	周绍良	2
29	梁漱溟	2
30	阿列克斯·英格尔斯	2

在被社会学论文引用20次及以上或出版后年均被引5次及以上的222种图书中共涉及65家出版社，其中入选3种及以上图书的出版社有16家。详见表17-10。

表17-10　　　　　　　　社会学学科入选图书较多的出版社

序号	出版社	入选图书种数
1	社会科学文献出版社	19
2	生活·读书·新知三联书店	16
3	商务印书馆	13
4	中华书局	12
5	上海人民出版社	12
6	浙江人民出版社	10
7	人民出版社	10
8	中国人民大学出版社	11
9	华夏出版社	10
10	北京大学出版社	9
11	中国社会科学出版社	8
12	上海三联书店	7
13	中国统计出版社	5
14	译林出版社	4
15	上海古籍出版社	3
16	中央编译出版社	3

综上所述，我们可以清晰地看出，图书对社会学的影响有以下显著特点：

第一，图书是我国社会学研究的最大学术资源。2000—2007年8年间，CSSCI中社会学论文引用图书的次数达到82750次，在所有类型文献被引总数中所占比重达到55.59%，超过半数以上。

第二，国内学术著作对我国社会学研究起到了极大的推进作用。本章选出的222种图书中，共有90种为国内学术著作，入选种数最高。但是，在被引总次数和平均被引次数上，国内学术著作均略低于国外学术著作。由此可见，中国的社会学发展依然与西方社会学关系紧密，真正的学术本土化还需要中国的社会学研究者付出更多的努力。

第18章 教育学

教育是传递人类知识的过程，教育学是研究人类教育现象和问题、揭示一般教育规律的一门社会科学。根据《中文社会科学引文索引》（CSSCI）统计，2000—2007年教育学论文引用图书（包括图书的另一种形式：汇编）合计为143004次，从被引总量上来看，图书作为教育学研究第一大学术资源（参见表18-1）是显而易见的。为了探寻图书在教育学研究中的作用和学术影响，我们通过引文索引中被引文献来分析在教育学研究中被引用较多的图书，从而遴选出在教育学领域中影响较大的图书。

为了保证所选出的图书确实具有一定的学术影响力，并且将所选出的图书控制在一定数量范围内，根据本书选书目标（选出4000种左右图书），拟定了教育学图书入选标准：2000—2007年CSSCI中教育学论文引用40次及以上的图书或年均被教育学论文引用5次及以上者，两者具备其一即可入选。由于不同类型的图书在科学研究中发挥的作用和影响不同，为了更科学地考察不同图书对教育学研究的影响状况，我们将所选出的图书划分为6类（领袖著作、历史文献、工具书、国外学术著作、国内学术著作、汇编选编和其他图书），使我们可以从不同角度分析这些图书对教育学研究的学术影响。

数据的正确是统计分析的保证。在CSSCI数据库中，由于引用或标引失范，图书被引数据可能会有一定偏差。针对同一本书被引数据的不统一而导致统计结果有失偏颇的情况，我们依照本书第1章拟定的数据处理标准，对CSSCI中2000—2007年教育学论文引用的图书数据进行了纠错、合并处理，保证了统计分析结果的可靠性和科学性。需要说明一点的是，由于对教育学领域的具有较大学术影响的图书的数据来源于教育学论文引用的文献，其中包括被教育学论文频繁引用的其他学科图书，虽然这些图书并非属于教育学领域，但对教育学领域的研究确实产生了一定的影响。因此本章讨论的图书包括非教育学学科领域的图书。

18.1 概述

通过引用文献的类型可以考察学科的学术资源的类型分布情况。通过学术资源分布情况的统计，分析主要学术资源，有助于学科的研究和资源的采集。另外，还可以借助引用文献的类型，考察学科的发展速度和学科成熟度。为了能够进行这些分析，CSSCI 将教育学论文引用文献分为 12 类：期刊论文、图书、汇编文献、报纸文章、会议论文、报告文献、法规文献、学位论文、信函、标准文献、网络资源及其他。表 18-1 给出了 2000—2007 年 CSSCI 中教育学论文引用各类文献的数量。本章对教育学的图书学术影响力的讨论主要取自于这 8 年的 143004 次的图书（包括汇编，下同）被引数据。

表 18-1　　　　　　2000—2007 年教育学论文引用文献类型统计　　　　　（单位：篇次）

年份\类型	期刊论文	图书	汇编文献	报纸文章	会议论文	报告文献	法规文献	学位论文	信函	标准文献	网络资源	其他
2000	6375	9733	1128	814	255	87	151	53	3	20	131	250
2001	6887	10232	991	759	193	113	85	72	3	31	251	342
2002	9240	12180	1287	884	266	138	117	92	0	30	720	397
2003	11415	14521	1898	1090	388	206	122	130	4	23	1354	829
2004	14840	16675	1984	1077	411	361	72	179	0	56	2166	870
2005	18518	18501	2858	1201	478	422	122	290	2	61	3176	845
2006	23712	21213	3347	1720	542	461	198	430	7	66	3793	1056
2007	28868	22999	3457	1649	631	576	99	644	68	78	5246	1005
合计	119855	126054	16950	9194	3164	2364	966	1890	87	365	16837	5594

从表 18-1 可以看出，2000—2007 年教育学论文引用图书的数量高于其他各类文献的被引用量，图书文献被引 143004 次，占各类文献被引量总和的 47.15%。从年度变化情况来看，虽然图书的被引数量在逐年增加，但其增长速度远不如论文形式的文献（期刊论文、会议论文、学位论文）。2005 年教育学论文引用论文形式文献的数量已超过引用图书形式文献的数量，图书形式文献的被引数量所占比例从 2000 年的 57.16% 下降到 2007 年的 40.50%，而论文形式文献的被引数量所占比例则从 2000 年的 35.17% 上升到 2007 年的 46.15%。这些数据变化反映出教育学学者对学术资源的主要获取和阅读对象已逐渐从图书向论文转移，其更深层的意义在于，使教育学领域的研究更加活跃，发展更加迅速。

表 18-2　　　　2000—2007 年教育学论文引用文献的语种统计　　　　（单位：篇次）

年份＼语种	中文	英文	日文	俄文	德文	法文	其他语种	译文
2000	12827	3313	211	16	75	36	35	2487
2001	13593	3444	309	26	71	40	39	2437
2002	16651	5052	318	19	53	19	85	3154
2003	20784	6997	292	23	83	31	32	3738
2004	25342	9039	287	14	107	26	78	3798
2005	29545	11526	239	18	92	30	66	4958
2006	36725	13019	308	8	89	51	132	6213
2007	41817	15893	270	34	128	35	90	7053
合计	197284	68283	2234	158	698	268	557	33838

从表 18-2 可以看出，教育学引用文献的语种以中文为主，这与人文社会学科的总体情况相一致。中文引用文献在所有语种文献中的占有比例达 65.04%，居其次的是英文文献所占的比例 22.51%。从各语种被引用文献的年度变化来看，2000—2007 年 3 个主要语种文献中文、英文和译文文献被引数量均呈现持续增长，到 2007 年分别增加了 2.26 倍、3.79 倍和 1.84 倍。除法文文献外，同期其他语种的文献被引数量在波动中也有所增加。从中英文文献所占比重分析：中文文献的比例基本在 65% 左右波动，略有下降趋势；而英文则呈逐步上升趋势，已从 2000 年的 17.44% 上升到 2007 年的 24.33%。说明在教育学领域我国学者越来越注重对国外文献的采集和对国外成果的吸收，尤其对英文文献的关注度在提升。

根据本书第 1 章拟定的教育学领域图书入选标准（教育学论文引用 40 次及以上或年均被引 5 次及以上）共选出了 254 种图书。这 254 种总共被引 20886 次，占据教育学论文引用图书总次数的 14.61%。表 18-3 分 6 个类别给出了被教育学论文引用的 254 种图书的被引数据统计情况。

表 18-3　　　　入选教育学论文引用图书的类别统计

内容类别＼图书类别	领袖著作	历史文献	工具书	国外学术著作	国内学术著作	汇编选编和其他图书
入选图书种数	10	4	21	89	114	16
入选图书被引次数	2494	469	1727	7559	7604	1033
入选图书被引次数所占比例	11.94%	2.25%	8.27%	36.19%	36.41%	4.95%

续表

内容类别＼图书类别	领袖著作	历史文献	工具书	国外学术著作	国内学术著作	汇编选编和其他图书
入选图书的平均被引次数	249.4	117.25	82.24	84.93	66.70	64.56

从表 18-3 可以看出，从被引图书种数和被引总次数上看，对本学科产生较大学术影响的是国内学术著作和国外学术著作。从入选种数和被引次数分析：国内学术著作 114 种，占教育学图书入选总数的 44.88%，被引次数所占比例为 36.41%；国外学术著作的入选种数所占比例为 35.04%，被引次数所占比例为 36.19%，国外学术著作的平均被引次数明显高于国内学术著作。其他类别图书入选的种数虽然较少，但平均被引次数都比较高（汇编选编类和其他图书除外）：领袖著作高达 249.4 次；工具书平均被引次数高于国内学术著作 15 次以上，略低于国外学术著作；汇编选编类和其他图书的平均被引次数最少，但和国内学术著作相比，仅相差不到 3 次。这从一个侧面反映这些指导型（领袖著作）、资料型（历史文献、工具书、汇编选编类和其他图书）文献对教育学的研究都产生着很大影响。

18.2 领袖著作对教育学研究的影响

领袖人物历来注重教育事业，他们对教育的诸多论述对指导我国教育学研究和促进教育发展有着深远的影响。领袖著作所蕴涵的观点，代表着一个国家主流的思想，国家的主流教育行为更是在这种思想的指导下进行的。本章入选的领袖著作虽然种数不多，但平均被引达到了 249.4 次，足以说明领袖著作在我国教育学研究领域的重要指导作用。分析领袖著作对教育学具体领域的影响，对繁荣、发展和引导我国教育学研究也是非常有意义的。表 18-4 给出了教育学论文引用较多的领袖人物著作。需要说明的一点是，在 CSSCI 的引用文献数据中领袖人物的全集和选集经过多次印刷出版形成了多个年代的版本，为了全面反映这些领袖全集或选集的学术影响，我们已将同一种著作不同版本的被引数据合并统计并在列表中作为一种著作将出版年代省略。

表 18-4　　　　教育学论文引用较多的领袖人物著作

序号	图书信息
1	马克思等：《马克思恩格斯全集》，北京：人民出版社
2	马克思等：《马克思恩格斯选集》，北京：人民出版社
3	邓小平：《邓小平文选》，北京：人民出版社

续表

序号	图书信息
4	毛泽东:《毛泽东选集》,北京:人民出版社
5	列宁:《列宁全集》,北京:人民出版社
6	马克思著,刘丕坤译:《1844年经济学哲学手稿》,北京:人民出版社,1979
7	江泽民:《全面建设小康社会开创中国特色社会主义事业新局面:在中国共产党第十六次全国代表大会上的报告(2002年11月8日)》,北京:人民出版社,2002
8	列宁:《列宁选集》,北京:人民出版社
9	李岚清:《李岚清教育访谈录》,北京:人民教育出版社,2003
10	江泽民:《江泽民文选》,北京:人民出版社,2006

表18-4所列领袖著作10种,涉及领袖7人。马克思和恩格斯虽然不是专门的教育学家,也没有教育学专著,但在他们的许多著述中含有非常重要的关于教育的论述,如马克思在《政治经济学批判》中科学地揭示了教育的阶级性,在《关于费尔巴哈的提纲》等著作中阐述了教育在个人发展中的作用,等等,这些论述对当今教育学的研究仍具有很强的指导意义。列宁也十分重视教育,他把教育视为争取和巩固无产阶级专政的条件之一,视为推动政治、经济、科技和社会发展的一种重要因素。毛泽东对教育有过重要指示,从教育方针的确定,到传统教育体制的变革,到人的全面发展和个性发展都有其独到的见解。邓小平在多个讲话中强调从战略高度重视教育,精辟地论述了教育在我国社会主义建设中的重要作用,指出教育应当"面向现代化,面向世界,面向未来"。江泽民的"三个代表"的重要思想和确立的"科教兴国战略"等,无不体现了他对教育、文化和科学技术的重视。领袖人物的以上有关教育学的思想和有关论述均收录于他们的全集和选集中,这些思想对教育学研究有着重要的指导作用。

作为党的第三代领导集体的重要成员,李岚清领导和推动了近10年中国教育改革与发展的进程,《李岚清教育访谈录》记述了李岚清直接参与和领导下做出的有关教育工作的重大方针、政策及决策过程,其教育思想理念、抓教育的工作思路、工作风格、体会感受等,是中国特色社会主义教育理论体系的重要组成部分。[①]

18.3 历史文献对教育学研究的影响

人们常用"弟子三千,贤人七十二"来形容春秋时期孔子的教育影响。孔子到

[①] 《李岚清教育访谈录》出版.[2009-8-11] http://www.moe.edu.cn/edoas/website18/01/info13301.htm.

底有没有3000个弟子,我们无法考证。但从这句话中可以看出我们中华民族崇尚教育的历史源远流长。悠久的历史孕育了浓厚的文化,教育在文化的传承中起到的作用是不可磨灭的。尽管西方的先进教育方式不断引进,但是传统的教育理念对我国当今教育仍然有着许许多多的启迪和借鉴意义。表18-5给出了2000—2007年教育学论文引用较多的历史文献。由于《论语》有多个出版社、多种版本,故统计表中对它们进行了合并,略去出版社和出版年份。另外,中华书局在1962年、1980年、2006年、2007年多次出版《论语译注》,其中1980年版被引最多,表中给出的出版年是被引最多的版本。

表18-5　　　　　　　　　　教育学论文引用较多的历史文献

序号	图书信息
1	孔子:《论语》
2	孟子:《孟子》,北京:中华书局,1980
3	杨伯峻:《论语译注》,北京:中华书局,1980
4	荀子:《荀子》,北京:中华书局,1985

从表18-5中得知,入选的教育学论文引用较多的历史文献只有4种。其中,被引频次在前两位的是儒家的经典著作《论语》(被引307次)、《孟子》(被引66次),其后是《论语译注》(被引51次)、《荀子》(被引45次)。

孔子是中国教育史上第一位著名的伟大教育家,他对我国教育学学科的发展产生了巨大的影响。了解孔子的教育活动,研究孔子的教育思想,始终是中国教育史研究中的重要课题[1]。《论语》一书记录了孔子谈话、答弟子问及弟子间相互谈论,多方面表现了孔子的思想和学说,包括孔子的政治主张、教育原则、伦理观念、品德修养、文学理论等[2]。《论语》包括孔子关于教育、学习的认识和态度、方法和目的等方面的论断,是研究孔子教育思想所依据的主要资料。

《孟子》是孟子学生对他言行的记载。"孟子者,七篇止,讲道德,说仁义[3]",概括了这本书的中心思想,亦突出了孟子教育思想的核心——强调了"仁义道德"

---

[1] 毛礼锐主编:《中国古代教育家传》,北京师范大学出版社1997年版,第1页。
[2] 《论语》·互动百科.[2009-8-21] http://www.hudong.com/wiki/%E3%80%8A%E8%AE%BA%E8%AF%AD%E3%80%8B.
[3] 出自《三字经》。

的教育①。"教育"一词，在中国最早见于《孟子·尽心上》中的"得天下英才而教育之"。《孟子》中提倡人格和道德教育，"谨庠序之教，申之以孝悌之义"，重视自我的思考，"君子深造之以道，欲其自得之也"；主张循序渐进，因势利导，"流水之为物也，不盈科不行；君子之志于道也，不成章不达""君子引而不发，跃如也；中道而立，能者从之"；强调人的自我教育，修身养性，"养吾浩然之气"；注重意志的锻炼，认为"天将降大任于斯人也，必先苦其心志，劳其筋骨，饿其体肤，空乏其身，行拂乱其所为，所以动心忍性，曾益其所不能"。

与孔子、孟子语录体著作不同，《荀子》开创了儒家学派中个人著作体的先河，全书三十二篇，大都出于他本人的手笔，少数篇章是荀子学生的记述。《荀子》一书是研究荀况思想最为可靠的材料。荀子生活在战国末期，对先秦的许多学术问题作了总结性的论断，对于哲学、逻辑学、政治、经济、军事、文化、音乐，特别是教育，都做过深入的研究与总结，许多方面具有朴素辩证法和朴素唯物主义的见解。其中《劝学》、《性恶》、《解蔽》、《礼论》、《修身》、《儒效》等篇章不仅蕴涵他丰富的教育思想，而且也体现出他作为新兴地主阶级教育家的创造性和批判性的战斗精神，历来被奉为先秦儒家教育理论的经典。②

孔孟思想的核心是"仁"、"义"，荀子思想的核心则为"礼"，这都是儒家所倡导的。教育学研究引用最多的历史文献大都出自儒家之手。出现这种情况的原因一方面是我国历史上有以儒治学的传统，在研究教育学发展以及古时朴素的教育理念的时候，不可避免地要涉及这些历史文献；另一方面也说明了在当今教育学研究的过程中，对历史文献的涉猎还不够广泛，被引用的历史文献被局限在儒家思想，孔孟著述当中，且高次被引的历史文献大都处于春秋战国阶段，其他时期如唐宋、明清的相关教育文献未能入围。

18.4 工具书对教育学研究的影响

工具书通常是为人们提供查阅知识、数据、事项的一类特殊的书籍，其内容按一定的体例编排，所载信息扼要可信。在科学研究中，工具书的作用主要是提供文献线索、事实型数据、解答问题和解决疑惑。常用的工具书有：字词典、百科全书、年鉴、手册、名录、标准和二次文献检索工具等。教育学论文经常引用的工具书主要集中在：字词典、百科全书和年鉴三类。表18-6给出了2000—2007年教育学论文引用较多的21种工具书。

---

① 连建生，刘湛编：《教史撷英》，江苏教育出版社1989年版，第23页。
② 毛礼锐主编：《中国古代教育家传》，北京师范大学出版社1997年版，第56—59页。

表 18-6　　　　　　　　　　教育学论文引用较多的工具书

序号	图书信息
1	顾明远：《教育大辞典》，上海：上海教育出版社，1999*
2	国家统计局：《中国统计年鉴》，北京：中国统计出版社，1995—2006
3	辞海编辑委员会：《辞海》，上海：上海辞书出版社，1999*
4	中国社会科学院语言研究所词典编辑室：《现代汉语词典》，北京：商务印书馆，2002*
5	[美国] 国家研究理事会著，戢守志等译：《美国国家科学教育标准》，北京：科学技术文献出版社，1999
6	中国国家教育委员会计划建设司：《中国教育统计年鉴》，北京：人民教育出版社，1998—2006
7	江山野等译：《简明国际教育百科全书·课程》，北京：教育科学出版社，1991
8	中国教育年鉴编辑部：《中国教育年鉴》，北京：人民教育出版社，1995—2005
9	朱智贤：《心理学大词典》，北京：北京师范大学出版社，1989
10	中国教育年鉴编辑部：《中国教育年鉴（1949—1981）》，中国大百科全书出版社，1984
11	中华人民共和国教育部：《全日制义务教育语文课程标准（实验稿）》，北京：北京师范大学出版社，2001
12	汪向东：《心理卫生评定量表手册》，北京：中国心理卫生杂志社，1999
13	教育部财务司：《中国教育经费统计年鉴》，北京：中国统计出版社，1994—2006
14	[瑞典] 胡森（Husen, Jorstem）等主编，李维、丁廷森编译：《国际教育百科全书》，贵阳：贵州教育出版社，1990
15	朴永馨：《特殊教育辞典》，北京：华夏出版社，1996*
16	中华人民共和国教育部：《普通高中历史课程标准（实验）》，北京：人民教育出版社，2003
17	中华人民共和国教育部：《全日制义务教育数学课程标准（实验稿）》，北京：北京师范大学出版社，2001
18	中国大百科全书编辑委员会：《中国大百科全书·教育卷》，北京：中国大百科全书出版社，1985
19	[美] M. 卡诺依（Martin Carnoy）编著，闵维方等译：《教育经济学国际百科全书》，北京：高等教育出版社，2000
20	教育部教育年鉴编纂委员会：《第二次中国教育年鉴》，北京：商务印书馆，1948

续表

序号	图书信息
21	中华人民共和国教育部：《普通高中技术课程标准（实验）》，北京：人民教育出版社，2003

注：标有"＊"号的图书涉及多个版本，此处给出的是引用相对较多的版本。

表18-6中所列出的21种工具书按专业性质分，除包括与教育学直接相关的工具书外，还包括一些通用型工具书，如《辞海》、《中国统计年鉴》等；按内容特征分，包括辞典、百科全书、年鉴等。本节重点分析专业工具书对教育学领域的学术影响。

（1）教育辞典类工具书

入选的教育学专业辞典类工具书有2种，分别是《教育大辞典》和《特殊教育辞典》。

《教育大辞典》（被引303次）是我国第一部大型教育专业百科辞典，收录教育方面的术语、学说、学派、人物、著作、刊物、组织、机构、学校、法规、事件、会议等词条3万余条，共分12大卷25个分册。该辞典将知识性、科学性、实用性融为一体，涉及教育学各个领域和方方面面，是教育工作者和教育学学者的良师益友。

《特殊教育辞典》（被引50次）是为适应特殊教育事业发展的需要，在特殊教育界专家、学者的通力合作下，历时三年完成。共收特殊教育词目1633条，词目按照特殊教育类别编排。辞典收词广泛，释文力求准确、通俗，注意科学性、客观性、知识性和检索性，是特殊教育领域比较权威的工具书。

（2）百科全书类工具书

《简明国际教育百科全书·课程》（被引69次）是在《国际教育百科全书》基础上组织编译的，根据我国教育事业和教育科学研究的需要，采取简编本形式，按教育领域和学科分类出版若干册。该书有118个词目，约48万字，着重介绍了课程的目的、目标、概念、原理、方法、发展、实施、评价、历史、组成部分等方面的理论内容，还分别介绍了一些具体学科的教育计划、基本概念等实际课程内容。该书作为教育学学科下"课程"子学科的百科全书的入选，说明了课程研究是教育学研究中一个较为重要的研究领域。

《国际教育百科全书》（被引51次）堪称第一部真正国际性的、全面反映当代教育现状和最新研究成果的大型教育辞书。全书收录词目45000余条，由100多个国家的1300多位学者撰写。全书有1500多条长条目，用数千文字概述了教育科学各主要学科领域的发展，以及相关教育概念、教育思想的内涵、外延与对它们的不同理解和评述。

1985年问世的《中国大百科全书·教育卷》（被引49次）填补了当时我国教育

学百科全书的一大空白。全卷共收条目774个，附彩色和黑白插图688幅。全面系统地介绍了自古以来人类积累的教育基本理论、基本事实和经验，内容广泛，包括古今中外有关教育和教育科学的各种知识。值得注意的是，该书在2000—2007年一共被引49次，但在2004年以后几乎很少被引用。这从一个侧面反映了这本工具书的影响力在下降。一方面是由于该书的出版年代相对较早，未能收入新知识、新概念；另一方面，顾明远主编的《教育学大辞典》出版后，已经在许多方面逐步取代了它。

《教育经济学国际百科全书》（被引46次）的内容包括教育经济学的历史与现状，教育与劳动力市场，教育收益，教育、经济增长和技术变革，教育、收入分配和歧视，教育生产，教育和培训的投资评估，教育财政。覆盖了教育经济学原有的广泛范畴以及不断在拓展的新领域。引用该书的教育学论文主题主要集中在教育经济学的领域，且偏重于教育经济的理论研究和宏观研究的领域，也有一些涉及高等教育方面的研究。

(3) 年鉴类工具书

年鉴主要是系统、全面记录上一年度的发展状况及重要事件的资料性工具书，具有事实性、权威性和资料价值。年鉴按年度出版，汇集大量可对比的统计资料，对社会科学研究可提供具有连续性、富有参考价值的资料。教育学是年鉴入选较多的学科，共有6种年鉴入选：《中国统计年鉴》（被引213次）、《中国教育统计年鉴》（被引76次）、《中国教育年鉴》（被引66次）、《中国教育年鉴（1949—1981）》（被引55次）、《中国教育经费统计年鉴》（被引52次）、《第二次中国教育年鉴》（被引40次）。

上述年鉴除《中国教育年鉴（1949—1981）》和《第二次中国教育年鉴》的被引数据是单本被引外，其他年鉴的被引次数都是多个年度年鉴被引合计。由于这些年鉴的连续性出版，我们在选书时将这种不同年份连续出版的年鉴看作为一种图书。虽然入选多为教育学的年鉴，但每种年鉴的侧重点不一，因而引用这些年鉴的论文主题存在一定差别。《中国教育统计年鉴》主要是用不同的数据来说明一年内的各种教育情况，这些数据既反映了微观现状，也说明了宏观问题。从在CSSCI中查询到的来源论文来看，引用《中国教育统计年鉴》的文章既包括一国教育问题的讨论，也包括就某一教育状况的分析，但总的来说，以宏观问题为主；《中国教育年鉴》以事实性资料为主，反映了上一年有关教育工作和教育事业的情况，引用该年鉴的论文主题主要集中于对教育工作和教育事业的探讨；引用《中国教育经费统计年鉴》的论文或多或少地涉及教育经济问题，也有许多是关于教育资源的使用和配置方面的主题；《中国教育年鉴（1949—1981）》与《第二次中国教育年鉴》是经过汇总的多年资料的集合，虽然记录的年份相对久远，但对于中国教育沿革和发展史的研究者而言，都是不可缺少的工具。从总体上看，对于教育学的定量研究来说，专业类年鉴是最重要的参考资料之一。

（4）课程标准与教育标准类工具书

新课程改革在 2000 年发轫，并迅速席卷全国，激活了义务教育和高中教育阶段的教学和课程研究，因而课程标准及相关的教育资料类工具书入围甚多也就尽在情理之中了。入选的有关课程标准著作有：《全日制义务教育语文课程标准（实验稿）》（被引 54 次）、《普通高中历史课程标准（实验）》（被引 49 次）、《全日制义务教育数学课程标准（实验稿）》（被引 49 次）和《普通高中技术课程标准（实验）》（被引 27 次，2003 年出版）。这些课程标准以实验稿的方式规划和推进了义务教育和高中教育相关课程的设置和教学的发展。引用这些课程标准的论文主题相对集中，都是针对具体教学科目进行的探讨。

《美国国家科学教育标准》（被引 85 次）阐述了美国国家科学教育标准。其中包括科学教学标准、教师专业进修标准、科学教育评价标准、科学内容标准以及教育大纲标准等。该书对了解美国教育界对于科学教育的价值判断和具体设想，对于我国提高科学教育水准、促进科技发展有很好的借鉴意义。该书既是评价学生从科学教育大纲中学习知识和获得能力所达到的水平及质量的标准，也是评价科学教师质量的依据，更是评价教育实践和政策的标尺。"标准"也为科学教育提出了前景规划和未来目标，它打破了目前美国教育结构的限制，将最优秀的教育方式和方法总结推广，从而成为美国所有教育领域改革的参照样本。[①] 引用该书的教育学论文主要是对中小学课程与教学方面问题以及美国科学教育的探讨。

（5）其他工具书

其他工具书有 4 部：《辞海》（被引 145 次）、《现代汉语词典》（被引 135 次）、《心理学大词典》（被引 59 次）和《心理卫生评定量表手册》（被引 54 次）。《辞海》与《现代汉语词典》是语言类工具书，收录内容的广泛，是具有海量知识和知识点的词库，其通用性是其他工具书无法企及的。《心理学大词典》共 300 万字，14 个分卷，包括了 18 个学科分支，其中就有教育心理学这个学科分支。引用该词典的教育学论文主题主要为教育心理学领域。《心理卫生评定量表手册》除了第一章是有关心理卫生评定量表概论，其余各种均是由具体的不同方面的量表或者是评定问卷构成的。引用该书的教育学论文主要利用书中与教育有关的量表或问卷就某一研究课题进行定量定性的分析。

18.5 国外学术著作对教育学研究的影响

在我国历史长河中诞生过许多教育学家，出现过不少有价值的教育思想，流传着中华民族的教育方法。但教育学作为一门独立的学科，其发源地还是在西方。教育

[①] 李安编著：《美式教育成功之谜》，内蒙古人民出版社 2001 年版，第 273 页。

学产生的标志一般被认为是 17 世纪捷克教育学家夸美纽斯所著的《大教学论》,而最早以"教育学"命名的专著是 19 世纪初德国教育家赫尔巴特的著作《普通教育学》。西方发达的教育体系和先进的教育理念对我国教育学的研究和教育事业的发展有着很多可以借鉴和启迪的地方。表 18-7 给出了 2000—2007 年教育学论文引用较多的 89 种国外学术著作。

表 18-7　　　　　　　　教育学论文引用较多的国外学者学术著作

序号	图书信息
1	联合国教科文组织国际教育发展委员会编著,华东师范大学比较教育研究所译:《学会生存:教育世界的今天和明天》,北京:教育科学出版社,1996
2	联合国教科文组织总部中文科译:《教育——财富蕴藏其中:国际 21 世纪教育委员会报告》,北京:教育科学出版社,1996
3	[美] 伯顿·克拉克(Burton R. Clark)著,王承绪等译:《高等教育系统:学术组织的跨国研究》,杭州:杭州大学出版社,1994
4	[德] 雅斯贝尔斯(K. Jaspers)著,邹进译:《什么是教育》,北京:生活·读书·新知三联书店,1991
5	[美] 约翰·杜威(J. Dewey)著,王承绪译:《民主主义与教育》,北京:人民教育出版社,1990*
6	[美] 约翰·S. 布鲁贝克(John S. Brubacher)著,郑继伟、王承旭等译:《高等教育哲学》,杭州:浙江教育出版社,1987,2001①
7	[美] 威廉姆·E. 多尔(William E. Doll)著,王红宇译:《后现代课程观》,北京:教育科学出版社,2000
8	[美] 约翰·杜威(J. Dewey)著,赵祥麟等编译:《杜威教育论著选》,上海:华东师范大学出版社,1981
9	[美] 伯顿·克拉克(Burton R. Clark)主编,王承绪等译:《高等教育新论:多学科的研究》,杭州:浙江教育出版社,1988*
10	[美] 约翰·罗尔斯(John Rawls)著,何怀宏等译:《正义论》,北京:中国社会科学出版社,1988*
11	[伊朗] S. 拉塞克(Shapour Rassekh)等著,马胜利等译:《从现在到 2000 年教育内容发展的全球展望》,北京:教育科学出版社,1996*
12	[美] 彼得·圣吉(Peter M. Senge)著,郭进隆译:《第五项修炼:学习型组织的艺术与实务》,上海:上海三联书店,1998*

---

① 1987 年的版本,2001 年的版本均入选,国家图书馆给出的译者前者为郑继伟等译、后者为王承旭等译,经查证为同一批译者,在此合并。

续表

序号	图书信息
13	[美]克拉克·克尔（Clark Kerr）著，陈学飞等译：《大学的功用》，南昌：江西教育出版社，1993
14	[德]恩斯特·卡西尔（Ernst Cassirer）著，甘阳译：《人论》，上海：上海译文出版社，1985*
15	[英]阿什比（E. Ashby）著，滕大春等译：《科技发达时代的大学教育》，北京：人民教育出版社，1983
16	[美]爱因斯坦（E. Ainstein）著，许良英等编译：《爱因斯坦文集》，北京：商务印书馆，1976—1979
17	[美]戴维·H.乔纳森（David H. Jonassen）主编，郑太年等译：《学习环境的理论基础》，上海：华东师范大学出版社，2002
18	[加]马克斯·范梅南（Max Van Manen）著，李树英译：《教学机智：教育智慧的意蕴》，北京：教育科学出版社，2001
19	[巴西]保罗·弗莱雷（Paulo Freire）著，顾建新等译：《被压迫者教育学》，上海：华东师范大学出版社，2001
20	[日]佐藤学著，钟启泉译：《课程与教师》，北京：教育科学出版社，2003
21	[美]华勒斯坦（Immanuel Wallerstein）等著，刘健芝等编译：《学科·知识·权力》，北京：生活·读书·新知三联书店，1999
22	[法]皮埃尔·布尔迪厄（Pierre Bourdieu），李猛等译：《实践与反思：反思社会学导引》，北京：中央编译出版社，1998
23	[美]约翰·杜威（J. Dewey）著，赵祥麟等译：《学校与社会·明日之学校》，北京：人民教育出版社，1994*
24	[加]大卫·杰弗里·史密斯（David Geoffrey Smith）著，郭洋生译：《全球化与后现代教育学》，北京：教育科学出版社，2000
25	[美]巴巴拉·西尔斯（Barbara Sear）等著，乌美娜等译：《教学技术：领域的定义和范畴》，北京：中央广播电视大学出版社，1999、2000（重印）
26	[捷]夸美纽斯（J. A. Comenius）著，傅任敢译：《大教学论》，北京：人民教育出版社，1984*
27	[美]霍华德·加德纳（Howard Gardner）著，沈致隆译：《多元智能》，北京：新华出版社，1999*
28	联合国教科文组织国际教育发展委员会编著，上海师范大学外国教育研究室译：《学会生存：教育世界的今天和明天》，上海：上海译文出版社，1979

第 18 章 教育学 813

续表

序号	图书信息
29	[加] 约翰·范德格拉夫（John H. Van de Graaff）等编著，张维平，王承绪等译：《学术权力：七国高等教育管理体制比较》，杭州：浙江教育出版社，2001①
30	[苏] 瓦·阿·苏霍姆林斯基（Василий Александрович Сухомлинский）著，杜殿坤编译：《给教师的建议》，北京：教育科学出版社，1984*
31	[爱尔兰] 德斯蒙德·基更（Desmond Keegan）编，丁新等译：《远距离教育理论原理》，北京：中央广播电视大学出版社，1999、2002（重印）
32	[加] 迈克·富兰（Michael Fullan）著，中央教育科学研究所，加拿大多伦多国际学院译：《变革的力量：透视教育改革》，北京：教育科学出版社，2000*
33	[美] 拉尔夫 W. 泰勒（Ralph W. Tyler）著，施良方译：《课程与教学的基本原理》，北京：人民教育出版社，1994
34	[美] 罗伯特·G. 欧文斯（Robert Owens）著，窦卫霖等译：《教育组织行为学》，上海：华东师范大学出版社，2001
35	[美] 莱斯利·P. 斯特弗（Leslie P. Steffe）等主编，高文等译：《教育中的建构主义》，上海：华东师范大学出版社，2002
36	[美] R. M. 加涅（R. M. Gagne）等著，皮连生等译：《教学设计原理》，上海：华东师范大学出版社，1999
37	[美] 约翰·杜威（J. Dewey）著，姜文闵译：《我们怎样思维·经验与教育》，北京：人民教育出版社，1991*
38	[日] 筑波大学教育学研究会编，钟启泉译：《现代教育学基础》，上海：上海教育出版社，1986*
39	[美] 德里克·博克（Derek Bok）著，徐小洲等译：《走出象牙塔：现代大学的社会责任》，杭州：浙江教育出版社，2001
40	[美] 克拉克·克尔（Clark Kerr）著，王承绪等译：《高等教育不能回避历史：21世纪的问题》，杭州：浙江教育出版社，2001
41	[德] 汉斯－格奥尔格·加达默尔（Hans－Georg Gadamer）著，洪汉鼎译：《真理与方法：哲学诠释学的基本特征》，上海：上海译文出版社，1999*
42	[美] 亚伯拉罕·弗莱克斯纳（Abraharn Flexner）著，徐辉等译：《现代大学论：美英德大学研究》，杭州：浙江教育出版社，2001

---

① 该书1989年的版本和2001年的版本均入选，国家图书馆给出的译者前版为张维平等译、后版为王承旭等译，经查证为同一批译者，在此合并。

续表

序号	图书信息
43	［英］弗里德利希·冯·哈耶克（Friedrich A. Von Hayek）著，邓正来译：《自由秩序原理》（上、下册），北京：生活·读书·新知三联书店，1997
44	［美］珍妮特·沃斯（Jeannette Vos）等，顾瑞荣等译：《学习的革命：通向21世纪的个人护照》，上海：上海三联书店，1998*
45	［美］华勒斯坦（Immanuel Wallerstein）等著，刘锋译：《开放社会科学：重建社会科学报告书》，北京：生活·读书·新知三联书店，1997
46	［法］埃德加·莫兰（Edgar Morin）著，陈一壮译：《复杂思想：自觉的科学》，北京：北京大学出版社，2001
47	［德］埃德蒙德·胡塞尔（Edmund Husserl）著，张庆熊译：《欧洲科学危机和超验现象学》，上海：上海译文出版社，1988*
48	［美］亨利·罗索夫斯基（Henry Rosovsky）著，谢宗仙等译：《美国校园文化：学生、教授、管理》，济南：山东人民出版社，1996
49	［加］马克斯·范梅南（Max van Manen）著，宋广文等译：《生活体验研究：人文科学视野中的教育学》，北京：教育科学出版社，2003
50	［法］让·雅克·卢梭（Jean-Jacques Rousseau）著，李平沤译：《爱弥儿》，北京：商务印书馆，1978
51	［法］雅克·勒戈夫（Jacques Le Goff）著，张弘译：《中世纪的知识分子》，北京：商务印书馆，1996
52	［美］R. M. 加涅（R. M. Gagne）著，皮连生等译：《学习的条件和教学论》，上海：华东师范大学出版社，1999
53	［美］伯顿·克拉克（Burton R. Clark）著，王承绪译：《探究的场所：现代大学的科研和研究生教育》，杭州：浙江教育出版社，2001
54	［英］约翰·亨利·纽曼（John Henry Newman）著，徐辉等译：《大学的理想》，杭州：浙江教育出版社，2001
55	［德］马丁·海德格尔（Martin Heidergger）著，陈嘉映等译：《存在与时间》，北京：生活·读书·新知三联书店，1999*
56	［德］赫尔巴特（J. F. Herbart）著，李其龙译：《普通教育学·教育学讲授纲要》，北京：人民教育出版社，1989
57	［德］O. F. 博尔诺夫（Otto Fridrich Bollnow）著，李其龙等译：《教育人类学》，上海：华东师范大学出版社，1999

第 18 章 教育学 815

续表

序号	图书信息
58	［英］迈克尔·波兰尼（Michael Polanyi）著，许泽民译：《个人知识：迈向后批判哲学》，贵阳：贵州人民出版社，2000
59	［英］傅伊德（Boyd William）著，任室祥等译：《西方教育史》，北京：人民教育出版社，1985
60	［美］威廉·F. 派纳（William F. Pinar）等著，张华等译：《理解课程：历史与当代课程话语研究导论》，北京：教育科学出版社，2003
61	［德］柯武刚（Wolfgang Kasper）等著，韩朝华译：《制度经济学：社会秩序与公共政策》，北京：商务印书馆，2000
62	［英］托尼·布什（Tony Bush）著，强海燕主译：《当代西方教育管理模式》，南京：南京师范大学出版社，1998
63	［荷兰］弗兰斯·F. 范富格特（Frans Van Vught）主编，王承绪等译：《国际高等教育政策比较研究》，杭州：浙江教育出版社，2001
64	［德］黑格尔（G. W. F. Hegel）著，贺麟译：《小逻辑》，北京：商务印书馆，1980 *
65	［美］西奥多·W. 舒尔茨（S. W. Schults）著，吴珠华等译：《论人力资本投资》，北京：北京经济学院出版社，1990
66	［英］杰夫·惠迪（Geoff Whitty）等著，马忠虎译：《教育中的放权与择校：学校、政府和市场》，北京：教育科学出版社，2003
67	［西］奥尔特加·加塞特（Ortega Y. Gasset）著，徐小洲等译：《大学的使命》，杭州：浙江教育出版社，2001
68	［美］菲利普·G. 阿特巴赫（Philip G. Altbach）著，人民教育出版社教育室译：《比较高等教育：知识、大学与发展》，北京：人民教育出版社，2001
69	［德］尤尔根·哈贝马斯（Jurgen Habermas）著，张博树译：《交往与社会进化》，重庆：重庆出版社，1989
70	联合国教科文组织高等教育与社会特别工作组编著，蒋凯主译：《发展中国家的高等教育：危机与出路》，北京：教育科学出版社，2001
71	［英］怀特海（Alfred North Whitehead）著，徐汝舟译：《教育的目的》，北京：生活·读书·新知三联书店，2002
72	［美］约翰·D. 布兰思福特（John D. Bransford）等编著，程可拉等译：《人是如何学习的：大脑、心理、经验及学校》，上海：华东师范大学出版社，2002
73	［法］爱弥尔·涂尔干（Emile Durkheim）著，陈光金等译：《道德教育》，上海：上海人民出版社，2001 *

续表

序号	图书信息
74	［美］约翰·E. 丘伯（John E. Chubb）等著，蒋衡等译：《政治、市场和学校》，北京：教育科学出版社，2003
75	［美］唐纳德·肯尼迪（Donald Kennedy）著，阎凤桥等译：《学术责任》，北京：新华出版社，2002
76	［美］布鲁克菲尔德（Stephen D. Brookfield）著，张伟译：《批判反思型教师ABC》，北京：中国轻工业出版社，2002
77	［美］罗伯特·M. 赫钦斯（Robert M. Hutchins）著，汪利兵译：《美国高等教育》，杭州：浙江教育出版社，2001
78	［德］沃尔夫冈·布列钦卡（Wolfgang Brezinka）著，胡劲松译：《教育科学的基本概念：分析、批判和建议》，上海：华东师范大学出版社，2001
79	［日］佐藤学著，钟启泉译：《学习的快乐：走向对话》，北京：教育科学出版社，2004
80	［美］欧内斯特·L. 博耶（Ernest L. Boyer）著，涂艳国等译：《关于美国教育改革的演讲（1979—1995）》，北京：教育科学出版社，2002
81	［法］埃德加·莫兰（Edgar Morin）著，陈一壮译：《复杂性理论与教育问题》，北京：北京大学出版社，2004
82	［美］詹姆斯·杜德斯达（James J. Duderstadt）著，刘彤主译：《21世纪的大学》，北京：北京大学出版社，2005
83	［美］白甫丽·艾碧（Beverly Abbey）主编，丁兴富等译：《网络教育：教学与认知发展新视角》，北京：中国轻工业出版社，2003
84	［美］托马斯·库恩（Thomas S. Kuhn）著，金吾伦等译：《科学革命的结构》，北京：北京大学出版社，2003
85	［美］托马斯·J. 萨乔万尼（Thomas J. Sergiovanni）著，冯大鸣译：《道德领导：抵及学校改善的核心》，上海：上海教育出版社，2002
86	［美］艾伦·C. 奥恩斯坦（Allan C. Ornstein）等著，柯森主译：《课程：基础、原理和问题》，南京：江苏教育出版社，2002
87	［法］爱弥尔·涂尔干（Emile Durkheim）著，李康译：《教育思想的演进》，北京：上海人民出版社，2003
88	［美］罗伯特·伯恩鲍姆（Robert Birnbaum）著，别敦荣主译：《大学运行模式》，青岛：中国海洋大学出版社，2003
89	［美］D. B. 约翰斯通（D. Bruce Johnstone）著，沈红等译：《高等教育财政：问题与出路》，北京：人民教育出版社，2004

注：标有"＊"号的图书有多个版本，这里给出的是被引次数较多的版本或是被引次数相差不多时较新的版本。

从表18-7中的图书目录来看，入选的图书无一例外地都是译著，外文版书籍没有一本入选。但从表18-2中的数据反映（外文文献的被引数量是翻译文献的两倍以上），说明大量被引用的外文文献来自于期刊论文等形式的文献，教育学领域对外文原版图书的获取、阅读和参考引用尚显不足。为了有针对性地对上述书籍进行讨论，在参考教育学二级学科的分类以及对著作主题和形式进行分析的基础上，将表18-7所列的89种图书分为高等教育、课程与教学、学习科学、教育哲学、教育学其他著作、其他学科相关著作6类。需要说明的是，对于多主题的或难以确定类目的图书，将以引用该书的论文主题和分类来确定其类别。

（1）高等教育类著作

在现代社会，高层次人才的发掘和培养，科学的发现与技术的创新，不同文化间的交流与沟通，都越来越有赖于大学的参与。一方面大学为社会的进步作出越来越重要的贡献，另一方面社会的进步又日益促进了大学的蓬勃发展。特别是20世纪80年代以来，学术界和教育界关于高等教育的研究不断发展。这一现象与同一时期高等教育规模不断扩大、大学作用不断增强的趋势是相吻合的。学者的研究涉及高等教育发展的许多问题，包括它的历史、作用、职能、体制、政策及所面临的困境等。有关高等教育的研究，极大地丰富了人们对高等教育发展规律的认识，并对政府制定高等教育政策和大学自身的改革发展产生了积极的影响。[①] 可以肯定，在我国高等教育发展中，国外有关高等教育的著作和成果对我国高等教育研究有着不可或缺的积极作用和借鉴价值。

在入选的国外学术著作中，高等教育类图书共有20种，在89种国外学术著作中占22.47%的比重。这些图书包括了伯顿·克拉克的《高等教育系统：学术组织的跨国研究》（被引293次）、《高等教育新论：多学科的研究》（被引156次）和《探究的场所：现代大学的科研和研究生教育》（被引53次）、约翰·S. 布鲁贝克的《高等教育哲学》（被引259次）、克拉克·克尔的《大学的功用》（被引114次）和《高等教育不能回避历史：21世纪的问题》（被引62次）、阿什比《科技发达时代的大学教育》（被引111次）、约翰·范德格拉夫的《学术权力：七国高等教育管理体制比较》（被引81次）、德里克·博克的《走出象牙塔：现代大学的社会责任》（被引63次）、亚伯拉罕·弗莱克斯纳的《现代大学论：美英德大学研究》（被引59次）、约翰·亨利·纽曼的《大学的理想》（被引52次）、弗兰斯·F. 范富格特的《国际高等教育政策比较研究》（被引44次）、奥尔特加·加塞特的《大学的使命》（被引42次）、菲利普·G. 阿特巴赫的《比较高等教育：知识、大学与发展》（被引42次）、世界银行，联合国教科文组织高等教育与社会特别工作组编的《发展中国家

---

① ［美］伯顿·克拉克（Burton R. Clark）主编，王承绪等译：《高等教育新论：多学科的研究》，浙江教育出版社2001年版，"前言"。

的高等教育：危机与出路》（被引39次，2001年出版①）、罗伯特·M.赫钦斯的《美国高等教育》（被引35次，2001年出版）、唐纳德·肯尼迪的《学术责任》（被引35次，2002年出版）、詹姆斯·杜德斯达的《21世纪的大学》（被引32次，2005年出版）、罗伯特·伯恩鲍姆的《大学运行模式》（被引27次，2003年出版）和D. B. 约翰斯通的《高等教育财政：问题与出路》（被引22次，2004年出版）。为了让读者了解这些著作内容和观点对教育学研究的作用，我们在简介这些著作主要内容以外，还给出了引用这些著作的论文涉及的主题领域。由于篇幅所限，我们选择了被引较多的著作进行了介绍。

伯顿·克拉克是美国当代著名的高等教育学家，此次入选的有关高等教育的图书有3本出自伯顿·克拉克。这三本书分别为《高等教育系统：学术组织的跨国研究》、《高等教育新论：多学科的研究》和《探究的场所：现代大学的科研和研究生教育》。

《高等教育系统：学术组织的跨国研究》是一部高等教育的名著。作者从组织的观点把高等教育系统看作由生产知识的群体构成的学术组织，从高等教育内部揭示高等教育的本质特征，以工作、信念和权力三者为高等教育的基本要素并据以分析高等教育运行的规律和本质特征。全书观点和方法新颖，材料丰富，分析深刻，颇多独到见解，引用该书的文章囊括了高等教育研究的诸多问题。可以说，这本书是研究高等教育学者的必读之著。《高等教育新论：多学科的研究》的原名为《高等教育的观点：八个学科的比较的观点》，其作者是以伯顿·克拉克为首的8位国际知名专家学者。该书从八个学科视角来观照高等教育，采用多学科的比较法分析了高等教育研究的方法、研究队伍的知识构成及其特点，让人耳目为之一新，对我国高等教育研究不无借鉴意义。《探究的场所：现代大学的科研和研究生教育》是伯顿·克拉克主编的《研究生教育的科学研究基础》的续篇。本书分为两篇：第一篇介绍了不同国家的研究生教育和科研组织的结构；第二篇介绍了科研—教学—学习连接体等。不同的学者出于不同研究的需要，引用这3本书的内容是不同的。但所有引用这3本书的论文主题主要涉及高等教育的制度和管理等研究领域。

约翰·S.布鲁贝克的《高等教育哲学》是西方第一部以"高等教育哲学"为书名的专著。该书对一个多世纪以来西方高等教育的主要学派及其重要著作进行了概括的评述，对第二次世界大战以来的西方高等教育，特别是美国高等教育中的许多问题做了分析。该书对了解国外高等教育理论有很好的帮助，对于我国高等教育的改革也有很强的借鉴意义。从CSSCI中引用该书的教育学论文情况来看，被引259次，仅次于克拉克的《高等教育系统：学术组织的跨国研究》的293次。虽然引用

---

① 图书入选的标准为被引次数40次以上或低于40次但年平均被引次数5次以上，被引次数少于40次的国外著作，都被列出其汉译版本的出版年份，说明其年平均被引次数为5次以上。

该书的相关论文涉及的也是高等教育的多个方面，但和伯顿·克拉克的书相比，引用该书的主题词当中，教育方法论、教育反思、教育哲学、教育演进等富有哲学意义的关键词偏多。

入选的克拉克·克尔著作有两本：《大学的功用》是克尔1963年4月在哈佛大学的演说，这本书比较系统地阐发了克尔关于美国现代大学，特别是他所称的"巨型大学"的论述，是了解和研究美国当代高等教育发展的一部经典著作；《高等教育不能回避历史：21世纪的问题》是克尔的另一部著作，主要涉及高等教育领域，特别是20世纪50年代以来高等教育机构与社会的关系以及在一系列政治和学术斗争中所发生的转变，描述了高等教育领域发生的诸多矛盾和冲突的发展过程以及解决这些矛盾和冲突的方法，是研究高等教育问题的力作。

《科技发达时代的大学教育》收录了英国学者阿什比20世纪60年代和70年代在国内外重要的学术讨论会上发表的报告稿和讲演辞共10篇。其中论及的主要问题包括：科学与技术在高等学校中的地位问题；高等学校中学生、教师和行政人员的相互关系问题；大学和国家的关系问题；大学继承的遗产问题；大学和学者所负担的社会职责问题等。该书对于上述内容的研究具有很高的参考价值。

约翰·范德格拉夫等所著的《学术权力：七国高等教育管理体制比较》对德国、意大利、法国、瑞典、美国、英国和日本七国的学术权力结构进行了专题研究和比较分析，论述了各国高等教育系统的特征和决策模式的变革，阐明学术权力的基本概念，并且提出层次分析、整合和分化分析、发展分析和利益分析四个分析观点。有助于加深对西方高等教育系统的认识，也有助于各国高等教育的比较研究。

《走出象牙塔：现代大学的社会责任》论述了西方大学社会服务功能，由美国当代著名教育家德里克·博克所著。博克长期担任哈佛大学校长，对研究型大学非常熟悉。因此，该书研究的侧重点为研究型大学，但涉及的很多内容对于其他类型的高等学校也是适用的。引用该书的教育学论文主要探讨了大学与社会的关系、大学对社会的责任和影响等问题。

《学术责任》的著者唐纳德·肯尼迪担任过斯坦福大学多年的校长，他以学者和大学校长的双重身份，从学术责任的高度首先阐述了如何影响未来大学，如何恢复大学使命和忠诚的价值观的问题；其次作者论述了大学至高无上之处在于给人类提供改良文化、创造文化、延续生命和保障人类可持续发展的一个智力平台。作者的写作目的主要是为大学教师撰写的，内容包括他们在学校使命中所扮演的核心角色，如何与大学的拥有者和管理者发生联系及其对学生所承担的责任。该书对于探讨高校管理、学术规范与学术自由、科研组织等问题都有启发作用。

综观高等教育入选的20种著作，可以发现，涉及高等教育的比较研究的著作较多。《高等教育系统：学术组织的跨国研究》、《高等教育新论：多学科的研究》、《现代大学论：美英德大学研究》、《国际高等教育政策比较研究》、《学术权力：七国高等教育管理体制比较》、《比较高等教育：知识、大学与发展》，占这类书籍的近三分之一。这20部著作当中，过半数是由浙江教育出版社出版的。引用这类著作的教育学论文涉及高等教育理论与实践、管理与教学等各个方面的内容。

(2) 课程与教学类著作

课程与教学是构成教育活动的基本和核心要素，课程与教学的研究是教育研究的基本和核心。[①] 此次选出的有关课程与教学的著作有11种，分别是小威廉姆.E.多尔著的《后现代课程观》（被引245次）、马克斯·范梅南著的《教学机智：教育智慧的意蕴》（被引96次）、佐藤学著的《课程与教师》（被引94次）、大卫·杰弗里·史密斯著的《全球化与后现代教育学》（被引85次）、瓦·阿·苏霍姆林斯基著的《给教师的建议》（被引79次）、泰勒著的《课程与教学的基本原理》（被引70次）、R. M. 加涅等著的《教学设计原理》（被引69次）和加涅本人所著的《学习的条件和教学论》（被引53次）、威廉·F. 派纳等著的《理解课程：历史与当代课程话语研究导论》（被引48次）、Stephen D. Brookfield著的《批判反思型教师ABC》（被引35次，2002年出版）、艾伦·C. 奥恩斯坦与弗朗西斯·P. 汉金斯所著的《课程：基础、原理和问题》（被引30次，2002年出版）。

多尔的《后现代课程观》运用宏观综合的视野描绘了后现代多元而开放的课程设计蓝图，以寻求取代现代性的单向独白式权威教育。作者首先深刻批判了西方受工具理性所支配的课程理念与课程体系，认为这种课程观念与课程体系"已沦为一种封闭型的科学教条，成为现代工业生产体系的一个环节，教育与课程从而被彻底工具化了"，教育与课程的内在价值——促进人的心灵成长的价值被彻底泯灭。作者提出了一种超越现代科技理性的课程观——后现代课程观。这种课程理念借助混沌学、过程哲学等新思潮和新观点，提出了以"丰富性"、"回归性"、"关联性"、"严密性"为标准的后现代课程设计理路，这是对具有工具理性性格的"泰勒原理"的真正超越。引用该书的教育学论文包括对课程范式、课程观、教学策略、教学观念等一系列以课程为主要研究对象的相关主题。

加拿大教育学家马克斯·范梅南是北美"现象学教育学"的开创者之一，他的《教学机智：教育智慧的意蕴》一书是当代西方现象学教育学的经典之作。范梅南以他独到的现象学研究方法和敏锐的教育经验，从"现象学教育学"的角度，以教授、父母和学生的生活经历为原料，对教育学的诸多方面进行了思考。他在本书中提出的新型教育学思想和概念，如"教育机智"、"教师替代父母的关系"、"教育的情绪"、"教育生活的体育"、"对学生的主体性体验"等，引起过教育界、学术界的广泛关注。书中用了很多的事例和体会，把枯燥的教育学的基本观点阐述得生动明白。引用该书的教育学论文主题以围绕教学实践过程中的教师智慧、教育教学方法等

---

① 钟启泉：《课程与教学论》，上海教育出版社2003年版，第2页。

为主。

《课程与教师》作者佐藤学从质性研究与阐释学的视角，诠释了日本学校教育的发展问题与课题；阐述了重建"课程"概念、重建"教师"概念的思路，也提示了作为"学习共同体"的未来学校发展的构图。正如本书的题目为"课程与教师"，引用该书的教育学论文主题也都集中在课程和教师两个方面，包括了课程改革、课程教学、教师教育、课程教学实践等。

《全球化与后现代教育学》由"全球化与教育"、"阐释学与后现代教育学"、"东西方教育对话"三部分组成，收入了加拿大学者大卫·杰弗里·史密斯论文15篇。作者独辟蹊径，运用现象学和阐释学理论探讨教育问题，提出了后结构主义和后现代教育理念，探讨了全球化与当代教育的关系。尽管该书不是专门探讨课程与教学的著作，但在全书15篇论文中，有多篇探讨课程与教学的问题，如《全球化与教学：彼此之间的特殊挑战》、《课程话语的国际化》、《阐释学想象力与教学文本》、《批判理论与语言教学》等。引用该书的教育学论文既有对教育全球化的思考，也有对各种教育学论题的后现代思考，更有东西方教育的比较研究和不乏对课程教育相关问题的阐释。

《给教师的建议》是译者根据我国的情况与需要，选择了苏联教育家瓦·阿·苏霍姆林斯基《给教师的一百条建议》的精华部分，另从作者的其他著作里选译了有益于教师开阔眼界、提高水平的精彩条目作为补充，全书仍有一百条，改书名成《给教师的建议》。书中每条谈一个问题，通顺流畅，方便阅读。对教师教育、教学智慧等诸多涉及教育实践的领域产生了较大影响。

《课程与教学的基本原理》阐述了泰勒的评价原理和课程原理，并认为这两者是相互依存的。该书主要探讨泰勒的"课程原理"，其影响从瑞典学者胡森等人主编的《国际教育百科全书》的评论中可略见一斑："泰勒的课程基本原理已经对整个世界的课程专家产生影响。……不管人们是否赞同'泰勒原理'，不管人们持什么样的哲学观点，如果不探讨泰勒提出的4个基本问题，就不可能全面地探讨课程问题"。正因为如此，有人把这本书看作是"达到了课程编制纪元的顶点"、"课程研究的范式"。引用该书的教育学论文主题囊括了课程与教学设计、课程评价、课程改革、教材设计等诸多教学实践问题，此外，一些解读泰勒原理的论文也引用到这本书。

R.M.加涅的《学习的条件和教学论》和《教学设计原理》为姊妹篇，其中所贯穿的基本思想是完全相同的。前一本书侧重学习论兼顾教学论，后一本侧重于教学设计原理与技术。如果说前一本书是阐述学习论和教学论的理论的著作，那么后一本书便是前一本书所阐述的理论在教学设计中的应用。加涅是教育心理学家，这两本书同时又属于教育心理学书籍。这两本书对研究教育方式方法的具体实施有着很重要的理论和实践价值。

入选的"课程与教学类"的国外学术著作虽然不多，但涉及的方面仍比较全面，如涵盖了课程观、教学论、教师问题、教学设计、教育与学习心理等方方面面。但入选的这些著作，多侧重于理论探讨，与具体的教学实践相关的并不多。

（3）学习科学类著作

学习问题，是伴随着个人成长和人类发展的一个永恒的话题。为了发展人的学习功能，教育作为一种专门的职业，在社会分工中逐渐固定下来。到了近代社会，随着工业化的发展，现代学校诞生，大批的、合乎一定规格要求的人才，在现代学校中源源不断地生产出来，现代的教育科学也随之发展起来。但是现代教育并没有解决人的培养或发展的全部问题。从个人来说，在无限广阔的知识海洋中如何快速地获取自己最需要的那一部分知识？随着事业的发展，又如何及时补充知识来满足新的需要？面对知识本身的不断向前发展，又如何能够做到不落后于时代？这些问题都告诉我们，学习是全社会每一个成员的事情，是每一个成员终身的事情。这其中含有许多规律性的问题，掌握得越好，学习就会越有效，个人就会越有成就，社会就会更快进步。从教和学的角度来说，它们是一对矛盾，教育处于主导地位，因此人们着重下工夫研究教育学是有道理的。教与学，学是目的，学习者本人是学习的主体。把学习的规律研究清楚了，教育的规律才能研究得更清楚。因此，对于学习科学的研究，实在是大有必要，而且也大有可为。[①]

入选的学习科学类的图书共4本：戴维·H.乔纳森主编的《学习环境的理论基础》（被引97次）、珍妮特·沃斯与戈登·德莱顿所著的《学习的革命：通向21世纪的个人护照》（被引58次）、约翰·D.布兰思福特等编著的《人是如何学习的：大脑、心理、经验及学校》（被引37次，2002年出版）、佐藤学著的《学习的快乐：走向对话》（被引34次，2004年出版）。

乔纳森是在教学设计领域享有盛誉的国际著名学者。由他和兰德主编的《学习环境的理论基础》是将当代最新学习理论应用于学习环境设计的一个尝试，展示了学习理论的最新进展。这些理论可视为以学习者为中心的学习环境设计的基础，这种环境将促成一种新型的学习，如这些学习理论的研究者所认为的"学习不是传输的过程，也不是接受的过程。学习是需要意志的、有意图的、积极的、自觉的、建构的实践，该实践包括互动的意图——行动——反思活动"。引用该书的教育学论文主要涉及学习环境、课程情境、教学设计以及各种学习方面的理论问题。

《学习的革命：通向21世纪的个人护照》的主要内容是关于面向所有人的真正教育。但是这本书并非只谈论增进学术知识的教育，谈论更多的是个人成长、生活技能和学会学习。该书的提要写到，它对于商业、学校和家庭都有突出的指导意义——每个人都会重新思考未来、重新思考新的世纪。它涉及了成年人和青年人都面临的最主要的问题，即怎样在较少的时间里学更多的东西，怎样享受学习，怎样保

[①]《学习科学大辞典》编委会编：《学习科学大辞典》，新华出版社1998年版，"序言"。

存所学的内容。这本书曾在社会上引起强烈的反响，引用该书的教育学论文主题涉及教育学的多个方面，以讨论教学问题的居多。

《人是如何学习的：大脑、心理、经验及学校》是由多个领域的16位研究人员对人类学习的科学知识基础及其在教育中的应用进行评估后，撰写的关于认知科学、发展心理学、神经科学、人类学，以及各学科（例如，数学、物理、历史等）有关学习研究的总结报告。该书包括学习研究的现状、新的学习科学、研究与发现、改变学习概念的五大主题、专家行为、学习的迁移、儿童学习者、儿童心理与大脑的平衡发展、学习环境设计、有效教学、新技术等内容。引用该书的教育学论文正是立足于以上的内容讨论了教育学中多个相关问题。

《学习的快乐：走向对话》重点论述了"学习"作为一种对话性实践，引导读者从独白的世界走向对话的世界，并借助这种对话性的、合作性的实践，为人们提供了构筑起"学习共同体"的可能性，而基于"学习共同体"的构想改革，将会作为学校一种"静悄悄的革命"，成为21世纪教育改革的一大潮流。引用该书的教育学论文主要是关于课程或教学方面的研究。

通过查阅引用这四种学习科学著作的论文，不难发现，尽管这些论文的主题涵盖了教育学研究的多个方面，但总体来说以讨论和课程、教学等有关的具体的教育实践问题为主，纯粹讨论"学习"理论的论文不是很多。可以认为，学习科学类著作对教育学中课程与教学这一领域的研究起到了一定的积极的作用，对我国教育研究界的"学习科学"领域的拓展的影响尚不显著。

（4）教育哲学著作

归入此类的是一些基础性教育学的理论著作以及某些教育学家所著的反映本人教育学思想的书籍，共有16种。

在该类所入选的图书中，美国实用主义哲学家和教育学家约翰·杜威的著作就有4种。《民主主义与教育》（被引266次）是杜威教育著述的代表作。该书全面阐述了杜威的实用主义教育理论，把民主的思想引入教育，就教育的本质、目的、内容方法等问题提出了独特的见解。英美学者把它和柏拉图的《理想国》以及卢梭的《爱弥儿》并称为西方世界三大教育著作。《杜威教育论著选》（被引180次）收录了大量杜威的教育著作。该书选译其中有代表性和影响较大的教育、哲学论著，按照发表的时间先后顺序编排，大体上反映了杜威实用主义教育思想的主要脉络和整个发展过程。《学校与社会·明日之学校》（被引90次）所载的是杜威在芝加哥大学时期和在哥伦比亚大学1915年以前的教育著作中最重要、最有代表性的几种论著的合集，主要包括《我的教育信条》、《学校与社会》、《儿童与课程》、《教育中的道德原理》、《教育中的兴趣与努力》和《明日之学校》等论著。《我们怎样思维·经验与教育》（被引68次）是由《我们怎样思维》和《经验与教育》两本书合编而成。前者以论述反省思维与教学的关系为主线，阐述了思维的概念、思维训练的问题，思维的逻辑程序，思维的方法，语言与思维训练的关系等，并因此得出教育上的若干结论。后者首先批判了传统教育的弊端，进而提出我们的教育"需要一种经验的理论"的命题，并论述了经验的标准，社会的控制，进步的教材组织，并得出经验是教育的方法和目的的结论。此外该书还首次提出"附带学习"的概念。杜威不仅强于理论，且富有实践经验。这几部著作贯穿了杜威主要的教育思想，是实用主义教育理论的经典名著。这4本书总被引次数高达604次，杜威教育著作及其思想对教育学研究的重要意义由此可"略见一斑"。引用这几本书的教育学论文几乎涵盖了教育学所有相关的主题。该书对于研究杜威本人及其实用主义教育思想也是不可缺少的书籍。

其他的教育哲学著作还有雅斯贝尔斯著的《什么是教育》（被引290次）、保罗·弗莱雷著的《被压迫者教育学》（被引96次）、夸美纽斯著的《大教学论》（被引83次）、霍华德·加德纳著的《多元智能》（被引82次）、德斯蒙德·基更编的《远距离教育理论原理》（被引78次）、莱斯利·P. 斯特弗等主编的《教育中的建构主义》（被引69次）、筑波大学教育学研究会编的《现代教育学基础》（被引65次）、卢梭著的《爱弥儿》（被引56次）、赫尔巴特著的《普通教育学·教育学讲授纲要》（被引52次）、怀特海著的《教育的目的》（被引38次，2002年出版）、沃尔夫冈·布列钦卡著的《教育科学的基本概念：分析、批判和建议》（被引35次，2001年出版）和埃德加·莫兰著的《复杂性理论与教育问题》（被引33次，2004年出版）。以下将对一部分著作进行讨论分析。

《什么是教育》讨论了三个问题：什么是现代教育；教育的本质与现代；现代的学校教育，特别是大学教育应如何进行。作者雅斯贝尔斯从"生存、自由、超越"的存在主义哲学基础出发，详尽、深入地论述了他对教育的独特理解，指出教育是人的灵魂的教育，教育即生成，教育的使命在于成为"全人"：自由的生成与精神的唤醒。因此，教育不仅需要进行文化教育，还需要强调师生间的平等尊重，倡导苏格拉底式教育方式，教师是学生自我教育的引导者。[①] 引用这部著作的教育学论文以理论研究为主，多篇论文透过理念、使命、精神、目的、本质、价值等概念对教育理论以及能够反映这些概念的教育过程、教育范式、教学观念方法乃至教育的组织管理等各个方面进行了哲学思考与阐释。

《被压迫者教育学》是一本关于平等和正义的书。巴西著名教育学家保罗·弗莱雷在书中对压迫和被压迫的阐释以及对教育意义的剖析远远超出了教育学的学科范畴，他提出的对话教育理论和行动教育理论具有深远的文化意义。借鉴对话教育理论研究师生关系、人性教育、主体性教育等研究领域的论文构成了引用该书的教育

[①] 李峻、刘玉杰："教育的本真：自由的生成与精神的唤醒——雅斯贝尔斯《什么是教育》解读"，《大学教育科学》2007年第4期。

学论文的主体。

《大教学论》是近代第一部系统论述教育理论的著作，是捷克教育家夸美纽斯的代表作。作者在书中总结了当时欧洲许多国家的教育经验，阐述了新兴资产阶级的教育目的、内容、制度及教学组织形式、教学方法、教学原则、教师和学生等理论问题。这本著作的诞生标志着教育科学的发展进入了一个新阶段，标志着教育学成了一门系统的独立的学科。该著作对于教育学研究而言，除了深刻的理论意义外，在研究西方教育制度沿革、探求外国教育史方面也有一定价值。

《多元智能》详细地介绍了多元智能理论产生的背景、特点及其在教育改革中的应用，既有心理学、教育学理论的根据，又有学校具体应用和操作的方法和实例。该书对我国当前变应试教育为素质教育的改革有极为重要的参考价值。

《教育中的建构主义》是一系列有关建构主义研讨的论文集。此书一方面向我们勾画出了建构主义不同范式的形成渊源、特点、特长以及它们对不同学科领域的影响和贡献，另一方面为我们描绘了建构主义各个范式间的网络关系。引用该书的教育学论文试图将建构主义的思想应用到教育理念、学习理论、教学实践等多个方面。

《爱弥儿》是18世纪法国启蒙运动者、近代资产阶级进步思想家卢梭的著作。卢梭的政治理论给法国大革命作了先导，对世界人民谋求自由解放的斗争给予了有力的推动。他对宗教、社会、文化、教育的改革都曾做出启发和指导。《爱弥儿》是构思20载和撰写3载的不朽之作，在扫除封建教育和建设近代教育的转换中，无疑是伟大的丰碑。卢梭既强于思想，又浓于感情。《爱弥儿》不是正面从理论上论述教育，却透过儿子爱弥儿和女儿苏菲的形象而抒发其教育主张，形成了思想和感情融为一体的小说。它说理深邃、情绪激昂，凭借思想和艺术双重威力被人奉为经典，促成人类教育跨入新的时代。

《普通教育学·教育学讲授纲要》共分"教育的一般目的"、"兴趣的多方面性"和"道德性格的力量"三编。作者提出了作为独立的一门科学的教育学理论体系的基础是哲学与心理学，教育的目的是培养道德性格力量。该书的作者约翰·弗里德里希·赫尔巴特是德国著名的教育家、心理学家和哲学家，在西方教育史上被誉为"科学教育学的奠基人"，他的教育理论代表作《普通教育学》被视为教育史上第一部具有科学体系的教育学著作。引用该书的教育学论文主要是对各种教育理论问题进行探究。

（5）教育学其他著作

论述教育管理的著作4种：罗伯特·G.欧文斯著的《教育组织行为学》（被引69次）、亨利·罗索夫斯基著的《美国校园文化：学生、教授、管理》（被引57次）、托尼·布什著的《当代西方教育管理模式》（被引45次）、托马斯·J.萨乔万尼著的《道德领导：抵及学校改善的核心》（被引31次，2002年出版）。

《教育组织行为学》的主要内容涉及教育领域的组织思想的主流，当代组织理论，组织的人性维度，组织文化和组织气候，组织变革、决策、组织冲突等。该书自1970年首次出版以来一直是美国大学的畅销教材，影响广泛，享有盛誉，已经过7次修订，现在的译本根据2001年的第7版译出。该书反映了教育组织行为学的最新成果和发展趋势，许多教育学相关论文在援引该书的基础上，对教育改革、学校发展、组织变革、制度设置、校长权力等一系列围绕教育组织行为的论题进行了研究分析。

《美国校园文化：学生、教授、管理》从学生、教授、管理三个视角对反映美国校园文化的诸多方面进行了介绍。包括大学学院的选拔录取、学生择校、教育宗旨、基础课程概述、研究生教育；高校生活的优缺点、教授任期的意义与任期的典型事例、高校生活的阴暗面、大学市场化；院长职能、大学管理工作等内容。引用该书的教育学论文涉及与校园文化紧密相连的教育管理等多个研究领域。

《当代西方教育管理模式》旨在提供一些理论框架以指导教育管理者的实践，作者托尼·布什力图以清晰易懂的术语来阐述复杂的理论体系，并通过对学校和学院管理中的实际事例的剖析来解释和说明管理模式。引用该书的教育论文主要致力于借鉴对比国内外教育管理、组织模式上的研究。

《道德领导：抵及学校改善的核心》力求构建一种基于道德权威的学校领导实践的理论，并谋求建立这种实践所要求的被扩展了的学校领导的价值结构和权威基础。该书为有关学校管理、学校领导的论文提供了很好的研究视角。

有关教育改革方面的译著4种：迈克·富兰著的《变革的力量：透视教育改革》（被引78次）、杰夫·惠迪等著的《教育中的放权与择校：学校、政府和市场》（被引43次）、约翰·E. 丘伯和泰力·M. 默著的《政治、市场和学校》（被引35次，2003年出版）、欧内斯特·L. 博耶著的《关于美国教育改革的演讲（1979—1995）》（被引34次，2002年出版）。

《变革的力量：透视教育改革》探讨了教育改革在社会各个层面上的非线性和无序的本质，对教育改革问题进行了多角度、全方位的深层探讨，尤其对教育变革的动力、变革过程的复杂性以及变革的内在机制等问题进行了系统阐述。该书为我们认识和对待似乎难以解决的教育改革问题提供了明晰的和有洞察力的见解，也为课程改革、学校变革等有关教育改革的论文提供了研究的视角。

《教育中的放权与择校：学校、政府和市场》认为市场导向的教育改革是一把双刃剑，一方面它增强教育制度的灵活性、多样性、自主性；另一方面它却带来了诸如加重社会不公正现象、扩大了强势与弱势群体间差距等的弊端。《政治、市场和学校》以严谨的理论分析框架、翔实的数据资料以及恰当的比较制度分析方法，研究了教育体制与政府、市场之间的关系，以及为反思中国教育改革实践提供了新的视角。这两本译著都是教育部人文社会科学重点研究基地——北京师范大学比较教育研究中心组织翻译出版的。引用这两本书的论文多是探讨教育体制、教育市场和政府对教育的影响这些方面的内容。

《关于美国教育改革的演讲（1979—1995）》分基础教育、高等教育、挑战与对策三部分，其中包括准备学习、国家的指令、大学的质量、伙伴关系、教师教育等。著者欧内斯特·博耶是美国卡内基教育促进会的前任会长，他组织了多次有关中等教育、高等教育的调研，形成了很有影响的研究报告。他不仅是一位教育家，而又是一位演说家。原书是他逝世前自己从众多的演讲手稿里挑选了12篇最能代表他的思想的演说，汇编成的《欧内斯特·L. 博耶演说选（1979—1995）》，并于1997年出版。译著为了明确主题将其译成《关于美国教育改革的演讲》。引用该书的教育学论文主要是研究美国教育改革和发展以及我国教育改革尤其是高等教育改革等方面的问题。

涉及教育社会学及相关领域的著作3种：马克斯·范梅南著的《生活体验研究：人文科学视野中的教育学》（被引56次）、O. F. 博尔诺夫著的《教育人类学》（被引50次）、爱弥尔·涂尔干著的《道德教育》（被引36次，2001年出版）

《生活体验研究：人文科学视野中的教育学》是一本有关教育现象学的书籍。现象学研究隶属于哲学研究的范畴，故这本书亦属于教育哲学类书籍。该书试图对用于人文科学研究和写作的解释现象学方法作一个介绍和描述，书中提供了教育学背景上的研究概念，以作为研究日常生活经验的起点。引用该书的教育学论文主要是有关生活体验教育、现象学教育等的研究。

《教育人类学》虽是一本教育人类学著作，但作者博尔诺夫却在该书中综合了他的绝大部分研究成果，嵌入了他许多教育思想。该书强调了哲学人类学的方法对教育科学的作用，试图运用人类学的研究成果开拓教育科学的新视野，书中介绍了教育学中人类学观察方法、人的可教育性、教育气氛、非连续性的教育形式、克服存在主义、人类学对空间时间语言的解释等内容。引用该书的教育学论文集中在对教育人类学相关问题的研究，其中对非连续性教育、遭遇教育的探讨颇多。

《道德教育》属于教育社会学类读物，是根据涂尔干的讲义授课内容以及他的有关教育问题的专题讨论和备课笔记整理而成。该书涉及具体教学方式、教育方法，基础教育理论、教育史、教育学史的研究以及与教学实践和理论探索牵连至深的社会学实质问题，故引用该书的教育学论文主要也来自于这些方面的研究。

涉及教育技术的书籍有2种：巴巴拉·西尔斯和丽塔·里齐所著的《教学技术：领域的定义和范畴》（被引83次）、白甫丽·艾碧主编的《网络教育：教学与认知发展新视角》（被引31次，2003年出版）。

《教学技术：领域的定义与范畴》主要内容包括：教学技术领域的有关定义与范畴、对教学技术产生影响的来源、教学技术的实践、教学技术定义的意义。该书对教学技术领域的本质提出了一种特殊的观点和解释，最终得到的定义与范畴证明了该领域的统一性，同时还有效地沟通了这个领域中各部分及外部内容。引用该书的教育学论文主要是对教育技术、教学技术相关理论问题的研究。

《网络教育：教学与认知发展新视角》提供了关于网站的教学设计问题、学习者同网络的相互作用以及这种相互作用对学习者认知的影响等各种观点和见解。其引用该书的教育学论文主题主要涉及网络教学、远程教育等。

《学会生存：教育世界的今天和明天》（被引 583 次）、《教育——财富蕴藏其中：国际 21 世纪教育委员会报告》（被引 383 次）和《从现在到 2000 年教育内容发展的全球展望》（被引 132 次）都是联合国教科文组织相关部门的研究成果。

《学会生存：教育世界的今天和明天》由联合国教科文组织国际教育发展委员会编著，此次入选的该书译著有两本：一本是上海师范大学外国教育研究室翻译的、由上海译文出版社 1979 年出版，被引 80 次；另一本是华东师范大学比较教育研究所翻译的、由教育科学出版社 1996 年出版，被引 503 次。从被引数字上看，这部书对于学术研究具有非常明显的重要意义。该书从回顾教育发展的历史谈起，着重论述了当今世界教育面临的挑战与主要倾向，指出了关于实现教育革新的一些策略和途径以及最终走向学习化社会的道路，最后论述了教育的国际合作问题。引用这本著作的教育学论文涉及的领域非常广泛：高等教育、课程与教学、素质教育、德育、比较教育、教育公平、教师角色、教育技术等，既涉及理论又包括实践。

《教育——财富蕴藏其中》是国际 21 世纪教育委员会向联合国教科文组织提交的报告。该委员会委员大多数是改革家、科学家、经济学家、社会活动家和行政人员，只有少数来自教育界。该委员会提出的报告与《学会生存》有所不同，它是在更广阔的国际经济、政治、文化背景上论述教育的作用及有关问题，面对教育内部的要素（教师、学生、课程）及其过程管理等论述则相对较少。该报告根据委员会对未来教育面临的挑战的研究和思考，提出可供高层决策者作为教育革新和行动依据的建议。该报告着眼于未来的大目标并从各国的实际出发，视野广阔、深刻，又注意可行性，许多内容具有开创性，对各国教育决策和教育实践具有指导意义。

《从现在到 2000 年教育内容发展的全球展望》是联合国教科文组织于 20 世纪 80 年代开始的关于"整个教育内容为适应科技文化进步和劳动世界需要而演变"的研究成果综述。该书基于联合国教科文组织在中国、美国、匈牙利、荷兰、菲律宾 5 个国家进行的"今后 20 年普通教育内容演变"的实例研究，从国际比较的眼光出发，对影响教育内容发展变化的诸因素——人口、经济、社会、政治变革、文化变革与社会进步等进行了考察，在此基础上，对教育内容发展变化的未来趋势作了预测。这本书对宏观研究各种教育现象与问题具有很大参考价值。

另外还有两本属于西方教育史和教育思想发展的著作：傅伊德等著的《西方教育史》（被引 48 次）和涂尔干所著的《教育思想的演进》（被引 27 次，2003 年出版）。

《西方教育史》是从希腊人在纪元前几百年对教育的探索起，一直到 20 世纪科学教育学创始时止,论述了希腊和罗马教育、黑暗时代的教育、大学的兴起、人文主义教育、宗教改革与教育、17世纪至20世纪的教育。它是一部重要的教育进化的记录,指出了我们的教育理论和实践是如何随着时代而逐渐形成,并把过去和现在作为我们不断发展的生活的各部分连接起来。

《教育思想的演进》是根据涂尔干1904—1905年在巴黎大学开设的"法国中等教育史"课程整理而成,同时是史学界公认的社会史的开山之作。该书考察了长达十几个世纪的教育制度和观念史,几乎涵盖了法国启蒙教育从早期教会的"肇发时期"到19世纪的"危机时期"的演进过程。该书不仅把教育观念的演进与思想体系史融通起来,也与教育体制内的制度安排和实践形式环环相扣,以教育为视角和切入点,勾画了一幅现代性在制度化和文明化的意义上从生成到危机的全景。引用该书的教育学论文主题包括西方教育制度和教育理念、中世纪大学、国内高等教育研究领域等。

(6) 其他学科相关著作

学科的交叉渗透,促使着各学科研究要借鉴参考其他学科的研究成果和知识。教育学也不例外,大量的哲学、心理学、管理学、社会学、经济学等知识和研究成果在影响着教育学研究,本次入选的对教育学有较大影响的20本其他学科著作充分说明了这一点。鉴于这些书籍多数在其他学科也会出现,故在本章的介绍主要着眼于它们在教育学研究领域的影响。

① 哲学类著作

入选教育学领域较有影响的哲学类译著8种:《正义论》(被引136次)、《人论》(被引111次)、《真理与方法:哲学诠释学的基本特征》(被引61次)、《自由秩序原理(上、下册)》(被引58次)、《欧洲科学危机和超验现象学》(被引57次)、《存在与时间》(被引52次)、《个人知识:迈向后批判哲学》(被引50次)以及《小逻辑》(被引43次)。

美国哈佛大学教授约翰·罗尔斯的《正义论》自1971年问世后,在西方国家引起了广泛重视,被视为第二次世界大战后西方政治哲学、法学和道德哲学中最重要的著作之一。该书充分表达作者严密的条理、一贯的思想体系——即一种继承西方契约论的传统,试图代替现行功利主义的、有关社会基本结构的正义理论。正义观念在人类的思想发展史和社会发展史上有着举足轻重的地位,不同的思想家曾做出不同的界定。罗尔斯认为正义的主题就是社会的基本结构,或者说得更准确些就是主要的社会体制分配基本权利与义务和确定社会合作所产生的利益的分配方式。罗尔斯的正义理论,可称作正义即公平的理论。① 该书分为三编九章,第一编第一章阐述的是正义即公平,第二编体制主要探讨的是"平等自由权"、"分配份额"和"责任

---

① 摘选自王沪宁给此书做的序。

和义务",第三编探讨伦理和道德领域中的课题,涉及善、自尊、美德、正义感、道德感情、自律等。该书对于教育学领域来说,在探讨教育公平、教育义务、教育机会这些问题时,有较大的参考价值和借鉴意义。

德国当代哲学家卡西尔的《人论》共12章,分上、下两篇:上篇前五章集中回答"人是什么"这一问题,着力阐述了人与动物,人类世界和自然世界区别,提出人与其说是"理性的动物",不如说是"符号的动物",亦即能利用符号去创造文化的动物;下篇后七章"人与文化",全面考察了人类世界本身,研究了人是怎样运用各种不同的符号来创造文化。《人论》力图论证的一个基本思想实际上就是:人只有在创造文化的活动中才能成为真正意义上的人;也只有在文化活动中,人才能获得真正的"自由"。① 教育是针对人类学习、成长和发展的社会文化活动,基于该书对人以及人类文化活动的阐释,它在研究人性教育,人文教育,人的主体性教育、教育的本质,教育的目的和方法等诸多问题上有重要的价值。

《自由秩序原理》是西方当代经济学家哈耶克的重要著作,该书把哲学、法理学、经济学等学科综合起来,对自由进行了反复研究,认为个人的理性因为是内生于社会进程而具有限度;社会秩序只能是进化而非设计的产物;考察了内在自由、政治自由和肯定性自由;批判了"正义论",认为真正的平等就是"机会";赞同私有制,反对计划经济,主张建立"法治",反对特权。② 这些观点被教育学研究者用于在研究自主性教育、教育体制、教育公平等多个方面。

现象学作为现代西方哲学的一个主要流派,由德国哲学家胡塞尔于1900年所创立。《欧洲科学危机和超验现象学》是其晚年作品。该书阐述了欧洲科学危机的现实与历史,同时批判了实证主义的科学观与存在主义非理性主义的哲学思想。胡塞尔的弟子海德格尔在20世纪20年代末改变了现象学研究的方向,开创了侧重探讨存在问题的新思潮,其标志就是《存在与时间》的出版,这部书系统地阐述了海德格尔存在主义本体论思想和伦理学思想,海德格尔认为他的本体论是一种基本本体论,主要解决存在是怎样"在"起来的问题,而时间是"存"的特征③。在《存在与时间》中,海德格尔为哲学阐释学奠定了基础"现象学描述的方法论意义就是解释"④。这两部著作的现象学与存在主义的思想被探讨主体性教育、生活体验教育、对话教育等方面的论文有较多引用。

---

① 《人论》·互动百科. [2009 - 8 - 19] http://www.hudong.com/wiki/%E3%80%8A%E4%BA%BA%E8%AE%BA%E3%80%8B.

② 王懋昌等主编:《中国人的理想藏书》,新华出版社2003年版,第551页。

③ 《简明伦理学辞典》编辑委员会编:《简明伦理学辞典》,甘肃人民出版社1987年版,第230页。

④ 韩东晖主编,聂敏里等撰:《智慧的探险:西方哲学史话》,中国人民大学出版社2003年版,第321页。

伽达默尔所阐发的哲学阐释学源自并延续了一种特殊的哲学传统，这种传统就是由胡塞尔创立、海德格尔发展的现象学。诠释学符合"现象学方法"的要求，本质上是一种描述性学科，而不是一种说明性学科；诠释学理论（或理论活动）并不具有"思辨的"本性，而是一种借助反思而进行的尝试，以确定当我们宣称达到了对某物的理解"真理"时，实际发生或曾经发生了什么。[1] 伽达默尔的《真理与方法：哲学诠释学的基本特征》记述哲学诠释学探究人类理解活动的基本特征，论述人在传统、历史和世界中的经验，人类存在方式中人类与世界的根本关系。该书对教育学研究的意义在于它提供了用诠释学的理念、方法去探究教育问题，引用该书的教育学论文有理解性教育、游戏与教学、隐喻教育等具有诠释学意义的主题。

《个人知识：迈向后批判哲学》主要论述知识的本质和形成以及心灵的起源，书中不同程度地触及了自然科学、社会科学和人文科学几乎所有主要门类的知识。正如作者波兰尼在前言中所说"该书主要是针对科学知识的本质及其合理性所做的一个探讨，但我对科学知识的再思考却引出了科学领域以外范围的广泛问题"，故该书所涉及的观点和理论其应用面非常广泛。关于知识的认识和"个人知识"概念的提出以及作为个人知识理论基础的"缄默知识"理论都有着丰富而深刻的教育学意义，被广泛地运用在知识类型教育、个人教育、教育实践和改革等多个教育学研究领域。

《小逻辑》是德国古典哲学家黑格尔《哲学全书》的第一部分，它比较简单、集中地反映了黑格尔辩证法的基本思想。这并不是一本介绍形式逻辑的书，而是旨在介绍人的思维形式的书。在这本著作的导言中，黑格尔着重介绍了哲学作为一门科学，是一种系统的体系，而这种体系就是人自身的一种思维的形式。[2] 通过查阅发现，教育学相关论文，主要是运用书中所介绍的思维方式，所阐述的辩证法来进行研究上的思考和辨析，其论文的主题是多方面不固定的，但侧重理论研究。

② 经济类著作

经济类著作有两本。一本是德国学者柯武刚和史漫飞所著的《制度经济学：社会秩序与公共政策》（被引46次），另一本是美国经济学家西奥多·W. 舒尔茨著的《论人力资本投资》（被引43次）。

《制度经济学：社会秩序与公共政策》对尚在发展的制度经济学方法和有关私人产权及其竞争性应用的核心问题提供了一个引论，包括具有政策取向的讨论如"制度的逻辑基础以及制度的重要性"、"为国内市场和国际贸易奠定基础的各种制度安排"等。引用该书的教育学论文主要是研究课程教学、教育管理等领域内的制度和政策问题，以及涉及效益、公平、资源配置等教育经济学问题。

《论人力资本投资》为1979年诺贝尔经济学奖获得者西奥多·W. 舒尔茨有关人

---

[1] 韩东晖主编，聂敏里等撰：《智慧的探险：西方哲学史话》，中国人民大学出版社2003年版，第323页。

[2] 小逻辑·百度百科．[2009-8-28] http://baike.baidu.com/view/340170.html.

力资本投资理论的论文集。第二次世界大战以后，随着西方社会经济的不断增长，出现了许多用传统经济理论无法阐述清楚的现象。在这种情况下，舒尔茨提出了人力资本的理论体系，对经济发展的动力做出了全新的解释。他认为，研究经济增长问题，有必要在传统的资本概念中加入人力资本概念，而不应仅仅考虑有形的物质资本。其理论的正确性已由西方经济发展的实践证明，被公认为西方教育经济学诞生的标志。

③社会学类著作

此次入选的社会学类图书有华勒斯坦著的《学科·知识·权力》（被引93次）、皮埃尔·布尔迪厄等著的《实践与反思：反思社会学导引》（被引91次）和哈贝马斯著的《交往与社会进化》（被引40次）。

《学科·知识·权力》是社会与思想类文集，阐述的主要是学科与知识以及权力之间的关系，其中收录的由霍斯金所著的《教育与学科规训制度的缘起》与教育学关系最为密切，引用该书的教育学论文主要与这篇论述有关。

《实践与反思：反思社会学导引》通过勾画布尔迪厄有关知识、实践和社会的理论结构及其学术图景的轮廓，向读者提供了理解布尔迪厄著作的广博体系和内在理路的钥匙，并反映了芝加哥大学研讨班的成就以及以巴黎研讨班的讨论为基础反思社会学的实践。

《交往与社会进化》以对交往过程的结构分析为基础，以个人自我同一性的发展历程为模型，提出了社会进化的进程理论。该书作为对马克思历史唯物主义的重新构建，并在此基础上，分析了现代资本主义社会的合法性问题。① 该书是一部由五篇文章构成的论文集，它以高度凝缩、精练和概括的形式勾勒出哈贝马斯交往理论的全貌。

这几部社会学著作对教育学的影响主要体现在，借助社会学的原理、方法和观点去考察思索教育现象和教育问题，为在社会层面上研究教育、教育社会学提供了理论基础。

④科学与管理类著作

法国当代著名思想家埃德加·莫兰所著的《复杂思想：自觉的科学》一书（被引58次）包括为了科学、对科学认识的认识、技术的认识论、研究者对于社会和人类的责任、复杂性的挑战、略论科学和伦理学等内容。引用该书的教育学论文主要是用复杂性理论去考察各种教育问题。

《科学革命的结构》（被引31次，2003年出版）的作者托马斯·库恩从科学史的视角探讨常规科学和科学革命的本质，第一次提出了范式理论以及不可通约性、学术共同体、常态、危机等概念，提出了革命是世界观的转变的观点，深刻揭示了

---

① 陈晏清等主编：《哲学思想宝库经典》，大连出版社1994年版，第1015页。

科学革命的结构,开创了科学哲学的新时期。引用该书的教育学论文主要集中于教育学各种问题的范式研究。

彼得·圣吉著的《第五项修炼:学习型组织的艺术与实务》(被引118次)倡导组织学习,并总结出在自我超越、改善心智模式、建立共同愿景、团队学习四项修炼基础上的第五项修炼系统思考,使企业建立学习型组织有章可循。将学习型组织的理论应用于教学、学校管理等领域是教育学相关研究引用该书的主要方面。

⑤其他著作

《爱因斯坦文集》(被引107次)共分三卷:第一卷收录的主要是爱因斯坦的科学哲学与一般科学类文章;第二卷收录的主要是爱因斯坦的重要科学论文;第三卷收录的主要是爱因斯坦的社会政治言论及一些补遗。其中第一、三两卷(尤其是第一卷)在普通读者中影响更大,教育学研究的引用更多的也是源于这两卷。作为20世纪最伟大的科学家,爱因斯坦就科学素质教育及其具体操作提出过大量精辟的见解。①

《开放社会科学:重建社会科学报告书》(被引58次)站在当代史的角度,回顾了18世纪自1945年社会科学的体制化进程,评述了第二次世界后社会科学发展所遭遇的重大理论疑难,提出打破原有学科界限、放弃以国家为主的分析框架,重建社会科学的要求。②

《中世纪的知识分子》(被引53次)讨论的是中世纪的知识分子问题。这里所说的"知识分子",是一个特定概念,主要指中世纪随着城市的发展而从事精神劳动、以教学为职业的教士。全书考察了这一特殊类型的"手工劳动者"的产生、演变、分化及最后从历史舞台上消失,结合有关的历史与文化背景,尤其是大学的发展情况,叙述脉络清晰,文笔要而不繁,被公认为西方当代优秀的史学著作。对于研究中世纪的大学状况、教育思想演变、高等教育管理制度等诸多教育学问题有着重要的参考价值。

18.6 国内学术著作对教育学研究的影响

在此次遴选出的教育学较有学术影响的254种图书中,国内学术著作有113种,占44.49%,它集中了近30年内国内教育学领域出版的较有学术价值的著作,这些著作客观地反映了教育学领域的发展状况,对学科体系和学术研究有着深远影响。入选图书内容涵盖了教育学领域的多方面内容,如高等教育学、课程理论与教学、教育学原理、教育技术、教育政策学等。详细目录参见表18-8。

---

① 雷德鹏等:"论爱因斯坦的科学素质教育思想",《广西大学学报》(哲学社会科学版)1998年第3期。

② 林杰:"对教育科学理论体系建构的反思",《现代大学教育》2001年第4期。

表 18－8　教育学论文引用较多的国内学者学术著作

序号	图书信息
1	钟启泉：《为了中华民族的复兴，为了每位学生的发展：〈基础教育课程改革纲要（试行）〉解读》，上海：华东师范大学出版社，2001
2	施良方：《课程理论：课程的基础、原理与问题》，北京：教育科学出版社，1996
3	石中英：《知识转型与教育改革》，北京：教育科学出版社，2001
4	中国教育与人力资源问题报告课题组：《从人口大国迈向人力资源强国》，北京：高等教育出版社，2003
5	教育部师范教育司：《教师专业化的理论与实践》，北京：人民教育出版社，2003*
6	张华：《课程与教学论》，上海：上海教育出版社，2000
7	叶澜：《教师角色与教师发展新探》，北京：教育科学出版社，2001
8	蔡元培著，中国蔡元培研究会编：《蔡元培全集》，杭州：浙江教育出版社，1997—1998
9	吴康宁：《教育社会学》，北京：人民教育出版社，1998
10	施良方：《学习论：学习心理学的理论与原理》，北京：人民教育出版社，1994*
11	王善迈：《教育投入与产出研究》，石家庄：河北教育出版社，1996
12	朱慕菊主编，教育部基础教育司组织编写：《走进新课程：与课程实施者对话》，北京：北京师范大学出版社，2002
13	皮连生：《学与教的心理学》，上海：华东师范大学出版社，1997*
14	王策三：《教学论稿》，北京：人民教育出版社，1985
15	乌美娜：《教学设计》，北京：高等教育出版社，1994
16	陈琦：《当代教育心理学》，北京：北京师范大学出版社，1997
17	钟启泉：《现代课程论》，上海：上海教育出版社，1989*
18	邵瑞珍：《教育心理学》，上海：上海教育出版社，1997*
19	南国农：《电化教育学》，北京：高等教育出版社，1998*
20	叶澜：《教育研究方法论初探》，上海：上海教育出版社，1999
21	金生鈜：《理解与教育：走向哲学解释学的教育哲学导论》，北京：教育科学出版社，1997
22	陶行知：《陶行知全集》，长沙：湖南教育出版社，1984—1985、1992
23	陈向明：《质的研究方法与社会科学研究》，北京：教育科学出版社，2000

续表

序号	图书信息
24	何克抗：《教育技术学》，北京：北京师范大学出版社，2002
25	鲁迅：《鲁迅全集》，北京：人民文学出版社，1981*
26	丁兴富：《远程教育学》，北京：北京师范大学出版社，2001
27	陶行知：《陶行知全集》，成都：四川教育出版社，1991
28	李秉德：《教学论》，北京：人民教育出版社，1991*
29	叶澜：《教育概论》，北京：人民教育出版社，1991*
30	施良方：《教学理论：课堂教学的原理、策略与研究》，上海：华东师范大学出版社，1999
31	何克抗：《教学系统设计》，北京：北京师范大学出版社，2002
32	蔡元培：《蔡元培教育论著选》，北京：人民教育出版社，1991
33	蔡元培著，高平叔编：《蔡元培全集》，北京：中华书局，1984、1988、1989①
34	潘懋元等：《高等教育学》，福州：福建教育出版社，1995*
35	朴永馨：《特殊教育学》，福州：福建教育出版社，1995
36	陈玉琨：《教育评价学》，北京：人民教育出版社，1999
37	鲁洁：《德育新论》，南京：江苏教育出版社，1994*
38	祝智庭：《现代教育技术：走进信息化教育》，北京：高等教育出版社，2001*
39	陈桂生：《教育原理》，上海：华东师范大学出版社，1993*
40	汤盛钦：《特殊教育概论：普通班级中有特殊教育需要的学生》，上海：上海教育出版社，1998
41	沈红：《美国研究型大学形成与发展》，武汉：华中理工大学出版社，1999
42	靳希斌：《教育经济学》，北京：人民教育出版社，2001*
43	王英杰：《美国高等教育的发展与改革》，北京：人民教育出版社，1993*
44	吴文侃：《比较教育学》，北京：人民教育出版社，1999*
45	鲁洁：《教育社会学》，北京：人民教育出版社，1990
46	顾明远：《国际教育新理念》，海口：海南出版社，2001*
47	熊川武：《反思性教学》，上海：华东师范大学出版社，1999
48	南京师范大学《教育学》编写组：《教育学》，北京：人民教育出版社，1984
49	金耀基：《大学之理念》，北京：生活·读书·新知三联书店，2001

---

① 中华书局于1984年出版了《蔡元培全集》的1—4卷，1988年出版了5、6两卷，1989年出版了第7卷。

续表

序号	图书信息
50	国家教育发展研究中心：《2000年中国教育绿皮书：中国教育政策年度分析报告》，北京：教育科学出版社，2000
51	钟启泉：《课程设计基础》，济南：山东教育出版社，2000*
52	王道俊：《教育学：新编本》，北京：人民教育出版社，1989*
53	尹俊华：《教育技术学导论》，北京：高等教育出版社，2002*
54	陆有铨：《躁动的百年：20世纪的教育历程》，济南：山东教育出版社，1997
55	邹进：《现代德国文化教育学》，太原：山西教育出版社，1992
56	严复：《严复集》，北京：中华书局，1986
57	毛礼锐：《中国教育通史（1—6卷）》，济南：山东教育出版社，1985–1989*
58	南国农：《信息化教育概论》，北京：高等教育出版社，2004
59	陈桂生：《"教育学视界"辨析》，上海：华东师范大学出版社，1997
60	袁振国：《教育政策学》，南京：江苏教育出版社，2001*
61	潘懋元：《多学科观点的高等教育研究》，上海：上海教育出版社，2001
62	袁振国：《当代教育学》，北京：教育科学出版社，1999*
63	张维迎：《大学的逻辑》，北京：北京大学出版社，2004*
64	孙培青：《中国教育史》，上海：华东师范大学出版社，2000*
65	南国农：《教育传播学》，北京：高等教育出版社，1995*
66	潘懋元：《新编高等教育学》，北京：北京师范大学出版社，1996
67	盛群力：《现代教学设计论》，杭州：浙江教育出版社，1998
68	陈学飞：《美国、德国、法国、日本当代高等教育思想研究》，上海：上海教育出版社，1998
69	张铁明：《教育产业论：教育与经济增长关系的新视角》，广州：广东高等教育出版社，1999*
70	梅贻琦：《梅贻琦教育论著选》，北京：人民教育出版社，1993
71	束定芳：《现代外语教学：理论、实践与方法》，上海：上海外语教育出版社，1996
72	李克东：《教育技术学研究方法》，北京：北京师范大学出版社，2003
73	高文：《教学模式论》，上海：上海教育出版社，2002
74	叶圣陶：《叶圣陶语文教育论集（上下两册）》，北京：教育科学出版社，1980
75	叶澜：《"新基础教育"探索性研究报告集》，上海：上海三联书店，1999
76	张华：《课程流派研究》，济南：山东教育出版社，2000
77	马相伯：《马相伯集》，上海：复旦大学出版社，1996

第 18 章 教育学

续表

序号	图书信息
78	范先佐：《教育经济学》，北京：人民教育出版社，1999
79	国家教育发展研究中心：《2001 年中国教育绿皮书：中国教育政策年度分析报告》，北京：教育科学出版社，2001
80	祝智庭：《网络教育应用教程》，北京：北京师范大学出版社，2001*
81	谢维和：《教育活动的社会学分析：一种教育社会学的研究》，北京：教育科学出版社，2000
82	瞿葆奎：《教育学文集·教育与教育学》，北京：人民教育出版社，1993
83	刘捷：《专业化：挑战 21 世纪的教师》，北京：教育科学出版社，2002
84	黄济：《现代教育论》，北京：人民教育出版社，1996
85	丛立新：《课程论问题》，北京：教育科学出版社，2000
86	梁启超：《饮冰室合集》，北京：中华书局，1989
87	皮连生：《智育心理学》，北京：人民教育出版社，1996
88	滕大春：《外国教育通史》，济南：山东教育出版社，1989—1994
89	郑金洲：《教育文化学》，北京：人民教育出版社，2000
90	王吉庆：《信息素养论》，上海：上海教育出版社，1999*
91	朱小蔓：《教育的问题与挑战：思想的回应》，南京：南京师范大学出版社，2000
92	胡建华等：《高等教育学新论》，南京：江苏教育出版社，1995*
93	卢现祥：《西方新制度经济学》，北京：中国发展出版社，1996*
94	陈永明：《现代教师论》，上海：上海教育出版社，1999
95	滕大春：《美国教育史》，北京：人民教育出版社，1994*
96	祝智庭：《现代教育技术：走向信息化教育》，北京：教育科学出版社，2002
97	陈学飞：《西方怎样培养博士：法、英、德、美的模式与经验》，北京：教育科学出版社，2002
98	李其龙：《教师教育课程的国际比较》，北京：教育科学出版社，2002
99	劳凯声：《变革社会中的教育权与受教育权：教育法学基本问题研究》，北京：教育科学出版社，2003
100	唐莹：《元教育学：西方教育学认识论剪影》，北京：人民教育出版社，2002
101	闵维方：《高等教育运行机制研究》，北京：人民教育出版社，2002
102	丁学良：《什么是世界一流大学？》，北京：北京大学出版社，2004
103	黄福涛：《外国高等教育史》，上海：上海教育出版社，2003
104	丁兴富：《远程教育研究》，北京：首都师范大学出版社，2002

续表

序号	图书信息
105	叶澜：《"新基础教育"发展性研究报告集》，北京：中国轻工业出版社，2004
106	陈丽：《远程教育学基础》，北京：高等教育出版社，2004
107	陈永明：《教师教育研究》，上海：华东师范大学出版社，2003
108	廖哲勋：《课程新论》，北京：教育科学出版社，2003
109	赵汀阳：《论可能生活：一种关于幸福和公正的理论（修订版）》，北京：中国人民大学出版社，2004
110	戴晓霞等：《高等教育市场化》，北京：北京大学出版社，2004
111	束定芳：《外语教学改革：问题与对策》，上海：上海外语教育出版社，2004
112	陆学艺：《当代中国社会流动》，北京：社会科学文献出版社，2004
113	余胜泉：《信息技术与课程整合：网络时代的教学模式与方法》，上海：上海教育出版社，2005
114	杨东平：《中国教育公平的理想与现实》，北京：北京大学出版社，2006

注：标有"*"号的图书涉及多个版本，这里给出的是被引次数较多的版本或是被引次数相差不多时较新的版本。

为了更有效地阐述表18-8中国内学术著作对我国教育学研究的影响，在对著作的内容、主题、形式等多方面进行了解和分析的基础上，将这些著作进行了适当的划分，划分所采用的标准，有基于内容主题也有基于形式特点，其目的是归纳这些书与学科之间的关系和影响。由于篇幅因素，本章并不能对每一本入选图书都进行介绍，我们将对各类中被引次数较多的、影响较大的图书进行介绍。

（1）作品集与文集类著作

作品集和文集通常系统地全面地筛选总结特定时期特定作者的作品，和普通的著作相比，这类图书中的文章和著作通常为二次出版，是经过挑选、整理后聚集出版的个人作品集或某一类学者的言论集，用于反映作者的思想和代表作品。因此，此类图书对作者本人的学术成果、个人作品具有代表性和概括性。

①个人作品集

教育学论文引用较多的个人作品集的作者大都是19世纪末至20世纪的国内著名教育学家和思想家。个人作品集蕴涵着作者不同时期的思想的演进和变化。鉴于此，这些个人作品集中的单个作品的实际引用情况就很难得知，更不容易将之量化。故这里讨论的是这些作品集作为一个整体被引用的状况。

蔡元培的作品集有三部，分别是中国蔡元培研究会编，浙江教育出版社出版的《蔡元培全集》（被引135次）；北京人民教育出版社出版的《蔡元培教育论著选》

（被引76次）和高平叔编，中华书局出版的《蔡元培全集》（被引75次）。

教育学家陶行知的作品有两部，分别是湖南教育出版社1984年、1985年出版的《陶行知全集》（被引94次）和四川教育出版社1991年出版的《陶行知全集》（被引85次）。

其余入选的作品集还有：《鲁迅全集》（被引87次）、《严复集》（被引56次）、《梅贻琦教育论著选》（被引50次）、《马相伯集》（被引48次）、《叶圣陶语文教育论集》（被引48次）和《饮冰室合集》（被引44次）。

作品能够结集出版说明了作者在创作上的建树，无论是以教育家著称的蔡元培、陶行知、马相伯等，还是以思想家著称的严复、鲁迅，他们的作品里所包含的丰富内容既反映了他们一生思想发展的历程或某一特定领域思想的演变，又揭示了这些收录的作品在时间和空间的跨度性。以1986年由中华书局出版的《严复集》为例，此书由王栻先生历时24年主持编订，共分五册，全面收录了中国近代启蒙思想家、翻译家严复（1853—1921）的诗文、书信、按语、著译、日记以及附录。作品集收录的全面和广泛保证了其在史学和严复个人思想研究方面所具有的重要的学术价值。

蔡元培作为中国近代最著名的民主教育家，是我国近代教育改革的杰出的先驱者。他的教育实践和教育思想，涉及基础教育、大学教育、社会教育、职业教育、女子教育、儿童教育、美育等多个领域，蔡元培的教育思想及其实践成果，是我国近现代教育史上的重要遗产。① 他发表的大量教育论著对于中国近现代教育思想和对蔡元培的专人研究都有很高的学术价值。

教育家的作品集在教育学研究当中被引用、被关注，不足为奇。为什么以思想家著称的鲁迅、严复作品集也会在研究中被大量引用呢？以鲁迅为例，他是集思想家、文学家、教育家、革命斗士为一身的学者。尽管他建树更多的是在思想和文学方面，但对于他在教育学方面的造诣也是不能忽视的。鲁迅一生中较长时期从事教育工作，积累了丰富的经验，对教育问题发表了一系列革新主张和许多精辟的见解。鲁迅的教育思想来源于实践，并充分体现在他的教育实践活动和教育论著之中。在他写的小说、杂文、讲演、书信中，直接论述教育问题和涉及教育问题的文章数十篇。他对反动的旧教育进行了无情的批判，对教育改革提出了许多精辟的见解。鲁迅的教育思想是他的思想整体中不可分割的一个部分，是我国现代教育思想武库中的一份宝藏。②

梁启超的《饮冰室合集》分《文集》、《专集》两部分。《文集》包括文700余篇，诗话1种，诗词300余首。《专集》包括《戊戌政变记》、《自由书》、《新民说》、《清代学术概论》、《中国近代三百年学术史》、《中国历史研究法》、《古书真伪

---

① 梁柱：《蔡元培教育思想论析》，高度教育出版社2006年版，"前言"。
② 顾明远：《鲁迅的教育思想和实践》，人民教育出版社1980年版，"前言"。

及其年代》等104种。通过CSSCI对被引文献来源分析，引用《饮冰室合集》的教育学论文主要是对梁启超教育思想的研究。

②文集

瞿葆奎主编的《教育学文集·教育与教育学》（被引46次）是《教育学文集》的第1卷。《教育学文集》是一部大型的、成套的、专题分卷的教育学资料丛书。《教育与教育学》卷选编了有关教育与教育学的主要材料，涉及教育的概念和属性、职能问题；教育的起源和学校的产生问题；教育学的发生、发展问题；教育理论的性质问题；教育学方法论的一些问题等。

(2) 课程与教学论著作

入选的课程与教学论的著作27种，是教育学中入选图书最多的一个类别。说明在教育学领域，对课程和教学的研究是学界非常关注的领域，介绍入选图书内容，分析引用这些图书的论文主题，对此领域的研究是十分有益的。

《课程与教学论》（张华著，被引135次）是一本介绍课程与教学的基础理论著作。全书8章，主要内容包括课程与教学的历史发展、课程开发与教学设计的基本模式、课程与教学的目标、课程内容与教学方法的选择等。它是钟启泉教授主持的"九五"国家级重点课题——各国基础教育改革的基本理论及其实践课题的比较和研究的成果之一，该书反映国际教育界新的教育改革的基本理论及其实践课题的比较研究成果，为中小学教师提供了系统的教育观念、教育管理的基本知识、教学设计的策略及其教学、课程的科学性知识，对课程与教学的研究具有参考价值。

① 课程理论研究类著作

入选教育学国内学术著作中论述课程理论的著作有8种：钟启泉等主编的《为了中华民族的复兴，为了每位学生的发展：〈基础教育课程改革纲要（试行）〉解读》（被引284次）、施良方著的《课程理论：课程的基础、原理与问题》（被引204次）、朱慕菊主编的《走进新课程：与课程实施者对话》（被引114次）、钟启泉编著的《现代课程论》（被引101次）和《课程设计基础》（被引57次）、张华等著的《课程流派研究》（被引48次）、丛立新著的《课程论问题》（被引44次）和廖哲勋等主编的《课程新论》（被引25次，2003年出版①）。

为了使基础教育课程能够适应时代发展的需求，教育部决定大力推进基础教育课程改革，调整和改革基础教育的课程体系、结构、内容，构建符合素质教育要求的新的基础教育课程体系。2001年6月8日，教育部下达了关于印发《基础教育课程改革纲要（试行）》（以下简称《纲要》）的通知。《为了中华民族的复兴，为了每位学生的发展：〈基础教育课程改革纲要（试行）〉解读》是在《纲要》的基础上，针

---

① 图书入选的标准为被引次数40次以上或低于40次但年平均被引次数5次以上。被引次数少于40次的图书，都被列出其出版年份，说明其年平均被引次数为5次以上。

对《纲要》所提出的课程改革的目标、课程结构、课程标准、教学过程、教材开发与管理、课程评价、课程管理、教师的培养和培训等方面进行了相关问题的解读和阐述。该书的总被引次数为284次，是国内著作中被教育学论文引用次数最高的图书，其引文涵盖了课程开发、课程实施、课程改革等过程当中的一系列与课程有关的问题。

基于《基础教育课程改革纲要（试行）》而创作的著作还有朱慕菊主编的《走进新课程：与课程实施者对话》，它是为了准确和深入浅出地阐释《基础教育课程改革纲要（试行）》的基本内容，受教育部基础教育司委托而编写的。该书以素质教育思想为指导，从解答学习、阅读《纲要》所带来的疑惑入手，阐述了《纲要》所涉及的核心概念、新的课程理念和对推进新课程工作的思考。

《课程理论：课程的基础、原理与问题》是我国第一本提供了课程理论分析框架的重要著作，同时也是深化与发展我国课程教学领域研究的一个重要标志。该书通过对课程的心理学、社会学和哲学基础的探讨，对课程目标、课程内容、课程实施、课程评价等整个编制过程的分析与反思，对课程理论体系和研究范式的思索，对课程一些基本问题的探讨，对课程的历史、现状的剖析以及对未来课程的展望，确立了一个比较完整的课程理论的框架。

《现代课程论》共分两部分：第一部分是课程理论与课程研究，阐述了学校课程的发展，着重阐明作为现代课程理论的"学问中心课程"与"人文主义课程"的基本观点和特点，评价有影响的课程学者（例如卢梭、费斯泰洛齐、斯宾塞、赫胥黎、赖因等）的观点，论述现代课程编制的基本原理、逻辑和原则，以及课程的实践课题；第二部分是课程实施的国际比较，展示了各国课程研究的历史和实施课程及今后课程改革的课题，为国家间的课程设置比较（例如美、英、苏联、西欧诸国及日本等）提供了翔实的材料。该书具有很强的理论创新和实践意义。[①]

通过CSSCI查阅引用这些课程理论著作的教育学论文可以发现，这些论文的主题涉及课程理论的方方面面：课程观、课程目标、课程开发、课程设置、课程体系、课程实施、课程管理、课程改革、课程资源整合等，不仅对理论研究具有重要的参考价值，对于实际的教育教学工作也有相当的指导作用。

② 教学理论与教学实践类著作

入选教学理论和教学实践的著作有9种：皮连生主编的《学与教的心理学》（被引113次）、王策三著的《教学论稿》（被引113次）、乌美娜主编的《教学设计》（被引104次）、李秉德主编的《教学论》（被引83次）、施良方等主编的《教学理论：课堂教学的原理、策略与研究》（被引79次）、何克抗等编著的《教学系统设

[①] 谈顺法主编，上海市教育委员会科研处、上海市高校社科科研管理研究会编：《上海高校人文社会科学研究优秀成果选编1995—1998》，华东师范大学出版社2000年版，第133页。

计》(被引76次)、熊川武著的《反思性教学》(被引62次)、盛群力等编著的《现代教学设计论》(被引50次)和高文著的《教学模式论》(被引49次)。

《学与教的心理学》是受国家教委师范司的委托而编写的一本供高等师范院校心理学公共课使用的教材。这本教材打破了公共课心理学教材长期沿用的普通心理学体系,采取了以学校学习和教学中的心理学问题为基本线索,删除了与教育关系不大的内容,力求反映国内外学与教心理学研究的最新成就。该书的修订版将新的学习论和教学论及其教学设计技术贯穿全书,其理论的内在一致性程度和理论的可操作程度比原版有明显提高。没有把该书放在教育心理学著作类讨论正是考虑到该书对心理的研究主要是界定在学习与教学这些方面上,引用该书的教育学论文主题主要集中在对于实际具体的教学工作上的探讨。

《教学论稿》是《教学论专题讨论课讲稿》的简称。该书是作者在教学论这门课的教学实践上的成果,其内容包括教学论逐步科学化历程的基本线索,教学论科学化的新探索,教学的基本概念,教学过程,教学原则等。

《教学论》在阐述教学的概念、地位和任务,教学论的研究对象,教学诸要素,教学论的研究方法的基础上,对教学的理论问题进行了专题论述。主要内容包括:过程论、目的论、原则论、主体论、课程论、方法论(教学方法、教学组织形式和教学模式、教学媒体)、环境论、反馈论(教学评价、教学管理),最后分析研究中外教学论研究实验的现状和趋势。

《教学论稿》和《教学论》这两本书的内容涉及了教学理论诸多方面,引用它们的教育学论文主要是围绕着"教学"而产生的各种问题进行研究。在国内学术著作里面,这两本书的成书是比较早的,前者是1985年出版,后者是1991年出版,虽然总被引量不是特别高,但每年都能保证一定的被引次数,从这点也不难看出教学论著作在教育学研究当中的持久的影响。

教学设计是20世纪60年代以来逐渐形成和发展起来的一门新的实践性很强的应用科学,是教育技术学领域中很重要的一个分支。它综合各种学术理论而自成体系,是运用系统方法发现、分析、解决教学问题,实现教学效果最优化的规范的计划过程和操作程序。[①] 为了突出教学设计对教学的作用和功能,特别把教学设计类著作单独列出来讨论。

《教学设计》是根据国家教育委员会制定的教育技术(电化教育)专业教学设计课程教学大纲编写而成的,对教学设计的基本原理和方法作了全面、系统的论述。

《教学系统设计》在总结我国传统教学设计研究成果的基础上,积极吸收国外建构主义学习理论与教学理论研究的优秀成果,初步建构了以学为主的教学设计理论体系,并在此基础上提出了"主导—主体"教学设计模式。

[①] 乌美娜主编:《教学设计》,高等教育出版社1994年版,"前言"。

《现代教学设计论》的宗旨是介绍国外若干最重要、最有影响力的教学设计学说或操作模式,其中相当部分学说是当时在国内首次得到系统介绍。全书阐述了现代教学设计论的系统特征、系统设计论、学习条件论、知能结构论、成分呈现论、精细加工论、算启教学论、认知教学论、动机设计论、宏观设计论、模式建构论等内容。

上述三本著作在教学设计研究方面具有较大参考引用价值。

③教师与教师教育类著作

入选教师与教师教育的著作有6种:教育部师范教育司组织编写的《教师专业化的理论与实践》(被引139次)、叶澜等著的《教师角色与教师发展新探》(被引135次)、刘捷著的《专业化:挑战21世纪的教师》(被引45次)、陈永明主编的《现代教师论》(被引40次)和著的《教师教育研究》(被引25次,2003年版)、李其龙和陈永明主编的《教师教育课程的国际比较》(被引37次,2002年版)。

《教师专业化的理论与实践》论述了教师专业发展的历史进程,考题专业发展的概念辨析,教师的专业素质,教师专业发展与教师教育,教师专业化的政策保障,教师资格证书制度,教师教育机构与教师专业发展等方面。

《教师角色与教师发展新探》从道德、专业发展和美学的角度,对教师这个古老的职业做了时代的诠释,指出对于教师的发展,教育质量的提高而言,教师如何"育己"具有决定性意义。全书既有历史的考察,也有现实的清理;既有理论的阐述,又有实例的剖析,以全新的视角、精到的论证使教师发展研究进入新的天地。

《教师教育课程的国际比较》主要对美国、英国、法国、德国和日本等几个发达国家以及我国的教师教育的课程设置进行了对比探讨,分析了上述发达国家教师教育课程的现状、特点和改革趋势,阐述了这些国家教师教育专业化的重要理念和把教师教育由"训练模式"变为"发展模式"的基本改革倾向。

在现代教育制度下,教师是直接实施教育的主体,教师水平直接决定了教育教学水平的高低,因此,教育学研究就不可能忽视对教师与教师教育的研究。这几本书对于教师专业化、教师教育、高等师范教育、教师课程、教师素养、教师资格等教师问题理论与实践的研究具有重要的影响。

④外语教学类著作

《现代外语教学:理论、实践与方法》(被引49次)在吸取当代西方外语教学理论研究成果的基础上,结合我国的外语教学实际,对影响外语教与学的各种重要因素进行了分析和讨论,同时对外语教学所涉及的实践和方法等方面的问题也进行了介绍和探讨。《外语教学改革:问题与对策》(被引22次,2004年出版)在对我国外语教学现状进行调查基础上,对外语教学的课程设计、大纲制定、教材编写和选用、课堂教学、教学评估等方面存在的问题进行分析,并提出改进意见和建议。以上两本有关外语教学的著作都是由束定芳所著，引用该书的教育学论文主要为外语教学特别是对英语教学的研究。

⑤其他著作

《学习论：学习心理学的理论与原理》（被引121次）是一本关于学习理论的著作。该书通过对西方学习理论的研究成果进行整理和概括，述评了刺激—反应理论、认知学习理论、行为—认知学习理论等主要理论流派，并述评了人本主义的学习理论、习性学习理论带来的挑战。它以较大的篇幅阐述了一些新兴的学习理论，以期增进我国教育界对该理论领域发展新动向的了解。该书还侧重于对学校学习的研究，对学习的基本问题进行了专门的总结论概括，介绍了学习的原理与策略，有利于读者将理论与实践结合。故引用此书的教育学论文既有关于学习理论的研究，又有关于教学与学习实践问题的讨论。

入选的课程与教学类27种图书占全部教育学国内学术著作的23.89%，不仅如此，这些书籍的被引次数普遍较高。国内著作中共有19种的被引次数超过100次（包括100次），其中课程与教学类书籍就占了11本。该类图书的平均被引次数为87.19次，超过国内学术著作的平均水平20个百分点。和其他类别的著作相比，引用该类图书的教育学论文关于中小学教育的论文数量明显较多。为什么在"课程与教学"这一领域会出现这些现象呢？究其原因有一点不能不提，在全国很多地方，中小学教师评职称时以发表的论文数量作为硬性标准。他们平日忙于教学，搞科研的时间相对较少。他们发论文，自然多是与具体的中小学教育和教学相关，那么"课程与教学"类相关著作会被大量引用也就不足为奇了。且在这个类别里，国外的学术著作只有11种译著入选，且多是些理论性著作，涉及具体的教学实践问题的并不多。这也从侧面反映出国内中小学教育界缺乏对国外"课程与教学"的研究力度。

（3）高等教育类著作

入选的有关高等教育学的图书有13种：潘懋元，王伟廉主编的《高等教育学》（被引74次）、潘懋元主编的《多学科观点的高等教育研究》（被引53次）和《新编高等教育学》（被引50次）、沈红著的《美国研究型大学形成与发展》（被引65次）、王英杰著的《美国高等教育的发展与改革》（被引64次）、金耀基著的《大学之理念》（被引61次）、张维迎著的《大学的逻辑》（被引52次）、陈学飞主编的《美国、德国、法国、日本当代高等教育思想研究》（被引50次）和陈学飞等著《西方怎样培养博士：法、英、德、美的模式与经验》（被引37次，2002年版）、胡建华等著的《高等教育学新论》（被引42次）、闵维方主编的《高等教育运行机制研究》（被引34次，2002年版）、丁学良著的《什么是世界一流大学？》（被引33次，2004年版）和戴晓霞等主编的《高等教育市场化》（被引22次，2004年版）。

①高等教育理论类著作

《高等教育学》的初版由人民教育出版社、福建教育出版社1984年联合出版。该书是我国第一本比较系统的高等教育学著作。全书分为4个部分：第一部分总论，论述了高等教育学的性质和任务，高等学校的培养目标，教育活动的主体——教师和学生；第二部分分论，论述了高等学校教学过程的原理、原则，教学一般内容，教学形式和方法，学业检查与评定，教学手段，德育和体育等；第三部分体制，论述了高等学校教育制度，高等学校的领导与管理。以上3部分是该书设计的高等教育学的基本体，第四部分历史和方法，论述了高等教育学的发展和研究方法。

　　《新编高等教育学》介绍了教育与高等教育的一般概念、高等教育与社会发展和人的发展、教育方针、教育目的和高等学校培养目标等内容。

　　《高等教育学新论》分别对高等教育的学科、历史、逻辑、价值、目的、结构、过程、未来、研究等基本理论进行了论述。该书信息量较大，尤其是汇集了西方从哲学的、经济学的、社会学的、文化人类学的以及自然科学的各个角度来研究高等教育理论。

　　以上3本书属于高等教育基础理论著作，通过查阅引用它们的论文，其研究主题涵盖了各种高等教育理论与实践问题等领域。

　　《多学科观点的高等教育研究》是一本有中国特色的高等教育多学科研究专著，全书收录了包括历史学、哲学、心理学、文化学、科学学、经济学、社会学、政治学、管理学、系统科学和比较教育学等多学科观点的论文。该书提供了研究高等教育各种不同的视角，对于解决分析高等教育的实际问题具有启发作用。此书可以和国外著作伯顿·克拉克主编的《高等教育新论：多学科的研究》放在一起进行对比分析，借以了解国内外不同学科的不同观点的高等教育研究。

　　《高等教育运行机制研究》包括四十五章内容，明确界定了高等教育运行机制的内涵，指出了它对形成高等教育结构与功能的根本性作用。《高等教育市场化》概括地介绍了高等教育市场化这股浪潮在世界一些主要国家和地区的发展情况，重点介绍和分析了中国大陆和港台地区在高等教育市场化方面所采取的对策、取得的成效以及发展趋势。引用和两本书的教育学论文涉及高等教育体制、资源配置、投资收益等有关教育管理和教育经济等论题。

　　②国外高等教育研究类著作

　　美国等西方国家是当今世界高等教育最发达的国家。因此，我国有必要深入地研究美国等国采取了哪些战略措施来发展高等教育，通过研究和总结美国等国发展高等教育的经验与教训，可以为我国制定高级人才培养战略提供可资借鉴的经验，从而促进我国高等教育事业的发展，加速实现我国经济发展的战略目标。

　　《美国研究型大学形成与发展》将美国研究性大学的历史研究、现实作用评价和国际比较集为一体。该书主要研究了研究型大学形成和发展的历史过程；美国联邦政府与研究型大学之间的关系；美国高等教育系统的特点和美国研究型大学的特点；

最后，在比较德国、英国、法国和日本的大学与国家科技体制之间的关系，总结美国历史经验的基础上，提出中国科技体制与高等教育体制及其相互间关系的重构。

《美国高等教育的发展与改革》包括美国现代高等教育制度的建立、第二次世界大战后美国高等教育的飞速发展、美国主要研究型大学的发展经验等6章，附录美国高等教育大事记和有关文献。

《美国、德国、法国、日本当代高等教育思想研究》把对四国高等教育思想的研究限定在以下5个方面：关于高等教育事业发展的总的（基本的）指导思想；关于高等教育目的与功能的思想；关于高等教育管理思想；关于高等教育国际化思想；关于对高等教育思想有过重大影响的组织、人物和文献的介绍。

《西方怎样培养博士：法、英、德、美的模式与经验》以法国、英国、德国和美国为实例，较系统地描述了这些国家博士生培养模式的演变历程和现实状况，分析归纳了其特点、主要影响因素及发展趋势，为改革和完善我国的博士生教育模式提供了重要的参照系。

引用这几本的教育学论文涉及国内外高等教育的管理培养机制，科研体系建立，高等教育国际化，高等教育改革，世界大学的创建，教育办学理念等主题领域。

③其他著作

《大学之理念》包括大学之理念、性格及其问题；大学的世界精神；蔡元培先生象征的学术世界；剑桥书院制的特色；学术自由、学术独立与学术理论等。

《大学的逻辑》收录的是作者在北大改革的背景下有关大学和大学改革的相关文章，书中所述内容可以用"大学的逻辑"来加以概括。作者从大学的理念出发推断出大学教授队伍的构成，进而指出大学必须有一个良好的治理结构，而教师的聘任和晋升制度是其中最重要的方面，它决定了学术自由和大学文化的程度。

《什么是世界一流大学？》是丁学良在20世纪末在中国内地颇有名望的几所大学里的演讲录的结集，阐述了对如何在中国的土地上建立世界一流大学的想法。

上述几本书对于中国大学的制度创新、改革发展、文化理念、学术科研等有关大学建设和治理的问题有着理论和实践的启迪。这几本主要探讨中国大学理念精神的著作可以和国外的相关著作如约翰·亨利·纽曼的《大学的理想》、奥尔特加·加塞特的《大学的使命》放在一起进行分析和研究。

（4）教育技术学类著作

教育技术在国外已有近百年的历史，我国是在20世纪20年代以电化教育的名称从国外引进来的，开始仅仅从教育的媒体着眼，作为一种辅助手段在教学中应用[①]。随着现代科学技术成果在教育领域的广泛应用，以多媒体计算机和网络通信技术为核心的信息技术在教育教学中的普遍使用，现代教育技术学方兴未艾。大量的教育

---

① 顾明远主编：《教育技术》，高等教育出版社1999年版，序。

实践证明，教育技术对推动、深化教育改革，培养新一代创新人才具有重要意义和作用[①]。

入选的教育技术学图书有12种：南国农主编的《电化教育学》（被引100次）和《信息化教育概论》（被引55次）、何克抗等编著的《教育技术学》（被引90次）、丁兴富编著的《远程教育学》（被引85次）、丁兴富编著的《远程教育研究》（被引31次，2002年出版）、祝智庭主编的《现代教育技术：走进信息化教育》（被引68次）、《现代教育技术：走向信息化教育》（被引38次，2002年出版）、《网络教育应用教程》（被引46次）、尹俊华等编著的《教育技术学导论》[②]（被引57次）、李克东编著的《教育技术学研究方法》（被引49次）、陈丽编著的《远程教育学基础》（被引26次，2004年出版）、余胜泉等编著的《信息技术与课程整合：网络时代的教学模式与方法》（被引20次，2005年出版）。

《电化教育学》的1985年版本是较早出版的一种电化教育学教材。该书1998年的修订版结合我国实际，借鉴外国的有用经验，对电化教育的基本理论、技术和方法，作了全新的、系统的阐述，探讨现代化技术手段和传统的教育方式，并重视整理和反映了20世纪90年代以来我国电教研究的新成果和电教实验的成功经验。引用该书的教育学论文多数出自《电化教育研究》、《中国电化教育》和《教育信息化》这3种期刊，涉及的主题有教育技术、电化教育、网络教育、多媒体教学等。

《教育技术学》、《教育技术学导论》和《教育技术学研究方法》探讨了教育技术学的相关理论问题。《教育技术学》介绍了教育技术的定义、学科性质、学习资源和学习过程、教学系统设计、教学系统开发、教育技术利用、教育技术管理、如何运用现代教育技术推动教育改革等内容。该书在借鉴国外最新教育技术研究成果的基础上，对我国教育技术的理论加以系统的梳理，对教育技术实践进行分析和总结，大胆尝试构建符合我国实际情况的教育技术学课程内容新体系。《教育技术学导论》主要介绍了教育技术学的目的任务、发展历史、性质特点、概念定义、对象范畴、理论基础、基本原理、实践领域和研究方法等各个方面。《教育技术学研究方法》以教育技术学研究方法的基本概念为基础，系统地阐述了教育技术领域中量的研究与质的研究，教育技术学研究设计及调查研究方法等。这3本书对教育技术的理论和实践的研究都有很大的参考价值。虽然引用这几本书的教育学论文都是关于教育技术问题，但略有侧重：引用《教育技术学》的论文侧重于具体条件下教育技术的运用方面的研究；引用《教育技术学导论》的论文则多是研究与教育技术学相关的理论问题；引用《教育技术学研究方法》的论文次数不多，但涉及主题却比较广泛且零散。3本书的引文有重复和交叉的情况。

---

① 董红斌主编：《现代教育技术教程》，中国水利水电出版社2005年版，第1页。
② 被选书籍为高等教育社出版，包括1996年和2002年的两个版本，由尹俊华编著的还有1992年由北京师范大学出版社出版的《教育技术学导论》不属于讨论的范围。

《现代教育技术：走进信息化教育》和《现代教育技术：走向信息化教育》，从书名上看，这是两本很像的书，且作者都是祝智庭，但这确实是两本内容上有联系却不相同的两部著作。前者分为活动篇、讲座篇、资源篇三部分，内容包括了解教育技术的概念、产生及其发展，探讨教育技术学的理论基础，了解学习资源的概念、类型及其搜索方法等。后者内容包括教育技术概念与原理、媒体及其教学应用、学习资源、学习过程、教学技术应用、信息化教育系统、教学评价技术等。引用二者的论文主要是探求具体的教学和学习当中教育相关技术的应用。

《远程教育学》、《远程教育研究》和《远程教育学基础》探讨的是有关远程教育的问题。远程教育属于教育技术学中的一个分支。《远程教育学》主要介绍了远程教育的基本概念、基本理论、世界远程教育的历史起源和发展、远程教育管理和质量保证。《远程教育研究》主要论述了远程教育的历史和发展，远程教育学科基础的基本概念与基本理论，远程教育学主要分支学科的基本概念、基础理论和相关学科知识内容。《远程教育学基础》共分为远程教育的历史与发展、远程教育的基本原理与基本规律、远程教育中的教学与辅导、远程教育中的学生学习与学生支持、远程教育的系统结构与质量保证、远程教育中的教学设计与课程开发等 8 个模块。引用这3 本书的教育学论文见诸于《电化教育研究》、《中国电化教育》、《开放教育研究》、《教育信息化》、《现代教育研究》、《中国远程教育》等期刊，涵盖的主题基本和这些期刊的名称相吻合。

《信息化教育概论》、《网络教育应用教程》和《信息技术与课程整合：网络时代的教学模式与方法》是几本关于信息技术和网络教育的著作。

《信息化教育概论》对信息化教育的基本概念、基本理论、技术与方法进行全面介绍，涉及现代教学媒体、现代教学设计的理论及信息化教育理论和技术的应用等内容。

《网络教育应用教程》共分七章，在简要介绍网络教育的基础知识和发展概况之后，着重阐述了网络教育环境的构成、网上课件的设计与开发、各类网络教育的应用模式与范例等。引用该书的教育学论文集中在网络教育、信息化学习、网上教学等方面。

《信息技术与课程整合：网络时代的教学模式与方法》系统总结了我国当代信息技术与课程整合的理论与实践的最新成果，全书共七章，包括信息时代呼唤教育变革、信息技术与课程整合基础、信息技术与课程整合的指导理论、信息技术与课程整合的教学环境等内容。引用该书的教育学论文主要涉及信息技术在具体教学过程中的应用等研究领域。

（5）教育史类著作

入选的与教育史相关的著作有：毛礼锐、沈灌群主编的《中国教育通史（1—6卷）》（被引 55 次）、孙培青主编的《中国教育史》（被引 51 次）、《外国教育通史》

（被引43次）、《美国教育史》（被引40次）和《外国高等教育史》（被引33次，2003年出版）和《躁动的百年：20世纪的教育历程》（被引56次）。

《中国教育通史（1—6卷）》由山东教育出版社1989年出版。该书是一部有开创性的中国教育通史教材，填补了教育史学的一项空白。全书坚持马克思主义为指导，充分展现了作为通史的纵的发展与横的联系，以具有纵横内在联系的有机统一整体视角阐述了中国教育的基本特点和基本规律。作者强调了历代教育学家重视德智体美综合发展的教育思想。在评价历代著名教育学家的教育思想时，十分重视社会教育、家庭教育、爱国主义和马克思列宁主义教育等。

《中国教育史》探讨了中国自古至今教育制度和教育思想的发生、发展、演变的过程，总结了不同历史阶段教育的经验、教训及其特点，探求了教育发展的客观规律。该书坚持以历史唯物主义作为编写教材的指导思想，按各个社会形态的发展阶段分章，把各时代各阶级的教育制度、教育思想都放在一定的社会经济、政治、文化历史条件下进行考察，揭示其内在联系。对教育制度的研究，主要以人才的培养为中心，论述其方针政策、管理措施、教育内容和方法以及经验与教训；对教育思想的研究予以重视，通过对主要代表人物的分析介绍，来反映各历史时期教育思想的发展，以总结教育理论思维的经验。

以上这两部史料介绍的是中国自古至今的教育方面的通史，因为时间跨度长，涉及的历史人物多，环境时代变迁大，故对这些教育史内容的引用不是着眼于整体规律性的把握，就是散见于各种分散具体的教育史学问题的研究，或是去寻找特定教育现象教育思想的根源。

《外国教育通史》于1989年2月至1993年12月陆续出版，共6卷210万字。内容包括从原始社会到现代人类教育产生和演变的全过程。全书包含了我国以外的世界主要国家和地区的教育状况，突破了过去以欧洲教育或欧美教育为中心的教育史框架，把东西方各国的教育历史放在同等重要的位置上进行研究，构建了一个全面完整的教育史框架。该书为总结各国教育的经验教训以及揭示教育发展规律提供了史实和材料。

《美国教育史》主要论述了美国殖民地、独立建国后、南北战争以后三个时期的美国教育情况。该书是关于美国教育的专门史，故引用此书的论文也多是关于美国教育的问题和现象。

《外国高等教育史》描述了外国高等教育的产生的历史背景、基本类型、发展等历史真相，并就近代6个高等教育发达国家高等教育的形成、发展、改革等进行了阐述。引用该书的论文涉及对高等教育的发展、各国高等教育制度政策现象的探讨和比较研究。

20世纪是人类历史上迄今以来发展最为迅猛的一个世纪，作为社会进步和变革一个重要方面的教育，在社会急剧变化的时代也在做出相应的调整和适应，在不断地进行改革，不断地发生着变化。出于对20世纪教育发展这一基本特征的理解，《躁动的百年：20世纪的教育历程》力图在一个比较广阔的世界政治、经济、科学技术和文化发展的背景下考察20世纪教育的历史进程，介绍了西方各种教育思潮，世界裂变、对峙双峰和多极世界中的教育改革，教育的终身化，马克思主义与中国教育等内容。其引文主题包括对教育史、教育思潮和教育理念等的研究。

（6）教育学交叉学科类著作

随着教育学研究的深入，学科交叉日益明显，产生许多新的交叉和分支学科，如教育经济学、教育社会学、教育心理学、教育文化学、教育法学、教育传播学等。本次入选的这些交叉学科的图书共17种。

①教育经济学类著作

一个国家经济持续增长的源泉是什么？教育投资是消费性投资还是生产性投资？教育如何促进经济的发展？王迈善著的《教育投入与产出研究》（被引115次）为我们解答了这些问题，作为我国第一部研究教育投入与产出问题的专著，它抓住了我国教育事业发展与经济增长问题的关键，广泛吸收国内外最新研究成果，形成了较为完整的理论体系。引用该书的教育学论文涉及教育资源配置、教育财政体制、教育成本、教育投资与效益以及教育经济学理论等问题研究。

《教育经济学》（被引65次）以马克思主义经济学说和教育理论为指导，紧密结合中国经济改革和教育改革实际，重点论述了我国教育领域内经济问题和经济现象，力求把教育经济学所涉及的有关问题都进行研究、探讨和分析。全书包括导论、理论基础、基本理论、教育投资、教育投资效率、教育投资经济效益等。《教育经济学》（被引47次）论述了教育与经济发展、教育与人力资本形成、教育供给与需求、教育与就业、教育成本与效益、教育发展战略的选择等内容。这两本书的引文正是基于上述的书籍内容，对教育经济学的相关问题的探讨。

张铁明著的《教育产业论：教育与经济增长关系的新视角》（被引50次）试图从教育的服务性产业属性的角度，阐发教育对经济社会发展及对教育投入的直接作用。这是一本有争议的著作，引发了国内对"教育产业"相关问题，如教育产业化、学校产权、高等教育产业、民办教育、教育产业集团等的讨论，其引文既有正面的引用，也有反面的批判。

②教育社会学类著作

鲁洁主编，吴康宁副主编的《教育社会学》（被引63次）对中国的教育进行了多侧面、多层次的社会学分析，建立起中国第一部教育社会学。本书的体系包括四大部分：第一部分为教育社会学的学科论，内含教育社会学概论、教育社会学研究方法诸章；第二部分为宏观教育社会学，内含经济与教育、政治与教育、文化与教育、青年文化与教育、人口与教育、生态环境与教育、社会变迁与教育等章；第三部分为中观教育社会学，内含社区与教育、学校组织的社会学分析等章；第四部分为微观教育社会学，内含班级的社会学分析、教师的社会学分析、家庭与教育、性别差异与教育、个体社会化与教育等章。此外，西方教育社会学理论流派作为附录被介绍给读者。引用该书的教育学论文几乎涵盖了与上述内容相关的所有主题。

吴康宁著的《教育社会学》（被引133次）由四编组成：第一编为教育社会学学科论，从学科要素与学科发展两个维度先横后纵地展示了教育社会学这门学科的基本面目；第二编为教育的社会背景，考察了社会结构、社会差异及社会变迁对教育的影响；第三编为教育自身的社会系统，揭示了教师、学生、学校、班级、课程及课堂教学等教育组成部分的社会学特征；第四编为教育的社会功能，在对关于教育的社会功能的各种理论进行反思的基础上，阐述了教育的社会功能的基本构成与形成过程。该书在框架结构、具体内容、体系构成方面皆有创新。同时也为教育实践工作者认识与判断教育现象和教育问题的社会学层面、反思与改造自己的教育实践（包括教育决策实践，教育管理实践与教育活动实践）提供了较为系统的社会学依据。[①] 引用该书的论文仅有少量是纯粹的教育社会学论文，更多的是探讨具体的教育管理与教学实践、教育机会、教育发展当中存在的社会问题等。

谢维和著的《教育活动的社会学分析：一种教育社会学的研究》（被引46次）运用社会学的理论与方法，将教育活动作为一种社会活动，对它的各种形态进行了广泛和深入的分析与研究。该书从教育社会学的学科意识入手，通过结构与过程、均衡与冲突、教化与内化、分化与抽离等视角，对教育活动的诸形态进行了描述、解释和说明，并比较系统地阐释了教育社会学的基本理论，展示了教育活动与社会相互关系的机制以及教育活动本身的社会意义。书中所提出和建立的理论与分析模式既有当代社会学理论和社会教育学观点的依托，也与当前中国社会和教育的改革相联系，具有很强的现实感和针对性。[②] 该书为各种教育活动的社会学分析提供了有价值的参考。

③教育心理学类著作

教育心理学是心理学和教育学相结合的产物，是一门应用性比较强的学科。由陈琦和刘儒德主编的《当代教育心理学》（被引104次）由绪论、学生心理、学习理论、学习心理、教学心理与教师心理六部分组成，共17章。该书以丰富多彩的体例形式系统介绍了教育心理学的基本知识和新的研究成果，并结合大量案例阐释了这些知识在教学实践中的应用。引用该书的教育学论文涉及以下几个方面：课堂教学、网络教学、信息技术应用、教师教育、学习问题等，其中有关具体的教学实践的探讨主要是针对中小学教育。

---

① 教育部社会科学研究与思想政治工作司组编：《第三届中国高校人文社会科学研究优秀成果奖获奖成果简介》，湖南大学出版社2003年版，第297—298页。

② 中国出版年鉴社编：《中国出版年鉴2001》，中国出版年鉴社2001年版，第494—495页。

《教育心理学》(被引 100 次)由五大部分构成:绪论、学习的过程、影响学习的内部因素、影响学习的外部因素和测量与评价。该书以阐明学校教育情境下学生的学习为主线,试图从两个方面探求学生学习的心理规律:一方面分析学生学习的性质、基本过程与结果,揭示其间的一般的心理学规律;另一方面分析制约学生学习的内外因素以及其间的相互关系,揭示学生学习的一般的心理学规律。该书对于学生学习的心理学规律的揭示,以及研究具体的教学活动有重要价值。

智育心理学属于教育心理学的分支学科之一,主要研究智育过程中的心理现象及其规律的科学。皮连生所著的《智育心理学》(被引 43 次)是建立在教育心理学理论与应用的科研和教学的基础上的一部专著。该书构架了一个由智育目标论、知识分类学习论和知识分类教学论 3 个分理论构成的智育心理学新体系。引用该书的教育学论文主要涉及学习者智力开发、学习能力培养等主题研究领域。

④教育文化学类著作

《教育文化学》(被引 43 次)对教育文化学的有关问题作了较为全面、系统的阐述,对教育文化学这一教育分支学科的建设作出了独特的贡献。书中历史性地、多视角地考察了教育文化观对文化传播、冲突、变迁、整合与教育的关系,对学校文化、教师文化、学生文化、课程文化以及教育现代化等问题都作出了富有价值的探讨。该书对于这一系列的"教育文化"的研究有较大的参考价值。

邹进所著《现代德国文化教育学》(被引 56 次)是一部探讨德国文化教育学的力作。该书史论结合,勾画了文化教育学的历史发展轨迹和理论轮廓,归纳、探究了文化教育学的基本范畴,评析了文化教育学的得失及当代意义。[①] 该书反映了德国文化和教育精神的教育思潮,将教育、文化、人三者连接起来,融为一体,把教育看做一个人生完成、文化变迁的永恒过程。对该书的引用散见于道德教育、理解教育、人文素质教育、主体教育、对话教育、生命关怀与生活体验教育、非连续性教育等与人和文化相关的论文之中。

⑤教育学其他交叉学科类著作

金生鈜著的《理解与教育:走向哲学解释学的教育哲学导论》(被引 95 次)旨在从解释学的角度对当前的一些教育现代性问题进行研究。作者在阐述了理解性教育的生成,从受教育者的精神建构等方面陈述新哲学所希冀的教育的基础上,展现了解决当代若干教育问题的新思路。引用该书的教育学论文主要涉及课程与教学、师生关系理解、交往与对话、教育方式,道德精神教育等主题研究领域。

教育评价学是在泰勒原理的基础上诞生与发展起来的,它是教育科学中一门应用性很强的分支学科。《教育评价学》(被引 73 次)以介绍教育评价学理论发展的新进

---

① 蒋凯:"寻绎德国教育精神的文化逻辑——《现代德国文化教育学》述评",《现代大学教育》2003 年 1 期。

展为主,着重探讨在教育评价学各领域中的最新研究成果,同时,兼及实际应用工作者的需要,适当介绍教育评价的一些运用技术。该书在各层次教育评价中,以基础教育为主,同时根据当前高等教育发展需要,兼及高等教育评价。引用该书的教育学论文涉及教学评价、课程评价、教师评价、学习评价、学校评估、教育质量考核等主题研究领域。

教育政策学是20世纪80年代以来国际上迅速发展的新学科,它以教育政策的制定过程和实施过程为研究对象,目的在于提高教育政策制定与执行的科学性、规范性、民主性和功效性。《教育政策学》(被引53次)从现代意义上对教育政策学进行了研究,全面介绍了国际教育政策研究的历史和现状,深入讨论了教育政策研究崛起的社会原因和学术原因以及教育政策学的学科特点,并对我国教育决策中存在的问题进行了分析,对我国制定教育政策与进行教育政策研究提出了建议。[①] 通过查看引用该书的教育学论文,可以发现这样一个明显特点,即这些论文的题目中绝大多数都含有"教育政策"或"政策"这样的关键字,由此不难看出,该书对于各种教育"政策"问题研究具有很大参考价值。

教育传播学是运用传播学的原理和方法研究教育中的传播现象及教育传播过程、传播环节和传播效果的科学。它是近年来随着科技的迅猛发展和大众媒介的大量涌现而出现的新兴学科,也是教育学、传播学、心理学、现代技术科学等学科相互交叉而形成的一门边缘科学。《教育传播学》(被引51次)结合我国实际,对该学科的基本原理和方法作了全面、系统阐述。该书着重教育传播原理的探究,为教育技术理论体系建设和实践提供理论基础。引用该书的教育学论文多是发表在《中国教育信息化》与《电化教育研究》这两种期刊上,从而不难看出该书对于电化与信息化教育研究的价值。

劳凯声主编的《变革社会中的教育权与受教育权:教育法学基本问题研究》(被引35次,2003年出版)试图强调和突出教育领域中的国家教育权和公民受教育权这一基本矛盾。全书的框架和立论围绕着这一基本矛盾展开,以当代中国社会转型和教育变革为背景,从理论和制度两个方面讨论了我国教育法制建设当中最突出的基本问题。该著作对于深入发展我国的教育法学研究,解决现实的教育法律纠纷,健全完善教育法制都具有重要的价值。

(7) 教育学相关研究报告

《从人口大国迈向人力资源强国》(被引150次)属于"中国教育与人力资源问题报告"课题组完成的报告。本课题是中国共产党十六大召开后由教育部组织的人文社会科学研究重大项目。课题研究力求着眼于我国国情,紧紧围绕全面建设小康

[①] 教育部社会科学研究与思想政治工作司编:《全国普通高等学校第二届人文社会科学研究成果奖获奖成果简介汇编》,中国人民大学出版社1999年版,第556页。

社会战略目标，从国家发展的战略高度和全球视野，研究教育与人力资源开发的重大理论与现实问题。该书在理论研究、实证分析、国际比较方面，系统地总结了我国教育与人力资源开发的历史经验与教训；深入分析了21世纪我国教育发展与人力资源开发的形势与任务；提出了未来50年，特别是未来20年我国从人口大国迈向人力资源强国，全面创建学习型社会的战略构想和重大政策举措。引用该书的教育学论文主要从宏观的角度探讨了高等教育发展、农村教育建设、人力资源开发、人力资本投资、教育体制、教育公平等问题。

为了及时和充分反映国家科教兴国战略和人才强国战略、宏观教育规划和重要政策的实施情况，国家教育发展研究中心从2000年开始，每年编辑一册教育国情研究和政策分析的系列报告《中国教育绿皮书》，用于分析我国教育发展和改革的现状与趋势，对广大人民群众关心的教育政策热点和难点问题进行探讨，并提供有关国际教育政策动向的参考资料。《2000年中国教育绿皮书：中国教育政策年度分析报告》（被引61次）的主题是：素质教育、教育产业、高等教育大众化。全书分为3个部分共12篇专论。其中，中国教育现状述评部分介绍了1998—2000年初我国教育发展与改革的重大进展及有关政策，归纳了素质教育进入新的阶段呈现的特点，就若干教育指标描述和分析了我国与世界各国在教育水平方面存在的差异。该报告的中国教育新视点部分围绕教育产业、高等教育大扩招和高等教育"大众化"等社会关心的热点问题展开讨论，分析了社会主义初级阶段的基本国情和我国教育发展的途径；国际教育动态部分对一些国际组织和国家关于21世纪教育发展大趋势进行了评介，并试图总结我国可能借鉴的经验和启示。《2001年中国教育绿皮书：中国教育政策年度分析报告》（被引47次）共分3个部分9篇专论。其中"中国教育现状述评"部分介绍了2000年及"九五"期间我国教育发展与改革的进展及有关政策，分析了21世纪初面临的环境条件，展望了"十五"期间教育的发展趋势。"中国教育新视点"部分展示了三个主题："西部大开发中的教育"、"民办教育"与"终身学习"，探讨了在这些领域中我国政府、教育界与社会各界共同关注的热点问题。"国际教育动态"部分对当前国际教育改革的动向和趋势进行了重点评介。引用这两本绿皮书的教育学论文的主题大体与书中所探讨的诸如素质教育、教育产业、高等教育、西部教育、民办教育、职业教育等问题相一致。

《"新基础教育"探索性研究报告集》和《"新基础教育"发展性研究报告集》是由叶澜主持的全国教育科学规划办"九五"教育部重点课题研究成果。《"新基础教育"探索性研究报告集》（被引48次）可作为推广型、发展性研究用的基本文本。此项探索性研究是为我国构建21世纪义务教育新型学校服务的，这项研究只有变成广泛的改革实践才具有终极价值。该书在选材和编排上力图展现研究的全过程——一种理论与实践相互推动和转化的复杂过程。全书分为方案与理论纲领、研究报告集、专题论文集、测评报告集四大部分。《"新基础教育"发展性研究报告集》（被引31

次，2004年出版）重点对"新基础教育"研究中所秉持的许多立场、提出的许多观点、使用的许多术语乃至这个研究项目本身的运作方式进行了详细的介绍。引用上述两本报告集的教育学论文主要是论述与中小学教育相关的教学与管理方面的论文。

（8）教育学理论和研究方法类著作

当今世界的教育在国家发展和国际竞争中的重要性越来越被人们所认识，相应的教育学理论的发展和更新也越来越快，新的教育思想、教育理念不断涌现，传统的教育理论受到挑战的同时也进一步发展。入选此类著作11种。

叶澜著的《教育研究方法论初探》（被引98次）由上下篇构成：上篇从发生学的角度探讨了教育研究作为一个专门的研究领域的产生和演变的过程，揭示了教育研究方法论意识的渊源、萌生和演化的路线，归结到对"教育研究方法论"的"中国式问题"的提出，并从历史走向了现实；下篇从体系的角度，以当代多学科的视角对教育研究方法论的建构进行了综合内化式的探讨。全书的最后一章会聚到"教育研究方法论特殊性"这一核心问题的阐述上。该书的特点是批评性的反思与探索性的重建紧密结合，在教育研究方法论这一主题的深化和视野的拓展上提出了一系列新观点。该书的重要价值不只是在于提出了一系列富于启发性的新观点，而是在于重新开发了一个问题域，一个曾经被认为已十分明晰的问题域——"教育研究方法论"；形成了一种新的立场和视域，即元研究的立场和不局限于学科内的视域；呈现了一种新的思维方式，一种不同于传统的、简单的、线性的思维方式。[1] 探讨教育研究或者教育学内某一领域的研究方法及其在教育研究中的应用的论文多数引用了该书。

《教育概论》（被引79次）、《教育原理》（被引68次）、《教育学》（被引61次）、《教育学：新编本》（被引57次）这4种著作是有关教育学基础理论的书籍。它们都对教育学的各种基本问题进行了全面而详细的阐述，如教育学的对象和方法、教育的本质、教育与社会的关系、教育与人的身心发展的关系、教育与学生、教育目的等，是教育学研究当中必不可少的基础研究资料。

《当代教育学》（被引53次）突破了以往"教育学"教材在编写体例和内容安排上的既有框架，摆脱了多年来对国外教育学教材的依赖，创造了符合中国教育实际的教育学教学的方法和理论，构建了"以自己的话说自己的事"的话语体系，是教育学教材本土化的一次成功试验。该书丰富了教育学的基本理论，提出了许多新的观点、思想和教育教学的方法，并针对现实教育问题提出了新的具有独创性的解决

---

[1] 教育部社会科学研究与思想政治工作司编：《第三届中国高校人文社会科学研究优秀成果奖获奖成果简介》，湖南大学出版社2003年版，第298—299页。

办法。该书对教育研究者和教育工作者具有重要的理论指导意义。①

《现代教育论》(被引45次)以"现代"之名对现代教育的基础、基本问题、研究方法进行了介绍与阐述,并对现代教育进行了展望。

以上6本书虽然篇章结构不同,但总体而言,都属于教育学中基础性著作,从中都能找到教育学的各种问题的理论和方法的支撑,因而引用这几本书的教育学论文主题涉及教育学各个方面。

由唐莹所著的《元教育学:西方教育学认识论剪影》(被引34次)以教育学认识论为中轴,以介绍和评价西方近代教育学者的理想冲突为始,到分析教育学家的新认识论:语言—逻辑分析,到布雷岑卡认识论规范的体系,再到解释教育理论、批判教育理论,言之有序,论之有据。作者论述了教育学认识论的3个基本问题:分类与综合、实然与应然、真理与方法。最后结束于元教育学研究的章法:描述性、批判性、规范性。论述从容,行文简约,是一本在我国元教育学领域中有一定分量的著作。②引用该书的教育学论文基本上是对教育研究方法、元教育等理论问题的探讨。

由顾明远,孟繁华主编的《国际教育新理念》(被引63次)用较通俗的语言对国际教育新理念进行较全面的阐述,具有全面性、启示性、解惑性和可操作性,全书包括三部分:宏观教育理念、一般教育理念、教与学的理念。引用该书的教育学论文主要集中于宏观教育和教与学的理念等主题研究领域。

陈桂生所著的《"教育学视界"辨析》(被引55次)对教育的诸概念、诸命题进行辨析,并对教育学发展状态透视。引用该书的教育学论文主要是教育学理论研究论文。

朱小蔓所著的《教育的问题与挑战:思想的回应》(被引42次)是一种反思教育、表达教育知识的新的尝试,是一部用教育的人文精神全面深入地关照、阐释和回应教育问题的力作。该书的定位是用历史的、辩证的、综合的思维方式对教育中的"问题"做出思想观念层面的应答。书中列举了不少事实、数据,显示出触目惊心的教育问题,表达了作者对当代中国教育现实挑战的思想立场、价值取向、思维方式。③引用该书的教育学论文主要来自于对各种教育现象中存在问题的探讨。

(9) 教育学其他著作

石中英所著的《知识转型与教育改革》(被引157次)从"知识"、"知识型"、"知识转型"等概念的界定起述,考察了由古至今的知识类型和知识更迭。作者从纵

---

① 全国教育科学规划领导小组办公室组编:《第三届全国教育科学研究优秀成果奖获奖成果概览》,教育科学出版社2007年版,第389页。

② 唐莹:《元教育学:西方教育学认识论剪影》,人民教育出版社2002年版,选自华东师范大学教授瞿保奎为本书所作的序。

③ 中国出版年鉴社编辑:《中国出版年鉴2001》,中国年鉴出版社2001年版,第495页。

横两个方面进行了多视角的考察和研讨：通过对三次知识转型的分析，为研究人类知识的增长和教育思想的演化提供了较为坚实的理论基础；通过对现代知识的"客观性"、"普遍性"和"价值中立"的批判分析，动摇着现代知识观中的绝对化和教育模式的公式化，对于知识创新与教育改革有着重要的指导作用；关于"缄默知识"（即"隐性知识"）和"本土知识"的讨论，使人们更多地去思考知识的多样性与传统文化的重要地位；关于自然知识、社会知识与人文知识的差异及其相互关系的研讨，不仅是对"知识统一性"传统信念的挑战，更深化了当前有关人文精神和人文教育的讨论。引用该书的教育学论文多以知识为切入点研究教育理论、课程与教学方法等。

杨东平所著的《中国教育公平的理想与现实》（被引14次，2006年出版）对我国教育公平问题进行了理论梳理和实证研究，涉及中小学"择校热"、重点学校制度、示范性高中、"转制"学校、"校中校"、"名校办民校"、教育投入、教育乱收费、教育发展的城乡差距和地区差距、性别之间的教育差异、高校招生中的不公现象、高校扩招、高校贫困生现象、"独立学院"现象、"教育产业化"等若干热点问题以及义务教育、高中教育和高等教育公平的评价等。本书建立在实证调查的基础上，剖析了中国教育不公的诸多症结，并对症提出了解决的办法，对教育投入、教育规划、教育政策等诸多方面的深化改革有相当的参考意义，引用该书的教育学论文主要和教育资源分配、教育公平等主题有关。

王吉庆编著的《信息素养论》（被引42次）包括现代社会的人类需要信息素养、信息素养的目标与内容、信息素养的特点与培养途径、信息技术教学应用与信息素养的培养等内容。对教育信息化背景下教师能力、学生素养、教学技术等问题的研究有一定的启示。

由鲁洁，王逢贤主编的《德育新论》（被引69次）引进了多门学科的理论和方法，将德育视为全社会的共同事业，从过去的垂直纵向结构转变为与社会各部门、各种现象进行紧密联系的纵横交错的角度提出德育的实体性问题，该书对"德育"这一研究领域有一定参考价值。

《比较教育学》（被引64次）是一部比较研究各国教育的理论专著，全书分绪论、八国教育、问题研究、总结与展望四编共21章。作者首先论述了比较教育学的意义和研究方法以及国内外比较教育学研究的历史发展；其次阐述了中国、日本、印度、法国、德国、苏俄、英国及美国八国教育的传统与变革、现状与特点、问题与对策；然后从世界范围的角度对各国的各级各类教育的发展进行了综述、分析与对比研究。最后总结出决定和影响教育的主要因素以及世界教育的发展趋势。[①] 基于

---

① 龙华军主编：《中国教育书录1996—2000（上册）》，北京师范大学出版社2007年版，第35页。

该书翔实的内容，其引用该书的教育学论文既包括对各国某一教育现象的研究，又包括了各国间同一教育问题的比较研究。

《特殊教育学》（被引73次）是我国著名特教专家朴永馨的著作。该书涉及的面比较广，内容也比较多，反映出我国特殊教育的现状以及盲、聋、弱三类特殊学生的特点和教育教学的方法。该书从实际应用的角度，较多地注意了"特殊教育学"和"特殊教育"的共性，而对两者并未做严格的区分。汤盛钦主编的《特殊教育概论：普通班级中有特殊教育需要的学生》（被引65次）总结和借鉴了国内随班就读的经验，引进了国外特殊教育的新观念，阐述了特殊教育的概念、对象、教育原则、教育模式和发展趋势。该书比较系统地阐明了随班就读的概念、有关法规与教育服务、教育诊断与评价，有效的学校管理与教学和早期干预等基础理论和原理；然后逐章介绍了学习困难、弱智学生、言语和语言障碍学生、听觉障碍学生、视觉障碍学生、情绪和行为障碍学生、肢体和健康障碍学生、超常学生的概念、教育及对普通教师的建议等内容。[①] 这两本书对于研究各种需要特殊教育学生的教育、学习、发展等情况有很重要的参考价值。值得一提的是，引用这两本书的教育学论文大都发表在《中国特殊教育》上面。

（10）非教育学类著作

陈向明著的《质的研究方法与社会科学研究》（被引92次）是国内第一部系统评介"质的研究方法"的专著，对目前国际社会科学界提出的有关理论问题以及新近发展出来的操作手段进行了深入的探讨，并结合有关西方学者以及作者自己的研究实例对其进行展示和说明，把握了教育科学研究方法的前沿。该书不仅对教育科研工作者，而且对其他社会科学工作者亦有参考价值。作者认为"质的研究方法"目前在社会科学研究领域是与"量的研究方法"相提并论、交相辉映的一种研究方法，它要求研究者深入社会现象，通过亲身体验了解研究对象的存在方式和意义解释，在原始资料的基础之上建立相关理论。引用该书的教育学论文主要是研究教育教学方法类的文章。

卢现祥所著的《西方新制度经济学》（被引41次）用"西方新制度经济学"这个大框架把科斯、诺斯等这些经济学家的思想"串"起来，以中国人的心态和文化背景把他们的理论转述出来。本书在国内首次系统地阐述了西方新制度经济学的产生、发展及其基本原理。作者认为西方新制度经济学由制度的构成与起源；制度的变迁与创新；制度、产权与国家理论以及制度与经济发展的相互关系等组成；并应用制度分析法对我国市场化改革中的一些深层次问题作了有意义的探讨。该书较全面地反映了新制度经济学的体系，对教育学的影响主要体现在教育制度、教育经济等主题领域。

---

① 陈云英等：《中国特殊教育学基础》，教育科学出版社2004年版，第105页。

《论可能生活：一种关于幸福和公正的理论（修订版）》（被引24次，2004年出版）的作者赵汀阳认为伦理学只有幸福和公正两个基本问题，并且声称发现了关于幸福和公正的最好理论，提出了著名的"无立场"哲学方法论。引用该书的教育学论文主题主要为道德教育相关的研究领域。

《当代中国社会流动》（被引21次，2004年出版）是中国社会科学院"当代中国社会阶层结构课题组"的第二部研究报告，是《当代中国社会阶层研究报告》的续篇。该书依据的是课题组在2001年、2002年所做的全国6000份抽样问卷调查的数据和资料，是一本实证研究为主的探索性著作。该书主要内容包括十大社会阶层是怎样从"两个阶级，一个阶层"结构分化演变而形成的，社会流动机制发生了哪些变化，这十大社会阶层今后各自将怎样继续演化，现有的社会流动机制哪些是合理的，哪些还不合理，需要怎样的改革和调整。引用该书的教育学论文主题大都集中在研究当代社会各阶层的教育现状、社会流动所带来的教育机会和教育选择的变化等研究领域。

18.7 汇编选编类图书对教育学研究的影响

入选的254种图书，除了纳入上述的领袖著作、历史文献、工具书、国外学术著作、国内学术著作外，还有一部分属于资料汇编或论文选编的书籍，本书在此单独立类，以便讨论这些图书对教育学研究的影响。入选此类的图书16种，详见表18-9。

表18-9　　　　　　　汇编选编和其他图书对教育学研究的影响

序号	图书信息
1	朱有瓛主编：《中国近代学制史料（四辑六册）》，上海：华东师范大学出版社，1983—1993
2	中国教育发展与政策研究中心编：《发达国家教育改革的动向和趋势》，北京：人民教育出版社，1986—2004①
3	舒新城编：《中国近代教育史资料》（上中下三册），北京：人民教育出版社，1981*
4	赵中建编：《教育的使命：面向二十一世纪的教育宣言和行动纲领》，北京：教育科学出版社，1996
5	张人杰主编：《国外教育社会学基本文选》，上海：华东师范大学出版社，1989
6	赵中建选编：《全球教育发展的研究热点：90年代来自联合国教科文组织的报告》，北京：教育科学出版社，1999*

---

① 本书的引用次数为1—7集的总和，这7集于1986—2004年陆续出版。

续表

序号	图书信息
7	张焕庭主编:《西方资产阶级教育论著选》,北京:人民教育出版社,1979*
8	何东昌主编:《中华人民共和国重要教育文献》,海口:海南出版社,1998、2003
9	中国第二历史档案馆编:《中华民国史档案资料汇编》,南京:江苏古籍出版社,1986、1991、1994、1997①
10	杨东平编:《大学精神》,沈阳:辽海出版社,2000
11	[美]马斯洛(Maslow A. H)等著,林方主编:《人的潜能和价值:人本主义心理学译文集》,北京:华夏出版社,1987
12	教育部中外大学校长论坛领导小组编:《中外大学校长论坛文集(第一辑)》,北京:高等教育出版社,2002
13	中央教育科学研究所编:《中华人民共和国教育大事记(1949—1982)》,北京:教育科学出版社,1984
14	陈学恂主编:《中国近代教育史教学参考资料》(上、中、下册),北京:人民教育出版社,1986—1987*
15	陈至立主编,中华人民共和国教育部编:《面向21世纪教育振兴行动计划学习参考资料》,北京:北京师范大学出版社,1999
16	教育部高等教育司:《大学英语课程教学要求(试行)》,上海:上海外语教育出版社,2004

注:标有"*"号的图书涉及多个版本,这里给出的是被引次数较多的版本。

根据这些作品的特点,将其分为3类进行讨论,在简介这些书籍内容的同时探究它们对教育学研究的学术影响:

(1)史料汇编和教育史资料类

《中华民国史档案资料汇编》(被引58次)由江苏古籍出版社1991年11月出版,共700册5000万字,由中国第二历史档案馆在馆藏档案中精选汇编而成。内容包括中华民国各个时期的重要事件及政治、经济、军事、外交、文化等各个方面。该汇编分五辑出版:第一辑"辛亥革命",第二辑"南京临时政府",第三辑"北洋政府",第四辑"从广州军政府至武汉国民政府",第五辑"南京国民政府"。该书对于了解民国时期的中国教育状况和教育水平,研究特定时间段内的教育制度,教

---

① 该书按辑出版,被引辑不详,故按出版年份汇总,总被引次数来源于江苏古籍出版社1986年、1991年、1994年、1997年出版的辑,其中1991年与1994年出版的被引次数相对较多。

育政策、高等教育状况以及整个教育发展沿革都有史料价值。

《中国近代学制史料（四辑）》（被引153次）是国家教委委托编写的全国高等院校文科教学参考书，拥有1983年至1993年多个版本，按学制建立前的学堂、清末的学制、民国初期的学制、近代教会学制时代为序编排。该书资料主要来源于正史、档案（奏折、法令、规章）、地方志、文集等，少量选自有参考价值的当事人著述，对于研究中国近代教育具有很高的参考价值。

《中国近代教育史资料》（被引80次）分上、中、下3册，所选的资料从1840年鸦片战争起到1919年"五四"运动前后止。大部分资料所反映的是当时统治阶级的教育意见和教育措施，其他方面的教育资料选录较少。该书所选入的资料按这一时期的重要教育事件分成8章，每章再按年代先后排列。其中第8章选了一小部分帝国主义分子写的资料，这些资料是他们随中国进行文化侵略的阴谋的自供状。

《中国近代教育史教学参考资料（上、中、下册）》（被引45次）选辑自1984年鸦片战争起至1919年五四运动前夕为止，辑录各个历史时期具有代表性、典型性的重要教育史料。该资料除注意反映中国近代教育历史发展的概貌外，还注意阐明近代教育历史上争论的主要问题。收辑了有关重要教育法令、规程和教育诏谕、章奏以及教育实际状况的资料。所有资料除引用教育档案文献外，还引用教育家的亲历记和回忆录。

以上3部图书对于研究中国近代教育问题有着很高的史学参考价值，引用这些资料的教育论文涵盖了近代的各种教育现象，除了有近代学制的考察、教育家及其思想的解析、留学历史的考证、清末学堂教育的阐述、新式教育兴起发展与各种教育制度的探讨、教会教育女子教育的解读、各时期内教育改革的论述外，还有若干特定历史运动和具体的历史事件对教育的影响如洋务运动下的教育等问题的研究。

《中华人民共和国重要教育文献》（被引59次）是一部全面、系统反映中华人民共和国教育的思想、理论、政策、法规、制度与实践等发生与发展历程的大型资料书和用于指导现实教育改革和发展的参考工具书。书中还收录了部分未曾公开发表的重要文献，在更深层面揭示了曾经影响作用于教育行政管理决策的思想因素，从而更有利于人们从更深的内因方面认识教育发展的过程。从这部重要文献的指导思想和所体现的学术及使用价值来看，对于人们客观地认识和研究中华人民共和国教育史，总结历史经验教训，探索新中国教育事业的发展规律，指导教育的深化改革以及建设中国特色社会主义教育都具有不可替代的作用与意义。

《中华人民共和国教育大事记（1949—1982）》（被引48次）采用编年体，按年、月、日顺序记述了新中国成立以后教育界重要史事的基础资料。全书以国家性教育史事为主，适当地收辑了与教育有关的其他方面重大史事。所记史事，一事一条，大事稍详，要事略简。每年开头列有国家大事提要。书中所依据的资料是教育法规文献、教育部档案、主要报刊及有关单位人员提供的材料。全书记事3000余条，附有分类索引。它是重要的教育基础资料书，相当于新中国成立以来的教育史。①

上述两部图书是关于新中国成立以来的教育史料，对于研究新时期各阶段各种教育现象、方针政策以及教育发展的总体情况具有很高的参考价值。

（2）国外资料国内选编类

有关国内和国外学术著作的划分，主要是根据图书的成因与来源，版权归属来划分的。以下这几本书，由国内学者或机构组织选编而成，国外并无此成书，所以放到国内著作中进行讨论，但其内容却是国外的，特在此提出来单独讨论。

《国外教育社会学基本文选》（被引65次）是受国家教委委托选编的高等学校文科教学参考书。这是一本比较系统的国外教育社会学的参考资料，上溯西方教育社会学奠基者之一——涂尔干的力作，下至20世纪70年代兴起的"新"教育社会学代表作，时间跨度约80年。入选篇目的原作者都是在国外教育社会学界中知名度较高的美国、英国、法国、瑞典、日本、希腊和苏联共7个国家的学者。书中的编者按并不是对作者及其理论的全面评价，只是为读者提供简要的背景材料。故利用本书研究国外教育学思想的论文并不多，更多的是在探讨如教育公平、教育机会、教育困境等与教育学有关的社会问题。

《西方资产阶级教育论著选》（被引62次）选译了19世纪前资本主义社会具有代表性和影响最大的外国教育家的重要论著，从夸美纽斯起至斯宾塞、乌申斯基止，选译有关各教育家最基本的教育观点和主张的论著部分。引用该书的教育学论文几乎涉及教育学的各个领域。

《人的潜能和价值：人本主义心理学译文集》（被引50次）是一本国内学者选录了以马斯洛、罗杰斯为代表的当代人本心理学的主要创始人的著作。人本主义心理学是20世纪五六十年代兴起于美国的一种心理学思潮，其学习观与教学观深刻地影响了世界范围内的教育改革，是与程序教学运动、学科结构运动齐名的20世纪三大教学运动之一。人本主义心理学研究的主题是人的本性及其与社会生活的关系。该研究强调人的尊严和价值，反对心理学中出现的人性兽化和机械化的倾向，主张心理学要研究对个人和社会进步富有意义的问题；在方法论上，反对以动物实验结果推论人的行为，主张对人格发展进行整体分析和个案研究。无论是马斯洛的自然人性说和自我实现的需要层次理论，还是罗杰斯基于尊重、真诚、悦纳的"完人"教育观，都从人性的角度启示重新审视儿童的本性与潜能、需要与自我实现以及早期教育活动的开展等问题，这些思想正体现出了积极的教育学意义。②

《全球教育发展的研究热点：90年代来自联合国教科文组织的报告》（被引63

---

① 陈元晖主编：《教育与心理辞典》，福建教育出版社1988年版，第759页。
② 人本主义心理学·百度百科．[2009-8-20] http：//baike.baidu.com/view/36367.htm.

次）选自联合国教科文组织20世纪90年代发表的一些重要报告，内容涉及全民教育、人口与环境教育、国际理解教育、成人教育、高等教育等领域。全书内容涵盖转变关于地球的观念；基础教育、人口与发展；高等教育变革与发展的政策性文件；全民教育的目标实现等11个专题。该书对研究国际教育背景、国外教育状况，以及国内教育问题的国际比较等都有重要参考价值。

从20世纪80年代起，教育部国家教育发展研究中心开始选编《发达国家教育改革的动向和趋势》。这项工作得到教育部课程教材研究所的大力支持，并由人民教育出版社赞助陆续出版，截止到2004年已先后出版了7集，另有1998年出版的特辑《基础学校——一个学习化的社区大家庭》和2005年出版的特辑《美国加利福尼亚州高等教育总体规划1960—1975》。其中1—7集的总被引次数为113次。1—3集的内容分别为美国、苏联、日本、法国、英国1981—1986年、1986—1988年、1988年期间教育改革文件和报告选编。第4集收集了苏联高等教育研究所1991年秋向联合国教科文组织提交的关于苏联实行教学、科研、生产一体化的研究报告，美国促进科学协会推出的报告《普及科学——美国2061计划》第5集和美国、日本、英国、联邦德国、俄罗斯教育改革文件和报告选编。第6集为美国、英国、德国、日本教育改革文件和报告选编。第7集重点收录了美国、英国、德国、法国、日本、俄罗斯和澳大利亚2000—2003年政府重大教育法规、发展战略规划、改革报告、统计报告等国家级最新文献资料。整套书为了解发达国家教育改革的状况提供了系统翔实的资料。引用这套书的教育学论文以研究发达国家的教育制度、某一教育状况为主，其中又突出研究美国教育和各国教育，也不乏国内教育问题对国际经验的借鉴等领域。

《教育的使命：面向二十一世纪的教育宣言和行动纲领》（被引66次）属于联合国教科文组织教育丛书，是教育科学出版社为纪念联合国教科文组织成立50周年出版的"联合国教科文组织教育丛书"之一。本书汇集了1990年世界全民教育大会至1995年第四次世界妇女大会等九次大会的宣言、行动纲领及会议简介。对于宣传和研究"全民教育"以及与其联系的一些思想和观点如"全纳性教育"、"全纳性学校"、"环境教育"、"人口教育"、"和平文化"、"可持续发展"等具有很重要的价值。

(3) 其他图书

《大学精神》（被引56次）是学者杨东平将蔡元培、胡适、蒋梦麟、潘光旦、梅贻琦等多位大家的文章编辑而成的文集。该书按照"大学的理念"、"学术自由"、"通才教育"、"学生自治"、"寄语青年学生"、"大师办学"和"经典文本"分类和时间顺序编排。中国大学精神的发育和大学制度的形成，有着与西方国家很不相同的情境和路径。时至今日，和世界大学相比，中国大学的问题和处境仍然是十分独特。[1] 很难将此书界定为学术性著作，但本书对于有关中国大学问题的研究还是有一

---

[1] 杨东平：《大学精神》，辽海出版社2000年版，"序言——《重温大学精神》"。

定的学术价值。

《中外大学校长论坛文集（第一辑）》（被引50次）收录了2002年7月在北京召开的中外大学校长论坛的精彩讲演及相关文章，还选录了新闻媒体对论坛的部分有特色的报道。论坛对高等学校发展中大家所普遍关心的问题进行了深入的研讨。文集内容涉及了大学领导和管理、大学发展目标与战略调整、人才培养模式的创新、学科以及师资队伍建设、大学资源开发与配置以及现代大学管理模式等课题。

《面向21世纪教育振兴行动计划学习参考资料》（被引43次）是在1998年12月教育部发出的《面向21世纪教育振兴行动计划》的基础上，对《计划》中的若干问题用参考问答的方式加以呈现和解释，以便更好地了解和实施《计划》。该参考资料对于国民素质教育、师资建设、高校科研工作、大学建设、远程教育、教育改革、职业教育和成人教育等问题的研究具有一定的参考价值。

《大学英语课程教学要求（试行）》（被引22次，2004年出版）提出了学生在英语语言知识、应用技能、学习策略和跨文化交际等方面的要求，体现了大学英语教学的指导思想，并提供应掌握的词汇表。该《要求》由教育部高等教育司委托"大学英语教学基本要求"项目组制定，被授权给高等教育出版社、清华大学出版社、外语教学与研究出版社、上海外语教育出版社出版发行。本次入选的是以上海外语教育出版社的版本为代表，其他版本也有被引用，合计四个版本加起来被引用次数为39次。该书对于大学英语教学研究有着一定指导意义。

18.8 结语

综合以上统计分析，不难看出图书是我国教育学研究与发展的主要学术资源。为了分析图书对我国教育学研究的学术影响力状况，我们针对被教育学论文引用的图书文献的特征，分成"领袖著作"、"历史文献"、"工具书"、"国外学术著作"、"国内学术著作"和"汇编选编和其他图书"6个大类。并对入选图书较多的大类进行了更加深入的划分，以便使讨论条理性和具体化。除此以外，我们还针对图书的某一出版项综合处理了图书的被引情况。

在被教育学论文引用40次及以上或年均被引5次及以上的254种图书中共涉及200位作者，其中177位为个人作者，23位为团体作者。需要说明的是：我们在进行作者统计时，取第一作者进行处理，有主编的以主编名义计为个人作者，不同译者翻译的同一外文著作计为一种书归并到原作者名下。在这些作者中有2种及以上的图书入选的作者共38位，11位外国作者，27为国内作者，表18-10为3种及以上的图书入选作者。

表 18-10　　　　　　　教育学学科入选 3 种及以上图书作者

序号	作者	入选图书种数
1	叶澜	5
2	中华人民共和国教育部	4
3	约翰·杜威	4
4	祝智庭	3
5	钟启泉	3
6	施良方	3
7	潘懋元	3
8	南国农	3
9	蔡元培	3
10	伯顿·克拉克	3
11	马克思	3

入选的 254 种图书中，除《论语》是合并了多个出版社数据外，其余 254 种图书共涉及 54 家出版社（其中联合出版的图书以第一家出版社为准），其中入选 5 种及以上图书的出版社有 13 家，详见表 18-11。

表 18-11　　　　　　　教育学学科入选图书较多的出版社

序号	出版社	入选图书种数
1	人民教育出版社	42
2	教育科学出版社	37
3	华东师范大学出版社	20
4	上海教育出版社	15
5	浙江教育出版社	13
6	北京师范大学出版社	12
7	高等教育出版社	10
8	人民出版社	9
9	北京大学出版社	8
10	生活·读书·新知三联书店	7
11	上海辞书出版社	7
12	中华书局	6
13	山东教育出版社	5

综上所述，图书作为人文社会科学重要的学术资源，对教育学领域有着重要的学术影响。2000—2007年教育学论文引用图书（包括汇编文献）的数量高于其他所有类型的文献，占所有类型文献被引总次数的47.15%，是教育学研究中重要的学术资源。引用图书语种以中文为主，中文文献所占比例为65.04%。除此以外，英文和译文的引用量的增长速度也很快，英文的年增长率在所有文献当中最高。这和以英文为主要语言的西方发达国家在教育领域内的雄厚实力和先进水平有着不可分割的联系。尽管英文文献的总被引次数仅次于中文文献，远高于译文，但此次却没有一部英文原版著作入选，大量入选的都是翻译过来的译文。究其原因，笔者认为可能的原因有二：一是英文文献的引用集中在了以期刊论文为主的其他文献类型上面；二是由于英文著作的引用比较分散，文献总被引次数虽多，但单本著作的被引次数少，因而导致无法入选，而对于那些引用次数多，引用相对集中的著作一般都有其中文译本。

如果仅从入选的著作种类和总被引量的多寡来看，对教育学领域产生最大学术影响的是国内著作。但综合总被引次数和平均被引次数以及对著作内容的初步了解，就会发现国内著作和国外著作的学术影响力不分伯仲。国内著作入选114种，入选图书被引次数占全部入选图书的36.41%，平均被引次数为66.70次；国外著作入选89种，入选图书被引次数占全部入选图书的36.19%，平均被引次数为84.93次。尽管国外学术著作入选的种类少于国内学术著作，但总被引次数和国内著作基本持平，且平均被引次数远高于国内著作。有许多国内著作的作者正是国外著作的译者，因此不少国内著作和国外著作在内容上有一定的继承性。可以说，国外学术著作的影响力有很大一部分已经渗透到国内教育学相关著作上。无论是国内学术著作还是国外学术著作，涉及的面均比较广泛，涵盖了教育学研究的多个领域，如高等教育、课程与教学、教育技术、教育学基础理论、比较教育、专门教育和教育经济、教育社会等一系列教育学交叉学科。即便如此，认真对比入选的国内和国外学术著作的内容以及它们的被引次数，还是能发现不少的问题。如在教育学的"高等教育"这个领域，国外著作入选20种，总被引次数为1621次；国内著作入选13种，总被引次数为637次。在"课程与教学"这个领域，国外著作入选11种，总被引次数为904次；国内著作入选27种，总被引次数为2354次。由此不难看出，国外和国内著作的在这两个领域内的引用情况是此消彼长，互为补充的关系，即国外著作引用的较多，国内著作则就引用的相对较少，反之亦然。同时也说明了在这些领域存在着引用方面的偏好。在"教育技术"类的入选著作当中，国内学术著作的入选数量及总被引次数要远大于国外学术著作。

领袖著作、历史文献的入选种类少，但平均被引次数都很高。领袖著作多是领导人的文集文选，信息量大，涉及的方面广，既为学科研究与发展提供了指导思想，又为教育政策、主流教育观念的研究提供了可以借鉴和引用的材料。入选的历史文献不多，但都是传世的经典之作，所记载的古代朴素的教育理念早就历经了历史的沉淀，对于现在教育学研究仍然具有很高的启迪和借鉴意义。入选的工具书21种，涉及国内国外的多种工具书门类，对了解相关教育史实和政策、统计整理相关教育的数据和信息、总结教育学发展历程等教育学研究领域提供了资料。汇编选编和其他图书则进一步提供了教育学研究所需要的一些材料。

第 19 章 心理学

由于心理学的学科特征,虽然图书在该学科并非最重要的学术资源,但图书仍然作为该学科的重要学术资源在被引文献中排在第二位,特别是每年的被引用量总体呈上升趋势(参见表19-1),说明图书资源在其领域中的学术影响在不断扩大,越来越多的、具有重要影响的著作在不断推出,因此推出心理学研究领域产生重要影响的图书不仅是十分必要的,而且对于提升图书在心理学学科研究与发展中的地位将起着促进作用。

虽然心理学的图书被引不像人文社会科学其他学科那样拥有较多的数量,但我们依然可以按第1章所述的遴选原则进行挑选。因此,我们借助《中文社会科学引文索引》(CSSCI 2000—2007年),对其中心理学学科论文引用的图书进行了统计,选出了本学科中被引次数相对较多的图书。由于心理学论文引用的图书文献较少,所以其图书的入选标准也进行了适当降低:2000—2007年,CSSCI 中心理学论文引用10次及以上的图书;或年均被引3次及以上者,计算起始时间为出版的当年。

由于 CSSCI 是一个分年度的数据库,不同年份的数据存在差异,如相同一本书在不同年份的数据可能不完全相同,我们必须将其处理和归并,主要处理来自以下几个方面:(1)同一本书但标注的年代不一样的合并;(2)由于书名的主标题和副标题之间的符号不一致形成了两条甚至多条统计数据的统一和归并;(3)同一翻译著作,有的年份著录的是翻译者,有的著录的是原作者,我们也将其补充和合并;(4)领袖著作的分卷合集处理,如《马克思恩格斯全集》、《毛泽东选集》等,分卷标注的不统一和大量数据缺少卷的标注,为了全面反映领袖人物著作对心理学的影响,我们将这些分卷书均去卷合并;(5)为了反映一个作者、一种书的学术影响,当我们确认了在不同年代、同一出版社出版的同一本书时,我们将其进行合并,确保这本书的学术影响充分反映出来。

需要说明的一点是,虽然本章讨论的是心理学领域的具有较大学术影响的图书,但并不是说在本学科影响较大的图书都是本学科的图书,因为在心理学研究中也需要参考其他学科的成果,有些非心理学学科的图书由于在心理学论文中被大量引用,所以这些图书也可能被选入。所以,本章推出的心理学影响较大图书有可能属于其他学科,但毫无疑问这些入选图书无论是否为心理学著作,均在心理学学科产生了较大的学术影响。

19.1 概述

论文的引用文献种类繁多，CSSCI 将其分为 11 类，具体为：期刊论文、图书、汇编文献、报纸文章、会议论文、学位论文、报告文献、法规文献、信函、标准文献、网络资源，外加一个其他类。通过对这些引用文献类型的分类统计的数据分析，我们可以考察图书在心理学领域的作用和影响。表 19-1 给出了 2000—2007 年 CSSCI 中心理学论文引用各类文献的数量，通过这些数据可以分析各类文献对心理学的学术影响，进而探求图书对心理学研究的作用。

表 19-1　　2000—2007 年 CSSCI 中心理学论文引用文献类型统计　　（单位：篇次）

类型 年份	期刊论文	图书	汇编文献	报纸文章	会议论文	学位论文	报告文献	法规文献	信函	标准文献	网络资源	其他
2000	4208	1691	568	18	91	8	4	30	0	0	6	43
2001	4495	1634	621	12	69	5	0	35	0	1	11	25
2002	5969	1968	656	18	96	13	0	68	2	1	13	59
2003	8924	2380	986	38	95	12	3	83	0	1	64	130
2004	12202	2993	1188	38	205	33	1	178	0	6	91	160
2005	13217	2682	1135	22	153	21	1	150	0	3	168	148
2006	15530	2912	1234	36	224	31	0	296	0	0	130	149
2007	18313	3161	1338	51	193	29	0	294	0	1	189	143
合计	82858	19421	7726	233	1126	152	9	1134	2	13	672	857

从表 19-1 可以看出，2000—2007 年心理学论文引用图书的数量虽然排在第二位，但与期刊论文的被引数量差距甚大，图书被引数量还不到期刊论文被引数量的 1/4。虽然表 19-1 中的图书被引数量在逐年增加，但与期刊论文的被引数量之比却在逐年减少，从 2000 年的 28.67:71.33 下降到 2007 年的 14.72:85.28，年下降率接近 10%。这一个数据给了我们这样一个信息：心理学学科是一个快速发展的学科，正处于高速成长期；另一方面，心理学图书被引比例较小也说明了该学科经典著作的缺乏，缺少指导科研和引导学者研究的精品著作，因此迫切需要学界改善这一情况，努力推出心理学精品之作。

CSSCI 标注的心理学论文引用文献的语种除中文、英文和部分译文外，还有德、法、日、俄等语种。通过心理学论文引用文献的语种分析，可以得知心理学研究是否与国外研究的接轨情况，了解我国心理学研究领域引用的学术资源语种分布等。

表19-2给出了心理学论文引用文献的语种统计数据。

表19-2　　　　2000—2007年CSSCI中心理学论文引用文献语种统计　　　（单位：篇次）

年份\语种	中文	英文	德文	法文	日文	俄文	其他语种	译文
2000	2313	3970	8	8	10	10	16	332
2001	2203	4434	6	2	4	5	6	248
2002	2696	5807	10	2	11	1	12	324
2003	3450	8834	9	1	2	6	11	403
2004	4668	11912	13	0	9	8	6	479
2005	4871	12294	7	15	9	4	10	490
2006	5409	14521	22	4	6	5	6	569
2007	6282	16795	23	7	11	5	14	575
合计	31892	78567	98	39	62	44	81	3420

表19-2的数据显示，心理学引用文献的语种以外文文献为主，中文文献的被引用比例只有27.93%，说明国内心理学的研究以参考、借鉴国外文献的研究成果为主，其研究与国外心理学研究衔接较紧。外文文献中又以英文为主，英文文献在所有语种文献中占有比例达68.80%，说明英语世界的研究成果在我国心理学研究领域有着很大的影响。从逐年引用语文种的数量上看，虽然在逐年增加，但所占比例却逐年减少，被引用的中文文献所占比例已从2000年的34.69%下降到27.93%。这既说明了心理学研究领域对国外研究成果的引进和吸收促进着心理学研究的发展，同时也表明我国心理学研究领域需要提高研究成果的整体水平和学术影响，期待国内心理学学术精品的大量涌现。

根据拟定的心理学图书选择标准（总被引10次及以上或年均被引3次及以上）选出了136种图书，总被引3026次（占心理学论文引用图书总次数的11.15%）。为了更系统、全面地分析这些图书的内容及其影响，我们将这些图书分成5类：领袖著作、历史文献、工具书、国外学术著作、国内学术著作，分别从不同角度反映这些图书在心理学研究中的独特作用（详细数据参见表19-3）。

表19-3　　　　入选心理学论文引用图书的类别统计

内容类别\图书类别	领袖著作	历史文献	工具书	国外学术著作	国内学术著作
入选图书种数	2	2	14	47	71

续表

内容类别＼图书类别	领袖著作	历史文献	工具书	国外学术著作	国内学术著作
入选图书被引次数	82	28	829	764	1323
入选图书被引次数所占比例	2.71%	0.93%	27.40%	25.25%	43.72%
入选图书的平均被引次数	41.00	14.00	59.21	16.26	18.63

从表19-3可以看出，入选的图书以国内学术著作为主，其被引种数71种，被引次数共1323次，占入选图书总数的43.72%，说明对国内心理学产生最大学术影响的图书还是来自国内学者出版的图书。这似乎与我们前面分析的外文引用文献占全部语种文献72.1%的比例情况以及国内学者以参考、借鉴国外学术著作为主的观点相矛盾，但实际上心理学文献引用的外文文献主要来自于期刊论文，而期刊论文在心理学领域里的被引比例高达70%以上（参见表19-1）。这就解释了为什么在外文文献被引占70%以上的情况下，入选国内学术著作要多于国外学术著作的疑惑。从图书角度分析，入选的国内出版的学术著作高于国外学术著作，其原因主要是，心理学是一个具有较强自然科学属性的学科，其最终成果以实验报告和学术论文为主，国外学者尤为注重这两类成果，而较忽略图书的出版，这与我国自然科学领域的成果形式相似。而国内心理学研究者来自医学、生理学、教育学、社会学等许多学科，偏重于社会科学的心理学研究者对心理学成果的学术著作更为重视，发表了大量心理学著作，这又从另一个方面解释了为什么入选的国内学术著作高于国外学术著作原因。

从入选图书的平均被引次数来看，工具书以59.21次高居第1位，其次是领袖著作，平均被引次数为41次，平均被引次数最低的是历史文献。从入选图书数量上来看，领袖著作和历史文献对心理学研究的学术影响较小，图书对心理学研究的主要学术影响还是来自学术著作。

19.2 领袖著作对心理学研究的影响

心理学入选的领袖著作主要是马克思恩格斯的著作，马克思主义哲学是辩证唯物主义发展的高级阶段，它正确地阐明了物质与意识、存在与思维、生理与心理的辩证关系。只有在马克思主义的指导下，心理学的发展才可能真正成为充分科学性的一门学科。[①]

按照心理学图书入选标准，我们选出的被引次数较多的领袖著作有：《马克思恩

---

① 王丕：《马克思主义与心理学》，河南大学出版社1987年版，"前言"。

格斯全集》和《马克思恩格斯选集》，这两种图书均隶属于马克思列宁主义哲学理论体系，它们对心理学领域的研究起着极大的指导作用。表19-4给出了这两本书的详细书目信息。

表19-4　　　　　　　心理学论文引用较多的领袖人物著作

序号	图书信息
1	马克思：《马克思恩格斯全集》，北京：人民出版社，1972
2	马克思：《马克思恩格斯选集》，北京：人民出版社，1972

表19-4显示的《马克思恩格斯全集》和《马克思恩格斯选集》，分别被心理学论文引用了46次和36次。引用论文的主题主要集中在心理学思想、心理学史、个性发展、人格教育、人的全面发展、以人为本和公共管理等方面，内容涉及普通心理学、人格心理学、发展心理学、教育心理学、社会心理学和管理心理学等研究领域，可见马克思主义已广泛深入到心理学研究的各个方面。辩证唯物主义与历史唯物主义是研究心理学史的方法论基础，特别是在对古今中外的心理学家的思想进行分析、评价的过程中，必须坚持历史唯物主义，反对唯心史观。我国心理学发展的道路说明，必须坚持以马克思列宁主义、毛泽东思想为指导，自觉地运用辩证唯物主义和历史唯物主义的观点，批判心理学中的唯心论和形而上学，创造性地研究具体的心理学问题，只有这样才能保证心理学的健康发展，更好地为社会的发展和人类的进步服务。

19.3　历史文献对心理学研究的影响

中华民族在数千年文明史的进程中，创造了光辉灿烂的思想文化，留下了大量的历史文献。人类对心理问题的探讨，在远古时代的我国和古希腊的思想著作中，都有过不少论述。但是，在很长的时间里对心理学问题的探讨仅属于哲学的一部分。心理学作为一门独立的科学，是一门相对年轻的科学，至今只有100多年的历史。因此，历史文献对心理学的影响相对其他学科来说比较小，在这次遴选出的136种图书中，对心理学产生较大影响、引用次数较多的符合入选标准的历史著作只有2种，即春秋时期孔子的《论语》和南宋黄震编写的《黄氏日钞》（参见表19-5）。由于《论语》有多个出版社出版过，并且出现多种版本，故本表将其合并，并忽略了出版社和出版年份信息。

《论语》是儒家学派的经典著作之一，由孔子的弟子及其再传弟子编撰而成。集中体现了孔子的政治主张、伦理思想、道德观念及教育原则等。语言简洁精练、含义深刻，其中有许多言论至今仍被世人视为至理。许多篇幅谈及君子，重在强调一种人格的追求，教人做一个不同于平凡的人，此外还论及教育、务政、治国安邦等领域。对现代的人格心理学、个性心理学、教育心理学和社会心理学等领域的研究都具有重要的借鉴意义。

表 19-5　　　　　　　　心理学论文引用较多的历史文献

序号	图书信息
1	孔子：《论语》
2	黄震：《黄氏日钞》，台北：台湾商务印书馆，1983

《黄氏日钞》又名《东发日钞》，南宋理学家黄震的哲学伦理学著作，是一部满含睿语哲理的读书笔记。黄震继承并发展了朱熹学说，是朱熹后学中有独到见解的思想家。原97卷，佚3卷，今存94卷。前68卷为阅读经史子集诸书的读书札记，对经史百家进行广泛评论，多为己意，具有唯物主义倾向。69卷之后为奏札、书信等类。对陆九渊心学持反对态度。在伦理观方面，认为道或理就体现在人们的日常生活之中，是规范人们行为的准则。在道德评价上，强调动机纯正，没有私欲掺杂，才是真正的道德行为。该书是研究黄震的哲学和道德伦理思想的重要著作，也是研究宋明理学发展史的重要典籍。

我国心理学思想源远流长，我们应坚持古为今用的原则，认真发掘我国古代心理学的思想宝库，对古代心理学思想应采取汲取其精华，扬弃其糟粕的态度，加大对历史文献的学习研究深度，使我国现代心理学在古代心理学思想的基础上茁壮的成长起来。

19.4　工具书对心理学研究的影响

心理学是一门实践性很强的学科，研究中需要大量的测试、问卷和实验，为了使这些测试和实验有一个统一的标准，心理学领域推出了许多测试用量表手册、诊断标准等，这些图书在心理学研究中发挥了很大的作用。由于这些图书在研究中主要用于查阅、对比和评判测试结果之用，本书将其与辞典类图书一样，归于工具书。表 19-6 给出了心理学论文引用较多的 14 种工具书的详细书目。

表 19-6　　　　　　　　心理学论文引用较多的工具书

序号	图书信息
1	汪向东：《心理卫生评定量表手册》，北京：中国心理卫生杂志社，1999
2	张明园：《精神科评定量表手册》，长沙：湖南科学技术出版社，1998
3	北京语言学院语言教学研究所：《现代汉语频率词典》，北京：北京语言学院出版社，1986

续表

序号	图书信息
4	［美］American Psychiatric Association：*Diagnostic and Statistical Manual of Mental Disorders*, Washington, DC：American Psychiatric Association, 1994
5	龚耀先：《修订艾森克个性问卷手册》，长沙：湖南医学院出版社，1986
6	朱智贤：《心理学大词典》，北京：北京师范大学出版社，1989
7	龚耀先：《中国修订韦氏儿童智力量表（C – WICS）手册》，长沙：湖南地图出版社，1993
8	林崇德等：《心理学大辞典》，上海：上海教育出版社，2003
9	中华医学会精神科分会：《中国精神疾病分类方案与诊断标准》，南京：东南大学出版社，1995
10	中华医学会精神科分会：《中国精神障碍分类与诊断标准（CCMD – 3）》，济南：山东科学技术出版社，2001
11	［美］约翰·鲁宾逊（John P. Robinson）等主编，杨宜音等译校：《性格与社会心理测量总览》，台北：远流出版公司，1997
12	世界卫生组织编，范肖冬等译；许又新校：《ICD – 10 精神与行为障碍分类：临床描述与诊断要点》，北京：人民卫生出版社，1993
13	龚耀先：《修订韦氏记忆量表手册》，长沙：湖南医科大学出版社，1989
14	龚耀先：《艾森克个性问卷手册》，长沙：湖南医学院出版社，1983

由表 19 – 6 可以看出，心理学工具书主要集中在心理、精神、个性、智力测量以及心理学语言等应用心理学这个大领域中。为了更清楚地了解工具书对心理学研究的影响，我们把工具书从形式上分为：测评量表类、诊断标准类、辞典类。

（1）测评量表类工具书

心理学入选此类的工具书共 6 种，主要为心理卫生、身心健康、智力测验和个性调查等方面的量表手册和标准，涉及教育学、卫生保健、社会学等领域，对从事心理卫生相关工作的专业人员在学习、科研和临床工作等方面提供重要的帮助。

《心理卫生评定量表手册》（被引 460 次）介绍了心理卫生综合评定量表、生活质量与主观幸福感测查、应激及相关问题评定、抑郁及相关问题的评定、孤独的评定等，另有 3 个附录。该手册详细介绍了量表 114 个，其中 102 个附全部量表条目。每个量表都有编制背景与目的、适用范围、信效度检验、使用方法与注意事项等内容的介绍。收编量表的内容覆盖了心理卫生研究与实践活动的主要领域。引用该书的文献主题包括青少年教育，社会成员身心健康，体育、军事等职业训练，婚姻状况、犯罪分析等社会领域。

《中国修订韦氏儿童智力量表（C-WICS）手册》（被引20次）介绍了6个言语量表：常识、相似、算术、词汇、理解和背数，6个操作量表：填图、图法排列、积木图案、物体拼凑、译码和迷津。通过这些复杂的结构，可同时提供三个智商分数和多个分测验分数，能较好地反映一个人智力的全貌和测量各种智力因素。用离差智商代替比率智商，既克服了计算成人智商的困难，又解决了在智商变异上长期困扰人们的问题。韦氏智力量表已成为临床测验中的重要工具。

《性格与社会心理测量总览》（杨宜音等译校，被引14次）评述了现今西方社会心理态度的11个大研究领域中154个有关于成人及儿童的主要量表。上册主要用于测量人的情感，包括幸福感、自尊、社交焦虑感及疏离感等，下册主要测量人的信念、态度及特质，包括人际信任、控制源、权威主义、性别角色及价值观。

《修订韦氏记忆量表手册》（被引11次）是在《韦氏记忆量表》基础上修订而成。《韦氏记忆量表》是由美国心理学家Wechsler D.（甲式）和Stone C. P.（乙式）所编制，各包括7个分测验：个人经历、数字顺序关系、逻辑（理解）记忆、顺背和倒背数字、视觉再生和联想学习等。该量表在临床上应用甚广，HR成套神经心理测验将它作为主要配套测验之一。修订本除沿用了原有7个分测验（内容有修改）外，还增加了3个分测验，对计分方法也作了较大修改。修订本仍分甲乙平行两式，适用年龄范围为16岁以上的人群。

《艾森克个性问卷手册》（被引10次）、《修订艾森克个性问卷手册》（被引40次），是关于个性问卷调查的手册，从三个维度对个体的内外倾向，情绪稳定与否等做出区分，同时还用一个分量表检测个体的掩饰或作假，以判断测验的可靠性。量表的信度效度均较好，题量适中，操作省时，适用于不同性别、不同年龄、不同文化背景的儿童和青少年的个性特征调查。

（2）诊断标准类工具书

入选此类的工具书有5种，主要介绍了不同年龄阶段、不同原因导致的精神障碍的研究诊断，其重点属于临床应用心理学研究范畴，可供医疗、司法、卫生等领域的工作者参考借鉴。

《精神科评定量表手册》（被引92次）重点介绍适用于成年精神疾病患者的症状量表，同时扼要地介绍其他精神或精神卫生的常用量表。主要内容有：症状自评量表、诊断量表与通用量表、精神病与分裂症量表、躁狂量表、抑郁、焦虑、恐怖强迫症量表、总评量表、生活事件量表、社会和生活功能量表、儿童用量表、老年用量表、副反应、护士用量表、酒精和药物依赖用量表等。

Diagnostic and Statistical Manual of Mental Disorders 即《美国精神障碍诊断与统计手册》（被引41次），美国精神病学会（APA）在1952年至1994年随着精神医学的迅速发展经多次修订发行。其内容主要包括以下几个部分：焦虑性障碍；谵妄、痴呆及遗忘；首次诊断于童年期的精神障碍；进食障碍、心境障碍、多轴诊断、人格

障碍、月经前精神障碍、适应性障碍等；精神分裂症、性障碍、睡眠障碍、物质所致精神障碍等。

《中国精神疾病分类方案与诊断标准》（即 CCMD-2-R，被引 18 次），主要包括下列类别：脑器质性精神障碍与躯体疾病所致精神障碍；精神活性物质与非依赖性物质所致精神障碍；精神分裂症，其他精神病性障碍；情感性精神障碍（心境障碍）；神经症及与心理因素有关的精神障碍；与心理因素有关的生理障碍；人格障碍、意向控制障碍（冲动控制障碍）与性变态；精神发育迟滞；儿童少年期精神障碍；其他精神障碍及与司法鉴定和心理卫生密切相关的几种情况等。

《中国精神障碍分类方案与诊断标准》（第3版）（即 CCMD-3，被引 15 次），主要分类有：器质性精神障碍；精神活性物质所致精神障碍或非成瘾性物质所致精神障碍；精神分裂症和其他精神病性障碍；心境障碍（情感性精神障碍）；癔症、应激相关障碍、神经症；心理因素相关生理障碍；人格障碍、习惯和冲动控制障碍、性心理障碍；精神发育迟滞与童年和少年期心理发育障碍；童年和少年期多动障碍、品行障碍和情绪障碍；其他精神障碍和心理卫生情况。

将 CCMD-3 与 CCMD-2-R 比较，其差异主要有：增加新的诊断分类；删除了部分诊断分类；隶属关系改变；诊断名词术语改变；导致诊断阈值下降的某些改变；导致诊断阈值上升的某些改变；允许并列诊断的障碍等。

《ICD-10 精神与行为障碍分类：临床描述与诊断要点》（被引 13 次），ICD-10"精神和行为障碍"有几种不同用途的版本。此版本适用于一般临床、教学和服务事业。其主要内容包括：器质性，包括症状性精神障碍；使用精神活性物质所致的精神和行为障碍；精神分裂症、分裂型障碍和妄想性障碍；心境（情感）障碍；神经症性、应激相关的及躯体形式障碍；伴有生理紊乱及躯体因素的行为综合症；成人人格与行为障碍；精神发育迟滞；心理发育障碍等。

（3）辞典类工具书

由于心理学自身的特点，心理学中有许多术语在不同的学派或理论中有不同的含义。再加上翻译等原因，一些术语会出现中文相同或类似但英文不同或含义不同，以及英文相同或类似、含义也相同却翻译出来的中文不同等问题。因此能够反映心理学主要领域的基本概念、基本学说、重要人物和主要方法的辞典还是很有必要的。因此，心理学词典在心理学学者学习和研究中发挥着很大作用。

《现代汉语频率词典》（被引 42 次）是在科学抽样、统计基础上编纂的带有词在各类语料中的出现频率和使用度等详细数据的工具书。所选用的供统计用的语料包括各种题材和体裁的语言作品共 4 类 179 种，此外还将 1979—1980 年全国通用的十年制中小学语文课本按类列入了统计范围，实际统计了 180 万字语料，不同词条总数 31159 个，其中前 8000 个高频词覆盖率达到 95% 以上。包括《频率词表》、《汉字频度表》等 8 个正表和 5 个附表。在汉语教学、汉语研究、汉语信息处理方面有广泛参考作用。

《心理学大词典》（被引 30 次）由朱智贤主编，共包括普通心理学、实验心理学、中国心理学史和外国心理学史等 18 个学科分支。正文前列有汉语拼音和汉字笔画两种检索目录；正文后附列：条目分类索引、外国条目索引、外国人名译名对照表、中国人名表、心理学词书参考目录。条目标题，除极少数加注汉语拼音外，一般都加注外文。全书收入词条近万条。释文注意体现心理学的基本知识、新的理论和科研成就。

《心理学大辞典》（被引 19 次）由林崇德、杨治良、黄希庭主编。全书共收入心理学术语、学说、学派、人物、著作、组织、机构等词目约 1.7 万条，内容涉及普通心理学、实验心理学等 21 个分支学科，是我国目前规模最大的一部心理学专业辞典。被新闻出版总署列为"九五"、"十五"国家级重点图书，国内心理学界各分支领域近 400 位专家、学者历时十载编纂而成，是我国心理科学发展的一项重要基本建设，也是我国心理科学的一项重要研究成果。

通过以上分析我们可以看出，相关专家学者已经在心理学领域推出了不少工具书，其应用范围也涉及与心理学有关的教育、医疗、司法、商业以及公共管理等各个领域，可以说只要有人类活动的地方，就有心理学以及心理学工具书的存在。同时，心理学工具书不仅成为不同知识背景的专家学者的必备之物，也应更广泛地被广大非专业人士了解和采用，以指导自身的健康成长和学习、工作的顺利进行。

19.5　国外学术著作对心理学研究的影响

中国的现代心理学是 19 世纪末和 20 世纪初从西方国家介绍和引进的。正因为如此，中国心理学家一直十分重视介绍和翻译西方心理学的各种研究成果和思想流派，一直较为重视参考和借鉴西方心理学的理论、方法和技术。在此次遴选出的 136 种图书中，国外作者以外文撰写的著作（包括已被翻译成中文的）有 47 种，明显低于国内学术著作的 71 种，占所有图书总量的 25.25%，平均被引次数 16.26 次低于国内学术著作的 18.63 次。表 19-7 给出了入选的国外学术著作目录。

表 19-7　　　　　　心理学论文引用较多的国外学术著作

序号	图书信息
1	［美］劳伦斯·A. 珀文（Lawrence A. Pervin）著，周榕等译：《人格科学》，上海：华东师范大学出版社，2001
2	［美］伯格（Jerry M. Burger）著，陈会昌等译：《人格心理学》，北京：中国轻工业出版社，2000

续表

序号	图书信息
3	[美] 劳伦斯·A. 珀文（Lawrence A. Pervin）等著，黄希庭主译：《人格手册：理论与研究》，上海：华东师范大学出版社，2003
4	Alan D. Baddeley：*Working Memory*，Oxford，New York：Oxford University Press，1986
5	Albert Bandura：*Self-efficacy：the Exercise of Control*，New York：W. H. Freeman and Company，1997
6	R. S. Lazarus：*Stress，Appraisal，and Coping*，New York：Springer Publishing Company，1984
7	[美] 杜·舒尔兹（Duane P. Schultz）著，杨立能等译：《现代心理学史》，北京：人民教育出版社，1981
8	Arthur S. Reber：*Implicit Learning and Tacit Knowledge：an Essay on the Cognitive Unconscious*，Oxford：Oxford University Press，1993
9	Josef Perner：*Understanding the Representational Mind*，Cambridge，Mass.：MIT Press，1991
10	[美] 波林（E. G. Boring）著，高觉敷译：《实验心理学史》，北京：商务印书馆，1981
11	[美] 赖斯（Phillip L. Rice）著，石林等译：《压力与健康》，北京：中国轻工业出版社，2000
12	[美] 埃里克·H. 埃里克森（Erik H. Erikson）著，孙名之译：《同一性：青少年与危机》，杭州：浙江教育出版社，1998
13	[美] 马斯洛（Maslow A. H）等著，林方主编：《人的潜能和价值：人本主义心理学译文集》，北京：华夏出版社，1987
14	[美] 托马斯·H. 黎黑（Thomas Hardy Leahey）著，李维译：《心理学史》，杭州：浙江教育出版社，1998
15	[英] 迈克尔·W. 艾森克（Michael William Eysenck）著，阎巩固译：《心理学：一条整合的途径》，上海：华东师范大学出版社，2000
16	[美] 斯滕伯格（Robert J. Sternberg）：*Handbook of Creativity*，Cambridge：Cambridge University Press，1999
17	[英] A. 卡米洛夫-史密斯（Annette Karmiloff-Smith）著，缪小春译：《超越模块性：认知科学的发展观》，上海：华东师范大学出版社，2001
18	[加拿大] J. P. 戴斯（J. P. Das）等著，杨艳云等译：《认知过程的评估：智力的PASS理论》，上海：华东师范大学出版社，1999

续表

序号	图书信息
19	［美］加德纳·墨菲（G. Murphy）等著，林方等译：《近代心理学历史导引》，北京：商务印书馆，1980
20	［美］斯滕伯格（Robert J. Sternberg）等著，吴国宏译：《成功智力》，上海：华东师范大学出版社，1999
21	John H. Flavell: *Cognitive Development*, Englewood Cliffs, N. J.: Prentice Hall, 1985
22	Susan Carey: *Conceptual Change in Childhood*, Cambridge, Mass.: MIT Press, 1985
23	［美］B. R. 赫根汉（B. R. Hergenhahn）著，郭本禹等译：《心理学史导论》，上海：华东师范大学出版社，2004
24	［美］M. S. 加扎尼加（M. S. Gazzaniga）主编，沈政等译：《认知神经科学》，上海：上海教育出版社，1998
25	［美］马斯洛（Maslow A. H）著，许金声译：《动机与人格》，北京：华夏出版社，1987
26	［美］Christina Maslach: *Truth about Burnout: How Organizations Cause Personal Stress and what to do about it*, San Francisco: Jossey-Bass Publishers, 1997
27	［瑞士］皮亚杰（J. Piaget）等著，吴福元译：《儿童心理学》，北京：商务印书馆，1980
28	Dianne C. Berry: *Implicit Learning: Theoretical and Empirical Issues*, Hove, UK: Lawrence Erlbaum Associates Ltd., 1993
29	［美］贝斯特（John B. Best）著，黄希庭译：《认知心理学》，北京：中国轻工业出版社，2000
30	Albert Bandura: *Social Foundations of Thought and Action: a Social Cognitive Theory*, Englewood Cliffs, N. J.: Prentice-Hall, 1986
31	［美］乔纳森·布朗（Jonathon D. Brown）著，陈浩莺等译：《自我》，北京：人民邮电出版社，2004
32	James William: *Principles of Psychology*, New York: Henry Holt, 1890
33	Morton Ann Gernsbacher: *Language Comprehension as Structure Building*, Hillsdale, N. J.: Lawrence Erlbaum Associates, Inc., 1990
34	Robert S. Siegler: *Emerging Minds: The Process of Change in Children's Thinking*, Oxford: Oxford Press, 1996
35	［奥］弗洛伊德（Sigmund Freud）著，车文博译：《弗洛伊德文集》，长春：长春出版社，1998

续表

序号	图书信息
36	［英］迈克尔·W. 艾森克（Michael William Eysenck）等著，高定国等译：《认知心理学》，上海：华东师范大学出版社，2004
37	Daniel Goleman: Emotional Intelligence: *Why it can Matter more than IQ*, Toronto, New York: Bantam Books, 1995
38	Morris Rosenberg: *Society and the Adolescent Self-image*, Princeton, N. J.: Princeton University Press, 1965
39	［奥］弗洛伊德（Sigmund Freud）著，高觉敷译：《精神分析引论》，北京：商务印书馆，1984
40	［美］托马斯·H. 黎黑（Thomas Hardy Leahey）著，刘恩久等译：《心理学史：心理学思想的主要趋势》，上海：上海译文出版社，1990
41	［美］马斯洛（Maslow A. H）著，李文湉译：《存在心理学探索》，昆明：云南人民出版社，1987
42	［美］斯滕伯格（Robert J. Sternberg）著，俞晓琳等译：《超越IQ：人类智力的三元理论》，上海：华东师范大学出版社，2000
43	［美］斯托曼（Kenneth Thomas Strongman）著，张燕云译：《情绪心理学》，沈阳：辽宁人民出版社，1986
44	Dan Olweus: *Bullying at School: What we know and what we can do*, Oxford: Blackwell, 1993
45	George Lakoff: *Metaphors we Live by*, Chicago: University of Chicago Press, 1980
46	Henry M. Wellman: *Child's Theory of Mind*, Cambridge, Mass.: MIT Press, 1990
47	Kenneth A. Bollen: *Structural Equations with Latent Variables*, New York: Wiley, 1989

分析表19-7中目录可以看出，47种图书中，译著有29种，原版外文图书有18种，经进一步分析，这些图书分别来自6个国家：美国36种、英国6种、奥地利2种、瑞士1种、挪威1种和加拿大1种，美国学者著作占入选国外著作总数的76.60%，这不仅说明美国心理学拥有最庞大的队伍和研究范围广泛，也进一步揭示了美国心理学的理论和方法对世界其他国家的心理学的重要影响。

这47种外文图书内容涉及认知心理学（15种）、人格心理学（10种）、普通心理学（10种）、发展心理学（5种）、社会心理学（3种）以及其他领域（4种）。

(1) 认知心理学类著作

认知心理学研究人的高级心理过程，主要是认知过程，如注意、知觉、表象、记忆、思维和语言等。随着计算机、信息科学和神经科学研究的迅猛发展，在学习和记忆、语言和言语、情绪和个性、思维、知觉与注意等方面成果卓著。该领域入选的图书有 15 种，是国外学术著作中入选图书最多的领域，占入选总数 47 种的 31.91%。它们分别是：*Working Memory*、*Stress, Appraisal, and Coping*、*Understanding the Representational Mind*、《超越模块性：认知科学的发展观》、《认知过程的评估：智力的 PASS 理论》、*Cognitive Development*、《认知心理学》（黄希庭译）、《认知心理学》（高定国等译）、《认知神经科学》、*Social Foundations of Thought and Action：a Social Cognitive Theory*、*Language Comprehension as Structure Building*、《情绪心理学》、*Implicit Learning and Tacit Knowledge：an Essay on the Cognitive Unconscious*、*Implicit Learning：Theoretical and Empirical Issues*、*Metaphors We Live by*。

Working Memory（被引 23 次），英国心理学家 Alan D. Baddeley 主编，Oxford University Press 于 1986 年出版。该书提出了工作记忆（Working Memory）的三系统概念，用"工作记忆"代替了原来"短时记忆"的概念。认为工作记忆指的是一种系统，它为复杂的任务如言语理解、学习和推理等提供临时的储存空间和加工时所必需的信息，工作记忆系统能同时储存和加工信息，这和短时记忆概念仅强调储存功能是不同的。工作记忆分成 3 个子成分，分别是中枢执行系统、视觉空间初步加工系统和语音回路系统。工作记忆的概念适用于儿童的阅读技巧和对身体损伤患者的认知缺陷分析。该书受到该领域的认知心理学家和年轻学者的普遍赞誉。

Stress, Appraisal, and Coping（被引 23 次）即《应激、评价和应对》，美国心理学家拉泽鲁斯主编。他和苏珊·福克曼（Susan Folkman）博士，在认知评价和应对的概念基础上提出了一种详细的心理应激理论，此概念已成为理论和研究的重要主题。作为一个综合性理论分析，该书概括分析了 20 年来关于行为医学、情绪、应激管理、治疗和寿命发展等领域的研究和思考问题，是一本多学科的图书，反映了与压力有关问题的许多方面和他们在复杂的社会背景下的情况。虽然强调压力的心理方面，但这本书面向专业人士在不同学科领域，以及高年级学生和受过教育的非专业人员。读者对象范围为精神科医生、临床心理学家、护士和社会工作者、社会学家、人类学家、医疗研究人员和生理学家。

Understanding the Representational Mind（被引 21 次），英国实验心理学教授 Josef Perner 主编。该书介绍了表现精神特征的心理哲学领域的基本差别，讨论了通过常识和认知心理学观察精神世界的分歧。他跟踪探究了在社会上常见心理病的发作和早熟儿童的心理意识，在考虑到影响儿童的情景记忆、自我控制和他们进行欺骗的能力的情况下，揭示儿童如何开始形成了具有认知和代表性的精神观点。

《超越模块性：认知科学的发展观》（被引 17 次）的出版对我国发展心理学界产生了较大的影响。该书既向以福多为代表的先天论的模块观挑战，也向皮亚杰的经典理论（特别是他的阶段论和结构观）挑战，倡导了一种关于儿童发展的先天后天相互作用的动力论。

《认知过程的评估：智力的 PASS 理论》（被引 16 次），该书是智力评估转折点的标志。依据智力的本来面目，以认知过程来重建智力。同时，我们依据大脑的活动来概括认知过程。该书可作为有关智力评估的新的思想指南，也可以作为研究生的教材。

Cognitive Development（被引 16 次）。该书既描绘了儿童思维迷人的特征，又阐明了该领域研究中的变化和令人振奋之处，引用了许多参考文献和大量辅助性资料，论述直截了当、清晰明了。

《认知心理学》（被引 13 次，黄希庭译）涵盖了人类获取知识和应用知识的各种心智活动：注意、识别、学习、记忆、想象、思考、言语、创造和决策。新版还增加了反映认知心理学领域新的重大发展的内容，特别是当代认知神经生理学的最新研究成果。另一本同名的《认知心理学》（被引 11 次，高定国、肖晓云译）包括认知心理学概况、视知觉、知觉、运动与行动、物体识别、注意与操作局限性、记忆（结构与过程，长时记忆理论，日常记忆现象）、知识（命题和表象、对象、概念与类别、言语知觉与阅读、语言理解、语言产生）、问题解决（谜题、顿悟与专家技能、创造力与发现、推理与演绎、判断与决策）、认知与情绪、现在和未来等。

《认知神经科学》（被引 15 次）主要包括分子和细胞水平的可塑性，神经发育和心理过程的发育，感知觉、运动系统的策略和规划、注意、记忆、语言、思维与表象、情感、进化理论和意识等。作者总结了其研究领域的实验成果，概述了其研究的历史、现状与存在问题。

Social Foundations of Thought and Action：A Social Cognitive Theory（被引 13 次）的作者是美国心理学家班杜拉，该书从社会认知的角度介绍了人类动机和行动的综合理论，表述了认知、代理、自我控制和自我思考过程在社会心理机能中的作用；强调通过认知、行为和环境因素彼此影响，系统地把这个理论的基本原则应用到个人和社会交往中。

Language Comprehension as Structure Building（被引 12 次）介绍了一种新的理论框架（格恩斯巴彻称它为组织建构框架）来理解语言的含义在特殊和普通的认知过程，根据这个框架，在理解语言和非语言材料时的目标是建构一个综合的精神表现或正在理解信息的结构。同样，组织建构的潜在过程和机制被认为普遍的认知过程和机制。

《情绪心理学》（被引 10 次）是一部全面论述心理学研究领域的一个崭新而诱人的课题的著作。该书试图揭示人的情绪的微妙复杂之变化的生理及心理过程，揭示人的喜悦和悲戚、希望与失望、爱恋与冷漠、愤怒与恐惧、郁闷与焦虑等情感变化的奥秘。

Implicit Learning and Tacit Knowledge：An Essay on the Cognitive Unconscious（被引 21 次）即《内隐学习和缄默知识》，美国心理学家阿瑟·雷伯主编。该书做出了一种关于认知无意识的可读性很强的解释说明，特别侧重于内隐学习这个问题。雷伯

编排了关于认知无意识的兴趣和工作的历史，详细概述了获取隐性知识的实验工作，开发了演化模型，使人们可以看到学习和认知丰富相互交织的问题，而不是一个主导另一个截然不同的领域，最后探讨了有关隐性认知过程的各种思考和继承演化，以及在人类能力的各方面的普遍作用。

Implicit Learning: *Theoretical and Empirical Issues*（被引14次）介绍了内隐知识和可测成绩的概况，并试图通过连贯的理论框架阐明它们。*Metaphors we Live by*（被引10次）即《我们赖以生存的隐喻》，开辟了一条新的从认知角度来研究隐喻的途径。此书的出版标志着认知观的隐喻研究的全面开始。

（2）人格心理学类著作

人格心理学是一门研究人格心理现象及其发生发展规律的心理学分支学科。人格包括神经类型与气质；能力与才能；兴趣与态度；信念、意志、行为；智力、智慧；个别差异等内容。人格心理学还是一门应用性学科，在教学、人事测评、心理健康等领域广泛应用。入选此类的图书有10种：《人格科学》、《人格心理学》、《人格手册：理论与研究》、《动机与人格》、*Self-efficacy*: *the Exercise of Control*、《自我》、《人的潜能和价值：人本主义心理学译文集》、《成功智力》、*Emotional Intelligence*: *Why it can Matter more than IQ*、《超越IQ：人类智力的三元理论》。

《人格科学》（被引40次）分人格单元、人格的发展、人格研究三个专题，介绍了人格的特质单元、认知单元、动机单元、天性与修养；探索人的生涯；潜意识；自我概念；从思想到行动的路径；情绪、适应与健康；适应不良的人格机能和改变过程；人格评鉴；当前的问题以及人格科学展望等内容。

《人格心理学》（被引34次）全面介绍了一个多世纪以来关于人格研究的理论，主要围绕着精神分析理论、特质理论、生物学流派、行为主义、人本主义和认知理论等6种主要的人格理论流派展开论述，并加以客观、公允、生动地分析，同时对其他分支理论、学说和流派也都有所涉及。阅读该书能够了解科学心理学在人格研究领域的全貌，并对在不同的时代和历史阶段居主导地位的理论、人格心理学的现状、发展趋势与前景有一个概括性的认识。

《人格手册：理论与研究》（被引33次）阐述了现代人格理论和研究历史；精神分析、特质论、社会认知论、认知情感论和交互作用论；行为遗传学与人格、人格的神经科学、人格的发展、人格与精神机能障碍、人格心理学与社会心理学的关系、人格与文化等；气质、无意识、自我、个人叙述与人生故事、人格与动机、情绪与情绪调节、人格与健康、人格评鉴的主要原则等；人格研究领域的概观与展望。

《动机与人格》（被引15次）该书提出了许多精彩的理论，包括人本心理学科学观的理论、需要层次论、自我实现理论、元动机理论、心理治疗理论、高峰体验理论等。需要层次论是马斯洛心理学中影响最大的理论之一，至今仍在多个学科领域和实际工作中发挥着巨大的影响力。

Self-efficacy: The Exercise of Control（被引 23 次），该书对自我效能问题进行了全面系统的论述，其中近一半内容是有关自我效能感的应用研究的总结，阐述自我效能感在学校教育、提高健康水平、临床治疗、职业活动、管理和体育运动等领域的功能。书中介绍了大量实验研究的材料，还涉及归因、动机、目标、期望等许多有关人的心理特性和行为的理论问题，因此该书可供所有对人的心理特性与行为问题感兴趣的心理学工作者和其他专业的学者阅读。在书的应用部分，不仅阐述了自我效能在各个实践领域的作用，而且广泛地阐述了如何解决各实践领域中的问题。这部分内容对各部门的实际工作者，如教师、教练、社区工作者、临床工作者、管理人员、各级领导等如何做好工作，提高工作效率都有参考价值。另外，《自我》（被引 12 次）详细地记录了多年来这个变化中的概念和心理学自我研究的问题。进一步描述了对这个日益重要的社会心理学思想的其他解释。

《人的潜能和价值：人本主义心理学译文集》（被引 19 次）是人本主义心理学有关"人的潜能和价值"讨论的论文集。主要选录了马斯洛有关人本主义心理学价值观点的文章，还包括人本心理学的代表人物，著名心理治疗家和教育改革家罗杰斯的文章，心理分析社会学派代表人物弗洛姆，机体论或整体论学说的代表人物哥尔德斯坦等人的论文。

《成功智力》（被引 16 次）向人们展示了在生活里获得成功的人士是如何运用创造和实践的能力去适应环境、选择环境和塑造环境，并最终取得成功。主要包括什么更有价值；人们看重智商，但智商并不是一切；成功智力才值得信赖；倒数计时仍在继续；启动成功智力等。

Emotional Intelligence: Why it can Matter more than IQ（情商：为什么它比 IQ 更重要）被引 11 次，该书介绍了如何让你更快乐自信，更善于跟别人融洽相处，事业上或许也能更成功。学会建立自尊以及怎样更成功地跟别人相处，至少让孩子知道怎么去享受生活的乐趣。丹尼尔的书很好地解释和探讨了情商这个概念，这是一本关于培养情商技能的自助指南。

《超越 IQ：人类智力的三元理论》（被引 10 次）提供了一个新的人类智力三元理论。三元智力理论试图从主体的内部世界、现实的外部世界以及联系内外世界的主体经验世界这三个维度来分析、描述智力，超越了传统的 IQ 概念，从一个全新的视角来阐释智力，将智力理论的发展提升到了一个新的高度。

（3）普通心理学类著作

普通心理学在心理科学学科体系中占有极其重要的地位，是心理学的基础学科，它研究心理学的基本原理和心理现象的一般规律。它总结和概括了心理学各分支学科的研究成果，传授最基本的心理学知识，为将来进一步学习和研究心理学提供了坚实的基础。入选此类的国外学者图书有 10 种：《现代心理学史》、《心理学史》、《心理学：一条整合的途径》、《近代心理学历史导引》、《心理学史导论》、《心理史：心理学思想的主要趋势》、《实验心理学史》、Principles of Psychology、《弗洛伊德文集》、《精神分析引论》。

《现代心理学史》（被引 22 次）是美国心理学家舒尔兹著，杨立能、沈德灿翻译。该书涉及西方心理学各个重要心理学派，对其基本理论、来源、走向及各派主要人物的学术思想进行了分析介绍。沈德灿对该书作了评介，舒尔兹关于编写心理学史的一般见解可以概括为：写过去是为了写现代，着重写现代；写人物也写事件，着重写事件；写时代精神对学科发展的制约影响；着重写学科理论方法的发展，学科应用的推广和历史人物对当代心理学的意义。舒尔兹评价心理学发展史上人物的标准，是按其对心理学学科发展所做的客观贡献的大小，主观努力如何，是否经得起时间的考验，应用价值怎样，总之是以学科发展的实践作为衡量标准。他的方法是重视具体分析与区别对待。

《心理学史》（被引 19 次）介绍了心理学的背景、创立、行为心理学的兴起；"二战"后的心理学等内容。从意识心理学、无意识心灵的心理学、适应心理学、心理学的起飞、折中主义心理学、当代心理学、心理学事件与历史事件等方面进行论述。该书是试图探索西方心理学"新史"风格的一个典范，是一本有特色的心理学史著作。

《心理学：一条整合的途径》（被引 18 次）由英国心理学家艾森克主持编写。该书不仅全面反映了国际心理学发展的整体状况，而且对各自领域的卓越成果做出了说明。

《近代心理学历史导引》（被引 16 次）以哲学和自然科学为背景论述了近代心理学历史发展，对近代心理学的产生过程及各心理学流派作了较详尽的论述，特别对东方心理学思想进行了专门论述。

《心理学史导论》（被引 15 次）是一本在美国广为使用、影响较大的大学心理学史教科书。这部著作把心理学史置于人类思想演进的大背景中，广泛地探讨了社会、文化、哲学、科学对心理学产生与发展的影响和意义。

《心理学史：心理学思想的主要趋势》（被引 10 次）包括心理学的历史背景、开创的心理学和现代心理学三编内容，详细介绍了近、现代的心理学流派，讨论了科学哲学与心理学的关系等。

《实验心理学史》（被引 20 次）是汉译世界学术名著丛书，该书曾多年为美国大学的心理学史的读本。从近代科学的起源谈起，全面地阐述了近代心理学在科学和哲学思潮的影响下，在西方国家形成和发展的历史，着重叙述了实验心理学的建立和它在德、奥、美、英等国各种心理学派的发展状况。全书共 27 章，分前言、近代心理学在科学内的起源、近代心理学在哲学内的起源、实验心理学的建立、近代心理学在德国、英国、美国的建立、近代心理学的晚近趋势和评价等 9 个部分。

Principles of Psychology（被引 12 次）由美国心理学家詹姆斯所著。该书从心理学作为一门自然科学的基本前提出发，研究了心理活动与大脑神经生理活动的关系，考察了关于人的心理现象的内省分析和实验研究等方法，对意识、记忆、想象、情绪、推理等各种心理现象进行了细致的讨论，特别是提出了思想之流（或意识流）的思想，在哲学史和心理学史上占据着独特的地位。

《弗洛伊德文集》（被引11次）主要介绍了癔症研究、释梦、性学三论与论潜意识，精神分析导论、精神分析新论、自我与本我等等，涉及心理病理学、精神分析学、心理学与潜意识论、社会心理学、美学心理学等方面。

《精神分析引论》（被引10次）比较系统地深入浅出地介绍了精神分析的一般理论，该书几乎涵盖了精神分析理论所关切与探讨的各项层面，特别是精神分析的三大基本理论：潜意识论、梦论以及性欲论。

（4）发展心理学类著作

发展心理学是研究心理的发生、发展过程和规律的心理学分支学科。广义的发展心理学包括动物心理学或比较心理学、民族心理学、个体发展心理学。狭义的发展心理学指个体发展心理学，即研究一个人从出生到衰老各个时期的心理现象，按年龄阶段又可分为儿童心理学、青年心理学、成年心理学、老年心理学等分支。入选此类的有《同一性：青少年与危机》、*Conceptual Change in Childhood*、《儿童心理学》、*Emerging Minds：the Process of Change in Children's Thinking*、*Child's Theory of Mind*。

《同一性：青少年与危机》（被引19次）是美国心理学家埃里克森有关同一性理论的重要著作，书中"生命周期：同一性的渐成说"对他的著名的人格发展渐成说，即人的发展的八个阶段进行了详尽、系统的阐述。重点探索了美国现代社会中的青少年问题、妇女地位问题，以及种族同一性问题，提出了他对当代资本主义社会中一些重大问题产生的根源以及解决途径的观点。

儿童心理学是研究儿童心理发生、发展的特点及其规律的发展心理学分支。此次入选的发展心理学5种图书中有4种是关于儿童心理学的。

Conceptual Change in Childhood（被引16次）阐述了关于儿童认知的两种思考方式的可供选择的办法，提出了概念的变化及其与知识体系发展的相关性的想法。《儿童心理学》（被引14次）是皮亚杰和英海尔德合写的一部重要著作，从"发生认识论"出发，系统地考察和研究了儿童的知识的形成和发展的过程，并把这一过程分为感知—运动、运算和前青年期三大连续的阶段。

Emerging Minds：the Process of Change in Children's Thinking（被引12次）介绍了关于儿童思维的基本问题，先前的理论曾描述认知发展过程像楼梯，作者建议把它视作具有进化结构的发展比楼梯模型更有意义。

Child's Theory of Mind（儿童心理理论）被引10次，该书整合了这个迅速发展领域研究的多样化标准，它把关于基本主题（心理和性格）的儿童知识绘制为一个连贯的常识性理论，强有力地推进了对日常理论和思维常识理论的理解。

（5）社会心理学类著作

入选的社会心理学方面的著作有 3 种：Truth about Burnout：How Organizations Cause Personal Stress and What to Do About It（被引 14 次）介绍了今天的劳动者普遍正面临工作倦怠的情况。包括白领和蓝领的各阶层工人都有压力、不安全、被误解、被低估的感觉，并在他们的工作场所被疏远。该书清楚地表明责任往往由组织负责。Society and the Adolescent Self - image（即"社会和青少年自尊"，被引 11 次）是 Rosenberg（1995）针对其 1965 年提出的自尊概念进一步指出：自尊是一种对自我的态度。自尊概念可以从认知和情感两个方面去理解，并可进一步分为正负两个维度。《存在心理学探索》（被引 10 次）是马斯洛晚年的一部重要著作，是他的《动机与人格》一书的续篇，由作者的一些论文和讲演稿汇编而成的，该书充满着各式各样的论断，它们是以先驱研究和零散证据为依据的，以个人的观察、理论的推演和纯属某种预感为依据。

（6）其他领域著作

涉及心理学其他领域的图书还有 4 种：《压力与健康》（被引 20 次）介绍了应激（压力）的研究、应激的应对理论和应对模式、生理和心理应激的定义与事例，各种压力处理方法，消除应激的技术；包括放松、自我产生、焦虑管理、入静、生物反馈、时间管理、营养和锻炼方法等；自我测试帮助读者测知自己的个性、工作压力、自我感知、生活变化和健康行为等，为广大读者提供了有效应对生理和心理压力的方法与技能。Handbook of Creativity（被引 17 次）主要介绍创造力研究的方法、创造力的起源、创造力自我与环境和创造力的专题研究。Bullying at School：What We Know and What We Can Do（即《校园暴力：我们知道什么和我们能做什么》，被引 12 次）是挪威卑尔根大学心理学系 Dan Olweus 教授所著，他被公认为欺凌及受害问题的世界权威，被视为研究欺凌者、受害者问题的"创始人"。Structural Equations with Latent Variables（即《潜在变量结构模型》，被引 10 次）讨论了一个有效利用有序数据的特殊模型，它不像根据名词分类数据的标准模型，为统计学家和计量经济学家提供了一种回归评价质量和可靠性的新工具，因而也被心理学界所采用。

19.6 国内学术著作对心理学研究的影响

清朝末期，心理学从西方传到中国。在旧中国，心理学的发展十分缓慢。1949 年新中国的成立为我国心理学的发展开辟了一个崭新的历史时期。特别是改革开放后，我国心理学进入了繁荣发展时期。此次遴选出的心理学学科最有学术影响的 71 种国内学术著作，主要集中在 20 世纪 80 年代至 21 世纪初这个时期。其中最早的是 1982 年出版的高觉敷的《西方近代心理学史》。1994—2004 年出版的图书平均每年有 4 - 5 种入选，累计达 49 种（占国内心理学图书入选总数的 70%）。表 19 - 8 给出了 CSSCI 中心理学论文引用较多的国内学术著作。

表 19-8　　心理学论文引用较多的国内学术著作

序号	图书信息
1	王甦：《认知心理学》，北京：北京大学出版社，1992
2	杨治良：《记忆心理学》，上海：华东师范大学出版社，1999
3	张文新：《儿童社会性发展》，北京：北京师范大学出版社，1999
4	林崇德：《发展心理学》，北京：人民教育出版社，1995
5	彭聃龄：《汉语认知研究》，济南：山东教育出版社，1997
6	葛鲁嘉：《心理文化论要——中西心理学传统跨文化解析》，大连：辽宁师范大学出版社，1995
7	沈渔邨：《精神病学》，北京：人民卫生出版社，2001
8	叶浩生：《西方心理学的历史与体系》，北京：人民教育出版社，1998
9	侯杰泰：《结构方程模型及其应用》，北京：教育科学出版社，2004
10	车文博：《西方心理学史》，杭州：浙江教育出版社，1998
11	彭聃龄：《普通心理学》，北京：北京师范大学出版社，2001
12	漆书青：《现代教育与心理测量学原理》，南昌：江西教育出版社，1998
13	郭志刚：《社会统计分析方法：SPSS 软件应用》，北京：中国人民大学出版社，1999
14	黄希庭：《当代中国青年价值观与教育》，成都：四川教育出版社，1994
15	黄希庭：《人格心理学》，杭州：浙江教育出版社，2002
16	黄希庭：《心理学导论》，北京：人民教育出版社，1991
17	陈英和：《认知发展心理学》，杭州：浙江人民出版社，1996
18	金瑜：《心理测量》，上海：华东师范大学出版社，2001
19	漆书青：《现代教育与心理测量学原理》，北京：高等教育出版社，2002
20	陈仲庚：《人格心理学》，沈阳：辽宁人民出版社，1986
21	董奇：《自我监控与智力》，杭州：浙江人民出版社，1996
22	叶浩生：《西方心理学研究新进展》，北京：人民教育出版社，2003
23	陈向明：《质的研究方法与社会科学研究》，北京：教育科学出版社，2000
24	董奇：《儿童创造力发展心理》，杭州：浙江教育出版社，1993
25	邵瑞珍：《教育心理学》，上海：上海教育出版社，1997
26	吴明隆：《SPSS 统计应用实务》，北京：中国铁道出版社，2000
27	张春兴：《现代心理学：现代人研究自身问题的科学》，上海：上海人民出版社，1994
28	黄希庭：《人格心理学》，台北：台湾东华书局，1998

续表

序号	图书信息
29	王登峰：《解读中国人的人格》，北京：社会科学文献出版社，2005
30	周晓虹：《现代社会心理学：多维视野中的社会行为研究》，上海：上海人民出版社，1997
31	钱铭怡：《心理咨询与心理治疗》，北京：北京大学出版社，1994
32	张必隐：《阅读心理学》，北京：北京师范大学出版社，1992
33	章志光：《社会心理学》，北京：人民教育出版社，1996
34	高觉敷：《中国心理学史》，北京：人民教育出版社，1985
35	李雪荣：《现代儿童精神医学》，长沙：湖南科学技术出版社，1994
36	潘菽：《心理学简札》，北京：人民教育出版社，1984
37	杨德森：《行为医学》，长沙：湖南师范大学出版社，1990
38	杨治良：《实验心理学》，杭州：浙江教育出版社，1998
39	朱滢：《实验心理学》，北京：北京大学出版社，2000
40	樊富珉：《大学生心理健康与发展》，北京：清华大学出版社，1997
41	郭本禹：《当代心理学的新进展》，济南：山东教育出版社，2003
42	郭秀艳：《内隐学习》，上海：华东师范大学出版社，2003
43	梁漱溟：《梁漱溟全集》，济南：山东人民出版社，1989
44	时蓉华：《现代社会心理学》，上海：华东师范大学出版社，1989
45	王重鸣：《心理学研究方法》，北京：人民教育出版社，1990
46	戴忠恒：《心理与教育测量》，上海：华东师范大学出版社，1987
47	孟昭兰：《人类情绪》，上海：上海人民出版社，1989
48	阎国利：《眼动分析法在心理学研究中的应用》，天津：天津教育出版社，2004
49	杨鑫辉：《心理学通史》，济南：山东教育出版社，2000
50	张庆林：《当代认知心理学在教学中的应用：如何教会学生学习和思维》，重庆：西南师范大学出版社，1995
51	郑日昌：《心理测量》，长沙：湖南教育出版社，1987
52	朱智贤：《思维发展心理学》，北京：北京师范大学出版社，1986
53	黄希庭：《黄希庭心理学文选》，重庆：西南师范大学出版社，2000
54	叶奕乾，孔克勤：《个性心理学》，上海：华东师范大学出版社，1993
55	戴海崎：《心理与教育测量》，广州：暨南大学出版社，1999
56	桂诗春：《新编心理语言学》，上海：上海外语教育出版社，2000
57	江光荣：《心理咨询与治疗》，合肥：安徽人民出版社，1995

续表

序号	图书信息
58	李心天：《医学心理学》，北京：人民卫生出版社，1991
59	杨国枢：《中国人的心理与行为：本土化研究》，北京：中国人民大学出版社，2004
60	樊富珉：《团体咨询的理论与实践》，北京：清华大学出版社，1996
61	高觉敷：《西方近代心理学史》，北京：人民教育出版社，1982
62	黄希庭：《当代中国大学生心理特点与教育》，上海：上海教育出版社，1999
63	李丹：《儿童发展心理学》，上海：华东师范大学出版社，1987
64	潘菽：《潘菽心理学文选》，南京：江苏教育出版社，1987
65	桑标：《当代儿童发展心理学》，上海：上海教育出版社，2003
66	王登峰：《心理卫生学》，北京：高等教育出版社，2003
67	王重鸣：《管理心理学》，北京：人民教育出版社，2001
68	杨鑫辉：《中国心理学思想史》，南昌：江西教育出版社，1994
69	叶奕乾：《普通心理学》，上海：华东师范大学出版社，1997
70	俞国良：《创造力心理学》，杭州：浙江人民出版社，1996
71	张雷：《多层线性模型应用》，北京：教育科学出版社，2003

分析表 19 - 8 中入选的图书主题，可以说几乎涵盖心理学研究的所有主要研究领域。71 种图书涵盖了普通心理学（15 种）、心理学研究方法（13 种）、认知心理学（8 种）、发展心理学（8 种）、人格心理学（7 种）、医学心理学（4 种）、教育心理学（4 种）、社会心理学（3 种）、咨询心理学（3 种）以及心理学其他领域（6 种）。

（1）普通心理学类著作

国内普通心理学研究在心理学历史、体系、思想流派以及基本原理等方面取得了一定的成果。此类入选的图书共 15 种，在国内心理学领域的著作中所占比例最高，可见心理学理论对本学科的发展影响之大，这 15 种图书分别是：《心理文化论要：中西心理学传统跨文化解析》、《当代心理学的新进展》、《心理学通史》、《西方心理学的历史与体系》、《西方心理学史》、《西方心理学研究新进展》、《西方近代心理学史》、《中国心理学史》、《中国心理学思想史》、《普通心理学》（彭聃龄）、《普通心理学》（叶奕乾）、《心理学导论》、《现代心理学：现代人研究自身问题的科学》、《心理学简札》、《潘菽心理学文选》。

从世界范围内介绍心理学进展的有 3 种，《心理文化论要：中西心理学传统跨文化解析》（被引 40 次）介绍了文化历史中的心理学，科学心理学——西方的心理学传统，本土心理学——中国的心理学传统，新兴心理学——跨文化的沟通与促进等。从跨文化的角度，对生长于不同文化根基和相应不同心理生活的中西心理学传统进行比较和分析，探讨它们彼此之间沟通的可能性和心理学发展的新道路。《当代心理学的新进展》（被引 13 次）对心理学各理论流派、各学科领域最近 20 年来的研究成果进行系统整理和评析。紧追世界心理学的前沿研究，对心理学领域的新进展进行系统整理和把握，对我国心理学工作者了解心理学的前沿动态，搞好我国心理学的研究和应用工作具有深远的影响和意义。《心理学通史》（被引 12 次）以心理学思想史、流派史和新发展为主线，贯穿整个世界心理学历史发展进程的方式，全面地介绍了西方心理学的发展、中国文化下的心理学思想以及当代心理学发展的最新动态，对读者了解心理学史大有助益。

重点介绍西方心理学历史的有 4 种：《西方心理学的历史与体系》（被引 32 次）介绍了意识心理学、行为主义、精神分析、认知心理学、人本主义心理学等。以辩证唯物主义和历史唯物主义为指导，遵循西方心理学史的方法论原则和编纂学原则，吸收国内外西方心理学史研究的最新成果，反映西方心理学流派发展的最新动态。对心理学"长期的过去和短暂的历史"进行合理性重建，探索西方心理学发展的整体特征和规律。《西方心理学史》（被引 27 次）介绍了科学心理学的渊源，从古希腊罗马时期的心理学开始讲起，一直到 17—19 世纪荷兰和德国理性主义心理学思想；科学心理学的创建和发展，期间具体介绍了各学派的不同心理学理论，如人本主义心理学、精神分析心理学、行为主义心理学等。对心理学工作者，大学教师及心理学爱好者来说，是一本不可不读的心理学专著。《西方心理学研究新进展》（被引 19 次）主要研究西方心理学的方法论；探讨与西方心理学的分裂与整合有关的问题；西方心理学的最新发展和我国在西方心理学研究方面的新进展。《西方近代心理学史》（被引 10 次）介绍了 17 世纪至 19 世纪英国和法国、德国的哲学心理学思想，19 世纪的生理心理学，实验心理学的诞生和冯特的贡献等，就西方近代心理学的发展历史作了综述，具有融科学性、系统性、理论性及史料性为一体的特点，可供相关人士阅读参考。

单独介绍我国心理学历史的有 2 种：《中国心理学史》（被引 14 次）涉及中国古代心理学思想的演变和中国如何把西方心理学引进来并使其得到发展的现代心理学情况两大部分。《中国心理学思想史》（被引 10 次）论述了心理学思想发展脉络、心理的实质、心理实验与测验的起源、普通心理学思想与应用心理学思想、心理学史研究的现状和瞻望等。

从心理学的基本原理、性质以及机制等全面介绍心理学的有 3 种：《普通心理学》（彭聃龄，被引 24 次）介绍了心理学研究什么和如何进行研究，心理的神经生理机制，人的信息加工（感知觉、意识和注意、记忆、思维、语言等）；行为调节和控制（动机、情绪和情感）；人的心理特征（能力、人格）；活动与发展（学习、人生全面发展）等。适用于全日制高校心理学专业及其他相关专业、自学高考心理学专业的本科学生，同时也可作为广大心理爱好者，电大、函选修心理学课程学员的参考读物。《普通心理学》(叶奕乾,被引10次)介绍了心理活动的神经生理基础、心理的发生和发展,感觉、知觉、记忆、思维、情绪和情感、意志以及个性等。《心理学导论》(被引22次)阐述了心理学的性质、方法、历史和现状;个体心理的生理基础、环境基础、毕生发展及个体行为动力系统;认知过程,包括感觉、知觉、思维、情绪和意志,个体差异主要方面。在内容上,既注重阐述经典的心理学知识和反映心理学的新成果,又力求培养读者发现问题、分析问题、解决问题的能力和健全人格。可供高等院校心理学专业及相关专业学生使用,也可供广大教育工作者和对心理学感兴趣的人士参考。

另外,从其他角度或形式介绍心理学的图书有3种:《现代心理学:现代人研究自身问题的科学》(被引17次)从人类自身问题的八个方面,以综观式的论述及寻绎式的陈述,加以条理化地摘要归纳,通俗地展现了涉及人的一生各层面的心理健康诸科学问题。《心理学简札》(被引14次)以随记形式,一段一题,以"意识"这一心理学中的核心问题为中心展开。分析西方传统心理学各流派的意识理论,并引入中国古代心理学思想加以评论,阐述自己在一些重大心理学理论上的主张。《潘菽心理学文选》(被引10次)以《我的心理学历程》为序,有《关于心理学性质的意见》、《论心理学基本理论问题的研究》、《论所谓身心问题》、《关于意识问题》、《辩证唯物论心理学的方法论》、《关于心理学的科学性质问题》以及其他主要心理学论著和其他文章年表等。

(2) 心理学研究方法类著作

从分析处理的角度,心理学的主要研究方法包括实验研究和描述研究两大类,实验研究试图探讨事物之间的因果关系,描述研究基本停留在描述事物或事物之间的关系。从获取数据的方式来看,心理学的研究方法有很多,基本方法有观察法、实验法、调查法和测验法等。此次入选的相关图书有13种:《心理学研究方法》、《现代教育与心理测量学原理》(分别由江西出版社和高等教育出版社出版)、《心理测量》(漆书青)、《心理测量》(郑日昌)、《心理与教育测量》(戴忠恒)、《心理与教育测量》(戴海崎)、《眼动分析法在心理学研究中的应用》、《结构方程模型及其应用》、《多层线性模型应用》、《社会统计分析方法:SPSS软件应用》、《SPSS统计应用实务》、《质的研究方法与社会科学研究》。

《心理学研究方法》(被引13次)是一本关于对心理学研究方法的专著,介绍了传统的心理学研究方法,又结合当代科学技术、推出了一些新的心理学研究方法,如怎样运用计算机进行统计分析、Q分类技术、社会测量法、现代测验理论等。

介绍心理学测量基本理论、方法和技术的有6种。《现代教育与心理测量学原理》由漆书青主编,首次于1998年江西出版社出版(被引24次),2000年经修订后由高等教育出版社出版(被引20次)。主要介绍了测量过程和心理计量学、随机抽样理论、项目反应理论、应用技术原理等。吸收了国外的相关研究成果,融合了编著者多年的教学与科研经验,是开展测验分析、建设题库和实际施测的参考工具。《心理测量》(漆书青,被引20次)系统地论述了心理测量的经典理论与现代发展。涉及心理测量的历史沿革、基本理论、智力测验、人格测验、测量的信度、效度、常模、项目等。对于心理测量中的现代理论,如项目反应理论、概化理论等,书中有精彩的论述。《心理测量》(郑日昌,被引12次)是在作者自身教学基础上编撰而成,对心理学的历史、性质与功能等基本理论作了较为详细的介绍,帮助学生通晓心理测量的编制和使用方法,了解现行测验的主要问题及发展趋势。《心理与教育测量》(戴忠恒,被引12次)介绍了心理测量的发展史,测验的性质、智力测验、教育测验、人格测验、态度测量法,编制测量的方法,信度,效度,项目分析,测量量表与常模等。《心理与教育测量》(戴海崎,被引11次)从测量学基本原理、测验编制技术、知名测验性能3个方面总结前人所编教材的经验,力求反映测量研究领域的当代特色。

心理学研究从其他角度或学科借鉴采用了一些新的分析方法和工具,它们丰富了心理学的研究方法,推动了心理学的研究进展。下面6种是此次遴选出来的一些具体方法和工具:《眼动分析法在心理学研究中的应用》(被引12次)介绍了眼动的基本模式,评述了眼动记录方法的发展和现状,评介以眼动为指标的阅读过程的研究,阐述了用眼动指标研究其他心理活动的情况等。《结构方程模型及其应用》(被引31次)是国内第一本系统介绍结构方程模型和LISREL的著作。该书阐述了结构方程分析(包括验证性因子分析)的基本概念、统计原理、在社会科学研究中的应用等。该书阐述的方法包含了方差分析、回归分析、路径分析和因子分析,弥补了传统回归分析和因子分析的不足,可以分析多因多果的联系、潜变量的关系,还可以处理多水平数据和纵向数据,在社会、心理、教育、经济、管理、市场等研究的数据分析中具有广泛的应用。《多层线性模型应用》(被引10次)是我国第一本系统介绍高级社会统计方法——多层线性模型及其应用的书。该方法可以帮助社会科学研究者以及教育科研工作者更加科学地分析数据,进一步提高科研水平。《社会统计分析方法:SPSS软件应用》(被引22次)介绍了常用的13种社会统计分析方法,同时讲解了如何在SPSS中进行相应的操作。将各种多元统计分析方法与相应的计算机统计软件结合起来介绍,从原理的讨论到具体案例的分析示范和统计软件使用说明,成为一体化的内容。不仅适用于心理学,也适用于社会学、医学、经济学、教育学等多个领域。《SPSS统计应用实务》(被引17次)以SPSS 11.0版作为统计分析的工具软件,除介绍量化研究预试问卷分析的基础理论之外,还详细介绍了如何使用SPSS软件来分析预试问卷以及分析人员在量化研究中对正式问卷的统计应用和数据处理的方法。《质的研究方法与社会科学研究》(被引17次)是国内第一部系统评介"质的研究方法"的专著,对目前国际社会科学界提出的有关理论问题以及新近发展出来的操作手段进行了深入的探讨,并结合有关西方学者以及作者自己的研究实例对其进行了生动的展示和说明。

（3）认知心理学类著作

入选此类的图书共8种：《认知心理学》、《记忆心理学》、《认知发展心理学》、《内隐学习》、《人类情绪》、《思维发展心理学》、《新编心理语言学》、《汉语认知研究》。这部分图书研究主题集中在认知心理学原理、记忆、内隐学习、情绪、思维以及语言等方面。

《认知心理学》（被引71次）介绍了认知心理学的基本原理和方法，以及对各种重要认知过程的研究，包括知觉、注意、记忆、表象、思维和言语等，着重介绍了各种认知过程的模型，同时指明各种认知模型存在的问题和争论，使读者可以了解认知心理学的全貌，有助于作深入的思考。

《记忆心理学》（被引71次）是一本系统介绍国内外记忆研究成果的著作。全书分为三大部分：记忆、接近心理的底层、走进生活空间。既介绍了传统的记忆研究，也对当今记忆研究的热点——内隐记忆的研究进行了详细的阐述。

《认知发展心理学》（被引20次）全面地、系统地、科学地阐述了个体智力发展规律、智力心理学学科特点，以及有关培养、训练、发展智力的理论和实验研究。这对于澄清人们对智力的种种误解，客观地、科学地认识智力问题有一定的启示作用。

《内隐学习》（被引13次）分别介绍了内隐学习的崛起、本质、研究方法、与外显学习的关系、影响因素、应用等。

《人类情绪》（被引12次）主要介绍了情绪理论、成分、与人格结构、研究方法、情绪的个体发展、情绪与生活色调、情绪与智慧活动、情绪异常与健康、情绪社会化、表演艺术和竞技运动中的情绪问题。

《思维发展心理学》（被引12次）集中研究了思维的内涵、产生和发展、表现、形态、结构等方面的问题，比较系统地论述了思维和思维发展中活动、表象和语言的作用，探讨了思维和思维发展中认知因素和非认知因素的关系，以及儿童、少年和青年时期思维发展的具体特点和规律等问题。

心理语言学已成为认知科学中一个重要的学科分支，它的研究工作在中国也已经开展，由于汉语和其他各种语言有很大的不同，在中国开展这方面的研究具有更大的理论意义和实践意义。《新编心理语言学》（被引11次）介绍了语言的生物和生理基础、心理机制；第一语言习得，言语听辨，心理词汇等。系统、真实地反映了这门学科在理论模型、研究方法以及研究成果等方面的最新状况。《汉语认知研究》（被引10次）在展现语言认知研究的广泛背景下，系统地总结了近10年来汉语认知研究的最新成果。涉及语音知觉、汉字识别、语言记忆、语言的脑机制、语言认知的计算机模拟等一系列重要的领域；本书是认知心理学家、心理语言学家、神经心理学家、语言学家等多领域合作的成果。

(4) 发展心理学类著作

入选该领域的共 8 种：《儿童社会性发展》、《儿童发展心理学》、《当代儿童发展心理学》、《儿童创造力发展心理》、《大学生心理健康与发展》、《当代中国大学生心理特点与教育》、《发展心理学》、《中国人的心理与行为：本土化研究》。涉及理论探讨和各心理现象发展特点以及跨文化等研究领域，涉及一生发展的每个年龄阶段，其中以研究儿童、大学生的发展问题为重点（分别是 4 种和 2 种）。

《儿童社会性发展》（被引 49 次）是一本关于儿童社会性发展问题的研究，介绍了儿童社会性发展的理论与研究，社会性发展的遗传与生物基础，家庭、父母与儿童社会性发展，儿童的依恋，儿童社会认知发展，儿童的攻击，儿童自我的发展等。该书包括了作者对儿童社会性发展的独到的看法，其内容具有较高的研究性、创新性和可操作性。《儿童发展心理学》（被引 10 次）主要介绍了认知的发展、理论评介，情绪、个性和社会性的发展等。反映了当代儿童心理学领域的发展状况，深入地结合儿童发展心理学的教学实践。《当代儿童发展心理学》（被引 10 次）从心理发展的基本观点和研究方法，影响心理发展的有关因素以及儿童认知中、语言、智力、情绪、个性、道德等各个领域的发展特点和发展趋势进行论述。该书可供综合性大学、高等师范院校心理学系和教育系的本科生、大专生作教材使用，也可供其他儿童心理工作者、儿童教育工作者从事教学、科研和实际工作时参考。《儿童创造力发展心理》（被引 17 次）从儿童发展心理学的角度阐明对儿童创造力的本质与表现形成的基本观点，探讨儿童创造力发展的年龄特征与规律，剖析儿童创造力发展与其身心其他方面发展的密切联系，探索儿童创造力测量的科学方法与培养的有效途径。该领域是当前一个十分值得研究的领域，也是最需要用人类创造力去探究的重要领域。

《大学生心理健康与发展》（被引 13 次）运用心理学及相关学科的理论，针对大学生在学习、成才、交友、恋爱、健康、生活等方面遇到的矛盾和问题，进行系统分析，并提出了有助于大学生身心健康、和谐发展的种种心理健康原则与方法，目的在于提高大学生心理素质、健全人格，增强他们承受挫折、适应环境的能力。《当代中国大学生心理特点与教育》（被引 10 次）是一项对当代中国大学生的心理特点进行全方位系统研究的成果，是科研协作的结晶。它不仅有利于青年心理学理论建设，对教育心理学、社会心理学、哲学、伦理学、政治学、教育学等学科建设也有借鉴作用；所提出的教育建议则对高校教育工作和大学生自我教育有一定应用价值。

《发展心理学》（被引 47 次）主要介绍了研究发展原理，并评价诸多心理学派关于心理发展规律的理论系统地论述个体心理各个发展时期的特征，从生命全程的角度阐述个体心理发生、发展的规律及毕生心理发展的年龄特征，以便使学生能更全面、深入地理解关于个体心理发展的遗传与环境、普遍性与特殊性等基本理论问题，使其了解个体一生各种心理能力均不同程度地呈现适应性发展的趋势，从而树立起关于生命全程的辩证发展观，全面了解个体一生发展的纵向图景。

《中国人的心理与行为：本土化研究》（被引 11 次）收录了杨国枢教授的九篇学术论文，以本土化为其研究取向，从中国人的互动方式、家族主义传统、孝道以及个人的传统性与现代性等方面，讨论了中国人的心理与行为特征及其变迁过程，阐释了本土化的概念、方法及例证。

（5）人格心理学类著作

该领域研究主要集中在人格理论的基本问题以及个性心理学、个体智力发展和自我控制相关理论等，入选此类的共有 7 种：《人格心理学》（黄希庭）[①]、《人格心理学》（陈仲庚）、《解读中国人的人格》、《个性心理学》、《自我监控与智力》、《创造力心理学》。

《人格心理学》（浙江教育出版社，简体字本 2002 年版，被引 22 次；台湾东华书局，繁体字本 1998 年版，被引 16 次），主要包括三编：人格研究导言、人格研究范型、人格研究的专题。该书是一本导论性质的著作，通过全面地阐述该学科领域基本理论，为读者提供一本结构清晰、易于理解、反映当代新近研究成果，以多维度和多层次的研究视野对人格基本问题进行探讨的著作。《人格心理学》（陈仲庚，被引 19 次）主要介绍了人格研究绪论、人格的多种定义、个人特质、特质的因素分析、人格特质与人格维度、经典精神分析人格理论、其他精神分析人格理论、行为主义和社会学习人格理论、人格认知理论、人格自我理论、人本主义人格理论、人格的早期发展、人格评估、人格障碍等内容，是我国学者学习临床心理学的必读课本，为专业教学打下了有所遵循的基础，起着非常重要的作用。

《解读中国人的人格》（被引 16 次）介绍了中国人人格结构的本土化探索，中国人的人格特点，中国人人格量表的应用，西方人格结构与中国人的人格，人格结构的文化意义等五编。这本专著标志着从心理学的视角去全面、系统地研究中国人的人格进入了一个新的重要阶段，是心理学研究科学化的精品、民族化的典范。

《个性心理学》（被引 11 次）介绍了个性倾向性、气质、性格、能力等，阐述了个性心理学的主要内容和方法。在体系和框架的安排上遵循我国心理学多数学者的观点，比较全面地论述了个性心理学的理论、研究方法、个性测量工具，体现出个性研究对心理学基础理论研究和应用性研究的重要性，反映出个性心理研究亟待突破的迫切性。

《自我监控与智力》（被引 19 次）主要介绍了监控与自我监控、自我监控的特征、结构、价值、自我监控的本质与现代智力观、自我监控的人脑功能定位、自我监控的神经作用机制、自我监控的发展等。通过该书可以了解智力与个性之间的关系。

[①] 黄希庭分别在浙江教育出版社和台湾东华书局出版。因此，分为两种计算。

《创造力心理学》（被引10次）阐述个体智力发展规律、创造力心理学学科特点以及有关培养、训练、发展智力的理论和实验研究。这对于澄清人们对智力的种种误解，客观地、科学地认识智力问题有一定的启示作用。

(6) 医学心理学类著作

医学心理学是研究心理活动与病理过程相互影响的心理学分支。医学心理学是把心理学的理论、方法与技术应用到医疗实践中的产物，是医学与心理学结合的边缘学科。它研究和解决人类在健康或患病以及二者相互转化过程中的一切心理问题，即研究心理因素在疾病病因、诊断、治疗和预防中的作用。入选此类的有4种：《现代儿童精神医学》、《行为医学》、《医学心理学》、《心理卫生学》。

《现代儿童精神医学》（被引14次）包括儿童精神发育与相关因素、临床检查及诊断、临床疾病、治疗和预防等。系统地介绍了儿童心理学发展特点；有关诊断基础方法；常见的儿童精神障碍以及多种心理治疗、特殊问题的照顾与训练、药物治疗与预防保健等等。广泛涉及儿童少年精神医学发展中的新理论、新知识和新技术，并总结了诸多作者数十年的研究成果以及行之有效的中西医治疗、心理治疗、心理训练等临床经验，每一疾病后还附有典型案例，便于读者理解。

《行为医学》（被引14次）分别介绍人类行为的生物学基础、社会化与社会控制、精神紧张的应激观点、内部冲突观点、人格及其障碍、适应性障碍、神经症概述、癔症、焦虑症等与精神应激密切相关的各种疾病。该书还重点介绍了各种社会学中的越轨行为，阐述医学社会学的基本常识，介绍行为医学的主要治疗手段，着重于生物反馈疗法、行为疗法、认知疗法以及传统的精神分析疗法。

《医学心理学》（被引11次）是为满足教学的需要，由卫生部组织，以李心天教授为主编编写的供高等医药院校使用的统编教材。包括医学心理学的基础知识、健康心理、临床疾病心理、变态心理、神经心理、医学心理咨询、临床心理评估等内容。

《心理卫生学》（被引10次）比较系统地介绍了心理卫生的概念、影响因素、自我概念、亲密关系、性别角色与人类性行为、压力与焦虑、挫折与攻击性、危机干预与自杀预防、环境变化与心理卫生、心理障碍的类型和特点以及心理障碍的预防与治疗等内容。

(7) 教育心理学类著作

教育心理学研究教育和教学过程中教育者和受教育者心理活动现象及其产生和变化规律的心理学分支。研究的内容主要是学校教育过程中心理活动的规律，如学生应该怎样去掌握书本上的知识，学生的学习动机与学习成绩有什么关系，复习有哪些好的方法等等。入选此类的有4种：《当代中国青年价值观与教育》、《教育心理学》、《阅读心理学》、《当代认知心理学在教学中的应用：如何教会学生学习和思维》。

《当代中国青年价值观与教育》（被引 22 次）是国内首次系统地以实证方法探讨青年价值观问题的研究成果。在切实把握当代中国青年价值观各方面的具体特点的基础上，该书有针对性地提出了一些青年价值观教育对策。作者依据前人对价值观的分类方法，并结合我国的具体国情和理论思考，论述了中国青年的需求特点、人生价值观与教育、道德价值观与教育、人际价值观与教育、职业价值观与教育、审美观与教育、宗教价值观与教育、自我观与教育、婚恋观与教育、幸福观与教育等。

《教育心理学》（被引 17 次）是在高校文科教材《教育心理学》（1988 年）的基础上进行修订的成果，认知心理学的新发展和专家研究的积累构成了该书修订的理论背景。该书主要内容有：教育心理学概论、学习概论；认知领域的学习（广义知识的分类与陈述性知识的学习、程序性知识的学习、解决问题与创造、运动技能的学习、态度和品德的形成与改变）；影响学习的内部因素（认知结构与迁移、认知发展与个别差异、学习中的动机因素）；影响学习的外部因素（教学的方法与媒介、学习中的集体与社会因素）；测量与评价（学习的测量与评价）等。

《阅读心理学》（被引 15 次）介绍了有关阅读心理学研究的基本内容，同时根据已有的中文阅读研究材料与英文的阅读研究材料进行了比较。主要涉及 7 个方面的内容，即阅读心理学的研究对象、阅读过程的模式、词的认知、句子理解、篇章结构分析、认知监控以及动机及社会因素对阅读的影响。

《当代认知心理学在教学中的应用：如何教会学生学习和思维》（被引 12 次）包括当代主要学习理论概述、当代认知心理学的教学观、学习动机激励的认知研究、学习策略的教学、思维策略的训练、元认知与元学习、阅读理解能力的培养、解答应用题思维能力训练、科学概念和知识的教学、化学记忆与解题方式。主要讨论如何学习和掌握知识才能提高运用所学知识解决问题的能力。系统地总结了认知心理学关于学生如何学习和思维的当代最新研究成果。书中引用了大量的实验，为广大中学教师开展教学法研究提供了很好的范例，是一本很有实用价值的理论性著作。

（8）社会心理学类著作

社会心理学是研究个体和群体的社会心理现象的心理学分支。个体社会心理现象指受他人和群体制约的个人的思想、感情和行为，如人际知觉、社会促进和抑制、顺从等。群体社会心理现象指群体本身特有的心理特征，如群体凝聚力、社会心理气氛、群体决策等。社会心理学是心理学和社会学之间的一门边缘学科，受到来自两个学科的影响。入选此类的有 3 种：《现代社会心理学：多维视野中的社会行为研究》、《社会心理学》、《现代社会心理学》。

《现代社会心理学：多维视野中的社会行为研究》（被引 16 次）从社会心理学和文化人类学等学科的综合取向出发，研究人的社会心理和社会行为。主要有社会心理学：社会行为的现代研究、社会心理学的由来与发展、研究方法、社会行为的模塑、社会认知、社会动机、社会态度、社会沟通、社会期望与角色行为、集群行为与社会运动、文化对人格及社会文化变迁与人格发展等内容。

《社会心理学》（被引 15 次）介绍社会心理学溯源、对象与方法、派别及理论、社会化与自我概念的发展、社会知觉与印象管理等，就社会心理学作了详尽的阐述。通过该书可以了解当代社会心理学的现状，包括它的研究对象、方法、理论派别，以及相关领域的一些实证研究和探讨，并应用这些知识去解读、研究或解决某些现实的社会问题。

《现代社会心理学》（被引 13 次）主要介绍了社会化、个体社会心理、群体社会心理、分支社会心理学等内容。在体系结构及内容安排上有两个特点：一是把社会化作单独一编。二是最后一编为分支社会心理学，强调社会心理学分支学科在各个具体领域中的应用。

（9）咨询心理学类著作

咨询心理学是研究心理咨询的过程、原则、技巧和方法的心理学分支。它是运用心理学的理论指导生活实践的一个重要领域，具有明显的实用性和多学科交叉性，属于应用科学。主要范畴包括：教育咨询、职业咨询、心理健康咨询及心理发展咨询。入选此类的有 3 种：《心理咨询与心理治疗》、《心理咨询与治疗》、《团体咨询的理论与实践》。

《心理咨询与心理治疗》（被引 15 次）介绍了心理咨询与心理治疗的基本原理与方法、心理治疗中有代表性的治疗学派的理论与技术，还重点介绍了心理分析、行为治疗、以人为中心的治疗以及合理情绪疗法等当今世界上最具影响的几种理论学派的治疗方法，并对目前在我国颇有影响力的认识领悟疗法及森田疗法也作了介绍。

《心理咨询与治疗》（被引 11 次）介绍了咨询要素分析、会谈及会谈技巧、咨访关系与咨询性质、变态行为、心理分析疗法、行为疗法以及以人为中心疗法等。它提供了克服心理障碍并认识自己潜能的有效方法。

《团体咨询的理论与实践》（被引 10 次）是目前国内第一本系统而全面介绍团体咨询理论与实践的著作。作者根据多年从事心理学与咨询学的教学、研究以及实践团体咨询的经验，系统论述了团体咨询的特征、历史发展及主要理论，详细分析了团体咨询的过程及主要影响因素，具体介绍了许多在实践中可操作的团体咨询方法与技术，总结了团体咨询在学校教育中的应用。

（10）心理学其他著作

《实验心理学》（杨治良，被引 14 次）介绍了试验设计、反应时间、传统心理物理法、现代心理物理法、视觉实验、听觉实验、知觉实验、情绪的实验研究、心理实验常用仪器等。含摄传统方法、掌握当代技术、展望未来新取向；搜罗并评介各式研究仪器、开启心理学研究新视界。《实验心理学》（朱滢著，被引 14 次）介绍了实验设计、心理物理学方法和反应时间，对各个重要的心理学领域如视觉与听觉、知觉、注意、记忆、心理语言学、思维、情绪、意识等的实验研究做了较系统的叙述，特别是包含了一些近期的研究。该书还着重介绍了脑认知成像技术与眼动实验法。

《精神病学》（被引 39 次）以生理—心理—社会模式的医学观点为指导，介绍了人类精神活动与病理精神现象的规律和当代精神障碍的病因观点。主要涵盖了认知心理学、情绪心理学、老年期精神障碍等内容，对酒、药物依赖、自杀、儿童行为问题、家庭暴力等作了重点补充，同时新增了创伤后应激障碍、艾滋病引起的精神障碍。

《梁漱溟全集》（被引 13 次）在理论心理学方面，梁漱溟建立了一套自己的理论心理学体系，主要集中在《人心与人生》一书中；在应用心理学方面，他也有十分丰富的思想，主要集中在《朝话》（已收入《梁漱溟全集》第二卷）一书中；在学习心理学方面，他对知识习得的心理条件、学习的动力与效果都作了较为全面的阐释。此外，在教育心理学方面，他也有不少真知灼见。《黄希庭心理学文选》（被引 11 次）是关于心理学的论文集，集中了认知、人格、研究方法、应用心理学等领域的 50 篇重要论文。

《管理心理学》（被引 10 次）全面阐述了管理心理学的若干理论和实践问题。全书共分四编：第一编阐述了管理心理学的理论体系、历史演变、发展历程、研究方法等。第二编探讨了知觉、判断、归因、能力、价值取向、态度、激励等个体心理因素在管理中的地位和作用。第三编探讨了群体动力、团队管理、沟通、冲突与谈判等群体心理因素在管理中的地位和作用。第四编探讨了领导与组织中的若干心理问题。

通过上面的分析，可以看出我国在普通心理学、心理学研究方法、发展心理学、认知心理学和人格心理学等基础心理学领域进行了重点研究，入选图书共计 54 种，占整个国内学术著作的 77.1%；在教育、咨询、医学、管理等心理学应用领域的研究已有了初步的成果。目前该领域的心理学成果虽然在商业、劳动、体育、司法、军事等领域也得到了广泛应用，但专著还比较少，应该加强这方面的系统性研究工作。

19.7 结语

综合以上统计分析，可以清晰地说明图书是我国心理学研究与发展的重要学术资源。为了分析图书对我国心理学研究的学术影响力状况，我们将心理学论文引用的图书文献分成"领袖著作"、"历史文献"、"工具书"、"国外学术著作"和"国内学术著作"5 大类。由于"国外学术著作"和"国内学术著作"入选图书较多，不利于讨论的条理化，我们又进一步梳理、细分。需要说明的是：这种类别的划分必然涉及分类的标准性问题，我们在分类的过程中发现，少量图书存在多类别属性的状况，如心理学工具书类有的兼有普通心理学类或认知心理学类属性，然而想要清晰地从各个角度把握不同类别性质的图书对我国心理学研究的学术影响力，这样的分类也是必需的。

在被心理学论文引用10次及以上或年均被引3次及以上的136种图书中共涉及105个作者，其中101个为个人作者，4个为团体作者。在这些作者中23个作者有两种及以上图书入选，详见表19-9。

表19-9　　　　　　　　　　心理学学科入选两种及以上图书作者

序号	作者	入选图书种数
1	黄希庭	6
2	龚耀先	4
3	马斯洛	3
4	斯滕伯格	3
5	杨治良	2
6	马克思	2
7	劳伦斯·A. 珀文	2
8	林崇德	2
9	彭聃龄	2
10	叶浩生	2
11	漆书青	2
12	朱智贤	2
13	班杜拉	2
14	董奇	2
15	中华医学会精神科学（分）会	2
16	艾森克	2
17	王登峰	2
18	高觉敷	2
19	潘菽	2
20	樊富珉	2
21	王重鸣	2
22	杨鑫辉	2
23	弗洛伊德	2

通过上面的分析，可以说明图书是心理学研究与发展的重要学术资源，在被心理学论文引用10次及以上或年均被引3次及以上的136种图书中共涉及64家出版社，其中入选3种以上图书的出版社有14家，详见表19-10。

表19-10　　　　　　　　心理学学科入选图书较多的出版社

序号	出版社	入选图书种数
1	华东师范大学出版社	17
2	人民教育出版社	11
3	浙江教育出版社	6
4	上海教育出版社	5
5	北京师范大学出版社	5
6	商务印书馆	4
7	中国轻工业出版社	3
8	麻省理工学院出版社（MIT Press）	3
9	浙江人民出版社	3
10	教育科学出版社	3
11	山东教育出版社	3
12	人民卫生出版社	3
13	北京大学出版社	3
14	上海人民出版社	3

综合以上统计分析，可以看出图书对心理学学科的影响有两个显著特点：

第一，在心理学领域，2000—2007年心理学论文引用图书的数量排在第二位，而且与期刊论文的被引数量差距甚大，图书被引数量还不到期刊论文被引数量的1/4，这与其他学科中图书作为第一大学术资源有明显区别。

第二，心理学引用文献的语种以外文文献为主，中文文献的被引用比例只有27.93%，从逐年引用文种的数量上看，虽然在逐年增加，但所占比例却逐年减少，被引用的中文文献所占比例已从2000年的34.69%下降到27.93%，这是心理学学科的学者值得注意的动向。

第20章　新闻学与传播学

新闻学与传播学是"新闻学"与"传播学"的合称，在一般情况下也被简称为"新闻传播学"（本章下文均称"新闻传播学"）。国家技术监督局于1992年11月1日发布的《学科分类与代码》（GB/T13745—1992）中将"新闻学与传播学"列为一级学科（编号860），下设若干二级学科。以高等新闻传播专业教育为主要依托的新闻传播学研究成为我国新闻传播事业发展中重要的组成部分，无论是本学科成果的生产者还是成果的利用者，都对不断出现的各类成果表现出极大的兴趣。当前我国每年出版翻译或自著的新闻传播学学术著作数百部，发表新闻传播学论文数千篇，呈现出硕果累累、百花齐放的局面。有效地分析评价新闻传播学研究的学术成果，对于规范本学科的教育活动，加速学科建设有着积极的意义。[①]

本章讨论的主要是新闻传播学领域影响较大的图书，包括新闻传播学领域的图书以及在新闻传播学领域有较大影响的其他领域的图书。我们借助《中文社会科学引文索引》（CSSCI），对其中（2000—2007年）的新闻传播学论文引用图书情况进行了统计，选出了本学科中被引次数相对较多的图书。入选标准为总被引次数不少于11次或自出版以来年均被引次数不少于3次的图书，入选图书共计遴选197种。

20.1　概述

本章主要通过CSSCI的引用情况来考察新闻传播学领域的图书学术影响力，CSSCI在设计时已将引用文献的类型进行了标注，分别为：期刊论文、图书、汇编文献、报纸文章、会议论文、报告文献、法规文献、学位论文、信函、标准文献、网络资源及其他。表20-1给出了2000—2007年CSSCI中新闻传播学论文引用各类型文献的数量。

[①] 苏新宁主编：《中国人文社会科学学术影响力报告（2000—2004）》，中国社会科学出版社2007年版，第1008页。

表 20-1　　2000—2007 年新闻传播学论文引用文献类型统计　　（单位：篇次）

年份\类型	期刊论文	图书	汇编文献	报纸文章	会议论文	报告文献	法规文献	学位论文	信函	标准文献	网络资源	其他
2000	1705	4109	442	241	29	23	15	15	2	17	44	46
2001	2008	3287	325	360	54	15	17	10	0	28	58	41
2002	2723	4530	594	452	50	38	30	15	1	37	221	71
2003	4223	5276	810	585	52	90	79	35	0	44	297	129
2004	4841	6075	945	662	62	129	59	28	1	61	697	144
2005	5920	6765	1325	690	100	124	47	58	0	75	1066	218
2006	6401	8284	1761	1210	106	86	56	53	1	42	1372	246
2007	8766	9277	2064	1270	98	100	65	79	12	55	1606	246
合计	36587	47603	8266	5470	551	605	368	293	17	359	5361	1141

从表 20-1 可以看出，新闻传播学领域引用文献总次数为 106621 次，其中图书（包括汇编文献，下同）被引次数达 55869 次，占总被引次数的 52.40%，为各种引用类型文献之最。一般说来，图书的被引比例越高，其学科发展越成熟，该学科必然存在大量经典著作。所以，根据 CSSCI 的数据选出其中最有影响力的著作推荐给相关领域具有非常重要的意义。

分析表 20-1 中的数据可以看出，从 2000—2007 年，虽然图书被引用次数在逐年递增，但所占比例却在波动中下降，2000 年到 2007 年图书被引次数占总被引次数之比分别为 68.05%、58.23%、58.48%、52.38%、51.23%、49.37%、51.20%、47.98%。这说明新闻传播学领域中，论文等一些反映学科快速发展的成果在大量涌现，同时也得到学者的充分重视，被引比例在逐年上升。如期刊论文的被引比例从 2000 年的 25.49% 上升到 2007 年的 37.08%，网络资源虽然被引次数占总被引次数比例不是很高，但上升速度非常迅猛，从 2000 年的 0.66%，激增至 2007 年的 6.79%，8 年间增加了近 10 倍。其他如报纸文章、会议论文等各年被引次数占总被引次数的比例也在总体上呈逐年上升趋势。从网络资源和报纸文章被引比例逐年上升可以看出，作为一个以研究媒介和传播为主的学科，其对网络、报纸等快速媒体的追踪能力和意识在加强，从期刊论文和会议论文被引比例的上升趋势可以看出，新闻传播学近些年得到了越来越快速的发展。

通过论文的引用文献语种可以分析一个学科的学术资源的语言分布，可以了解学科与国外研究的接轨程度，同时也可以反映该学科的学者对国外学术资源的获取和阅读能力。CSSCI 标注的引用文献的语种主要有：中文、英文、日文、俄文、德文、法文，另外，经过翻译的文献被标注为译文。表 20-2 给出了 2000—2007 年 CSSCI

中新闻传播学论文引用文献语种统计。

表20-2　　　　　2000—2007年新闻传播学论文引用文献语种统计　　　　（单位：篇次）

年份\语种	中文	英文	日文	俄文	德文	法文	其他语种	译文
2000	5172	744	52	17	24	13	32	634
2001	5002	622	37	10	16	4	24	488
2002	6815	1006	43	9	15	5	19	850
2003	9419	1175	19	9	13	6	17	962
2004	10905	1494	38	25	12	7	24	1199
2005	12404	2145	55	10	37	17	17	1703
2006	14898	2357	46	9	24	18	24	2242
2007	17773	3201	103	11	16	14	36	2484
合计	82388	12744	393	100	157	84	193	10562

从表20-2可以看出，中文文献的被引所占比重较大，各年都保持在75%以上，最高年份达到81.06%，被引次数逐年递增，并且每年都远远高于其他语种文献。若加上译文，2000年到2007年中文文献的被引比例分别为：86.81%，88.51%，87.48%，89.34%，88.32%，86.08%，87.37%，85.71%，说明了新闻传播学学者总体上对外文文献的直接引用很少，除了目前该学科部分学者在外语使用上的不足外，CSSCI中所收录的大量论文不少为新闻传播实践一线的心得体会和经验总结，这种学科研究特点也决定了其参考的主要学术资源来自于国内文献。但从学科总体发展角度上讲，外国文献通过翻译渠道对我国新闻传播学的影响不可低估，新闻学和传播学本身都源自西方，在研究中所使用的一些基本概念、原理、方法等无不渗透了西方的影响。所以本章将通过CSSCI的数据统计，向本领域的学者推荐多达51种国外文献，旨在帮助国内学者加强对外文文献的关注和使用，加强国际交流与合作。

为了更合理地讨论新闻传播学领域的图书学术影响，我们根据本书第1章拟定的新闻传播学最有学术影响图书选择标准（总被引不少于11次或年均被引不少于3次）选出了197种在新闻传播学领域影响较大的图书，这197种图书总共被引5319次，占新闻传播学论文引用的图书总被引次数（包括汇编文献共55869次）的9.52%。为了更科学、更系统地分析不同类别的图书对新闻传播学产生的不同影响，我们将遴选的图书分成5个类别：领袖著作、历史文献、工具书、国内学者著作、国外学者著作。5个类别入选图书数量、被引次数、所占比例以及平均被引次数参见

表20-3。

表20-3　入选新闻传播学论文引用图书的类别统计

内容类别 \ 图书类别	领袖著作	历史文献	工具书	国外学术著作	国内学术著作
入选图书种数	10	13	26	51	97
入选图书被引次数	877	203	702	1107	2430
入选图书被引次数所占比例	16.49%	3.82%	13.20%	20.82%	45.69%
入选图书的平均被引次数	87.70	15.62	27.00	21.71	25.05

表20-3中数据显示，入选图书中国内学术著作为97种，约为其他类型图书总和，约为国外学术著作的2倍。这说明新闻传播学学者较注重对国内学术著作的参考引用。然而国内学术著作平均被引次数仅为25.05次，和国外学术著作的平均被引次数21.71次较为接近，但远远低于领袖著作的平均被引次数，也低于工具书的平均被引次数，这说明国内学术著作虽然入选较多，但是平均影响力却远远不够。这也反映了作为我国新兴学科的新闻传播学还不够成熟，尚缺少经典著作。一个值得注意的现象是，领袖著作虽然入选种数最少（为10种），但是平均被引次数高达87.70次，远远高于其他类型著作平均被引次数。这充分说明领袖人物有关新闻与传播问题的理论和观点对新闻传播学领域的研究具有长期和深远的影响。

20.2　领袖著作对新闻传播学研究的影响

新闻传播作为一种特殊的政治力量，在一定程度上影响和改变着政治结构，同时，政治又在某种程度上影响着新闻的形成与传播。这使得新闻传播自觉或不自觉地成为某种意义上的一种政治工具；而新闻传播也反过来影响政治及统治者本身。所以，领袖著作对新闻传播的重要影响不言而喻。根据所拟定的新闻传播学图书入选标准，本章选出了10种对新闻传播学研究产生重要学术影响的领袖著作，按被引次数排序分别为：《马克思恩格斯全集》、《邓小平文选》、《毛泽东选集》、《列宁全集》、《毛泽东新闻工作文选》、《毛泽东文集》、《孙中山全集》、《资本论》、《毛泽东著作选读》、《江泽民文选》。由于领袖人物的著作往往经过多次印刷，版本众多，故本章所选在新闻传播学领域被引用较多的领袖人物著作均忽略其出版年代。根据表20-3数据，本章所选出的新闻传播学最有影响的领袖著作占所选图书的5.08%，被引用次数占全部入选图书被引次数的16.49%，平均被引87.70次，平均被引次数为各类文献之首，这正说明领袖著作长期指导着新闻传播学的研究方法和发展方向。

表20-4给出了新闻传播学论文引用较多的10种领袖人物著作。

表20-4　新闻传播学论文引用较多的领袖人物著作

序号	图书信息
1	马克思：《马克思恩格斯全集》，北京：人民出版社
2	邓小平：《邓小平文选》，北京：人民出版社
3	毛泽东：《毛泽东选集》，北京：人民出版社
4	列宁：《列宁全集》，北京：人民出版社
5	毛泽东：《毛泽东新闻工作文选》，北京：新华出版社
6	毛泽东：《毛泽东文集》，北京：人民出版社
7	孙中山：《孙中山全集》，北京：中华书局
8	马克思：《资本论》，北京：人民出版社
9	毛泽东：《毛泽东著作选读》，北京：人民出版社
10	江泽民：《江泽民文选》，北京：人民出版社

分析表20-4中领袖著作的被引情况：《马克思恩格斯全集》被引次数最高（被引396次）；其次是《邓小平文选》（被引163次）；毛泽东同志的《毛泽东选集》（被引98次）、《毛泽东新闻工作文选》（被引55次）、《毛泽东文集》（被引19次）、《毛泽东著作选读》（被引12次），总计被引184次；其余依次是《列宁全集》（被引93次），《孙中山全集》（被引18次），《资本论》（被引16次），《江泽民文选》（被引7次，2006年出版）。

从引用表中领袖著作的论文主题分析，领袖著作对新闻传播学研究的指导作用主要体现在：新闻政策、新闻实践、新闻的政治性阶级性等领域，其中马克思和恩格斯、毛泽东和邓小平的著作对新闻传播学的影响较为广泛。

《马克思恩格斯全集》是无产阶级的伟大导师和领袖、马克思主义创始人马克思和恩格斯一生的全部著述的汇集，是马克思主义的重要理论遗产，也是全人类思想精华的一座宝库。马克思和恩格斯的思想博大精深，涉及方方面面，新闻思想是其中重要组成部分。马克思和恩格斯不仅是伟大的无产阶级革命家、思想家和理论家，而且还是卓越的无产阶级报刊活动家，是无产阶级新闻事业的伟大实践者，他们创办、主编和参编的报刊有10余家，先后为世界近百家报刊撰写稿件。在长期的报刊活动实践中，他们通过自己撰写的大量文章、文件和信件，对新闻传播事业的性质、任务、作用、职能以及工作原则、规律等阐述过许多精辟的见解，这些论述奠定了马克思主义新闻传播学的理论基础。从《马克思恩格斯全集》396次的最高被引次数可以清楚地看到，尽管马克思恩格斯新闻思想的提出距今已有100多年的时间，可是其中许多基本观点、基本理论在今天仍然具有重要的现实意义。

以毛泽东、邓小平、江泽民为代表的中国共产党人一向高举马克思主义的伟大旗帜，将其作为一切工作的理论基础，创造性地将其普遍原理同中国革命与建设的具体实践和时代特征相结合，形成了毛泽东思想、邓小平理论和"三个代表"重要思想，使得马克思主义在中国和世界得到不断延续和发展。中国共产党的三代领导人都非常重视无产阶级新闻事业，对于新闻工作都有精辟论述，并形成自己的新闻思想。

从毛泽东的著作总被引次数为184次可以看出，毛泽东对于新闻工作非常重视。除《毛泽东选集》、《毛泽东文集》、《毛泽东著作选读》之外，甚至专门出版了针对新闻工作的《毛泽东新闻工作文选》。重要的文章有著名的《反对党八股》，指出党八股的表现和危害，即"空话连篇，言之无物"、"装腔作势，借以吓人"、"无的放矢，不看对象"、"语言无味，像个瘪三"、"甲乙丙丁，开中药铺"、"不负责任，到处害人"、"流毒全党，妨害革命"、"传播出去，祸国殃民"，既形象又生动，在今天仍有很大的现实意义；还有《〈共产党人〉发刊词》、《〈中国工人〉发刊词》、《延安〈解放日报〉发刊词》等发刊词，对报刊的办报方针做出重要指示，明确了党的报刊为谁服务，如何服务的问题；毛泽东还非常重视同记者和编辑的交流，相关文章有《和英国记者贝特兰的谈话》、《关于国际新形势对新华日报记者的谈话》、《和中央社、扫荡报、新民报三记者的谈话》、《对晋绥日报编辑人员的谈话》等，在这些谈话中，毛泽东充分表达了他对新闻工作者的热切期盼。①

《邓小平文选》中也有关于新闻工作的论述，这反映了邓小平对于新闻工作也非常重视。1951年邓小平在《在西南区新闻工作会议上的报告》中指出："拿笔杆子是实行领导的主要方法"，他说"拿笔杆子中，作用最广泛的是写文章登在报纸上和出小册子，再就是写好稿子到广播电台去广播，出报纸、办广播、出刊物和小册子，而且又能做到密切联系实际，紧密结合中心任务，这在贯彻实现领导意图上，就比其他方法更有效、更广泛，作用大得多"。邓小平在报告中详尽阐述了办好报纸的三个条件，即结合实际、联系群众、批评与自我批评，并指出实现这三个条件的前提在于领导。邓小平的这次讲话对办好其他类型的媒体也有重要的指导意义。1978年邓小平在《在全国教育工作会议上的讲话》中再次批判了"四人帮"反对严格要求学生学习科学文化的谬论，大声疾呼要发展教育事业，要使教育事业的计划成为国民经济计划的一个重要组成部分，并且提出"要制定加速发展电视、广播等现代化教育手段的措施，这是多快好省地发展教育事业的重要途径，必须引起充分的重视"，指出了新闻广播在教育中发挥的重要作用。1980年邓小平在中央召集的干部会

---

① 程敏主编：《毛泽东选集导读》，中国国际广播出版社1991年版。

议上作了《目前的形势和任务》的报告，强调为了实现全国的安定团结，"报刊、广播、电视都要把促进安定团结，提高青年的社会主义觉悟，作为自己的一项经常性的、基本的任务"。1983年邓小平在中共十二届中央委员会第二次全体会议上作了《党在组织战线和思想战线上的迫切任务》的报告，指出"加强党对思想战线的领导，克服软弱涣散的状态，已成为全党的一个迫切任务。不仅理论界文艺界，还有教育、新闻、出版、广播、电视、群众文化和群众思想政治工作等各个方面，都有类似或其他迫切需要解决的问题"，肯定了新闻传播在加强思想统一战线中的重要作用。[①]

《江泽民文选》中的新闻思想是"三个代表"重要思想的组成部分。面对市场经济大潮和复杂的国际国内形势的挑战，江泽民继承了毛泽东和邓小平的新闻思想，并予以丰富、发展和创新。江泽民作为党中央的主要领导人专门就新闻工作发表重要论述最多，有1990年《关于党的新闻工作的几个问题》，1991年《视察新华社的讲话》，1996年《视察人民日报社时的讲话》，1996年《接见解放军报社师以上干部时的讲话》，1999年、2001年两次《同出席全国宣传部长会议的同志座谈时的讲话》，2000年《在中央思想政治工作会议上的讲话》。江泽民新闻思想深刻反映了我们党在新的历史条件下对怎样做好新闻工作的创造性思考，尤其是关于舆论导向的论述，更是集中体现了江泽民新闻思想的精华所在。[②]

《列宁全集》上承马克思恩格斯新闻思想，下启中国共产党的新闻思想。和马克思、恩格斯一样，列宁也是从创办报刊开始自己的革命活动的。他在从事报刊活动实践的同时，还根据斗争实际和当时工作的需要，运用谈话、通信、撰文、著作等形式对新闻工作做出指示，对无产阶级报刊的性质、特点、职能、任务、工作原则、写作方法等进行阐述。列宁经常指导《真理报》、《消息报》、《经济生活报》等报刊的工作，并在这些报刊上发表了许多重要文章和讲话，其中《论我们报纸的性质》、《苏维埃政权的当前任务》、《生产宣传提纲》和《给经济生活报编辑部的信》等，都阐述了社会主义新闻事业的任务以及如何办好无产阶级报刊的问题。列宁对于无产阶级党报的政治定位非常鲜明，在其著名论文《党的组织和党的出版物》中毫不隐晦地严格要求"出版物应当成为党的出版物"，成为党的"齿轮和螺丝钉"，"不能是个人或集团的赚钱工具，不能是个人的事业"，从而确定了无产阶级党报的党性原则。《怎么办？（我们运动中的迫切问题）》是列宁的重要著作，列宁在书中总结俄国马克思主义者通过报刊、传单、演讲等形式开展宣传鼓动工作的经验的同时，精辟地论述了经济鼓动与政治鼓动、报纸与传单、全俄报纸与地方报纸以及宣传员与鼓动员之间的相互关系和区别，指出党报要成为"集体的宣传员"、"集体的鼓动员"

---

① 邱沛篁："学习邓小平新闻思想，开创新闻工作新局面"，《新闻界》2004年第3期。
② 许厚今："江泽民思想论纲"，《合肥工业大学学报》（社会科学版）2006年第6期。

和"集体的组织者",就必须将自己融入无产阶级革命事业之中,成为无产阶级革命事业的一个有机组成部分。《论我们报纸的性质》是列宁1918年在十月革命以后撰写的关于报刊工作的一篇重要文献。列宁在文中指出,无产阶级夺取政权以后,报纸必须适应从资本主义向社会主义过渡时期的社会要求,真正成为"阶级专政的机关报",成为无产阶级专政的工具,成为反映工农大众利益的喉舌,他特别强调必须用"生动具体的事例和典型来教育群众"。要求新闻工作者深入工农大众以及他们身在其中的经济领域,大力搜集工农大众在经济建设中的新鲜材料,周密地考察和研究新生活建设的各种事实,帮助党和政府督促和检查工厂、农村的经济建设是否真有成就,是否为人民带来了实实在在的利益,成就是怎样取得的,力避"泛泛的议论、学究式的评述、书生的计划以及诸如此类的空话"。《怎样保证立宪会议的成功(关于出版自由)》是列宁1917年针对"出版自由"而撰写的文章。文章对"出版自由"这个口号进行了阶级分析。列宁一针见血地指出不同的阶级对出版自由有不同的理解。资产阶级"把取消书报检查和各党派可以自由出版报纸叫做'出版自由'",而无产阶级则认为"出版自由就是全体公民可以自由发表一切意见",深刻地揭示了资产阶级所标榜的"出版自由"的实质。《苏维埃政权的当前任务一文的初稿》是列宁1918年口授的速记稿,列宁较为系统地阐述了建设社会主义的一些基本原则,同时也明确地指出,某些报刊工作人员和宣传鼓动工作的领导机关还不能适应历史转变的要求,对新时期的报纸任务也不够了解,特别是对经济建设方面的报道缺乏应有的重视。针对这些现实情况,列宁提出了社会主义时期党和政府的机关报的地位、作用和任务,规定了报刊工作的一些基本原则。①

《孙中山全集》尽管被引次数不多,但是孙中山关于新闻传播学的很多思想开了中国之先河,在实践中形成了以他为代表的资产阶级革命派新闻思想,为后人留下了宝贵的精神文化遗产。孙中山比较有影响和标志意义的著作有1894年的《上李鸿章书》,希望清廷能"仿行新法"进行教育、农业、工业、商业的全面改革,他将这篇上书发表在《万国公报》上,公诸舆论,指出为了传播知识,开启民智,就应"有学会以资其博,学报以进其益",强调报刊宣传、理论的宣传普及工作的重要性。1905年《〈民报〉创刊词》中孙中山首次将其理论阐发为民族、民权、民生三大主义,同时也首次较详细地阐发了他关于报刊宣传工作重要性的思想。1912年孙中山在辛亥革命后发表《致武汉报界联合会函》,强调武装斗争与报刊宣传两条战线同时推进,互相助益,将报刊宣传工作视为事关革命事业成败的关键因素。中华民国成立,孙中山领导制定了具有宪法效力的《中华民国临时约法》,该法明确规定:"人民有言论著作刊行及集会结社之自由",在我国历史上首次以立法形式确定人民的新

---

① 赵中颉:"列宁新闻思想简论",《西南政法大学学报》2002年第3期。

闻自由权利。①

总体来说，领袖著作虽然受当时实践的影响，其关于报刊、广播等传统新闻传播的指示较多，对当时的新闻指导方针、新闻的党性原则、新闻的组织功能、新闻的舆论导向、新闻的宣传作用、新闻的群众路线、新闻的服务意识以及新闻工作与党和革命在一定时期的目标一致性、新闻工作要为反映和指导经济建设服务的方针、新闻宣传必须具有群众喜闻乐见的新闻文风等方面发表了许多重要指示，但这些指示同样适用于现代新闻传播学领域，其蕴涵的学术价值有着巨大生命力，对21世纪的新闻传播学研究具有指路明灯的作用。

20.3 历史文献对新闻传播学研究的影响

中国是一个具有悠久文明史的国家，历史文献浩如烟海，涉及政治、经济、文化等众多领域。尽管新闻传播学是一门新兴学科，但是我国历史文献中也有不少涉及新闻传播学相关理论雏形与实践的内容。根据所拟定的新闻传播学图书入选标准，本章选出了15种对新闻传播学研究产生重要学术影响的历史文献，按被引次数排序分别为：《论语》、《黄梨洲文集》、《汉书》、《魏书》、《四库全书总目》、《郑堂读书记》、《梁启超选集》、《梁书》、《两汉纪》、《晋书》、《三国志》、《元史》、《旧唐书》。表20-3显示，本章选出的新闻传播学最有影响力的13种历史文献占所选图书的6.60%，被引次数占全部入选图书被引次数的3.82%，平均被引15.62次，从这些数据可以看出，虽然新闻传播学研究中涉及的相关历史文献较少，但通过选择、提炼其中相关评传、思想，可以开阔视野，增长知识，启发灵感，提高素养。本章推出在新闻传播学领域有重要影响的历史文献，目的也在于此。表20-5给出了2000—2007年间CSSCI中新闻传播学论文引用较多的历史文献。

表20-5　　　　　　　新闻传播学论文引用较多的历史文献

序号	图书信息
1	《论语》，北京：中华书局，1980
2	《黄梨洲文集》，北京：中华书局，1959
3	《汉书》，北京：中华书局，1962
4	《魏书》，北京：中华书局，1974

---

① 王颖吉："略论孙中山的新闻实践及其新闻理论"，《琼州大学学报》2003年第1期。

续表

序号	图书信息
5	《四库全书总目》，北京：中华书局，1965
6	《郑堂读书记》，北京：中华书局，1993
7	《梁启超选集》，上海：上海人民出版社，1984
8	《梁书》，北京：中华书局，1973
9	《两汉纪》，北京：中华书局，2002
10	《晋书》，北京：中华书局，1974
11	《三国志》，北京：中华书局，1959
12	《元史》，北京：中华书局，1976
13	《旧唐书》，北京：中华书局，1975

表 20-5 中列出的 13 本著作大致可分为三类：史书类、文集类和其他类。

（1）史书类

中国是一个具有 5000 年文明史的国家，各朝各代统治者都非常重视史书的编纂，出现了大量经典的史书，这些史书的编纂方法和编纂原则对于今天的出版业仍有重要的借鉴和指导意义，引用史书的论文主要也是涉及图书编纂方面的。入选的史书类包括《汉书》、《魏书》、《梁书》、《两汉纪》、《晋书》、《三国志》、《元史》、《旧唐书》。

《汉书》（被引 18 次）由东汉史学家、文学家班固著，他弃通史而首创了断代史体例，专著西汉一朝的历史。班固编纂的《汉书》由纪、表、志、传四个部分组成，并通过四者之间的相互联系、相互补充，形成一部完整的汉代史。它的体裁规整，编订缜密。班固的编纂思想和方法成为后来正史编纂的范例。同时《汉书》也开创了目录学，在《艺文志》中采用了刘歆《七略》的分法，将古代的学术著作区分为六大类三十八小类加以论述，使人们对各学术流派的演变与发展有更清楚的了解。

《魏书》（被引 17 次）由南北朝时期的北齐魏收所著，记载了公元四世纪末至六世纪中叶北魏王朝的历史。全书 114 卷，包括 12 卷本纪、92 卷列传、20 卷志。

《梁书》（被引 13 次）由唐朝人姚思廉著，以纪传体记载南朝梁朝史，共 56 卷，包括 6 卷本纪、50 卷列传。该书特点之一是不以当时流行的骈体文，而以散文书写。

《两汉纪》（被引 13 次）是《汉纪》（30 卷）、《后汉纪》（30 卷）的合称，分别由汉代荀悦和晋代袁宏所著，采取编年体裁记录。通过他们的努力，编年体逐渐完善起来，成为和纪传体并重的两种基本史书体裁。

《晋书》（被引 12 次）由唐代著名政治家房玄龄主持编纂，共 130 卷，包括帝纪

10卷、志20卷、列传70卷、载记30卷，它的叙事从司马懿开始到晋恭元熙二年为止，记载了西晋和东晋封建王朝的兴亡史。该书用载记形式，兼叙了割据政权十六国的事实，这是《晋书》在纪传体史书体例上的一个创造。

《三国志》（被引12次）是三国时期陈寿所著，记载我国三国时代的历史，从东汉末年的黄巾之乱开始，直到西晋统一三国为止。全书原为四部分共66卷：《魏国志》30卷、《蜀国志》15卷、《吴国志》20卷、叙录1卷。后来叙录1卷阙失，原是各自为书，一直到北宋才合而为一，改称《三国志》。

《元史》（被引12次）是由明朝的宋濂等编撰的纪传体史书，共210卷，有本纪47卷、志58卷、表8卷、列传97卷。

《旧唐书》（被引11次）由后晋刘昫等撰，共200卷，包括本纪20卷、志30卷及列传150卷。

（2）文集类

本章入选的文集类著作主要是清代到民国时期的著作，这一时期已经有报刊等现代出版形式出现，故文集内容除了涉及图书编纂方面，还开始涉及报刊出版行业。近代以严复为代表的学者开始放眼世界，出现了关于翻译出版的著作。引用文集类的论文除涉及图书编纂外，还涉及报刊发行、报刊经营、报刊办刊方针、新闻撰写以及图书编辑出版、翻译出版等领域。入选的文集包括《饮冰室合集》、《严复集》、《黄梨洲文集》、《郑堂读书记》、《梁启超选集》。

《黄梨洲文集》（被引18次）为清代学者黄宗羲所著，其中关于新闻传播学的文章主要是关于编辑出版方面的论述。关于图书编撰理论，黄宗羲强调在正史体例中贯彻"正统"思想；"国可灭，史不可灭。寓褒贬、蓄垂训"，即认为著书立说应该扬善惩恶，关于图书编撰方法，黄宗羲从图书编撰实践中总结出以下几点：其一，"条其大者"、"操其大要"，编撰图书要记载大事要事；其二，不主门户之见。"学问之道，以各人自用得着者为真，凡倚门傍户，依样葫芦者，非流俗之士，则经生之业。"黄宗羲认为编撰图书应该客观真实地反映历史，对各种学术观点都应该取其精华部分；其三，取材应该多途径并对其进行考订求实，编撰图书取材应多种多样，碑铭属于史料之一种，"夫铭者，史之类也"，"诗之道甚大，一人之情形，天下之治乱，借所藏纳"。[①]

《郑堂读书记》（被引15次）为清代著名学者周中孚（号郑堂）撰述的一部大型书目著述，全书共收录自先秦迄清道光著述4000多种，体例模仿《四库全书总目》（也称《四库全书总目提要》），即经、史、子、集四部相分，以类从部，以属从类，分列著作名称、版别、卷帙、作者和内容提要，共71卷；又有补逸30卷，总计101卷。

---

① 赵连稳："黄宗羲的编辑思想"，《中国劳动关系学院学报》2005年第2期。

(3) 其他类

分在其他类的历史文献主要有《论语》、《四库全书总目》两部。

《论语》（被引 32 次）是儒家学派的经典著作之一，由孔子的弟子及其再传弟子编撰而成。它以语录体和对话文体为主，记录了孔子及其弟子言行，集中体现了孔子的政治主张、伦理思想、道德观念及教育原则等。通行本《论语》共 20 篇。儒家的传播活动多是"道德教化"的宣传活动。这种宣传行为取得了良好的效果。抛开儒家思想上的传播优势不讲，其成功的传播策略也值得认真研究。为了达到最好的传播效果，《论语》要求传播者必须是"仁人君子"，因为"己身正，不令而行"。在传播的叙事策略上，《论语》提出了"述而不作"的传播立场；在对受众的把握上，提出"道不同，不相谋"，要求"对中人以上，不可以语上"；在传播竞争中，提出"风草论"，认为正确的思想必然战胜错误的思想。① 引用《论语》的主要是图书编纂、传播策略、传播艺术等方面的论文。

《四库全书总目》（被引 16 次）由清代永瑢、纪昀等撰，共 200 卷，为我国古代最巨大的官修图书目录。《四库全书总目》是在编纂《四库全书》的基础上完成的，著录书籍 10254 种，172860 卷，对它们分别编写提要，汇成一部分类目录，按经、史、子、集四部分类法编排，其检索途径是：分类途径，需熟悉其分类体系；人名、书名途径，1981 年影印本附按四角号码编排的书名、人名索引。《四库全书总目》是古典目录学的集大成之作。至今仍然具有重要参考价值。② 引用《四库全书总目》的大部分是编辑出版领域的论文。

20.4 工具书与资料对新闻传播学研究的影响

"工欲善其事，必先利其器"。工具书是一种依据特定的需要，广泛汇集相关的知识或文献资料，按一定的体例和检索式编排，专供查资料线索的图书。主要包括字典、词典、百科全书、年鉴、手册、法律条款、标准等提供文献检索的图书③。根据所拟定的新闻传播学图书入选标准，本章选出了 26 本对新闻传播学研究产生重要学术影响的工具书，是入选工具书最多的一个学科，说明工具书在新闻传播学研究领域发挥着很大作用，具有较为重要的参考价值。表 20-6 给出了这 26 本工具书的详细信息。

---

① 惠萍："论语传播策略浅析"，《青年记者》2008 年第 36 期。
② 四库全书总目. [2009-11-10] http://baike.baidu.com/view/409225.htm.
③ 工具书定义. [2009-11-10] http://baike.baidu.com/view/478727.htm.

表 20-6　　　　　　　　新闻传播学论文引用较多的工具书与资料

序号	图书信息
1	新闻出版署图书管理司：《作者编辑常用标准及规范》，北京：中国标准出版社，1997
2	中国社会科学院语言研究所词典编辑室：《现代汉语词典》，北京：商务印书馆，1996
3	戴龙基：《中文核心期刊要目总览（2000 年版）》，北京：北京大学出版社，2000
4	戴龙基：《中文核心期刊要目总览（2004 年版）》，北京：北京大学出版社，2004
5	辞海编辑委员会：《辞海》，上海：上海辞书出版社，1979
6	甘惜分：《新闻学大辞典》，郑州：河南人民出版社，1993
7	中国社会科学院新闻研究所：《中国共产党新闻工作文件汇编》，北京：新华出版社，1980
8	中国科学技术信息研究所：《2004 年版中国科技期刊引证报告》，北京：科学技术文献出版社，2004
9	中国科学技术信息研究所：《2005 年版中国科技期刊引证报告》，北京：科学技术文献出版社，2005
10	张之华：《中国新闻事业史文选（公元 724 年—1995 年）》，北京：中国人民大学出版社，1999
11	中国大百科全书编辑委员会：《中国大百科全书》，北京：中国大百科全书出版社，1990
12	林被甸：《中文核心期刊要目总览（第二版）》，北京：北京大学出版社，1996
13	中国高等学校自然科学学报研究会：《中国高等学校自然科学学报编排规范》，北京：北京工业大学出版社，1993
14	庄守经：《中文核心期刊要目总览（1992）》，北京：北京大学出版社，1992
15	全国出版专业职业资格考试办公室：《出版法律法规选编》，北京：中国大百科全书出版社，2002
16	丁文江：《梁启超年谱长编》，上海：上海人民出版社，1983
17	徐载平：《清末四十年申报史料》，北京：新华出版社，1988
18	方汉奇：《中国新闻事业编年史》，福州：福建人民出版社，2000
19	《中华人民共和国著作权法》，北京：法律出版社，2001
20	中国科学技术信息研究所：《2003 年版中国科技期刊引证报告》，北京：科学技术文献出版社，2003
21	万锦堃：《中国学术期刊综合引证报告（2005 版）》，北京：科学出版社，2005
22	中国图书馆分类法编辑委员会：《中国图书馆分类法（第 4 版）》，北京：北京图书馆出版社，1999

续表

序号	图书信息
23	史和：《中国近代报刊名录》，福州：福建人民出版社，1991
24	刘建明：《宣传舆论学大辞典》，北京：经济日报出版社，1993
25	山西省档案馆：《太行党史资料汇编》，太原：山西人民出版社
26	潘云涛：《2006年版中国科技期刊引证报告（核心版）》，北京：科学技术文献出版社，2006

注：《太行党史资料汇编》目前共出版七卷，第一卷、第二卷1989年出版，第三卷、第四卷1994年出版，第五卷、第六卷、第七卷2000年出版。

新闻传播学属于新兴的交叉学科，涉及人文科学、社会科学中的众多学科，尤其与图书、编辑出版等学科关系密切，所以新闻传播学必然具有这些学科的学科特点，工具书的应用在这些学科非常广泛，所以新闻传播学论文引用了大量的编辑出版行业的工具书。我们将表20-6中列出的26种工具书大致分为四类：期刊评价类工具书，辞典、百科全书类工具书，法律、标准及规范，汇编、名录。

（1）期刊评价类工具书

此类工具书主要由两类书组成，一类是每四年出版一本的《中文核心期刊要目总览》；一类是每年出版的《科技期刊引证报告》。图书情报、编辑出版领域对期刊相关数据进行分析时多引用此类图书。

期刊要目总览主要介绍了各学科的核心期刊，全书由核心期刊表、核心期刊简介、专业期刊一览表等几部分组成，不仅可以查询各学科核心期刊，还可以检索正在出版的学科专业期刊，是图书情报部门采购订阅期刊、期刊管理部门进行期刊管理与规划以及学者投稿参考的重要工具之一。入选的期刊要目总览类工具书包括：《中文核心期刊要目总览（2000年版）》（被引52次）、《中文核心期刊要目总览（2004年版）》（被引51次）、《中文核心期刊要目总览（第二版）》（被引20次）、《中文核心期刊要目总览（1992）》（被引16次）。这四部工具书在2000—2007年间，被新闻传播学论文引用共139次。

期刊引证报告以统计源期刊的引文为依据，选择总被引频次、影响因子、即年指标、被引半衰期、论文地区分布、基金论文数和自引总引比作为期刊评价指标，按期刊所属学科、影响因子、总被引频次和期刊字顺分别排序，可用于期刊的质量评价，指导科技工作者查询统计源期刊，选择适合的期刊投稿。入选的期刊引证报告包括：《2004年版中国科技期刊引证报告》（被引27次）、《2005年版中国科技期刊引证报告》（被引26次）、《2003年版中国科技期刊引证报告》（被引12次）、《中国学术期刊综合引证报告（2005版）》（被引11次）、《2006年版中国科技期刊引证报告（核心版）》（被引9次），期刊引证报告总被引次数为85次。

(2) 辞典、百科全书类工具书

辞典是按一定的次序编列语词，分别解释词语的意义、概念、用法等的工具书。百科全书指比较全面系统地介绍文化科学知识的大型工具书，收录各种专门名词和术语，按辞典形式分条编排，解说详细。百科全书属于广义上的辞典范畴，即百科辞典。引用此类工具书的多是编辑出版领域对某些词条释义的评论类论文或者在论文中使用了这类工具书里的相关词条。入选的此类工具书有：《现代汉语词典》（被引80次）、《新闻学大辞典》（被引46次）、《辞海》（被引50次）、《中国大百科全书》（被引22次）、《宣传舆论学大辞典》（被引11次），总被引次数为209次。

(3) 法律、标准及规范

法律是由立法机关制定，国家政权保证执行的行为规则。标准是为了在一定的范围内获得最佳秩序，经协商一致制定并由公认机构批准，共同使用和重复使用的一种信息化文件。规范是指群体所确立的行为标准，可以由组织正式规定，也可以是非正式形式。法律必须强制执行，标准必须遵照执行，而规范则是参考执行。图书情报、编辑出版领域对期刊相关数据进行分析时多引用此类工具书，一些对规范、标准、法规进行解释评论的文章也有引用该类工具书。入选的此类工具书有：《作者编辑常用标准及规范》（被引83次）、《中国高等学校自然科学学报编排规范》（被引17次）、《中华人民共和国著作权法》（被引12次）、《中国图书馆分类法》（第4版）（被引11次），总被引次数为123次。

(4) 汇编、名录

汇编、名录的共同特点是就某个主题将相关文献资料进行整理归案以利于保存史料，并方便查找。引用此类工具书的多是在论文中使用了这类工具书里的相关资料或者对这类工具书中的某些内容作归纳或评论。入选的此类工具书有：《中国共产党新闻工作文件汇编》（被引42次）、《中国新闻事业史文选（公元724年—1995年）》（被引24次）、《出版法律法规选编》（被引16次）、《梁启超年谱长编》（被引15次）、《清末四十年申报史料》（被引14次）、《中国新闻事业编年史》（被引13次）、《太行党史资料汇编》（被引11次）、《中国近代报刊名录》（被引11次），总被引次数为146次。

20.5 国外学术著作对新闻传播学研究的影响

新闻传播学最先产生于欧美诸国，国外很多经典著作的译本或原文被我国学者参考引用。根据所拟定的新闻传播学图书入选标准，本章选出了51种对新闻传播学研究产生重要学术影响的国外学术著作。表20—3显示，这51种国外学术著作被引用次数占新闻传播学入选图书总被引次数的20.82%。表20-7按被引次数多少给出了新闻传播学论文引用较多的国外学术著作。

表20-7　新闻传播学论文引用较多的国外学术著作

序号	图书信息
1	［美］沃纳·赛佛林（Werner J. Severin）等著，郭镇之等译：《传播理论：起源、方法与应用》，北京：华夏出版社，2000
2	［美］韦尔伯·施拉姆（W. Schramm）等著，陈亮等译：《传播学概论》，北京：新华出版社，1984
3	［德］尤尔根·哈贝马斯（Juergen Habermas）著，曹卫东等译：《公共领域的结构转型》，上海：学林出版社，1999
4	［美］迈克尔·埃默里（Michael Emery）等著，展江译：《美国新闻史：大众传播媒介解释史》，北京：中国人民大学出版社，2004
5	［加］赫伯特·马歇尔·麦克卢汉（Herbert Marshall Mcluhan）著，何道宽译：《理解媒介：论人的延伸》，北京：商务印书馆，2000
6	［英］丹尼斯·麦奎尔（Denis McQuail）等著，祝建华等译：《大众传播模式论》，上海：上海译文出版社，1997
7	［法］皮埃尔·布尔迪厄（Pierre Bourdieu）著，许钧译：《关于电视》，沈阳：辽宁教育出版社，2000
8	［美］韦尔伯·施拉姆（W. Schramm）等著，中国人民大学新闻系译：《报刊的四种理论》，北京：新华出版社，1980
9	［美］罗杰·菲德勒（Roger Fidler）著，明安香译：《媒介形态变化：认识新媒介》，北京：华夏出版社，2000
10	［美］杰拉尔德·格罗斯（Gerald Gross）主编，齐若兰译：《编辑人的世界》，北京：中国工人出版社，2000
11	［法］让·波德里亚（Jean Baudrillard）著，刘成富等译：《消费社会》，南京：南京大学出版社，2000
12	［美］斯蒂文·小约翰（S. W. Littlejohn）著，陈德民等译：《传播理论》，北京：中国社会科学出版社，1999
13	［美］尼古拉·尼葛洛庞蒂（Nicholas Negroponte）著，胡泳等译：《数字化生存》，海口：海南出版社，1996
14	［美］尼尔·波兹曼（Neil Postman）著，章艳译：《娱乐至死》，桂林：广西师范大学出版社，2004
15	［美］迈克尔·埃默里（Michael Emery）著，苏金琥译：《美国新闻史：报业与政治、经济和社会潮流的关系》，北京：新华出版社，1982

续表

序号	图书信息
16	[美] 戴安娜·克兰（Diana Crane）著，赵国新译：《文化生产：媒体与都市艺术》，南京：译林出版社，2001
17	[英] 迈克·费瑟斯通（Mike Featherstone）著，刘精明译：《消费文化与后现代主义》，南京：译林出版社，2000
18	[美] 丹尼尔·贝尔（Daniel Bell）著，赵一凡等译：《资本主义的文化矛盾》，台北：桂冠图书公司，1989
19	[美] 沃尔特·李普曼（Walter Lippmann）著，阎克文等译：《公众舆论》，上海：上海人民出版社，2002
20	[美] 马克·波斯特（Mark Poster）著，范静哗译：《第二媒介时代》，南京：南京大学出版社，2000
21	[加] 文森特·莫斯可（Vincent Mosco）著，胡正荣等译：《传播政治经济学》，北京：华夏出版社，2000
22	[美] T. 巴顿·卡特（T. Barton Carter）著，黄列译：《大众传播法概要》，北京：中国社会科学出版社，1997
23	[英] 约翰·汤姆林森（John Tomlinson）著，冯建三译：《文化帝国主义》，上海：上海人民出版社，1999
24	[美] 杰克·富勒（Jack Fuller）著，展江译：《信息时代的新闻价值观》，北京：新华出版社，1999
25	[英] 尼古拉斯·阿伯克龙比（Nicholas Abercrombie）著，张永喜等译：《电视与社会》，南京：南京大学出版社，2001
26	[法] 贝尔纳·瓦耶纳（Veyenne, B.）著，丁雪英等译：《当代新闻学》，北京：新华出版社，1986
27	[美] 罗恩·史密斯（Ron F. Smith）著，李青藜译：《新闻道德评价》，北京：新华出版社，2001
28	[美] 克利福德·G. 克里斯蒂安（Clifford G. Christians）等著，张晓辉等译：《媒体伦理学：案例与道德论据》，北京：华夏出版社，2000
29	[美] 唐纳德·M. 吉尔摩（Donald M. Gillmor）等著，梁宁等译：《美国大众传播法：判例评析》，北京：清华大学出版社，2002
30	[美] 爱德华·赫尔曼（Edward Herman）等著，甄春亮等译：《全球媒体：全球资本主义的新传教士》，天津：天津人民出版社，2001

续表

序号	图书信息
31	［美］约翰·费斯克（John Fiske）著，王晓珏等译：《理解大众文化》，北京：中央编译出版社，2001
32	［美］罗伯特·C. 艾伦（Robert C. Allen）编，麦永雄等译：《重组话语频道：电视与当代批评》，北京：中国社会科学出版社，2000
33	［美］阿特休尔·J. H.（Altschull, J. H.）著，黄煜等译：《权力的媒介》，北京：华夏出版社，1989
34	［美］约翰·费斯克（John Fiske）等编撰，李彬译注：《关键概念：传播与文化研究辞典》，北京：新华出版社，2004
35	［美］ Chomsky, N.：*The Minimalist Program*, Cambridge, Massachusetts：MIT Press, 1995
36	［新加坡］卓南生著，《中国近代报业发展史（1815—1874）》，北京：中国社会科学出版社，2002
37	［英］尼克·史蒂文森（Nick Stevenson）著，王文斌译：《认识媒介文化：社会理论与大众传播》，北京：商务印书馆，2001
38	［英］戴维·莫利（David Morley）等著，司艳译：《认同的空间：全球媒介、电子世界景观与文化边界》，南京：南京大学出版社，2001
39	［美］迈克尔·波特（Michael E. Porter）著，陈小悦译：《竞争优势》，北京：华夏出版社，1997
40	［美］大卫·L. 阿什德（David L. Altheide）著，邵志择译：《传播生态学：控制的文化范式》，北京：华夏出版社，2003
41	［美］塞缪尔·P. 亨廷顿（Samuel P. Huntington）著，周琪等译：《文明的冲突与世界秩序的重建》，北京：新华出版社，1998
42	［德］黑格尔（G. W. F. Hegel）著，贺麟译：《小逻辑》，北京：商务印书馆，1980
43	［美］德弗勒（Defleur, M. L.）等著，颜建军等译：《大众传播通论》，北京：华夏出版社，1989
44	［法］皮埃尔·布尔迪厄（Pierre Bourdieu）等著，李猛等译：《实践与反思：反思社会学导引》，北京：中央编译出版社，1998
45	［美］杰姆逊（Fredric Jameson）讲演，唐小兵译：《后现代主义与文化理论》，北京：北京大学出版社，1997
46	［瑞士］索绪尔（F. D. Saussure）著，高名凯译：《普通语言学教程》，北京：商务印书馆，1980

序号	图书信息
47	[美] 施拉姆（Schramm, W.）著，金燕宁等译：《大众传播媒介与社会发展》，北京：华夏出版社，1990
48	[加] 埃里克·麦克卢汉（Eric Mcluhan）等编，何道宽译：《麦克卢汉精粹》，南京：南京大学出版社，2000
49	[德] 卡西尔（E. Cassirer）著，甘阳译：《人论》，上海：上海译文出版社，1985
50	[英] 安东尼·吉登斯（Anthony Giddens）著，赵旭东等译：《现代性与自我认同：现代晚期的自我与社会》，北京：生活·读书·新知三联书店，1998
51	[法] 罗兰·巴特（Roland Barthes）著，许蔷蔷等译：《神话：大众文化诠释》，上海：上海人民出版社，1999

注：《美国新闻史：大众传播媒介解释史》2001年由新华出版社出版，根据原著第八版翻译，2004年由中国人民大学出版社出版，根据原著第九版翻译，2009年再版。

从表20-7可以看出，入选的51种国外学术著作中，译著有49种，其中原版在美国出版的有29种，在英国出版的有7种，在法国出版的有5种，在加拿大出版的有3种，在德国出版的有3种，在瑞士出版的有1种，在中国出版的2种，原版外文图书只有1种。为了便于讨论，我们对这51种图书划分为6类进行分析：新闻传播基础理论著作、新闻传播史类著作、广播与电视类著作、新闻传播与文化类著作、新闻传播学其他著作、其他学科著作。

（1）新闻传播基础理论著作

新闻传播学起源于西方，西方关于新闻传播理论的研究有很多经典著作，这些著作被我国学者广泛学习和引用。其中引用超过70次的有沃纳·赛佛林的《传播理论：起源、方法与应用》和施拉姆的《传播学概论》。

《传播理论：起源、方法与应用》（被引92次）的作者是沃纳·赛佛林。1984年沃纳·赛佛林应邀访问中国，是首位访问中国的富布赖特奖新闻学教授。该书全面介绍传播学发端以来有影响的理论和演变，以及新媒介环境下传播理论研究的最新动态，为求索中的传播学学生、学者以及传媒人士，提供了实践的方法和思路。该书被西方权威传播学者推荐为传播理论教科书中最好的一本；在美国连续四版，深受欢迎。我国最早的中译本于1983年引入我国高校新闻学专业课堂，并于1985年公开出版，后又于2000年先后出版了第四版、第五版的最新译本。

《传播学概论》（被引71次）由被称为传播学的集大成者、美国著名学者施拉姆所著，是我国传播学引进过程中公开出版的第一种西方传播学权威著作，迄今已有

26年。全书共分十五章，具体内容包括传播的历史、传播的过程、传播的代码、传播的途径、媒介的深度和广度等，从跨越心理学、社会学、政治学、语言学等学科界限和综合性的新视角来观察一切类型的人类传播，打通了人际传播和大众传播的界限，并且特别体现了对传播效果和受众的重视。该书是在中国普及传播学的最重要的外国著作之一，文字深入浅出、文笔生动。该书可供各大院校作为教材使用，也可供从事相关工作的人员作为参考书使用。

《大众传播模式论》（被引37次）的作者是传播学新流派"使用与满足"理论的倡导人丹尼斯·麦奎尔先生。当代社会科学的一个特点是研究成果的模式化，从而对事物的内在机制和相互联系做出直观而简洁的描述。传播学研究素以图像模式见长，堪与经济学的数学模式相媲美。作者精心选取了48种最具代表性的模式，逐一介绍其含义、演变过程和主要优缺点，明晰如画地描绘了几十年来传播学发展的轮廓，使庞大的传播学理论体系在人们面前一目了然。在当今众多的传播学论著中，《大众传播模式论》是一部独具特色的传播学概论。

《报刊的四种理论》（被引33次）由被称为传播学的集大成者、美国著名学者施拉姆所著。该书共论述了新闻媒介的四种理论模式，即集权主义理论、自由主义理论、社会责任论和苏联共产主义理论模式。此书开创了比较新闻学之先河，以其鲜明夺目的标题填补了大众传播文献的空白，揭示了新闻媒介与社会的关系。它不但在美英等国被当作教科书，而且还被译成多种文字，"属于最畅销的非虚构类书籍"，成为新闻史研究的经典。[1] 该书由中国人民大学于1959年组织翻译并内部印行，作为当时批判资产阶级新闻学理论的"靶子"。1980年公开出版之后，得到了我国新闻界的广泛关注，为我国学者全面认识西方新闻自由理论、社会责任理论、新闻专业主义理念提供了权威的、专业的渠道。虽然学者们都认识到此著作明显带有冷战思维，但它的历史功绩是不容忽视的，不少学者认为该书是新闻理论研究史上最有价值的文献之一。

《传播理论》（被引25次）的作者是斯蒂文·小约翰。该书分为四个部分，第一部分属于导论，内容主要是理论以及理论研究的意义，解答了"什么是理论"、"为什么要研究理论"、"理论有什么用处"、"怎样研究传播理论"等问题。第二部分是全书的重点，详细论述了9种传播理论，即系统理论、符号与语言理论、话语理论、讯息生产理论、讯息接收理论、象征互动理论、社会与文化现实理论、经验与阐释理论和批判理论。第三部分是将传播问题放在各种社会背景与人际环境中进行考察，展现出传播理论的一系列经典思想。第四部分是全书结语，作者对如何"制造理论"做了言简意赅的阐释，为有志于进一步探究传播理论者提供了一些有益的启发、建

---

[1] 报刊的四种理论．[2009-11-10] http://hi.baidu.com/ayounystudio/blog/item/1e9427f467b8e6e87609d737.html．

议与方案。最后以"前沿理论"收束全书。该书特色在于论述详尽、分析透彻,在传播理论阐释方面具有不可替代的地位,可以使读者在短时间内集中对当代传播学学术发展状况有清晰的了解,值得每位对新闻传播学感兴趣的读者珍藏。

《公众舆论》(被引 18 次)由美国新闻评论家和作家沃尔特·李普曼所著。该书是传播学领域的奠基之作。它第一次对公众舆论做了全景式的描述,自 1922 年问世以来,已被翻译成几十种文字,至今仍然保持着这个领域中的权威地位。其影响力经久不衰的奥秘在于,它卓有成效地梳理了舆论研究中一系列难以回避的问题。比如舆论从哪里来?它是怎样形成的?它能造成什么样的结果?谁是公众?公众舆论是什么意思?它是仅仅在公众中传播还是由公众自己形成的?它什么时候才能成为独立的力量?它对成见、兴趣、公意的形成和民主形象等问题做了精辟而深刻的探讨,完成了新闻史上对舆论传播现象的首次全面论述,为后人的研究奠定了基础。它是在 1959 年由中国人民大学组织翻译并内部印行的供"批判"的西方新闻理论著作之一,在 20 世纪 80 年代末公开出版(书名《舆论学》),现行的版本《公众舆论》是 2002 年出版的。

《当代新闻学》(被引 15 次)由法国贝尔纳·瓦耶纳所著。这是一本有关当代新闻学的普及读物,比较详细地介绍了当代新闻的特点,法国新闻业的历史和现状,世界各大通讯社,一般新闻机构的组织系统和工作情况,以及当前法国新闻业存在的严重问题等等。既有一般性的知识介绍,也提出了一些可以借鉴和需要进一步研究的问题。该书是我国新闻学术界较早出版的一本新闻理论的译著,至今已有 20 多年,也是在 20 世纪 80 年代中后期学习和研究新闻学理论少有的学术著作。

《大众传播通论》(被引 12 次)的作者德弗勒长期从事社会心理与大众传播研究。该书在 20 世纪 80 年代末期出版,从介绍美国大众传播事业的发展入手,研究了人类文化传播的过程、大众传播的特征、各种媒介的历史、现状和未来以及传播媒介与社会发展的关系。

(2) 新闻传播史类著作

由于新闻传播学和其他学科比较还属于新兴学科,故而有关新闻传播史的著作数量很少,翻译成中文的更是寥寥。这次入选的新闻传播史类图书有 3 种,其中两种是由曾任《新闻史》杂志主编的迈克尔·埃默里撰写的《美国新闻史:大众传播媒介解释史》(被引 47 次)以及《美国新闻史:报业与政治、经济和社会潮流的关系》(被引 24 次)。这两本书是对同一本原著的不同版本的两个译本,前者是该书第八版的中译本,出版于 2001 年,后者是该书第四版的中译本,出版于 1982 年(书名经过译者改动,两个版本的原名是一样的)。另外一种是新加坡籍教授卓南生所著,目前已有三个版本面世:最初版本是作者在其博士论文基础上修订补充后于 1990 年出版的日文本《中国近代新闻成立史(1815—1874)》;其次是 1998 年 4 月由台北正中书局出版的中文繁体版《中国近代报业发展史》;2002 年 9 月中国社会出版社出版了经作者审定的中文简体版,即《中国近代报业发展史》增订版。

《美国新闻史》是自 1954 年首版后轰动美国新闻与大众传播学界并影响到西方其他国家的经典之作。书中对所有的媒介形式进行了广泛的考察,其中包括报纸、通讯社、杂志、书籍出版、广告、公共关系、新闻摄影、电影、电台、电视及有线电视。它们在介绍新闻媒介发展沿革的同时,深入解读它们所处的时代,展示社会政治、经济和文化的流变,考察新闻媒体外部环境的变化、新闻媒体对这种变化的反应、新闻媒体对社会变革所起推动作用和所承担的责任,揭示新闻媒体、新闻记者的社会价值。[①] 该书是被广泛参阅和引用的解释性新闻与大众传播史力作,被明尼苏达大学、西北大学、坦普尔大学等美国众多著名高校广为采用的标准教科书。随着 20 世纪 50 年代以来社会的发展和媒介的变化,该书作者在每一次的修订中都有大量的改动和新内容的增加,其第八版同以往的版本相比已有很大的不同,无论是材料的使用还是理论观点都是全新的。引用这两种书的论文主要涉及新闻的价值观、新闻与社会思想、政治、经济的关系、新闻传播管理体制等领域,由于这两种书是同一作者著作的不同版本的译本,也有部分关于新闻术语翻译探讨的论文引用该书。

《中国近代报业发展史(1815—1874)》(被引 14 次)的作者是十几年来在我国新闻传播学教育和研究领域十分活跃的日本龙谷大学教授卓南生,曾先后担任北京大学等国内多所大学的兼职教授、客座教授。全书追溯中文近代报刊的起源和发展轨迹,挖掘出大量散佚于英、美、日和中国香港等地珍贵的报刊原件、翻版和抄本,去伪存真,纠正了自 1927 年戈公振《中国报学史》问世以来报史专著不少错误的记载和"定论"。该书内容论及 1815—1874 年 60 年间中文报刊的变化,清晰地勾勒出中国代代报业萌芽与成长期的特征,为这一领域的补白之作。

(3) 广播与电视类著作

广播与电视作为现代主要传播手段,对它们的研究越来越受到重视。这次入选的被我国学者引用较多的有 4 种著作,涉及广播电视理论、广播电视业务、广播电视对文化娱乐的影响、广播电视对政治的影响等方面。引用此类著作的论文主要从文化意识形态、商品和经济、社会各阶层与广播电视的关系、广播电视管理体制等角度来研究广播与电视,还有一些论文涉及具体广播电视业务,如电视收视率与市场、各电视台或各频道运营等。

《关于电视》(被引 34 次)的作者皮埃尔·布尔迪厄是法国先锋派社会学家。该书是作者于 1996 年在电视上讲授的两门法兰西学院的课程教案。其一是《台前幕后》,揭示了小小荧屏运作的奥秘,幕后预先的审查、筛选及电视图像、电视话语的炮制工艺;其二是《隐形的机构及其影响力》,具体阐释了电视是如何控制传媒又同

---

① 韦英平:"新闻人的光荣与悲伤". [2009 - 11 - 10] http://hi.baidu.com/wrxs/blog/item/ad41bc4536c3c026cffca394.html.

时受收视率的掣肘,它的社会功用又是怎样受到经济效益的异化,致使批判性沦丧而助长了"symbolique"(此词原意为"象征",在布氏的论述中频繁出现,含义颇多,有"权威"、"文化"、"时尚"等义,难以在中文中找到对应的构词,故保留原文)的统治;教案后面还附了作者曾发表在《人文科学研究论文集》中的《报业的操纵》一文,描写了所谓的"头条"、"独家新闻"的"爆炒"技巧,揭示了高效率的"文化生产"背后市场经济高敏度的风向标。

《娱乐至死》(被引24次)的作者尼尔·波兹曼是世界著名的媒体文化研究者和批评家,生前一直在纽约大学任教,他在纽约大学首创了媒体生态学专业。该书是对20世纪后半叶美国文化中最重大变化的探究和哀悼:印刷术时代步入没落,电视时代蒸蒸日上;电视改变了公众话语的内容和意义;政治、宗教、教育和任何其他公共事务领域的内容,都不可避免地被电视的表达方式重新定义。电视的一般表达方式是娱乐。一切公众话语都日渐以娱乐的方式出现,并成为一种文化精神。一切文化内容都心甘情愿地成为娱乐的附庸,而且毫无怨言,甚至无声无息,"其结果是我们成了一个娱乐至死的物种"。

《电视与社会》(被引16次)的作者是尼古拉斯·阿伯克龙比。该书是一本结构严谨的教材,作者撰写此书的目的是为了让学生了解电视在当代社会中的作用。书中探讨电视文本的结构以及这一文本的制作和消费方式,从电视制作、电视节目和电视观众三者的角度展示了电视与社会的关系。第一部分是关于电视文本的分析,涉及诸如电视的写实性、叙述性、类型、意识形态,电视节目和家庭的特色以及肥皂剧和新闻的性质问题;第二部分是关于电视的制作问题,该部分首先论述了电视业的整体结构,如电视的资金筹措和发行方式、电视的全球化、传媒的扩张、电视的政治经济学等问题;接着探讨了电视机构内部的运作机制问题,内容包括制片人的作用、制片班子的工作方式、电视名人以及制片人对观众的认识;最后一部分用定量和定性的分析方法对电视观众理论进行了探讨。该书文笔流畅,内容新颖,是从事大众传媒研究、文化研究和文化社会学专业方向学生的一本不可多得的好书。

《重组话语频道:电视与当代批评》(被引15次)由罗伯特·C. 艾伦编,初版于1987年,命名为《话语频道》,第二版于1992年出版,命名为《重组话语频道》,该书吸收了当代文学批评精辟思想,包括符号学、叙述理论、接受理论、文学类型理论、意识形态分析研究、心理分析理论、女性批评理论和英国文化批评等诸多批评理论思想,对商业电视进行了最为广泛系统的分析评述。

(4) 新闻传播与文化类著作

新闻传播作为一个国家或地区文化的重要组成部分,与政治、经济、法律、时事等方面都密不可分。从一个国家或地区文化的角度考察新闻传播,从新闻传播的角度考察一个国家或地区的文化,可以多角度、多方位地探究一个国家的文化发展方向,从而结合唯物辩证法更加深入地了解世界发展规律,了解新闻传播的发展方向。

本章入选的涉及新闻传播与文化类的著作共 8 种，其中有新闻传播学领域直接与文化相关的著作，也有其他文化领域涉及新闻传播学的著作。

《消费文化与后现代主义》（被引 19 次）的作者迈克·费瑟斯通是后现代主义和文化全球化争论最有影响的参与者之一。该书从消费文化着手，全面论述了后现代社会的特征，以及消费文化对后现代社会的影响，并且考察了布尔迪厄、鲍德里亚、利奥塔和詹姆逊等理论家的思想。作者指出，消费文化是后现代社会的动力，以符号与影像为主要特征的后现代消费，导致了艺术与生活、学术与通俗、文化与政治、神圣与世俗间区别的消解，也产生了符号生产者、文化媒介人等文化资本家。消费所形成的消解，既是后现代社会形成一个同质、齐一的整体，又是追求生活方式的奇异性，甚至是反叛和颠覆合法化。引用该书的论文主要涉及新闻传媒的消费主义倾向分析、广告与品牌传播分析、新闻专业主义与传媒消费主义的矛盾分析、后现代媒体对消费文化传播的影响分析等领域。

《资本主义的文化矛盾》（被引 19 次）的作者丹尼尔·贝尔是《公共利益》杂志的奠基人之一。该书论述的不仅仅是资本主义文化矛盾，它在稍广的意义上涉及资产阶级社会的矛盾。资本主义是这样一个社会经济系统：它同建立在成本核算基础上的商品生产挂钩，依靠资本的持续积累来扩大再投资。然而，这种独特的新式运转模式牵涉着一套独特文化和一种品格构造。在文化上，它的特征是自我实现，即把个人从传统束缚和归属纽带（家庭或血统）中解脱出来，以便它按照主观意愿"造就"自我。在品格构造上，它确立了自我控制规范和延期报偿原则，培养出为追求既定目的所需的严肃意向行为方式。正是这种经济系统与文化、品格构造的交融关系组成了资产阶级文明。而分解这一结合体及其内在意义，正是贯穿该书的主题线索。新闻批判学派相关研究、广告与文化创新研究、传媒政治经济学研究的论文对该书引用较多。

《文化生产：媒体与都市艺术》（被引 19 次）的作者戴安娜·克兰是美国著名文化社会学家，艺术、媒体、大众文化研究权威。该书结合生产和消费这类文化形式的语境，全面梳理了流行文化和艺术社会学领域的大量文献，以及传播学、文学批评、电影研究、美国文明、经济学和艺术批评等学科有关媒体文化以及艺术的社会组织与阐释的原始材料，考察了"二战"以来文化生产性质的转变及其发展趋势，使用清晰、简洁的语言和事例描述和分析了在文化研究内部构架"文化生产"观点的中心问题。该书卓有成效地融会贯通了传播学、经济学、社会学等学科的理论，其概念清楚明晰。该书是研究现代流行文化生产问题的力作，是电影、电视、文学、戏剧、音乐、造型艺术和新闻、出版等文化生产领域从业者的必读书，也是这些文化产品的受众和研究者不可多得的参考资料。媒介产业特征分析、媒体与文化价值观分析、媒体对于传播的意义、电视传播艺术、媒体与大众文艺的关系、现代传播模式的演变分析等领域论文对该书引用较多。

《文化帝国主义》（被引 16 次）的作者是约翰·汤姆林森。"冷战"结束后，有关文化帝国主义的观点引发了很多的争议，该书为我们提供了一个新的视角，在分析了媒介帝国主义、民族文化认同，以及文化同质化和消费主义后指出，文化帝国主义是资本主义现代性的扩散。资本主义在文化领域的诸多悖论不应该站在意识形态的立场来解释，而应归属于"现代化"的大背景之中。引用该书的论文主要涉及西方媒体之间的制衡、西方媒体对我国媒体的影响、媒介全球化对意识形态的影响等领域，现代传媒的文化批判研究对该书也有引用。

《理解大众文化》（被引 15 次）的作者约翰·费斯克是一个根深蒂固的大众文化消费者。该书从广告、猫王和麦当娜、汽车等日常生活中的文化现象的分析入手，勾勒出有关资本主义社会的大众文化理论，包括法兰克福派、民粹派等。约翰·费斯克既是卓有成就的学者，也同时是大众文化迷，这个双重身份使得该书对大众文化的解读独树一帜，它带着乐观主义色彩，着重强调大众文化的创造性、娱乐和逆反功能。《理解大众文化》已经成为被广为引证的关于大众文化和后现代文化的经典著作之一。电视文化范式研究、电视文化的大众文化特征分析、大众传播与消费主义文化的特征分析、边缘新闻主流化现象分析、传媒意识形态世俗化分析等领域的论文对该书引用较多。一些涉及电视批评理论、新闻文本构建的论文对该书也有引用。

《认识媒介文化：社会理论与大众传播》（被引 13 次）的作者是尼克·史蒂文森。作者对当代社会理论在探讨媒介在文化生产和再生产中的地位的种种方法作了批评性的审视，阐述了一般社会理论与一系列有关媒介和信息的传播理论之间的关系，并对诸如意识形态、结构和代理机构以及媒介在公民的权利与义务中的作用等问题作了再评价。引用该书的论文涉及传播范式的研究、媒介权力的多样性探析、传媒研究的文化转向研究、电子媒介对现代学校教育理念的冲击分析等领域。

《认同的空间：全球媒介、电子世界景观与文化边界》（被引 13 次）由戴维·莫利等著。该书研究了在后现代地理条件下运用有线和卫星通信的传播环境里，人们是怎样重新塑造集体文化认同的。作者审视了欧洲与美国、伊斯兰世界、东方世界之间的关系这个当代政治主题，来探讨目前的认同问题。他们表明，不论过去还是现在，欧洲自己的认同都是相对于上述其他国家和地区来界定的。该书对当代文化同一体复杂而矛盾的本质的阐述颇具启发性。媒体数字化的影响、媒体全球化背景下的制片策略、全球化图像表达中的本土文化研究、公共广播电视的困局与出路研究、电视传播模式研究等领域论文对该书引用较多。

《神话：大众文化诠释》（被引 11 次）的作者罗兰·巴特是当代法国思想界的先锋人物、著名文学理论家和评论家。该书运用符号学对日常世界作分析，共分为两个部分，第一部分是《流行神话》，主要涉及日常世界的众多角落，如摔跤、玩具、演员、广告、导游图、相片、脱衣舞、戏剧、电影、葡萄酒、肥皂粉等 40 种流行文化现象,这部分收集的这些短小的随笔,锐利的解剖、奇思异想和机智妙语令人叹服。第二部分是《现代神话》,这部分是全书的理论部分,也是解读神话系统的主要依据。该书无疑是对传播学批判学派的一大贡献[①]。传媒与文化研究、传媒批判理论的新闻传播观、传媒娱乐主义解读、电视剧文本构成论、电视广告的符号学研究等领域论文对该书引用较多。

(5) 新闻传播学其他著作

新闻传播学是一个新兴的交叉学科,很多著作不能准确地归入到上述几类著作中,本章将他们统一归入新闻传播学其他著作类。入选的新闻传播学其他著作类的图书有17种,下面将逐一介绍。

《公共领域的结构转型》(被引50次)的作者哈贝马斯是法兰克福学派最后一位批判理论家。该书的目的是分析"资产阶级公共领域",其研究范围是自由主义模式的资产阶级公共领域的结构和功能,即资产阶级公共领域的发生与发展。因此,该书关注的是这一历史形态的主要特征,而忽略了历史发展过程中似乎遭到压制的平民公共领域这一变体。研究大众传媒与公共领域关系、新闻舆论的监督功能、媒介意识形态、媒介与大众文化的论文对该书有较多引用。

赫伯特·马歇尔·麦克卢汉是加拿大传播理论家,他的著作《理解媒介:论人的延伸》(被引40次)是一部媒介文化研究的经典著作。该书认为,电话、电报、广播、电视等电子媒介的广泛使用,塑造了一个新的文化形态和传播方式。通过对不同媒介的比较,以及与各种文化现象的关联,书中勾画了一种电子媒介文化社会的图景,并对其发展趋向做出了某些预言。其中关于"地球村"、"媒介即信息"、"媒介是人体的延伸"、"冷、热媒介"等观点的论述,对我国传播学研究影响较大。

《麦克卢汉精粹》(共被引11次)收录内容包括埃里克·麦克卢汉著作、论文、书简和讲演,是他的案卷精要。他的思想常常使人震惊,令人耳目一新。该书主要包括两个中心:其一,选目集中在学术界新近的发展,尽力揭示国际学术界20世纪90年代以来的最新趋向和热点问题;其二,不忘拾遗补阙,将一些重要的尚未译成中文的著述囊括其内。电视广告研究、传播伦理、网络时代的传媒变迁研究、现代传播中语言符号的变异研究、当代社会报纸角色重构、麦克卢汉与其他新闻传播领域专家的传播观的比较研究、传播范式的研究等领域的论文对该书引用较多。

《媒介形态变化:认识新媒介》(被引32次)的作者罗杰·菲德勒是国际公认的电子出版预言家和先行者。随着数字技术和网络传播的发展,报纸、电视、杂志、书籍会不会被网络媒介所替代,它又将向着什么方向发展,这正是该书所要剖析和预测的。该书是一本关于人类传播系统和当今媒介产业内部技术变革的书,并不是

[①] 陈杰."解析罗兰·巴特的神话符号理论——读《神话——大众文化诠释》". [2009-11-10] http://www.chuanboxue.net/list.asp?unid=5290.

一本技术书籍。该书的目的是尽可能使得新出现的媒介技术不那么神秘，同时提供一个架构以便了解它们对于当今主流媒介的流行形式——报纸、杂志、电视和广播等的潜在影响。网络媒体研究、品牌传播研究、广告研究等领域论文对该书引用较多。

《编辑人的世界》（被引 31 次）的主编格罗斯是美国著名的西蒙与舒斯特出版公司编辑。该书是一本在美国出版界和作家当中有着重要影响的经典读物，自 1962 年问世以来，一直是美国编辑艺术和技巧的标准读本，也是各类作家研讨会和作家写作班使用最广泛的参考书。该书共分为三部：第一部《编辑的角色》，包括《编辑都在做些什么》、《给有志于编辑工作者的一封公开信》、《我们真的需要编辑吗》、《和我最喜欢的经纪人共进午餐记》等文章。对于编辑在美国出版界作用的演变，编辑应扮演的角色，以及编辑应恪守的伦理道德等多方面的编辑理念，给予了深入而精辟的论述。第二部《编辑工作现场》，引领读者深入了解选书编辑、策划编辑、文稿编辑、文字编辑、编辑顾问等在出版流程中所扮演的不同角色。第三部《类型出版面面观》，由犯罪小说、爱情小说、科幻小说、传记、学术著作、儿童读物、工具书诸领域的编辑分别带领读者一览万千变化的出版世界。编辑出版领域的论文对该书引用较多，如编辑工作的特性、编辑的职业价值、编辑的分工与合作、不同领域的编辑差异等。

《数字化生存》（被引 24 次）的作者是尼古拉·尼葛洛庞蒂。该书作为一本科学普及性读物，深入浅出地对网络技术及其运用进行了说明，拉近了网络技术和人们的距离，读后会对电脑与网络有一个感性认识。作者同时做到了三件事情：介绍了电脑网络科技运用上的现状和科研尖端；审慎地分析和天才地预见了上述两点对人们的生活已经产生的改变和将要带来的影响；以美式的幽默风格和语言组织将上述所有内容变成了一本小学生也能看懂，但是长大了才体会其幽默的有趣读物。该书最大的贡献在于深入浅出地向普通大众介绍了在当时还不太明晰的数字化与网络化的科技发展趋势，以生动形象的语言将一幅幅未来的数字化生活画面摆到读者面前。网络传播与著作权研究、网络信息传播管理研究、数字媒体与纸质媒体博弈研究等领域对该书引用较多，网络新闻编辑、网络教育对传统教育的冲击等领域的论文对该书也有引用。

《第二媒介时代》（被引 18 次）的作者是马克·波斯特。该书借助社会理论和文化理论的最新著述考察了新的传播技术的蕴意，对文化理论传统中的技术及媒体的概念进行了批判性的评价，旨在对人类与机器的关系进行重新思考。该书还结合新媒体考察了后现代性理论以及关于多元文化论的争论，诸如因特网和虚拟现实等电子媒介的新发展可能会改变我们的交流习惯，并对我们的身份进行深层的重新定位，可以说人们因此有理由提出"第二媒介时代"这样的时代标号。该书是从事媒介研究、文化研究、社会学和社会理论的学生和学者的必读书。网络传播的"后现代"特性、新媒体的崛起对新闻传播实践与理论的影响、新环境下主流电视媒体的传播探索、后现代传媒理论与媒介现实的构建对该书引用较多,新媒介时代的广告研究、异度空间里的网络化生存等类型的论文对该书也有引用。

《大众传播法概要》(被引17次)的作者是T.巴顿·卡特。该书以保障言论出版自由的美国宪法第一条修正案产生的背景为引线,辅以大量案例,比较全面地阐述了美国大众传播法。同时该书对大众传播、诽谤法的基本原则及其实施办法,以及对新闻出版自由的限制、媒介及记者的权利等一系列问题都作了较为精辟的阐析。全书分两大部分,共十二章。第一部分"宪法第一条修正案和大众传播"共九章,包括美国宪法第一条修正案透视,诽谤和大众传播,隐私和大众媒介,对猥亵表达的约束,出于国家安全目的对新闻出版的约束,新闻出版自由和公正审判的矛盾,采集新闻和信息自由,新闻记者的特权、传票、因藐视法庭引起的传讯和搜查及没收,对商业用语的管理;第二部分"对电子大众媒介的管理"共三章:联邦通讯委员会为与不为,联邦通讯委员会对广播活动的控制,有线电视和新技术。[①] 引用该书的论文主题主要集中在传媒与司法的关系、新闻诽谤举证、新闻取材来源隐匿的法律问题、法治化进程中媒体监督的改革等领域。

《传播政治经济学》(被引17次)的作者文森特·莫斯可是加拿大学者。该书回顾了从古典政治经济学代表亚当·斯密、李嘉图到马克思主义政治经济学以及主要的经济学流派思想,并分门别类地介绍了政治经济学的主要代表理论以及成果,同时就传播政治经济学的三个动态过程进行了论述。该书的第一章是导论,第二章主要介绍了政治经济学的发展历史和分类,第三章主要介绍了传播政治经济学的发展历史和分类,第四、五、六章就传播政治经济学的三个动态过程进行了论述,最后一章讨论了传播政治经济学的学术边界及其到底属于文化研究还是政治研究。新闻集团进入中国媒介市场行为研究、中国电影的转型研究、国际传播中的文化冲突与互动研究、传播政治经济学与文化研究关系的演变研究、媒体经济特性对媒体内容的影响研究、媒介生产的社会学思考等主题的论文对该书引用较多。

《信息时代的新闻价值观》(被引16次)的作者杰克·富勒曾获普利策新闻奖。该书重点探讨了三个基本问题:一是新闻的真实性及其实现途径;二是新闻中的表达问题;三是网络时代报纸的未来前景。作者从他涉猎的哲学、法学和文学甚至于粒子物理学中汲取了大量养料,上自亚里士多德的修辞学,下至罗尔斯的正义论和波普的证伪主义,作者娓娓道来,妙语灼见比比皆是,对于已跨入21世纪的新闻从业者和新闻传播者颇有启迪。作者对新闻记者的传统陋习多有批评,同时坚信新闻事业的前途,与其说是取决于外在的力量,不如说是取决于能否吐故纳新、博采众长,恪守正确的新闻价值观。网络时代中国新闻传播业的生态变迁、新新闻主义的

---

① 叶国斌.《大众传播法概要》读书笔记. [2009-11-10] http://yeguobin.fyfz.cn/blog/yeguobin/index.aspx?blogid=158935.

价值观及其叙事结构研究、新闻真实性的意义阐释等主题的论文对该书引用较多，我国报业面临的挑战及其对策分析、电视娱乐经济与青少年发展研究的论文对该书也有引用。

《新闻道德评价》（被引 15 次）由罗恩·史密斯所著。该书包括真实性与客观性、错误与更正、多元化、记者及其新闻来源、新闻商务、新闻工作者及其所在社区等内容。书中指出，美国人对所有的社会组织和团体（包括教堂、学校和政府）的敬意虽有所降低，但是，在这些组织和团体中，新闻媒体的受尊敬程度的下降最为严重。报业功能与利益的冲突分析、西方新闻专业主义的缺失现象分析、传媒伦理道德建设及传媒自律机制探讨、媒体从业者职业意识研究等主题的论文对该书引用较多，一些涉及新闻道德的传媒伦理规范的论文，如新闻中的血腥、灾难、痛苦画面的处理，对该书也有引用。

《全球媒体：全球资本主义的新传教士》（被引 15 次）的作者爱德华·赫尔曼是美国著名媒体研究学者。该书提供了有关全球媒体发展的最新资料和最准确数据，包括居于世界前 10 位和前 40 位全球媒体跨国公司的兴起与发展，20 世纪 90 年代以来全球媒体公司的发展与现状，全球媒体系统中主要巨头公司的现状，全球媒体、国际互联网和数字革命间的关系，以美国为基地的巨型跨国媒体公司，世界其他各国的媒体公司。该书是读者了解全球媒体现状，进而了解世界政治、经济、文化现状的最佳读本。当代国际关系中的"跨国传媒"问题研究、国外新闻出版监管体制研究、西方媒体产业结构变迁对我国媒体的影响研究等领域的论文对该书引用较多。

《权力的媒介》（被引 15 次）的作者阿特休尔·J. H. 是美国传播学学者。此书对自由主义理论与社会责任学说的主要区别作了评断，即自由主义理论主张新闻媒介应完全自由，不受任何约束，而社会责任论则认识到不受限制的自由会带来危险。该书抓住新闻媒介与社会统治力量这一核心问题展开层层论述，深入考察了欧美新闻事业的演变发展以及新闻观点的产生变化，探讨了当今世界新闻传播领域的重大问题。世界新闻传播新秩序研究、大众媒介的政治属性与政治功能研究、中西新闻学比较研究、大众传媒的话语权、大众传媒的话语权及舆论监督研究、广告等媒介公信力研究的论文对该书引用较多。

《媒体伦理学：案例与道德论据》（被引 15 次）由克利福德·G. 克里斯蒂安等著。该书以美国大众传播法学的理论体系为框架，收录了大量的判例，对作为美国大众传播法宪法基石的第一修正案理论以及诽谤、隐私权保护、信息自由等大众传播过程中的主要法律问题都进行了深刻而全面的阐述。传媒自律机制研究、网络道德现状分析、广告等媒介的公信力研究等主题的论文对该书引用较多。

《美国大众传播法：判例评析》（被引 15 次）由美国在法学与大众传播学交叉学科领域成就卓著的学者唐纳德·M. 吉尔摩等著。该书以美国大众传播法学的理论体系为框架，收录了大量的判例，对作为美国大众传播法宪法基石的第一修正案理论，以及诽谤、隐私权保护、新闻采集、信息自由等大众传播过程的主要法律问题都进行了深刻而全面的阐述。该书适用于从事实务和研究工作的新闻传媒以及法学界的人士。新闻侵权相关问题研究、西方新闻媒介与民主政治的关系研究、美国新闻传播法制研究等领域的论文对该书引用较多。

《关键概念：传播与文化研究辞典》（被引 14 次）的作者约翰·费斯克是知名的传播与文化研究学者。该书是一部别开生面的传播学经典。这部力著以辞典形式，将传播与文化领域的所有重要概念、范畴、理论、观点、问题及研究等汇集起来，然后加以凝练的论述与有机的链接，构建了一套立体的、交叉的、开放的理论话语，由此形成一个互文参照、彼此应和、层出不穷的思想场域。这部著作的价值是为新闻传播学科以及其他相关学科，提供一部系统的、完备的、基础的理论研究著作。尤其是它以辞典形式将这个学科所有重要概念及范畴加以条分缕析地罗列，包括基本含义、历史由来、主要焦点、现存问题以及相关书目等，无论对初学者还是对研究者来说都是不可或缺的案头参考。引用该书的论文主要涉及隐私权与知情权的冲突及平衡研究、收视率与满意度的博弈研究、现代传播的符号学解读等领域。

《传播生态学：控制的文化范式》（被引 13 次）的作者大卫·L.阿什德是国际知名的媒介研究权威。该书内容关注社会与社会控制，关注其如何被维持、如何被认识、如何受到挑战等，探讨了社会公共生活和组织生活中常见的一些仪式、惯例和观念。引用该书的论文主题主要涉及学术传播生态分析、虚拟社群传播生态特征研究、传播范式研究，从传播生态学角度研究新闻与历史、新闻舆论监督、电视音乐文化等领域。

《大众传播媒介与社会发展》（被引 11 次）的作者施拉姆被誉为美国传播学的集大成者。该书详细地考察了大众传播与经济社会发展的关系，研究了信息的流通、全球分布、有效利用，讨论了发展中国家发展大众传播媒介的若干问题和途径并提出了有关建议。在发展传播学和世界传播新格局下中国传媒面临的机遇与挑战分析、行政过程中的传播要素分析、现代媒体与现代意识的交互关系分析等领域的论文对该书引用较多。

（6）其他学科著作

新闻传播学还涉及社会学、语言学、哲学等领域，故这些领域的著作也在新闻传播学的文章中被广泛引用。入选的其他领域涉及新闻传播学的著作共 10 种。

《消费社会》（被引 29 次）的作者让·波德里亚是法国哲学家、社会学家、后现代理论家。该书对当代社会学研究具有很大贡献。该书围绕消费这个中心对包括美国在内的西方社会进行了详尽而深刻的剖析，以其独特的见解向人们揭示了大型技术统治集团是如何引起不可遏制的消费欲望，并且在此基础上对阶级社会里的各个阶层重新进行了划分。这部著作对于我们重新审视当代西方社会，加深对其政治、经济、文化等各个方面的本质的认识，无疑是大有裨益的。有关波德里亚后现代传媒思想本身以及对我国新闻传播业的影响研究、中国影视文化安全的研究、符号消费与传媒伦理研究等主题的论文对该书引用较多。

The Minimalist Program（被引 14 次）的作者乔姆斯基是美国当代有重大影响的语言学家，转换——生成语法的创始人，曾任麻省理工学院语言学与哲学系主任。该书通过对以往语言理论研究的检讨式探索，逐步修正此前提出的生成语法理论。涉及"跨国传媒"问题的研究、西方宣传概念的变迁研究、媒体与政府和舆论的关系研究等领域的论文对该书引用较多。

《竞争优势》（被引 13 次）的作者迈克尔·波特是竞争战略和国际竞争力领域的国际权威之一。该书阐述了企业在实践中将竞争普遍理论付诸实施的问题，研究的是一个企业如何才能创造和保持竞争优势。该书反映了作者一个日益深化的信念，即许多公司战略的失败是由于不能将广泛的竞争战略转化成为获取竞争优势的具体实施步骤，所以该书将战略的制定和实施沟通起来，而不是像该领域中许多著作那样将二者割裂开来。传媒产业发展研究、各种新媒体的竞争策略研究等领域论文对该书引用较多。

《文明的冲突与世界秩序的重建》（被引 12 次）的作者塞缪尔·P. 亨廷顿是一位政治学家，曾多次访华。1993 年夏他在美国《外交》杂志上发表了题为《文明冲突?》的文章，引起国际学术界普遍关注和争论。作者认为，"冷战"后世界格局的决定因素表现为七大或八大文明，即中华文明、日本文明、印度文明、伊斯兰文明、西方文明、东正教文明、拉美文明，还有可能存在的非洲文明。"冷战"后的世界冲突的基本根源不再是意识形态、文化方面的差异，主宰全球的将是"文明的冲突"。所持观点公允与否，在学术界大有争论。但书中对现今世界各种文明的深入研究和剖析对读者会有重大参考价值。"跨国跨文化传播"环境下西方文化霸权抵御策略及我国文化传播策略研究、中西新闻学比较研究、网络文化传播研究等主题论文对该书引用较多。

《小逻辑》（被引 12 次）的作者是 G. W. F. 黑格尔。黑格尔的《小逻辑》是构成他的《哲学全书》的一个主要环节，本来是印发给学生的讲义，是黑格尔最后 10 余年内的心血。它的好处在于把握住全系统的轮廓和重点，材料分配均匀，文字简要紧凑，而意蕴深厚。初看似颇难解，及细加咀嚼，愈觉意味无穷，发人深思。他的学生在他逝世后编订全集时，再附加以学生笔记作为附释，于是使得该书又有了明白晓畅、亲切感人的特点。尤其是关于思想对客观性的三种态度及概念的推论等，都是《大逻辑》所没有或极少见的，特别值得重视。在新闻采写二律背反研究、比较新闻学研究、新闻理论研究、媒介批评等相关定义研究领域的论文对该书引用较多。

《实践与反思：反思社会学导引》（被引 12 次）由皮埃尔·布尔迪厄等著。该书所涉及的内容十分广泛，也充满思想火花和论战的激情，它可以为我们提供理解布尔迪厄著作的内在思路和广博体系的钥匙。全书由三个部分组成，第一部分是诠释性的，它通过勾勒出布尔迪厄有关知识、实践和社会的理论结构及其学术图景的轮廊，向人们展示了布尔迪厄著作的广博体系和内在理路；第二部分是分析性的，主要是在芝加哥大学研讨班所展开的精心构思的对话内容，在这一部分，布尔迪厄澄清了他的理论研究实践和经验研究实践的全部重要之处，并对这两方面的实践进行了反思；第三部分以巴黎研讨班的讨论为基础，是1988年春天布尔迪厄在法国社会科学高等研究中心为他的研究生讨论课所做的导论性质的发言。在这些讨论课上，布尔迪厄没有灌输某一组概念，而是强调一种产生社会学创造力的一般性倾向，他倡导并采纳了一种总体性的自我指涉教学法。媒介权力与司法监督研究、大众媒介文化批判研究等领域论文对该书引用较多。

《人论》（被引11次）的作者卡西尔是德国哲学家和哲学史家，他创立了"人类文化哲学"体系。该书全面阐述了人类文化哲学的体系，一经问世立即被翻译成多种文字。原著分为上、下篇共十二章。上篇集中回答"人是什么"，并得出人是"符号的动物"的定义。下篇从这一定义出发，对各种文化现象，诸如神话、宗教、语言、艺术、历史、科学等进行全面的探索，力图论证人类的全部文化都是人自身创造和使用符号的活动的产物。传播符号研究、新闻播音研究、编辑学"元意识"研究等领域的论文对该书引用较多。

《后现代主义与文化理论》（被引11次）的作者是美国当代最有影响、著述最丰富的文学理论家、文化批评家杰姆逊教授。他先后在加州大学、耶鲁大学、杜克大学任教，1985年，杰姆逊教授在北京大学开设了西方文化理论专题课，该书是这次讲课的翻译记录。杰姆逊教授这次专题课着重讲了晚期资本主义的文化特征。该书的"引论"和第一章至第四章是作者研究工作的理论框架，讨论文化与生产方式、文化与宗教、文化与意识形态、文化与叙事分析等问题，对当代西方思想界的代表人物的思想理论做了评述，将马克思主义的一些基本原理运用到新的理论阐述中。第五章"后现代主义文化"是该书最精彩的部分，结合对建筑、文学、绘画、摄影、广告等文化工业的精彩分析，对后现代主义和文化理论做了理论的总结。该书是杰姆逊教授学术著作中唯一没有英文版的作品。后现代主义电影研究、网络传播的后现代特性研究、多重后现代语境中的中国影视文化研究等主题论文对该书引用较多，网络聊天的主体性分析、媒体在传播过程中的意义、新闻传媒的消费主义倾向等主题论文对该书也有引用。

《普通语言学教程》（被引11次）的作者索绪尔是瑞士语言学家，被后人称为现代语言学之父，结构主义的鼻祖。《普通语言学教程》是《当代国外语言学与应用语言学文库》中的一本，是索绪尔的代表性著作，集中体现了他的基本语言学思想，对20世纪的现代语言学研究产生了深远的影响。由于其研究视角和方法论所具有的一般性和深刻性，书中的思想成为20世纪重要的哲学流派结构主义的重要思想来源。新闻传播学中关于修辞的研究论文对该书引用较多。

《现代性与自我认同：现代晚期的自我与社会》（被引11次）的作者安东尼·吉

登斯是英国著名社会理论家和社会学家,当代西方著名的社会学理论巨匠,剑桥皇家学院院士。该书从个人能动性的概念出发展开对现代性的论述,并有选择性地借用了若干心理学概念,强调现代性的个人内在性,同时集中探讨了现代社会中自我认同新机制的出现及影响。全书重点则在于:描述并分析了在自我认同的塑造过程中,外在的全球现代性制度对个体的冲击以及个体对这一冲击的吸纳和强化作用。新闻传播学方法论研究、电视等传媒的通俗化平民化现象研究、媒介文化研究、媒体与政府的关系研究等领域的论文对该书引用较多。

从以上国外学术著作的介绍分析可以看出,西方的新闻传播学研究无论是深度还是广度都达到很高水平,但从表20-3可以看出,国外学术著作被引种数仅为51种,入选图书被引次数所占比例为20.82%,远远低于对国内学术著作的被引次数所占比例45.69%,且引用的基本上都是国外学术著作的中译本,能直接引用国外学术著作原文的学者不多。这说明国内的学者对国外研究成果关注不足,很多优秀有价值的国外新闻传播学研究成果并未被国内学者参考引用。其中主要的原因是语言方面的障碍,国内学者很少去参考国外原著,而被翻译的著作数量又少,使国外新闻传播学著作对我国的新闻传播学研究的影响受到一定限制。随着新闻传播学研究的深入,国际交流的日益广泛,必然会与国外新闻传播学研究建立起更多的交流与联系,国外相关领域优秀的学术著作也会受到越来越多的关注。

20.6 国内学术著作对新闻传播学研究的影响

在我国,新闻传播学属于比较年轻的学科。现代新闻学进入中国是在20世纪初期,而传播学进入中国是20世纪70年代末80年代初,到20世纪后半期,随着互联网技术、移动通信技术、卫星通信技术的广泛运用,信息产业在我国迅速崛起,包括新闻传播在内的、以大众传播为核心的信息传播得到了空前的关注,新闻传播学的研究有了长足的进步。截至2008年底,我国高校已有新闻传播类的学院、系、专业教学点800多个,拥有新闻传播学硕士点60多个,博士点20多个,还有许多挂靠在相关专业招收的传播学研究方向的硕士生和博士生,新闻传播学类教师和专业研究人员数千人,新闻传播学领域相关研究空前繁荣,产生了大量优秀的著作。根据所拟定的新闻传播学图书入选标准,本章选出了97种对新闻传播学研究产生重要学术影响的国内学术著作(详见表20-8)。

表20-8　　　　　　　　　新闻传播学论文引用较多的国内学术著作

序号	图书信息
1	陈浩元:《科技书刊标准化18讲》,北京:北京师范大学出版社,1998

续表

序号	图书信息
2	王立名：《科学技术期刊编辑教程》，北京：人民军医出版社，1995
3	鲁迅：《鲁迅全集》，北京：人民文学出版社，1981
4	郭庆光：《传播学教程》，北京：中国人民大学出版社，1999
5	方汉奇：《中国新闻事业通史》，北京：中国人民大学出版社，1992
6	李兴昌：《科技论文的规范表达：写作与编辑》，北京：清华大学出版社，1995
7	全国出版专业职业资格考试办公室：《出版专业理论与实务（中级）》，上海：上海辞书出版社，2002
8	戈公振：《中国报学史》，北京：生活·读书·新知三联书店，1985
9	李良荣：《新闻学概论》，上海：复旦大学出版社，2001
10	陈力丹：《舆论学：舆论导向研究》，北京：中国广播电视出版社，1999
11	徐耀魁：《西方新闻理论评析》，北京：新华出版社，1998
12	王振铎：《编辑学原理论》，北京：中国书籍出版社，1997
13	徐宝璜：《新闻学》，北京：中国人民大学出版社，1994
14	马光仁：《上海新闻史（1850—1949）》，上海：复旦大学出版社，1996
15	夏衍：《夏衍全集》，杭州：浙江文艺出版社，2005
16	胡风：《胡风全集》，武汉：湖北人民出版社，1999
17	钱文霖：《科技编辑方法论研究》，武汉：华中理工大学出版社，1998
18	孙玉胜：《十年：从改变电视的语态开始》，北京：生活·读书·新知三联书店，2003
19	胡传焯：《现代科技期刊编辑学》，长沙：湖南科学技术出版社，2001
20	徐柏容：《期刊编辑学概论》，沈阳：辽宁教育出版社，1995
21	唐绪军：《报业经济与报业经营》，北京：新华出版社，1999
22	方汉奇：《中国新闻事业简史》，北京：中国人民大学出版社，1995
23	喻国明：《媒介的市场定位：一个传播学者的实证研究》，北京：北京广播学院出版社，2000
24	姚远：《中国大学科技期刊史》，西安：陕西师范大学出版社，1997
25	李良荣：《新闻学导论》，北京：高等教育出版社，1999
26	胡正荣：《传播学总论》，北京：北京广播学院出版社，1997
27	汪文斌：《世界电视前沿》，北京：华艺出版社，2001
28	童兵：《理论新闻传播学导论》，北京：中国人民大学出版社，2000
29	方汉奇：《中国近代报刊史》，太原：山西人民出版社，1981
30	陈寅恪：《金明馆丛稿二编》，上海：上海古籍出版社，1980

续表

序号	图书信息
31	李良荣：《当代西方新闻媒体》，上海：复旦大学出版社，2003
32	郑超然：《外国新闻传播史》，北京：中国人民大学出版社，2000
33	邵培仁：《传播学》，北京：高等教育出版社，2000
34	严复：《严复集》，北京：中华书局，1986
35	梁启超：《饮冰室合集》，北京：中华书局，1989
36	李子坚：《纽约时报的风格》，长春：长春出版社，1999
37	李彬：《传播学引论》，北京：新华出版社，1993
38	黄旦：《新闻传播学》，杭州：浙江大学出版社，1997
39	辜晓进：《走进美国大报》，广州：南方日报出版社，2002
40	郑兴东：《受众心理与传媒引导》，北京：新华出版社，1999
41	孙燕君：《期刊中国》，北京：中国社会科学出版社，2003
42	邱均平：《文献计量学》，北京：科学技术文献出版社，1988
43	张国良：《20世纪传播学经典文本》，上海：复旦大学出版社，2003
44	孙燕君：《报业中国》，北京：中国三峡出版社，2002
45	刘建明：《现代新闻理论》，北京：民族出版社，1999
46	李良荣：《西方新闻事业概论》，上海：复旦大学出版社，1997
47	洪子诚：《中国当代文学史》，北京：北京大学出版社，1999
48	张国良：《新闻媒介与社会》，上海：上海人民出版社，2001
49	闻一多：《闻一多全集》，武汉：湖北人民出版社，1993
50	罗钢：《文化研究读本》，北京：中国社会科学出版社，2000
51	向新阳：《编辑学概论》，武汉：武汉大学出版社，1995
52	魏永征：《中国新闻传播法纲要》，上海：上海社会科学院出版社，1999
53	宋应离：《中国期刊发展史》，郑州：河南大学出版社，2000
54	陆学艺：《当代中国社会阶层研究报告》，北京：社会科学文献出版社，2002
55	张国良：《传播学原理》，上海：复旦大学出版社，1995
56	童兵：《比较新闻传播学》，北京：中国人民大学出版社，2002
57	刘迪：《现代西方新闻法制概述》，北京：中国法制出版社，1998
58	黄升民：《媒介经营与产业化研究》，北京：北京广播学院出版社，1997
59	魏永征：《新闻传播法教程》，北京：中国人民大学出版社，2002
60	柳城：《电视电影三字经》，北京：中国电影出版社，2005
61	李希光：《转型中的新闻学》，广州：南方日报出版社，2005

续表

序号	图书信息
62	顾理平：《新闻法学》，北京：中国广播电视出版社，1999
63	冯自由：《革命逸史》，北京：中华书局，1981
64	喻国明：《传媒影响力：传媒产业本质与竞争优势》，广州：南方日报出版社，2003
65	姚福申：《中国编辑史》，上海：复旦大学出版社，1990
66	钱锺书：《管锥编》，北京：中华书局，1986
67	陆扬：《大众文化与传媒》，上海：上海三联书店，2000
68	李希光：《畸变的媒体》，上海：复旦大学出版社，2003
69	朱羽君：《中国应用电视学》，北京：北京师范大学出版社，1993
70	朱立元：《当代西方文艺理论》，上海：华东师范大学出版社，1997
71	张海鹏：《中国近代通史》，南京：江苏人民出版社，2006
72	张国良：《现代大众传播学》，成都：四川人民出版社，1998
73	喻国明：《解析传媒变局：来自中国传媒业第一现场的报告》，广州：南方日报出版社，2002
74	杨洪祥：《经营期刊》，广州：广东新世纪出版社，2003
75	徐培汀：《中国新闻传播学说史（1949—2005）》，重庆：重庆出版社，1994
76	徐柏容：《杂志编辑学》，北京：中国书籍出版社，1991
77	熊月之：《西学东渐与晚清社会》，上海：上海人民出版社，1994
78	魏永征：《西方传媒的法制、管理和自律》，北京：中国人民大学出版社，2003
79	王利明：《人格权与新闻侵权》，北京：中国方正出版社，2000
80	童兵：《中西新闻比较论纲》，北京：新华出版社，1999
81	申丹：《叙述学与小说文体学研究》，北京：北京大学出版社，1998
82	任胜利：《英语科技论文撰写与投稿》，北京：科学出版社，2004
83	任火：《编辑独语》，北京：中国书籍出版社，2003
84	任定华：《科技期刊编辑学导论》，西安：西安交通大学出版社，1991
85	钱理群：《中国现代文学三十年》，北京：北京大学出版社，1998
86	鲁迅：《中国小说史略》，北京：东方出版社，1996
87	刘燕南：《电视收视率解析：调查、分析与应用》，北京：北京广播学院出版社，2001
88	葛兆光：《中国思想史》，上海：复旦大学出版社，1998
89	戈公振：《中国报学史：插图整理本》，上海：上海古籍出版社，2003
90	方卿：《图书营销学》，太原：山西经济出版社，1998
91	丁学东：《文献计量学基础》，北京：北京大学出版社，1993

序号	图书信息
92	陈思和：《中国当代文学史教程》，上海：复旦大学出版社，1999
93	刘心武：《刘心武揭秘红楼梦》，北京：东方出版社，2005
94	黄旦：《传者图像：新闻专业主义的建构与消解》，上海：复旦大学出版社，2005
95	程恩富：《马克思主义经济思想史》，上海：中国出版集团东方出版中心，2006
96	宋木文：《亲历出版三十年：新时期出版纪事与思考》，北京：商务印书馆，2007
97	郝振省：《2005—2006中国数字出版产业年度报告》，北京：中国书籍出版社，2007

表20-8显示，入选的97种国内学术著作中，有6名国内学者有多部著作入选：李良荣（共4部）、张国良（共4部）、童兵（共3部）、方汉奇（共3部）、魏永征（共3部）、喻国明（共3部），这些学者在新闻传播学界都有着较高的学术影响，他们的著作对中国新闻传播学研究的发展有着极大的促进作用。为了便于详细分析国内学术著作的影响，我们根据这97种著作涉及的主题将其分为六类：新闻传播基础理论著作、史类著作、新闻传播业务类著作、广播与电视类著作、新闻传播学其他著作、其他学科著作。

（1）新闻传播基础理论著作

基础理论研究是一个学科赖以长期生存发展的命脉，国内学者在基础理论研究方面取得大量成果，这些成果在新闻传播学论文中被广泛借鉴和引用。本章推荐28种基础理论著作，分新闻学理论著作（共6种）、传播学理论著作（6种）、编辑出版学理论著作（11种）及其他理论著作（5种）。

① 新闻学理论著作

李良荣，复旦大学新闻学院教授、博士生导师，专长新闻学理论和宣传学，本次入选的新闻传播学著作中，李良荣教授共有4种入选，归入新闻学理论类著作3种：《新闻学概论》（被引40次）、《新闻学导论》（被引23次）、《西方新闻事业概论》（被引17次）。《新闻学概论》是复旦大学出版社推出的"复旦博学"精品教材系列中《新闻与传播》系列教材（新世纪版）中的一本。该书着重总结、阐述人类新闻活动主要是新闻事业的基本规律及新闻学中的基本概念和知识，为进一步掌握新闻业务、探索新闻理论、研究新闻史提供了必不可少的系统基础知识。作者20年来先后写过四部"新闻学概论"方面的专著和教材，该书是他最新研究成果的结晶，许多内容、观点总结概括了不断进步着的新闻实践，如新闻与信息、宣传、舆论，大众传媒与社会，新闻媒介的受众，新闻自由与社会控制，新闻媒介的运作体制与管理模式，中国的新闻改革等均具有新意和特色，对新时代的新闻教学和新闻工作具有较强的现实意义。《新闻学导论》是教育部"高等教育面向21世纪教学内容和课程体系改革计划"的研究成果，系统全面地讲述了新闻学的基本概念、基本原理和新闻工作的基本原则。该书是高校新闻学专业基础课教材，也可作为新闻学自学考试的参考书、新闻媒介从业人员的自修用书。《西方新闻事业概论》客观、系统、历史地评述了西方各国（尤其是美国）新闻学的基本理论、新闻业务、新闻业经营管理以及新闻媒体的最新发展等，分析鞭辟入里，评判切中肯綮，具有很高的学术价值。对于全面、辩证地了解西方新闻事业的缺陷和精髓，在扬弃中给予我们警示和借鉴，发展我国的新闻传播事业具有较大的现实意义。

《新闻学》（被引29次）的作者徐宝璜是著名新闻教育家。他是最先在国内开设新闻学课程的大学教授，主张报纸应具有独立的社会地位，应代表国民提出建议和要求。徐宝璜在我国新闻教育方面做出了很大的贡献，被誉为"新闻教育界第一位大师"和"新闻学界最初开山祖"。所著《新闻学》（发表时曾名《新闻学大意》，后又改名《新闻学纲要》）于1919年11月出版，是中国最早的新闻学专著。20世纪80年代以来先后被以不同的版本多次重版。

《现代新闻理论》（被引17次）的作者是清华大学教授、博士生导师刘建明。该书共十三章，作者认为在新闻理论的确证中，任何个别实践和短暂的现象都不可以作为判定理论真理性的依据，理论命题的确立要依赖于一定数量、一定时空的实践活动。

《转型中的新闻学》（被引13次）的作者是李希光教授。该书从商业环境的新闻学、新媒体环境中的新闻学、全球传播中的新闻学、党报环境下的新闻学、新闻报道与新闻教育等多个方面进行了深入探讨。全书结构宏大，视野广阔，内容丰富，文字富有激情。

② 传播学理论著作

《传播学教程》（被引106次）的作者是中国人民大学博士生导师郭庆光教授。该书是教育部"九五"国家级重点教材，运用国内外传播学研究的最新成果，结合新媒介技术的发展，运用辩证唯物论和历史唯物论原理，阐释了人类社会的信息传播现象，注重概念的明晰性和理论的系统性。对现代信息社会中的人际传播、群体传播、组织传播、大众传播以及国际传播与全球传播领域中的主要理论问题进行较为全面的阐述、分析和梳理，从而勾勒出传播学的基本理论体系和框架。该书的读者主要是大学新闻、广播电视、广告、公关、出版等有关专业的学生。

《传播学总论》（被引22次）的作者是中国传媒大学教授、博士生导师胡正荣。他主要研究领域为广播电视媒介、大众传播学等。该书力图对传播活动，特别是大众传播活动进行较为全面的研究。该书共分十一章：第一章论述传播学自身的产生与发展；第二章至第五章讨论了传播、传播材料（信息、符号）、传播类型和传播过程；第六章至第十章研究了传播的五个基本要素，即传播者、传播内容、传播媒介、受众和效果；第十一章分析了传播实践与传播学研究的关系，并且对五种具体的传播实践（广播电视传播、广告媒介传播战略、整合营销传播、西方宣传以及跨文化卫星电视传播）进行研究，目的在于探索传播学理论之于传播实践的价值和意义。

《传播学》（被引 19 次）的作者是浙江大学邵培仁教授。该书是教育部"高等教育面向 21 世纪教学内容和课程体系改革计划"的研究成果，是教育部本科教学质量评估指定用书。全书从传播学的产生、传播学的研究现状和发展趋势等方面纵向展示了传播学的学科概貌，从传播者、受众、信息、符号、媒介、传播谋略、传播技巧、传播环境、传播效果等方面横向阐述了传播学的基本概念、基本理论和基本观点，展示了世界传播学的学术前沿成果，其中也有中国传播学界和作者的最新思考。

《传播学引论》（被引 19 次）的作者是清华大学教授、博士生导师李彬。该书内容包括概论、人际传播、大众传播、批判学派。书中很多关于传播学批判学派的介绍在其他的教科书里少有涉及。全书叙述深入浅出，比较容易理解，是传播学门外汉的推荐读物。

张国良教授是上海交通大学媒体与设计学院院长、博士生导师，他有两本著作《传播学原理》（被引 14 次）和《现代大众传播学》（被引 11 次）入选基础理论类图书。《传播学原理》深入浅出、简明系统地论述传播学的基本原理，对传播和大众传播的一般规律，包括传播与传播学的含义、传播的结构与模式、功能、研究方法、内容媒介、受众、效果等范畴，作了较全面的考察。该书注重反映当今世界各国传播研究的最新成果，又密切联系当前中国传播事业的实际。《现代大众传播学》是"21 世纪新闻传播学丛书"之一。全书共九章，包括传播的一般原理概述、传播者分析、传播内容与信息、传播的媒介分析、传播对象分析、传播效果分析、传播与社会发展、传播的控制、国际传播。该书是大专院校新闻、广播电视、广告、公共关系、国际新闻等专业的基础课教材，对广大从事新闻、广告、公关、广播电视工作的人员也有参考价值。

③ 编辑出版学理论著作

《科技书刊标准化 18 讲》（被引 264 次）由陈浩元主编，十几位有 20 年左右编龄的科技编辑联手编写。该书共 18 讲，包括科技书刊编排质量存在问题综述，关于执行图书编排专项标准的若干问题，科技期刊编排规则，科技论文编排格式，论文摘要的编写要求，量和单位的名称、符号及书写规则，插图的规范化，表格的规范化，数学符号和数学式的编排规范，化学符号和化学式的编排规范，科技书刊数字用法和修约规则，科技书刊外文字符使用规范，书刊参考文献著录规则，科技书刊语言文字的规范使用，科技书刊标点符号用法，书刊名、人名、地名的汉语拼音，科技文稿审读方法例析。书后附录包括编辑、作者常用法律、法规、国家标准和有关规定。该书被编辑出版领域的论文广泛引用。

《科学技术期刊编辑教程》（被引 206 次）由王立名等编著。该书以 1987 年以来举办的 26 期不同类型的科技期刊编辑专业培训班、研讨班讲稿为基础，并参阅有关文献资料，总结各自多年积累的编辑实践和编辑教学经验编著而成。该教程目前已发行两版，第一版共分五篇三十五章，第二版共六篇三十七章。书后还有附录，包括编辑、作者常用法律、法规、国家标准和有关规定。该书特点是内容翔实、新颖、系统、全面，既重视理论阐述，又突出实际应用。既可作为科技期刊编辑专业培训班、研讨班教材，又可作为科技书刊编辑人员学习和工作必备的案头书，而对广大科技人员撰写论文和编写专著也有很大的参考价值。

《科技论文的规范表达：写作与编辑》（被引69次）的作者是李兴昌。该书详细介绍了科技论文的撰写和编排格式，阐明了科技论文规范表达的各个方面的基本要求，包括科技名词、日期和时间、数字、量、单位及符号的正确使用，数学式、化学式的正确书写与编排、插图和表格的合理设计、科技语言（包括标点符号）的规范运用，以及有关投稿与发表的注意事项等内容。该书全面、系统，是广大科技写作人员的案头必备参考书。

《出版专业理论与实务（中级）》（被引56次）是全国出版专业技术人员中级职业资格考试辅导用书，也可作为各出版单位培训编辑出版人员的参考教材和有关专业人员的自学用书。

《编辑学原理论》（被引31次）的作者是王振铎。该书共五章：第一章绪论；第二章编辑概念发展论；第三章编辑概念辩证论；第四章文化结构编辑论；第五章符号建模编辑论。

《科技编辑方法论研究》（被引26次）的作者是钱文霖。该书以26篇论文为基础，论述了系统方法、信息方法等的知识和运用，探讨了怎样深入开展科技编辑方法论的研究。

《现代科技期刊编辑学》（被引25次）的作者胡传焻。这是科技编辑的基础理论书，由编辑理论、编辑史、编辑工程三部分组成。全书共八篇十六章，重点论述编辑理论、原理、原则、编辑方法、操作、标准化与规范化、编辑手段现代化。

《期刊编辑学概论》（被引24次）的作者徐柏容是中国出版科学研究所特约研究员和中国作家协会会员。该书是教育部"八五"规划教材、新闻出版署教材建设重点项目。该书在总结期刊编辑工作的历史经验和著者多年实践经验的基础上，一方面将经验归纳升华到理论、规律的高度加以阐释，另一方面又在基本理论的指导下来剖析期刊编辑工作实际，努力使理论与实践融为一体，以便学生不仅能获得丰富的期刊编辑工作知识、具备期刊编辑工作能力，而且还能对期刊编辑工作有理论性的认识，使之知其然并知其所以然，为致力于开拓、发展、提高期刊编辑工作奠定坚实的基础。为了便于教学，该书自始至终都以期刊实例加以说明，力求深入浅出。同时也密切联系当前实际，既注意了稳定性，也注意了现实性。

《编辑学概论》（被引15次）的作者向新阳从史的角度论述了编辑的含义、编辑学研究的历史和现状，体现了历史和逻辑的统一以及"史"和"学"的结合。作者认为编辑史应是编辑学研究的范围，这就使这部著作既具有一定的理论深度，又有较强的实用性。实践呼唤加强编辑学研究，在社会主义市场经济条件下，编辑出版工作面临许多新情况、新问题，迫切需要理论指导，盲目的实践和自觉的实践，其效果是相悖的。因此必须加强编辑学研究与实际工作的联系，加强编辑人员的编辑学修养。该书的问世，相信会有助于编辑学研究的深入和编辑素质的提高。

《科技期刊编辑学导论》（被引 11 次）的作者任定华是中国出版科学研究所特约研究员和中国作家协会会员。该书分三篇，包括总论，科技期刊编辑学原理及定量研究基础，科技期刊编辑工程。

《杂志编辑学》（被引 11 次）的作者是徐柏容。该书共二十二章，介绍了传播媟介与杂志关系，杂志的起源与发展，杂志的性质、种类与社会意义，杂志编辑的修养，杂志的方针任务，杂志的总体编辑构思，杂志的风格，选题计划的制订，集稿工作，作者工作，审稿工作，修改加工，杂志的系统结构，标题的艺术，版式设计的原则和实践，图片的艺术和技术，封面和目录的设计，校对工作，纸张和排印装订，发行、宣传、广告以及杂志编辑的反思。

④ 其他理论著作

《舆论学：舆论导向研究》（被引 36 次）的作者是中国人民大学教授、博士生导师陈力丹。该书引荐了 1995 年国际上 32 位权威研究者的舆论学成果，涉及中外 274 部论著，努力建立起理论上较新、适合中国舆论特征的舆论学体系。该书的部分内容已作为中国社会科学院研究生院新闻学博士课程，适合于作为新闻院系学生的选修课教材。当今舆论导向已成为大众媒介编辑部，各级党委宣传部的首要话题。该书以较强的舆论学学术架构面对这个话题，采用普及性的叙述方式，提供了系统的关于舆论导向的理性认识，并以各种引导方式进行了多学科的分析，从不同方面提出了共计 46 条对策建议。对于广大宣传干部和新闻工作者，这本书会带来许多关于老话题的新认识。

童兵，复旦大学新闻学院教授、博士生导师，主讲新闻理论、马克思主义新闻思想研究等课程，本章他共有三种书入选。《理论新闻传播学导论》（被引 21 次）是国家级重点教材。作者参考了国内外传播学研究的最新成果，结合新媒介技术的发展，运用辩证唯物论和历史唯物论原理，阐释人类社会的信息传播现象。在注重概念的明晰性和理论的系统性的基础上，对现代信息社会中的人内传播、人际传播、群体传播、组织传播、大众传播、网络传播、国际传播与全球传播领域中的许多理论和现实课题进行了深入的剖析，勾勒出传播学的基本理论体系和框架。此书不但是新闻传播专业学生的必修教材，对新闻媒体、广告、公关从业人员及自学者都是开卷有益的。《比较新闻传播学》（被引 14 次）主要研究领域为新闻传播原理、马克思主义新闻思想、新闻思潮及市场经济和经济全球化条件下的中国新闻改革。《中西新闻比较论纲》（被引 11 次）是全国哲学、社会科学规划办公室立项的"八五"新闻学科国家项目。该书运用同中求异、异中求同的比较方法对中西新闻传播的编辑方针、组织架构、社会调控、法制伦理、新闻教育和新闻观念进行多侧面的、历史纵深向的考察，从中阐述新闻传播的客观规律。对于全面把握不同政治经济背景下的新闻传播的特征、形态及正确执行新闻传播行为的方针政策不无裨益。

《新闻传播学》（被引 19 次）的作者是复旦大学教授、博士生导师黄旦。该书共分三编：上编为"作为社会现象的新闻传播"；下编为"作为传播过程的新闻传播"；附编为"我国新闻理论中的几个基本问题"。该书是国内较早将新闻学研究和传播学研究相结合，以全新思路分析我国新闻传播现象，总结探索新闻事业发展规律的学术著作。

(2) 史类著作

入选的新闻传播学史类著作共 13 种，其中一种是关于外国新闻传播史的著作，其余均为中国新闻传播史著作。外国新闻传播史的著作过少反映了我国学者在新闻史的研究中对国外新闻史关注不够，这一现象与国外学术著作中翻译为中文的外国新闻传播史仅有两种是相一致的。由此可以看出，我国学者在研究新闻传播史中还应加强对外国新闻传播史的关注和研究。引用史类著作的论文主要是研究我国各个历史阶段新闻传播状况的论文。入选的其他领域被新闻传播学引用的史著共 8 种，涉及文学小说史、文化史、革命史、经济思想史等诸多领域的历史，反映了新闻传播学研究的跨学科性特点。

① 新闻传播学史类著作

方汉奇，中国人民大学新闻学院教授、博士生导师，国务院学位委员会学科评议组成员，中国新闻史学会会长。在本次入选的新闻传播学国内学术著作中，方汉奇先生有三本入选：《中国新闻事业通史》（被引 101 次）、《中国近代报刊史》（被引 21 次）、《中国新闻事业简史》（被引 24 次）。《中国新闻事业通史》是一部全面评述中国新闻事业历史的专著。时间的跨度从公元前 2 世纪到 20 世纪 90 年代，历时 2000 余年。内容涉及报纸、期刊、通讯社、广播、电视、新闻摄影、新闻纪录电影、新闻漫画、新闻法制、新闻教育、报业经营管理、新闻思想，以及各时期的名记者、名报人活动等新闻事业的各个方面。该书订正了大量已出版的新闻史专著中的错误，填补了不少新闻史研究中的空白，为读者勾勒出一幅有关中国新闻事业发展的绚丽多彩的历史画卷。《中国近代报刊史》是新中国第一部填补空白的新闻史专著，自 1981 年问世后，已先后再版四次。该书概括了 1815 年到 1915 年间的新闻报刊史，包括戊戌维新、辛亥革命、军阀混战等时期的中国报刊情况，帝国主义、封建主义将中国沦为半封建、半殖民地的舆论活动，清末仁人志士们的不断反抗，资产阶级的救亡宣传和变法维新的议论，以及 20 世纪资产阶级革命派的反封建、反殖民地的舆论活动等。全书共分七章：中国早期的报纸；外国人在中国的办报活动；中国资产阶级报刊的萌芽和资产阶级改良派的办报活动；民主革命准备时期的报刊；民主革命高涨时期的报刊；辛亥革命前后的报刊；民国初年和北洋军阀统治时期的报刊。

《中国新闻事业简史》是方汉奇等根据中国人民大学新闻系原有的《中国近代报刊简史》和《中国新闻事业史（新民主主义时期）》两部校内讲义合并而成的。上述三本著作适应了新闻传播学史教学的需要，为广大新闻工作者提供有关新闻史的基本知识。

戈公振，现代著名新闻学家，中国新闻史研究的开拓者和我国早期的新闻教育家。他编著的《中国报学史》（被引44次）是我国现代第一部系统论述中国报刊历史的专著，也是中国报学研究的开山之作。作者态度严谨，广泛收集报学史相关材料，使该书成为中国报学史的权威著作，成为学者的案头必备读物。《中国报学史：插图整理本》（被引11次）的最大特点是图文互证，史料翔实，不少报刊资料依赖该书得以传播。

《上海新闻史（1850—1949）》（被引29次）的作者是马光仁。该书是一部全面系统研究上海近现代新闻事业产生、发展和变化的著作。该书共十一章：第一章至第二章叙述上海近代新闻事业从舶来品到逐步中国化的情况；第三章至第四章主要介绍从维新变法到辛亥革命期间上海报业的发展；第五章至第六章主要介绍在中国从旧民主主义革命向新民主主义革命转变时期上海报业发展变化的情况；第七章至第八章主要介绍从大革命失败到抗战爆发期间，上海新闻事业的发展及其复杂的斗争；第九章至第十章主要介绍抗战时期上海新闻界的变化情况；第十一章主要介绍解放战争时期上海两极新闻事业的决战及党对旧新闻事业改造的顺利完成。

《中国大学科技期刊史》（被引23次）的作者是西北大学姚远教授。该书的首要贡献和价值在于将中国科技期刊史作为一个重要成分置于世界科技期刊文化和中国传统文化的大背景之中，第一次作了全面审视。其次是从一块长久以来被人遗忘的荒地上找到一个有着重要价值的命题，并对其进行了具有抢救意义的文物考古发掘。再次是该书将区域文化研究方法首次系统地引入编辑学研究领域，从而大大丰富了编辑学方法论的内涵。①

《外国新闻传播史》（被引19次）的作者是中国人民大学郑超然教授。该书以全新的体例、全新的视角、翔实的材料记录了世界新闻与传播事业发展的历程，介绍了世界主要国家的新闻传播状态。作者突破了传统的新闻研究的框架，试图把新闻传播的历程和各种媒介的沿革过程置于整个人类社会的发展历史中加以考察，从宏观的社会视角分析了新闻传播与政治、经济、文化等密不可分的关系。书中还对当今日新月异的新闻传播技术发展的历史给予了强烈的关注。

《中国期刊发展史》（被引15次）的作者是宋应离。该书的特色有：第一，从期刊为社会进步服务的角度审视二百年来的期刊发展，把这一朴实的历史唯物主义

---

① 高起元："读姚远新著《中国大学科技期刊史》"，《编辑之友》1998年第6期。

史观贯穿全书之始终。书中论刊、论人，着眼于其在"时代的发展，社会的进步"过程中的作用，从梁启超的《时务报》到孙中山的《民报》，从五四号角《新青年》到早期共产党人和鲁迅、茅盾、邹韬奋等先驱的办刊活动等等，占据大量篇幅，构成中国期刊史之骨干；第二，对历史线索梳理得一目了然，既体现出社会运动的轨迹，也体现了我国期刊发展变迁的清晰历史框架；第三，在描述社科期刊发展同时，也着力介绍了科学技术期刊的历史，从其孕育期、诞生期、发展期写到不同历史阶段里经历过的艰难困境，又写到改革开放新时期呈科学技术期刊的繁荣景象。

《中国编辑史》（被引12次）的作者是复旦大学教授姚福申。该书为书刊编辑专业教材，资料丰富，表述深入浅出，简明扼要，对中国有关编辑方面的文史知识作了较为全面、系统的介绍。上编着重探讨编辑工作的起源、历代典籍体例的演进、著名编辑家的业绩以及社会政治、经济、文化等因素对古代编辑出版工作的影响；下编主要阐述自鸦片战争以来到新中国成立的编辑出版活动，评述编辑业务在半殖民地半封建社会形态下和社会主义制度下的演变和发展。书中还介绍了为进步文化事业做出重大贡献的近现代编辑家。

《中国新闻传播学说史（1949—2005）》（被引11次）的作者是复旦大学教授徐培汀。把新闻学说史写到2005年，这是第一本。该书主要论述新中国的新闻研究及新闻教育的发展过程以及学术成就，为填补空白之作。作者不回避历史，不回避争鸣，对学者对著作都有实事求是的分析，很多人为我们所熟悉，如吴晗、王中、方汉奇、郭超人、艾丰、穆青、杨伟光、童兵、刘建明、喻国明、陈力丹、宁树蕃、郭庆光等等。

《西学东渐与晚清社会》（被引11次）由熊月之和周武合著。该书对西学东渐史上许多重大理论问题、重要人物、重要事件的研究提出了独到的见解。作者从文化传播学的角度，对晚清西学传播的全过程进行了分析，包括传播主体、受传对象（受众）、传播媒介、译书方式等因素对西学传播效果的影响，同时对晚清西学东渐时期了解世界、求强求富、救亡图存、民主革命、科学启蒙这五大主题逐一进行了讨论。

《亲历出版三十年：新时期出版纪事与思考》（被引4次，2007年出版）的作者宋木文先生曾任国家新闻出版署署长、中国出版协会主席。全书分上下卷，收录了作者从"文化大革命"后出版领域拨乱反正到2006年走向繁荣时期的文稿。书中以专题的形式重点记述了20世纪80年代我国出版事业的重大事件。阐述和记叙了我国一系列出版政策形成的过程，反映了出版业从拨乱反正到改革开放和繁荣发展的轨迹，并对新时期出版工作面临的重大问题及其对策进行了深入探讨，具有很高的史料价值和现实意义。该书以事实说话，史料翔实，是深入了解我国改革开放以来出版工作的一本重要读物。

② 其他领域史类著作

《中国当代文学史》(被引17次)的作者洪子诚是北京大学中文系教授，主要讲授中国当代文学史、当代文学现状批评、中国新诗等课程。该书作为大学文科的教材，对发生于近50年的复杂的文学现象、出现的大量作家作品不可能追求全面和详尽，而是从教学的要求出发，评述对象主要是重要的作家作品的含义。对传统的诗歌、小说、戏剧、散文为主的文学创作对象进行了详尽述评。书中作为附录的文学年表主要是反映本时期作家活动和作品发表的状况，同时兼顾到重要的文学运动的小说。

《革命逸史》(被引13次)是作者冯自由根据香港《中国日报》及他自己多年笔记、往来书信、稽勋局调查表册等编写的，所记载的都是最有根据、最有价值的正史材料，只是"暂以革命逸史名之"。《革命逸史》所载"吉光片羽，弥足宝贵"，"一切记载皆有来源可寻"，从晚清至民国之要人几乎全收笔下。书中记述多为非亲历者不能知之趣事。作者以革命的亲历者身份、以严肃的史家态度编写革命史，为后世留下了难得的信史。

《中国近代通史》(被引11次)的作者是张海鹏。该书是国内近20年来出版的第一部完整的大型近代通史专著。从时限设定上来说，涵盖了从1840年鸦片战争到1949年中华人民共和国成立大约110年的历史，即整个中国半殖民地半封建社会时期的历史。从篇幅内容上来说，相比以往的多部通史性质的中国近代史著作更为全面，这突出体现在材料的搜集上。除了国内外已经出版的书籍、史料之外，对于收藏于美国、英国、日本以及中国台湾等地区档案馆的材料该书也都尽量采用，在此基础上实现了史实的选取、历史的分期、历史前进方向的判断、历史研究方法上的创新。

《中国小说史略》(被引11次)的作者是鲁迅。该书共二十八篇，除第一篇《史家对于小说之著录及论述》外，第二至第二十八篇对中国小说发生和发展过程进行了系统的探索。它追本溯源，溯自远古的神话与传说，依序论述中国小说发展史的各个阶段：从汉代小说、六朝小说至唐宋传奇，从宋代话本及拟话本、元明的讲史、明代的神魔小说、人情小说至清代的拟晋唐小说、讽刺小说、人情小说、狭邪小说、侠义及公案小说，直至清末的谴责小说。全书纵论中国小说的酝酿、产生、发展和变迁，评述历代小说兴衰变化的社会历史背景和思想文化的原因，介绍历代主要的有代表性的作家和作品，评析各种各类小说思想艺术的特色、成就和得失，内容非常丰富，是一部自成体系的完整性的中国小说通史。

《中国思想史》(被引11次)的作者是葛兆光。该书是思想史新时代的一部开创之作。其对思想史研究的最大贡献在于研究领域的扩大，资料来源的增长。作者强调思想史不仅要关注"睿智的哲人系列和经典系列"，而且还要把眼光放在"一般知识、思想与信仰世界"。该书一方面在追求历史真相，另一方面要求对社会的发展起到更广泛的实际指导作用，以行动证明着民众的历史主体地位，证明着历史研究的实际作用。思想史不再是研究室的装饰品，不再是知识群体独占的精神食粮。该书另一个值得关注的重点就是体裁的运用。在以往的思想史、经济史、政治史等写作中，作者都有用章节结构的癖好，割断了事象发展的血脉，使读者不能一窥全貌。该书则避免了教科书模式与章节对思想发展的割裂，对于一种思想必追其来龙去脉，为后来的思想史研究者们、写作者们树立了榜样。

《中国当代文学史教程》（被引11次）的作者陈思和教授主要从事中国现当代文学、比较文学的科研与教学工作。该书是一部"以文学作品为主型的文学史"，通过对具体作品的理解来进行文学史概念的引导，传递出文学史的信息。作者打破以往文学史一元化的整合视角，以共时性的文学创作为轴心，构筑新的文学创作整体，显示出特定时代多层面的精神现象。该书以文学现象为依据，在介绍文学运动史料和文学史背景的基础上，把重点放在作品分析方面，使学习者通过解读作品去实现对文学史中体现出的精神传统的理解。书中将当代文学史分为1949—1978年、1978—1989年、20世纪90年代以后三个阶段，对三个阶段的主导特征、战争文化规范、和平建设时期新的文化规范以及"无名"时代的文化多元状态进行了深入细致的分析。该书既是一部普及性的文学史教材，同时又具有很强的学术性和探索性，适合大专院校学生和文学爱好者阅读，也适合文学研究者做参考。

《中国现代文学三十年》（被引11次）由著名人文学者钱理群教授撰写，是普通高等教育"九五"教育部重点教材。该书既注意吸收前人关于作家、作品和文体研究的成果，又克服了以往文学史的叙事模式与狭窄格局，拓宽了研究领域，在"文学现代化"这一命题下，形成了学术品味浓厚的独异的特色。首先在结构布局上，全书按照1917—1949年的历史分期分为三编，对各个时期的社会政治形势只作简约的交代，着重阐释了各个阶段重要的文学思潮与文学现象，从文学演进过程与历史联系中去分析文学自身的规律与特点。该书虽然也按文体分类，却注重突出各种文体的性质、走向以及不同流派的特点，并对某些代表艺术高峰的作家作品作专章论述，每章还附录了年表。在对重要作家的评论中，该书力避对作家生平的罗列和对作品情节冗长的复述，而是重视作品的艺术成就和美学价值，尤其注意分析作品产生久远影响的原因。对于文学流派，该书不只是强调主流文学，而且也能从地域、文化环境的视角去关照京派、海派、新感觉派、先锋派等趣味各异的文学派别，力求恢复现代文学色彩纷呈、枝叶繁茂的本来面貌。

《马克思主义经济思想史》（被引6次，2006年出版）的作者程恩富教授主要从事中外马克思主义经济学的教学和研究。该书是国家社会科学基金重点项目的研究成果、多卷本学术著作，比较全面、系统地论述马克思主义经济思想史。全书分为五卷：经典作家卷、中国卷、苏联俄罗斯卷、欧美卷、日本卷。该书以马克思主义经济学的科学内涵为主线，力求突出与时俱进和开放性的研究特征；采用中外最新资料和研究成果，全面探索世界范围内马克思主义经济思想史上主要代表性流派变动演化的脉络，条分缕析、客观论证、公正评价；凸显马克思主义经济思想史上各经典作家、各流派人物间其理论思想的继承性和发展性。

(3) 新闻传播业务类著作

入选新闻传播业务类的著作共9种，有关于报纸、期刊、图书等传统媒体经营的著作，也有综合性媒体经营的著作。引用此类著作的论文主要涉及新闻传播策划、报刊产业结构分析、中西传媒产业的资本运营分析、图书出版产业运营分析等领域。

《报业经济与报业经营》（被引24次）的作者唐绪军教授主要研究领域为新闻业务、报业经营与管理。该书比较系统、详尽地介绍了有关报业经济与报业经营的一些基础知识与基本概念，是我国学者研究报业经济与报业经营较早的著作之一。全书分十五章三大部分：第一章至第三章为第一部分，主要以整个世界报业的发展为背景，侧重从历史和理论的角度分析现代报纸的产生、报业的形成、报业经济的形成与构成、现代报业产业化运作的基本特点、报业的两重性，以及报业市场的构成与分类等问题；第四章至第九章为第二部分，主要以1949年以后我国报业两次市场化发展的历史进程为背景，侧重于梳理有关报业、报业经营与管理、报业经营观念、报业经营方式、报业经营机制、报业经营原则等方面的基本概念、基本理论观点及其发展与变化；第十章至第十五章为第三部分，主要根据报业经营的基本内容分类，分章探讨了报业的广告经营、发行经营、印务经营、多种经营以及集团化经营和网上经营在报业经济中所处的地位，各种经营活动的特点及其实际的操作方式与方法。

《走进美国大报》（被引19次）的作者是辜晓进。该书是一部以中国传媒人的视角揭示美国报业运作秘要的力作。从书中可以感受到美国同行工作时的氛围——饱经"9·11"劫难之后的《华尔街日报》编辑部，甘尼特公司豪华气派、通体透明的新办公大楼，《芝加哥论坛报》热闹的社论委员会会议，纽约《每日新闻》头版陈列室……一切都有历历在目的现场感。

《纽约时报的风格》（被引19次）的作者李子坚在《纽约时报》工作31年，他以中国人的视角，报道《纽约时报》近150年来的重要人物与事件，娓娓道出其发展史与基本精神。书中的内容不仅是中国报业以及新闻学子的兴趣所在，更是每个想一窥《纽约时报》堂奥者的必备之书。

孙燕君，资深财经媒体人士，曾任中国经济改革国际研究会副秘书长、中国国际关系学会理事、中国国际贸易基础理论委员会委员。他有两部著作入选：《期刊中国》（被引18次）和《报业中国》（被引17次）。《期刊中国》对中国现有9000多种期刊进行了全景式分类扫描，讲述了各类代表性期刊的生动故事，解析了各类期刊现状和趋势，描述了海外强势期刊对中国期刊市场的猛烈冲击，分析和探讨了中国期刊市场的竞争和投资期刊的诸多问题。书后附有大量相关宝贵数据。《报业中国》是《期刊中国》的姊妹篇，是作者在广泛深入调研基础上的倾心之作。该书全面描述了中国报业的现状和趋势，公开披露中国报业鲜为人知的竞争内幕，深入研究和思考中国报业发展战略。

《受众心理与传媒引导》（被引 18 次）的作者是中国人民大学的郑兴东教授。该书参考中外与传播心理相关的理论，结合我国改革开放以来传媒的实际经验，着重探讨了受众的角色心理、受众受传心理特征和层次以及传媒改变受众态度，对受众进行引导的规律和方法。该书对于推动传播心理学的研究，提高我国传媒的引导效果，有较高的理论价值和实践意义。

《媒介经营与产业化研究》（被引 14 次）的作者是中国传媒大学的黄升民教授。该书以报纸、电视、广播等媒介作为研究对象，从媒介实际生存状态出发，从个案研究入手所建构的理论体系，广泛吸收了社会学、传播学、统计学、广告学、市场学的研究成果。

《经营期刊》（被引 11 次）的作者是杨洪祥。该书会聚了作者从事期刊经营 10 余年来所形成的理念与实践的总结，从微观经营的角度来透视和思考期刊所面临的世纪命题。

《图书营销学》（出版发行管理丛书）（被引 11 次）的作者是方卿。该书内容涉及出版发行基础理论、图书导论、市场营销、出版文化、书业法律、书业物流、图书外贸、音像及电子出版物、编辑、装帧设计、计算机应用、书业目录等诸多方面，基本涵盖了出版发行的全过程。

（4）广播与电视类著作

广播与电视是现代大众传播的主要媒体，共 5 种著作入选此类图书。引用此类著作的论文有的从宏观上讨论节目策划与产业运作分析、现代广播电视节目形态分析、中西方电视新闻自由观评析，也有的针对某种现象进行分析，如主持人的角色魅力分析、现场直播的传播优势与特点分析、谈话节目特色的分析、专业频道传播价值分析、省级卫视特色化频道的打造分析等，还有专门针对收视率与满意度的分析。

《十年：从改变电视的语态开始》（被引 25 次）的作者孙玉胜历任中央电视台新闻评论部主任、新闻中心主任。该书叙述的是 10 年中的事，是一个新闻改革的参与者、见证者身处其中的观察、体验与感悟。它叙述的是一些电视新闻改革事件以及新栏目实验和大型特别节目制作的过程、背景。还有作者对一些电视理念的注释和解读，而这些理念和解读必定也受历史环境和个人认识水平的局限。该书是平和的、沉静的，但始终总有力量在扣击思维。作者希望能够引领读者走进电视新闻理念的深处、能够伴随阅读者并改变阅读者。

《世界电视前沿》（被引 21 次）由中央电视台制片人、策划人汪文斌和中国传媒大学教授胡正荣合著。该书通过对美国众多电视业形态的研究，给读者呈现了全球最流行的节目类型和最具生命力的内部运作方式，让中国电视工作者与世界电视浪潮同步，在媒体竞争中无往不胜。书中许多国外电视公司的经验及品牌，已为我国不少电视台采用并发扬光大。该书是国内第一部全面、系统、详细介绍世界电视大国和地区电视业历史发展状况及最新动态的权威著作，具有十分贴切的实际指导作用，对于中国电视同行了解前卫的世界电视节目制作及发展趋势，具有很强的现实意义。

《电视电影三字经》（被引13次）的作者是柳城。该书虽仅数百字，但涉及艺术哲理和创作实践的方方面面，制作要求的林林总总，是作者多年艺术实践的宝贵所得，涉及很多关于现今影视创作中应该特别注意的问题。该书用字简洁精美且表达准确，作句独特大胆又论理深刻。由于该书体裁新颖，充满哲理，可视为电视电影创作和摄制之秘籍，鉴于该书的特殊贡献，联合国教科文组织将特别文化贡献奖颁给了该书作者柳城。引用该书的主要是关于该书的评论性论文。

《中国应用电视学》（被引11次）的作者是朱羽君。该书分四篇二十九章，均由具有丰富教学实践及理论研究经历的专家、学者所撰写。该书本着"电视理论应是发展的理论"这一基本认识，以电视学当是一门综合性、艺术性、学术性、实用性均强的新兴学科为出发点，结合我国电视事业发展40多年来的具体实践及自身规律，对电视学作了甚为严谨、深入、系统、全面的科学论述，以其"广泛的社会性"、"交融性"、"审美性"、"杂志性"等诸多新颖的理论阐述，丰富了我国电视专业的理论著述，填补了我国电视理论研究久未形成独立学科的空白。

《电视收视率解析：调查、分析与应用》（被引11次）的作者刘燕南主要从事传播理论与方法研究、视听率研究、受众与传播效果研究、新闻理论与业务研究等方面的教学与科研工作。该书分为引论、调查方法、分析、应用、满意度、附录六部分，内容包括电视收视率研究，视听率测量方法的演进与现状、收视率测量方法的比较、收视率及相关指标解说、收视分析与节目编排、满意度调研与应用等。

（5）新闻传播学其他著作

由于新闻传播学是一个新兴的交叉学科，有些著作不能准确地归入上述某一类，故此将其他著作统归于新闻传播领域的其他著作类，入选此类的图书共15种，下文将分别介绍。

《西方新闻理论评析》（被引31次）的作者是徐耀魁。该书立足于从事实和理论上分析和阐明产生于西方发达国家的新闻理论的实质，揭示新闻事业与西方国家政治、经济、社会和文化发展的相互关系，并对其新闻理论以及新闻事业在社会发展中的地位和作用给以恰如其分的、实事求是的分析和评析。分析和认识西方新闻理论及其指导下的新闻实践，对于我国广大新闻工作者正确看待西方新闻传播媒介，警惕和防止国际上少数别有用心的人利用新闻传播媒介对我国进行文化侵略和渗透具有重要意义。

喻国明是中国人民大学新闻学院教授，他的主要研究领域为新闻传播理论；传媒经济与社会发展；传播学研究方法，被国内传媒介誉为"媒介军师"。他在本次入选的新闻类著作中有三本著作入选：《媒介的市场定位：一个传播学者的实证研究》

（被引23次）、《传媒影响力：传媒产业本质与竞争优势》（被引12次）、《解析传媒变局：来自中国传媒业第一现场的报告》（被引11次）。《媒介的市场定位：一个传播学者的实证研究》所记录的是20世纪90年代以来中国大众传播业的发展所面对的种种困扰、矛盾以及基于严谨、务实的探求和思考所尝试提出的理论思路和解决办法。《传媒影响力：传媒产业本质与竞争优势》是关于传媒产业的学术著作，详细介绍了影响力经济，媒介产业2003年关键词，读者的需求特征与报纸的市场目标。《解析传媒变局：来自中国传媒业第一现场的报告》分为上、中、下篇。上篇为"传媒创新趋势"，包括12篇作者对媒介现实发展的理解和感悟和未来趋势的观察分析；中篇是作者近年来所作的"市场调研报告"；下篇是"传媒焦点访谈"，收录了10多篇近年来不同的媒体对作者采访实录。所有的分析、理解和感悟均来自中国传媒业第一现场，权威性、指导性和实用性是该书的三大特点。引用喻国明教授这3种著作的论文主要有传媒经济学的范式研究、传媒品牌研究、媒介市场细分研究、广告发展策略研究、卫视娱乐类节目经营模式分析、收费电视传播方式和盈利模式探析等主题，广播评估体系研究的论文对本书也有引用。

《当代西方新闻媒体》（被引20次）的作者是李良荣。该书全方位阐述了当代西方新闻传媒业从理论到业务，从经营到运作模式以及与社会、政治、文化的互动关系，为人们勾勒了一幅西方新闻媒体的现状和发展的图景。同时作者对西方传媒业在近20年来的审时度势的变革也作了深刻的评述。作者深厚的理论功底和独到的研究，对西方传媒准确全面的概述和精辟见解以及最新的引证资料，都使该书达到了一个全新的境界和层次。引用该书的论文主题包括西方"新闻自由"分析、国外媒介批评机制研究、中西新闻比较研究等。

张国良教授有两本著作入选。一本是《20世纪传播学经典文本》（被引17次），书中涉及的28位学者均为传播学发展史上首屈一指的人物，所撷选的文本亦是传播思想史上产生过重大影响的篇章。全书以文本的出版时间为序，契合传播思想史上的内在逻辑，便于展现传播学发展的历程。书中对每位人物均作了介绍，对其研究领域编制了分类索引，阅读起来非常方便。值得一提的是，书中近四分之三的内容属首次翻译成中文，有着很高的理论含量和收藏价值。对研究者来说，该书无疑是很好的参考工具书，对媒体人员和初学者来说，更是极佳的入门教材。引用该书的论文主题包括新闻媒介品格探讨、主流文化的传播规范及价值研究、我国古代诗词的传播艺术研究、传媒的使命研究、媒介可信度研究等。另一本是《新闻媒介与社会》，该书从媒介社会学角度切入，以媒介与社会的互动关系为主线，全面、系统地阐述了媒介的产生、发展以及媒介的种类、功能，分析了媒介与社会政治、经济、文化发展的密切关系和交互作用，详尽地介绍了国际学术前沿的最新成果，分析了国内学术研究和媒介发展的最新动向。该书叙述简明扼要、深入浅出、充实严谨，是读者完整地了解社会媒介生态的最新图书。引用该书的论文主题有大众传媒与社会运动的互动关系研究、媒体产业投资风险研究、受众媒介接触行为调查分析、政府、媒体和公众关系的动态平衡研究等。

魏永征,香港树仁大学、中国传媒大学、上海社会科学院新闻研究所教授,学的是新闻专业,但却踏入法律殿堂并且乐而忘返,素有"两栖学者"之称。本次入选的图书中该作者有三本书入选:《中国新闻传播法纲要》(被引15次)、《新闻传播法教程》(被引13次)、《西方传媒的法制、管理和自律》(被引11次)。《中国新闻传播法纲要》是一部系统阐述我国现行法律体系中关于新闻活动的法律规范的学术性专著。作者把新闻法定义为"调整新闻活动中各种法律关系,保障新闻活动中的社会公共利益和公民、法人的有关合法权益的法律规范的总称",因此,即使《新闻法》尚未出台,我国法律体系中有关新闻活动的法律规范也已十分丰富。《新闻传播法教程》论述了国家法律法规中对于新闻传播事业做出规定的有关条款以及规范新闻传播活动和新闻媒介的专门性的行政法规和规章,力求体系化地介绍和诠释我国现行的新闻传播法。内容翔实,案例经典实用。《西方传媒的法制、管理和自律》分上、中、下三编:上编"司法",概括介绍和比较西方发达资本主义国家关于新闻事业最主要的法律原则;中编"管理",介绍主要国家的政府对新闻事业的管理原则和程序;下编"自律",介绍西方各国新闻事业如何运用发达的自律机制,通过自律使新闻事业能够符合社会公共利益的要求,不致妨害社会和统治者的整体利益。引用魏永征教授这三种著作的论文主题主要有网络时代隐私权研究、传媒与政府的互动监督研究、传媒对审判干扰的法律思考、新闻侵权与媒介文化生态研究、新闻监督权利的司法保障研究、媒体自律研究、中外新闻诽谤诉讼理念的比较研究等。

《现代西方新闻法制概述》(被引14次)的作者是刘迪。该书概述了欧美国家及日本新闻法的要点。其中第一部分主要介绍了新闻自由的历史及新闻自由、言论自由的基本理论;第二部分扼要介绍了新闻法中有关知情权、国家机密、消息来源保密、禁止新闻检查及有关限制猥亵表现的理论问题;第三部分从市民生活与表现权利的关系着眼,介绍了名誉权、隐私权保护、犯罪报道中的名誉权侵权、隐私权侵权问题;第四部分主要从法律角度介绍了新闻机构的社会责任问题、西方新闻机构的"编辑纲领"运动、广播电视法制、新媒体与信息国际化、传媒与高度信息社会等问题,最后还设了专章介绍因特网等信息法学。网络隐私权研究、新闻自由与审判独立的关系研究、新闻报道中知情权和隐私权的关系研究、西方内部新闻自由评析、政府节制与媒体自律研究等主题的论文对该书引用较多。

《新闻法学》(被引13次)的作者是顾理平。该书从我国新闻立法的可能性和必要性入手,深入探讨了我国新闻立法的历史和现状以及新闻领域中权利和义务的关系,并从法律角度对新闻侵权问题进行了较深入的研究。该书具有交叉性、理论性、现实性、前瞻性四个特点,是一部具有较高水平的学术专著。采访权研究、新闻舆论监督与司法独立关系研究、新闻业界侵权与媒介文化生态研究等主题的论文对本书引用较多。

《大众文化与传媒》(被引12次)由陆扬和王毅合著。该书包括文化和大众文化、从霸权理论到文化工业批判、制码/解码与民族志观众研究、公共领域与传媒、文化经济与抵制理论。数字时代的大众文化与国际传播研究、消费社会背景下的广告文化批判等批判理论研究、受众理论研究对该书引用较多,电视传播的文化思考、电影美学等主题论文对该书也有引用。

《畸变的媒体》(被引12次)的作者是李希光教授。这是一本令中外新闻传播学界和业界广泛瞩目的专著。它渗入了作者对全球化背景下新闻传播理论和运作的全新理念和深沉思考,对媒介传播者和受众都关心的一些热点、难点问题,以一个学者的眼光作了审视和阐述。如利益多元时代记者意见如何表达?中国未来新闻变革的趋势是什么?对媒体以商业利益取代公众利益的做法,作者表示了忧虑。同时,对与现实中新闻实践脱节及滞后于时代发展的中国新闻教育,作者提出了强烈的质疑,认为必须在真实的世界里培养下一代记者。新闻娱乐化现象分析、新闻故事化与新闻失实研究、政府与媒体关系研究、国际传播失衡与平衡的研究等主题的论文对该书引用较多。

《人格权与新闻侵权》(被引11次)由王利明和杨立新合著。该书共分三篇二十三章,其内容有人格权总论、具体人格权、新闻侵权,具体而系统地讲述了人格权与新闻侵权的内容概念和有关知识。该书内容全面,条理清晰,叙述翔实,融科学性、理论性、系统性于一体,有助于提高全民的法律意识,是法律爱好者值得一读的佳作。舆论监督的法律制约问题、舆论与政府关系问题、网络信息环境的隐私权保护问题等领域的论文对该书引用较多。

《编辑独语》(被引11次)的作者任火以火一般的激情,诗一般的语言,把编辑的地位、品格、价值和贡献阐述得淋漓尽致,精辟透彻,感人至深。该书分三个阅读单元。上篇涉及两个层面:一是在编辑学研究中大家经常关注的业务命题,如"编辑策划"、"编辑质疑"、"编辑发现"、"编辑选择"、"编辑创造"、"编辑风格"等;二是编辑自身的修养命题,如"编辑人格"、"名编辑"、"编辑忧患"、"编辑功利"、"编辑公德"、"编辑神圣"等。中篇是作者十几年编辑工作中审稿经验的理论升华,主要内容是审稿方法论。对自然科学论文和社会科学论文的审稿思维方式、思维方法都提出了许多具有创新性的真知灼见。下篇则是由作者编后随笔构成,各篇随笔短小精悍,一篇一个观点,古今名言逸事信手拈来,抒情明志,给读者留下深刻的思考与启迪。引用该书的论文主要是对该书进行评论的论文以及科技期刊编辑、期刊审稿、编辑策划等编辑出版类论文。

《传者图像:新闻专业主义的建构与消解》(被引9次,2005年出版)的作者是黄旦。该书通过对西方新闻和传播实践及其研究的深入思考,选择新闻专业主义为一个统一视角,来透视有关传播者的研究及其思想,从而使原本散落在不同层面上的东西有了一个内在的逻辑关系。在纵向上贯通了新闻学和传播学研究，揭示了西方传播者研究的基本取向和趋势；在横向上，则展示了传播者研究的多样化维度和广度。引用该书的主要是新闻传播学的学科特质比较分析、新闻理论体系研究类论文。

《2005—2006中国数字出版产业年度报告》（被引3次，2007年出版）的作者是郝振省。该书是我国首次对数字出版产业所进行的全方位的梳理与总结。作者认为，2005—2006年是数字产业飞速发展并出现重大转折的年度，是数字出版概念被业内广泛认可的年度，也是数字出版产业链、数字出版规模正在形成的年度。引用该书的主要是关于传统出版与数字出版关系的研究论文。

(6) 其他学科著作

本章中所遴选的其他学科著作虽然不属于新闻传播学研究领域，但因其部分内容涉及新闻传播，因此也会被新闻传播学论文引用。入选此类著作的共16种，其中被引用最多的当属当代文坛巨匠鲁迅的作品文集，被引高达130次、被引超过20次的还有夏衍的《夏衍全集》、胡风的《胡风全集》以及国学大师陈寅恪的《金明馆丛稿二编》。

《鲁迅全集》（被引130次）的作者鲁迅作为一个文化传播的先驱，其传播思想已被国内学者广泛学习和引用。引用《鲁迅全集》的论文主题主要涉及传播史、传播思想、中西传播观等，编辑出版领域也有不少引用。

《夏衍全集》（被引28次）共16卷，分为戏剧、电影、文学、新闻时评、译著、回忆录、书信日记等卷目。夏衍不仅在电影、戏剧、文学等方面有很高的造诣和成就，而且是一名杰出的记者，在我国进步报刊史上有着相当高的地位。引用《夏衍全集》的论文主要涉及新闻队伍的政治和业务素质问题、报刊的编辑出版、新闻宣传艺术等领域。

《胡风全集》（被引28次）共十卷，收录了已搜集到的胡风先生的全部著译作品，包括三十万言书、书信和狱中日记。胡风是现代文艺理论家、诗人、文学翻译家，抗日战争爆发后主编《七月》杂志，对现代文学史上重要创作流派"七月"派的形成和发展起了重要作用。引用《胡风全集》的论文主要涉及编辑出版领域。

《金明馆丛稿二编》（被引21次）是由近代著名史学家陈寅恪先生所著。该书是三联出版社出版的陈寅恪系列丛书之一。根据作者生前愿望，全书采用繁体字竖排。五十多篇文章涉及广阔的研究范围，有关于魏晋南北朝史研究，关于蒙古史研究，关于佛教史研究包括敦煌写经及西夏文佛经等，都颇多独到的见解。但该书更值得我们注意的是书中陈寅恪为别人的论著所写的序、跋、审查报告。引用该书的论文主要涉及编辑出版领域。

《严复集》（被引19次）由中国近代著名的启蒙思想家、翻译家和报刊政论家严复所著。在戊戌变法时期，严复创办《国闻报》，为思想启蒙和变法维新摇旗呐喊，对中国近代新闻事业的发展做出了积极的贡献。严复关于新闻传播学的重要文章主要涉及办刊原则和翻译出版。他在《国闻报缘起》一文中明确指出,"《国闻报》何为而设也?曰:将以求通焉耳。夫通之道有二,一曰通上下之情,一曰通中外之故。"提出通上下、通内外的办报思想。严复还制定了《国闻报馆章程》,提出报人道德自律的要求。他还在《说难》中以谐谑自嘲的语言讨论了报纸为什么难办、报纸文章为什么难写的问题,实质上是反映了严复办报的苦衷和他的新闻道德观。①

《饮冰室合集》(被引 19 次)和《梁启超选集》(被引 14 次)均由中国近代著名的思想家、政论家、文学家、史学家、教育家梁启超所著。在他有关新闻学和传播学的著作中,涉及关于新闻的使命,为谁办报刊,报刊的宗旨,报刊的职责,关于"喉舌"、"时评"、新闻文风、舆论监督、"副刊"、"广告"、报刊"独立"、何为"新闻自由"、新闻从业者的职业道德都有独到的见解。梁启超在《〈时报〉发刊例》中,提出了"论说"四条、"纪事"五条,诠释了新闻的时效、广泛、客观、公正等使命。他在《清议报一百册祝辞并论报馆之责任及本馆之经历》中指出,报纸应该"脱离一党报之范围,而进入于一国报之范围,且更努力渐进,以达于世界报之范围"。明确提出要为国家办报。梁启超为《时务报》所定的办报宗旨:一是"广译五洲近事",即报道世界形势;二是"详录各省新政",即报道全国各地实施的"新法";三是"博搜交涉要案",使读者"奋励新学,思洗前耻";四是"旁载政治学艺要书",使读者懂得学习的趋势、内容和方法……梁启超 1896 年发表《论报馆有益于国事》,他认为国家强弱,在于内外上下是通是塞。中国落后受侮,原因在于上下内外不通。"去塞求通,厥道非一,而报馆其导端也。无耳目、无喉舌,是曰废疾……有助耳目喉舌之用,起天下废疾者,则报馆之谓也。"报纸(馆)是"喉舌",首创者当是梁启超。他在文中还呼吁朝廷允许报刊"上自朝廷之措施,下及闾阎之善恶,耳闻目见,莫不兼收并论"。表明了新闻的舆论监督作用。1902 年发表《敬告我同业诸君》,文中阐述:"某以为,报馆有两大天职:一曰对于政府而为其监督者,二曰对于国民而为其向导者是也。"进一步论述了报刊的宗旨。他在文中还提出了关于舆论监督的方法:"抑所谓监督之者,宜务其大者远者,勿务其小者近者。"就是说,监督对象必须舍小取大。他在《京报》发表的《异哉所谓国体问题者》,就是舆论监督"窃国大盗"袁世凯的杰作。《万国公报》从 1895 年 8 月起每期都有一篇由梁启超撰写的"论说"。"论说"就是后来被新闻界称作"时评"的文章。梁启超所处的时代,文章多为文言文。在诸多报人固守"之乎者也"时,他却打破陈规,采用通俗自由的新文体。梁启超具有广告的超前意识,1899 年 4 月 30 日《清议报》出版第 13 期,刊末是该报发布的招登广告的稿件,题目为《记事扩张卜广告募集》。据悉,这是中国人在自办中文报刊上,最先使用的"广告"一词。1901 年,梁启超

---

① 徐新平:"论严复的新闻思想",《新闻三味》2006 年第 4 期。

在《十种德性相反相成义》一文中说:"言论自由、出版自由,为一切自由之保障。"并且将自由分为"文明人"的自由和"野蛮人"的自由。1910年2月,《国风报》在上海创刊出版。梁启超在《国风报叙例》中,阐述了办报的"五本"、"八德",给新闻从业者提出了明确而全面的要求。[①]

《文献计量学》(被引18次)的作者邱均平是武汉大学信息管理学院教授。全书共十二章,论述了文献计量学的基本定律和理论基础,讨论了引文分析等主要的定量分析方法,集中阐述了在情报学、图书馆学、科学学等学科领域里计量学的具体应用。引用该书的论文主要涉及编辑出版以及引文分析、期刊评价等领域。

《闻一多全集》(被引16次)的作者闻一多是中国现代著名作家、学者、民主人士。全集共12册,其中关于《周易》、《诗经》、《庄子》、《楚辞》四大古籍的整理研究,被郭沫若称为"前无古人,后无来者"。传播符号学研究和编辑出版领域对该书引用较多。

《文化研究读本》(被引16次)的作者是罗钢。"文化研究"是目前北美和欧洲人文知识分子最活跃的知识区域之一。正是通过文化研究,学院知识分子的知识活动溢出了大学校园,也溢出了传统的经典命题。文化研究关注的是阶级、性别、身份、传媒、大众文化等范围广泛的社会文本,它具有迫切的政治性和焦虑感,这就和传统的形式主义、唯美主义、精英主义乃至文学主义的要旨相冲突,因而带有左翼色彩。该书收集的论文刻写了文化研究发展中的最重要痕迹,堪称文化研究中的经典文献。传播批判理论研究、影视文化意识形态研究对该书引用较多,新闻传播的修辞研究、广告传播的文化分析类论文对该书也有引用。

《当代中国社会阶层研究报告》(被引15次)的作者陆学艺主要从事农村社会学和社会问题的研究。该书由三个部分组成:第一部分是课题组集体研究讨论后撰写的《当代中国社会各阶层研究总报告》;第二部分是课题组部分成员分别撰写的关于产业工人阶层、农业劳者阶层、私营企业主阶层和社会中间阶层4个专题报告;第三部分是5个地区的分课题组,各自撰写的深圳、合肥、福清、汉川和镇宇5个市县的社会阶层结构状况的地区个案研究报告。社会阶层变迁与电视传播价值取向研究、社会新闻报道视角解析、各种报道角色的社会经济地位分析等主题的论文对该书引用较多。

《管锥编》(被引12次)的作者是钱锺书先生。《管锥篇》曾获第一届国家图书奖,是钱锺书先生生前的一部笔记体的巨著。同他的《谈艺录》、《七缀集》不一样,《管锥编》不能被归入任何的学术体例当中。该书范围由先秦迄于唐前,涉及音韵、训诂、经义、比较文化等多门学科。题画诗的传播学观照研究、电影叙事研究以及

[①] 黄团元:"梁启超的新闻理念及实践",《新闻前哨》2009年第1期。

编辑出版领域的论文对该书引用较多。

《文献计量学基础》（被引 11 次）的作者是丁学东。该书主要介绍文献增长与文献老化的理论、文献计量学的三条基本定律和一般原理以及引文分析等，每章后均附有关的参考文献。编辑出版领域论文对该书引用较多。

《叙述学与小说文体学研究》（被引 11 次）的作者是申丹。该书是将叙述学研究与小说文体学研究相结合的专著，旨在对叙述学和小说文体学的一些主要理论进行深入系统的评析，以澄清有关概念，并通过大量实例分析来修正、补充有关理论和分析模式。其研究成果深化了对小说的结构形态、运作规律、表达方式或审美性的认识，提高了欣赏和评论小说艺术的水平，特别对这两个学派之间的关系进行了梳理与探讨，以帮助填补这方面学术研究的空白。新闻写作的叙事角度分析、编辑出版等领域论文对该书引用较多。

《英语科技论文撰写与投稿》（被引 11 次）的作者是任胜利。该书是英语科技论文写作与投稿的指南读物。书中全方位地分析和展示了科技论文写作的技巧与诀窍。从论文选题、拟投稿期刊的选择及作者署名与分工等方面阐述了科技论文写作前的准备工作，并通过大量的实例分析介绍了论文题名和摘要撰写中应遵循的基本原则、致谢的写作要点及图表制作的注意事项，总结了各主要参考文献体例的特点、格式及相关著录规范。该书还较为全面地介绍了国际单位制（SI）及其使用中应注意的问题，结合实例举证从选词、重要语法和文体等方面系统阐述了科技英语写作的文法与表达；较为详尽地总结了英文标点符号的使用；从稿件录排、投稿信写作、校样改正等方面阐述了如何投稿及与编辑联系，综述了作者、编辑和审稿人在同行评议过程中的交流与互动。编辑出版领域论文对该书引用较多。

《当代西方文艺理论》（被引 11 次）的作者是朱立元。该书时间跨度为 20 世纪初至今，范畴主要为文学理论。该书所用的"西方"概念，除了地域含义外，还包括历史文化因素，因此，该书介绍了若干俄罗斯文艺理论，但未介绍前苏联的文艺理论。该书为高校文科的选修课提供了一本观点正确、材料较新、内容较丰富的合适教材。也为希望了解西方当代文艺理论整体状况和最新发展的广大读者，提供了一本有价值的读物。布拉格学派的传播思想研究、俄国形式主义电影理论研究、美国电视文化研究、春晚的本土文化定位研究、全球化语境下的中国动画研究、中国早期电影史研究、结构主义方法与新闻理论体系的构建研究等领域论文对该书引用较多。

《刘心武揭秘红楼梦》（被引 10 次，2005 年出版）开创了"红学"中的"秦学"分支，是著名作家刘心武先生在 CCTV-10"百家讲坛"中的红学讲座的一个书面结集，也是作者多年研究《红楼梦》的心血结晶。他从金陵十二钗中的秦可卿着手，详细考证了书中各人物的生活原型，复原了《红楼梦》诞生时的时代风貌。《红楼梦》的诠释空间研究、《红楼梦》电视讲座研究等主题论文对该书引用较多。

20.7 结语

综合以上统计分析,新闻传播学5个类别的图书对国内新闻传播学研究的影响各具特点,领袖人物著作的影响主要体现在新闻观、新闻与政治的关系层面。工具书的参考引用较其他学科而言较多,这与新闻传播学的学科特点是密切相关的。历史文献中关于新闻传播史的著作中的观点和事例直接被我国当代学者学习、参考和借鉴;而其他领域的历史文献对新闻传播学的影响则主要表现为资料性或是著作本身作为学者们的研究对象。新闻传播学研究的兴起,产生了一批新闻传播学界有影响的学者,同时也有大量的新闻传播学著作问世,这些著作促进了国内新闻传播学的发展。相比之下,国外著作对国内新闻传播学的影响稍小,尤其是原版图书仅有一本进入所选图书,在国际学术交流日益频繁的今天,这一情况应当引起新闻传播学界的重视。

在被新闻传播学论文总被引不少于11次或年均被引不少于3次的197种图书中共涉及162位作者,其中152位为个人作者,10位为团体作者。需要说明的是:外文原著的译者不计入作者之列。在这些作者中有2种及以上的图书入选的作者共22位,其中国外学者5位,我国学者15位,团体作者2位(详见表20-9)。

表20-9　　新闻传播学学科入选2种及以上图书作者

序号	作者	入选图书种数
1	毛泽东	4
2	张国良	4
3	方汉奇	4
4	李良荣	4
5	童兵	3
6	魏永征	3
7	喻国明	3
8	中国科学技术信息研究所	3
9	韦尔伯·施拉姆	3
10	马克思	2
11	戈公振	2
12	黄旦	2
13	李希光	2
14	刘建明	2

续表

序号	作者	入选图书种数
15	鲁迅	2
16	徐柏容	2
17	孙燕君	2
18	戴龙基	2
19	全国出版专业职业资格考试办公室	2
20	迈克尔·埃默里	2
21	皮埃尔·布尔迪厄	2
22	约翰·费斯克	2

在新闻传播学领域入选的 197 种图书中共涉及 75 家出版社，其中入选 4 种及以上图书的出版社有 16 家（详见表 20-10）。

表 20-10　新闻传播学学科入选图书较多的出版社

序号	出版社	入选图书种数
1	中华书局	17
2	新华出版社	16
3	复旦大学出版社	11
4	中国人民大学出版社	10
5	华夏出版社	9
6	北京大学出版社	9
7	人民出版社	8
8	上海人民出版社	7
9	商务印书馆	6
10	中国社会科学出版社	6
11	南京大学出版社	5
12	科学技术文献出版社	5
13	中国书籍出版社	4
14	南方日报出版社	4
15	北京广播学院出版社	4
16	生活·读书·新知三联书店	4

综上所述，图书作为一种学术资源，对新闻传播学研究的影响很大，2000—2007年新闻传播学论文引用图书的次数远高于其他类型引用文献，8年来图书（包括汇编）总被引次数占到所有类型文献被引总次数的52.40%。近年来图书资源在新闻传播学研究中的影响有下滑趋势，不过这基本符合新闻传播学科发展的特点，尽管如此，图书资源在今后很长的时期内对新闻传播学的研究与发展依然会是最重要的学术资源。

第 21 章 图书馆、情报与文献学

如本书第 1 章所述，图书是人文社会科学重要的学术资源，它在人文社会科学研究领域产生着极大的作用。图书馆、情报与文献学领域也不例外，图书作为其第二大学术资源，每年的被引用量都在持续上升（参见表 21-1）。如果说，与其他学科相比，图书馆、情报与文献学中的经典著作或者是重要著作在过去还是比较少的话，但通过我们对近几年的图书被引的统计分析发现，图书资源在其领域中的学术影响在不断扩大，越来越多的、具有重要影响的著作在不断推出。

如何反映图书在科学与研究中的学术影响，学术成果中的引用分析是一种便捷、有效的方法。为了推出我国图书馆、情报与文献学领域最具学术影响的著作，我们借助《中文社会科学引文索引》（CSSCI），对其中 2000—2007 年的图书馆、情报与文献学论文引用的图书进行了统计，选出了被引次数较多的图书。由于被引数量是一个积累的数据，越早出版的书其被引用次数可能越多。所以，为了使所选出的图书较少受出版时间影响，遴选过程遵循如下标准：（1）2000—2007 年，CSSCI 中图书馆、情报与文献学论文引用 25 次及以上的图书；（2）以图书的出版年算起，年均被引 5 次及以上者。上述两条标准满足其中一条即可入选。

需要说明的是，本统计数据是来自多年数据的合并，合并工作主要处理以下几方面问题：（1）不同年代数据的不一致，如书名的主标题和副标题之间的符号不一致，再如许多翻译的著作，2004 年以前著录的多是翻译者，而此后多数为原作者，这些图书都需要更正与合并；（2）领袖著作和部分历史文献的分卷合集处理，如《马克思恩格斯全集》、《毛泽东选集》、《隋书》、《魏书》等等，这些图书的引用有些直接给出了卷帙，但大量的没有给出卷帙，为了全面反映这些著作对学科的影响，我们将这些多卷本的图书均给予合并；（3）为了反映一个作者、一种图书的学术影响，当我们确认了在不同年代、同一出版社出版的同一本图书时，我们将其进行合并，确保这本图书的学术影响能够充分反映出来；（4）虽然本章讨论的是图书馆、情报与文献学领域的具有较大学术影响的书，但并不是说在本学科影响较大的图书都是本学科的图书，这里所述在本学科影响较大的图书可能属于其他学科，但它在本学科的发展研究中产生了很大的学术影响。

21.1 概述

CSSCI 将引用文献主要分为 11 类，具体为：期刊论文、图书、汇编文献、报纸文章、会议论文、学位论文、报告文献、法规文献、信函、标准文献、网络资源，外加一个其他类。表 21-1 给出了 2000—2007 年 CSSCI 中图书馆、情报与文献学论文引用各类文献的数量。由于大量的汇编文献是以图书的形式出现，而且 CSSCI 也很难将二者严格区分开，所以在这里我们将汇编文献视为图书的另类形式，将汇编文献被引用数据并入图书被引用数据。本章对图书馆、情报与文献学的图书学术影响力的讨论主要取自于这 8 年的 73785 次的图书（包括汇编文献，下同）被引数据。

表 21-1　2000—2007 年 CSSCI 中图书馆、情报与文献学论文引用文献类型统计（单位：篇次）

类型 年份	期刊论文	图书	汇编文献	报纸文章	会议论文	学位论文	报告文献	法规文献	信函	标准文献	网络资源	其他
2000	9061	5445	731	617	207	55	69	59	1	31	779	84
2001	10107	5361	471	601	297	76	55	47	0	15	1112	228
2002	12878	6002	822	542	364	66	92	54	0	22	1736	230
2003	16042	7462	1013	588	474	77	93	54	0	33	2388	393
2004	20014	9137	1335	662	693	160	124	75	0	35	3868	495
2005	20660	8384	2354	441	790	219	147	68	0	58	5643	413
2006	22065	9376	2576	716	943	264	181	61	1	64	6361	489
2007	24077	10415	2901	793	1245	444	188	45	2	56	7395	541
合计	134904	61582	12203	4960	5013	1361	949	463	4	314	29282	2873

从表 21-1 可以看出，2000—2007 年图书馆、情报与文献学论文引用图书的数量仅次于期刊论文。这一方面说明图书文献在本学科是第二大学术资源，具有重要学术价值；另一方面也说明，图书馆、情报与文献学是一个快速发展的学科，正处于高速成长期。从每年的被引数量变化来看，除少数年份减少外，多数年份呈增长态势，8 年间平均年增长率达到 14.5%。我们必须注意到，虽然图书的被引数量总的趋势处于增加态势，但实际上它的所占份额在逐年减少，已从 2000 年的 36% 减少到 2007 年的 27.7%。这是一个非常强烈的信号，图书馆、情报与文献学领域经典著作的缺乏，指导科研和引导学者研究的精品著作还不够，迫切需要学界改善这一情况，大量推出学术精品。

表21-2　2000—2007年CSSCI中图书馆、情报与文献学论文引用文献语种统计

(单位：篇次)

年份\语种	中文	英文	德文	法文	日文	俄文	其他语种	译文
2000	13668	2373	38	6	150	15	74	815
2001	14617	2702	11	11	44	1	107	877
2002	18417	3372	5	11	48	2	22	931
2003	22879	4439	11	30	71	4	59	1124
2004	29286	5637	11	14	141	25	38	1446
2005	29484	7920	16	16	104	27	24	1586
2006	31668	9132	32	15	113	11	38	2088
2007	34207	11435	29	26	117	12	41	2235
合计	194226	47010	153	129	788	97	403	11102

从表21-2可以看出，图书馆、情报与文献学论文引用文献的语种以中文为主，引用的中文文献在所有文献中占有比例为76.49%。但必须指出的是，引用中文文献的占有比率正在缓慢下滑，从2000—2004年的80%降至2005—2007年的72%左右。与此相反，引文中英文文献的占有比率在稳步上升。2000—2002年，这一比率尚不到14%，2005年已超过20%，到了2007年更是达到了23.77%。说明本学科学者越来越关注国外的相关领域的科研成果，可以证实这一结论的是另外一组数据，即译文数量的逐年增加和所占份额的逐年扩大。而被引用翻译作品多数为图书，为了讨论国外出版的学术著作对本学科的影响，我们专门为国外出版的外文图书和译著设立了一个类，由此来讨论国外学术著作对我国图书馆、情报与文献学研究的影响。

我们根据遴选标准（总被引25次及以上或年均被引5次及以上）选出了189种图书，这189种图书总共被引10184次，占据本学科论文引用的图书总次数的13.8%。为了更科学地分析不同类别的图书对本学科产生的不同影响，我们将这些图书分成5类：领袖著作、历史文献、工具书、国外学术著作、国内学术著作（详细数据参见表21-3）。

表21-3　入选图书馆、情报与文献学论文引用图书的类别统计

内容类别\图书类别	领袖著作	历史文献	工具书	国外学术著作	国内学术著作
入选图书种数	4	27	21	27	110
入选图书被引次数	358	1792	1265	1079	5690

续表

内容类别 \ 图书类别	领袖著作	历史文献	工具书	国外学术著作	国内学术著作
入选图书被引次数所占比例	3.52%	17.6%	12.4%	10.6%	55.9%
入选图书的平均被引次数	89.5	66.37	60.24	39.96	51.73

从表21-3可以看出,对本学科产生最大学术影响的图书还是来自国内学者出版的图书,不论种数还是被引次数,所占比重均超过55%。历史文献对本学科学术影响也较大,它的被引种数与国外学术著作并列第二,但其被引次数和平均被引次数要远远超过后者,特别是平均被引次数,也超过了国内著作和工具书,而位居各类入选图书平均被引次数的第二位,说明图书馆、情报与文献学领域学者非常重视历史文献,同时也与该学科包含文献学、目录学等需要大量阅读与借鉴历史文献的二级学科有关。对工具书的引用是本学科的一大特色,正如第一章所述,入选工具书超过20个的学科只有4个,入选比例超过10%的也只有4个,其中均包含有图书馆、情报与文献学。表21-3显示工具书对本学科研究的平均影响力度要高于学术著作。国外学术著作虽然种数排在第二位,但被引次数下滑到第四位,平均被引次数更是排在末位,与其他社会科学类学科相比,还有较大差距(可参见本书其他章节)。平均被引次数最高的是领袖著作(高达89.5次),说明本学科学者十分注重领袖著作的指导性,但入选种数偏少,仅有4本入选其中,说明本学科学者还应加强马克思主义理论的学习,确保本学科的研究始终以马克思主义理论基础为指导思想。有关各类图书对本学科影响的细致分析如下。

21.2 领袖著作对图书馆、情报与文献学研究的影响

马克思主义是革命的科学,是革命真理,它以辩证唯物主义和历史唯物主义的世界观与方法论揭示了人类社会发展的客观规律。马克思主义哲学是理论化、系统化的世界观,是人类对自然、社会和思维认识的概括和总结。它的研究对象是世界的普遍本质,是世界存在和发展的最一般性的规律。任何科学的发展,都离不开马克思主义哲学思想的指导,图书馆、情报与文献学也不例外,马克思主义哲学就是我们进行一切科学研究的指导思想。

本章遴选出的对图书馆、情报与文献学产生重要学术影响的领袖著作主要为:《马克思恩格斯全集》、《马克思恩格斯选集》、《列宁全集》和《毛泽东选集》,这4本书均隶属于马克思主义哲学理论体系,这些著作对指导图书馆、情报与文献学领域的研究有着极大的作用。表21-4给出了这4种图书馆、情报与文献学论文引用较多的领袖人物著作,并按图书的被引次数从多到少排序。由于这4本图书在CSSCI中

有多个年代的版本,故我们在表 21-4 中将这 4 本书的出版年代省略。

表 21-4　图书馆、情报与文献学论文引用较多的领袖人物著作

序号	图书信息
1	马克思等:《马克思恩格斯全集》,北京:人民出版社
2	马克思等:《马克思恩格斯选集》,北京:人民出版社
3	毛泽东:《毛泽东选集》,北京:人民出版社
4	列宁:《列宁全集》,北京:人民出版社

为了详细了解表 21-4 列出的图书对本学科哪些领域产生着较大影响,我们仔细查阅了引用这些马列著作的图书馆、情报与文献学论文,分析这些文章所在研究领域,得到如下结果:引用马列毛著作的论文主题,几乎涉及本学科大多数领域,如图书馆基本理论、图书馆管理、图书馆事业、图书馆哲学、图书馆结构范式、图书馆功能、图书馆职业道德、目录学、情报工作、竞争情报、档案研究与管理、信息科学基础理论等。基本反映了马克思主义对学科各个学术领域的指导性。

马克思列宁主义经典著作为学科研究与发展提供了一种科学的世界观和方法论,学者利用它可以将看似本不相关的知识点串联起来,形成自己新的学科框架或理论体系。4 种领袖著作中,《马克思恩格斯全集》和《马克思恩格斯选集》被引次数居前两位,分别为 154 次和 126 次,《毛泽东选集》和《列宁全集》的被引次数也分别达到了 43 次和 35 次。

21.3　历史文献对图书馆、情报与文献学研究的影响

历史文献是我国源远流长的历史长河中流传下来的古代学者的智慧结晶,它记载了我国古代社会政治、经济、文化、军事等重大的历史事件。由于本学科拥有专门面向历史文献研究的二级学科(目录学、文献学),所以此次进入遴选标准的历史文献所占比重较大。入选图书共有 27 种,在 189 种图书中占有 14.3% 的比重,被引次数所占比例为 17.6%,这一比例与人文学科入选的历史文献比例(20%以上)接近,大大超出了社会科学历史文献的入选比例(10%以下)。2000—2007 年图书馆、情报与文献学论文引用较多的历史文献参见表 21-5。

表 21-5　图书馆、情报与文献学论文引用较多的历史文献

序号	图书信息
1	纪昀撰修:《四库全书总目》,北京:中华书局,1965*

续表

序号	图书信息
2	司马迁撰：《史记》，北京：中华书局，1959*
3	班固撰，（唐）颜师古集注：《汉书》，北京：中华书局，1962*
4	刘昫等撰：《旧唐书》，北京：中华书局，1975*
5	魏征等撰：《隋书》，北京：中华书局，1973*
6	脱脱等撰：《宋史》，北京：中华书局，1977*
7	范晔撰：李贤注：《后汉书》，北京：中华书局，1965*
8	《论语》，沈阳：辽宁教育出版社，1997*
9	欧阳修等：《新唐书》，中华书局，1975*
10	唐耕耦等：《敦煌社会经济文献真迹释录（1—4辑）》，北京：全国图书馆文献缩微复制中心，1990*
11	［日］高楠顺次郎等：《大正藏》
12	房玄龄等：《晋书》，北京：中华书局，1974*
13	魏收：《魏书》，北京：中华书局，1974*
14	阮元：《十三经注疏》，北京：中华书局，1980*
15	张廷玉：《明史》，中华书局，1974*
16	陈振孙：《直斋书录解题》，上海：上海古籍出版社，1987*
17	司马光：《资治通鉴》，北京：中华书局，1956*
18	徐松：《宋会要辑稿》，北京：中华书局，1957*
19	左丘明：《左传》
20	国家文物局古文献研究室等：《吐鲁番出土文书》，北京：文物出版社，1985*
21	《道藏》，北京：文物出版社，1988
22	姚思廉：《梁书》，北京：中华书局，1973*
23	李昉：《太平御览》，北京：中华书局，1960*
24	李焘：《续资治通鉴长编》，北京：中华书局，1985*
25	叶德辉：《书林清话》，北京：中华书局，1957*
26	郑樵：《通志》，北京：中华书局，1987*
27	王应麟：《玉海》，南京：江苏古籍出版社，1987*

注：标有"*"号的书有多个版本，这里给出的是被引最多的版本

入选的27种历史文献中，被引频次最多的是清代纪昀编撰的《四库全书总目》，被引次数达249次。《四库全书总目》同时也是189种图书中被引次数最多的图书，

此外，司马迁的《史记》（被引174次）和班固的《汉书》（被引166次）分列排在第二、三位。这些说明了网络时代的到来并没有减弱本学科的学者对文献学、目录学这些传统基础学科的研究，同时也证实了历史文献对图书馆、情报与文献学具有强大的学术影响力。为了详细讨论历史文献对图书馆、情报与文献学领域的影响，我们将入选的历史文献按著作的内容特征大致分为6个主题类别：史书著作①（16种）、目录学著作（3种）、文献学著作（2种）、儒教著作（2种）、类书著作（2种）和其他著作（道教著作和佛教著作各1种）。

（1）历史文献中的史书著作

由于史书著作真实地记载了各朝代的历史事件，客观反映了我国古代社会的经济、文化现象，为学者研究提供了翔实的史学资料，因此它常常被各领域学者参考，是引用频次非常高的历史文献。图书馆、情报与文献学也不例外，在该领域引用的历史文献中，史书著作所占比重最大（达59.3%）。本节重点介绍《史记》、《汉书》、《后汉书》、《隋书》、《通志》、《宋史》等著作对图书馆、情报与文献学领域的学术影响。

图书馆、情报与文献学论文引用最多并且影响最大的史书是《史记》（被引174次），它记载了上自中国上古传说中的黄帝时代，下至汉武帝元狩元年（公元前122年），共3000多年的历史，被列为"二十四史"之首，与后来的《汉书》、《后汉书》、《三国志》合称"前四史"。②《史记》是我国第一部纪传体通史，全书包括十二本纪、三十世家、七十列传、十表、八书，共一百三十篇，该书不仅蕴涵着丰富的史学价值、文学价值和思想价值，而且开创了文献学史上的许多先例，深刻地影响到后代史籍的编纂，具有极其重要的文献学价值。首先，《史记》的文献理念是一个兼容并包的"大文献"视野，其先秦文献主要着眼于六经和诸子百家等图书典籍，秦及汉初则主要是真实的皇家档案，不论是包括出土文献、金石刻辞、文化遗址在内的文物文献，还是由先贤证言、民歌童谣、谚语俗语等构成的口传文献，均被纳入文献范畴，展现了《史记》匠心独运的宏大视野。其次，《史记》的辨伪学成就主要集中在辨别伪说上，对于不同的文献分别采取了资料考辨和实地查访的方式，确立了"考信于六艺"、"择其言尤雅者"、"不离古文者近是"、"多闻阙疑"等原则。再次，《史记》具有一定的目录学价值，它对人物传记的分类思想影响了《七略》的分类方法和后来序录体目录的形制，有些篇目还对儒家、道家、史家等学术源流进行了考辨，而《自序》一篇则确立了一书目录的体制，显然具有目录学上的非凡意义。③

---

① 本章涉及的史书大多为官修史书；从出版社来看，史书大多为中华书局出版。
② 史记．[2009 – 11 – 11]．http：//baike．baidu．com/view/10088．htm．
③ 王珂．论《史记》的文献学价值．山东师范大学硕士论文2007年版．[2009 – 11 – 11] http：//www．lunwentianxia．com/product．sf．3253017．1．

《汉书》(被引166次)又称前汉书,是我国第一部纪传体断代史,主要记述汉高祖元年(前206年)至王莽地皇四年(23年)共230年的史事,是继《史记》之后我国古代又一部重要史书。本书分十二纪、八表、十志、七十列传,共100篇,叙事详尽,特别有关经济、政治、思想文化等方面的记载比《史记》还要具体翔实。《汉书·艺文志》是我国现存最早的目录学文献,存有六艺、诸子、诗赋、兵书、术数、方技六略38种的分类体系,另析"辑略"形成总序置于志首,叙述了先秦学术思想源流。《汉书·艺文志》是中国现存最早的系统性图书目录,并首创史志目录的体例,对后世目录学尤其是史志目录的发展影响极大。[1]

《后汉书》(被引81次)为南朝范晔所撰,记述了东汉195年的历史,内容起于刘秀起兵推翻王莽,终于汉献帝禅位于曹丕。东汉社会政治、经济、文化状况,朝代兴衰历变,历史大事件等等,诸如党宦之争、党锢之祸、图谶盛行等史实,皆赖其保存记录,因此对于后世学者在古文献考略、图书整理、图书年代考证、图书版本考证等问题上具有极大的史料价值。《后汉书》发展了"以类相从"的类例思想,并在吸收前人之长的基础上,在书中专列文苑、宦者、独行、逸民、方术、列女、党锢等类传,全面展示了东汉一朝的社会历史全貌。[2]

《隋书》(被引99次)是现存最早的隋史专著,保存了隋朝大量政治、经济、社会以及科技文化资料,同时书中十志记载梁、陈、北齐、北周和隋五朝的典章制度,有些部分甚至追溯到汉魏。《隋书·经籍志》是继《汉书·艺文志》后的一部十分重要的目录书,叙述了自汉至隋六百年我国书籍之存亡、学术之演变,是对我国古代书籍和学术史的第二次总结,也是对我国学术文化史的一大贡献。《隋书·经籍志》将各类书籍标出经、史、子、集四大类,其下再分40小类,为我国以后的四部图书分类奠定了基础。[3]

对我国目录学研究有突出价值的除上述的《史记》、《汉书·艺文志》、《隋书·经籍志》外,《明史·艺文志》也做出了重要贡献。《明史》(被引48次)是一部纪传体明代史,编纂体例包含本纪、志、列传和表。其中的《明史·艺文志》是后代学者了解明代目录书籍的必备参考资料,它共有四卷,依经、史、子、集排述,专取明代之书,几乎将所有明代图书尽收其中。[4]

《通志》(被引25次)是以人物为中心的纪传体中国通史,是由纪、传、谱、略、载记五种体例构成的史书。其中,二十略对文献学做出了突出贡献,集中体现在《校雠略》、《艺文略》、《金石略》和《图谱略》上。《金石略》和《图谱略》扩大了历史文献资料的范围;《艺文略》通录了古今存佚的文献,创立了新的图书分类

---

[1] 汉书. [2009-11-11]. http://baike.baidu.com/view/18673.htm.
[2] 后汉书. [2009-11-11]. http://baike.baidu.com/view/108044.htm.
[3] 隋书. [2009-11-11]. http://baike.baidu.com/view/150187.htm.
[4] 明史. [2009-11-14]. http://baike.baidu.com/view/94368.htm.

方法；《校雠略》是《艺文略》、《金石略》和《图谱略》的说明书，集中又系统地反映了郑樵的文献学思想。《校雠略》是《通志》二十略最富有创造性的部分，在我国学术史上，将校雠之学写成专著，是从《校雠略》开始的。①

《旧唐书》（被引113次）是现存最早的唐代史籍。《旧唐书》的研究价值在于它保存了唐代的第一手史料，通过引用此书，学者可以研究考证古代社会的各个层面，包括政治制度、经济特点、文化艺术和人物历史作用等。北宋时宋仁宗认为《旧唐书》浅陋，下诏重修《新唐书》（被引71次），《新唐书》在体例、剪裁、文采等方面要胜于《旧唐书》，还保存了一些《旧唐书》未记载的史料，因此后世对《新唐书》较为推崇。但从被引次数上看，《新唐书》的影响力不及《旧唐书》，说明图书馆、情报与文献学领域学者在研究中更倾向于第一手史料，愿意将《旧唐书》作为研究的首选参考资料。②

《宋史》（被引90次）是二十五史中篇幅最庞大的一部官修史书。它对于宋代的政治、经济、军事、文化、民族关系、典章制度以及活动在这一历史时期的许多人物都做了较为详尽的记载，是研究两宋三百多年历史的基本史料。同时《宋史》的主要材料是宋代的国史、实录、日历等书，这些史籍现在几乎全部佚失了，所以《宋史》又是保存宋代官方和私家史料最有系统的一部书。③《宋会要辑稿》（被引34次）则对《宋史》内容缺失部分作了补充，它是研究宋朝法律典制的重要资料。④

《资治通鉴》（被引38次）是北宋司马光所主编的一本长篇编年体史书，全书共294卷，记载的历史由周威烈王二十三年（纪元前403年）起到五代的后周世宗显德六年（纪元959年）征淮南止，计跨16个朝代，共1363年的逐年记载详细历史。它是中国的一部编年体通史，在中国史书中有极重要的地位。⑤《续资治通鉴长编》（被引26次）是中国古代私家著述中卷帙最大的断代编年史，书中史料丰富，为研究辽、宋、西夏等史的基本史籍之一，⑥但在图书馆、情报与文献学领域学术影响力不及史学巨著《资治通鉴》。

分析引用史书著作的来源文献后我们发现，对史书著作引用最多的是文献学方面的文章，学者利用古代著作参考研究文献学的相关问题，也有部分引用文献的主题论及古代图书自身的分类、编纂体例、考证和校诂等问题。此外，图书馆学、档案学方面的论文也有一些参考了史书著作，内容涉及图书馆哲学、图书馆史、分类编目学、目录学和档案学。

---

① 通志．[2009－11－14]．http：//baike.baidu.com/view/77620.htm．
② 新唐书．[2009－11－14]．http：//baike.baidu.com/view/110509.htm．
③ 宋史．[2009－11－14]．http：//baike.baidu.com/view/333216.htm．
④ 宋会要辑稿．[2009－11－14]．http：//baike.baidu.com/view/496683.htm．
⑤ 资治通鉴．[2009－11－14]．http：//baike.baidu.com/view/27696.htm．
⑥ 续资治通鉴长编．[2009－11－14]．http：//baike.baidu.com/view/110517.htm．

(2) 历史文献中的目录学著作

目录学是研究目录工作形成和发展的一般规律即研究书目情报运动规律的科学。历史文献中目录学著作有3种被选入,其中,《四库全书总目》(被引249次)影响力最大,最为学界关注。此外两种著作分别为《直斋书录解题》(被引38次)和《书林清话》(被引25次)。

《四库全书总目》[①] 为我国古代最巨大的官修图书目录。全书200卷,是在编纂《四库全书》的基础上完成的。该总目著录清乾隆以前包括哲学、史学、文学以及科学技术等各方面的文化典籍一万多种,其中图书3401种(79309卷),存目6793部(93551卷),基本上包括了清乾隆以前我国重要的古籍,特别是元代以前的书籍更完备,为我国收书最多的目录。总目写有内容提要和评论,为学者研究中国封建社会的政治、经济、文化的历史,提供了一部翔实的书目。《四库全书总目》的特点是:该书是一部规模庞大的解题书目。不同于正史中的艺文志是史书的组成部分受篇幅的限制,它在各部类的序论、解题、作者介绍、版本源流等方面尽量作必要的叙述和评论;本书分为"著录"书和"存目"书两大部分,是一个创例。"著录"书,写为定本,收入《四库全书》之内;"存目"书是不收入《四库全书》的,但在《四库全书总目》中同样撰写提要。这些书,赖有"存目"的提要,才使读者知其梗概,进而访求原书,这样在很大程度上弥补了图书因不被收藏而渐渐被人遗忘的遗憾。

《直斋书录解题》[②] 分经、史、子、集四录,共有五十三类,该书著录51180余卷,超过南宋官修《中兴馆阁书目》所著44486卷。其"解题"的参考使用价值,也较《中兴馆阁书目》为优。私人藏书目录在数量、质量方面同时超越官修目录,该书是其转折点。从此,官修目录改记藏书为只记本朝著述,随之兴起补各朝著述的热潮。

《书林清话》[③] 为读者提供了关于古代雕版书籍的各项专门知识,诸如刻书源流、版本名称、校勘掌故、历代藏书家历史、刻书的速闻甚至还谈到书估的作伪手法等等。

图书馆、情报与文献学学科对此类图书的引用集中在对古代图书版本的考证校对、对图书创作时间或图书作者生活时代论证、对图书在我国文献学、目录学史上的学术价值的分析探讨和对古代图书分类体系研究等方面。

(3) 历史文献中的文献学著作

历史文献中有两种文献学著作被选入,它们分别是《敦煌社会经济文献真迹释录(1—4辑)》(被引65次)和《吐鲁番出土文书》(被引30次)。考证它们的引证

---

① 四库全书总目. [2009-11-14]. http://baike.baidu.com/view/409225.htm.
② 直斋书录解题. [2009-11-12]. http://baike.baidu.com/view/1079457.htm.
③ 书林清话. [2009-11-12] http://baike.baidu.com/view/566247.htm.

文献，发现此类著作对文献学、目录学和档案学的研究有着一定的影响。

《敦煌社会经济文献真迹释录》① 是敦煌社会经济文献资料的综合性汇编，收录了敦煌文献中有关社会经济方面的重要文书 34 类公文 1391 件，记录了当时的社会、经济信息。《吐鲁番出土文书》② 内容上比敦煌文书更加丰富多彩，数量要超过敦煌藏经洞所出同时期的社会世俗文书，它既生动具体地反映了这一时期的历史社会面貌，又填补了我国无唐代以前档案文书的空白，它对于研究古代社会结构、政治、经济、军事制度、西北历史、边防、丝绸之路与中亚交通、民族关系以及社会民情、民俗文化等都是极具学术价值的第一手资料。

(4) 历史文献中的儒教著作

儒家学派经典著作在历史文献中占有两种，它们分别是《论语》（被引 81 次）和《十三经注疏》（被引 49 次）。《论语》记录了孔子及其弟子言行，集中体现了孔子的政治主张、理论思想、道德观念及教育原则等；《十三经注疏》是对儒家"十三经"的注释，是研究中国古代儒家文化的重要参考资料，学者在对图书馆精神、图书馆功能、图书馆教育的追根溯源中对此类图书有所引用，此外，古文献考证和目录学研究文献对它们也有引用。

(5) 历史文献中的类书著作

入选历史文献的类书著作是《太平御览》和《玉海》，它们的被引次数分别为 26 次和 25 次，与历史文献中其他类别的图书相比较，可以看出类书对本领域学术影响有限。

《太平御览》③ 是李昉编辑的一部类书，也是保存古代佚书最为丰富的类书之一，被誉为北宋前期官修"四大书"之一。该书所采多为经史百家之言，小说和杂书引得很少，是现存类书中保存五代以前文献资料最多的一种。

《玉海》④ 是一部规模宏大的类书，为南宋王应麟私撰。该书分天文、地理、官制、食货等 21 门，对宋代史事大多采用"实录"和"国史日历"，有较高的史料价值。在《玉海》的各个类目当中，不仅提供了历史文献资料，还提供了代表这些文献来源的图书目录，有别于一般的类书。

图书馆、情报与文献学论文对类书著作的引用包括对古书编撰、整理工作的归纳和总结及从古书中辨识编撰者的图书整理思想、古代藏书建设的成就、古文献的考证与研究等等。

---

① 敦煌社会经济文献真迹释录．[2009 - 11 - 12] http：//epub.cnki.net/grid2008/detail.aspx?filename = 2006157483. nh&dbname = CDFD2006.
② 历史瑰宝——吐鲁番出土文书．[2009 - 11 - 12] http：//www.tianshannet.com.cn/special/content/2006 - 12/25/content_ 1537379. htm.
③ 太平御览．[2009 - 11 - 12]．http：//baike.baidu.com/view/36915.htm.
④ 玉海．[2009 - 11 - 12]．http：//baike.baidu.com/view/693993.htm.

第21章 图书馆、情报与文献学

(6) 其他著作

图书馆、情报与文献学领域还有一些论文引用了佛教与道教著作，如《大正藏》和《道藏》。《大正藏》（被引56次）内容汇集古来汉文藏经的大成，可谓汉译佛典的荟萃，史存的绝大多数佛教典籍都可以从《大正藏》中获取。《道藏》（被引26次）是道教经籍的总集，是将许多道教经典编排起来的大型道教丛书，内容十分庞杂。《道藏》包括大批道教经典及道教相关资料，还收录诸子百家著作，另外还有不少有关中国古代科学技术的著作。① 考证了引用它们的文献后发现，《大正藏》和《道藏》对本领域的学术影响集中在文献学研究上。

21.4 工具书对图书馆、情报与文献学研究的影响

工具书是"情报化了的知识载体"。② 在图书馆、情报与文献学的学科发展中起着非常重要的作用。它具有辅助自学之功、解答疑难之能，是我们开展图书情报工作的好助手，同时，它也是传播思想与文化的媒介。工具书的类型很多，这次遴选出来的工具书基本上涵盖了所有的类型，包括：核心期刊类、分类法类、编目格式（机读目录）类、年鉴类、百科全书和词典类（详细书目参见表21-6）。

表21-6 图书馆、情报与文献学论文引用较多的工具书

序号	图书信息
1	中国图书馆分类法编辑委员会编：《中国图书馆分类法（第4版）》，北京：北京图书馆出版社，1999
2	辞海编辑委员会编：《辞海》，上海：上海辞书出版社，1999
3	戴龙基等主编：《中文核心期刊要目总览（2000年版）》，北京：北京大学出版社，2000
4	中国文献编目规则编撰小组编：《中国文献编目规则》，广州：广东人民出版社，1996
5	朱岩主编：《中国机读目录格式使用手册》，北京：华艺出版社，1995
6	中国社会科学院语言研究所词典编辑室编：《现代汉语词典》，北京：商务印书馆，1996*
7	中国图书馆分类法编辑委员会编：《中国图书馆分类法（第4版）使用手册》，北京：北京图书馆出版社，1999

① 道藏. [2009-11-12]. http://baike.baidu.com/view/40237.htm.
② 詹德优：《中文工具书导论（修订本）》，湖北教育出版社2006年版，第5页。

续表

序号	图书信息
8	中国大百科全书编辑委员会编：《中国大百科全书：图书馆学、情报学、档案学》，北京：中国大百科全书出版社，1993
9	谢琴芳主编：《CALIS 联机合作编目手册》，北京：北京大学出版社，2000
10	林被甸等主编：《中文核心期刊要目总览（1996 年版）》，北京：北京大学出版社，1996
11	潘太明等修订：《中国机读目录格式使用手册（修订版）》，北京：科学技术文献出版社，2001
12	肖东发主编：《中国图书馆年鉴（1999）》，北京：北京图书馆出版社，1999
13	戴龙基等主编：《中文核心期刊要目总览（2004 年版）》，北京：北京大学出版社，2004
14	周升恒主编：《中文图书机读目录格式使用手册》，北京：华艺出版社，2000
15	《中国图书馆年鉴》编委会编：《中国图书馆年鉴（1996）》，北京：北京图书馆出版社，1997
16	陈树年主编：《"中国分类主题词表"标引手册》，北京：北京图书馆出版社，1998
17	中国图书馆分类法编辑委员会编：《中国图书馆图书分类法》，北京：书目文献出版社，1990
18	国家图书馆编：《新版中国机读目录格式使用手册》，北京：北京图书馆出版社，2004
19	国家图书馆《中国文献编目规则》修订组编：《中国文献编目规则》，北京：北京图书馆出版社，2005
20	庄守经等主编：《中文核心期刊要目总览：1992 年版》，北京：北京大学出版社，1992
21	肖东发主编：《中国图书馆年鉴（2001）》，北京：北京图书馆出版社，2001

注：标有"*"号的书有多个版本，这里给出的是被引最多的版本

由表 21-6 可以看出，有 21 种工具书入选，是入选工具书最多的学科之一，说明图书馆、情报与文献学不仅是产生工具书的主力军，也是在学术研究中最善于使用工具书的学科。分析被引用工具书的类型，我们归纳为如下几个方面：

（1）核心期刊类工具书

《中文核心期刊要目总览》（下简称《总览》）是北京大学图书馆研制组近 20 年的研究成果，从 1992 年由北京大学出版社出版第 1 卷以来，每四年出版一次，迄今为止已经出版了 5 版，其中第 5 版刚刚于 2009 年问世。这套书的出版初衷主要是为了帮助图书馆以较少的经费购买各学科最有价值的期刊（核心期刊），随着核心期刊的逐步推广，现已发展到学界和期刊界对期刊的评估的一项

重要参考。

进入表 21-6 的《总览》有 4 版,也就是说 2007 年以前出版的《总览》均进入了重要工具书之列,可见《总览》在本学科领域的重要地位。这 4 版中,被引用最多的是 2000 年版 (93 次),引用最少的是 1992 年版 (26 次),1996 年版以被引 52 次排在第二位,由于 2004 年卷出版时间较短,排在第三位 (41 次)。但可以肯定,随着时间的推移,新出版的工具书一定会完全取代早期出版的工具书。

通过对引用《总览》的来源文献分析,引用《总览》的文献主题包括三个方面:其一,对《总览》的分析比较研究,如对《总览》的选刊指标、方法的讨论,也有许多文章专门对《总览》中某一类期刊的分析评价;其二,对期刊分析评价研究,这类成果主要借助《总览》目录证实自己对期刊的评价结论,或引用《总览》的指标体系对期刊进行评价研究,也有一些文章是将自己的评价指标或思路与《总览》的体系和思路进行比较的研究;其三,期刊管理与利用研究,这类文章主要是介绍他们在期刊管理和应用中如何参考《总览》的。可以看出,《总览》在本学科的期刊评价和期刊管理中有着非常重要的地位和作用,可以说是我们期刊工作者、期刊研究者必不可少的工具书。

(2) 分类法类工具书

《中国图书馆分类法》是图书馆的工作手册,中国大陆图书馆基本依据于《中国图书馆分类法》进行图书的分类;同时,中国图书馆分类法又是研究对象。大量的文章引用充分说明了分类法在图书馆、情报与文献学领域的重要地位。进入表 21-6 的分类法相关的图书有 4 种,它们是北京图书馆出版社出版的《中国图书馆分类法 (第 4 版)》、《中国图书馆分类法 (第 4 版) 使用手册》和《"中国分类主题词表"标引手册》,书目文献出版社 (现北京图书馆出版社) 出版的《中国图书馆图书分类法》。

分析这 4 本参考工具书的学术影响,被引最多的是北京图书馆出版社出版的《中国图书馆分类法 (第 4 版)》,其被引次数是工具书类最高的,达到了 198 次,被引最低的是书目文献出版社 1990 年出版的《中国图书馆图书分类法》,只有 29 次。可见随着时间的推移,较早的工具书将会被新出版的同类工具书所取代。分析引用《中国图书馆分类法》的论文主题可以看出,主要是反映图书馆分类工作中如何使用中图分类法的,也有专门对中图分类法的类目设置的探讨和对某个局部进行分类修订性研究的成果,还有许多讨论信息分类和网络资源分类的文章在引用中图分类法。《中国分类主题词表》的被引次数不是很高,只有 30 次,引用该书的文献主题主要涉及图书主题标引与标引技术等主题。

可见,有关分类法的工具书在本学科领域的主要学术作用是在工作指导和工作辅助方面,对信息资源的组织上有很大的指导作用,应该说这类工具书是图书、期刊、档案、文献、信息等分类工作者和研究者必备之书。

(3) 编目格式（机读目录）类工具书

编目是文献工作的基础性工作，也是必不可少的工作。文献的编目工作需要参照一定标准，这个标准就是目前大量出版的《中国文献编目规则》。中国高等教育文献保障系统（China Academic Library & Information System，CALIS）也推出了高校中联合编目标准《CALIS联机合作编目手册》，这个手册在高校图书馆得到了广泛应用。随着计算机在图书馆的普及和数字图书馆的到来，数据共享和交换愈加频繁，机读目录格式的研究与应用越来越受到重视。所以这些编目格式、标准、规则、手册等工具书在文献编目的研究与实践中发挥着非常重要的作用。

这类文献在遴选出的工具书中占据很大的比重，选出的21种工具书有7种归之此类，达33.3%。可以说从事编目研究和工作的文献工作者在研究和工作中无不在参考和使用这些工具书。机读目录格式手册在编目类工具书中入选了4本，份额较大，这与目前数字图书馆和图书馆自动化系统的广泛应用有关，引用这些手册的文章，除了阐述如何应用机读目录外，许多是专门探讨机读目录字段的增加和具体格式的研究，还有许多研究元数据的组织的文章在大量引用机读目录格式手册这类工具书。

由上可见，编目规则类工具书是文献编目人员所必须配备之图书，机读目录格式工具书则是从事数字图书馆开发人员所应拥有之书。

（4）年鉴类工具书

年鉴是以全面、系统、准确地记述上一年度事物运动、发展状况为主要内容的资料性工具书；也可以理解为汇集了上一年重要时事、文献和统计资料，并按年度连续出版的工具书。年鉴为学者研究提供了翔实、准确、可靠的现实准确的数据，是人文社会科学研究者的好帮手。

入选最有学术影响力的工具书范围的年鉴有三本，均为《中国图书馆年鉴》，出版年分别为：1996年、1999年、2001年。本学科引用年鉴的文献主题较之核心期刊类、分类法类和编目格式类工具书丰富得多。它涉及图书馆基础理论、图书馆事业、图书馆自动化建设和数字图书馆建设、图书馆教育、图书馆经济和信息资源的分布与共享等诸多方面，也有少量的年鉴评述文章。

从年鉴总的被引情况来看，在入选的工具书中并不是很理想，一是种数少，只有三本入选；二是被引次数少，三本书合计被引次数刚过100次，分别为45次、33次、25次。说明本学科学者在研究中对年鉴的重视程度还不够，希望未来能得到改善。

（5）百科全书和词典

《中国大百科全书：图书馆学·情报学·档案学》，共收条目1200个，计179万字。图书馆部分包括文献学、目录学、图书馆事业、文献资源建设和管理、图书馆服务及图书馆现代技术；情报学部分包括情报理论、情报技术及业务、情报系统和情报事业；档案学部分包括档案学基础理论、档案管理学、档案文献编纂学、档案保护技术、文书学及档案事业史等。所以该百科全书作为本学科研究的基础当之无愧。《现代汉语词典》和《辞海》均可称之容有海量知识和知识点的词库，他们不仅仅为人们提供语词、语言等知识的查询，同样对于学者研究也具有很大的帮助。这3种工具书在本学科领域的高被引率就说明了这个问题，《辞海》、《现代汉语词典》和《中国大百科全书：图书馆学·情报学·档案学》的被引次数分别达到了106次、79次和69次。

因此，百科全书和词典类工具书不仅仅是初入研究领域学者所必备，就是非常知名的专家教授也应作为自己书架上的必藏之本。

21.5 国外学术著作对图书馆、情报与文献学研究的影响

图书馆、情报与文献学是一个开放性的学科，它的开放性不仅仅体现在与其他学科的融合，借助先进的技术等，还表现为对国外先进理念、技术、方法和经验的汲取。在此次遴选出的189种图书中，国外学术著作（包括已被翻译成中文的）有27种。就入选数量来说，该类图书仅占所有入选图书总量的14.3%，同时该类图书的被引次数占总次数的比例也不高，27种图书共被图书馆、情报与文献学论文引用1079次，占入选的189种图书总被引10184次的10.6%。表21-7给出了入选的国外学术著作目录。

表21-7　图书馆、情报与文献学论文引用较多的国外学术著作

序号	图书信息
1	［美］尼古拉·尼葛洛庞蒂（Nicholas Negroponte）著，胡泳等译：《数字化生存》，海口：海南出版社，1996
2	［印］阮冈纳赞（Ranganathan, Shiyali Ramamrita）著，夏云等译：《图书馆学五定律》，北京：书目文献出版社，1988
3	［加］赫伯特·马歇尔·麦克卢汉（Herbert Marshall Mcluhan）著，何道宽译：《理解媒介：论人的延伸》，北京：商务印书馆，2000
4	［美］阿姆斯（William Y. Arms）著，施伯乐等译：《数字图书馆概论》，北京：电子工业出版社，2001
5	［美］施拉姆（W. Schramm）等著，陈亮等译：《传播学概论》，北京：新华出版社，1984
6	［美］沃纳·赛佛林（Werner J. Severin）等著，郭镇之等译：《传播理论：起源、方法与应用》，北京：华夏出版社，2000

续表

序号	图书信息
7	［加］韩家炜（Jiawei Han）等著，范明等译：《数据挖掘：概念与技术》，北京：机械工业出版社，2001
8	［英］麦奎尔（D. Mcquail）等著，祝建华等译：《大众传播模式论》，上海：上海译文出版社，1987*
9	［苏］米哈依洛夫（Михайлов，А. И.）等著，徐新民等译：《科学交流与情报学》，北京：科学技术文献出版社，1980
10	［德］哈贝马斯（Jurgen Habermas）著，曹卫东等译：《公共领域的结构转型》，上海：学林出版社，1999
11	［美］杰西·H. 谢拉（Jesse H. Shera）著，张沙丽译：《图书馆学引论》，兰州：兰州大学出版社，1986
12	［美］曼纽尔·卡斯特（Manuel Castells）著，夏铸九等译：《网络社会的崛起》，北京：社会科学文献出版社，2001*
13	［美］马克·波斯特（Mark Poster）著，范静哗译：《第二媒介时代》，南京：南京大学出版社，2000
14	［英］菲利普·吉尔（Philip Gill）主编，林祖藻译：《公共图书馆服务发展指南》，上海：上海科学技术文献出版社，2002
15	［美］马克·波斯特（Mark Poster）著，范静哗译：《信息方式：后结构主义与社会语境》，北京：商务印书馆，2000
16	［美］罗杰·菲德勒（Roger Fidler）著，明安香译：《媒介形态变化：认识新媒介》，北京：华夏出版社，2000
17	［美］谢伦伯格（Theodore Roosevelt Schellenberg）著，黄坤坊译：《现代档案：原则与技术》，北京：档案出版社，1983
18	［美］迈克尔·波特（Michael E. Porter）著，陈小悦译：《竞争优势》，北京：华夏出版社，1997
19	Nonaka, Ikujiro, *The Knowledge - Creating Company*: *How Japanese Companies Create The Dynamics Of Innovation*, New York: Oxford University Press, 1995
20	［加］埃里克·麦克卢汉（Eric Mcluhan）等编，何道宽译：《麦克卢汉精粹》，南京：南京大学出版社，2000
21	［美］布鲁斯·金格马（Bruce R. Kingma）著，马费成等译：《信息经济学：信息工作者的成本—收益分析指南》，太原：山西经济出版社，1999

续表

序号	图书信息
22	［美］维纳·艾莉（Verna Allee）著，刘民慧等译：《知识的进化》，珠海：珠海出版社，1998
23	［美］E. M. 罗杰斯（Everett M. Rogers）著，殷晓蓉译：《传播学史：一种传记式的方法》，上海：上海译文出版社，2002
24	［美］斯蒂文·小约翰（S. W. Littlejohn）著，陈德民等译：《传播理论》，北京：中国社会科学出版社，1999
25	［美］彼得·圣吉（Peter M. Senge）著，郭进隆译：《第五项修炼：学习型组织的艺术与实务》，上海：上海三联书店，1998
26	［英］尼克·史蒂文森（Nick Stevenson）著，王文斌译：《认识媒介文化：社会理论与大众传播》，北京：商务印书馆，2001
27	［美］卡尔·夏皮罗（Carl Shapiro）等著，张帆译：《信息规则：网络经济的策略指导》，北京：中国人民大学出版社，2000

注：标有"＊"号的书有多个版本，这里给出的是被引最多的版本

分析表21-7中书目可以看出，其中的图书基本都是1980—2002年国外最新学术著作或是该期间国内引进、翻译的国外相关学术著作。我们已经注意到，27种图书中译著有26种，原版外文图书只有1种，这说明国内学科研究人员虽然很重视对外来成果的引用，但对国外原著的获取和阅读能力需要加强。27种图书中，美国学者著作有17种，占全部被引最多的国外著作总数的63%，说明在图书馆、情报与文献学领域，美国的学术水平与成果数量遥遥领先于其他各国。如果我们再对引用这些图书的原文进行查询，就可以获得这些图书在哪些领域产生着影响。为了便于讨论，我们对表21-7中图书划分为几个方面：传播学或传播媒介类著作、图书馆学研究类著作、信息学相关领域类著作以及其他著作。

（1）传播学或传播媒介类著作

传播学与传播媒介类图书应该说属于新闻学与传播学学科，但也被本学科的论文大量引用，一方面说明了图书馆、情报与文献学的学科交叉性，尤其是在研究信息传播、文献传播等领域大量地汲取其他学科的成果；另一方面也说明了国外的传媒理论方法和技术成果受到本学科的特别关注。入选的这类图书共10种，在27种国外著作中占有37%的比重，可见本学科中信息传播研究的影响非常之大。这部分图书包括：赫伯特·马歇尔·麦克卢汉的《理解媒介：论人的延伸》、埃里克·麦克卢汉的《麦克卢汉精粹》、施拉姆的《传播学概论》、沃纳·赛佛林的《传播理论：起源、方法与应用》、马克·波斯特的《第二媒介时代》、罗杰·菲德勒的《媒介形态

变化：认识新媒介》、E. M. 罗杰斯的《传播学史：一种传记式的方法》、斯蒂文·小约翰的《传播理论》、尼克·史蒂文森的《认识媒介文化：社会理论与大众传播》和卡尔·夏皮罗的《信息规则：网络经济的策略指导》。

为了分析本学科引用这些著作的观点和受到哪些启示，我们对本学科引用较多的4本传播学著作做一个简要的解析。《理解媒介：论人的延伸》（被引63次）的作者赫伯特·马歇尔·麦克卢汉是西方传播学巨匠，他被称为"继弗洛伊德和爱因斯坦之后最伟大的思想家"。《理解媒介：论人的延伸》是他的成名作。该书分为两部，第一部是理论篇，论述了他的四种观点：地球已成为小小的"环球村"；媒介即是信息；媒介是人的延伸；冷媒介和热媒介。第二部是应用篇，以第一部的理论为基础分析了从古到今的26种媒介。①《麦克卢汉精粹》的作者是赫伯特·马歇尔·麦克卢汉的儿子，埃里克·麦克卢汉，《麦克卢汉精粹》表达了麦克卢汉的主要思想。所选内容，包括著论、书简和讲演。这是他的案卷精要。② 这本书被引较多就不足为奇了。由于麦克卢汉研究的媒介涉及人类生活的众多领域和各个层面，所以他的书对人文科学和社会科学各个领域各个层面的读者都不乏教益和启示价值。他的"环球村"思想、媒介的研究等对本学科信息传播研究领域有着很大的指导意义和启示作用，对促进信息传播理论、技术、方法等研究与发展有着积极意义。

《传播学概论》（被引60次）是在中国普及传播学的最重要的外国著作之一，该书从跨越心理学、社会学、政治学、语言学等学科界限和综合性的新视角来观察一切类型的人类传播，打通了人际传播和大众传播的界限，并且特别体现了对传播效果和受众的重视。该书作者施拉姆（Wilbur Schramm，1907—1987），被誉为传播学的奠基人。③

《传播理论：起源、方法与应用》（被引51次）向我国读者介绍了当前西方，特别是美国的一些传播理论与研究，阐述了大众传播理论、基础知识和研究方法。从传播学的欧洲起源——达尔文、马克思和弗洛伊德的著作——到20世纪60年代它作为美国大学最重要的新的研究领域的出现。可见我国学者在研究信息传播的同时，也非常关注国外的传播理论和研究方法的发展变化，并分析、借鉴、对比、修正，使之适合于我国信息传播领域的研究。

（2）图书馆学研究类著作

我国的图书馆学研究受欧洲学者的影响很大，"图书馆学"一词最早是由德国图书馆学家施莱廷格（M. W. Sehrettinger）于1807年提出来的。根据选择标准遴选出的国外学术著作中，图书馆研究方面的著作有四种，它们分别是：《图书馆学五定律》

---

① 赫伯特·马歇尔·麦克卢汉：《理解媒介：论人的延伸》，何道宽译，商务印书馆2000年版，前言第4—6页。
② 麦克卢汉精粹. ［2009-9-4］. http：//www.douban.com/subject/1130519/.
③ 传播学概论. ［2009-9-4］. http：//youa.baidu.com/item/5e40303d92f8e621437f473e.

(被引70次)、《数字图书馆概论》(被引61次)、《图书馆学引论》(被引38次)和《公共图书馆服务发展指南》(被引34次)。这4本书有涉及早期图书馆学理论之作,此外还有近期数字图书馆理论与实践的代表之作以及介绍国外公共图书馆服务方面的著作。

美国学者杰西·H. 谢拉的《图书馆学引论》和"印度图书馆学之父"阮冈纳赞的《图书馆学五定律》是最早引入我国的国外图书馆学著作。《图书馆学引论》出版于1976年,是世界图书馆学基础课程的主要教科书之一,该书回顾了图书馆的历史,论述了"图书馆与社会"、"了解读者与图书"、"机器的神通"、"图书馆学的新方法"、"结构组织资料"、"教育与研究"、"图书馆与情报服务"等理论问题。[①] 阮冈纳赞的《图书馆学五定律》把图书馆的基本问题概括为五条基本法则,图书在于利用,每位读者有其书,每本书有它的读者,节约读者的时间,图书馆是个发展着的有机体。[②] 这两本书的引用文献主题都涵盖了图书馆学基本问题,包括图书馆学研究对象、研究方法、图书馆哲学、图书馆精神等,以及对两书作者图书馆观的讨论与评价。不同的是,引用《图书馆学引论》的文献还较多涉及了图书馆学理论流派和图书馆学的未来发展方向问题,《图书馆学五定律》的引用文献则更多的涉及数字图书馆对图书馆五定律的弘扬与新诠释问题。

《数字图书馆概论》试图涵盖整个数字图书馆领域。数字图书馆是人、组织、技术三个主角相互影响与共同演绎的平台。图书馆和出版商是怎样利用这个平台的呢?个人是如何撇开传统组织来建立他自己的图书馆的呢?这些活动将导致什么样的最终结局?[③] 阿姆斯力图避免无用的推测,而把注意力放到介绍当前的活动、趋势和研究方面。书中的每个插页分别阐述了数字图书馆技术、应用或研究的某个重要方面。引用该书的文献主题集中在数字图书馆的各个方面,包括:数字图书馆的发展策略、建设模式、资源管理、信息服务等。

《公共图书馆服务发展指南》介绍了公共图书馆的作用与目标;法律与经费制度;适应用户的需求;人力资源;公共图书馆的管理与宣传等内容。[④] 引用该书的文献主题是各类型图书馆服务问题及与服务紧密相连的图书馆人力资源建设与人才建设问题。

(3) 信息学研究相关领域著作

信息学是研究信息的获取、处理、组织、传递、检索和服务规律的一门新兴学科。它以信息为研究对象,以计算机等技术为研究工具,扩展人类的信息功能为主

---

① 杰西·H. 谢拉:《图书馆学引论》,张沙丽译,兰州大学出版社1986年版,目录第1—4页。
② 阮冈纳赞:《图书馆学五定律》,夏云等译,书目文献出版社1988年版,前言第2页。
③ 阿姆斯:《数字图书馆概论》,施伯乐等译,电子工业出版社2001年版,前言第4页。
④ 公共图书馆服务发展指南. [2009-10-11]. http://price.51fanli.com/price-512306895.html.

要目标的一门综合性学科。又称信息科学,是由情报学拓展形成。① 目前在信息学研究领域的专著对我国图书馆、情报与文献学的影响还不是很大,本次入选的相关著作有 5 本:《数字化生存》、《网络社会的崛起》、《信息方式:后结构主义与社会语境》、《信息经济学:信息工作者的成本—收益分析指南》和《信息规则:网络经济的策略指导》。分析引用这些书的文献主题可知,这些文献主要涉及数字化研究、网络环境与文献信息交流、信息经济的范式研究、信息市场、信息产品、信息消费、信息能力、信息策略、信息分析、信息伦理、图书馆人文精神等方面,说明以上 5 本书在这些研究领域有着一定的学术影响。

《数字化生存》(被引 95 次)可以说是 20 世纪信息技术及理念发展的圣经,此书的流行和传播对 20 个世纪信息时代的启蒙、发展产生了深远的影响,本书深入浅出地讲解了信息技术的基本概念、趋势和应用、巨大的价值和数字时代的宏伟蓝图,阐明了信息技术、互联网对时代和人们生活的影响和价值。②

《网络社会的崛起》(被引 38 次)叙述新信息时代的经济与社会动力。书中以在美国、亚洲、拉丁美洲与欧洲的研究为基础,以确立一个有系统的信息社会理论为目标,考察当代世界信息技术的基本性影响。在本书的结论中,曼纽尔·卡斯特检视了媒体文化("真实虚拟的文化")、都市生活、全球政治以及时间性质的技术变迁的影响与暗示。③

《信息方式:后结构主义与社会语境》(被引 33 次)的作者马克·波斯特考察了电子媒介语言与传统交往方式的差异,并认为这种差异深刻地影响了人感知自我和现实的方式。当采用电子方式进行日常交往时,其语言的多变性引发了意义的去中心化,以及自我意识的消解。马克·波斯特从马克思主义关于生产方式的要领中发展出信息方式的概念并指出晚期资本主义的转变是和从生产方式转向信息方式相对应的。④

《信息经济学:信息工作者的成本—收益分析指南》(被引 28 次)利用经济学中的供给、需求、成本、效益等基本概念和工具分析信息产品和信息服务的特征,研究信息市场运行中的各种问题,定量测度信息服务的成本和效益,对信息管理和信息服务具有重要的指导作用。⑤

《信息规则:网络经济的策略指导》(被引 25 次)一书运用网络经济中的经济学

---

① 信息学. [2009-10-11]. http://baike.baidu.com/view/490376.htm?fr=ala0.
② 数字化生存. [2009-10-14]. http://baike.baidu.com/view/478121.htm.
③ 网络社会的崛起. [2009-10-14]. http://0.book.baidu.com/weilan/m0/w31/h59/4806b92c5e85.1.html.
④ 信息方式:后结构主义与社会语境. [2009-10-14]. http://youa.baidu.com/item/74ec9a29eceee60d4a2abe1e.
⑤ 信息经济学:信息工作者的成本—收益分析指南. [2009-10-14]. http://www.amazon.cn/dp/zjbk004117.

知识，从经济研究和我们自己的经验中提取出适合相应企业的经理们的信息知识。它将清楚简明的语言与生动贴切的现实案例结合起来，展示了经济规律在互联网时代的用途。①

（4）其他

除了上述归类讨论以外，还有几本译著在本学科相关领域发挥着很大作用。如韩家炜的《数据挖掘：概念与技术》（被引 46 次）对本学科的数据挖掘和信息处理领域的研究帮助很大，可以说本学科最早从事数据挖掘研究的学者主要从这本书开始的。

米哈依洛夫的《科学交流与情报学》（被引 41 次）是较早引入我国的国外情报学专著，他认为情报学是研究科学信息的结构、特性和科学交流全过程的一门科学，主要任务是揭示科学交流系统的内在规律性。② 这本书对我国早期情报学研究和情报工作的开展起了很大的作用，至今对我国情报工作还存在着一定影响。

迈克尔·波特的《竞争优势》（被引 30 次）主要阐述了企业可以选择和推行一种基本战略以创造和保持竞争优势的方法，这本书主要是面向企业管理和企业竞争，同时书中的竞争思想对本学科的竞争情报的研究与实践也有不小的启迪。

谢伦伯格的《现代档案：原则与技术》（被引 30 次）是唯一一本进入表 21-7 的国外档案学著作，该书对档案定义、档案的双重价值鉴定论及有关档案的整理等方面的理论及思想，不仅对当时的档案工作具有重要指导意义，而且对于今天电子文件时代的电子文件与档案的管理也同样具有极大的理论指导意义。③

21.6 国内学术著作对图书馆、情报与文献学研究的影响

在此次遴选出的国内图书馆、情报与文献学最有学术影响的 189 种图书中，国内出版的原著有 110 种，占 58.2%，它集中了改革开放以来国内图书馆、情报与文献学领域出版的最有学术价值的著作，客观真实地反映了这一时期该学科的发展状况，对学科体系和学术研究都产生了深远的影响。这些图书中，最早出版的是《鲁迅全集》，该书由人民文学出版社于 1981 年出版；最近出版的是 2007 年南京大学苏新宁教授和邹志仁教授等主编的《中国人文社会科学学术影响力报告》，引用次数最多的是 1998 年吴建中教授的《21 世纪图书馆新论》，被引次数达 202 次。图书内容涵盖了图书馆基础理论、图书馆史、文献分类学、文献计量学、数字图书馆、信息管理

---

① 《信息规则：网络经济的策略指导》．［2009-10-14］．http：//tieba.baidu.com/f？kz=148692042.

② 米哈依洛夫：《科学交流与情报学》，徐新民等译，科学技术文献出版社 1980 年版，前言．

③ 连志英：《论谢伦伯格〈现代档案：原则与技术〉》，《上海师范大学学报（哲学社会科学版）》2003 年第 1 期：第 41—46 页.

学、信息经济学、信息组织与服务、信息（情报）检索、情报学基础理论、竞争情报、档案学、传播学和文献学等（详细目录参见表21-8）。

表21-8　图书馆、情报与文献学论文引用较多的国内学术著作

序号	图书信息
1	吴建中：《21世纪图书馆新论》，上海：上海科学技术文献出版社，1998*
2	徐引篪等：《现代图书馆学理论》，北京：北京图书馆出版社，1999
3	孟广均等：《信息资源管理导论》，北京：科学出版社，1998*
4	邱均平：《文献计量学》，北京：科学技术文献出版社，1988
5	吴慰慈等：《图书馆学概论》，北京：北京图书馆出版社，2002*
6	孟广均：《国外图书馆学情报学研究进展》，北京：北京图书馆出版社，1999
7	严怡民：《现代情报学理论》，武汉：武汉大学出版社，1996
8	严怡民：《情报学概论》，武汉：武汉大学出版社，1994*
9	郭庆光：《传播学教程》，北京：中国人民大学出版社，1999
10	黄宗忠：《图书馆学导论》，武汉：武汉大学出版社，1988*
11	高文等：《数字图书馆：原理与技术实现》，北京：清华大学出版社，2000
12	于良芝：《图书馆学导论》，北京：科学出版社，2003
13	马费成等：《信息经济学》，武汉：武汉大学出版社，1997
14	马费成等：《信息资源管理》，武汉：武汉大学出版社，2001*
15	汪冰：《电子图书馆理论与实践研究》，北京：北京大学出版社，1997
16	丁学东：《文献计量学基础》，北京：北京大学出版社，1993
17	吴宝康：《档案学概论》，北京：中国人民大学出版社，1988
18	赖茂生：《计算机情报检索》，北京：北京大学出版社，1993*
19	王崇德：《文献计量学引论》，桂林：广西师范大学出版社，1997
20	刘炜：《数字图书馆引论》，上海：上海科学技术文献出版社，2001
21	包昌火：《企业竞争情报系统》，北京：华夏出版社，2002
22	吴志荣：《数字图书馆：从理念走向现实》，上海：学林出版社，2000
23	程焕文：《信息资源共享》，北京：高等教育出版社，2004
24	冯惠玲：《档案学概论》，北京：中国人民大学出版社，2001*
25	张晓林：《元数据研究与应用》，北京：北京图书馆出版社，2002
26	李华伟等：《知识管理的理论与实践》，北京：华艺出版社，2002
27	初景利：《图书馆数字参考咨询服务研究》，北京：北京图书馆出版社，2004

续表

序号	图书信息
28	吴建中：《21世纪图书馆展望：访谈录》，上海：上海科学技术文献出版社，1996
29	吴建中：《DC元数据》，上海：上海科学技术文献出版社，2000
30	吴建中：《战略思考：图书馆发展十大热门话题》，上海：上海科学技术文献出版社，2002*
31	袁咏秋：《外国图书馆学名著选读》，北京：北京大学出版社，1988
32	王子舟：《图书馆学基础教程》，武汉：武汉大学出版社，2003
33	岳剑波：《信息管理基础》，北京：清华大学出版社，1999
34	杨威理：《西方图书馆史》，北京：商务印书馆，1988*
35	缪其浩：《市场竞争和竞争情报》，北京：军事医学科学出版社，1996
36	胡昌平：《信息服务与用户》，武汉：武汉大学出版社，2001*
37	张琪玉：《情报语言学基础》，武汉：武汉大学出版社，1997*
38	谢灼华：《中国图书和图书馆史》，武汉：武汉大学出版社，1987*
39	王重民：《中国目录学史论丛》，北京：中华书局，1984
40	李希泌：《中国古代藏书与近代图书馆史料：春秋至五四前后》，北京：中华书局，1982
41	宓浩：《图书馆学原理》，上海：华东师范大学出版社，1988
42	曹树金：《信息组织的分类法与主题法》，北京：北京图书馆出版社，2000
43	南开大学图书馆学系：《理论图书馆学教程》，天津：南开大学出版社，1986
44	俞君立：《文献分类学》，武汉：武汉大学出版社，2001
45	庞景安：《科学计量研究方法论》，北京：科学技术文献出版社，1999*
46	吴慰慈等：《当代图书馆学情报学前沿探寻》，北京：北京图书馆出版社，2002
47	彭斐章：《书目情报需求与服务组织》，武汉：武汉大学出版社，2000
48	中国图书馆学会：《世纪之交：图书馆事业回顾与展望》，北京：北京图书馆出版社，1999
49	周庆山：《文献传播学》，北京：书目文献出版社，1997
50	周宁：《信息组织》，武汉：武汉大学出版社，2001*
51	储荷婷等：《INTERNET网络信息检索：原理、工具、技巧》，北京：清华大学出版社，1999
52	张维迎：《博弈论与信息经济学》，上海：上海三联书店、上海人民出版社，1996
53	罗式胜：《文献计量学概论》，广州：中山大学出版社，1994
54	胡昌平：《信息管理科学导论》，北京：高等教育出版社，2001

续表

序号	图书信息
55	周雪恒：《中国档案事业史》，北京：中国人民大学出版社，1994*
56	刘国钧：《刘国钧图书馆学论文选集》，北京：书目文献出版社，1983
57	包昌火：《情报研究方法论》，北京：科学技术文献出版社，1990
58	范并思等：《20世纪西方与中国的图书馆学：基于德尔斐法测评的理论史纲》，北京：北京图书馆出版社，2004
59	包昌火等：《竞争对手分析》，北京：华夏出版社，2003
60	胡昌平：《现代信息管理机制研究》，武汉：武汉大学出版社，2004
61	冯惠玲：《电子文件管理教程》，北京：中国人民大学出版社，2001
62	彭斐章等：《目录学》，武汉：武汉大学出版社，1986*
63	符绍宏等：《因特网信息资源检索与利用》，北京：清华大学出版社，2000
64	卢泰宏等：《信息资源管理》，兰州：兰州大学出版社，1998
65	何嘉荪：《文件运动规律研究：从新角度审视档案学基础理论》，北京：中国档案出版社，1999
66	岳剑波：《信息环境论》，北京：书目文献出版社，1996
67	罗式胜：《文献计量学引论》，北京：书目文献出版社，1987
68	马费成等：《信息管理学基础》，武汉：武汉大学出版社，2002
69	黄宗忠：《文献采访学》，北京：北京图书馆出版社，2001
70	霍国庆：《企业战略信息管理》，北京：科学出版社，2001
71	张琪玉：《张琪玉情报语言学文集》，北京：北京图书馆出版社，1999
72	李彬：《传播学引论》，北京：新华出版社，1993*
73	陈禹：《信息经济学教程》，北京：清华大学出版社，1998
74	邓绍兴等：《档案管理学》，北京：中国人民大学出版社，1996*
75	张守文等：《信息法学》，北京：法律出版社，1995
76	赖茂生等：《科技文献检索》，北京：北京大学出版社，1994*
77	黄宗忠：《图书馆管理学》，武汉：武汉大学出版社，1992
78	王知津：《竞争情报》，北京：科学技术文献出版社，2004
79	钟义信：《信息科学原理》，北京：北京邮电大学出版社，2002*
80	刘嘉：《元数据导论》，北京：华艺出版社，2002
81	程亚男：《书海听涛：图书馆散论》，北京：北京图书馆出版社，2001
82	李国新：《日本图书馆法律体系研究》，北京：北京图书馆出版社，2000
83	陈禹等：《知识经济的测度理论与方法》，北京：中国人民大学出版社，1998

第 21 章 图书馆、情报与文献学

续表

序号	图书信息
84	周文骏:《图书馆学研究论文集》,北京:书目文献出版社,1996
85	北京大学图书馆学情报学系:《图书馆学基础》,北京:商务印书馆,1991*
86	郭莉珠:《档案保护技术学教程》,北京:中国人民大学出版社,2000
87	马张华等:《文献分类法主题法导论》,北京:北京图书馆出版社,1999
88	韩玉梅:《外国现代档案管理教程》,北京:中国人民大学出版社,1995
89	吴慰慈等:《图书馆藏书,补充、组织、控制、协调》,北京:书目文献出版社,1991
90	鲁迅:《鲁迅全集》,北京:人民文学出版社,1981*
91	史忠植:《知识发现》,北京:清华大学出版社,2002
92	沈继武等:《文献资源建设》,武汉:武汉大学出版社,1991
93	谭祥金等:《信息管理导论》,北京:高等教育出版社,2000
94	谢新洲:《电子信息源与网络检索》,北京:北京图书馆出版社,1998
95	张新华:《情报学理论流派研究纲要》,上海:上海社会科学院出版社,1992
96	张舜徽:《中国文献学》,郑州:中州书画社,1982
97	胡昌平:《信息服务与用户研究》,武汉:武汉大学出版社,1993
98	北京大学图书馆学情报学系《图书分类》编写组:《图书分类》,北京:书目文献出版社,1990*
99	周继良:《图书分类学》,武汉:武汉大学出版社,1989*
100	邵培仁:《传播学》,北京:高等教育出版社,2000
101	薛虹:《网络时代的知识产权法》,北京:法律出版社,2000
102	吴汉东:《著作权合理使用制度研究》,北京:中国政法大学出版社,1996
103	卢泰宏:《国家信息政策》,北京:科学技术文献出版社,1993
104	严怡民:《情报学研究导论》,北京:科学技术文献出版社,1992
105	李培主:《数字图书馆原理及应用》,北京:高等教育出版社,2004
106	吴慰慈:《图书馆学基础》,北京:高等教育出版社,2004
107	宋炜等:《语义网简明教程》,北京:高等教育出版社,2004
108	戴维民:《信息组织》,北京:高等教育出版社,2004
109	李东来等:《城市图书馆集群化管理研究与实践》,北京:北京图书馆出版社,2005
110	苏新宁:《中国人文社会科学学术影响力报告》,北京:中国社会科学出版社,2007

注:标有"*"号的书有多个版本,这里给出的是被引最多的版本

分析表 21-8 中图书情况,可以说几乎涵盖本学科所有主要研究领域,由于文章

篇幅的原因，现选择13个主题来讨论这些图书的基本概况和特点，以及它们的被引用情况。

(1) 图书馆学基本理论类著作

图书馆学理论是图书馆学的研究核心之一，它是图书馆实践的升华，是图书研究者思想认识的理论结晶，以这样或那样的方式推动了当时当地图书馆实践的发展。入选此类的图书共21种，在110种国内著作中占有19%的比重，可见图书馆学理论对本学科的发展影响之大。这部分图书包括：《21世纪图书馆新论》、《现代图书馆学理论》、《图书馆学概论》、《国外图书馆学情报学研究进展》、《图书馆学导论》（黄宗忠）、《图书馆学导论》（于良芝）、《21世纪图书馆展望：访谈录》、《战略思考：图书馆发展十大热门话题》、《外国图书馆学名著选读》、《图书馆学基础教程》、《图书馆学原理》、《理论图书馆学教程》、《当代图书馆学情报学前沿探寻》、《世纪之交：图书馆事业回顾与展望》、《刘国钧图书馆学论文选集》、《20世纪西方与中国的图书馆学：基于德尔斐法测评的理论史纲》、《图书馆管理学》、《书海听涛：图书馆散论》、《图书馆学研究论文集》、《图书馆学基础》（北京大学图书馆学情报学系）和《图书馆学基础》（吴慰慈）。

为了分析这些著作对本学科学术研究的启迪与影响，我们对本学科论文引用较多的6本图书馆基本理论著作做一个简要的解析。吴建中的《21世纪图书馆新论》（被引202次）认为，在现代高新技术的推动下，图书馆发生着一场革命，图书馆的每一个组成部分都在发生着剧烈的变化。全书围绕着图书馆的工作重心的转移、业务重心的转移、服务重心的转移、收藏载体的延伸、业务工作的延伸和服务对象的延伸层层展开，表示图书馆是未来终身教育和文化娱乐中心、信息传播与交流中心。① 南开大学图书馆学系的《理论图书馆学教程》（被引44次）和徐引篪的《现代图书馆学理论》（被引198次）均将图书馆学理论置于信息资源管理理论的框架内进行探讨，前者把图书馆与社会紧密联系起来，以探讨图书馆学在知识信息存储和交流中的作用，后者则理清了图书馆学与信息资源管理学的隶属关系以及图书馆学与情报学、档案学和博物馆学等学科的分工合作关系，明确了图书馆学的研究核心和发展方向，从而为图书馆学学科建设提供了一条新的思路。②

吴慰慈的《图书馆学概论》（被引154次）和黄宗忠的《图书馆学导论》（被引112次）二书，它们均讨论了图书馆学的学科体系、图书馆的社会职能、图书馆的类型、图书馆事业、图书馆网、图书馆工作、图书馆科学管理和图书馆现代化，未对图书馆工作的技术方法做详细的介绍。

---

① 吴建中：《21世纪图书馆新论》，上海科学技术文献出版社1998年版，前言、目录第1—4页。

② 孟广均："一本值得推荐的专业理论读物——序论《现代图书馆学理论》"，《中国图书馆学报》1999年第2期。

《国外图书馆学情报学研究进展》(被引150次)的作者从理论、技术、服务、管理和教育5个方面,抓取20世纪90年代国外较有现实意义和指导价值的若干论题,向所有从事图书、情报、档案、文献、资料工作的同行们提供有关的新思想、新观点、新理论、新方法、新技术。[①]

我们仔细查阅了引用此类图书的期刊论文,分析了它们的研究领域,基本上得到如下结论:引用图书馆基本理论图书的论文的主题基本上集中在图书馆基础研究上,包括图书馆研究对象、图书馆属性、图书馆哲学、图书馆未来模式等等,对国外高校信息服务和管理模式也有介绍,还有论文谈及面向新世纪图书馆管理和信息服务的未来发展方向。

(2) 信息资源管理领域类著作

信息资源管理(Information Resource Management)是20世纪70年代末80年代初在美国首先发展起来然后渐渐在全球传播开来的一种应用理论,是现代信息技术特别是以计算机和现代通信技术为核心的信息技术的应用所催生的一种新型信息管理理论。信息资源管理,就是合理利用信息技术,对文献资源进行组织、控制、加工、规划的一种活动,它是当前图书馆、情报与文献学的热点之一。此次入选的相关著作有11种,它们分别是:《信息资源管理导论》、《信息资源管理》(马费成)、《信息资源共享》、《信息管理基础》、《信息管理科学导论》、《现代信息管理机制研究》、《信息资源管理》(卢泰宏)、《信息管理学基础》、《企业战略信息管理》、《信息科学原理》、《信息管理导论》。它们基本上都反映了在网络环境下,图书馆信息资源共知、共建、共享的新理论、新技术、新方法,限于文章篇幅,我们只选择被引次数最高的4种图书来分析它们的观点及引用文献主题概况。

孟广均的《信息资源管理导论》(被引164次)从学科集成和综合的角度,系统而全面地论述了信息资源管理(IRM)的概念与发展、信息资源管理的学科体系、信息资源管理的理论与技术管理、信息资源的过程管理、信息资源的网络管理、信息资源的宏观政策管理以及信息经济与信息社会等内容,对于我国信息资源管理教育和国民经济信息化事业均有重要的指导意义。[②]

马费成的《信息资源管理》(被引92次)介绍了信息资源管理(IRM)作为一门新兴学科领域的沿革与发展,立足于对信息进行资源管理这一基本意义,讨论了IRM的目标和内容,并用经济学的理论方法研究信息资源的优化配置和信息产权;对网络信息资源管理、企业信息资源管理、政府信息资源管理进行了系统讨论;从产业组织的角度研究了信息资源的管理与控制;最后对信息资源管理的经济效益进

---

① 国外图书馆学情报学研究进展.[2009 - 10 - 14] http://www2.shehuikxzl.cn/DsrPath.
② 信息资源管理导论.[2009 - 10 - 14] http://baike.baidu.com/view/1925850.htm? fr = ala0.

行了分析和评价。①

程焕文的《信息资源共享》（被引63次）一书中重点突出了国内外图书馆信息资源共知共建共享的实践情况和发展走向，力求理论与实践相结合，中外成果相融通；岳剑波的《信息管理基础》（被引54次）一书从信息科学与管理科学的综合交叉点出发，力图在社会信息化的大环境下构建全新的信息管理学科理论体系。

经查阅，引用此类图书的论文主题基本上包括3个方面：其一，对信息资源自身概念、属性的研究；其二，信息资源管理与图书馆学科发展的关系，包括图书馆学研究对象、学科体系、学科建设等问题；其三，图书馆如何开展信息资源管理工作，包括如何对信息资源进行宣传、组织管理与开发；如何利用信息资源开展用户服务；怎样培养未来的信息管理人才等。

（3）科学计量与评价类著作

科学计量学是当前国内外图书情报界重要而活跃的研究领域之一，文献计量学是该领域的基础学科。它是在文献的基础上采用适合于文献量化的各种科学的方法和手段，如数学方程式、表达式、定理、定律、图表和函数等来对文献进行量化的一门学科。在110种国内学术著作中，科学计量与评价方面的图书有6种。它们分别是《文献计量学》、《文献计量学基础》、《文献计量学引论》（王崇德）、《科学计量研究方法论》、《文献计量学概论》和《文献计量学引论》（罗式胜）。这些图书可以说均为我国文献计量学的奠基之作，但我们必须注意，近年来图书情报学非常活跃的研究热点网络计量学、信息计量学没有图书入选其中。可以预料在不远的将来，随着人们对网络计量、信息计量研究的不断深入，网络计量学和信息计量学方面的图书必将进入图书馆、情报与文献学最具影响力的学术著作行列。

此次入选的科学计量学图书中，被引次数最多的是邱均平教授的《文献计量学》，被引次数达163次，出版时间最早的是邱均平教授的《文献计量学》和罗式胜教授的《文献计量学引论》（被引34次），它们均发表于20世纪80年代末。二书的构思、布局和章节安排大致相同，不同的是，邱均平在描述三大定律时着笔较重，用了很大篇幅叙述布拉德福定律、齐普夫定律和洛特卡定律的来龙去脉及公式的详细推导过程，而罗式胜在书中专辟模糊数学一章并作了介绍，这是罗书的一大特色。②

《文献计量学基础》（被引76次）主要介绍文献增长与文献老化的理论、文献计量学的三条基本定律和一般原理以及引文分析；《文献计量学概论》（被引40次）介绍统计分析的基本程序以及关于文献量变规律、著者规律、文献流通规律和用户规律的统计分析方法和步骤。

---

① 信息资源管理．[2009 - 10 - 14] http：//youa．baidu．com/item/94c57ec96dbaf3c5450eb477．
② 汤兆魁："评《文献计量学及其他》"，《中国图书馆学报》1994年第2期。

《科学计量研究方法论》(被引43次)是一部系统介绍科学计量研究理论与方法的学术专著。该书在对科学计量学形成与发展作简要说明的基础上,全面系统介绍了科技管理领域中重要的计量研究理论与方法,包括科学计量指标体系、科技统计方法、文献计量研究、引文分析方法、科学能力论,以及科学价值评价和科学选择原理等。[①]

分析引用这些书的文献结果显示,引用它们的文献主题集中在3个方面:其一,引文分析与评价,包括对各种期刊和数据库的分析与研究;其二,利用文献计量学的相关定律确定图书馆工作重点、情报服务的未来方向或利用引文分析结果指导图书馆的业务工作,包括藏书建设、读者服务等等;其三,为网络计量学、信息计量学的兴起提供理论依据。

(4) 情报学基本理论类著作

情报学基础理论是情报学科的研究核心,是情报学科实践活动的理论总结和思想认识上的再度升华,为学科的进一步发展提供了重要依据并起着理论指导的作用。此次符合入选标准的情报学基本理论图书有7种,总被引次数为414次,与图书馆学基本理论相比,无论从被引种数上、还是在被引次数上都远不及后者,这与近年来开展得如火如荼的情报学研究不太相称,说明情报学基础理论正在渐渐淡出情报研究者的视线,这不能不引起情报学专家的高度重视。通过调查我们还进一步发现,入选图书的作者非常集中,其中我国情报学第1位博士生导师严怡民教授就撰述了3种,分别是:《现代情报学理论》、《情报学概论》和《情报学研究导论》;张琪玉教授撰写了2本关于情报语言学方面的著作,分别是《情报语言学基础》和《张琪玉情报语言学文集》;情报学家包昌火和张新华分别撰写了《情报研究方法论》和《情报学理论流派研究纲要》。这一方面说明情报学基础理论精品图书不仅存在着种数少、被引次数少的问题,更应引起重视的是年轻学者鲜见。说明在年轻一代情报学学者的学术视角已逐渐从情报学理论研究淡出。

7种入选图书中,严怡民教授的《现代情报学理论》和《情报学概论》引用次数最多,分别达到124次和123次。前者在正确分析当前情报学研究现状的基础上,抓住现代情报学理论研究中的重要热点问题展开了广泛而深入的探讨,获得了一系列富有创见的结论。它的研究起点高、立意新颖、内容丰富、论述深入、观点鲜明,把我国情报学理论研究水平提高到了一个新的高度。《情报学概论》第一次详细、系统地介绍了文献定量分析的方法和原理,使方法论研究由定性为主,向定性与定量相结合转变。

张琪玉教授的《情报语言学基础》(被引51次)是唯一一部全面、系统论述情

---

① 科学计量研究方法论. [2009-10-14]. http://1.book.baidu.com/apabi/m0/w17/h64/4c0fb7205c.1.html.

报语言学的理论、方法、内容与最新发展趋势的经典之作。包昌火的《情报研究方法论》（被引 38 次）阐明了情报研究方法论的主要问题和基本框架，论述了现代情报研究的各种科学方法。

《情报学理论流派研究纲要》（被引 27 次）的作者张新华认为，情报学由于文献分散、涉及学科众多、从业人员观点不一、概念上的混乱、缺乏合适的研究方法和少量领域文献量过量等问题，使得情报学研究领域极为含混和离散，他撰述的《情报学理论流派研究纲要》依据理论基础、研究对象和范围、对相关学科的借鉴、研究方法和应用目标等几个维度，对众多的情报学论述做了区分，勾画出情报学的各个流派。[①]

查阅引用这些图书的文献后得到，该类引用文献主题大致可以分为 4 类：引用《现代情报学理论》、《情报学概论》和《情报学研究导论》的文献主题涉及面较广，包括信息系统和信息化建设、情报或信息产业、情报或信息系统、情报学研究和情报学学科建设等；引用《情报语言学基础》和《张琪玉情报语言学文集》的文献主题集中在图书或网络信息分类、关键词标引、情报检索语言及其词汇控制等问题上；引用《情报研究方法论》的文献主题集中在信息分析与评价、信息研究方法上，引用《情报学理论流派研究纲要》的文献则主要讨论情报学学科发展问题。

（5）信息检索与情报检索类著作

情报检索是情报工作的一项重要内容，也是近年来情报学中很受各国学者重视的一个重要理论研究领域。情报检索最早的意义是图书馆文献检索的同义词。现代科学的进步，计算机网络技术在图书情报工作中的应用，使情报检索已发展成为计算机信息处理的分支学科，其检索类型已从当初的文献检索，发展到现今的电子资源检索和网络信息检索。

此次遴选出的情报检索类的图书共 5 种，分别是《计算机情报检索》（被引 70 次）、《INTERNET 网络信息检索：原理、工具、技巧》（被引 40 次）、《因特网信息资源检索与利用》（被引 35 次）、《科技文献检索》（被引 31 次）和《电子信息源与网络检索》（被引 27 次）。分析了引用这些书的文献主题，显示了它们在信息检索、信息检索策略、信息检索系统、网络搜索引擎的介绍和评价、数据库检索等研究领域发挥着作用，说明以上 5 本书在这些研究领域有着一定的学术影响。

《计算机情报检索》系统介绍计算机情报检索的原理和技术方法。包括情报检索系统、文献数据库、非文献型数据库、联机情报检索系统、搜索引擎、联机检索策略与检索步骤、联机检索技术、光盘数据库及其应用、情报检索系统设计与开发、情报检索系统评价、文献处理自动化（自动标引、自动摘录和自动分类）、计算机情

---

① 张新华：《情报学理论流派研究纲要》，上海社会科学院出版社 1992 年版，第 1—6 页。

报检索的发展趋势。①

《因特网信息资源检索与利用》、《INTERNET 网络信息检索：原理、工具、技巧》和《电子信息源与网络检索》均以网络信息检索作为图书论述的出发点和核心，谢新洲的《电子信息源与网络检索》还全面系统地说明了电子图书、电子期刊、电子报纸的内容类型和特点，以及检索这类网络空间内书报刊的方法。②

《科技文献检索》的出版时间较早，主要讲述的是手工检索科技文献的工具和方法。随着时代的发展和科学的不断进步，该书多次修订、再版，充实了很多有关科技文献检索领域的新变化和新发展方面的内容。

可以看出，计算机检索方法、网络资源和电子资源的检索越来越受到研究者的青睐，手工检索科技文献的工具和方法已渐渐不再符合信息社会的要求。研究传统检索工具的相关图书迟早会被论述新型检索系统的图书所取代。

(6) 数字图书馆类著作

新技术的发展深刻地改变了图书馆的生存模式，数字图书馆已成为图书馆未来的发展方向。数字图书馆（Digital Library）是用数字技术处理和存储各种图文并茂文献的图书馆，实质上是一种多媒体制作的分布式信息系统。它把各种不同载体、不同地理位置的信息资源用数字技术存储，以便于跨越区域、面向对象的网络查询和传播。③

在 110 种国内著作中，有 5 种图书主题与数字图书馆相关，它们是：《数字图书馆：原理与技术实现》、《电子图书馆理论与实践研究》、《数字图书馆引论》、《数字图书馆：从理念走向现实》和《数字图书馆原理及应用》。这些图书都论及数字图书馆的理念、基础条件、组织模式以及运作方式等多领域的问题，使我们对数字图书馆有了完整的认识。

《数字图书馆：原理与技术实现》（被引 107 次）介绍数字图书馆从概念原理到系统实现的各阶段所需要的理论、算法与系统的知识，内容包括数字图书馆设计与建设所需要涉及的标准化问题、置标语言问题、多媒体海量数据库的管理问题、软件系统构造问题等等，力图为从事此领域的科技人员和管理人员提供帮助。④

《电子图书馆理论与实践研究》（被引 79 次）是国内有关电子图书馆方面的第一部专著。书中对电子图书馆的若干基础理论做了深入的开拓性研究，系统全面地总结了 20 世纪 80 年代末 90 年代初以来美国、日本、英国、法国、荷兰、澳大利亚、新加坡等在电子图书馆方面的实验、技术开发活动，并详细讨论了中国发展电子图

---

① 计算机情报检索．[2009 - 11 - 16] http：//0. book. baidu. com/zhongguotushu/m5/w73/h98/4103b82f5989. 1. html.

② 谢新洲：《电子信息源与网络检索》，北京图书馆出版社 1998 年版，序第 1—2 页。

③ 数字图书馆．[2009 - 11 - 16] http：//baike. baidu. com/view/8181. htm? fr = ala0.

④ 数字图书馆：原理与技术实现．[2009 - 11 - 16] http：//www. zker. cn/book/164860.

书馆的现实问题。另外，书中列出了数百篇参考文献，是一份相对完整的电子图书馆研究书目。①

《数字图书馆引论》（被引 67 次）阐述了数字图书馆的基本概念、结构、具体实施运作规程、外环境及未来发展趋势。《数字图书馆：从理念走向现实》（被引 65 次）论述了数字图书馆理念的形成、数字图书馆得以构成的基础条件、数字图书馆的组织模式以及运作方式、数字信息资源的建设、数字信息资源的整序和数字信息资源的长期保存。《数字图书馆原理及应用》（被引 24 次，2004 年出版）以国内外数字图书馆研究和建设的最新成果为基础，以相关信息技术为主线，由数字图书馆理论、技术、应用三大部分组成，突出理论的严谨性、技术的先进性、方法的系统性、实例的实用性。

对引用此类图书的期刊论文进行了认真地查阅后发现，数字图书馆类图书在以下 4 个方面有着较大的学术影响：其一，数字图书馆的建设与发展策略、数字图书馆的发展模式、中外数字图书馆比较等；其二，数字图书馆技术，包括中间体系结构、互操作与分布式构件技术、数字资源存储与处理技术等；其三，数字图书馆教育，包括图书情报人员素质教育和用户教育；其四，对数字图书馆基本工作的展望，包括未来图书馆馆藏建设问题、电子出版物采访与维护、期刊工作研究及网络环境下的信息服务等问题。

（7）竞争情报类著作

竞争情报是关于竞争环境、竞争对手和竞争策略的信息研究，是市场激烈竞争和社会信息化高度发展的产物，既是企业发展的重要基础，也是情报研究工作的延伸和发展，已成为信息界和企业界共同关注的热点。随着情报学基础理论研究的趋缓，情报学家已逐渐将自己的注意力投向这个作为知识经济和现代智能服务业在国际上迅速崛起的竞争情报行业上，并把它作为自己的重要研究内容。我们相信，随着国内外对竞争情报概念和活动的深入研究和竞争情报业的不断发展，必将推动我国情报学理论框架的重构和完善。

根据选择标准遴选出的国内学术著作中，竞争情报方面的著作有 4 种，它们分别是：《企业竞争情报系统》（被引 65 次）、《市场竞争和竞争情报》（被引 52 次）、《竞争对手分析》（被引 37 次）、王知津的《竞争情报》（被引 30 次）。这 4 本书都是竞争情报领域的经典著作，全面地阐述了竞争情报的相关内容，包括企业竞争、竞争情报系统、竞争情报搜集与整理、竞争情报分析方法、竞争情报处理技术、竞争环境情报研究、竞争对手情报研究、竞争战略情报研究、专利竞争情报分析、竞争情报产品与服务、竞争情报法律规范与职业道德、反竞争情报等问题，是我们学习竞争情报理论的好教材。

---

① 电子图书馆理论与实践研究．［2009 – 11 – 16］http：//www.douban.com/subject/1198065/．

引用竞争情报类图书的论文主题较为集中，包括竞争对手分析、人际网络分析、竞争情报系统构建、竞争情报方法、竞争情报软件的开发与评价、竞争情报与知识管理等等，说明此类图书在竞争情报研究领域有着极大的影响力。

(8) 信息经济学类著作

信息经济学是信息科学的一个分支学科，是一门研究信息的经济现象及其运动变化特征的科学，它包含宏观信息经济学和微观信息经济学，其主要研究内容包括信息的经济作用、信息的成本和价值、信息的经济效果、信息产业结构、信息系统、信息技术和信息经济理论。目前在信息经济学研究领域的专著对我国图书馆、情报与文献学的影响还不是很大，进入选择标准的图书只有3种：《信息经济学》、《博弈论与信息经济学》和《信息经济学教程》。它们的被引次数也只有93次、40次和31次，这说明信息经济学领域亟待更多的学术精品来引导该学科的持续发展和深入研究。

《信息经济学》重点研究信息、信息管理、信息服务运动中的经济问题，包括信息的经济功能、信息产业、信息商品与信息市场、信息经济效益评价、信息经济管理等方面；《博弈论与信息经济学》对博弈论和信息经济学的主要内容和研究方法作比较全面系统的讨论和分析；《信息经济学教程》则比较全面地介绍了信息经济学的主要内容，包括微观信息经济学、宏观信息经济学和信息系统经济学。

对引用此类图书的文献的研究主题进行分析、归纳，基本上得到如下结论：引用信息经济学图书的论文主题几乎涉及本学科大多数领域，包括信息化指数测评、信息化评估模型、信息产业、信息产品价格与估算、信息产品营销、信息资源管理、信息污染与控制、信息安全与防范等。说明此类图书对该研究领域具有很强的指导性。

(9) 档案管理与档案学类著作

档案学是研究档案和档案工作规律的科学。主要研究档案的形成、发展以及档案管理、利用的规律和方法。进入此次遴选标准的档案学著作有8种，分别是：《档案学概论》（吴宝康）、《档案学概论》（冯惠玲）、《中国档案事业史》、《电子文件管理教程》、《文件运动规律研究：从新角度审视档案学基础理论》、《档案管理学》、《档案保护技术学教程》和《外国现代档案管理教程》，内容几乎涵盖了档案学科的所有研究领域。下面选择被引次数最多的3种图书，对它们的内容梗概做一个介绍，并对引用此类图书的文献主题做分析。

吴宝康的《档案学概论》（被引71次）是一部比较全面、系统、深入地研究档案学基础理论的著作，全书从档案、档案工作、档案事业、档案学科发展四方面讨论档案学的基本问题。

冯惠玲的《档案学概论》（被引61次）从档案、档案事业和档案学的基础性、总体性知识层面，以及档案与档案事业的基本规律两个方面对档案学进行系统讲解。

《中国档案事业史》（被引39次）对我国档案事业发展作了系统阐述，目的在于探求发展的规律，阐明其对各历史阶段的社会政治、经济、文化诸方面的作用和影响，以期总结历史经验，为当前档案事业建设提供历史借鉴。

通过分析引用此类图书的文献主题，结果表明这些图书主要被研究档案属性、档案价值、档案保管、档案管理、档案资源开发、档案人才培养、档案学科发展及档案事业方面的论文引用，证明此类图书在档案学领域的学术影响力。

（10）元数据与知识发现类著作

元数据是"关于数据的数据"。它为各种形态的数字化信息单元和资源集合提供规范、普遍的描述方法和检索工具，为分布的、由多种数字化资源有机构成的信息体系（如数字图书馆）提供整合的工具与纽带。① 数字图书馆的运作，无论是存取过程还是检索过程，都是以元数据方案为基础实现的。换言之，元数据方案为数字图书馆分布式信息资源的发现和检索奠定了基础。数字图书馆是图书馆的未来发展方向，元数据也因此日渐成为图情专家研究的重要内容。

知识发现是从数据集中识别出有效的、新颖的、潜在有用的，以及最终可理解的模式的非平凡过程。知识发现将信息变为知识，从数据矿山中找到蕴藏的知识金块，将为知识创新和知识经济的发展做出贡献。② 知识发现也是现今图书情报领域研究的重点和热点。

但我们注意到，这次遴选出的元数据与知识发现相关图书不多，只有4种，它们是：《元数据研究与应用》、《DC元数据》、《元数据导论》和《知识发现》。4种图书的被引次数也只有59次、58次、30次和28次，而且这4种图书的出版时间均在21世纪初，我们可以预测，元数据与知识发现研究领域已进入一个学术瓶颈期，突破这个瓶颈，会有大量的学术精品问世。

分析了引用此类图书的文献，我们发现：引用元数据类图书的文献主题主要集中在元数据的各种相关问题上，包括元数据登记系统、元数据比较分析、元数据编制、元数据原理与应用、元数据与MARC格式转换问题等；引用知识发现类图书的文献主题涉及两方面：其一，知识发现的各项技术问题，包括分类、数据挖掘和文本挖掘、基于搜索引擎的知识推送、利用关联规则进行知识抽取等；其二，知识发现的模型的构造与应用。

（11）信息组织与信息服务类著作

信息组织是指采用一定的方式将零散、无序的信息予以系统化、有序化的过程，它是信息资源建设的中心环节，是建立信息系统的重要条件，是信息检索与咨询的基础，是开展用户服务的有力保证。随着因特网的迅猛发展，对网络环境下信息资

---

① 关于元数据的54个问题．[2009-11-16] http：//tieba. baidu. com/f? kz = 371107224.
② 知识发现．[2009-11-16] http：//baike. baidu. com/view/77853. htm? fr = ala0.

源的组织与描述是当代信息组织研究的核心。信息服务是围绕信息组织、传播、发布、提供以及社会的信息沟通、业务管理与决策所进行的一种广泛的社会化活动。传统信息服务是以纸质文献为主要载体,以网络为基础的信息技术的发展促成了全方位、多功能的现代信息服务模式的确立。此类图书符合入选标准的共有6种,分别是:《信息服务与用户》、《信息组织的分类法与主题法》、《书目情报组织需求与服务组织》、《信息组织》(周宁)、《信息服务与用户研究》和《信息组织》(戴维民)。这里我们挑选具有代表性的3种图书做一个简要的分析。

《信息服务与用户》(被引51次)立足于数字化、网络化信息环境,系统地阐述了信息服务与用户研究理论与应用。在分析用户信息需求、信息交流、获取与利用以及信息心理、行为规律的基础上,构建了以社会需求为导向、以网络和信息技术发展为依托、以信息资源深层开发为基础的面向用户的信息服务组织体系,突出了信息保障、个性化服务、知识服务与信息集成服务的业务拓展问题。[①]

《信息组织的分类法与主题法》(被引46次)对两种情报检索语言——分类法与主题法进行了全面系统的论述,并在3方面有所突破:一是在信息组织的范畴内,将分类法与主题法有机地结合起来,实现其理论、方法和规则的更加系统化;二是突破分类法与主题法的一些传统理论和方法在适用性上的局限,以顺应其新使用环境和应用范围不断扩展的要求;三是增强标引方法和规则的实用性,使其易于理解,便于操作。[②]

《信息组织》(周宁著,被引41次)专门讨论了网络环境下的多媒体信息组织,广泛采用XML技术,对数字图书馆、电子商务、电子政务中的信息组织进行了专题讨论,并对信息组织的高级形式——知识组织进行了探讨。

对引用此类图书的文献进行分析后我们发现,它们的主题主要集中在3个方面:其一,在对用户信息需求调查分析的基础上讨论如何在网络环境下组织面向用户的信息服务;其二,文献分类标引及其在网络资源中的应用;其三,数字图书馆信息组织与知识组织的开展问题。

(12) 图书馆基础工作类著作

文献采访、分类编目、文献资源建设(藏书建设)、参考咨询服务历来是图书馆的基础性工作,数字化、网络化的技术发展拓宽了这些基础性工作的内容,使它们带上了鲜明的时代烙印。属于此类的图书有8种,它们是:《图书馆数字参考咨询服务研究》(被引58次)、《文献分类学》(被引43次)、《文献采访学》(被引33次)、《文献分类法主题法导论》(被引29次)、《图书馆藏书,补充、组织、控制、协调》(被引29次)、《文献资源建设》(被引28次)、《图书分类》(被引26次)和《图书

---

① 信息服务与用户. [2009 - 11 - 16] http://www.douban.com/subject/3016607/.
② 信息组织的分类法与主题法. [2009 - 11 - 16] http://product.dangdang.com/product.aspx?product_id=8741818.

分类学》（被引 26 次）。限于文章篇幅，我们只选择 4 种代表性著作进行简析。

《图书馆数字参考咨询服务研究》总结了从传统图书馆参考咨询到数字参考咨询的演进、国内外数字参考咨询的研究、国内外数字参考咨询的实践发展，探讨分析了数字参考咨询服务模式、数字参考咨询质量控制与评价、数字参考咨询工作框架的建立与运行。①

《文献分类学》系统地介绍了文献分类学的研究对象和内容、文献分类法的基本原理、体系分类法、组配分类法、网络信息分类法与《中图法》第 4 版及其电子版、《杜威十进分类法》第 21 版等 10 余部国内外主要文献分类法。以及《中图法》用于机读数据的标引与检索、各类型与各学科文献的分类标引方法、同类书书次号与图书改编的理论与方法等。②

《文献采访学》包括文献采访工作、文献采访学的研究对象、内容、任务、课题、方法，中外文献采访思想发展的历史与现状，文献采访的组织与原则，文献采访信息的收集、研究与利用，各类型图书馆文献采访的特点与任务，文献选择的范围、依据、机制与步骤等等。③

《图书馆藏书，补充、组织、控制、协调》对图书馆藏书建设的基本问题，诸如藏书类型、来源、补充和协调等，作了理论上的探讨与阐述，同时对一些技术方法问题也作了详细介绍。

对引用这些图书的文献主题进行分析，我们得到如下结论：计算机的普及和网络社会的到来为这些论述图书馆基础工作的图书开拓了新的应用空间，除了研究传统图书馆工作的文献依旧在参考这些图书外，引用这些图书的文献主题还集中在网络信息分类与组织、数据库标引格式与质量控制、元数据或基于叙词表的领域本体构建、信息资源共享与网络环境下的馆藏评价、网上书店及对网上采访新模式的探讨等方面。

（13）图书馆史类著作

图书馆史就是研究图书馆这一社会组织形式如何产生及其如何随时代发展变革的历史问题。由于图书馆收藏的图书资料能客观反映每个时代的文化、知识和思想，图书馆事业本身又是人类文化史不可或缺的一部分，所以追溯图书馆的沿革史，不仅有助于了解图书馆在各种不同社会中所起的作用，同时也有助于了解图书馆事业的现状。符合此次遴选标准的属于图书馆史类的图书有 3 种，它们是：《西方图书馆史》（被引 53 次）、《中国图书和图书馆史》（被引 49 次）和《中国古代藏书与近代图书馆史料：春秋至五四前后》（被引 49 次）。

---

① 图书馆数字参考咨询服务研究．[2009 - 11 - 16] http：//www.douban.com/subject/1192009/.
② 文献分类学．[2009 - 11 - 16] http：//youa.baidu.com/item/d592933fab9b07e10ad167ce.
③ 黄宗忠：《文献采访学》，北京图书馆出版社 2001 年版，"内容提要"。

《西方图书馆史》从古代两河流域的泥版文书开始，一直写到图书馆的现代化，前后包括5000多年。通过作者提供的丰富史料，使得我们了解到世界书籍制度的历史变迁，造纸和印刷术的推广应用，各个历史时期不同类型图书馆的产生、特点和发展，服务对象的扩展和服务方式的改变，图书馆网络的建立与文献资源的共享，图书馆学教育的兴起与图书馆学研究的开展，文献工作的标准化等图书馆事业史的重要方面。此外，该书还分析了政治、经济、文化、教育、科学、技术、宗教等与图书馆事业发展的联系和对它产生的重大影响，以及图书馆事业对整个社会进步所起的积极作用。[①]

《中国图书和图书馆史》重点描述我国各个历史时期图书的编制、整理、出版的兴衰以及图书馆对图书的收集、整理与利用情况，阐明图书在社会政治、经济、文化诸因素影响中的发展特点，从而说明文化发展对人类社会发展的影响。该书的研究范围可概括为4个方面：图书的形式、图书的流传、图书的收藏和图书的利用。[②]

《中国古代藏书与近代图书馆史料：春秋至五四前后》仅收图书馆史的资料，上限起自春秋，下限则截至"五四"前后，着重于收录近代图书馆的史料。内容涵盖了古代官私藏书、古代藏书楼及其向近代图书馆的过渡、近代图书馆的产生与发展和图书馆史的研究。

对引用此类图书的文献进行分析后我们发现，它们的主题主要集中在3个方面：其一，对图书馆研究对象、定义、功能的再思考，对图书馆精神的弘扬与培育，研究图书馆事业与外界的互动关系、公共图书馆运行机制等；其二，中国古、近代图书馆及其藏书发展变化；西方图书馆史及西方图书馆学流派研究；中国与西方图书馆在藏书文化、服务理论、管理模式、图书馆制度等方面的比较；其三，图书馆建筑发展与功能变革，此外，还有部分研究目录学、档案学和文献学的论文在引用图书馆史类著作。

(14) 其他著作

除了上述归类讨论外，还有部分国内著作对图书馆、情报与文献学领域产生着较大的影响。

《国家信息政策》（被引25次）是中山大学的卢泰宏教授于1993年出版的我国第一部讨论信息政策的专著。张守文、周庆山合著的《信息法学》（被引31次）的问世，开创了我国信息法学研究的先河。可以说，信息法学的研究是从信息政策的研究入手起步的。这两部著作对我国信息事业的发展起到了很好的借鉴和促进作用。

在网络环境下如何摆正作者权益和使用者利益之间的平衡是数字化时代学界面临

---

① 杨威理：《西方图书馆史》，商务印书馆1988年版，"序"。
② 谢灼华：《中国图书和图书馆史》，武汉大学出版社1987年版，第4页。

的又一难题。薛虹的《网络时代的知识产权法》（被引 25 次）着眼于网络时代的版权、网络时代的商标权及反不正当竞争、电子商务的知识产权法律环境等问题。吴汉东的《著作权合理使用制度研究》（被引 25 次）认为合理使用制度在保证著作权人的创作激情和公众利用信息之间进行了恰当地平衡。这两本书对在现代社会如何进行知识产权保护及如何在尊重他人权益的基础上合理使用他人的学术成果等方面引起了广泛而热烈的讨论。

语义网（Semantic Web）是未来的万维网（Word Wide Web），是当前万维网研究的热点之一。对语义网的研究主要体现在两个方面：从当前浩如烟海的网络数据中发掘与产生具有语义本质的结构和模式；建立能体现自然语义的、与网络语义结构相协调的基础语义构架。《语义网简明教程》（被引 21 次）主要从信息检索、信息抽取、信息表示、信息与自然语言语义以及数据挖掘等 5 个方面，比较系统地介绍了语义网的基本概念、基础知识、主要研究方法和工具、描述语言以及应用技术和实例等。[①] 此书的推出对网络信息组织的本体开发、基于本体智能检索引擎的研究、基于可视化文本挖掘的本体构建有极大的启示和推动作用。

李东来的《城市图书馆集群化管理研究与实践》（被引 17 次）充分利用现有技术成果、工作资料、实践经验的基础上，论述了我国城市图书馆事业发展历程，以及城市图书馆现状及发展历程，并通过案例探索了网络环境下城市图书馆集群化发展趋势。此书对图书馆的构建模式，特别是对城市图书馆建设规划与布局、区域图书馆集群管理和图书馆总分馆模式比较研究有很大的学术影响。

《中国人文社会科学学术影响力报告》（被引 5 次，2007 年出版）借助于《中文社会科学引文索引》产生的客观数据，从量化的角度向我们展示了我国人文社会科学的研究状况、对我国人文社会科学研究产生重要影响的学术资源以及通过量化数据分析得到的人文社会科学研究的热点与发展趋势。该书不仅向学界展示了各学科较有影响的学者、学术机构、学术论文和著作，分析了各学科的学术规范、研究深度及学者的阅读取向，还通过关键词从量的角度分析与判断各学科的研究热点与趋势。此书一经问世，就引起了学界的极大关注，不少论文引用它的量化指标分析结果来对人文社会科学各分支学科的期刊、论著、学位论文、研究机构的学术影响力作进一步细致地分析。

21.7 结语

综合以上统计分析，我们可以得出如下结论：图书是我国图书馆、情报与文献学研究与发展的主要学术资源，它对本领域研究产生了极大的学术影响力。为了更清

[①] 宋炜：《语义网简明教程》，高等教育出版社 2004 年版，"内容提要、前言"。

晰地说明图书对本领域研究的学术影响力状况,我们已将被图书馆、情报与文献学论文引用的图书文献分成"领袖著作"、"历史文献"、"工具书"、"国外学术著作"和"国内学术著作"5个大类。由于"国外学术著作"和"国内学术著作"入选图书较多,不利于讨论的条理化,我们又进一步梳理、细分。这样的归类分析尽管是必要的,但归类的过程有时会牵涉到标准性问题,一些"亦此亦彼"图书的归类常常会影响到统计结果。因此需要说明的是:这种类别的划分必然涉及分类的标准性问题,我们在分类的过程中发现,少量图书存在多类别属性的状况,如部分历史文献兼有工具书的属性、一些学术著作内容涵盖了多个细类。然而想要清晰地从各个角度把握不同类别性质的图书对我国图书馆、情报与文献学研究的学术影响力,这样的分类也是必需的。

在被图书馆、情报与文献学论文引用25次及以上或年均被引5次及以上的189种图书中共涉及156位作者,其中144位为个人作者,12位为团体作者,一种历史文献作者不明。在这些作者中21位作者有2种以上图书入选(详见表21-9)。

表21-9　　图书馆、情报与文献学学科入选两种及以上图书作者

序号	作者	入选图书种数
1	吴慰慈	4
2	吴建中	4
3	胡昌平	4
4	严怡民	3
5	马费成	3
6	黄宗忠	3
7	包昌火	3
8	中国图书馆分类法编辑委员会	3
9	张琪玉	2
10	岳剑波	2
11	彭斐章	2
12	孟广均	2
13	罗式胜	2
14	卢泰宏	2
15	赖茂生	2
16	冯惠玲	2

续表

序号	作者	入选图书种数
17	陈禹	2
18	肖东发	2
19	戴龙基	2
20	马克·波斯特	2
21	马克思	2

表21-9可以看出，有多本著作入选的学者有：吴建中、孟广均、马克思、严怡民、吴慰慈、马费成、黄宗忠、胡昌平、包昌火、戴龙基和中国图书馆分类法编辑委员会。这些学者在图书馆、情报与文献学界有很大的学术影响，他们的著作对我国图书馆、情报与文献学领域的学术研究有着较大的促进作用。

入选的189种图书共涉及49个出版社，其中入选3种及以上图书的出版社有14家（详见表21-10）。

表21-10　图书馆、情报与文献学学科入选图书较多的出版社

序号	出版社	入选图书种数
1	北京图书馆出版社（包括书目文献出版社）	34
2	中华书局	21
3	武汉大学出版社	19
4	中国人民大学出版社	10
5	北京大学出版社	9
6	科学技术文献出版社	8
7	高等教育出版社	8
8	上海科学技术文献出版社	6
9	商务印书馆	6
10	清华大学出版社	6
11	华夏出版社	5
12	华艺出版社	4
13	人民出版社	4
14	科学出版社	3

综上所述，我们可以清晰地看出，图书对图书馆、情报与文献学科的影响有以下

显著特点：

第一，图书是我国图书馆、情报与文献学研究的重要学术资源。2000—2007年图书馆、情报与文献学论文引用图书的数量仅次于期刊论文，8年间平均年增长率达14.5%。

第二，国内学术著作对我国图书馆、情报与文献学研究产生的学术影响最大。本章选出的189种图书中，共有110种为国内学术著作，占到所选图书的58.2%，引用次数也占到全部入选图书被引次数的55.9%，无论入选种数还是被引次数均超过其他4类文献资源，位居榜首。

第三，对工具书的引用是我国图书馆、情报与文献学科的一大特色，本章入选的工具书种数达到21种，占到所选图书的11.1%。工具书的平均被引次数甚至超过了国内学者的学术著作，说明工具书对本学科研究的平均影响力度高于学术著作。

第四，由于图书馆、情报与文献学科包含文献学、目录学等需要大量阅读与借鉴历史文献的二级学科，所以本领域学者历来非常重视对历史文献的参考与借鉴，历史文献对我国图书馆、情报与文献学科学术影响较大。

第 22 章 体育学

体育学是一门新兴学科，从 20 世纪 80 年代开始，学科体系逐渐成熟，步入了快速发展时期，尤其是 2008 年北京奥运会的举办，给国内体育学研究注入了新的动力，迅速涌现出了大量的学术研究成果。这些研究成果的产生离不开图书这一重要的学术资源，通过对《中国社会科学引文索引》（CSSCI）中体育学论文的引用文献类型进行统计（参见表 22-1），我们可以看出，图书的被引次数逐年上升，所占比重已经超过 30%，成为体育学研究的第二大学术资源。本章将根据 CSSCI 中论文的引用数据，用定量方法得出一批体育学领域中参考价值高、学术影响大的著作，为体育学领域的研究人员提供参考。

通过统计分析学者在论文中对图书的引用情况，可以便捷有效地反映出图书的学术影响力，也可以弥补由专家、出版商推荐图书所带来的主观性和局限性，为体育学的定性评价提供量化依据。因此，我们借助 CSSCI 中 2000—2007 年的数据，对其中体育学论文引用图书的情况进行了统计，选出被引次数较多的图书。同时也考虑到被引数量是一个累积数据，这可能会让许多新出版的优秀图书失去入选的机会。因此，排除出版时间的影响后，我们确定了如下图书入选标准：（1）2000—2007 年间 CSSCI 中体育学论文引用 18 次及以上的图书；（2）以图书的出版年算起，年均被引 4 次及以上的图书。两条标准具备其中之一即可入选。为了更合理地考察不同类型图书对本学科的影响情况，我们把选择出来的 141 种图书分为了领袖著作、工具书、国外学术著作、国内学术著作 4 类，从不同的角度分析这些入选图书对体育学研究产生的学术影响。

在数据处理方面，我们在对体育学论文的引文数据进行计算机自动抽取、统计的基础上，还花费了大量的时间手工完成了以下工作：（1）数据纠错：改正错误的书名、出版社名、作者信息等；（2）数据清洗：很多论文的参考文献存在标引不规范的现象，比如缺少副标题、标题中的标点符号不统一、未标注译著的原作者、名称缩写不统一等，这些都会导致同一种书出现多条记录，造成统计数据上的偏差，所以需要查证后进行修正或数据合并，排除干扰因素，保证数据的客观性；（3）数据合并：在通过手工核实后，我们对两种情况的著作进行合并处理，一种是对分卷著作进行合并，比如《马克思恩格斯全集》的各分卷；另一种是将不同年代、同一出版社出版的同一种书进行合并，确保每种学术著作的影响力能够得到充分的反映。体育运动中存在着社会的、经济的、管理的因素和过程，体育研究需要运用自然科学、人文社会科学的许多学科的知识[①]。因此筛选出的图书可能属于其他学科，但对体育学却产生了很大的学术影响。

22.1 概述

表 22-1 给出的是 2000—2007 年 CSSCI 中体育学论文引用文献类型的数量分布情况，共分为 12 种类型，即期刊论文、图书、汇编文献、报纸文章、会议论文、报告文献、学位论文、法规文献、信函、标准文献、网络资源和其他。本章主要根据 8 年中 36827 次的图书和汇编文献被引数据分析体育学图书的学术影响力情况。

表 22-1　　2000—2007 年 CSSCI 中语言学论文引用文献类型统计　　（单位：篇次）

类型\年份	期刊论文	图书	汇编文献	报纸文章	会议论文	报告文献	法规文献	学位论文	信函	标准文献	网络资源	其他
2000	3285	1900	206	69	83	13	50	23	0	4	11	52
2001	3540	2323	160	95	80	21	62	24	0	10	29	62
2002	4901	3153	175	193	112	31	50	48	0	4	27	91
2003	5597	3434	233	215	116	28	56	42	0	18	86	178
2004	8081	4762	282	178	181	79	52	86	0	66	128	129
2005	11093	5237	389	360	164	73	18	149	0	68	299	222
2006	14135	6582	417	434	212	158	39	224	1	99	616	315
2007	15071	7026	548	467	181	136	34	323	31	73	737	259
合计	65703	34417	2410	2011	1129	539	361	919	32	342	1933	1308

从表 22-1 可以看出，图书（包括汇编文献，下同）[②] 是体育学论文参考的第二大学术资源，被体育学论文引用的次数仅次于期刊论文，占到全部 12 种文献类型被引总数的 33.15%。由此可见，图书与期刊论文一起为体育学研究提供了丰富的学术资源，在学科研究中发挥的作用远远超过其他类型的文献资源。从时间维度上看，图书的被引次数呈快速增长态势，2007 年图书共被引 7574 次，是 2000 年的 3.6 倍，

---

① 张岩："什么是体育——兼与《体育学》和《体育方法论的思考》等作者的商榷"，《体育与科学》2004 年第 9 期。
② 由于汇编文献大多以图书形式出现，而且 CSSCI 进行数据处理时，也很难将两者严格区分开来。为保证数据的准确性，本章在统计时将汇编文献列入图书的范畴。

年均增长率20.55%，说明了我国体育学研究发展迅速。同时还可以看出，由于图书的学术性和权威性，越来越多的学者开始借助图书获取学术资源，为研究提供参考。但我们应当注意到，在图书被引数量增长的同时，被引文献中图书所占的份额则呈下降的趋势，从2000年的36.97%减少至2007年的30.43%，分析其原因：一是网络信息技术的发展也为科研人员获取信息提供了更多、更便捷的途径；二是作为一个快速发展学科，论文形式的被引文献在体育学研究中发挥着很大作用，其所占份额在逐渐扩大；三是体育学领域的经典著作还较缺乏，亟待学界大量推出精品佳作。

表22-2给出的2000—2007年CSSCI中体育学论文引用文献的语种统计，统计语种主要包括中文、英文、日文、俄文、德文、法文、其他语种以及译文。

表22-2　　2000—2007年体育学论文引用文献的语种统计　　（单位：篇次）

年份\语种	中文	英文	日文	俄文	德文	法文	其他语种	译文
2000	3779	1576	37	4	5	0	11	284
2001	4664	1377	46	2	44	4	17	252
2002	6713	1736	47	9	2	3	11	264
2003	7662	1876	57	5	2	0	5	396
2004	10751	2599	48	3	45	5	9	564
2005	12942	4368	38	4	17	1	8	694
2006	16573	5611	53	4	8	2	9	972
2007	17645	6069	43	2	21	1	15	1090
合计	80729	25212	369	33	144	16	85	4516

从表22-2可以看出，CSSCI中体育学论文参考文献的语种以中文为主，8年累计引用的中文文献量达到了80729次，占总引用文献量的72.66%，高于人文社会科学中文文献的平均引用率。这一方面反映出体育学学者对外文文献的获取和阅读能力的不足，另一方面也说明了我国体育研究应加强国际交流，更多的吸收、借鉴国外的先进成果。尽管外文资料的引用总量逐年上升，2000年体育学论文引用的外文文献量为1663次，到了2007年已经达到6151篇，增加了近2.8倍；但外文文献引用量占总引用量的比例却一直在24%左右浮动。除中文外，英语一直是被最广泛引用的外文文献语种，其他语种由于引用的文献量很低，基本可以忽略不计。观察表22-2还可以发现，译文的引用量排在第3位并且持续增长，这也从一个侧面反映出我国体育研究者希望汲取国外先进的理念和研究成果，但由于文献获取能力和语言能力有所欠缺，所以更多地把译文作为自己研究的参考。

根据拟定的体育学图书遴选标准，共选出141种被体育学论文引用较多的图书。虽然入选图书只占本学科论文引用图书总数（纳入统计范围的图书共3231种）的4.4%，但这141种图书共被引5714次，占图书总被引次数的比重达到15.52%，平均每种图书被引超过40次。为了更科学分析不同类别的图书对本学科产生的具体影响，我们对领袖著作、工具书、国外学者著作、国内学者著作4类图书的被引情况进行了分类统计，[①] 表22-3给出的是按这一分类统计出的详细数据。

表22-3　　　　　　　　入选体育学论文引用图书的类别统计

内容类别＼图书类别	领袖著作	工具书	国外学术著作	国内学术著作
入选图书种数	2	14	9	116
入选图书被引次数	90	429	293	4902
入选图书被引次数所占比例	1.58%	7.51%	5.13%	85.79%
入选图书的平均被引次数	45.00	30.64	32.56	42.26

从表22-3可以看出，与其他学科相比，对体育学学科研究产生较大学术影响的是国内学术著作，无论是入选种数还是被引次数所占的比值都是最高的。该类图书共有116种著作入选，占所有入选的141种图书的82.27%，被引次数占入选图书总被引次数的85.79%。相对而言，国外学术著作只有9种入选，这在很大程度上说明了我国体育学学者把国内学术著作作为体育学研究的首选图书资源。与其他学科相比，除考古学无一种国外学术著作入选外，体育学入选的国外学术著作是最少的。领袖著作只有2种入选，也属于领袖著作入选种数最少的几个学科之一。入选的工具书有14种，处在中等偏上的位置。历史文献尚无一种入选。这些数据充分说明了各类图书在体育学研究中的地位和作用，本章将分别就各类图书对体育学研究的学术影响进行分析。

22.2　领袖著作对体育学研究的影响

体育学研究须臾不可偏离马克思主义的政治方向和学术理论方向。新中国成立以来，特别是改革开放以来，我国体育学科建设进入了快速发展阶段，体育学在我国

[①] 区别国内著作和国外著作的标准是出版地，国内出版的著作为国内著作，国外出版的为国外著作。

的发展源于社会主义建设和改革开放的实践;[①] 同时，体育事业也是建设中国特色社会主义事业的有机组成部分。通过领袖著作，学者可以更好地用辩证唯物主义和历史唯物主义的世界观与方法论揭示体育学客观规律、明确研究方向、完善学科体系。

体育学论文引用较多的2种领袖著作是人民出版社出版的《马克思恩格斯全集》和《马克思恩格斯选集》。2000—2007年8年中《马克思恩格斯全集》累计被引55次；《马克思恩格斯选集》累计被引35次。从这2种著作的被引频次可以看出，马克思主义对体育学研究具有一定的指导意义。表22-4给出了体育学论文引用较多的2种领袖人物著作。

表22-4 体育学论文引用较多的领袖人物著作

序号	图书信息
1	马克思，恩格斯：《马克思恩格斯全集》，北京：人民出版社
2	马克思，恩格斯：《马克思恩格斯选集》，北京：人民出版社

为了详细了解表22-4中列出的两种著作对体育学的影响领域，我们对引用这2种著作的论文主题进行了分析，发现引用这2种著作的论文主题几乎涵盖了体育学所有领域，如体育哲学、体育理论、体育管理学、体育社会学、体育经济学、体育法学、学校体育学、社会体育学、竞技体育学、体育史等，其中很多论文涉及体育本质、体育价值等体育学的本源问题，充分说明了马克思主义对体育学研究具有普遍的指导意义。需要特别指出的是，毛泽东等领袖人物的著作在体育学论文中的被引比较分散，没有达到入选标准，但他们的有关著作在体育学领域的指导作用不可忽视，仍需引起体育工作者的重视。[②]

22.3 工具书对体育学研究的影响

工具书是为了满足人们随时查阅知识概念、事实与数据等需求，将大量的原始文献的内容进行分类、提炼、加工、浓缩和重组后而编制出版的一种文献类型。在体育学研究领域，工具书发挥着其他类型文献不可替代的作用，从体育学入选的工具书数量可以看出，本学科入选工具书种数排名在各学科入选种数较前的位置。表22-5列出了体育学论文引用较多的14种工具书的详细书目。

[①] 宋月红.用发展着的马克思主义指导新兴学科的建设.[2009-06-14] http://www.bjpopss.gov.cn/bjpopss/xzlt/xzlt20040412b.htm.zh.

[②] 秦怀勇："毛泽东的体育馆研究"，《新闻爱好者》2008年第12期。

第22章 体育学

表22-5　　　　　　　　体育学论文引用较多的工具书

序号	图书信息
1	辞海编辑委员会：《辞海》，上海：上海辞书出版社*
2	任海：《奥林匹克运动百科全书》，北京：中国大百科全书出版社，2000
3	李诚志：《教练员训练指南》，北京：人民体育出版社，1992
4	汪向东：《心理卫生评定量表手册》，北京：中国心理卫生杂志社，1999
5	冯炜权：《血乳酸与运动训练——应用手册》，北京：人民体育出版社，1990
6	浦钧宗：《优秀运动员机能评定手册》，北京：人民体育出版社，1989
7	中国大百科全书编辑委员会：《中国大百科全书》，北京：中国大百科全书出版社*
8	中国社会科学院语言研究所词典编辑室：《现代汉语词典》，北京：商务印书馆*
9	中国体育科学学会：《体育科学词典》，北京：高等教育出版社，2000
10	国家体育总局体育经济司：《体育事业统计年鉴》，北京：国家体育经济司①
11	张力为：《体育科学常用心理量表评定手册》，北京：北京体育大学出版社，2004
12	篮球大辞典编辑委员会：《篮球大辞典》，北京：人民体育出版社，1993
13	朱智贤：《心理学大词典》，北京：北京师范大学出版社，1989
14	陶景飈：《学校体育大辞典》，武汉：武汉工业大学出版社，1994

注：标有"*"的书有多个版本，因此省略了版本。

从表22-5可以看出，在体育学论文中引用较多的工具书包括：字词典、百科全书、手册、年鉴等多种类型，这些工具书为体育学应用性研究提供了有力的支撑。在入选的141种体育学图书中，工具书占到了9.93%，这一比例在所有22个学科中排名第五位，足以说明工具书在体育学研究中起着较为重要的作用。根据入选的14种工具书的内容、体例和作用，我们将其细分成以下4个类别进行讨论。

（1）通用词典类工具书（2种）

词典是我们日常生活中最常用的参考工具书，在体育学研究中也不例外。此类工具书内容丰富、包罗万象，为各学科的研究都提供了丰富的资源。入选此类的图书有《辞海》和《现代汉语词典》2种。

《辞海》是一部以字带词，兼有字典、语文词典和百科词典功能的大型综合性辞典。经过近一个世纪、几代学人的千锤百炼，该工具书现已经成为最常用的中文字词典工具之一。《辞海》共被体育学论文引用51次，在入选的14种工具书中排在首位，可见其在体育学研究中具有十分重要的作用。该书是一部用来了解概念定义、

---

① 对本年鉴的大部分引用没有标注年代，所以将不同年份出版的该年鉴合并处理，考察整个统计年鉴对体育学研究的影响。

百科知识,辅助体育学基础研究的权威著作。从引用这本书的论文主题分析,体育学各研究领域均有论文引用该著作,特别是体育文化、体育产业、竞技本质等主题的论文引用较多。

《现代汉语词典》第一次以词典的形式结束了汉语长期以来书面语和口语分离的局面,并对现代汉语进行了全面规范。该书在辞书理论、编纂水平、编校质量上都达到了一个新高度,是辞书编纂出版的典范之作。它的发行量之大,应用面之广,为世界辞书史上所罕见;它对现代汉语的统一与规范,对研究、学习与正确应用现代汉语,对扩大我国与世界各民族的交往都有着重要的影响。[①] 根据 CSSCI 的统计数据,2000—2007 年体育学论文共引用该书 30 次。这本书与《辞海》在学科研究中发挥的作用比较类似,都是为体育研究中涉及的各类字词提供了权威、准确的释义,引用该书文献涉及的领域遍及体育学的方方面面。

(2) 专科词典类工具书(4 种)

通用词典面对的主要是普通词汇,而专科词典收录的主要是与专业相关的词汇。所以在体育学研究中,专科辞典与通用词典互为补充,同样发挥着重要的学术作用。本学科共有 4 种专科辞典入选,按照被引次数从高到低排列,分别是:《体育科学词典》(被引 27 次)、《篮球大辞典》(被引 20 次)、《心理学大辞典》(被引 19 次)、《学校体育大辞典》(被引 18 次)。

《体育科学词典》是由中国体育科学学会和香港体育局组织 20 个学科近 200 名专家编写的一部综合性的体育科学工具书。全书共收录了 1430 个现代体育科学研究中使用频数较高,释义准确、精辟的词目。内容涉及体育科学中的学科、学说、理论、原理、原则、概念、方法、技术、术语等多个方面,涵盖体质评价、运动心理学、运动生理学、运动生物力学、运动生物化学、体育统计学、学校体育学、运动医学、体育社会学等多个学科。该书具有较高的学术价值和文献价值,可供体育科技人员、管理人员、院校师生以及其他体育工作者使用。通过对引用该书的论文进行主题分析,可以看出,该书广泛的收录范围使其对体育学研究的大部分领域都有一定的参考价值。

《篮球大辞典》共收录词条约 1200 条,分为篮球运动的一般词汇、技术、战术、科学研究、竞赛、历史知识等共 13 个门类,书中还包括了篮球运动的大事记、历届世界篮球锦标赛、全国篮球联赛等比赛成绩信息,是从事篮球研究的体育工作者必备的工具书之一。该书对体育学研究的指导意义主要体现在篮球技战术、篮球演变与发展等与篮球相关的研究领域。

体育心理学是体育学研究的一个分支领域,主要研究人在体育运动中心理活动的特点及其规律。正是由于体育学中存在这样的交叉学科,《心理学大词典》这本心理

---

① 百度百科·现代汉语词典. [2009 - 06 - 15] http://baike.baidu.com/view/98457.htm.

学工具书才能以 19 次的被引数入选。《心理学大词典》是心理学研究的权威著作，主编是我国著名的心理学家朱智贤先生，据了解该书现已绝版，很难获取，但可以参考使用由林崇德、杨治良、黄希庭三位中国心理学界资深心理学家主编的《心理学大辞典》。① CSSCI 中引用《心理学大词典》的论文主要包括体育教学、运动员心理研究、球迷行为等主题研究领域。

《学校体育大辞典》全书分为总论、学科知识、体育项目、体育教学、锻炼竞赛、科学研究、组织与管理、场地与器材、体育史 9 个大类和一个附录。其收录词目 5380 条，对体育教学管理研究有很重要的参考价值。分析引用这本书的论文也可以发现，主题内容广泛涉及了体育教学模式、成绩评估预测、运动训练方法、体育教学实验等学校体育相关领域。

（3）体育学手册和指南类工具书

体育学的手册和指南汇集了学科内各个主题需要经常查考的资料，供研究者随时翻检。其收录的体育学相关知识包括各种图表、事实数据等，通常按类进行编排，便于查找。作为工具书的一种，手册和指南在体育学研究与实践中发挥着非常重要的作用。入选这一类目的工具书有以下 5 种：《教练员训练指南》（被引 38 次）、《心理卫生评定量表手册》（被引 35 次）、《血乳酸与运动训练——应用手册》（被引 33 次）、《优秀运动员机能评定手册》（被引 33 次）、《体育科学常用心理量表评定手册》（被引 24 次）。

《教练员训练指南》介绍了 10 多个有关学科的先进理论和 21 个奥运会项目的训练经验，分为训练科学基础、运动训练原理、专项运动训练、常见运动伤病预防 4 部分，为各个体育竞技项目的教练员提供了完备的理论支持和实践指导，在运动训练学研究中具有很高的参考价值。引用该书的论文研究领域主要涉及以下几个方面：一是各体育项目训练方法、模型研究；二是运动训练相关数据的统计分析；三是竞技能力评价分析等；四是运动训练理论探讨。

《心理卫生评定量表手册》全书 15 章，另有 3 个附录，详细介绍了 114 个量表，其中 102 个量表附有全部量表条目。每个量表都有编制背景与目的、适用范围、信效度检验、使用方法与注意事项等内容的介绍。收编量表的内容覆盖了心理卫生研究与实践活动的主要领域，可作为工具书为体育学研究的专业人员提供参考。在入选的工具书中，同属于心理量表的还有《体育科学常用心理量表评定手册》，这本书主要为体育学研究和科技服务编写，尽管 2004 年才出版，但到 2007 年被引次数已经达到了 24 次，可见其在体育学研究中发挥的重要参考作用。该书在介绍每个量表时，均包括量表来源、研究背景、信度效度和引用文献（或推荐文献）4 类关键信息。通

---

① 袁正守. 一部大、全、新的心理学工具书——《心理学大辞典》隆重推出. [2009-06-16] http://www.ewen.cc/books/bkview.asp?bkid=67246&cid=139243.

过这些信息，读者可以了解量表的产生原因和研究背景，并根据量表的权威性、可靠性和有效性，对量表做出自己独立的科学价值判断。CSSCI 中引用这 2 种心理量表的论文基本具有相似的主题，主要包括运动员心理特征分析、竞赛状态研究、量表编制及相关分析、高校学生心理调研等。

《血乳酸与运动训练——应用手册》和《优秀运动员机能评定手册》是体育学研究中应用性很强的 2 种手册类工具书。2 种工具书的作者都在体育学界享受一定的知名度。《血乳酸与运动训练——应用手册》的作者冯炜权教授曾担任北京体育大学运动生化教研室主任，对我国运动生物化学学科的建立作出了很大贡献；《优秀运动员机能评定手册》主编浦钧宗教授长期从事运动医学和康复医学研究，为我国运动医学专业开拓者之一。他们在日常教学和研究中积累的丰富经验保证了 2 种手册的权威性、实用性，对运动医学和体育生物科学研究具有一定的参考价值。

（4）百科全书、年鉴类工具书（3 种）

《奥林匹克运动百科全书》是我国第一部全面系统介绍奥林匹克运动的大型工具书，主要内容包括奥林匹克运动的历史变迁、国际奥林匹克委员会及其组织机构、主要国家和地区奥林匹克委员会、奥林匹克运动会、国际单项体育组织、奥林匹克运动竞赛项目、规则及其演变、奥林匹克运动风云人物、奥林匹克运动会冠军成绩、历届奥运会举办城市、与奥林匹克有关的其他活动、奥林匹克运动与中国等。它产生影响的领域也主要与奥运主题相关，包括奥运精神、体育经济、奥运志愿者、奥运场馆建设、奥运的影响等。2008 年的北京奥运也使这本百科全书成为了体育学者近年来关注的热点，累计被引 49 次，在所有工具书中排在第二位。

《中国大百科全书》（被引 30 次）是中国第一部大型综合性百科全书，也是世界上规模较大的几部百科全书之一。其中《体育卷》共收条目 763 个，插图 1187 幅，共计 159 万字。内容包括体育基础学科、体育史、中国现代体育事业、群众体育、各项运动、国际体育组织与运动会、各国体育概况等。该工具书为体育学研究提供了大量、全面的事实资料，对体育学研究具有较大的影响。

《体育事业统计年鉴》是我国唯一的反映全国体育事业发展情况的综合性资料，其数据主要是根据各省、自治区、直辖市体委体育事业统计年报汇总而成。该工具书内容丰富、覆盖面广，内容包括优秀运动队、体育运动学校、少年儿童业余体校、各级体委机关及直属企事业单位等。书中涉及历年数以万计的统计数据，是我国目前最具有权威性的、关于体育事业的官方统计资料。该书目前没有公开发行，但被引次数已经达到了 24 次，具有很高的学术参考价值，尤其是在体育经济分析、地域结构比较研究、体育实力评估等体育学定量研究方面更发挥了重要的作用。

22.4 国外学术著作对体育学研究的影响

体育是一项国际范围的运动，我国虽已是一个体育大国但还不是一个体育强国，许多体育项目和体育研究领域与国际先进水平还有一定差距,需要借鉴和参考国外先进的体育技术、训练方法、体育理念等。因此分析对我国体育学界产生较大学术影响的国外学术著作,向体育学者推荐国外学术著作,具有很大的学术指导意义。

本章入选的 141 种图书中,国外学术著作共有 9 种,共被引 293 次,仅占全部入选图书总被引次数的 5.13%。由此可见,国外学术著作在我国体育学研究中发挥的作用还有待加强。表 22-6 给出了体育学论文引用较多的 9 种国外学术著作。

表 22-6　　　　　　　　体育学论文引用较多的国外学术著作

序号	图书信息
1	国际奥林匹克委员会制订,詹雷译:《奥林匹克宪章》,北京:奥林匹克出版社
2	[美] 杰·科克利 (Jay J. Coakley) 著,管兵译:《体育社会学:议题与争议》,北京:清华大学出版社,2003
3	[美] 迈克尔·利兹 (Michael A. Leeds) 著,杨玉明等译:《体育经济学》,北京:清华大学出版社,2003
4	[法] 皮埃尔·德·顾拜旦 (Pierre de Coubertin) 著,詹汝琮等译:《奥林匹克理想》,北京:奥林匹克出版社,1993
5	[英] 休斯 (Charles F. C. Hughes) 著,杨一民等译:《足球获胜公式》,北京:人民体育出版社,1999
6	[美] 马修·D. 尚克 (Matthew D. Shank) 著,董进霞译:《体育营销学——战略性观点》,北京:清华大学出版社,2003
7	[美] 理查德·考克斯 (Richard H. Cox) 著,张力为等译:《运动心理学:概念与应用》,北京:清华大学出版社,2003
8	[美] 杰弗瑞·戈比 (Geoffrey Godbey) 著,康筝译:《你生命中的休闲》,昆明:云南人民出版社,2000
9	[澳] K. 吐依 (Kristine Toohey) 著,朱振欢译:《真实的奥运会》,北京:清华大学出版社,2004

表 22-6 列出的 9 种著作全部为译著,无外文原版书籍。说明我国体育学者对国外原版著作的获取和阅读能力需要提高,我国体育学者应当加强对外文原版书籍的重视,弥补由学者翻译著作所带来的时间滞后和理解偏差。此外,入选的国外学术著作大部分都在 1999 年以后出版,说明体育学研究领域对外文著作的引进时间较晚。但由于北京奥运等因素的推动,国内体育研究正在逐渐与国际接轨,国外学术著作对我国体育学的发展将会发挥越来越大的影响。

入选的 9 种国外学术著作分别是:《奥林匹克宪章》(被引 98 次)、《体育社会学：议题与争议》（被引39次）、《体育经济学》（被引33次）、《奥林匹克理想》（被引25次）、《足球获胜公式》（被引23次）、《体育营销学——战略性观点》（被引21次）、《运动心理学：概念与应用》（被引19次）、《你生命中的休闲》（被引18次）、《真实的奥运会》（被引17次，2004年出版）。这些著作可以主要划分为奥运体裁类和体育社会学、体育经济与体育心理类两类来讨论。

（1）奥运体裁类著作

皮埃尔·德·顾拜旦是现代奥林匹克运动创始人，1896—1925年任国际奥委会主席，1925年后任终身名誉主席。顾拜旦促成了1896年第一届奥运会的举办，对奥林匹克运动的发展作出了重要贡献，被称为"现代奥运会之父"。在入选的国外学术著作中，《奥林匹克宪章》就是由顾拜旦倡议并制定的，其主要内容是奥林匹克运动基本宗旨、原则以及举行奥运会的有关事宜。作为奥林匹克运动发展的总章程，该书曾多次修改、补充，但由顾拜旦制定的基本原则和精神未变。他的另一本著作《奥林匹克理想》是奥林匹克主义和奥林匹克精神的综合，对提倡公平竞争，追求美与崇高的奥林匹克理想进行了阐述，反映了顾拜旦的各种见解和他思想的发展。这2部著作是奥林匹克相关研究的基础，对奥运精神、奥运文化、奥运价值、奥运经济等所有与奥运相关的领域研究都具有非常重要的指导意义。

与奥运相关的外国学术著作还包括K.吐依和A.J.维尔编著的《真实的奥运会》。该书从社会学视角出发，全面而详尽地剖析了奥林匹克运动，给国内读者提供了一个审视奥林匹克运动的全新理论框架。对于我们最为关心的有关奥运会的种种热点话题，如奥林匹克运动中的政治与民族主义问题、奥运会的经济和财政、媒体对奥运会的传播作用、滥用兴奋剂和贪污受贿以及女性与奥林匹克运动等，该书均给出了详细的事实依据和理论支撑。该书出版4年就被引用了17次，年均被引超过了4次，对国内从事奥运研究的学者具有一定的参考价值。

（2）体育社会学、体育经济与体育心理类著作

体育学是自然科学、人文社会科学许多学科与体育知识经验相交叉而形成的一系列学科组成的学科群。[①] 在入选的国外学术著作中，有4种图书的主题与经济学、心理学、社会学等学科的存在交叉，这让体育学科体系和新学科的研究富有生命力和发展潜力，有利于促进体育学的健康发展。

《体育社会学：议题与争议》从介绍体育社会学的一般原理入手，详细介绍了体育社会学的研究内容和方法，并从不同的社会学理论视角来深入分析体育运动与诸多社会议题之间的内在关联。通过该书不仅可以了解和掌握从社会学的角度研究体育运动的方法，加深和扩展对体育运动的认知，而且还能看到作者对诸多体育社会

---

① 张岩. 元体育研究. [2009-06-20] http://www.sport.gov.cn/n16/n1152/n2523/n377568/n377613/n377808/388322.html.

问题的精辟阐述,是体育社会学教学、研究人员及体育社会学课程学习者必备的参考书籍。通过对 CSSCI 中引用该书的体育学论文分析,引用主题主要涉及体育商业化、与媒体的关系、体育运动的政治化机制以及人文奥运等研究领域。

《体育经济学》是第一本运用经济学理论来分析体育运动的著作。该书阐述了经济学所关注的热点和研究方向,并以体育产业为样本提供了丰富多样的应用和案例。该书同时包含宏观和微观经济学的内容,运用的经济学方法包含规范经济学与实证经济学,是体育经济学研究领域的主要参考资料。该书被体育组织管理、体育娱乐经营、职业体育研究等体育经济学领域的论文广泛引用。

《体育营销学——战略性观点》通过众多营销案例,从战略性营销角度阐述体育营销的应变框架、市场选择决策和体育营销组合的计划以及执行和控制战略性体育营销的过程,是一本不可多得的体育营销教材。该书有助于人们理解体育营销的基本理论、特点、过程和实际运作中应注意的问题,了解西方体育营销的运作和发展,从而为我国的体育营销实践和理论发展提供借鉴。该书对体育消费者、联赛经营、体育营销策略等方向的研究具有指导意义,对从事体育营销教学研究和其他对体育营销学感兴趣的人士而言,是一本不可错过的好书。

美国宾夕法尼亚州立大学健康与人类发展研究院休闲研究系杰弗瑞·戈比教授所著的《你生命中的休闲》是一本美国社会的畅销书。作者以其深厚的理论功底热情地讴歌了人生命中的休闲。作者认为,我们生活在一个飞速变化的时代,而变化最快的领域当属休闲。全书的视角集中于社会和个人生活两个层面,它告诉我们:休闲是复杂而非简单的概念和现象,是人的存在过程的一部分。从根本上说,休闲是对生命意义和快乐的探索。尽管这并不是一本体育学的专著,但却在体育休闲、体育管理、群众体育研究等方面得到了体育学论文的广泛引用,在学科研究中具有一定的影响。

《运动心理学:概念与应用》是一本畅销世界的运动心理学教材,自出版至今连续再版了 4 次,被许多国家的体育学院和体育产业 MBA 专业,以及运动员培训选用为教材。其主要内容有:运动心理学导论、体育运动的动机问题、运动员的唤醒、注意与人格、与焦虑和心情有关的情景因素、运动社会心理学、体育运动生物心理学等。该书的特点是强调理论与实际结合,并介绍了运动心理学领域的最新研究发展成果。书中通过许多运动心理的实例,深入浅出地阐释了运动心理学的概念与原理,并全面地反映了本领域中理论和实践发展的最新进展以及作者追踪学术前沿的心得和体会。该书仅在 CSSCI 的 2007 年就被引用了 11 次,可见本书将对运动心理学研究领域产生了很大的学术影响。

22.5 国内学术著作对体育学研究的影响

我国有组织的开展体育学研究工作是从中华人民共和国成立后才开始的。短短几十年间，国内的体育科研队伍迅速扩大，科技投入显著增加，研究成果逐步增多，尤其是20世纪80年代中期以来，国内涌现了大量的体育学著作。这些著作更加贴近我国体育实践、符合我国体育运动特点，被国内体育学论文大量引用，在体育学领域产生了很大影响。

体育学入选的141种图书中，国内学术著作就有116种，占到了82.27%，合计被引4902次，占入选图书总被引次数的85.79%，平均被引次数高于国外学术著作和工具书，达到了42.26次。入选的国内学术著作全部出版于20世纪80年代以后，涉及的主题基本覆盖了体育学研究的各个领域（详细目录参见表22-7）。

表22-7　　　　　　　体育学论文引用较多的国内学术著作

序号	图书信息
1	中国群众体育现状调查课题组：《中国群众体育现状调查与研究》，北京：北京体育大学出版社*
2	田麦久：《运动训练学》，北京：人民体育出版社，2000
3	卢元镇：《中国体育社会学》，北京：北京体育大学出版社*
4	田麦久：《运动训练科学化探索》，北京：人民体育出版社*
5	鲍明晓：《体育产业：新的经济增长点》，北京：人民体育出版社，2000
6	张力为：《体育运动心理学研究进展》，北京：高等教育出版社*
7	文超：《田径运动高级教程》，北京：人民体育出版社*
8	曲绵域：《实用运动医学》，北京：北京科学技术出版社，1996
9	马启伟：《体育运动心理学》，杭州：浙江教育出版社*
10	全国体育学院教材委员会，任海主编：《奥林匹克运动》，北京：人民体育出版社，1993
11	孙民治：《篮球运动高级教程》，北京：人民体育出版社*
12	陈明达：《实用体质学》，北京：北京医科大学、中国协和医科大学联合出版社，1993
13	杨锡让：《实用运动生理学》，北京：北京体育大学出版社*
14	谢亚龙：《中国优势竞技项目制胜规律》，北京：人民体育出版社，1992
15	邢文华：《体育测量与评价》，北京：北京体育大学出版社*
16	吴志超：《现代教学论与体育教学》，北京：人民体育出版社，1993
17	曲宗湖：《学校体育教学探索》，北京：人民体育出版社*
18	中国国民体质监测系统课题组，国家体育总局科教司：《中国国民体质监测系统的研究》，北京：北京体育大学出版社，2000
19	冯连世：《优秀运动员身体机能评定方法》，北京：人民体育出版社，2003

续表

序号	图书信息
20	叶国雄:《篮球运动研究必读》,北京:人民体育出版社*
21	卢元镇:《体育社会学》,北京:高等教育出版社*
22	田麦久:《项群训练理论》,北京:人民体育出版社,1998
23	谢亚龙:《奥林匹克研究》,北京:北京体育大学出版社,1994
24	曾凡辉:《运动员科学选材》,北京:人民体育出版社,1992
25	马启伟:《体育心理学》,北京:高等教育出版社*
26	邹继豪:《面向21世纪中国学校体育》,大连:大连理工大学出版社,2000
27	冯连世:《运动员机能评定常用生理生化指标测试方法及应用》,北京:人民体育出版社,2002
28	季浏:《体育教育展望》,上海:华东师范大学出版社,2001
29	卢元镇:《体育的社会文化审视》,北京:北京体育大学出版社
30	张林:《职业体育俱乐部运行机制》,北京:人民体育出版社,2001
31	曲宗湖:《现代社会与学校体育》,北京:人民体育出版社*
32	伍绍祖:《中华人民共和国体育史:1949—1998(综合卷)》,北京:中国书籍出版社,1999
33	张力为:《体育科学研究方法》,北京:高等教育出版社*
34	全国体育学院教材委员会运动生理学编写组:《运动生理学》,北京:人民体育出版社,1990
35	王则珊:《学校体育理论与研究》,北京:北京体育大学出版社,1995
36	金钦昌:《学校体育学》,北京:高等教育出版社*
37	刘纪清:《实用运动处方》,哈尔滨:黑龙江出版社,1993
38	张明立:《常用体育统计方法》,北京:北京体育大学出版社*
39	过家兴:《运动训练学》,北京:人民体育出版社*
40	中国学生体质与健康研究组:《2000年中国学生体质与健康调研报告》,北京:高等教育出版社,2002
41	过家兴:《运动训练学》,北京:北京体育大学出版社,1986
42	茅鹏:《运动训练新思路》,北京:人民体育出版社①
43	全国体育学院教材委员会:《运动生物力学》,北京:人民体育出版社*

---

① 以下未标注出版年份的图书信息都在多个年份被同一个出版社出版,由于篇幅关系,不在标注其详细出版年份,在处理时已将不同年份的被引次数合并。

续表

序号	图书信息
44	冯炜权：《运动生物化学原理》，北京：北京体育大学出版社，1995
45	童昭岗：《人文体育——体育演绎的文化》，北京：中国海关出版社，2002
46	刘淇：《北京奥运经济研究》，北京：北京出版社，2003
47	冯美云：《运动生物化学》，北京：人民体育出版社*
48	邓树勋：《运动生理学》，北京：高等教育出版社，1999
49	李良标：《运动生物力学》，北京：北京体育大学出版社*
50	施良方：《课程理论：课程的基础、原理与问题》，北京：教育科学出版社，1996
51	郑杭生：《社会学概论新修》，北京：中国人民大学出版社*
52	国家体育运动委员会武术研究院：《中国武术史》，北京：人民体育出版社，1997
53	曲宗湖：《域外学校体育传真》，北京：人民体育出版社，1999
54	毛振明：《体育教学科学化探索》，北京：高等教育出版社，1999
55	田野：《运动生理学高级教程》，北京：高等教育出版社，2003
56	胡小明：《体育人类学》，广州：广东人民出版社，1999
57	张力为：《运动心理学》，上海：华东师范大学出版社，2003
58	季浏：《体育与健康》，上海：华东师范大学出版社，2000
59	毛振明：《体育教学改革新视野》，北京：北京体育大学出版社，2003
60	田麦久：《论运动训练计划》，北京：北京体育大学出版社，1999
61	祁国鹰：《实用体育统计》，北京：北京体育大学出版社*
62	蔡俊五：《体育赞助：双赢之策》，北京：人民体育出版社，2001
63	宋继新：《竞技教育学》，北京：人民体育出版社*
64	中国学生体质与健康研究组：《中国学生体质与健康研究》，北京：人民教育出版社，1987
65	熊斗寅：《熊斗寅体育文选》，贵阳：贵州人民出版社，1996
66	袁作生：《现代田径运动科学训练法》，北京：人民体育出版社，1997
67	孙庆祝：《体育实用模糊数学》，北京：人民体育出版社，1990
68	杨锡让：《运动生理学进展：质疑与思考》，北京：北京体育大学出版社*
69	李秉德：《教学论》，北京：人民教育出版社*
70	刘忠：《市场经济与体育》，北京：北京体育大学出版社，2000
71	张华：《课程与教学论》，上海：上海教育出版社，2000
72	翁庆章：《高原训练的理论与实践》，北京：人民体育出版社，2002
73	王瑞元：《运动生理学》，北京：人民体育出版社，2002

续表

序号	图书信息
74	袁方：《社会研究方法教程》，北京：北京大学出版社，1997
75	卢元镇：《社会体育学》，北京：高等教育出版社*
76	国家体育总局群体司：《2000年国民体质监测报告》，北京：北京体育大学出版社，2002
77	体育社会科学研究状况与发展趋势课题组：《我国体育社会科学研究状况与发展趋势》，北京：人民体育出版社，1998
78	丛湖平：《体育统计》，北京：高等教育出版社，1998
79	俞继英：《竞技体操高级教程》，北京：人民体育出版社，2000
80	赖天德：《学校体育改革热点探究》，北京：北京体育大学出版社，2003
81	中华人民共和国教育部：《体育与健康课程标准》，北京：北京师范大学出版社，2001
82	卢元镇：《体育人文社会科学概论高级教程》，北京：高等教育出版社，2003
83	杨铁黎：《职业篮球市场论》，北京：北京体育大学出版社，2003
84	耿力中：《体育市场：策略与管理》，北京：人民体育出版社，2002
85	王伯英：《体育教学论》，成都：四川教育出版社，1988
86	李明：《体育产业学导论》，北京：北京体育大学出版社，2001
87	马启伟：《竞技体育创新原理》，北京：北京体育大学出版社，1994
88	中国学生体质与健康研究组：《1995年中国学生体质与健康调研报告》，长春：吉林科学技术出版社，1996
89	陈向明：《质的研究方法与社会科学研究》，北京：教育科学出版社，2000
90	周登嵩：《体育科研概论》，北京：北京体育大学出版社，1995
91	国家体育总局政策法规司：《体育产业现状趋势与对策》，北京：人民体育出版社，2001
92	王则珊：《终身体育——现代人生活方式的一种追求》，北京：北京体育大学出版社，1994
93	张岱年：《中国文化概论》，北京：北京师范大学出版社*
94	许豪文：《运动生物化学概论》，北京：高等教育出版社，2001
95	顾渊彦：《域外学校体育传真》，北京：人民体育出版社，1999
96	何志林：《现代足球》，北京：人民体育出版社，2000
97	刘德佩：《体育社会学》，北京：人民体育出版社，1990
98	孙汉超：《体育管理学》，北京：人民体育出版社
99	中华人民共和国教育部：《体育（1—6年级）体育与健康（7—12年级）课程标准》，北京：北京师范大学出版社，2001

续表

序号	图书信息
100	张洪潭：《技术健身教学论》，上海：华东师范大学出版社，2000
101	教育部学生体质健康标准课题组：《学生体质健康标准（试行方案）解读》，北京：人民教育出版社，2002
102	国务院研究室科教文卫司、国家体委政策法规司：《体育经济政策研究》，北京：人民体育出版社，1997
103	田麦久：《论运动训练过程》，成都：四川教育出版社，1988
104	国家体育运动委员会：《武术套路竞赛规则》，北京：人民体育出版社
105	邵瑞珍：《教育心理学》，上海：上海教育出版社*
106	鲍明晓：《体育市场：新的投资热点》，北京：人民体育出版社，2004
107	季浏：《体育（与健康）课程标准解读》，武汉：湖北教育出版社，2002
108	江百龙：《武术理论基础》，北京：人民体育出版社，1995
109	姚侠文：《现代跳马技术与教学训练》，北京：北京体育大学出版社，1993
110	刘修武：《奥林匹克大全》，北京：人民体育出版社，1988
111	体育史教材编写组：《体育史》，北京：高等教育出版社
112	徐本力：《运动训练学》，济南：山东教育出版社，1990
113	丛湖平：《体育经济学》，北京：高等教育出版社，2004
114	谭华：《体育史》，北京：高等教育出版社，2005
115	杨桦：《竞技体育与奥运备战重要问题的研究》，北京：北京体育大学出版社，2006
116	许永刚：《中国竞技体育制度创新》，北京：人民体育出版社，2006

注：标有"＊"的书有多个版本，因此省略了版本。

根据表 22-7 中已标注年份的图书信息，我们可以看出入选图书出版时间的跨度只有 21 年，最早的是 1985 年出版的由邢文华教授主持编写的《体育测量与评价》，最新的是 2006 年出版的《竞技体育与奥运备战重要问题的研究》和《中国竞技体育制度创新》。被体育学论文引用次数最多的是北京体育大学出版社出版的《中国群众体育现状调查与研究》，被引达到了 203 次。入选的 116 种国内学术著作几乎涵盖了体育学所有研究领域，除了包括运动心理学、运动生理学、体育史、运动医学、运动训练学、民族传统体育等体育基础学科和运动技术学科，还有像体育社会学、体育经济学等交叉学科的研究著作。本节将把入选的国内学术著作分为体育学基础理论、体育社会与体育文化、体育运动技术、学校体育与教学、非体育学专业著作 5 个大类。

（1）体育学基础理论类著作

体育基础学科主要研究哲学、自然科学、社会科学等各种学科在体育领域里的运用，这一方向的研究为体育学领域的基本规律、原理提供了丰富的理论依据。入选的 116 种国内学术著作中，属于体育基础学科研究的有 33 种，占比 28.45%。其中被引次数最高的入选图书有张力为的《体育运动心理学研究进展》（被引 113 次），曲绵域的《实用运动医学》（被引 95 次）等。尽管国内体育学研究起步较晚，但已经积累了一些优秀的基础研究著作，这些著作涉及的领域主要有运动心理学、运动生理学、运动生物化学、生物力学、运动医学与健康、体育数学、体育统计学、体育史、奥林匹克研究等。

① 运动心理学类著作

运动心理学是研究人在从事体育运动时的心理特点及其规律的心理学分支学科，它也是体育科学中的一门新兴学科，与这一学科相关的图书有《体育运动心理学研究进展》（被引 113 次）、《体育运动心理学》（被引 94 次）、《体育心理学》（被引 50 次）、《运动心理学》（被引 32 次），平均每种被引达到 72.25 次，由此可见学者在这一领域的研究比较活跃，运动心理学著作对学者的研究起到了重要的指导作用。

《体育运动心理学研究进展》是中国运动心理学界第一部大型教学与研究参考书，由 21 位中青年运动心理学工作者合作完成。涉及主题涵盖运动心理学、锻炼心理学和体育心理学三大领域；被引次数在所有入选的 116 种国内学术著作中排在第六位，在学科研究中具有很高的学术影响。

北京体育大学马启伟教授是我国著名的体育教育家，曾担任北京体育学院院长，长期致力于排球运动和运动心理学研究，其编著的 2 种运动心理学著作《体育运动心理学》（与张力为博士合著）和《体育心理学》均系高水平的心理学著作，具有撰写体例国际规范性、组织架构创新性、资料选取权威性、撰写选取实用性、内容时代性突出等特点，全面地反映了运动心理学研究与发展的全貌，内容涉及运动活动的动机、情绪、认知和社会因素、心理调节和心理训练、运动员心理特征和心理选材、锻炼心理学、兴奋剂使用以及研究方法等范围，是体育研究人员必备的参考资料①。

通过分析，引用这类图书的体育学论文多涉及运动员选材、心理训练、竞赛心理研究、学生心理健康调研、运动员心理素质、教练员领导行为模式等主题研究领域。

② 运动生理学类著作

运动生理学是体育科学基础学科之一，主要研究人体在体育活动和运动训练影响下结构和机能的变化、人体在运动过程中机能变化的规律以及形成和发展运动技能的生理学规律，探讨人体运动能力发展和完善的生理学机理，论证并确立各种科学的训练制度和训练方法。近年来，随着科学技术的发展，国内运动生理学研究领域不断扩大，研究水平不断提高，一大批紧跟学科前沿领域和体育运动热点问题的成

---

① 蔡兴林等："对《体育运动心理学》的点滴认识"，《体育文化导刊》2004 年第 7 期。

果相继问世。① 在这一领域，共有 6 种著作入选体育学最具影响力的国内学术著作，它们是《实用运动生理学》（被引 73 次）、《运动生理学》（全国体育学院教材委员会运动生理学编写组编，被引 42 次）、《运动生理学》（邓树勋主编，被引 37 次）、《运动生理学高级教程》（被引 33 次）、《运动生理学进展：质疑与思考》（被引 27 次）、《运动生理学》（王瑞元主编，被引 25 次）。

在以上入选著作中，被体育学论文引用最多的是杨锡让教授主编的《实用运动生理学》，该书全面系统地介绍了运动生理学的基本知识，内容包括：运动生理学是科学训练的重要内涵，运动员的选材，运动训练状态，运动训练辅助手段，运动训练的恢复，运动训练的生理监控等。这 6 种著作除了在国内运动生理学研究中发挥重要的指导作用外，也作为体育院校运动生理学课程的教材或参考书籍，为教学提供参考。通过对 CSSCI 体育学论文的参考文献进行分析，引用这 6 种著作的体育学论文主要涉及运动与骨骼肌、运动员心肺功能、身体素质调查、高原训练、运动技能评定等领域。

③ 运动生物化学、生物力学类著作

现代科学聚散共生的特征使体育科研朝跨学科的方向发展，运动生物化学与运动生物力学就属于跨学科体育学基础研究，运动生物化学是研究体育活动对人体化学组成和化学变化影响的规律，并应用这些规律为运动实践服务的一门科学。而运动生物力学则主要研究人体或一般生物体在外界力和内部受控的肌力作用下的机械运动规律。入选图书归属于这两个研究领域的共有 5 种，即：《运动生物力学》（全国体育学院教材委员会编，被引 38 次）、《运动生物化学原理》（被引 38 次）、《运动生物化学》（被引 37 次）、《运动生物力学》（李良标主编，被引 36 次）、《运动生物化学概论》（被引 20 次）。

冯炜权、冯美云、许豪文三位教授均在高校长期担任运动生物化学教学和科研工作，在国内这一领域享有很高的知名度，由他们编著的《运动生物化学原理》、《运动生物化学》、《运动生物化学概论》被体育学论文引用较多，在学科教学和研究中发挥了重要的参考作用，是运动员生理机能评定、运动疲劳、各项运动生化特点、运动量等领域研究的重要参考书籍。

入选的 2 种运动生物力学图书均作为体育院校通用教材被广泛使用。其中全国体育学院教材委员会编著的《运动生物力学》被引较多，这本书编写的目的在于为培养合格的体育教师和教练员提供运动生物力学的基础知识，使学生通过学习对体育运动中的具体问题进行生物力学分析，并能在教学、训练实践中加以应用，以提高教学、训练质量。另一种同名入选图书的作者是北京体育大学李良标教授，他是

---

① 李之俊："运动生理学研究现状与展望"，《国外医学·骨医学分册》2004 年第 3 期。

1981年出版的第一本全国体育系通用教材《运动生物力学》的编撰者。[①] 由于运动生物力学是一个发展速度极快的学科，第一版的《运动生物力学》并没有入选，达到入选标准的是由北京体育大学出版社出版的《运动生物力学》，尤其是1991年版被体育学论文引用最多，达到26次，在教学和研究中发挥着非常重要的作用。

④ 运动医学与健康类著作

运动医学是医学与体育运动相结合的综合性应用科学，研究的内容是与体育运动有关的医学问题，即运用医学的知识和技术对体育运动参加者进行医学监督和指导，从而达到防治伤病、保障运动者的健康、增强体质和提高运动成绩的目的。入选的运动医学与健康的图书有，《实用运动医学》（被引95次）、《实用体质学》（被引77次）、《实用运动处方》（被引41次）、《体育与健康》（被引32次）。

《实用运动医学》是北医运动医学研究所（现为北京大学运动医学研究所）主编的大型工具参考书，现已出版三版。该书深入浅出，既重视基础理论也重视实用，主要内容包括四大部分：运动保健、运动营养、运动创伤及医疗体育（运动疗法）。《实用体质学》主要介绍了影响体质的主要因素、人体形态、人体生理功能、身体素质与运动能力、增强体质的途径等。《实用运动处方》集运动与医学、运动与预防学、运动与保健学、运动与康复学于一体，指导人们运用运动处方增进健康，主要内容包括，运动生理、运动医务监督、运动性疾病和运动性损伤的预防及处理，以及营养处方、健身处方、慢性疾病的康复处方在实践中的运用。华东师范大学版《体育与健康》教材由华东师范大学体育与健康学院院长季浏教授担任主编，该教材打破了传统体育教材以学科为中心、以运动技术为主要内容的编写模式，为促进学生健康、全面地发展提供了丰富的"营养素"。上述4种图书对体育学研究产生了较大的学术影响，平均每种图书被引达到61.25次，主要影响的领域包括运动损伤研究、运动处方、运动对身体的影响、体质健康评价等。

⑤ 体育数学类著作

体育数学是数学的一个分支，主要研究、寻找能定量地反映体育运动各种实践活动的本质特征及客观规律的方法，并应用这些规律指导体育运动的各种实践。主要内容包括：体育统计、体育控制论、体育模型、运动仿生、体育预测与决策等。体育科学研究越来越注重对所研究的体育问题建立相应数学模型，并采用有效的数学方法寻求体育问题的数学解，直至体育问题的真实解，从而使体育社会，经济管理等问题的分析、评价、决策、预测更量化可操作。[②] 入选体育学最有学术影响力的体育数学、体育统计学学术著作有4种：《常用体育统计方法》、《实用体育统计》、《体育实用模糊数学》、《体育统计》，这些图书对体育科研及研究方法朝数学化方向发展

---

① 李建设："通用教材《运动生物力学》20年进展"，《北京体育大学学报》2001年第9期。
② 黄大林："国内外体育科研的发展趋势"，《教育科学》2007年第1期。

起到了重要的作用。

《常用体育统计方法》由北京体育大学出版社出版多次，累计被引 41 次，其中 1990 年版被体育学论文引用较多，是体育统计研究的重要参考书之一，也作为研究生入选考试的参考书目。祁国鹰教授编著的《实用体育统计》重点在于介绍一些常用而必要的体育统计方法，对每种方法又着重于通俗地阐述方法所依据的原理、应用的条件和途径。孙庆祝教授的代表作《体育实用模糊数学》第一次系统地将模糊数学理论引入体育领域解决体育中模糊问题，填补了体育领域的空白，在国内外引起较大反响。作为体育学院通用教材，《体育统计》主要介绍体育统计的基础原理、方法及其应用，特点是在不失系统性的基础上对有关原理深入浅出地加以阐述，特别增设了计算机程度和一些统计方法在体育研究中的应用实例。

为了更好地了解这 4 种入选著作对体育学研究的具体影响范围，我们在对 CSSCI 体育学论文的参考文献进行整理统计后发现，引用这 4 种图书的体育学论文涉及的主题众多，主要包括：比赛能力评价、生理机能指标分析、体质调查、成绩分析、体育产业研究等，由此可见体育数学是学科研究的一个重要分支，这一领域的图书对学科发展具有较高的学术价值。

⑥ 体育史类著作

体育史学是当代体育发展最重要的资源之一，是对于迄今为止人类体育发生演进的记录、研究、阐释并在此基础上探究其发展规律的科学。① 近 20 年来，体育史学研究得到了迅速发展，研究涉及的领域更为广泛，学术交流日益增多，研究成果不断增加，在研究内容与研究方法等方面均取得了新进展与新突破。② 体育史学领域有 7 种图书入选：《奥林匹克运动》（被引 94 次）、《奥林匹克研究》（被引 53 次）、《中华人民共和国体育史：1949—1998（综合卷）》（被引 43 次）、《中国武术史》（被引 35 次）、《体育史》（谭华主编，被引 20 次）、《体育史》（体育史教材编写组主编，被引 18 次）、《奥林匹克大全》（被引 18 次）。

以 2008 年北京奥运会在我国举办为契机，奥林匹克研究成为一大热点，共有 3 种奥林匹克相关图书入选。任海先生主编的《奥林匹克运动》是我国第一本正式对奥林匹克运动进行全面研究的书，全书从思想体系、组织机构、内容体系三个层次，对整个奥林匹克运动会的历史过程进行梳理。作为全国体育院校的通用教材，《奥林匹克运动》承担着权威诠释的任务，对中国体育与奥林匹克的融合以及开展奥林匹克教育具有重要的推动作用。③ 从 2000—2007 年，该书被 CSSCI 体育学论文引用 94

---

① 郝勤. 体育科学的发展与体育史学的复兴. [2009 - 06 - 27] http：//skjd. cdsu. edu. cn/shownews. asp？newsid = 89.

② 孙越："中国体育史学研究进展综述",《天津体育学院学报》2008 年第 1 期。

③ 卢元镇："对奥林匹克运动再认识——评《奥林匹克运动》（修订本）",《体育文化导刊》2006 年第 4 期。

次，这足以证明这本书的权威性和学术影响。被引次数较高的还有1994年由谢亚龙主编、北京体育大学出版社出版的《奥林匹克研究》和1988年刘修武主编的《奥林匹克大全》，这三部著作为我国奥林匹克研究的发展打下了良好的基础，对奥运经济、奥运文化、体育精神等奥林匹克相关领域的研究具有重要的学术价值，是从事奥林匹克研究的学者及体育管理人员的重要参考书籍。

其余4种体育史著作中，最具有影响力的是《中华人民共和国体育史：1949—1998（综合卷）》。全书57万余字，含括了新中国体育发展的主要大事和重要资料，是国家体委组织编写的反映当代中国体育发展的体育通史。该书集中地阐明了新中国体育方针、政策的形成和发展，阐述了新中国不同时期体育体制的特点和变化，探讨了新中国体育思想理论的演进和当代中国人对体育发展规律的认识，记述了新中国体育重大历史事件和发展的历史进程，总结了新中国体育事业取得的巨大成就和经验教训。这是第一本系统、全面地认识新中国体育发展史专著，在体育学研究中具有很高的学术参考价值和史料价值。入选的4种体育史类著作对体育学研究的影响范围非常广泛，主要包括体育交流与合作、传统体育、体育哲学研究、体育体制、学科研究综述等。

⑦ 体育基础理论类其他著作

对于不宜归入上述类别的体育基础科学图书，在此聚为其他类集中讨论，这些图书有：《体育科学研究方法》（被引43次）、《体育人类学》（被引33次）、《体育科研概论》（被引21次）。

《体育科学研究方法》对体育科学研究方法体系进行了大胆尝试，从科学研究与科学方法、研究课题的规划设计、资料数据的统计分析、不同研究的相互比较和研究结果的相互交流5个方面构筑体育科学研究方法的体系，在体育科学研究方法上为学生、教师和研究人员提供一个全新的思路和实用的指引。书中列举的大量实例深入浅出地帮助读者理解研究方法的原理，对全国体育院系的本科生、研究生、教师和科研人员具有一定的参考价值。根据CSSCI体育学论文引用情况，引用该书的体育学论文涉及体育学众多领域，对体育教学、体质测试、运动训练学、运动心理学等体育学分支学科的研究均产生了一定的影响。

国内从事体育人类学研究的学者较少，学科研究进展甚微，在仅有的几种已经面世的体育人类学著作中，胡小明编著的我国第一部《体育人类学》较具特色。作者通过对体育人类学的兴起、研究对象及方法的论述，介绍并充分肯定了西方体育模式形成的必然性与合理性，分析了中国传统体育的历史成因。该书的出版奠定了中国的体育人类学研究的基础，在我国体育人类学科初创时期起到了较大的推动作用。[①] 引用这部著作的体育学论文涉及体育人类学、体育民俗学、传统体育与民间体

---

① 崔乐泉："体育人类学研究的又一新作"，《体育文化导刊》2006年第10期，第84—85页。

育、体育价值等主题研究领域，是体育人类学研究者的必备书籍。

北京体育大学周登嵩编著的《体育科研概论》，阐述了体育科研的类型、特点与基本程序、科研选题、提出研究假设与制订研究计划、科学研究方法、科研论文的撰写与评价等内容。在2000—2007年期间，被CSSCI中体育学论文引用22次，对体育教学、学校体育、民族体育等领域的研究和发展也产生了一定的影响。

（2）体育社会与体育文化类著作

体育社会学是研究体育的社会属性的学科，其中包括体育与社会的关系、体育对社会的作用、体育的社会结构等。体育人文社会科学在确定体育发展方向、传播体育价值、传承体育文化、建构体育学科体系、完善体育制度、规范体育行为、促进全民健身和奥运争光计划的实施等方面发挥着重要作用。[①] 这一领域入选的国内学术著作共有33种。

① 社会体育类著作

社会体育作为我国体育事业的重要组成部分，它关系到人民体质的增强、健康水平的提高和生活质量的改善，是现代社会文明、健康、科学的重要标志之一。随着现代科学技术的飞速发展和生产力的不断提高，大众体育科学研究越来越受到体育管理部门和学者的重视，本次入选的社会体育相关著作共有7种，其中大部分是国家体育管理部门主持编写的各类调研报告，只有一本学者专著（卢元镇的《社会体育学》）。这一方面说明调研报告中大量翔实数据在社会体育研究中具有重要的参考价值，另一方面也反映出这一领域需要更多的理论研究著作加以补充。

1995年以来，国家先后组织开展了2次大规模的中国群众体育现状调查与研究工作，建立了比较规范的中国群众体育调查信息库。分别于2000年和2005年，在全国范围内组织开展了国民体质监测，对于3—69岁的中国国民进行了全面的体质测试和评定，获取了20世纪末中国国民体质状况的完整数据。两次群众体育现状的调研结果，已成为中国体育管理部门及学界广泛采用的权威数据源。

国家体育总局在1997年和2001年开展了两次全国群众体育现状调查，主要内容包括：社会转型期的中国群众体育、非均衡发展中的中国群众体育、中国群众体育参与现状等。其调查成果《中国群众体育现状调查与研究》弥补了我国群众体育长期情况不明，缺乏统计资料的空白，对建立群众体育概念体系，评价我国群众体育发展程序，为群众体育发展的追踪研究提供基础条件。这两个年份的调查成果共被体育学论文引用203次，在全部体育学著作中排在第一位，为体育学研究提供了大量、权威的数据，是社会体育研究必不可少的参考书籍。这部著作不仅对农村体育、体育公共政策、群众健身、体育需求与行为等社会体育研究领域具有很高的学术影

---

① 杨桦等："我国体育人文社会科学研究现状及发展趋势"，《北京体育大学学报》2007年第11期。

响，同时对学校体育、体育文化、传统体育等方向的研究也具有一定的参考价值。

国民体质监测是指国家为了系统掌握国民体质状况，以抽样调查的方式，按照国家颁布的国民体质监测指标，在全国范围内定期对监测对象统一进行测试和对监测数据进行分析、研究。我国于2000年开展首次全国性国民体质监测工作，并由北京体育大学出版社出版了2种相关成果：《中国国民体质监测系统的研究》（被引60次）和《2000年国民体质监测报告》（被引25次），为群众体育研究提供了客观准确的国民体质资料。这2种著作被体制状况调查、健康评价体系、身体机能指标分析等领域研究的体育学论文引用较多，在社会体育学研究中发挥了重要的参考作用。

中国学生体质健康调查研究是由教育部、国家体育总局、卫生部、国家民委、国家科委共同领导和组织的学校体育卫生方面的一项基础性工作。先后于1985年、1991年、1995年、2000年开展了四次全国性的学生体质健康调查研究。内容包括身体形态、机能、素质及健康检查4个方面20项指标。其研究成果中有《2000年中国学生体质与健康调研报告》（被引39次）、《中国学生体质与健康研究》（被引29次）、《1995年中国学生体质与健康调研报告》（被引22次）3种著作入选，为学科研究提供了丰富的中国学生体质与健康调研统计资料，对学生体质、身体发育、学生健康测试标准、学生营养问题、运动处方等研究有较高的学术价值。

《社会体育学》（被引25次）作为高等学校体育教育专业的专业基础课教材，从不同的角度对社会体育进行了广泛的论述，主要内容包括：社会体育概论、体育人口、体育与生产方式、全民健身计划纲要、社会体育指导员技术等级制度、社会体育经费、场地设施管理、职工体育、农村体育、社区体育、体育锻炼原理与方法、身体娱乐原理与方法、运动处方、体质测定与监测、社会体育研究方法等。该书作者卢元镇教授在体育理论研究领域里有较高的权威性和深厚的学术造诣，他编著的图书中，有3种入选成为体育学最有影响力的学术著作。《社会体育学》的影响领域主要有体育管理体制、社区体育、农村体育建设、体育休闲等，对社会体育研究领域具有较大的参考价值。

② 体育经济类著作

体育经济领域的理论研究源于体育产业发展的需要，我国体育经济与体育产业研究始于20世纪80年代。虽然体育经济理论研究在国内还是一个比较新的领域，但随着我国体育产业的快速发展，这一领域已成为体育学新的研究热点。[①] 入选的体育经济类图书共10种：《体育产业：新的经济增长点》（被引134次）、《北京奥运经济研究》（被引38次）、《体育赞助：双赢之策》（被引30次）、《市场经济与体育》（被引26次）、《体育市场：策略与管理》（被引22次）、《体育产业学导论》（被引22

---

① 杨铁黎等："对我国体育经济类研究成果的回顾与展望"，《中国体育科技》2007年第5期。

次)、《体育产业现状趋势与对策》(被引21次)、《体育经济政策研究》(被引19次)、《体育市场：新的投资热点》(被引18次)、《体育经济学》(被引17次，2004年出版)。

  资深的体育产业研究专家鲍明晓有2种著作入选。《体育产业：新的经济增长点》共11章，主要介绍了什么是体育产业以及当前国内外学者在这一问题上的主要观点，国内外体育产业的形成、现状及发展趋势，体育消费兴起的社会动因、体育消费水平及其主要差异等。全书被体育学论文引用达到134次，对体育市场的投资者、经营者、管理者是一本有参考和借鉴价值的实务指南。《体育市场：新的投资热点》虽出版于2004年，但被引次数已达到了入选标准，可见此书很受学者欢迎，在学科研究中广泛地被借鉴和引用。这本书从体育市场的基本理论入手，深入介绍了小康社会与体育市场发展的互动关系；我国加入WTO后对体育市场发展的影响和政策建议；承办2008年奥运会对我国体育产业发展的影响；未来10年我国体育市场发展战略等问题。引用这2种著作的体育学论文的主题主要涉及体育产业研究、体育试产研究、体育彩票、体育综合服务、体育赞助、奥运经济等研究领域。

  除此之外，《北京奥运经济研究》紧密结合北京市经济社会发展的具体实际，介绍了北京奥运经济的内涵、奥运会对北京现代化、城市建设等各方面的重大影响、奥运会对北京全面建设小康社会和率先基本实现现代化的影响等，是国内一部权威、系统、全面研究2008年奥运经济的专著。《体育赞助：双赢之策》介绍了企业如何开展体育赞助、体育部门的赞助营销之道、赞助的实施和效果评定、五环旗下的赞助活动、体育赞助的发展趋势等内容。《市场经济与体育》探讨了在社会主义市场经济条件下如何进一步认识体育的属性；体育如何走社会化、产业化道路；体育事业如何发展；市场经济与体育的关系；市场经济与奥运争光、全民健身、竞技体育、民族体育、学校体育、体育教育等的关系。

  其余图书由于被引次数相对偏低，所以不再一一介绍，这些著作对体育经济学研究领域具有普遍的影响，主要集中在体育产业发展、体育产业政策、体育产品、体育市场、体育消费、奥运经济等问题的研究。

  ③ 体育社会与文化类著作

  体育社会与体育文化研究在中国起步较晚，但在近30年的发展中逐步形成了自己的学术研究特点。体育社会学在体育运动的社会功能、体育改革、体育娱乐理论、体育与大众传播媒介、社区和区域性体育、体育群体、体育社会问题等多方面进行了研究，并取得了可喜的学术成果。[①] 体育文化学领域也有数以百计的论文以及学术著作发表问世，阐述体育文化的概念、特性、内部结构和外部环境以及不同性质、

---

① 卢元镇等："中国体育社会学三十年"，《吉林体育学院学报》2008年第5期。

不同项目的体育文化。① 入选的此类图书有：《中国体育社会学》（被引196次）、《体育社会学》（被引54次）、《体育的社会文化审视》（被引48次）、《人文体育——体育演绎的文化》（被引38次）、《我国体育社会科学研究状况与发展趋势》（被引24次）。

体育社会学与体育文化学领域入选的著作中，被引次数排在前三名的图书均是华南师范大学卢元镇教授的著作。《中国体育社会学》从理论到实践对中国体育社会学进行了全面、系统、科学的阐述。从2000—2007年，这本书被体育学论文大量引用，在入选的国内学术著作中排在第三位，在体育学研究中具有重要的学术影响，是体育社会学研究的重要参考书，也可以供广大体育教师和体育爱好者学习借鉴。卢元镇教授的另外2种入选图书《体育社会学》和《体育的社会文化审视》也是领域内颇有影响的学术著作。这3种著作在出版后都经过了多次修订，内容不断充实、完善。作者紧跟学科发展步伐，不少的理论、观点对体育社会学研究中产生了很大的学术影响，尤其是元体育学、体育价值观、体育学科体系、体育社会调查、奥运相关社会问题等领域的研究为科研成果的产生打下了坚实的理论基础，成为很多学者参考借鉴的对象。

④ 社会体育类其他著作

除上述图书之外，还有9种社会体育类著作也受到学者较多的关注，被体育学论文较为频繁的引用。这些图书涉及竞技体育、体育管理、职业体育等多个领域，由于每个类目下的图书种类较少，被体育学论文引用次数相对较少，所以对它们进行合并讨论。这9种图书是：《职业体育俱乐部运行机制》（被引46次）、《熊斗寅体育文选》（被引29次）、《体育人文社会科学概论高级教程》（被引23次）、《职业篮球市场论》（被引22次）、《竞技体育创新原理》（被引22次）、《终身体育——现代人生活方式的一种追求》（被引20次）、《体育管理学》（被引20次）、《竞技体育与奥运备战重要问题的研究》（被引13次，2006年出版）、《中国竞技体育制度创新》（被引8次，2006年出版）。

2种与职业体育相关著作：《职业体育俱乐部运行机制》将职业体育俱乐部作为竞技体育的一种制度，运用辩证思维、实证与规范研究相结合、系统分析比较等方法，辅以文献资料、调查访问等方法，从过去、现在、未来3个角度，围绕我国职业体育俱乐部运行机制进行深入探讨，并且针对职业体育俱乐部这个我国体育改革中的热点问题进行理论分析。《职业篮球市场论》运用市场学和经济学的基本原理和方法，对职业篮球，职业篮球市场的内涵和职业市场的构成要素等理论问题进行了系统的探讨。这2种著作对体育俱乐部经营管理、职业体育制度、各类联赛管理、运动

---

① 闻昊：" 《体育文化学概论》出版遐想——兼评中国的体育文化研究"，《体育文化导刊》1999年第6期。

员薪酬问题等主题的研究具有一定的参考价值。

《熊斗寅体育文选》的内容分为体育现代化、奥林匹克研究、体育科学、比较体育和体育信息5个部分。它全面反映作者熊斗寅先生10多年来的科研成果和理论探索，内容上既保持了时效性和实用性，也注意文章的新领性和启发性。这部文选对于广大体育理论工作者与体育院系学生来说，无疑是一本值得阅读的、有研究参考价值的好书。

《体育人文社会科学概论高级教程》由卢元镇教授任主编，我国体育人文社会学各领域的专家、学者共同参加编写的一本体育人文社会科学的研究生教材。这本著作除了用于教学，还对体育文化、体育美学、体育休闲娱乐、体育研究成果评价、体育传播等领域具有一定的参考价值。

(3) 体育运动技术类著作

运动技术学是以人体运动和各个竞技运动项目、健身运动项目为研究对象的分支学科。由于运动竞赛竞争的日益激烈，以及全民健身运动的广泛开展，这一领域的研究越来越受到专家、学者的重视。在运动训练的基本理论方面，完成了一批高水平的研究成果，出版了一系列运动训练学领域的研究性专著。在入选的116种国内学术著作中，共有21种图书属于运动技术学科的研究成果，这些图书涵盖了运动训练、运动项目理论与实践、运动效能测定、体育教学研究、体育教材、民族体育等多个不同研究领域，在整个运动技术学科的研究中发挥了重要的作用。

① 运动训练学类著作

运动训练学是运动技术学中的重要学科，主要研究竞技运动训练的目的、任务，运动训练的原理、原则、特点和方法，运动员在运动训练中的适应过程，包括运动员在运动训练过程疲劳的产生以及消除的方法，运动训练水平的测定等。这一领域的入选图书共有9种，平均每种图书被引71次。与其他研究领域相比，运动训练学无论是从入选数量上还是从每种的被引次数上都值得称赞，这既说明了运动训练学研究非常活跃，也反映出了这些图书在运动训练学研究中具有十分重要的地位，是运动训练学研究的重要参考资源。这9种入选图书分别是《运动训练学》（田麦久主编，人民体育出版社出版，被引198次）、《运动训练科学化探索》（被引151次）、《项群训练理论》（被引53次）、《运动训练学》（过家兴编著，人民体育出版社，被引39次）、《运动训练学》（过家兴，北京体育大学出版社，被引38次）、《运动训练新思路》（被引38次）、《论运动训练计划》（被引32次）、《论运动训练过程》（被引19次）、《运动训练学》（徐本力著，被引18次）。

北京体育大学田麦久一直站在我国运动训练学研究和教育的一线，见证了改革开放30年来我国运动训练学的发展，是中国运动训练科学化理论体系的主要构建人之一。由他主编的《运动训练学》是体育院校的通用教材，内容包括竞技体育与运动训练、运动训练管理、运动员选材、运动训练的基本原则、运动训练方法与手段、运动员体能及其训练、运动员技术能力及训练等。从 2000 年出版至 2007 年，累积被 CSSCI 体育学论文引用 198 次，在全部体育学图书中排名第二，可见该书在体育学研究中重要的学术地位和参考价值。入选图书中还有其他三个版本的"运动训练学"图书，分别是《运动训练学》（过家兴编著，人民体育出版社）、《运动训练学》（过家兴编著，北京体育大学出版社）、《运动训练学》（徐本力著，山东教育出版社）。这几个版本的《运动训练学》都作为教材和课程参考书籍在体育教学中发挥着巨大的作用。引用这几种书的论文主题主要涉及各项目训练理论、项目技战术、体能研究、训练方法比较分析、奥运训练等众多研究领域。

作为现代运动训练理论的创始人之一，除了《运动训练学》之外，田麦久还有 4 种运动训练学领域的著作入选：《运动训练科学化探索》、《项群训练理论》、《论运动训练计划》和《论运动训练过程》。这一系列研究成果，构建了我国科学训练的理论体系，为运动训练活动的科学组织与有效实施，提供了重要的科学指导。引用这些图书的体育学论文涵盖了运动训练学的各个研究领域，对学科研究具有普遍的参考价值。

② 运动项目理论与实践类著作

随着体育竞技水平的提高和运动技术学研究的不断推进，出现很多针对某个运动项目的理论与实践研究著作，这些著作结合了项目自身的特点，对某一具体领域的研究具有更强的指导意义和参考价值。在这一领域入选的图书共有以下 6 种：《中国优势竞技项目制胜规律》（被引 69 次）、《篮球运动研究必读》（被引 56 次）、《现代田径运动科学训练法》（被引 28 次）、《高原训练的理论与实践》（被引 26 次）、《现代足球》（被引 20 次）、《现代跳马技术与教学训练》（被引 18 次）。

《中国优势竞技项目制胜规律》主要论述我国乒乓球、体操等 8 个项目的成功之道。特别是在挖掘项目的制胜因素及制胜因素间的本质联系方面做了大量的分析，确保在不同时空范围内训练、比赛中严格遵循项目的制胜规律，使自己立于不败或少败之地。全书共被体育学论文引用 69 次，产生影响的领域包括运动员竞技能力分析、排球、体操等项目训练研究、创新教育与人才培养、优势项目分析等。

《高原训练的理论与实践》对高原训练的理论和方法提供了专家指导，对高原训练以及在中国包括香港地区的不同体育领域内如何进行高原训练提出了精辟的论述。该书中所介绍的优秀的运动员在高原训练中的经验及成就，使本书成为一本出色的教学、训练参考资料，对于高原训练的基本原理以及在各专项运动中的应用等领域具有实际的指导作用。

以上 2 种图书在运动训练中具有普遍的指导意义，而其余的 4 种图书则分别属于篮球、田径、足球、跳马这 4 个特定的运动项目。《篮球运动研究必读》内容上力图新颖，具有科学性、理论性和启发性，有较多的信息量，以便使读者既了解篮球运动的理论、科学研究成果与发展趋向，又能掌握一些教学、训练、科研、竞赛方面的新动向和方法。《现代田径运动科学训练法》系统而全面地介绍了当今田径运动各项目训练研究的最新成果和成功经验。《现代足球》充分反映国内外足球运动的发展趋势，具有鲜明的时代特色，不仅是国家级重点教材，而且作为教练员、俱乐部管理人员及球迷们的参考书。《现代跳马技术与教学训练》论述了现代跳马的特点、分类、发展简况、技术原理、教学训练方法等。4种著作均是各领域内的权威著作，对所在领域的训练理论和方法、制胜规律、项目特点等研究具有一定的学术参考价值。

③ 运动效能测定与运动员选材类著作

运动效能测定方法是对从事锻炼、教学或训练的质量进行定量分析的学科，是体育学中有待完善和发展的学科，而运动员科学选材是20世纪末才发展起来的学科。在这两个年轻的体育学研究领域中有4种具有一定学术影响的国内著作入选，它们是：《体育测量与评价》（被引68次）、《优秀运动员身体机能评定方法》（被引60次）、《运动员科学选材》（被引52次）、《运动员机能评定常用生理生化指标测试方法及应用》（被引48次）。

《体育测量与评价》的作者邢文华曾主持创立了中国体育测量与评价学、体质学和运动员选材学的学科体系，是这一领域研究的权威学者之一。该书围绕新课程教学改革，对体育测量与评价的理论与方法、测验的选择、编制与实施，常用身体形态、机能、素质的测试、运动技能水平测评、学生体质综合评价以及学生学习水平及能力评估等与"体育考核与评价"密切相关的内容进行了阐述。该书的68次被引主要来自体质调查分析、运动能力评价分析、技能测量与评价、身体素质研究等领域的体育学论文。

《优秀运动员身体机能评定方法》和《运动员机能评定常用生理生化指标测试方法及应用》均由冯连世等主编，是国家体育总局备战奥运会的科研成果。《优秀运动员身体机能评定方法》系统论述了优秀运动员身体机能评定的理论基础、生理生化指标体系和优秀运动员身体机能的综合评定及注意事项，并结合各运动项目的特点，分别介绍了30余项奥运项目优秀运动员身体机能的评定方法。《运动员机能评定常用生理生化指标测试方法及应用》全面、系统地介绍了运动员机能评定常用生理生化指标的测定方法，并简单介绍了各指标在运动训练实践中的应用方法。共收入生理生化指标60多项，测试方法近100种。以上2种著作分别出版于2003年和2002年，短短几年时间能有60次左右的被引数量，说明了2种著作在体育学研究中具有很高的学术价值。学者在训练效果分析、身体机能研究、运动能力分析、高原训练、生化指标分析等几个主题领域的研究中大量参考了这2种著作。

④ 民族传统体育类著作

我国民族传统体育是中华民族几千年来人民智慧的结晶，具有鲜明的民族性、历史性和地域性。它经历了近一个世纪的震荡，改革开放之后走上了全面复兴的道路。目前对民族传统体育的研究有了质的突破。但基础理论还很薄弱，缺乏系统的理论体系，应用性理论研究范围较窄，仍有很多领域需要进一步的开发。[①] 这一领域入选的国内学术著作只有《武术套路竞赛规则》和《武术理论基础》2种，被引次数分别为19次和18次，由此可见，民族传统体育研究还需要进一步加强，亟待更多的学术精品来引导该学科研究的不断深入。这2种武术项目对体育学研究产生的影响主要表现在武术套路、武术规则、武术裁判等领域。

（4）学校体育及教学类著作

在CSSCI收录的全部体育学论文关键词中，学校体育及体育教学类关键词占了很大的份额，涌现了大量的学术成果和研究著作，这些一方面说明了这一领域研究的繁荣，另一方面也给学者选择参考书籍增加了一定难度。为了使学者更好地利用这一领域众多的研究著作，我们从学校体育及教学研究领域选出了21种国内学术著作，并对它们的被引用情况进行分析，给本领域研究提供参考。

①学校体育理论类著作

考察学校体育与其他体育教育现象相区别与联系、学校体育功能的社会价值、估价学校体育的社会效益以及如何进一步提高学校体育教育的质量是学校体育研究的基本内容。改革开放以来关于"学校体育"研究的论文和成果约占整个体育学研究领域的半壁江山，可见学校体育已成为人们十分关注的研究领域。[②] 在这一领域内，入选的学术著作有《面向21世纪中国学校体育》（被引50次）、《体育教育展望》（被引48次）、《现代社会与学校体育》（被引46次）、《学校体育理论与研究》（被引42次）、《学校体育学》（被引41次）、《域外学校体育传真》（被引34次）、《学校体育改革热点探究》（被引23次）、《域外学校体育传真》（被引20次）。尽管这一领域内有8种入选图书，但被引最多的只有50次，这说明当前学校体育研究效度方面存在数量有余而研究深度不够、定量分析频繁而逻辑实证贫乏等问题，[③] 需要更多有影响的力作促进学科研究的发展。

从体育学论文引用的学校体育类著作来看，影响力最大的国内学术著作是邹继豪教授的《面向21世纪中国学校体育》。该书对体育课程建设、教学改革、体育能力培养等学校体育相关主题研究具有较高的参考价值。

季浏、胡增荦编著的《体育教育展望》在入选图书中的年均被引次数最高，该书分4个维度介绍和讨论了中国和世界发达国家与地区的体育课程改革，从整体上和不同侧面展望体育课程的未来，对学校体育改革实践有巨大的指导作用和参考价值;[④]《现代社会与学校体育》（现代学校体育教学丛书之一）由北京体育师范学院

---

① 赵苏喆："20年来我国民族传统体育研究的状况（综述）"，《体育学刊》2002年第3期。
② 李志宏："论学校体育研究的内容与重点"，2003年第7期。
③ 汤国杰："当前学校体育研究中值得重视的问题——研究效度"，《天津体育学院学报》2002年第4期。
④ 黄贵："评《体育教育展望》"，《体育文化导刊》2007年第1期。

曲宗湖教授和华南师范大学杨文轩教授主编。该书从现代社会对人才的要求入手，站在当代学校体育研究的前沿，全面、深入、系统地研究学校体育，是我国学校体育理论研究领域又一重要著作。学者在体育教学研究、体育课程建设等方面的研究中经常参考这2种著作。

②体育教学类著作

体育教学研究是学校体育的重要组成部分，是体育教学改革深入发展的需要，也是衡量一个国家或地区体育教育发展水平的重要标志。根据体育学图书入选标准遴选出的体育教学研究领域的著作共有7种：《现代教学论与体育教学》（被引66次）、《学校体育教学探索》（被引61次）、《体育教学科学化探索》（被引34次）、《体育教学改革新视野》（被引32次）、《竞技教育学》（被引30次）、《体育教学论》（被引22次）、《技术健身教学论》（被引20次）。

《现代教学论与体育教学》阐述了教学理论及其发展趋势、教学系统、教学模式、教学最优化、体育教学方法、体育教学管理和国外体育教学发展趋势等内容。《学校体育教学探索》围绕体育学改革中有争议的问题和现象，采用三位作者围绕主题即席对话、辩论的特殊方式对体育教学中的诸多问题展开讨论。《体育教学科学化探索》是一部关于体育教育研究的理论专著，内容涉及体育教学科学化的前提——体育教学目标的明确、体育教学科学化的中心——体育教学内容的逻辑、体育教学科学化的实现——体育教学过程与方法的优化组合等。《体育教学改革新视野》的主要内容包括作者对12年中小学体育教学的思考、瞄准终生的"体育实践能力"、学生体育课本用途的新解说、体育教学改革与走向的几个背景分析等。

通过查阅引用此类图书的体育学论文，归纳其的主题可以看出，入选的体育教学研究著作产生影响的领域众多，包括体育专业课程设置、体育教学模式、各运动项目教学、体育教材分析、课堂教学艺术、教学方法研究、教学评估等，说明此类图书对体育教学研究具有普遍指导意义。

③课程标准与教材类著作

为了给学生提供权威、丰富的体育理论和应用知识，体育教材一般具有较高的思想性、科学性、先进性和适用性，[①]并且能融合国内外学科的最新科研成果和理论。同样，各个运动项目的教材在体育学研究中也发挥了重要的参考作用。入选的国内学术著作中，共有7种教材及课程标准：《田径运动高级教程》（被引107次）、《篮球运动高级教程》（孙民治主编，被引81次）、《竞技体操高级教程》（被引24次）、《体育与健康课程标准》（被引23次）、《体育（1—6年级）体育与健康（7—12年级）课程标准》（被引20次）、《学生体质健康标准（试行方案）解读》（被引19

---

① 陈盼："体育理论教材中常见问题分析"，《湖北师范学院学报》（自然科学版）2008年第2期。

次)、《体育(与健康)课程标准解读》(被引19次)。

入选的7种课程教材类著作中,被引次数最多的是《田径运动高级教程》,达到了107次。这本书主要讲授田径运动主要项目的技术分析、选材原理与方法、田径运动场地与管理、竞赛组织、编排与裁判工作,反映了当今世界田径运动新的发展情势、科技理论成果和我国田径运动教学训练的经验。同时介绍了一些有代表性的学术观点与技术风格,旨在活跃学术思想,引导读者进一步研究和提高田径运动教学训练水平,并向高深的田径运动理论知识探求。除此之外,《篮球运动高级教程》、《竞技体操高级教程》也分别系统地阐述了篮球和竞技体操的训练、科研、竞赛等领域的进展,对项目的技战术原理、教学与训练做了详细的总结。

上述3种图书对各自的运动项目产生的影响基本相同,均被运动能力评价、技战术研究、运动训练、相关基础学科研究、项群特征比较等领域的论文大量引用,在体育学研究中产生了较强的指导作用。

课程标准是教学、评估和考试命题的依据,是国家管理和评价课程的基础。4种体育课程标准相关著作规定、解释了体育课程的性质、目标和框架,为体育教学研究和评价提供了参考依据。通过对引用这4种图书的体育学论文进行主题归纳和分析,这些图书的学术影响主要体现在体育课程体系、课程标准、教学改革、教师评价等领域的研究中。

(5) 非体育学专业类著作

本节将要讨论的国内学术著作虽然不属于体育学研究领域,但因其内容与体育学相关,对体育学研究有重要的参考价值,因此也被体育学论文大量引用。这类著作的被引数相对偏低,平均每种著作仅被体育学论文引用26.1次。由于这些著作对体育学研究领域的影响较小,因此本文只对其内容进行简要介绍。

《社会学概论新修》(被引36次)贯彻社会学中国化的学术取向,以社会运行论为理论主线,以社会转型论为解释视角,从微观和宏观两个层面对社会学的基本理论和研究方法做了全面、系统的介绍。《课程理论:课程的基础、原理与问题》(被引35次)是我国第一本提供了课程理论分析框架的经典之作,同时也是深化与发展我国课程教学领域研究的一个重要标志。《教学论》(被引27次)对教学七要素进行了分析,把教学环境与教学反馈也作为教学要素,而且还列为专章来讨论。《课程与教学论》(被引26次)主要介绍了课程与教学研究的历史发展、课程开发与教学设计的基本模式、课程与教学的目标、课程内容与教学方法的选择等内容。《社会研究方法教程》(被引25次)对社会研究的方法和理论作了系统全面的介绍,详细阐述了资料的收集、整理、分析、解释与评估的各种方法、技术及其应用。《质的研究方法与社会科学研究》(被引21次)是国内第一部系统评介"质的研究方法"的专著,对目前国际社会科学界提出的有关理论问题以及新近发展出来的操作手段进行了深入的探讨,并结合有关西方学者以及作者自己的研究实例对其进行了生动的展示和说明。《中国文化概论》（被引20次）作为高等学校人文素质教育公共课教材，给读者提供了一个了解中国文化的简明文本，而且希望读者能够通过阅读对中国文化的继承与创新问题有所思考。《教育心理学》（被引19次）是以阐明学校教育情境下学生的学习为主线，并试图从两个方面探求学校里学生学习的心理规律。

22.6 结语

体育学是一个与时代紧密联系和发展迅速的学科，在其发展成熟的过程中，图书为学科发展提供了丰富的理论依据和实践成果，是体育学发展重要的学术参考资源。为了分析图书对我国体育学研究的学术影响力状况，我们将入选的141种高被引图书分成"领袖著作"、"工具书"、"国外学术著作"和"国内学术著作"4个大类。由于"工具书"和"国内学术著作"入选图书较多，我们在参考大量学科分类标准的基础上，根据研究方向的不同对这两类图书进行了细类的划分，以便于了解图书对体育学不同研究领域的学术影响力情况。

在被体育学论文引用18次及以上或年均被引4次及以上的141种图书中，第一作者共涉及99位学者和21个团体作者。在这些作者中有2种及以上的图书入选的作者共18位[①]，其中团体作者1个，其余17人均为国内学者（详见表22-8）。

表22-8　　　　　　体育学学科入选两种及以上图书作者

序号	作者	入选图书种数
1	卢元镇	5
2	田麦久	5
3	张力为	4
4	季浏	3
5	马启伟	3
6	曲宗湖	3
7	中国学生体质与健康研究组	3
8	鲍明晓	2
9	丛湖平	2
10	冯连世	2
11	冯炜权	2

---

① 由于教育部和国家体育总局等政府机构并非专业的科研团体，其编著的大多是标准和规范类的图书，在分析学术影响时意义不大，因此没有纳入统计范围。

续表

序号	作者	入选图书种数
12	过家兴	2
13	马克思	2
14	毛振明	2
15	王则珊	2
16	谢亚龙	2
17	任海	2
18	杨锡让	2

本章入选的 141 种图书中共涉及 33 家出版社，其中入选 2 种及以上图书的出版社有 13 家（详见表 22-9）。

表 22-9　　　　　　　　体育学学科入选图书较多的出版社

序号	出版社	入选图书种数
1	人民体育出版社	48
2	北京体育大学出版社	27
3	高等教育出版社	17
4	清华大学出版社	5
5	华东师范大学出版社	4
6	北京师范大学出版社	4
7	人民教育出版社	3
8	中国大百科全书出版社	2
9	四川教育出版社	2
10	上海教育出版社	2
11	人民出版社	2
12	教育科学出版社	2
13	奥林匹克出版社	2

通过对体育学著作的学术影响进行讨论和分析，我们可以得出以下结论。

（1）图书是体育学论文引用参考的第二大学术资源，被体育学论文引用次数仅次于期刊论文。尽管图书的被引总数呈快速增长趋势，年增长率高达 20.55%，但所占的份额有缓慢下降的趋势，需要更多有学术影响的著作加以补充。体育学引用文献的语种以中文为主，占总引用文献量的72.67%，高于人文社会科学各学科中文文献的平均被引的比率，这主要反映出体育科研人员外文献获取能力和语言能力有所欠缺，更多地把译文作为研究的参考。

（2）国内学术著作对体育学研究产生的学术影响最大。与其他学科相比，国内学术著作无论是入选种数还是被引次数，所占的比值都是最高的，其中被引次数占入选图书总被引次数的85.79%，远远高于排在第2、3位的工具书和国外学术著作。领袖著作对体育学研究具有较高的理论价值和指导意义。虽然领袖著作只有《马克思恩格斯全集》和《马克思恩格斯选集》2种入选，但其平均被引次数排在第一位。

（3）领袖著作对体育学各个领域的研究具有普遍的指导意义。对体育学影响较大的工具书以字词典和各类手册为主，这些工具书为学科研究提供了大量的统计数据和事实资料，对运动训练学科、体育基础学科和体育社会学科领域的研究都具有一定的参考价值。国内学术著作所影响的范围几乎涵盖本学科所有研究领域和分支学科，包括运动心理学、运动生理学、运动生物力学，生物化学、运动医学、体育数学、体育史、社会体育、体育经济、体育社会、文化、体育管理、运动训练、运动项目理论与实践、运动效能测点、运动员选材、民族体育、学校体育及体育教学等。相比之下，国外学术著作对体育学研究的影响力度还需加强。

附录1

附录1-1　　　　　　中国人文社会科学高被引图书一览表①

序号	图书信息	学科代码
1	A. S. Byatt, Possession, A Romance, London: Vintage, 1990	751
2	Adele E. Goldberg, Constructions: a Construction Grammar Approach to Argument Structure, Chicago and London: the University of Chicago Press, 1995	740
3	Adolf A. Berle, The Modern Corporation and Private Property, New York: Macmillan, 1932	630
4	Alan D. Baddeley, Working Memory, Oxford, New York: Oxford University Press, 1986	920
5	Albert Bandura, Self-efficacy: the Exercise of Control, New York: W. H. Freeman and Company, 1997	920
6	Albert Bandura, Social Foundations of Thought and Action: a Social Cognitive Theory, Englewood Cliffs, N. J.: Prentice-Hall, 1986	920
7	Alexander Wendt, Social Theory of International Politics, Cambridge; New York: Cambridge University Press, 1999	810
8	American Psychiatric Association, Diagnostic and Statistical Manual of Mental Disorders, Washington, DC: American Psychiatric Association, 1994	920
9	Andre Lefevere, Translation, Rewriting, and the Manipulation of Literary Fame, London and New York: Routledge, 1992	740
10	Andrew G. Walder, Communist Neo-Traditionalism: Work And Authority In Chinese Industry, Berkely: University Of California Press, 1986	840

---

① 本附表整理了正文部分讨论的全部高被引著作,共计3141本(部),部分相同作者和篇名而出版社不同的著作做了合并,表中数据按外文原著、翻译著、中文原版先后排列,每部分又按作者姓名字母顺序排列;部分少数民族语言著作汉译本归属到中文原版中且排在前列。表中学科代码采用南京大学中国社会科学研究评价中心学科代码表,该表附在本表最后。

续表

序号	图书信息	学科代码
11	Andrew Ortony, Metaphor and Thought, Cambridge University Press, 1993	740
12	Arthur S. Reber, Implicit Learning and Tacit Knowledge: an Essay on the Cognitive Unconscious, Oxford: Oxford University Press, 1993	920
13	Avinash K. Dixit, Investment and Uncertainty, Princeton: Princeton University Press, 1994	790
14	Bernd Heine, Grammaticalization: a Conceptual Framework, University of Chicago Press, 1991	740
15	Burt, Ronald S., Structural Holes: The Social Structural of Competition, Cambridge, Mass: Harvard University Press, 1992	840
16	Charles N. Li, Mandarin Chinese: a Functional Reference Grammar, University of California Press, 1981	740
17	Charles N. Li, Subject and Topic, New York: Academic Press, 1976	740
18	Chomsky, N., The Minimalist Program, Cambridge, Massachusetts: MIT Press, 1995	860
19	Chris Argyris, Organizational Learning: A Theory of Action Perspective, Massachusetts: Addison-Wesley, 1978	630
20	Christina Maslach, Truth about Burnout: How Organizations Cause Personal Stress and what to do about it, San Francisco: Jossey-Bass Publishers, 1997	920
21	Clifford Geertz, Interpretation of Cultures: Selected Essays, New York: Basic Books, 1973	850
22	Dan Olweus, Bullying at School: What we know and what we can do, Oxford: Blackwell, 1993	920
23	Dan Sperber, Relevance: Communication and Cognition, Oxford, UK; Cambridge, Mass: Blackwell Publishers, 1995	740
24	Daniel Goleman, Emotional Intelligence: Why it can Matter more than IQ, Toronto, New York: Bantam Books, 1995	920
25	David Romer, Advanced Macroeconomics, Boston: MCGRAW-HILL, 1996	790
26	Department of State, United States of America: Foreign relations of the United States, Washington: United States Government Printing Office	810
27	Dianne C. Berry, Implicit Learning: Theoretical and Empirical Issues, Hove, UK: Lawrence Erlbaum Associates Ltd., 1993	920

续表

序号	图书信息	学科代码
28	Douglass C. North, Institutions, Institutional Change and Economc Performance, Cambridge Massachusetts: Cambridge University Press, 1990	790
29	Edith Tilton Penrose, Theory of the Growth of the Firm, New York: Oxford University Press, 1995	630
30	Edward Stone Shaw, Financial Deepening in Economic Development, New York: Oxford University Press, 1973	790
31	Edward W. Said, Orientalism, London: Routledge & Kegan Paul, 1978	751
32	Edwin Gentzler, Contemporary Translation Theories, London and New York: Routledge, 1993	740
33	Emanuel Adler., Security Communities, Cambridge, UK, New York: Cambridge University Press, 1998.	810
34	Eugene A. Nida, Language, Culture and Translating, 上海：上海外语教育出版社，1993	740
35	Eugene A. Nida, Theory and Practice of Translation, Leiden: E. J. Brill, 1969	740
36	Fredric Jameson, The Political Unconscious: Narrative As A Socially Symbolic Act, Ithaca, N. Y. : Cornell University Press, 1981	751
37	Friedrich Ungerer, An Introduction to Cognitive Linguistics, London: Longman, 1996/上海：外语教学与研究出版社，2001	740
38	Gene M. Grossman, Innovation and Growth in The Global Economy, Cambridge Massachusetts: MIT Press, 1991	790
39	Geoff Thompson, Introducing Functional Grammar, London: Edward Arnold	740
40	Geoffrey N. Leech Principles of Pragmatics, London and New York: Longman, 1983	740
41	George Lakoff, Metaphors We Live by, The University of Chicago Press, 1980	740, 920
42	George Lakoff, Philosophy in the Flesh: the Embodied Mind and Its Challenge to Western Thought, New York: Basic Books, 1999	740
43	George Lakoff, Women, Fire, and Dangerous Things: What Categories Reveal about the Mind, Chicago University Press, 1987	740
44	Gideon Toury, Descriptive Translation Studies and Beyond, John Benjamins Publishing Company, 1995	740

续表

序号	图书信息	学科代码
45	Gilles Fauconnier, Mappings in Thought and Language, Cambridge University Press, 1997	740
46	Gilles Fauconnier, Mental Spaces: Aspects of Meaning Construction in Natural Language, Cambridge: Cambridge University Press, 1994	740
47	Gilles Fauconnier, Way We Think: Conceptual Blending and the Mind's Hidden Complexities, New York: A Member of the Perseus Books Group, Basic Books, 2002	740
48	Gillian Brown, Discourse Analysis, Cambridge University Press, 1983	740
49	Goldsmith, Financial Structure and Development, New haven: Yale University Press, 1969	790
50	H. H. Stern, Fundamental Concepts of Language Teaching, Oxford: Oxford University Press, 1983	740
51	H. Thomas & Laurence Davenport Prusak, Working Knowledge: How Organizations Manage what they Know, Boston: Harvard Business School Press, 1998	630
52	H. Paul Grice, Syntax and Semantics (3): Speech Acts, New York: Academic Press, 1975	740
53	Hedley Bull, The Anarchical Society: a Study of Order in World Politics, New York: Columbia University Press, 1977	810
54	Henry M. Wellman, Child's Theory of Mind, Cambridge, Mass. : MIT Press, 1990	920
55	I. S. P. Nation, Teaching and Learning Vocabulary, Newbury House Publishers, 1990	740
56	Ikujiro Nonaka, Knowledge-Creating Company: How Japanese Companies Create the Dynamics of Innovation, New York: Oxford University Press, 1995	630
57	J. C. Catford, A Linguistic Theory of Translation: an Essay in Applied Linguistics, Oxford University Press, 1965	740
58	J. Michael O'Malley, Learning Strategies in Second Language Acquisition, Cambridge: Cambridge University Press, 1990	740
59	J. L. Austin, How to Do Things with Words, Oxford University Press, 1962	740
60	J. R. Martin, English Text System and Structure, John Benjamins Publishing Company, 1992	740
61	J. R. Martin, Working With Discourse: Meaning Beyond the Clause, Continuum, 2003	740

续表

序号	图书信息	学科代码
62	James D. Hamilton, Time Series Analysis, Princeton: Princeton University Press, 1994	790
63	James William, Principles of Psychology, New York: Henry Holt, 1890	920
64	Jef Verschueren, Understanding Pragmatics, Edward Arnold Publishers Limited, 1999	740
65	Jenny Thomas, Meaning in Interaction: an Introduction to Pragmatics, London and New York: Longman, 1995	740
66	John H. Flavell, Cognitive Development, Englewood Cliffs, N. J.: Prentice Hall, 1985	920
67	John J. Mearsheimer., The Tragedy of Great Power Politics, New York: Norton, 2001	810
68	John Lyons, Semantics, Cambridge: Cambridge University Press, 1977	740
69	John R. Taylor, Linguistic Categorization: Prototypes in Linguistic Theory, Oxford: Oxford University Press, 1995	740
70	John Sinclair, Corpus, Concordance, Collocation, Oxford: Oxford University Press, 1991	740
71	John Y. Campell, Econometrics of Financial Markets, Princeton: Princeton University Press, 1997	790
72	Josef Perner, Understanding the Representational Mind, Cambridge, Mass.: MIT Press, 1991	920
73	Joseph S. Nye, Jr.: The Paradox of American Power: Why the World's only Superpower can't go it alone, Oxford; New York: Oxford University Press, 2002	810
74	Kenneth A. Bollen, Structural Equations with Latent Variables, New York: Wiley, 1989	920
75	Kenneth N. Waltz., Theory of International Politics, Reading, Mass.: Addison-Wesley Pub. Co., 1979	810
76	Lawrence Venuti, The Translator's Invisibility: a History of Translation, London and New York: Routledge, 1995	740
77	Lin Nan, Social Capital: a Theory Of Social Structure And Action, Cambridge, UK; New York: Cambridge University Press, 2001	840
78	Lyle F. Bachman, Fundamental Considerations in Language Testing, Oxford University Press, 1990	740
79	Lyle F. Bachman, Language Testing in Practice: Designing and Developing Useful Language Tests, Oxford University Press, 1996	740
80	M. A. K. Halliday, An Introduction to Functional Grammar, London: Edward Arnold	740

续表

序号	图书信息	学科代码
81	M. A. K. Halliday, Cohesion in English, London: Longman, 1976	740
82	M. A. K. Halliday, Language as Social Semiotic: the Social Interpretation of Language and Meaning, London: Edward Arnold, 1978	740
83	Mark Granovetter, Getting a Job, Cambridge, Mass.: Harvard University Press, 1974	840
84	Merriam, Alan P., Anthropology of Music, Evanston, Illinois: Northweatern University Press, 1964	760
85	Michael E. Porter, Competitive Advantage of Nations, New York: Free Press, 1990	630
86	Michael E. Porter, Competitive Advantage: Creating and Sustaining Superior Performance, New York: Free Press, 1985	630
87	Michael E. Porter, Competitive Strategy: Techniques for Analyzing Industries and Competitors, New York: Free Press, 1980	630
88	Michael Hammer, Reengineering the Corporation: A Manifesto for Business Revolution, New York: Harper business, 1993	630
89	Morris Rosenberg, Society and the Adolescent Self-image, Princeton, N. J.: Princeton University Press, 1965	920
90	Morton Ann Gernsbacher, Language Comprehension as Structure Building, Hillsdale, N. J.: Lawrence Erlbaum Associates, Inc., 1990	920
91	Nettl, Bruno, Study of Ethnomusicology: Twenty-Nine Issues and Concepts, Urbana/Chicago: University of Illinois Press, 1983	760
92	Noam Chomsky, Aspects of the Theory of Syntax, MIT Press, 1965	740
93	Noam Chomsky, Knowledge of Language: Its Nature, Origin and Use, New York: Praeger Publishers, 1986	740
94	Noam Chomsky, Lectures on Government and Binding: the Pisa Lectures, Dordrecht: Foris Publications, 1981	740
95	Noam Chomsky, Minimalist Program, Cambridge, Mass.: MIT Press, 1995	740
96	Noam Chomsky, Syntactic Structures, The Hague: Mouton, 1957	740
97	Nonaka, Ikujiro, The Knowledge-Creating Company: How Japanese Companies Create The Dynamics Of Innovation, New York: Oxford University Press, 1995	870

续表

序号	图书信息	学科代码
98	Old Testament（旧约）, Stuttgart: Deutche Bibelgesellschaft, 1994	730
99	Oliver E. Williamson, Economic Institutions of Capitalism: Firms, Markets, Relational Contracting, New York: Free Press, 1985	790
100	Oliver E. Williamson, Markets And Hierarchies: Analysis and Antitrust Implications, New York: Free Press, 1975	630, 790
101	Oliver E. Williamson, The Economic Institutions of Capitalism: Firms, Markets, Relational Contracting, New York: Free Press, 1985	630
102	Oliver Hart, Firms, Contracts and Financial Structure, New York: Oxford University Press, 1995	630
103	Paul J. Hopper, Grammaticalization, Cambridge University Press, 1993	740
104	Paul Krugman, Geograpy under Trade, Cambridge Massachusetts: MIT Press, 1991	790
105	Peter M. Senge, Fifth Discipline: The Art and Practice of the Learning Organization, New York: Doubleday/Currency, 1990	630
106	Peter M. Blau, The American Occupational Structure, New York: John Wiley & Sons. Inc., 1967	840
107	Peter Newmark, A Textbook of Translation, Prentice Hall International Ltd, 1988	740
108	Peter Newmark, Approaches to Translation, Pergamon Press, 1981	740
109	Peter Skehan, A Cognitive Approach to Language Learning, Oxford: Oxford University Press, 1998	740
110	R. S. Lazarus, Stress, Appraisal, and Coping, New York: Springer Publishing Company, 1984	920
111	Randolph Quirk, A Comprehensive Grammar of the English Language, London and New York: Longman, 1985	740
112	Ray Jackendoff, Semantic Structures, MIT Press, 1990	740
113	Richard Ellmann, James Joyce, New York: Oxford University Press, 1959	751
114	Richard R. Nelson, An Evolutionary Theory of Economic Change, Cambridge: Harvard University Press, 1982	630
115	Robert D. Putnam, Making Democracy Work: Civic Traditions In Modern Italy, Princeton, N. J.: Princeton University Press, 1993	840

续表

序号	图书信息	学科代码
116	Robert Gilpin., War and Change in World Politics, Cambridge; New York: Cambridge University Press, 1981	810
117	Robert J. Barro, Economic Growth, New York: Mcgraw-Hillinc, 1995	790
118	Robert J. Sternberg, Handbook of Creativity, Cambridge: Cambridge University Press, 1999	920
119	Robert O. Keohane., International Institutions and State Power: Essays in International Relations Theory, Boulder, Colo.: Westview Press, 1989	810
120	Robert O. Keohane: After Hegemony: Cooperation and Discord in the World Political Economy, Princeton, N. J.: Princeton University Press, c1984	810
121	Robert S. Siegler, Emerging Minds: The Process of Change in Children's Thinking, Oxford: Oxford Press, 1996	920
122	Rod Ellis, The Study of Second Language Acquisition, Oxford: Oxford University Press, 1994	740
123	Rod Ellis, Understanding Second Language Acquisition, Oxford: Oxford University Press, 1985	740
124	Ronald Burt, Structural Holes: The Social Structure of Competition, Cambridge: Harvard University Press, 1992	630
125	Ronald I. McKinnon, Money and Capital in Economic, Washington: Brookings Institution, 1973	790
126	Ronald W. Langacker, Foundations of Cognitive Grammar, Stanford University Press	740
127	S. C. Levinson, Pragmatics, Cambridge University Press, 1983	740
128	Sadie, Stanley, New Grove Dictionary of Music and Musicians, London, Macmillan Publishers LTD, 1980	760
129	Stephen D. Krashen, Input Hypothesis: Issues and Implications, London and New York: Longman, 1985	740
130	Stephen D. Krashen, Principles and Practice in Second Language Acquisition, Oxford: Pergamon Press, 1982	740
131	Susan Carey, Conceptual Change in Childhood, Cambridge, Mass.: MIT Press, 1985	920
132	Ulrich Beck, Risk Society: Towards a New Modernity, London; Newbury Park, Calif.: Sage Publications, 1992	840
133	William Croft, Cognitive Linguistics, Cambridge University Press, 2004	740

续表

序号	图书信息	学科代码
134	William Croft, Typology and Universals, Cambridge University Press, 1990	740
135	Yuen-Ren Chao（赵元任），A Grammar of Spoken Chinese, University of California Press, 1968	740
136	［阿根廷］豪·路·博尔赫斯（Jorge Luis Borges）著，王永年等译：《博尔赫斯全集》，杭州：浙江文艺出版社，1999	751
137	［爱尔兰］J. M. 凯利（J. M. Kelly）著，王笑红译：《西方法律思想简史》，北京：法律出版社，2002	820
138	［爱尔兰］德斯蒙德·基更（Desmond Keegan）编，丁新等译：《远距离教育理论原理》，北京：中央广播电视大学出版社，1999、2002（重印）	880
139	［奥地利］弗兰茨·卡夫卡（Franz Kafka）著，叶廷芳主编，洪天富等译：《卡夫卡全集》，石家庄：河北教育出版社，1996	751
140	［奥地利］弗洛伊德（Sigmund Freud）著，车文博译：《弗洛伊德文集》，长春：长春出版社，1998	920
141	［奥地利］弗洛伊德（Sigmund Freud）著，高觉敷译：《精神分析引论》，北京：商务印书馆，1984	920
142	［奥地利］英格博格·巴赫曼（Ingeborg Bachmann）著，韩瑞祥选编：《巴赫曼作品集》，北京：人民文学出版社，2006	751
143	［奥地利］爱德华·汉斯立克（Eduard Hanslick）著，杨业治译：《论音乐的美：音乐美学的修改刍议》，北京：人民音乐出版社，1980	760
144	［奥地利］路德维希·维特根斯坦（Ludwig Wittgenstein）著，郭英译：《逻辑哲学论》，北京：商务印书馆，1962	720
145	［奥地利］路德维希·维特根斯坦（Ludwig Wittgenstein）著，贺绍甲译：《逻辑哲学论》，北京：商务印书馆，1996	720
146	［奥地利］路德维希·维特根斯坦（Ludwig Wittgenstein）著，李步楼译：《哲学研究》，北京：商务印书馆，1996	720
147	［澳］K. 吐依（Kristine Toohey）著，朱振欢译：《真实的奥运会》，北京：清华大学出版社，2004	890
148	［澳］理查德·麦特白（Richard Maltby）著，吴菁等译：《好莱坞电影：1891 年以来的美国电影工业发展史》，北京：华夏出版社，2005	760

续表

序号	图书信息	学科代码
149	[澳] 马尔科姆·沃特斯（Malcolm Waters）著，杨善华等译：《现代社会学理论》，北京：华夏出版社，2000	840
150	[澳] 欧文·E. 休斯（Owen E. Hughes）著，彭和平等译：《公共管理导论》，北京：中国人民大学出版社，2001	630
151	[澳] 杨小凯等著，张玉纲译：《专业化与经济组织：一种新兴古典微观经济学框架》，北京：经济科学出版社，1999	630，790
152	[巴西] 保罗·弗莱雷（Paulo Freire）著，顾建新等译：《被压迫者教育学》，上海：华东师范大学出版社，2001	880
153	[比] 杰拉德·罗兰德（Gerard Roland）著，张帆等译：《转型与经济学：政治、市场与企业》，北京：北京大学出版社，2002	790
154	[比] 伊·普里戈金（I. Prigogine）著，曾庆宏等译：《从混沌到有序：人与自然的新对话》，上海：上海译文出版社，1987	720
155	[冰] 思拉恩·埃格特森（Thrainn Eggertsson）著，吴经邦译：《新制度经济学》，北京：商务印书馆，1996	790
156	[波] 格泽戈尔兹·W. 科勒德克（Grzegorz W. Kolodko）著，刘晓勇等译：《从休克到治疗：后社会主义转轨的政治经济》，上海：上海远东出版社，2000	790
157	[波] 捷西·格洛托夫斯基（Grotowski, Jerzy）著，魏时译：《迈向质朴戏剧》，北京：中国戏剧出版社，1984	760
158	[波] 斯拉施特（Rashid al-Din）著，余大钧译：《史集》，北京：商务印书馆，1983	770，850
159	[朝] 金富轼：《三国史记》，长春：吉林文史出版社，2003	770，850
160	[丹] 尼古莱·J. 福斯（Nicolai J. Foss）等编，李东红译：《企业万能：面向企业能力理论》，辽宁：东北财经大学出版社，1998	630
161	[德] 路德维希·费尔巴哈（Ludwig Feuerbach）著，荣震华等译：《费尔巴哈哲学著作选集》，北京：商务印书馆，1984/北京：生活·读书·新知三联书店，1959	710，720
162	[德] A. 施密特（A. Schmidt）著，欧力同等译：《马克思的自然概念》，北京：商务印书馆，1988	710
163	[德] G. 拉德布鲁赫（G. Radbruch）著，米健等译：《法学导论》，北京：中国大百科全书出版社，1997	820

续表

序号	图书信息	学科代码
164	［德］H. R. 姚斯（Hans Robert Jauss）等著，周宁等译：《接受美学与接受理论》，沈阳：辽宁人民出版社，1987	752
165	［德］K. 茨威格特（Konrad Zweigert）著，潘汉典等译：《比较法总论》，北京：法律出版社，2003/贵阳：贵州人民出版社，1992	820
166	［德］O. F. 博尔诺夫（Otto Fridrich Bollnow）著，李其龙等译：《教育人类学》，上海：华东师范大学出版社，1999	880
167	［德］阿尔弗雷德·韦伯（Alfred Weber）著，李刚剑等译：《工业区位论》，北京：商务印书馆，1997	790
168	［德］阿图尔·考夫曼（Arthur Kaufmann）著，刘幸义等译：《法律哲学》，北京：法律出版社，2004	820
169	［德］阿图尔·考夫曼（Arthur Kaufmann）著，郑永流译：《当代法哲学和法律理论导论》，北京：法律出版社，2002	820
170	［德］埃德蒙德·胡塞尔（Edmund Husserl）著，李幼蒸译：《纯粹现象学通论：纯粹现象学和现象学哲学的观念》，北京：商务印书馆，1992	720
171	［德］埃德蒙德·胡塞尔（Edmund Husserl）著，倪梁康译：《逻辑研究》，上海：上海译文出版社，1998	720
172	［德］埃德蒙德·胡塞尔（Edmund Husserl）著，倪梁康译：《现象学的观念》，上海：上海译文出版社，1986	720
173	［德］埃德蒙德·胡塞尔（Edmund Husserl）著，王炳文译：《欧洲科学的危机与超越论的现象学》，北京：商务印书馆，2001	720
174	［德］埃德蒙德·胡塞尔（Edmund Husserl）著，张庆熊译：《欧洲科学危机和超验现象学》，上海：上海译文出版社，1988	720，880
175	［德］爱克曼（J. P. Eckermann）著，朱光潜译：《歌德谈话录》，北京：人民文学出版社，1978	751，752
176	［德］奥特马·尧厄尼希（Othmar Jauernig）著，周翠译：《民事诉讼法》，北京：法律出版社，2003	820
177	［德］贝娅特·科勒－科赫（Beate Kohler-Koch）等著，顾俊礼等译：《欧洲一体化与欧盟治理》，北京：中国社会科学出版社，2004	810
178	［德］伯恩·魏德士（Bernd Ruthers）著，丁小春等译：《法理学》，北京：法律出版社，2003	820
179	［德］布莱希特（Brecht, Bertolt）著，丁扬忠等译，《布莱希特论戏剧》，北京：中国戏剧出版社，1990	760

续表

序号	图书信息	学科代码
180	［德］迪特尔·梅迪库斯（Dieter Medicus）著，邵建东译：《德国民法总论》，北京：法律出版社，2000	820
181	［德］恩格斯：《家庭、私有制和国家的起源》，北京：人民出版社	850
182	［德］恩格斯：《自然辩证法》，北京：人民出版社，1971	710，720
183	［德］恩斯特·卡西尔（Ernst Cassirer）著，甘阳译：《人论》，上海：上海译文出版社，1985	720，730，751，752，760，850，860，880，950
184	［德］恩斯特·卡西尔（Ernst Cassirer）著，顾伟铭等译：《启蒙哲学》，济南：山东人民出版社，1988	720
185	［德］斐迪南·滕尼斯（Ferdinand Tonnies）著，林荣远译：《共同体与社会：纯粹社会学的基本概念》，北京：商务印书馆，1999	840
186	［德］弗兰茨·冯·李斯特（Franz V. Liszt）著，许久生译：《德国刑法教科书》，北京：法律出版社，2000	820
187	［德］弗里德里希·尼采（Friedrich Nietzsche）著，张念东等译：《权力意志：重估一切价值的尝试》，北京：商务印书馆，1991	720，751
188	［德］弗里德里希·尼采（Friedrich Nietzsche）著，周国平译：《悲剧的诞生：尼采美学文选》，北京：生活·读书·新知三联书店，1986	751
189	［德］冈特·绍伊博尔德（Gunten Seubold）著，宋祖良译：《海德格尔分析新时代的科技》，北京：中国社会科学出版社，1993	720
190	［德］贡德·弗兰克（Andre Gunder Frank）著，刘北成译：《白银资本：重视经济全球化中的东方》，北京：中央编译出版社，2000	770
191	［德］哈特穆特·毛雷尔（Hartmut Maurer）著，高家伟译：《行政法学总论》，北京：法律出版社，2000	820
192	［德］汉斯·J. 沃尔夫（Hans J. Wolff）等著，高家伟译：《行政法》，北京：商务印书馆，2003	820
193	［德］汉斯·海因里希·耶赛克（Hans-Heinrich Jescheck）等著，许久生译：《德国刑法教科书》，北京：中国法制出版社，2001	820
194	［德］汉斯－格奥尔格·加达默尔（Hans-Georg Gadamer）著，洪汉鼎译：《真理与方法：哲学诠释学的基本特征》，上海：上海译文出版社	720，751，752，760，880
195	［德］汉斯－格奥尔格·加达默尔（Hans-Georg Gadamer）著，夏镇平等译：《哲学解释学》，上海：上海译文出版社，1994	720
196	［德］赫尔巴特（J. F. Herbart）著，李其龙译：《普通教育学·教育学讲授纲要》，北京：人民教育出版社，1989	880

续表

序号	图书信息	学科代码
197	［德］赫尔穆特·施密特（Helmut Schmidt）著，柴方国译：《全球化与道德重建》，北京：社会科学文献出版社，2001	950
198	［德］黑格尔（G. W. F. Hegel）著，范扬等译：《法哲学原理》，北京：商务印书馆	710，720，810，820，840，950
199	［德］黑格尔（G. W. F. Hegel）著，贺麟等译：《精神现象学》，北京：商务印书馆，1979、1983	710，720
200	［德］黑格尔（G. W. F. Hegel）著，贺麟等译：《哲学史讲演录》，北京：商务印书馆，1959、1978、1981	710，720，730
201	［德］黑格尔（G. W. F. Hegel）著，贺麟译：《小逻辑》，北京：商务印书馆，1980、1982	710，720，860，880
202	［德］黑格尔（G. W. F. Hegel）著，王造时译：《历史哲学》，上海：上海书店出版社，1999/北京：生活·读书·新知三联书店，1956	710，720，950
203	［德］黑格尔（G. W. F. Hegel）著，杨一之译：《逻辑学》，北京：商务印书馆，1966、1976	720
204	［德］黑格尔（G. W. F. Hegel）著，朱光潜译：《美学》，北京：商务印书馆，1979、1980	720，751，752，760，950
205	［德］卡尔·拉伦茨（Karl Larenz）著，陈爱娥译：《法学方法论》，北京：商务印书馆，2003/台湾：台湾五南图书出版公司，1996	820
206	［德］卡尔·拉伦茨（Karl Larenz）著，王晓晔译：《德国民法通论》，北京：法律出版社，2002、2003	820
207	［德］卡尔·雅斯贝尔斯（K. Jaspers）著，魏楚雄等译：《历史的起源与目标》，北京：华夏出版社，1989	950
208	［德］康德（Immanuel Kant）著，邓晓芒译：《纯粹理性批判》，北京：人民出版社，2004	720
209	［德］康德（Immanuel Kant）著，邓晓芒译：《判断力批判》，北京：人民出版社，2002	720
210	［德］康德（Immanuel Kant）著，邓晓芒译：《实践理性批判》，北京：人民出版社，2003	720
211	［德］康德（Immanuel Kant）著，关文运译：《实践理性批判》，北京：商务印书馆，1960	720
212	［德］康德（Immanuel Kant）著，韩水法译：《实践理性批判》，北京：商务印书馆，1999	720
213	［德］康德（Immanuel Kant）著，何兆武译：《历史理性批判文集》，北京：商务印书馆，1990	720
214	［德］康德（Immanuel Kant）著，蓝公武译：《纯粹理性批判》，北京：商务印书馆，1960	720
215	［德］康德（Immanuel Kant）著，苗力田译：《道德形而上学原理》，上海：上海人民出版社，1986	720

续表

序号	图书信息	学科代码
216	［德］康德（Immanuel Kant）著，庞景仁译：《任何一种能够作为科学出现的未来形而上学导论》，北京：商务印书馆，1978	720
217	［德］康德（Immanuel Kant）著，沈叔平译：《法的形而上学原理：权利的科学》，北京：商务印书馆，1991	820
218	［德］康德（Immanuel Kant）著，韦卓民译：《纯粹理性批判》，武汉：华中师范大学出版社，2000	720
219	［德］康德（Immanuel Kant）著，宗白华等译：《判断力批判》，北京：商务印书馆，1964	720，751，752，760
220	［德］柯武刚（Kasper Wolfgang）等著，韩朝华译：《制度经济学：社会秩序与公共政策》，北京：商务印书馆，1962、2000	630，790，810，820，840，880
221	［德］科尔施（K. Korsch）著，王南湜等译：《马克思主义和哲学》，重庆出版社，1989	710
222	［德］克劳斯·罗克辛（Claus Roxin）著，王世洲译：《德国刑法学总论》，北京：法律出版社，2005	820
223	［德］孔汉思（Hans Kung）等编，何光沪译：《全球伦理：世界宗教议会宣言》，成都：四川人民出版社，1997	730
224	［德］拉普（F. Papp）著，刘武等译：《技术哲学导论》，沈阳：辽宁科学技术出版社，1986	720
225	［德］拉萨·奥本海（L. Oppenheim）著，詹宁斯编，王铁崖译：《奥本海国际法》，北京：中国大百科全书出版社，1995	820
226	［德］赖欣巴哈（H. Reichenbach）著，伯尼译：《科学哲学的兴起》，北京：商务印书馆，1983	720
227	［德］罗伯特·阿列克西（Robert Alexy）著，舒国滢译：《法律论证理论：作为法律证立理论的理性论辩理论》，北京：中国法制出版社，2002	820
228	［德］罗伯特·霍恩（Norbert Horn）等著，楚建译：《德国民商法导论》，北京：中国大百科全书出版社，1996	820
229	［德］罗尔夫·克尼佩尔（Rolf Knieper）著，朱岩译：《法律与历史：论〈德国民法典〉的形成与变迁》，北京：法律出版社，2003	820
230	［德］马丁·海德格尔（Martin Heidegger）著，陈小文等译：《面向思的事情》，北京：商务印书馆，1996	720
231	［德］马丁·海德格尔（Martin Heidegger）著，孙周兴选编：《海德格尔选集》，上海：上海三联书店，1996	710，720，752，950

续表

序号	图书信息	学科代码
232	[德] 马丁·海德格尔（Martin Heidegger）著，孙周兴译：《林中路》，上海：上海译文出版社，1997	720
233	[德] 马丁·海德格尔（Martin Heidegger）著，孙周兴译：《路标》，北京：商务印书馆，2000	720
234	[德] 马丁·海德格尔（Martin Heidegger）著，孙周兴译：《尼采》，北京：商务印书馆，2002	720
235	[德] 马丁·海德格尔（Martin Heidegger）著，熊伟等译：《形而上学导论》，北京：商务印书馆，1996	720
236	[德] 马丁·海德格尔（Martin Heiderger）著，陈嘉映等译：《存在与时间》，北京：生活·读书·新知三联书店，1987、1999	710, 720, 751, 752, 760, 880, 950
237	[德] 马丁·海德格尔（Martin Heiderger）著，彭富春译：《诗·语言·思》，北京：文化艺术出版社，1991	751
238	[德] 马克思：《机器、自然力和科学的应用》，北京：人民出版社，1978	710
239	[德] 马克思：《剩余价值理论》，北京：人民出版社	710, 790
240	[德] 马克思：《资本论》，北京：人民出版社	630, 710, 720, 770, 790, 810, 840, 850, 860, 950
241	[德] 马克思等：《马克思恩格斯论民族问题》，北京：民族出版社，1987	710
242	[德] 马克思等：《德意志意识形态》，北京：人民出版社，1961	720
243	[德] 马克思等：《共产党宣言》，北京：人民出版社，1959、1961、1962、1974、1984	710
244	[德] 马克思等：《马克思恩格斯〈资本论〉书信集》，北京：人民出版社，1976	710, 790
245	[德] 马克思等：《马克思恩格斯全集》，北京：人民出版社	630, 710, 720, 730, 752, 770, 790, 810, 820, 840, 850, 860, 870, 880, 890, 751, 920, 950
246	[德] 马克思等：《马克思恩格斯选集》，北京：人民出版社	630, 710, 720, 730, 751, 752, 760, 770, 810, 840, 850, 870, 880, 890, 920, 950
247	[德] 马克思著，刘丕坤译：《1844年经济学哲学手稿》，北京：人民出版社	710, 720, 752, 760, 790, 810, 840, 880, 950
248	[德] 马克斯·勃罗德（Max Brod）著，叶廷芳等译：《卡夫卡传》，石家庄：河北教育出版社，1997	751

续表

序号	图书信息	学科代码
249	［德］马克斯·霍克海默（Horkheimer, M.）等著，洪佩郁等译：《启蒙辩证法：哲学片断》，重庆：重庆出版社，1990	720，950
250	［德］马克斯·霍克海默（Horkheimer, M.）著，李小兵等译：《批判理论》，重庆：重庆出版社，1989	720
251	［德］马克斯·韦伯（Max Weber）著，冯克利译：《学术与政治》，北京：生活·读书·新知三联书店，1998	720
252	［德］马克斯·韦伯（Max Weber）著，林荣远译：《经济与社会》，北京：商务印书馆，1997	630，720，810，820，840
253	［德］马克斯·韦伯（Max Weber）著，王容芬译：《儒教与道教》，北京：商务印书馆，1995	840
254	［德］马克斯·韦伯（Max Weber）著，于晓等译：《新教伦理与资本主义精神》，北京：生活·读书·新知三联书店，1987	720，730，840，950
255	［德］马克斯·韦伯（Max Weber）著，张乃根译：《论经济与社会中的法律》，北京：中国大百科全书出版社，1998	820
256	［德］迈诺尔夫·迪尔克斯（Meinolf Dierkes）等主编，上海社会科学院知识与信息课题组译：《组织学习与知识创新》，上海：上海人民出版社，2001	630
257	［德］曼弗雷德·沃尔夫（Manfred Wolf）著，吴越等译：《物权法》，北京：法律出版社，2002	820
258	［德］皮埃尔·德·顾拜旦（Pierre de Coubertin）著，詹汝琼等译：《奥林匹克理想》，北京：奥林匹克出版社，1993	890
259	［德］齐格弗里德·克拉考尔（Siegfried Kracauer）著，邵牧君译：《电影的本性：物质现实的复原》，北京：中国电影出版社，1981	760
260	［德］施太格缪勒（Stegmuller, Wolfgang）著，王炳文等译：《当代哲学主流》，北京：商务印书馆，1986	720
261	［德］叔本华（A. Schopnhauer）著，石冲白译：《作为意志和表象的世界》，北京：商务印书馆，1982	720，751，752
262	［德］托马斯·迈尔（Thomas Meyer）著，殷叙彝译：《社会民主主义的转型：走向21世纪的社会民主党》，北京：北京大学出版社，2001	810
263	［德］托马斯·魏根特（Thomas Weigend）著，岳礼玲等译：《德国刑事诉讼程序》，北京：中国政法大学出版社，2004	820
264	［德］瓦尔特·本雅明（Walter Benjamin）著，王炳钧等译：《经验与贫乏》，天津：百花文艺出版社，1999	751

续表

序号	图书信息	学科代码
265	[德] 瓦尔特·本雅明（Walter Benjamin）著，陈永国等译：《本雅明文选》，北京：中国社会科学出版社，1999	751
266	[德] 瓦尔特·本雅明（Walter Benjamin）著，张旭东等译：《发达资本主义时代的抒情诗人：论波德莱尔》，北京：生活·读书·新知三联书店，1989	751
267	[德] 威廉·冯·洪堡特（Baron von Wilhelmvon Humboldt）著，姚小平译：《论人类语言结构的差异及其对人类精神发展的影响》，北京：商务印书馆	740
268	[德] 文德尔班（Windelband）著，罗达仁译：《哲学史教程：特别关于哲学问题和哲学概念的形成和发展》，北京：商务印书馆，1987—1993	720
269	[德] 沃尔夫冈·布列钦卡（Wolfgang Brezinka）著，胡劲松译：《教育科学的基本概念：分析、批判和建议》，上海：华东师范大学出版社，2001	880
270	[德] 沃尔夫冈·韦尔施（Wolfgang Welsch）著，陆扬等译：《重构美学》，上海：上海译文出版社，2002	752
271	[德] 乌尔里希·贝克（Ulrich Beck）等著，王学东等译：《全球化与政治》，北京：中央编译出版社，2000	810
272	[德] 乌尔里希·贝克（Ulrich Beck）著，何博闻译：《风险社会》，南京：译林出版社，2004	840
273	[德] 乌尔里希·贝克（Urich Back）等著，赵文书译：《自反性现代化：现代社会秩序中的政治、传统与美学》，北京：商务印书馆，2001	840
274	[德] 希奥多-阿多尔诺（Theoder Wiesengrund Adorno）著，张峰译：《否定的辩证法》，重庆：重庆出版社，1993	720
275	[德] 雅斯贝尔斯（K. Jaspers）著，邹进译：《什么是教育》，北京：生活·读书·新知三联书店，1991	880
276	[德] 尤尔根·鲍尔（Jurgen F. Baur）等著，张双根译：《德国物权法》，北京：法律出版社，2004	820
277	[德] 尤尔根·哈贝马斯（Juergen Habermas）著，张博树译：《交往与社会进化》，重庆：重庆出版社，1989	810, 880
278	[德] 尤尔根·哈贝马斯（Jurgen Habermas）著，曹卫东等译：《后形而上学思想》，南京：译林出版社，2001	720
279	[德] 尤尔根·哈贝马斯（Jurgen Habermas）著，曹卫东等译：《现代性的哲学话语》，南京：译林出版社，2004	720

续表

序号	图书信息	学科代码
280	［德］尤尔根·哈贝马斯（Jurgen Habermas）著，曹卫东等译：《公共领域的结构转型》，上海：学林出版社，1999	720，760，810，840，860，870，950
281	［德］尤尔根·哈贝马斯（Jurgen Habermas）著，曹卫东译：《交往行为理论》，上海：上海人民出版社，2004	720
282	［德］尤尔根·哈贝马斯（Jurgen Habermas）著，郭官义等译：《认识与兴趣》，上海：学林出版社，1999	720
283	［德］尤尔根·哈贝马斯（Jurgen Habermas）著，郭官义译：《重建历史唯物主义》，北京：社会科学文献出版社，2000	710，720
284	［德］尤尔根·哈贝马斯（Jurgen Habermas）著，洪佩斯等译：《交往行动理论》，重庆：重庆出版社，1994	720
285	［德］尤尔根·哈贝马斯（Jurgen Habermas）著，李黎等译：《作为"意识形态"的技术与科学》，上海：学林出版社，1999	720
286	［德］尤尔根·哈贝马斯（Jurgen Habermas）著，童世骏译：《在事实与规范之间：关于法律和民主法治国的商谈理论》，北京：生活·读书·新知三联书店，2003	810
287	［德］尤尔根·哈贝马斯（Jurgen Habermas）著，童世骏译：《在事实与规范之间：关于法律和民主法治国的商谈理论》，北京：生活·读书·新知三联书店，2003	820
288	［俄］别林斯基（В. Г. Белинский）著，满涛译：《别林斯基选集》，上海：上海译文出版社，1980	751，752
289	［俄］列夫·托尔斯泰（Lev Tolstoy）著，陈燊等译：《列夫·托尔斯泰文集（第14卷）》，北京：人民文学出版社，1992	751
290	［俄］列宁：《列宁论民族问题》，北京：民族出版社	710，850
291	［俄］列宁：《列宁全集》，北京：人民出版社	630，710，720，730，770，790，810，820，840，850，860，870，880
292	［俄］列宁：《列宁文稿（第1—17卷）》，北京：人民出版社，1977—1990	710
293	［俄］列宁：《列宁选集》，北京：人民出版社	630，710，720，760，770，810，880，950
294	［俄］列宁：《哲学笔记》，北京：人民出版社，1974	710，720

续表

序号	图书信息	学科代码
295	[俄] 米·巴赫金（M. M. Bakhtin）著，白春仁等译：《陀思妥耶夫斯基诗学问题》，北京：生活·读书·新知三联书店，1988	751，752
296	[俄] 米·巴赫金（M. M. Bakhtin）著，钱中文主编，晓河等译：《巴赫金全集》，石家庄：河北教育出版社，1998	751，752，760
297	[俄] 米·巴赫金（M. M. Bakhtin）著，佟景韩译：《巴赫金文论选》，北京：中国社会科学出版社，1996	751
298	[俄] 尼·别尔嘉耶夫（Nicolas Berdyaev）著，雷永生等译：《俄罗斯思想》，北京：生活·读书·新知三联书店，1995	751
299	[俄] 普京：《普京文集：文章和讲话选集》，北京：中国社会科学出版社，2002	810
300	[俄] 普列汉诺夫（Плеханов，Г. В.）著，晏成书等译/汝信书等译/刘若水译：《普列汉诺夫哲学著作选集》，北京：生活·读书·新知三联书店，1961、1962/1974/1959	710
301	[俄] 伊·伊万诺夫（Igor Ivanov）著，陈凤翔等译：《俄罗斯新外交：对外政策十年》，当代世界出版社，2002	810
302	[法] 费尔南·布罗代尔（Fernand Braudel）著，顾良译：《15至18世纪的物质文明、经济和资本主义》，北京：生活·读书·新知三联书店，1992	770
303	[法] 埃德加·莫兰（Edgar Morin）著，陈一壮译：《复杂思想：自觉的科学》，北京：北京大学出版社，2001	720，880
304	[法] 埃德加·莫兰（Edgar Morin）著，陈一壮译：《复杂性理论与教育问题》，北京：北京大学出版社，2004	880
305	[法] 爱弥尔·涂尔干（Emile Durkheim）著，狄玉明译：《社会学方法的准则》，北京：商务印书馆，1995	840
306	[法] 爱弥尔·涂尔干（Emile Durkheim）著，陈光金等译：《道德教育》，上海：上海人民出版社，2001	880
307	[法] 爱弥尔·涂尔干（Emile Durkheim）著，汲喆译：《原始分类》，上海：上海人民出版社，2000	850
308	[法] 爱弥尔·涂尔干（Emile Durkheim）著，李康译：《教育思想的演进》，北京：上海人民出版社，2003	880
309	[法] 爱弥尔·涂尔干（Emile Durkheim）著，渠东等译：《宗教生活的基本形式》，上海：上海人民出版社，1999	730，850

续表

序号	图书信息	学科代码
310	［法］爱弥尔·涂尔干（Emile Durkhem）著，渠东译：《社会分工论》，北京：生活·读书·新知三联书店，2000	840
311	［法］安德烈·巴赞（Andre Bazin）著，崔君衍译：《电影是什么?》，北京：中国电影出版社，1987	760
312	［法］巴尔扎克（Honore de Balzac）著，傅雷等译：《巴尔扎克全集》，北京：人民文学出版社，1999	751
313	［法］贝尔纳·瓦耶纳（Veyenne, B.）著，丁雪英等译：《当代新闻学》，北京：新华出版社，1986	860
314	［法］波德莱尔（C. Baudelaire）：《波德莱尔全集（第2卷）》，Bibliotheque De La Pleiade，1976	751
315	［法］波德莱尔（C. Baudelaire）著，郭宏安译：《波德莱尔美学论文选》，北京：人民文学出版社，1987	751
316	［法］丹纳（H. A. Taine）著，傅雷译：《艺术哲学》，北京：人民文学出版社，1963	752
317	［法］蒂费纳·萨莫瓦约（Tiphaine Samoyault）著，邵炜译：《互文性研究》，天津：天津人民出版社，2003	751
318	［法］费赖之（Aloys Pfister）著，冯承钧译：《在华耶稣会士列传及书目》，北京：中华书局，1995	730
319	［法］卡斯东·斯特法尼（Gaston Stéphanie）等著，罗结珍译：《法国刑法总论精义》，北京：中国政法大学出版社，1998	820
320	［法］卡斯东·斯特法尼（Gaston Stéphanie）等著，罗结珍译：《法国刑事诉讼法精义》，北京：中国政法大学出版社，1998	820
321	［法］勒内·达维德（R. David）著，漆竹生译：《当代主要法律体系》，上海：上海译文出版社，1983	820
322	［法］勒奈·笛卡尔（Rene Descartes）著，庞景仁译：《第一哲学沉思集：反驳和答辩》，北京：商务印书馆，1986	720
323	［法］雷蒙·阿隆（Raymond Aron）著，葛智强等译：《社会学主要思潮》，北京：华夏出版社，2000	840
324	［法］列维-布留尔（Levy-Bruhl, Lucien）著，丁由译：《原始思维》，北京：商务印书馆，1981	720，752，850
325	［法］列维-斯特劳斯（Levi-Strauss, C.）著，李幼蒸译：《野性的思维》，北京：商务印书馆，1987	850
326	［法］路易斯·阿尔都塞（Louis Althusser）等著，李其庆等译：《读〈资本论〉》，中央编译出版社，2001	710，720
327	［法］路易斯·阿尔都塞（Louis Althusser）著，顾良译：《保卫马克思》，北京：商务印书馆，1984	710，720

续表

序号	图书信息	学科代码
328	［法］罗兰·巴特（Roland Barthes）著，许蔷蔷等译：《神话：大众文化诠释》，上海：上海人民出版社，1999	860
329	［法］孟德斯鸠（Baron de Montesquieu）著，张雁深译：《论法的精神》，北京：商务印书馆	630，810，820
330	［法］米歇尔·福柯（Michel Foucault）著，刘北成等译：《疯癫与文明：理性时代的疯癫史》，北京：生活·读书·新知三联书店，1999	751
331	［法］米歇尔·福柯（Michel Foucault）著，刘北成等译：《规训与惩罚：监狱的诞生》，北京：生活·读书·新知三联书店，1999	751，840
332	［法］米歇尔·福柯（Michel Foucault）著，严锋译：《权力的眼睛：福柯访谈录》，上海：上海人民出版社，1997	751
333	［法］莫里斯·梅洛－庞蒂（Maurice Merleau-Ponty）著，姜志辉译：《知觉现象学》，北京：商务印书馆，2001	720
334	［法］皮埃尔·布尔迪厄（Pierre Bourdieu）著，包亚明译：《文化资本与社会炼金术：布尔迪厄访谈录》，上海：上海人民出版社，1997	840，950
335	［法］皮埃尔·布尔迪厄（Pierre Bourdieu）等著，李猛等译：《实践与反思：反思社会学导引》，北京：中央编译出版社，1998	840，850，860，880，950
336	［法］皮埃尔·布尔迪厄（Pierre Bourdieu）著，许钧译：《关于电视》，沈阳：辽宁教育出版社，2000	860
337	［法］乔治·萨杜尔（George Sadoul）著，徐昭等译：《世界电影史》，北京：中国电影出版社，1995	760
338	［法］让·保罗·萨特（Jean Paul Sartre）著，陈宣良等译：《存在与虚无》，北京：生活·读书·新知三联书店，1987	720，751
339	［法］让·波德里亚（Jean Baudrillard）著，刘成富等译：《消费社会》，南京：南京大学出版社，2000、2001	720，752，790，760，840，860，950
340	［法］让－弗朗索瓦·利奥塔尔（Jean-Francois Lyotard）著，车槿山译：《后现代状态：关于知识的报告》，北京：生活·读书·新知三联书店，1997	720
341	［法］让－雅克·卢梭（Jean-Jacques Rousseau）著，何兆武译：《社会契约论》，北京：商务印书馆，1980、2003	630，720，810，820
342	［法］让－雅克·卢梭（Jean-Jacques Rousseau）著，李平沤译：《爱弥儿》，北京：商务印书馆，1978	880

续表

序号	图书信息	学科代码
343	[法]让·泰勒尔（Jean Tirole）著，马捷等译：《产业组织理论》，北京：中国人民大学出版社，1997	630，790
344	[法]让-马克·夸克（Jean-Marc Coicaud）著，佟心平等译：《合法性与政治》，北京：中央编译出版社，2002	810
345	[法]让-雅克·拉丰（Jean-Jacques Laffont）等著，陈志俊等译：《激励理论：委托—代理模型》，北京：中国人民大学出版社，2002	630，790
346	[法]热奈特（Gérard Genette）著，王文融译：《叙事话语，新叙事话语》，北京：中国社会科学出版社，1990	751
347	[法]托克维尔（Tocqueville）著，董果良译：《论美国的民主》，北京：商务印书馆，1988、1991	810，820，840
348	[法]西蒙娜·德·波伏娃（Simone de Beauvoir）著，陶铁柱译：《第二性》，北京：中国书籍出版社，1998	751，752，840
349	[法]雅克·德里达（Jacques Derrida）著，何一译：《马克思的幽灵：债务国家、哀悼活动和新国际》，北京：中国人民大学出版社，1999	710，720
350	[法]雅克·德里达（Jacques Derrida）著，张宁译：《书写与差异》，北京：生活·读书·新知三联书店，2001	720
351	[法]雅克·盖斯旦（Jacques Ghestin）著，陈鹏等译：《法国民法总论》，北京：法律出版社，2004	820
352	[法]雅克·勒戈夫（Jacques Le Goff）著，张弘译：《中世纪的知识分子》，北京：商务印书馆，1996	880
353	[古罗马]奥古斯丁（S. Aureli Augustini）著，周士良译：《忏悔录》，北京：商务印书馆，1963	751
354	[古希腊]柏拉图（Platon）著，郭斌和等译：《理想国》，北京：商务印书馆，1986	720，751
355	[古希腊]柏拉图（Platon）著，王晓朝译：《柏拉图全集》，北京：人民出版社，2002—2003	720
356	[古希腊]柏拉图（Platon）著，朱光潜译：《文艺对话集》，北京：人民文学出版社，1959	760
357	[古希腊]希罗多德（Herodotus）著，王以铸译：《历史》，北京：商务印书馆，1959	770
358	[古希腊]修昔底德（Thucydides）：《伯罗奔尼撒战争史》，北京：商务印书馆，1960	770
359	[古希腊]亚里士多德（Aristotle）著，廖申白译注：《尼各马可伦理学》，北京：商务印书馆，2003	720
360	[古希腊]亚里士多德（Aristotle）著，苗力田译：《尼各马科伦理学》，北京：中国社会科学出版社，1990	720

续表

序号	图书信息	学科代码
361	[古希腊] 亚里士多德（Aristotle）著，苗力田主编：《亚里士多德全集》，北京：中国人民大学出版社，1990—1997	720
362	[古希腊] 亚里士多德（Aristotle）著，吴寿彭译：《形而上学》，北京：商务印书馆，1959	720
363	[古希腊] 亚里士多德（Aristotle）著，吴寿彭译：《政治学》，北京：商务印书馆，1965	630，720，770，810，820，840
364	[古希腊] 亚里士多德（Aristotles）著，罗念生译：《诗学》，北京：人民文学出版社，1962/北京：商务印书馆，1996	751，752，760
365	[韩] W. 钱·金（W. Chan Kim）等著，吉宓译：《蓝海战略：超越产业竞争、开创全新市场》，北京：商务印书馆，2005	630
366	[韩] 李哲松著，吴日焕译：《韩国公司法》，北京：中国政法大学出版社，2000	820
367	[荷] 佛克马（Fokkema, D.）等编，王宁等译：《走向后现代主义》，北京：北京大学出版社，1992	751
368	[荷] 米克·巴尔（Mieke Bal）著，谭君强译：《叙述学：叙事理论导论》，北京：中国社会科学出版社，2003	752
369	[荷] E. 舒尔曼（E. Schuurman）著，李小兵等译：《科技文明与人类未来》，北京：东方出版社，1995	720
370	[荷] 弗兰斯·F. 范富格特（Frans Van Vught）主编，王承绪等译：《国际高等教育政策比较研究》，杭州：浙江教育出版社，2001	880
371	[加] 阿米塔·阿查亚（Amitav Acharya）著，王正毅等译：《建构安全共同体：东盟与地区秩序》，上海：上海人民出版社，2004	810
372	[加] 埃里克·麦克卢汉（Eric Mcluhan）等编，何道宽译：《麦克卢汉精粹》，南京：南京大学出版社，2000	860，870
373	[加] 大卫·杰弗里·史密斯（David Geoffrey Smith）著，郭洋生译：《全球化与后现代教育学》，北京：教育科学出版社，2000	880
374	[加] 弗朗西斯·赫瑞比（Frances Horibe）著，郑晓明等译：《管理知识员工》，北京：机械工业出版社，2000	630
375	[加] 韩家炜（Jiawei Han）等著，范明等译：《数据挖掘：概念与技术》，北京：机械工业出版社，2001	870
376	[加] 赫伯特·马歇尔·麦克卢汉（Herbert Marshall Mcluhan）著，何道宽译：《理解媒介：论人的延伸》，北京：商务印书馆，2000	860，870，950

续表

序号	图书信息	学科代码
377	［加］马克斯·范梅南（Max van Manen）著，宋广文等译：《生活体验研究：人文科学视野中的教育学》，北京：教育科学出版社，2003	880
378	［加］马克斯·范梅南（Max Van Manen）著，李树英译：《教学机智：教育智慧的意蕴》，北京：教育科学出版社，2001	880
379	［加］迈克·富兰（Michael Fullan）著，中央教育科学研究所，加拿大多伦多国际学院译：《变革的力量：透视教育改革》，北京：教育科学出版社，2000	880
380	［加］诺思罗普·弗莱（Northrop Frye）著，陈慧等译：《批评的剖析》，天津：百花文艺出版社，1998	751
381	［加］秦家懿等著，吴华译：《中国宗教与基督教》，北京：生活·读书·新知三联书店，1990	730
382	［加］威尔·金里卡（Will Kymlicka）著，刘莘译：《当代政治哲学》，上海：上海三联书店，2004	810
383	［加］文森特·莫斯可（Vincent Mosco）著，胡正荣等译：《传播政治经济学》，北京：华夏出版社，2000	860
384	［加］约翰·范德格拉夫（John H. Van de Graaff）等编著，张维平、王承绪等译：《学术权力：七国高等教育管理体制比较》，杭州：浙江教育出版社，2001	880
385	［加］J. P. 戴斯（J. P. Das）等著，杨艳云等译：《认知过程的评估：智力的PASS理论》，上海：华东师范大学出版社，1999	920
386	［捷］夸美纽斯（J. A. Comenius）著，傅任敢译：《大教学论》，北京：人民教育出版社，1984	880
387	［捷］米兰·昆德拉（Milan Kundera）著，董强译：《小说的艺术》，上海：上海译文出版社，2004	751，752
388	［捷］米兰·昆德拉（Milan Kundera）著，孟湄译：《被背叛的遗嘱》，伦敦：牛津大学出版社，1995	751
389	［捷］米兰·昆德拉（Milan Kundera）著，孟湄译：《小说的艺术》，北京：生活·读书·新知三联书店，1992	751，752
390	［捷］米兰·昆德拉（Milan Kundera）著，唐晓渡译：《小说的艺术》，北京：作家出版社，1992	751
391	［黎］菲利浦·希提（Philip K. Hitti）著，马坚译：《阿拉伯通史》，北京：商务印书馆，1979	730
392	［罗马］F. A. 查士丁尼（F. A. Justinianus）著，张企泰译：《法学总论：法学阶梯》，北京：商务印书馆，1989	820

续表

序号	图书信息	学科代码
393	［美］L. S. 斯塔夫里阿诺斯（L. S. Stavrianos）著，吴象婴译：《全球通史：1500 年以前的世界》，上海：上海社会科学院出版社，1988	770，810
394	［美］H. B. 马士（Hosea Ballou Morse）著，张汇文译：《中华帝国对外关系史》，上海：上海书店出版社，2000	770
395	［美］R. 多恩布什（Rudiger Dornbusch）等著，李庆云等校译：《宏观经济学》，北京：中国人民大学出版社，1997	790
396	［美］彼得·卡赞斯坦（Peter J. Katzenstein）等编，秦亚青等译：《世界政治理论的探索与争鸣》，上海：上海人民出版社，2006	810
397	［美］弗雷德里克·S. 米什金（Frederic S. Mishkin）著，李扬等译：《货币金融学》，北京：中国人民大学出版社，1998	790
398	［美］哈尔·瓦里安（hal Varian）著，周洪等译：《微观经济学（高级教程）》，北京：经济科学出版社，1997	790
399	［美］杰西·H. 谢拉（Jesse H. Shera）著，张沙丽译：《图书馆学引论》，兰州：兰州大学出版社，1986	870
400	［美］西奥多·舒尔茨（Theodore W. Schultz）著，梁小民译：《改造传统农业》，北京：商务印书馆，1987	790
401	［美］A. 麦金泰尔（Alasdair MacIntyre）著，龚群等译：《德性之后》，北京：中国社会科学出版社，1995	720
402	［美］B. R. 赫根汉（B. R. Hergenhahn）著，郭本禹等译：《心理学史导论》，上海：华东师范大学出版社，2004	920
403	［美］B. 盖伊·彼得斯（B. Guy Peters）著，吴爱明等译：《政府未来的治理模式》，北京：中国人民大学出版社，2001	630
404	［美］B. 约瑟夫·派恩（B. Joseph Pine）等著，夏业良等译：《体验经济》，北京：机械工业出版社，2002	790
405	［美］C. 赖特·米尔斯（C. Wright Mills）著，陈强等译：《社会学的想象力》，北京：生活·读书·新知三联书店，2001	840
406	［美］C. 赖特·米尔斯（C. Wright Mills）著，杨小东译：《白领：美国的中产阶级》，杭州：浙江人民出版社，1987	840
407	［美］D. B. 约翰斯通（D. Bruce Johnstone）著，沈红等译：《高等教育财政：问题与出路》，北京：人民教育出版社，2004	880

续表

序号	图书信息	学科代码
408	[美] E. M. 罗杰斯（Everett M. Rogers）著，殷晓蓉译：《传播学史：一种传记式的方法》，上海：上海译文出版社，2002	870
409	[美] E. S. 萨瓦斯（E. S. Savas）著，周志忍等译：《民营化与公私部门的伙伴关系》，北京：中国人民大学出版社，2002	630
410	[美] G. J. 施蒂格勒（George Joseph Stigler）著，潘振民译：《产业组织和政府管制》，上海：上海人民出版社，1996	630，790
411	[美] H. 钱纳里（H. Chenery）等著，吴奇等译：《工业化和经济增长的比较研究》，上海：上海三联书店、上海人民出版社，1995	790
412	[美] J. P. 科特（John P. Kotter）等著，曾中等译：《企业文化与经营绩效》，北京：华夏出版社，1997	630
413	[美] J. 弗雷德·威斯通（J. Fred Weston）等著，唐旭等译：《兼并、重组与公司控制》，北京：经济科学出版社，1998	630
414	[美] J. 希利斯·米勒（J. Hillis Miller）著，申丹译：《解读叙事》，北京：北京大学出版社，2002	751
415	[美] M. H. 艾布拉姆斯（M. H. Abrams）著，郦雅牛等译：《镜与灯：浪漫主义文论及批评传统》，北京：北京大学出版社，1989	752
416	[美] M. S. 加扎尼加（M. S. Gazzaniga）主编，沈政等译：《认知神经科学》，上海：上海教育出版社，1998	920
417	[美] M. 卡诺依（Martin Carnoy）编著，闵维方等译：《教育经济学国际百科全书》，北京：高等教育出版社，2000	880
418	[美] P. 诺内特（P. Nonet）等著，张志铭译：《转变中的法律与社会：迈向回应型法》，北京：中国政法大学出版社，1994	820
419	[美] R. H. 科斯（R. H. Coase）等著，刘守英译：《财产权利与制度变迁：产权学派与新制度学派译文集》，上海：上海三联书店、上海人民出版社，1994	630，790，810，840
420	[美] R. H. 科斯（R. H. Coase）著，盛洪等译：《企业，市场与法律》，上海：上海三联书店，1990	630，790
421	[美] R. H. 科斯（R. H. Coase）著，盛洪等译校：《论生产的制度结构》，上海：上海三联书店，1994	630，790
422	[美] R. M. 昂格尔（Roberto Mangabeira Unger）著，吴玉章等译：《现代社会中的法律》，北京：中国政法大学出版社，1994/南京：译林出版社，2001	820

续表

序号	图书信息	学科代码
423	[美] R. H. 科斯（R. H. Coase）等著，[瑞典] 拉斯·沃因（Lars Werin）等编，李风圣主译：《契约经济学》，北京：经济科学出版社，1999、2003	630，790
424	[美] R. M. 加涅（R. M. Gagne）等著，皮连生等译：《教学设计原理》，上海：华东师范大学出版社，1999	880
425	[美] R. M. 加涅（R. M. Gagne）著，皮连生等译：《学习的条件和教学论》，上海：华东师范大学出版社，1999	880
426	[美] T. 巴顿·卡特（T. Barton Carter）著，黄列译：《大众传播法概要》，北京：中国社会科学出版社，1997	860
427	[美] V. 奥斯特罗姆（Vincent Ostrom）等编，王诚等译：《制度分析与发展的反思：问题与抉择》，北京：商务印书馆，1992	790
428	[美] V. K. 纳雷安安（V. K. Narayanan）著，程源等译：《技术战略与创新：竞争优势的源泉》，北京：电子工业出版社，2002	630
429	[美] Y. 巴泽尔（Yofam Barzel）著，费方域等译：《产权的经济分析》，上海：上海三联书店，1997	630，790
430	[美] 阿列克斯·英格尔斯（Alex Inkeles）等著，顾昕译：《从传统人到现代人：六个发展中国家中的个人变化》，北京：中国人民大学出版社，1992	840
431	[美] 阿列克斯·英格尔斯（Alex Inkeles）著，殷陆君编译：《人的现代化：心理·思想·态度·行为》，成都：四川人民出版社，1985	840
432	[美] 阿姆斯（William Y. Arms）著，施伯乐等译：《数字图书馆概论》，北京：电子工业出版社，2001	870
433	[美] 阿瑟·奥肯（Arthur M. Okun）著，王奔洲等译：《平等与效率：重大的抉择》，北京：华夏出版社，1987、1999	790，840
434	[美] 阿瑟·奥莎利文（Arthur O'Sullivan）著，苏晓燕译：《城市经济学》，北京：中信出版社，2003	790
435	[美] 阿特休尔·J. H.（Altschull, J. H.）著，黄煜等译：《权力的媒介》，北京：华夏出版社，1989	860
436	[美] 埃德加·博登海默（Edgar Bodenheimer）著，邓正来译：《法理学：法律哲学与法律方法》，北京：华夏出版社，1987/北京：中国政法大学出版社，1999	820
437	[美] 埃德加·E. 彼得斯（Edgar E. Peters）著，王小东译：《资本市场的混沌与秩序》，北京：经济科学出版社，1999	790

续表

序号	图书信息	学科代码
438	［美］埃里克·H. 埃里克森（Erik H. Erikson）著，孙名之译：《同一性：青少年与危机》，杭州：浙江教育出版社，1998	920
439	［美］埃里克·弗鲁博顿（Eirik G. Furubotn）等编，姜建强译：《新制度经济学：一个交易费用分析范式》，上海：上海人民出版社，2006	790
440	［美］埃里克·弗鲁博顿（Eirik G. Furubotn）等编，孙经纬译：《新制度经济学》，上海：上海财经大学出版社，1998	790
441	［美］埃默里·埃利奥特（Emory Elliott）主编，朱通伯译：《哥伦比亚美国文学史》，成都：四川辞书出版社，1994	751
442	［美］艾尔弗雷德·D. 钱德勒（Alfred D. Chandler）著，张逸人等译：《企业规模经济与范围经济：工业资本主义的原动力》，北京：中国社会科学出版社，1999	630
443	［美］艾伦·C. 奥恩斯坦（Allan C. Ornstein）等著，柯森主译：《课程：基础、原理和问题》，南京：江苏教育出版社，2002	880
444	［美］爱德华·W. 萨义德（Edward W. Said）著，李琨译：《文化与帝国主义》，北京：生活·读书·新知三联书店，2003	751，950
445	［美］爱德华·W. 萨义德（Edward W. Said）著，谢少波等译：《赛义德自选集》，北京：中国社会科学出版社，1999	751，950
446	［美］爱德华·W. 萨义德（Edward W. Said）著，单德兴译：《知识分子论》，北京：生活·读书·新知三联书店，2002	751，752
447	［美］爱德华·W. 萨义德（Edward W. Said）著，王宇根译：《东方学》，北京：生活·读书·新知三联书店，1999	751，752，950
448	［美］爱德华·赫尔曼（Edward Herman）等著，甄春亮等译：《全球媒体：全球资本主义的新传教士》，天津：天津人民出版社，2001	860
449	［美］爱德华·萨丕尔（Edward Sapir）著，陆卓元译：《语言论：言语研究导论》，北京：商务印书馆，1985	740
450	［美］爱伦·豪切斯泰勒·斯黛丽（Ellen Hochstedler Steury）著，陈卫东等译：《美国刑事法院诉讼程序》，北京：中国人民大学出版社，2001	820
451	［美］爱因斯坦（E. Ainstein）著，许良英等编译：《爱因斯坦文集》，北京：商务印书馆，1976	630，720，880，950

序号	图书信息	学科代码
452	［美］安纳利·萨克森宁（A. Saxenian）著，曹蓬等译：《地区优势：硅谷和128公路地区的文化与竞争》，上海：上海远东出版社，1999	630
453	［美］奥利弗·E. 威廉姆森（Oliver E. Williamson）著，王健等译：《治理机制》，北京：中国社会科学出版社，2001	630
454	［美］奥利弗·E. 威廉姆森（Oliver E. Williamson）著，段毅才等译：《资本主义经济制度：论企业签约与市场签约》，北京：商务印书馆，2002	630，790
455	［美］奥列佛·哈特（Oliver Hart）著，费方域译：《企业、合同与财务结构》，上海：上海三联书店、上海人民出版社，1998	630，790
456	［美］巴巴拉·西尔斯（Barbara Sear）等著，乌美娜等译：《教学技术：领域的定义和范畴》，北京：中央广播电视大学出版社，1999、2000（重印）	880
457	［美］巴罗（Robert J. Barro）等著，何晖等译：《经济增长》，北京：中国社会科学出版社，2000	790
458	［美］白甫丽·艾碧（Beverly Abbey）主编，丁兴富等译：《网络教育：教学与认知发展新视角》，北京：中国轻工业出版社，2003	880
459	［美］保罗·S. 麦耶斯（Paul S. Myers）主编，蒋惠工等译：《知识管理与组织设计》，珠海：珠海出版社，1998	630
460	［美］保罗·亨利·朗（Paul Henry Lang）著，顾连理等译：《西方文明中的音乐》，贵阳：贵州人民出版社，2001	760
461	［美］保罗·康纳顿（Paul Connerton）著，纳日碧力戈译：《社会如何记忆》，上海：上海人民出版社，2000	850
462	［美］保罗·克鲁格曼（Paul Krugman）著，海闻等译：《国际经济学》，北京：中国人民大学出版社，2002	790
463	［美］保罗·克鲁格曼（Paul Krugman）著，朱文晖等译：《萧条经济学的回归》，北京：中国人民大学出版社，1999	790
464	［美］保罗·萨缪尔森（Paul A. Samuelson）等著，高鸿业等译：《经济学》，北京：中国发展出版社，1979、1992	630，790

续表

序号	图书信息	学科代码
465	[美]保罗·萨缪尔森（Paul A. Samuelson）等著，萧琛译：《经济学》，北京：人民邮电出版社，1999、2004	790
466	[美]保罗·萨缪尔森（Paul A. Samuelson）等著，姚开建译：《经济学》，北京：中国人民大学出版社，1997	790
467	[美]贝克尔（G. S. Beeker）著，梁小民译：《人力资本：特别是关于教育的理论与经验分析》，北京：北京大学出版社，1987	630
468	[美]贝内特·雷默（Bennett Reimer）著，熊蕾译：《音乐教育的哲学》，北京：人民音乐出版社，2003	760
469	[美]贝斯特（John B. Best）著，黄希庭译：《认知心理学》，北京：中国轻工业出版社，2000	920
470	[美]本杰明·卡多佐（Benjamin N. Cardozo）著，朱苏力译：《司法过程的性质》，北京：商务印书馆，1998	820
471	[美]本尼迪克特·安德森（Benedict Anderson）著，吴叡人译：《想象的共同体：民族主义的起源与散布》，上海：上海人民出版社，2003	752，850，950
472	[美]彼得·F. 德鲁克（Peter F. Drucker）等著，杨开峰译：《知识管理》，北京：中国人民大学出版社，1999	630
473	[美]彼得·F. 德鲁克（Peter F. Drucker）著，刘毓玲译：《21世纪的管理挑战》，北京：生活·读书·新知三联书店，2003	630
474	[美]彼得·M. 布劳（P. M. Blau）著，孙非等译：《社会生活中的交换与权力》，北京：华夏出版社，1988	840
475	[美]彼得·贝格尔（Peter L. Berger）著，高师宁译：《神圣的帷幕：宗教社会学理论之要素》，上海：上海人民出版社，1991	730
476	[美]彼得·圣吉（Peter M. Senge）著，郭进隆译：《第五项修炼：学习型组织的艺术与实务》，上海：上海三联书店，1998	630，870，880
477	[美]彼特·M. 布劳（P. M. Blau）著，王春光等译：《不平等和异质性》，北京：中国社会科学出版社，1991	840
478	[美]波林（E. G. Boring）著，高觉敷译：《实验心理学史》，北京：商务印书馆，1981	920

续表

序号	图书信息	学科代码
479	[美] 伯顿·克拉克（Burton R. Clark）主编，王承绪等译：《高等教育新论：多学科的研究》，杭州：浙江教育出版社，1988	880
480	[美] 伯顿·克拉克（Burton R. Clark）著，王承绪等译：《高等教育系统：学术组织的跨国研究》，杭州：杭州大学出版社，1994	880
481	[美] 伯顿·克拉克（Burton R. Clark）著，王承绪译：《探究的场所：现代大学的科研和研究生教育》，杭州：浙江教育出版社，2001	880
482	[美] 伯格（Jerry M. Burger）著，陈会昌等译：《人格心理学》，北京：中国轻工业出版社，2000	920
483	[美] 伯纳德·施瓦茨（Bernard Chwartz）著，王军译：《美国法律史》，北京：中国政法大学出版社，1989	820
484	[美] 伯纳德·施瓦茨（Bernard Chwartz）著，徐炳译：《行政法》，北京：群众出版社，1986	820
485	[美] 布龙菲尔德（Leonard Bloomfield）著，袁家骅等译：《语言论》，北京：商务印书馆，1980	740
486	[美] 布鲁克菲尔德（Stephen D. Brookfield）著，张伟译：《批判反思型教师ABC》，北京：中国轻工业出版社，2002	880
487	[美] 布鲁斯·金格马（Bruce R. Kingma）著，马费成等译：《信息经济学：信息工作者的成本—收益分析指南》，太原：山西经济出版社，1999	870
488	[美] 布鲁斯·拉西特（Bruce Russett）等著，王玉珍等译：《世界政治》，北京：华夏出版社，2001	810
489	[美] 布斯（Booth, W. C.）著，华明等译：《小说修辞学》，北京：北京大学出版社，1987	751，752
490	[美] 查尔斯·M. 萨维奇（Charles M. Savage）著，谢强华等译：《第五代管理》，珠海：珠海出版社，1998	630
491	[美] 查尔斯·沃尔夫（Charles Wolf）著，谢旭译：《市场或政府：权衡两种不完善的选择》，北京：中国发展出版社，1994	630
492	[美] 大卫·A. 鲍德温（David A. Baldwin）主编，肖欢容译：《新现实主义和新自由主义》，杭州：浙江人民出版社，2001	810
493	[美] 大卫·L. 阿什德（David L. Altheide）著，邵志择译：《传播生态学：控制的文化范式》，北京：华夏出版社，2003	860

续表

序号	图书信息	学科代码
494	［美］大卫·波德威尔（David Bordwell）著，何慧玲译，李焯桃编：《香港电影的秘密：娱乐的艺术》，海口：海南出版社，2003	760
495	［美］大卫·雷·格里芬（D. R. Griffin）编，马季方译：《后现代科学：科学魅力的再现》，北京：中央编译出版社，1995	720
496	［美］大卫·雷·格里芬（D. R. Griffin）编，王成兵译：《后现代精神》，北京：中央编译出版社，1998	720
497	［美］大卫·罗默（David Romer）著，苏剑等译：《高级宏观经济学》，北京：商务印书馆，1999	790
498	［美］戴安娜·克兰（Diana Crane）著，赵国新译：《文化生产：媒体与都市艺术》，南京：译林出版社，2001	760，860
499	［美］戴维·H. 罗森布鲁姆（David H. Rosenbloom）等著，张成福等校译：《公共行政学：管理、政治和法律的途径》，北京：中国人民大学出版社，2002	630
500	［美］戴维·H. 乔纳森（David H. Jonassen）主编，郑太年等译：《学习环境的理论基础》，上海：华东师范大学出版社，2002	880
501	［美］戴维·奥斯本（David Osborne）等著，上海市政协编译组等编译：《改革政府：企业精神如何改革着公营部门》，上海：上海译文出版社，1996	630，810
502	［美］戴维·奥斯本（David Osborne）等著，谭功荣等译：《摒弃官僚制：政府再造的五项战略》，北京：中国人民大学出版社，2002	630
503	［美］戴维·贝赞可（David Besanko）等著，武亚军总译校：《公司战略经济学》，北京：北京大学出版社，1999	630
504	［美］戴维·波普诺（David Popenoe）著，李强等译：《社会学》，北京：中国人民大学出版社，1999	840
505	［美］戴维·伊斯顿（David Easton）著，王浦劬译：《政治生活的系统分析》，北京：华夏出版社，1999	810
506	［美］丹尼尔·A. 雷恩（Daniel A. Wren）著，赵睿等译：《管理思想的演变》，北京：中国社会科学出版社，2000	630
507	［美］丹尼尔·F. 史普博（Daniel F. Spulber）著，余晖等译：《管制与市场》，上海：上海三联书店、上海人民出版社，1999	630，790
508	［美］丹尼尔·贝尔（Daniel Bell）著，高铦等译：《后工业社会的来临：对社会预测的一项探索》，北京：商务印书馆，1984	840

续表

序号	图书信息	学科代码
509	[美] 丹尼尔·贝尔（Daniel Bell）著，赵一凡等译：《资本主义文化矛盾》，北京：生活·读书·新知三联书店，1989/台北：桂冠图书公司，1989	720，751，752，760，860，840，950
510	[美] 丹尼斯·C. 缪勒（Dennis C. Mueller）著，杨春学等译：《公共选择理论》，北京：中国社会科学出版社，1999	630，790
511	[美] 丹尼斯·卡尔顿（Dennis W. Carlton）等著，黄亚钧等译：《现代产业组织》，上海：上海三联书店、上海人民出版社，1998	630，790
512	[美] 道格拉斯·C. 诺斯（Douglass C. North）等著，厉以平译：《西方世界的兴起》，北京：华夏出版社，1999	630，790
513	[美] 道格拉斯·C. 诺斯（Douglass C. North）等著，刘守英译：《制度、制度变迁与经济绩效》，上海：上海三联书店，1994	630，790，810，840
514	[美] 道格拉斯·C. 诺斯（Douglass C. North）著，陈郁等译：《经济史中的结构与变迁》，上海：上海三联书店、上海人民出版社，1994、1991	630，790，810，840
515	[美] 道格拉斯·C. 诺斯（Douglass C. North）著，厉以平译：《经济史上的结构和变革》，北京：商务印书馆，1991	790
516	[美] 德弗勒（Defleur, M. L.）等著，颜建军等译：《大众传播通论》，北京：华夏出版社，1989	860
517	[美] 德里克·博克（Derek Bok）著，徐小洲等译：《走出象牙塔：现代大学的社会责任》，杭州：浙江教育出版社，2001	880
518	[美] 杜·舒尔兹（Duane P. Schultz）著，杨立能等译：《现代心理学史》，北京：人民教育出版社，1981	920
519	[美] 杜赞奇（Prasenjit Duara）著，王福明译：《文化、权力与国家：1900—1942年的华北农村》，南京：江苏人民出版社，1994、2003	770，810，840，850
520	[美] 法博齐（Frank J. Fabozzi）著，唐旭等译：《资本市场：机构与工具》，北京：经济科学出版社，1998	790
521	[美] 凡勃仑（T. Vcblen）著，蔡受百译：《有闲阶级论：关于制度的经济研究》，北京：商务印书馆，1964	840
522	[美] 菲利普·G. 阿特巴赫（Philip G. Altbach）著，人民教育出版社教育室译：《比较高等教育：知识、大学与发展》，北京：人民教育出版社，2001	880

续表

序号	图书信息	学科代码
523	[美] 菲利普·科特勒（Philip Kotler）著，梅汝和等译：《营销管理：分析、计划、执行和控制》，上海：上海人民出版社，1999	630，790
524	[美] 费正清（John King Fairbank）：《剑桥中国晚清史》，北京：中国社会科学出版社，1985	770
525	[美] 费正清（John King Fairbank）编，章建刚译：《剑桥中华民国史》，上海：上海人民出版社，1992	770
526	[美] 弗拉基米尔·纳博科夫（Vladimir Nabokov）著，申慧辉等译：《文学讲稿》，北京：生活·读书·新知三联书店，1991	751
527	[美] 弗兰克·梯利（Frank Thilly）著，葛力译：《西方哲学史》，北京：商务印书馆，1995	720
528	[美] 弗朗西斯·福山（Francis Fukuyama）著，李宛蓉译：《信任：社会道德和繁荣的创造》，呼和浩特：远方出版社，1998	630，840
529	[美] 弗朗西斯·福山（Francis Fukuyama）著，黄胜强等译：《历史的终结及最后之人》，北京：中国社会科学出版社，2003	810
530	[美] 弗朗西斯·福山（Francis Fukuyama）著，彭志华译：《信任：社会美德与创造经济繁荣》，海口：海南出版社，2001	630，790，840
531	[美] 弗雷德里克·詹姆逊（Fredric Jameson）讲演，唐小兵译：《后现代主义与文化理论》，北京：北京大学出版社，1997/西安：陕西师范大学出版社，1986	751，760，860，950
532	[美] 弗雷德里克·詹姆逊（Fredric Jameson）著，胡亚敏等译：《文化转向》，北京：中国社会科学出版社，2000	950
533	[美] 弗雷德里克·詹姆逊（Fredric Jameson）著，王逢振等译：《政治无意识：作为社会象征行为的叙事》，北京：中国社会科学出版社，1999	751
534	[美] 弗雷德里克·詹姆逊（Fredric Jameson）著，张旭东编，陈清侨等译：《晚期资本主义的文化逻辑：詹明信批评理论文选》，北京：生活·读书·新知三联书店，1997	751，752
535	[美] 弗雷德里克·詹姆逊（Fredric Jameson）著，张旭东编，陈清侨等译：《晚期资本主义的文化逻辑》，北京：生活·读书·新知三联书店，1997	720，950
536	[美] 福克纳（W. Faulkner）著，李文俊译：《喧哗与骚动》，上海：上海译文出版社，1984	751
537	[美] 富兰克林·艾伦（Franklin Allen）等著，王晋斌等译：《比较金融系统》，北京：中国人民大学出版社，2002	790

续表

序号	图书信息	学科代码
538	［美］戈德·史密斯（R. W. Golfsmith）著，周朔等译：《金融结构与金融发展》，上海：上海三联书店、上海人民出版社，1990	790
539	［美］格奥尔格·伊格尔斯（G. G. Iggers）著，何兆武译：《二十世纪的历史学：从科学的客观性到后现代的挑战》，沈阳：辽宁教育出版社，2003	770
540	［美］古亚拉堤（Damodar N. Gujarati）著，林少宫译：《计量经济学》，北京：中国人民大学出版社，2000	790
541	［美］哈罗德·J. 伯尔曼（Harold J. Berman）著，贺卫方译：《法律与革命：西方法律传统的形成》，北京：中国大百科全书出版社，1993	820
542	［美］哈罗德·J. 伯尔曼（Harold J. Berman）著，梁治平译：《法律与宗教》，北京：生活·读书·新知三联书店，1991	820
543	［美］哈罗德·布鲁姆（Harold Bloom）著，江宁康译：《西方正典：伟大作家和不朽作品》，南京：译林出版社，2005	751，752
544	［美］哈罗德·德姆塞茨（Harold Demsetz）著，段毅才等译：《所有权、控制与企业：论经济活动的组织》，北京：经济科学出版社，1999	630，790
545	［美］哈罗德·德姆塞茨（Harold Demsetz）著，梁小民译：《企业经济学》，北京：中国社会科学出版社，1999	630
546	［美］哈罗德·孔茨（Harold Koontz）等著，张晓君等编译：《管理学》，北京：经济科学出版社，1998	630
547	［美］哈维·S. 罗森（Harvey S. Rosen）著，平新乔等译：《财政学》，北京：中国人民大学出版社，2000	790
548	［美］海登·怀特（Hayden White）著，陈永国译：《后现代历史叙事学》，北京：中国社会科学出版社，2003	752
549	［美］汉森（Hamsen, P. S.）著，孟宪福译：《二十世纪音乐概论》，北京：人民音乐出版社，1981	760
550	［美］汉斯·凯尔森（Hans Kelsen）著，沈宗灵译：《法与国家的一般理论》，北京：中国大百科全书出版社，1996	820
551	［美］汉斯·摩根索（H. J. Morgenthau）著，卢明华等译：《国际纵横策论：争强权，求和平》，上海：上海译文出版社，1995	810
552	［美］汉斯·摩根索（H. J. Morgenthau）著，徐昕等译：《国家间政治：寻求权力与和平的斗争》，北京：中国人民公安大学出版社，1990	810

续表

序号	图书信息	学科代码
553	［美］赫伯特·马尔库塞（Herbert Marcuse）著，刘继译：《单向度的人：发达工业社会意识形态研究》，上海：上海译文出版社，1989/重庆：重庆出版社，1988	720
554	［美］赫伯特·施皮格伯格（Hebert Spiegelberg）著，王炳文等译：《现象学运动》，北京：商务印书馆，1995	720
555	［美］赫尔（John C. Hull）著，张陶伟译：《期权、期货和衍生证券》，北京：华夏出版社，1997	790
556	［美］亨利·基辛格（Henry A. Kissinger）著，顾淑馨等译：《大外交》，海口：海南出版社，1998	810
557	［美］亨利·罗索夫斯基（Henry Rosovsky）著，谢宗仙等译：《美国校园文化：学生、教授、管理》，济南：山东人民出版社，1996	880
558	［美］胡佛（Edgar M. Hoover）著，王翼龙译：《区域经济学导论》，北京：商务印书馆，1990	790
559	［美］华莱士·马丁（Wallace Martin）著，伍晓明译：《当代叙事学》，北京：北京大学出版社，1990	752
560	［美］华勒斯坦（Immanuel Wallerstein）等著，刘健芝等编译：《学科·知识·权力》，北京：生活·读书·新知三联书店，1999	880
561	［美］华勒斯坦（Immanuel Wallerstein）等著，刘锋译：《开放社会科学：重建社会科学报告书》，北京：生活·读书·新知三联书店，1997	880
562	［美］黄宗智：《长江三角洲小农家庭与乡村发展》，北京：中华书局，2000	790，840
563	［美］黄宗智：《华北的小农经济与社会变迁》，北京：中华书局，1986、2000	790，840，850
564	［美］霍尔姆斯·罗尔斯顿（Holmes Rolston）著，刘耳等译：《哲学走向荒野》，长春：吉林人民出版社，2000	720
565	［美］霍尔姆斯·罗尔斯顿（Holmes Rolston）著，杨通进译：《环境伦理学：大自然的价值以及人对大自然的义务》，北京：中国社会科学出版社，2000	720
566	［美］霍华德·加德纳（Howard Gardner）著，沈致隆译：《多元智能》，北京：新华出版社，1999	880
567	［美］吉尔伯特·罗兹曼（Gilbert Rozman）主编，陶骅等译：《中国的现代化》，南京：江苏人民出版社，1988	770
568	［美］吉姆·柯林斯（Jimcollins）等著，真如译：《基业长青：企业永续经营的准则》，北京：中信出版社，2002	630

续表

序号	图书信息	学科代码
569	[美] 加布里埃尔·A. 阿尔蒙德（Gabriel A. Almond）等著，曹沛霖等译：《比较政治学：体系、过程和政策》，上海：上海译文出版社，1987/北京：东方出版社，2007	630，810，840
570	[美] 加德纳·墨菲（G. Murphy）等著，林方等译：《近代心理学历史导引》，北京：商务印书馆，1980	920
571	[美] 加里·德斯勒（Gary Dessler）著，吴雯芳等译：《人力资源管理》，北京：中国人民大学出版社，1999	630
572	[美] 加里·哈默尔（Gary Hamel）等著，王振西译：《竞争大未来》，北京：昆仑出版社，1998	630
573	[美] 加里·S. 贝克尔（Gary S. Becker）著，王业宇等译：《人类行为的经济分析》，上海：上海三联书店、上海人民出版社，1993、1995	790，840
574	[美] 杰·科克利（Jay J. Coakley）著，管兵译：《体育社会学：议题与争议》，北京：清华大学出版社，2003	890
575	[美] 杰弗里·萨克斯（Jeffrey D. Sachs）等著，费方域等译：《全球视角的宏观经济学》，上海：上海三联书店、上海人民出版社，1997	790
576	[美] 杰弗里·亚历山大（Jeffery C. Alexander）著，贾春增等译：《社会学二十讲：二战以来的理论发展》，北京：华夏出版社，2000	840
577	[美] 杰弗瑞·戈比（Geoffrey Godbey）著，康筝译：《你生命中的休闲》，昆明：云南人民出版社，2000	890
578	[美] 杰克·富勒（Jack Fuller）著，展江译：《信息时代的新闻价值观》，北京：新华出版社，1999	860
579	[美] 杰拉尔德·格罗斯（Gerald Gross）主编，齐若兰译：《编辑人的世界》，北京：中国工人出版社，2000	860
580	[美] 杰里尔·A. 罗赛蒂（Jerel A. Rosati）著，周启朋等译：《美国对外政策的政治学》，北京：世界知识出版社，1997	810
581	[美] 卡尔·米切姆（C. Mitcham）著，殷登祥等译：《技术哲学概论》，天津：天津科学技术出版社，1999	720
582	[美] 卡尔·夏皮罗（Carl Shapiro）等著，张帆译：《信息规则：网络经济的策略指导》，北京：中国人民大学出版社，2000	790，870
583	[美] 柯文（Paul A. Cohen）著，林同奇译：《在中国发现历史：中国中心观在美国的兴起》，北京：中华书局，1989	770

续表

序号	图书信息	学科代码
584	[美] 科恩（Carl Cohen）著，聂崇信等译：《论民主》，北京：商务印书馆	810
585	[美] 科塞（A. Coser）著，孙立平等译：《社会冲突的功能》，北京：华夏出版社，1989	840
586	[美] 克拉克（Katerina Clark）等著，语冰译：《米哈伊尔·巴赫金》，北京：中国人民大学出版社，1992	751
587	[美] 克拉克·克尔（Clark Kerr）著，陈学飞等译：《大学的功用》，南昌：江西教育出版社，1993	880
588	[美] 克拉克·克尔（Clark Kerr）著，王承绪等译：《高等教育不能回避历史：21世纪的问题》，杭州：浙江教育出版社，2001	880
589	[美] 克利福德·G. 克里斯蒂安等（Clifford G. Christians）著，张晓辉等译：《媒体伦理学：案例与道德论据》，北京：华夏出版社，2000	860
590	[美] 克利福德·格尔茨（Clifford Geertz）著，韩莉译：《文化的解释》，南京：译林出版社，1999	850，950
591	[美] 克利福德·格尔茨（Clifford Geertz）著，纳日碧力戈译：《文化的解释》，上海：上海人民出版社，1999	840，850，950
592	[美] 克利福德·格尔茨（Clifford Geertz）著，王海龙，张家瑄译：《地方性知识：阐释人类学论文集》，北京：中央编译出版社，2000	850
593	[美] 克林·盖尔西克（Kelin E. Gersick）等著，贺敏译：《家族企业的繁衍：家庭企业的生命周期》，北京：经济日报出版社，1998	630
594	[美] 肯尼思·华尔兹（Kenneth N. Waltz）著，胡少华等译：《国际政治理论》，北京：中国人民公安大学出版社，1992	810
595	[美] 肯尼思·华尔兹（Kenneth N. Waltz）著，信强译：《国际政治理论》，上海：上海人民出版社，2003	810
596	[美] 孔华润（沃伦·I. 科恩）（Warren L. Cohen）主编：《剑桥美国对外关系史》，北京：新华出版社，2004	810
597	[美] 库兹涅茨（S. Kuznets）著，常勋等译：《各国的经济增长：总产值和生产结构》，北京：商务印书馆，1985	790
598	[美] 拉尔夫·W. 泰勒（Ralph W. Tyler）著，施良方译：《课程与教学的基本原理》，北京：人民教育出版社，1994	880
599	[美] 莱斯利·P. 斯特弗（Leslie P. Steffe）等主编，高文等译：《教育中的建构主义》，上海：华东师范大学出版社，2002	880

续表

序号	图书信息	学科代码
600	[美] 莱斯特·M. 萨拉蒙（Lester M. Salamon）等著，贾西津等译：《全球公民社会：非营利部门视界》，北京：社会科学文献出版社，2002	840
601	[美] 莱斯特·R. 布朗著，林自新等译：《生态经济：有利于地球的经济构想》，北京：东方出版社，2002	790
602	[美] 赖斯（Phillip L. Rice）著，石林等译：《压力与健康》，北京：中国轻工业出版社，2000	920
603	[美] 朗格（Langer, S. K.）著，刘大基等译：《情感与形式》，北京：中国社会科学出版社，1986	752，760
604	[美] 劳伦斯·A. 珀文（Lawrence A. Pervin）等著，黄希庭主译：《人格手册：理论与研究》，上海：华东师范大学出版社，2003	920
605	[美] 劳伦斯·A. 珀文（Lawrence A. Pervin）著，周榕等译：《人格科学》，上海：华东师范大学出版社，2001	920
606	[美] 劳伦斯·M. 弗里德曼（Lawrence M. Friedman）著，李琼英等译：《法律制度：从社会科学角度观察》，北京：中国政法大学出版社，1994	820
607	[美] 劳逊（J. H. Lowson）著，邵牧君等译：《戏剧与电影的剧作理论与技巧》，北京：中国电影出版社，1978	760
608	[美] 勒内·韦勒克（Rene Wellek）著，刘象愚译：《文学理论》，北京：生活·读书·新知三联书店，1984/南京：江苏教育出版社，2005	751，752
609	[美] 雷纳·韦勒克（Rene Wellek）著，杨自伍等译：《近代文学批评史：1750—1950》（1—8卷），上海：上海译文出版社，1987	751
610	[美] 李欧梵：《现代性的追求》，北京：生活·读书·新知三联书店，2000	752
611	[美] 李欧梵著，毛尖译：《上海摩登：一种新都市文化在中国（1930—1945）》，北京：北京大学出版社，2001	752
612	[美] 理查德·A. 波斯纳（Richard A. Posner）著，朱苏力译：《法理学问题》，北京：中国政法大学出版社，1994	820
613	[美] 理查德·A. 波斯纳（Richard A. Posner）著，蒋兆康译：《法律的经济分析》，北京：中国大百科全书出版社，1997	820
614	[美] 理查德·E. 凯夫斯（Richard E. Caves）著，孙绯等译：《创意产业经济学：艺术的商业之道》，北京：新华出版社，2004	950

续表

序号	图书信息	学科代码
615	[美] 理查德·L. 达夫特（Richard L. Daft）著，李维安等译：《组织理论与设计精要》，北京：机械工业出版社，1999	630
616	[美] 理查德·R. 纳尔逊（Richard R. Nelson）等著，胡世凯译：《经济变迁的演化理论》，北京：商务印书馆，1997	630，790
617	[美] 理查德·考克斯（Richard H. Cox）著，张力为等译：《运动心理学：概念与应用》，北京：清华大学出版社，2003	890
618	[美] 理查德·罗蒂（Richard Rorty）著，黄勇编译：《后哲学文化》，上海：上海译文出版社，1992	720
619	[美] 理查德·罗蒂（Richard Rorty）著，李幼蒸译：《哲学和自然之镜》，北京：生活·读书·新知三联书店，1987	720
620	[美] 林南著，张磊译：《社会资本：关于社会结构与行动的理论》，上海：上海人民出版社，2005	840
621	[美] 刘禾著，宋伟杰译：《跨语际实践：文学，民族文化与被译介的现代性》，北京：生活·读书·新知三联书店，2002	752
622	[美] 刘易斯（W. A. Lewis）著，施炜等译：《二元经济论》，北京：北京经济学院出版社，1989	790，840
623	[美] 刘易斯·芒福德（Lewis Mumford）著，宋俊岭等译：《城市发展史：起源、演变和前景》，北京：中国建筑工业出版社，1989	840
624	[美] 露丝·本尼迪克特（Ruth Benedict）著，何锡章等译：《文化模式》，北京：华夏出版社，1987	850，950
625	[美] 露丝·本尼迪克特（Ruth Benedict）著，吕万和等译：《菊与刀：日本文化的类型》，北京：商务印书馆，1990	950
626	[美] 露丝·本尼迪克特（Ruth Benedict）著，王炜等译：《文化模式》，北京：生活·读书·新知三联书店，1988	950
627	[美] 鲁道夫·阿恩海姆（Rudolf Arnheim）著，滕守尧等译：《艺术与视知觉》，北京：中国社会科学出版社，1984	760
628	[美] 鲁道夫·阿恩海姆（Rudolf Arnhim）著：《电影作为艺术》，北京：中国电影出版社，1981	760
629	[美] 鲁道夫·阿恩海姆（Rudolf Arnhim）著，滕守尧译：《视觉思维：审美直觉心理学》，北京：光明日报出版社，1986	760
630	[美] 路易斯·亨利·摩尔根（Lewis Henry Morgan）著，杨东莼译：《古代社会》，北京：商务印书馆，1977	850

续表

序号	图书信息	学科代码
631	［美］路易斯·普特曼（Louis Putterman）等编，孙经纬译：《企业的经济性质》，上海：上海财经大学出版社，2000	630
632	［美］伦斯基（G. E. Lenski）著，关信平等译：《权力与特权：社会分层的理论》，杭州：浙江人民出版社，1988	840
633	［美］罗伯特·C. 艾伦（Robert C. Allen）编，麦永雄等译：《重组话语频道：电视与当代批评》，北京：中国社会科学出版社，2000	860
634	［美］罗伯特·C. 艾伦（Robert C. Allen）等著，李迅译：《电影史：理论与实践》，北京：中国电影出版社，1997	760
635	［美］罗伯特·G. 欧文斯（Robert Owens）著，窦卫霖等译：《教育组织行为学》，上海：华东师范大学出版社，2001	880
636	［美］罗伯特·M. 赫钦斯（Robert M. Hutchins）著，汪利兵译：《美国高等教育》，杭州：浙江教育出版社，2001	880
637	［美］罗伯特·伯恩鲍姆（Robert Birnbaum）著，别敦荣主译：《大学运行模式》，青岛：中国海洋大学出版社，2003	880
638	［美］罗伯特·达尔（R. A. Dahl）著，李柏光等译：《论民主》，北京：商务印书馆，1999	810
639	［美］罗伯特·达尔（R. A. Dahl）著，王沪宁译：《现代政治分析》，上海：上海译文出版社，1987	810
640	［美］罗伯特·基欧汉（Robert O. Keohane）等著，门洪华译：《权力与相互依赖》，北京：北京大学出版社，2002	810
641	［美］罗伯特·基欧汉（Robert O. Keohane）著，郭树勇译：《新现实主义及其批判》，北京：北京大学出版社，2002	810
642	［美］罗伯特·基欧汉（Robert O. Keohane）著，门洪华编译：《局部全球化世界中的自由主义、权力与治理》，北京：北京大学出版社，2004	810
643	［美］罗伯特·基欧汉（Robert O. Keohane）著，苏长和等译：《霸权之后：世界政治经济中的合作与纷争》，上海：上海人民出版社，2001	810
644	［美］罗伯特·吉尔平（Robert Gilpin）著，武军等译：《世界政治中的战争与变革》，北京：中国人民大学出版社，1994	810
645	［美］罗伯特·吉尔平（Robert Gilpin）著，杨宇光等译：《国际关系政治经济学》，北京：经济科学出版社，1989	810

续表

序号	图书信息	学科代码
646	［美］罗伯特·杰维斯（Robert Jervis）著，秦亚青译：《国际政治中的知觉与错误知觉》，北京：世界知识出版社，2003	810
647	［美］罗伯特·考特（Robert Cooter）著，张军译：《法和经济学》，上海：上海三联书店，1991	820
648	［美］罗伯特·麦基（Robert McKee）著，周铁东译：《故事：材质、结构、风格和银幕剧作的原理》，北京：中国电影出版社，2001	760
649	［美］罗伯特·希斯（Robert Heath）著，王成等译：《危机管理》，北京：中信出版社，2004	630
650	［美］罗恩·史密斯（Ron F. Smith）著，李青藜译：《新闻道德评价》，北京：新华出版社，2001	860
651	［美］罗杰·菲德勒（Roger Fidler）著，明安香译：《媒介形态变化：认识新媒介》，北京：华夏出版社，2000	860，870
652	［美］罗兰·罗伯森（Roland Robertson）著，梁光严译：《全球化：社会理论和全球文化》，上海：上海人民出版社，2000	950
653	［美］罗纳德·德沃金（Ronald Dworkin）著，李常青译：《法律帝国》，北京：中国大百科全书出版社，1996	820
654	［美］罗纳德·德沃金（Ronald Dworkin）著，信春鹰等译：《认真对待权利》，北京：中国大百科全书出版社，1998	820
655	［美］罗纳德·麦金农（Ronald I. McKinnon）著，卢骢译：《经济发展中的货币与资本》，上海：上海三联书店，1988	790
656	［美］罗纳德·麦金农（Ronald I. McKinnon）著，王信等译：《美元本位下的汇率：东亚高储蓄两难》，北京：中国金融出版社，2005	790
657	［美］罗斯科·庞德（R. Pound）著，沈宗灵等译：《通过法律的社会控制：法律的任务》，北京：商务印书馆，1984	820
658	［美］马尔库塞（Herbert Marcuse）著，李小兵译：《审美之维：马尔库塞美学论著集》，北京：生活·读书·新知三联书店，1989	751
659	［美］马克·波斯特（Mark Poster）著，范静哗译：《第二媒介时代》，南京：南京大学出版社，2000、2001	860，870，950
660	［美］马克·波斯特（Mark Poster）著，范静哗译：《信息方式：后结构主义与社会语境》，北京：商务印书馆，2000	870

序号	图书信息	学科代码
661	[美] 马斯洛（Maslow A. H）等著，林方主编：《人的潜能和价值：人本主义心理学译文集》，北京：华夏出版社，1987	880，920
662	[美] 马斯洛（Maslow A. H）著，李文湉译：《存在心理学探索》，昆明：云南人民出版社，1987	920
663	[美] 马斯洛（Maslow A. H）著，许金声译：《动机与人格》，北京：华夏出版社，1987	920
664	[美] 马泰·卡林内斯库（Matei Calinescu）著，顾爱彬译：《现代性的五副面孔：现代主义、先锋派、颓废、媚俗艺术、后现代主义》，北京：商务印书馆，2002	751，752，760
665	[美] 马歇尔（Affred Marshall）著，朱志泰等译：《经济学原理》，北京：商务印书馆，1981、1997	630，790
666	[美] 马歇尔·萨林斯（Marshall Sahlins）著，王铭铭译：《甜蜜的悲哀》，北京：生活·读书·新知三联书店，2000	850
667	[美] 马歇尔·萨林斯（Marshall Sahlins）著，赵丙祥译：《文化与实践理性》，上海：上海人民出版社，2002	850
668	[美] 马修·D. 尚克（Matthew D. Shank）著，董进霞译：《体育营销学——战略性观点》，北京：清华大学出版社，2003	890
669	[美] 玛格丽特·M. 布莱尔（Margaret M. Blair）著，张荣刚译：《所有权与控制：面向21世纪的公司治理探索》，北京：中国社会科学出版社，1999	630
670	[美] 玛莎·费丽莫（Martha Finnemore）著，袁正清译：《国际社会中的国家利益》，杭州：浙江人民出版社，2001	810
671	[美] 迈克尔·D. 贝勒斯（Michael D. Bayles）著，张文显等译：《法律的原则：一个规范的分析》，北京：中国大百科全书出版社，1996	820
672	[美] 迈克尔·埃默里（Michael Emery）等著，展江译：《美国新闻史：大众传播媒介解释史》，北京：中国人民大学出版社，2004	860
673	[美] 迈克尔·埃默里（Michael Emery）著，苏金琥译：《美国新闻史：报业与政治、经济和社会潮流的关系》，北京：新华出版社，1982	860
674	[美] 迈克尔·波特（Michael Porter）著，李明轩等译：《国家竞争优势》，北京：华夏出版社，2002	630，790
675	[美] 迈克尔·波特（Michael Porter）著，陈小悦译：《竞争优势》，北京：华夏出版社，1997	630，790，860，870

续表

序号	图书信息	学科代码
676	[美]迈克尔·波特（Michael Porter）著，陈小悦译：《竞争战略》，北京：华夏出版社，1997	790
677	[美]迈克尔·波特（Michael Porter）著，高登第等译：《竞争论》，北京：中信出版社，2003	630，790
678	[美]迈克尔·利兹（Michael A. Leeds）著，杨玉明等译：《体育经济学》，北京：清华大学出版社，2003	890
679	[美]迈克尔·罗斯金（Michael G. Roskin）著，林震译：《政治科学》，北京：华夏出版社，2001	810
680	[美]迈克尔·迪屈奇（Michael Dietrich）著，王铁生等译：《交易成本经济学：关于公司的新的经济意义》，北京：经济科学出版社，1999	630，790
681	[美]曼纽尔·卡斯特（Manuel Castells）著，夏铸九等译：《网络社会的崛起》，北京：社会科学文献出版社，2001	840，870
682	[美]曼瑟尔·奥尔森（Mancur Olson）著，陈郁等译：《集体行动的逻辑》，上海：上海三联书店、上海人民出版社，1995	630，790，810，840
683	[美]米尔伊安·R. 达玛什卡（Mirjan R. Damaska）著，郑戈译：《司法和国家权力的多种面孔：比较视野中的法律程序》，北京：中国政法大学出版社，2004	820
684	[美]米歇尔·沃尔德罗普（Mitchell Waldrop）著，陈玲译：《复杂：诞生于秩序与混沌边缘的科学》，北京：生活·读书·新知三联书店，1997	720
685	[美]墨非（Murbhy, Robert F.）著，王卓君译：《文化与社会人类学引论》，北京：商务印书馆，1991	850
686	[美]纳什（Roderick Frazier Nash）著；杨通进译：《大自然的权力》，青岛：青岛出版社，1999	720
687	[美]尼尔·波兹曼（Neil Postman）著，章艳译：《娱乐至死》，桂林：广西师范大学出版社，2004	860
688	[美]尼古拉·尼葛洛庞蒂（Nicholas Negroponte）著，胡泳等译：《数字化生存》，海口：海南出版社，1996、1997	840，860，870
689	[美]尼克·布朗（Nick Browne）著，徐建生译：《电影理论史评》，北京：中国电影出版社，1994	760
690	[美]欧内斯特·L. 博耶（Ernest L. Boyer）著，涂艳国等译：《关于美国教育改革的演讲（1979—1995）》，北京：教育科学出版社，2002	880
691	[美]帕克（R. E. Park）等著，宋俊岭等译：《城市社会学：芝加哥学派城市研究文集》，北京：华夏出版社，1987	840

续表

序号	图书信息	学科代码
692	［美］彭慕兰（Kenneth Pomeranz）著，史建云译：《大分流：欧洲、中国及现代世界经济的发展》，南京：江苏人民出版社，2003	770
693	［美］平狄克（Robert S. pindyck）等著，张军译：《微观经济学》，北京：中国人民大学出版社，2000	790
694	［美］浦安迪（Andrew H. Plaks）演讲：《中国叙事学》，北京：北京大学出版社，1996	752
695	［美］钱纳里（H. Chenery）等著，李新华等译：《发展的型式（1950—1970）》，北京：经济科学出版社，1988	790
696	［美］乔纳森·H. 特纳（Jonathan H. Turner）著，邱泽奇等译：《社会学理论的结构》，北京：华夏出版社，2001	840
697	［美］乔纳森·H. 特纳（Jonathan H. Turner）著，吴曲辉等译：《社会学理论的结构》，杭州：浙江人民出版社，1987	840
698	［美］乔纳森·布朗（Jonathon D. Brown）著，陈浩莺等译：《自我》，北京：人民邮电出版社，2004	920
699	［美］乔万尼·萨托利（Giovanni Sartori）著，冯克利等译：《民主新论》，北京：东方出版社，1993、1998	810，820
700	［美］乔治·E. 马尔库斯（George E. Marcus）著，王铭铭译：《作为文化批评的人类学：一个人文学科的实验时代》，北京：生活·读书·新知三联书店，1998	850
701	［美］乔治·弗雷德里克森（H. George Frederickson）著，张成福等译：《公共行政的精神》，北京：中国人民大学出版社，2003	630
702	［美］乔治·瑞泽尔（George Ritzer）著，谢立中等译：《后现代社会理论》，北京：华夏出版社，2003	840
703	［美］乔治·斯蒂纳（Geroge A. Steiner）等著，张志强等译：《企业、政府与社会》，北京：华夏出版社，2002	630
704	［美］萨拜因（G. H. Sabine）著，刘山译：《政治学说史》，北京：商务印书馆，1986	810
705	［美］萨克文·伯科维奇（Sacvan Bercovitch）主编，孙宏等主译：《剑桥美国文学史》，北京：中央编译出版社，2005	751
706	［美］塞缪尔·P. 亨廷顿（Samuel P. Huntington）著，程克雄译：《文化的重要使用：价值观如何影响人类进步》，北京：新华出版社，2002	950
707	［美］塞缪尔·P. 亨廷顿（Samuel P. Huntington）著，程克雄译：《我们是谁？美国国家特性面临的挑战》，北京：新华出版社，2005	810

续表

序号	图书信息	学科代码
708	［美］塞缪尔·P. 亨廷顿（Samuel P. Huntington）著，李盛平等译：《变革社会中的政治秩序》，北京：华夏出版社，1989	810
709	［美］塞缪尔·P. 亨廷顿（Samuel P. Huntington）著，刘军宁译：《第三波：20世纪后期民主化浪潮》，上海：上海三联书店，1998	810
710	［美］塞缪尔·P. 亨廷顿（Samuel P. Huntington）著，王冠华等译：《变化社会中的政治秩序》，北京：生活·读书·新知三联书店，1989	630，810，840
711	［美］塞缪尔·P. 亨廷顿（Samuel P. Huntington）著，张岱云等译：《变动社会的政治秩序》，上海：上海译文出版社，1989	810
712	［美］塞缪尔·P. 亨廷顿（Samuel P. Huntington）著，周琪等译：《文明的冲突与世界秩序的重建》，北京：新华出版社，1998	730，810，850，860，950
713	［美］施坚雅著，史建云等译：《中国农村的市场和社会结构》，北京：中国社会科学出版社，1998	840
714	［美］施拉姆（W. Schramm）等著，陈亮等译：《传播学概论》，北京：新华出版社，1984	870
715	［美］史蒂文·塞德曼（Steven Seidman）编，吴世雄等译：《后现代转向》，沈阳：辽宁教育出版社，2001	950
716	［美］斯蒂芬·P. 罗宾斯（Stephen P. Robbins）著，黄卫伟等译：《管理学》，北京：中国人民大学出版社，1997	630
717	［美］斯蒂芬·P. 罗宾斯（Stephen P. Robbins）著，孙建敏等译：《组织行为学》，北京：中国人民大学出版社，1997	630
718	［美］斯蒂文·贝斯特（Steven Best）等著，张志斌译：《后现代理论：批判性的质疑》，北京：中央编译出版社，1999	720，950
719	［美］斯蒂文·郝瑞（Stevan Harrell）著，巴莫阿依译：《田野中的族群关系与民族认同：中国西南彝族社区考察研究》，南宁：广西人民出版社，2000	850
720	［美］斯蒂文·小约翰（S. W. Littlejohn）著，陈德民等译：《传播理论》，北京：中国社会科学出版社，1999	860，870
721	［美］斯诺（Snow, Edgar）：《西行漫记》，北京：生活·读书·新知三联书店，1979	710
722	［美］斯特伦（Frederick J. Streng）著，金泽等译：《人与神：宗教生活的理解》，上海：上海人民出版社，1991	730

序号	图书信息	学科代码
723	[美] 斯滕伯格（Robert J. Sternberg）等著，吴国宏译：《成功智力》，上海：华东师范大学出版社，1999	920
724	[美] 斯滕伯格（Robert J. Sternberg）著，俞晓琳等译：《超越IQ：人类智力的三元理论》，上海：华东师范大学出版社，2000	920
725	[美] 斯托曼（Kenneth Thomas Strongman）著，张燕云译：《情绪心理学》，沈阳：辽宁人民出版社，1986	920
726	[美] 苏珊·S. 兰瑟（Susan Sniader Lanser）著，黄必康译：《虚构的权威：女性作家与叙述声音》，北京：北京大学出版社，2002	751
727	[美] 苏珊·朗格（Susanne K. Langer）著，滕守尧译：《艺术问题》，北京：中国社会科学出版社，1983	760
728	[美] 梭罗门（S. J. Solomon）著，齐宇译：《电影的观念》，北京：中国电影出版社，1983	760
729	[美] 泰勒·爱德华（Tylor Edward Bernatt）著，连树声译：《原始文化：神话、哲学、宗教、语言、艺术和习俗发展之研究》，上海：上海文艺出版社，1992	850，950
730	[美] 唐纳德·J. 鲍尔索克斯（Donald J. Bowersox）等著，林国龙等译：《物流管理：供应链过程的一体化》，北京：机械工业出版社，1999	630
731	[美] 唐纳德·L. 哈迪斯蒂（Donald L. Hardesty）著，郭凡译：《生态人类学》，北京：文物出版社，2002	850
732	[美] 唐纳德·M. 吉尔摩（Donald M. Gillmor）等著，梁宁等译：《美国大众传播法：判例评析》，北京：清华大学出版社，2002	860
733	[美] 唐纳德·杰·格劳特（Donald Jay Grout）等著，汪启璋等译，《西方音乐史》，北京：人民音乐出版社，1996	760
734	[美] 唐纳德·肯尼迪（Donald Kennedy）著，阎凤桥等译：《学术责任》，北京：新华出版社，2002	880
735	[美] 特里·L. 库珀（Terry L. Cooper）著，张秀琴译：《行政伦理学：实现行政责任的途径》，北京：中国人民大学出版社，2001	630
736	[美] 托马斯·H. 黎黑（Thomas Hardy Leahey）著，李维译：《心理学史》，杭州：浙江教育出版社，1998	920
737	[美] 托马斯·H. 黎黑（Thomas Hardy Leahey）著，刘恩久等译：《心理学史：心理学思想的主要趋势》，上海：上海译文出版社，1990	920
738	[美] 托马斯·J. 萨乔万尼（Thomas J. Sergiovanni）著，冯大鸣译：《道德领导：抵及学校改善的核心》，上海：上海教育出版社，2002	880

续表

序号	图书信息	学科代码
739	[美] 托马斯·库恩（Thomas S. Kuhn）著，纪树生等译：《必要的张力：科学的传统和变革论文选》，福州：福建人民出版社，1981	720
740	[美] 托马斯·库恩（Thomas S. Kuhn）著，金吾伦等译：《科学革命的结构》，北京：北京大学出版社，2003	720，810，880
741	[美] 托玛斯·沙兹（Thomas Schatz）著，周传基译：《旧好莱坞/新好莱坞：仪式、艺术与工业》，北京：中国广播电视出版社，1992	760
742	[美] 王德威著，宋伟杰译：《被压抑的现代性：晚清小说新论》，北京：北京大学出版社，2005	752
743	[美] 威拉德·蒯因（Willard Quine）著，江天骥等译：《从逻辑的观点看》，上海：上海译文出版社，1987	720
744	[美] 威廉·A. 哈维兰（W. A. Haviland）著，瞿铁鹏译：《文化人类学》，上海：上海社会科学院出版社，2006	850
745	[美] 威廉·F. 派纳（William F. Pinar）等著，张华等译：《理解课程：历史与当代课程话语研究导论》，北京：教育科学出版社，2003	880
746	[美] 威廉姆·E. 多尔（William E. Doll）著，王红宇译：《后现代课程观》，北京：教育科学出版社，2000	880
747	[美] 威廉森·默里（Williamson Murray）等编，时殷弘等译：《缔造战略：统治者、国家与战争》，北京：世界知识出版社，2004	810
748	[美] 韦尔伯·施拉姆（W. Schramm）等著，陈亮等译：《传播学概论》，北京：新华出版社，1984	860
749	[美] 韦尔伯·施拉姆（W. Schramm）等著，中国人民大学新闻系译：《报刊的四种理论》，北京：新华出版社，1980	860
750	[美] 韦尔伯·施拉姆（W. Schramm）著，金燕宁等译：《大众传播媒介与社会发展》，北京：华夏出版社，1990	860
751	[美] 维克多·特纳（Victor Turner）著，黄剑波译：《仪式过程：结构与反结构》，北京：中国人民大学出版社，2006	850
752	[美] 维纳·艾莉（Verna Allee）著，刘民慧等译：《知识的进化》，珠海：珠海出版社，1998	630，870
753	[美] 沃尔特·李普曼（Walter Lippmann）著，阎克文等译：《公众舆论》，上海：上海人民出版社，2002	860

续表

序号	图书信息	学科代码
754	[美]沃纳·赛佛林（Werner J. Severin）等著，郭镇之等译：《传播理论：起源、方法与应用》，北京：华夏出版社，2000	860，870
755	[美]伍德里奇（Jeffrey M. Wooldridge）著，费剑平等译：《计量经济学导论：现代观点》，北京：中国人民大学出版社，2003	790
756	[美]西奥多·W. 舒尔茨（Theodore W. Schultz）著，蒋斌等译：《人力资本投资：教育和研究的作用》，北京：商务印书馆，1990	630
757	[美]西奥多·W. 舒尔茨（Theodore W. Schultz）著，吴珠华等译：《论人力资本投资》，北京：北京经济学院出版社，1990	630，790，840，880
758	[美]西摩·马丁·李普塞特（Seymour Martin Lipset）著，张绍宗译：《政治人：政治的社会基础》，上海：上海人民出版社，1997	810
759	[美]希尔斯（Shils, E.）著，傅铿等译：《论传统》，上海：上海人民出版社，1991	950
760	[美]夏志清著，刘绍铭等译：《中国现代小说史》，上海：复旦大学出版社，2005	752
761	[美]小艾尔弗雷德·D. 钱德勒（Alfred D. Chandler）著，重武译：《看得见的手：美国企业的管理革命》，北京：商务印书馆，1987	630，790
762	[美]小约瑟夫·奈（Jr. Joseph S. Nye）著，张小明译：《理解国际冲突：理论与历史》，上海：上海人民出版社，2005	810
763	[美]肖（E. S. Shaw）著，邵伏军等译：《经济发展中的金融深化》，上海：上海三联书店，1988	790
764	[美]谢伦伯格（Theodore Roosevelt Schellenberg）著，黄坤坊译：《现代档案：原则与技术》，北京：档案出版社，1983	870
765	[美]熊彼特（J. A. Schumpeter）著，吴良健译：《资本主义、社会主义与民主》，北京：商务印书馆，1999	790
766	[美]熊彼特（J. A. Schumpeter）著，朱泱等译：《经济分析史》，商务印书馆，1991	790
767	[美]熊彼特（J. A. Schumpeter）著，何畏等译：《经济发展理论：对于利润、资本、信贷、利息和经济周期的考察》，北京：商务印书馆，1990	630，790，950
768	[美]雅各布·明塞尔（Jacob Mincer）著，张凤林译：《人力资本研究》，北京：中国经济出版社，2001	630

续表

序号	图书信息	学科代码
769	［美］亚伯拉罕·弗莱克斯纳（Abraharn Flexner）著，徐辉等译：《现代大学论：美英德大学研究》，杭州：浙江教育出版社，2001	880
770	［美］亚历山大·汉密尔顿（Alexander Hamilton）著，程逢如译：《联邦党人文集》，北京：商务印书馆，1980	810，820
771	［美］亚历山大·温特（Axexander Wendt）著，秦亚青译：《国际政治的社会理论》，上海：上海人民出版社，2000	810
772	［美］阎云翔著，龚小夏译：《私人生活的变革：一个中国村庄里的爱情、家庭与亲密关系（1949—1999）》，上海：上海书店出版社，2006	840
773	［美］阎云翔著，李放春等译：《礼物的流动：一个中国村庄中的互惠原则与社会网络》，上海：上海人民出版社，2000	840
774	［美］叶维廉：《中国诗学》，北京：生活·读书·新知三联书店，1992	752
775	［美］伊查克·爱迪思（Ichak Adizes）著，赵睿译：《企业生命周期》，北京：中国社会科学出版社，1997	630
776	［美］伊恩·P. 瓦特（Lan Watt）著，高原等译：《小说的兴起：笛福、理查逊、菲尔丁研究》，北京：生活·读书·新知三联书店，1992	751
777	［美］伊兰伯格（Ronald G. Ehrenberg）等著，潘功胜等译：《现代劳动经济学：理论与公共政策》，北京：中国人民大学出版社，1999	630
778	［美］伊曼纽尔·沃勒斯坦（Immanuel Wallerstein）著，尤来寅译：《现代世界体系》，北京：高等教育出版社，1998	770，810
779	［美］宇文所安著，王柏华译：《中国文论：英译与评论》，上海：上海社会科学院出版社，2003	752
780	［美］约翰·D. 布兰思福特（John D. Bransford）等编著，程可拉等译：《人是如何学习的：大脑、心理、经验及学校》，上海：华东师范大学出版社，2002	880
781	［美］约翰·E. 丘伯（John E. Chubb）等著，蒋衡等译：《政治、市场和学校》，北京：教育科学出版社，2003	880
782	［美］约翰·S. 布鲁贝克（John S. Brubacher）著，郑继伟、王承旭等译：《高等教育哲学》，杭州：浙江教育出版社，1987、2001	880

续表

序号	图书信息	学科代码
783	[美]约翰·杜威（J. Dewey）著，姜文闵译：《我们怎样思维·经验与教育》，北京：人民教育出版社，1991	880
784	[美]约翰·杜威（J. Dewey）著，王承绪译：《民主主义与教育》，北京：人民教育出版社，1990	880
785	[美]约翰·杜威（J. Dewey）著，赵祥麟等编译：《杜威教育论著选》，上海：华东师范大学出版社，1981	880
786	[美]约翰·杜威（J. Dewey）著，赵祥麟等译：《学校与社会·明日之学校》，北京：人民教育出版社，1994	880
787	[美]约翰·费斯克（John Fiske）等编撰，李彬译注：《关键概念：传播与文化研究辞典》，北京：新华出版社，2004	860
788	[美]约翰·费斯克（John Fiske）著，王晓珏等译：《理解大众文化》，北京：中央编译出版社，2001	860，950
789	[美]约翰·鲁宾逊（John P. Robinson）等主编，杨宜音等译校：《性格与社会心理测量总览》，台北：远流出版公司，1997	920
790	[美]约翰·罗尔斯（John Rawls）著，何怀宏等译：《正义论》，北京：中国社会科学出版社，1988	630，720，790，810，820，840，880
791	[美]约翰·罗尔斯（John Rawls）著，万俊人译：《政治自由主义》，南京：译林出版社，2000	720，810
792	[美]约翰·米尔斯海默（John J. Mearsheimer）著，王义桅等译：《大国政治的悲剧》，上海：上海人民出版社，2003	810
793	[美]约翰·希克（John Hick）著，王志成译：《宗教之解释：人类对超越者的回应》，成都：四川人民出版社，1998	730
794	[美]约翰·R. 康芒斯（John R. Commons）著，于树生译：《制度经济学》，北京：商务印书馆，1962	790
795	[美]约翰斯通（Ronald L. Johnstone）著，尹今黎等译：《社会中的宗教：一种宗教社会学》，成都：四川人民出版社，1991	730
796	[美]约瑟夫·E. 斯蒂格利茨（J. E. Stiglitz）等著，[荷]阿诺德·赫特杰（Heertje. Arnold,）主编，郑秉文等译：《政府为什么干预经济：政府在市场经济中的角色》，北京：中国物资出版社，1998	630，790
797	[美]约瑟夫·E. 斯蒂格利茨（J. E. Stiglitz）著，梁小民等译：《经济学》，北京：中国人民大学出版社，2000	790

续表

序号	图书信息	学科代码
798	[美]约瑟夫·奈（Joseph S. Nye）著，郑志国等译：《美国霸权的困惑：为什么美国不能独断专行》，北京：世界知识出版社，2002	810
799	[美]詹姆斯·C. 利文斯顿（James C. Livingston）著，何光沪译：《现代基督教思想：从启蒙运动到第二届梵蒂冈公会议》，成都：四川人民出版社，1992	730
800	[美]詹姆斯·C. 斯科特（James C. Scott）著，程立显等译：《农民的道义经济学：东南亚的反叛与生存》，南京：译林出版社，2001	840
801	[美]詹姆斯·N. 罗西瑙（James N. Rosenau）主编，张胜军等译：《没有政府的治理：世界政治中的秩序与变革》，南昌：江西人民出版社，2001	810
802	[美]詹姆斯·S. 科尔曼（James S. Coleman）著，邓方译：《社会理论的基础》，北京：社会科学文献出版社，1999	840
803	[美]詹姆斯·德·代元（James Der Derian）主编，秦治来译：《国际关系理论批判》，杭州：浙江人民出版社，2003	810
804	[美]詹姆斯·杜德斯达（James J. Duderstadt）著，刘彤主译：《21世纪的大学》，北京：北京大学出版社，2005	880
805	[美]詹姆斯·多尔蒂（James E. Dougherty）等著，阎学通等译：《争论中的国际关系理论》，北京：世界知识出版社，2003	810
806	[美]珍妮特·V. 登哈特（Janet V. Denhardt）等著，丁煌译：《新公共服务：服务，而不是掌舵》，北京：中国人民大学出版社，2004	630
807	[美]珍妮特·沃斯（Jeannette Vos）等，顾瑞荣等译：《学习的革命：通向21世纪的个人护照》，上海：上海三联书店，1998	880
808	[美]兹比格纽·布热津斯基（Zbigniew Brzezinski）著，中国国际问题研究所译：《大棋局：美国的首要地位及其地缘战略》，上海：上海人民出版社，1998	810，950
809	[美]兹维·博迪（Zvi Bodie）等著，欧阳颖等译：《金融学》，北京：中国人民大学出版社，2000	790
810	[美]国家研究理事会著，戢守志等译：《美国国家科学教育标准》，北京：科学技术文献出版社，1999	880
811	[日]高楠顺次郎：《大正藏（大正新修大藏经）》，东京：大正一切经刊行会（大藏出版株式会社），1934/台北：白马精舍印经会，1988/台北：新文丰出版公司，1983	730，752，780

续表

序号	图书信息	学科代码
812	[日]高楠顺次郎：《大正藏》	720，740，730，760，770，870，
813	[日]川岛武宜著，王志安等译：《现代化与法》，北京：中国政法大学出版社，1994	820
814	[日]川端康成：《川端康成全集》，东京：新潮社，1980	751
815	[日]大谷实著，黎宏译：《刑法总论》，北京：法律出版社，2003	820
816	[日]大谷实著，黎宏译：《刑事政策学》，北京：法律出版社，2000	820
817	[日]大木雅夫著，范愉译：《比较法》，北京：法律出版社，1999	820
818	[日]大塚仁著，冯军译：《犯罪论的基本问题》，北京：中国政法大学出版社，1993	820
819	[日]大塚仁著，冯军译：《刑法概说》，北京：中国人民大学出版社，2003	820
820	[日]福井康顺等监修；朱越利等译：《道教》，上海：上海古籍出版社，1990	730
821	[日]高桥宏志著，林剑锋译：《民事诉讼法：制度和理论的深层分析》，北京：法律出版社，2003	820
822	[日]谷口安平著，王亚新译：《程序的正义与诉讼》，北京：中国政法大学出版社，1994	820
823	[日]广松涉编注，彭曦译：《文献学语境中的〈德意志意识形态〉》，南京：南京大学出版社，2005	710
824	[日]忽滑谷快天著，朱谦之译：《中国禅学思想史》，上海：上海古籍出版社，1994	730
825	[日]兼子一等著，白绿铉译：《民事诉讼法》，北京：法律出版社，1995	820
826	[日]芥川龙之介：《芥川龙之介全集》，岩波书店，1977	751
827	[日]木村龟二著，顾肖荣译：《刑法学词典》，上海：上海翻译出版公司，1991	820
828	[日]棚濑孝雄著，王亚新译：《纠纷的解决与审判制度》，北京：中国政法大学出版社，1994	820
829	[日]青木昌彦等编著，魏加宁等译：《经济体制的比较制度分析》，北京：中国发展出版社，1999	630，790
830	[日]青木昌彦等编著，周国荣译：《模块时代：新产业结构的本质》，上海：上海远东出版社，2003	630，790
831	[日]青木昌彦等主编：《政府在东亚经济发展中的作用：比较制度分析》，北京：中国经济出版社，1998	790

续表

序号	图书信息	学科代码
832	[日]青木昌彦等主编：《转轨经济中的公司治理结构：内部人控制和银行的作用》，北京：中国经济出版社，1995	630，790
833	[日]青木昌彦著，周黎安译：《比较制度分析》，上海：上海远东出版社，2001	630，790
834	[日]室井力编，吴微译：《日本现代行政法》，北京：中国政法大学出版社，1995	820
835	[日]松尾浩也著，丁相顺译：《日本刑事诉讼法》，北京：中国人民大学出版社，2005	820
836	[日]速水佑次郎著，李周译：《发展经济学：从贫困到富裕》，北京：社会科学文献出版社，2003	790
837	[日]太田辰夫著，蒋绍愚等译：《中国语历史文法》，北京：北京大学出版社，1958、2003	740
838	[日]田口守一著，刘迪等译：《刑事诉讼法》，北京：法律出版社，2000	820
839	[日]丸山升著，王俊文译：《鲁迅·革命·历史：丸山升现代中国文学论集》，北京：北京大学出版社，2005	752
840	[日]信夫清三郎著，天津社会科学院译：《日本外交史》，北京：商务印书馆，1980	770
841	[日]盐野宏著，杨建顺译：《行政法》，北京：法律出版社，1999	820
842	[日]野村稔著，全理其等译：《刑法总论》，北京：法律出版社，2001	820
843	[日]植草益著，朱绍文等译：《微观规制经济学》，北京：中国发展出版社，1992	630，790
844	[日]中村英郎著，陈刚译：《新民事诉讼法讲义》，北京：法律出版社，2000	820
845	[日]竹内好著，李冬木译：《近代的超克》，北京：生活·读书·新知三联书店，2005	752
846	[日]筑波大学教育学研究会编，钟启泉译：《现代教育学基础》，上海：上海教育出版社，1986	880
847	[日]滋贺秀三著，王亚新等译：《明清时期的民事审判与民间契约》，北京：法律出版社，1998	820
848	[日]佐藤学著，钟启泉译：《课程与教师》，北京：教育科学出版社，2003	880
849	[日]佐藤学著，钟启泉译：《学习的快乐：走向对话》，北京：教育科学出版社，2004	880

附录1

续表

序号	图书信息	学科代码
850	[瑞典] 高本汉著, 赵元任等译:《中国音韵学研究》, 北京: 商务印书馆, 1994	740
851	[瑞典] 胡森 (Husen, Jorstem) 等主编, 李维 (教育) 主编, 丁廷森 (教育) 译:《国际教育百科全书》, 贵阳: 贵州教育出版社, 1990	880
852	[瑞士] 费尔迪南·德·索绪尔 (Fredinand de Saussure) 著, 高名凯译:《普通语言学教程》, 北京: 商务印书馆, 1980	720, 740, 752, 860
853	[瑞士] 皮亚杰 (J. Piaget) 等著, 吴福元译:《儿童心理学》, 北京: 商务印书馆, 1980	920
854	[瑞士] 让·皮亚杰 (J. Piaget) 著, 王宪钿等译:《发生认识论原理》, 北京: 商务印书馆, 1981	720
855	[瑞士] 荣格 (Jung, C.G) 著, 冯川译:《心理学与文学》, 北京: 生活·读书·新知三联书店, 1987	752
856	[斯洛文尼亚] 斯拉沃热·齐泽克 (Slavoj Zizek) 著, 季广茂译:《意识形态的崇高客体》, 北京: 中央编译出版社, 2002	720
857	[苏] 米哈依洛夫 (Михайлов, А. И.) 等著, 徐新民等译:《科学交流与情报学》, 北京: 科学技术文献出版社, 1980	870
858	[苏] 斯大林:《斯大林论民族问题》, 北京: 民族出版社	710, 850
859	[苏] 斯大林:《斯大林全集》, 北京: 人民出版社, 1953—1960	710
860	[苏] 斯大林:《斯大林选集》, 北京: 人民出版社	710, 810
861	[苏] 斯坦尼斯拉夫斯基 (Stanislavsky, Konstantin Serqeievich) 著, 林陵等译:《斯坦尼斯拉夫斯基全集》, 北京: 中国电影出版社, 1959	760
862	[苏] 苏共中央马克思列宁主义研究院:《苏联共产党代表大会、代表会议和中央全会决议汇编》, 人民出版社, 1956—1964	710, 810
863	[苏] 瓦·阿·苏霍姆林斯基 (Василий Александрович Сухомлинский) 著, 杜殿坤编译:《给教师的建议》, 北京: 教育科学出版社, 1984	880
864	[苏] 谢·亚·托卡列夫 (С. А. Tokapeb) 著, 魏庆征译:《世界各民族历史上的宗教》, 北京: 中国社会科学出版社, 1985	730
865	[西] 奥尔特加·加塞特 (Ortega Y. Gasset) 著, 徐小洲等译:《大学的使命》, 杭州: 浙江教育出版社, 2001	880

续表

序号	图书信息	学科代码
866	［新加坡］卓南生著，《中国近代报业发展史（1815—1874）》，北京：中国社会科学出版社，2002	860
867	［匈］乔治·卢卡奇（Geory Lukacs）著，杜章智等译：《历史与阶级意识：关于马克思主义辩证法的研究》，北京：商务印书馆，1992	710，720
868	［匈］贝拉·巴拉兹（Bela Balazs）著，何力译：《电影美学》，北京：中国电影出版社，1986	760
869	［匈］豪泽尔（Hauser, A.）著，居延安译编：《艺术社会学》，上海：学林出版社，1987	760
870	［匈］欧文·拉兹洛（Ervin Laszlo）著，戴侃等译：《多种文化的星球：联合国教科文组织国际专家小组的报告》，北京：社会科学文献出版社，2001	950
871	［伊朗］S. 拉塞克（Shapour Rassekh）等著，马胜利等译：《从现在到2000年教育内容发展的全球展望》，北京：教育科学出版社，1996	880
872	［伊朗］志费尼（Juvaini）著，何高济译：《世界征服者史》，呼和浩特：内蒙古人民出版社，1980	850
873	［意］艾柯（Umberto Eco）等著，王宇根译：《诠释与过度诠释》，北京：生活·读书·新知三联书店，1997	751
874	［意］彼德罗·彭梵得（Pietro Bonfante）著，黄风译：《罗马法教科书》，北京：中国政法大学出版社，1992	820
875	［意］杜里奥·帕多瓦尼（Tullio Padovani）著，陈忠林译：《意大利刑法学原理》，北京：法律出版社，1998	820
876	［意］利玛窦（Matteo Ricci）著，何高济等译：《利玛窦中国札记》，北京：中华书局，1983	730，770，950
877	［意］切萨雷·贝卡里亚（Beccaria）著，黄风译：《论犯罪与刑罚》，北京：中国大百科全书出版社，1993	820
878	［意］维柯（Giovanni Battista Vico）著，朱光潜译：《新科学》，北京：人民文学出版社，1986	751
879	［印度］阿马蒂亚·森（Amartya Sen）著，任赜等译：《以自由看待发展》，北京：中国人民大学出版社，2002	790，840
880	［印度］毗耶娑（Piyesuo）著，黄宝生等译：《摩诃婆罗多》，北京：中国社会科学出版社，2005	751
881	［印度］阮冈纳赞（Ranganathan, Shiyali Ramamrita）著，夏云等译：《图书馆学五定律》，北京：书目文献出版社，1988	870

续表

序号	图书信息	学科代码
882	[印度] 阿马蒂亚·森（Amartya Sen）著，王宇等译：《伦理学与经济学》，北京：商务印书馆，2000	720，790
883	[英] R. G. 柯林武德（R. G. Collingwood）著，何兆武译：《历史的观念》，北京：中国社会科学出版社，1986	770
884	[英] 杰弗里·巴勒克拉夫（Barraclough, G.）著，杨豫译：《当代史学主要趋势》，上海：上海译文出版社，1987	770
885	[英] 约翰·伊特韦尔（John Eatwell）等编，陈岱孙主编译：《新帕尔格雷夫经济学大辞典》，北京：经济科学出版社，1996	630，790
886	[英] A. J. M. 米尔恩（A. J. M. Milne）著，夏勇等译：《人的权利与人的多样性：人权哲学》，北京：中国大百科全书出版社，1995	820
887	[英] A. R. 拉德克利夫-布朗（A. R. Radcliffe-Brown）著，潘蛟译：《原始社会的结构与功能》，北京：中央民族大学出版社，1999	850
888	[英] A. 卡米洛夫-史密斯（Annette Karmiloff-Smith）著，缪小春译：《超越模块性：认知科学的发展观》，上海：华东师范大学出版社，2001	920
889	[英] F. R. 利维斯（F. R. Leavis）著，袁伟译：《伟大的传统》，北京：生活·读书·新知三联书店，2002	751
890	[英] J. G. 弗雷泽（James George Frazer）著，徐育新译：《金枝：巫术与宗教之研究》，北京：中国民间文艺出版社，1987	730，850
891	[英] J. D. 贝尔纳（J. D. Birnal）著，陈体芳译：《科学的社会功能》，北京：商务印书馆，1982	630
892	[英] J. S. 密尔（J. S. Mill）著，汪瑄译：《代议制政府》，北京：商务印书馆，1982	810
893	[英] J. C. 史密斯（J. C. Smith）著，李贵方等译：《英国刑法》，北京：法律出版社，2000	820
894	[英] 阿伦·布洛克（Alan Bullock）著，董东山译：《西方人文主义传统》，北京：生活·读书·新知三联书店，1997	751
895	[英] 阿什比（E. Ashby）著，滕大春等译：《科技发达时代的大学教育》，北京：人民教育出版社，1983	880
896	[英] 埃里·凯杜里（E. Kedourie）著，张明明译：《民族主义》，北京：中央编译出版社，2002	850
897	[英] 埃里克·霍布斯鲍姆（Eric J. Hobsbawm）著，李金梅译：《民族与民族主义》，上海：上海人民出版社，2000	850

续表

序号	图书信息	学科代码
898	［英］艾勒克·博埃默（Elleke Boehmer）著，盛宁等译：《殖民与后殖民文学》，沈阳：辽宁教育出版社，1998	751
899	［英］艾思林（M. Esslin）著，罗婉华译：《戏剧剖析》，北京：中国戏剧出版社，1981	760
900	［英］爱德华·卡尔（E. H. Carr）著，秦亚青译：《20年危机（1919-1939）：国际关系研究导论》，北京：世界知识出版社，2005	810
901	［英］安德鲁·坎贝尔（Andrew Campbell）等编，严勇等译：《核心能力战略：以核心竞争力为基础的战略》，大连：东北财经大学出版社，1999	630
902	［英］安德鲁·坎贝尔（Andrew Campbell）等编著，任通海等译：《战略协同》，北京：机械工业出版社，2000	630
903	［英］安德鲁·桑德斯（Andrew Sanders）著，谷启楠等译：《牛津简明英国文学史》，北京：人民文学出版社，2000	751
904	［英］安德森（P. Anderson）著，高铦等译：《西方马克思主义探讨》，北京：人民出版社，1981	710
905	［英］安东尼·D. 史密斯（Anthony D. Smith）著，龚维斌译：《全球化时代的民族与民族主义》，北京：中央编译出版社，2002	850
906	［英］安东尼·吉登斯（Anthony Giddens）著，赵旭东等译：《社会学》，北京：北京大学出版社，2003	840
907	［英］安东尼·吉登斯（Anthony Giddens）著，胡宗泽等译：《民族——国家与暴力》，北京：生活·读书·新知三联书店，1998	810，840，850
908	［英］安东尼·吉登斯（Anthony Giddens）著，李康等译：《社会的构成：结构化理论大纲》，北京：生活·读书·新知三联书店，1998	840
909	［英］安东尼·吉登斯（Anthony Giddens）著，田禾译：《现代性的后果》，南京：译林出版社，2000	720，840，950
910	［英］安东尼·吉登斯（Anthony Giddens）著，赵旭东等译：《现代性与自我认同：现代晚期的自我与社会》，北京：生活·读书·新知三联书店，1998	720，840，860，950
911	［英］安东尼·吉登斯（Anthony Giddens）著，郑戈译：《第三条道路：社会民主主义的复兴》，北京：北京大学出版社，生活·读书·新知三联书店，2000	810，840
912	［英］安东尼·吉登斯（Anthony Giddes）著，周红云译：《失控的世界：全球化如何重塑我们的生活》，南昌：江西人民出版社，2001	840

续表

序号	图书信息	学科代码
913	［英］安格斯·麦迪森（Angus Maddison）著，伍晓鹰等译:《世界经济千年史》，北京：北京大学出版社，2003	790
914	［英］安格斯·麦迪森（Angus Maddison）著，周庭煜等译:《经济市场化的次序：向市场经济过渡时期的金融控制》，上海：上海三联书店，1996	790
915	［英］安吉拉·默克罗比（Angela McRobbie）著，田晓菲译:《后现代主义与大众文化》，北京：中央编译出版社，2001	950
916	［英］奥斯卡·王尔德（Oscar Wilde）著，荣如德等译:《王尔德全集》，北京：中国文学出版社，2000	751
917	［英］巴瑞·布赞（Barry Buzan）等著，刘德斌主译，《世界历史中的国际体系：国际关系研究的再构建》，北京：高等教育出版社，2004	810
918	［英］巴瑞·布赞（Barry Buzan）等著，朱宁译:《新安全论》，杭州：浙江人民出版社，2003	810
919	［英］巴特·穆尔－吉尔伯特（Bart Moore-Gilbert）等编撰，杨乃乔等译:《后殖民批评》，北京：北京大学出版社，2001	751
920	［英］彼得·布鲁克（Peter Brook）著，邢历等译:《空的空间》，北京：中国戏剧出版社，1988	760
921	［英］彼得·斯坦（Stein Peter）等著，王献平译:《西方社会的法律价值》，北京：中国人民公安大学出版社，1989	820
922	［英］伯特兰·罗素（Bertrand Russell）著，何兆武等译:《西方哲学史》，北京：商务印书馆，1963	720，730
923	［英］布罗尼斯拉夫·马林诺夫斯基（Bronislaw Malinowski）著，费孝通译:《文化论》，北京：华夏出版社，2002/北京：中国民间文艺出版社，1987	850，950
924	［英］布罗尼斯拉夫·马林诺夫斯基（Bronislaw Malinowski）著，梁永佳译:《西太平洋的航海者》，北京：华夏出版社，2002	850
925	［英］大卫·休谟（David Hume）著，关文运译:《人类理解研究》，北京：商务印书馆，1957	720
926	［英］大卫·休谟（David Hume）著，关文运译:《人性论》，北京：商务印书馆，1980	720
927	［英］戴维·M·沃克（David M. Walker）著，北京社会与科技发展研究所译:《牛津法律大辞典》，北京：光明日报出版社，1988	820

续表

序号	图书信息	学科代码
928	[英] 戴维·赫尔德（David Held）等著，杨雪冬等译：《全球大变革：全球化时代的政治、经济与文化》，北京：社会科学文献出版社，2001	810，950
929	[英] 戴维·赫尔德（David Held）著，燕继荣等译：《民主的模式》，北京：中央编译出版社，1998	810
930	[英] 戴维·克里斯特尔（David Crystal）编，沈家煊译：《现代语言学词典》，北京：商务印书馆，2000	740
931	[英] 戴维·洛奇（David Lodge）著，王峻岩等译：《小说的艺术》，北京：作家出版社，1998	751
932	[英] 戴维·米勒（David Miller），邓正来（中译本）主编，中国问题研究所等译：《布莱克维尔政治学百科全书》，北京：中国政法大学出版社，1992	630，810，840
933	[英] 戴维·莫利（David Morley）等著，司艳译：《认同的空间：全球媒介、电子世界景观与文化边界》，南京：南京大学出版社，2001	860
934	[英] 丹尼斯·麦奎尔（Denis McQuail）等著，祝建华、武伟译：《大众传播模式论》，上海：上海译文出版社，1997	860
935	[英] 道森（C. Dawson）著，吕浦译：《出使蒙古记》，北京：中国社会科学出版社，1983	850
936	[英] 多米尼克·斯特里纳蒂（Dominic Strinati）著，阎嘉译：《通俗文化理论导论》，北京：商务印书馆，2001	950
937	[英] 多纳德·海（Donald A. Hay）等著，钟鸿钧等译：《产业经济学与组织》，北京：经济科学出版社，2001	790
938	[英] 厄内斯特·盖尔纳（Ernest Gellner）著，韩红译：《民族与民族主义》，北京：中央编译出版社，2002	850
939	[英] 菲利普·吉尔（Philip Gill）主编，林祖藻译：《公共图书馆服务发展指南》，上海：上海科学技术文献出版社，2002	870
940	[英] 弗吉尼亚·伍尔夫（V. Woolf）著，瞿世镜译：《论小说与小说家》，上海：上海译文出版社，1986	751
941	[英] 弗里德利希·冯·哈耶克（Friedrich A. Von Hayek）著，邓正来译：《自由秩序原理》，北京：生活·读书·新知三联书店，1997	630，720，790，810，820，840，880
942	[英] 弗里德利希·冯·哈耶克（Friedrich A. Von Hayek）著，邓正来译：《法律、立法与自由》，北京：中国大百科全书出版社，2000	820

续表

序号	图书信息	学科代码
943	[英] 弗里德利希·冯·哈耶克（Friedrich A. Von Hayek）著，王明毅等译：《通往奴役之路》，北京：中国社会科学出版社，1997	840
944	[英] 弗里德利希·冯·哈耶克（Friedrich A. Von Hayek）著，邓正来译：《个人主义与经济秩序》，北京：生活·读书·新知三联书店，1989	790
945	[英] 傅伊德（Boyd William）著，任宝祥等译：《西方教育史》，北京：人民教育出版社，1985	880
946	[英] 赫伯特·哈特（H. L. A. Hart）著，张文显译：《法律的概念》，北京：中国大百科全书出版社，1995	820
947	[英] 赫德利·布尔（Hedley Bull）著，张小明译：《无政府社会：世界政治秩序研究》，北京：世界知识出版社，2003	810
948	[英] 亨利·詹姆斯·萨姆那·梅因（Henry James Sumner Maine）著，沈景一译：《古代法》，北京：商务印书馆，1959	820
949	[英] 怀特海（Alfred North Whitehead）著，徐汝舟译：《教育的目的》，北京：生活·读书·新知三联书店，2002	880
950	[英] 怀特海，A. N.（Alfred North Whitehead）著，何钦译：《科学与近代世界》，北京：商务印书馆，1959	720
951	[英] 霍克斯（Hawkes, T.）著，瞿铁鹏译：《结构主义和符号学》，上海：上海译文出版社，1987	751，752
952	[英] 霍奇逊著，向以斌等译：《现代制度主义经济学宣言》，北京：北京大学出版社，1993	790
953	[英] 杰夫·惠迪（Geoff Whitty）等著，马忠虎译：《教育中的放权与择校：学校、政府和市场》，北京：教育科学出版社，2003	880
954	[英] 杰弗里·利奇（Geoffrey Leech）著，李瑞华等译：《语义学》，上海：上海外语教育出版社，1987	740
955	[英] 卡尔·波普（Karl Popper）著，傅季重译：《猜想与反驳：科学知识的增长》，上海：上海译文出版社，1986	720
956	[英] 卡尔·波普（Karl Popper）著，陆衡等译：《开放社会及其敌人》，北京：中国社会科学出版社，1999	720
957	[英] 卡尔·波普（Karl Popper）著，舒炜光等译：《客观知识：一个进化论的研究》，上海：上海译文出版社，1987	720
958	[英] 凯恩斯（John Maynard Keynes）著，高鸿业译：《就业、利息和货币通论》，北京：商务印书馆，2002	790

续表

序号	图书信息	学科代码
959	[英]科林伍德（Collingwood, R. G.）著，王至元等译：《艺术原理》，北京：中国社会科学出版社，1985	760
960	[英]拉曼·塞尔登（Raman Selden）编，刘象愚等译：《文学批评理论——从柏拉图到现在》，北京：北京大学出版社，2000	751
961	[英]雷丁（S. B. Redding）著，张遵敬译：《海外华人企业家的管理思想：文化背景与风格》，上海：上海三联书店，1993	630
962	[英]雷金纳德·史密斯·布林德尔（Reginald Smith Brindle）著，黄枕宇译：《新音乐：1945年以来的先锋派》，北京：人民音乐出版社，2001	760
963	[英]雷蒙·威廉斯（Raymond Williams）著，刘建基译：《关键词：文化与社会的词汇》，北京：生活·读书·新知三联书店，2005	752
964	[英]雷蒙德·威廉斯（Ruymond Williams）著，吴松江等译：《文化与社会》，北京：北京大学出版社，1991	950
965	[英]李约瑟（J. Needham）著，《中国科学技术史》翻译小组译：《中国科学技术史》，北京：科学出版社，1975	720，730，770
966	[英]罗伯特·D. 帕特南（Robert D. Putnam）著，王列等译：《使民主运转起来：现代意大利的公民传统》，南昌：江西人民出版社，2001	630，810，840
967	[英]罗吉·胡德（Roger Hood）著，刘仁文等译：《死刑的全球考察》，北京：中国人民公安大学出版社，2005	820
968	[英]罗杰·科特威尔（R. Cotterrell）著，潘大松译：《法律社会学导论》，北京：华夏出版社，1989	820
969	[英]马丁·怀特（Martin Wight）著，宋爱群译：《权力政治》，北京：世界知识出版社，2004	810
970	[英]迈克·费瑟斯通（Mike Featherstone）著，刘精明译：《消费文化与后现代主义》，南京：译林出版社，2000	752，760，840，860，950
971	[英]迈克尔·W. 艾森克（Michael William Eysenck）等著，高定国等译：《认知心理学》，上海：华东师范大学出版社，2004	920
972	[英]迈克尔·W. 艾森克（Michael William Eysenck）著，阎巩固译：《心理学：一条整合的途径》，上海：华东师范大学出版社，2000	920
973	[英]迈克尔·波兰尼（Michael Polanyi）著，许泽民译：《个人知识：迈向后批判哲学》，贵阳：贵州人民出版社，2000	880

续表

序号	图书信息	学科代码
974	[英] 迈克尔·肯尼迪（Michael Kennedy）著，王九丁等译：《牛津简明音乐词典》，北京：人民音乐出版社，2002	760
975	[英] 麦高伟（Mike McConville）等著，刘立霞等译：《英国刑事司法程序》，北京：法律出版社，2003	820
976	[英] 麦克斯·缪勒（Friedrich Max Muller）著，陈观胜等译：《宗教学导论》，上海：上海人民出版社，1989	730
977	[英] 麦奎尔（McQuail, D.）等著，祝建华等译：《大众传播模式论》，上海：上海译文出版社，1987	870
978	[英] 莫里斯·弗里德曼（Maurice Freedman）著，刘晓春译：《中国东南的宗族组织》，上海：上海人民出版社，2000	840，850
979	[英] 尼尔·麦考密克（N. MacCormick）著，周叶谦译：《制度法论》，北京：中国政法大学出版社，1994	820
980	[英] 尼古拉斯·阿伯克龙比（Nicholas Abercrombie）著，张永喜等译：《电视与社会》，南京：南京大学出版社，2001	760，860
981	[英] 尼古拉斯·布宁（Nicholas Bunnin），余纪元编著，王柯平等译：《西方哲学英汉对照辞典》，北京：人民出版社，2001	720
982	[英] 尼克·史蒂文森（Nick Stevenson）著，王文斌译：《认识媒介文化：社会理论与大众传播》，北京：商务印书馆，2001	860，870
983	[英] 齐格蒙·鲍曼（Zygmunt Bauman）著，洪涛译：《立法者与阐释者：论现代性、后现代性与知识分子》，上海：上海人民出版社，2000	950
984	[英] 莎士比亚（William Shakespeare）著，梁实秋译：《莎士比亚全集》，呼伦贝尔：内蒙古文化出版社，1995	751
985	[英] 莎士比亚（William Shakespeare）著，朱生豪等译：《莎士比亚全集》，北京：人民文学出版社，1978	751
986	[英] 汤因比（Toynbee, Arnold Joseph）著，曹未风等译：《历史研究》，上海：上海人民出版社，1959	950
987	[英] 汤因比（Toynbee, Arnold Joseph）著，荀春生等译：《展望21世纪：汤因比与池田大作对话录》，北京：国际文化出版公司，1985	720，950
988	[英] 特里·伊格尔顿（Terry Eagleton）著，王杰等译：《美学意识形态》，桂林：广西师范大学出版社，1997	751，760

续表

序号	图书信息	学科代码
989	[英] 特里·伊格尔顿（Terry Eagleton）著，伍晓明译：《二十世纪西方文学理论》，西安：陕西师范大学出版社，1986	751
990	[英] 托·斯·艾略特（T. S. Eliot）著，李赋宁译注：《艾略特文学论文集》，南昌：百花洲文艺出版社，1994	751
991	[英] 托·斯·艾略特（T. S. Eliot）著，裘小龙译：《四个四重奏》，桂林：漓江出版社，1985	751
992	[英] 托·斯·艾略特（T. S. Eliot）著，王恩衷编译：《艾略特诗学文集》，北京：国际文化出版公司，1989	751
993	[英] 托马斯·霍布斯（Thomas Hobbes）著，黎思复等译：《利维坦》，北京：商务印书馆，1964、1985	720，810，820
994	[英] 托尼·布什（Tony Bush）著，强海燕主译：《当代西方教育管理模式》，南京：南京师范大学出版社，1998	880
995	[英] 威利斯顿·沃尔克（Williston Walker）著，孙善玲等译：《基督教会史》，北京：中国社会科学出版社，1991	730
996	[英] 威廉·韦德（H. W. R. Wade）著，楚建译：《行政法》，北京：中国大百科全书出版社，1997	820
997	[英] 韦恩·莫里森（Wayne Morrison）著，李桂林等译：《法理学：从古希腊到后现代》，武汉：武汉大学出版社，2003	820
998	[英] 休斯（Charles F. C. Hughes）著，杨一民等译：《足球获胜公式》，北京：人民体育出版社，1999	890
999	[英] 亚当·斯密（Adam Smith）著，郭大力等译：《国民财富的性质和原因的研究》，北京：商务印书馆，1972—1974	630，720，790，840
1000	[英] 亚当·斯密（Adam Smith）著，蒋自强等译：《道德情操论》，北京：商务印书馆，1997	720
1001	[英] 约翰·亨利·纽曼（John Henry Newman）著，徐辉等译：《大学的理想》，杭州：浙江教育出版社，2001	880
1002	[英] 约翰·洛克（John Locke）著，关文运译：《人类理解论》，北京：商务印书馆，1959	720
1003	[英] 约翰·洛克（John Locke）著，瞿菊农等译：《政府论》，北京：商务印书馆，1964—1983	720，810，820
1004	[英] 约翰·斯道雷（John Storey）著，杨竹山等译：《文化理论与通俗文化导论》，南京：南京大学出版社，2001	950
1005	[英] 约翰·汤姆林森（John Tomlinson）著，冯建三译：《文化帝国主义》，上海：上海人民出版社，1999	860，950

续表

序号	图书信息	学科代码
1006	[英] 约翰·汤姆林森（John Tomlinson）著，郭英剑译：《全球化与文化》，南京：南京大学出版社，2002	950
1007	林语堂英文原著，张振玉汉译：《林语堂名著全集》，长春：东北师范大学出版社，1994	752，950
1008	赵元任著，吕叔湘译：《汉语口语语法》，北京：商务印书馆，1979	740
1009	张五常著，易宪容等译：《经济解释：张五常经济论文选》，北京：商务印书馆，2000	630，790
1010	国际奥林匹克委员会制订，詹雷译：《奥林匹克宪章》，北京：奥林匹克出版社	890
1011	经济合作与发展组织（OECD）编，杨宏进等译：《以知识为基础的经济》，北京：机械工业出版社，1997	630
1012	联合国教科文组织高等教育与社会特别工作组编著，蒋凯主译：《发展中国家的高等教育：危机与出路》，北京：教育科学出版社，2001	880
1013	联合国教科文组织国际教育发展委员会编著，华东师范大学比较教育研究所译：《学会生存：教育世界的今天和明天》，北京：教育科学出版社/上海：上海译文出版社	880
1014	联合国教科文组织总部中文科译：《教育——财富蕴藏其中：国际21世纪教育委员会报告》，北京：教育科学出版社，1996	880
1015	世界卫生组织编，范肖冬等译，许又新校：《ICD－10精神与行为障碍分类：临床描述与诊断要点》，北京：人民卫生出版社，1993	920
1016	世界银行：《世界发展报告》，北京：中国财政经济出版社，2001	790
1017	世界银行编著，蔡秋生等译：《1997年世界发展报告：变革世界中的政府》，北京：中国财政经济出版社，1997	630
1018	世界银行著，劳动部社会保险研究所译：《防止老龄危机：保护老年人及促进增长的政策》，北京：中国财政经济出版社，1996	840
1019	北京大学哲学系外国哲学史教研室编译：《古希腊罗马哲学》，北京：生活·读书·新知三联书店/北京：商务印书馆，1957—1961	720
1020	北京大学哲学系外国哲学史教研室编译：《西方哲学原著选读》，北京：商务印书馆，1981—1982	720
1021	达仓宗巴·班觉桑布著，陈庆英译：《汉藏史集：贤者喜乐赡部洲明鉴》，拉萨：西藏人民出版社，1986	730
1022	冯友兰著，涂又光译：《中国哲学简史》，北京：北京大学出版社，1985	720，950

续表

序号	图书信息	学科代码
1023	公哥朵儿只著,陈庆英等译:《红史》,拉萨:西藏人民出版社,1988	730
1024	江山野等译:《简明国际教育百科全书·课程》,北京:教育科学出版社,1991	880
1025	康少邦等编译:《城市社会学》,杭州:浙江人民出版社,1986	840
1026	廓诺·迅鲁伯著,郭和卿译:《青史》,拉萨:西藏人民出版社,1985	730
1027	李昌珂译:《德国刑事诉讼法典》,北京:中国政法大学出版社,1995	820
1028	麻赫默德·喀什噶里著,何锐译:《突厥语大词典》,北京:民族出版社,1981	850
1029	马坚译:《古兰经》,北京:中国社会科学出版社,1981	730,850,950
1030	恰白·次旦平措等著,陈庆英等译:《西藏通史:松石宝串》,拉萨:西藏古籍出版社,1996	730
1031	土观·洛桑却吉尼玛著,刘立千译:《土观宗派源流》,拉萨:西藏人民出版社,1984	730
1032	郑冲等译:《德国民法典》,北京:法律出版社,1999	820
1033	《北齐书》	770
1034	《道藏》	720,730,752,760,770,870,950
1035	《焚书》	720,752
1036	《管子》	770,790,720,810,840,820,950
1037	《国语》	720,752,770,840,850,950
1038	《韩非子》	720,770,810,820,950
1039	《汉书》	720,730,740,770,752,760,780,790,810,820,840,850,860,870,950
1040	《后汉书》	720,730,752,760,770,780,790,810,820,840,850,870,950
1041	《淮南子》	720

续表

序号	图书信息	学科代码
1042	《金史》	730, 752, 770, 780, 850
1043	《晋书》	720, 730, 752, 760, 770, 780, 820, 840, 850, 860, 870, 950
1044	《旧唐书》	840, 730, 752, 760, 770, 780, 790, 810, 820, 850, 860, 870, 950
1045	《旧五代史》	770, 850
1046	《老子》	720, 720, 730, 752, 760, 950, 950
1047	《乐府诗集》	752, 760
1048	《礼记》	720, 752, 760, 770, 780, 810, 840, 850, 950
1049	《梁书》	752, 770, 780, 860, 870
1050	《辽史》	760, 770, 780, 850
1051	《吕氏春秋》	720, 850
1052	《论语》	710, 720, 730, 760, 770, 780, 810, 820, 840, 850, 860, 870, 880, 920, 950
1053	《孟子》	710, 720, 730, 760, 770, 790, 810, 820, 840, 850, 880, 950
1054	《明神宗实录》	770
1055	《明实录》	730, 770, 850
1056	《明史》	730, 752, 760, 770, 780, 790, 810, 840, 850, 870, 950
1057	《明世宗实录》	770
1058	《明太宗实录》	770
1059	《明太祖洪武实录》	770
1060	《明武宗实录》	770

续表

序号	图书信息	学科代码
1061	《明宪宗实录》	770
1062	《明孝宗实录》	770
1063	《明宣宗实录》	770
1064	《明英宗实录》	770
1065	《墨子》	720,770
1066	《南齐书》	752,760,770,850
1067	《南史》	730,752,770
1068	《清德宗实录》	770
1069	《清高宗实录》	770,790,810
1070	《清仁宗实录》	770
1071	《清圣祖实录》	770,950
1072	《清实录》	730,770,850
1073	《清史稿》	730,752,770,810,850,950
1074	《清世宗实录》	770
1075	《清世祖实录》	770
1076	《清太宗实录》	770
1077	《清宣宗实录》	770
1078	《庆祝苏秉琦考古五十五年论文集》编辑组编:《庆祝苏秉琦考古五十五年论文集》,北京:文物出版社,1989	780
1079	《全唐诗》	730,752,760,770,780,850,950
1080	《三国志》	730,752,760,770,780,840,850,860,950

续表

序号	图书信息	学科代码
1081	《山海经》	780
1082	《商君书》	770, 820
1083	《尚书》	720, 730, 770, 810, 820, 850, 950
1084	《圣经》	730, 751
1085	《诗经》	752, 840, 850
1086	《史记》	720, 730, 740, 752, 760, 770, 780, 790, 810, 820, 840, 850, 870, 950
1087	《水经注》	780
1088	《四库全书》/《文渊阁四库全书》	720, 730, 752, 760, 770, 850, 950
1089	《四库全书总目》	720, 752, 770, 860, 870, 950
1090	《宋史》	730, 720, 752, 760, 770, 780, 790, 810, 820, 840, 850, 870, 950
1091	《宋书》	730, 752, 760, 770, 780, 850, 950
1092	《隋书》	730, 752, 760, 770, 780, 810, 850, 870, 950
1093	《太平寰宇记》	850
1094	《皖南事变资料选》编选组：《皖南事变资料选》，上海：上海人民出版社，1983	770
1095	《卍续藏经（续藏经）》，台北：新文丰出版股份有限公司	730
1096	《魏书》	730, 760, 770, 780, 840, 850, 860, 870, 950
1097	《文心雕龙》	752, 760
1098	《新唐书》	730, 752, 760, 770, 780, 790, 840, 850, 870, 950
1099	《新五代史》	770, 850
1100	《荀子》	710, 720, 760, 770, 810, 820, 840, 850, 880, 950

续表

序号	图书信息	学科代码
1101	《易》	720
1102	《易传》	720
1103	《永乐大典》	770
1104	《元典章》，北京：中国广播电视大学出版社，1998	850
1105	《元史》	730，752，760，770，780，790，850，860，950
1106	《战国策》	770
1107	《正统道藏》，台北：新文丰出版股份有限公司，1977	730
1108	《中共中央关于加强党的执政能力建设的决定》，北京：人民出版社，2004	810
1109	《中国地方志集成》，南京：江苏古籍出版社等	770，950
1110	《中国图书馆年鉴》编委会编：《中国图书馆年鉴（1996）》，北京：北京图书馆出版社，1997	870
1111	《中国音乐文物大系》总编辑部编：《中国音乐文物大系》，郑州：大象出版社，1996	760
1112	《中华人民共和国著作权法》，北京：法律出版社，2001	860
1113	《中庸》	720，950
1114	《周礼》	770，850，950
1115	《周易》	720，950
1116	《诸子集成》，北京：中华书局，1954	720
1117	《庄子》	720，730，752，770，760，950
1118	《资治通鉴》	730，752，770，780，790，810，840，850，870，950
1119	《左传》	710，720，840，870，950，760，770，810，850，780，752
1120	艾恺：《世界范围内的反现代化思潮：论文化守成主义》，昆明：贵州人民出版社，1991	950
1121	艾思奇：《艾思奇文集》，北京：人民出版社，1981—1983	710

续表

序号	图书信息	学科代码
1122	巴金：《巴金全集》，北京：人民文学出版社，1989	752
1123	白化文，张智主编：《中国佛寺志丛刊》，扬州：广陵书社，2006	730
1124	白居易著，顾学颉校点：《白居易集》，北京：中华书局，1979	752
1125	白寿彝：《白寿彝民族宗教论集》，北京：北京师范大学出版社，1992	850
1126	白寿彝：《白寿彝史学论集（上）、（下）》，北京：北京师范大学出版社，1994	770
1127	包昌火：《企业竞争情报系统》，北京：华夏出版社，2002	870
1128	包昌火：《情报研究方法论》，北京：科学技术文献出版社，1990	870
1129	包昌火等：《竞争对手分析》，北京：华夏出版社，2003	870
1130	宝鋆：《筹办夷务始末（同治朝）》，台北：文海出版社，1930	770
1131	保继刚：《旅游地理学》，北京：高等教育出版社，1993	790
1132	保继刚：《旅游开发研究：原理、方法、实践》，北京：科学出版社，2002	790
1133	鲍明晓：《体育产业：新的经济增长点》，北京：人民体育出版社，2000	890
1134	鲍明晓：《体育市场：新的投资热点》，北京：人民体育出版社，2004	890
1135	北京大学考古系：《考古学研究：1952~1992（二）》，北京：北京大学出版社，1994	780
1136	北京大学图书馆学情报学系：《图书馆学基础》，北京：商务印书馆，1991	870
1137	北京大学图书馆学情报学系《图书分类》编写组：《图书分类》，北京：书目文献出版社，1990	870
1138	北京大学中国语言文学系语言学教研室编：《汉语方言字汇》，北京：文字改革出版社，1989	740
1139	北京大学中文系1955、1957级语言班：《现代汉语虚词例释》，北京：商务印书馆，1982	740
1140	北京市文物研究所：《琉璃河西周燕国墓地：1973-1977》，北京：文物出版社，1995	780
1141	北京语言学院语言教学研究所：《现代汉语频率词典》，北京：北京语言学院出版社，1986	920
1142	北平故宫博物院编：《清光绪朝中日交涉史料》，北平：北平故宫博物院，1932	770

续表

序号	图书信息	学科代码
1143	毕宝德：《土地经济学》，北京：中国人民大学出版社，1991	790
1144	边燕杰主编：《市场转型与社会分层》，北京：生活·读书·新知三联书店，2002	840
1145	卞之琳：《雕虫纪历》，北京：人民文学出版社，1984	752
1146	薄一波：《若干重大决策与事件的回顾》，北京：中共中央党校出版社/人民出版社，1991/1993/1997	710，770，290，810
1147	财政部：《企业会计准则》，北京：经济科学出版社，2006	790
1148	蔡昉：《制度、趋同与人文发展——区域发展和西部开发战略思考》，北京：中国人民大学出版社，2002	790
1149	蔡昉：《中国经济：改革与发展》，北京：中国财政经济出版社，2003	790
1150	蔡昉：《中国流动人口问题》，郑州：河南人民出版社，2000	840
1151	蔡昉等：《劳动力流动的政治经济学》，上海：上海三联书店，上海人民出版社，2003	630，790
1152	蔡昉等：《中国劳动力市场转型与发育》，北京：商务印书馆，2005	630
1153	蔡禾：《城市社会学：理论与视野》，广州：中山大学出版社，2003	840
1154	蔡鸿生：《唐代九姓胡与突厥文化》，北京：中华书局，1998	780
1155	蔡俊五：《体育赞助：双赢之策》，北京：人民体育出版社，2001	890
1156	蔡蓉升等：《双林镇志（民国）》，北京：商务印书馆，1917	770
1157	蔡元培：《蔡元培教育论著选》，北京：人民教育出版社，1991	880
1158	蔡元培著，高平叔编：《蔡元培全集》，北京：中华书局/杭州：浙江教育出版社，1984/1997	770，850，880，950
1159	蔡元培著，中国蔡元培研究会编：《蔡元培全集》，杭州：浙江教育出版社，1997—1998	880
1160	蔡仲德：《中国音乐美学史》，北京：人民音乐出版社，1995	760
1161	蔡仲德：《中国音乐美学史资料注译》，北京：人民音乐出版社，1990	760
1162	曹广顺：《近代汉语助词》，北京：语文出版社，1995	740
1163	曹树金：《信息组织的分类法与主题法》，北京：北京图书馆出版社，2000	870

续表

序号	图书信息	学科代码
1164	曹雪芹:《红楼梦》,北京:人民文学出版社	740,752
1165	查瑞传:《中国第四次全国人口普查资料分析》,北京:高等教育出版社,1996	840
1166	长孙无忌:《唐律疏议》,北京:中华书局	770,820
1167	常璩:《华阳国志》,北京:上海古籍出版社,1987	850
1168	车文博:《西方心理学史》,杭州:浙江教育出版社,1998	920
1169	陈白尘:《中国现代戏剧史稿》,北京:中国戏剧出版社,1989	760
1170	陈兵:《佛教禅学与东方文明》,上海:上海人民出版社,1992	730
1171	陈波:《逻辑哲学导论》,北京:中国人民大学出版社,2000	720
1172	陈昌曙:《技术哲学引论》,北京:科学出版社,1999	720
1173	陈成文:《社会弱者论:体制转换时期的社会弱者的生活状况与社会支持》,北京:时事出版社,2000	840
1174	陈得芝:《中国通史》,上海:上海人民出版社,1989	770
1175	陈德鸿:《西方翻译理论精选》,香港:香港城市大学出版社,2000	740
1176	陈独秀:《陈独秀文章选编》,北京:生活·读书·新知三联书店,1984	770,810,950
1177	陈独秀:《陈独秀著作选》,上海:上海人民出版社,1984	770,950
1178	陈独秀:《独秀文存》,合肥:安徽人民出版社,1987	770,752,950
1179	陈惇:《比较文学》,北京:高等教育出版社,1997	751
1180	陈福康:《中国译学理论史稿》,上海:上海外语教育出版社,2000	740
1181	陈刚:《大众文化与当代乌托邦》,北京:作家出版社,1996	950
1182	陈共:《财政学》,北京:中国人民大学出版社,1998	790
1183	陈鼓应:《老子注译及评介》,北京:中华书局,1984	720,730
1184	陈光中:《刑事诉讼法学》,北京:中国政法大学出版社,1990	820

续表

序号	图书信息	学科代码
1185	陈光中等：《诉讼法论丛》，北京：法律出版社，1998	820
1186	陈桂生：《"教育学视界"辨析》，上海：华东师范大学出版社，1997	880
1187	陈桂生：《教育原理》，上海：华东师范大学出版社，1993	880
1188	陈国符：《道藏源流考》，北京：中华书局，1963	730
1189	陈翰笙：《华工出国史料汇编》，北京：中华书局，1985	840
1190	陈浩元：《科技书刊标准化18讲》，北京：北京师范大学出版社，1998	860
1191	陈红民：《胡汉民未刊往来函电稿》，桂林：广西师范大学出版社，2005	770
1192	陈厚诚，王宁：《西方当代文学批评在中国》，天津：百花文艺出版社，2000	751
1193	陈华彬：《物权法原理》，北京：国家行政学院出版社，1998	820
1194	陈荒煤：《当代中国电影》，北京：中国社会科学出版社，1989	760
1195	陈家刚：《协商民主》，上海：上海三联书店，2004	810
1196	陈嘉映：《语言哲学》，北京：北京大学出版社，2003	720，740
1197	陈剑等：《虚拟企业构建与管理》，北京：清华大学出版社，2002	630
1198	陈晋：《毛泽东读书笔记解析》，广东人民出版社，1996	710
1199	陈力丹：《舆论学：舆论导向研究》，北京：中国广播电视出版社，1999	860
1200	陈丽：《远程教育学基础》，北京：高等教育出版社，2004	880
1201	陈梦家：《殷虚卜辞综述》，北京：科学出版社/北京：中华书局，1956/1988	770，780
1202	陈梦雷：《古今图书集成》，北京：中华书局，1985	850
1203	陈明达：《实用体质学》，北京：北京医科大学、中国协和医科大学联合出版社，1993	890
1204	陈平原：《中国小说叙事模式的转变》，上海：上海人民出版社，1988	752
1205	陈平原等编：《二十世纪中国小说理论资料》，北京：北京大学出版社，1997	752

续表

序号	图书信息	学科代码
1206	陈琦：《当代教育心理学》，北京：北京师范大学出版社，1997	880
1207	陈去病等：《明遗民录汇集》，《国粹学报》本，1906	770
1208	陈瑞华：《程序性制裁理论》，北京：中国法制出版社，2005	820
1209	陈瑞华：《问题与主义之间：刑事诉讼基本问题研究》，北京：中国人民大学出版社，2003	820
1210	陈瑞华：《刑事审判原理论》，北京：北京大学出版社，1997	820
1211	陈瑞华：《刑事诉讼的前沿问题》，北京：中国人民大学出版社，2000	820
1212	陈盛韵：《问俗录》，北京：书目文献出版社，1983	770
1213	陈世丹：《美国后现代主义小说艺术论》，大连：辽宁师范大学出版社，2002	751
1214	陈树年主编：《"中国分类主题词表"标引手册》，北京：北京图书馆出版社，1998	870
1215	陈思和：《中国当代文学史教程》，上海：复旦大学出版社，1999	752，860
1216	陈廷焯：《白雨斋词话》，北京：人民文学出版社，1959	752
1217	陈望道：《修辞学发凡》，上海：上海教育出版社，2006	740
1218	陈锡祺：《孙中山年谱长编》，北京：中华书局，1991	770
1219	陈曦钟辑校：《水浒传会评本》，北京：北京大学出版社，1981	752
1220	陈向明：《质的研究方法与社会科学研究》，北京：教育科学出版社，2000	840，880，890，920
1221	陈晓明：《表意的焦虑：历史祛魅与当代文学变革》，北京：中央编译出版社，2002	752
1222	陈新民：《德国公法学基础理论》，济南：山东人民出版社，2000	820
1223	陈新民：《中国行政法学原理》，北京：中国政法大学出版社，2002	820
1224	陈兴良：《本体刑法学》，北京：商务印书馆，2001	820
1225	陈兴良：《刑法适用总论》，北京：法律出版社，1999	820
1226	陈兴良：《刑法哲学》，北京：中国政法大学出版社，1992	820

续表

序号	图书信息	学科代码
1227	陈秀山：《区域经济理论》，北京：商务印书馆，2003	790
1228	陈序经：《中国文化的出路》，北京：商务印书馆，1934	950
1229	陈学飞：《美国、德国、法国、日本当代高等教育思想研究》，上海：上海教育出版社，1998	880
1230	陈学飞：《西方怎样培养博士：法、英、德、美的模式与经验》，北京：教育科学出版社，2002	880
1231	陈学恂主编：《中国近代教育史教学参考资料》（上、中、下册），北京：人民教育出版社，1986—1987	880
1232	陈衍著，钱仲联编校：《陈衍诗论合集》，福州：福建人民出版社，1999	752
1233	陈旸：《乐书》，上海：上海古籍出版社，1987	760
1234	陈寅恪：《金明馆丛稿二编》，上海：上海古籍出版社/北京：生活·读书·新知三联书店，1980/2001	730，7752，770，860，950
1235	陈英和：《认知发展心理学》，杭州：浙江人民出版社，1996	920
1236	陈永明：《教师教育研究》，上海：华东师范大学出版社，2003	880
1237	陈永明：《现代教师论》，上海：上海教育出版社，1999	880
1238	陈禹：《信息经济学教程》，北京：清华大学出版社，1998	870
1239	陈禹等：《知识经济的测度理论与方法》，北京：中国人民大学出版社，1998	870
1240	陈玉刚：《国家与超国家：欧洲一体化理论比较研究》，上海：上海人民出版社，2001	810
1241	陈玉琨：《教育评价学》，北京：人民教育出版社，1999	880
1242	陈郁编：《企业制度与市场组织：交易费用经济学文选》，上海：上海三联书店、上海人民出版社，1996	630
1243	陈郁编：《所有权、控制权与激励：代理经济学文选》，上海：上海三联书店、上海人民出版社，1998	630
1244	陈垣：《陈垣学术论文集》（分两册），北京：中华书局，1980—1982	730
1245	陈垣：《道家金石略》，北京：文物出版社，1988	730
1246	陈垣：《元典章》，北京：中国书店，1990	770
1247	陈垣：《中国佛教史籍概论》，北京：中华书局，1962	730

续表

序号	图书信息	学科代码
1248	陈原：《社会语言学》，上海：学林出版社，1983	740
1249	陈云：《陈云文选》，北京：人民出版社/中央文献出版社	710，770，790，810
1250	陈真：《中国近代工业史资料》，北京：生活·读书·新知三联书店，1957	770
1251	陈振孙：《直斋书录解题》，上海：上海古籍出版社，1987	752，870
1252	陈至立主编，中华人民共和国教育部编：《面向21世纪教育振兴行动计划学习参考资料》，北京：北京师范大学出版社，1999	880
1253	陈仲庚：《人格心理学》，沈阳：辽宁人民出版社，1986	920
1254	陈子龙：《明经世文编》，北京：中华书局，1962	770
1255	陈宗胜：《再论改革与发展中的收入分配：中国发生两极分化了吗？》，北京：经济科学出版社，2002	790
1256	陈宗胜：《中国经济体制市场化进程研究》，上海：上海人民出版社，1999	790
1257	程恩富：《马克思主义经济思想史》，上海：中国出版集团东方出版中心，2006	860
1258	程国强：《WTO农业规则与中国农业发展》，北京：中国经济出版社，2000	790
1259	程颢：《二程集》	720，770
1260	程颢：《河南程氏遗书》	720
1261	程焕文：《信息资源共享》，北京：高等教育出版社，2004	870
1262	程季华：《中国电影发展史》，北京：中国电影出版社，1981	760
1263	程青松：《我的摄影机不撒谎：先锋电影人档案——生于1961—1970》，北京：中国友谊出版公司，2002	760
1264	程树德：《论语集释》，北京：中华书局，1990	720
1265	程锡麟：《当代美国小说理论》，北京：外语教学与研究出版社，2001	751
1266	程亚男：《书海听涛：图书馆散论》，北京：北京图书馆出版社，2001	870
1267	仇保兴：《小企业集群研究》，上海：复旦大学出版社，1999	630，790

续表

序号	图书信息	学科代码
1268	初景利：《图书馆数字参考咨询服务研究》，北京：北京图书馆出版社，2004	870
1269	储荷婷等：《INTERNET 网络信息检索：原理、工具、技巧》，北京：清华大学出版社，1999	870
1270	储槐植：《美国刑法》，北京：北京大学出版社，1987	820
1271	慈怡：《佛光大辞典》，高雄：佛光出版社，1989	730
1272	辞海编辑委员会：《辞海》，上海：上海辞书出版社	720，740，752，760，770，810，820，850，860，870，880，890，950
1273	丛湖平：《体育经济学》，北京：高等教育出版社，2004	890
1274	丛湖平：《体育统计》，北京：高等教育出版社，1998	890
1275	丛立新：《课程论问题》，北京：教育科学出版社，2000	880
1276	崔功豪：《区域分析与规划》，北京：高等教育出版社，1999	790
1277	崔建远：《合同法》，北京：法律出版社，1998	820
1278	崔宪：《曾侯乙编钟钟铭校释及其律学研究》，北京：人民音乐出版社，1997	760
1279	戴海崎：《心理与教育测量》，广州：暨南大学出版社，1999	920
1280	戴锦华：《雾中风景：中国电影文化（1978—1998）》，北京：北京大学出版社，2006	760
1281	戴龙基等主编：《中文核心期刊要目总览（2000 年版）》，北京：北京大学出版社，2000	860，870
1282	戴维民：《信息组织》，北京：高等教育出版社，2004	870
1283	戴晓霞等：《高等教育市场化》，北京：北京大学出版社，2004	880
1284	戴耀晶：《现代汉语时体系统研究》，杭州：浙江教育出版社，1997	740
1285	戴震：《孟子字义疏证》，北京：中华书局，1982	720
1286	戴忠恒：《心理与教育测量》，上海：华东师范大学出版社，1987	920
1287	邓国胜：《非营利组织评估》，北京：社会科学文献出版社，2001	840

续表

序号	图书信息	学科代码
1288	邓绍兴等:《档案管理学》,北京:中国人民大学出版社,1996	870
1289	邓树勋:《运动生理学》,北京:高等教育出版社,1999	890
1290	邓小平:《邓小平建设有中国特色社会主义论述专题摘编》,中央文献出版社,1995	710
1291	邓小平:《邓小平文选》,北京:人民出版社	630,710,720,752,770,790,810,820,840,850,860,880,950
1292	邓炎昌:《语言与文化:英汉语言文化对比》,北京:外语教学与研究出版社	740
1293	邓正来:《中国法学向何处去:建构"中国法律理想图景"时代的论纲》,北京:商务印书馆,2006	820
1294	邓正来等编:《国家与市民社会:一种社会理论的研究路径》,北京:中央编译出版社,1999	840
1295	丁邦新:《丁邦新语言学论文集》,北京:商务印书馆,1998	740
1296	丁帆:《中国乡土小说史》,北京:北京大学出版社,2007	752
1297	丁福保:《佛学大辞典》,北京:文物出版社,1984/上海:上海书店出版社,1991	730
1298	丁福保:《历代诗话续编》,北京:中华书局,1983	752
1299	丁玲著,张炯主编:《丁玲全集》,石家庄:河北人民出版社,2001	752
1300	丁声树:《现代汉语语法讲话》,北京:商务印书馆	740
1301	丁世良:《中国地方志民俗资料汇编》,北京:北京图书馆出版社,1995	850
1302	丁文江:《梁启超年谱长编》,上海:上海人民出版社,1983	770,860,950
1303	丁兴富:《远程教育学》,北京:北京师范大学出版社,2001	880
1304	丁兴富:《远程教育研究》,北京:首都师范大学出版社,2002	880
1305	丁学东:《文献计量学基础》,北京:北京大学出版社,1993	860,870
1306	丁学良:《什么是世界一流大学?》,北京:北京大学出版社,2004	880
1307	董诰:《全唐文》,北京:中华书局/上海:上海古籍出版社	730,752,770,780,790,850

续表

序号	图书信息	学科代码
1308	董衡巽：《海明威研究》，北京：中国社会科学出版社，1980	751
1309	董奇：《儿童创造力发展心理》，杭州：浙江教育出版社，1993	920
1310	董奇：《自我监控与智力》，杭州：浙江人民出版社，1996	920
1311	董维松：《民族音乐学译文集》，北京：中国文联出版公司，1985	760
1312	董秀芳：《词汇化：汉语双音词的衍生和发展》，成都：四川民族出版社，2002	740
1313	董仲舒：《春秋繁露》，上海：上海古籍出版社，1990	720，950
1314	杜凤治：《杜凤治日记》，非正式出版物	770，840
1315	杜甫撰，仇兆鳌详注：《杜诗详注》，北京：中华书局，1979	752
1316	杜继文：《中国禅宗通史》，南京：江苏古籍出版社，1993	730
1317	杜鹏：《中国人口老龄化过程研究》，北京：中国人民大学出版社，1994	840
1318	杜亚雄：《中国民族基本乐理》，北京：中国文联出版公司，1995	760
1319	杜鹰、白南生主编：《走出乡村：中国农村劳动力流动实证研究》，北京：经济科学出版社，1997	840
1320	杜佑：《通典》，北京：中华书局	760，770，780，850
1321	段文杰：《段文杰敦煌石窟艺术论文集》，兰州：甘肃人民出版社，1994	780
1322	段文杰：《敦煌石窟艺术》，南京：江苏美术出版社，1993	780
1323	敦煌文物研究所：《敦煌研究文集》，兰州：甘肃人民出版社，1982	780
1324	敦煌文物研究所：《中国石窟：敦煌莫高窟》，北京：文物出版社，1982	780
1325	敦煌研究院：《敦煌莫高窟供养人题记》，北京：文物出版社，1986	780
1326	敦煌研究院：《敦煌石窟内容总录》，北京：文物出版社，1996	780
1327	额尔登泰・乌云达赉：《蒙古秘史》，呼和浩特：内蒙古人民出版社，1980	850
1328	樊富珉：《大学生心理健康与发展》，北京：清华大学出版社，1997	920

续表

序号	图书信息	学科代码
1329	樊富珉：《团体咨询的理论与实践》，北京：清华大学出版社，1996	920
1330	樊纲：《渐进改革的政治经济学分析》，上海：上海远东出版社，1996	790
1331	樊纲：《中国市场化指数：各地区市场化相对进程报告》，北京：经济科学出版社，2003	630，790
1332	樊祖荫：《中国多声部民歌概论》，北京：人民音乐出版社，1994	760
1333	范并思等：《20世纪西方与中国的图书馆学：基于德尔斐法测评的理论史纲》，北京：北京图书馆出版社，2004	870
1334	范先佐：《教育经济学》，北京：人民教育出版社，1999	880
1335	范愉：《非诉讼纠纷解决机制研究》，北京：中国人民大学出版社，2000	820
1336	方东树：《昭昧詹言》，北京：人民文学出版社，1961	752
1337	方福前：《公共选择理论：政治的经济学》，北京：中国人民大学出版社，2000	790
1338	方国瑜：《中国西南历史地理考释》，北京：中华书局，1987	850
1339	方汉奇：《中国近代报刊史》，太原：山西人民出版社，1981	860
1340	方汉奇：《中国新闻事业编年史》，福州：福建人民出版社，2000	860
1341	方汉奇：《中国新闻事业简史》，北京：中国人民大学出版社，1995	860
1342	方汉奇：《中国新闻事业通史》，北京：中国人民大学出版社，1992	860
1343	方豪：《中国天主教史人物传》，北京：中华书局，1988	730
1344	方回选评，李庆甲集评校点：《瀛奎律髓汇评》，上海：上海古籍出版社，1986	752
1345	方克立：《现代新儒学与中国现代化》，天津：天津人民出版社，1997	950
1346	方立天：《佛教哲学》，北京：中国人民大学出版社，1991	730
1347	方立天：《中国佛教哲学要义》，北京：中国人民大学出版社，2002	730
1348	方卿：《图书营销学》，太原：山西经济出版社，1998	860

续表

序号	图书信息	学科代码
1349	费方域：《企业的产权分析》，上海：上海三联书店，上海人民出版社，1998	630
1350	费孝通：《费孝通文集》，北京：群言出版社，1999	840，850，950
1351	费孝通：《江村经济：中国农民的生活》，南京：江苏人民出版社，1986	840，850
1352	费孝通：《乡土中国，生育制度》，北京：生活·读书·新知三联书店/北京：北京大学出版社，1985/2000	840，850
1353	费孝通：《乡土中国》，北京：北京大学出版社，生活·读书·新知三联书店，1984、1985、1998、1999	820，850，950
1354	费孝通：《中华民族多元一体格局》，北京：中央民族大学出版社，1999	850，950
1355	费孝通：《中华民族研究新探索》，北京：中国社会科学出版社，1991	850
1356	冯惠玲：《档案学概论》，北京：中国人民大学出版社，2001	870
1357	冯惠玲：《电子文件管理教程》，北京：中国人民大学出版社，2001	870
1358	冯连世：《优秀运动员身体机能评定方法》，北京：人民体育出版社，2003	890
1359	冯连世：《运动员机能评定常用生理生化指标测试方法及应用》，北京：人民体育出版社，2002	890
1360	冯美云：《运动生物化学》，北京：人民体育出版社	890
1361	冯胜利：《汉语的韵律、词法与句法》，北京：北京大学出版社，1997	740
1362	冯天瑜：《中华文化史》，上海：上海人民出版社，1990	950
1363	冯炜权：《血乳酸与运动训练——应用手册》，北京：人民体育出版社，1990	890
1364	冯炜权：《运动生物化学原理》，北京：北京体育大学出版社，1995	890
1365	冯文慈：《中国音乐史学的回顾与反思：冯文慈音乐文集》，上海：上海音乐学院出版社，2005	760
1366	冯文慈：《中外音乐交流史》，长沙：湖南教育出版社，1998	760
1367	冯友兰：《三松堂全集》，郑州：河南人民出版社，1985	720
1368	冯友兰：《贞元六书》，上海：华东师范大学出版社，1996	720

续表

序号	图书信息	学科代码
1369	冯友兰：《中国哲学史》，上海：华东师范大学出版社/北京：中华书局，2000/1961	720
1370	冯友兰：《中国哲学史新编》，北京：人民出版社，1982—1986	720
1371	冯之浚：《循环经济导论》，北京：人民出版社，2004	790
1372	冯至：《冯至全集》，石家庄：河北教育出版社，1999	752
1373	冯子标：《人力资本运营论》，北京：经济科学出版社，2000	630
1374	冯自由：《革命逸史》，北京：中华书局，1981	770，860
1375	符绍宏等：《因特网信息资源检索与利用》，北京：清华大学出版社，2000	870
1376	傅家骥：《技术创新学》，北京：清华大学出版社，1998	630，790
1377	傅家骥等：《技术经济学前沿问题》，北京：经济科学出版社，2003	630
1378	傅斯年：《傅斯年全集》，长沙：湖南教育出版社，2003	770
1379	傅璇琮：《唐才子传校笺》，北京：中华书局，1990	752
1380	傅璇琮主编：《全宋诗》，北京：北京大学出版社，1991	752
1381	盖文启：《创新网络：区域经济发展新思维》，北京：北京大学出版社，2002	630，790
1382	甘惜分：《新闻学大辞典》，郑州：河南人民出版社，1993	860
1383	高等学校外语专业教学指导委员会英语组：《高等学校英语专业英语教学大纲》，上海：上海外语教育出版社，2000	740
1384	高亨：《古字通假会典》，济南：齐鲁书社，1989	780
1385	高亨：《周易大传今注》，济南：齐鲁书社，1979	720
1386	高洪深：《区域经济学》，北京：中国人民大学出版社，2002	790
1387	高鸿业：《西方经济学》，北京：中国人民大学出版社，1996	790
1388	高建：《中国企业技术创新分析》，北京：清华大学出版社，1997	630

续表

序号	图书信息	学科代码
1389	高觉敷：《西方近代心理学史》，北京：人民教育出版社，1982	920
1390	高觉敷：《中国心理学史》，北京：人民教育出版社，1985	920
1391	高铭暄：《新编中国刑法学》，北京：中国人民大学出版社，1989	820
1392	高铭暄：《刑法学》，北京：北京大学出版社/北京：中国法制出版社，1989	820
1393	高铭暄：《刑法学原理》，北京：中国人民大学出版社，1993	820
1394	高铭暄：《刑法专论》，北京：高等教育出版社，2002	820
1395	高铭暄：《中国刑法学》，北京：中国人民大学出版社，1988	820
1396	高铁梅：《计量经济分析方法与建模：EVIEWS应用及实例》，北京：清华大学出版社，2006	790
1397	高文：《教学模式论》，上海：上海教育出版社，2002	880
1398	高文等：《数字图书馆：原理与技术实现》，北京：清华大学出版社，2000	870
1399	高宗敕：《清朝文献通考》，杭州：浙江古籍出版社，1936	770
1400	戈公振：《中国报学史：插图整理本》，上海：上海古籍出版社，2003	860
1401	戈公振：《中国报学史》，北京：生活·读书·新知三联书店，1985	860
1402	葛剑雄：《中国移民史》，福州：福建人民出版社，1997	770，840，850
1403	葛剑雄主编，曹树基著：《中国人口史》，上海：复旦大学出版社，2000	770，840
1404	葛鲁嘉：《心理文化论要——中西心理学传统跨文化解析》，大连：辽宁师范大学出版社，1995	920
1405	葛兆光：《道教与中国文化》，上海：上海人民出版社，1987	730
1406	葛兆光：《中国思想史》，上海：复旦大学出版社，1998	752，770，860，950
1407	耿力中：《体育市场：策略与管理》，北京：人民体育出版社，2002	890
1408	龚耀先：《艾森克个性问卷手册》，长沙：湖南医学院出版社，1983	920
1409	龚耀先：《修订艾森克个性问卷手册》，长沙：湖南医学院出版社，1986	920

续表

序号	图书信息	学科代码
1410	龚耀先：《修订韦氏记忆量表手册》，长沙：湖南医科大学出版社，1989	920
1411	龚耀先：《中国修订韦氏儿童智力量表（C-WICS）手册》，长沙：湖南地图出版社，1993	920
1412	龚育之：《毛泽东的读书生活》，北京：生活·读书·新知三联书店，1986	710
1413	龚自珍著，王佩诤校：《龚自珍全集》，上海：上海人民出版社，1975	730，770
1414	辜鸿铭：《辜鸿铭文集》，海口：海南出版社，1996	950
1415	辜晓进：《走进美国大报》，广州：南方日报出版社，2002	860
1416	故宫博物院明清档案部：《清末筹备立宪档案史料》，北京：中华书局，1979	770，820
1417	顾长声：《传教士与近代中国》，上海：上海人民出版社，1995	730
1418	顾朝林：《经济全球化与中国城市发展：跨世纪中国发展战略》，北京：商务印书馆，2000	790
1419	顾潮：《顾颉刚年谱》，北京：中国社会科学出版社，1993	770
1420	顾颉刚：《古史辨》，上海：上海古籍出版社，1982	720，752，770
1421	顾理平：《新闻法学》，北京：中国广播电视出版社，1999	860
1422	顾龙生：《毛泽东经济年谱》，中共中央党校出版社，1993	710
1423	顾明远：《国际教育新理念》，海口：海南出版社，2001	880
1424	顾明远：《教育大辞典》，上海：上海教育出版社，1999	880
1425	顾廷龙：《清代朱卷集成》，台北：成文出版社，1992	950
1426	顾维钧著，中国社会科学院近代史研究所编：《顾维钧回忆录》，北京：中华书局，1983	770，810
1427	顾卫民：《基督教与近代中国社会》，上海：上海人民出版社，1996	730
1428	顾炎武：《日知录》，长沙：岳麓书社，1933	720，770
1429	顾炎武：《日知录集释》，长沙：岳麓书社，1994	770
1430	顾炎武：《天下郡国利病书》，上海：上海科学技术文献出版社，2002	770，850

续表

序号	图书信息	学科代码
1431	顾渊彦：《域外学校体育传真》，北京：人民体育出版社，1999	890
1432	顾祖禹：《读史方舆纪要》，北京：中华书局，1955	770
1433	广西壮族自治区编辑组：《广西瑶族社会历史调查》，南宁：广西民族出版社，1985	850
1434	广州市文物管理委员会：《广州汉墓》，北京：文物出版社，1981	780
1435	广州市文物管理委员会：《中国田野考古报告集·西汉南越王墓》，北京：文物出版社，1991	780
1436	桂诗春：《新编心理语言学》，上海：上海外语教育出版社，2000	740，920
1437	桂诗春：《语言学方法论》，北京：外语教学与研究出版社，1997	740
1438	桂诗春：《中国学习者英语语料库》，上海：上海外语教育出版社，2003	740
1439	郭宝钧：《山彪镇与琉璃阁》，北京：科学出版社，1959	780
1440	郭本禹：《当代心理学的新进展》，济南：山东教育出版社，2003	920
1441	郭大力：《政治经济学及赋税原理》，北京：商务印书馆，1972	790
1442	郭建中：《当代美国翻译理论》，武汉：湖北教育出版社，2000	740
1443	郭莉珠：《档案保护技术学教程》，北京：中国人民大学出版社，2000	870
1444	郭沫若：《郭沫若全集》，北京：人民出版社/北京：人民文学出版社，1982	752，770，950
1445	郭沫若：《两周金文辞大系图录考释》，北京：科学出版社，1957	780
1446	郭沫若：《沫若文集》，北京：人民文学出版社，1959	752
1447	郭庆藩：《庄子集释》，北京：中华书局	720，730，752
1448	郭庆光：《传播学教程》，北京：中国人民大学出版社，1999	860，870
1449	郭锐：《现代汉语词类研究》，北京：商务印书馆，2002	740
1450	郭若虚：《图画见闻志》，北京：人民美术出版社，1963	760
1451	郭绍虞：《清诗话续编》，上海：上海古籍出版社，1983	752

续表

序号	图书信息	学科代码
1452	郭绍虞主编：《中国历代文论选》，上海：上海古籍出版社，1979	752
1453	郭嵩焘：《郭嵩焘日记》，长沙：湖南人民出版社，1980	770
1454	郭锡良：《汉字古音手册》，北京：北京大学出版社，1986	740
1455	郭秀艳：《内隐学习》，上海：华东师范大学出版社，2003	920
1456	郭于华：《仪式与社会变迁》，北京：社会科学文献出版社，2000	850
1457	郭志刚：《社会统计分析方法：SPSS 软件应用》，北京：中国人民大学出版社，1999	790，840，920
1458	国家对外汉语教学领导小组办公室汉语水平考试部：《汉语水平词汇与汉字等级大纲》，北京：北京语言学院出版社，1992	740
1459	国家教育发展研究中心：《2000 年中国教育绿皮书：中国教育政策年度分析报告》，北京：教育科学出版社，2000	880
1460	国家旅游局：《中国旅游统计年鉴》，北京：中国旅游出版社	790
1461	国家民族事务委员会：《中国共产党关于民族问题的基本观点和政策》，北京：民族出版社，2002	850
1462	国家民族事务委员会、中共中央文献研究室：《新时期民族工作文献选编》，北京：中央文献出版社，1990	710
1463	国家体育运动委员会：《武术套路竞赛规则》，北京：人民体育出版社	890
1464	国家体育运动委员会武术研究院：《中国武术史》，北京：人民体育出版社，1997	890
1465	国家体育总局群体司：《2000 年国民体质监测报告》，北京：北京体育大学出版社，2002	890
1466	国家体育总局体育经济司：《体育事业统计年鉴》，北京：国家体育经济司	890
1467	国家体育总局政策法规司：《体育产业现状趋势与对策》，北京：人民体育出版社，2001	890
1468	国家统计局：《中国统计年鉴》，北京：中国统计出版社	630，790，810，840，880，950
1469	国家统计局：《中国统计摘要》，北京：中国统计出版社	790
1470	国家统计局：《中国科技统计年鉴》，北京：中国统计出版社	630

续表

序号	图书信息	学科代码
1471	国家统计局城市社会经济调查总队：《中国城市统计年鉴》，北京：中国统计出版社	790
1472	国家统计局国民经济综合统计司：《新中国五十五年统计资料汇编（1949—2004）》，北京：中国统计出版社，2005	790
1473	国家统计局人口和社会科技统计司：《中国人口统计年鉴》，北京：中国统计出版社	840
1474	国家图书馆《中国文献编目规则》修订组编：《中国文献编目规则》，北京：北京图书馆出版社，2005	870
1475	国家图书馆编：《新版中国机读目录格式使用手册》，北京：北京图书馆出版社，2004	870
1476	国家文物局古文献研究室：《吐鲁番出土文书》，北京：文物出版社，1981	730，770，780，870
1477	国家文物局三峡工程文物保护领导小组湖北工作站：《三峡考古之发现》，武汉：湖北科学技术出版社，1998	780
1478	国务院人口普查办公室：《2000年第五次全国人口普查主要数据》，北京：中国统计出版社，2001	840
1479	国务院人口普查办公室：《中国1990年人口普查资料》，北京：中国统计出版社，1993	840
1480	国务院人口普查办公室：《中国2000年人口普查资料》，北京：中国统计出版社，2002	840
1481	国务院研究室科教文卫司、国家体委政策法规司：《体育经济政策研究》，北京：人民体育出版社，1997	890
1482	国务院研究室课题组：《中国农民工调研报告》，北京：中国言实出版社，2006	630，790，840
1483	国学整理社编辑：《诸子集成》，北京：中华书局，1996	730
1484	过家兴：《运动训练学》，北京：北京体育大学出版社/北京：人民体育出版社，1986	890
1485	哈经雄：《民族教育学通论》，北京：教育科学出版社，2001	850
1486	韩宝强：《音的历程：现代音乐声学导论》，北京：中国文联出版社，2003	760
1487	韩念龙：《当代中国外交》，北京：中国社会科学出版社，1988	810
1488	韩世远：《合同法总论》，北京：法律出版社，2004	820
1489	韩玉梅：《外国现代档案管理教程》，北京：中国人民大学出版社，1995	870
1490	韩愈撰，马其昶校注：《韩昌黎文集校注》，上海：上海古籍出版社，1986	752

续表

序号	图书信息	学科代码
1491	汉语大词典编辑委员会编：《汉语大词典》，上海：汉语大词典出版社/武汉：湖北辞书出版社	740
1492	郝建：《影视类型学》，北京：北京大学出版社，2002	760
1493	郝经：《郝文忠公陵川文集》，太原：山西人民出版社，2006	770
1494	郝寿义：《区域经济学》，北京：经济科学出版社，2004	790
1495	郝振省：《2005—2006中国数字出版产业年度报告》，北京：中国书籍出版社，2007	860
1496	何秉松：《刑法教科书》，北京：中国法制出版社，1993	820
1497	何东昌主编：《中华人民共和国重要教育文献》，海口：海南出版社，1998/2003	880
1498	何嘉荪等：《文件运动规律研究：从新角度审视档案学基础理论》，北京：中国档案出版社，1999	870
1499	何克抗：《教学系统设计》，北京：北京师范大学出版社，2002	880
1500	何克抗：《教育技术学》，北京：北京师范大学出版社，2002	880
1501	何琳仪：《战国古文字典：战国文字声系》，北京：中华书局，1998	780
1502	何其莘：《英国戏剧史》，南京：译林出版社，1999	751
1503	何乾三：《西方哲学家、文学家、音乐家论音乐》，北京：人民音乐出版社，1983	760
1504	何清涟：《现代化的陷阱：当代中国的经济社会问题》，北京：今日中国出版社，1998	840
1505	何文焕：《历代诗话》，北京：中华书局，1981	752
1506	何晓群：《现代统计分析方法与应用》，北京：中国人民大学出版社，1998	790
1507	何增科：《公民社会与第三部门》，北京：社会科学文献出版社，2000	810，840
1508	何兆熊：《新编语用学概要》，上海：上海外语教育出版社，2000	740
1509	何志林：《现代足球》，北京：人民体育出版社，2000	890
1510	何自然：《语用学概论》，长沙：湖南教育出版社，1988，1991	740
1511	何自然：《语用学与英语学习》，上海：上海外语教育出版社，1997	740

续表

序号	图书信息	学科代码
1512	河北省文物研究所：《藁城台西商代遗址》，北京：文物出版社，1985	780
1513	河北省文物研究所：《燕下都》，北京：文物出版社，1996	780
1514	河南省文化局文物工作队：《郑州二里冈》，北京：科学出版社，1959	780
1515	河南省文物考古研究所：《三门峡虢国墓》，北京：文物出版社，1999	780
1516	河南省文物考古研究所：《舞阳贾湖》，北京：科学出版社，1999	780
1517	河南省文物考古研究所：《郑州商城：1953—1985年考古发掘报告》，北京：文物出版社，2001	780
1518	河南省文物研究所：《淅川下寺春秋楚墓》，北京：文物出版社，1991	780
1519	河南省文物研究所：《信阳楚墓》，北京：文物出版社，1986	780
1520	河南省文物研究所：《郑州商城考古新发现与研究1985—1992》，郑州：中州古籍出版社，1993	780
1521	河南省文物研究所等：《登封王城岗与阳城》，北京：文物出版社，1992	780
1522	河南省文物研究所等：《淅川下王冈》，北京：文物出版社，1989	780
1523	河上公撰，王卡点校：《老子道德经河上公章句》，北京：中华书局，1993	730
1524	贺麟：《文化与人生》，北京：商务印书馆	950
1525	贺卫方：《司法的理念与制度》，北京：中国政法大学出版社，1998	820
1526	黑龙江省档案馆：《档案史料选编·黑龙江少数民族》，哈尔滨：黑龙江省档案馆，1985	850
1527	洪汉鼎：《理解与解释：诠释学经典文选》，北京：东方出版社，2001	720
1528	洪迈：《夷坚志》，北京：中华书局，1981	730
1529	洪兴祖：《楚辞补注》，北京：中华书局，1983	752
1530	洪银兴：《长江三角洲地区经济发展的模式和机制》，北京：清华大学出版社，2003	790
1531	洪银兴：《可持续发展经济学》，北京：商务印书馆，2000	790
1532	洪子诚：《问题与方法：中国当代文学史研究讲稿》，北京：生活·读书·新知三联书店，2002	752

续表

序号	图书信息	学科代码
1533	洪子诚：《中国当代文学史》，北京：北京大学出版社，1999	752，860
1534	侯杰泰：《结构方程模型及其应用》，北京：教育科学出版社，2004	790，920
1535	侯精一：《山西方言调查研究报告》，山西高校联合出版社，1993	740
1536	侯外庐：《中国思想通史》，北京：人民出版社，1956	720，770
1537	侯维瑞：《现代英国小说史》，上海：上海外语教育出版社，1985	751
1538	侯维瑞：《英国文学通史》，上海：上海外语教育出版社，1999	751
1539	侯学超编：《现代汉语虚词词典》，北京：北京大学出版社，1998	740
1540	胡鞍钢：《地区与发展：西部开发新战略》，北京：中国计划出版社，2001	790
1541	胡昌平：《现代信息管理机制研究》，武汉：武汉大学出版社，2004	870
1542	胡昌平：《信息服务与用户》，武汉：武汉大学出版社，2001	870
1543	胡昌平：《信息服务与用户研究》，武汉：武汉大学出版社，1993	870
1544	胡昌平：《信息管理科学导论》，北京：高等教育出版社，2001	870
1545	胡传焯：《现代科技期刊编辑学》，长沙：湖南科学技术出版社，2001	860
1546	胡道静：《藏外道书》（分册），成都：巴蜀书社，1992，1994	730
1547	胡道静：《道藏要籍选刊》，上海：上海古籍出版社，1989	730
1548	胡风：《胡风评论集》，北京：人民文学出版社，1984	752
1549	胡风：《胡风全集》，武汉：湖北人民出版社，1999	752，860
1550	胡家峦：《历史的星空：文艺复兴时期英国诗歌与西方传统宇宙论》，北京：北京大学出版社，2001	751
1551	胡建华等：《高等教育学新论》，南京：江苏教育出版社，1995	880
1552	胡建淼：《行政法学》，北京：法律出版社，1998	820
1553	胡锦涛：《高举中国特色社会主义伟大旗帜，为夺取全面建设小康社会新胜利而奋斗：在中国共产党第十七次全国代表大会上的报告》，北京：人民出版社，2007	630，790，810

续表

序号	图书信息	学科代码
1554	胡锦涛:《在"三个代表"重要思想理论研讨会上的讲话》,北京:人民出版社,2003	710,810
1555	胡锦涛:《在中央民族工作会议暨国务院第四次全国民族团结进步表彰大会上的讲话》,北京:人民出版社	850
1556	胡朴安:《中华全国风俗志》,石家庄:河北人民出版社,1986	850
1557	胡乔木:《胡乔木回忆毛泽东》,北京:人民出版社,1994	710
1558	胡全生:《英美后现代主义小说叙述结构研究》,上海:复旦大学出版社,2002	751
1559	胡绳:《中国共产党的七十年》,北京:中共党史出版社,1991	710,810
1560	胡士莹:《话本小说概论》,北京:中华书局,1980	752
1561	胡适:《胡适全集》,合肥:安徽教育出版社,2003	752
1562	胡适:《胡适文存》,合肥:黄山书社,1996	752,770,950
1563	胡适著,曹伯言编:《胡适日记全编》,合肥:安徽教育出版社,2001	770
1564	胡适著,姜义华主编:《胡适学术文集》,北京:中华书局,1991	752
1565	胡适著,欧阳哲生编:《胡适文集》,北京:北京大学出版社,1998	720,752,770,950
1566	胡小明:《体育人类学》,广州:广东人民出版社,1999	890
1567	胡序威:《中国沿海城镇密集地区空间集聚与扩散研究》,北京:科学出版社,2000	790
1568	胡亚敏:《叙事学》,武汉:华中师范大学出版社,1994	751
1569	胡应麟:《少室山房笔丛》,上海:上海书店出版社,2001	752
1570	胡应麟:《诗薮》,上海:上海古籍出版社,1979	752
1571	胡裕树:《现代汉语》,上海:上海教育出版社	740
1572	胡震亨:《唐音癸签》,上海:上海古籍出版社,1981	752
1573	胡正荣:《传播学总论》,北京:北京广播学院出版社,1997	860

续表

序号	图书信息	学科代码
1574	胡壮麟：《认知隐喻学》，北京：北京大学出版社，2004	740
1575	胡壮麟：《系统功能语法概论》，长沙：湖南教育出版社，1989	740
1576	胡壮麟：《系统功能语言学概论》，北京：北京大学出版社，2005	740
1577	胡壮麟：《语篇的衔接与连贯》，上海：上海外语教育出版社，1994	740
1578	胡仔：《苕溪渔隐丛话》，北京：人民文学出版社，1962	752
1579	湖北崇文书局辑：《百子全书》，杭州：浙江人民出版社，1984	730，780
1580	湖北省博物馆：《曾侯乙墓》，北京：文物出版社，1989	780
1581	湖北省荆沙铁路考古队：《包山楚简》，北京：文物出版社，1991	780
1582	湖北省荆沙铁路考古队：《包山楚墓》，北京：文物出版社，1991	780
1583	湖北省荆州地区博物馆：《江陵雨台山楚墓》，北京：文物出版社，1984	780
1584	湖北省文物考古研究所：《江陵九店东周墓》，北京：科学出版社，1995	780
1585	湖北省文物考古研究所：《江陵望山沙冢楚墓》，北京：文物出版社，1996	780
1586	湖北省文物考古研究所：《盘龙城：1963—1994年考古发掘报告》，北京：文物出版社，2001	780
1587	湖北省宜昌地区博物馆等：《当阳赵家湖楚墓》，北京：文物出版社，1992	780
1588	湖南省博物馆：《长沙楚墓》，北京：文物出版社，2000	780
1589	湖南省博物馆：《长沙马王堆一号汉墓》，北京：文物出版社，1973	780
1590	花建：《软权力之争：全球化视野中的文化潮流》，上海：上海社会科学院出版社，2001	950
1591	华劭：《语言经纬》，北京：商务印书馆，2003	740
1592	桓宽：《盐铁论》，北京：中华书局，1954	770
1593	黄爱玲编：《现代万岁：光艺的都市风华》，香港：香港电影资料馆，2006	760
1594	黄伯荣：《汉语方言语法类编》，青岛：青岛出版社，1996	740

续表

序号	图书信息	学科代码
1595	黄伯荣：《现代汉语》，北京：高等教育出版社	740
1596	黄布凡编：《藏缅语族语言词汇》，北京：中央民族学院出版社，1992	740
1597	黄旦：《传者图像：新闻专业主义的建构与消解》，上海：复旦大学出版社，2005	860
1598	黄旦：《新闻传播学》，杭州：浙江大学出版社，1997	860
1599	黄福涛：《外国高等教育史》，上海：上海教育出版社，2003	880
1600	黄国文：《语篇分析的理论与实践：广告语篇研究》，上海：上海外语教育出版社，2001	740
1601	黄国文：《语篇分析概要》，长沙：湖南教育出版社，1988	740
1602	黄淮：《历代名臣奏议》，上海：上海古籍出版社，1983	770
1603	黄济：《现代教育论》，北京：人民教育出版社，1996	880
1604	黄金老：《金融自由化与金融脆弱性》，北京：中国城市出版社，2001	790
1605	黄立：《民法债编总论》，北京：中国政法大学出版社，2002	820
1606	黄霖：《中国历代小说论著选》，南昌：江西人民出版社，2000	752
1607	黄茂荣：《法学方法与现代民法》，北京：中国政法大学出版社，2001	820
1608	黄佩华：《中国：国家发展与地方财政》，北京：中信出版社，2003	790
1609	黄平：《寻求生存：当代中国农村外出人口的社会学研究》，昆明：云南人民出版社，1997	840
1610	黄群慧：《企业家激励约束与国有企业改革》，北京：中国人民大学出版社，2000	630
1611	黄少军：《服务业与经济增长》，北京：经济科学出版社，2000	790
1612	黄升民：《媒介经营与产业化研究》，北京：北京广播学院出版社，1997	860
1613	黄淑娉：《文化人类学理论方法研究》，广州：广东高等教育出版社，1998	850
1614	黄庭坚：《豫章黄先生文集》，北京：商务印书馆，1936	752

续表

序号	图书信息	学科代码
1615	黄希庭：《当代中国大学生心理特点与教育》，上海：上海教育出版社，1999	920
1616	黄希庭：《当代中国青年价值观与教育》，成都：四川教育出版社，1994	920
1617	黄希庭：《黄希庭心理学文选》，重庆：西南师范大学出版社，2000	920
1618	黄希庭：《人格心理学》，台北：台湾东华书局/杭州：浙江教育出版社，1998/2002	920
1619	黄希庭：《心理学导论》，北京：人民教育出版社，1991	920
1620	黄贤金：《循环经济：产业模式与政策体系》，南京：南京大学出版社，2004	790
1621	黄翔鹏：《传统是一条河流》，北京：人民音乐出版社，1990	760
1622	黄翔鹏：《乐问》，北京：中央音乐学院学报社，2000	760
1623	黄翔鹏：《溯流探源：中国传统音乐研究》，北京：人民音乐出版社，1993	760
1624	黄翔鹏：《中国人的音乐和音乐学》，济南：山东文艺出版社，1997	760
1625	黄兴：《黄兴集》，北京：中华书局，1981	770
1626	黄宣佩等：《崧泽：新石器时代遗址发掘报告》，北京：文物出版社，1987	780
1627	黄源深：《澳大利亚文学史》，上海：上海外语教育出版社，1997	751
1628	黄徵等编校：《敦煌愿文集》，长沙：岳麓书社，1995	730
1629	黄震：《黄氏日钞》，台北：台湾商务印书馆，1983	920
1630	黄子平：《"灰阑"中的叙述》，上海：上海文艺出版社，2001	752
1631	黄宗羲：《黄梨洲文集》，北京：中华书局，1959	860
1632	黄宗羲：《黄宗羲全集》，杭州：浙江古籍出版社，1985	720
1633	黄宗羲：《明儒学案》，北京：中华书局，1985	720
1634	黄宗羲：《宋元学案》，北京：中华书局，1986	720，770，950
1635	黄宗忠：《图书馆管理学》，武汉：武汉大学出版社，1992	870

续表

序号	图书信息	学科代码
1636	黄宗忠：《图书馆学导论》，武汉：武汉大学出版社，1988	870
1637	黄宗忠：《文献采访学》，北京：北京图书馆出版社，2001	870
1638	黄遵宪撰，吴振清等编校整理：《黄遵宪集》，天津：天津人民出版社，2003	752
1639	慧立：《大慈恩寺三藏法师传》，北京：中华书局，1983，2000	730
1640	慧能著，郭朋校释：《坛经校释》，北京：中华书局，1983	730
1641	霍国庆：《企业战略信息管理》，北京：科学出版社，2001	870
1642	季浏：《体育（与健康）课程标准解读》，武汉：湖北教育出版社，2002	890
1643	季浏：《体育教育展望》，上海：华东师范大学出版社，2001	890
1644	季浏：《体育与健康》，上海：华东师范大学出版社，2000	890
1645	季卫东：《法治秩序的建构》，北京：中国政法大学出版社，1997	820
1646	季羡林：《大唐西域记校注》，北京：中华书局，1985	730
1647	季羡林：《敦煌学大辞典》，上海：上海辞书出版社，1998	730，780
1648	季羡林：《季羡林文集》，南昌：江西教育出版社，1998	730
1649	贾春增：《外国社会学史》，北京：中国人民大学出版社，2000	840
1650	贾根良：《演化经济学：经济学革命的策源地》，太原：山西人民出版社，2004	790
1651	贾平凹：《秦腔》，北京：作家出版社，2005	752
1652	贾玉新：《跨文化交际学》，上海：上海外语教育出版社，1997	740
1653	贾桢：《筹办夷务始末》，北京：中华书局，1930	770，810
1654	简政珍：《当闹钟与梦约会》，北京：作家出版社，2006	752
1655	江百龙：《武术理论基础》，北京：人民体育出版社，1995	890

续表

序号	图书信息	学科代码
1656	江光荣：《心理咨询与治疗》，合肥：安徽人民出版社，1995	920
1657	江蓝生：《近代汉语探源》，北京：商务印书馆，2000	740
1658	江明惇：《汉族民歌概论》，上海：上海音乐出版社，1982	760
1659	江世银：《区域产业结构调整与主导产业结构研究》，上海：上海三联书店、上海人民出版社，2004	790
1660	江伟：《民事诉讼法学原理》，北京：中国人民大学出版社，1999	820
1661	江西省博物馆：《新干商代大墓》，北京：文物出版社，1997	780
1662	江小涓：《中国的外资经济：对增长、结构升级和竞争力的贡献》，北京：中国人民大学出版社，2002	790
1663	江应樑：《傣族史》，成都：四川民族出版社，1983	850
1664	江泽民：《高举邓小平理论伟大旗帜，把建设有中国特色社会主义事业全面推向21世纪：在中国共产党第十五次全国代表大会上的报告》，北京：人民出版社，1997	710/810
1665	江泽民：《江泽民论加强和改进执政党建设（专题摘编）》，北京：中央文献出版社，2004	810
1666	江泽民：《江泽民论社会主义精神文明建设》，中央文献出版社，1999	710
1667	江泽民：《江泽民论有中国特色社会主义（专题摘编）》，北京：中央文献出版社，2002	630，710，720，730，790，810，840，850，950
1668	江泽民：《江泽民文选》，北京：人民出版社，2006	790，850，860，950，630，720，810，840，880，710，870，950
1669	江泽民：《论"三个代表"》，北京：中央文献出版社，2001	710，720，790，810，840，950
1670	江泽民：《论党的建设》，北京：中央文献出版社，2001	710，810
1671	江泽民：《论科学技术》，北京：中央文献出版社，2001	630，710，810，950
1672	江泽民：《全面建设小康社会，开创有中国特色社会主义事业新局面——在中国共产党第十六次全国代表大会上的报告》，北京：人民出版社，2002	630，710，720，790，810，840，880，950
1673	江泽民：《在庆祝中国共产党成立八十周年大会上的讲话》，人民出版社，2001	710，790，810，950
1674	姜波克：《国际金融学》，北京：高等教育出版社，1999	790

续表

序号	图书信息	学科代码
1675	姜伯勤：《敦煌艺术宗教与礼乐文明》，北京：中国社会科学出版社，1996	780
1676	姜明安：《行政法与行政诉讼法》，北京：北京大学出版社，1999	820
1677	蒋承勇：《英国小说发展史》，杭州：浙江大学出版社，2006	751
1678	蒋孔阳：《西方美学通史》，上海：上海文艺出版社，1999	751
1679	蒋绍愚：《古汉语词汇纲要》，北京：北京大学出版社，1989	740
1680	蒋绍愚：《近代汉语研究概况》，北京：北京大学出版社，1994	740
1681	焦斌龙：《中国企业家人力资本：形成、定价与配置》，北京：经济科学出版社，2000	630
1682	焦菊隐：《焦菊隐文集》，北京：文化艺术出版社，1988	760
1683	焦循：《孟子正义》，北京：中华书局，1987	720
1684	教育部：《全日制义务教育音乐课程标准（实验稿）》，北京：北京师范大学出版社，2001	760，880
1685	教育部财务司：《中国教育经费统计年鉴》，北京：中国统计出版社，1994/2006	880
1686	教育部高等教育司：《大学英语课程教学要求（试行）》，上海：上海外语教育出版社，2004	740，880
1687	教育部教育年鉴编纂委员会：《第二次中国教育年鉴》，北京：商务印书馆，1948	880
1688	教育部师范教育司：《教师专业化的理论与实践》，北京：人民教育出版社，2003	880
1689	教育部学生体质健康标准课题组：《学生体质健康标准（试行方案）解读》，北京：人民教育出版社，2002	890
1690	教育部中外大学校长论坛领导小组编：《中外大学校长论坛文集（第一辑）》，北京：高等教育出版社，2002	880
1691	金碚：《竞争力经济学》，广州：广东经济出版社，2003	630，790
1692	金碚：《中国工业国际竞争力：理论、方法与实证研究》，北京：经济管理出版社，1997	790
1693	金炳镐：《民族理论通论》，北京：中央民族大学出版社，1994	850

续表

序号	图书信息	学科代码
1694	金冲及：《周恩来传》，北京：中央文献出版社，1998	810
1695	金钦昌：《学校体育学》，北京：高等教育出版社	890
1696	金人庆：《中国当代税收要论》，北京：人民出版社，2002	790
1697	金申：《中国历代纪年佛像图典》，北京：文物出版社，1994	780
1698	金生鈜：《理解与教育：走向哲学解释学的教育哲学导论》，北京：教育科学出版社，1997	880
1699	金耀基：《大学之理念》，北京：生活·读书·新知三联书店，2001	880
1700	金应熙：《金应熙史学论文集（古代史）》，广州：广东人民出版社，2006	770
1701	金瑜：《心理测量》，上海：华东师范大学出版社，2001	920
1702	金泽荣：《韶护堂集》，南通：南通翰墨林书局，1911	950
1703	靳希斌：《教育经济学》，北京：人民教育出版社，2001	880
1704	荆门市博物馆：《郭店楚墓竹简》，北京：文物出版社，1998	720，780
1705	景天魁主编：《基础整合的社会保障体系》，北京：华夏出版社，2001	840
1706	静、筠二禅师：《祖堂集》，上海：上海古籍出版社，1994	730
1707	瞿葆奎：《教育学文集·教育与教育学》，北京：人民教育出版社，1993	880
1708	瞿林东：《中国史学史纲》，北京：北京出版社，1999	770
1709	瞿秋白：《瞿秋白文集》，北京：人民文学出版社/北京：人民出版社，1953/1987	752，850
1710	瞿世镜：《当代英国小说》，北京：外语教学与研究出版社，1998	751
1711	瞿同祖等：《清代地方政府》，北京：法律出版社，2003	770
1712	康晓光：《权力的转移：转型时期中国权力格局的变迁》，杭州：浙江人民出版社，1999	840
1713	康有为：《康有为全集》，上海：上海古籍出版社，1987	770

续表

序号	图书信息	学科代码
1714	康有为著,汤志钧编:《康有为政论集》,北京:中华书局,1981	770,950
1715	柯兰君等主编:《都市里的村民:中国大城市的流动人口》,北京:中央编译出版社,2001	840
1716	孔祥星等:《中国古代铜镜》,北京:文物出版社,1984	780
1717	孔祥智:《中国三农前景报告》,北京:中国时代经济出版社,2005	790
1718	况周颐:《蕙风词话》,北京:人民文学出版社,1960	752
1719	赖茂生:《计算机情报检索》,北京:北京大学出版社,1993	870
1720	赖茂生等:《科技文献检索》,北京:北京大学出版社,1994	870
1721	赖天德:《学校体育改革热点探究》,北京:北京体育大学出版社,2003	890
1722	赖永海:《佛学与儒学》,杭州:浙江人民出版社,1992	730
1723	赖永海:《中国佛性论》,北京:中国青年出版社,1999	730
1724	篮球大辞典编辑委员会:《篮球大辞典》,北京:人民体育出版社,1993	890
1725	劳凯声:《变革社会中的教育权与受教育权:教育法学基本问题研究》,北京:教育科学出版社,2003	880
1726	老舍:《老舍全集》,北京:人民文学出版社,1999	752
1727	黎锦熙:《新著国语文法》,北京:商务印书馆	740
1728	黎靖德:《朱子语类》,北京:中华书局,1981/1986/1994	720,730,752,770,850,950
1729	黎英海:《汉族调式及其和声》,上海:上海文艺出版社,1959	760
1730	李彬:《传播学引论》,北京:新华出版社,1993	860,870
1731	李秉德:《教学论》,北京:人民教育出版社,1991	880,890
1732	李伯聪:《工程哲学引论:我造物故我在》,郑州:大象出版社,2002	720
1733	李伯谦:《中国青铜文化结构体系研究》,北京:科学出版社,1998	780

续表

序号	图书信息	学科代码
1734	李诚志：《教练员训练指南》，北京：人民体育出版社，1992	890
1735	李春玲：《断裂与碎片：当代中国社会阶层分化实证分析》，北京：社会科学文献出版社，2005	840
1736	李纯一：《先秦音乐史》，北京：人民音乐出版社，1994	760
1737	李纯一：《中国上古出土乐器综论》，北京：文物出版社，1996	760
1738	李大钊：《李大钊全集》，石家庄：河北教育出版社，1999/北京：人民出版社，2006	710,, 720, 770, 810, 950
1739	李丹：《儿童发展心理学》，上海：华东师范大学出版社，1987	920
1740	李焘：《续资治通鉴长编》，北京：中华书局/上海：上海古籍出版社，1957	720, 730, 770, 790, 810, 840, 850, 870
1741	李德顺：《价值论：一种主体性的研究》，北京：中国人民大学出版社，1987	720
1742	李东来等：《城市图书馆集群化管理研究与实践》，北京：北京图书馆出版社，2005	870
1743	李方桂：《上古音研究》，北京：商务印书馆，1980	740
1744	李昉：《太平广记》，北京：中华书局	730, 752, 770, 850
1745	李昉：《太平御览》，北京：中华书局	730, 752, 760, 770, 780, 850, 870, 950
1746	李赋宁：《欧洲文学史》，北京：商务印书馆，1999	751
1747	李国新：《日本图书馆法律体系研究》，北京：北京图书馆出版社，2000	870
1748	李海东：《刑法原理入门·犯罪论基础》，北京：法律出版社，1998	820
1749	李恒基等主编：《外国电影理论文选》，上海：上海文艺出版社，1995	760
1750	李鸿章：《李文忠公全集》，上海：商务印书馆，1921	770
1751	李鸿章著，吴汝纶编：《李鸿章全集》，海口：海南出版社，1997	770
1752	李华伟等：《知识管理的理论与实践》，北京：华艺出版社，2002	870
1753	李惠斌等：《社会资本与社会发展》，北京：社会科学文献出版社，2000	630, 840

续表

序号	图书信息	学科代码
1754	李吉甫:《元和郡县图志》,北京:中华书局,1983	770,780
1755	李济著,张光直编:《李济考古学论文选集》,北京:文物出版社,1990	780
1756	李建民:《持续的挑战:21世纪中国人口形势、问题与对策》,北京:科学出版社,2000	840
1757	李建民等:《人力资本通论》,上海:上海三联书店,1999	630
1758	李健吾:《咀华集·咀华二集》,上海:复旦大学出版社,2005	752
1759	李竞能主编:《当代西方人口学说》,太原:山西人民出版社,1992	840
1760	李军鹏:《公共服务型政府》,北京:北京大学出版社,2004	630
1761	李克东:《教育技术学研究方法》,北京:北京师范大学出版社,2003	880
1762	李岚清:《李岚清教育访谈录》,北京:人民教育出版社,2003	880
1763	李蕾蕾:《旅游地形象策划:理论与实务》,广州:广东旅游出版社,1999	790
1764	李良标:《运动生物力学》,北京:北京体育大学出版社	890
1765	李良荣:《当代西方新闻媒体》,上海:复旦大学出版社,2003	860
1766	李良荣:《西方新闻事业概论》,上海:复旦大学出版社,1997	860
1767	李良荣:《新闻学导论》,北京:高等教育出版社/上海:复旦大学出版社,1999/2001	860
1768	李林甫:《唐六典》,北京:中华书局,1982	770
1769	李临定:《现代汉语句型》,北京:商务印书馆,1986	740
1770	李零:《郭店楚简校读记》,北京:北京大学出版社,2002	720
1771	李路路:《中国的单位组织:资源、权力与交换》,杭州:浙江人民出版社,2000	840
1772	李明:《体育产业学导论》,北京:北京体育大学出版社,2001	890
1773	李明德:《美国知识产权法》,北京:法律出版社,2002	820

续表

序号	图书信息	学科代码
1774	李培林等著：《中国社会分层》，北京：社会科学文献出版社，2004	840
1775	李培林主编：《农民工：中国进城农民工的经济社会分析》，北京：社会科学文献出版社，2003	840
1776	李培主：《数字图书馆原理及应用》，北京：高等教育出版社，2004	870
1777	李鹏程：《当代文化哲学沉思》，北京：人民出版社，1994	950
1778	李其龙：《教师教育课程的国际比较》，北京：教育科学出版社，2002	880
1779	李强：《当代中国社会分层与流动》，北京：中国经济出版社，1993	840
1780	李强：《农民工与中国社会分层》，北京：社会科学文献出版社，2004	840
1781	李强：《社会分层与贫富差别》，厦门：鹭江出版社，2000	840
1782	李强：《转型时期的中国社会分层结构》，哈尔滨：黑龙江人民出版社，2002	840
1783	李荣编：《现代汉语方言大词典（综合本）》，南京：江苏教育出版社	740
1784	李如龙：《客赣方言调查报告》，厦门：厦门大学出版社，1992	740
1785	李少军：《国际政治学概论》，上海：上海人民出版社，2002	810
1786	李树华：《审计独立性的提高与审计市场的背离》，上海：上海三联书店，2000	790
1787	李维安：《中国公司治理原则与国际比较》，北京：中国财政经济出版社，2001	630
1788	李维安等：《公司治理》，天津：南开大学出版社，2001	630，790
1789	李维安等：《网络组织：组织发展新趋势》，北京：经济科学出版社，2003	630
1790	李维安等：《现代公司治理研究：资本结构、公司治理和国有企业股份制改造》，北京：中国人民大学出版社，2002	630
1791	李维汉：《回忆与研究》，中共党史资料出版社，1986	710
1792	李维屏：《乔伊斯的美学思想和小说艺术》，上海：上海外语教育出版社，2000	751
1793	李维屏：《英美现代主义文学概观》，上海：上海外语教育出版社，1998	751

续表

序号	图书信息	学科代码
1794	李文俊：《福克纳评论集》，北京：中国社会科学出版社，1980	751
1795	李希光：《畸变的媒体》，上海：复旦大学出版社，2003	860
1796	李希光：《转型中的新闻学》，广州：南方日报出版社，2005	860
1797	李希泌：《中国古代藏书与近代图书馆史料：春秋至五四前后》，北京：中华书局，1982	870
1798	李小建：《经济地理学》，北京：高等教育出版社，1999	790
1799	李心传：《建炎以来系年要录》，北京：中华书局，1956	770
1800	李心丹：《行为金融学：理论与中国的证据》，上海：上海三联书店，2004	790
1801	李心天：《医学心理学》，北京：人民卫生出版社，1991	920
1802	李新春：《企业联盟与网络》，广州：广东人民出版社，2000	630
1803	李新魁：《广州方言研究》，广州：广东人民出版社，1995	740
1804	李兴昌：《科技论文的规范表达：写作与编辑》，北京：清华大学出版社，1995	860
1805	李兴华：《中国伊斯兰教史参考资料选编》，银川：宁夏人民出版社，1985	850
1806	李行健：《现代汉语规范词典》，北京：外语教学与研究出版社，2004	740
1807	李雪荣：《现代儿童精神医学》，长沙：湖南科学技术出版社，1994	920
1808	李延寿：《北史》，北京：中华书局，1974	770，780，850
1809	李扬：《中国城市金融生态环境评价：2005》，北京：人民出版社，2005	790
1810	李扬：《中国金融理论前沿》，北京：社会科学文献出版社，2000	790
1811	李扬：《中小企业融资与银行》，上海：上海财经大学出版社，2001	790
1812	李亦园：《人类的视野》，上海：上海文艺出版社，1996	850
1813	李银河：《女性权力的崛起》，北京：中国社会科学出版社，1997	840

续表

序号	图书信息	学科代码
1814	李银河：《生育与村落文化》，北京：中国社会科学出版社，1994	840
1815	李迎生：《社会保障与社会结构转型：二元社会保障体系研究》，北京：中国人民大学出版社，2001	840
1816	李幼蒸：《当代西方电影美学思想》，北京：中国社会科学出版社，1986	760
1817	李渔：《李渔全集》，杭州：浙江古籍出版社，1992	752
1818	李运兴：《语篇翻译引论》，北京：中国对外翻译出版公司，2001	740
1819	李泽厚：《中国古代思想史论》，北京：人民出版社，1985	720
1820	李泽厚：《中国美学史》，北京：中国社会科学出版社，1987	752，760
1821	李贽著，张建业主编：《李贽文集》，北京：社会科学文献出版社，2000	752
1822	李忠民：《人力资本：一个理论框架及其对中国一些问题的解释》，北京：经济科学出版社，1999	630
1823	李子坚：《纽约时报的风格》，长春：长春出版社，1999	860
1824	李子奈：《高等计量经济学》，北京：清华大学出版社，2000	790
1825	李子奈：《计量经济学：方法和应用》，北京：清华大学出版社，1992	790
1826	李子奈：《计量经济学》，北京：高等教育出版社，2005	790
1827	厉以宁：《区域发展新思路：中国社会发展不平衡对现代化进程的影响与对策》，北京：经济日报出版社，2000	790
1828	郦苏元等著：《中国无声电影史》，北京：中国电影出版社，1996	760
1829	梁方仲：《中国历代户口、田地、田赋统计》，上海：上海人民出版社，1980	770
1830	梁慧星：《民法解释学》，北京：中国政法大学出版社，1995	820
1831	梁慧星：《民法总论》，北京：法律出版社，1996	820
1832	梁慧星：《物权法》，北京：法律出版社，1997	820
1833	梁慧星：《中国民法典草案建议稿》，北京：法律出版社，2003	820

续表

序号	图书信息	学科代码
1834	梁慧星：《中国物权法草案建议稿：条文、说明、理由与参考立法例》，北京：社会科学文献出版社，2000	820
1835	梁慧星：《中国物权法研究》，北京：法律出版社，1998	820
1836	梁敏：《侗台语族概论》，北京：中国社会科学出版社，1996	740
1837	梁能：《公司治理结构：中国的实践与美国的经验》，北京：中国人民大学出版社，2000	630，790
1838	梁琦：《产业集聚论》，北京：商务印书馆，2004	790
1839	梁启超：《清代学术概论》，上海：上海古籍出版社，1998	770
1840	梁启超：《时务报》，北京：中华书局，1991	770
1841	梁启超：《饮冰室合集》，北京：中华书局，1936	720，752，770，810，860，880，950
1842	梁启超著，李华兴编：《梁启超选集》，上海：上海人民出版社，1984	770，860
1843	梁启超著，朱维铮编：《梁启超论清学史二种》，上海：复旦大学出版社，1985	770
1844	梁漱溟：《东西文化及其哲学》，北京：商务印书馆，1999	950
1845	梁漱溟：《梁漱溟全集》，济南：山东人民出版社，1989	770，720，840，920，950
1846	梁漱溟：《中国文化要义》，上海：学林出版社，1987	840
1847	梁治平：《法律的文化解释》，北京：生活·读书·新知三联书店，1994	820
1848	梁治平：《法律解释问题》，北京：法律出版社，1998	820
1849	梁治平：《清代习惯法：社会与国家》，北京：中国政法大学出版社，1996	820
1850	梁治平：《寻求自然秩序中的和谐：中国传统法律文化研究》，北京：中国政法大学出版社，1997	820
1851	梁宗岱：《诗与真·诗与真二集》，北京：外国文学出版社，1984	752
1852	廖哲勋：《课程新论》，北京：教育科学出版社，2003	880
1853	林被甸：《中文核心期刊要目总览》（第二版），北京：北京大学出版社，1996	860

续表

序号	图书信息	学科代码
1854	林被甸等主编：《中文核心期刊要目总览（1996年版）》，北京：北京大学出版社，1996	870
1855	林崇德：《发展心理学》，北京：人民教育出版社，1995	920
1856	林崇德等：《心理学大辞典》，上海：上海教育出版社，2003	920
1857	林惠祥：《文化人类学》，北京：商务印书馆，1991	850
1858	林来梵：《从宪法规范到规范宪法：规范宪法学的一种前言》，北京：法律出版社，2001	820
1859	林梅村：《汉唐西域与中国文明》，北京：文物出版社，1998	780
1860	林善浪：《中国农业发展问题报告》，北京：中国发展出版社，2003	790
1861	林尚立：《当代中国政治形态研究》，天津：天津人民出版社，2000	810
1862	林拓：《世界文化产业发展前沿报告》，北京：社会科学文献出版社，2004	950
1863	林斡：《匈奴通史》，北京：人民出版社，1986	850
1864	林悟殊：《摩尼教及其东渐》，北京：中华书局，1987	730
1865	林耀华：《民族学通论》，北京：中央民族大学出版社，1997	850
1866	林毅夫：《再论制度、技术与中国农业发展》，北京：北京大学出版社，2000	790
1867	林毅夫：《制度、技术与中国农业发展》，上海：上海三联书店、上海人民出版社，1994	790
1868	林毅夫等：《充分信息与国有企业改革》，上海：上海三联书店、上海人民出版社，1997	630
1869	林毅夫等：《中国的奇迹：发展战略与经济改革》，上海：上海人民出版社，1999	630，790
1870	林钰雄：《刑事诉讼法》，北京：中国人民大学出版社，2005	820
1871	林沄：《林沄学术文集》，北京：中国大百科全书出版社，1998	780
1872	令狐德棻：《周书》，北京：中华书局，1971	770，850
1873	刘斌：《中国三农问题报告：问题、现状、挑战、对策》，北京：中国发展出版社，2004	790

续表

序号	图书信息	学科代码
1874	刘承干：《嘉业堂丛书》，北京：文物出版社，1982	760
1875	刘崇文：《刘少奇年谱》，北京：中央文献出版社，1996	710，810
1876	刘大鹏：《晋祠志》，太原：山西人民出版社，	850
1877	刘丹青：《语序类型学与介词理论》，北京：商务印书馆，2003	740
1878	刘德佩：《体育社会学》，北京：人民体育出版社，1990	890
1879	刘迪：《现代西方新闻法制概述》，北京：中国法制出版社，1998	860
1880	刘锋：《中国西部旅游发展战略研究》，北京：中国旅游出版社，2001	790
1881	刘光明：《企业文化》，北京：经济管理出版社，1999	630
1882	刘国钧：《刘国钧图书馆学论文选集》，北京：书目文献出版社，1983	870
1883	刘海平等主编：《新编美国文学史（第1—4卷）》，上海：上海外语教育出版社，2002	751
1884	刘纪清：《实用运动处方》，哈尔滨：黑龙江出版社，1993	890
1885	刘嘉：《元数据导论》，北京：华艺出版社，2002	870
1886	刘坚：《近代汉语虚词研究》，北京：语文出版社，1992	740
1887	刘建明：《现代新闻理论》，北京：民族出版社，1999	860
1888	刘建明：《宣传舆论学大辞典》，北京：经济日报出版社，1992	860
1889	刘捷：《专业化：挑战21世纪的教师》，北京：教育科学出版社，2002	880
1890	刘锦藻：《清朝续文献通考》，杭州：浙江古籍出版社，1936	770
1891	刘克庄：《后村先生大全集》，上海：上海书店出版社，1989	752
1892	刘立千：《西藏王统记》，北京：民族出版社，1987	850
1893	刘纶鑫：《客赣方言比较研究》，北京：中国社会科学出版社，1999	740

续表

序号	图书信息	学科代码
1894	刘曼红：《风险投资：创新与金融》，北京：中国人民大学出版社，1998	790
1895	刘宓庆：《当代翻译理论》，北京：中国对外翻译出版公司，1999	740
1896	刘淇：《北京奥运经济研究》，北京：北京出版社，2003	890
1897	刘润清：《西方语言学流派》，北京：外语教学与研究出版社，1995	740
1898	刘少奇：《刘少奇选集》，北京：人民出版社	710，770，810
1899	刘师培：《刘申叔先生遗书》，南京：江苏古籍出版社，1997	950
1900	刘叔新：《汉语描写词汇学》，北京：商务印书馆，1990	740
1901	刘思峰：《灰色系统理论及其应用》，北京：科学出版社，1999	790
1902	刘炜：《数字图书馆引论》，上海：上海科学技术文献出版社，2001	870
1903	刘锡蕃：《岭表纪蛮》，北京：商务印书馆，1934	850
1904	刘熙载撰：《艺概》，上海：上海古籍出版社，1978	752
1905	刘先照：《中国共产党主要领导人论民族问题》，北京：民族出版社，1994	850
1906	刘小枫：《现代性社会理论绪论：现代性与现代中国》，上海：上海三联书店，1998	752，840，950
1907	刘勰著，范文澜注：《文心雕龙注》，北京：人民文学出版社，1958	752
1908	刘勰著，周振甫注：《文心雕龙注释》，北京：人民文学出版社，1981	752
1909	刘心武：《刘心武揭秘红楼梦》，北京：东方出版社，2005	752，860
1910	刘修武：《奥林匹克大全》，北京：人民体育出版社，1988	890
1911	刘燕南：《电视收视率解析：调查、分析与应用》，北京：北京广播学院出版社，2001	860
1912	刘宇飞：《当代西方财政学》，北京：北京大学出版社，2000	790
1913	刘月华：《实用现代汉语语法》，北京：外语教学与研究出版社，1983	740

续表

序号	图书信息	学科代码
1914	刘再生：《中国古代音乐史简述》，北京：人民音乐出版社，1989	760
1915	刘铮：《人口理论教程》，北京：中国人民大学出版社，1985	840
1916	刘知几：《史通》，长沙：岳麓书社，1978	770
1917	刘忠：《市场经济与体育》，北京：北京体育大学出版社，2000	890
1918	柳城：《电视电影三字经》，北京：中国电影出版社，2005	860
1919	柳卸林：《技术创新经济学》，北京：中国经济出版社，1993	630
1920	柳宗元：《柳宗元集》，北京：中华书局，1979	730，752
1921	龙卫球：《民法总论》，北京：中国法制出版社，2001	820
1922	卢辅圣：《中国书画全书》，上海：上海书画出版社，1992	760
1923	卢国龙：《道教哲学》，北京：华夏出版社，1997	730
1924	卢连成等：《宝鸡弓鱼国墓地》，北京：文物出版社，1988	780
1925	卢泰宏：《国家信息政策》，北京：科学技术文献出版社，1993	870
1926	卢泰宏等：《信息资源管理》，兰州：兰州大学出版社，1998	870
1927	卢纹岱：《SPSS FOR WINDOWS 统计分析》，北京：电子工业出版社，2000	790
1928	卢现祥：《西方新制度经济学》，北京：中国发展出版社，1996	630，790，840，880
1929	卢现祥：《新制度经济学》，武汉：武汉大学出版社，2004	790
1930	卢元镇：《社会体育学》，北京：高等教育出版社	890
1931	卢元镇：《体育的社会文化审视》，北京：北京体育大学出版社	890
1932	卢元镇：《体育人文社会科学概论高级教程》，北京：高等教育出版社，2003	890
1933	卢元镇：《体育社会学》，北京：高等教育出版社，2001/2006	890

续表

序号	图书信息	学科代码
1934	卢元镇：《中国体育社会学》，北京：北京体育大学出版社，1996/2000	890
1935	鲁洁：《德育新论》，南京：江苏教育出版社，1994	880
1936	鲁洁：《教育社会学》，北京：人民教育出版社，1990	880
1937	鲁迅：《而已集》，北京：人民文学出版社，1973	752
1938	鲁迅：《二心集》，北京：人民文学出版社，1993	752
1939	鲁迅：《坟》，北京：人民文学出版社，1980	752，950
1940	鲁迅：《华盖集》，北京：人民文学出版社，1981	752
1941	鲁迅：《华盖集续编》，北京：人民文学出版社，1981	752
1942	鲁迅：《两地书》，北京：人民文学出版社，1981	752
1943	鲁迅：《鲁迅全集》，北京：人民文学出版社	730，720，740，751，752，760，770，810，840，850，860，870，880，950
1944	鲁迅：《鲁迅书信集》，北京：人民文学出版社，1976	752
1945	鲁迅：《鲁迅杂文全集》，郑州：河南人民出版社，1994	730，752
1946	鲁迅：《南腔北调集》，北京：人民文学出版社，1973	752
1947	鲁迅：《且介亭杂文》，北京：人民文学出版社，1951	752
1948	鲁迅：《且介亭杂文二集》，北京：人民文学出版社，1973	752
1949	鲁迅：《热风》，北京：人民文学出版社，1973	752
1950	鲁迅：《三闲集》，北京：人民文学出版社，1973	752
1951	鲁迅：《中国小说史略》，北京：东方出版社/北京：人民文学出版社/上海：上海古籍出版社	752，860
1952	鲁迅：《准风月谈》，北京：人民文学出版社，1951	752
1953	陆大道：《区域发展及其空间结构》，北京：科学出版社，1995	790

续表

序号	图书信息	学科代码
1954	陆大道：《中国区域发展报告》，北京：商务印书馆，1997	790
1955	陆大道：《中国区域发展的理论与实践》，北京：科学出版社，2003	790
1956	陆谷孙：《英汉大词典》，上海：译文出版社，1993	740
1957	陆弘石：《中国电影：描述与阐释》，北京：中国电影出版社，2002	760
1958	陆弘石：《中国电影史》，北京：文化艺术出版社，1998	760
1959	陆九渊：《陆九渊集》，北京：中华书局，1980	720，950
1960	陆懋祖：《高等时间序列经济计量学》，上海：上海人民出版社，1999	790
1961	陆学艺：《当代中国社会阶层研究报告》，北京：社会科学文献出版社，2002	790，810，840，860
1962	陆学艺：《当代中国社会流动》，北京：社会科学文献出版社，2004	810，840，880
1963	陆扬：《大众文化与传媒》，上海：上海三联书店，2000	860
1964	陆游：《陆放翁全集》	760
1965	陆有铨：《躁动的百年：20世纪的教育历程》，济南：山东教育出版社，1997	880
1966	陆忠伟：《非传统安全论》，北京：时事出版社，2003	810
1967	逯钦立：《先秦汉魏晋南北朝诗》，北京：中华书局，1983	752
1968	吕澂：《吕澂佛学论著选集》，济南：齐鲁书社，1991	730
1969	吕澂：《印度佛学源流略讲》，上海：上海人民出版社，1979	730
1970	吕澂：《中国佛学源流略讲》，北京：中华书局，1979	730
1971	吕大吉：《西方宗教学说史》，北京：中国社会科学出版社，1994	730
1972	吕大吉：《宗教学通论》，北京：中国社会科学出版社，1989	730
1973	吕大吉：《宗教学通论新编》，北京：中国社会科学出版社，1998	730

续表

序号	图书信息	学科代码
1974	吕叔湘：《汉语语法分析问题》，北京：商务印书馆，1979	740
1975	吕叔湘：《汉语语法论文集》，北京：商务印书馆，1984	740
1976	吕叔湘：《近代汉语指代词》，上海：学林出版社，1985	740
1977	吕叔湘：《吕叔湘文集》，北京：商务印书馆	740
1978	吕叔湘：《中国文法要略》，北京：商务印书馆，1982	740
1979	吕叔湘编：《现代汉语八百词》，北京：商务印书馆	740
1980	栾丰实：《海岱地区考古研究》，济南：山东大学出版社，1997	780
1981	罗丰：《固原南郊隋唐墓地》，北京：文物出版社，1996	780
1982	罗钢：《后殖民主义文化理论》，北京：中国社会科学出版社，1999	751，950
1983	罗钢：《文化研究读本》，北京：中国社会科学出版社，2000	752，860，950
1984	罗钢：《叙事学导论》，昆明：云南人民出版社，1994	751，752
1985	罗豪才：《行政法学》，北京：北京大学出版社/北京：中国政法大学出版社，1996	820
1986	罗家伦：《罗家伦先生文存》，台北：中国国民党中央委员会党史委员会，1976	850
1987	罗明坚：《中华文明史》，石家庄：河北教育出版社，1994	950
1988	罗荣渠：《现代化新论：世界与中国的现代化进程》，北京：北京大学出版社，1993	770，710，790，810，840，950
1989	罗式胜：《文献计量学概论》，广州：中山大学出版社，1994	870
1990	罗式胜：《文献计量学引论》，北京：书目文献出版社，1987	870
1991	罗新璋：《翻译论集》，北京：商务印书馆，1984	740
1992	罗艺军：《中国电影理论文选》，北京：文化艺术出版社，1992	760
1993	罗宗强：《魏晋南北朝文学思想史》，北京：中华书局，1996	752

续表

序号	图书信息	学科代码
1994	洛地：《词乐曲唱》，北京：人民音乐出版社，1995	760
1995	洛阳区考古发掘队：《洛阳烧沟汉墓》，北京：科学出版社，1959	780
1996	洛阳市文物工作队：《洛阳北窑西周墓》，北京：文物出版社，1999	780
1997	马承源：《中国青铜器》，上海：上海古籍出版社，1988	780
1998	马承源主编：《上海博物馆藏战国楚竹书》，上海：上海古籍出版社，2001	720，752，780
1999	马德：《敦煌莫高窟史研究》，兰州：甘肃教育出版社，1996	780
2000	马端临：《文献通考》，北京：中华书局，1936	760，770
2001	马费成：《信息经济学》，武汉：武汉大学出版社，1998	790，870
2002	马费成等：《信息管理学基础》，武汉：武汉大学出版社，2002	870
2003	马费成等：《信息资源管理》，武汉：武汉大学出版社，2001	870
2004	马光仁：《上海新闻史（1850—1949）》，上海：复旦大学出版社，1996	860
2005	马建忠：《马氏文通》，北京：商务印书馆	740
2006	马俊驹：《民法原论》，北京：法律出版社，1998	820
2007	马克昌：《比较刑法学原理：外国刑法学总论》，武汉：武汉大学出版社，2002	820
2008	马克昌：《犯罪通论》，武汉：武汉大学出版社，1995	820
2009	马克昌：《刑罚通论》，武汉：武汉大学出版社，1995	820
2010	马敏：《苏州商会档案丛编》，武汉：华中师范大学出版社，2004	770
2011	马启伟：《竞技体育创新原理》，北京：北京体育大学出版社，1994	890
2012	马启伟：《体育心理学》，北京：高等教育出版社，1996	890
2013	马启伟：《体育运动心理学》，杭州：浙江教育出版社，2008	890

续表

序号	图书信息	学科代码
2014	马戎:《民族社会学:社会学的族群关系研究》,北京:北京大学出版社,2004	850
2015	马戎:《民族与社会发展》,北京:民族出版社,2001	850
2016	马戎:《西方民族社会学的理论与方法》,天津:天津人民出版社,1997	850
2017	马戎:《中华民族凝聚力形成与发展》,北京:北京大学出版社,1999	850
2018	马士华:《供应链管理》,北京:机械工业出版社,2000	630,790
2019	马拴友:《财政政策与经济增长》,北京:经济科学出版社,2003	790
2020	马西沙:《中国民间宗教史》,上海:上海人民出版社,1992	730
2021	马新国:《西方文论史》,北京:高等教育出版社,1994	751
2022	马张华等:《文献分类法主题法导论》,北京:北京图书馆出版社,1999	870
2023	马注:《清真指南》,银川:宁夏人民出版社,1988	730
2024	毛礼锐:《中国教育通史(1—6卷)》,济南:山东教育出版社,1985—1989	880
2025	毛毛等:《我的父亲邓小平》,北京:中央文献出版社,1993	710
2026	毛如柏:《论循环经济》,北京:经济科学出版社,2003	790
2027	毛泽东:《毛泽东军事文集》,北京:军事科学出版社,1993	710,770
2028	毛泽东:《毛泽东论文艺》,北京:人民文学出版社,1992	710
2029	毛泽东:《毛泽东农村调查文集》,北京:人民出版社,1982	710
2030	毛泽东:《毛泽东书信选集》,北京:人民出版社,1983	710,770,810
2031	毛泽东:《毛泽东外交文选》,北京:中央文献出版社、世界知识出版社,1994	710,810
2032	毛泽东:《毛泽东文集》,北京:人民出版社	630,710,720,770,790,810,840,850,860,950
2033	毛泽东:《毛泽东新闻工作文选》,北京:新华出版社	710,860

续表

序号	图书信息	学科代码
2034	毛泽东:《毛泽东选集》,北京:人民出版社	630, 710, 720, 730, 752, 760, 770, 810, 820, 850, 860, 870, 880, 950
2035	毛泽东:《毛泽东在七大的报告和讲话集》,中央文献出版社,1995	710
2036	毛泽东:《毛泽东早期文稿》,湖南出版社,1990、1995	710
2037	毛泽东:《毛泽东哲学批注集》,中央文献出版社,1988	710
2038	毛泽东:《毛泽东著作选读》,北京:人民出版社,1986	710, 720, 810, 860, 950
2039	毛泽东:《毛泽东著作专题摘编》,中央文献出版社,2003	710
2040	毛泽东:《建国以来毛泽东文稿》,北京:中央文献出版社,1987—1998	710, 770, 810
2041	毛振明:《体育教学改革新视野》,北京:北京体育大学出版社,2003	890
2042	毛振明:《体育教学科学化探索》,北京:高等教育出版社,1999	890
2043	茅盾:《茅盾全集》,北京:人民文学出版社,1989	752
2044	茅家琦等:《中国旧海关史料》,北京:京华出版社,2001	770
2045	茅鹏:《运动训练新思路》,北京:人民体育出版社,1994	
2046	梅贻琦:《梅贻琦教育论著选》,北京:人民教育出版社,1993	880
2047	梅仲协:《民法要义》,北京:中国政法大学出版社,1998	820
2048	门洪华:《构建中国大战略的框架:国家实力、战略观念与国际制度》,北京:北京大学出版社,2005	810
2049	蒙文通:《蒙文通文集》,成都:巴蜀书社,1987	730
2050	孟广均:《国外图书馆学情报学研究进展》,北京:北京图书馆出版社,1999	870
2051	孟广均等:《信息资源管理导论》,北京:科学出版社,1998	870
2052	孟华:《比较文学形象学》,北京:北京大学出版社,2001	751

续表

序号	图书信息	学科代码
2053	孟元老：《东京梦华录》，上海：上海古典文学出版社，1956	760
2054	孟昭兰：《人类情绪》，上海：上海人民出版社，1989	920
2055	宓浩：《图书馆学原理》，上海：华东师范大学出版社，1988	870
2056	苗力田：《古希腊哲学》，北京：中国人民大学出版社，1989	720
2057	闵维方：《高等教育运行机制研究》，北京：人民教育出版社，2002	880
2058	缪其浩：《市场竞争和竞争情报》，北京：军事医学科学出版社，1996	870
2059	缪天瑞：《律学》，北京：人民音乐出版社，1996	760
2060	缪天瑞：《音乐百科词典》，北京：人民音乐出版社，1998	760
2061	牟钟鉴：《中国宗教通史》（上下卷），北京：社会科学文献出版社，2000	730
2062	牟宗三：《佛性与般若》，台北：台湾学生书局，1997	730
2063	牟宗三：《心体与性体》，上海：上海古籍出版社，1999	720
2064	牟宗三：《中国哲学十九讲》，上海：上海古籍出版社，1997	720
2065	慕容真点校：《道教三经合璧》，杭州：浙江古籍出版社，1991	730
2066	内蒙古文物考古研究所：《内蒙古文物考古文集》，中国大百科全书出版社，1994	780
2067	纳日碧力戈：《现代背景下的族群建构》，昆明：云南教育出版社，2000	850
2068	南国农：《电化教育学》，北京：高等教育出版社，1998	880
2069	南国农：《教育传播学》，北京：高等教育出版社，1995	880
2070	南国农：《信息化教育概论》，北京：高等教育出版社，2004	880
2071	南京师范大学《教育学》编写组：《教育学》，北京：人民教育出版社，1984	880
2072	南开大学图书馆学系：《理论图书馆学教程》，天津：南开大学出版社，1986	870

续表

序号	图书信息	学科代码
2073	倪梁康:《胡塞尔现象学概念通释》,北京:生活·读书·新知三联书店,1999	720
2074	倪梁康:《现象学及其效应:胡塞尔与当代德国哲学》,北京:生活·读书·新知三联书店,1994	720
2075	倪梁康:《自识与反思:近现代西方哲学的基本问题》,北京:商务印书馆,2002	720
2076	倪鹏飞:《中国城市竞争力报告》,北京:社会科学文献出版社,2006	790
2077	倪世雄:《当代西方国际关系理论》,上海:复旦大学出版社,2001	810
2078	宁骚:《民族与国家:民族关系与民族政策的国际比较》,北京:北京大学出版社,1995	850
2079	农业部课题组:《建设社会主义新农村若干问题研究》,北京:中国农业出版社,2005	790
2080	欧阳修:《欧阳修全集》,北京:中国书店,1986	770
2081	欧阳修著,李逸安点校:《欧阳修全集》,北京:中华书局,2001	752
2082	欧阳询:《艺文类聚》,上海:上海古籍出版社,1982	752
2083	欧阳予倩:《欧阳予倩全集》,上海:上海文艺出版社,1990	760
2084	潘光旦:《潘光旦民族研究文集》,北京:民族出版社,1995	850
2085	潘懋元:《多学科观点的高等教育研究》,上海:上海教育出版社,2001	880
2086	潘懋元:《新编高等教育学》,北京:北京师范大学出版社,1996	880
2087	潘懋元等:《高等教育学》,福州:福建教育出版社,1995	880
2088	潘菽:《潘菽心理学文选》,南京:江苏教育出版社,1987	920
2089	潘菽:《心理学简札》,北京:人民教育出版社,1984	920
2090	潘太明等修订:《中国机读目录格式使用手册(修订版)》,北京:科学技术文献出版社,2001	870
2091	潘文国:《汉英语对比纲要》,北京:北京语言文化大学出版社,1997	740
2092	潘悟云:《汉语历史音韵学》,上海:上海教育出版社,2000	740

续表

序号	图书信息	学科代码
2093	潘云涛：《2006年版中国科技期刊引证报告（核心版）》，北京：科学技术文献出版社，2006	860
2094	庞景安：《科学计量研究方法论》，北京：科学技术文献出版社，1999	870
2095	彭聃龄：《汉语认知研究》，济南：山东教育出版社，1997	740，920
2096	彭聃龄：《普通心理学》，北京：北京师范大学出版社，2001	920
2097	彭斐章：《书目情报需求与服务组织》，武汉：武汉大学出版社，2000	870
2098	彭斐章等：《目录学》，武汉：武汉大学出版社，1986	870
2099	彭金章：《敦煌莫高窟北区石窟·第三卷》，北京：文物出版社，2004	780
2100	彭珮云主编：《中国计划生育全书》，北京：中国人口出版社，1997	840
2101	彭松建：《西方人口经济学概论》，北京：北京大学出版社，1987	840
2102	彭万林：《民法学》，北京：中国政法大学出版社，1994	820
2103	彭志敏：《新音乐作品分析教程》，长沙：湖南文艺出版社，2004	760
2104	彭志敏：《音乐分析基础教程》，北京：人民音乐出版社，1997	760
2105	皮连生：《学与教的心理学》，上海：华东师范大学出版社，1997	880
2106	皮连生：《智育心理学》，北京：人民教育出版社，1996	880
2107	皮锡瑞：《经学历史》，北京：中华书局，1954、1959	720，770
2108	平新乔：《微观经济学十八讲》，北京：北京大学出版社，2001	790
2109	朴永馨：《特殊教育辞典》，北京：华夏出版社，1996	880
2110	朴永馨：《特殊教育学》，福州：福建教育出版社，1995	880
2111	浦钧宗：《优秀运动员机能评定手册》，北京：人民体育出版社，1989	890
2112	普济：《五灯会元》，北京：中华书局	730，752

续表

序号	图书信息	学科代码
2113	漆书青：《现代教育与心理测量学原理》，北京：高等教育出版社/南昌：江西教育出版社，2002	920
2114	祁国鹰：《实用体育统计》，北京：北京体育大学出版社	890
2115	祁述裕：《中国文化产业国际竞争力报告》，北京：社会科学文献出版社，2004	950
2116	钱冠连：《汉语文化语用学》，北京：清华大学出版社，1997	740
2117	钱理群：《中国现代文学三十年》，北京：北京大学出版社，1998	752，860
2118	钱满素：《美国当代小说家论》，北京：中国社会科学出版社，1987	751
2119	钱铭怡：《心理咨询与心理治疗》，北京：北京大学出版社，1994	920
2120	钱穆：《国史大纲》，北京：商务印书馆，1940	770
2121	钱乃荣：《当代吴语研究》，上海：上海教育出版社，1992	740
2122	钱其琛：《外交十记》，北京：世界知识出版社，2003	810
2123	钱谦益：《列朝诗集小传》，上海：上海古籍出版社，1983	752
2124	钱文霖：《科技编辑方法论研究》，武汉：华中理工大学出版社，1998	860
2125	钱颖一：《现代经济学与中国经济改革》，北京：中国人民大学出版社，2003	790
2126	钱锺书：《管锥编》，北京：中华书局，1979	720，751，752，760，860，950
2127	钱锺书：《七缀集》，上海：上海古籍出版社，1985	752
2128	钱锺书：《宋诗选注》，北京：人民文学出版社，1958	752
2129	钱锺书：《谈艺录》，北京：中华书局，1984	751，752
2130	秦孝仪：《革命文献》，台北：中央文物供应社，1981	770
2131	秦孝仪：《先总统蒋公思想言论总集》，台北：中国国民党中央委员会，1984	770
2132	秦孝仪：《中华民国重要史料初编：对日抗战时期》，台北：中国国民党中央委员会党史委员会，1981	770，810

续表

序号	图书信息	学科代码
2133	秦亚青：《霸权体系与国际冲突：美国在国际武装冲突中的支持行为（1945—1988）》，上海：上海人民出版社，1999	810
2134	秦亚青：《权力、制度、文化：国际关系理论与方法研究文集》，北京：北京大学出版社，2005	810
2135	卿希泰：《中国道教史》（分四卷），成都：四川人民出版社，1996	730
2136	清华大学社会学系主编：《清华社会学评论》，厦门：鹭江出版社，2000	840
2137	邱均平：《文献计量学》，北京：科学技术文献出版社，1988	860，870
2138	邱树森：《中国回族史》，银川：宁夏人民出版社，1996	850
2139	求那跋陀罗：《杂阿含经》，北京：宗教文化出版社，1999	730
2140	裘锡圭：《古文字论集》，北京：中华书局，1992	780
2141	裘锡圭：《文字学概要》，北京：商务印书馆，1988	740
2142	曲绵域：《实用运动医学》，北京：北京科学技术出版社，1996	890
2143	曲宗湖：《现代社会与学校体育》，北京：人民体育出版社	890
2144	曲宗湖：《学校体育教学探索》，北京：人民体育出版社	890
2145	曲宗湖：《域外学校体育传真》，北京：人民体育出版社，1999	890
2146	屈大均：《广东新语》，北京：中华书局，1985	850
2147	全国出版专业职业资格考试办公室：《出版法律法规选编》，北京：中国大百科全书出版社，2002	860
2148	全国出版专业职业资格考试办公室：《出版专业理论与实务（中级）》，上海：上海辞书出版社，2002	860
2149	全国体育学院教材委员会，任海主编：《奥林匹克运动》，北京：人民体育出版社，1993	890
2150	全国体育学院教材委员会：《运动生物力学》，北京：人民体育出版社，1982，1999	890
2151	全国体育学院教材委员会运动生理学编写组：《运动生理学》，北京：人民体育出版社，1990	890
2152	饶宗颐：《老子想尔注校证》，上海：上海古籍出版社，1991	730

续表

序号	图书信息	学科代码
2153	任定华：《科技期刊编辑学导论》，西安：西安交通大学出版社，1991	860
2154	任海：《奥林匹克运动百科全书》，北京：中国大百科全书出版社，2000	890
2155	任火：《编辑独语》，北京：中国书籍出版社，2003	860
2156	任继愈：《道藏提要》，北京：中国社会科学出版社，1991	730
2157	任继愈：《中国道教史》（增订本，上下册），上海：上海人民出版社，1990	730
2158	任继愈：《中国佛教史》（前三卷），北京：中国社会科学出版社	730
2159	任继愈：《中国哲学史》，北京：人民出版社，1963—1997	720
2160	任继愈：《宗教词典》，上海：上海辞书出版社，1981	730
2161	任继愈总主编，杜继文主编：《佛教史》，北京：中国社会科学出版社，1991	730
2162	任胜利：《英语科技论文撰写与投稿》，北京：科学出版社，2004	860
2163	荣孟源：《中国国民党历次代表大会及中央全会资料》，北京：光明日报出版社，1984	770
2164	荣新江：《归义军史研究：唐宋时代敦煌历史考索》，上海：上海古籍出版社，1996	780
2165	容庚：《金文编》，北京：中华书局，1985	780
2166	阮元：《十三经注疏：附校勘记》，北京：中华书局	720，730，740，752，760，770，780，850，870，950
2167	芮明杰：《管理学：现代的观点》，上海：上海人民出版社，1999	630
2168	桑标：《当代儿童发展心理学》，上海：上海教育出版社，2003	920
2169	僧祐：《出三藏记集》，北京：中华书局	730
2170	僧祐：《弘明集》，上海：上海古籍出版社/成都：巴蜀书社	730，950
2171	山东大学历史系考古专业教研室：《泗水尹家城》，北京：文物出版社，1990	780
2172	山东省文物管理处等：《大汶口：新石器时代墓葬发掘报告》，北京：文物出版社，1974	780

续表

序号	图书信息	学科代码
2173	山东省文物考古研究所：《曲阜鲁国故城》，济南：齐鲁书社，1982	780
2174	山西省档案馆：《太行党史资料汇编》，太原：山西人民出版社	860
2175	陕西省档案馆：《陕甘宁边区政府文件选编》，北京：档案出版社，1986	770
2176	陕西省考古研究所：《陕西出土商周青铜器》，北京：文物出版社，1979	780
2177	上海财经大学公共政策研究中心：《中国财政发展报告》，上海：上海财经大学出版社，2000	790
2178	上海清真寺董事会：《上海清真寺成立董事会汇志》	850
2179	上海市统计局：《上海统计年鉴》，北京：中国统计出版社	790
2180	上海书画出版社：《历代书法论文选》，上海：上海书画出版社，1979	760
2181	上海图书馆：《汪康年师友书札（第1—3册）》，上海：上海古籍出版社，1987	770
2182	邵敬敏：《现代汉语疑问句研究》，长春：华东师范大学出版社，1996	740
2183	邵培仁：《传播学》，北京：高等教育出版社，2000	860，870
2184	邵瑞珍：《教育心理学》，上海：上海教育出版社，1997	880，890，920
2185	申丹：《叙述学与小说文体学研究》，北京：北京大学出版社，1998	751，752，860
2186	申丹：《英美小说叙事理论研究》，北京：北京大学出版社，2005	751
2187	申时行：《明会典》，北京：中华书局，1989	770
2188	沈崇麟等主编：《当代中国城市家庭研究：七城市调查报告和资料汇编》，北京：中国社会科学出版社，1995	840
2189	沈从文：《沈从文文集》，广州：花城出版社/太原：北岳文艺出版社/成都：四川人民出版社	752，950
2190	沈达明：《比较民事诉讼法初论》，北京：中信出版社，1991	820
2191	沈德符：《万历野获编》，北京：中华书局，1959	770
2192	沈红：《美国研究型大学形成与发展》，武汉：华中理工大学出版社，1999	880

续表

序号	图书信息	学科代码
2193	沈继武等：《文献资源建设》，武汉：武汉大学出版社，1991	870
2194	沈家本：《历代刑法考》，北京：中华书局，1985	820
2195	沈家煊：《不对称和标记论》，南昌：江西教育出版社，1999	740
2196	沈湘：《沈湘声乐教学艺术》，上海：上海音乐出版社，1998	760
2197	沈渔邨：《精神病学》，北京：人民卫生出版社，2001	920
2198	沈子丞：《历代论画名著汇编》，北京：文物出版社，1982	760
2199	沈宗灵：《法理学》，北京：北京大学出版社/北京：高等教育出版社	820
2200	沈宗灵：《现代西方法理学》，北京：北京大学出版社，1992	820
2201	盛洪：《现代制度经济学》，北京：北京大学出版社，2003	630，790
2202	盛洪：《中国的过渡经济学》，上海：上海三联书店、上海人民出版社，1994	790
2203	盛宁：《二十世纪美国文论》，北京：北京大学出版社，1993	751
2204	盛宁：《人文困惑与反思——西方后现代主义思潮批判》，北京：生活·读书·新知三联书店，1997	751
2205	盛群力：《现代教学设计论》，杭州：浙江教育出版社，1998	880
2206	盛昭瀚：《演化经济学》，上海：上海三联书店，2002	790
2207	施良方：《教学理论：课堂教学的原理、策略与研究》，上海：华东师范大学出版社，1999	880
2208	施良方：《课程理论：课程的基础、原理与问题》，北京：教育科学出版社，1996	880，890
2209	施良方：《学习论：学习心理学的理论与原理》，北京：人民教育出版社，1994	880
2210	石昌渝：《中国小说源流论》，北京：生活·读书·新知三联书店，1994	752
2211	石广生：《中国加入世界贸易组织知识读本》，北京：人民出版社，2001	790
2212	石峻：《中国佛教思想资料选编》，北京：中华书局，1983	730

序号	图书信息	学科代码
2213	石毓智：《汉语语法化的历程：形态句法发展的动因和机制》，北京：北京大学出版社，2001	740
2214	石毓智：《肯定和否定的对称与不对称》，北京：北京语言文化大学出版社，2001	740
2215	石毓智：《语法的认知语义基础》，南昌：江西教育出版社，2000	740
2216	石中英：《知识转型与教育改革》，北京：教育科学出版社，2001	880
2217	石仲泉：《毛泽东的艰辛开拓》，中共党史出版社，1990/1996	710
2218	时蓉华：《现代社会心理学》，上海：华东师范大学出版社，1989	920
2219	史和：《中国近代报刊名录》，福州：福建人民出版社，1991	860
2220	史金波：《天盛改旧新定律令》，北京：法律出版社，2000	850
2221	史晋川：《制度变迁与经济发展：温州模式研究》，杭州：浙江大学出版社，2004	790
2222	史尚宽：《民法总论》，北京：中国政法大学出版社，1998	820
2223	史尚宽：《物权法论》，北京：中国政法大学出版社，1999	820
2224	史尚宽：《债法总论》，北京：中国政法大学出版社，1999	820
2225	史忠植：《知识发现》，北京：清华大学出版社，2002	870
2226	世界知识出版社：《国际条约集》，北京：世界知识出版社	810
2227	释道宣：《广弘明集》，上海：上海古籍出版社	730
2228	释道宣：《续高僧传》，台北：佛陀法人财团教育基金会，2003	730
2229	释慧皎撰，汤用彤校注：《高僧传》，北京：中华书局，1992	730，780，752
2230	释延寿：《宗镜录》	730
2231	释志磐：《佛祖统纪》，扬州：江苏广陵古籍刻印社，1992	730
2232	释智旭著述：《灵峰宗论》，北京：北京图书馆出版社，2005	730

续表

序号	图书信息	学科代码
2233	舒新城编：《中国近代教育史资料》（分上中下三册），北京：人民教育出版社，1981	770，880
2234	舒岳祥：《阆风集》，北京：商务印书馆，2005	752
2235	束定芳：《外语教学改革：问题与对策》，上海：上海外语教育出版社，2004	740，880
2236	束定芳：《现代外语教学：理论、实践与方法》，上海：上海外语教育出版社，1996	740，880
2237	束定芳：《隐喻学研究》，上海：上海外语教育出版社，2000	740
2238	睡地虎秦墓竹简整理小组：《睡虎地秦墓竹简》，北京：文物出版社	770，780，820
2239	司春林编：《企业创新空间与技术管理》，北京：清华大学出版社，2005	630
2240	司马长风：《中国新文学史》，香港：昭明出版有限公司，1980	752
2241	司马云杰：《文化社会学》，济南：山东人民出版社，1986	950
2242	四川省民族研究所：《清末川滇边务档案史料》，北京：中华书局，1989	850
2243	四川省文物考古研究所：《三星堆祭祀坑》，北京：文物出版社，1999	780
2244	四川省文物考古研究所编：《四川考古报告集》，北京：文物出版社，1998	780
2245	宋冰：《程序、正义与现代化：外国法学家在华演讲录》，北京：中国政法大学出版社，1998	820
2246	宋华等：《现代物流与供应链管理》，北京：经济管理出版社，2000	630
2247	宋继新：《竞技教育学》，北京：人民体育出版社，2003	890
2248	宋教仁著，陈旭麓编：《宋教仁集》，北京：中华书局，1981	770
2249	宋濂：《宋濂全集》，杭州：浙江古籍出版社，1999	730
2250	宋林飞：《西方社会学理论》，南京：南京大学出版社，1997	840
2251	宋敏求：《唐大诏令集》，北京：商务印书馆，1959	770
2252	宋木文：《亲历出版三十年：新时期出版纪事与思考》，北京：商务印书馆，2007	860

续表

序号	图书信息	学科代码
2253	宋蜀华：《民族学理论与方法》，北京：中央民族大学出版社，1998	850
2254	宋炜等：《语义网简明教程》，北京：高等教育出版社，2004	870
2255	宋应离：《中国期刊发展史》，郑州：河南大学出版社，2000	860
2256	苏秉琦主编：《考古学文化论集》，文物出版社，1987	780
2257	苏长和：《全球公共问题与国际合作：一种制度的分析》，上海：上海人民出版社，2000	810
2258	苏东水：《产业经济学》，北京：高等教育出版社，2005	790
2259	苏国勋：《理性化及其限制：韦伯思想引论》，上海：上海人民出版社，1988	840
2260	苏轼著，王文诰辑注，孔凡礼点校：《苏轼诗集》，北京：中华书局，1982	752
2261	苏轼撰，孔凡礼点校：《苏轼文集》，北京：中华书局，1986	730，752，760，770
2262	苏新宁：《中国人文社会科学学术影响力报告》，北京：中国社会科学出版社，2007	870
2263	苏舆：《春秋繁露义证》，北京：中华书局，1992	720
2264	苏州历史博物馆：《明清苏州工商业碑刻集》，南京：江苏人民出版社，1981	770
2265	宿白：《白沙宋墓》，北京：文物出版社，1957	780
2266	宿白：《藏传佛教寺院考古》，北京：文物出版社，1996	780
2267	宿白：《中国石窟寺研究》，北京：文物出版社，1996	780
2268	孙宝萱：《忘山庐日记》，上海：上海古籍出版社，1983	770
2269	孙长永：《侦查程序与人权：比较法考察》，北京：中国方正出版社，2000	820
2270	孙过庭：《书谱》	760
2271	孙汉超：《体育管理学》，北京：人民体育出版社	890
2272	孙机：《汉代物质文化资料图说》，北京：文物出版社，1991	780

续表

序号	图书信息	学科代码
2273	孙继南：《黎锦晖与黎派音乐》，上海：上海音乐学院出版社，2007	760
2274	孙继南：《中国音乐通史简编》，济南：山东教育出版社，1993	760
2275	孙犁：《孙犁全集》，北京：人民文学出版社，2004	752
2276	孙立平：《断裂：20世纪90年代以来的中国社会》，北京：社会科学文献出版社，2003	840
2277	孙民治：《篮球运动高级教程》，北京：人民体育出版社	890
2278	孙培青：《中国教育史》，上海：华东师范大学出版社，2000	880
2279	孙庆祝：《体育实用模糊数学》，北京：人民体育出版社，1990	890
2280	孙尚扬：《宗教社会学》，北京：北京大学出版社，2001	730
2281	孙希旦撰，沈啸寰等点校：《礼记集解》，北京：中华书局，1989	730
2282	孙宪忠：《德国当代物权法》，北京：法律出版社，1997	820
2283	孙燕君：《报业中国》，北京：中国三峡出版社，2002	860
2284	孙燕君：《期刊中国》，北京：中国社会科学出版社，2003	860
2285	孙诒让：《周礼正义》，北京：中华书局，1987	780
2286	孙永祥：《公司治理结构：理论与实证研究》，上海：上海三联书店、上海人民出版社，2002	630
2287	孙玉胜：《十年：从改变电视的语态开始》，北京：生活·读书·新知三联书店，2003	860
2288	孙毓棠等：《中国近代工业史资料》，北京：科学出版社，1957	770
2289	孙中山：《孙中山集外集》，上海：上海人民出版社，1990	770
2290	孙中山：《孙中山全集》，北京：中华书局	710，720，770，790，810，840，850，860，950
2291	孙中山：《孙中山选集》，北京：人民出版社	770，810，850，950
2292	太虚：《太虚大师全书》，台北：太虚大师全书影印委员会，1970	730

续表

序号	图书信息	学科代码
2293	谈迁：《国榷》，北京：中华书局，1958	770
2294	谈儒勇：《金融发展理论与中国金融发展》，北京：中国经济出版社，2000	790
2295	谭崇台：《发展经济学》，上海：上海人民出版社/太原：山西经济出版社	790
2296	谭崇台：《发展经济学的新发展》，武汉：武汉大学出版社，1999	790
2297	谭华：《体育史》，北京：高等教育出版社，2005	890
2298	谭嗣同：《谭嗣同全集》，北京：中华书局，1954	770
2299	谭祥金等：《信息管理导论》，北京：高等教育出版社，2000	870
2300	谭载喜：《西方翻译简史》，北京：商务印书馆，1991、2004	740
2301	汤盛钦：《特殊教育概论：普通班级中有特殊教育需要的学生》，上海：上海教育出版社，1998	880
2302	汤显祖：《汤显祖全集》，北京：北京古籍出版社，1999	760
2303	汤用彤：《汉魏两晋南北朝佛教史》，北京：北京大学出版社/北京：中华书局/上海：上海书店出版社	730
2304	汤用彤：《隋唐佛教史稿》，北京：中华书局，1982	730
2305	汤用彤：《汤用彤学术论文集》，北京：中华书局，1983	730
2306	汤志钧：《章太炎年谱长编》，北京：中华书局，1977	770
2307	唐耕耦等汇编：《敦煌社会经济文献真迹释录》，北京：全国图书馆文献缩微复制中心，1990	730，770，780，850，870
2308	唐圭璋编：《词话丛编》，北京：中华书局，1986	752
2309	唐圭璋编：《全宋词》，北京：中华书局，1965	752
2310	唐兰：《西周青铜器铭文分代史徵》，北京：中华书局，1986	780
2311	唐湜：《新意度集》，北京：生活·读书·新知三联书店，1990	752
2312	唐绪军：《报业经济与报业经营》，北京：新华出版社，1999	860

续表

序号	图书信息	学科代码
2313	唐莹：《元教育学：西方教育学认识论剪影》，北京：人民教育出版社，2002	880
2314	陶春芳等主编，中国妇女社会地位调查课题组著：《中国妇女社会地位概观》，北京：中国妇女出版社，1993	840
2315	陶东风：《文化研究：西方与中国》，北京：北京师范大学出版社，2002	950
2316	陶东风主编：《文学理论基本问题》，北京：北京大学出版社，2004	752
2317	陶景飚：《学校体育大辞典》，武汉：武汉工业大学出版社，1994	890
2318	陶行知：《陶行知全集》，成都：四川教育出版社/长沙：湖南教育出版社	880
2319	陶亚兵：《中西音乐交流史稿》，北京：中国大百科全书出版社，1994	760
2320	陶渊明著，逯钦立校注：《陶渊明集》，北京：中华书局，1979	752
2321	陶正刚等：《太原晋国赵卿墓》，北京：文物出版社，1996	780
2322	滕大春：《美国教育史》，北京：人民教育出版社，1994	880
2323	滕大春：《外国教育通史》，济南：山东教育出版社，1989—1994	880
2324	体育社会科学研究状况与发展趋势课题组：《我国体育社会科学研究状况与发展趋势》，北京：人民体育出版社，1998	890
2325	体育史教材编写组：《体育史》，北京：高等教育出版社，1996	890
2326	天津市档案馆：《天津商会档案汇编》，天津：天津人民出版社，1989	770
2327	田麦久：《论运动训练过程》，成都：四川教育出版社，1988	890
2328	田麦久：《项群训练理论》，北京：人民体育出版社，1998	890
2329	田麦久：《运动训练科学化探索》，北京：人民体育出版社	890
2330	田麦久：《运动训练学》，北京：人民体育出版社，2000	890
2331	田涛：《大清律例》，北京：法律出版社	820

续表

序号	图书信息	学科代码
2332	田野：《运动生理学高级教程》，北京：高等教育出版社，2003	890
2333	田于金等：《鄂尔多斯式青铜器》，北京：文物出版社，1986	780
2334	佟新：《人口社会学》，北京：北京大学出版社，2000	840
2335	童兵：《比较新闻传播学》，北京：中国人民大学出版社，2002	860
2336	童兵：《理论新闻传播学导论》，北京：中国人民大学出版社，2000	860
2337	童兵：《中西新闻比较论纲》，北京：新华出版社，1999	860
2338	童庆炳：《文学理论教程》，北京：高等教育出版社，1998	752
2339	童昭岗：《人文体育——体育演绎的文化》，北京：中国海关出版社，2002	890
2340	涂肇庆主编：《改革开放与中国社会：西方社会学文献述评》，香港：牛津大学出版社，1999	840
2341	庹国柱：《中国农业保险与农村社会保障制度研究》，北京：首都经济贸易大学出版社，2002	790
2342	万锦堃：《中国学术期刊综合引证报告（2005版）》，北京：科学出版社，2005	860
2343	汪冰：《电子图书馆理论与实践研究》，北京：北京大学出版社，1997	870
2344	汪红驹：《中国货币政策有效性研究》，北京：中国人民大学出版社，2003	790
2345	汪晖：《文化与公共性》，北京：生活·读书·新知三联书店，1998	950
2346	汪流：《艺术特征论》，北京：北京文化艺术出版社，1984	760
2347	汪启璋：《外国音乐辞典》，上海：上海音乐出版社，1988	760
2348	汪文斌：《世界电视前沿》，北京：华艺出版社，2001	860
2349	汪向东：《心理卫生评定量表手册》，北京：中国心理卫生杂志社，1999	880，890，920
2350	汪毓和：《中国近现代音乐史》，北京：人民音乐出版社，2002	760
2351	汪曾祺著，邓九平编：《汪曾祺全集》，北京：北京师范大学出版社，1998	752
2352	汪子嵩：《希腊哲学史》，北京：人民出版社，1988/2003	720

续表

序号	图书信息	学科代码
2353	王邦维：《南海寄归内法传校注》，北京：中华书局，1995	730
2354	王弼：《王弼集校释》，北京：中华书局，1980	720，730
2355	王伯英：《体育教学论》，成都：四川教育出版社，1988	890
2356	王策三：《教学论稿》，北京：人民教育出版社，1985	880
2357	王长江：《现代政党执政规律研究》，上海：上海人民出版社，2002	810
2358	王充：《论衡》，上海：上海人民出版社，1974	720，950
2359	王崇德：《文献计量学引论》，桂林：广西师范大学出版社，1997	870
2360	王春峰：《金融市场风险管理》，天津：天津大学出版社，2001	790
2361	王春光：《社会流动和社会重构：京城"浙江村"研究》，杭州：浙江人民出版社，1995	840
2362	王岱舆著，余振贵点校：《正教真诠、清真大学、希真正答》，银川：宁夏人民出版社，1988	730
2363	王道俊：《教育学：新编本》，北京：人民教育出版社，1989	880
2364	王德禄：《知识管理的IT实现：朴素的知识管理》，北京：电子工业出版社，2003	630
2365	王德威：《想象中国的方法：历史·小说·叙事》，北京：生活·读书·新知三联书店，1998	752
2366	王登峰：《解读中国人的人格》，北京：社会科学文献出版社，2005	920
2367	王登峰：《心理卫生学》，北京：高等教育出版社，2003	920
2368	王夫之：《船山全书》，长沙：岳麓书社，1996	720，752
2369	王夫之：《读通鉴论》，北京：中华书局，1975	770
2370	王夫之等撰，丁福保辑录：《清诗话》，上海：上海古籍出版社，1978	752
2371	王夫之评选：《古诗评选》，北京：文化艺术出版社，1997	752
2372	王福堂：《汉语方言语音的演变和层次》，北京：语文出版社，1999	740
2373	王辅世：《苗瑶语古音构拟》，北京：中国社会科学出版社，1995	740

续表

序号	图书信息	学科代码
2374	王光祈著，冯文慈等选注：《王光祈音乐论著选集》，北京：人民音乐出版社，1993	760
2375	王桂新：《中国人口分布与区域经济发展：一项人口分布经济学的探索研究》，上海：华东师范大学出版社，1997	840
2376	王国维：《观堂集林》，北京：中华书局，1959	770，780
2377	王国维：《人间词话》，北京：人民文学出版社，1960	752
2378	王国维：《宋元戏曲史》，上海：华东师范大学出版社，1995	760
2379	王国维：《王国维文学美学论著集》，太原：北岳文艺出版社，1987	752
2380	王国维：《王国维戏曲论文集》，北京：中国戏剧出版社，1984	760
2381	王国维著，姚淦铭主编：《王国维文集》，北京：中国文史出版社，1997	720，752
2382	王洪君：《汉语非线性音系学：汉语的音系格局与单字音》，北京：北京大学出版社，1999	740
2383	王沪宁：《当代中国村落家族文化：对中国社会现代化的一项探索》，上海：上海人民出版社，1991	840
2384	王缉慈：《创新的空间：企业集群与区域发展》，北京：北京大学出版社，2001	630，790
2385	王吉庆：《信息素养论》，上海：上海教育出版社，1999	880
2386	王家福：《中国民法学·民法债权》，北京：法律出版社，1991	820
2387	王建民：《中国民族学史》，昆明：云南教育出版社，1997	850
2388	王杰：《国际机制论》，北京：新华出版社，2002	810
2389	王均：《壮侗语族语言简志》，北京：民族出版社，1984	740
2390	王俊豪：《政府管制经济学导论：基本理论及其在政府管制实践中的应用》，北京：商务印书馆，2001	790
2391	王力：《古代汉语》，北京：中华书局/北京：科学出版社	740
2392	王力：《汉语语法史》，北京：商务印书馆，1989	740
2393	王力：《汉语语音史》，北京：中国社会科学出版社，1985	740

续表

序号	图书信息	学科代码
2394	王力：《龙虫并雕斋文集》，北京：中华书局，1980	740
2395	王力：《同源字典》，北京：商务印书馆，1982	740
2396	王力：《王力文集》，济南：山东教育出版社	740
2397	王力：《中国现代语法》，北京：商务印书馆，1985	740
2398	王立名：《科学技术期刊编辑教程》，北京：人民军医出版社，1995	860
2399	王利明：《人格权与新闻侵权》，北京：中国方正出版社，2000	860
2400	王利明：《司法改革研究》，北京：法律出版社，1999	820
2401	王利明：《物权法论》，北京：中国政法大学出版社，1998	820
2402	王利明：《物权法研究》，北京：中国人民大学出版社，2002	820
2403	王利明：《中国物权法草案建议稿及说明》，北京：中国法制出版社，2001	820
2404	王利明等：《合同法新论》，北京：中国政法大学出版社，1996	820
2405	王列：《全球化与世界》，北京：中央编译出版社，1998	950
2406	王梦奎：《中国中长期发展的重要问题（2006—2020）》，北京：中国发展出版社，2005	790
2407	王名：《中国社团改革：从政府选择到社会选择》，北京：社会科学文献出版社，2001	840
2408	王名扬：《法国行政法》，北京：中国政法大学出版社，1987	820
2409	王名扬：《美国行政法》，北京：中国法制出版社，1994	820
2410	王名扬：《英国行政法》，北京：中国政法大学出版社，1987	820
2411	王明：《抱朴子内篇校释》，北京：中华书局，1985	730
2412	王明：《太平经合校》，北京：中华书局，1960	730
2413	王明珂：《华夏边缘：历史记忆与族群认同》，台北：允晨文化实业股份有限公司，1997	850
2414	王鸣盛：《十七史商榷》，北京：中国书店，1959	770

续表

序号	图书信息	学科代码
2415	王铭铭：《村落视野中的文化与权力：闽台三村五论》，北京：生活·读书·新知三联书店，1997	840
2416	王铭铭：《社会人类学与中国研究》，北京：生活·读书·新知三联书店，1997	840，850
2417	王铭铭：《西方人类学思潮十讲》，南宁：广西师范大学出版社，2005	850
2418	王铭铭：《想象的异邦：社会与文化人类学散论》，上海：上海人民出版社，1998	850
2419	王宁：《后革命氛围》，北京：中国社会科学出版社，1999	950
2420	王宁：《全球化与后殖民批评》，北京：中央编译出版社，1998	950
2421	王宁：《消费社会学：一个分析的视角》，北京：社会科学文献出版社，2001	840
2422	王宁：《训诂学原理》，北京：中国国际广播出版社，1996	740
2423	王浦劬：《政治学基础》，北京：北京大学出版社，1995	810
2424	王溥：《唐会要》，北京：中华书局，1955	730，760，770，780，850
2425	王奇生：《党员、党权与党争：1924—1949年中国国民党的组织形态》，上海：上海书店出版社，2003	770
2426	王钦若：《册府元龟》，北京：中华书局	730，770，780，850
2427	王瑞元：《运动生理学》，北京：人民体育出版社，2002	890
2428	王森：《西藏佛教发展史略》，北京：中国社会科学出版社，1997	730，850
2429	王善迈：《教育投入与产出研究》，石家庄：河北教育出版社，1996	880
2430	王少平：《宏观计量的若干前沿理论与应用》，天津：南开大学出版社，2003	790
2431	王绍光：《多元与统一：第三部门国际比较研究》，杭州：浙江人民出版社，1999	840
2432	王绳祖：《国际关系史》，北京：世界知识出版社，1995	810
2433	王士禛：《带经堂诗话》，北京：人民文学出版社，1963	752
2434	王世民：《西周青铜器分期断代研究》，北京：文物出版社，1999	780
2435	王世贞：《弇山堂别集》，北京：中华书局，1985	770

续表

序号	图书信息	学科代码
2436	王守仁：《传习录》	720
2437	王守仁：《王阳明全集》，上海：上海古籍出版社，1992	720，752
2438	王思斌：《社会工作概论》，北京：高等教育出版社，1999	840
2439	王甦：《认知心理学》，北京：北京大学出版社，1992	920
2440	王泰平、裴坚章：《中华人民共和国外交史》，北京：世界知识出版社	810
2441	王铁崖：《国际法》，北京：法律出版社，1995	810，820
2442	王铁崖：《中外旧约章汇编》，北京：生活·读书·新知三联书店，1957	770
2443	王希恩：《民族过程与国家》，兰州：甘肃人民出版社，1998	850
2444	王先霈：《文学批评术语词典》，上海：上海文艺出版社，1999	751
2445	王先谦：《荀子集解》，北京：中华书局，1988	720
2446	王小鲁：《中国经济增长的可持续性：跨世纪的回顾与展望》，北京：经济科学出版社，2000	790
2447	王晓德：《美国文化与外交》，北京：世界知识出版社，2000	810，950
2448	王亚新：《对抗与判定：日本民事诉讼的基本结构》，北京：清华大学出版社，2002	820
2449	王彦威：《清季外交史料》，台北：文海出版社，1985	770
2450	王尧：《敦煌本吐蕃历史文书》，北京：民族出版社，1992	850
2451	王尧：《吐蕃金石录》，北京：文物出版社，1982	850
2452	王耀华：《世界民族音乐概论》，上海：上海音乐出版社，1998	760
2453	王耀华：《中国传统音乐概论》，福州：福建教育出版社，1999	760
2454	王逸舟：《当代国际政治析论》，上海：上海人民出版社，1995	810
2455	王逸舟：《全球化时代的国际安全》，上海：上海人民出版社，1999	810
2456	王逸舟：《全球政治和中国外交：探寻新的视角与解释》，北京：世界知识出版社，2003	810

续表

序号	图书信息	学科代码
2457	王逸舟:《西方国际政治学:历史与理论》,上海:上海人民出版社,1998	810
2458	王应麟:《玉海》,南京:江苏古籍出版社,1987	870
2459	王英杰:《美国高等教育的发展与改革》,北京:人民教育出版社,1993	880
2460	王颖:《社会中间层:改革与中国的社团组织》,北京:中国发展出版社,1993	840
2461	王岳川:《后现代主义文化研究》,北京:北京大学出版社,1992	751
2462	王岳川:《后殖民主义与新历史主义文论》,济南:山东教育出版社,1994	751
2463	王运熙等主编:《中国文学批评通史》,上海:上海古籍出版社,1996	752
2464	王则珊:《学校体育理论与研究》,北京:北京体育大学出版社,1995	890
2465	王则珊:《终身体育——现代人生活方式的一种追求》,北京:北京体育大学出版社,1994	890
2466	王泽鉴:《民法物权》,北京:中国政法大学出版社,2001	820
2467	王泽鉴:《民法学说与判例研究》,北京:中国政法大学出版社,1998	820
2468	王泽鉴:《民法总则》,北京:中国政法大学出版社,2001	820
2469	王泽鉴:《侵权行为法》,北京:中国政法大学出版社,2001	820
2470	王泽鉴:《债法原理》,北京:中国政法大学出版社,2001	820
2471	王振铎:《编辑学原理论》,北京:中国书籍出版社,1997	860
2472	王政等主编:《社会性别研究选译》,北京:生活·读书·新知三联书店,1998	840
2473	王知津:《竞争情报》,北京:科学技术文献出版社,2004	870
2474	王钟翰:《清史列传》,北京:中华书局,1987	770
2475	王钟翰:《中国民族史》,北京:中国社会科学出版社,1994	850
2476	王众托:《企业信息化与管理变革》,北京:中国人民大学出版社,2001	630
2477	王众托:《知识系统工程》,北京:科学出版社,2004	630

续表

序号	图书信息	学科代码
2478	王重民:《敦煌变文集》,北京:人民文学出版社,1957	780
2479	王重民:《中国目录学史论丛》,北京:中华书局,1984	870
2480	王重鸣:《管理心理学》,北京:人民教育出版社,2001	920
2481	王重鸣:《心理学研究方法》,北京:人民教育出版社,1990	920
2482	王子舟:《图书馆学基础教程》,武汉:武汉大学出版社,2003	870
2483	王佐良:《英国二十世纪文学史》,北京:外语教学与研究出版社,1994	751
2484	王佐良:《英国诗史》,南京:译林出版社,1997	751
2485	王作富:《刑法分则实务研究》,北京:中国方正出版社,2001	820
2486	韦森:《社会秩序的经济分析导论》,上海:上海三联书店,2001	790
2487	韦善美:《雷沛鸿文集》,南宁:广西教育出版社,1990	850
2488	魏后凯:《现代区域经济学》,北京:经济管理出版社,2006	790
2489	魏江:《产业集群:创新系统与技术学习》,北京:科学出版社,2003	630,790
2490	魏江:《企业技术能力论:技术创新的一个新视角》,北京:科学出版社,2002	630
2491	魏杰:《企业前沿问题:现代企业管理方案》,北京:中国发展出版社,2001	630
2492	魏权龄:《评价相对有效性的DEA方法:运筹学的新领域》,北京:中国人民大学出版社,1988	790
2493	魏权龄:《数据包络分析》,北京:科学出版社,2004	
2494	王梦奎:《中国中长期发展的重要问题(2006—2020)》,北京:中国发展出版社,2005	790
2495	魏永征:《西方传媒的法制、管理和自律》,北京:中国人民大学出版社,2003	860
2496	魏永征:《新闻传播法教程》,北京:中国人民大学出版社,2002	860
2497	魏永征:《中国新闻传播法纲要》,上海:上海社会科学院出版社,1999	860
2498	魏源:《圣武记》,北京:中华书局,1967	770

续表

序号	图书信息	学科代码
2499	魏源：《魏源集》，北京：中华书局，1976	770
2500	魏振瀛：《民法》，北京：北京大学出版社，2000	820
2501	温铁军：《中国农村基本经济制度研究："三农"问题的世纪反思》，北京：中国经济出版社，2000	790
2502	文超：《田径运动高级教程》，北京：人民体育出版社	890
2503	文海出版社编辑部：《近代中国史料丛刊》，台北：文海出版社，1972	770
2504	文化部文学艺术研究院音乐研究所：《民族音乐概论》，北京：人民音乐出版社，1964	760
2505	闻一多：《闻一多全集》，北京：生活·读书·新知三联书店/武汉：湖北人民出版社，1993	752，860
2506	翁独健：《中国民族关系史纲要》，北京：中国社会科学出版社，1990	850
2507	翁庆章：《高原训练的理论与实践》，北京：人民体育出版社，2002	890
2508	翁岳生：《行政法》，北京：中国法制出版社，2000	820
2509	乌丙安：《民俗学原理》，沈阳：辽宁教育出版社，2001	850
2510	乌丙安：《中国民俗学》，沈阳：辽宁大学出版社，1985	850
2511	乌美娜：《教学设计》，北京：高等教育出版社，1994	880
2512	邬沧萍：《社会老年学》，北京：中国人民大学出版社，1999	840
2513	无锡市工商业联合会：《近代无锡商会资料选编》，征求意见稿，2005	770
2514	吴安其：《汉藏语同源研究》，北京：中央民族大学出版社，2002	740
2515	吴宝康：《档案学概论》，北京：中国人民大学出版社，1988	870
2516	吴必虎：《区域旅游规划原理》，北京：中国旅游出版社，2001	790
2517	吴福祥：《敦煌变文语法研究》，长沙：岳麓书社，1996	740
2518	吴广成著，龚世俊等校证：《西夏书事校证》，兰州：甘肃文化出版社，1995	770
2519	吴贵生：《技术创新管理》，北京：清华大学出版社，2000	630

续表

序号	图书信息	学科代码
2520	吴晗：《朝鲜李朝实录中的中国史料》，北京：中华书局，1980	770
2521	吴汉东：《著作权合理使用制度研究》，北京：中国政法大学出版社，1996	870
2522	吴季松：《循环经济：全面建设小康社会的必由之路》，北京：北京出版社，2003	790
2523	吴建中：《21世纪图书馆新论》，上海：上海科学技术文献出版社，1998	870
2524	吴建中：《21世纪图书馆展望：访谈录》，上海：上海科学技术文献出版社，1996	870
2525	吴建中：《DC元数据》，上海：上海科学技术文献出版社，2000	870
2526	吴建中：《战略思考：图书馆发展十大热门话题》，上海：上海科学技术文献出版社，2002	870
2527	吴兢：《贞观政要》，上海：上海古籍出版社，1978	770
2528	吴敬琏：《当代中国经济改革：战略与实施》，上海：上海远东出版社，2003	790
2529	吴敬琏：《中国增长模式抉择》，上海：上海远东出版社，2005	790
2530	吴康宁：《教育社会学》，北京：人民教育出版社，1998	880
2531	吴冷西：《十年论战（1956—1966）：中苏关系回忆录》，北京：中央文献出版社，1999	710，810
2532	吴梅著，王卫民编：《吴梅戏曲论文集》，北京：中国戏剧出版社，1983	760
2533	吴明隆：《SPSS统计应用实务》，北京：中国铁道出版社，2000	920
2534	吴任臣：《十国春秋》，北京：中华书局，1983	730
2535	吴淑琨等：《公司治理与中国企业改革》，北京：机械工业出版社，2000	630
2536	吴慰慈：《图书馆学基础》，北京：高等教育出版社，2004	870
2537	吴慰慈等：《当代图书馆学情报学前沿探寻》，北京：北京图书馆出版社，2002	870
2538	吴慰慈等：《图书馆藏书，补充、组织、控制、协调》，北京：书目文献出版社，1991	870
2539	吴慰慈等：《图书馆学概论》，北京：北京图书馆出版社，2002	870
2540	吴文侃：《比较教育学》，北京：人民教育出版社，1999	880

续表

序号	图书信息	学科代码
2541	吴钊：《中国音乐史略》，北京：人民音乐出版社，1983	760
2542	吴志超：《现代教学论与体育教学》，北京：人民体育出版社，1993	890
2543	吴志荣：《数字图书馆：从理念走向现实》，上海：学林出版社，2000	870
2544	伍国栋：《民族音乐学概论》，北京：人民音乐出版社，1997	760
2545	伍蠡甫：《西方文论选》，上海：上海译文出版社，1979	751，752，760
2546	伍蠡甫：《西方文艺理论名著选编》，北京：北京大学出版社，1985	751
2547	伍绍祖：《中华人民共和国体育史：1949—1998（综合卷）》，北京：中国书籍出版社，1999	890
2548	伍铁平：《模糊语言学》，上海：上海外语教育出版社，1999	740
2549	西安半坡村博物馆等：《姜寨：新石器时代遗址发掘报告》，北京：文物出版社，1988	780
2550	席西民等：《和谐管理理论》，北京：中国人民大学出版社，2002	630
2551	夏斌：《金融控股公司研究》，中国金融出版社，2001	790
2552	夏建中：《文化人类学理论学派：文化研究的历史》，北京：中国人民大学出版社，1997	850
2553	夏敬华等：《知识管理》，北京：机械工业出版社，2003	630
2554	夏商周断代工程专家组：《夏商周断代工程1996—2000年阶段成果报告（简本）》，北京：世界图书出版公司北京分公司，2000	780
2555	夏衍：《夏衍全集》，杭州：浙江文艺出版社，2005	760，860
2556	夏勇：《人权概念起源：权利的历史哲学》，北京：中国政法大学出版社，1992	820
2557	冼星海全集编委会：《冼星海全集》，广州：广东高等教育出版社，1989	760
2558	现代语言学研讨会：《现代汉语配价语法研究》，北京：北京大学出版社，1995	740
2559	香港中文大学中国考古艺术研究中心：《南中国及邻近地区古文化研究：庆祝郑德坤教授从事学术活动六十周年论文集》，香港：中文大学出版社，1994	780
2560	向达：《唐代长安与西域文明》，北京：生活·读书·新知三联书店，1957	730

续表

序号	图书信息	学科代码
2561	向南：《辽代石刻文编》，石家庄：河北教育出版社，1995	730，770
2562	向熹：《简明汉语史》，北京：高等教育出版社，1993	740
2563	向新阳：《编辑学概论》，武汉：武汉大学出版社，1995	860
2564	项保华：《战略管理：艺术与实务》，北京：华夏出版社，2001	630
2565	项飚：《跨越边界的社区：北京"浙江村"的生活史》，北京：生活·读书·新知三联书店，2000	840
2566	项阳：《山西乐户研究》，北京：文物出版社，2001	760
2567	萧统：《文选》，北京：中华书局，1977	752，950
2568	萧友梅著，陈聆群等编：《萧友梅音乐文集》，上海：上海音乐出版社，1990	760
2569	肖东发主编：《中国图书馆年鉴（1999）》，北京：北京图书馆出版社，1999	870
2570	肖东发主编：《中国图书馆年鉴（2001）》，北京：北京图书馆出版社，2001	870
2571	肖明翰：《威廉·福克纳研究》，北京：外语教学与研究出版社，1997	751
2572	谢德仁：《企业剩余索取权：分享安排与剩余计量》，上海：上海三联书店、上海人民出版社，2001	630
2573	谢桂华：《居延汉简释文合校》，北京：文物出版社，1987	770
2574	谢晋：《我对导演艺术的追求》，北京：中国电影出版社，1998	760
2575	谢平：《中国金融制度的选择》，上海：上海远东出版社，1997	790
2576	谢启昆：《广西通志［清］》，南宁：广西人民出版社，1988	850
2577	谢琴芳主编：《CALIS联机合作编目手册》，北京：北京大学出版社，2000	870
2578	谢识予：《经济博弈论》，上海：复旦大学出版社，2002	630，790
2579	谢天振：《译介学》，上海：上海外语教育出版社，1999	740
2580	谢维和：《教育活动的社会学分析：一种教育社会学的研究》，北京：教育科学出版社，2000	880
2581	谢文蕙：《城市经济学》，北京：清华大学出版社，1996	790

续表

序号	图书信息	学科代码
2582	谢新洲：《电子信息源与网络检索》，北京：北京图书馆出版社，1998	870
2583	谢亚龙：《奥林匹克研究》，北京：北京体育大学出版社，1994	890
2584	谢亚龙：《中国优势竞技项目制胜规律》，北京：人民体育出版社，1992	890
2585	谢彦君：《基础旅游学》，北京：中国旅游出版社，2001	790
2586	谢有顺：《此时的事物》，南京：江苏教育出版社，2005	752
2587	谢在全：《民法物权论》，中国台湾：台湾三民书局，1997	820
2588	谢灼华：《中国图书和图书馆史》，武汉：武汉大学出版社，1987	870
2589	新闻出版署图书管理司：《作者编辑常用标准及规范》，北京：中国标准出版社，1997	860
2590	邢福义：《汉语语法学》，长春：东北师范大学出版社，1996	740
2591	邢文华：《体育测量与评价》，北京：北京体育大学出版社，1985	890
2592	熊川武：《反思性教学》，上海：华东师范大学出版社，1999	880
2593	熊斗寅：《熊斗寅体育文选》，贵阳：贵州人民出版社，1996	890
2594	熊学亮：《认知语用学概论》，上海：上海外语教育出版社，1999	740
2595	熊月之：《上海通史》，上海：上海人民出版社，1999	770
2596	熊月之：《西学东渐与晚清社会》，上海：上海人民出版社，1994	770，860，950
2597	修海林：《音乐美学通论》，上海：上海音乐出版社，1999	760
2598	修海林：《中国古代音乐史料集》，西安：世界图书出版西安公司，2000	760
2599	徐柏容：《期刊编辑学概论》，沈阳：辽宁教育出版社，1995	860
2600	徐柏容：《杂志编辑学》，北京：中国书籍出版社，1991	860
2601	徐宝璜：《新闻学》，北京：中国人民大学出版社，1994	860
2602	徐贲：《走向后现代与后殖民》，北京：中国社会科学出版社，1996	950

续表

序号	图书信息	学科代码
2603	徐本力：《运动训练学》，济南：山东教育出版社，1990	890
2604	徐复观：《两汉思想史》，上海：华东师范大学出版社，2001	720，770
2605	徐复观：《中国人性论史·先秦篇》，上海：上海三联书店，2001	720
2606	徐复观：《中国艺术精神》，沈阳：春风文艺出版社，1987/上海：华东师范大学出版社，2001	752，760
2607	徐国栋：《民法基本原则解释：成文法局限性之克服》，北京：中国政法大学出版社，1992	820
2608	徐建华：《现代地理学中的数学方法》，北京：高等教育出版社，1996	790
2609	徐珂：《清稗类钞》，北京：中华书局，1984	770，850
2610	徐烈炯：《共性与个性：汉语语言学中的争议》，北京：北京语言文化大学出版社，1999	740
2611	徐烈炯：《话题的结构与功能》，上海：上海教育出版社，1998	740
2612	徐烈炯：《生成语法理论》，上海：上海外语教育出版社，1988	740
2613	徐烈炯：《语义学》，北京：语文出版社，1995	740
2614	徐梦莘：《三朝北盟会编》，上海：上海古籍出版社，1979	770
2615	徐培汀：《中国新闻传播学说史（1949—2005）》，重庆：重庆出版社，1994	860
2616	徐松：《宋会要辑稿》，北京：中华书局	730，752，770，780，790，810，820，850，870
2617	徐松：《唐两京城坊考》，北京：中华书局，1985	780
2618	徐通锵：《历史语言学》，北京：商务印书馆，1991	740
2619	徐通锵：《语言论：语义型语言的结构原理和研究方法》，长春：东北师范大学出版社，1997	740
2620	徐渭：《徐渭集》，北京：中华书局，1983	752
2621	徐迅：《民族主义》，北京：中国社会科学出版社，1998	850
2622	徐耀魁：《西方新闻理论评析》，北京：新华出版社，1998	860
2623	徐引篪等：《现代图书馆学理论》，北京：北京图书馆出版社，1999	870

续表

序号	图书信息	学科代码
2624	徐永祥：《社区发展论》，上海：华东理工大学出版社，2000	840
2625	徐勇：《中国农村村民自治》，武汉：华中师范大学出版社，1997	810，840
2626	徐载平：《清末四十年申报史料》，北京：新华出版社，1988	860
2627	徐中舒编：《甲骨文字典》，成都：四川辞书出版社	740
2628	许宝华编：《汉语方言大词典》，北京：中华书局，1999	740
2629	许涤新：《中国资本主义发展史》，北京：人民出版社，1985	770
2630	许国志：《系统科学》，上海：上海科技教育出版社，2000	630
2631	许豪文：《运动生物化学概论》，北京：高等教育出版社，2001	890
2632	许健：《琴史初编》，北京：人民音乐出版社，1982	760
2633	许钧：《翻译论》，长沙：湖北教育出版社，2003	740
2634	许南明：《电影艺术词典》，北京：中国电影出版社，1986	760
2635	许庆瑞：《研究、发展与技术创新管理》，北京：高等教育出版社，2000	630
2636	许慎：《说文解字》，北京：中华书局	720，740，760，850
2637	许慎撰，段玉裁注：《说文解字注》，上海：上海古籍出版社，1981	740，752，780
2638	许欣欣：《当代中国社会结构变迁与流动》，北京：社会科学文献出版社，2000	840
2639	许学强：《城市地理学》，北京：高等教育出版社，1997	790
2640	许学夷：《诗源辩体》，北京：人民文学出版社，1987	752
2641	许永刚：《中国竞技体育制度创新》，北京：人民体育出版社，2006	890
2642	续修四库全书编纂委员会：《续修四库全书》，上海：上海古籍出版社，2002	752
2643	玄奘等著，季羡林等注释：《大唐西域记校注》，北京：中华书局，1985	780
2644	薛波：《元照英美法词典》，北京：法律出版社，2003	820

续表

序号	图书信息	学科代码
2645	薛虹：《网络时代的知识产权法》，北京：法律出版社，2000	820，870
2646	薛澜等：《危机管理：转型期中国面临的挑战》，北京：清华大学出版社，2003	630
2647	荀悦、袁宏：《两汉纪》，北京：中华书局，2002	860
2648	严复：《严复集》，北京：中华书局，1986	720，770，840，860，880，950
2649	严家炎：《中国现代小说流派史》，北京：人民文学出版社，1989	752
2650	严可均校辑：《全上古三代秦汉三国六朝文》，北京：中华书局，1958	752
2651	严文明：《仰韶文化研究》，北京：文物出版社，1989	780
2652	严怡民：《情报学概论》，武汉：武汉大学出版社，1994	870
2653	严怡民：《情报学研究导论》，北京：科学技术文献出版社，1992	870
2654	严怡民：《现代情报学理论》，武汉：武汉大学出版社，1996	870
2655	严羽著，郭绍虞校释：《沧浪诗话校释》，北京：人民文学出版社，1961	752
2656	严中平：《中国近代经济史统计资料选辑》，北京：科学出版社，1955	770
2657	阎国利：《眼动分析法在心理学研究中的应用》，天津：天津教育出版社，2004	920
2658	阎学通：《中国国家利益分析》，天津：天津人民出版社，1996	810
2659	晏智杰：《劳动价值学说新探》，北京：北京大学出版社，2001	790
2660	杨伯峻：《春秋左传注》，北京：中华书局	740，752，770，780，850
2661	杨伯峻：《论语译注》，北京：中华书局，1980	720，750，880，950
2662	杨伯峻译注：《孟子译注》，北京：中华书局，1960	720，752，950
2663	杨春学：《经济人与社会秩序分析》，上海：上海三联书店、上海人民出版社，1998	790
2664	杨德森：《行为医学》，长沙：湖南师范大学出版社，1990	920
2665	杨东平：《中国教育公平的理想与现实》，北京：北京大学出版社，2006	880

序号	图书信息	学科代码
2666	杨东平编：《大学精神》，沈阳：辽海出版社，2000	880
2667	杨国枢：《中国人的心理与行为：本土化研究》，北京：中国人民大学出版社，2004	920
2668	杨洪祥：《经营期刊》，广州：广东新世纪出版社，2003	860
2669	杨桦：《竞技体育与奥运备战重要问题的研究》，北京：北京体育大学出版社，2006	890
2670	杨惠中：《语料库语言学导论》，上海：上海外语教育出版社，2002	740
2671	杨建顺：《日本行政法通论》，北京：中国法制出版社，1998	820
2672	杨其静：《企业家的企业理论》，北京：中国人民大学出版社，2005	630
2673	杨仁敬：《美国后现代派小说论》，青岛：青岛出版社，2004	751
2674	杨仁寿：《法学方法论》，北京：中国政法大学出版社，1999	820
2675	杨儒怀：《音乐的分析与创作》，北京：人民音乐出版社，2003	760
2676	杨瑞龙：《企业共同治理的经济学分析》，北京：经济科学出版社，2001	630
2677	杨瑞龙等：《企业的利益相关者理论及其应用》，北京：经济科学出版社，2000	630
2678	杨善华主编：《当代西方社会学理论》，北京：北京大学出版社，1999	840
2679	杨铁黎：《职业篮球市场论》，北京：北京体育大学出版社，2003	890
2680	杨万里撰：《诚斋集》，上海：上海书店出版社，1989	752
2681	杨威理：《西方图书馆史》，北京：商务印书馆，1988	870
2682	杨锡让：《实用运动生理学》，北京：北京体育大学出版社，1998	890
2683	杨锡让：《运动生理学进展：质疑与思考》，北京：北京体育大学出版社，2000	890
2684	杨小凯：《经济学原理》，北京：中国社会科学出版社，1998	790
2685	杨小凯等：《新兴古典经济学和超边际分析》，北京：中国人民大学出版社，2000	630，790
2686	杨鑫辉：《心理学通史》，济南：山东教育出版社，2000	920

续表

序号	图书信息	学科代码
2687	杨鑫辉：《中国心理学思想史》，南昌：江西教育出版社，1994	920
2688	杨燕迪：《音乐的人文诠释——杨燕迪音乐文集》，上海：上海音乐学院出版社，2007	760
2689	杨义：《中国现代小说史》，北京：人民文学出版社，1986	752
2690	杨义：《中国叙事学》，北京：人民出版社，1997	752
2691	杨荫浏：《中国古代音乐史稿》，北京：人民音乐出版社，1980	760
2692	杨荫浏：《中国音乐史纲》，上海：万叶书店，1952	760
2693	杨曾文：《唐五代禅宗史》，北京：中国社会科学出版社，1999	730
2694	杨增新：《补过斋文牍》，台北：文海出版社，1965	770
2695	杨治：《产业经济学导论》，北京：中国人民大学出版社，1985	790
2696	杨治良：《记忆心理学》，上海：华东师范大学出版社，1999	920
2697	杨治良：《实验心理学》，杭州：浙江教育出版社，1998	920
2698	杨周翰：《莎士比亚评论汇编》，北京：中国社会科学出版社，1979	751
2699	杨周翰：《十七世纪英国文学》，北京：北京大学出版社，1985	751
2700	姚福申：《中国编辑史》，上海：复旦大学出版社，1990	860
2701	姚士谋：《中国城市群》，合肥：中国科学技术大学出版社，1992	790
2702	姚侠文：《现代跳马技术与教学训练》，北京：北京体育大学出版社，1993	890
2703	姚贤镐：《中国近代对外贸易史资料》，北京：中华书局，1962	770
2704	姚洋：《土地、制度和农业发展》，北京：北京大学出版社，2004	790
2705	姚远：《中国大学科技期刊史》，西安：陕西师范大学出版社，1997	860
2706	叶德辉：《书林清话》，北京：中华书局，1957	870
2707	叶蜚声：《语言学纲要》，北京：北京大学出版社	740

序号	图书信息	学科代码
2708	叶国雄:《篮球运动研究必读》,北京:人民体育出版社,1999	890
2709	叶浩生:《西方心理学的历史与体系》,北京:人民教育出版社,1998	920
2710	叶浩生:《西方心理学研究新进展》,北京:人民教育出版社,2003	920
2711	叶澜:《"新基础教育"发展性研究报告集》,北京:中国轻工业出版社,2004	880
2712	叶澜:《教师角色与教师发展新探》,北京:教育科学出版社,2001	880
2713	叶澜:《教育概论》,北京:人民教育出版社,1991	880
2714	叶澜:《教育研究方法论初探》,上海:上海教育出版社,1999	880
2715	叶朗:《现代美学体系》,北京:北京大学出版社,1999	760
2716	叶朗:《中国美学史大纲》,上海:上海人民出版社,1985	752,760
2717	叶隆礼 等:《契丹国志》,上海:上海古籍出版社,1985	770
2718	叶圣陶:《叶圣陶语文教育论集》(分上下两册),北京:教育科学出版社,1980	880
2719	叶渭渠:《日本文学思潮史》,北京:经济日报出版社,1997	751
2720	叶奕乾、孔克勤:《个性心理学》,上海:华东师范大学出版社,1993	920
2721	叶奕乾:《普通心理学》,上海:华东师范大学出版社,1997	920
2722	叶裕民:《中国城市化之路:经济支持与制度创新》,北京:商务印书馆,2001	790
2723	衣俊卿:《文化哲学:理论理性和实践理性交汇处的文化批判》,昆明:云南人民出版社,2001	950
2724	易丹辉:《数据分析与 EVIEWS 应用》,北京:中国统计出版社,2002	790
2725	易纲:《中国的货币、银行和金融市场:1984—1993》,上海:上海三联书店、上海人民出版社,1996	790
2726	殷企平:《英国小说批评史》,上海:上海外语教育出版社,2001	751
2727	尹鸿:《世纪转折时期的中国影视文化》,北京:北京出版社,1998	760
2728	尹俊华:《教育技术学导论》,北京:高等教育出版社,2002	880

续表

序号	图书信息	学科代码
2729	尹田：《法国物权法》，北京：法律出版社，1998	820
2730	印顺：《中国禅宗史》，南昌：江西人民出版社/上海：上海书店出版社	730
2731	应松年：《行政法学新论》，北京：中国方正出版社，1998	820
2732	游国恩等主编：《中国文学史》，北京：人民文学出版社，1964	752
2733	于良芝：《图书馆学导论》，北京：科学出版社，2003	870
2734	于润洋：《西方音乐通史》，上海：上海音乐出版社，2001	760
2735	于润洋：《现代西方音乐哲学导论》，长沙：湖南教育出版社，2000	760
2736	于省吾：《甲骨文字诂林》，北京：中华书局，1996	740，780
2737	于省吾：《甲骨文字释林》，北京：中华书局，1979	780
2738	于秀林：《多元统计分析》，北京：中国统计出版社，1999	790
2739	余光胜：《企业发展的知识分析》，上海：上海财经大学出版社，2000	630
2740	余华：《兄弟》，上海：上海文艺出版社，2005	752
2741	余建英：《数据统计分析与SPSS应用》，北京：人民邮电出版社，2003	790
2742	余胜泉：《信息技术与课程整合：网络时代的教学模式与方法》，上海：上海教育出版社，2005	880
2743	余英时：《士与中国文化》，上海：上海人民出版社，1987	720，752，770，950
2744	俞国良：《创造力心理学》，杭州：浙江人民出版社，1996	920
2745	俞继英：《竞技体操高级教程》，北京：人民体育出版社，2000	890
2746	俞君立：《文献分类学》，武汉：武汉大学出版社，2001	870
2747	俞可平：《权利政治与公益政治：当代西方政治哲学评析》，北京：社会科学文献出版社，2000	810
2748	俞可平：《治理与善治》，北京：社会科学文献出版社，2000	630，810，840
2749	俞人豪：《音乐学概论》，北京：人民音乐出版社，1997	760

续表

序号	图书信息	学科代码
2750	俞士汶：《现代汉语语法信息词典详解》，北京：清华大学出版社，1998，2003	740
2751	郁达夫：《郁达夫文集》，广州：花城出版社，1982	752
2752	郁义鸿：《知识管理与组织创新》，上海：复旦大学出版社，2001	630
2753	喻国明：《传媒影响力：传媒产业本质与竞争优势》，广州：南方日报出版社，2003	860
2754	喻国明：《解析传媒变局：来自中国传媒业第一现场的报告》，广州：南方日报出版社，2002	860
2755	喻国明：《媒介的市场定位：一个传播学者的实证研究》，北京：北京广播学院出版社，2000	860
2756	袁方：《社会研究方法教程》，北京：北京大学出版社，1997	840，890
2757	袁宏道著，钱伯城笺校：《袁宏道集笺校》，上海：上海古籍出版社，1981	752
2758	袁家骅：《汉语方言概要》，北京：文字改革出版社	740
2759	袁静芳：《乐种学》，北京：华乐出版社，1999	760
2760	袁静芳：《民族器乐》，北京：人民音乐出版社，1987	760
2761	袁枚：《随园诗话》，北京：人民文学出版社，1982	752
2762	袁枚著，王英志主编：《袁枚全集》，南京：江苏古籍出版社，1993	752
2763	袁行霈：《中国文学史》，北京：高等教育出版社，1999	752
2764	袁咏秋：《外国图书馆学名著选读》，北京：北京大学出版社，1988	870
2765	袁振国：《当代教育学》，北京：教育科学出版社，1999	880
2766	袁振国：《教育政策学》，南京：江苏教育出版社，2001	880
2767	袁作生：《现代田径运动科学训练法》，北京：人民体育出版社，1997	890
2768	岳剑波：《信息管理基础》，北京：清华大学出版社，1999	870
2769	岳剑波：《信息环境论》，北京：书目文献出版社，1996	870
2770	赞宁：《宋高僧传》，北京：中华书局，1987	730

续表

序号	图书信息	学科代码
2771	臧克家：《臧克家全集》，长春：时代文艺出版社，2002	752
2772	赜藏主：《古尊宿语录》，北京：中华书局，1994	730
2773	曾凡辉：《运动员科学选材》，北京：人民体育出版社，1992	890
2774	曾国藩：《曾国藩全集》，长沙：岳麓书社，1985	720，770
2775	曾世雄：《民法总则之现在与未来》，北京：中国政法大学出版社，2001	820
2776	曾世雄：《损害赔偿法原理》，北京：中国政法大学出版社，2001	820
2777	曾毅：《人口分析方法与应用》，北京：北京大学出版社，1993	840
2778	翟学伟：《中国人行动的逻辑》，北京：社会科学文献出版社，2001	840
2779	张爱玲著，金宏达等编：《张爱玲文集》，合肥：安徽文艺出版社，1992	752
2780	张必隐：《阅读心理学》，北京：北京师范大学出版社，1992	920
2781	张伯江：《汉语功能语法研究》，南昌：江西教育出版社，1996	740
2782	张成福等：《公共管理学》，北京：中国人民大学出版社，2001	630
2783	张春兴：《现代心理学：现代人研究自身问题的科学》，上海：上海人民出版社，1994	920
2784	张岱年：《张岱年全集》，石家庄：河北人民出版社，1996	950
2785	张岱年：《中国文化概论》，北京：北京师范大学出版社	890，950
2786	张岱年：《中国文化与文化论争》，北京：中国人民大学出版社，1990	950
2787	张岱年：《中国哲学大纲》，北京：中国社会科学出版社，1982	720
2788	张德：《人力资源开发与管理》，北京：清华大学出版社，2001	630
2789	张二震：《贸易投资一体化与中国的战略》，北京：人民出版社，2004	790
2790	张帆：《环境与自然资源经济学》，上海：上海人民出版社，1998	790
2791	张庚：《中国戏曲通史》，北京：中国戏剧出版社，1980	760

续表

序号	图书信息	学科代码
2792	张光直:《考古学专题六讲》,北京:文物出版社,1986	780
2793	张广达等:《于阗史丛考》,上海:上海书店出版社,1993	780
2794	张国良:《20世纪传播学经典文本》,上海:复旦大学出版社,2003	860
2795	张国良:《传播学原理》,上海:复旦大学出版社,1995	860
2796	张国良:《现代大众传播学》,成都:四川人民出版社,1998	860
2797	张国良:《新闻媒介与社会》,上海:上海人民出版社,2001	860
2798	张国庆:《行政管理学概论》,北京:北京大学出版社,2000	630
2799	张海鹏:《中国近代通史》,南京:江苏人民出版社,2006	860
2800	张洪潭:《技术健身教学论》,上海:华东师范大学出版社,2000	890
2801	张厚义:《中国私营企业发展报告(2001)》,北京:社会科学文献出版社,2002	630
2802	张华:《课程流派研究》,济南:山东教育出版社,2000	880
2803	张华:《课程与教学论》,上海:上海教育出版社,2000	880,890
2804	张焕庭主编:《西方资产阶级教育论著选》,北京:人民教育出版社,1979	880
2805	张继禹主编:《中华道藏》,北京:华夏出版社,2004	730
2806	张家山二四七号汉墓竹简整理小组:《张家山汉墓竹简:二四七号墓》,北京:文物出版社,2001	770,780
2807	张謇:《张謇全集》,南京:江苏古籍出版社,1993	770
2808	张建军:《逻辑悖论研究引论》,南京:南京大学出版社,2002	720
2809	张杰:《中国金融制度的结构与变迁》,太原:山西经济出版社,1998	790
2810	张杰:《中国农村金融制度:结构、变迁与政策》,北京:中国人民大学出版社,2003	790
2811	张金昌:《国际竞争力评价的理论和方法》,北京:经济科学出版社,2002	790
2812	张晋藩:《中国法律的传统与近代转型》,北京:法律出版社,1996	820

续表

序号	图书信息	学科代码
2813	张京媛：《当代女性主义文学批评》，北京：北京大学出版社，1992	751，752
2814	张京媛：《新历史主义与文学批评》，北京：北京大学出版社，1993	751，752
2815	张静：《法团主义：及其与多元主义的主要分歧》，北京：中国社会科学出版社，1998	840
2816	张静：《基层政权：乡村制度诸问题》，杭州：浙江人民出版社，2000	840
2817	张静主编：《国家与社会》，杭州：浙江人民出版社，1998	840
2818	张君房：《云笈七签》，北京：华夏出版社/济南：齐鲁书社	730
2819	张君劢：《科学与人生观》，济南：山东人民出版社，1997	950
2820	张俊浩：《民法学原理》，北京：中国政法大学出版社，1991	820
2821	张骏祥：《张骏祥文集》，上海：学林出版社，1997	760
2822	张康之：《寻找公共行政的伦理视角》，北京：中国人民大学出版社，2002	630
2823	张坤：《循环经济理论与实践》，北京：中国环境科学出版社，2003	790
2824	张坤民：《可持续发展论》，北京：中国环境科学出版社，1997	790
2825	张雷：《多层线性模型应用》，北京：教育科学出版社，2003	920
2826	张力为：《体育科学常用心理量表评定手册》，北京：北京体育大学出版社，2004	890
2827	张力为：《体育科学研究方法》，北京：高等教育出版社	890
2828	张力为：《体育运动心理学研究进展》，北京：高等教育出版社	890
2829	张力为：《运动心理学》，上海：华东师范大学出版社，2003	890
2830	张林：《职业体育俱乐部运行机制》，北京：人民体育出版社，2001	890
2831	张敏：《认知语言学与汉语名词短语》，北京：中国社会科学出版社，1998	740
2832	张明楷：《法益初论》，北京：中国政法大学出版社，2000	820

续表

序号	图书信息	学科代码
2833	张明楷：《外国刑法纲要》，北京：清华大学出版社，1999	820
2834	张明楷：《刑法的基本立场》，北京：中国法制出版社，2002	820
2835	张明楷：《刑法分则的解释原理》，北京：中国人民大学出版社，2004	820
2836	张明楷：《刑法格言的展开》，北京：法律出版社，1999	820
2837	张明楷：《刑法学》，北京：法律出版社，1997	820
2838	张明立：《常用体育统计方法》，北京：北京体育大学出版社	890
2839	张明园：《精神科评定量表手册》，长沙：湖南科学技术出版社，1998	920
2840	张枬：《辛亥革命前十年间时论选集》，北京：生活·读书·新知三联书店，1960	770
2841	张培刚：《发展经济学教程》，北京：经济科学出版社，2001	790
2842	张培刚：《新发展经济学》，郑州：河南人民出版社，1999	790
2843	张品兴等：《梁启超全集》，北京：北京出版社，1988	770
2844	张琪玉：《情报语言学基础》，武汉：武汉大学出版社，1997	870
2845	张琪玉：《张琪玉情报语言学文集》，北京：北京图书馆出版社，1999	870
2846	张千帆：《西方宪政体系》，北京：中国政法大学出版社，2000	820
2847	张千帆：《宪法学导论：原理与应用》，北京：法律出版社，2004	820
2848	张前：《音乐美学基础》，北京：人民音乐出版社，1998	760
2849	张庆林：《当代认知心理学在教学中的应用：如何教会学生学习和思维》，重庆：西南师范大学出版社，1995	920
2850	张人杰主编：《国外教育社会学基本文选》，上海：华东师范大学出版社，1989	880
2851	张蕊：《企业战略经营业绩评价指标体系研究》，北京：中国财政经济出版社，2002	630
2852	张声震：《壮族通史》，北京：民族出版社，1997	850

续表

序号	图书信息	学科代码
2853	张世英：《哲学导论》，北京：北京大学出版社，2002	720
2854	张守文等：《信息法学》，北京：法律出版社，1995	870
2855	张首映：《西方二十世纪文论史》，北京：北京大学出版社，1999	751
2856	张舜徽：《中国文献学》，郑州：中州书画社，1982	870
2857	张铁明：《教育产业论：教育与经济增长关系的新视角》，广州：广东高等教育出版社，1999	880
2858	张维迎：《博弈论与信息经济学》，上海：上海三联书店、上海人民出版社，1996	630，790，840，870
2859	张维迎：《产权、激励与公司治理》，北京：经济科学出版社，2005	630
2860	张维迎：《产权、政府与信誉》，北京：生活·读书·新知三联书店，2001	630，790
2861	张维迎：《大学的逻辑》，北京：北京大学出版社，2004	880
2862	张维迎：《企业的企业家：契约理论》，上海：上海三联书店、上海人民出版社，1995	630，790
2863	张维迎：《企业理论与中国企业改革》，北京：北京大学出版社，1999	630，790
2864	张维迎：《信息、信任与法律》，北京：生活·读书·新知三联书店，2003	790
2865	张文显：《二十世纪西方法哲学思潮研究》，北京：法律出版社，1996	820
2866	张文显：《法理学》，北京：法律出版社/北京：高等教育出版社	820
2867	张文显：《法学基本范畴研究》，北京：中国政法大学出版社，1993	820
2868	张文显：《法哲学范畴研究》，北京：中国政法大学出版社，2001	820
2869	张文新：《儿童社会性发展》，北京：北京师范大学出版社，1999	920
2870	张宪文：《南京大屠杀史料集》，南京：江苏人民出版社，2005	770
2871	张晓峒：《计量经济分析》，北京：经济科学出版社，2000	790
2872	张晓峒：《计量经济学软件 EVIEWS 使用指南》，天津：南开大学出版社，2003	790

续表

序号	图书信息	学科代码
2873	张晓林：《元数据研究与应用》，北京：北京图书馆出版社，2002	870
2874	张昕竹：《网络产业：规制与竞争理论》，北京：社会科学文献出版社，2000	790
2875	张新宝：《中国侵权行为法》，北京：中国社会科学出版社，1995	820
2876	张新华：《情报学理论流派研究纲要》，上海：上海社会科学院出版社，1992	870
2877	张馨：《公共财政论纲》，北京：经济科学出版社，1999	790
2878	张学海主编：《海岱考古》，济南：山东大学出版社，1989	780
2879	张岩冰：《女权主义文论》，济南：山东教育出版社，1998	751
2880	张彦远：《法书要录》，北京：人民美术出版社，1984	760
2881	张彦远：《历代名画记》，北京：人民美术出版社，1963	760，780
2882	张燕：《映画：香港制造——与香港著名导演对话》，北京：北京大学出版社，2006	760
2883	张一兵：《回到马克思：经济学语境中的哲学话语》，南京：江苏人民出版社，1999	710，720
2884	张怡荪：《藏汉大辞典》，北京：民族出版社，1993	730
2885	张谊生：《现代汉语副词研究》，上海：学林出版社，2000	740
2886	张寅德：《叙述学研究》，北京：中国社会科学出版社，1989	751
2887	张幼文：《新开放观：对外开放理论与战略再探讨》，北京：人民出版社，2007	790
2888	张元济主编：《四部丛刊》，北京：人民文学出版社，1983	752
2889	张载：《张载集》，北京：中华书局，1978	720，950
2890	张在明主编，国家文物局主编：《中国文物地图集·陕西分册》，西安：西安地图出版社，1998	780
2891	张政烺：《张政烺文史论集》，北京：中华书局，2004	770
2892	张之洞：《张文襄公全集》，北京：中国书店，1928	770

续表

序号	图书信息	学科代码
2893	张之洞：《张之洞全集》，河北人民出版社，1998	770
2894	张之华：《中国新闻事业史文选（公元724年—1995年)》，北京：中国人民大学出版社，1999	860
2895	张子清：《二十世纪美国诗歌史》，长春：吉林教育出版社，1995	751
2896	章培恒：《中国文学史》，上海：复旦大学出版社，1996	752
2897	章太炎：《章太炎全集》，上海：上海人民出版社，1982/1986	720，752，770，950
2898	章太炎著，汤志钧编：《章太炎政论选集》，北京：中华书局，1977	770，950
2899	章学诚：《文史通义》，北京：商务印书馆/中华书局，1933/1956	770，950
2900	章学诚：《章学诚遗书》，台北：文物出版社，1985	770
2901	章学诚等：《文史通义新编新注》，杭州：浙江古籍出版社，2005	770
2902	章学诚著，叶瑛校注：《文史通义校注》，北京：中华书局，1985	770
2903	章有义：《中国近代农业史资料》，北京：生活·读书·新知三联书店，1957	770，790
2904	章志光：《社会心理学》，北京：人民教育出版社，1996	920
2905	赵鼎新：《社会与政治运动讲义》，北京：社会科学文献出版社，2006	840
2906	赵敦华：《基督教哲学1500年》，北京：人民出版社，1994	730
2907	赵家璧主编：《中国新文学大系》，上海：上海良友图书印刷公司，1935	752
2908	赵晋平：《利用外资与中国经济增长》，北京：人民出版社，2001	790
2909	赵人伟：《中国居民收入分配再研究：经济改革和发展中的收入分配》，北京：中国财政经济出版社，1999	790
2910	赵曙明：《人力资源管理研究》，北京：中国人民大学出版社，2001	630
2911	赵曙明等：《知识企业与知识管理》，南京：南京大学出版社，2000	630
2912	赵树理：《赵树理文集》，北京：工人出版社，1980	752

续表

序号	图书信息	学科代码
2913	赵树理著，董大中主编：《赵树理全集》，太原：北岳文艺出版社，2000	752
2914	赵汀阳：《论可能生活：一种关于幸福和公正的理论（修订版）》，北京：中国人民大学出版社，2004	880
2915	赵汀阳：《天下体系：世界制度哲学导论》，南京：江苏教育出版社，2005	810
2916	赵维田：《世界贸易组织（WTO）的法律制度》，长春：吉林人民出版社，2000	820
2917	赵文林：《中国人口史》，北京：人民出版社，1988	840
2918	赵彦春：《翻译学归结论》，上海：上海外语教育出版社，2005	740
2919	赵艳芳：《认知语言学概论》，上海：上海外语教育出版社，2001	740
2920	赵一凡：《西方文论关键词》，北京：外语教学与研究出版社，2006	751
2921	赵翼：《廿二史札记》，北京：中华书局，1962	770
2922	赵元任：《语言问题》，北京：商务印书馆，1980	740
2923	赵元任：《赵元任语言学论文集》，北京：商务印书馆，2002	740
2924	赵中建编：《教育的使命：面向二十一世纪的教育宣言和行动纲领》，北京：教育科学出版社，1996	880
2925	赵中建选编：《全球教育发展的研究热点：90年代来自联合国教科文组织的报告》，北京：教育科学出版社，1999	880
2926	浙江省文物考古研究所：《浙江省文物考古研究所学刊：建所十周年纪念（1980—1990）》，北京：科学出版社，1993	780
2927	郑板桥：《郑板桥集》，上海：上海古籍出版社，1979	770
2928	郑炳林：《敦煌碑铭赞辑释》，兰州：甘肃教育出版社，1992	780
2929	郑超然：《外国新闻传播史》，北京：中国人民大学出版社，2000	860
2930	郑成思：《版权法》，北京：中国人民大学出版社，1997	820
2931	郑成思：《知识产权论》，北京：法律出版社，1998	820

续表

序号	图书信息	学科代码
2932	郑功成：《社会保障学：理念、制度、实践与思辨》，北京：商务印书馆，2000	840
2933	郑功成：《中国社会保障制度变迁与评估》，北京：中国人民大学出版社，2002	790，840
2934	郑观应著，夏东元编：《郑观应集》，上海：上海人民出版社，1982	770
2935	郑杭生：《社会学概论新修》，北京：中国人民大学出版社，2003	840，890
2936	郑金洲：《教育文化学》，北京：人民教育出版社，2000	880
2937	郑麟趾：《高丽史》，东京：吉川弘文馆，1996	950
2938	郑敏：《诗歌与哲学是近邻：结构—解构诗论》，北京：北京大学出版社，1999	752
2939	郑樵：《通志》，北京：中华书局，1987	870
2940	郑日昌：《心理测量》，长沙：湖南教育出版社，1987	920
2941	郑兴东：《受众心理与传媒引导》，北京：新华出版社，1999	860
2942	郑也夫：《信任论》，北京：中国广播电视出版社，2001	840
2943	郑英烈：《序列音乐写作基础》，上海：上海音乐出版社，1989	760
2944	中共中央：《关于构建社会主义和谐社会若干重大问题的决定》，北京：人民出版社，2006	810
2945	中共中央：《中共中央关于完善社会主义市场经济体制若干问题的决定》，北京：人民出版社，2003	790
2946	中共中央党史研究室第一研究部：《共产国际、联共（布）与中国革命档案资料丛书》，北京：北京图书馆出版社，1997	810
2947	中共中央党史研究室第一研究部：《联共（布）、共产国际与中国国民革命运动》，北京：北京图书馆出版社，1997	770
2948	中共中央党校党史教研室：《中共党史参考资料》，北京：人民出版社，1979	810
2949	中共中央党校文献室：《十六大报告辅导读本》，北京：人民出版社，2002	810，950
2950	中共中央档案馆：《中共中央文件选集》，北京：中共中央党校出版社	710，770，810

续表

序号	图书信息	学科代码
2951	中共中央统战部：《民族问题文献汇编》，北京：中共中央党校出版社，1991	710, 850
2952	中共中央文献研究室：《邓小平年谱：1975—1997》，北京：中央文献出版社，2004	710, 770, 790, 810
2953	中共中央文献研究室：《邓小平思想年谱：1975—1997》，北京：中央文献出版社，1998	710, 810
2954	中共中央文献研究室：《关于建国以来党的若干历史问题的决议（注释本）》，北京：人民出版社，1985	710, 810
2955	中共中央文献研究室：《建国以来重要文献选编》，北京：中央文献出版社，1992—1998	710, 770, 810
2956	中共中央文献研究室：《毛泽东传》，北京：中央文献出版社，1996	710, 810
2957	中共中央文献研究室：《毛泽东年谱（1893—1949）》，北京：人民出版社、中央文献出版社 1993/2002	710, 770, 810
2958	中共中央文献研究室：《三中全会以来重要文件选编》，北京：人民出版社，1982	710, 810
2959	中共中央文献研究室：《十二大以来重要文献选编》，北京：人民出版社，1986	710
2960	中共中央文献研究室：《十六大以来重要文献选编》，北京：中央文献出版社，2005	810
2961	中共中央文献研究室：《十三大以来重要文献选编》，北京：人民出版社，1991/1993	710, 810
2962	中共中央文献研究室：《十四大以来重要文献选编》，北京：人民出版社，1996	810
2963	中共中央文献研究室：《十五大以来重要文献选编》，北京：人民出版社，2000/2003	710, 810
2964	中共中央文献研究室：《周恩来年谱》，北京：中央文献出版社，1997	710, 770, 810
2965	中共中央文献研究室综合研究组编：《新时期宗教工作文献选编》，北京：宗教文化出版社，1995	730
2966	中共中央宣传部：《"三个代表"重要思想学习纲要》，北京：学习出版社，2003	710, 810
2967	中国藏学研究中心：《元以来西藏地方与中央政府关系档案史料汇编》，北京：中国藏学出版社，1994	770, 850
2968	中国大百科全书编辑委员会：《中国大百科全书》，北京：中国大百科全书出版社	720, 751, 760, 780, 810, 820, 840, 850, 860, 870, 880, 890, 950
2969	中国第二历史档案馆：《康藏纠纷档案选编》，北京：中国藏学出版社，2000	770, 850
2970	中国第二历史档案馆：《中华民国史档案资料汇编》，南京：江苏古籍出版社，1986/1991/1994/1997	770, 880

续表

序号	图书信息	学科代码
2971	中国第一历史档案馆:《康熙起居注》,北京:中华书局,1984	770
2972	中国第一历史档案馆:《满文老档》,北京:中华书局,1990	770
2973	中国第一历史档案馆:《雍正朝汉文朱批奏折汇编》,南京:江苏古籍出版社,1989	770
2974	中国电影资料馆:《中国无声电影》,北京:中国电影出版社,1996	760
2975	中国高等学校自然科学学报研究会:《中国高等学校自然科学学报编排规范》,北京:北京工业大学出版社,1993	860
2976	中国革命博物馆:《新民学会资料》,北京:人民出版社,1980	710
2977	中国共产党第十六次全国代表大会秘书处:《中国共产党第十六次全国代表大会文件汇编》,北京:人民出版社,2002	710,810
2978	中国共产党第十五次全国代表大会秘书处:《中国共产党第十五次全国代表大会文件汇编》,北京:人民出版社,1997	710,810
2979	中国硅酸盐学会:《中国陶瓷史》,北京:文物出版社,1982	780
2980	中国国家教育委员会计划建设司:《中国教育统计年鉴》,北京:人民教育出版社,1998/2006	880
2981	中国国民体质监测系统课题组,国家体育总局科教司:《中国国民体质监测系统的研究》,北京:北京体育大学出版社,2000	890
2982	中国教育电影协会:《中国电影年鉴(1934)》,南京:中国教育电影协会发行,1934	760
2983	中国教育发展与政策研究中心编:《发达国家教育改革的动向和趋势》,北京:人民教育出版社,1986—2004	880
2984	中国教育年鉴编辑部:《中国教育年鉴(1949—1981)》,北京:中国大百科全书出版社,1984	880
2985	中国教育年鉴编辑部:《中国教育年鉴》,北京:人民教育出版社,1995/2005	880
2986	中国教育与人力资源问题报告课题组:《从人口大国迈向人力资源强国》,北京:高等教育出版社,2003	630,880
2987	中国金融年鉴编辑部,中国金融学会:《中国金融年鉴》,北京:中国金融出版社	790
2988	中国考古学会:《中国考古学年鉴》,北京:文物出版社	780

续表

序号	图书信息	学科代码
2989	中国科技发展研究报告研究组：《中国科技发展研究报告》，北京：经济管理出版社，1999	790
2990	中国科技发展战略研究小组：《中国区域创新能力报告》，北京：中共中央党校出版社，2002	790
2991	中国科学技术信息研究所：《2003年版中国科技期刊引证报告》，北京：科学技术文献出版社，2003	860
2992	中国科学技术信息研究所：《2004年版中国科技期刊引证报告》，北京：科学技术文献出版社，2004	860
2993	中国科学技术信息研究所：《2005年版中国科技期刊引证报告》，北京：科学技术文献出版社，2005	860
2994	中国科学考古研究所等：《西安半坡：原始氏族公社聚落遗址》，北京：文物出版社，1963	780
2995	中国科学院考古研究所：《长沙发掘报告》，北京：科学出版社，1957	780
2996	中国科学院考古研究所：《沣西发掘报告：1955—1957年陕西长安县沣西乡考古发掘资料》，北京：文物出版社，1963	780
2997	中国科学院考古研究所：《辉县发掘报告》，北京：科学出版社，1956	780
2998	中国科学院考古研究所：《洛阳中州路：西工段》，北京：科学出版社，1959	780
2999	中国科学院考古研究所：《庙底沟与三里桥：黄河水库考古报告之二》，北京：科学出版社，1959	780
3000	中国科学院考古研究所：《上村岭虢国墓地：黄河水库考古报告之三》，北京：科学出版社，1959	780
3001	中国科学院可持续发展研究组：《中国可持续发展战略报告》，北京：科学出版社，2006	790
3002	中国老龄科学研究中心：《中国城乡老年人口状况一次性抽样调查数据分析》，北京：中国标准出版社，2003	840
3003	中国历史档案馆：《义和团档案史料》，北京：中华书局，1959	770
3004	中国群众体育现状调查课题组：《中国群众体育现状调查与研究》，北京：北京体育大学出版社，1998/2005	890
3005	中国社会科学院编：《中国语言地图集》，香港：朗文出版（远东）有限公司，1987/1989	740
3006	中国社会科学院财政与贸易经济研究所：《中国：启动新一轮税制改革：理念转变、政策分析和相关安排》，北京：中国财政经济出版社，2003	790
3007	中国社会科学院工业经济研究所：《中国工业发展报告》，北京：经济管理出版社，2002	790

续表

序号	图书信息	学科代码
3008	中国社会科学院近代史研究所：《胡适来往书信选》，北京：中华书局，1979	770
3009	中国社会科学院考古研究所：《宝鸡北首岭》，北京：文物出版社，1983	780
3010	中国社会科学院考古研究所：《大甸子：夏家店下层文化遗址与墓地发掘报告》，北京：科学出版社，1996	780
3011	中国社会科学院考古研究所：《二里头陶器集粹》，北京：中国社会科学出版社，1995	780
3012	中国社会科学院考古研究所：《满城汉墓发掘报告》，北京：文物出版社，1980	780
3013	中国社会科学院考古研究所：《夏县东下冯》，北京：文物出版社，1988	780
3014	中国社会科学院考古研究所：《新中国的考古发现和研究》，北京：文物出版社，1984	780
3015	中国社会科学院考古研究所：《偃师二里头：1959年—1978年考古发掘报告》，北京：中国大百科全书出版社，1999	780
3016	中国社会科学院考古研究所：《殷墟的发现与研究》，北京：科学出版社，1994	780
3017	中国社会科学院考古研究所：《殷墟发掘报告：1958—1961》，北京：文物出版社，1987	780
3018	中国社会科学院考古研究所：《殷墟妇好墓》，北京：文物出版社，1980	780
3019	中国社会科学院考古研究所：《殷墟青铜器》，北京：文物出版社，1985	780
3020	中国社会科学院考古研究所：《殷周金文集成》，北京：中华书局，1984	780
3021	中国社会科学院考古研究所：《张家坡西周墓地》，北京：中国大百科全书出版社，1999	780
3022	中国社会科学院考古研究所：《中国考古学中碳十四年代数据集：1965—1981》，北京：文物出版社，1983	780
3023	中国社会科学院新闻研究所：《中国共产党新闻工作文件汇编》，北京：新华出版社，1980	860
3024	中国社会科学院语言研究所词典编辑室：《现代汉语词典》，北京：商务印书馆，1983/1986/1996/2002	740，760，820，860，870，880，890
3025	中国史学会：《太平天国》，上海：上海神州国光社，1952	770
3026	中国史学会：《戊戌变法》，上海：上海神州国光社，1953	770

续表

序号	图书信息	学科代码
3027	中国史学会：《辛亥革命》，上海：上海人民出版社，1956	770
3028	中国史学会：《洋务运动》，上海：上海人民出版社，1961	770
3029	中国体育科学学会：《体育科学词典》，北京：高等教育出版社，2000	890
3030	中国图书馆分类法编辑委员会：《中国图书馆分类法（第4版）》，北京：北京图书馆出版社，1999	860，870
3031	中国图书馆分类法编辑委员会编：《中国图书馆分类法（第4版）使用手册》，北京：北京图书馆出版社，1999	870
3032	中国图书馆分类法编辑委员会编：《中国图书馆图书分类法》，北京：书目文献出版社，1990	870
3033	中国图书馆学会：《世纪之交：图书馆事业回顾与展望》，北京：北京图书馆出版社，1999	870
3034	中国文献编目规则编撰小组编：《中国文献编目规则》，广州：广东人民出版社，1996	870
3035	中国戏曲研究院：《中国古典戏曲论著集成》，北京：中国戏剧出版社，1959	752，760
3036	中国戏曲志编辑委员会：《中国戏曲志》，北京：中国ISBN中心，1995	760
3037	中国学生体质与健康研究组：《1995年中国学生体质与健康调研报告》，长春：吉林科学技术出版社，1996	890
3038	中国学生体质与健康研究组：《2000年中国学生体质与健康调研报告》，北京：高等教育出版社，2002	890
3039	中国学生体质与健康研究组：《中国学生体质与健康研究》，北京：人民教育出版社，1987	890
3040	中国伊斯兰百科全书编辑委员会编：《中国伊斯兰百科全书》，成都：四川辞书出版社，1994	730
3041	中国艺术研究院音乐研究所《中国音乐词典》编辑部：《中国音乐词典》，北京：人民音乐出版社，1985	760
3042	中华人民共和国教育部：《普通高中技术课程标准（实验）》，北京：人民教育出版社，2003	880
3043	中华人民共和国教育部：《体育（1—6年级）课程与健康（7—12年级）课程标准》，北京：北京师范大学出版社，2001	890
3044	中华人民共和国教育部：《体育与健康课程标准》，北京：北京师范大学出版社，2001	890

续表

序号	图书信息	学科代码
3045	中华医学会精神科分会：《中国精神障碍分类与诊断标准（CCMD-3）》，济南：山东科学技术出版社，2001	920
3046	中华医学会精神科学会：《中国精神疾病分类方案与诊断标准》，南京：东南大学出版社，1995	920
3047	中央文物供应社：《台湾文献丛刊》，台北：九州出版社，2004	770
3048	中央研究院近代史研究所：《清季中日韩关系史料》，台北：中央研究院近代史研究所，1972	770
3049	中央保持共产党员先进性教育活动领导小组办公室：《保持共产党员先进性教育读本》，北京：党建读物出版社，2004	810
3050	中央教育科学研究所编：《中华人民共和国教育大事记（1949—1982）》，北京：教育科学出版社，1984	880
3051	钟惦棐：《起搏书》，北京：中国电影出版社，1986	760
3052	钟敬文：《民俗学概论》，上海：上海文艺出版社，1998	850
3053	钟启泉：《课程设计基础》，济南：山东教育出版社，2000	880
3054	钟启泉：《为了中华民族的复兴，为了每位学生的发展：〈基础教育课程改革纲要（试行）〉解读》，上海：华东师范大学出版社，2001	880
3055	钟启泉：《现代课程论》，上海：上海教育出版社，1989	880
3056	钟嵘：《诗品》，上海：上海古籍出版社，1994	752
3057	钟义信：《信息科学原理》，北京：北京邮电大学出版社，2002	870
3058	重庆市文物局等：《重庆库区考古报告集·1997 卷》，北京：科学出版社，2001	780
3059	周大鸣：《现代都市人类学》，广州：中山大学出版社，1997	850
3060	周登嵩：《体育科研概论》，北京：北京体育大学出版社，1995	890
3061	周恩来：《周恩来统一战线文选》，北京：人民出版社，1984	730，810，850
3062	周恩来：《周恩来外交文选》，北京：中央文献出版社，1990	810
3063	周恩来：《周恩来选集》，北京：人民出版社，1980/1984	710，770，810

续表

序号	图书信息	学科代码
3064	周辅成:《西方伦理学名著选辑》,北京:商务印书馆,1987	720
3065	周浩然:《文化国力论》,沈阳:辽宁人民出版社,2000	950
3066	周继良:《图书分类学》,武汉:武汉大学出版社,1989	870
3067	周立:《中国各地区金融发展与经济增长(1978—2000)》,北京:清华大学出版社,2004	790
3068	周枏:《罗马法原论》,北京:商务印书馆,1994	820
3069	周宁:《信息组织》,武汉:武汉大学出版社,2001	870
3070	周其仁:《产权与制度变迁:中国改革的经验研究》,北京:社会科学文献出版社,2002	790
3071	周起业:《区域经济学》,北京:中国人民大学出版社,1989	790
3072	周庆山:《文献传播学》,北京:书目文献出版社,1997	870
3073	周去非:《岭外代答》,北京:中华书局,1999	850
3074	周汝昌:《红楼梦新证》,北京:人民文学出版社,1976	752
3075	周三多:《管理学》,北京:高等教育出版社,2005	630
3076	周三多等:《战略管理思想史》,上海:复旦大学出版社,2002	630
3077	周绍良:《唐代墓志汇编》,上海:上海古籍出版社,1992	770,780,840
3078	周绍良:《唐代墓志汇编续集》,上海:上海古籍出版社,2001	770,840
3079	周升恒主编:《中文图书机读目录格式使用手册》,北京:华艺出版社,2000	870
3080	周文骏:《图书馆学研究论文集》,北京:书目文献出版社,1996	870
3081	周宪:《中国当代审美文化研究》,北京:北京大学出版社,1997	760,950
3082	周晓虹:《现代社会心理学:多维视野中的社会行为研究》,上海:上海人民出版社,1997	840,920
3083	周星:《社会文化人类学讲演集》,天津:天津人民出版社,1996	850
3084	周雪恒:《中国档案事业史》,北京:中国人民大学出版社,1994	870

续表

序号	图书信息	学科代码
3085	周扬：《周扬文集》，北京：人民文学出版社，1984	752
3086	周一星：《城市地理学》，北京：商务印书馆，1995	790
3087	周予同著，朱维铮编：《周予同经学史论著选集》，上海：上海人民出版社，1983	770
3088	周志忍：《当代国外行政改革比较研究》，北京：国家行政学院出版社，1999	630
3089	周中孚：《郑堂读书记》，北京：中华书局，1993	860
3090	周祖谟：《问学集》，北京：中华书局，1966	740
3091	周作人：《周作人自编文集》，石家庄：河北教育出版社，2002	752
3092	周作人著，钟叔河编：《周作人文类编》，长沙：湖南文艺出版社，1998	752
3093	朱德熙：《现代汉语语法研究》，北京：商务印书馆，1980	740
3094	朱德熙：《语法答问》，北京：商务印书馆，1985	740
3095	朱德熙：《语法讲义》，北京：商务印书馆，1982	740
3096	朱狄：《当代西方艺术哲学》，北京：人民出版社，1994	760
3097	朱凤瀚：《古代中国青铜器》，天津：南开大学出版社，1995	780
3098	朱光潜：《西方美学史》，北京：人民文学出版社，1963/1979/1979	720，751，752，760
3099	朱光潜：《朱光潜美学文集》，上海：上海文艺出版社，1982	752
3100	朱光潜：《朱光潜全集》，合肥：安徽教育出版社，1987	752
3101	朱虹：《英国小说的黄金时代（1813—1873）》，北京：中国社会科学出版社，1997	751
3102	朱华晟：《浙江产业群：产业网络、成长轨迹与发展动力》，杭州：浙江大学出版社，2003	790
3103	朱佳木：《陈云年谱（1905—1995）》，北京：中央文献出版社，2000	810
3104	朱金甫：《清末教案（第3册）》，北京：中华书局，1998	770

续表

序号	图书信息	学科代码
3105	朱立元：《当代西方文艺理论》，上海：华东师范大学出版社，1997	751，752，860
3106	朱慕菊主编，教育部基础教育司组织编写：《走进新课程：与课程实施者对话》，北京：北京师范大学出版社，2002	880
3107	朱寿朋：《光绪朝东华录》，北京：中华书局，1958	770
3108	朱苏力：《道路通向城市：转型中国的法治》，北京：法律出版社，2004	820
3109	朱苏力：《法治及其本土资源》，北京：中国政法大学出版社，1996	820
3110	朱苏力：《送法下乡：中国基层司法制度研究》，北京：中国政法大学出版社，2000	820
3111	朱天顺：《中国古代宗教初探》，上海：上海人民出版社，1982	730
3112	朱维铮主编：《马相伯集》，上海：复旦大学出版社，1996	730，880
3113	朱熹：《论语集注》	720
3114	朱熹：《诗集传》，上海：上海古籍出版社，1980	752
3115	朱熹：《四书集注》，武汉：岳麓书社，1985	720，950
3116	朱熹：《四书章句集注》，北京：中华书局，1983	720，752
3117	朱熹：《朱文公文集》	720
3118	朱熹：《朱熹集》，成都：四川教育出版社，1996	720
3119	朱熹著，王夫编：《朱子全书》，上海：上海古籍出版社，2002	720，770
3120	朱小蔓：《教育的问题与挑战：思想的回应》，南京：南京师范大学出版社，2000	880
3121	朱岩主编：《中国机读目录格式使用手册》，北京：华艺出版社，1995	870
3122	朱滢：《实验心理学》，北京：北京大学出版社，2000	920
3123	朱永生：《系统功能语言学多维思考》，上海：上海外语教育出版社，2001	740
3124	朱有瓛：《中国近代学制史料》，上海：华东师范大学出版社，1983	770，880

续表

序号	图书信息	学科代码
3125	朱羽君：《中国应用电视学》，北京：北京师范大学出版社，1993	860
3126	朱智贤：《思维发展心理学》，北京：北京师范大学出版社，1986	920
3127	朱智贤：《心理学大词典》，北京：北京师范大学出版社，1989	880，890，920
3128	朱自清：《朱自清全集》，南京：江苏教育出版社，1996/1988	752，950
3129	祝畹瑾：《社会语言学概论》，长沙：湖南教育出版社，1992	740
3130	祝智庭：《网络教育应用教程》，北京：北京师范大学出版社，2001	880
3131	祝智庭：《现代教育技术：走进信息化教育》，北京：高等教育出版社/北京：教育科学出版社，2001—2002	880
3132	庄孔韶：《人类学通论》，太原：山西教育出版社，2002	850
3133	庄守经：《中文核心期刊要目总览（1992）》，北京：北京大学出版社，1992	860，870
3134	庄子著，陈鼓应译注：《庄子今注今译》，北京：中华书局，1983	720，752
3135	资中筠：《战后美国外交史：从杜鲁门到里根》，北京：世界知识出版社，1994	810
3136	宗白华：《美学散步》，上海：上海人民出版社，1981	720，752，760
3137	宗白华：《艺境》，北京：北京大学出版社，1987/1989	752，760
3138	宗白华：《宗白华全集》，合肥：安徽教育出版社，1994	752，760，950
3139	邹衡：《夏商周考古学论文集》，北京：文物出版社，1980	780
3140	邹继豪：《面向21世纪中国学校体育》，大连：大连理工大学出版社，2000	890
3141	邹进：《现代德国文化教育学》，太原：山西教育出版社，1992	880

附录 1-2　　学科代码对应表

学科代码	学科名称
630	管理学
710	马克思主义
720	哲学
730	宗教学
740	语言学
751	外国文学
752	中国文学
760	艺术学
770	历史学
780	考古学
790	经济学
810	政治学
820	法学
840	社会学
850	民族学
860	新闻学与传播学
870	图书馆、情报与文献学
880	教育学
890	体育学
920	心理学
950	文化学

附录 2

附录 2-1　出版社总被引 Top 10

序号	出版社	总被引次数
1	人民出版社	129319
2	中华书局	127475
3	商务印书馆	102121
4	北京大学出版社	47871
5	中国社会科学出版社	45318
6	上海人民出版社	40840
7	中国人民大学出版社	40460
8	上海古籍出版社	39528
9	法律出版社	38648
10	生活·读书·新知三联书店	37219

附录 2-2　各学科出版社被引 Top 10

学科	序号	出版社名称	学科	序号	出版社名称
马克思主义	1	人民出版社	哲学	1	人民出版社
	2	中央文献出版社		2	商务印书馆
	3	商务印书馆		3	中华书局
	4	中共中央党校出版社		4	上海三联书店
	5	上海三联书店		5	中国社会科学出版社
	6	中国社会科学出版社		6	上海古籍出版社
	7	中国人民大学出版社		7	上海人民出版社
	8	上海人民出版社		8	上海译文出版社
	9	中央编译出版社		9	北京大学出版社
	10	北京大学出版社		10	中国人民大学出版社

续表

学科	序号	出版社名称	学科	序号	出版社名称
宗教学	1	人民出版社	历史学	1	中华书局
宗教学	2	商务印书馆	历史学	2	商务印书馆
宗教学	3	中华书局	历史学	3	人民出版社
宗教学	4	上海三联书店	历史学	4	上海古籍出版社
宗教学	5	中国社会科学出版社	历史学	5	上海人民出版社
宗教学	6	上海古籍出版社	历史学	6	生活·读书·新知三联书店
宗教学	7	上海人民出版社	历史学	7	中国社会科学出版社
宗教学	8	上海译文出版社	历史学	8	北京大学出版社
宗教学	9	北京大学出版社	历史学	9	上海书店出版社
宗教学	10	中国人民大学出版社	历史学	10	凤凰出版社
考古学	1	文物出版社	民族学	1	中华书局
考古学	2	中华书局	民族学	2	人民出版社
考古学	3	科学出版社	民族学	3	商务印书馆
考古学	4	上海古籍出版社	民族学	4	民族出版社
考古学	5	中国社会科学出版社	民族学	5	中国社会科学出版社
考古学	6	中国大百科全书出版社	民族学	6	上海人民出版社
考古学	7	商务印书馆	民族学	7	上海古籍出版社
考古学	8	北京大学出版社	民族学	8	云南人民出版社
考古学	9	三秦出版社	民族学	9	中央民族大学出版社
考古学	10	齐鲁书社	民族学	10	上海三联书店
中国文学	1	中华书局	外国文学	1	人民文学出版社
中国文学	2	人民文学出版社	外国文学	2	生活·读书·新知三联书店
中国文学	3	上海古籍出版社	外国文学	3	中国社会科学出版社
中国文学	4	北京大学出版社	外国文学	4	上海译文出版社
中国文学	5	生活·读书·新知三联书店	外国文学	5	北京大学出版社
中国文学	6	商务印书馆	外国文学	6	商务印书馆
中国文学	7	中国社会科学出版社	外国文学	7	译林出版社
中国文学	8	人民出版社	外国文学	8	上海外语教育出版社
中国文学	9	上海文艺出版社	外国文学	9	人民出版社
中国文学	10	上海人民出版社	外国文学	10	河北教育出版社

续表

学科	序号	出版社名称	学科	序号	出版社名称
语言学	1	商务印书馆	文化学	1	中华书局
	2	中华书局		2	人民出版社
	3	上海外语教育出版社		3	商务印书馆
	4	北京大学出版社		4	生活·读书·新知三联书店
	5	外语教学与研究出版社		5	上海人民出版社
	6	北京语言大学出版社		6	中国社会科学出版社
	7	语文出版社		7	北京大学出版社
	8	中国社会科学出版社		8	上海古籍出版社
	9	上海古籍出版社		9	社会科学文献出版社
	10	上海教育出版社		10	人民文学出版社
艺术学	1	人民音乐出版社	管理学	1	中国人民大学出版社
	2	中华书局		2	上海三联书店
	3	中国电影出版社		3	人民出版社
	4	商务印书馆		4	商务印书馆
	5	中国戏剧出版社		5	经济科学出版社
	6	上海古籍出版社		6	北京大学出版社
	7	中国社会科学出版社		7	机械工业出版社
	8	生活·读书·新知三联书店		8	清华大学出版社
	9	北京大学出版社		9	中国社会科学出版社
	10	人民文学出版社		10	上海人民出版社
经济学	1	人民出版社	政治学	1	人民出版社
	2	商务印书馆		2	商务印书馆
	3	经济科学出版社		3	上海人民出版社
	4	中国人民大学出版社		4	中国社会科学出版社
	5	上海三联书店		5	中华书局
	6	中国统计出版社		6	世界知识出版社
	7	中国财政经济出版社		7	生活·读书·新知三联书店
	8	上海人民出版社		8	社会科学文献出版社
	9	社会科学文献出版社		9	北京大学出版社
	10	中国社会科学出版社		10	新华出版社

续表

学科	序号	出版社名称	学科	序号	出版社名称
法学	1	法律出版社	社会学	1	人民出版社
法学	2	中国政法大学出版社	社会学	2	商务印书馆
法学	3	商务印书馆	社会学	3	社会科学文献出版社
法学	4	北京大学出版社	社会学	4	生活·读书·新知三联书店
法学	5	中国人民大学出版社	社会学	5	中国社会科学出版社
法学	6	中国法制出版社	社会学	6	中华书局
法学	7	人民出版社	社会学	7	中国人民大学出版社
法学	8	中国大百科全书出版社	社会学	8	上海人民出版社
法学	9	生活·读书·新知三联书店	社会学	9	中国统计出版社
法学	10	中国人民公安大学出版社	社会学	10	北京大学出版社
教育学	1	人民教育出版社	心理学	1	华东师范大学出版社
教育学	2	教育科学出版社	心理学	2	人民教育出版社
教育学	3	华东师范大学出版社	心理学	3	北京师范大学出版社
教育学	4	人民出版社	心理学	4	中国心理卫生杂志社
教育学	5	高等教育出版社	心理学	5	商务印书馆
教育学	6	商务印书馆	心理学	6	北京大学出版社
教育学	7	北京师范大学出版社	心理学	7	浙江教育出版社
教育学	8	上海教育出版社	心理学	8	人民出版社
教育学	9	生活·读书·新知三联书店	心理学	9	人民卫生出版社
教育学	10	浙江教育出版社	心理学	10	上海教育出版社
新闻学与传播学	1	人民出版社	图书馆情报与文献学	1	国家图书馆出版社
新闻学与传播学	2	商务印书馆	图书馆情报与文献学	2	中华书局
新闻学与传播学	3	新华出版社	图书馆情报与文献学	3	武汉大学出版社
新闻学与传播学	4	中华书局	图书馆情报与文献学	4	中国人民大学出版社
新闻学与传播学	5	中国人民大学出版社	图书馆情报与文献学	5	商务印书馆
新闻学与传播学	6	中国社会科学出版社	图书馆情报与文献学	6	上海古籍出版社
新闻学与传播学	7	北京大学出版社	图书馆情报与文献学	7	北京大学出版社
新闻学与传播学	8	生活·读书·新知三联书店	图书馆情报与文献学	8	清华大学出版社
新闻学与传播学	9	上海人民出版社	图书馆情报与文献学	9	科学出版社
新闻学与传播学	10	人民文学出版社	图书馆情报与文献学	10	科学技术文献出版社

续表

学科	序号	出版社名称	学科	序号	出版社名称
体育学	1	人民体育出版社			
	2	北京体育大学出版社			
	3	高等教育出版社			
	4	人民教育出版社			
	5	中国人民大学出版社			
	6	人民出版社			
	7	华东师范大学出版社			
	8	北京大学出版社			
	9	清华大学出版社			
	10	商务印书馆			